ALMANAC
of Business and Industrial
FINANCIAL RATIOS

—

30th ANNUAL EDITION
1999

SUPPLEMENTS/ANNUALS NOTICE

This Prentice Hall product is updated periodically to reflect the most important, latest changes in the field. If you have ordered this volume directly from us, you have received the latest supplement/annual, are on our subscription list, and will receive future supplements/annuals.

If you have purchased your copy from a bookstore or order source, you may obtain the latest supplement/annual on a free-30-day review basis. Please send your name, company name (if applicable), title (if applicable), address, and name of product to:

Marketing Director, Supplements/Annuals
Prentice Hall
240 Frisch Court
Paramus, NJ 07652

In addition to your supplement/annual, you will receive future mailings alerting you to new products in your field.

ALMANAC
of Business and Industrial
FINANCIAL RATIOS

~~~~~~

30th ANNUAL EDITION
1999

~~~~~~

LEO TROY, Ph.D.

Users can contact Professor Troy at:
E-mail: leotroy@andromeda.rutgers.edu
and Fax at: 201–669–8528

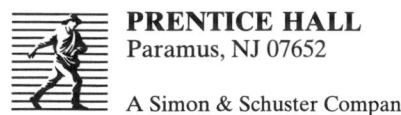

PRENTICE HALL
Paramus, NJ 07652

A Simon & Schuster Company

~~~~~~

Printed in the United States of America

ISSN 0747–9107

ISBN 0-13-096266-X

3 2280 00621 0447

ATTENTION: CORPORATIONS AND SCHOOLS

Prentice Hall books are available at quantity discounts with bulk purchase for educational, business, or sales promotional use. For information, please write to: Prentice Hall Direct, Special Sales, 240 Frisch Court, Paramus, NJ 07652. Please supply: title of book, ISBN, quantity, how the book will be used, date needed.

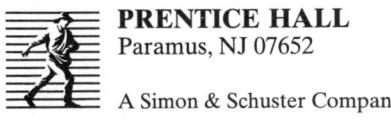

PRENTICE HALL
Paramus, NJ 07652

A Simon & Schuster Company

Prentice Hall International (UK) Limited, *London*
Prentice Hall of Australia Pty. Limited, *Sydney*
Prentice Hall Canada, Inc., *Toronto*
Prentice Hall Hispanoamericana, S.A., *Mexico*
Prentice Hall of India Private Limited, *New Delhi*
Prentice Hall of Japan, Inc., *Tokyo*
Simon & Schuster Asia Pte. Ltd., *Singapore*
Editora Prentice Hall do Brasil, Ltda., *Rio de Janeiro*

Dedicated

To Alexander, Suzannah, Dale, Ariel Sarah Troy, Avigail Hannah Troy, and Rachel Ilana Troy

About the Author

Dr. Leo Troy is Professor of Economics at Rutgers University. He has been a faculty member of Rutgers for more than 40 years. In addition to authoring the widely praised *Almanac,* he has written many other books and articles published in leading journals.

Professor Troy has been the recipient of numerous awards including two from the National Science Foundation, and two Fulbright grants. In addition, he has received numerous awards from private foundations.

Dr. Troy received his Ph.D. from Columbia University and is a member of Phi Beta Kappa. He is a veteran of World War II with three battle stars and the combat infantry badge. He is the father of two children and is also a grandfather of three girls, including twins.

Acknowledgements

I wish to acknowledge the contributions of four people in particular for the development of the 30th Anniversary issue of the *Almanac:* Phil Wilson, Alan Kovar of Brighton Best, Lawrence R. Chodor, CPA, CVA, Wiss & Company, Marvin Sunshine, and Karen Kane.

Philip is responsible for the programming which dealt with a very large amount of data, covering both the current and trend information. Alan, drawing upon his knowledge and experience as a CPA and Partner of Wiss and Company of Livingston, N.J., contributed significantly to the new content of the book. To Marvin Sunshine, Esq, my appreciation for actions and support which helped make the *Almanac* a continuing publication. Karen Kane is acknowledged for her contributions to the graphics of this Anniversary issue.

Special acknowledgement is due my late friend and colleague, Stan Katz, CPA, and to Professor Emeritus of Accounting, Rutgers University, John Gilmour. I thank, too, Professor David Zaumeyer, Ph.D., CPA, and Director of Accounting at Rutgers, for recommending several ratios which continue to be included in the *Almanac.*

I wish to recognize, too, the cooperation of members of the Statistics of Income Division of the Internal Revenue Service—in particular, Ken Szeflinksi and Martha Shiley of the Corporation Returns Analysis Section. Without their data and its reliability, the *Almanac* would not be possible. Responsibility for the use of their facts and figures is, of course, solely my own. In this regard, I recall the valuable assistance I received from Barry Rosenstein, MBA, CPA, in checking procedures, in earlier editions, and which have continued into the current one. Finally, I wish to recognize the help of Suzannah B. Troy in bringing about the 30th annual edition of the *Almanac.* I anticipate continuation of her valuable assistance in subsequent editions.

To Gene Brissie, Tom Curtin, Barbara Palumbo, and many others at Prentice Hall/Simon & Schuster, I wish to express my appreciation for their continuing support and encouragement.

INTRODUCTION[1]

The source of all data for the *Almanac* are the tax returns, C and S, filed with the U.S. Internal Revenue Service. The 30th annual edition covers approximately 4.5 million active corporate federal income tax returns, including those owned or controlled by foreign persons. These corporations reported total receipts of $14.5 trillion, a gain of 8.2 percent over the previous year. Pre-tax profits increased to $565 billion from $494 billion the previous year (an increase of 14%), while income taxes before credits rose to $199 billion, from $173 billion in the previous year, an increase of 15 percent.

The IRS data are the only publicly available source of financial information on *all* active corporations. In contrast, other sources of financial information cover only large, or publicly held corporations, limited in industrial coverage, and usually are not obtained from a stratified probability sample. Because substantial penalties apply to misreporting, the detailed income and expenditure data on tax returns, the IRS data bank is more reliable than similar survey results. Furthermore, its economists and statisticians go to great lengths to protect against non-sampling errors, and have developed extensive tests for consistency and reliability, based on the tax laws and the improbability of various data combinations.

The IRS data, it should be noted, also provide the basic source of information for estimating corporate profits for the U.S. Government's National Income Accounts. Its data are part of the foundation of the entire U.S. statistical system, and central to an understanding of the economy as a whole.

Reporting corporations do not use either uniform accounting methods, or accounting periods. Most corporations report on a Calendar Year basis, although, as shown in the *Almanac,* the IRS classifies all returns on an accounting period from July to June.

The IRS data span a very wide array of financial information—covering income statements, balance sheet, and tax computation information. Including the totals, there are 19 asset categories, and 14 liability items. There are a dozen receipt items, and 17 separate items of deductions, plus three statutory special deductions: net income and income subject to tax, tax liability, and tax credit items. In some years, the IRS has reported distributions to stockholders, and other financial data as well.

All data are grouped into 13 categories by size of assets for each industry. These range from zero assets to assets of $250,000,000 or more, as well as the total for each industry.

The *Almanac of Business and Industrial Financial Ratios* profiles corporate performance in two analytical tables for each industry. Table I reports operating and financial information for *all* corporations; that is, those with and without net income. Table II provides the same information as Table I, but only for corporations with net income.

---

[1] The author wishes to acknowledge his indebtedness to staff members of the IRS, in particular essays written by members of the IRS branch, the Statistics of Income, Corporation Statistics, who are responsible for producing the corporate statistical data which underlies the *Almanac.*

The Internal Revenue Service determines which corporate return falls into each category. The IRS calculation of net income takes into account all receipts and deductions.

The *Almanac* calculates all operating factors (numbers 7–16) employing *only* receipts from the principal activity of the corporation, its *net sales*. All other receipts are excluded, except for industries in Finance, Insurance, and Real Estate. In these industries, total receipts are used. Thus, Tables I and II are consistent with respect to all factors.

Because of the difference in treatment of receipts between the *Almanac* and the IRS, a corporation showing net income (and reported in Table II) may have an operating deficit. Likewise, it is possible that a corporation included in Table I by the IRS, could show an operating profit in Factor 14. In all cases of an operating deficit, the sum of the operating factors exceeds 100.0 percent.

The *Almanac* continues its innovation in presenting corporate performance on an historical basis. Factors number 38 through 50 (inclusive), found at the end of Tables I and II for each industry, span ten years. Thus, the user can compare the current results in Tables I and II with trends for the same (selected) ratio. In Table II, the *Almanac* reports three leverage ratios (48–50) which are understood as the number of times to one.

The *Almanac* provides an updated table showing the comparison of the Standard Industrial Classification (SIC) of industries into the IRS equivalent. The table of correspondence is reported in the Appendix. The *Almanac* includes all detailed IRS industry classifications except those that are not allocable.

The IRS industry groupings, although based on the Enterprise Standard Industrial Classification (ESIC), which classifies companies and not individual establishments, closely follow the Standard Industry Classification (SIC). The SIC is designed to classify establishments. The IRS departs from the enterprise classification system in the Finance industries to reflect particular provisions of the Internal Revenue Code. All returns are classified by industry based on the business activity responsible for the largest percentage of total receipts. This implies that large corporations with diverse industrial or business operations are included in only one industry. Aggregations of minor industries mitigate the effects of this system of classification.

Uses and Meaning of the Almanac's Measures of Business and Industrial Financial Ratios

Financial information is intended to serve in making financial and business decisions critical to a company's competitive position. Management decisions affect the durability of the enterprise, the interests of owners, creditors, and consumers. These demands on those responsible for the survival and success of the company have become even more intense as markets become increasingly competitive, domestically and in the world. With those challenges in mind, the *Almanac* reports a large number of factors and ratios essential to successful financial management.

Since, as financial analysts have noted, "the company's financial position is the final outcome of management's past actions and decisions, related to the *industry's* economic conditions," [2] the *Almanac of Business and Industrial Financial Ratios* provides management with the outcome of those economic conditions by industry. The *Almanac* offers the user the most comprehensive, and most recently available corporate performance facts and figures by industry, based on tax returns. The *Almanac* gives its users—management, accountants, lawyers, banking executives, business managers, business planners, investment and management consultants, credit executives, financial analysts, trade associations, librarians, and academic specialists—the tools essential for a wide range of financial analysis.

The *Almanac* multiplies many-fold the power of financial analysis to evaluate an individual company's financial performance by giving management and analysts outside the company fundamental elements of comparable companies in the *same industry and in the same asset size.* Since planning for the future rests, to a large extent, on a company's own record, how much more effective will planning become given the experience of hundreds, at times thousands, of comparable companies? Likewise, the *Almanac* can enhance a company's annual report by providing a general reference for that report. Fifty different items are presented, from the number of enterprises in any asset-size category, to total leverage.

To assist the user, the *Almanac* provides measures of operating performance, of liquidity, debt servicing ability, profitability, and measures for investor analysis, across all industries.

Measures of operating performance are: Cost of operations; rent; taxes (exclusive of income) paid; interest paid; depreciation/depletion/amortization; pensions and other benefits; officers' compensation; and operating margins, after and before officers' compensation.

Liquidity measures include: the Current Ratio (number 24); Quick Ratio, or Acid Test Ratio (number 25); Net Sales to Working Capital (number 26); Inventory Turnover (ratio 29); and Receivables Turnover (ratio 30).

---

[2] L. Shashua and Y. Goldschmidt, *Tools for Financial Management,* Lexington: 1983, p. 311. (Emphasis added.)

Debt servicing measures include: the Coverage Ratio, or Times Interest Earned (number 27); Total Liabilities to Net Worth (number 31); and the Debt Ratio (number 32).

Profitability ratios include: Operating Margin (number 15); Operating Margin Before Officers' Compensation (number 16); Return on Assets (number 33); Return on Equity (number 34); Return on Equity Before Interest (number 35); Profit Margin Before Income Tax (number 36); and Profit Margin After Income Tax (number 37).

For investor analysis: (Table II): Operating Leverage (number 48); Financial Leverage (number 49); and Total Leverage (number 50).

In addition, the *Almanac* reports the number of corporations (item number 1) in each category of asset size, the average balance sheet items, such as net receivables, inventories, net property, plant and equipment, total assets, notes and loans payable, and net worth. The *Almanac* reports the sources of revenues (factors number 2 - 5), and the average total revenue.

Other new and significant features for financial analysis are data on *trends,* 1990 - 1999, for selected ratios and factors (numbers 38 - 50). These are Cost of Operations, (Table II) or Cost of Labor (Table I), Operating Margins After and Before Officers' Compensation, Average Net Receivables, Average Inventories, Average Net Worth, the Current Ratio, the Quick Ratio, the Coverage Ratio, Asset Turnover, and for Table I, Total Liabilities to Net Worth, the Return on Assets, and the Return on Equity. In Table II, the Operating Leverage, Financial Leverage, and Total Leverage are substituted for the last three ratios shown in Table I.

Answers to questions which an analyst may ask can be found in the *Almanac:* How does a particular company's financial performance compare to companies of similar size (measured by asset size), in the same or similar industry during the most recent time period, and over the last decade?

In that size class and within that industry, how does the particular company match up with companies, with and without net income, and with companies which show a net income, for the most recent year, and for the last decade?

Inter-industry comparisons are available for the hundreds of industries reported. Trends in inter-industrial performance add new indications of financial and industrial change, giving business managers a powerful tool for peering into the future.

SIZE OF ASSETS IN EACH INDUSTRY

Each industrial group for both Table I and Table II is classified into 13 asset sizes. These are:

SIZE OF ASSETS

Total	Column 1 in each Table.
Zero	Column 2 in each Table.
Under $100,000	Column 3 in each Table.
$100,000 to $250,000	Column 4 in each Table.
$250,001 to $500,000	Column 5 in each Table.
$500,001 to $1,000,000	Column 6 in each Table.
$1,000,001 to $5,000,000	Column 7 in each Table.
$5,000,001 to $10,000,000	Column 8 in each Table.
$10,000,001 to $25,000,000	Column 9 in each Table.
$25,000,001 to $50,000,000	Column 10 in each Table.
$50,000,001 to $100,000,000	Column 11 in each Table.
$100,000,001 to $250,000,000	Column 12 in each Table.
$250,000,001 or more	Column 13 in each Table.

LIST OF ITEMS AND RATIOS, WITH AN EXPLANATION OF EACH

All items and ratios are listed in both Table I and Table II. No figures are reported in the *Almanac* when the IRS has either suppressed the underlying data, or the sample size, or other reasons affected a calculated result, and where the ratio/factor was not applicable to an industry.

1. *NUMBER OF CORPORATE ENTERPRISES.*

These are the number of active corporations filing returns. Thus, the *Almanac* is based only on data from active corporations. Active corporations are defined by the IRS as corporations reporting any income or deduction items, including tax-exempt interest. Inactive corporations are defined as those with returns showing no item of income or deduction.

REVENUES, IN THOUSANDS OF DOLLARS (Factors 2–6):

2. *NET SALES.*

Net Sales, the equivalent of the IRS' term Business Receipts, are, in general, the gross operating receipts of the corporation, net of the cost of returned goods and allowances, as reported by taxpayers. The *Almanac* therefore computes operating cost ratios (numbers 7–16) using Net Sales for all industrial sectors, except *Finance, Insurance, and Real Estate.* The term, Net Sales, which has been used in all editions of the *Almanac,* is also referred to as Operating Income.

For industries in *finance, insurance, and real estate,* total receipts are used to compute the operating cost ratios because the principal source of income is not uniformly included in Net Sales. Thus, interest received is the principal source of operating income in banking and savings institutions, and is not included in Net Sales. On the other hand, rents are included in net sales of real estate operators, but some companies reported these and other sources of receipts as other income. Regulated Investment Companies and Real Estate Investment Trusts do not report business receipts. Most insurance companies include premium income as Net Sales, but certain non-life insurance companies could elect to be taxed on their investment income only, provided it met other IRS standards.

3. *PORTFOLIO INCOME.*

This factor is the sum of: (1) Taxable Interest Received from obligations of the U.S. government and its agencies, interest from loans, notes, mortgages, arbitrage bonds, non-exempt private activity bonds, corporate bonds, bank deposits, and tax refunds. Interest received is reduced by the amortizable bond premium, as defined by the Code. (2) Interest on State and Local governmental obligations. Although not subject to taxation, the amounts are included in total receipts. (3) Net Short Term Capital Gains, less Net Long Term Capital Loss. (4) Net Long Term Gains, less Net Short Term Loss. (5) Dividends from Domestic Corporations represent distributions from current as well as accumulated earnings and profits of companies incorporated in the U.S. (6) Dividends Received from Foreign Corporations are dividends paid from current and accumulated earnings and profits of companies incorporated in foreign countries.

4. *OTHER REVENUES.*

These are receipts from heterogeneous sources, as, for example, income from the sale of commodities other than the principal commodity; income from minor operations; cash discounts; income from claims; license rights; judgements; and joint ventures.

5. *TOTAL REVENUES.*

Items included are gross taxable receipts, and tax-exempt interest from State and Local Government obligations.

6.   *AVERAGE OF TOTAL REVENUES.*

This is computed by dividing Total Revenues by the Number of Corporate Enterprises in each asset size category.

OPERATING COSTS/PERCENT OF NET SALES (TOTAL RECEIPTS IN FINANCE, INSURANCE, AND REAL ESTATE, [FIRE]) (Ratios 7–16):

7.   *COST OF OPERATIONS.*

These consist of the direct costs incurred in producing goods or services. Included are the costs of materials used in manufacturing; costs of goods purchased for resale; direct labor costs; and certain overhead costs, such as rent, utilities, supplies, maintenance, and repairs.

8.   *RENT.*

This is rent paid on the business property. It consists of rents paid for the use of structures, leased roads, rolling stock, and work equipment for railway companies.

9.   *TAXES PAID.*

Included among the deductible taxes are ordinary State and Local taxes paid or accrued during the year; social security and payroll taxes; unemployment insurance taxes; excise taxes; import and tariff duties; business license, and privilege taxes; and the environmental tax. Income and profit taxes paid to foreign countries or U.S. possessions were also deductible unless claimed as a credit against income tax. Federal income taxes are excluded.

10.   *INTEREST PAID.*

These amounts include interest paid on business indebtedness, including amounts paid on installment purchases, if they were stated in the contract. For banking and savings institutions, the amounts include interest paid on deposits and withdrawable shares. For mutual savings banks, building and loan associations, and cooperative banks, interest paid included amount paid or credited to depositors as dividends, interest, or earnings under the Code.

11.   *DEPRECIATION, DEPLETION, AMORTIZATION.*

Depreciation is determined by applying the statutory percentage for the appropriate class of property. Depletion is the deduction allowed for the exhaustion of mines, oil, and gas wells, and other natural resources, and timber. Amortization is the deduction for the recovery of certain expenditures over a certain period of time in a manner similar to straight-line depreciation.

12.   *PENSIONS AND OTHER BENEFITS.*

These consist of employer contributions to pension, profit-sharing, or other funded deferred compensation plans; to death benefit plans, insurance plans, health, accident, and sickness; and other welfare plans.

13.   *OTHER.*

This includes cost of repairs, bad debts, contributions, advertising, net loss non-capital assets, and the general category of other costs.

14.   *OFFICERS' COMPENSATION.*

Salaries, wages, stock bonuses, bonds, and other forms of compensation are included if they are identified as having been paid to officers for personal service rendered.

15.   *OPERATING MARGIN.*

This is the net income after all operating costs have been deducted. The percentage measures the margin of operating income.

16.   *OPERATING MARGIN BEFORE OFFICERS' COMPENSATION.*

This measure takes into account the effect of large or small proportions of officers' compensation on the operating margin.

SELECTED AVERAGE BALANCE SHEET ITEMS, IN THOUSANDS OF DOLLARS (Ratios 17–23):

17.   *NET RECEIVABLES.*

This consists of Notes and Accounts Receivable, less Allowance for Bad Debts, divided by the Number of Corporate Enterprises in each asset size category. Notes and accounts receivable are the amounts arising from business sales or services to customers or credit during the ordinary course of trade or business. These current assets would normally be converted to cash within one year. Included are certificates of deposit, commercial paper, charge accounts, current intercompany receivables, property improvement loans, and trade acceptances. Current non-trade receivables are included in Other Current Assets. Allowance for bad debts are reserves set aside to cover uncollectible or doubtful notes, accounts, and loans.

18.   *INVENTORIES.*

Included are such items as raw materials, finished and partially finished goods, merchandise in hand, or in transit, and growing crops reported as assets by agricultural concerns. Inventories are generally valued at cost, or at the lower of cost or market price.

19.   *NET PROPERTY, PLANT, AND EQUIPMENT.*

This item includes depreciable assets, less accumulated depreciation, depletable assets, less accumulated depletion, and land. Depreciable assets consist of end-of-year balance sheet tangible property such as buildings and equipment, used in the trade or business, or held for the production of income, and which had a useful life of one year or more. The amount of accumulated depreciation represents the portion written off in the current year, as well as in prior years. Depletable assets represent the end-of-year value of mineral property, oil and gas wells and other natural resources, standing timber, intangible development and drilling costs capitalized, and leases and leaseholds, subject to depletion. Accumulated depletion represents the cumulative adjustment to these assets.

20.   *TOTAL ASSETS.*

Total assets are those reported in the end-of-year balance sheets in the books of account of filing corporations. Total assets are net after reduction by accumulated depreciation, amortization, depletion, and reserve for bad debts.

21.   *NOTES AND LOANS PAYABLE, MORTGAGES.*

These liabilities were separated on the balance sheet according to the length of time to maturity of the obligations payable in less than one year, or payable in more than one year. The length of time to maturity was based on the date of the balance sheet rather than on the date of issue of the obligations.

22.   *ALL OTHER LIABILITIES.*

Includes accounts payable, and other liabilities including other current liabilities.

23.   NET WORTH.

Net worth represents the stockholders' equity in the corporation (total assets minus the claims of creditors). It consists of IRS items capital stock, paid-in capital surplus, retained earnings appropriated, retained earnings unappropriated, retained earnings (S corporations), less cost of treasury stock.

SELECTED FINANCIAL RATIOS, NUMBER OF TIMES TO ONE (Ratios 24–31):

24.   CURRENT RATIO.

This ratio, rated highest by CPAs as a measure of liquidity, gauges the ability of a company to meet its short-term financial obligations should it be compelled to liquidate its assets. However, it is not an absolute measure of the ability of the firm to meet its obligations. It may, for example, be able to convert its accounts receivable into cash or to borrow to repay its current creditors. It is calculated by dividing current assets by current liabilities. Typically, the standard guideline has been a ratio of 2 to 1. However, some companies have found that a ratio of less than 2 to 1 is adequate in their experience, while others consider a higher one as necessary. A more suitable standard for any company is a comparison to its industry average in its asset size class, such as that provided by the *Almanac*. The ratio is affected by the method of inventory valuation (LIFO or FIFO), and by inflation.

The IRS' items used for current assets are the sum of cash, notes, and accounts receivable, less allowance for bad debts, inventories, investment in government obligations, tax-exempt securities, and other current assets. For current liabilities, the IRS' items used are the sum of accounts payable, mortgages, and bonds payable in less than one year. Maturity is dated from the balance sheet, rather than the date of issue of the obligation.

25.   QUICK RATIO.

Also known as the "Acid Test Ratio," it is often used to estimate the company's general liquidity. There is some disagreement on the inclusion of inventory in the numerator because it may be slow-moving, obsolete, or pledged to specific creditors, and may not, therefore, be readily convertible into cash. The value of inventory is affected by the duration of the production process, and the value of the finished product. For these reasons, a conservative approach eliminates inventory in the computation, and that is the method adopted in this year's (1999) *Almanac*. The numerator is the sum of cash, notes, and accounts receivable, less allowance for bad debts, government obligations, and tax-exempt securities. The denominator is current liabilities, the same as that used in ratio 24. The traditional ratio of 1 to 1 has been considered a reasonable standard, but it is jeopardized by the prospect that accounts and notes receivable cannot be converted into cash at face value and at short notice. It is more reasonable to evaluate the ratio from industry experience, such as provided by the *Almanac* for each asset size.

26.   NET SALES TO WORKING CAPITAL.

This is an efficiency, or turnover, ratio which measures the rate at which current assets less current liabilities are used in making sales. A low ratio indicates a less profitable use of working capital in making sales. On the other hand, a very high ratio may indicate the company is wasting current assets more efficiently deployed in production and in increasing sales and profits; or that the company may be undercapitalized, and thus vulnerable to liquidity problems in a period of weak business conditions. The most appropriate standard is the industry average, values reported by the *Almanac for each asset size.*

Working capital is the difference between current assets and current liabilities. Some analyses rely on an average of beginning and end-of-year values of current assets and liabilities because the ratio relates an income value (net sales) to a balance sheet value (working capital). The *Almanac* uses the annual value reported by the IRS in the current year.

27.   COVERAGE RATIO.

This ratio, also known as the times interest earned ratio, measures the number of times all interest paid by the company is covered by earnings before interest charges and taxes (EBIT). This widely used ratio uses earnings before interest paid and taxes in the numerator because interest charges are tax deductible.

The ratio indicates the company's ability to service its debt based on its income. If the ratio is appropriate, then the company is not in danger of meeting those charges, and it enhances the company's ability to roll over debt at favorable rates.

28.   TOTAL ASSET TURNOVER.

This is an efficiency or profitability ratio, indicating the effectiveness of the company in the use of total assets in generating sales. Because it includes both current and fixed assets, the ratio combines the ability of the company to convert its assets into other assets (inventory, receivables, working capital), and the ability of the company to sustain its sales. It is measured by dividing sales by total assets. Some analyses use average total assets; the *Almanac* uses the annual figure reported by the IRS.

29.   INVENTORY TURNOVER.

Inventory turnover measures the liquidity of the inventory and is measured by dividing the cost of goods sold by the average inventory. It shows the number of times that average inventory is converted into receivables or cash. The ratio reflects both on the quality of the inventory and the efficiency of management. Typically, the higher the turnover rate, the greater the likelihood that profits would be larger, and less working capital bound up in inventory.

Inventory turnover is not calculated for industries in Finance, Insurance, and Real Estate. It is calculated for all other industries, even though conventional analyses typically omit it for many of the industries covered here.

Cost of goods sold is the IRS' term, cost of sales and operations; it is discussed under item 7. Inventories include raw materials, finished and partially finished goods (work in progress), merchandise on hand or in transit, and growing crops reported as assets by agricultural concerns. Inventories are valued, generally, at cost or at the lower of cost or market price.

30.   RECEIVABLES TURNOVER.

This ratio, also known as the sales to receivables ratio, measures the liquidity of accounts receivable. It shows the average collection experience throughout the year. It is obtained by dividing sales by average net receivables. Receivables turnover is not calculated for industries in Finance, Insurance, and Real Estate. It is calculated for all other industries, even though conventional analyses typically omit it for many of the industries covered here.

31.   TOTAL LIABILITIES TO NET WORTH.

This ratio is one of the most important on capital structure. This ratio indicates the extent to which the company's funds are supplied by short- and long-term creditors compared to its owners. It is an indicator of the company's long-term debt paying ability. Net worth is defined in item 23. Total liabilities consist of current liabilities, loans from stockholders, mortgages, notes, and bonds payable over one year, and other liabilities.

SELECTED FINANCIAL FACTORS, IN PERCENTAGES (Ratios 32–37):

32.   DEBT RATIO.

This ratio, total liabilities to total assets, indicates the company's ability to pay all its debts. It measures the creditors and owners of the company's ability to withstand losses. It is an indicator of the long-run solvency of the firm.

33.   RETURN ON TOTAL ASSETS.

This ratio combines the turnover and profit ratios (Sales/Total Assets x Profit/Sales), and yields the return on investment (total assets). The result is the end product of the Dupont system of financial analysis. That system takes into account both operating income and operating assets. In Table I of each industry of the *Almanac,* the Return on Investment (ROI) is net income less deficit and before income taxes, divided by total assets. In Table II of each industry, the ROI is net income before income taxes divided by total assets. Total assets are used because the management of the firm has full discretion in the investment of the resources provided by both the creditors and owners.

34.   RETURN ON EQUITY.

This ratio shows the profitability of the company's operations to owners, after income taxes. CPAs ranked this profitability measure highest. Tax laws and tax loss carryovers affect the net income and therefore this profitability ratio. For Table I, this is net income, less deficit, and minus the IRS' income tax before credits in the Statistics of Income. For Table II, this is net income, minus the IRS' income tax before credits in the Statistics of Income. The IRS defines the income tax before credits as the amount of tax before reduction of tax credits for foreign taxes, possessions tax, orphan drug research, the production of sales of fuels from non-conventional sources, general business incentives, and the prior-year minimum tax.

35.   RETURN BEFORE INTEREST ON EQUITY.

This ratio measures net income, plus interest paid, as a percentage of equity. For Table I, this is net income after deficit, plus interest paid, divided by net worth; for Table II, it is net income, plus interest paid, divided by net worth.

36.   PROFIT MARGIN, BEFORE INCOME TAX.

This ratio, net income before income tax, divided by net sales, indicates the contribution of sales to the profitability of the company. Put another way, it indicates the amount of net income generated by a dollar of sales. Competition, capital structure, and operating characteristics cause the margin to vary within and among industries. For Table I, net income, less deficit and before income tax, is the numerator; for Table II, it is net income before tax.

37.   PROFIT MARGIN, AFTER INCOME TAX.

This ratio is the same as number 36, except that income taxes are taken into account.

TRENDS IN SELECTED RATIOS AND FACTORS, 1990–1999 (Ratios 38–50):

38.   COST OF PAYROLL.   [In % of Net Sales (Total Receipts in FIRE).] For Table I, Labor Cost as a Percentage of Business Receipts, replaces Cost of Operations.

39.   OPERATING MARGIN. (In %. See ratio number 15 for an explanation of the ratio.)

40.   OPERATING MARGIN BEFORE OFFICERS' COMPENSATION. (In %. See ratio 16 for an explanation of the ratio.)

41.   *AVERAGE NET RECEIVABLES. (In $. See factor 17 for an explanation.)*

42.   *AVERAGE INVENTORIES. (In $. See factor 18 for an explanation.)*

43.   *AVERAGE NET WORTH. (In $. See factor 23 for an explanation.)*

44.   *CURRENT RATIO. (Number of times to 1. See factor 24 for an explanation.)*

45.   *QUICK RATIO. (Number of times to 1. See factor 25 for an explanation.)*

46.   *COVERAGE RATIO. (Number of times to 1. See factor 27 for an explanation.)*

47.   *ASSET TURNOVER. (Number of times to 1. See factor 28 for an explanation.)*

For Table I the Following Ratios:

48.   *TOTAL LIABILITIES TO NET WORTH. (Number of times to 1. See factor 31 for an explanation.)*

49.   *RETURN ON ASSETS. (Number of times to 1. See factor 33 for an explanation.)*

50.   *RETURN ON EQUITY. (In %. See factor 34 for an explanation.)*

For Table II the Following Factors:

48.   *OPERATING LEVERAGE. Percent Change in Operating Income/Percent Change in Sales.*

   (Understood as the number of times to 1.) This is the change from year-to-year in the operating income divided by the change from year-to-year in net sales. (Compensation of officers is included.) This ratio provides another insight into the company's efficiency in earning profits.

49.   *FINANCIAL LEVERAGE.*

   Percent change in Net Income, less Income Tax/ Percent Change in Net Income, plus Interest Paid.

   (Understood as the number of times to 1.) This is the percentage change in net income, minus regular income taxes, divided by the change in net income, plus interest paid. This ratio shows the contribution of an incremental change in earnings before taxes and interest, to a change in earnings available for stockholders.

50.   *TOTAL LEVERAGE.*

   (Understood as the number of times to 1.) This ratio combines ratio numbers 48 and 49 in order to obtain the combined effects of operating and financial leverage.

Table of Contents

Page references to tables for industries with net income are in italic

MANUFACTURING
(2010–3860)

TRANSPORTATION
(4000–4700)

COMMUNICATION
(4825–4830)

ELECTRIC, GAS, AND SANITARY SERVICES
(4910–4990)

WHOLESALE TRADE
(5004–5190)

REAL ESTATE
(6511–6599)

HOLDING AND OTHER INVESTMENT COMPANIES
(6742–6749)

SERVICES
(7000–8980)

Table I

Corporations with and without Net Income

AGRICULTURAL PRODUCTION

MONEY AMOUNTS AND SIZE OF ASSETS IN THOUSANDS OF DOLLARS

Item Description for Accounting Period 7/95 Through 6/96		Total	Zero Assets	Under 100	100 to 250	251 to 500	501 to 1,000	1,001 to 5,000	5,001 to 10,000	10,001 to 25,000	25,001 to 50,000	50,001 to 100,000	100,001 to 250,000	250,001 and over
Number of Enterprises	1	87716	5739	21244	17364	18666	13745	10001	502	258	111	39	32	16
Revenues ($ in Thousands)														
Net Sales	2	62663930	743180	1499609	3677645	5516897	8020119	15292932	3943747	3225674	5132170	3800264	5358909	6452784
Portfolio Income	3	1656686	71319	62072	120611	169141	212375	396581	119600	66123	76872	60360	84810	216816
Other Revenues	4	3903025	187793	233772	377052	573283	568080	1258873	106032	184433	128915	57894	94850	132055
Total Revenues	5	68223641	1002292	1795453	4175308	6259321	8800574	16948386	4169379	3476230	5337957	3918518	5538569	6801655
Average Total Revenues	6	778	175	85	240	335	640	1695	8306	13474	48090	100475	173080	425103
Operating Costs/Operating Income (%)														
Cost of Operations	7	53.2	41.3	11.6	32.2	36.4	40.4	46.6	60.8	56.1	71.8	81.0	81.3	61.8
Rent	8	8.3	4.4	12.9	9.7	10.4	8.2	9.4	7.5	7.9	5.9	3.4	3.5	11.9
Taxes Paid	9	2.6	3.1	3.4	3.8	3.5	3.3	3.0	1.7	2.1	2.1	1.3	1.5	1.7
Interest Paid	10	3.5	19.0	3.4	4.1	3.5	4.0	4.4	2.9	3.5	1.9	1.9	2.1	2.9
Depreciation, Depletion, Amortization	11	5.5	6.3	6.5	7.3	7.5	6.8	6.8	3.1	5.5	3.3	2.9	3.7	4.0
Pensions and Other Benefits	12	1.0	•	0.6	0.9	0.9	0.8	0.9	0.5	0.4	1.1	0.7	1.1	2.5
Other	13	31.3	54.3	81.0	51.4	45.3	42.0	37.7	26.4	28.9	14.9	9.7	6.9	15.8
Officers Compensation	14	2.4	2.3	3.0	4.3	4.9	3.4	3.2	1.3	1.2	1.0	0.5	1.0	0.7
Operating Margin	15	•	•	•	•	•	•	•	•	•	•	•	•	•
Oper. Margin Before Officers Compensation	16	•	•	•	•	•	•	•	•	•	•	•	•	•
Selected Average Balance Sheet ($ in Thousands)														
Net Receivables	17	54	•	2	6	13	26	84	955	1694	4293	12618	18768	41924
Inventories	18	74	•	2	9	19	46	158	768	1689	4843	13085	18701	77427
Net Property, Plant and Equipment	19	393	•	22	97	212	443	1153	3268	7088	14306	27972	64492	160376
Total Assets	20	750	•	43	164	366	716	1831	6773	13934	34593	72153	134802	566714

Notes and Loans Payable 21	382	•	60	135	172	337	1073	3847	7322	12735	26360	61755	193705
All Other Liabilities 22	97	•	8	14	22	52	159	1107	2026	6707	14822	29744	126549
Net Worth 23	270	•	-25	14	171	327	598	1819	4586	15150	30971	43302	246460

Selected Financial Ratios (Times to 1)

Current Ratio 24	1.3	•	0.9	1.3	1.7	1.5	1.0	1.0	1.3	1.4	1.5	1.3	1.9
Quick Ratio 25	0.7	•	0.6	0.9	1.1	0.9	0.5	0.6	0.7	0.7	0.7	0.6	0.6
Net Sales to Working Capital 26	14.4	•	•	21.1	8.4	11.8	•	•	13.3	11.9	9.7	18.8	4.5
Coverage Ratio 27	1.3	1.2	0.2	1.0	1.3	1.2	0.7	1.6	1.6	2.1	1.9	2.1	2.5
Total Asset Turnover 28	1.0	•	1.7	1.3	0.8	0.8	0.8	1.2	0.9	1.3	1.4	1.3	0.7
Inventory Turnover 29	5.1	•	2.5	7.9	5.9	4.5	4.3	6.2	4.6	7.2	5.8	7.4	3.5
Receivables Turnover 30	•	•	•	•	•	•	•	9.3	8.3	•	8.7	9.8	6.9
Total Liabilities to Net Worth 31	1.8	•	•	10.4	1.1	1.2	2.1	2.7	2.0	1.3	1.3	2.1	1.3

Selected Financial Factors (in Percentages)

Debt Ratio 32	64.0	•	•	91.2	53.1	54.4	67.3	73.2	67.1	56.2	57.1	67.9	56.5
Return on Assets 33	4.4	•	1.3	5.2	3.7	4.0	2.7	5.2	5.0	5.3	5.1	5.5	5.2
Return on Equity 34	0.8	•	8.7	•	0.8	0.3	•	4.1	3.4	4.2	3.6	5.8	4.7
Return Before Interest on Equity 35	12.1	•	•	•	7.9	8.7	8.2	19.3	15.2	12.0	11.8	17.2	11.9
Profit Margin, Before Income Tax 36	1.0	4.2	•	•	1.0	0.9	•	1.6	2.1	2.0	1.8	2.4	4.4
Profit Margin, After Income Tax 37	0.3	3.1	•	•	0.5	0.2	•	1.0	1.3	1.4	1.2	1.5	2.8

Trends in Selected Ratios and Factors, 1990-1999

	1990	1991	1992	1993	1994	1995	1996	1997	1998	1999
Cost of Labor (%) 38	68.3	69.6	69.1	71.6	61.7	62.1	57.9	56.1	53.0	53.2
Operating Margin (%) 39	•	•	•	•	•	•	•	•	•	•
Oper. Margin Before Officers Comp. (%) 40	•	•	•	•	•	•	•	•	•	•
Average Net Receivables ($) 41	46	40	48	51	51	47	53	51	55	54
Average Inventories ($) 42	55	67	73	75	80	74	80	80	75	74
Average Net Worth ($) 43	190	193	209	226	234	231	252	263	277	270
Current Ratio (×1) 44	1.1	1.1	1.2	1.3	1.2	1.2	1.3	1.3	1.3	1.3
Quick Ratio (×1) 45	0.6	0.6	0.6	0.7	0.6	0.6	0.7	0.6	0.7	0.7
Coverage Ratio (×1) 46	1.5	1.5	1.5	1.6	1.4	1.3	1.7	1.7	1.4	1.3
Asset Turnover (×1) 47	1.1	1.0	1.0	1.1	1.0	1.0	1.0	1.0	1.0	1.0
Total Liabilities/Net Worth (×1) 48	2.2	2.0	2.0	1.9	1.8	1.8	1.7	1.6	1.6	1.8
Return on Assets (×1) 49	7.5	6.5	6.3	7.1	5.8	4.9	5.7	5.1	4.0	4.4
Return on Equity (%) 50	4.5	4.1	3.6	4.9	2.2	0.9	4.1	3.4	0.7	0.8

AGRICULTURAL PRODUCTION

MONEY AMOUNTS AND SIZE OF ASSETS IN THOUSANDS OF DOLLARS

Item Description for Accounting Period 7/95 Through 6/96		Total	Zero Assets	Under 100	100 to 250	251 to 500	501 to 1,000	1,001 to 5,000	5,001 to 10,000	10,001 to 25,000	25,001 to 50,000	50,001 to 100,000	100,001 to 250,000	250,001 and over
Number of Enterprises	1	46812	•	9041	8684	11033	8917	6153	309	145	68	26	23	•
Revenues ($ in Thousands)														
Net Sales	2	44044504	•	1071509	1969306	3048098	6201913	9670341	2934219	2082221	3632580	2774003	4137197	•
Portfolio Income	3	1271128	•	34489	95284	132065	168338	300503	106742	52304	62142	43992	73712	•
Other Revenues	4	2713481	•	116923	267629	351230	417039	881752	68078	108197	68490	57968	80455	•
Total Revenues	5	48029113	•	1222921	2332219	3531393	6787290	10852596	3109039	2242722	3763212	2875963	4291364	•
Average Total Revenues	6	1026	•	135	269	320	761	1764	10062	15467	55341	110614	186581	•
Operating Costs/Operating Income (%)														
Cost of Operations	7	51.9	•	13.4	16.6	28.2	39.5	44.0	61.2	48.8	68.7	85.8	80.1	•
Rent	8	8.4	•	11.9	12.1	9.5	8.1	9.3	8.3	9.3	6.3	2.2	3.4	•
Taxes Paid	9	2.4	•	2.9	3.8	3.9	3.0	3.1	1.6	2.2	2.0	1.0	1.4	•
Interest Paid	10	2.9	•	2.1	3.6	3.0	3.1	3.4	2.2	2.8	1.5	1.8	1.9	•
Depreciation, Depletion, Amortization	11	4.6	•	5.0	6.2	7.2	5.3	5.8	2.9	4.6	3.1	2.4	3.2	•
Pensions and Other Benefits	12	1.1	•	0.7	1.0	0.8	0.8	1.1	0.5	0.4	0.9	0.8	1.3	•
Other	13	27.6	•	59.7	56.9	45.3	38.7	33.6	22.3	30.2	13.9	4.1	7.3	•
Officers Compensation	14	2.3	•	2.6	4.8	4.1	3.1	3.8	1.3	1.2	1.0	0.6	1.0	•
Operating Margin	15	•	•	1.8	•	•	•	•	•	0.7	2.6	1.4	0.5	•
Oper. Margin Before Officers Compensation	16	1.2	•	4.4	•	2.0	1.7	•	0.9	1.9	3.5	2.0	1.5	•
Selected Average Balance Sheet ($ in Thousands)														
Net Receivables	17	73	•	4	6	15	33	86	1116	1676	5170	14002	19362	•
Inventories	18	94	•	2	9	11	44	145	1025	1454	5328	15349	19924	•
Net Property, Plant and Equipment	19	436	•	19	86	218	422	1099	2919	6136	15587	24875	58612	•
Total Assets	20	884	•	44	164	371	724	1786	6836	13701	35873	73560	134538	•

Notes and Loans Payable 21	350	•	38	131	125	245	760	2978	6098	10422	22471	56796	•
All Other Liabilities 22	113	•	2	11	17	58	120	1136	1863	6975	17639	29547	•
Net Worth 23	422	•	4	22	228	420	907	2723	5740	18476	33450	48195	•
Selected Financial Ratios (Times to 1)													
Current Ratio 24	1.7	•	2.0	1.5	2.2	1.9	1.4	1.2	1.6	2.0	1.6	1.2	•
Quick Ratio 25	0.9	•	1.6	1.0	1.5	1.2	0.7	0.7	1.0	1.0	0.8	0.6	•
Net Sales to Working Capital 26	8.2	•	17.2	13.9	5.9	8.8	14.1	17.5	7.2	7.1	7.6	21.5	•
Coverage Ratio 27	3.8	•	8.6	4.8	5.6	3.6	3.5	3.5	4.0	5.0	3.8	3.3	•
Total Asset Turnover 28	1.1	•	2.7	1.4	0.8	1.0	0.9	1.4	1.1	1.5	1.5	1.3	•
Inventory Turnover 29	5.5	•	5.8	4.2	6.3	5.7	4.9	6.0	4.8	7.4	6.2	•	•
Receivables Turnover 30	•	•	•	•	•	•	•	9.4	9.6	•	9.3	•	•
Total Liabilities to Net Worth 31	1.1	•	10.8	6.6	0.6	0.7	1.0	1.5	1.4	1.0	1.2	1.8	•
Selected Financial Factors (in Percentages)													
Debt Ratio 32	52.3	•	91.5	86.8	38.5	41.9	49.2	60.2	58.1	48.5	54.5	64.2	•
Return on Assets 33	11.5	•	•	23.8	12.5	10.7	10.2	10.9	11.5	11.3	10.1	8.1	•
Return on Equity 34	15.4	•	•	•	15.5	11.8	12.8	16.5	17.4	14.9	13.4	11.6	•
Return Before Interest on Equity 35	24.1	•	•	•	20.4	18.4	20.1	27.3	27.5	21.9	22.1	22.7	•
Profit Margin, Before Income Tax 36	7.9	•	16.0	13.6	13.8	8.0	8.3	5.6	8.2	6.0	5.1	4.2	•
Profit Margin, After Income Tax 37	6.9	•	15.4	12.8	12.8	7.2	7.4	4.7	7.0	5.2	4.2	3.1	•

Trends in Selected Ratios and Factors, 1990-1999

	1990	1991	1992	1993	1994	1995	1996	1997	1998	1999
Cost of Operations (%) 38	68.1	69.3	67.5	70.2	60.5	58.9	57.6	53.0	52.7	51.9
Operating Margin (%) 39	•	•	•	•	•	•	•	•	•	•
Oper. Margin Before Officers Comp. (%) 40	•	0.7	0.7	1.9	1.2	1.9	1.7	1.7	•	1.2
Average Net Receivables ($) 41	59	45	55	61	60	54	63	57	70	73
Average Inventories ($) 42	70	82	97	94	106	89	97	95	82	94
Average Net Worth ($) 43	308	307	340	334	364	369	382	375	402	422
Current Ratio (×1) 44	1.3	1.4	1.5	1.5	1.5	1.5	1.6	1.5	1.7	1.7
Quick Ratio (×1) 45	0.7	0.7	0.7	0.8	0.7	0.8	0.8	0.8	0.9	0.9
Coverage Ratio (×1) 46	3.5	3.8	3.6	3.6	3.5	3.6	4.1	4.5	4.5	3.8
Asset Turnover (×1) 47	1.2	1.1	1.1	1.3	1.1	1.1	1.1	1.1	1.1	1.1
Operating Leverage 48	0.7	0.8	1.1	0.2	4.6	0.6	2.0	0.7	2.6	0.4
Financial Leverage 49	1.1	1.1	1.0	1.0	1.0	1.0	1.1	1.0	1.0	1.0
Total Leverage 50	0.7	0.8	1.1	0.2	4.6	0.6	2.1	0.8	2.5	0.4

Table I

Corporations with and without Net Income

AGRICULTURAL SERVICES, FORESTRY, AND FISHING

MONEY AMOUNTS AND SIZE OF ASSETS IN THOUSANDS OF DOLLARS

Item Description for Accounting Period 7/95 Through 6/96	Total	Zero Assets	Under 100	100 to 250	251 to 500	501 to 1,000	1,001 to 5,000	5,001 to 10,000	10,001 to 25,000	25,001 to 50,000	50,001 to 100,000	100,001 to 250,000	250,001 and over
Number of Enterprises 1	59811	2733	37388	8667	4783	3179	2600	277	129	25	16	9	5
Revenues ($ in Thousands)													
Net Sales 2	37967022	437012	5260304	3297964	3872550	6062857	8420320	3684455	2134504	552474	1040645	1629508	1574430
Portfolio Income 3	560211	21026	13814	34671	53636	40254	55753	85711	82638	41183	50041	25903	55583
Other Revenues 4	831099	31798	260394	25393	86029	56810	195175	57924	53626	13039	21861	29159	-112
Total Revenues 5	39358332	489836	5534512	3358028	4012215	6159921	8671248	3828090	2270768	606696	1112547	1684570	1629901
Average Total Revenues 6	658	179	148	387	839	1938	3335	13820	17603	24268	69534	187174	325980
Operating Costs/Operating Income (%)													
Cost of Operations 7	61.7	13.8	36.1	50.0	52.9	66.3	71.3	71.8	79.1	43.2	78.6	72.0	74.8
Rent 8	8.6	30.1	14.4	7.0	12.2	6.5	6.6	7.4	5.0	13.2	4.7	8.7	3.9
Taxes Paid 9	2.6	6.5	3.9	3.2	3.2	2.5	2.2	1.5	1.9	3.3	2.2	2.2	1.2
Interest Paid 10	1.8	1.3	1.2	1.8	1.7	1.1	2.0	1.4	2.4	1.7	3.1	3.6	2.9
Depreciation, Depletion, Amortization 11	4.1	3.8	4.0	4.9	4.2	3.5	3.7	3.0	4.6	7.4	3.6	3.8	8.3
Pensions and Other Benefits 12	0.9	0.5	0.9	0.5	0.8	0.6	0.9	0.8	1.0	2.6	1.4	1.7	0.7
Other 13	17.7	47.9	31.2	24.4	22.2	15.9	13.9	12.5	6.7	26.2	8.0	9.5	4.6
Officers Compensation 14	3.9	3.1	10.0	6.2	4.3	3.3	2.4	2.0	2.1	2.1	0.8	1.0	0.8
Operating Margin 15	•	•	•	2.2	•	0.2	•	•	•	0.4	•	•	2.7
Oper. Margin Before Officers Compensation 16	2.8	•	8.3	8.4	2.8	3.5	•	1.7	•	2.5	•	•	3.5
Selected Average Balance Sheet ($ in Thousands)													
Net Receivables 17	53	•	2	13	42	86	305	1529	3300	2005	17238	28003	53138
Inventories 18	32	•	2	7	19	41	237	790	1575	2066	7458	16911	41150
Net Property, Plant and Equipment 19	155	•	17	82	173	374	871	3060	6396	13518	23652	48677	163305
Total Assets 20	344	•	32	153	341	676	1970	7307	15865	35426	63149	149585	364093

Notes and Loans Payable 21	168	•	31	111	194	310	884	3388	6300	7670	36334	79109	93300
All Other Liabilities 22	69	•	7	15	51	119	430	1479	3884	4219	19898	37158	65975
Net Worth 23	107	•	-6	27	97	247	655	2440	5681	23537	6917	33317	204818

Selected Financial Ratios (Times to 1)

Current Ratio 24	1.5	•	1.3	1.4	1.7	1.4	1.5	1.5	1.3	2.9	1.1	1.3	2.2
Quick Ratio 25	1.0	•	1.1	1.1	1.3	1.0	0.9	1.1	0.9	1.6	0.8	0.8	1.0
Net Sales to Working Capital 26	15.0	•	•	31.6	15.6	29.4	12.5	12.3	9.5	2.9	25.6	16.9	4.3
Coverage Ratio 27	2.4	4.8	3.8	3.3	2.2	2.7	1.0	3.6	2.6	7.0	2.5	1.3	3.3
Total Asset Turnover 28	1.9	•	4.5	2.5	2.4	2.8	1.7	1.8	1.1	0.6	1.0	1.2	0.9
Inventory Turnover 29	•	•	•	•	•	•	9.5	•	9.1	4.5	6.8	9.9	6.8
Receivables Turnover 30	•	•	•	•	•	•	•	•	5.1	6.0	4.6	6.0	6.4
Total Liabilities to Net Worth 31	2.2	•	•	4.7	2.5	1.7	2.0	2.0	1.8	0.5	8.1	3.5	0.8

Selected Financial Factors (in Percentages)

Debt Ratio 32	68.9	•	•	82.4	71.7	63.4	66.7	66.6	64.2	33.6	89.1	77.7	43.8
Return on Assets 33	7.9	•	20.6	14.4	9.0	8.2	3.2	8.9	6.3	7.2	7.9	5.6	8.4
Return on Equity 34	11.7	•	•	•	15.8	12.3	•	16.3	7.0	7.8	24.1	0.5	6.8
Return Before Interest on Equity 35	25.5	•	•	•	31.6	22.5	9.6	26.7	17.6	10.9	•	25.0	14.9
Profit Margin, Before Income Tax 36	2.5	5.0	3.4	4.0	2.1	1.8	•	3.6	3.7	9.9	4.6	1.1	6.8
Profit Margin, After Income Tax 37	2.0	4.3	3.3	3.8	1.9	1.6	•	3.0	2.4	8.3	2.6	•	4.5

Trends in Selected Ratios and Factors, 1990-1999

	1990	1991	1992	1993	1994	1995	1996	1997	1998	1999
Cost of Labor (%) 38	75.6	71.7	74.0	68.8	68.7	66.8	61.8	61.1	61.1	61.7
Operating Margin (%) 39	•	•	•	•	•	•	•	•	•	•
Oper. Margin Before Officers Comp. (%) 40	•	2.0	1.2	0.6	0.4	1.0	1.7	2.0	2.6	2.8
Average Net Receivables ($) 41	44	48	48	49	50	41	41	48	50	53
Average Inventories ($) 42	28	29	31	31	33	27	28	28	27	32
Average Net Worth ($) 43	98	91	97	85	103	85	80	93	85	107
Current Ratio (×1) 44	1.4	1.4	1.5	1.4	1.3	1.3	1.3	1.4	1.4	1.5
Quick Ratio (×1) 45	0.9	0.9	1.0	0.9	0.8	0.9	0.8	0.9	0.9	1.0
Coverage Ratio (×1) 46	1.2	2.5	2.4	1.4	1.5	1.1	1.6	1.9	2.1	2.4
Asset Turnover (×1) 47	2.7	2.3	2.5	2.0	1.9	1.9	2.0	1.9	1.8	1.9
Total Liabilities/Net Worth (×1) 48	1.9	2.2	2.1	2.7	2.3	2.7	2.6	2.3	2.6	2.2
Return on Assets (×1) 49	4.5	9.2	8.6	5.9	6.1	4.6	5.5	5.5	6.8	7.9
Return on Equity (%) 50	•	13.9	11.4	2.9	3.2	•	4.6	5.3	9.0	11.7

Table II

Corporations with Net Income

AGRICULTURAL SERVICES, FORESTRY, AND FISHING

MONEY AMOUNTS AND SIZE OF ASSETS IN THOUSANDS OF DOLLARS

Item Description for Accounting Period 7/95 Through 6/96	Total	Zero Assets	Under 100	100 to 250	251 to 500	501 to 1,000	1,001 to 5,000	5,001 to 10,000	10,001 to 25,000	25,001 to 50,000	50,001 to 100,000	100,001 to 250,000	250,001 and over
Number of Enterprises **1**	32508	·	19687	5019	3167	2140	1663	169	92	18	10	5	·
Revenues ($ in Thousands)													
Net Sales **2**	28552813	·	3489025	2336894	2777628	5237160	6700043	2323884	1716256	452367	847208	1045446	·
Portfolio Income **3**	482827	·	10853	32366	48013	33938	40997	78763	76811	35942	46201	22489	·
Other Revenues **4**	695985	·	264147	11586	77629	43887	129889	51289	42550	6914	15909	11919	·
Total Revenues **5**	29731625	·	3764025	2380846	2903270	5314985	6870929	2453936	1835617	495223	909318	1079854	·
Average Total Revenues **6**	915	·	191	474	917	2484	4132	14520	19952	27512	90932	215971	·
Operating Costs/Operating Income (%)													
Cost of Operations **7**	60.5	·	32.9	45.0	50.1	65.7	71.5	61.5	79.2	42.7	77.4	71.0	·
Rent **8**	8.5	·	16.4	6.7	11.8	6.2	6.0	10.4	5.4	13.5	4.9	9.6	·
Taxes Paid **9**	2.6	·	4.0	3.4	3.1	2.4	1.9	2.0	1.9	3.7	2.3	2.8	·
Interest Paid **10**	1.4	·	1.3	1.3	1.3	0.8	1.6	1.0	1.9	1.5	2.2	1.9	·
Depreciation, Depletion, Amortization **11**	3.6	·	4.2	4.0	4.0	3.4	3.1	2.7	2.4	6.5	2.9	3.4	·
Pensions and Other Benefits **12**	0.9	·	0.8	0.5	1.0	0.6	0.9	1.2	1.2	2.3	1.3	2.4	·
Other **13**	16.3	·	28.2	24.8	22.2	15.2	10.9	16.5	6.0	24.1	7.1	7.1	·
Officers Compensation **14**	3.7	·	9.3	6.8	4.2	3.2	2.3	2.7	2.3	2.2	0.9	0.8	·
Operating Margin **15**	2.6	·	2.9	7.6	2.4	2.5	1.8	2.1	·	3.6	1.0	1.1	·
Oper. Margin Before Officers Compensation **16**	6.3	·	12.2	14.3	6.6	5.7	4.1	4.8	2.1	5.8	1.9	1.9	·
Selected Average Balance Sheet ($ in Thousands)													
Net Receivables **17**	72	·	3	14	45	99	339	1708	3809	2295	19110	31867	·
Inventories **18**	37	·	0	4	15	47	250	410	1740	1169	9362	16931	·
Net Property, Plant and Equipment **19**	167	·	18	73	162	334	777	3310	5283	14448	20081	33230	·
Total Assets **20**	402	·	34	151	351	682	1922	7878	15630	35724	64356	120168	·

Notes and Loans Payable 21	146	•	19	81	138	261	741	2830	3745	4272	20778	38875	•
All Other Liabilities 22	85	•	6	16	47	137	427	1962	3824	4174	19792	32488	•
Net Worth 23	172	•	9	54	165	285	755	3086	8060	27279	23786	48805	•
Selected Financial Ratios (Times to 1)													
Current Ratio 24	1.6	•	1.3	1.5	2.0	1.5	1.4	1.3	2.0	2.2	1.3	1.3	•
Quick Ratio 25	1.1	•	1.2	1.2	1.6	1.1	0.9	1.1	1.4	1.8	0.9	0.8	•
Net Sales to Working Capital 26	14.0	•	•	35.5	12.5	27.4	14.5	18.4	4.4	4.7	10.1	14.8	•
Coverage Ratio 27	5.7	•	9.1	8.1	6.4	5.9	3.7	8.6	4.6	9.8	4.8	3.4	•
Total Asset Turnover 28	2.2	•	5.3	3.1	2.5	3.6	2.1	1.8	1.2	0.7	1.3	1.7	•
Inventory Turnover 29	•	•	•	•	•	•	•	•	•	5.2	9.9	•	•
Receivables Turnover 30	•	•	•	•	•	•	•	9.7	5.3	8.8	5.0	•	•
Total Liabilities to Net Worth 31	1.4	•	2.8	1.8	1.1	1.4	1.6	1.6	0.9	0.3	1.7	1.5	•
Selected Financial Factors (in Percentages)													
Debt Ratio 32	57.3	•	73.3	64.1	52.8	58.3	60.8	60.8	48.4	23.7	63.0	59.4	•
Return on Assets 33	17.8	•	•	33.2	20.5	17.3	12.5	15.1	10.2	9.9	13.9	10.9	•
Return on Equity 34	30.7	•	•	•	35.3	32.2	20.4	30.2	11.7	9.9	20.7	12.4	•
Return Before Interest on Equity 35	•	•	•	•	•	•	31.9	•	19.7	13.0	•	26.7	•
Profit Margin, Before Income Tax 36	6.7	•	10.8	9.4	6.9	4.0	4.4	7.7	6.7	12.7	8.3	4.4	•
Profit Margin, After Income Tax 37	6.0	•	10.5	9.1	6.7	3.8	3.8	6.8	5.1	10.7	5.8	2.9	•

Trends in Selected Ratios and Factors, 1990-1999

	1990	1991	1992	1993	1994	1995	1996	1997	1998	1999
Cost of Operations (%) 38	77.5	72.2	73.6	66.9	67.1	67.6	61.3	62.2	60.6	60.5
Operating Margin (%) 39	0.7	2.7	1.9	1.7	1.8	2.7	2.3	2.0	3.2	2.6
Oper. Margin Before Officers Comp. (%) 40	2.7	5.3	4.6	5.0	5.4	6.2	6.3	5.9	7.1	6.3
Average Net Receivables ($) 41	61	69	66	56	61	52	48	63	65	72
Average Inventories ($) 42	34	43	42	34	31	36	32	34	35	37
Average Net Worth ($) 43	139	150	164	135	151	129	115	144	148	172
Current Ratio (×1) 44	1.6	1.6	1.6	1.6	1.7	1.5	1.5	1.6	1.7	1.6
Quick Ratio (×1) 45	1.1	1.0	1.1	1.0	1.2	1.0	1.0	1.1	1.1	1.1
Coverage Ratio (×1) 46	4.5	5.6	5.5	4.8	5.1	4.7	5.5	5.8	6.4	5.7
Asset Turnover (×1) 47	3.4	2.6	2.9	2.3	2.5	2.5	2.6	2.3	2.2	2.2
Operating Leverage 48	0.6	3.7	0.7	0.9	1.1	1.5	0.9	0.9	1.6	0.8
Financial Leverage 49	1.1	1.1	1.0	1.0	1.0	1.0	1.1	1.0	1.0	1.0
Total Leverage 50	0.6	4.1	0.7	0.9	1.1	1.5	0.9	0.9	1.6	0.8

COPPER, LEAD AND ZINC, GOLD AND SILVER ORES

MONEY AMOUNTS AND SIZE OF ASSETS IN THOUSANDS OF DOLLARS

Item Description for Accounting Period 7/95 Through 6/96		Total	Zero Assets	Under 100	100 to 250	251 to 500	501 to 1,000	1,001 to 5,000	5,001 to 10,000	10,001 to 25,000	25,001 to 50,000	50,001 to 100,000	100,001 to 250,000	250,001 and over
Number of Enterprises	1	1428	•	617	290	•	71	86	11	6	16	12	9	17
Revenues ($ in Thousands)														
Net Sales	2	10023349	•	706	•	•	10976	•	529	19867	206457	197189	554373	9001259
Portfolio Income	3	789952	•	•	59	•	726	20333	5970	428	42717	13027	61131	644801
Other Revenues	4	275591	•	•	8108	•	2092	30389	40	77	3914	20978	29533	164965
Total Revenues	5	11088892	•	706	8167	•	13794	50722	6539	20372	253088	231194	645037	9811025
Average Total Revenues	6	7765	•	1	28	•	194	590	594	3395	15818	19266	71671	577119
Operating Costs/Operating Income (%)														
Cost of Operations	7	52.4	•	0.2	•	•	•	•	66.7	76.9	69.8	69.7	66.2	50.0
Rent	8	2.5	•	•	•	•	•	•	•	2.6	3.8	3.3	2.3	2.4
Taxes Paid	9	1.8	•	8.2	•	•	7.0	•	45.8	0.1	1.6	3.0	2.3	1.7
Interest Paid	10	6.0	•	•	•	•	3.9	•	10.2	6.7	3.9	2.5	3.5	6.3
Depreciation, Depletion, Amortization	11	21.8	•	12.5	•	•	•	•	•	14.6	17.7	27.6	22.0	21.6
Pensions and Other Benefits	12	1.3	•	•	•	•	•	•	•	•	0.3	2.8	0.4	1.4
Other	13	15.0	•	•	•	•	29.1	•	•	46.6	21.9	30.0	18.3	13.2
Officers Compensation	14	0.5	•	•	•	•	13.1	•	•	•	1.5	1.3	1.0	0.4
Operating Margin	15	•	•	•	•	•	•	•	•	•	•	•	•	3.2
Oper. Margin Before Officers Compensation	16	•	•	•	•	•	•	•	•	•	•	•	•	3.6
Selected Average Balance Sheet ($ in Thousands)														
Net Receivables	17	1592	•	•	•	•	1	77	477	61	732	1173	6045	128307
Inventories	18	824	•	•	•	•	1	•	•	1765	3086	4368	6382	59097
Net Property, Plant and Equipment	19	8488	•	0	66	•	43	854	1567	7370	16371	23356	56220	641047
Total Assets	20	21952	•	38	136	•	743	2723	9492	13983	37331	64052	141471	1654004

Notes and Loans Payable 21	4902	•	1	165	•	401	2179	364	11085	13389	15574	32516	349062
All Other Liabilities 22	4840	•	•	3	•	66	1522	385	961	5596	15792	16430	371810
Net Worth 23	12209	•	37	-32	•	276	-979	8743	1937	18346	32687	92525	933132
Selected Financial Ratios (Times to 1)													
Current Ratio 24	1.4	•	•	3.9	•	9.8	0.5	4.1	2.4	2.4	2.3	2.8	1.3
Quick Ratio 25	0.8	•	•	3.7	•	7.2	0.2	4.1	1.0	0.8	1.7	2.1	0.7
Net Sales to Working Capital 26	6.9	•	0.1	•	•	0.7	•	0.1	1.7	1.7	1.4	2.4	9.0
Coverage Ratio 27	2.6	•	•	•	•	•	•	•	•	1.6	•	1.1	3.0
Total Asset Turnover 28	0.3	•	0.0	•	•	0.2	•	0.0	0.2	0.4	0.3	0.4	0.3
Inventory Turnover 29	4.4	•	•	•	•	•	•	•	1.0	3.6	2.6	4.7	4.5
Receivables Turnover 30	3.6	•	•	•	•	4.0	•	0.2	3.3	•	6.6	9.1	3.4
Total Liabilities to Net Worth 31	0.8	•	0.0	•	•	1.7	•	0.1	6.2	1.0	1.0	0.5	0.8
Selected Financial Factors (in Percentages)													
Debt Ratio 32	44.4	•	2.3	•	•	62.9	•	7.9	86.2	50.9	49.0	34.6	43.6
Return on Assets 33	5.1	•	•	•	•	•	•	4.2	•	2.1	•	1.7	6.0
Return on Equity 34	2.7	•	•	6.8	•	•	29.7	2.8	•	•	•	•	4.2
Return Before Interest on Equity 35	9.1	•	•	6.8	•	•	23.6	4.5	•	4.3	•	2.5	10.7
Profit Margin, Before Income Tax 36	9.8	•	•	•	•	•	•	•	•	2.2	•	0.3	12.6
Profit Margin, After Income Tax 37	4.8	•	•	•	•	•	•	•	•	•	•	•	7.3

Trends in Selected Ratios and Factors, 1990-1999

	1990	1991	1992	1993	1994	1995	1996	1997	1998	1999
Cost of Labor (%) 38	70.9	62.0	54.1	56.8	60.0	59.4	59.3	60.8	54.3	52.4
Operating Margin (%) 39	•	•	•	•	•	•	•	•	•	•
Oper. Margin Before Officers Comp. (%) 40	•	•	•	•	•	•	•	•	•	•
Average Net Receivables ($) 41	660	540	680	1337	1059	2566	1572	3724	4124	1592
Average Inventories ($) 42	784	479	587	1659	1107	1115	786	1309	1504	824
Average Net Worth ($) 43	8197	4115	4225	11254	9020	14014	11221	18285	21805	12209
Current Ratio (×1) 44	1.8	1.6	1.1	1.2	1.1	1.2	1.3	1.3	1.4	1.4
Quick Ratio (×1) 45	0.9	0.9	0.6	0.6	0.5	0.8	0.7	1.0	0.9	0.8
Coverage Ratio (×1) 46	•	3.1	3.0	1.3	1.8	1.1	1.4	1.4	2.0	2.6
Asset Turnover (×1) 47	0.3	0.3	0.3	0.3	0.5	0.3	0.3	0.3	0.3	0.3
Total Liabilities/Net Worth (×1) 48	0.7	1.4	1.7	2.2	1.3	1.0	1.0	0.9	0.9	0.8
Return on Assets (×1) 49	•	5.1	8.5	3.6	5.8	2.7	2.7	2.5	3.6	5.1
Return on Equity (%) 50	•	4.9	9.2	•	1.4	•	•	•	1.4	2.7

COPPER, LEAD AND ZINC, GOLD AND SILVER ORES

MONEY AMOUNTS AND SIZE OF ASSETS IN THOUSANDS OF DOLLARS

Item Description for Accounting Period 7/95 Through 6/96	Total	Zero Assets	Under 100	100 to 250	251 to 500	501 to 1,000	1,001 to 5,000	5,001 to 10,000	10,001 to 25,000	25,001 to 50,000	50,001 to 100,000	100,001 to 250,000	250,001 and over
Number of Enterprises 1	173	4	•	113	•	•	28	3	•	6	4	3	12
Revenues ($ in Thousands)													
Net Sales 2	8533971	•	•	•	•	•	•	529	•	54659	43548	128554	8306681
Portfolio Income 3	710022	•	•	59	•	•	19864	5933	•	40055	8363	39649	596100
Other Revenues 4	239557	15213	•	8108	•	•	41853	40	•	224	13555	10287	150276
Total Revenues 5	9483550	15213	•	8167	•	•	61717	6502	•	94938	65466	178490	9053057
Average Total Revenues 6	54818	3803	•	72	•	•	2204	2167	•	15823	16366	59497	754421
Operating Costs/Operating Income (%)													
Cost of Operations 7	49.0	•	•	•	•	•	•	66.7	•	44.8	64.2	44.9	49.1
Rent 8	2.5	•	•	•	•	•	•	•	•	1.9	2.4	2.8	2.5
Taxes Paid 9	1.7	•	•	•	•	•	•	45.8	•	4.4	0.4	2.8	1.6
Interest Paid 10	6.3	•	•	•	•	•	•	10.2	•	1.5	0.4	6.0	6.4
Depreciation, Depletion, Amortization 11	21.1	•	•	•	•	•	•	52.8	•	23.9	35.0	18.1	21.1
Pensions and Other Benefits 12	1.4	•	•	•	•	•	•	•	•	0.2	1.3	0.3	1.5
Other 13	12.5	•	•	•	•	•	•	•	•	26.7	19.9	18.9	12.0
Officers Compensation 14	0.4	•	•	•	•	•	•	•	•	1.8	1.0	2.1	0.3
Operating Margin 15	5.1	•	•	•	•	•	•	•	•	•	•	4.3	5.7
Oper. Margin Before Officers Compensation 16	5.5	•	•	•	•	•	•	•	•	•	•	6.4	6.0
Selected Average Balance Sheet ($ in Thousands)													
Net Receivables 17	11595	•	•	•	•	•	72	1747	•	595	362	2495	165509
Inventories 18	5531	•	•	•	•	•	•	•	•	1403	2830	5211	76785
Net Property, Plant and Equipment 19	57620	•	•	•	•	•	172	5	•	14791	14175	39396	808308
Total Assets 20	150900	•	•	179	•	•	4010	9746	•	38996	63223	136226	2087360

Notes and Loans Payable 21	31633	•	•	22	•	•	1423	•	•	6762	9360	29675	438607
All Other Liabilities 22	33406	•	•	•	•	•	1834	491	•	2633	14410	8606	468927
Net Worth 23	85860	•	•	158	•	•	754	9254	•	29602	39453	97945	1179826

Selected Financial Ratios (Times to 1)

Current Ratio 24	1.3	•	•	•	•	•	1.1	11.8	•	7.8	1.7	2.4	1.2
Quick Ratio 25	0.8	•	•	•	•	•	0.3	11.8	•	0.9	1.5	2.1	0.7
Net Sales to Working Capital 26	9.5	•	•	•	•	•	•	0.0	•	0.7	1.1	1.3	12.7
Coverage Ratio 27	3.6	13.9	•	•	•	•	•	•	•	•	•	8.3	3.4
Total Asset Turnover 28	0.3	•	•	•	•	•	•	0.0	•	0.2	0.2	0.3	0.3
Inventory Turnover 29	4.7	•	•	•	•	•	•	•	•	1.8	1.1	7.4	8.9
Receivables Turnover 30	3.6	•	•	•	•	•	•	0.2	•	•	5.8	•	8.4
Total Liabilities to Net Worth 31	0.8	•	•	0.1	•	•	4.3	0.1	•	0.3	0.6	0.4	0.8

Selected Financial Factors (in Percentages)

Debt Ratio 32	43.1	•	•	12.0	•	•	81.2	5.1	•	24.1	37.6	28.1	43.5
Return on Assets 33	7.5	•	•	2.2	•	•	•	15.8	•	16.4	4.5	15.5	7.1
Return on Equity 34	6.2	•	•	2.5	•	•	•	10.9	•	17.7	4.7	13.3	5.5
Return Before Interest on Equity 35	13.2	•	•	2.5	•	•	•	16.6	•	21.5	7.2	21.5	12.5
Profit Margin, Before Income Tax 36	16.6	•	•	•	•	•	•	•	•	•	25.7	•	15.0
Profit Margin, After Income Tax 37	10.7	•	•	•	•	•	•	•	•	•	17.0	30.3	9.3

Trends in Selected Ratios and Factors, 1990-1999

	1990	1991	1992	1993	1994	1995	1996	1997	1998	1999
Cost of Operations (%) 38	70.8	53.0	42.8	•	56.7	51.7	56.1	55.5	50.8	49.0
Operating Margin (%) 39	•	•	•	•	•	2.1	3.2	•	5.5	5.1
Oper. Margin Before Officers Comp. (%) 40	•	•	•	•	•	2.5	3.7	0.8	5.8	5.5
Average Net Receivables ($) 41	2412	4817	10510	•	6556	5386	19455	54696	10014	11595
Average Inventories ($) 42	2321	3223	7193	•	6401	2107	7647	15101	2939	5531
Average Net Worth ($) 43	36336	31964	68483	•	51961	35158	119142	213632	45662	85860
Current Ratio (×1) 44	3.0	1.9	1.2	•	1.1	1.4	1.2	1.3	1.4	1.3
Quick Ratio (×1) 45	1.5	1.2	0.6	•	0.5	0.8	0.7	1.1	0.9	0.8
Coverage Ratio (×1) 46	3.9	7.6	4.6	•	3.3	4.1	2.7	2.9	3.2	3.6
Asset Turnover (×1) 47	0.3	0.3	0.2	•	0.5	0.3	0.3	0.3	0.3	0.3
Operating Leverage 48	0.7	0.8	1.5	•	•	•	1.6	•	•	0.9
Financial Leverage 49	0.6	1.2	0.8	•	•	1.2	0.8	1.1	1.0	1.1
Total Leverage 50	0.4	0.9	1.2	•	•	•	1.2	•	•	1.0

Table I

Corporations with and without Net Income

OTHER METAL MINING

MONEY AMOUNTS AND SIZE OF ASSETS IN THOUSANDS OF DOLLARS

Item Description for Accounting Period 7/95 Through 6/96		Total	Zero Assets	Under 100	100 to 250	251 to 500	501 to 1,000	1,001 to 5,000	5,001 to 10,000	10,001 to 25,000	25,001 to 50,000	50,001 to 100,000	100,001 to 250,000	250,001 and over
Number of Enterprises	1	210	•	•	•	•	69	42	8	13	10	3	4	3
Revenues ($ in Thousands)														
Net Sales	2	2660420	•	•	•	•	•	77990	•	379077	248423	200243	466102	1288585
Portfolio Income	3	110960	•	•	•	•	215	2	1013	3393	1153	2635	14237	77730
Other Revenues	4	135644	•	•	•	•	2592	•	521	13362	1845	40159	8667	68151
Total Revenues	5	2907024	•	•	•	•	2807	77992	1534	395832	251421	243037	489006	1434466
Average Total Revenues	6	13843	•	•	•	•	41	1857	192	30449	25142	81012	122252	478155
Operating Costs/Operating Income (%)														
Cost of Operations	7	74.6	•	•	•	•	•	8.1	•	80.6	82.6	76.4	59.9	80.2
Rent	8	2.9	•	•	•	•	•	33.2	•	2.1	0.6	1.4	0.4	2.2
Taxes Paid	9	3.2	•	•	•	•	•	5.0	•	1.7	0.6	1.1	9.9	1.9
Interest Paid	10	2.4	•	•	•	•	•	2.0	•	1.4	1.3	1.5	4.5	2.2
Depreciation, Depletion, Amortization	11	8.5	•	•	•	•	•	9.0	•	5.1	5.6	5.3	13.3	8.7
Pensions and Other Benefits	12	0.9	•	•	•	•	•	8.4	•	•	0.4	1.1	0.1	1.0
Other	13	11.2	•	•	•	•	•	37.0	•	11.9	7.4	8.6	18.0	7.4
Officers Compensation	14	0.6	•	•	•	•	•	4.1	•	0.6	0.6	1.6	0.2	0.3
Operating Margin	15	•	•	•	•	•	•	•	•	•	1.1	3.2	•	•
Oper. Margin Before Officers Compensation	16	•	•	•	•	•	•	•	•	•	1.6	4.7	•	•
Selected Average Balance Sheet ($ in Thousands)														
Net Receivables	17	3459	•	•	•	•	•	394	•	4888	2995	11167	39602	141312
Inventories	18	2086	•	•	•	•	•	11	•	3475	7820	10962	31898	51265
Net Property, Plant and Equipment	19	5574	•	•	•	•	631	1229	•	5529	12614	21020	62191	186875
Total Assets	20	20820	•	•	•	•	769	1825	6589	20374	41398	70029	185795	846591

Notes and Loans Payable 21	5038	•	•	•	•	2	1464	0	5872	9694	15508	65954	170876
All Other Liabilities 22	6190	•	•	•	•	375	78	8	5305	5348	18587	65146	275010
Net Worth 23	9593	•	•	•	•	392	283	6580	9197	26356	35934	54696	400704

Selected Financial Ratios (Times to 1)

Current Ratio 24	1.7	•	•	•	•	0.4	1.5	•	2.0	5.0	1.8	1.6	1.5
Quick Ratio 25	1.0	•	•	•	•	0.1	1.4	•	1.1	1.0	1.1	0.9	1.0
Net Sales to Working Capital 26	3.8	•	•	•	•	•	11.8	•	4.7	1.6	5.0	3.4	4.7
Coverage Ratio 27	3.1	•	•	•	•	•	•	1.2	1.8	2.8	•	0.7	4.4
Total Asset Turnover 28	0.6	•	•	•	•	•	1.0	•	1.4	0.6	1.0	0.6	0.5
Inventory Turnover 29	5.7	•	•	•	•	•	•	•	•	2.8	6.3	2.0	•
Receivables Turnover 30	4.1	•	•	•	•	•	4.3	•	8.6	8.9	4.3	1.6	6.1
Total Liabilities to Net Worth 31	1.2	•	•	•	•	1.0	5.5	0.0	1.2	0.6	1.0	2.4	1.1

Selected Financial Factors (in Percentages)

Debt Ratio 32	53.9	•	•	•	•	49.1	84.5	0.1	54.9	36.3	48.7	70.6	52.7
Return on Assets 33	4.5	•	•	•	•	•	•	2.0	3.5	2.2	24.9	1.9	4.9
Return on Equity 34	4.0	•	•	•	•	•	•	0.3	0.1	1.9	35.6	•	5.3
Return Before Interest on Equity 35	9.8	•	•	•	•	•	•	2.0	7.7	3.4	•	6.4	10.4
Profit Margin, Before Income Tax 36	5.1	•	•	•	•	•	•	•	1.1	2.3	24.7	•	7.5
Profit Margin, After Income Tax 37	3.0	•	•	•	•	•	•	•	•	2.0	19.2	•	4.9

Trends in Selected Ratios and Factors, 1990-1999

	1990	1991	1992	1993	1994	1995	1996	1997	1998	1999
Cost of Labor (%) 38	73.2	70.3	61.5	48.9	50.8	72.7	71.4	78.6	76.5	74.6
Operating Margin (%) 39	•	•	4.6	•	•	•	•	•	•	•
Oper. Margin Before Officers Comp. (%) 40	•	•	4.7	•	•	•	•	•	•	•
Average Net Receivables ($) 41	942	917	3668	202	365	846	490	762	1445	3459
Average Inventories ($) 42	1401	737	1954	113	235	444	312	393	636	2086
Average Net Worth ($) 43	4624	1915	5392	-256	-518	2429	1782	2308	4081	9593
Current Ratio (×1) 44	1.4	1.5	1.2	1.6	1.0	1.2	1.5	1.4	1.5	1.7
Quick Ratio (×1) 45	0.5	0.7	0.7	0.9	0.6	0.7	0.8	0.9	0.9	1.0
Coverage Ratio (×1) 46	0.3	0.9	3.4	1.5	1.0	5.1	2.8	1.9	3.0	3.1
Asset Turnover (×1) 47	0.4	0.4	0.5	0.8	0.7	0.7	0.7	0.7	0.8	0.6
Total Liabilities/Net Worth (×1) 48	2.4	4.8	4.8	•	•	1.4	1.1	1.2	1.1	1.2
Return on Assets (×1) 49	0.9	2.5	9.2	6.2	3.2	8.8	3.8	2.7	4.2	4.5
Return on Equity (%) 50	•	•	36.0	•	11.8	9.5	2.5	0.3	3.3	4.0

Table II

Corporations with Net Income

OTHER METAL MINING

MONEY AMOUNTS AND SIZE OF ASSETS IN THOUSANDS OF DOLLARS

Item Description for Accounting Period 7/95 Through 6/96		Total	Zero Assets	Under 100	100 to 250	251 to 500	501 to 1,000	1,001 to 5,000	5,001 to 10,000	10,001 to 25,000	25,001 to 50,000	50,001 to 100,000	100,001 to 250,000	250,001 and over
Number of Enterprises	1	142	•	•	•	56	35	25	8	9	5	3	•	3
Revenues ($ in Thousands)														
Net Sales	2	2289076	•	•	•	•	•	75628	•	245930	214976	463955	•	1288585
Portfolio Income	3	95101	•	•	•	10501	170	2	1013	2694	564	2426	•	77730
Other Revenues	4	116464	•	•	•	347	2592	1	521	1170	1625	42060	•	68151
Total Revenues	5	2500641	•	•	•	10848	2762	75631	1534	249794	217165	508441	•	1434466
Average Total Revenues	6	17610	•	•	•	194	79	3025	192	27755	43433	169480	•	478155
Operating Costs/Operating Income (%)														
Cost of Operations	7	70.5	•	•	•	•	•	8.4	•	60.8	85.8	52.0	•	80.2
Rent	8	2.4	•	•	•	•	•	26.6	•	1.7	0.2	0.5	•	2.2
Taxes Paid	9	3.5	•	•	•	•	•	4.3	•	2.6	0.4	9.8	•	1.9
Interest Paid	10	2.2	•	•	•	•	•	1.9	•	1.2	0.9	3.4	•	2.2
Depreciation, Depletion, Amortization	11	9.1	•	•	•	•	•	5.5	•	7.7	5.3	13.1	•	8.7
Pensions and Other Benefits	12	1.0	•	•	•	•	•	8.5	•	•	0.3	0.5	•	1.0
Other	13	11.2	•	•	•	•	•	32.2	•	17.9	3.6	17.5	•	7.4
Officers Compensation	14	0.6	•	•	•	•	•	4.2	•	0.9	0.3	0.7	•	0.3
Operating Margin	15	•	•	•	•	•	•	8.5	•	7.3	3.3	2.7	•	•
Oper. Margin Before Officers Compensation	16	•	•	•	•	•	•	12.7	•	8.2	3.5	3.4	•	•
Selected Average Balance Sheet ($ in Thousands)														
Net Receivables	17	3888	•	•	•	8	•	661	•	5328	5202	12428	•	141312
Inventories	18	2112	•	•	•	•	•	19	•	2228	15221	16500	•	51265
Net Property, Plant and Equipment	19	6787	•	•	•	88	291	446	•	7864	11922	82175	•	186875
Total Assets	20	24056	•	•	•	321	540	1200	6589	20296	35776	131704	•	846591

Notes and Loans Payable 21	5579	•	•	•	•	•	583	0	4986	16068	46580	•	170876
All Other Liabilities 22	7191	•	•	•	121	17	131	8	3578	8035	37667	•	275010
Net Worth 23	11287	•	•	•	200	523	486	6580	11733	11673	47457	•	400704

Selected Financial Ratios (Times to 1)

Current Ratio 24	1.7	•	•	•	5.9	15.0	1.5	•	3.8	3.4	1.2	•	1.5
Quick Ratio 25	1.0	•	•	•	5.9	5.1	1.4	•	2.1	0.9	0.6	•	1.0
Net Sales to Working Capital 26	4.8	•	•	•	•	•	11.7	•	3.1	2.9	27.4	•	4.7
Coverage Ratio 27	4.9	•	•	•	•	•	5.6	1.2	8.5	6.0	4.6	•	4.4
Total Asset Turnover 28	0.7	•	•	•	•	•	2.5	•	1.4	1.2	1.2	•	0.5
Inventory Turnover 29	6.5	•	•	•	•	•	•	•	8.4	4.9	9.8	•	•
Receivables Turnover 30	4.3	•	•	•	•	•	9.2	•	6.8	•	•	•	6.1
Total Liabilities to Net Worth 31	1.1	•	•	•	0.6	0.0	1.5	0.0	0.7	2.1	1.8	•	1.1

Selected Financial Factors (in Percentages)

Debt Ratio 32	53.1	•	•	•	37.6	3.1	59.5	0.1	42.2	67.4	64.0	•	52.7
Return on Assets 33	7.4	•	•	•	•	1.3	26.1	2.0	13.4	6.2	18.5	•	4.9
Return on Equity 34	9.1	•	•	•	•	1.3	•	0.3	16.8	14.5	30.4	•	5.3
Return Before Interest on Equity 35	15.7	•	•	•	•	1.3	•	2.0	23.2	19.1	•	•	10.4
Profit Margin, Before Income Tax 36	8.8	•	•	•	•	•	8.5	•	8.8	4.3	12.3	•	7.5
Profit Margin, After Income Tax 37	6.4	•	•	•	•	•	8.5	•	7.2	3.9	9.3	•	4.9

Trends in Selected Ratios and Factors, 1990-1999

	1990	1991	1992	1993	1994	1995	1996	1997	1998	1999
Cost of Operations (%) 38	51.0	26.7	60.7	48.0	32.0	69.9	67.2	73.8	76.6	70.5
Operating Margin (%) 39	•	12.2	6.5	3.8	7.3	2.1	•	•	1.3	•
Oper. Margin Before Officers Comp. (%) 40	0.1	12.2	6.6	4.4	7.4	2.7	•	•	1.8	•
Average Net Receivables ($) 41	1062	219	11968	991	9252	10684	4006	2660	3636	3888
Average Inventories ($) 42	1272	75	6036	475	2419	5319	2079	1100	1423	2112
Average Net Worth ($) 43	1499	404	18497	1301	8678	41261	12983	9491	9748	11287
Current Ratio (×1) 44	1.8	1.3	1.2	2.0	1.5	1.3	1.5	1.4	1.6	1.7
Quick Ratio (×1) 45	0.8	0.7	0.7	1.1	1.0	0.7	0.8	0.9	1.0	1.0
Coverage Ratio (×1) 46	2.6	7.0	3.6	3.0	4.7	13.0	5.3	6.1	7.6	4.9
Asset Turnover (×1) 47	1.5	1.2	0.5	1.2	1.5	0.8	0.7	0.7	0.7	0.7
Operating Leverage 48	0.0	•	0.5	0.6	1.9	0.3	•	1.8	•	•
Financial Leverage 49	1.0	1.9	1.0	0.7	1.2	1.2	0.9	1.1	1.1	0.9
Total Leverage 50	0.0	•	0.5	0.4	2.3	0.3	•	2.0	•	•

Table I

Corporations with and without Net Income

COAL MINING

MONEY AMOUNTS AND SIZE OF ASSETS IN THOUSANDS OF DOLLARS

Item Description for Accounting Period 7/95 Through 6/96		Total	Zero Assets	Under 100	100 to 250	251 to 500	501 to 1,000	1,001 to 5,000	5,001 to 10,000	10,001 to 25,000	25,001 to 50,000	50,001 to 100,000	100,001 to 250,000	250,001 and over
Number of Enterprises	1	1584	5	406	149	235	294	324	46	74	16	11	14	11
Revenues ($ in Thousands)														
Net Sales	2	18069034	57929	260190	1365188	339237	662196	1933846	433460	1533015	525449	685406	2223198	8049919
Portfolio Income	3	710552	•	13492	6030	565	3215	13196	1867	27055	10569	17272	153357	463932
Other Revenues	4	1033793	•	12888	88	1407	1213	3239	4701	43625	70215	42539	94505	759377
Total Revenues	5	19813379	57929	286570	1371306	341209	666624	1950281	440028	1603695	606233	745217	2471060	9273228
Average Total Revenues	6	12508	11586	706	9203	1452	2267	6019	9566	21672	37890	67747	176504	843021
Operating Costs/Operating Income (%)														
Cost of Operations	7	63.9	73.9	69.2	•	45.6	18.0	67.0	78.5	63.4	72.4	84.5	80.6	70.6
Rent	8	3.1	•	22.1	•	15.8	20.3	2.4	1.6	6.5	2.3	1.7	2.3	1.2
Taxes Paid	9	5.1	2.8	8.5	0.9	5.8	6.9	3.5	3.9	5.2	8.4	2.1	4.6	6.2
Interest Paid	10	3.2	2.4	0.1	•	1.4	0.8	1.2	2.9	1.7	2.5	4.1	4.5	4.5
Depreciation, Depletion, Amortization	11	7.9	10.0	1.1	•	6.1	2.7	2.3	8.6	8.8	9.0	4.9	6.4	11.6
Pensions and Other Benefits	12	3.8	•	7.2	5.9	5.1	7.7	4.6	2.9	3.2	2.5	2.7	2.1	3.5
Other	13	19.1	2.7	11.8	93.3	25.7	43.4	17.0	7.0	15.1	17.7	5.8	10.6	10.1
Officers Compensation	14	0.5	•	0.3	•	4.5	•	0.1	0.8	1.2	1.6	0.8	0.6	0.3
Operating Margin	15	•	8.2	•	•	•	0.2	2.0	•	•	•	•	•	•
Oper. Margin Before Officers Compensation	16	•	8.2	•	•	•	0.2	2.1	•	•	•	•	•	•
Selected Average Balance Sheet ($ in Thousands)														
Net Receivables	17	14480	•	3	•	47	130	346	345	2661	5811	9538	17734	2010484
Inventories	18	522	•	•	•	•	•	106	207	814	1786	3254	8637	48836
Net Property, Plant and Equipment	19	4998	•	1	•	158	168	733	3535	7286	14014	31763	62801	494373
Total Assets	20	32256	•	52	108	379	771	2023	6012	15191	37433	66454	163270	4097228

Notes and Loans Payable 21	3722	•	436	•	328	137	1393	2555	4906	3286	33602	56334	314467
All Other Liabilities 22	16839	•	186	98	412	113	823	2529	5125	9660	25538	66089	2211763
Net Worth 23	11695	•	-571	10	-361	520	-192	929	5160	24486	7315	40847	1570998
Selected Financial Ratios (Times to 1)													
Current Ratio 24	1.2	•	0.3	1.0	0.4	5.0	0.9	0.6	1.2	1.8	1.1	1.0	1.2
Quick Ratio 25	1.2	•	0.3	•	0.4	4.4	0.7	0.5	1.0	1.4	0.8	0.7	1.2
Net Sales to Working Capital 26	4.0	•	•	•	•	5.0	•	•	23.4	6.0	31.2	•	1.8
Coverage Ratio 27	2.0	4.4	•	•	•	1.9	3.4	•	0.7	0.6	1.5	0.9	2.7
Total Asset Turnover 28	0.4	•	12.4	•	3.8	2.9	3.0	1.6	1.4	0.9	0.9	1.0	0.2
Inventory Turnover 29	•	•	•	•	•	•	•	•	•	•	•	•	•
Receivables Turnover 30	1.1	•	•	•	•	•	•	•	9.5	6.5	8.4	7.9	0.5
Total Liabilities to Net Worth 31	1.8	•	•	9.8	•	0.5	•	5.5	2.0	0.5	8.1	3.0	1.6
Selected Financial Factors (in Percentages)													
Debt Ratio 32	63.8	•	•	90.8	•	32.5	•	84.6	66.0	34.6	89.0	75.0	61.7
Return on Assets 33	2.3	•	•	36.2	•	4.2	11.8	•	1.7	1.4	5.8	3.9	2.1
Return on Equity 34	1.6	•	11.7	•	37.2	2.5	•	•	•	•	13.8	•	2.0
Return Before Interest on Equity 35	6.3	•	11.3	•	31.6	6.3	•	•	4.9	2.2	•	15.4	5.6
Profit Margin, Before Income Tax 36	3.2	8.2	•	0.4	•	0.7	2.8	•	•	•	2.1	•	7.5
Profit Margin, After Income Tax 37	1.7	8.2	•	0.4	•	0.6	2.8	•	•	•	1.6	•	4.3

Trends in Selected Ratios and Factors, 1990-1999

	1990	1991	1992	1993	1994	1995	1996	1997	1998	1999
Cost of Labor (%) 38	68.9	70.3	68.5	75.1	76.8	72.5	70.5	72.9	67.7	63.9
Operating Margin (%) 39	•	•	•	•	•	•	•	•	•	•
Oper. Margin Before Officers Comp. (%) 40	•	•	•	•	•	•	•	•	•	•
Average Net Receivables ($) 41	972	769	644	964	1443	1107	1417	4989	4340	14480
Average Inventories ($) 42	289	229	273	300	317	290	457	785	391	522
Average Net Worth ($) 43	2681	2264	2554	2594	3677	3485	2787	10849	7023	11695
Current Ratio (×1) 44	1.3	1.9	1.3	1.3	1.3	1.5	1.6	1.4	1.6	1.2
Quick Ratio (×1) 45	0.9	1.3	0.8	0.9	0.9	1.0	1.1	1.2	1.4	1.2
Coverage Ratio (×1) 46	1.4	1.6	2.1	1.5	1.5	0.8	1.6	1.0	1.7	2.0
Asset Turnover (×1) 47	0.8	0.8	0.8	0.9	0.8	0.8	0.9	0.6	0.5	0.4
Total Liabilities/Net Worth (×1) 48	1.3	1.2	1.2	1.3	1.3	1.1	2.3	1.4	1.4	1.8
Return on Assets (×1) 49	3.8	3.9	6.1	4.4	4.1	2.1	3.9	1.9	2.3	2.3
Return on Equity (%) 50	1.4	1.8	5.0	0.9	1.7	•	0.7	•	0.9	1.6

COAL MINING

MONEY AMOUNTS AND SIZE OF ASSETS IN THOUSANDS OF DOLLARS

Item Description for Accounting Period 7/95 Through 6/96		Total	Zero Assets	Under 100	100 to 250	251 to 500	501 to 1,000	1,001 to 5,000	5,001 to 10,000	10,001 to 25,000	25,001 to 50,000	50,001 to 100,000	100,001 to 250,000	250,001 and over
Number of Enterprises	1	777	5	183	149	74	134	154	5	38	•	7	8	•
Revenues ($ in Thousands)														
Net Sales	2	13039273	57929	6997	1365188	90455	660799	1437503	135683	786286	•	508953	1381872	•
Portfolio Income	3	610211	•	13492	6030	•	38	12339	•	18479	•	15957	139278	•
Other Revenues	4	788308	•	12887	88	•	2	8701	•	37661	•	17270	48676	•
Total Revenues	5	14437792	57929	33376	1371306	90455	660839	1458543	135683	842426	•	542180	1569826	•
Average Total Revenues	6	18581	11586	182	9203	1222	4932	9471	27137	22169	•	77454	196228	•
Operating Costs/Operating Income (%)														
Cost of Operations	7	60.8	73.9	•	•	73.2	18.1	72.9	76.7	45.5	•	81.5	84.6	•
Rent	8	2.4	•	•	•	•	20.0	2.8	•	11.2	•	1.5	0.9	•
Taxes Paid	9	4.9	2.8	57.5	0.9	7.2	6.6	2.1	0.2	5.5	•	2.4	4.7	•
Interest Paid	10	3.0	2.4	4.4	•	•	0.8	0.6	1.4	2.1	•	2.1	5.3	•
Depreciation, Depletion, Amortization	11	7.6	10.0	40.1	•	8.3	2.4	1.9	3.5	10.2	•	4.9	5.6	•
Pensions and Other Benefits	12	3.5	•	•	5.9	•	7.7	6.2	3.2	3.7	•	2.9	1.6	•
Other	13	20.4	2.7	51.0	93.3	0.9	40.8	7.5	3.5	23.5	•	5.6	6.5	•
Officers Compensation	14	0.3	•	12.4	•	•	•	0.2	•	1.8	•	1.1	0.5	•
Operating Margin	15	•	8.2	•	•	10.4	3.7	6.0	11.6	•	•	•	•	•
Oper. Margin Before Officers Compensation	16	•	8.2	•	•	10.4	3.7	6.1	11.6	•	•	•	•	•
Selected Average Balance Sheet ($ in Thousands)														
Net Receivables	17	28767	•	•	•	4	221	459	912	1886	•	11155	21125	•
Inventories	18	717	•	•	•	•	•	•	•	205	•	2894	9404	•
Net Property, Plant and Equipment	19	6797	•	0	•	37	191	676	3512	7179	•	26142	68811	•
Total Assets	20	58259	•	40	108	309	702	1664	5737	15519	•	67504	176939	•

Notes and Loans Payable 21	4504	•	•	•	•	264	548	3955	5305	•	22300	75361	•
All Other Liabilities 22	31510	•	5	98	387	224	798	1735	3367	•	30152	59201	•
Net Worth 23	22246	•	35	10	-78	215	318	47	6846	•	15052	42377	•

Selected Financial Ratios (Times to 1)

Current Ratio 24	1.2	•	7.4	1.0	0.3	2.2	1.0	0.6	1.1	•	1.5	1.1	•
Quick Ratio 25	1.2	•	5.6	•	0.2	1.9	0.9	0.5	0.9	•	1.2	0.7	•
Net Sales to Working Capital 26	3.0	•	1.1	•	•	18.7	•	•	•	•	10.9	•	•
Coverage Ratio 27	3.7	4.4	•	•	•	5.9	14.6	9.5	2.6	•	3.1	1.7	•
Total Asset Turnover 28	0.3	•	1.0	•	4.0	7.0	5.6	4.7	1.3	•	1.1	1.0	•
Inventory Turnover 29	•	•	•	•	•	•	•	•	•	•	•	•	•
Receivables Turnover 30	0.9	•	•	•	•	•	•	•	•	•	•	7.0	•
Total Liabilities to Net Worth 31	1.6	•	0.2	9.8	•	2.3	4.2	•	1.3	•	3.5	3.2	•

Selected Financial Factors (in Percentages)

Debt Ratio 32	61.8	•	13.5	90.8	•	69.4	80.9	99.2	55.9	•	77.7	76.1	•
Return on Assets 33	3.1	•	•	36.2	•	31.5	•	•	7.4	•	7.0	9.0	•
Return on Equity 34	4.4	•	•	•	•	•	•	•	9.1	•	18.2	11.8	•
Return Before Interest on Equity 35	8.2	•	•	•	•	•	•	•	16.7	•	31.2	•	•
Profit Margin, Before Income Tax 36	7.9	8.2	•	0.4	10.4	3.7	7.4	11.6	3.4	•	4.4	3.9	•
Profit Margin, After Income Tax 37	5.8	8.2	•	0.4	10.4	3.6	7.4	11.6	3.0	•	3.8	2.9	•

Trends in Selected Ratios and Factors, 1990-1999

	1990	1991	1992	1993	1994	1995	1996	1997	1998	1999
Cost of Operations (%) 38	69.3	68.7	67.3	69.7	75.2	60.7	66.8	69.9	67.5	60.8
Operating Margin (%) 39	•	•	•	•	•	0.4	•	•	•	•
Oper. Margin Before Officers Comp. (%) 40	•	•	•	0.7	•	1.1	•	•	•	•
Average Net Receivables ($) 41	1251	1671	940	1246	3509	796	4425	10271	10272	28767
Average Inventories ($) 42	299	430	529	525	707	130	992	706	676	717
Average Net Worth ($) 43	2300	5240	5271	3779	9742	2069	9516	22557	17250	22246
Current Ratio (×1) 44	1.4	2.2	1.3	1.8	1.4	1.7	1.9	1.6	1.7	1.2
Quick Ratio (×1) 45	1.0	1.5	0.7	1.2	1.0	1.2	1.4	1.5	1.5	1.2
Coverage Ratio (×1) 46	3.1	2.9	3.1	4.1	2.6	3.9	3.5	3.1	3.6	3.7
Asset Turnover (×1) 47	0.9	0.7	0.8	1.0	0.8	1.4	0.7	0.4	0.4	0.3
Operating Leverage 48	3.2	1.1	0.3	0.1	31.0	•	•	1.1	1.3	0.7
Financial Leverage 49	1.0	1.0	1.0	1.0	0.9	1.3	0.9	1.1	1.0	1.0
Total Leverage 50	3.1	1.1	0.3	0.1	26.2	•	•	1.2	1.3	0.7

CRUDE PETROLEUM, NATURAL GAS, AND NATURAL GAS LIQUIDS

MONEY AMOUNTS AND SIZE OF ASSETS IN THOUSANDS OF DOLLARS

Item Description for Accounting Period 7/95 Through 6/96		Total	Zero Assets	Under 100	100 to 250	251 to 500	501 to 1,000	1,001 to 5,000	5,001 to 10,000	10,001 to 25,000	25,001 to 50,000	50,001 to 100,000	100,001 to 250,000	250,001 and over
Number of Enterprises	1	15296	1148	6282	2719	1375	1561	1434	354	197	66	62	44	54
Revenues ($ in Thousands)														
Net Sales	2	48760128	2026073	328691	458929	450663	848787	1047325	646540	634118	1149911	1279703	3144920	36744469
Portfolio Income	3	3442352	58463	8292	13153	10761	31710	155868	100526	80535	64447	121022	230320	2567254
Other Revenues	4	3395488	-5665	40158	81302	28540	148116	229257	160804	189568	26321	157850	193323	2145914
Total Revenues	5	55597968	2078871	377141	553384	489964	1028613	1432450	907870	904221	1240679	1558575	3568563	41457637
Average Total Revenues	6	3635	1811	60	204	356	659	999	2565	4590	18798	25138	81104	767734
Operating Costs/Operating Income (%)														
Cost of Operations	7	65.9	84.8	18.0	38.1	12.6	35.4	27.5	28.8	27.2	70.1	44.4	55.5	71.0
Rent	8	3.5	2.1	3.7	3.2	9.3	7.9	10.9	13.2	20.2	3.0	7.0	3.6	2.7
Taxes Paid	9	2.5	1.5	4.8	4.5	5.9	4.5	6.7	6.8	7.2	2.9	4.5	2.8	2.1
Interest Paid	10	7.7	1.0	6.7	3.9	1.3	4.3	7.7	5.2	12.8	5.7	9.0	7.0	8.3
Depreciation, Depletion, Amortization	11	9.8	5.1	11.1	7.8	7.5	10.5	14.4	19.3	25.8	9.9	21.7	14.0	8.7
Pensions and Other Benefits	12	1.2	0.3	0.6	0.6	0.5	1.5	1.3	2.0	2.9	0.4	0.9	0.5	1.4
Other	13	18.0	14.0	60.5	40.8	57.7	40.2	53.6	66.1	54.2	16.7	36.4	20.9	13.2
Officers Compensation	14	1.2	0.3	15.3	6.2	7.6	4.4	10.0	5.2	8.6	1.9	4.2	1.2	0.4
Operating Margin	15	•	•	•	•	•	•	•	•	•	•	•	•	•
Oper. Margin Before Officers Compensation	16	•	•	•	1.2	5.1	•	•	•	•	•	•	•	•
Selected Average Balance Sheet ($ in Thousands)														
Net Receivables	17	564	•	2	22	56	104	301	950	1811	5687	7128	14747	105965
Inventories	18	174	•	1	1	4	7	12	57	545	676	746	788	43822
Net Property, Plant and Equipment	19	3348	•	15	64	114	298	846	2866	7732	14976	42124	99089	715165
Total Assets	20	8616	•	34	165	344	741	2122	7249	15538	35679	74002	160286	1978266

Notes and Loans Payable 21	2445	•	18	112	125	409	773	2127	6023	12727	24581	48801	529777
All Other Liabilities 22	1661	•	9	77	108	154	385	1737	2579	7706	13728	25604	381475
Net Worth 23	4510	•	8	-23	112	177	964	3385	6937	15246	35693	85881	1067014
Selected Financial Ratios (Times to 1)													
Current Ratio 24	1.4	•	2.1	0.8	1.3	1.1	1.4	1.4	1.5	1.9	1.9	1.7	1.4
Quick Ratio 25	0.9	•	1.9	0.6	1.2	0.9	1.2	1.2	1.1	1.7	1.6	1.1	0.8
Net Sales to Working Capital 26	7.9	•	5.9	•	12.3	15.1	3.8	2.8	1.9	3.0	2.4	5.0	10.0
Coverage Ratio 27	1.6	•	0.1	5.0	5.7	4.0	1.6	•	•	0.6	0.3	2.2	1.7
Total Asset Turnover 28	0.4	•	1.5	1.0	1.0	0.7	0.4	0.3	0.2	0.5	0.3	0.5	0.4
Inventory Turnover 29	•	•	•	•	•	•	•	9.2	1.8	•	•	•	•
Receivables Turnover 30	5.9	•	•	•	3.8	5.4	2.2	1.7	1.6	3.4	3.3	4.8	6.9
Total Liabilities to Net Worth 31	0.9	•	3.4	•	2.1	3.2	1.2	1.2	1.2	1.4	1.1	0.9	0.9
Selected Financial Factors (in Percentages)													
Debt Ratio 32	47.7	•	77.3	•	67.4	76.1	54.6	53.3	55.4	57.3	51.8	46.4	46.1
Return on Assets 33	4.5	•	1.4	19.9	7.2	12.4	4.2	•	•	1.6	0.8	6.7	4.8
Return on Equity 34	2.0	•	•	•	17.0	37.1	2.4	•	•	•	•	4.2	2.5
Return Before Interest on Equity 35	8.6	•	6.3	•	22.2	•	9.3	•	•	3.6	1.6	12.5	8.9
Profit Margin, Before Income Tax 36	4.5	•	•	15.6	6.3	12.6	4.6	•	•	•	•	8.1	5.7
Profit Margin, After Income Tax 37	2.8	•	•	15.5	5.8	12.1	3.2	•	•	•	•	5.0	4.0

Trends in Selected Ratios and Factors, 1990-1999

	1990	1991	1992	1993	1994	1995	1996	1997	1998	1999
Cost of Labor (%) 38	67.3	67.5	62.4	63.4	63.5	61.1	69.9	68.0	66.1	65.9
Operating Margin (%) 39	•	•	•	•	•	•	•	•	•	•
Oper. Margin Before Officers Comp. (%) 40	•	•	•	•	•	•	•	•	•	•
Average Net Receivables ($) 41	498	562	544	482	597	426	472	420	465	564
Average Inventories ($) 42	156	142	128	114	124	102	128	175	160	174
Average Net Worth ($) 43	3586	4229	3950	4614	3802	3426	3887	3724	3805	4510
Current Ratio (x1) 44	1.1	1.0	1.1	1.1	1.1	1.1	1.1	1.2	1.4	1.4
Quick Ratio (x1) 45	0.8	0.8	0.8	0.8	0.8	0.8	0.7	0.8	0.8	0.9
Coverage Ratio (x1) 46	0.8	1.1	1.3	1.6	1.9	1.9	1.5	1.5	1.4	1.6
Asset Turnover (x1) 47	0.3	0.3	0.2	0.2	0.3	0.3	0.4	0.4	0.4	0.4
Total Liabilities/Net Worth (x1) 48	0.9	0.8	0.8	0.7	0.9	0.9	1.0	1.0	1.0	0.9
Return on Assets (x1) 49	2.5	2.5	3.4	4.5	6.2	5.8	3.6	3.4	3.5	4.5
Return on Equity (%) 50	•	•	0.5	1.8	3.7	3.4	1.2	1.2	1.0	2.0

Table II

Corporations with Net Income

CRUDE PETROLEUM, NATURAL GAS, AND NATURAL GAS LIQUIDS

MONEY AMOUNTS AND SIZE OF ASSETS IN THOUSANDS OF DOLLARS

Item Description for Accounting Period 7/95 Through 6/96	Total	Zero Assets	Under 100	100 to 250	251 to 500	501 to 1,000	1,001 to 5,000	5,001 to 10,000	10,001 to 25,000	25,001 to 50,000	50,001 to 100,000	100,001 to 250,000	250,001 and over
Number of Enterprises **1**	8386	610	3449	1340	828	932	884	123	102	33	29	24	30
Revenues ($ in Thousands)													
Net Sales **2**	24847942	1802675	241767	256438	311655	479208	790318	300996	353210	769153	603814	2119179	16819530
Portfolio Income **3**	2540872	37203	5602	1784	3268	21546	124606	74668	67537	49738	67354	163561	1924003
Other Revenues **4**	1964251	11702	25269	55131	27268	137476	177706	45227	130372	14881	75960	159331	1103929
Total Revenues **5**	29353065	1851580	272638	313353	342191	638230	1092630	420891	551119	833772	747128	2442071	19847462
Average Total Revenues **6**	3500	3035	79	234	413	685	1236	3422	5403	25266	25763	101753	661582
Operating Costs/Operating Income (%)													
Cost of Operations **7**	54.2	91.4	0.6	12.3	18.2	31.6	25.4	19.2	25.4	73.3	43.5	65.5	53.7
Rent **8**	3.5	0.4	4.8	0.3	11.3	5.7	8.0	11.8	18.5	2.2	5.7	2.0	3.1
Taxes Paid **9**	2.9	0.7	5.0	5.6	5.8	6.0	6.7	5.4	6.5	2.8	4.2	1.5	2.7
Interest Paid **10**	8.8	0.4	3.3	0.9	0.6	2.8	7.9	3.7	8.6	2.5	5.0	3.0	11.4
Depreciation, Depletion, Amortization **11**	10.4	1.4	10.3	9.8	9.5	9.1	12.6	17.1	16.7	8.6	16.7	8.4	11.2
Pensions and Other Benefits **12**	1.8	•	0.8	•	0.4	0.4	1.0	1.0	3.4	0.3	1.1	0.3	2.3
Other **13**	18.8	3.9	45.9	39.5	38.9	43.3	41.8	47.2	39.4	10.0	25.7	13.8	17.4
Officers Compensation **14**	1.3	0.3	13.9	3.9	5.3	4.3	8.4	2.9	9.0	1.4	2.8	0.7	0.5
Operating Margin **15**	•	1.5	15.6	27.8	9.9	•	•	•	•	•	•	4.9	•
Oper. Margin Before Officers Compensation **16**	•	1.7	29.5	31.7	15.2	1.3	•	•	•	0.3	•	5.6	•
Selected Average Balance Sheet ($ in Thousands)													
Net Receivables **17**	590	•	3	23	17	112	330	1082	2498	5289	8103	17908	108957
Inventories **18**	177	•	0	1	6	6	10	10	1033	96	1113	1120	43046
Net Property, Plant and Equipment **19**	3472	•	15	61	145	302	814	2444	5155	13743	34756	75320	792214
Total Assets **20**	11271	•	35	153	350	792	2036	7802	15751	37364	69421	151093	2730918

Notes and Loans Payable 21	2538	•	17	63	140	289	760	1235	3118	10221	11188	24584	612127
All Other Liabilities 22	1843	•	1	11	66	158	413	1644	2659	7602	8135	27604	441466
Net Worth 23	6890	•	16	79	143	345	863	4923	9974	19540	50098	98905	1677325
Selected Financial Ratios (Times to 1)													
Current Ratio 24	1.5	•	•	1.6	2.0	0.9	1.3	1.9	2.1	2.4	3.6	1.9	1.3
Quick Ratio 25	1.0	•	•	1.5	1.7	0.9	1.3	1.8	1.5	2.2	2.9	1.2	0.7
Net Sales to Working Capital 26	6.1	•	4.1	7.8	6.0	•	4.8	1.7	0.9	3.1	1.3	3.8	8.7
Coverage Ratio 27	3.0	11.7	9.6	•	•	12.0	4.4	9.6	4.3	3.9	4.9	7.7	2.5
Total Asset Turnover 28	0.3	•	2.0	1.3	1.1	0.7	0.4	0.3	0.2	0.6	0.3	0.6	0.2
Inventory Turnover 29	8.5	•	7.1	•	•	•	•	8.2	1.0	•	9.4	•	6.4
Receivables Turnover 30	4.9	•	•	•	•	4.3	2.2	1.6	1.3	5.0	2.7	5.9	5.0
Total Liabilities to Net Worth 31	0.6	•	1.2	0.9	1.4	1.3	1.4	0.6	0.6	0.9	0.4	0.5	0.6
Selected Financial Factors (in Percentages)													
Debt Ratio 32	38.9	•	53.4	48.4	59.0	56.5	57.6	36.9	36.7	47.7	27.8	34.6	38.6
Return on Assets 33	6.8	•	•	•	21.9	21.4	15.1	11.0	8.0	6.1	7.3	13.5	5.7
Return on Equity 34	6.0	•	•	•	•	•	25.5	13.3	8.1	7.8	6.6	13.9	4.3
Return Before Interest on Equity 35	11.1	•	•	•	•	•	•	17.5	12.6	11.6	10.1	20.7	9.3
Profit Margin, Before Income Tax 36	17.1	4.2	28.3	•	19.7	30.2	26.5	31.5	27.8	7.2	19.3	20.1	16.5
Profit Margin, After Income Tax 37	13.8	3.6	27.9	•	19.1	29.4	24.6	26.7	23.3	6.5	15.8	15.6	12.7

Trends in Selected Ratios and Factors, 1990-1999

	1990	1991	1992	1993	1994	1995	1996	1997	1998	1999
Cost of Operations (%) 38	40.5	52.1	64.0	64.9	65.1	62.5	48.7	42.5	54.7	54.2
Operating Margin (%) 39	•	•	•	•	•	•	•	1.6	•	•
Oper. Margin Before Officers Comp. (%) 40	•	•	•	•	•	•	•	3.5	•	•
Average Net Receivables ($) 41	443	583	1229	899	935	699	616	530	557	590
Average Inventories ($) 42	83	179	315	243	209	187	118	124	182	177
Average Net Worth ($) 43	2245	2260	9982	10233	6845	6529	3754	2593	5928	6890
Current Ratio (×1) 44	1.7	1.2	1.2	1.3	1.4	1.3	1.1	1.5	1.6	1.5
Quick Ratio (×1) 45	1.3	0.9	0.9	0.9	1.0	0.9	0.8	1.1	1.0	1.0
Coverage Ratio (×1) 46	5.7	4.3	2.2	2.2	2.6	2.5	3.4	4.9	3.1	3.0
Asset Turnover (×1) 47	0.3	0.4	0.2	0.2	0.3	0.3	0.3	0.4	0.3	0.3
Operating Leverage 48	1.1	1.3	1.5	1.3	0.6	1.1	0.3	•	•	0.4
Financial Leverage 49	1.2	1.1	0.7	1.0	1.1	1.0	1.2	1.2	0.9	1.0
Total Leverage 50	1.2	1.4	1.0	1.2	0.7	1.1	0.3	•	•	0.4

OIL AND GAS FIELD SERVICES

MONEY AMOUNTS AND SIZE OF ASSETS IN THOUSANDS OF DOLLARS

Item Description for Accounting Period 7/95 Through 6/96		Total	Zero Assets	Under 100	100 to 250	251 to 500	501 to 1,000	1,001 to 5,000	5,001 to 10,000	10,001 to 25,000	25,001 to 50,000	50,001 to 100,000	100,001 to 250,000	250,001 and over
Number of Enterprises	1	12192	334	6611	1556	1344	1118	949	119	74	42	7	19	19
Revenues ($ in Thousands)														
Net Sales	2	19828737	227820	769880	442121	698471	1225710	1952999	1037104	928481	755902	443348	2387543	8959360
Portfolio Income	3	807789	12110	16126	9521	52369	13686	39863	15002	45586	30043	4884	86713	481887
Other Revenues	4	1013320	59408	199465	60246	53783	5869	65278	48068	91393	69399	16497	49457	294453
Total Revenues	5	21649846	299338	985471	511888	804623	1245265	2058140	1100174	1065460	855344	464729	2523713	9735700
Average Total Revenues	6	1776	896	149	329	599	1114	2169	9245	14398	20365	66390	132827	512405
Operating Costs/Operating Income (%)														
Cost of Operations	7	54.3	58.5	33.1	44.7	34.8	56.3	40.0	47.7	68.6	72.5	54.2	57.8	57.7
Rent	8	11.2	15.9	20.6	13.0	20.3	12.9	15.8	12.6	5.1	6.4	14.5	8.4	9.7
Taxes Paid	9	3.0	1.6	5.1	3.9	5.4	3.3	3.4	3.7	2.2	1.8	5.3	2.5	2.6
Interest Paid	10	2.9	5.2	0.9	2.1	2.0	1.3	2.2	1.1	2.6	5.7	2.4	3.0	3.5
Depreciation, Depletion, Amortization	11	9.2	24.7	3.0	3.3	7.6	4.3	6.4	6.2	7.5	14.8	9.7	10.7	10.7
Pensions and Other Benefits	12	2.2	4.9	1.7	0.7	1.4	1.1	1.3	2.7	1.3	1.9	1.5	2.6	2.7
Other	13	19.5	37.8	43.3	34.1	33.1	18.5	25.5	20.8	15.3	11.5	15.7	15.7	16.1
Officers Compensation	14	2.9	9.9	14.7	6.7	7.2	4.0	6.0	3.9	2.7	3.0	1.3	1.7	0.7
Operating Margin	15	•	•	•	•	•	•	•	1.5	•	•	•	•	•
Oper. Margin Before Officers Compensation	16	•	•	•	•	•	2.3	5.5	5.4	•	•	•	•	•
Selected Average Balance Sheet ($ in Thousands)														
Net Receivables	17	408	•	1	35	134	146	361	2684	2801	6165	16073	32700	142287
Inventories	18	81	•	3	7	21	19	39	48	106	701	3979	6723	35600
Net Property, Plant and Equipment	19	894	•	9	53	92	229	606	2301	5305	16077	28646	82242	352337
Total Assets	20	2356	•	33	167	363	747	2016	6996	16068	33119	69264	166903	943867

Notes and Loans Payable 21	645	•	20	99	58	317	521	1183	3992	23391	9108	42194	229490
All Other Liabilities 22	473	•	5	21	71	175	494	1933	2354	11627	22011	32441	172400
Net Worth 23	1238	•	8	47	233	255	1002	3880	9722	-1899	38145	92268	541977

Selected Financial Ratios (Times to 1)

Current Ratio 24	2.0	•	2.1	1.6	4.9	1.9	1.8	1.9	2.3	1.2	2.2	2.2	2.1
Quick Ratio 25	1.5	•	1.5	1.2	4.1	1.5	1.4	1.7	2.1	0.9	1.7	1.5	1.6
Net Sales to Working Capital 26	4.1	•	15.4	7.5	2.8	6.7	5.3	4.3	3.7	11.0	3.6	3.8	3.5
Coverage Ratio 27	2.4	•	7.4	4.6	2.5	0.9	3.2	8.2	4.7	0.2	1.1	2.2	2.5
Total Asset Turnover 28	0.7	•	3.5	1.7	1.4	1.5	1.0	1.3	0.8	0.6	0.9	0.8	0.5
Inventory Turnover 29	•	•	•	7.6	8.4	•	•	•	•	•	4.7	•	8.4
Receivables Turnover 30	4.5	•	•	8.1	6.0	8.0	6.3	3.6	4.0	4.1	3.1	4.2	3.8
Total Liabilities to Net Worth 31	0.9	•	3.0	2.5	0.6	1.9	1.0	0.8	0.7	•	0.8	0.8	0.8

Selected Financial Factors (in Percentages)

Debt Ratio 32	47.4	•	75.2	71.7	35.8	66.0	50.3	44.5	39.5	•	44.9	44.7	42.6
Return on Assets 33	4.8	•	22.8	16.4	7.2	1.8	7.2	10.8	9.4	0.7	2.5	4.8	4.3
Return on Equity 34	4.1	•	•	•	5.4	•	9.0	16.2	10.9	•	•	2.7	3.4
Return Before Interest on Equity 35	9.2	•	•	•	11.3	5.2	14.4	19.4	15.5	•	4.5	8.7	7.6
Profit Margin, Before Income Tax 36	4.1	•	5.7	7.5	3.1	•	4.8	7.6	9.4	•	0.3	3.4	5.2
Profit Margin, After Income Tax 37	3.1	•	5.5	7.5	2.4	•	4.4	7.2	8.5	•	•	2.0	3.9

Trends in Selected Ratios and Factors, 1990-1999

	1990	1991	1992	1993	1994	1995	1996	1997	1998	1999
Cost of Labor (%) 38	64.8	61.0	59.7	56.3	51.8	53.4	52.0	52.3	55.7	54.3
Operating Margin (%) 39	•	•	•	•	•	•	•	•	•	•
Oper. Margin Before Officers Comp. (%) 40	•	•	•	•	•	•	•	•	•	•
Average Net Receivables ($) 41	309	294	357	271	311	363	333	343	345	408
Average Inventories ($) 42	86	81	114	77	64	87	84	86	80	81
Average Net Worth ($) 43	1016	952	1202	1209	1146	852	772	890	1012	1238
Current Ratio (×1) 44	0.9	0.9	1.0	1.2	1.2	1.5	1.5	1.8	1.8	2.0
Quick Ratio (×1) 45	0.7	0.7	0.8	1.0	1.0	1.1	1.2	1.3	1.3	1.5
Coverage Ratio (×1) 46	•	•	0.9	0.1	1.2	1.3	1.1	2.6	1.8	2.4
Asset Turnover (×1) 47	0.5	0.5	0.5	0.5	0.6	0.8	0.8	0.8	0.8	0.7
Total Liabilities/Net Worth (×1) 48	1.6	1.5	1.2	0.9	1.0	1.3	1.2	1.1	1.0	0.9
Return on Assets (×1) 49	•	•	2.1	0.3	3.0	4.4	3.0	6.0	4.3	4.8
Return on Equity (%) 50	•	•	•	•	•	0.7	•	6.2	2.9	4.1

Table II

Corporations with Net Income

OIL AND GAS FIELD SERVICES

MONEY AMOUNTS AND SIZE OF ASSETS IN THOUSANDS OF DOLLARS

Item Description for Accounting Period 7/95 Through 6/96	Total	Zero Assets	Under 100	100 to 250	251 to 500	501 to 1,000	1,001 to 5,000	5,001 to 10,000	10,001 to 25,000	25,001 to 50,000	50,001 to 100,000	100,001 to 250,000	250,001 and over
Number of Enterprises **1**	6731	51	3679	988	721	553	549	93	54	14	3	12	13
Revenues ($ in Thousands)													
Net Sales **2**	14913231	36360	624387	282412	445764	991106	1361055	963773	835433	296882	182849	1334352	7558857
Portfolio Income **3**	595186	5518	16126	5747	26084	11042	7361	9583	36459	14259	4602	48414	409992
Other Revenues **4**	854802	57498	195578	51250	52479	3223	29174	22679	88077	53692	13077	34410	253666
Total Revenues **5**	16363219	99376	836091	339409	524327	1005371	1397590	996035	959969	364833	200528	1417176	8222515
Average Total Revenues **6**	2431	1949	227	344	727	1818	2546	10710	17777	26060	66843	118098	632501
Operating Costs/Operating Income (%)													
Cost of Operations **7**	54.3	13.2	32.2	62.5	28.7	60.9	41.6	45.6	68.4	78.6	49.4	53.1	57.8
Rent **8**	10.1	31.1	21.3	7.6	22.3	11.5	11.9	11.5	5.0	6.0	16.3	8.3	8.7
Taxes Paid **9**	2.9	5.5	4.3	2.8	5.1	2.6	2.9	3.6	2.1	2.5	9.6	2.5	2.6
Interest Paid **10**	2.2	•	0.4	1.9	1.8	1.2	1.7	0.7	2.5	3.0	0.9	2.5	2.7
Depreciation, Depletion, Amortization **11**	8.5	4.1	3.3	4.2	8.6	3.0	5.1	6.2	7.2	10.7	5.1	12.0	10.3
Pensions and Other Benefits **12**	2.2	13.4	2.1	0.5	1.8	0.9	1.5	2.7	1.4	3.4	0.8	2.3	2.5
Other **13**	17.8	•	46.6	16.7	31.7	14.3	20.8	21.4	13.6	8.4	14.3	14.7	15.2
Officers Compensation **14**	2.4	27.5	12.8	5.1	4.1	2.4	5.6	3.1	2.5	2.9	2.2	1.9	0.7
Operating Margin **15**	•	•	•	•	•	3.4	9.0	5.2	•	•	1.4	2.7	•
Oper. Margin Before Officers Compensation **16**	2.1	•	•	3.9	•	5.8	14.6	8.3	•	•	3.6	4.6	0.3
Selected Average Balance Sheet ($ in Thousands)													
Net Receivables **17**	513	•	2	45	137	234	432	2161	3460	6736	15033	35457	152417
Inventories **18**	112	•	2	4	6	37	66	62	81	477	7784	6544	43470
Net Property, Plant and Equipment **19**	1096	•	13	58	103	185	534	2611	6057	10674	24099	79598	388586
Total Assets **20**	2961	•	36	167	376	711	2083	7041	17229	38048	73795	170286	1033750

Notes and Loans Payable 21	568	•	9	101	63	208	481	1039	3229	4858	7245	40796	185777
All Other Liabilities 22	577	•	6	25	58	127	393	1200	2873	11355	11193	29424	207529
Net Worth 23	1816	•	22	40	254	376	1209	4803	11128	21835	55356	100066	640444

Selected Financial Ratios (Times to 1)

Current Ratio 24	2.1	•	2.0	1.7	4.1	2.7	1.9	2.4	2.5	1.6	4.3	2.4	2.0
Quick Ratio 25	1.6	•	1.7	1.4	3.5	2.4	1.4	2.0	2.3	1.2	3.0	1.6	1.4
Net Sales to Working Capital 26	4.2	•	17.7	7.4	3.6	6.1	6.4	4.5	3.5	3.5	1.8	2.7	4.1
Coverage Ratio 27	5.3	•	•	11.3	8.6	5.3	8.0	13.3	6.0	3.3	12.9	4.5	4.1
Total Asset Turnover 28	0.8	•	4.7	1.7	1.7	2.5	1.2	1.5	0.9	0.6	0.8	0.7	0.6
Inventory Turnover 29	•	•	•	9.7	•	•	•	•	•	•	2.2	9.9	9.1
Receivables Turnover 30	4.9	•	•	6.1	6.5	9.9	6.9	4.7	4.2	3.4	2.5	3.2	4.6
Total Liabilities to Net Worth 31	0.6	•	0.7	3.2	0.5	0.9	0.7	0.5	0.6	0.8	0.3	0.7	0.6

Selected Financial Factors (in Percentages)

Debt Ratio 32	38.7	•	39.2	75.9	32.3	47.1	42.0	31.8	35.4	42.6	25.0	41.2	38.1
Return on Assets 33	8.7	•	•	35.7	25.3	15.1	15.9	13.5	13.2	5.6	9.9	7.4	6.3
Return on Equity 34	9.8	•	•	•	30.6	20.9	22.6	17.4	15.5	5.0	10.5	7.1	6.3
Return Before Interest on Equity 35	14.2	•	•	•	•	28.6	27.4	19.8	20.4	9.8	13.2	12.7	10.2
Profit Margin, Before Income Tax 36	9.4	•	10.8	19.0	13.6	4.9	11.7	8.5	12.2	7.0	11.1	8.9	8.5
Profit Margin, After Income Tax 37	8.1	•	10.6	19.0	12.6	4.4	11.0	8.1	11.2	5.2	9.5	6.4	6.9

Trends in Selected Ratios and Factors, 1990-1999

	1990	1991	1992	1993	1994	1995	1996	1997	1998	1999
Cost of Operations (%) 38	46.1	48.8	62.1	56.5	50.9	53.6	50.8	52.9	55.5	54.3
Operating Margin (%) 39	•	•	•	•	1.1	•	•	1.5	3.5	•
Oper. Margin Before Officers Comp. (%) 40	1.7	•	•	•	3.7	2.8	2.3	4.0	5.6	2.1
Average Net Receivables ($) 41	116	230	394	275	421	360	381	538	385	513
Average Inventories ($) 42	15	55	146	109	108	129	113	142	97	112
Average Net Worth ($) 43	287	633	1018	2289	1094	862	1038	1375	1142	1816
Current Ratio (×1) 44	1.4	1.2	1.4	1.6	1.3	1.6	1.8	1.8	2.0	2.1
Quick Ratio (×1) 45	1.2	0.9	1.0	1.2	1.0	1.2	1.4	1.3	1.4	1.6
Coverage Ratio (×1) 46	5.1	2.8	6.2	7.3	4.6	5.2	7.3	5.9	6.9	5.3
Asset Turnover (×1) 47	1.1	0.7	0.9	0.5	0.8	1.0	0.9	0.9	0.9	0.8
Operating Leverage 48	0.7	1.4	1.1	0.9	•	•	2.5	•	2.3	•
Financial Leverage 49	1.2	0.8	1.2	1.2	0.9	1.0	1.1	1.0	1.1	0.9
Total Leverage 50	0.8	1.1	1.3	1.1	•	•	2.7	•	2.4	•

Table I

Corporations with and without Net Income

DIMENSION, CRUSHED, AND BROKEN STONE, SAND AND GRAVEL

MONEY AMOUNTS AND SIZE OF ASSETS IN THOUSANDS OF DOLLARS

Item Description for Accounting Period 7/95 Through 6/96		Total	Zero Assets	Under 100	100 to 250	251 to 500	501 to 1,000	1,001 to 5,000	5,001 to 10,000	10,001 to 25,000	25,001 to 50,000	50,001 to 100,000	100,001 to 250,000	250,001 and over
Number of Enterprises	1	4169	17	995	1144	550	626	493	204	82	24	19	7	6
Revenues ($ in Thousands)														
Net Sales	2	11145373	4955	18845	287401	171418	543599	1274467	1585229	1012598	742847	1146895	1172349	3184769
Portfolio Income	3	364848	•	•	14158	2802	15570	23760	25669	25264	9464	21391	15124	211648
Other Revenues	4	280710	•	•	30769	22079	3931	20988	11610	20650	22192	40412	15502	92576
Total Revenues	5	11790931	4955	18845	332328	196299	563100	1319215	1622508	1058512	774503	1208698	1202975	3488993
Average Total Revenues	6	2828	291	19	290	357	900	2676	7953	12909	32271	63616	171854	581499
Operating Costs/Operating Income (%)														
Cost of Operations	7	59.5	50.9	93.2	72.2	35.8	50.1	61.4	51.4	62.1	59.0	72.2	67.2	56.3
Rent	8	5.7	1.2	•	5.8	21.0	6.3	5.0	7.8	5.5	5.7	3.8	5.9	4.7
Taxes Paid	9	3.3	3.0	5.6	4.5	8.6	3.8	4.4	3.0	3.4	2.9	1.9	2.1	3.4
Interest Paid	10	3.8	2.3	•	0.3	2.0	4.3	1.9	1.8	2.1	2.3	2.9	3.8	7.3
Depreciation, Depletion, Amortization	11	8.8	9.0	•	4.3	8.4	9.9	8.2	10.1	9.1	9.3	8.4	7.6	9.0
Pensions and Other Benefits	12	2.4	•	•	2.6	3.1	1.4	2.5	2.1	1.5	1.9	1.4	4.3	2.7
Other	13	14.3	6.9	0.1	20.3	25.3	24.5	10.9	11.5	10.2	12.7	7.6	11.0	19.7
Officers Compensation	14	2.3	•	•	6.6	5.0	3.4	5.5	3.2	2.2	2.5	1.8	1.1	0.5
Operating Margin	15	•	26.8	1.0	•	•	•	0.3	9.4	3.9	3.8	•	•	•
Oper. Margin Before Officers Compensation	16	2.2	26.8	1.0	•	•	•	5.8	12.6	6.1	6.3	1.9	•	•
Selected Average Balance Sheet ($ in Thousands)														
Net Receivables	17	503	•	1	64	40	76	289	943	1820	4432	10065	19458	172308
Inventories	18	208	•	•	17	73	45	93	528	1094	2489	5509	16658	42630
Net Property, Plant and Equipment	19	1509	•	•	24	132	423	1039	3291	7807	20584	33975	112107	362942
Total Assets	20	3904	•	30	158	379	738	2161	7514	14381	34957	70462	181311	1361271

Notes and Loans Payable **21**	1434	•	0	34	118	513	684	3203	2670	7326	20914	79962	535029
All Other Liabilities **22**	703	•	1	67	63	123	277	1492	2932	6155	11566	25118	252930
Net Worth **23**	1766	•	29	57	198	102	1200	2819	8779	21476	37982	76231	573312

Selected Financial Ratios (Times to 1)

Current Ratio **24**	1.1	•	1.5	1.8	7.5	0.8	2.7	1.7	1.8	1.5	1.8	1.4	0.8
Quick Ratio **25**	0.8	•	1.5	1.6	4.6	0.6	2.4	1.1	1.4	1.0	1.3	0.8	0.5
Net Sales to Working Capital **26**	22.8	•	24.5	4.3	1.6	•	4.8	6.3	5.0	9.0	5.8	14.1	•
Coverage Ratio **27**	2.5	12.7	•	•	3.7	1.0	3.1	7.6	5.0	4.4	2.8	0.9	1.8
Total Asset Turnover **28**	0.7	•	0.6	1.6	0.8	1.2	1.2	1.0	0.9	0.9	0.9	0.9	0.4
Inventory Turnover **29**	8.5	•	•	•	1.7	•	•	8.5	7.8	8.1	8.8	7.9	7.4
Receivables Turnover **30**	6.1	•	•	5.6	6.1	•	•	9.2	6.9	7.3	6.9	9.5	3.7
Total Liabilities to Net Worth **31**	1.2	•	0.1	1.8	0.9	6.3	0.8	1.7	0.6	0.6	0.9	1.4	1.4

Selected Financial Factors (in Percentages)

Debt Ratio **32**	54.8	•	5.6	64.1	47.7	86.2	44.5	62.5	39.0	38.6	46.1	58.0	57.9
Return on Assets **33**	6.5	•	0.6	•	6.0	5.0	6.8	13.9	9.0	8.9	7.0	3.2	5.2
Return on Equity **34**	6.3	•	0.6	•	7.5	•	6.4	27.9	10.1	8.7	5.5	•	3.2
Return Before Interest on Equity **35**	14.4	•	0.7	•	11.5	•	12.2	•	14.7	14.6	13.0	7.5	12.3
Profit Margin, Before Income Tax **36**	5.7	26.8	1.0	•	5.3	•	3.8	11.7	8.3	7.8	5.3	•	6.0
Profit Margin, After Income Tax **37**	4.1	24.1	0.9	•	4.8	•	3.0	10.1	7.2	6.1	3.5	•	3.5

Trends in Selected Ratios and Factors, 1990-1999

	1990	1991	1992	1993	1994	1995	1996	1997	1998	1999
Cost of Labor (%) **38**	60.6	60.6	60.2	62.3	62.8	61.0	61.1	59.0	59.4	59.5
Operating Margin (%) **39**	2.7	2.5	2.8	0.5	•	•	•	•	0.3	•
Oper. Margin Before Officers Comp. (%) **40**	5.6	5.5	5.4	4.3	0.7	•	0.4	•	2.5	2.2
Average Net Receivables ($) **41**	353	488	556	480	544	333	322	389	414	503
Average Inventories ($) **42**	155	179	189	155	196	194	183	175	187	208
Average Net Worth ($) **43**	1070	1775	1782	1574	1670	1536	1546	1763	1876	1766
Current Ratio (×1) **44**	1.9	1.7	1.5	1.6	1.3	1.2	1.0	1.1	1.1	1.1
Quick Ratio (×1) **45**	1.4	1.3	1.1	1.2	1.0	0.7	0.6	0.7	0.7	0.8
Coverage Ratio (×1) **46**	4.3	3.5	3.7	3.1	2.2	1.6	2.0	1.6	2.7	2.5
Asset Turnover (×1) **47**	1.1	0.8	0.8	0.8	0.8	0.7	0.7	0.6	0.7	0.7
Total Liabilities/Net Worth (×1) **48**	0.9	0.8	0.9	0.9	1.0	1.1	1.1	0.9	1.0	1.2
Return on Assets (×1) **49**	11.6	8.8	9.0	8.3	6.9	5.0	5.3	4.1	5.9	6.5
Return on Equity (%) **50**	11.3	7.7	9.1	7.4	5.4	2.7	3.9	1.6	5.6	6.3

Table II

Corporations with Net Income

DIMENSION, CRUSHED, AND BROKEN STONE, SAND AND GRAVEL

MONEY AMOUNTS AND SIZE OF ASSETS IN THOUSANDS OF DOLLARS

Item Description for Accounting Period 7/95 Through 6/96	Total	Zero Assets	Under 100	100 to 250	251 to 500	501 to 1,000	1,001 to 5,000	5,001 to 10,000	10,001 to 25,000	25,001 to 50,000	50,001 to 100,000	100,001 to 250,000	250,001 and over
Number of Enterprises **1**	2506	17	233	797	413	379	378	185	58	•	•	4	•
Revenues ($ in Thousands)													
Net Sales **2**	8689572	4955	18845	234512	159204	391676	1058559	1484095	800726	•	•	688860	•
Portfolio Income **3**	161763	•	•	14148	2275	15351	23430	25223	25225	•	•	3446	•
Other Revenues **4**	234378	•	•	30770	22079	3802	17083	11216	18220	•	•	6326	•
Total Revenues **5**	9085713	4955	18845	279430	183558	410829	1099072	1520534	844171	•	•	698632	•
Average Total Revenues **6**	3626	291	81	351	444	1084	2908	8219	14555	•	•	174658	•
Operating Costs/Operating Income (%)													
Cost of Operations **7**	57.4	50.9	93.2	76.7	33.2	49.5	61.5	50.6	58.5	•	•	65.9	•
Rent **8**	5.8	1.2	•	7.1	22.5	7.9	5.0	8.2	6.5	•	•	3.4	•
Taxes Paid **9**	3.4	3.0	5.6	4.8	7.9	2.7	4.1	2.9	3.5	•	•	2.9	•
Interest Paid **10**	1.9	2.3	•	•	1.0	3.9	1.5	1.7	1.2	•	•	4.1	•
Depreciation, Depletion, Amortization **11**	9.1	9.0	•	3.0	7.8	8.7	8.1	10.1	9.3	•	•	9.3	•
Pensions and Other Benefits **12**	2.3	•	•	2.5	3.2	1.2	2.0	1.8	1.7	•	•	4.8	•
Other **13**	13.0	6.9	0.1	16.9	25.4	22.1	9.5	10.7	10.5	•	•	8.1	•
Officers Compensation **14**	2.4	•	•	4.2	5.4	2.7	6.1	3.2	2.5	•	•	0.8	•
Operating Margin **15**	4.7	26.8	1.1	•	•	1.2	2.2	11.0	6.5	•	•	0.8	•
Oper. Margin Before Officers Compensation **16**	7.1	26.8	1.1	•	•	3.9	8.3	14.2	9.0	•	•	1.6	•
Selected Average Balance Sheet ($ in Thousands)													
Net Receivables **17**	489	•	4	59	51	69	314	910	1745	•	•	19014	•
Inventories **18**	246	•	•	25	76	21	71	521	1200	•	•	16837	•
Net Property, Plant and Equipment **19**	1716	•	•	18	95	435	919	3201	6746	•	•	111842	•
Total Assets **20**	3609	•	7	155	377	730	2155	7583	14709	•	•	176977	•

Notes and Loans Payable 21	837	•	•	38	51	425	525	1328	1566	•	•	90426	•
All Other Liabilities 22	637	•	6	86	80	147	309	735	1997	•	•	28911	•
Net Worth 23	2135	•	1	31	246	158	1321	5519	11146	•	•	57640	•

Selected Financial Ratios (Times to 1)

Current Ratio 24	2.2	•	1.2	1.6	9.8	0.9	2.8	3.3	2.9	•	•	1.7	•
Quick Ratio 25	1.6	•	1.2	1.3	6.7	0.8	2.5	2.2	2.2	•	•	1.0	•
Net Sales to Working Capital 26	5.2	•	•	6.0	1.7	•	4.8	3.8	3.3	•	•	9.6	•
Coverage Ratio 27	5.8	12.7	•	•	10.4	2.6	5.0	9.1	10.8	•	•	1.5	•
Total Asset Turnover 28	1.0	•	11.9	1.9	1.0	1.4	1.3	1.1	0.9	•	•	1.0	•
Inventory Turnover 29	9.2	•	•	•	1.7	•	•	9.5	8.4	•	•	•	•
Receivables Turnover 30	7.6	•	•	7.0	6.8	•	•	•	7.4	•	•	•	•
Total Liabilities to Net Worth 31	0.7	•	6.8	4.0	0.5	3.6	0.6	0.4	0.3	•	•	2.1	•

Selected Financial Factors (in Percentages)

Debt Ratio 32	40.9	•	87.1	80.0	34.7	78.4	38.7	27.2	24.2	•	•	67.4	•
Return on Assets 33	10.7	•	12.9	7.6	10.3	14.1	9.8	15.9	12.2	•	•	6.1	•
Return on Equity 34	11.8	•	•	37.2	13.3	35.4	10.5	17.0	12.9	•	•	4.3	•
Return Before Interest on Equity 35	18.1	•	•	•	15.7	•	15.9	21.9	16.1	•	•	18.8	•
Profit Margin, Before Income Tax 36	9.2	26.8	1.1	4.0	9.1	6.1	6.0	13.4	11.8	•	•	2.2	•
Profit Margin, After Income Tax 37	7.3	24.1	0.9	3.9	8.5	5.4	5.0	11.7	10.4	•	•	1.5	•

Trends in Selected Ratios and Factors, 1990-1999

	1990	1991	1992	1993	1994	1995	1996	1997	1998	1999
Cost of Operations (%) 38	60.4	60.0	59.9	60.8	60.9	58.8	58.5	57.0	56.1	57.4
Operating Margin (%) 39	4.9	4.4	4.4	4.1	1.5	0.3	1.8	2.8	5.0	4.7
Oper. Margin Before Officers Comp. (%) 40	7.6	7.4	7.0	8.2	4.4	3.0	4.7	5.4	7.5	7.1
Average Net Receivables ($) 41	368	658	1054	817	1069	741	584	505	675	489
Average Inventories ($) 42	161	228	346	237	334	437	344	247	294	246
Average Net Worth ($) 43	1215	2443	3512	2862	3491	4487	3164	2404	2908	2135
Current Ratio (×1) 44	2.0	1.8	1.5	1.7	1.3	1.3	1.1	2.2	2.1	2.2
Quick Ratio (×1) 45	1.5	1.3	1.2	1.3	1.0	0.7	0.7	1.6	1.5	1.6
Coverage Ratio (×1) 46	6.7	4.4	4.6	4.9	3.3	2.8	3.2	5.2	6.3	5.8
Asset Turnover (×1) 47	1.2	0.9	0.8	0.8	0.7	0.6	0.6	0.9	0.9	1.0
Operating Leverage 48	1.9	0.9	1.0	0.9	0.4	0.2	6.7	1.5	1.8	0.9
Financial Leverage 49	1.1	1.0	1.1	1.0	0.9	0.9	1.1	1.2	1.1	1.0
Total Leverage 50	2.1	0.9	1.1	1.0	0.3	0.2	7.2	1.8	2.0	0.9

Table I

Corporations with and without Net Income

OTHER NONMETALLIC MINERALS, EXCEPT FUELS

MONEY AMOUNTS AND SIZE OF ASSETS IN THOUSANDS OF DOLLARS

Item Description for Accounting Period 7/95 Through 6/96	Total	Zero Assets	Under 100	100 to 250	251 to 500	501 to 1,000	1,001 to 5,000	5,001 to 10,000	10,001 to 25,000	25,001 to 50,000	50,001 to 100,000	100,001 to 250,000	250,001 and over
Number of Enterprises 1	243	9	•	139	•	•	21	30	21	9	5	3	5
Revenues ($ in Thousands)													
Net Sales 2	3676451	47903	•	•	•	•	•	199112	272475	331240	302210	326866	2196645
Portfolio Income 3	111387	727	•	•	•	•	5494	308	7983	2082	4019	5616	85160
Other Revenues 4	124614	892	•	•	•	•	•	1164	10936	2763	4925	5684	98249
Total Revenues 5	3912452	49522	•	•	•	•	5494	200584	291394	336085	311154	338166	2380054
Average Total Revenues 6	16101	5502	•	•	•	•	262	6686	13876	37343	62231	112722	476011
Operating Costs/Operating Income (%)													
Cost of Operations 7	60.3	56.9	•	•	•	•	•	61.0	70.0	66.8	80.5	69.2	54.1
Rent 8	7.6	4.1	•	•	•	•	•	5.8	1.9	2.8	1.9	4.6	10.2
Taxes Paid 9	2.8	14.7	•	•	•	•	•	3.4	1.5	4.8	1.8	2.6	2.4
Interest Paid 10	2.9	15.2	•	•	•	•	•	3.0	4.0	0.7	2.1	0.4	3.2
Depreciation, Depletion, Amortization 11	9.2	36.1	•	•	•	•	•	7.0	9.7	10.8	5.6	11.2	8.5
Pensions and Other Benefits 12	2.6	0.8	•	•	•	•	•	1.6	1.5	1.5	1.6	3.2	3.1
Other 13	14.1	21.0	•	•	•	•	•	2.7	14.7	5.1	5.8	2.8	18.5
Officers Compensation 14	1.5	1.0	•	•	•	•	•	5.5	2.4	2.8	1.1	2.2	0.7
Operating Margin 15	•	•	•	•	•	•	•	9.9	•	4.8	•	3.9	•
Oper. Margin Before Officers Compensation 16	0.5	•	•	•	•	•	•	15.5	•	7.7	0.8	6.0	0.1
Selected Average Balance Sheet ($ in Thousands)													
Net Receivables 17	3524	•	•	•	•	•	5	938	1922	4911	9678	22263	125664
Inventories 18	1610	•	•	•	•	•	•	714	2111	1754	7678	10943	47687
Net Property, Plant and Equipment 19	10292	•	•	102	•	•	160	2807	9746	19020	34318	75208	325223
Total Assets 20	20971	•	•	147	•	•	4035	6029	15596	34666	72724	132982	681589

Notes and Loans Payable 21	5402	•	•	108	•	•	1737	2146	7483	3785	9555	26256	175786
All Other Liabilities 22	4421	•	•	40	•	•	199	628	2897	3396	23938	26897	150797
Net Worth 23	11148	•	•	-2	•	•	2098	3255	5216	27485	39231	79830	355006
Selected Financial Ratios (Times to 1)													
Current Ratio 24	1.8	•	•	•	•	•	1.6	2.6	1.2	2.7	1.1	2.4	1.9
Quick Ratio 25	1.3	•	•	•	•	•	1.0	1.7	0.7	2.0	0.6	1.6	1.4
Net Sales to Working Capital 26	5.2	•	•	•	•	•	•	4.6	14.3	5.3	25.1	4.0	4.5
Coverage Ratio 27	2.9	•	•	•	•	•	•	4.5	1.3	10.2	2.3	•	3.5
Total Asset Turnover 28	0.7	•	•	•	•	•	•	1.1	0.8	1.1	0.8	0.8	0.7
Inventory Turnover 29	5.8	•	•	•	•	•	•	6.1	4.8	•	7.8	4.7	5.2
Receivables Turnover 30	4.2	•	•	•	•	•	•	8.0	9.0	7.8	9.8	3.5	3.4
Total Liabilities to Net Worth 31	0.9	•	•	•	•	•	0.9	0.9	2.0	0.3	0.9	0.7	0.9
Selected Financial Factors (in Percentages)													
Debt Ratio 32	46.8	•	•	•	•	•	48.0	46.0	66.6	20.7	46.1	40.0	47.9
Return on Assets 33	6.1	•	•	•	•	•	•	15.0	4.5	7.4	4.0	6.3	7.1
Return on Equity 34	4.4	•	•	•	•	•	•	20.9	2.2	5.8	2.3	6.7	6.1
Return Before Interest on Equity 35	11.4	•	•	•	•	•	•	27.7	13.3	9.3	7.4	10.5	13.6
Profit Margin, Before Income Tax 36	5.5	•	•	•	•	•	•	10.6	1.4	6.3	2.7	7.3	7.8
Profit Margin, After Income Tax 37	3.3	•	•	•	•	•	•	10.3	0.9	4.3	1.5	4.9	4.9

Trends in Selected Ratios and Factors, 1990-1999

	1990	1991	1992	1993	1994	1995	1996	1997	1998	1999
Cost of Labor (%) 38	62.7	49.8	51.0	57.7	60.8	58.1	61.5	57.0	57.3	60.3
Operating Margin (%) 39	•	•	2.4	•	•	•	1.0	•	•	•
Oper. Margin Before Officers Comp. (%) 40	•	•	3.8	•	•	•	2.4	•	0.4	0.5
Average Net Receivables ($) 41	539	738	478	624	1127	943	3947	2021	8317	3524
Average Inventories ($) 42	390	453	276	360	591	519	2755	1088	3566	1610
Average Net Worth ($) 43	1980	2803	1562	2213	3365	3383	16081	5601	18006	11148
Current Ratio (×1) 44	1.1	1.6	1.5	1.4	1.4	1.6	2.1	1.7	1.5	1.8
Quick Ratio (×1) 45	0.7	0.9	0.9	0.9	0.9	1.0	1.2	1.0	1.1	1.3
Coverage Ratio (×1) 46	2.2	3.2	3.8	1.8	1.7	1.6	3.0	0.8	3.7	2.9
Asset Turnover (×1) 47	0.6	0.6	1.0	1.1	0.9	0.8	0.9	0.8	0.8	0.7
Total Liabilities/Net Worth (×1) 48	1.6	1.5	1.1	0.7	1.0	0.8	0.8	1.3	1.4	0.9
Return on Assets (×1) 49	8.2	8.8	11.2	5.5	4.3	5.6	5.5	2.0	8.8	6.1
Return on Equity (%) 50	5.9	9.1	10.1	1.9	1.1	1.6	4.3	•	11.6	4.4

Table II

Corporations with Net Income

OTHER NONMETALLIC MINERALS, EXCEPT FUELS

MONEY AMOUNTS AND SIZE OF ASSETS IN THOUSANDS OF DOLLARS

Item Description for Accounting Period 7/95 Through 6/96		Total	Zero Assets	Under 100	100 to 250	251 to 500	501 to 1,000	1,001 to 5,000	5,001 to 10,000	10,001 to 25,000	25,001 to 50,000	50,001 to 100,000	100,001 to 250,000	250,001 and over
Number of Enterprises	1	61	•	•	•	•	•	•	30	10	•	•	3	5
Revenues ($ in Thousands)														
Net Sales	2	3317572	•	•	•	•	•	•	199112	123093	•	•	326866	2196645
Portfolio Income	3	100703	•	•	•	•	•	•	308	5374	•	•	5616	85160
Other Revenues	4	114226	•	•	•	•	•	•	1164	819	•	•	5684	98249
Total Revenues	5	3532501	•	•	•	•	•	•	200584	129286	•	•	338166	2380054
Average Total Revenues	6	57910	•	•	•	•	•	•	6686	12929	•	•	112722	476011
Operating Costs/Operating Income (%)														
Cost of Operations	7	58.0	•	•	•	•	•	•	61.0	61.5	•	•	69.2	54.1
Rent	8	8.0	•	•	•	•	•	•	5.8	2.0	•	•	4.6	10.2
Taxes Paid	9	2.8	•	•	•	•	•	•	3.4	1.5	•	•	2.6	2.4
Interest Paid	10	2.6	•	•	•	•	•	•	3.0	3.3	•	•	0.4	3.2
Depreciation, Depletion, Amortization	11	8.9	•	•	•	•	•	•	7.0	8.9	•	•	11.2	8.5
Pensions and Other Benefits	12	2.8	•	•	•	•	•	•	1.6	1.1	•	•	3.2	3.1
Other	13	14.0	•	•	•	•	•	•	2.7	9.8	•	•	2.8	18.5
Officers Compensation	14	1.4	•	•	•	•	•	•	5.5	1.6	•	•	2.2	0.7
Operating Margin	15	1.5	•	•	•	•	•	•	9.9	10.5	•	•	3.9	•
Oper. Margin Before Officers Compensation	16	2.9	•	•	•	•	•	•	15.5	12.0	•	•	6.0	0.1
Selected Average Balance Sheet ($ in Thousands)														
Net Receivables	17	13315	•	•	•	•	•	•	938	1306	•	•	22263	125664
Inventories	18	5813	•	•	•	•	•	•	714	1752	•	•	10943	47687
Net Property, Plant and Equipment	19	38437	•	•	•	•	•	•	2807	9333	•	•	75208	325223
Total Assets	20	77060	•	•	•	•	•	•	6029	13658	•	•	132982	681589

Notes and Loans Payable 21	18699	•	•	•	•	•	•	2146	4288	•	•	26256	175786
All Other Liabilities 22	16271	•	•	•	•	•	•	628	1738	•	•	26897	150797
Net Worth 23	42091	•	•	•	•	•	•	3255	7632	•	•	79830	355006

Selected Financial Ratios (Times to 1)

Current Ratio 24	1.8	•	•	•	•	•	•	2.6	0.9	•	•	2.4	1.9
Quick Ratio 25	1.3	•	•	•	•	•	•	1.7	0.5	•	•	1.6	1.4
Net Sales to Working Capital 26	5.0	•	•	•	•	•	•	4.6	•	•	•	4.0	4.5
Coverage Ratio 27	4.1	•	•	•	•	•	•	4.5	5.8	•	•	•	3.5
Total Asset Turnover 28	0.7	•	•	•	•	•	•	1.1	0.9	•	•	0.8	0.7
Inventory Turnover 29	6.2	•	•	•	•	•	•	6.1	3.9	•	•	•	10.0
Receivables Turnover 30	4.2	•	•	•	•	•	•	8.0	•	•	•	9.8	7.0
Total Liabilities to Net Worth 31	0.8	•	•	•	•	•	•	0.9	0.8	•	•	0.7	0.9

Selected Financial Factors (in Percentages)

Debt Ratio 32	45.4	•	•	•	•	•	•	46.0	44.1	•	•	40.0	47.9
Return on Assets 33	7.5	•	•	•	•	•	•	15.0	16.9	•	•	6.3	7.1
Return on Equity 34	7.2	•	•	•	•	•	•	20.9	24.5	•	•	6.7	6.1
Return Before Interest on Equity 35	13.8	•	•	•	•	•	•	27.7	30.2	•	•	10.5	13.6
Profit Margin, Before Income Tax 36	8.0	•	•	•	•	•	•	10.6	15.5	•	•	7.3	7.8
Profit Margin, After Income Tax 37	5.5	•	•	•	•	•	•	10.3	15.2	•	•	4.9	4.9

Trends in Selected Ratios and Factors, 1990-1999

	1990	1991	1992	1993	1994	1995	1996	1997	1998	1999
Cost of Operations (%) 38	58.7	46.5	46.4	51.0	57.8	55.8	60.6	54.7	55.8	58.0
Operating Margin (%) 39	•	0.6	9.1	1.4	3.0	0.2	3.8	2.9	1.6	1.5
Oper. Margin Before Officers Comp. (%) 40	•	2.1	10.5	2.5	4.2	1.6	4.9	4.1	3.0	2.9
Average Net Receivables ($) 41	483	1154	844	654	2767	3868	5531	10683	14362	13315
Average Inventories ($) 42	333	670	477	330	1361	1823	3510	5237	4975	5813
Average Net Worth ($) 43	1945	4694	2942	2520	9788	15166	26927	39663	38285	42091
Current Ratio (×1) 44	1.0	1.7	1.7	1.5	1.4	1.8	2.5	1.8	1.8	1.8
Quick Ratio (×1) 45	0.7	1.0	1.1	1.0	0.9	1.2	1.4	1.1	1.3	1.3
Coverage Ratio (×1) 46	3.2	4.6	9.7	4.7	4.4	2.7	8.0	5.3	7.4	4.1
Asset Turnover (×1) 47	0.6	0.5	1.0	0.9	0.9	0.8	1.0	0.8	0.8	0.7
Operating Leverage 48	•	•	15.1	0.2	2.2	0.1	20.7	0.8	0.6	1.0
Financial Leverage 49	0.9	1.2	1.2	1.1	0.9	0.8	1.5	0.8	1.3	0.7
Total Leverage 50	•	•	17.3	0.2	2.0	0.1	30.8	0.6	0.7	0.7

GENERAL BUILDING CONTRACTORS

MONEY AMOUNTS AND SIZE OF ASSETS IN THOUSANDS OF DOLLARS

Item Description for Accounting Period 7/95 Through 6/96		Total	Zero Assets	Under 100	100 to 250	251 to 500	501 to 1,000	1,001 to 5,000	5,001 to 10,000	10,001 to 25,000	25,001 to 50,000	50,001 to 100,000	100,001 to 250,000	250,001 and over
Number of Enterprises	1	169571	8610	87160	24164	16746	14601	15088	2004	846	221	72	37	20
Revenues ($ in Thousands)														
Net Sales	2	259706926	1502212	22046716	14274445	18526674	22795710	67185513	31041494	25974526	16368856	9594004	11261852	19134923
Portfolio Income	3	1291520	13780	25401	36502	55130	91208	307815	90081	85137	81075	63539	86262	355588
Other Revenues	4	2567731	-7202	139266	15352	83303	194022	720207	192341	335769	157313	180976	152306	404080
Total Revenues	5	263566177	1508790	22211383	14326299	18665107	23080940	68213535	31323916	26395432	16607244	9838519	11500420	19894591
Average Total Revenues	6	1554	175	255	593	1115	1581	4521	15631	31200	75146	136646	310822	994730
Operating Costs/Operating Income (%)														
Cost of Operations	7	85.6	77.3	70.1	74.1	81.8	83.2	86.9	88.8	90.7	91.8	91.4	92.2	90.5
Rent	8	3.1	5.3	5.6	4.9	2.8	3.0	2.5	2.1	2.3	2.2	2.3	2.0	5.8
Taxes Paid	9	1.3	1.4	2.2	2.0	1.9	1.6	1.2	1.2	0.9	0.8	0.8	0.9	1.3
Interest Paid	10	0.8	0.8	0.6	0.8	0.8	0.8	0.8	0.6	0.6	0.6	0.8	0.7	1.8
Depreciation, Depletion, Amortization	11	0.8	0.8	1.1	1.6	1.2	0.9	0.7	0.6	0.6	0.6	0.8	0.4	0.9
Pensions and Other Benefits	12	0.7	0.9	0.7	0.8	0.7	0.8	0.7	0.6	0.5	0.8	0.4	0.5	1.5
Other	13	5.1	10.9	13.7	9.6	6.8	6.0	4.9	3.3	2.7	2.6	3.6	3.6	•
Officers Compensation	14	2.6	2.9	5.8	4.4	3.3	3.5	2.7	1.9	1.8	1.2	1.0	0.9	0.5
Operating Margin	15	•	•	0.3	2.0	0.8	0.2	•	1.2	0.1	•	•	•	•
Oper. Margin Before Officers Compensation	16	2.6	2.7	6.1	6.4	4.2	3.7	2.4	3.0	1.9	0.8	•	•	•
Selected Average Balance Sheet ($ in Thousands)														
Net Receivables	17	177	•	4	22	51	127	560	2139	4762	13757	24680	48947	149743
Inventories	18	122	•	2	34	80	195	472	1410	2197	3824	12521	14270	73726
Net Property, Plant and Equipment	19	94	•	9	45	74	102	272	782	1604	3695	9231	20062	109550
Total Assets	20	648	•	28	169	353	709	2109	6807	14116	34803	70665	146170	579614

Notes and Loans Payable	21	226	•	22	86	169	335	765	1986	3250	8282	19855	33008	193410
All Other Liabilities	22	278	•	8	44	94	230	886	3154	7098	18390	34471	85696	255050
Net Worth	23	144	•	-2	39	91	144	457	1666	3767	8131	16339	27466	131155

Selected Financial Ratios (Times to 1)

Current Ratio	24	1.4	•	1.2	1.5	1.5	1.5	1.4	1.4	1.3	1.3	1.4	1.2	1.2
Quick Ratio	25	0.7	•	1.0	0.7	0.7	0.6	0.7	0.8	0.8	0.9	0.8	0.8	0.7
Net Sales to Working Capital	26	12.6	•	•	18.5	13.4	8.9	9.8	10.7	11.7	11.5	10.0	23.7	22.8
Coverage Ratio	27	3.0	1.2	2.6	3.9	3.0	2.9	2.6	4.7	4.0	2.7	3.0	2.6	2.2
Total Asset Turnover	28	2.4	•	9.2	3.5	3.1	2.2	2.1	2.3	2.2	2.1	1.9	2.1	1.7
Inventory Turnover	29	•	•	•	•	9.7	7.3	8.2	9.8	•	•	•	•	•
Receivables Turnover	30	9.2	•	•	•	•	•	8.5	7.6	6.9	6.3	5.9	6.2	7.0
Total Liabilities to Net Worth	31	3.5	•	•	3.4	2.9	3.9	3.6	3.1	2.8	3.3	3.3	4.3	3.4

Selected Financial Factors (in Percentages)

Debt Ratio	32	77.8	•	•	77.1	74.3	79.7	78.3	75.5	73.3	76.6	76.9	81.2	77.4
Return on Assets	33	5.4	•	15.3	10.9	7.5	5.0	4.3	6.0	4.9	3.4	4.4	3.6	6.3
Return on Equity	34	13.0	•	•	33.3	17.3	13.3	9.7	16.4	12.0	7.5	8.9	5.4	8.7
Return Before Interest on Equity	35	24.4	•	•	•	29.0	24.3	19.9	24.4	18.3	14.7	19.2	19.0	27.9
Profit Margin, Before Income Tax	36	1.5	0.2	1.0	2.3	1.6	1.5	1.3	2.1	1.7	1.0	1.6	1.1	2.1
Profit Margin, After Income Tax	37	1.2	•	1.0	2.2	1.4	1.2	1.0	1.8	1.5	0.8	1.1	0.5	1.2

Trends in Selected Ratios and Factors, 1990-1999

		1990	1991	1992	1993	1994	1995	1996	1997	1998	1999
Cost of Labor (%)	38	85.1	84.4	84.6	84.3	85.4	84.6	84.0	85.5	85.3	85.6
Operating Margin (%)	39	•	•	•	•	•	•	•	•	•	•
Oper. Margin Before Officers Comp. (%)	40	•	0.9	1.6	1.3	1.0	0.8	1.8	2.0	2.7	2.6
Average Net Receivables ($)	41	175	161	182	165	171	152	150	156	162	177
Average Inventories ($)	42	160	150	149	147	137	115	102	113	126	122
Average Net Worth ($)	43	134	133	147	145	131	128	135	125	139	144
Current Ratio (×1)	44	1.3	1.3	1.3	1.3	1.3	1.3	1.3	1.3	1.4	1.4
Quick Ratio (×1)	45	0.6	0.6	0.7	0.7	0.7	0.7	0.7	0.7	0.7	0.7
Coverage Ratio (×1)	46	1.5	1.7	2.1	1.7	1.4	1.3	1.9	2.1	3.0	3.0
Asset Turnover (×1)	47	1.7	1.7	1.8	1.8	2.0	2.0	2.1	2.3	2.4	2.4
Total Liabilities/Net Worth (×1)	48	4.8	4.7	4.5	4.2	4.5	4.2	3.5	3.8	3.5	3.5
Return on Assets (×1)	49	4.8	5.2	6.0	5.3	4.3	3.7	3.9	4.3	5.5	5.4
Return on Equity (%)	50	4.1	8.4	12.8	8.0	3.6	1.8	5.8	8.1	13.2	13.0

Table II

Corporations with Net Income

GENERAL BUILDING CONTRACTORS

MONEY AMOUNTS AND SIZE OF ASSETS IN THOUSANDS OF DOLLARS

Item Description for Accounting Period 7/95 Through 6/96		Total	Zero Assets	Under 100	100 to 250	251 to 500	501 to 1,000	1,001 to 5,000	5,001 to 10,000	10,001 to 25,000	25,001 to 50,000	50,001 to 100,000	100,001 to 250,000	250,001 and over
Number of Enterprises	1	94582	•	•	15134	10923	8947	9991	1431	606	157	52	31	14
Revenues ($ in Thousands)														
Net Sales	2	200451218	•	•	11395638	14279188	16468575	51641870	25852685	20782585	13327177	7178312	10425161	15788266
Portfolio Income	3	979638	•	•	22675	44325	58966	252944	65653	63911	58322	31213	71804	296572
Other Revenues	4	1771627	•	•	22909	69560	139459	414660	114544	167108	109998	136014	141102	352941
Total Revenues	5	203202483	•	•	11441222	14393073	16667000	52309474	26032882	21013604	13495497	7345539	10638067	16437779
Average Total Revenues	6	2148	•	•	756	1318	1863	5236	18192	34676	85959	141260	343163	1174127
Operating Costs/Operating Income (%)														
Cost of Operations	7	84.9	•	•	72.2	80.9	81.9	85.8	87.9	90.1	91.5	89.6	92.2	89.7
Rent	8	3.0	•	•	4.7	2.7	2.6	2.6	2.0	2.1	1.9	2.4	1.9	6.4
Taxes Paid	9	1.3	•	•	2.0	1.7	1.6	1.1	1.0	0.8	0.7	0.9	0.9	1.3
Interest Paid	10	0.6	•	•	0.7	0.6	0.6	0.6	0.5	0.4	0.5	0.7	0.5	1.6
Depreciation, Depletion, Amortization	11	0.8	•	•	1.5	1.1	0.9	0.7	0.6	0.6	0.5	0.9	0.4	0.9
Pensions and Other Benefits	12	0.7	•	•	0.8	0.6	0.8	0.6	0.6	0.5	0.8	0.5	0.5	1.6
Other	13	4.2	•	•	9.3	6.2	5.0	4.2	3.0	2.1	1.9	3.7	2.5	•
Officers Compensation	14	2.4	•	•	4.3	3.0	3.4	2.7	1.9	1.7	1.2	1.0	0.9	0.4
Operating Margin	15	2.1	•	•	4.5	3.2	3.2	1.7	2.5	1.9	1.0	0.6	0.4	•
Oper. Margin Before Officers Compensation	16	4.5	•	•	8.8	6.2	6.6	4.5	4.4	3.5	2.2	1.5	1.2	•
Selected Average Balance Sheet ($ in Thousands)														
Net Receivables	17	239	•	•	24	49	146	597	2413	5334	14792	24634	54998	164698
Inventories	18	136	•	•	27	74	181	457	1130	1989	2922	12271	12736	77974
Net Property, Plant and Equipment	19	115	•	•	47	72	93	256	713	1531	3486	9879	18847	143355
Total Assets	20	810	•	•	168	357	708	2133	6757	14140	34309	70266	151718	656849

Notes and Loans Payable 21	234	•	•	72	138	267	656	1695	2684	6133	17858	30416	224290
All Other Liabilities 22	347	•	•	44	91	212	886	3269	7279	18488	32891	91262	259511
Net Worth 23	228	•	•	52	127	228	592	1793	4176	9688	19518	30040	173047

Selected Financial Ratios (Times to 1)

Current Ratio 24	1.4	•	•	1.7	1.6	1.7	1.5	1.4	1.4	1.3	1.4	1.1	1.1
Quick Ratio 25	0.8	•	•	0.9	0.7	0.8	0.8	0.8	0.9	1.0	0.9	0.8	0.6
Net Sales to Working Capital 26	12.4	•	•	19.5	13.7	8.2	9.4	11.8	11.2	12.8	8.6	27.0	42.1
Coverage Ratio 27	6.7	•	•	8.6	7.5	9.0	6.1	8.3	8.8	5.8	4.9	6.2	3.1
Total Asset Turnover 28	2.6	•	•	4.5	3.7	2.6	2.4	2.7	2.4	2.5	2.0	2.2	1.7
Inventory Turnover 29	•	•	•	•	•	8.6	9.1	•	•	•	•	•	•
Receivables Turnover 30	9.5	•	•	•	•	•	9.4	8.0	6.9	•	6.8	6.1	•
Total Liabilities to Net Worth 31	2.6	•	•	2.2	1.8	2.1	2.6	2.8	2.4	2.6	2.6	4.1	2.8

Selected Financial Factors (in Percentages)

Debt Ratio 32	71.8	•	•	68.9	64.3	67.7	72.3	73.5	70.5	71.8	72.2	80.2	73.7
Return on Assets 33	10.6	•	•	24.7	16.8	12.8	8.7	9.7	8.0	6.6	7.0	6.2	8.4
Return on Equity 34	28.6	•	•	•	38.5	32.6	23.3	28.7	21.8	17.2	15.6	19.5	14.8
Return Before Interest on Equity 35	•	•	•	•	•	•	31.4	•	27.1	23.3	25.3	31.5	32.0
Profit Margin, Before Income Tax 36	3.5	•	•	4.9	4.0	4.4	3.0	3.2	2.9	2.2	2.8	2.4	3.3
Profit Margin, After Income Tax 37	3.1	•	•	4.7	3.8	4.0	2.7	2.9	2.7	2.0	2.2	1.7	2.3

Trends in Selected Ratios and Factors, 1990-1999

	1990	1991	1992	1993	1994	1995	1996	1997	1998	1999
Cost of Operations (%) 38	83.7	83.3	84.1	83.6	85.0	84.4	82.2	84.6	84.6	84.9
Operating Margin (%) 39	0.2	0.9	1.3	1.2	1.1	1.0	1.6	1.8	2.1	2.1
Oper. Margin Before Officers Comp. (%) 40	3.0	3.8	4.1	4.0	3.7	3.8	4.3	4.3	4.5	4.5
Average Net Receivables ($) 41	208	200	249	217	242	184	176	188	209	239
Average Inventories ($) 42	190	178	188	162	146	120	112	130	145	136
Average Net Worth ($) 43	213	224	256	262	228	206	199	201	218	228
Current Ratio (×1) 44	1.4	1.3	1.4	1.4	1.4	1.4	1.4	1.4	1.4	1.4
Quick Ratio (×1) 45	0.7	0.7	0.7	0.8	0.8	0.8	0.8	0.8	0.8	0.8
Coverage Ratio (×1) 46	3.3	3.6	4.5	4.4	4.1	4.3	5.8	6.4	7.1	6.7
Asset Turnover (×1) 47	1.9	1.9	2.1	2.1	2.3	2.4	2.4	2.5	2.7	2.6
Operating Leverage 48	3.3	4.4	1.4	1.0	0.9	1.0	1.5	1.2	1.1	1.0
Financial Leverage 49	1.0	1.1	1.1	1.0	1.0	1.0	1.1	1.0	1.0	1.0
Total Leverage 50	3.3	4.9	1.5	1.0	0.9	1.0	1.7	1.2	1.1	1.0

OPERATIVE BUILDERS

MONEY AMOUNTS AND SIZE OF ASSETS IN THOUSANDS OF DOLLARS

Item Description for Accounting Period 7/95 Through 6/96		Total	Zero Assets	Under 100	100 to 250	251 to 500	501 to 1,000	1,001 to 5,000	5,001 to 10,000	10,001 to 25,000	25,001 to 50,000	50,001 to 100,000	100,001 to 250,000	250,001 and over
Number of Enterprises	1	2005	4	1112	•	530	220	89	24	8	•	4	3	11
Revenues ($ in Thousands)														
Net Sales	2	15506670	•	386126	•	402765	315760	519328	284066	222799	•	531671	238070	12606087
Portfolio Income	3	323081	•	1318	•	11268	1605	217	60	592	•	8508	2997	296519
Other Revenues	4	249917	•	-1	•	683	4200	5	476	263	•	11598	7201	225487
Total Revenues	5	16079668	•	387443	•	414716	321565	519550	284602	223654	•	551777	248268	13128093
Average Total Revenues	6	8020	•	348	•	782	1462	5838	11858	27957	•	137944	82756	1193463
Operating Costs/Operating Income (%)														
Cost of Operations	7	65.4	•	86.4	•	81.9	68.6	85.2	88.2	83.1	•	88.1	86.3	61.1
Rent	8	4.9	•	1.5	•	3.5	13.8	1.7	5.0	3.7	•	2.8	2.7	5.2
Taxes Paid	9	1.0	•	0.9	•	2.1	4.4	1.4	1.1	1.4	•	0.7	0.5	0.9
Interest Paid	10	2.4	•	•	•	2.4	1.3	0.6	0.2	1.5	•	3.4	2.9	2.6
Depreciation, Depletion, Amortization	11	0.5	•	•	•	0.6	0.8	1.9	0.5	0.6	•	0.7	0.6	0.4
Pensions and Other Benefits	12	0.6	•	•	•	0.5	0.4	0.9	0.5	•	•	0.2	0.3	0.7
Other	13	25.1	•	5.3	•	6.0	12.2	4.4	1.1	4.3	•	6.3	10.1	29.4
Officers Compensation	14	0.7	•	1.2	•	2.7	2.6	1.4	0.5	2.9	•	0.9	1.1	0.5
Operating Margin	15	•	•	4.4	•	0.4	•	2.6	2.8	2.5	•	•	•	•
Oper. Margin Before Officers Compensation	16	0.2	•	5.6	•	3.1	•	4.0	3.3	5.4	•	•	•	•
Selected Average Balance Sheet ($ in Thousands)														
Net Receivables	17	566	•	•	•	46	220	715	1396	3608	•	16410	3987	77976
Inventories	18	2596	•	•	•	64	172	388	3057	12734	•	31825	38041	425684
Net Property, Plant and Equipment	19	308	•	0	•	106	102	295	782	438	•	8397	19618	36056
Total Assets	20	6780	•	14	•	342	725	2256	7434	18725	•	74979	124226	1094235

Notes and Loans Payable 21	3120	•	12	•	218	271	934	2510	4612	•	34291	61191	506059
All Other Liabilities 22	1556	•	3	•	44	150	591	1077	4677	•	22372	35329	249892
Net Worth 23	2104	•	-2	•	80	304	732	3847	9435	•	18316	27705	338285

Selected Financial Ratios (Times to 1)

Current Ratio 24	2.0	•	2.0	•	2.8	2.3	1.5	1.8	3.1	•	2.1	2.7	2.0
Quick Ratio 25	0.4	•	1.8	•	1.7	1.2	1.0	0.8	0.8	•	0.7	0.7	0.4
Net Sales to Working Capital 26	3.4	•	•	•	5.5	5.5	11.8	4.3	2.3	•	4.4	2.3	3.1
Coverage Ratio 27	2.3	•	•	•	2.4	•	5.6	14.0	2.8	•	1.2	1.0	2.4
Total Asset Turnover 28	1.2	•	•	•	2.2	2.0	2.6	1.6	1.5	•	1.8	0.6	1.1
Inventory Turnover 29	2.0	•	•	•	•	4.7	3.2	3.7	1.8	•	4.5	1.2	1.7
Receivables Turnover 30	•	•	•	•	•	•	5.2	•	4.3	•	9.0	•	•
Total Liabilities to Net Worth 31	2.2	•	•	•	3.3	1.4	2.1	0.9	1.0	•	3.1	3.5	2.2

Selected Financial Factors (in Percentages)

Debt Ratio 32	69.0	•	•	•	76.5	58.1	67.6	48.3	49.6	•	75.6	77.7	69.1
Return on Assets 33	6.4	•	•	•	12.8	•	8.3	5.1	6.1	•	7.3	1.9	6.4
Return on Equity 34	8.9	•	•	•	29.4	•	20.9	9.1	7.0	•	4.5	•	9.1
Return Before Interest on Equity 35	20.4	•	•	•	•	•	25.4	9.8	12.2	•	29.7	8.3	20.8
Profit Margin, Before Income Tax 36	3.2	•	4.8	•	3.4	•	2.6	3.0	2.6	•	0.7	•	3.6
Profit Margin, After Income Tax 37	2.4	•	4.8	•	3.1	•	2.6	3.0	2.4	•	0.6	•	2.7

Trends in Selected Ratios and Factors, 1990-1999

	1990	1991	1992	1993	1994	1995	1996	1997	1998	1999
Cost of Labor (%) 38	59.4	65.0	43.1	62.5	62.8	74.1	79.0	59.8	62.1	65.4
Operating Margin (%) 39	•	•	•	•	•	•	•	•	•	•
Oper. Margin Before Officers Comp. (%) 40	•	•	•	•	•	•	•	•	•	0.2
Average Net Receivables ($) 41	1019	430	527	717	360	390	634	377	392	566
Average Inventories ($) 42	608	575	383	644	581	716	1200	1376	2011	2596
Average Net Worth ($) 43	443	584	379	596	487	455	736	1205	1561	2104
Current Ratio (×1) 44	1.5	2.3	1.3	1.5	1.5	1.2	1.1	1.1	1.9	2.0
Quick Ratio (×1) 45	1.0	1.3	0.6	0.6	0.5	0.6	0.4	0.3	0.4	0.4
Coverage Ratio (×1) 46	1.3	2.1	2.0	1.7	0.9	1.0	1.1	1.5	2.0	2.3
Asset Turnover (×1) 47	0.3	0.8	0.9	0.7	0.7	0.5	0.6	0.8	1.1	1.2
Total Liabilities/Net Worth (×1) 48	8.5	5.1	7.1	5.1	6.5	6.7	5.8	3.5	2.4	2.2
Return on Assets (×1) 49	5.8	10.8	10.6	8.5	5.3	5.7	6.2	6.3	6.7	6.4
Return on Equity (%) 50	7.1	27.6	36.7	17.6	•	•	1.9	6.2	8.3	8.9

OPERATIVE BUILDERS

MONEY AMOUNTS AND SIZE OF ASSETS IN THOUSANDS OF DOLLARS

Item Description for Accounting Period 7/95 Through 6/96		Total	Zero Assets	Under 100	100 to 250	251 to 500	501 to 1,000	1,001 to 5,000	5,001 to 10,000	10,001 to 25,000	25,001 to 50,000	50,001 to 100,000	100,001 to 250,000	250,001 and over
Number of Enterprises	1	1259	•	708	•	369	80	69	11	8	•	4	•	11
Revenues ($ in Thousands)														
Net Sales	2	14787738	•	355082	•	331580	183474	446672	206242	222799	•	435802	•	12606087
Portfolio Income	3	311986	•	1318	•	11268	1352	110	•	592	•	828	•	296519
Other Revenues	4	236414	•	•	•	517	574	6	452	263	•	9114	•	225487
Total Revenues	5	15336138	•	356400	•	343365	185400	446788	206694	223654	•	445744	•	13128093
Average Total Revenues	6	12181	•	503	•	931	2318	6475	18790	27957	•	111436	•	1193463
Operating Costs/Operating Income (%)														
Cost of Operations	7	64.5	•	88.9	•	81.0	58.9	86.0	90.3	83.1	•	88.3	•	61.1
Rent	8	5.0	•	0.3	•	4.2	18.9	1.7	4.7	3.7	•	3.5	•	5.2
Taxes Paid	9	1.0	•	0.8	•	2.3	5.7	0.9	0.4	1.4	•	0.7	•	0.9
Interest Paid	10	2.3	•	0.1	•	2.2	0.7	0.2	0.3	1.5	•	2.0	•	2.6
Depreciation, Depletion, Amortization	11	0.4	•	•	•	0.6	•	0.4	0.4	0.6	•	0.7	•	0.4
Pensions and Other Benefits	12	0.6	•	•	•	0.3	•	0.6	0.3	•	•	0.3	•	0.7
Other	13	25.7	•	3.7	•	6.0	15.5	4.3	•	4.3	•	4.0	•	29.4
Officers Compensation	14	0.7	•	1.3	•	2.2	•	1.4	•	2.9	•	0.9	•	0.5
Operating Margin	15	•	•	5.0	•	1.4	0.3	4.6	4.6	2.5	•	•	•	•
Oper. Margin Before Officers Compensation	16	0.5	•	6.3	•	3.6	0.3	6.0	4.6	5.4	•	0.6	•	•
Selected Average Balance Sheet ($ in Thousands)														
Net Receivables	17	829	•	•	•	66	158	735	1032	3608	•	14448	•	77976
Inventories	18	3963	•	•	•	42	358	500	6615	12734	•	13312	•	425684
Net Property, Plant and Equipment	19	418	•	1	•	110	74	98	194	438	•	17579	•	36056
Total Assets	20	10295	•	21	•	355	734	2369	8010	18725	•	79925	•	1094235

Notes and Loans Payable 21	4734	•	•	•	172	202	881	5076	4612	•	40022	•	506059
All Other Liabilities 22	2364	•	1	•	61	69	642	1199	4677	•	26191	•	249892
Net Worth 23	3197	•	20	•	122	463	846	1735	9435	•	13712	•	338285
Selected Financial Ratios (Times to 1)													
Current Ratio 24	2.0	•	13.9	•	2.6	2.6	1.5	1.3	3.1	•	1.3	•	2.0
Quick Ratio 25	0.4	•	12.8	•	2.1	0.9	0.9	0.2	0.8	•	0.6	•	0.4
Net Sales to Working Capital 26	3.4	•	•	•	6.6	6.6	10.3	10.9	2.3	•	12.9	•	3.1
Coverage Ratio 27	2.6	•	•	•	3.3	2.9	•	•	2.8	•	2.0	•	2.4
Total Asset Turnover 28	1.2	•	•	•	2.5	3.1	2.7	2.4	1.5	•	1.4	•	1.1
Inventory Turnover 29	2.1	•	•	•	•	4.5	4.4	2.8	1.9	•	5.8	•	3.3
Receivables Turnover 30	•	•	•	•	•	•	6.1	•	6.2	•	7.9	•	•
Total Liabilities to Net Worth 31	2.2	•	0.0	•	1.9	0.6	1.8	3.6	1.0	•	4.8	•	2.2
Selected Financial Factors (in Percentages)													
Debt Ratio 32	69.0	•	2.9	•	65.7	36.9	64.3	78.3	49.6	•	82.9	•	69.1
Return on Assets 33	6.8	•	•	•	17.9	6.3	13.1	12.0	6.1	•	5.4	•	6.4
Return on Equity 34	10.4	•	•	•	33.7	6.0	35.1	•	7.0	•	14.8	•	9.1
Return Before Interest on Equity 35	21.9	•	•	•	•	10.0	•	•	12.2	•	31.6	•	20.8
Profit Margin, Before Income Tax 36	3.6	•	5.3	•	4.9	1.3	4.6	4.9	2.6	•	2.0	•	3.6
Profit Margin, After Income Tax 37	2.8	•	5.3	•	4.6	1.2	4.6	4.9	2.4	•	1.9	•	2.7

Trends in Selected Ratios and Factors, 1990-1999

	1990	1991	1992	1993	1994	1995	1996	1997	1998	1999
Cost of Operations (%) 38	53.5	62.3	38.1	77.8	52.3	68.3	77.1	53.4	60.0	64.5
Operating Margin (%) 39	•	•	1.9	3.0	•	•	•	•	•	•
Oper. Margin Before Officers Comp. (%) 40	•	1.8	3.3	5.1	•	2.6	•	•	•	0.5
Average Net Receivables ($) 41	1767	754	410	235	309	122	973	541	562	829
Average Inventories ($) 42	609	821	540	734	410	447	1595	1614	2668	3963
Average Net Worth ($) 43	783	1126	679	576	657	585	1142	1771	2269	3197
Current Ratio (×1) 44	1.6	2.8	1.6	1.8	1.7	2.0	1.0	1.0	1.9	2.0
Quick Ratio (×1) 45	1.1	1.6	0.7	0.5	0.5	0.5	0.4	0.3	0.4	0.4
Coverage Ratio (×1) 46	1.8	2.6	3.3	3.5	2.3	2.5	1.4	1.9	2.4	2.6
Asset Turnover (×1) 47	0.3	0.9	1.2	1.1	0.9	0.8	0.5	0.7	1.1	1.2
Operating Leverage 48	0.3	0.0	•	1.6	•	0.0	361.2	0.4	0.3	0.1
Financial Leverage 49	0.6	1.5	1.3	1.0	0.8	1.1	0.5	1.5	1.2	1.1
Total Leverage 50	0.2	0.0	•	1.6	•	0.0	165.5	0.6	0.3	0.1

Table I

Corporations with and without Net Income

HEAVY CONSTRUCTION CONTRACTORS

MONEY AMOUNTS AND SIZE OF ASSETS IN THOUSANDS OF DOLLARS

Item Description for Accounting Period 7/95 Through 6/96	Total	Zero Assets	Under 100	100 to 250	251 to 500	501 to 1,000	1,001 to 5,000	5,001 to 10,000	10,001 to 25,000	25,001 to 50,000	50,001 to 100,000	100,001 to 250,000	250,001 and over
Number of Enterprises 1	20825	789	5603	3087	3546	2672	3583	822	521	108	61	22	12
Revenues ($ in Thousands)													
Net Sales 2	88601815	173472	1463963	1192182	2810028	4739011	16657802	11305400	15311119	6749215	7117830	4929551	16152242
Portfolio Income 3	1270549	16766	23409	4236	26785	57234	134654	96517	143014	70864	71495	62830	562744
Other Revenues 4	1738271	39581	14113	8238	23274	42179	115497	103953	150726	94693	172931	106162	866925
Total Revenues 5	91610635	229819	1501485	1204656	2860087	4838424	16907953	11505870	15604859	6914772	7362256	5098543	17581911
Average Total Revenues 6	4399	291	268	390	807	1811	4719	13997	29952	64026	120693	231752	1465159
Operating Costs/Operating Income (%)													
Cost of Operations 7	78.4	90.4	55.7	42.3	56.7	61.7	73.7	80.3	83.0	82.0	87.5	89.6	81.8
Rent 8	4.7	4.5	5.3	11.6	10.1	7.5	4.9	2.6	2.9	3.3	2.6	2.4	7.4
Taxes Paid 9	1.8	3.0	3.5	4.7	3.6	3.1	2.3	1.9	1.9	1.5	1.3	1.0	0.9
Interest Paid 10	1.1	2.0	1.2	1.4	1.5	1.1	1.0	0.8	1.0	1.0	1.0	0.8	1.7
Depreciation, Depletion, Amortization 11	3.7	9.3	4.6	5.1	6.1	5.1	3.6	4.7	3.8	4.1	3.5	2.6	2.4
Pensions and Other Benefits 12	1.3	1.1	1.0	1.1	1.3	1.1	1.6	1.0	1.4	1.4	1.0	0.7	1.5
Other 13	7.2	28.2	18.8	25.6	17.3	13.7	8.6	4.4	3.3	4.1	2.8	4.0	9.6
Officers Compensation 14	2.3	3.5	10.5	9.7	4.8	4.3	3.3	2.2	1.9	1.4	1.2	0.7	0.6
Operating Margin 15	•	•	•	•	•	2.4	1.1	2.3	1.0	1.4	•	•	•
Oper. Margin Before Officers Compensation 16	1.8	•	10.0	8.2	3.4	6.7	4.4	4.5	2.8	2.8	0.4	•	•
Selected Average Balance Sheet ($ in Thousands)													
Net Receivables 17	721	•	2	27	95	173	666	2149	4554	9221	18736	38306	385064
Inventories 18	77	•	•	1	11	16	107	259	429	1105	3490	3904	24045
Net Property, Plant and Equipment 19	648	•	25	65	162	323	682	2089	4893	10701	20587	36969	148720
Total Assets 20	2726	•	48	161	373	756	2235	7089	15025	34808	66493	142895	1670694

Notes and Loans Payable 21	522	•	36	70	161	262	597	1390	3439	7963	13879	29071	147096
All Other Liabilities 22	883	•	4	26	107	144	692	2319	4856	10333	22803	45123	591781
Net Worth 23	1321	•	7	66	105	350	945	3380	6730	16513	29811	68701	931817

Selected Financial Ratios (Times to 1)

Current Ratio 24	1.5	•	1.3	1.4	1.1	1.9	1.7	1.6	1.6	1.7	1.5	1.6	1.4
Quick Ratio 25	1.2	•	1.2	1.3	0.9	1.6	1.3	1.3	1.2	1.3	1.1	1.1	1.2
Net Sales to Working Capital 26	9.1	•	•	19.7	•	10.2	8.3	8.8	9.7	7.7	9.2	8.6	8.0
Coverage Ratio 27	3.7	•	2.8	0.7	1.3	5.0	3.6	5.8	3.9	4.9	3.5	2.8	3.1
Total Asset Turnover 28	1.6	•	5.5	2.4	2.1	2.4	2.1	2.0	2.0	1.8	1.8	1.6	0.8
Inventory Turnover 29	•	•	•	•	•	•	•	•	•	•	•	•	•
Receivables Turnover 30	5.9	•	•	•	9.9	•	7.2	6.2	6.8	6.5	6.6	6.2	3.3
Total Liabilities to Net Worth 31	1.1	•	5.4	1.5	2.6	1.2	1.4	1.1	1.2	1.1	1.2	1.1	0.8

Selected Financial Factors (in Percentages)

Debt Ratio 32	51.5	•	84.4	59.1	71.8	53.7	57.7	52.3	55.2	52.6	55.2	51.9	44.2
Return on Assets 33	6.3	•	17.8	2.4	4.0	13.2	7.4	9.5	7.5	8.4	6.2	3.6	4.1
Return on Equity 34	7.2	•	•	•	0.8	20.7	10.0	13.8	10.0	10.6	7.5	2.3	3.0
Return Before Interest on Equity 35	13.1	•	•	5.8	14.2	28.6	17.4	19.8	16.6	17.7	13.9	7.5	7.4
Profit Margin, Before Income Tax 36	3.0	•	2.1	•	0.4	4.5	2.6	4.0	2.9	3.7	2.5	1.5	3.5
Profit Margin, After Income Tax 37	2.2	•	2.0	•	0.1	4.1	2.0	3.4	2.3	2.8	1.9	0.7	2.1

Trends in Selected Ratios and Factors, 1990-1999

	1990	1991	1992	1993	1994	1995	1996	1997	1998	1999
Cost of Labor (%) 38	78.8	77.9	78.2	79.8	79.1	77.8	79.2	79.2	78.9	78.4
Operating Margin (%) 39	•	•	•	•	•	•	•	•	•	•
Oper. Margin Before Officers Comp. (%) 40	•	1.3	1.0	0.8	0.8	0.1	•	0.5	1.3	1.8
Average Net Receivables ($) 41	500	449	454	565	490	569	645	682	721	721
Average Inventories ($) 42	105	85	81	94	83	81	103	100	92	77
Average Net Worth ($) 43	865	599	719	844	698	1047	1303	1436	1181	1321
Current Ratio (×1) 44	1.2	1.5	1.4	1.4	1.4	1.6	1.7	1.6	1.5	1.5
Quick Ratio (×1) 45	0.9	1.1	1.1	1.0	1.1	1.2	1.3	1.3	1.2	1.2
Coverage Ratio (×1) 46	2.2	3.2	3.4	2.6	2.5	2.9	2.4	2.5	3.4	3.7
Asset Turnover (×1) 47	1.5	1.8	1.6	1.6	1.8	1.6	1.5	1.5	1.6	1.6
Total Liabilities/Net Worth (×1) 48	1.6	1.7	1.6	1.7	1.6	1.2	1.2	1.1	1.2	1.1
Return on Assets (×1) 49	6.2	7.7	9.0	6.3	6.1	7.9	4.8	4.2	5.7	6.3
Return on Equity (%) 50	4.7	10.0	12.8	6.9	5.9	8.0	4.2	3.5	6.9	7.2

Table II

Corporations with Net Income

HEAVY CONSTRUCTION CONTRACTORS

MONEY AMOUNTS AND SIZE OF ASSETS IN THOUSANDS OF DOLLARS

Item Description for Accounting Period 7/95 Through 6/96	Total	Zero Assets	Under 100	100 to 250	251 to 500	501 to 1,000	1,001 to 5,000	5,001 to 10,000	10,001 to 25,000	25,001 to 50,000	50,001 to 100,000	100,001 to 250,000	250,001 and over
Number of Enterprises **1**	12728	•	•	1458	2118	2116	2563	700	411	87	46	18	9
Revenues ($ in Thousands)													
Net Sales **2**	69612995	•	•	560427	1579548	3924990	12279949	9712549	12232323	5447481	5475901	3605071	13957080
Portfolio Income **3**	1099109	•	•	2636	17305	53388	115505	62215	109093	54926	51367	56115	542921
Other Revenues **4**	1505822	•	•	5491	13534	38406	113940	91310	132674	62282	92477	97779	843820
Total Revenues **5**	72217926	•	•	568554	1610387	4016784	12509394	9866074	12474090	5564689	5619745	3758965	15343821
Average Total Revenues **6**	5674	•	•	390	760	1898	4881	14094	30351	63962	122168	208831	1704869
Operating Costs/Operating Income (%)													
Cost of Operations **7**	77.9	•	•	35.3	50.8	61.0	72.4	78.6	81.5	79.4	86.1	87.3	84.4
Rent **8**	4.0	•	•	11.4	8.8	6.9	4.3	2.5	2.8	3.4	2.5	2.4	5.4
Taxes Paid **9**	1.8	•	•	6.3	4.0	3.1	2.2	1.9	1.9	1.5	1.1	1.4	0.8
Interest Paid **10**	1.0	•	•	1.9	1.3	1.0	0.9	0.8	0.9	0.8	1.0	0.8	1.6
Depreciation, Depletion, Amortization **11**	3.8	•	•	7.6	6.8	5.3	3.6	4.9	3.7	4.0	3.5	3.4	2.5
Pensions and Other Benefits **12**	1.2	•	•	1.5	1.2	1.1	1.3	1.0	1.4	1.4	0.9	0.9	1.3
Other **13**	6.7	•	•	21.6	17.2	13.4	8.3	4.4	3.6	4.6	2.2	3.4	8.4
Officers Compensation **14**	2.3	•	•	10.0	5.0	4.5	3.6	2.3	1.9	1.4	1.3	0.8	0.7
Operating Margin **15**	1.3	•	•	4.6	5.0	3.8	3.5	3.7	2.4	3.6	1.5	•	•
Oper. Margin Before Officers Compensation **16**	3.6	•	•	14.6	9.9	8.3	7.0	6.0	4.3	5.0	2.8	0.4	•
Selected Average Balance Sheet ($ in Thousands)													
Net Receivables **17**	962	•	•	24	72	190	700	2113	4516	9756	18252	31213	473205
Inventories **18**	103	•	•	•	15	11	122	279	373	1153	3535	4675	27757
Net Property, Plant and Equipment **19**	840	•	•	85	175	337	707	2135	4700	10424	20212	41868	171348
Total Assets **20**	3681	•	•	151	365	764	2308	7085	14748	34705	65908	142998	2051251

Notes and Loans Payable 21	575	•	•	93	150	251	499	1337	2952	6876	12345	26302	129203
All Other Liabilities 22	1144	•	•	6	60	141	735	2251	4368	10511	21572	40289	692519
Net Worth 23	1962	•	•	52	155	372	1074	3497	7428	17318	31991	76406	1229529

Selected Financial Ratios (Times to 1)

Current Ratio 24	1.6	•	•	3.8	1.5	2.0	1.7	1.7	1.7	1.7	1.7	1.6	1.5
Quick Ratio 25	1.3	•	•	3.3	1.2	1.7	1.3	1.4	1.3	1.3	1.2	1.1	1.3
Net Sales to Working Capital 26	8.0	•	•	10.5	14.4	9.6	8.2	8.2	8.9	7.6	8.4	7.5	6.5
Coverage Ratio 27	6.0	•	•	4.2	6.5	7.0	6.9	8.0	6.0	8.2	5.3	5.5	4.3
Total Asset Turnover 28	1.5	•	•	2.6	2.1	2.4	2.1	2.0	2.0	1.8	1.8	1.4	0.8
Inventory Turnover 29	•	•	•	•	•	•	•	•	•	•	•	•	•
Receivables Turnover 30	6.1	•	•	7.8	•	•	7.0	6.4	7.0	•	6.7	•	4.0
Total Liabilities to Net Worth 31	0.9	•	•	1.9	1.4	1.1	1.2	1.0	1.0	1.0	1.1	0.9	0.7

Selected Financial Factors (in Percentages)

Debt Ratio 32	46.7	•	•	65.4	57.6	51.4	53.5	50.6	49.6	50.1	51.5	46.6	40.1
Return on Assets 33	9.1	•	•	20.1	16.7	17.3	12.9	11.7	10.4	11.8	9.2	6.4	5.2
Return on Equity 34	11.6	•	•	•	30.6	27.9	20.5	17.7	14.4	16.6	12.4	7.0	4.6
Return Before Interest on Equity 35	17.1	•	•	•	•	•	27.7	23.7	20.6	23.5	18.9	11.9	8.7
Profit Margin, Before Income Tax 36	5.1	•	•	6.0	6.9	6.1	5.3	5.2	4.3	5.7	4.1	3.7	5.3
Profit Margin, After Income Tax 37	4.2	•	•	5.6	6.4	5.6	4.6	4.5	3.6	4.6	3.3	2.7	3.7

Trends in Selected Ratios and Factors, 1990-1999

	1990	1991	1992	1993	1994	1995	1996	1997	1998	1999
Cost of Operations (%) 38	77.2	76.0	78.1	79.7	78.7	76.5	77.7	77.8	77.5	77.9
Operating Margin (%) 39	0.8	1.2	0.7	0.6	0.9	•	•	0.4	1.3	1.3
Oper. Margin Before Officers Comp. (%) 40	3.1	3.7	3.3	3.0	3.3	1.8	1.8	2.6	3.6	3.6
Average Net Receivables ($) 41	590	548	541	721	575	709	849	722	775	962
Average Inventories ($) 42	140	100	87	111	94	95	134	87	83	103
Average Net Worth ($) 43	1261	876	1019	1216	1006	1457	1978	1684	1421	1962
Current Ratio (×1) 44	1.2	1.6	1.6	1.5	1.7	1.7	1.8	1.6	1.6	1.6
Quick Ratio (×1) 45	0.9	1.2	1.2	1.1	1.3	1.4	1.4	1.3	1.3	1.3
Coverage Ratio (×1) 46	4.3	5.9	5.6	5.2	5.4	4.4	4.4	4.9	6.1	6.0
Asset Turnover (×1) 47	1.4	1.9	1.6	1.6	1.8	1.5	1.5	1.5	1.7	1.5
Operating Leverage 48	•	1.6	0.6	0.9	1.5	•	0.9	•	3.1	1.0
Financial Leverage 49	1.1	1.2	1.1	0.9	1.0	0.9	1.1	1.0	1.1	1.0
Total Leverage 50	•	1.9	0.7	0.8	1.5	•	1.0	•	3.4	1.0

Table I

Corporations with and without Net Income

PLUMBING, HEATING, AND AIR CONDITIONING

MONEY AMOUNTS AND SIZE OF ASSETS IN THOUSANDS OF DOLLARS

Item Description for Accounting Period 7/95 Through 6/96		Total	Zero Assets	Under 100	100 to 250	251 to 500	501 to 1,000	1,001 to 5,000	5,001 to 10,000	10,001 to 25,000	25,001 to 50,000	50,001 to 100,000	100,001 to 250,000	250,001 and over
Number of Enterprises	1	41700	1457	20668	8282	4928	2944	2964	320	109	25	3	•	•
Revenues ($ in Thousands)														
Net Sales	2	54398771	422755	5482306	6291724	6553388	6111738	17365093	5382310	4289799	2141511	358149	•	•
Portfolio Income	3	118604	4872	13880	7877	19810	20023	31725	11899	4826	3140	555	•	•
Other Revenues	4	187942	623	6397	26203	16150	23578	56756	17480	28503	9732	2515	•	•
Total Revenues	5	54705317	428250	5502583	6325804	6589348	6155339	17453574	5411689	4323128	2154383	361219	•	•
Average Total Revenues	6	1312	294	266	764	1337	2091	5889	16912	39662	86175	120406	•	•
Operating Costs/Operating Income (%)														
Cost of Operations	7	72.3	68.8	58.5	65.3	64.4	69.8	75.9	79.5	84.8	85.6	84.5	•	•
Rent	8	6.3	7.4	9.4	8.0	9.0	6.4	5.1	4.3	3.7	3.8	5.0	•	•
Taxes Paid	9	2.9	3.5	3.5	3.3	3.1	3.4	3.0	3.1	1.8	0.8	0.7	•	•
Interest Paid	10	0.5	0.5	0.5	0.7	0.6	0.5	0.5	0.7	0.3	0.4	1.3	•	•
Depreciation, Depletion, Amortization	11	1.3	0.8	1.6	1.7	1.9	1.6	1.1	0.9	0.7	0.6	0.7	•	•
Pensions and Other Benefits	12	1.5	0.8	1.2	1.0	1.1	2.2	1.7	1.5	1.6	0.8	0.3	•	•
Other	13	8.9	11.6	15.3	13.1	12.2	9.8	7.1	5.5	2.7	4.3	3.0	•	•
Officers Compensation	14	4.8	7.5	8.2	6.6	5.7	5.4	4.2	2.7	1.8	1.4	1.1	•	•
Operating Margin	15	1.6	•	1.9	0.4	2.2	1.0	1.5	2.1	2.6	2.5	3.7	•	•
Oper. Margin Before Officers Compensation	16	6.4	6.7	10.1	7.0	7.8	6.4	5.7	4.7	4.4	3.9	4.8	•	•
Selected Average Balance Sheet ($ in Thousands)														
Net Receivables	17	186	•	6	54	131	290	1049	3489	7805	20206	28151	•	•
Inventories	18	35	•	4	15	46	60	159	535	1018	2389	15218	•	•
Net Property, Plant and Equipment	19	64	•	14	47	93	121	262	618	1271	1978	7919	•	•
Total Assets	20	401	•	38	165	367	678	2006	6831	14716	33688	62866	•	•

Notes and Loans Payable 21	87	•	20	77	104	133	322	1310	1532	3304	12697	•	•
All Other Liabilities 22	183	•	12	60	121	261	952	3534	8216	22761	37035	•	•
Net Worth 23	131	•	5	28	143	283	732	1987	4968	7623	13134	•	•

Selected Financial Ratios (Times to 1)

Current Ratio 24	1.6	•	1.4	1.4	1.7	1.7	1.6	1.6	1.5	1.3	2.7	•	•
Quick Ratio 25	1.2	•	1.1	1.2	1.3	1.4	1.3	1.2	1.2	1.0	1.6	•	•
Net Sales to Working Capital 26	11.8	•	47.2	23.2	13.1	10.0	10.2	8.2	9.1	12.6	3.7	•	•
Coverage Ratio 27	5.1	2.0	5.2	2.4	5.4	4.3	5.1	5.0	13.6	8.3	4.6	•	•
Total Asset Turnover 28	3.3	•	7.1	4.6	3.6	3.1	2.9	2.5	2.7	2.6	1.9	•	•
Inventory Turnover 29	•	•	•	•	•	•	•	•	•	•	8.7	•	•
Receivables Turnover 30	7.4	•	•	•	•	7.5	5.7	5.7	5.4	5.5	2.0	•	•
Total Liabilities to Net Worth 31	2.1	•	6.3	4.9	1.6	1.4	1.7	2.4	2.0	3.4	3.8	•	•

Selected Financial Factors (in Percentages)

Debt Ratio 32	67.4	•	86.3	83.0	61.1	58.2	63.5	70.9	66.3	77.4	79.1	•	•
Return on Assets 33	8.8	•	19.5	7.4	12.0	6.7	7.4	7.9	9.7	8.9	11.0	•	•
Return on Equity 34	18.6	•	•	22.0	22.3	10.1	13.2	18.8	24.3	25.6	•	•	•
Return Before Interest on Equity 35	27.0	•	•	•	30.7	16.1	20.1	27.3	28.8	•	•	•	•
Profit Margin, Before Income Tax 36	2.2	0.5	2.2	1.0	2.7	1.7	2.0	2.6	3.4	3.1	4.5	•	•
Profit Margin, After Income Tax 37	1.9	0.4	2.2	0.8	2.4	1.4	1.7	2.2	3.1	2.3	4.4	•	•

Trends in Selected Ratios and Factors, 1990-1999

	1990	1991	1992	1993	1994	1995	1996	1997	1998	1999
Cost of Labor (%) 38	73.6	72.8	73.5	73.4	72.2	71.6	70.2	72.0	71.7	72.3
Operating Margin (%) 39	0.5	0.7	0.7	0.6	0.4	0.3	0.9	0.7	1.1	1.6
Oper. Margin Before Officers Comp. (%) 40	5.4	5.9	5.9	5.5	5.6	5.6	6.1	5.6	5.9	6.4
Average Net Receivables ($) 41	127	126	147	153	144	137	145	156	162	186
Average Inventories ($) 42	51	48	44	45	39	37	40	35	32	35
Average Net Worth ($) 43	76	91	105	111	104	109	126	120	121	131
Current Ratio (×1) 44	1.3	1.4	1.4	1.5	1.5	1.6	1.6	1.6	1.6	1.6
Quick Ratio (×1) 45	0.9	1.0	1.0	1.1	1.1	1.2	1.2	1.2	1.2	1.2
Coverage Ratio (×1) 46	2.9	4.1	3.7	3.5	3.0	2.6	3.9	3.7	4.3	5.1
Asset Turnover (×1) 47	2.7	2.8	3.0	3.1	3.1	3.1	3.0	3.1	3.2	3.3
Total Liabilities/Net Worth (×1) 48	3.4	2.6	2.4	2.3	2.2	2.1	1.8	2.0	2.0	2.1
Return on Assets (×1) 49	6.6	7.3	7.3	7.2	6.8	5.5	7.2	6.4	7.7	8.8
Return on Equity (%) 50	12.5	14.4	13.7	13.2	11.6	8.1	12.5	11.8	15.3	18.6

Table II

Corporations with Net Income

PLUMBING, HEATING, AND AIR CONDITIONING

MONEY AMOUNTS AND SIZE OF ASSETS IN THOUSANDS OF DOLLARS

Item Description for Accounting Period 7/95 Through 6/96	Total	Zero Assets	Under 100	100 to 250	251 to 500	501 to 1,000	1,001 to 5,000	5,001 to 10,000	10,001 to 25,000	25,001 to 50,000	50,001 to 100,000	100,001 to 250,000	250,001 and over
Number of Enterprises **1**	27611	437	12232	5745	4124	2176	2492	277	101	•	•	•	•
Revenues ($ in Thousands)													
Net Sales **2**	44935201	417231	3229911	4736368	5525513	4879635	14906133	4795161	4141781	•	•	•	•
Portfolio Income **3**	95406	4872	12027	5218	16736	13705	26460	8053	4643	•	•	•	•
Other Revenues **4**	155432	624	3063	20819	15663	11263	50141	13827	27850	•	•	•	•
Total Revenues **5**	45186039	422727	3245001	4762405	5557912	4904603	14982734	4817041	4174274	•	•	•	•
Average Total Revenues **6**	1637	967	265	829	1348	2254	6012	17390	41329	•	•	•	•
Operating Costs/Operating Income (%)													
Cost of Operations **7**	72.8	69.1	57.8	67.0	63.9	69.0	75.2	79.5	84.8	•	•	•	•
Rent **8**	5.7	7.5	8.0	6.2	8.9	6.0	5.0	4.0	3.7	•	•	•	•
Taxes Paid **9**	2.9	3.0	3.2	3.1	3.1	3.3	2.9	3.3	1.8	•	•	•	•
Interest Paid **10**	0.5	0.5	0.4	0.7	0.6	0.4	0.4	0.5	0.3	•	•	•	•
Depreciation, Depletion, Amortization **11**	1.2	0.8	1.4	1.6	1.9	1.6	1.1	0.8	0.7	•	•	•	•
Pensions and Other Benefits **12**	1.5	0.8	0.8	0.9	1.1	2.3	1.7	1.6	1.6	•	•	•	•
Other **13**	8.0	11.1	14.6	11.7	11.2	9.1	6.9	4.8	2.6	•	•	•	•
Officers Compensation **14**	4.5	7.3	7.5	6.0	6.0	5.5	4.3	2.6	1.7	•	•	•	•
Operating Margin **15**	3.1	•	6.3	2.9	3.4	3.0	2.6	2.9	2.9	•	•	•	•
Oper. Margin Before Officers Compensation **16**	7.6	7.3	13.8	8.9	9.4	8.4	6.9	5.5	4.6	•	•	•	•
Selected Average Balance Sheet ($ in Thousands)													
Net Receivables **17**	234	•	5	53	131	286	1045	3539	8150	•	•	•	•
Inventories **18**	42	•	4	14	41	64	151	562	779	•	•	•	•
Net Property, Plant and Equipment **19**	76	•	12	46	90	121	275	592	1339	•	•	•	•
Total Assets **20**	498	•	36	164	364	687	2030	6798	14815	•	•	•	•

Notes and Loans Payable 21	92	•	18	73	100	104	291	1119	1195	•	•	•	•
All Other Liabilities 22	222	•	9	56	111	232	930	3433	8368	•	•	•	•
Net Worth 23	184	•	9	34	153	352	808	2246	5252	•	•	•	•
Selected Financial Ratios (Times to 1)													
Current Ratio 24	1.7	•	1.7	1.6	1.9	2.1	1.6	1.7	1.6	•	•	•	•
Quick Ratio 25	1.3	•	1.3	1.3	1.5	1.7	1.3	1.4	1.3	•	•	•	•
Net Sales to Working Capital 26	10.5	•	33.2	21.9	12.2	8.4	9.6	7.5	8.8	•	•	•	•
Coverage Ratio 27	8.7	3.5	•	6.0	8.1	10.1	8.0	7.5	•	•	•	•	•
Total Asset Turnover 28	3.3	•	7.3	5.0	3.7	3.3	3.0	2.6	2.8	•	•	•	•
Inventory Turnover 29	•	•	•	•	•	•	•	•	•	•	•	•	•
Receivables Turnover 30	7.7	•	•	•	•	8.1	6.3	6.4	5.7	•	•	•	•
Total Liabilities to Net Worth 31	1.7	•	3.0	3.8	1.4	1.0	1.5	2.0	1.8	•	•	•	•
Selected Financial Factors (in Percentages)													
Debt Ratio 32	63.0	•	74.8	79.1	58.0	48.8	60.2	67.0	64.6	•	•	•	•
Return on Assets 33	13.4	•	•	20.5	16.8	12.6	10.4	9.7	10.8	•	•	•	•
Return on Equity 34	28.7	•	•	•	31.9	19.6	19.6	22.6	26.2	•	•	•	•
Return Before Interest on Equity 35	•	•	•	•	•	24.5	26.1	29.5	30.5	•	•	•	•
Profit Margin, Before Income Tax 36	3.6	1.3	6.7	3.4	4.0	3.5	3.1	3.3	3.7	•	•	•	•
Profit Margin, After Income Tax 37	3.3	1.2	6.6	3.2	3.7	3.1	2.7	2.9	3.4	•	•	•	•

Trends in Selected Ratios and Factors, 1990-1999

	1990	1991	1992	1993	1994	1995	1996	1997	1998	1999
Cost of Operations (%) 38	72.3	71.8	74.1	73.8	72.4	71.5	71.0	70.6	70.1	72.8
Operating Margin (%) 39	2.5	2.7	2.7	2.8	2.7	2.8	2.8	2.3	2.7	3.1
Oper. Margin Before Officers Comp. (%) 40	7.6	7.9	7.1	7.3	7.5	7.5	7.6	6.9	7.5	7.6
Average Net Receivables ($) 41	139	139	192	217	193	155	183	175	171	234
Average Inventories ($) 42	53	54	52	52	46	43	47	37	34	42
Average Net Worth ($) 43	110	118	156	186	166	144	175	160	154	184
Current Ratio (×1) 44	1.5	1.6	1.6	1.7	1.6	1.7	1.8	1.8	1.7	1.7
Quick Ratio (×1) 45	1.0	1.1	1.1	1.3	1.2	1.3	1.4	1.4	1.3	1.3
Coverage Ratio (×1) 46	6.3	8.5	8.3	8.5	7.6	7.2	7.9	7.2	8.2	8.7
Asset Turnover (×1) 47	3.0	3.0	3.1	3.2	3.2	3.1	3.0	3.1	3.3	3.3
Operating Leverage 48	1.1	1.1	1.0	1.1	1.0	1.0	1.0	0.8	1.2	1.1
Financial Leverage 49	1.0	1.1	1.0	1.0	1.0	1.0	1.0	1.0	1.0	1.0
Total Leverage 50	1.1	1.2	1.0	1.1	1.0	1.0	1.0	0.8	1.2	1.1

Table I

Corporations with and without Net Income

ELECTRICAL WORK

MONEY AMOUNTS AND SIZE OF ASSETS IN THOUSANDS OF DOLLARS

Item Description for Accounting Period 7/95 Through 6/96		Total	Zero Assets	Under 100	100 to 250	251 to 500	501 to 1,000	1,001 to 5,000	5,001 to 10,000	10,001 to 25,000	25,001 to 50,000	50,001 to 100,000	100,001 to 250,000	250,001 and over
Number of Enterprises	1	34942	1340	20207	4935	3121	2643	2180	384	111	16	5	•	•
Revenues ($ in Thousands)														
Net Sales	2	44069419	103175	5090834	2873283	4792218	5826869	11837074	6789252	3554366	1177880	2024470	•	•
Portfolio Income	3	137595	150	14111	7573	7286	37318	26583	14246	17050	3496	9780	•	•
Other Revenues	4	227971	11732	8228	6005	11855	33516	67797	40966	26366	14725	6783	•	•
Total Revenues	5	44434985	115057	5113173	2886861	4811359	5897703	11931454	6844464	3597782	1196101	2041033	•	•
Average Total Revenues	6	1272	86	253	585	1542	2231	5473	17824	32412	74756	408207	•	•
Operating Costs/Operating Income (%)														
Cost of Operations	7	72.3	41.8	51.4	60.0	72.1	71.5	75.6	79.9	80.9	80.6	82.4	•	•
Rent	8	6.3	3.7	13.2	7.9	5.0	5.9	5.4	4.7	4.6	4.8	4.5	•	•
Taxes Paid	9	3.3	2.9	4.1	4.1	3.3	3.3	3.7	2.6	2.5	1.9	2.6	•	•
Interest Paid	10	0.6	0.2	0.5	0.7	0.5	0.5	0.6	0.6	0.7	0.6	1.0	•	•
Depreciation, Depletion, Amortization	11	1.3	1.5	1.4	2.1	1.5	1.3	1.2	1.0	1.5	1.2	1.2	•	•
Pensions and Other Benefits	12	1.9	4.2	1.0	1.4	1.3	2.0	2.5	2.0	1.3	3.2	1.9	•	•
Other	13	7.4	38.6	14.9	14.2	7.5	9.1	5.4	3.8	3.8	3.8	4.5	•	•
Officers Compensation	14	4.8	9.3	10.2	7.5	5.4	5.1	4.0	3.1	1.9	1.6	1.4	•	•
Operating Margin	15	2.2	•	3.4	2.2	3.5	1.3	1.6	2.4	2.9	2.4	0.5	•	•
Oper. Margin Before Officers Compensation	16	7.0	7.3	13.5	9.6	8.8	6.4	5.6	5.6	4.8	4.0	1.9	•	•
Selected Average Balance Sheet ($ in Thousands)														
Net Receivables	17	188	•	6	49	124	264	957	3328	7503	18585	129048	•	•
Inventories	18	33	•	3	21	18	74	156	529	1505	1711	1740	•	•
Net Property, Plant and Equipment	19	58	•	7	41	74	123	249	657	2066	3705	12379	•	•
Total Assets	20	413	•	28	163	345	689	1991	6630	14721	35762	208619	•	•

Notes and Loans Payable 21	89	•	15	64	96	118	376	1131	2513	4488	50360	•	•
All Other Liabilities 22	175	•	7	35	104	286	875	3264	6379	15663	120184	•	•
Net Worth 23	149	•	7	64	145	285	740	2236	5828	15610	38076	•	•

Selected Financial Ratios (Times to 1)

Current Ratio 24	1.6	•	2.0	1.6	1.7	1.6	1.6	1.5	1.6	1.8	1.3	•	•
Quick Ratio 25	1.2	•	1.7	1.2	1.5	1.3	1.2	1.0	1.2	1.3	1.0	•	•
Net Sales to Working Capital 26	11.1	•	29.0	14.6	15.9	11.2	9.8	9.9	7.2	5.3	10.8	•	•
Coverage Ratio 27	6.0	•	9.2	4.8	8.2	5.8	4.7	6.8	6.8	7.7	2.3	•	•
Total Asset Turnover 28	3.1	•	8.9	3.6	4.5	3.2	2.7	2.7	2.2	2.1	2.0	•	•
Inventory Turnover 29	•	•	•	•	•	•	•	•	•	•	•	•	•
Receivables Turnover 30	7.1	•	•	•	•	8.0	5.7	6.9	4.6	4.0	5.3	•	•
Total Liabilities to Net Worth 31	1.8	•	3.3	1.6	1.4	1.4	1.7	2.0	1.5	1.3	4.5	•	•

Selected Financial Factors (in Percentages)

Debt Ratio 32	63.9	•	76.7	61.0	58.1	58.7	62.8	66.3	60.4	56.4	81.8	•	•
Return on Assets 33	11.1	•	37.8	12.0	19.6	9.8	8.2	10.1	10.6	9.1	4.6	•	•
Return on Equity 34	22.2	•	•	23.0	38.1	16.7	13.9	22.3	18.5	12.6	11.6	•	•
Return Before Interest on Equity 35	30.7	•	•	30.8	•	23.8	22.1	30.0	26.7	20.9	25.0	•	•
Profit Margin, Before Income Tax 36	3.0	9.5	3.8	2.7	3.9	2.5	2.4	3.2	4.1	3.9	1.3	•	•
Profit Margin, After Income Tax 37	2.6	9.5	3.7	2.5	3.6	2.2	1.9	2.8	3.4	2.7	1.1	•	•

Trends in Selected Ratios and Factors, 1990-1999

	1990	1991	1992	1993	1994	1995	1996	1997	1998	1999
Cost of Labor (%) 38	74.1	73.2	73.6	73.7	73.1	73.7	74.5	72.1	72.4	72.3
Operating Margin (%) 39	•	0.8	0.4	0.5	•	0.3	•	0.2	0.6	2.2
Oper. Margin Before Officers Comp. (%) 40	4.5	5.9	5.6	5.7	5.1	5.4	3.3	4.8	5.6	7.0
Average Net Receivables ($) 41	146	153	151	194	169	161	165	158	171	188
Average Inventories ($) 42	36	36	38	46	39	43	42	33	31	33
Average Net Worth ($) 43	119	129	132	156	131	127	123	121	125	149
Current Ratio (×1) 44	1.6	1.6	1.6	1.6	1.6	1.6	1.4	1.5	1.6	1.6
Quick Ratio (×1) 45	1.2	1.2	1.2	1.2	1.2	1.2	1.1	1.2	1.2	1.2
Coverage Ratio (×1) 46	1.8	3.7	3.2	2.6	2.7	2.5	1.4	2.2	3.2	6.0
Asset Turnover (×1) 47	2.7	2.7	2.8	2.5	2.8	2.6	2.8	3.1	2.9	3.1
Total Liabilities/Net Worth (×1) 48	2.0	1.9	1.8	1.9	2.1	2.1	2.2	1.9	2.0	1.8
Return on Assets (×1) 49	5.4	8.7	8.0	7.4	7.9	5.9	3.3	5.0	5.8	11.1
Return on Equity (%) 50	3.1	14.5	11.5	10.2	11.8	8.3	0.8	5.3	8.9	22.2

Table II

Corporations with Net Income

ELECTRICAL WORK

MONEY AMOUNTS AND SIZE OF ASSETS IN THOUSANDS OF DOLLARS

Item Description for Accounting Period 7/95 Through 6/96	Total	Zero Assets	Under 100	100 to 250	251 to 500	501 to 1,000	1,001 to 5,000	5,001 to 10,000	10,001 to 25,000	25,001 to 50,000	50,001 to 100,000	100,001 to 250,000	250,001 and over
Number of Enterprises **1**	22682	1111	11532	3074	2578	2177	1763	333	93	•	•	•	•
Revenues ($ in Thousands)													
Net Sales **2**	35219851	67357	3354732	1736830	4368588	4255740	10258445	6069598	3135563	•	•	•	•
Portfolio Income **3**	108754	•	9356	6082	5505	37209	20123	10299	13270	•	•	•	•
Other Revenues **4**	192511	11732	6121	3939	8491	32905	60607	38167	13123	•	•	•	•
Total Revenues **5**	35521116	79089	3370209	1746851	4382584	4325854	10339175	6118064	3161956	•	•	•	•
Average Total Revenues **6**	1566	71	292	568	1700	1987	5865	18373	34000	•	•	•	•
Operating Costs/Operating Income (%)													
Cost of Operations **7**	71.0	20.0	42.6	53.8	72.6	67.2	74.7	79.6	79.6	•	•	•	•
Rent **8**	6.6	4.2	17.2	9.5	5.1	6.0	5.6	4.7	4.6	•	•	•	•
Taxes Paid **9**	3.2	2.6	4.5	4.3	2.9	3.2	3.7	2.5	2.6	•	•	•	•
Interest Paid **10**	0.5	•	0.4	0.7	0.4	0.7	0.6	0.4	0.7	•	•	•	•
Depreciation, Depletion, Amortization **11**	1.3	2.0	1.4	2.2	1.3	1.6	1.2	0.8	1.4	•	•	•	•
Pensions and Other Benefits **12**	2.0	5.5	1.1	1.7	1.2	2.4	2.6	1.9	1.4	•	•	•	•
Other **13**	6.8	49.3	14.9	13.0	6.4	9.9	5.2	3.6	3.7	•	•	•	•
Officers Compensation **14**	4.6	11.4	10.8	7.6	5.1	5.9	3.7	3.0	2.0	•	•	•	•
Operating Margin **15**	4.1	4.9	7.3	7.3	5.0	3.2	3.0	3.5	4.2	•	•	•	•
Oper. Margin Before Officers Compensation **16**	8.7	16.3	18.1	14.8	10.1	9.1	6.6	6.5	6.2	•	•	•	•
Selected Average Balance Sheet ($ in Thousands)													
Net Receivables **17**	234	•	7	61	135	262	987	3422	7994	•	•	•	•
Inventories **18**	42	•	4	12	18	74	162	593	1775	•	•	•	•
Net Property, Plant and Equipment **19**	68	•	7	39	66	136	241	584	1858	•	•	•	•
Total Assets **20**	497	•	32	169	352	701	1988	6536	14834	•	•	•	•

Notes and Loans Payable 21	91	•	10	56	79	122	352	1007	2500	•	•	•	•
All Other Liabilities 22	198	•	8	34	95	236	859	2929	6796	•	•	•	•
Net Worth 23	208	•	14	79	177	343	777	2600	5538	•	•	•	•

Selected Financial Ratios (Times to 1)

Current Ratio 24	1.7	•	2.4	2.0	2.1	1.8	1.7	1.6	1.6	•	•	•	•
Quick Ratio 25	1.3	•	1.9	1.7	1.8	1.4	1.3	1.2	1.2	•	•	•	•
Net Sales to Working Capital 26	9.5	•	23.1	9.7	13.3	8.8	9.1	8.3	7.4	•	•	•	•
Coverage Ratio 27	10.3	•	•	11.6	14.1	8.5	7.6	10.8	8.7	•	•	•	•
Total Asset Turnover 28	3.1	•	9.1	3.4	4.8	2.8	2.9	2.8	2.3	•	•	•	•
Inventory Turnover 29	•	•	•	•	•	•	•	•	•	•	•	•	•
Receivables Turnover 30	7.3	•	•	9.7	•	7.5	6.3	6.9	4.5	•	•	•	•
Total Liabilities to Net Worth 31	1.4	•	1.4	1.2	1.0	1.1	1.6	1.5	1.7	•	•	•	•

Selected Financial Factors (in Percentages)

Debt Ratio 32	58.2	•	57.6	53.3	49.6	51.1	60.9	60.2	62.7	•	•	•	•
Return on Assets 33	17.0	•	•	28.7	27.4	15.3	12.6	13.1	13.0	•	•	•	•
Return on Equity 34	32.9	•	•	•	•	24.5	23.9	26.7	25.6	•	•	•	•
Return Before Interest on Equity 35	•	•	•	•	•	31.2	32.2	33.0	34.9	•	•	•	•
Profit Margin, Before Income Tax 36	4.9	22.3	7.8	7.8	5.3	4.8	3.7	4.3	5.1	•	•	•	•
Profit Margin, After Income Tax 37	4.4	22.3	7.6	7.6	5.0	4.3	3.2	3.8	4.2	•	•	•	•

Trends in Selected Ratios and Factors, 1990-1999

	1990	1991	1992	1993	1994	1995	1996	1997	1998	1999
Cost of Operations (%) 38	73.0	71.3	72.7	71.6	72.8	71.8	72.1	70.3	71.4	71.0
Operating Margin (%) 39	2.1	2.8	3.0	3.0	2.3	3.2	2.7	3.0	3.4	4.1
Oper. Margin Before Officers Comp. (%) 40	7.0	8.1	8.3	8.3	6.9	8.3	7.1	7.9	8.0	8.7
Average Net Receivables ($) 41	190	182	197	252	250	162	177	175	198	234
Average Inventories ($) 42	50	45	45	61	57	40	38	37	33	42
Average Net Worth ($) 43	187	155	193	214	218	180	180	181	179	208
Current Ratio (×1) 44	1.7	1.7	1.8	1.7	1.7	1.8	1.8	1.9	1.7	1.7
Quick Ratio (×1) 45	1.3	1.3	1.4	1.3	1.3	1.4	1.4	1.5	1.3	1.3
Coverage Ratio (×1) 46	4.6	6.7	9.1	5.4	5.2	8.1	8.0	7.9	9.5	10.3
Asset Turnover (×1) 47	2.6	2.9	3.0	2.6	2.9	2.9	2.9	3.0	3.1	3.1
Operating Leverage 48	0.8	1.4	1.1	1.0	0.8	1.4	0.8	1.1	1.1	1.2
Financial Leverage 49	0.9	1.2	1.1	0.9	1.0	1.1	1.0	1.0	1.0	1.0
Total Leverage 50	0.7	1.6	1.1	1.0	0.8	1.6	0.8	1.1	1.2	1.2

Table I

Corporations with and without Net Income

OTHER SPECIAL TRADE CONTRACTORS

MONEY AMOUNTS AND SIZE OF ASSETS IN THOUSANDS OF DOLLARS

Item Description for Accounting Period 7/95 Through 6/96		Total	Zero Assets	Under 100	100 to 250	251 to 500	501 to 1,000	1,001 to 5,000	5,001 to 10,000	10,001 to 25,000	25,001 to 50,000	50,001 to 100,000	100,001 to 250,000	250,001 and over
Number of Enterprises	1	180839	11471	101816	32160	14708	10148	9260	873	311	56	23	11	•
Revenues ($ in Thousands)														
Net Sales	2	165179815	1602604	25439283	24115411	18076006	21318005	43514464	13344346	8742630	3428868	2793267	2804930	•
Portfolio Income	3	660287	28470	61932	46157	63407	68780	165306	60734	65081	52385	23257	24776	•
Other Revenues	4	853311	50951	133470	60935	-11475	77008	281847	73929	104981	35190	31512	14966	•
Total Revenues	5	166693413	1682025	25634685	24222503	18127938	21463793	43961617	13479009	8912692	3516443	2848036	2844672	•
Average Total Revenues	6	922	147	252	753	1233	2115	4747	15440	28658	62794	123828	258607	•
Operating Costs/Operating Income (%)														
Cost of Operations	7	67.1	63.5	54.2	61.7	61.6	68.0	71.9	77.8	80.6	80.0	74.3	73.4	•
Rent	8	6.5	8.9	9.1	7.6	7.5	5.9	5.3	4.2	4.1	4.7	6.9	8.5	•
Taxes Paid	9	3.1	3.3	3.6	3.5	4.0	3.2	2.8	2.5	1.9	1.5	3.2	2.1	•
Interest Paid	10	0.8	0.8	0.5	0.8	0.8	0.9	0.9	0.8	1.1	1.5	1.1	1.2	•
Depreciation, Depletion, Amortization	11	2.3	1.4	1.8	2.3	2.6	2.4	2.5	2.1	2.0	3.0	2.9	1.9	•
Pensions and Other Benefits	12	1.7	0.9	1.3	1.5	1.3	2.1	1.9	2.3	1.8	1.1	1.9	2.0	•
Other	13	11.5	16.6	18.7	15.5	13.9	10.1	8.5	5.1	4.9	6.6	8.3	9.7	•
Officers Compensation	14	5.0	6.2	8.2	5.8	5.4	5.6	4.2	2.9	2.2	1.1	1.5	0.7	•
Operating Margin	15	2.1	•	2.7	1.4	3.0	1.9	2.3	2.4	1.4	0.7	0.1	0.6	•
Oper. Margin Before Officers Compensation	16	7.1	4.9	10.9	7.2	8.4	7.5	6.4	5.3	3.6	1.8	1.6	1.3	•
Selected Average Balance Sheet ($ in Thousands)														
Net Receivables	17	104	•	5	31	96	263	753	3037	5665	11471	23161	56504	•
Inventories	18	21	•	2	8	22	54	156	405	926	1525	6199	21121	•
Net Property, Plant and Equipment	19	80	•	11	60	114	192	461	1295	3025	8182	15431	46210	•
Total Assets	20	301	•	29	158	353	702	1944	6702	14606	34662	70335	187981	•

Notes and Loans Payable 21	93	•	17	79	123	206	530	1300	3230	9309	14454	61019	•
All Other Liabilities 22	99	•	8	42	85	220	657	2826	5620	12336	22843	66160	•
Net Worth 23	109	•	4	36	145	276	756	2576	5757	13017	33037	60801	•

Selected Financial Ratios (Times to 1)

Current Ratio 24	1.6	•	1.3	1.2	1.7	1.8	1.6	1.5	1.6	1.4	1.5	1.5	•
Quick Ratio 25	1.2	•	1.1	0.9	1.4	1.4	1.2	1.2	1.2	1.0	1.0	0.9	•
Net Sales to Working Capital 26	13.4	•	•	•	14.5	10.8	9.2	9.5	7.2	9.9	8.8	6.9	•
Coverage Ratio 27	4.6	5.9	8.3	3.2	5.0	3.9	4.9	5.6	4.0	3.2	2.8	2.7	•
Total Asset Turnover 28	3.0	•	8.5	4.8	3.5	3.0	2.4	2.3	1.9	1.8	1.7	1.4	•
Inventory Turnover 29	•	•	•	•	•	•	•	•	•	•	•	9.2	•
Receivables Turnover 30	9.3	•	•	•	•	8.0	6.5	5.9	5.5	5.2	4.7	5.4	•
Total Liabilities to Net Worth 31	1.8	•	5.8	3.4	1.4	1.6	1.6	1.6	1.5	1.7	1.1	2.1	•

Selected Financial Factors (in Percentages)

Debt Ratio 32	63.7	•	85.4	77.0	59.0	60.7	61.1	61.6	60.6	62.5	53.0	67.7	•
Return on Assets 33	11.5	•	33.2	12.5	14.3	10.4	10.0	9.5	8.5	8.1	5.2	4.5	•
Return on Equity 34	21.8	•	•	34.5	25.9	17.6	17.3	16.7	11.8	12.5	4.2	5.0	•
Return Before Interest on Equity 35	31.7	•	•	•	34.7	26.5	25.6	24.8	21.7	21.5	11.1	13.9	•
Profit Margin, Before Income Tax 36	3.0	3.6	3.4	1.8	3.3	2.6	3.3	3.4	3.3	3.1	1.9	2.1	•
Profit Margin, After Income Tax 37	2.6	3.4	3.3	1.7	3.1	2.3	2.8	2.8	2.4	2.7	1.1	1.2	•

Trends in Selected Ratios and Factors, 1990-1999

	1990	1991	1992	1993	1994	1995	1996	1997	1998	1999
Cost of Labor (%) 38	69.9	69.5	69.1	69.4	69.4	69.1	67.3	67.7	67.6	67.1
Operating Margin (%) 39	0.4	0.9	1.1	0.6	0.7	•	•	1.0	1.5	2.1
Oper. Margin Before Officers Comp. (%) 40	5.3	6.0	6.5	5.9	6.0	5.3	5.1	6.1	6.4	7.1
Average Net Receivables ($) 41	96	99	101	105	104	98	96	101	101	104
Average Inventories ($) 42	27	30	28	27	23	22	20	22	21	21
Average Net Worth ($) 43	87	93	101	104	106	108	99	101	102	109
Current Ratio (×1) 44	1.4	1.5	1.5	1.5	1.5	1.5	1.5	1.6	1.5	1.6
Quick Ratio (×1) 45	1.0	1.1	1.1	1.1	1.1	1.2	1.2	1.2	1.2	1.2
Coverage Ratio (×1) 46	2.8	3.5	3.6	3.0	3.1	2.3	2.3	3.8	4.4	4.6
Asset Turnover (×1) 47	2.8	2.9	2.9	3.0	3.0	2.9	2.9	3.0	3.1	3.0
Total Liabilities/Net Worth (×1) 48	2.3	2.1	1.9	1.9	1.8	1.7	1.8	1.8	1.9	1.8
Return on Assets (×1) 49	8.2	8.9	9.7	8.8	8.8	6.3	5.6	7.9	9.9	11.5
Return on Equity (%) 50	11.6	14.4	16.5	12.9	13.4	7.3	6.6	14.3	19.2	21.8

Table II

Corporations with Net Income

OTHER SPECIAL TRADE CONTRACTORS

MONEY AMOUNTS AND SIZE OF ASSETS IN THOUSANDS OF DOLLARS

Item Description for Accounting Period 7/95 Through 6/96	Total	Zero Assets	Under 100	100 to 250	251 to 500	501 to 1,000	1,001 to 5,000	5,001 to 10,000	10,001 to 25,000	25,001 to 50,000	50,001 to 100,000	100,001 to 250,000	250,001 and over
Number of Enterprises 1	116513	4893	64801	19932	11058	7832	7010	669	253	40	17	8	•
Revenues ($ in Thousands)													
Net Sales 2	126587938	1092287	17593052	15790930	13106082	17604512	35696814	10963752	7823980	2644175	1940565	2331788	•
Portfolio Income 3	498943	26608	46103	31343	44783	53319	110211	51899	52340	42245	15988	24104	•
Other Revenues 4	722058	44391	126572	24801	44826	64018	229687	62271	65608	23217	27521	9146	•
Total Revenues 5	127808939	1163286	17765727	15847074	13195691	17721849	36036712	11077922	7941928	2709637	1984074	2365038	•
Average Total Revenues 6	1097	238	274	795	1193	2263	5141	16559	31391	67741	116710	295630	•
Operating Costs/Operating Income (%)													
Cost of Operations 7	66.6	62.8	52.0	58.5	62.8	67.5	70.8	77.2	79.7	77.8	78.1	69.1	•
Rent 8	6.2	8.9	9.1	8.1	6.6	5.6	5.0	3.9	4.2	4.9	4.4	9.3	•
Taxes Paid 9	2.9	2.8	3.4	3.3	3.1	3.2	2.9	2.4	2.0	1.6	2.1	2.4	•
Interest Paid 10	0.7	0.7	0.4	0.7	0.7	0.8	0.7	0.6	0.9	1.2	1.1	1.3	•
Depreciation, Depletion, Amortization 11	2.2	1.2	1.8	2.2	2.5	2.2	2.3	2.0	1.8	3.2	3.3	2.1	•
Pensions and Other Benefits 12	1.7	1.3	1.1	1.3	1.2	2.2	1.9	2.3	1.8	1.3	2.0	2.4	•
Other 13	10.5	13.0	17.9	15.5	12.3	9.7	8.1	4.9	4.2	6.6	5.2	10.9	•
Officers Compensation 14	4.9	6.8	8.2	6.1	5.6	5.5	4.2	2.9	2.3	1.1	1.4	0.6	•
Operating Margin 15	4.3	2.5	6.1	4.5	5.3	3.5	4.1	3.9	3.3	2.5	2.4	2.1	•
Oper. Margin Before Officers Compensation 16	9.2	9.3	14.3	10.6	10.9	8.9	8.3	6.8	5.6	3.6	3.7	2.7	•
Selected Average Balance Sheet ($ in Thousands)													
Net Receivables 17	127	•	5	34	104	274	789	3149	6015	11586	21199	61659	•
Inventories 18	25	•	2	7	25	53	155	315	1066	1631	5461	28856	•
Net Property, Plant and Equipment 19	88	•	12	52	109	170	457	1327	2730	9588	15901	59519	•
Total Assets 20	351	•	32	159	357	701	1971	6835	14326	34028	67801	211209	•

Notes and Loans Payable 21	88	•	15	55	96	176	459	1080	2720	7808	12939	77672	•
All Other Liabilities 22	112	•	7	42	80	219	659	2754	5458	11730	22344	54604	•
Net Worth 23	151	•	10	62	180	306	853	3001	6149	14489	32519	78933	•
Selected Financial Ratios (Times to 1)													
Current Ratio 24	1.7	•	1.7	1.5	2.0	1.9	1.7	1.6	1.7	1.5	1.6	1.8	•
Quick Ratio 25	1.4	•	1.4	1.2	1.7	1.5	1.4	1.3	1.3	1.2	1.1	1.1	•
Net Sales to Working Capital 26	11.3	•	40.6	32.2	10.9	10.0	8.8	8.7	7.1	10.4	7.5	6.2	•
Coverage Ratio 27	8.5	13.1	•	8.5	9.7	6.3	7.9	8.8	6.2	5.1	5.1	3.8	•
Total Asset Turnover 28	3.1	•	8.6	5.0	3.3	3.2	2.6	2.4	2.2	2.0	1.7	1.4	•
Inventory Turnover 29	•	•	•	•	•	•	•	•	•	•	•	•	•
Receivables Turnover 30	9.2	•	•	•	•	8.9	6.7	6.1	5.7	6.0	•	9.5	•
Total Liabilities to Net Worth 31	1.3	•	2.2	1.6	1.0	1.3	1.3	1.3	1.3	1.4	1.1	1.7	•
Selected Financial Factors (in Percentages)													
Debt Ratio 32	57.0	•	68.8	61.0	49.6	56.4	56.8	56.1	57.1	57.4	52.0	62.6	•
Return on Assets 33	18.4	•	•	27.5	22.1	15.7	14.9	13.2	12.3	11.8	9.4	6.8	•
Return on Equity 34	34.4	•	•	•	37.2	27.8	26.6	22.6	19.1	19.4	11.6	9.2	•
Return Before Interest on Equity 35	•	•	•	•	•	•	34.5	30.0	28.7	27.6	19.5	18.1	•
Profit Margin, Before Income Tax 36	5.2	9.0	7.1	4.9	6.0	4.1	5.1	4.9	4.8	4.9	4.5	3.6	•
Profit Margin, After Income Tax 37	4.8	8.7	7.0	4.6	5.7	3.8	4.5	4.1	3.8	4.3	3.3	2.5	•

Trends in Selected Ratios and Factors, 1990-1999

	1990	1991	1992	1993	1994	1995	1996	1997	1998	1999
Cost of Operations (%) 38	68.8	68.5	68.2	68.4	69.1	67.9	66.5	66.4	66.6	66.6
Operating Margin (%) 39	3.0	3.4	3.6	3.5	3.6	3.5	3.4	3.7	3.9	4.3
Oper. Margin Before Officers Comp. (%) 40	8.0	8.5	8.8	8.7	8.4	8.6	8.6	8.6	8.7	9.2
Average Net Receivables ($) 41	124	123	116	124	137	112	122	116	122	127
Average Inventories ($) 42	36	36	30	31	28	23	24	27	23	25
Average Net Worth ($) 43	136	134	139	148	162	150	154	135	145	151
Current Ratio (×1) 44	1.6	1.6	1.7	1.7	1.7	1.7	1.8	1.7	1.7	1.7
Quick Ratio (×1) 45	1.1	1.2	1.2	1.3	1.3	1.3	1.4	1.3	1.3	1.4
Coverage Ratio (×1) 46	6.1	7.4	7.4	7.0	7.1	6.9	7.7	8.0	8.6	8.5
Asset Turnover (×1) 47	2.8	3.0	3.0	3.0	3.0	3.0	3.0	3.1	3.2	3.1
Operating Leverage 48	1.0	1.1	1.1	1.0	1.0	1.0	1.0	1.1	1.1	1.1
Financial Leverage 49	1.0	1.1	1.0	1.0	1.0	1.0	1.0	1.0	1.0	1.0
Total Leverage 50	1.0	1.2	1.1	1.0	1.1	1.0	1.0	1.1	1.1	1.1

Table I

Corporations with and without Net Income

MEAT PRODUCTS

MONEY AMOUNTS AND SIZE OF ASSETS IN THOUSANDS OF DOLLARS

Item Description for Accounting Period 7/95 Through 6/96	Total	Zero Assets	Under 100	100 to 250	251 to 500	501 to 1,000	1,001 to 5,000	5,001 to 10,000	10,001 to 25,000	25,001 to 50,000	50,001 to 100,000	100,001 to 250,000	250,001 and over
Number of Enterprises 1	2088	71	322	154	236	460	529	105	122	37	25	12	15
Revenues ($ in Thousands)													
Net Sales 2	72613120	308360	194550	150105	542078	1944860	4846089	4168480	9548903	6550635	5396676	5268777	33693606
Portfolio Income 3	360944	878	44	83	857	2108	12280	6524	20553	7650	26148	12562	271257
Other Revenues 4	525281	1773	-1	63	858	2533	36199	12882	8939	20311	39348	33692	368687
Total Revenues 5	73499345	311011	194593	150251	543793	1949501	4894568	4187886	9578395	6578596	5462172	5315031	34333550
Average Total Revenues 6	35201	4380	604	976	2304	4238	9252	39885	78511	177800	218487	442919	2288903
Operating Costs/Operating Income (%)													
Cost of Operations 7	85.6	90.9	46.7	71.9	92.2	81.0	75.6	85.7	87.7	88.7	86.0	85.9	86.0
Rent 8	2.9	3.8	17.4	7.6	3.4	4.7	6.6	4.2	2.8	1.7	3.2	2.9	2.3
Taxes Paid 9	1.1	1.6	1.9	3.0	1.1	1.1	1.8	1.0	0.8	0.8	0.8	0.9	1.2
Interest Paid 10	0.9	2.0	0.1	•	0.5	0.3	0.8	0.5	0.6	0.6	0.8	0.7	1.1
Depreciation, Depletion, Amortization 11	1.4	2.0	1.1	1.6	0.5	0.7	1.3	0.9	1.2	1.1	1.6	2.3	1.4
Pensions and Other Benefits 12	0.9	1.1	•	1.3	1.1	0.5	0.9	0.4	1.0	0.6	0.9	1.2	1.0
Other 13	6.1	15.9	24.2	14.9	5.1	7.3	8.6	5.7	4.6	5.0	5.6	4.8	6.4
Officers Compensation 14	0.7	0.3	13.2	•	1.7	4.0	2.6	0.6	0.6	0.5	0.3	0.3	0.3
Operating Margin 15	0.6	•	•	•	•	0.5	1.8	1.2	0.8	1.1	0.8	1.1	0.4
Oper. Margin Before Officers Compensation 16	1.2	•	8.7	•	•	4.5	4.4	1.8	1.5	1.6	1.1	1.4	0.6
Selected Average Balance Sheet ($ in Thousands)													
Net Receivables 17	2864	•	•	23	86	144	547	2301	3990	8739	12703	24681	262355
Inventories 18	2107	•	1	17	53	110	548	1352	3383	5835	9801	33037	175407
Net Property, Plant and Equipment 19	4501	•	39	64	147	281	751	1853	6587	14175	26400	71592	384824
Total Assets 20	13476	•	84	119	407	757	2410	6592	17086	34513	69433	149058	1253029

Notes and Loans Payable 21	4608	•	20	•	231	275	1044	2655	5384	11371	25990	46201	421422
All Other Liabilities 22	3542	•	0	18	101	170	565	1960	3961	8955	15940	38135	341057
Net Worth 23	5326	•	64	101	75	312	801	1977	7741	14187	27504	64722	490550

Selected Financial Ratios (Times to 1)

Current Ratio 24	1.6	•	2.9	3.0	2.3	1.7	1.6	1.5	1.7	1.7	1.6	1.5	1.6
Quick Ratio 25	1.0	•	2.8	1.9	1.7	1.2	0.9	0.9	1.0	1.0	0.9	0.6	1.0
Net Sales to Working Capital 26	15.2	•	39.3	28.2	16.9	27.1	18.1	27.3	22.1	25.5	18.6	21.4	11.1
Coverage Ratio 27	3.2	•	•	•	•	3.7	4.5	4.7	2.9	3.5	3.4	3.7	3.2
Total Asset Turnover 28	2.6	•	7.2	8.2	5.7	5.6	3.8	6.0	4.6	5.1	3.1	3.0	1.8
Inventory Turnover 29	•	•	•	•	•	•	•	•	•	•	•	•	•
Receivables Turnover 30	•	•	•	•	•	•	•	•	•	•	•	•	9.5
Total Liabilities to Net Worth 31	1.5	•	0.3	0.2	4.5	1.4	2.0	2.3	1.2	1.4	1.5	1.3	1.6

Selected Financial Factors (in Percentages)

Debt Ratio 32	60.5	•	23.9	14.8	81.6	58.8	66.8	70.0	54.7	58.9	60.4	56.6	60.9
Return on Assets 33	7.1	•	•	•	•	5.5	13.6	12.7	7.9	11.1	8.7	7.8	6.4
Return on Equity 34	8.8	•	•	•	•	8.4	29.7	23.7	9.6	16.0	13.2	8.8	7.5
Return Before Interest on Equity 35	18.0	•	•	•	•	13.4	•	•	17.4	27.0	21.9	18.0	16.4
Profit Margin, Before Income Tax 36	1.9	•	•	•	•	0.7	2.8	1.7	1.1	1.6	2.0	2.0	2.5
Profit Margin, After Income Tax 37	1.4	•	•	•	•	0.6	2.6	1.2	1.0	1.3	1.7	1.3	1.6

Trends in Selected Ratios and Factors, 1990-1999

	1990	1991	1992	1993	1994	1995	1996	1997	1998	1999
Cost of Labor (%) 38	86.2	86.6	88.4	89.1	88.3	87.8	87.4	86.8	85.4	85.6
Operating Margin (%) 39	0.4	•	•	•	•	•	•	0.3	1.2	0.6
Oper. Margin Before Officers Comp. (%) 40	1.0	0.3	0.6	0.1	•	0.2	0.4	0.9	1.9	1.2
Average Net Receivables ($) 41	1292	928	1391	1458	1317	1125	1781	2146	2383	2864
Average Inventories ($) 42	820	622	1138	1260	1248	1085	1473	1500	1626	2107
Average Net Worth ($) 43	2206	1543	2648	2345	2554	2719	3678	3765	4434	5326
Current Ratio (×1) 44	1.5	1.5	1.6	1.4	1.3	1.6	1.7	2.0	1.8	1.6
Quick Ratio (×1) 45	0.9	0.9	0.9	0.7	0.7	0.9	1.0	1.2	1.1	1.0
Coverage Ratio (×1) 46	2.6	2.1	2.4	1.7	1.9	1.8	2.1	2.8	3.7	3.2
Asset Turnover (×1) 47	4.5	4.3	4.1	3.6	3.5	3.4	3.2	3.1	2.9	2.6
Total Liabilities/Net Worth (×1) 48	1.5	1.8	1.6	2.3	2.1	1.7	1.6	1.6	1.5	1.5
Return on Assets (×1) 49	9.3	7.1	9.4	7.2	7.5	7.0	7.6	7.0	9.8	7.1
Return on Equity (%) 50	8.1	5.5	9.3	4.6	5.7	4.9	6.5	7.5	12.4	8.8

Table II

Corporations with Net Income

MEAT PRODUCTS

MONEY AMOUNTS AND SIZE OF ASSETS IN THOUSANDS OF DOLLARS

Item Description for Accounting Period 7/95 Through 6/96	Total	Zero Assets	Under 100	100 to 250	251 to 500	501 to 1,000	1,001 to 5,000	5,001 to 10,000	10,001 to 25,000	25,001 to 50,000	50,001 to 100,000	100,001 to 250,000	250,001 and over
Number of Enterprises **1**	1061	•	•	•	63	322	460	73	70	28	20	•	12

Revenues ($ in Thousands)

Net Sales **2**	58015245	•	•	•	303655	1143697	4109638	3086017	7145926	4235853	4068357	•	28792006
Portfolio Income **3**	339842	•	•	•	555	1947	11571	5472	15255	6551	24493	•	261535
Other Revenues **4**	408740	•	•	•	107	2304	34978	12618	4445	16701	33722	•	274451
Total Revenues **5**	58763827	•	•	•	304317	1147948	4156187	3104107	7165626	4259105	4126572	•	29327992
Average Total Revenues **6**	55385	•	•	•	4830	3565	9035	42522	102366	152111	206329	•	2443999

Operating Costs/Operating Income (%)

Cost of Operations **7**	84.7	•	•	•	95.5	70.3	74.5	82.6	87.8	87.4	84.2	•	85.6
Rent **8**	2.9	•	•	•	2.2	7.6	5.9	5.4	2.6	1.8	3.0	•	2.3
Taxes Paid **9**	1.1	•	•	•	0.3	1.6	1.7	1.1	0.7	0.7	0.9	•	1.2
Interest Paid **10**	0.9	•	•	•	•	0.3	0.8	0.4	0.5	0.5	0.8	•	1.1
Depreciation, Depletion, Amortization **11**	1.3	•	•	•	•	1.0	1.3	0.8	0.8	1.2	1.6	•	1.3
Pensions and Other Benefits **12**	0.9	•	•	•	•	0.6	1.0	0.5	1.0	0.7	1.1	•	0.9
Other **13**	6.0	•	•	•	0.8	10.4	9.1	6.7	3.7	5.0	6.3	•	6.3
Officers Compensation **14**	0.7	•	•	•	0.1	6.5	3.0	0.6	0.7	0.5	0.4	•	0.3
Operating Margin **15**	1.6	•	•	•	1.2	1.8	2.7	2.0	2.4	2.4	1.9	•	1.0
Oper. Margin Before Officers Compensation **16**	2.2	•	•	•	1.3	8.3	5.7	2.5	3.1	2.8	2.3	•	1.3

Selected Average Balance Sheet ($ in Thousands)

Net Receivables **17**	4859	•	•	•	125	157	544	2473	5257	7901	12148	•	296368
Inventories **18**	3376	•	•	•	55	143	588	1256	4218	4977	9378	•	182075
Net Property, Plant and Equipment **19**	7211	•	•	•	2	199	709	1664	5775	12424	25150	•	424034
Total Assets **20**	23054	•	•	•	478	749	2457	6604	17693	32056	69274	•	1450819

Notes and Loans Payable **21**	7322	•	•	•	•	87	985	2309	5049	7612	22438	•	466895
All Other Liabilities **22**	6322	•	•	•	73	138	567	2040	4443	8239	16166	•	413668
Net Worth **23**	9410	•	•	•	405	524	905	2255	8201	16206	30670	•	570256

Selected Financial Ratios (Times to 1)

Current Ratio **24**	1.7	•	•	•	6.5	2.7	1.9	1.8	1.9	2.0	1.6	•	1.7
Quick Ratio **25**	1.0	•	•	•	5.7	1.9	1.0	1.2	1.1	1.2	0.9	•	1.0
Net Sales to Working Capital **26**	13.5	•	•	•	12.0	12.3	13.6	20.7	19.9	19.7	18.9	•	10.5
Coverage Ratio **27**	4.4	•	•	•	•	8.9	5.7	7.4	6.9	6.6	5.3	•	3.7
Total Asset Turnover **28**	2.4	•	•	•	10.1	4.8	3.6	6.4	5.8	4.7	2.9	•	1.7
Inventory Turnover **29**	•	•	•	•	•	•	•	•	•	•	•	•	•
Receivables Turnover **30**	•	•	•	•	•	•	•	•	•	•	•	•	•
Total Liabilities to Net Worth **31**	1.5	•	•	•	0.2	0.4	1.7	1.9	1.2	1.0	1.3	•	1.6

Selected Financial Factors (in Percentages)

Debt Ratio **32**	59.2	•	•	•	15.3	30.0	63.2	65.9	53.7	49.5	55.7	•	60.7
Return on Assets **33**	9.0	•	•	•	13.9	11.3	16.8	19.0	17.7	16.3	12.0	•	7.0
Return on Equity **34**	13.2	•	•	•	13.5	13.1	35.4	36.1	29.9	23.5	19.3	•	9.0
Return Before Interest on Equity **35**	22.1	•	•	•	16.4	16.1	•	•	•	32.3	27.1	•	17.8
Profit Margin, Before Income Tax **36**	3.0	•	•	•	1.4	2.1	3.8	2.6	2.6	2.9	3.3	•	3.1
Profit Margin, After Income Tax **37**	2.3	•	•	•	1.1	1.9	3.6	1.9	2.4	2.5	2.9	•	2.1

Trends in Selected Ratios and Factors, 1990-1999

	1990	1991	1992	1993	1994	1995	1996	1997	1998	1999
Cost of Operations (%) **38**	85.7	86.5	88.1	88.3	88.0	88.0	86.6	86.3	85.0	84.7
Operating Margin (%) **39**	1.3	1.0	1.2	0.9	0.8	1.4	1.6	1.5	2.3	1.6
Oper. Margin Before Officers Comp. (%) **40**	1.9	1.6	1.8	1.4	1.2	1.9	2.2	2.0	2.9	2.2
Average Net Receivables ($) **41**	1329	1280	2009	2185	1714	1306	1970	1789	1671	4859
Average Inventories ($) **42**	917	876	1636	2077	1696	1281	1636	1864	1676	3376
Average Net Worth ($) **43**	2624	2722	4484	4485	4369	3618	4484	4936	5023	9410
Current Ratio (×1) **44**	1.4	1.7	1.7	1.6	1.6	1.6	1.9	1.9	1.7	1.7
Quick Ratio (×1) **45**	0.9	1.0	1.0	0.8	0.8	0.8	1.1	0.9	0.9	1.0
Coverage Ratio (×1) **46**	4.3	4.5	4.9	3.3	3.8	4.4	5.2	4.7	5.3	4.4
Asset Turnover (×1) **47**	4.6	4.2	4.0	3.4	3.5	3.9	3.5	3.4	3.3	2.4
Operating Leverage **48**	1.0	0.8	1.2	0.7	0.9	1.9	1.1	0.9	1.5	0.7
Financial Leverage **49**	1.0	1.1	1.1	0.9	1.1	1.1	1.0	1.0	1.0	1.0
Total Leverage **50**	1.0	0.8	1.3	0.6	0.9	2.1	1.2	0.9	1.6	0.7

Table I

Corporations with and without Net Income

DAIRY PRODUCTS

MONEY AMOUNTS AND SIZE OF ASSETS IN THOUSANDS OF DOLLARS

Item Description for Accounting Period 7/95 Through 6/96	Total	Zero Assets	Under 100	100 to 250	251 to 500	501 to 1,000	1,001 to 5,000	5,001 to 10,000	10,001 to 25,000	25,001 to 50,000	50,001 to 100,000	100,001 to 250,000	250,001 and over
Number of Enterprises **1**	1582	•	877	•	•	•	•	94	106	35	21	15	7
Revenues ($ in Thousands)													
Net Sales **2**	35420626	•	109803	•	•	•	•	1951510	5773893	3527186	3361141	4544517	12827491
Portfolio Income **3**	601839	•	1211	•	•	•	•	1170	19715	6318	18752	81416	464039
Other Revenues **4**	712830	•	772	•	•	•	•	9044	35026	10981	41432	62114	531154
Total Revenues **5**	36735295	•	111786	•	•	•	•	1961724	5828634	3544485	3421325	4688047	13822684
Average Total Revenues **6**	23221	•	127	•	•	•	•	20869	54987	101271	162920	312536	1974669
Operating Costs/Operating Income (%)													
Cost of Operations **7**	75.4	•	27.5	•	•	•	•	76.2	78.0	80.0	81.8	72.3	70.8
Rent **8**	6.4	•	17.9	•	•	•	•	6.5	7.1	5.1	3.4	5.9	7.7
Taxes Paid **9**	1.4	•	3.3	•	•	•	•	1.2	1.4	1.1	1.0	1.1	1.5
Interest Paid **10**	3.0	•	1.7	•	•	•	•	1.2	0.8	1.0	1.2	1.7	6.4
Depreciation, Depletion, Amortization **11**	2.4	•	7.3	•	•	•	•	2.8	2.2	2.3	2.1	2.6	2.5
Pensions and Other Benefits **12**	1.7	•	0.3	•	•	•	•	1.7	1.6	1.4	1.1	1.8	2.1
Other **13**	12.4	•	43.5	•	•	•	•	9.7	7.9	6.7	9.8	13.5	17.9
Officers Compensation **14**	0.7	•	0.4	•	•	•	•	0.9	1.1	0.8	0.4	0.6	0.4
Operating Margin **15**	•	•	•	•	•	•	•	•	0.1	1.7	•	0.5	•
Oper. Margin Before Officers Compensation **16**	•	•	•	•	•	•	•	0.7	1.2	2.4	•	1.1	•
Selected Average Balance Sheet ($ in Thousands)													
Net Receivables **17**	1930	•	•	•	•	•	•	1857	5013	8718	13570	27542	154257
Inventories **18**	1453	•	2	•	•	•	•	945	3369	6157	7437	18119	150894
Net Property, Plant and Equipment **19**	3527	•	15	•	•	•	•	3253	6168	14373	27060	59715	337147
Total Assets **20**	13944	•	19	•	•	•	•	6971	16972	34627	66441	144529	1982639

Notes and Loans Payable 21	6686	•	37	•	•	•	•	1937	5110	11550	24861	52814	1125289
All Other Liabilities 22	5030	•	20	•	•	•	•	2377	4763	10488	28537	42432	758852
Net Worth 23	2227	•	-38	•	•	•	•	2657	7099	12589	13043	49283	98498

Selected Financial Ratios (Times to 1)

Current Ratio 24	1.2	•	0.2	•	•	•	•	1.2	1.5	1.2	1.0	1.3	1.1
Quick Ratio 25	0.7	•	0.0	•	•	•	•	0.8	0.9	0.7	0.7	0.8	0.5
Net Sales to Working Capital 26	28.0	•	•	•	•	•	•	40.3	16.1	29.1	•	21.8	45.7
Coverage Ratio 27	1.2	•	1.1	•	•	•	•	1.3	2.3	3.3	2.0	3.1	0.8
Total Asset Turnover 28	1.6	•	6.6	•	•	•	•	3.0	3.2	2.9	2.4	2.1	0.9
Inventory Turnover 29	•	•	•	•	•	•	•	•	•	•	•	•	8.5
Receivables Turnover 30	•	•	•	•	•	•	•	•	•	•	•	•	•
Total Liabilities to Net Worth 31	5.3	•	•	•	•	•	•	1.6	1.4	1.8	4.1	1.9	19.1

Selected Financial Factors (in Percentages)

Debt Ratio 32	84.0	•	•	•	•	•	•	61.9	58.2	63.7	80.4	65.9	95.0
Return on Assets 33	5.5	•	12.1	•	•	•	•	4.9	5.7	9.0	5.5	11.0	4.6
Return on Equity 34	0.2	•	•	•	•	•	•	2.4	6.2	13.1	10.1	13.8	•
Return Before Interest on Equity 35	34.5	•	•	•	•	•	•	12.8	13.7	24.8	28.0	32.3	•
Profit Margin, Before Income Tax 36	0.5	•	0.2	•	•	•	•	0.4	1.0	2.2	1.1	3.5	•
Profit Margin, After Income Tax 37	•	•	0.2	•	•	•	•	0.3	0.8	1.6	0.8	2.3	•

Trends in Selected Ratios and Factors, 1990-1999

	1990	1991	1992	1993	1994	1995	1996	1997	1998	1999
Cost of Labor (%) 38	73.8	74.4	73.7	76.5	75.4	72.9	74.0	75.0	74.2	75.4
Operating Margin (%) 39	•	•	•	•	•	0.2	•	•	•	•
Oper. Margin Before Officers Comp. (%) 40	•	0.2	0.4	0.5	0.7	1.0	0.3	•	•	•
Average Net Receivables ($) 41	1552	1220	1097	1779	1144	1715	1464	1635	1438	1930
Average Inventories ($) 42	1042	1099	797	1217	871	1365	1102	1557	1364	1453
Average Net Worth ($) 43	2179	2288	2590	3489	2058	6387	4770	5167	6621	2227
Current Ratio (×1) 44	1.2	1.2	1.6	1.3	1.4	1.5	1.3	1.1	1.1	1.2
Quick Ratio (×1) 45	0.7	0.7	0.9	0.8	0.8	0.8	0.7	0.5	0.5	0.7
Coverage Ratio (×1) 46	2.6	2.8	4.6	1.9	2.0	2.6	2.2	1.6	1.0	1.2
Asset Turnover (×1) 47	1.9	2.0	2.7	2.1	2.2	1.6	1.6	1.4	1.2	1.6
Total Liabilities/Net Worth (×1) 48	2.6	2.3	1.4	1.8	2.3	1.1	1.3	2.3	1.7	5.3
Return on Assets (×1) 49	9.1	10.1	20.6	6.1	7.2	7.1	5.8	4.1	2.9	5.5
Return on Equity (%) 50	10.9	11.8	25.6	4.8	7.2	6.6	4.9	3.2	•	0.2

Table II

Corporations with Net Income

DAIRY PRODUCTS

MONEY AMOUNTS AND SIZE OF ASSETS IN THOUSANDS OF DOLLARS

Item Description for Accounting Period 7/95 Through 6/96	Total	Zero Assets	Under 100	100 to 250	251 to 500	501 to 1,000	1,001 to 5,000	5,001 to 10,000	10,001 to 25,000	25,001 to 50,000	50,001 to 100,000	100,001 to 250,000	250,001 and over
Number of Enterprises **1**	733	•	250	•	•	•	298	59	69	31	13	9	4
Revenues ($ in Thousands)													
Net Sales **2**	21168149	•	13319	•	•	•	2114226	962038	3810905	3116315	2246779	2694236	6210331
Portfolio Income **3**	112737	•	•	•	•	•	5600	678	6508	6148	6066	64812	22927
Other Revenues **4**	185505	•	•	•	•	•	9643	4133	17478	9620	18237	44126	82266
Total Revenues **5**	21466391	•	13319	•	•	•	2129469	966849	3834891	3132083	2271082	2803174	6315524
Average Total Revenues **6**	29286	•	53	•	•	•	7146	16387	55578	101035	174699	311464	1578881
Operating Costs/Operating Income (%)													
Cost of Operations **7**	78.4	•	22.9	•	•	•	83.5	73.8	80.7	79.2	79.9	66.0	80.4
Rent **8**	4.5	•	•	•	•	•	2.6	5.6	5.1	5.4	2.9	5.4	4.5
Taxes Paid **9**	1.2	•	5.2	•	•	•	1.6	1.4	1.4	1.1	0.9	1.2	1.1
Interest Paid **10**	1.0	•	•	•	•	•	0.6	1.3	0.7	1.0	0.6	1.9	1.1
Depreciation, Depletion, Amortization **11**	2.1	•	6.6	•	•	•	1.5	3.0	1.8	2.4	1.8	2.9	2.0
Pensions and Other Benefits **12**	1.3	•	•	•	•	•	0.9	2.0	1.2	1.2	1.0	1.4	1.4
Other **13**	9.2	•	28.4	•	•	•	7.0	8.0	6.4	7.0	11.0	17.3	8.7
Officers Compensation **14**	0.9	•	•	•	•	•	1.6	1.5	1.3	0.8	0.4	0.8	0.4
Operating Margin **15**	1.6	•	37.0	•	•	•	0.8	3.5	1.5	2.0	1.6	3.2	0.5
Oper. Margin Before Officers Compensation **16**	2.4	•	37.0	•	•	•	2.4	5.1	2.8	2.8	2.0	4.0	1.0
Selected Average Balance Sheet ($ in Thousands)													
Net Receivables **17**	2347	•	•	•	•	•	557	1583	4738	7972	12121	21460	134086
Inventories **18**	2048	•	6	•	•	•	347	960	4042	6150	8481	19556	145990
Net Property, Plant and Equipment **19**	4331	•	7	•	•	•	614	2668	5426	15178	25502	62788	272641
Total Assets **20**	10980	•	13	•	•	•	2058	6256	16691	34770	65769	145885	666237

Notes and Loans Payable 21	3453	•	77	•	•	•	598	1192	4530	11824	16570	42257	247206
All Other Liabilities 22	3299	•	23	•	•	•	552	2050	4408	10040	31092	39253	188474
Net Worth 23	4227	•	-87	•	•	•	908	3013	7752	12906	18107	64374	230557

Selected Financial Ratios (Times to 1)

Current Ratio 24	1.5	•	0.2	•	•	•	1.9	1.3	2.0	1.2	1.0	1.5	1.6
Quick Ratio 25	0.8	•	•	•	•	•	1.2	0.8	1.1	0.7	0.6	1.0	0.8
Net Sales to Working Capital 26	15.9	•	•	•	•	•	12.1	23.8	10.8	37.8	•	14.9	11.9
Coverage Ratio 27	3.9	•	•	•	•	•	3.5	4.3	4.1	3.5	5.9	4.8	3.0
Total Asset Turnover 28	2.6	•	4.1	•	•	•	3.5	2.6	3.3	2.9	2.6	2.1	2.3
Inventory Turnover 29	•	•	4.1	•	•	•	•	•	•	•	•	•	8.4
Receivables Turnover 30	•	•	•	•	•	•	•	8.2	•	•	•	•	•
Total Liabilities to Net Worth 31	1.6	•	•	•	•	•	1.3	1.1	1.2	1.7	2.6	1.3	1.9

Selected Financial Factors (in Percentages)

Debt Ratio 32	61.5	•	•	•	•	•	55.9	51.8	53.6	62.9	72.5	55.9	65.4
Return on Assets 33	10.4	•	•	•	•	•	7.3	13.8	9.4	10.1	8.4	18.3	7.8
Return on Equity 34	15.2	•	•	•	•	•	9.8	20.8	13.3	15.0	21.3	22.6	9.6
Return Before Interest on Equity 35	27.0	•	•	•	•	•	16.5	28.6	20.3	27.3	30.4	•	22.6
Profit Margin, Before Income Tax 36	3.0	•	•	•	•	•	1.5	4.0	2.2	2.5	2.6	7.1	2.2
Profit Margin, After Income Tax 37	2.2	•	•	•	•	•	1.3	3.8	1.9	1.9	2.2	4.9	1.4

Trends in Selected Ratios and Factors, 1990-1999

	1990	1991	1992	1993	1994	1995	1996	1997	1998	1999
Cost of Operations (%) 38	72.8	73.8	71.6	73.9	72.8	71.0	72.3	78.4	77.1	78.4
Operating Margin (%) 39	•	0.6	0.3	1.0	1.6	1.0	0.6	2.2	2.1	1.6
Oper. Margin Before Officers Comp. (%) 40	0.3	1.2	1.1	1.8	2.4	1.9	1.4	3.1	2.9	2.4
Average Net Receivables ($) 41	2756	2296	2908	2340	1813	1783	2106	1707	2399	2347
Average Inventories ($) 42	1872	2182	2141	1706	1371	1414	1569	1409	2168	2048
Average Net Worth ($) 43	3998	4861	8009	5712	3780	7583	7769	3339	4994	4227
Current Ratio (×1) 44	1.3	1.3	1.7	1.5	1.4	1.6	1.3	1.5	1.6	1.5
Quick Ratio (×1) 45	0.8	0.7	1.0	0.8	0.8	0.9	0.7	0.9	0.9	0.8
Coverage Ratio (×1) 46	3.2	3.6	5.7	3.0	3.3	3.4	3.1	5.6	5.2	3.9
Asset Turnover (×1) 47	2.0	2.0	2.7	2.0	2.1	1.6	1.5	2.9	2.7	2.6
Operating Leverage 48	0.2	•	0.5	3.8	1.7	0.6	0.6	3.6	1.0	0.8
Financial Leverage 49	1.3	1.1	1.2	0.9	1.1	1.1	1.0	1.3	1.0	0.9
Total Leverage 50	0.3	•	0.6	3.4	1.7	0.7	0.6	4.6	0.9	0.7

Table I

Corporations with and without Net Income

PRESERVED FRUITS AND VEGETABLES

MONEY AMOUNTS AND SIZE OF ASSETS IN THOUSANDS OF DOLLARS

Item Description for Accounting Period 7/95 Through 6/96	Total	Zero Assets	Under 100	100 to 250	251 to 500	501 to 1,000	1,001 to 5,000	5,001 to 10,000	10,001 to 25,000	25,001 to 50,000	50,001 to 100,000	100,001 to 250,000	250,001 and over
Number of Enterprises 1	714	203	•	•	114	66	184	32	50	30	16	10	9
Revenues ($ in Thousands)													
Net Sales 2	29091989	100483	•	•	134368	156503	1592290	505967	1123893	1837880	1296483	1923817	20420305
Portfolio Income 3	721691	2	•	•	•	•	1892	4887	10201	5108	2549	13199	683852
Other Revenues 4	869030	99	•	•	•	•	96945	5498	13659	21819	16311	55521	659181
Total Revenues 5	30682710	100584	•	•	134368	156503	1691127	516352	1147753	1864807	1315343	1992537	21763338
Average Total Revenues 6	42973	495	•	•	1179	2371	9191	16136	22955	62160	82209	199254	2418149
Operating Costs/Operating Income (%)													
Cost of Operations 7	66.9	62.2	•	•	96.4	80.8	87.3	77.2	78.2	70.0	75.5	72.9	62.8
Rent 8	2.9	12.7	•	•	•	0.6	1.6	4.4	3.2	2.4	3.7	3.2	2.9
Taxes Paid 9	1.6	4.2	•	•	3.3	2.7	1.1	1.4	1.7	1.3	1.3	1.5	1.6
Interest Paid 10	5.0	1.7	•	•	1.4	0.3	1.5	3.9	1.7	1.5	2.7	2.3	6.2
Depreciation, Depletion, Amortization 11	3.4	3.0	•	•	1.6	•	1.3	2.6	2.4	2.5	3.3	3.1	3.8
Pensions and Other Benefits 12	1.7	1.3	•	•	2.2	•	0.8	1.5	1.4	1.3	1.8	2.0	1.8
Other 13	20.5	19.0	•	•	9.3	8.3	8.7	14.2	7.5	18.1	10.9	15.9	23.8
Officers Compensation 14	1.2	0.2	•	•	1.3	1.7	2.2	2.3	1.8	1.8	1.1	0.8	1.0
Operating Margin 15	•	•	•	•	•	5.7	•	•	2.3	1.3	•	•	•
Oper. Margin Before Officers Compensation 16	•	•	•	•	•	7.4	•	•	4.0	3.1	0.8	•	•
Selected Average Balance Sheet ($ in Thousands)													
Net Receivables 17	7926	•	•	•	81	124	535	1319	2189	6221	14521	17688	532870
Inventories 18	6339	•	•	•	170	536	1109	2431	6499	8802	29932	53069	287851
Net Property, Plant and Equipment 19	9135	•	•	•	245	•	776	3067	3510	11398	18570	58108	539817
Total Assets 20	53286	•	•	•	500	664	2840	7614	13662	33107	71231	154284	3646725

Notes and Loans Payable	21	15486	•	•	•	246	•	1442	5631	3947	9216	34597	45512	1011206
All Other Liabilities	22	15526	•	•	•	168	438	765	2056	2719	8826	11660	29301	1105635
Net Worth	23	22275	•	•	•	86	227	633	-72	6996	15065	24974	79471	1529884

Selected Financial Ratios (Times to 1)

Current Ratio	24	1.4	•	•	•	0.8	1.5	1.6	0.9	2.2	1.4	1.5	2.2	1.3
Quick Ratio	25	0.6	•	•	•	0.3	0.3	0.6	0.3	0.6	0.7	0.5	0.7	0.6
Net Sales to Working Capital	26	7.7	•	•	•	•	10.5	13.0	•	4.2	11.2	5.1	4.2	8.0
Coverage Ratio	27	1.6	•	•	•	•	•	2.2	•	3.5	2.9	1.4	1.9	1.6
Total Asset Turnover	28	0.8	•	•	•	2.4	3.6	3.1	2.1	1.7	1.9	1.1	1.3	0.6
Inventory Turnover	29	4.1	•	•	•	9.1	5.2	8.9	3.5	2.7	4.9	2.0	2.8	4.5
Receivables Turnover	30	4.8	•	•	•	•	•	•	8.9	•	•	5.8	•	4.0
Total Liabilities to Net Worth	31	1.4	•	•	•	4.8	1.9	3.5	•	1.0	1.2	1.9	1.0	1.4

Selected Financial Factors (in Percentages)

Debt Ratio	32	58.2	•	•	•	82.7	65.9	77.7	•	48.8	54.5	64.9	48.5	58.1
Return on Assets	33	6.0	•	•	•	•	21.1	9.8	•	10.0	7.7	4.3	5.3	6.0
Return on Equity	34	2.9	•	•	•	•	•	23.0	•	11.0	7.5	2.8	3.0	2.7
Return Before Interest on Equity	35	14.2	•	•	•	•	•	•	•	19.5	16.9	12.3	10.3	14.2
Profit Margin, Before Income Tax	36	2.8	•	•	•	•	5.7	1.8	•	4.3	2.7	1.1	2.0	3.4
Profit Margin, After Income Tax	37	1.6	•	•	•	•	5.7	1.7	•	3.4	1.9	0.9	1.3	1.8

Trends in Selected Ratios and Factors, 1990-1999

		1990	1991	1992	1993	1994	1995	1996	1997	1998	1999
Cost of Labor (%)	38	69.0	67.9	67.2	66.8	66.0	66.8	65.7	66.3	65.6	66.9
Operating Margin (%)	39	•	•	1.6	2.6	1.2	•	0.5	•	0.5	•
Oper. Margin Before Officers Comp. (%)	40	•	0.5	2.3	3.3	2.5	1.3	1.6	0.7	1.3	•
Average Net Receivables ($)	41	4057	6379	2813	5680	7280	5689	11728	14320	8616	7926
Average Inventories ($)	42	5121	7031	3387	6195	7158	6700	8544	10855	6800	6339
Average Net Worth ($)	43	13107	19991	9057	15393	16941	15674	21779	27606	18980	22275
Current Ratio (×1)	44	1.3	1.2	1.3	1.2	1.2	1.5	1.5	1.4	1.5	1.4
Quick Ratio (×1)	45	0.6	0.6	0.6	0.5	0.6	0.5	0.7	0.7	0.7	0.6
Coverage Ratio (×1)	46	2.2	3.6	3.7	4.0	2.9	3.2	3.0	2.9	2.6	1.6
Asset Turnover (×1)	47	1.2	1.2	1.2	1.2	1.1	1.0	0.9	0.9	0.8	0.8
Total Liabilities/Net Worth (×1)	48	1.1	1.0	1.0	1.1	1.3	1.4	1.6	1.6	1.5	1.4
Return on Assets (×1)	49	7.6	10.5	11.1	11.6	9.3	9.5	7.9	7.3	6.6	6.0
Return on Equity (%)	50	4.9	10.8	11.3	12.8	9.2	9.9	8.6	7.7	6.7	2.9

Table II

Corporations with Net Income

PRESERVED FRUITS AND VEGETABLES

MONEY AMOUNTS AND SIZE OF ASSETS IN THOUSANDS OF DOLLARS

Item Description for Accounting Period 7/95 Through 6/96	Total	Zero Assets	Under 100	100 to 250	251 to 500	501 to 1,000	1,001 to 5,000	5,001 to 10,000	10,001 to 25,000	25,001 to 50,000	50,001 to 100,000	100,001 to 250,000	250,001 and over
Number of Enterprises **1**	313	•	•	•	•	66	145	22	38	20	•	•	5
Revenues ($ in Thousands)													
Net Sales **2**	22313660	•	•	•	•	156503	1359170	394003	882454	1433732	•	•	15630740
Portfolio Income **3**	648072	•	•	•	•	•	1478	1555	9447	4141	•	•	617975
Other Revenues **4**	725003	•	•	•	•	•	95953	972	11542	18652	•	•	540019
Total Revenues **5**	23686735	•	•	•	•	156503	1456601	396530	903443	1456525	•	•	16788734
Average Total Revenues **6**	75676	•	•	•	•	2371	10046	18024	23775	72826	•	•	3357747
Operating Costs/Operating Income (%)													
Cost of Operations **7**	63.5	•	•	•	•	80.8	88.8	68.5	78.4	68.2	•	•	58.2
Rent **8**	2.7	•	•	•	•	0.6	1.4	4.7	3.0	1.8	•	•	2.7
Taxes Paid **9**	1.5	•	•	•	•	2.7	1.0	1.3	1.5	1.3	•	•	1.5
Interest Paid **10**	5.1	•	•	•	•	0.3	1.1	1.7	1.6	1.0	•	•	6.6
Depreciation, Depletion, Amortization **11**	3.4	•	•	•	•	•	0.9	2.1	2.1	2.1	•	•	4.1
Pensions and Other Benefits **12**	1.8	•	•	•	•	•	0.9	1.5	1.4	1.4	•	•	1.9
Other **13**	22.1	•	•	•	•	8.3	8.6	14.7	6.8	19.2	•	•	26.0
Officers Compensation **14**	1.4	•	•	•	•	1.7	2.2	2.7	1.8	2.1	•	•	1.2
Operating Margin **15**	•	•	•	•	•	5.7	•	2.8	3.4	2.9	•	•	•
Oper. Margin Before Officers Compensation **16**	•	•	•	•	•	7.4	•	5.5	5.2	5.0	•	•	•
Selected Average Balance Sheet ($ in Thousands)													
Net Receivables **17**	14495	•	•	•	•	124	459	1682	1973	6752	•	•	790743
Inventories **18**	9625	•	•	•	•	536	1242	2646	6496	8188	•	•	329282
Net Property, Plant and Equipment **19**	15337	•	•	•	•	•	631	2518	3375	9463	•	•	762691
Total Assets **20**	96382	•	•	•	•	664	2766	7669	13356	33551	•	•	5325915

Notes and Loans Payable 21	25020	•	•	•	•	•	1124	3181	3585	6386	•	• 1356219
All Other Liabilities 22	29136	•	•	•	•	438	731	2003	2468	9471	•	• 1671148
Net Worth 23	42226	•	•	•	•	227	911	2484	7303	17693	•	• 2298547

Selected Financial Ratios (Times to 1)

Current Ratio 24	1.5	•	•	•	•	1.5	1.6	1.3	2.2	1.8	•	•	1.4
Quick Ratio 25	0.7	•	•	•	•	0.3	0.5	0.5	0.6	0.9	•	•	0.6
Net Sales to Working Capital 26	6.2	•	•	•	•	10.5	13.5	15.7	4.3	8.5	•	•	6.3
Coverage Ratio 27	2.0	•	•	•	•	•	3.1	3.1	4.7	5.5	•	•	1.9
Total Asset Turnover 28	0.7	•	•	•	•	3.6	3.4	2.3	1.7	2.1	•	•	0.6
Inventory Turnover 29	4.2	•	•	•	•	5.2	•	3.4	3.3	5.7	•	•	•
Receivables Turnover 30	5.2	•	•	•	•	•	•	8.0	•	•	•	•	7.9
Total Liabilities to Net Worth 31	1.3	•	•	•	•	1.9	2.0	2.1	0.8	0.9	•	•	1.3

Selected Financial Factors (in Percentages)

Debt Ratio 32	56.2	•	•	•	•	65.9	67.1	67.6	45.3	47.3	•	•	56.9
Return on Assets 33	7.6	•	•	•	•	21.1	11.7	12.1	12.6	11.7	•	•	7.3
Return on Equity 34	6.1	•	•	•	•	•	23.1	16.6	14.8	13.8	•	•	5.2
Return Before Interest on Equity 35	17.4	•	•	•	•	•	•	•	23.1	22.2	•	•	16.9
Profit Margin, Before Income Tax 36	5.3	•	•	•	•	5.7	2.4	3.5	5.7	4.5	•	•	5.8
Profit Margin, After Income Tax 37	3.6	•	•	•	•	5.7	2.3	2.3	4.6	3.4	•	•	3.8

Trends in Selected Ratios and Factors, 1990-1999

	1990	1991	1992	1993	1994	1995	1996	1997	1998	1999
Cost of Operations (%) 38	66.7	66.4	65.9	65.5	64.1	61.8	62.8	63.3	63.2	63.5
Operating Margin (%) 39	•	0.3	2.1	3.2	2.8	3.5	2.9	2.4	2.2	•
Oper. Margin Before Officers Comp. (%) 40	•	0.9	2.8	3.9	4.1	5.0	4.1	3.4	3.0	•
Average Net Receivables ($) 41	8758	11676	8570	8976	12793	7505	15293	13631	15628	14495
Average Inventories ($) 42	9846	12334	9924	9368	9868	6500	10288	9966	14251	9625
Average Net Worth ($) 43	30360	38197	28284	24861	31231	20995	33967	31865	43040	42226
Current Ratio (×1) 44	1.3	1.3	1.3	1.3	1.2	1.5	1.6	1.6	1.6	1.5
Quick Ratio (×1) 45	0.6	0.6	0.6	0.5	0.6	0.7	0.8	0.7	0.6	0.7
Coverage Ratio (×1) 46	2.8	4.0	4.0	4.3	3.7	5.0	4.0	3.8	3.1	2.0
Asset Turnover (×1) 47	1.2	1.2	1.2	1.2	1.0	1.1	1.0	1.0	0.8	0.7
Operating Leverage 48	•	•	7.4	1.5	0.9	1.3	0.8	0.8	0.9	•
Financial Leverage 49	1.0	1.4	1.0	1.0	0.9	1.1	1.0	1.0	0.9	0.8
Total Leverage 50	•	•	7.0	1.5	0.8	1.3	0.8	0.8	0.8	•

GRAIN MILL PRODUCTS

MONEY AMOUNTS AND SIZE OF ASSETS IN THOUSANDS OF DOLLARS

Item Description for Accounting Period 7/95 Through 6/96		Total	Zero Assets	Under 100	100 to 250	251 to 500	501 to 1,000	1,001 to 5,000	5,001 to 10,000	10,001 to 25,000	25,001 to 50,000	50,001 to 100,000	100,001 to 250,000	250,001 and over
Number of Enterprises	1	1569	•	•	277	350	352	•	59	67	25	6	10	16
Revenues ($ in Thousands)														
Net Sales	2	83088252	•	•	53061	162960	696752	•	943283	2939727	2392960	800031	2912997	68737921
Portfolio Income	3	2670397	•	•	19468	6431	542	•	1186	14328	4465	2505	47844	2545796
Other Revenues	4	1646168	•	•	25	507	5803	•	155	10350	18148	6218	12939	1555373
Total Revenues	5	87404817	•	•	72554	169898	703097	•	944624	2964405	2415573	808754	2973780	72839090
Average Total Revenues	6	55707	•	•	262	485	1997	•	16011	44245	96623	134792	297378	4552443
Operating Costs/Operating Income (%)														
Cost of Operations	7	69.1	•	•	48.3	64.0	77.4	•	85.0	81.0	88.3	83.0	71.1	66.9
Rent	8	6.3	•	•	10.4	10.3	5.0	•	2.7	3.5	3.1	3.0	3.4	6.8
Taxes Paid	9	1.1	•	•	2.2	6.5	2.1	•	0.7	0.8	0.8	1.2	1.0	1.1
Interest Paid	10	3.9	•	•	1.1	1.3	1.0	•	1.2	0.7	1.0	1.1	1.0	4.5
Depreciation, Depletion, Amortization	11	2.4	•	•	3.3	4.8	3.7	•	1.9	2.2	1.7	2.5	3.3	2.3
Pensions and Other Benefits	12	1.6	•	•	7.3	0.8	0.9	•	0.3	1.0	0.7	0.6	1.2	1.8
Other	13	15.7	•	•	27.4	8.6	9.9	•	6.3	6.8	4.3	5.3	12.3	17.3
Officers Compensation	14	0.4	•	•	•	9.7	3.5	•	0.6	1.5	0.6	0.6	1.7	0.2
Operating Margin	15	•	•	•	0.2	•	•	•	1.4	2.6	•	2.7	5.0	•
Oper. Margin Before Officers Compensation	16	•	•	•	0.2	3.9	0.1	•	2.0	4.1	•	3.3	6.7	•
Selected Average Balance Sheet ($ in Thousands)														
Net Receivables	17	4785	•	•	76	64	179	•	1406	4089	7778	14501	22791	393775
Inventories	18	4551	•	•	•	21	46	•	2020	2132	8805	11077	20950	383607
Net Property, Plant and Equipment	19	9218	•	•	13	141	441	•	2077	5050	13567	23749	66173	764286
Total Assets	20	55212	•	•	131	293	708	•	7192	15462	35388	60703	154777	5060205

Notes and Loans Payable	21	19231	•	•	744	64	645	•	3205	3087	11704	20594	38376	1764412
All Other Liabilities	22	17243	•	•	88	147	111	•	2100	5210	10829	12169	45369	1580475
Net Worth	23	18738	•	•	-701	82	-48	•	1887	7166	12855	27940	71032	1715318

Selected Financial Ratios (Times to 1)

Current Ratio	24	0.7	•	•	1.0	0.8	2.1	•	1.5	1.3	1.3	1.4	1.6	0.7
Quick Ratio	25	0.3	•	•	1.0	0.6	1.8	•	0.7	0.9	0.6	0.9	0.9	0.3
Net Sales to Working Capital	26	•	•	•	•	•	13.9	•	11.1	21.6	22.1	14.5	13.5	•
Coverage Ratio	27	2.4	•	•	•	•	•	•	2.3	5.7	1.4	4.5	8.1	2.3
Total Asset Turnover	28	1.0	•	•	1.5	1.6	2.8	•	2.2	2.8	2.7	2.2	1.9	0.9
Inventory Turnover	29	8.1	•	•	•	•	•	•	8.5	•	•	8.4	•	7.4
Receivables Turnover	30	•	•	•	5.0	6.3	•	•	•	•	•	7.4	•	•
Total Liabilities to Net Worth	31	2.0	•	•	•	2.6	•	•	2.8	1.2	1.8	1.2	1.2	2.0

Selected Financial Factors (in Percentages)

Debt Ratio	32	66.1	•	•	•	72.0	•	•	73.8	53.7	63.7	54.0	54.1	66.1
Return on Assets	33	8.8	•	•	•	•	•	•	6.1	11.8	3.8	10.5	15.3	8.8
Return on Equity	34	10.3	•	•	•	•	•	•	8.3	20.1	0.9	14.4	26.4	9.8
Return Before Interest on Equity	35	26.0	•	•	•	•	•	•	23.2	25.4	10.6	22.9	33.4	25.8
Profit Margin, Before Income Tax	36	5.3	•	•	•	•	•	•	1.6	3.4	0.4	3.7	7.1	5.8
Profit Margin, After Income Tax	37	3.7	•	•	•	•	•	•	1.0	3.3	0.1	3.0	6.5	3.9

Trends in Selected Ratios and Factors, 1990-1999

		1990	1991	1992	1993	1994	1995	1996	1997	1998	1999
Cost of Labor (%)	38	67.0	68.4	69.9	69.9	67.9	67.2	68.2	67.3	67.3	69.1
Operating Margin (%)	39	•	0.3	1.4	•	•	0.4	0.6	1.0	•	•
Oper. Margin Before Officers Comp. (%)	40	•	0.7	1.9	•	•	0.8	1.0	1.3	•	•
Average Net Receivables ($)	41	3192	2911	2151	8408	7285	2857	2918	2961	4338	4785
Average Inventories ($)	42	2439	2533	2095	3004	3212	3740	3901	3992	5795	4551
Average Net Worth ($)	43	9661	7660	6323	12348	16347	10552	10270	9729	15853	18738
Current Ratio (×1)	44	1.3	1.1	1.1	1.2	1.3	1.1	1.1	1.1	1.1	0.7
Quick Ratio (×1)	45	0.6	0.5	0.5	0.8	0.8	0.5	0.4	0.4	0.4	0.3
Coverage Ratio (×1)	46	2.8	3.6	3.8	2.3	1.9	2.4	2.6	2.8	2.5	2.4
Asset Turnover (×1)	47	1.5	1.6	1.6	1.2	1.0	1.7	1.7	1.6	1.4	1.0
Total Liabilities/Net Worth (×1)	48	1.4	1.7	1.6	1.9	1.5	1.8	1.9	2.1	2.0	2.0
Return on Assets (×1)	49	9.4	13.2	13.8	10.2	8.8	15.1	13.8	13.5	14.3	8.8
Return on Equity (%)	50	8.7	16.1	17.6	11.0	6.9	16.7	16.7	18.0	17.0	10.3

Table II

Corporations with Net Income

GRAIN MILL PRODUCTS

MONEY AMOUNTS AND SIZE OF ASSETS IN THOUSANDS OF DOLLARS

Item Description for Accounting Period 7/95 Through 6/96	Total	Zero Assets	Under 100	100 to 250	251 to 500	501 to 1,000	1,001 to 5,000	5,001 to 10,000	10,001 to 25,000	25,001 to 50,000	50,001 to 100,000	100,001 to 250,000	250,001 and over
Number of Enterprises **1**	1085	•	•	277	123	286	246	47	59	17	•	•	•
Revenues ($ in Thousands)													
Net Sales **2**	79931861	•	•	53061	14957	681288	1961413	610724	2621111	1871806	•	•	•
Portfolio Income **3**	2658155	•	•	19468	6087	542	9234	1180	10296	4394	•	•	•
Other Revenues **4**	1638411	•	•	25	507	5803	21878	147	8655	17803	•	•	•
Total Revenues **5**	84228427	•	•	72554	21551	687633	1992525	612051	2640062	1894003	•	•	•
Average Total Revenues **6**	77630	•	•	262	175	2404	8100	13022	44747	111412	•	•	•
Operating Costs/Operating Income (%)													
Cost of Operations **7**	68.4	•	•	48.3	88.1	77.8	81.8	80.0	80.1	87.0	•	•	•
Rent **8**	6.4	•	•	10.4	1.0	3.4	3.8	3.6	3.3	3.7	•	•	•
Taxes Paid **9**	1.1	•	•	2.2	6.6	1.8	1.2	0.8	0.9	1.0	•	•	•
Interest Paid **10**	4.0	•	•	1.1	0.1	1.0	0.8	1.8	0.6	0.8	•	•	•
Depreciation, Depletion, Amortization **11**	2.3	•	•	3.3	8.8	2.2	1.8	2.6	2.3	1.3	•	•	•
Pensions and Other Benefits **12**	1.7	•	•	7.3	•	0.9	0.5	0.5	0.9	0.8	•	•	•
Other **13**	16.1	•	•	27.4	27.8	9.0	8.7	7.4	6.9	4.2	•	•	•
Officers Compensation **14**	0.4	•	•	•	•	3.3	1.5	0.9	1.7	0.7	•	•	•
Operating Margin **15**	•	•	•	0.2	•	0.7	0.1	2.6	3.4	0.6	•	•	•
Oper. Margin Before Officers Compensation **16**	0.1	•	•	0.2	•	4.0	1.6	3.4	5.0	1.4	•	•	•
Selected Average Balance Sheet ($ in Thousands)													
Net Receivables **17**	6614	•	•	76	61	211	613	1295	4172	10064	•	•	•
Inventories **18**	6337	•	•	•	•	47	580	2462	2056	10055	•	•	•
Net Property, Plant and Equipment **19**	12804	•	•	13	209	340	827	2389	5184	13981	•	•	•
Total Assets **20**	78560	•	•	131	344	654	2489	7631	15544	39004	•	•	•

Notes and Loans Payable 21	27182	•	•	744	6	217	589	3543	2877	10597	•	•	•
All Other Liabilities 22	24449	•	•	88	332	98	744	2008	5474	11588	•	•	•
Net Worth 23	26928	•	•	-701	6	339	1156	2080	7192	16820	•	•	•

Selected Financial Ratios (Times to 1)

Current Ratio 24	0.7	•	•	1.0	0.2	2.7	1.4	1.6	1.4	1.4	•	•	•
Quick Ratio 25	0.3	•	•	1.0	0.2	2.2	0.8	0.7	0.9	0.8	•	•	•
Net Sales to Working Capital 26	•	•	•	•	•	12.2	19.4	8.0	20.2	16.0	•	•	•
Coverage Ratio 27	2.4	•	•	•	•	2.7	3.3	2.6	7.7	3.3	•	•	•
Total Asset Turnover 28	0.9	•	•	1.5	0.4	3.7	3.2	1.7	2.9	2.8	•	•	•
Inventory Turnover 29	8.5	•	•	•	3.9	•	•	5.3	•	•	•	•	•
Receivables Turnover 30	•	•	•	5.1	0.8	•	•	9.3	•	•	•	•	•
Total Liabilities to Net Worth 31	1.9	•	•	•	•	0.9	1.2	2.7	1.2	1.3	•	•	•

Selected Financial Factors (in Percentages)

Debt Ratio 32	65.7	•	•	•	98.4	48.2	53.6	72.8	53.7	56.9	•	•	•
Return on Assets 33	9.0	•	•	•	4.2	9.6	7.8	7.8	13.4	7.3	•	•	•
Return on Equity 34	10.8	•	•	•	•	10.5	10.8	11.8	24.2	9.5	•	•	•
Return Before Interest on Equity 35	26.4	•	•	•	•	18.5	16.8	28.5	29.0	16.9	•	•	•
Profit Margin, Before Income Tax 36	5.7	•	•	•	11.7	1.6	1.7	2.8	4.1	1.8	•	•	•
Profit Margin, After Income Tax 37	4.0	•	•	•	10.2	1.5	1.6	1.9	3.9	1.5	•	•	•

Trends in Selected Ratios and Factors, 1990-1999

	1990	1991	1992	1993	1994	1995	1996	1997	1998	1999
Cost of Operations (%) 38	66.3	67.0	68.7	69.8	69.0	66.8	67.6	66.8	67.3	68.4
Operating Margin (%) 39	0.1	1.1	1.9	•	2.1	0.5	0.8	1.1	1.9	•
Oper. Margin Before Officers Comp. (%) 40	0.5	1.5	2.3	•	2.5	0.9	1.2	1.4	2.2	0.1
Average Net Receivables ($) 41	3529	4771	2482	12343	3258	5058	6479	4441	5399	6614
Average Inventories ($) 42	2758	4205	2270	4297	3286	6698	8868	6090	7107	6337
Average Net Worth ($) 43	11602	13875	7600	18190	8091	19330	23015	15022	18445	26928
Current Ratio (×1) 44	1.2	1.0	1.1	1.2	1.1	1.1	1.1	1.0	1.1	0.7
Quick Ratio (×1) 45	0.6	0.5	0.5	0.8	0.5	0.5	0.4	0.4	0.4	0.3
Coverage Ratio (×1) 46	3.1	4.0	4.2	2.3	3.0	2.5	2.7	2.9	4.5	2.4
Asset Turnover (×1) 47	1.4	1.6	1.6	1.2	1.8	1.6	1.7	1.6	1.6	0.9
Operating Leverage 48	0.1	10.0	1.7	•	•	0.3	1.5	1.5	1.7	•
Financial Leverage 49	1.0	1.1	1.1	0.8	1.2	0.9	1.1	1.1	1.2	0.8
Total Leverage 50	0.1	11.4	1.8	•	•	0.2	1.5	1.5	2.1	•

Table I

Corporations with and without Net Income

BAKERY PRODUCTS

MONEY AMOUNTS AND SIZE OF ASSETS IN THOUSANDS OF DOLLARS

Item Description for Accounting Period 7/95 Through 6/96		Total	Zero Assets	Under 100	100 to 250	251 to 500	501 to 1,000	1,001 to 5,000	5,001 to 10,000	10,001 to 25,000	25,001 to 50,000	50,001 to 100,000	100,001 to 250,000	250,001 and over
Number of Enterprises	1	4387	756	1520	777	515	118	494	107	52	16	20	4	7
Revenues ($ in Thousands)														
Net Sales	2	22083557	511698	222842	495860	503538	235823	2610783	1884012	1593734	1398258	3503042	1048252	8075714
Portfolio Income	3	150241	698	148	89	•	2913	5814	1126	3885	3797	33442	6650	91681
Other Revenues	4	145568	391	723	105	38891	392	20010	3428	3012	7303	21748	931	48635
Total Revenues	5	22379366	512787	223713	496054	542429	239128	2636607	1888566	1600631	1409358	3558232	1055833	8216030
Average Total Revenues	6	5101	678	147	638	1053	2027	5337	17650	30781	88085	177912	263958	1173719
Operating Costs/Operating Income (%)														
Cost of Operations	7	56.0	54.4	48.4	51.2	56.2	48.7	62.0	63.7	61.6	50.7	59.2	65.0	50.4
Rent	8	11.9	17.2	6.5	5.5	15.6	16.0	6.9	7.5	10.1	17.5	8.6	11.6	15.3
Taxes Paid	9	2.7	2.2	3.9	6.8	4.0	4.1	3.1	2.3	2.6	3.5	2.2	2.3	2.5
Interest Paid	10	1.5	2.2	0.3	1.0	2.7	•	1.4	1.4	1.9	0.9	1.3	1.7	1.7
Depreciation, Depletion, Amortization	11	3.5	5.9	3.1	1.4	4.7	1.6	3.3	3.2	3.8	3.4	3.3	3.4	3.6
Pensions and Other Benefits	12	4.1	3.6	1.6	0.8	0.4	1.4	1.7	3.4	1.7	5.1	3.2	2.1	6.5
Other	13	17.9	26.2	22.8	21.1	27.4	13.2	14.7	14.8	13.6	11.7	18.8	12.3	20.5
Officers Compensation	14	1.9	5.9	11.2	8.1	0.6	3.3	4.6	2.6	3.8	1.5	1.0	0.5	0.2
Operating Margin	15	0.6	•	2.3	4.2	•	11.7	2.4	1.3	0.9	5.7	2.3	1.1	•
Oper. Margin Before Officers Compensation	16	2.5	•	13.5	12.3	•	15.0	6.9	3.9	4.7	7.3	3.3	1.6	•
Selected Average Balance Sheet ($ in Thousands)														
Net Receivables	17	340	•	1	14	19	104	484	1358	1632	7917	13344	21760	72123
Inventories	18	208	•	6	5	35	35	205	764	1448	1726	8422	14116	52568
Net Property, Plant and Equipment	19	1144	•	24	38	207	140	1119	3648	8805	17600	29693	68000	325760
Total Assets	20	2637	•	47	157	327	765	2464	6772	14724	37273	70958	140885	832790

Notes and Loans Payable 21	909	•	29	75	315	12	909	2652	7400	10460	26427	57282	239930
All Other Liabilities 22	673	•	3	34	248	88	442	1574	2958	9653	15851	30446	235603
Net Worth 23	1055	•	15	48	-236	666	1113	2546	4365	17159	28680	53157	357257

Selected Financial Ratios (Times to 1)

Current Ratio 24	1.1	•	4.5	1.6	0.4	10.4	1.7	1.4	1.0	1.5	1.7	1.5	0.8
Quick Ratio 25	0.7	•	1.3	1.5	0.2	7.8	1.3	0.9	0.5	1.1	1.1	0.9	0.4
Net Sales to Working Capital 26	•	•	10.5	22.7	•	3.9	12.3	23.2	•	20.9	15.2	17.6	•
Coverage Ratio 27	2.3	•	9.1	5.3	•	•	3.4	2.1	1.7	8.5	3.9	2.1	1.6
Total Asset Turnover 28	1.9	•	3.1	4.1	3.0	2.6	2.2	2.6	2.1	2.4	2.5	1.9	1.4
Inventory Turnover 29	•	•	•	•	•	•	•	•	•	•	•	•	•
Receivables Turnover 30	•	•	•	•	•	•	•	•	•	•	•	•	•
Total Liabilities to Net Worth 31	1.5	•	2.2	2.3	•	0.2	1.2	1.7	2.4	1.2	1.5	1.7	1.3

Selected Financial Factors (in Percentages)

Debt Ratio 32	60.0	•	69.0	69.4	•	13.0	54.8	62.4	70.4	54.0	59.6	62.3	57.1
Return on Assets 33	6.5	•	9.3	21.0	•	34.3	10.1	7.5	6.8	17.3	12.7	6.6	3.9
Return on Equity 34	6.1	•	26.2	•	16.2	39.4	12.2	9.1	5.4	28.9	18.8	6.3	1.2
Return Before Interest on Equity 35	16.3	•	29.8	•	5.2	•	22.4	19.9	22.8	•	31.3	17.6	9.1
Profit Margin, Before Income Tax 36	1.9	•	2.7	4.2	•	13.1	3.3	1.5	1.4	6.5	3.8	1.9	1.1
Profit Margin, After Income Tax 37	1.3	•	2.6	4.2	•	13.1	2.6	1.3	0.8	5.7	3.1	1.3	0.4

Trends in Selected Ratios and Factors, 1990-1999

	1990	1991	1992	1993	1994	1995	1996	1997	1998	1999
Cost of Labor (%) 38	54.8	57.2	56.5	57.8	56.1	53.1	54.8	54.7	56.2	56.0
Operating Margin (%) 39	1.3	1.4	•	1.3	2.0	3.3	2.5	2.1	2.1	0.6
Oper. Margin Before Officers Comp. (%) 40	3.4	3.4	2.2	2.9	3.6	4.8	4.3	3.6	3.7	2.5
Average Net Receivables ($) 41	340	354	355	308	487	351	459	520	465	340
Average Inventories ($) 42	197	168	221	191	296	208	251	295	268	208
Average Net Worth ($) 43	982	967	1091	931	1365	1208	1200	1706	1687	1055
Current Ratio (×1) 44	1.6	1.9	1.4	1.4	1.3	1.5	1.1	1.1	1.1	1.1
Quick Ratio (×1) 45	1.1	1.1	0.9	0.9	0.8	1.0	0.7	0.7	0.7	0.7
Coverage Ratio (×1) 46	3.3	3.5	2.8	2.5	2.9	3.8	3.6	3.0	3.3	2.3
Asset Turnover (×1) 47	2.1	1.7	1.6	1.9	1.9	2.0	1.9	1.7	1.6	1.9
Total Liabilities/Net Worth (×1) 48	1.2	1.3	1.6	1.4	1.5	1.0	1.5	1.2	1.1	1.5
Return on Assets (×1) 49	9.0	8.2	8.3	8.9	10.2	12.2	9.4	7.8	7.8	6.5
Return on Equity (%) 50	7.9	9.0	9.1	9.2	11.9	13.7	13.0	8.0	8.5	6.1

Table II

Corporations with Net Income

BAKERY PRODUCTS

MONEY AMOUNTS AND SIZE OF ASSETS IN THOUSANDS OF DOLLARS

Item Description for Accounting Period 7/95 Through 6/96	Total	Zero Assets	Under 100	100 to 250	251 to 500	501 to 1,000	1,001 to 5,000	5,001 to 10,000	10,001 to 25,000	25,001 to 50,000	50,001 to 100,000	100,001 to 250,000	250,001 and over
Number of Enterprises **1**	1940	•	647	534	211	118	264	92	30	16	17	•	•
Revenues ($ in Thousands)													
Net Sales **2**	15746089	•	114010	380318	271303	235823	1630191	1517671	947703	1398258	2528039	•	•
Portfolio Income **3**	47920	•	•	89	•	2913	3264	1087	2335	3797	13158	•	•
Other Revenues **4**	119987	•	•	105	38883	392	17199	3180	1332	7303	16474	•	•
Total Revenues **5**	15913996	•	114010	380512	310186	239128	1650654	1521938	951370	1409358	2557671	•	•
Average Total Revenues **6**	8203	•	176	713	1470	2027	6252	16543	31712	88085	150451	•	•
Operating Costs/Operating Income (%)													
Cost of Operations **7**	57.4	•	40.4	52.5	68.9	48.7	57.3	64.0	69.3	50.7	62.4	•	•
Rent **8**	11.7	•	12.7	6.2	7.3	16.0	6.4	6.9	5.8	17.5	8.2	•	•
Taxes Paid **9**	2.9	•	2.9	7.3	4.7	4.1	3.1	2.4	2.2	3.5	2.3	•	•
Interest Paid **10**	1.1	•	•	0.5	1.5	•	0.8	1.4	2.2	0.9	1.1	•	•
Depreciation, Depletion, Amortization **11**	3.3	•	1.8	1.5	1.5	1.6	2.8	3.3	3.1	3.4	3.5	•	•
Pensions and Other Benefits **12**	3.7	•	•	1.0	0.4	1.4	1.5	2.5	0.6	5.1	2.2	•	•
Other **13**	14.2	•	17.0	19.2	24.6	13.2	14.1	13.2	9.9	11.7	14.2	•	•
Officers Compensation **14**	1.9	•	11.6	6.3	1.2	3.3	5.7	3.0	4.0	1.5	1.2	•	•
Operating Margin **15**	3.8	•	13.6	5.6	•	11.7	8.5	3.4	2.9	5.7	5.0	•	•
Oper. Margin Before Officers Compensation **16**	5.7	•	25.2	11.9	•	15.0	14.2	6.3	6.9	7.3	6.2	•	•
Selected Average Balance Sheet ($ in Thousands)													
Net Receivables **17**	652	•	•	21	38	104	583	1265	1846	7917	14345	•	•
Inventories **18**	353	•	9	6	16	35	256	841	1362	1726	9268	•	•
Net Property, Plant and Equipment **19**	1789	•	24	31	143	140	982	3779	8225	17600	30140	•	•
Total Assets **20**	4471	•	45	138	261	765	2486	6952	14665	37273	71717	•	•

Notes and Loans Payable 21	1184	•	30	62	202	12	494	2594	8546	10460	21090	•	•
All Other Liabilities 22	1081	•	2	28	33	88	406	1415	3501	9653	18469	•	•
Net Worth 23	2206	•	13	49	27	666	1587	2943	2618	17159	32158	•	•

Selected Financial Ratios (Times to 1)

Current Ratio 24	1.5	•	8.7	1.8	2.5	10.4	2.7	1.6	1.0	1.5	2.0	•	•
Quick Ratio 25	1.0	•	3.8	1.5	1.8	7.8	2.1	1.1	0.6	1.1	1.3	•	•
Net Sales to Working Capital 26	16.6	•	10.7	26.2	25.5	3.9	7.3	15.2	•	20.9	9.7	•	•
Coverage Ratio 27	5.4	•	•	12.1	3.9	•	13.7	3.6	2.5	8.5	6.7	•	•
Total Asset Turnover 28	1.8	•	3.9	5.2	4.9	2.6	2.5	2.4	2.2	2.4	2.1	•	•
Inventory Turnover 29	•	•	•	•	•	•	•	•	9.6	•	•	•	•
Receivables Turnover 30	•	•	•	•	•	•	•	•	•	•	•	•	•
Total Liabilities to Net Worth 31	1.0	•	2.5	1.8	8.7	0.2	0.6	1.4	4.6	1.2	1.2	•	•

Selected Financial Factors (in Percentages)

Debt Ratio 32	50.7	•	71.6	64.8	89.7	13.0	36.2	57.7	82.2	54.0	55.2	•	•
Return on Assets 33	10.8	•	•	31.7	28.9	34.3	26.1	11.9	11.8	17.3	14.8	•	•
Return on Equity 34	14.6	•	•	•	•	39.4	33.1	18.8	28.3	28.9	23.3	•	•
Return Before Interest on Equity 35	21.9	•	•	•	•	•	•	28.2	•	•	33.0	•	•
Profit Margin, Before Income Tax 36	4.8	•	13.6	5.6	4.4	13.1	9.8	3.6	3.3	6.5	6.1	•	•
Profit Margin, After Income Tax 37	4.0	•	13.6	5.6	4.4	13.1	8.5	3.4	2.4	5.7	5.1	•	•

Trends in Selected Ratios and Factors, 1990-1999

	1990	1991	1992	1993	1994	1995	1996	1997	1998	1999
Cost of Operations (%) 38	54.6	55.2	55.6	57.5	55.2	53.0	55.0	56.3	57.4	57.4
Operating Margin (%) 39	2.5	3.0	2.3	2.8	3.4	4.1	3.4	4.5	5.0	3.8
Oper. Margin Before Officers Comp. (%) 40	4.2	4.9	4.5	4.4	4.9	5.5	5.0	6.2	6.8	5.7
Average Net Receivables ($) 41	745	440	808	690	749	626	655	808	762	652
Average Inventories ($) 42	428	269	490	412	460	388	348	486	446	353
Average Net Worth ($) 43	2333	1619	3106	2261	2476	2372	1779	2891	3099	2206
Current Ratio (×1) 44	1.8	1.6	1.6	1.6	1.5	1.6	1.1	1.7	1.7	1.5
Quick Ratio (×1) 45	1.3	1.0	1.1	1.0	0.9	1.1	0.7	1.1	1.1	1.0
Coverage Ratio (×1) 46	4.7	6.1	6.7	3.9	4.1	4.5	4.4	6.5	7.4	5.4
Asset Turnover (×1) 47	2.0	2.0	1.6	2.0	1.9	2.1	1.9	1.9	1.7	1.8
Operating Leverage 48	0.8	1.2	0.8	1.2	1.2	1.2	0.8	1.3	1.1	0.8
Financial Leverage 49	1.1	1.2	1.1	0.9	1.0	1.0	1.1	1.1	1.1	1.0
Total Leverage 50	0.9	1.4	0.8	1.1	1.2	1.2	0.9	1.4	1.2	0.7

Table I

Corporations with and without Net Income

SUGAR AND CONFECTIONERY PRODUCTS

MONEY AMOUNTS AND SIZE OF ASSETS IN THOUSANDS OF DOLLARS

Item Description for Accounting Period 7/95 Through 6/96		Total	Zero Assets	Under 100	100 to 250	251 to 500	501 to 1,000	1,001 to 5,000	5,001 to 10,000	10,001 to 25,000	25,001 to 50,000	50,001 to 100,000	100,001 to 250,000	250,001 and over
Number of Enterprises	1	828	11	250	•	114	114	210	35	48	15	14	4	13
Revenues ($ in Thousands)														
Net Sales	2	21104914	42553	574	•	214978	127990	1180540	437535	1506885	897423	1369632	921954	14404851
Portfolio Income	3	293852	•	•	•	•	•	1933	2	4685	3134	1973	2292	279833
Other Revenues	4	317665	4	•	•	49	284	4798	515	10239	6195	16260	6384	272936
Total Revenues	5	21716431	42557	574	•	215027	128274	1187271	438052	1521809	906752	1387865	930630	14957620
Average Total Revenues	6	26228	3869	2	•	1886	1125	5654	12516	31704	60450	99133	232658	1150586
Operating Costs/Operating Income (%)														
Cost of Operations	7	62.5	57.6	70.6	•	69.2	62.4	66.0	56.6	75.9	73.7	70.6	77.6	58.5
Rent	8	5.1	4.3	•	•	4.2	3.9	10.3	9.1	4.5	6.0	4.3	2.4	4.8
Taxes Paid	9	1.7	2.5	•	•	2.9	2.1	2.2	2.7	1.6	1.5	1.6	0.7	1.6
Interest Paid	10	1.9	5.6	•	•	•	3.4	1.2	2.3	1.7	1.0	2.6	2.5	1.9
Depreciation, Depletion, Amortization	11	3.2	3.1	•	•	1.3	4.1	1.8	2.9	2.9	2.0	4.8	4.3	3.2
Pensions and Other Benefits	12	2.4	1.0	•	•	•	1.9	1.6	1.1	0.6	1.6	2.3	1.8	2.8
Other	13	20.4	17.7	42.0	•	18.6	13.5	10.1	19.4	9.8	10.5	10.1	11.2	24.7
Officers Compensation	14	1.1	•	•	•	0.7	10.6	6.5	1.3	1.3	1.3	1.2	0.5	0.5
Operating Margin	15	1.8	8.3	•	•	3.2	•	0.3	4.6	1.8	2.4	2.6	•	1.9
Oper. Margin Before Officers Compensation	16	2.9	8.3	•	•	3.9	9.0	6.8	5.8	3.1	3.7	3.8	•	2.5
Selected Average Balance Sheet ($ in Thousands)														
Net Receivables	17	2676	•	•	•	174	47	411	917	3031	8092	8947	23653	121952
Inventories	18	3347	•	•	•	61	212	551	2509	3563	8523	18136	42470	139536
Net Property, Plant and Equipment	19	6577	•	•	•	46	103	693	1908	6651	9642	27350	57002	318593
Total Assets	20	21388	•	5	•	329	748	2233	6978	15608	31854	71546	169375	1074293

Notes and Loans Payable	21	6567	•	•	•	•	489	927	3945	6451	7243	25469	84341	302805
All Other Liabilities	22	5414	•	•	•	137	91	238	1554	3060	9265	19376	25873	283981
Net Worth	23	9408	•	5	•	192	169	1068	1479	6097	15347	26700	59162	487507

Selected Financial Ratios (Times to 1)

Current Ratio	24	1.4	•	•	•	2.1	1.5	2.4	2.3	1.3	1.9	1.3	1.7	1.3
Quick Ratio	25	0.6	•	•	•	1.6	0.2	1.3	1.0	0.7	1.1	0.5	0.6	0.6
Net Sales to Working Capital	26	11.3	•	0.5	•	12.9	7.8	7.0	4.5	18.6	6.1	12.6	8.1	13.0
Coverage Ratio	27	4.2	2.5	•	•	•	0.6	1.7	3.0	2.7	4.5	2.5	1.0	5.1
Total Asset Turnover	28	1.2	•	0.5	•	5.7	1.5	2.5	1.8	2.0	1.9	1.4	1.4	1.0
Inventory Turnover	29	4.9	•	•	•	•	4.1	7.1	2.9	7.8	5.8	5.2	4.4	4.5
Receivables Turnover	30	•	•	•	•	•	•	•	9.4	•	7.6	•	•	•
Total Liabilities to Net Worth	31	1.3	•	•	•	0.7	3.4	1.1	3.7	1.6	1.1	1.7	1.9	1.2

Selected Financial Factors (in Percentages)

Debt Ratio	32	56.0	•	•	•	41.7	77.4	52.2	78.8	60.9	51.8	62.7	65.1	54.6
Return on Assets	33	9.4	•	•	•	18.2	2.9	5.1	12.6	9.0	8.4	8.9	3.3	9.9
Return on Equity	34	11.2	•	•	•	31.1	•	4.2	39.7	11.5	11.6	9.8	•	11.7
Return Before Interest on Equity	35	21.4	•	•	•	31.1	12.9	10.6	•	23.1	17.4	23.9	9.5	21.7
Profit Margin, Before Income Tax	36	6.0	8.3	•	•	3.2	•	0.8	4.7	2.8	3.5	3.9	•	7.7
Profit Margin, After Income Tax	37	4.1	8.2	•	•	3.2	•	0.8	4.7	2.2	3.0	2.7	•	5.2

Trends in Selected Ratios and Factors, 1990-1999

		1990	1991	1992	1993	1994	1995	1996	1997	1998	1999
Cost of Labor (%)	38	62.9	62.9	65.2	63.2	61.2	61.3	60.4	61.0	60.8	62.5
Operating Margin (%)	39	0.1	0.2	•	2.5	2.5	2.9	3.1	2.8	2.6	1.8
Oper. Margin Before Officers Comp. (%)	40	0.9	1.2	•	3.4	3.5	4.1	4.0	3.8	3.7	2.9
Average Net Receivables ($)	41	1704	1402	2848	1922	1907	2848	2017	1985	1842	2676
Average Inventories ($)	42	1734	1763	3405	2415	2678	4363	3419	3524	2897	3347
Average Net Worth ($)	43	3511	3408	8235	6981	7599	13441	9081	9732	8379	9408
Current Ratio (×1)	44	1.5	1.6	1.4	1.6	1.4	1.7	1.5	1.5	1.5	1.4
Quick Ratio (×1)	45	0.7	0.7	0.7	0.7	0.6	0.7	0.6	0.6	0.6	0.6
Coverage Ratio (×1)	46	2.3	2.2	2.4	4.0	3.5	4.0	4.4	4.7	4.5	4.2
Asset Turnover (×1)	47	1.0	1.3	1.0	1.3	1.2	1.3	1.2	1.3	1.2	1.2
Total Liabilities/Net Worth (×1)	48	2.2	1.9	1.9	1.2	1.2	0.9	1.1	1.0	1.0	1.3
Return on Assets (×1)	49	7.7	10.1	11.1	15.3	11.3	11.2	10.7	9.5	9.6	9.4
Return on Equity (%)	50	8.1	10.6	13.1	16.6	11.7	11.2	11.8	10.1	10.1	11.2

Table II

Corporations with Net Income

SUGAR AND CONFECTIONERY PRODUCTS

MONEY AMOUNTS AND SIZE OF ASSETS IN THOUSANDS OF DOLLARS

Item Description for Accounting Period 7/95 Through 6/96		Total	Zero Assets	Under 100	100 to 250	251 to 500	501 to 1,000	1,001 to 5,000	5,001 to 10,000	10,001 to 25,000	25,001 to 50,000	50,001 to 100,000	100,001 to 250,000	250,001 and over
Number of Enterprises	1	426	11	•	•	114	47	173	12	37	12	9	•	10
Revenues ($ in Thousands)														
Net Sales	2	16547851	42553	•	•	214978	25328	763816	195668	1266864	803205	1177873	•	12057567
Portfolio Income	3	239478	•	•	•	•	•	1032	•	1521	1363	1186	•	234375
Other Revenues	4	285485	4	•	•	49	•	1849	10	8945	4821	10622	•	259186
Total Revenues	5	17072814	42557	•	•	215027	25328	766697	195678	1277330	809389	1189681	•	12551128
Average Total Revenues	6	40077	3869	•	•	1886	539	4432	16306	34522	67449	132187	•	1255113
Operating Costs/Operating Income (%)														
Cost of Operations	7	58.5	57.6	•	•	69.2	70.6	56.6	41.5	77.1	73.7	74.1	•	54.2
Rent	8	5.5	4.3	•	•	4.2	•	13.2	15.1	4.1	6.1	3.0	•	5.2
Taxes Paid	9	1.7	2.5	•	•	2.9	0.4	2.8	2.1	1.3	1.4	1.4	•	1.7
Interest Paid	10	1.6	5.6	•	•	•	•	1.4	0.3	1.3	1.0	1.7	•	1.7
Depreciation, Depletion, Amortization	11	3.1	3.1	•	•	1.3	0.6	2.1	1.5	2.7	1.9	3.7	•	3.3
Pensions and Other Benefits	12	2.6	1.0	•	•	•	5.1	2.1	0.1	0.4	1.8	1.8	•	3.1
Other	13	22.6	17.7	•	•	18.6	•	11.1	24.2	7.8	9.6	8.0	•	27.4
Officers Compensation	14	1.1	•	•	•	0.7	18.7	9.1	2.1	1.3	1.2	1.0	•	0.5
Operating Margin	15	3.4	8.3	•	•	3.2	4.7	1.7	13.1	4.2	3.3	5.4	•	3.0
Oper. Margin Before Officers Compensation	16	4.5	8.3	•	•	3.9	23.4	10.7	15.2	5.5	4.5	6.4	•	3.5
Selected Average Balance Sheet ($ in Thousands)														
Net Receivables	17	4383	•	•	•	174	•	373	970	3477	9271	13415	•	141070
Inventories	18	4881	•	•	•	61	191	452	1445	3653	9627	24104	•	150041
Net Property, Plant and Equipment	19	10306	•	•	•	46	5	675	1158	6279	7578	34970	•	361630
Total Assets	20	33531	•	•	•	329	547	2054	6354	15745	32661	85034	•	1204965

Notes and Loans Payable 21	8735	•	•	•	•	252	842	460	5008	6233	24282	•	307950
All Other Liabilities 22	9145	•	•	•	137	51	212	2471	3153	10199	24682	•	335019
Net Worth 23	15651	•	•	•	192	243	1000	3424	7584	16230	36069	•	561996
Selected Financial Ratios (Times to 1)													
Current Ratio 24	1.5	•	•	•	2.1	5.6	3.0	2.1	1.6	1.9	1.4	•	1.4
Quick Ratio 25	0.7	•	•	•	1.6	•	1.8	1.5	0.9	1.1	0.5	•	0.6
Net Sales to Working Capital 26	9.1	•	•	•	12.9	1.2	5.1	6.0	10.5	6.0	10.5	•	9.8
Coverage Ratio 27	6.2	2.5	•	•	•	•	2.4	•	4.9	5.1	4.8	•	6.6
Total Asset Turnover 28	1.2	•	•	•	5.7	1.0	2.2	2.6	2.2	2.1	1.5	•	1.0
Inventory Turnover 29	4.7	•	•	•	•	3.6	5.4	2.6	7.9	5.5	5.9	•	4.2
Receivables Turnover 30	•	•	•	•	•	•	•	6.0	•	7.1	•	•	10.0
Total Liabilities to Net Worth 31	1.2	•	•	•	0.7	1.3	1.1	0.9	1.1	1.0	1.4	•	1.2
Selected Financial Factors (in Percentages)													
Debt Ratio 32	53.3	•	•	•	41.7	55.5	51.3	46.1	51.8	50.3	57.6	•	53.4
Return on Assets 33	11.3	•	•	•	18.2	4.6	7.2	34.2	13.7	10.5	12.5	•	11.0
Return on Equity 34	14.3	•	•	•	31.1	8.8	8.4	•	19.6	14.6	17.2	•	13.6
Return Before Interest on Equity 35	24.2	•	•	•	31.1	10.3	14.9	•	28.5	21.1	29.4	•	23.7
Profit Margin, Before Income Tax 36	8.2	8.3	•	•	3.2	4.7	1.9	13.1	5.0	4.1	6.4	•	9.4
Profit Margin, After Income Tax 37	5.8	8.2	•	•	3.2	4.0	1.9	13.1	4.4	3.6	4.7	•	6.3

Trends in Selected Ratios and Factors, 1990-1999

	1990	1991	1992	1993	1994	1995	1996	1997	1998	1999
Cost of Operations (%) 38	61.9	62.2	66.3	62.5	60.0	59.3	57.9	59.0	58.1	58.5
Operating Margin (%) 39	1.0	1.1	•	4.1	4.1	4.5	4.9	4.6	4.6	3.4
Oper. Margin Before Officers Comp. (%) 40	1.8	2.0	0.8	4.9	5.0	5.7	5.9	5.4	5.7	4.5
Average Net Receivables ($) 41	4789	2644	2912	2643	4067	3490	2239	2602	2059	4383
Average Inventories ($) 42	4659	3335	3919	3384	5738	5445	3720	4410	3047	4881
Average Net Worth ($) 43	10021	6910	13376	9792	18080	17622	11507	14255	10079	15651
Current Ratio (×1) 44	1.5	1.7	1.6	1.6	1.5	1.7	1.6	1.6	1.7	1.5
Quick Ratio (×1) 45	0.8	0.7	0.7	0.7	0.7	0.8	0.6	0.6	0.7	0.7
Coverage Ratio (×1) 46	2.6	2.5	4.4	5.6	4.9	5.5	6.1	6.9	6.8	6.2
Asset Turnover (×1) 47	1.0	1.2	0.9	1.4	1.2	1.2	1.2	1.2	1.2	1.2
Operating Leverage 48	0.3	1.1	0.1	72.4	1.0	1.1	1.1	0.9	1.0	0.7
Financial Leverage 49	0.8	1.1	1.3	1.0	1.0	1.0	1.0	1.0	1.0	1.0
Total Leverage 50	0.3	1.1	0.1	74.4	1.0	1.1	1.1	0.9	1.0	0.7

Table I

Corporations with and without Net Income

MALT LIQUORS AND MALT

MONEY AMOUNTS AND SIZE OF ASSETS IN THOUSANDS OF DOLLARS

Item Description for Accounting Period 7/95 Through 6/96		Total	Zero Assets	Under 100	100 to 250	251 to 500	501 to 1,000	1,001 to 5,000	5,001 to 10,000	10,001 to 25,000	25,001 to 50,000	50,001 to 100,000	100,001 to 250,000	250,001 and over
Number of Enterprises	1	547	•	250	243	•	•	29	11	3	•	3	3	5
Revenues ($ in Thousands)														
Net Sales	2	17748524	•	6289	22060	•	•	41991	41259	83964	•	176858	430299	16945804
Portfolio Income	3	229593	•	•	•	•	•	•	1480	375	•	949	3425	223362
Other Revenues	4	302039	•	•	•	•	•	•	523	1864	•	1186	1282	297186
Total Revenues	5	18280156	•	6289	22060	•	•	41991	43262	86203	•	178993	435006	17466352
Average Total Revenues	6	33419	•	25	91	•	•	1448	3933	28734	•	59664	145002	3493270
Operating Costs/Operating Income (%)														
Cost of Operations	7	50.3	•	30.9	83.2	•	•	35.2	66.4	67.0	•	62.8	69.5	49.6
Rent	8	2.1	•	•	•	•	•	28.8	2.4	1.3	•	4.3	1.9	2.0
Taxes Paid	9	14.5	•	3.6	0.7	•	•	5.4	5.7	1.2	•	5.1	8.5	14.9
Interest Paid	10	2.1	•	•	2.6	•	•	•	0.1	•	•	0.8	1.6	2.2
Depreciation, Depletion, Amortization	11	5.1	•	28.7	2.6	•	•	5.2	1.8	1.5	•	9.1	4.7	5.0
Pensions and Other Benefits	12	2.4	•	•	•	•	•	•	1.7	1.6	•	0.8	0.8	2.5
Other	13	19.8	•	34.6	10.9	•	•	20.2	14.0	3.7	•	13.8	13.5	20.1
Officers Compensation	14	0.5	•	•	0.8	•	•	1.2	4.4	2.8	•	1.5	0.3	0.4
Operating Margin	15	3.4	•	2.1	•	•	•	4.1	3.6	21.0	•	1.7	•	3.4
Oper. Margin Before Officers Compensation	16	3.8	•	2.1	0.1	•	•	5.3	8.0	23.8	•	3.2	•	3.8
Selected Average Balance Sheet ($ in Thousands)														
Net Receivables	17	2839	•	2	•	•	•	•	465	313	•	4429	14751	297736
Inventories	18	2139	•	17	8	•	•	22	259	322	•	3970	24424	214837
Net Property, Plant and Equipment	19	17379	•	•	18	•	•	931	4004	3252	•	38516	58579	1825922
Total Assets	20	48804	•	22	108	•	•	1033	6596	10227	•	76251	137514	5177957

Notes and Loans Payable 21	20922	•	6	89	•	•	•	572	•	•	4261	33779	2260127
All Other Liabilities 22	10383	•	1	14	•	•	75	1544	1546	•	13157	44654	1095663
Net Worth 23	17500	•	14	4	•	•	958	4480	8681	•	58833	59081	1822168
Selected Financial Ratios (Times to 1)													
Current Ratio 24	0.9	•	15.3	0.5	•	•	1.4	1.7	1.5	•	3.1	1.1	0.8
Quick Ratio 25	0.5	•	1.8	0.2	•	•	1.1	1.4	1.3	•	2.7	0.4	0.4
Net Sales to Working Capital 26	•	•	1.4	•	•	•	•	3.7	37.2	•	2.7	•	•
Coverage Ratio 27	4.0	•	•	0.7	•	•	•	•	•	•	4.4	1.4	4.0
Total Asset Turnover 28	0.7	•	1.2	0.9	•	•	1.4	0.6	2.7	•	0.8	1.1	0.7
Inventory Turnover 29	7.8	•	0.9	•	•	•	1.9	•	•	•	•	4.4	8.0
Receivables Turnover 30	•	•	•	•	•	•	5.7	•	•	•	•	9.6	•
Total Liabilities to Net Worth 31	1.8	•	0.5	23.9	•	•	0.1	0.5	0.2	•	0.3	1.3	1.9
Selected Financial Factors (in Percentages)													
Debt Ratio 32	64.2	•	33.3	96.0	•	•	7.3	32.1	15.1	•	22.9	57.0	64.8
Return on Assets 33	5.6	•	2.5	1.5	•	•	5.7	4.9	•	•	2.7	2.4	5.7
Return on Equity 34	7.3	•	3.1	•	•	•	6.2	4.7	•	•	1.2	•	7.4
Return Before Interest on Equity 35	15.7	•	3.7	•	•	•	6.2	7.2	•	•	3.5	5.5	16.1
Profit Margin, Before Income Tax 36	6.4	•	2.1	•	•	•	4.1	8.4	23.2	•	2.7	0.7	6.5
Profit Margin, After Income Tax 37	4.0	•	1.8	•	•	•	4.1	5.6	23.2	•	1.2	•	4.0

Trends in Selected Ratios and Factors, 1990-1999

	1990	1991	1992	1993	1994	1995	1996	1997	1998	1999
Cost of Labor (%) 38	57.2	56.0	55.6	55.9	56.4	54.1	53.0	49.9	50.6	50.3
Operating Margin (%) 39	2.5	2.0	1.7	1.8	3.8	4.6	5.0	5.1	5.0	3.4
Oper. Margin Before Officers Comp. (%) 40	2.9	2.5	2.3	2.3	4.2	5.1	5.6	5.5	5.3	3.8
Average Net Receivables ($) 41	12956	62605	93254	11739	14738	16593	39607	48289	27332	2839
Average Inventories ($) 42	14699	59530	84534	9016	9488	11540	26174	29162	18671	2139
Average Net Worth ($) 43	76020	304255	447075	50928	62311	79869	192074	237188	158602	17500
Current Ratio (×1) 44	1.1	1.0	1.0	0.8	1.1	1.2	1.8	0.9	0.9	0.9
Quick Ratio (×1) 45	0.6	0.5	0.5	0.4	0.6	0.7	1.1	0.6	0.5	0.5
Coverage Ratio (×1) 46	4.4	3.0	2.6	2.5	3.2	4.4	4.9	4.7	4.8	4.0
Asset Turnover (×1) 47	1.4	1.0	1.0	0.8	0.8	0.9	0.8	0.8	0.7	0.7
Total Liabilities/Net Worth (×1) 48	1.3	1.9	1.9	2.6	1.8	1.4	1.4	1.6	1.6	1.8
Return on Assets (×1) 49	9.2	7.2	7.7	7.3	8.2	7.3	7.4	7.1	7.1	5.6
Return on Equity (%) 50	8.7	7.3	7.3	10.3	10.4	8.9	9.2	9.3	9.2	7.3

MALT LIQUORS AND MALT

MONEY AMOUNTS AND SIZE OF ASSETS IN THOUSANDS OF DOLLARS

Item Description for Accounting Period 7/95 Through 6/96		Total	Zero Assets	Under 100	100 to 250	251 to 500	501 to 1,000	1,001 to 5,000	5,001 to 10,000	10,001 to 25,000	25,001 to 50,000	50,001 to 100,000	100,001 to 250,000	250,001 and over
Number of Enterprises	1	300	•	250	•	•	•	29	11	3	•	•	•	•
Revenues ($ in Thousands)														
Net Sales	2	15245824	•	6289	•	•	•	41991	41259	83964	•	•	•	•
Portfolio Income	3	154577	•	•	•	•	•	•	1480	375	•	•	•	•
Other Revenues	4	260843	•	•	•	•	•	•	523	1864	•	•	•	•
Total Revenues	5	15661244	•	6289	•	•	•	41991	43262	86203	•	•	•	•
Average Total Revenues	6	52204	•	25	•	•	•	1448	3933	28734	•	•	•	•
Operating Costs/Operating Income (%)														
Cost of Operations	7	50.5	•	30.9	•	•	•	35.2	66.4	67.0	•	•	•	•
Rent	8	1.2	•	•	•	•	•	28.8	2.4	1.3	•	•	•	•
Taxes Paid	9	12.6	•	3.6	•	•	•	5.4	5.7	1.2	•	•	•	•
Interest Paid	10	2.1	•	•	•	•	•	•	0.1	•	•	•	•	•
Depreciation, Depletion, Amortization	11	5.2	•	28.7	•	•	•	5.2	1.8	1.5	•	•	•	•
Pensions and Other Benefits	12	2.4	•	•	•	•	•	•	1.7	1.6	•	•	•	•
Other	13	20.4	•	34.6	•	•	•	20.2	14.0	3.7	•	•	•	•
Officers Compensation	14	0.4	•	•	•	•	•	1.2	4.4	2.8	•	•	•	•
Operating Margin	15	5.3	•	2.1	•	•	•	4.1	3.6	21.0	•	•	•	•
Oper. Margin Before Officers Compensation	16	5.7	•	2.1	•	•	•	5.3	8.0	23.8	•	•	•	•
Selected Average Balance Sheet ($ in Thousands)														
Net Receivables	17	4880	•	2	•	•	•	•	465	313	•	•	•	•
Inventories	18	3397	•	17	•	•	•	22	259	322	•	•	•	•
Net Property, Plant and Equipment	19	29495	•	•	•	•	•	931	4004	3252	•	•	•	•
Total Assets	20	83656	•	22	•	•	•	1033	6596	10227	•	•	•	•

Notes and Loans Payable 21	36364	•	6	•	•	•	•	572	•	•	•	•	•
All Other Liabilities 22	16134	•	1	•	•	•	75	1544	1546	•	•	•	•
Net Worth 23	31157	•	14	•	•	•	958	4480	8681	•	•	•	•

Selected Financial Ratios (Times to 1)

Current Ratio 24	0.9	•	15.3	•	•	•	1.4	1.7	1.5	•	•	•	•
Quick Ratio 25	0.5	•	1.8	•	•	•	1.1	1.4	1.3	•	•	•	•
Net Sales to Working Capital 26	•	•	1.4	•	•	•	•	3.7	37.2	•	•	•	•
Coverage Ratio 27	4.9	•	•	•	•	•	•	•	•	•	•	•	•
Total Asset Turnover 28	0.6	•	1.2	•	•	•	1.4	0.6	2.7	•	•	•	•
Inventory Turnover 29	7.5	•	0.9	•	•	•	•	•	•	•	•	•	•
Receivables Turnover 30	•	•	•	•	•	•	•	•	•	•	•	•	•
Total Liabilities to Net Worth 31	1.7	•	0.5	•	•	•	0.1	0.5	0.2	•	•	•	•

Selected Financial Factors (in Percentages)

Debt Ratio 32	62.8	•	33.3	•	•	•	7.3	32.1	15.1	•	•	•	•
Return on Assets 33	6.2	•	2.5	•	•	•	5.7	4.9	•	•	•	•	•
Return on Equity 34	8.6	•	3.1	•	•	•	6.2	4.7	•	•	•	•	•
Return Before Interest on Equity 35	16.5	•	3.7	•	•	•	6.2	7.2	•	•	•	•	•
Profit Margin, Before Income Tax 36	8.0	•	2.1	•	•	•	4.1	8.4	23.2	•	•	•	•
Profit Margin, After Income Tax 37	5.3	•	1.8	•	•	•	4.1	5.6	23.2	•	•	•	•

Trends in Selected Ratios and Factors, 1990-1999

	1990	1991	1992	1993	1994	1995	1996	1997	1998	1999
Cost of Operations (%) 38	56.0	56.4	56.2	55.7	55.9	53.8	52.2	50.2	49.8	50.5
Operating Margin (%) 39	3.2	5.2	5.3	3.8	4.1	4.8	5.9	6.2	6.6	5.3
Oper. Margin Before Officers Comp. (%) 40	3.6	5.7	6.0	4.4	4.5	5.3	6.4	6.5	6.9	5.7
Average Net Receivables ($) 41	26987	118385	186945	82185	250290	36989	60455	53029	27573	4880
Average Inventories ($) 42	30655	105780	156466	60451	156176	24664	37813	31070	18203	3397
Average Net Worth ($) 43	159006	684976	1024352	375454	1064347	179386	302344	266965	166012	31157
Current Ratio (×1) 44	1.1	1.0	1.1	0.8	1.1	1.2	1.9	0.9	0.9	0.9
Quick Ratio (×1) 45	0.6	0.5	0.6	0.4	0.6	0.7	1.1	0.6	0.5	0.5
Coverage Ratio (×1) 46	4.8	5.6	5.8	4.1	3.3	4.6	5.5	5.1	5.7	4.9
Asset Turnover (×1) 47	1.3	1.0	0.9	0.8	0.8	0.9	0.8	0.7	0.7	0.6
Operating Leverage 48	2.6	1.7	1.0	0.7	1.1	1.2	1.2	1.1	1.1	0.8
Financial Leverage 49	1.1	1.2	1.1	0.9	0.9	1.1	1.1	1.0	1.0	1.0
Total Leverage 50	2.9	1.9	1.1	0.7	1.0	1.4	1.3	1.0	1.1	0.8

Table I

Corporations with and without Net Income

ALCOHOLIC BEVERAGES, EXCEPT MALT LIQUORS AND MALT

MONEY AMOUNTS AND SIZE OF ASSETS IN THOUSANDS OF DOLLARS

Item Description for Accounting Period 7/95 Through 6/96	Total	Zero Assets	Under 100	100 to 250	251 to 500	501 to 1,000	1,001 to 5,000	5,001 to 10,000	10,001 to 25,000	25,001 to 50,000	50,001 to 100,000	100,001 to 250,000	250,001 and over
Number of Enterprises **1**	804	•	•	154	114	118	•	33	44	19	6	9	5
Revenues ($ in Thousands)													
Net Sales **2**	12119106	•	•	45242	35806	30941	•	85880	587223	439864	400599	1656025	7600489
Portfolio Income **3**	9857396	•	•	15977	•	1089	•	1004	1716	1549	15917	65869	9750716
Other Revenues **4**	180908	•	•	•	•	-22974	•	387	14415	3686	5050	12661	170492
Total Revenues **5**	22157410	•	•	61219	35806	9056	•	87271	603354	445099	421566	1734555	17521697
Average Total Revenues **6**	27559	•	•	398	314	77	•	2645	13713	23426	70261	192728	3504339
Operating Costs/Operating Income (%)													
Cost of Operations **7**	59.1	•	•	3.4	43.9	54.6	•	61.0	36.0	57.5	60.8	60.4	60.5
Rent **8**	5.3	•	•	41.7	23.3	2.5	•	11.2	6.0	4.8	5.6	3.9	5.4
Taxes Paid **9**	8.3	•	•	5.8	5.6	2.9	•	5.7	19.7	2.0	9.5	12.6	6.5
Interest Paid **10**	5.9	•	•	•	12.9	2.9	•	3.4	1.9	2.7	3.6	3.0	7.6
Depreciation, Depletion, Amortization **11**	4.4	•	•	0.3	3.3	11.7	•	13.2	4.9	12.7	3.8	4.0	4.2
Pensions and Other Benefits **12**	1.8	•	•	32.9	•	0.2	•	1.0	1.0	1.5	1.2	0.6	2.1
Other **13**	16.3	•	•	13.3	2.4	23.2	•	11.4	13.2	9.2	9.0	9.8	19.4
Officers Compensation **14**	1.3	•	•	40.5	•	5.2	•	4.7	3.0	2.5	1.2	0.7	0.9
Operating Margin **15**	•	•	•	•	8.7	•	•	•	14.4	7.2	5.4	4.9	•
Oper. Margin Before Officers Compensation **16**	•	•	•	2.7	8.7	2.1	•	•	17.4	9.6	6.6	5.7	•
Selected Average Balance Sheet ($ in Thousands)													
Net Receivables **17**	39755	•	•	•	7	49	•	447	1581	4103	14176	23874	6279590
Inventories **18**	5824	•	•	•	185	101	•	2291	5541	11837	28589	49362	664601
Net Property, Plant and Equipment **19**	4352	•	•	•	96	104	•	2610	5631	11743	26570	44325	419614
Total Assets **20**	116948	•	•	231	306	576	•	5885	15590	34115	82080	152110	17968300

Notes and Loans Payable **21**	18014	•	•	•	527	1416	•	1985	5351	13956	21317	58396	2539705
All Other Liabilities **22**	28140	•	•	2	3	109	•	449	1336	4641	22313	35768	4381384
Net Worth **23**	70793	•	•	229	-225	-949	•	3451	8903	15517	38450	57946	11047210

Selected Financial Ratios (Times to 1)

Current Ratio **24**	1.9	•	•	•	•	4.1	•	1.7	2.8	2.3	1.8	2.1	1.8
Quick Ratio **25**	1.4	•	•	•	8.0	3.1	•	0.4	0.9	0.7	0.6	0.7	1.5
Net Sales to Working Capital **26**	0.6	•	•	1.6	1.5	0.8	•	2.1	2.5	2.3	3.0	4.4	0.4
Coverage Ratio **27**	14.9	•	•	•	1.7	•	•	•	10.0	4.1	4.0	4.2	•
Total Asset Turnover **28**	0.1	•	•	1.3	1.0	0.5	•	0.5	0.9	0.7	0.8	1.2	0.1
Inventory Turnover **29**	1.9	•	•	•	0.5	1.2	•	0.5	1.0	1.3	1.2	2.3	2.0
Receivables Turnover **30**	0.6	•	•	•	•	3.4	•	7.1	9.3	6.5	4.7	7.6	0.4
Total Liabilities to Net Worth **31**	0.7	•	•	0.0	•	•	•	0.7	0.8	1.2	1.1	1.6	0.6

Selected Financial Factors (in Percentages)

Debt Ratio **32**	39.5	•	•	0.9	•	•	•	41.4	42.9	54.5	53.2	61.9	38.5
Return on Assets **33**	11.3	•	•	•	22.2	•	•	•	16.2	7.5	11.5	15.3	11.3
Return on Equity **34**	15.9	•	•	•	•	20.9	•	•	25.5	10.2	13.7	21.7	15.9
Return Before Interest on Equity **35**	18.7	•	•	•	•	19.6	•	•	28.4	16.5	24.5	•	18.4
Profit Margin, Before Income Tax **36**	•	•	•	•	8.7	•	•	•	17.1	8.3	10.6	9.7	•
Profit Margin, After Income Tax **37**	•	•	•	•	8.7	•	•	•	17.0	6.9	7.9	6.8	•

Trends in Selected Ratios and Factors, 1990-1999

	1990	1991	1992	1993	1994	1995	1996	1997	1998	1999
Cost of Labor (%) **38**	61.9	64.9	64.4	63.3	60.5	60.1	60.0	56.4	56.9	59.1
Operating Margin (%) **39**	•	•	•	•	•	•	•	1.3	1.4	•
Oper. Margin Before Officers Comp. (%) **40**	•	•	•	•	•	•	•	2.7	2.8	•
Average Net Receivables ($) **41**	6448	5210	7829	9385	9845	8475	9945	9432	13904	39755
Average Inventories ($) **42**	1546	2014	2875	3809	3222	3354	3200	2728	3492	5824
Average Net Worth ($) **43**	9691	10178	14946	19884	16375	14964	14850	13229	18018	70793
Current Ratio (×1) **44**	1.7	1.6	1.6	2.6	1.8	1.9	1.8	1.6	1.3	1.9
Quick Ratio (×1) **45**	1.1	1.0	1.0	1.7	1.3	1.3	1.2	1.0	1.0	1.4
Coverage Ratio (×1) **46**	2.0	3.3	3.1	2.5	3.0	2.5	3.2	3.2	2.9	14.9
Asset Turnover (×1) **47**	0.4	0.4	0.4	0.5	0.4	0.4	0.4	0.3	0.3	0.1
Total Liabilities/Net Worth (×1) **48**	1.3	1.2	1.1	1.0	1.1	1.1	1.2	1.4	1.4	0.7
Return on Assets (×1) **49**	4.4	5.6	6.5	7.2	5.5	4.7	6.3	4.6	4.2	11.3
Return on Equity (%) **50**	3.1	6.1	6.6	6.3	5.8	4.9	7.3	6.4	5.3	15.9

Table II

Corporations with Net Income

ALCOHOLIC BEVERAGES, EXCEPT MALT LIQUORS AND MALT

MONEY AMOUNTS AND SIZE OF ASSETS IN THOUSANDS OF DOLLARS

Item Description for Accounting Period 7/95 Through 6/96	Total	Zero Assets	Under 100	100 to 250	251 to 500	501 to 1,000	1,001 to 5,000	5,001 to 10,000	10,001 to 25,000	25,001 to 50,000	50,001 to 100,000	100,001 to 250,000	250,001 and over
Number of Enterprises **1**	437	•	•	•	114	95	139	11	40	19	•	•	5
Revenues ($ in Thousands)													
Net Sales **2**	10842180	•	•	•	35806	30941	400511	46008	575588	439864	•	•	7600489
Portfolio Income **3**	9828654	•	•	•	•	1075	560	672	1642	1549	•	•	9750716
Other Revenues **4**	205274	•	•	•	•	312	845	56	13886	3686	•	•	170492
Total Revenues **5**	20876108	•	•	•	35806	32328	401916	46736	591116	445099	•	•	17521697
Average Total Revenues **6**	47771	•	•	•	314	340	2891	4249	14778	23426	•	•	3504339
Operating Costs/Operating Income (%)													
Cost of Operations **7**	57.5	•	•	•	43.9	54.6	49.5	45.5	35.7	57.5	•	•	60.5
Rent **8**	5.3	•	•	•	23.3	2.5	3.5	7.2	6.0	4.8	•	•	5.4
Taxes Paid **9**	8.4	•	•	•	5.6	2.9	10.7	4.7	19.9	2.0	•	•	6.5
Interest Paid **10**	6.2	•	•	•	12.9	2.9	2.3	•	1.9	2.7	•	•	7.6
Depreciation, Depletion, Amortization **11**	4.3	•	•	•	3.3	2.2	2.0	7.1	4.5	12.7	•	•	4.2
Pensions and Other Benefits **12**	1.8	•	•	•	•	0.2	0.4	0.8	1.0	1.5	•	•	2.1
Other **13**	17.2	•	•	•	2.4	22.3	14.7	8.1	13.1	9.2	•	•	19.4
Officers Compensation **14**	1.2	•	•	•	•	5.2	2.7	4.4	3.0	2.5	•	•	0.9
Operating Margin **15**	•	•	•	•	8.7	7.2	14.3	22.4	15.0	7.2	•	•	•
Oper. Margin Before Officers Compensation **16**	•	•	•	•	8.7	12.4	17.0	26.7	17.9	9.6	•	•	•
Selected Average Balance Sheet ($ in Thousands)													
Net Receivables **17**	73004	•	•	•	7	16	603	564	1687	4103	•	•	6279590
Inventories **18**	10248	•	•	•	185	125	507	2271	5525	11837	•	•	664601
Net Property, Plant and Equipment **19**	6971	•	•	•	96	24	681	1175	5062	11743	•	•	419614
Total Assets **20**	213120	•	•	•	306	525	2161	5326	15330	34115	•	•	17968300

Notes and Loans Payable 21	31823	•	•	•	527	133	639	658	5535	13956	•	•	2539705
All Other Liabilities 22	51549	•	•	•	3	7	379	292	1422	4641	•	•	4381384
Net Worth 23	129748	•	•	•	-225	385	1142	4375	8373	15517	•	•	11047210

Selected Financial Ratios (Times to 1)

Current Ratio 24	1.9	•	•	•	•	•	2.7	•	2.7	2.3	•	•	1.8
Quick Ratio 25	1.4	•	•	•	8.0	•	1.6	13.3	0.9	0.7	•	•	1.5
Net Sales to Working Capital 26	0.6	•	•	•	1.5	0.7	3.2	1.1	2.7	2.3	•	•	0.4
Coverage Ratio 27	•	•	•	•	1.7	5.0	7.5	•	10.2	4.1	•	•	•
Total Asset Turnover 28	0.1	•	•	•	1.0	0.6	1.3	0.8	0.9	0.7	•	•	0.1
Inventory Turnover 29	1.8	•	•	•	0.5	1.3	1.5	0.4	1.2	1.6	•	•	2.0
Receivables Turnover 30	0.5	•	•	•	•	4.5	5.1	7.5	•	7.0	•	•	0.4
Total Liabilities to Net Worth 31	0.7	•	•	•	•	0.4	0.9	0.2	0.8	1.2	•	•	0.6

Selected Financial Factors (in Percentages)

Debt Ratio 32	39.1	•	•	•	•	26.7	47.1	17.9	45.4	54.5	•	•	38.5
Return on Assets 33	11.5	•	•	•	22.2	9.1	22.5	18.8	18.3	7.5	•	•	11.3
Return on Equity 34	16.1	•	•	•	•	8.4	27.8	15.1	30.1	10.2	•	•	15.9
Return Before Interest on Equity 35	18.9	•	•	•	•	12.4	•	22.9	33.5	16.5	•	•	18.4
Profit Margin, Before Income Tax 36	•	•	•	•	8.7	11.7	14.6	23.9	17.6	8.3	•	•	•
Profit Margin, After Income Tax 37	•	•	•	•	8.7	10.0	11.0	15.8	17.5	6.9	•	•	•

Trends in Selected Ratios and Factors, 1990-1999

	1990	1991	1992	1993	1994	1995	1996	1997	1998	1999
Cost of Operations (%) 38	64.8	63.0	63.0	62.2	59.9	59.3	57.9	55.3	56.7	57.5
Operating Margin (%) 39	•	•	•	•	•	•	2.9	2.4	1.9	•
Oper. Margin Before Officers Comp. (%) 40	•	•	•	0.7	0.8	0.7	4.4	3.8	3.2	•
Average Net Receivables ($) 41	11493	6189	12440	17211	23142	18640	30059	18035	19006	73004
Average Inventories ($) 42	2003	1599	3383	5651	6563	6306	7674	4763	4476	10248
Average Net Worth ($) 43	16685	11770	24017	36298	38421	33554	45945	25369	24559	129748
Current Ratio (×1) 44	1.9	1.8	1.6	2.7	1.8	2.0	1.9	1.6	1.3	1.9
Quick Ratio (×1) 45	1.3	1.2	1.1	2.0	1.3	1.4	1.5	1.0	1.0	1.4
Coverage Ratio (×1) 46	2.6	4.5	4.2	3.1	3.6	3.1	5.6	3.7	3.0	16.0
Asset Turnover (×1) 47	0.3	0.4	0.3	0.5	0.4	0.4	0.3	0.3	0.3	0.1
Operating Leverage 48	7.1	0.5	2.4	0.1	0.3	4.4	•	0.8	0.8	•
Financial Leverage 49	1.0	1.4	1.0	0.9	1.1	1.0	1.1	1.0	0.9	1.5
Total Leverage 50	7.2	0.7	2.3	0.1	0.4	4.5	•	0.8	0.7	•

Table I

Corporations with and without Net Income

BOTTLED SOFT DRINKS AND FLAVORINGS

MONEY AMOUNTS AND SIZE OF ASSETS IN THOUSANDS OF DOLLARS

Item Description for Accounting Period 7/95 Through 6/96	Total	Zero Assets	Under 100	100 to 250	251 to 500	501 to 1,000	1,001 to 5,000	5,001 to 10,000	10,001 to 25,000	25,001 to 50,000	50,001 to 100,000	100,001 to 250,000	250,001 and over
Number of Enterprises **1**	629	8	•	•	•	50	337	68	78	38	15	17	16
Revenues ($ in Thousands)													
Net Sales **2**	67133765	209588	•	•	•	86362	2105173	1153580	3017299	3167534	2304702	3494405	51595121
Portfolio Income **3**	2766639	21371	•	•	•	336	6902	3679	20020	11598	10603	161304	2530827
Other Revenues **4**	5491710	5113	•	•	•	35	6906	6646	29685	32087	34263	65514	5311461
Total Revenues **5**	75392114	236072	•	•	•	86733	2118981	1163905	3067004	3211219	2349568	3721223	59437409
Average Total Revenues **6**	119860	29509	•	•	•	1735	6288	17116	39321	84506	156638	218895	3714838
Operating Costs/Operating Income (%)													
Cost of Operations **7**	55.8	65.8	•	•	•	88.3	66.9	70.5	78.8	68.6	71.0	64.3	51.5
Rent **8**	12.1	9.5	•	•	•	3.8	8.1	7.9	6.4	7.3	8.6	9.6	13.3
Taxes Paid **9**	2.1	2.4	•	•	•	2.2	2.3	1.7	1.4	1.3	1.7	2.1	2.2
Interest Paid **10**	4.0	1.0	•	•	•	•	1.0	0.9	0.6	1.5	1.6	4.7	4.6
Depreciation, Depletion, Amortization **11**	3.9	5.1	•	•	•	1.4	2.8	3.6	2.9	3.3	3.8	4.4	4.0
Pensions and Other Benefits **12**	1.7	1.7	•	•	•	•	1.3	1.5	1.0	1.2	2.3	1.8	1.7
Other **13**	23.5	13.9	•	•	•	10.2	10.0	9.6	6.5	15.9	8.9	9.5	27.5
Officers Compensation **14**	0.5	1.0	•	•	•	3.5	3.7	2.9	0.9	0.6	1.0	0.6	0.3
Operating Margin **15**	•	•	•	•	•	•	4.0	1.5	1.5	0.4	1.3	2.9	•
Oper. Margin Before Officers Compensation **16**	•	0.7	•	•	•	•	7.6	4.3	2.4	1.0	2.2	3.6	•
Selected Average Balance Sheet ($ in Thousands)													
Net Receivables **17**	97686	•	•	•	•	137	518	1826	3376	6384	13310	27624	3747717
Inventories **18**	4669	•	•	•	•	113	503	1128	2230	4201	8208	12253	126240
Net Property, Plant and Equipment **19**	24095	•	•	•	•	126	860	3199	5431	13768	23009	39553	792356
Total Assets **20**	194756	•	•	•	•	596	2752	8059	15541	33437	76731	168611	7155988

Notes and Loans Payable 21	51255	•	•	•	•	230	601	1586	3810	15430	26044	97098	1812045
All Other Liabilities 22	109228	•	•	•	•	9	406	1160	3186	9816	14128	27269	4199460
Net Worth 23	34272	•	•	•	•	357	1745	5313	8545	8191	36559	44244	1144484
Selected Financial Ratios (Times to 1)													
Current Ratio 24	0.9	•	•	•	•	•	2.0	2.2	1.8	1.1	1.7	1.2	0.9
Quick Ratio 25	0.9	•	•	•	•	15.7	1.1	1.4	1.1	0.6	1.1	0.8	0.9
Net Sales to Working Capital 26	•	•	•	•	•	6.9	9.6	7.7	11.9	•	12.3	25.0	•
Coverage Ratio 27	3.6	13.0	•	•	•	•	5.9	3.6	6.2	2.2	3.0	3.0	3.6
Total Asset Turnover 28	0.6	•	•	•	•	2.9	2.3	2.1	2.5	2.5	2.0	1.2	0.5
Inventory Turnover 29	•	•	•	•	•	9.5	9.5	•	•	•	•	8.5	•
Receivables Turnover 30	1.1	•	•	•	•	9.2	•	9.9	•	•	•	7.3	0.9
Total Liabilities to Net Worth 31	4.7	•	•	•	•	0.7	0.6	0.5	0.8	3.1	1.1	2.8	5.3
Selected Financial Factors (in Percentages)													
Debt Ratio 32	82.4	•	•	•	•	40.1	36.6	34.1	45.0	75.5	52.4	73.8	84.0
Return on Assets 33	7.8	•	•	•	•	•	12.6	6.8	9.2	8.2	9.6	17.2	7.5
Return on Equity 34	21.0	•	•	•	•	•	14.1	5.9	10.3	14.5	11.8	27.8	22.0
Return Before Interest on Equity 35	•	•	•	•	•	•	19.9	10.3	16.8	33.3	20.1	•	•
Profit Margin, Before Income Tax 36	10.2	12.3	•	•	•	•	4.6	2.4	3.1	1.8	3.2	9.5	12.0
Profit Margin, After Income Tax 37	6.8	11.4	•	•	•	•	3.9	1.8	2.3	1.4	2.8	6.0	7.8

Trends in Selected Ratios and Factors, 1990-1999

	1990	1991	1992	1993	1994	1995	1996	1997	1998	1999
Cost of Labor (%) 38	56.4	55.6	57.3	56.5	57.2	56.5	55.3	54.5	54.7	55.8
Operating Margin (%) 39	•	•	•	•	•	•	•	•	•	•
Oper. Margin Before Officers Comp. (%) 40	•	•	•	•	•	•	•	•	•	•
Average Net Receivables ($) 41	11521	8620	17051	21653	30239	67838	76846	81960	83703	97686
Average Inventories ($) 42	2714	1953	2332	2563	3057	3960	3821	3843	3909	4669
Average Net Worth ($) 43	14998	11014	17293	21235	20814	25313	27107	25932	27552	34272
Current Ratio (×1) 44	1.0	1.0	1.0	0.9	0.9	0.9	0.9	0.9	0.9	0.9
Quick Ratio (×1) 45	0.7	0.8	0.8	0.7	0.8	0.9	0.9	0.8	0.8	0.9
Coverage Ratio (×1) 46	2.6	2.1	2.4	3.0	2.2	2.3	2.6	3.3	3.4	3.6
Asset Turnover (×1) 47	0.7	0.8	0.8	0.7	0.7	0.6	0.5	0.5	0.5	0.6
Total Liabilities/Net Worth (×1) 48	2.2	2.1	2.4	2.5	3.3	4.6	4.6	5.2	4.9	4.7
Return on Assets (×1) 49	7.5	7.5	9.0	12.2	8.4	6.9	6.3	6.8	6.8	7.8
Return on Equity (%) 50	8.1	7.5	12.1	18.5	12.5	13.4	13.3	19.5	18.4	21.0

Table II

Corporations with Net Income

BOTTLED SOFT DRINKS AND FLAVORINGS

MONEY AMOUNTS AND SIZE OF ASSETS IN THOUSANDS OF DOLLARS

Item Description for Accounting Period 7/95 Through 6/96	Total	Zero Assets	Under 100	100 to 250	251 to 500	501 to 1,000	1,001 to 5,000	5,001 to 10,000	10,001 to 25,000	25,001 to 50,000	50,001 to 100,000	100,001 to 250,000	250,001 and over
1 Number of Enterprises	505	8	•	•	•	47	270	60	58	24	10	14	13
Revenues ($ in Thousands)													
2 Net Sales	61917971	209588	•	•	•	85763	1790891	1081673	2299167	1731369	1789758	2773223	50156540
3 Portfolio Income	2753161	21371	•	•	•	336	5984	3327	19135	6230	6729	160734	2529315
4 Other Revenues	5439566	5113	•	•	•	32	6796	6033	24814	21181	32593	60009	5282994
5 Total Revenues	70110698	236072	•	•	•	86131	1803671	1091033	2343116	1758780	1829080	2993966	57968849
6 Average Total Revenues	138833	29509	•	•	•	1833	6680	18184	40399	73282	182908	213855	4459142
Operating Costs/Operating Income (%)													
7 Cost of Operations	54.7	65.8	•	•	•	87.9	68.2	71.9	79.0	74.4	72.3	62.3	50.9
8 Rent	12.3	9.5	•	•	•	3.3	7.6	7.3	5.3	6.0	8.4	10.0	13.4
9 Taxes Paid	2.1	2.4	•	•	•	2.1	2.2	1.5	1.4	1.0	1.5	2.2	2.2
10 Interest Paid	4.0	1.0	•	•	•	•	0.9	0.7	0.6	1.5	0.9	3.8	4.6
11 Depreciation, Depletion, Amortization	3.8	5.1	•	•	•	1.1	2.7	3.3	2.8	3.4	3.9	3.9	3.9
12 Pensions and Other Benefits	1.6	1.7	•	•	•	•	1.0	1.5	1.0	0.8	2.5	1.7	1.7
13 Other	24.4	13.9	•	•	•	2.4	8.9	8.3	6.2	9.6	7.1	10.5	28.1
14 Officers Compensation	0.4	1.0	•	•	•	3.2	3.2	2.5	0.8	0.7	0.9	0.6	0.2
15 Operating Margin	•		•	•	•	0.1	5.3	3.0	3.0	2.9	2.5	5.1	•
16 Oper. Margin Before Officers Compensation	•	0.7	•	•	•	3.3	8.5	5.6	3.8	3.5	3.4	5.7	•
Selected Average Balance Sheet ($ in Thousands)													
17 Net Receivables	120762	•	•	•	•	145	531	1906	3775	5656	14710	28452	4601544
18 Inventories	5143	•	•	•	•	107	480	1147	2157	3745	9296	12355	147142
19 Net Property, Plant and Equipment	28168	•	•	•	•	132	884	2877	5047	13299	27190	37772	953417
20 Total Assets	236492	•	•	•	•	596	2716	7877	15856	33591	82063	163666	8719761

Notes and Loans Payable **21**	60030	•	•	•	•	•	586	1318	2846	14661	18720	76281	2177352
All Other Liabilities **22**	134509	•	•	•	•	9	404	1146	3374	7590	14376	24706	5144702
Net Worth **23**	41954	•	•	•	•	587	1726	5413	9635	11341	48968	62680	1397706

Selected Financial Ratios (Times to 1)

Current Ratio **24**	0.9	•	•	•	•	•	2.1	2.4	1.9	1.6	2.0	1.6	0.9
Quick Ratio **25**	0.9	•	•	•	•	16.0	1.2	1.6	1.3	1.0	1.3	1.1	0.9
Net Sales to Working Capital **26**	•	•	•	•	•	7.4	9.6	7.4	10.5	16.8	10.9	9.3	•
Coverage Ratio **27**	3.8	13.0	•	•	•	•	7.7	6.6	9.4	4.0	6.1	4.5	3.7
Total Asset Turnover **28**	0.5	•	•	•	•	3.1	2.5	2.3	2.5	2.2	2.2	1.2	0.5
Inventory Turnover **29**	•	•	•	•	•	•	9.7	•	•	•	•	8.5	•
Receivables Turnover **30**	1.0	•	•	•	•	•	•	•	•	•	10.0	7.4	1.7
Total Liabilities to Net Worth **31**	4.6	•	•	•	•	0.0	0.6	0.5	0.7	2.0	0.7	1.6	5.2

Selected Financial Factors (in Percentages)

Debt Ratio **32**	82.3	•	•	•	•	1.6	36.5	31.3	39.2	66.2	40.3	61.7	84.0
Return on Assets **33**	8.0	•	•	•	•	1.7	16.9	10.5	13.6	12.7	12.2	20.5	7.5
Return on Equity **34**	22.2	•	•	•	•	1.4	20.0	11.1	15.6	24.1	15.3	27.6	22.5
Return Before Interest on Equity **35**	•	•	•	•	•	1.7	26.5	15.2	22.4	•	20.4	•	•
Profit Margin, Before Income Tax **36**	11.4	12.3	•	•	•	0.5	6.0	3.9	4.9	4.4	4.7	13.1	12.4
Profit Margin, After Income Tax **37**	7.6	11.4	•	•	•	0.5	5.2	3.3	3.8	3.8	4.2	8.7	8.2

Trends in Selected Ratios and Factors, 1990-1999

	1990	1991	1992	1993	1994	1995	1996	1997	1998	1999
Cost of Operations (%) **38**	55.9	55.1	55.5	54.9	56.6	55.4	54.4	53.4	53.7	54.7
Operating Margin (%) **39**	•	•	•	•	•	•	•	•	•	•
Oper. Margin Before Officers Comp. (%) **40**	•	•	•	•	•	•	•	•	•	•
Average Net Receivables ($) **41**	13129	14141	26276	23158	43095	98448	103033	95645	120967	120762
Average Inventories ($) **42**	2828	2905	3028	2142	3682	4731	4349	3960	5204	5143
Average Net Worth ($) **43**	14947	13657	26531	20819	27881	34566	35554	28448	39654	41954
Current Ratio (×1) **44**	1.0	1.0	1.0	0.9	0.9	0.9	0.9	0.9	0.9	0.9
Quick Ratio (×1) **45**	0.7	0.8	0.8	0.8	0.8	0.9	0.9	0.8	0.8	0.9
Coverage Ratio (×1) **46**	3.4	3.0	3.1	4.3	2.9	3.2	3.5	4.0	3.7	3.8
Asset Turnover (×1) **47**	0.8	0.8	0.8	0.7	0.7	0.6	0.5	0.5	0.5	0.5
Operating Leverage **48**	•	1.2	1.3	1.7	0.7	0.9	1.7	0.8	0.9	1.4
Financial Leverage **49**	1.0	1.0	1.1	1.1	0.9	1.0	1.1	1.1	1.0	1.0
Total Leverage **50**	•	1.2	1.4	1.9	0.6	0.9	1.8	0.8	0.8	1.4

Table I

Corporations with and without Net Income

OTHER FOOD AND KINDRED PRODUCTS

MONEY AMOUNTS AND SIZE OF ASSETS IN THOUSANDS OF DOLLARS

Item Description for Accounting Period 7/95 Through 6/96	Total	Zero Assets	Under 100	100 to 250	251 to 500	501 to 1,000	1,001 to 5,000	5,001 to 10,000	10,001 to 25,000	25,001 to 50,000	50,001 to 100,000	100,001 to 250,000	250,001 and over
Number of Enterprises 1	5166	67	1860	584	931	543	686	175	155	85	37	27	16
Revenues ($ in Thousands)													
Net Sales 2	79864314	341084	251021	170054	1089343	1257943	3389938	2332484	4668657	5075445	5047361	5840971	50400015
Portfolio Income 3	1539555	25190	•	418	1056	2712	55917	21253	17855	27961	47039	65594	1274566
Other Revenues 4	1282053	8543	•	100	3198	1736	27786	23724	68306	36697	44481	129690	937783
Total Revenues 5	82685922	374817	251021	170572	1093597	1262391	3473641	2377461	4754818	5140103	5138881	6036255	52612364
Average Total Revenues 6	16006	5594	135	292	1175	2325	5064	13585	30676	60472	138889	223565	3288273
Operating Costs/Operating Income (%)													
Cost of Operations 7	73.6	70.6	64.3	36.6	60.8	68.4	68.9	75.8	73.6	69.9	74.5	74.6	74.6
Rent 8	4.5	5.4	11.5	7.9	13.9	5.8	7.8	5.4	4.1	4.9	3.2	5.2	4.0
Taxes Paid 9	1.3	2.3	2.1	3.0	2.8	2.0	2.0	1.5	1.7	1.8	1.1	1.5	1.0
Interest Paid 10	3.0	2.3	2.1	0.8	0.5	0.6	1.7	1.2	1.5	2.1	1.7	2.1	3.8
Depreciation, Depletion, Amortization 11	3.0	3.0	3.8	1.6	1.6	2.3	3.3	3.6	2.8	3.6	3.2	3.8	2.8
Pensions and Other Benefits 12	1.1	1.6	•	0.3	1.4	0.9	0.9	0.5	0.9	1.4	0.9	1.2	1.1
Other 13	14.2	22.9	30.4	30.4	14.9	13.2	14.2	10.7	11.9	15.0	11.6	13.1	14.7
Officers Compensation 14	0.8	1.6	•	8.9	5.4	4.4	2.3	1.6	2.0	1.1	0.9	0.9	0.3
Operating Margin 15	•	•	•	10.5	•	2.5	•	•	1.6	0.5	3.0	•	•
Oper. Margin Before Officers Compensation 16	•	•	•	19.4	4.2	6.8	1.2	1.2	3.6	1.6	3.9	•	•
Selected Average Balance Sheet ($ in Thousands)													
Net Receivables 17	2096	•	5	•	62	193	359	1025	2376	5576	14218	21523	517557
Inventories 18	1753	•	7	28	62	140	322	1260	3067	8174	14057	28663	374330
Net Property, Plant and Equipment 19	3163	•	33	42	77	265	839	3018	5521	12425	30733	50364	657655
Total Assets 20	13626	•	47	154	327	718	2115	7398	14839	34427	74726	149007	3422644

Notes and Loans Payable **21**	4921	•	45	43	133	224	880	3422	6172	12852	24880	60226	1204252
All Other Liabilities **22**	3915	•	23	137	65	134	569	1359	4271	6057	17910	31103	1041315
Net Worth **23**	4791	•	-21	-26	129	360	666	2617	4396	15518	31936	57678	1177077

Selected Financial Ratios (Times to 1)

Current Ratio **24**	1.1	•	1.1	4.8	1.6	2.2	1.4	1.6	1.2	1.7	1.5	1.5	1.0
Quick Ratio **25**	0.6	•	0.6	3.6	1.0	1.3	1.0	0.9	0.5	0.8	0.8	0.8	0.5
Net Sales to Working Capital **26**	•	•	•	3.3	16.8	10.9	15.3	10.8	28.4	8.4	13.1	9.1	•
Coverage Ratio **27**	1.8	1.2	•	14.5	•	5.5	1.9	2.3	3.3	1.9	3.9	1.6	1.7
Total Asset Turnover **28**	1.1	•	2.9	1.9	3.6	3.2	2.3	1.8	2.0	1.7	1.8	1.5	0.9
Inventory Turnover **29**	6.7	•	8.7	4.3	•	•	•	8.7	6.7	5.5	7.3	5.8	6.5
Receivables Turnover **30**	8.1	•	•	•	•	•	•	•	•	•	9.9	9.7	6.9
Total Liabilities to Net Worth **31**	1.9	•	•	•	1.5	1.0	2.2	1.8	2.4	1.2	1.3	1.6	1.9

Selected Financial Factors (in Percentages)

Debt Ratio **32**	64.9	•	•	•	60.5	49.9	68.5	64.6	70.4	54.9	57.3	61.3	65.6
Return on Assets **33**	6.2	•	•	21.9	•	11.2	7.1	5.1	9.9	6.6	11.8	4.9	5.8
Return on Equity **34**	4.6	•	•	•	•	16.6	7.7	5.6	15.6	3.8	15.7	0.7	3.8
Return Before Interest on Equity **35**	17.5	•	•	•	•	22.2	22.6	14.3	33.4	14.7	27.6	12.5	16.9
Profit Margin, Before Income Tax **36**	2.4	0.4	•	10.8	•	2.8	1.4	1.6	3.4	1.8	4.8	1.3	2.5
Profit Margin, After Income Tax **37**	1.4	0.2	•	10.8	•	2.6	1.0	1.1	2.3	1.0	3.7	0.2	1.4

Trends in Selected Ratios and Factors, 1990-1999

	1990	1991	1992	1993	1994	1995	1996	1997	1998	1999
Cost of Labor (%) **38**	73.2	76.3	77.3	74.1	72.1	71.7	71.4	72.0	72.2	73.6
Operating Margin (%) **39**	•	•	•	•	•	•	•	•	•	•
Oper. Margin Before Officers Comp. (%) **40**	•	•	•	•	•	0.7	0.5	0.4	0.6	•
Average Net Receivables ($) **41**	1272	1262	1029	1448	1208	1266	1405	1476	1960	2096
Average Inventories ($) **42**	1114	1662	1133	1420	1182	1319	1258	1374	1876	1753
Average Net Worth ($) **43**	6188	8495	3717	3616	2815	4039	3904	3957	5338	4791
Current Ratio (×1) **44**	1.5	1.6	1.6	1.6	1.5	1.4	1.3	1.2	1.3	1.1
Quick Ratio (×1) **45**	0.8	0.9	0.8	0.9	0.7	0.7	0.7	0.6	0.7	0.6
Coverage Ratio (×1) **46**	1.3	2.2	1.7	1.9	1.9	2.5	2.4	2.2	2.3	1.8
Asset Turnover (×1) **47**	0.9	1.0	1.4	1.4	1.4	1.2	1.2	1.2	1.1	1.1
Total Liabilities/Net Worth (×1) **48**	1.0	0.9	1.3	1.9	1.9	1.6	1.6	1.7	1.7	1.9
Return on Assets (×1) **49**	7.9	6.9	6.7	10.6	7.7	8.0	7.0	6.1	6.8	6.2
Return on Equity (%) **50**	1.3	4.6	3.5	9.1	6.3	8.4	7.0	6.0	6.7	4.6

Table II

Corporations with Net Income

OTHER FOOD AND KINDRED PRODUCTS

MONEY AMOUNTS AND SIZE OF ASSETS IN THOUSANDS OF DOLLARS

Item Description for Accounting Period 7/95 Through 6/96		Total	Zero Assets	Under 100	100 to 250	251 to 500	501 to 1,000	1,001 to 5,000	5,001 to 10,000	10,001 to 25,000	25,001 to 50,000	50,001 to 100,000	100,001 to 250,000	250,001 and over
Number of Enterprises	1	2492	36	199	430	527	451	533	93	116	53	28	16	10
Revenues ($ in Thousands)														
Net Sales	2	60931310	218613	37700	169000	668692	1210110	2777988	1467524	3524835	3017179	3635067	3803856	40400745
Portfolio Income	3	1047546	25189	•	•	513	2712	54588	16216	13020	14900	23258	49886	847266
Other Revenues	4	1077913	8382	•	101	2682	1737	26337	15458	54740	15213	37116	107049	809096
Total Revenues	5	63056769	252184	37700	169101	671887	1214559	2858913	1499198	3592595	3047292	3695441	3960791	42057107
Average Total Revenues	6	25304	7005	189	393	1275	2693	5364	16120	30971	57496	131980	247549	4205711
Operating Costs/Operating Income (%)														
Cost of Operations	7	76.5	64.9	47.0	36.7	65.6	68.4	68.6	77.0	69.2	67.2	71.2	74.1	79.7
Rent	8	3.9	3.1	3.7	8.0	8.7	5.6	6.3	4.8	4.2	5.5	3.7	5.3	3.3
Taxes Paid	9	1.2	2.6	0.7	3.0	2.3	2.0	1.8	1.4	1.7	1.8	1.4	1.7	0.9
Interest Paid	10	1.8	2.0	7.5	0.8	0.5	0.5	1.2	1.1	1.4	1.7	1.4	1.3	2.0
Depreciation, Depletion, Amortization	11	2.6	2.3	4.9	1.5	1.1	1.9	2.9	2.1	2.6	3.9	3.3	4.0	2.4
Pensions and Other Benefits	12	1.0	1.0	•	0.3	1.1	0.9	1.0	0.5	1.0	1.5	1.1	1.3	1.0
Other	13	11.2	20.0	26.0	26.8	13.1	12.3	12.4	7.6	12.8	12.6	11.0	10.9	10.9
Officers Compensation	14	0.8	2.4	•	9.0	5.8	4.4	2.1	1.7	2.4	1.2	1.0	0.9	0.3
Operating Margin	15	1.1	1.7	10.5	13.9	2.0	4.1	3.7	4.0	4.8	4.7	6.1	0.5	•
Oper. Margin Before Officers Compensation	16	1.9	4.2	10.5	22.9	7.8	8.5	5.8	5.7	7.2	5.8	7.1	1.5	•
Selected Average Balance Sheet ($ in Thousands)														
Net Receivables	17	1802	•	•	•	65	222	408	1274	2493	5262	13566	22797	270800
Inventories	18	2735	•	1	38	61	159	318	992	3213	7276	13811	30485	480167
Net Property, Plant and Equipment	19	4728	•	64	56	54	242	792	1753	5060	12042	31012	55789	803614
Total Assets	20	19210	•	71	143	306	734	2082	7024	14972	34447	73587	164875	3727887

Notes and Loans Payable **21**	4115	•	18	43	122	175	681	2083	5327	10076	16451	52379	708257
All Other Liabilities **22**	6108	•	•	29	68	150	484	1330	3470	5721	20082	33188	1292373
Net Worth **23**	8987	•	53	72	115	410	917	3610	6175	18651	37055	79308	1727257

Selected Financial Ratios (Times to 1)

Current Ratio **24**	1.1	•	0.4	2.7	1.4	2.6	1.8	1.8	1.7	2.2	1.7	2.1	0.9
Quick Ratio **25**	0.5	•	0.2	1.5	1.0	1.6	1.3	1.2	0.8	1.1	0.9	1.2	0.4
Net Sales to Working Capital **26**	•	•	•	7.2	23.1	9.7	9.8	9.1	9.4	6.2	9.6	5.7	•
Coverage Ratio **27**	3.8	9.6	2.4	•	6.4	9.6	6.3	6.8	5.9	4.3	6.5	4.8	3.1
Total Asset Turnover **28**	1.3	•	2.7	2.8	4.2	3.7	2.5	2.3	2.0	1.7	1.8	1.5	1.1
Inventory Turnover **29**	7.0	•	•	7.6	•	•	•	8.5	6.2	5.2	6.2	5.4	7.1
Receivables Turnover **30**	•	•	•	•	•	•	•	•	•	•	8.7	9.8	•
Total Liabilities to Net Worth **31**	1.1	•	0.4	1.0	1.7	0.8	1.3	1.0	1.4	0.9	1.0	1.1	1.2

Selected Financial Factors (in Percentages)

Debt Ratio **32**	53.2	•	25.4	50.1	62.4	44.2	56.0	48.6	58.8	45.9	49.7	51.9	53.7
Return on Assets **33**	8.5	•	•	•	12.1	18.2	19.5	16.2	16.4	12.2	16.0	9.1	6.8
Return on Equity **34**	9.8	•	37.5	•	23.8	27.5	34.8	23.4	25.8	13.3	21.6	10.0	6.7
Return Before Interest on Equity **35**	18.2	•	•	•	32.0	32.6	•	31.4	•	22.5	31.9	18.9	14.6
Profit Margin, Before Income Tax **36**	4.9	17.1	10.5	14.0	2.5	4.5	6.6	6.1	6.7	5.6	7.7	5.0	4.2
Profit Margin, After Income Tax **37**	3.6	16.7	10.5	14.0	2.2	4.2	6.1	5.4	5.2	4.4	6.2	3.3	2.9

Trends in Selected Ratios and Factors, 1990-1999

	1990	1991	1992	1993	1994	1995	1996	1997	1998	1999
Cost of Operations (%) **38**	75.4	76.4	78.1	76.3	75.2	74.2	74.1	74.7	75.0	76.5
Operating Margin (%) **39**	1.0	•	0.4	•	1.1	1.7	1.5	1.4	1.9	1.1
Oper. Margin Before Officers Comp. (%) **40**	1.9	•	1.2	•	2.0	2.6	2.5	2.3	2.6	1.9
Average Net Receivables ($) **41**	1026	1846	1591	1599	1546	2051	1466	1223	1996	1802
Average Inventories ($) **42**	1216	2563	1690	2120	1924	2686	2120	1804	2932	2735
Average Net Worth ($) **43**	4188	14233	4478	6065	5158	9427	7525	6175	10044	8987
Current Ratio (×1) **44**	1.8	1.7	1.7	1.9	1.9	1.6	1.3	1.2	1.4	1.1
Quick Ratio (×1) **45**	1.0	0.9	0.9	1.1	0.9	0.8	0.7	0.6	0.6	0.5
Coverage Ratio (×1) **46**	3.8	2.6	3.0	2.7	3.1	3.9	4.0	3.9	3.7	3.8
Asset Turnover (×1) **47**	1.6	1.0	1.7	1.5	1.6	1.3	1.3	1.2	1.3	1.3
Operating Leverage **48**	1.3	•	•	•	•	1.5	0.9	0.9	1.4	0.6
Financial Leverage **49**	1.0	0.9	1.2	0.9	1.1	1.1	1.0	1.0	1.0	1.0
Total Leverage **50**	1.3	•	•	•	•	1.6	0.9	0.9	1.3	0.6

Table I

Corporations with and without Net Income

TOBACCO MANUFACTURES

MONEY AMOUNTS AND SIZE OF ASSETS IN THOUSANDS OF DOLLARS

Item Description for Accounting Period 7/95 Through 6/96	Total	Zero Assets	Under 100	100 to 250	251 to 500	501 to 1,000	1,001 to 5,000	5,001 to 10,000	10,001 to 25,000	25,001 to 50,000	50,001 to 100,000	100,001 to 250,000	250,001 and over
Number of Enterprises **1**	75	•	•	•	•	34	17	9	•	3	•	4	8

Revenues ($ in Thousands)

Net Sales **2**	68136795	•	•	•	•	128598	10796	5781	•	184173	•	953297	66854150
Portfolio Income **3**	5088497	•	•	•	•	•	•	386	•	110	•	93434	4994567
Other Revenues **4**	3518050	•	•	•	•	•	•	416	•	2882	•	12056	3502696
Total Revenues **5**	76743342	•	•	•	•	128598	10796	6583	•	187165	•	1058787	75351413
Average Total Revenues **6**	1023245	•	•	•	•	3782	635	731	•	62388	•	264697	9418927

Operating Costs/Operating Income (%)

Cost of Operations **7**	42.5	•	•	•	•	75.2	80.0	•	•	48.6	•	29.5	42.6
Rent **8**	4.9	•	•	•	•	•	21.4	82.4	•	9.9	•	7.4	4.8
Taxes Paid **9**	12.0	•	•	•	•	23.9	4.5	47.8	•	6.0	•	20.0	11.8
Interest Paid **10**	7.9	•	•	•	•	•	4.3	26.4	•	1.1	•	8.6	8.0
Depreciation, Depletion, Amortization **11**	3.7	•	•	•	•	•	2.7	34.3	•	2.1	•	2.1	3.7
Pensions and Other Benefits **12**	2.5	•	•	•	•	•	0.1	5.4	•	1.2	•	1.9	2.5
Other **13**	25.0	•	•	•	•	1.7	62.7	•	•	14.6	•	29.3	25.0
Officers Compensation **14**	0.4	•	•	•	•	•	5.2	46.9	•	1.7	•	0.4	0.3
Operating Margin **15**	1.2	•	•	•	•	•	•	•	•	14.9	•	0.7	1.3
Oper. Margin Before Officers Compensation **16**	1.6	•	•	•	•	•	•	•	•	16.5	•	1.1	1.6

Selected Average Balance Sheet ($ in Thousands)

Net Receivables **17**	135159	•	•	•	•	7	32	118	•	4217	•	65113	1232753
Inventories **18**	107991	•	•	•	•	484	376	82	•	19890	•	47986	978017
Net Property, Plant and Equipment **19**	160971	•	•	•	•	9	429	4472	•	15277	•	36780	1479006
Total Assets **20**	2226524	•	•	•	•	873	1645	6217	•	61464	•	195169	20738832

Notes and Loans Payable **21**	715671	•	•	•	•	•	26	3484	•	21040	•	137083	6629013
All Other Liabilities **22**	473584	•	•	•	•	318	312	307	•	10387	•	87146	4390023
Net Worth **23**	1037269	•	•	•	•	556	1306	2427	•	30037	•	-29060	9719796

Selected Financial Ratios (Times to 1)

Current Ratio **24**	1.3	•	•	•	•	2.4	3.9	0.2	•	2.2	•	1.7	1.3
Quick Ratio **25**	0.4	•	•	•	•	0.0	2.6	0.1	•	0.4	•	1.0	0.4
Net Sales to Working Capital **26**	9.2	•	•	•	•	8.6	0.7	•	•	3.6	•	5.1	9.4
Coverage Ratio **27**	3.1	•	•	•	•	•	•	•	•	•	•	2.4	3.1
Total Asset Turnover **28**	0.4	•	•	•	•	4.3	0.4	0.1	•	1.0	•	1.2	0.4
Inventory Turnover **29**	3.5	•	•	•	•	•	2.7	•	•	3.0	•	1.7	3.6
Receivables Turnover **30**	6.4	•	•	•	•	•	•	•	•	•	•	3.9	6.4
Total Liabilities to Net Worth **31**	1.2	•	•	•	•	0.6	0.3	1.6	•	1.1	•	•	1.1

Selected Financial Factors (in Percentages)

Debt Ratio **32**	53.4	•	•	•	•	36.4	20.6	61.0	•	51.1	•	•	53.1
Return on Assets **33**	9.9	•	•	•	•	•	•	•	•	17.5	•	24.9	9.9
Return on Equity **34**	9.5	•	•	•	•	•	•	•	•	28.4	•	•	9.4
Return Before Interest on Equity **35**	21.3	•	•	•	•	•	•	•	•	•	•	•	21.1
Profit Margin, Before Income Tax **36**	16.4	•	•	•	•	•	•	•	•	16.5	•	11.8	16.5
Profit Margin, After Income Tax **37**	10.9	•	•	•	•	•	•	•	•	13.9	•	9.0	10.9

Trends in Selected Ratios and Factors, 1990-1999

	1990	1991	1992	1993	1994	1995	1996	1997	1998	1999
Cost of Labor (%) **38**	52.5	51.7	51.1	50.5	49.2	49.6	47.8	45.1	44.1	42.5
Operating Margin (%) **39**	•	0.9	2.4	•	•	•	•	•	•	1.2
Oper. Margin Before Officers Comp. (%) **40**	•	1.1	2.8	•	•	•	•	•	0.1	1.6
Average Net Receivables ($) **41**	56663	84505	76998	369851	905524	608089	749757	933576	220876	135159
Average Inventories ($) **42**	37365	98319	112988	139300	141470	130329	128427	155681	162192	107991
Average Net Worth ($) **43**	231705	576793	788902	1510424	1357533	1604106	973758	1298803	1642380	1037269
Current Ratio (×1) **44**	1.3	1.2	0.7	0.9	0.9	1.2	1.6	1.5	1.2	1.3
Quick Ratio (×1) **45**	0.7	0.4	0.3	0.6	0.7	1.0	1.3	1.2	0.4	0.4
Coverage Ratio (×1) **46**	2.0	3.1	4.9	1.8	2.0	1.9	1.8	1.9	2.4	3.1
Asset Turnover (×1) **47**	0.8	0.7	0.5	0.3	0.3	0.3	0.4	0.3	0.4	0.4
Total Liabilities/Net Worth (×1) **48**	0.9	0.9	1.1	1.0	1.7	1.1	1.9	1.8	1.4	1.2
Return on Assets (×1) **49**	9.0	9.0	11.1	7.8	8.6	7.5	7.8	5.9	7.4	9.9
Return on Equity (%) **50**	4.7	7.2	12.3	3.9	7.6	4.8	6.7	5.1	6.9	9.5

TOBACCO MANUFACTURES

MONEY AMOUNTS AND SIZE OF ASSETS IN THOUSANDS OF DOLLARS

Item Description for Accounting Period 7/95 Through 6/96		Total	Zero Assets	Under 100	100 to 250	251 to 500	501 to 1,000	1,001 to 5,000	5,001 to 10,000	10,001 to 25,000	25,001 to 50,000	50,001 to 100,000	100,001 to 250,000	250,001 and over
Number of Enterprises	1	14	•	•	•	•	•	•	•	•	•	•	•	•
Revenues ($ in Thousands)														
Net Sales	2	67989007	•	•	•	•	•	•	•	•	•	•	•	•
Portfolio Income	3	5088048	•	•	•	•	•	•	•	•	•	•	•	•
Other Revenues	4	3515569	•	•	•	•	•	•	•	•	•	•	•	•
Total Revenues	5	76592624	•	•	•	•	•	•	•	•	•	•	•	•
Average Total Revenues	6	5470902	•	•	•	•	•	•	•	•	•	•	•	•
Operating Costs/Operating Income (%)														
Cost of Operations	7	42.5	•	•	•	•	•	•	•	•	•	•	•	•
Rent	8	4.9	•	•	•	•	•	•	•	•	•	•	•	•
Taxes Paid	9	11.9	•	•	•	•	•	•	•	•	•	•	•	•
Interest Paid	10	8.0	•	•	•	•	•	•	•	•	•	•	•	•
Depreciation, Depletion, Amortization	11	3.7	•	•	•	•	•	•	•	•	•	•	•	•
Pensions and Other Benefits	12	2.5	•	•	•	•	•	•	•	•	•	•	•	•
Other	13	25.1	•	•	•	•	•	•	•	•	•	•	•	•
Officers Compensation	14	0.4	•	•	•	•	•	•	•	•	•	•	•	•
Operating Margin	15	1.3	•	•	•	•	•	•	•	•	•	•	•	•
Oper. Margin Before Officers Compensation	16	1.6	•	•	•	•	•	•	•	•	•	•	•	•
Selected Average Balance Sheet ($ in Thousands)														
Net Receivables	17	723667	•	•	•	•	•	•	•	•	•	•	•	•
Inventories	18	574050	•	•	•	•	•	•	•	•	•	•	•	•
Net Property, Plant and Equipment	19	858285	•	•	•	•	•	•	•	•	•	•	•	•
Total Assets	20	11913112	•	•	•	•	•	•	•	•	•	•	•	•

Notes and Loans Payable 21	3828293	•	•	•	•	•	•	•	•	•	•	•	•
All Other Liabilities 22	2534249	•	•	•	•	•	•	•	•	•	•	•	•
Net Worth 23	5550570	•	•	•	•	•	•	•	•	•	•	•	•

Selected Financial Ratios (Times to 1)

Current Ratio 24	1.3	•	•	•	•	•	•	•	•	•	•	•	•
Quick Ratio 25	0.4	•	•	•	•	•	•	•	•	•	•	•	•
Net Sales to Working Capital 26	9.2	•	•	•	•	•	•	•	•	•	•	•	•
Coverage Ratio 27	3.1	•	•	•	•	•	•	•	•	•	•	•	•
Total Asset Turnover 28	0.4	•	•	•	•	•	•	•	•	•	•	•	•
Inventory Turnover 29	3.6	•	•	•	•	•	•	•	•	•	•	•	•
Receivables Turnover 30	6.4	•	•	•	•	•	•	•	•	•	•	•	•
Total Liabilities to Net Worth 31	1.2	•	•	•	•	•	•	•	•	•	•	•	•

Selected Financial Factors (in Percentages)

Debt Ratio 32	53.4	•	•	•	•	•	•	•	•	•	•	•	•
Return on Assets 33	10.0	•	•	•	•	•	•	•	•	•	•	•	•
Return on Equity 34	9.6	•	•	•	•	•	•	•	•	•	•	•	•
Return Before Interest on Equity 35	21.4	•	•	•	•	•	•	•	•	•	•	•	•
Profit Margin, Before Income Tax 36	16.5	•	•	•	•	•	•	•	•	•	•	•	•
Profit Margin, After Income Tax 37	10.9	•	•	•	•	•	•	•	•	•	•	•	•

Trends in Selected Ratios and Factors, 1990-1999

	1990	1991	1992	1993	1994	1995	1996	1997	1998	1999
Cost of Operations (%) 38	52.5	51.7	51.1	51.7	49.1	49.7	47.3	•	44.2	42.5
Operating Margin (%) 39	•	1.8	2.4	1.6	•	•	•	•	•	1.3
Oper. Margin Before Officers Comp. (%) 40	•	2.0	2.8	2.2	•	•	•	•	0.2	1.6
Average Net Receivables ($) 41	104930	75519	81555	93799	1029341	631782	767578	•	1021145	723667
Average Inventories ($) 42	69169	94836	119215	100483	159986	133317	128953	•	745625	574050
Average Net Worth ($) 43	429703	482490	836092	720237	1544080	1684527	1003355	•	7646948	5550570
Current Ratio (×1) 44	1.3	1.2	0.7	0.7	0.9	1.2	1.6	•	1.2	1.3
Quick Ratio (×1) 45	0.7	0.4	0.3	0.3	0.7	1.0	1.3	•	0.4	0.4
Coverage Ratio (×1) 46	2.0	3.5	4.9	3.1	2.0	1.9	1.9	•	2.4	3.1
Asset Turnover (×1) 47	0.8	0.9	0.5	0.6	0.3	0.3	0.4	•	0.4	0.4
Operating Leverage 48	•	•	1.4	0.7	•	0.5	0.8	•	•	•
Financial Leverage 49	0.6	1.6	1.2	0.9	0.8	0.9	1.0	•	•	1.2
Total Leverage 50	•	•	1.6	0.6	•	0.5	0.8	•	•	•

Table I

Corporations with and without Net Income

WEAVING MILLS AND TEXTILE FINISHING

MONEY AMOUNTS AND SIZE OF ASSETS IN THOUSANDS OF DOLLARS

Item Description for Accounting Period 7/95 Through 6/96		Total	Zero Assets	Under 100	100 to 250	251 to 500	501 to 1,000	1,001 to 5,000	5,001 to 10,000	10,001 to 25,000	25,001 to 50,000	50,001 to 100,000	100,001 to 250,000	250,001 and over
Number of Enterprises	1	1609	7	669	198	146	114	281	79	34	26	23	15	14
Revenues ($ in Thousands)														
Net Sales	2	22344473	•	155369	85346	168475	305044	1778111	1051003	675733	1662908	2401204	3135818	10925462
Portfolio Income	3	281045	1	1190	•	•	116	6170	4630	16682	7136	10421	45398	189300
Other Revenues	4	178238	626	340	•	•	-1	10939	2597	3496	14458	5478	21957	118347
Total Revenues	5	22803756	627	156899	85346	168475	305159	1795220	1058230	695911	1684502	2417103	3203173	11233109
Average Total Revenues	6	14173	90	235	431	1154	2677	6389	13395	20468	64789	105091	213545	802365
Operating Costs/Operating Income (%)														
Cost of Operations	7	75.2	•	47.4	65.1	54.3	84.3	71.4	72.3	75.1	81.0	78.5	78.4	74.1
Rent	8	5.2	•	6.3	•	6.7	2.0	3.7	3.9	4.9	3.3	3.3	5.0	6.5
Taxes Paid	9	2.2	•	3.2	2.2	2.5	4.5	1.8	2.9	2.8	1.9	2.0	1.9	2.2
Interest Paid	10	2.8	•	0.9	1.5	1.5	0.7	1.4	1.3	3.7	1.9	2.2	3.8	3.1
Depreciation, Depletion, Amortization	11	4.0	•	1.9	3.6	2.7	0.6	1.8	5.0	3.7	3.0	4.7	4.3	4.4
Pensions and Other Benefits	12	2.3	•	•	•	2.9	2.2	1.5	1.6	4.4	1.4	2.1	3.0	2.5
Other	13	6.6	•	27.3	9.9	13.1	6.8	9.5	6.7	8.7	5.6	4.3	5.7	6.5
Officers Compensation	14	1.3	•	14.5	8.9	8.5	0.7	3.0	3.1	1.4	2.4	0.9	0.8	0.6
Operating Margin	15	0.4	•	•	8.9	7.9	•	6.1	3.2	•	•	2.2	•	0.1
Oper. Margin Before Officers Compensation	16	1.7	•	13.0	17.8	16.5	•	9.0	6.3	•	2.1	3.1	•	0.7
Selected Average Balance Sheet ($ in Thousands)														
Net Receivables	17	2021	•	10	21	147	319	950	2364	2946	10471	15509	30091	110618
Inventories	18	2057	•	12	1	110	201	415	692	3183	9800	14890	36347	131424
Net Property, Plant and Equipment	19	3750	•	16	101	43	57	597	3629	4823	9338	26048	54686	264931
Total Assets	20	10479	•	65	136	385	654	2385	7686	15296	35318	73408	163271	700516

Notes and Loans Payable 21	3577	•	45	42	245	270	1165	2236	7561	11136	22494	65884	220983
All Other Liabilities 22	2610	•	11	19	126	190	606	2139	3029	7823	10726	34175	195972
Net Worth 23	4292	•	8	75	14	193	614	3312	4707	16359	40188	63212	283561

Selected Financial Ratios (Times to 1)

Current Ratio 24	1.9	•	1.6	0.5	2.6	3.1	1.6	1.3	2.7	2.3	2.1	2.1	1.8
Quick Ratio 25	1.0	•	0.9	0.5	1.7	2.0	1.2	1.0	1.3	1.2	1.1	1.0	0.9
Net Sales to Working Capital 26	5.9	•	24.0	•	5.6	6.8	9.6	14.1	3.3	4.7	5.1	5.3	5.9
Coverage Ratio 27	1.9	•	0.4	7.1	6.3	•	6.1	3.9	0.6	1.6	2.3	0.8	2.0
Total Asset Turnover 28	1.3	•	3.6	3.2	3.0	4.1	2.7	1.7	1.3	1.8	1.4	1.3	1.1
Inventory Turnover 29	5.4	•	•	•	4.9	•	•	•	4.4	6.5	5.9	4.4	4.7
Receivables Turnover 30	7.3	•	•	•	7.1	8.3	7.6	6.4	6.4	7.8	7.4	6.9	7.3
Total Liabilities to Net Worth 31	1.5	•	6.6	0.8	26.7	2.4	2.9	1.3	2.3	1.2	0.8	1.6	1.5

Selected Financial Factors (in Percentages)

Debt Ratio 32	59.0	•	86.9	45.0	96.4	70.4	74.3	56.9	69.2	53.7	45.3	61.3	59.5
Return on Assets 33	7.0	•	1.4	32.8	28.2	•	22.3	9.0	2.7	5.3	7.0	3.9	6.9
Return on Equity 34	5.6	•	•	•	•	•	•	12.9	•	2.2	6.0	•	5.6
Return Before Interest on Equity 35	17.1	•	10.2	•	•	•	•	20.9	8.7	11.4	12.8	10.1	17.0
Profit Margin, Before Income Tax 36	2.5	•	•	8.9	7.9	•	7.0	3.9	•	1.1	2.8	•	3.0
Profit Margin, After Income Tax 37	1.7	•	•	8.9	7.9	•	6.8	3.2	•	0.6	2.3	•	2.0

Trends in Selected Ratios and Factors, 1990-1999

	1990	1991	1992	1993	1994	1995	1996	1997	1998	1999
Cost of Labor (%) 38	72.9	73.4	75.2	75.9	75.9	74.8	72.0	72.7	73.3	75.2
Operating Margin (%) 39	1.3	2.4	•	•	•	•	2.7	2.6	1.6	0.4
Oper. Margin Before Officers Comp. (%) 40	2.5	3.4	0.8	0.5	•	0.9	4.2	3.9	3.0	1.7
Average Net Receivables ($) 41	2536	3889	5353	5550	4488	5071	4415	2701	2034	2021
Average Inventories ($) 42	2349	3528	5088	5711	4684	4784	4595	2765	2102	2057
Average Net Worth ($) 43	5612	8368	12378	12282	9351	10288	11530	6798	4498	4292
Current Ratio (×1) 44	2.1	2.2	1.7	1.2	1.1	1.1	1.6	2.2	2.3	1.9
Quick Ratio (×1) 45	1.1	1.2	1.0	0.7	0.6	0.6	0.9	1.2	1.3	1.0
Coverage Ratio (×1) 46	3.0	3.1	2.8	1.9	1.5	1.5	2.6	3.0	2.6	1.9
Asset Turnover (×1) 47	1.4	1.5	1.3	1.1	1.2	1.2	1.3	1.3	1.4	1.3
Total Liabilities/Net Worth (×1) 48	1.1	1.1	1.2	1.8	1.9	1.8	1.2	1.2	1.4	1.5
Return on Assets (×1) 49	9.1	9.2	11.7	7.6	8.1	7.0	10.4	9.0	8.2	7.0
Return on Equity (%) 50	7.4	7.7	10.6	5.5	4.0	2.3	9.6	9.2	8.2	5.6

Table II

Corporations with Net Income

Weaving Mills and Textile Finishing

Money Amounts and Size of Assets in Thousands of Dollars

Item Description for Accounting Period 7/95 Through 6/96	Total	Zero Assets	Under 100	100 to 250	251 to 500	501 to 1,000	1,001 to 5,000	5,001 to 10,000	10,001 to 25,000	25,001 to 50,000	50,001 to 100,000	100,001 to 250,000	250,001 and over
Number of Enterprises **1**	1096	7	364	198	56	67	281	57	16	15	14	9	11
Revenues ($ in Thousands)													
Net Sales **2**	16643696	•	82461	85346	59912	210679	1778111	824939	376557	910169	1550625	1757451	9007445
Portfolio Income **3**	198188	1	•	•	•	•	6170	4582	2550	6939	5239	26483	146224
Other Revenues **4**	144162	626	•	•	•	•	10939	2469	2819	1682	4702	10765	110162
Total Revenues **5**	16986046	627	82461	85346	59912	210679	1795220	831990	381926	918790	1560566	1794699	9263831
Average Total Revenues **6**	15498	90	227	431	1070	3144	6389	14596	23870	61253	111469	199411	842166
Operating Costs/Operating Income (%)													
Cost of Operations **7**	73.3	•	38.5	65.1	42.1	86.2	71.4	70.8	69.9	76.4	76.3	76.2	72.9
Rent **8**	5.5	•	11.9	•	1.9	2.1	3.7	2.9	5.6	3.6	3.5	4.4	7.0
Taxes Paid **9**	2.2	•	3.3	2.2	0.9	4.7	1.8	2.6	2.6	2.2	1.9	2.1	2.3
Interest Paid **10**	2.1	•	0.9	1.5	2.6	•	1.4	0.6	1.8	1.4	1.5	1.5	2.8
Depreciation, Depletion, Amortization **11**	3.9	•	1.6	3.6	5.2	0.4	1.8	4.6	3.5	2.9	4.2	4.8	4.3
Pensions and Other Benefits **12**	2.2	•	•	•	1.3	0.5	1.5	1.9	3.6	1.8	1.6	2.1	2.6
Other **13**	6.5	•	26.0	9.9	18.4	5.3	9.5	5.1	10.6	5.9	3.7	5.1	6.5
Officers Compensation **14**	1.3	•	9.9	8.9	3.8	•	3.0	3.5	1.7	2.4	1.1	0.9	0.6
Operating Margin **15**	3.0	•	8.1	8.9	23.9	0.7	6.1	8.0	0.7	3.5	6.2	2.9	1.2
Oper. Margin Before Officers Compensation **16**	4.3	•	18.0	17.8	27.7	0.7	9.0	11.5	2.4	5.9	7.4	3.9	1.8
Selected Average Balance Sheet ($ in Thousands)													
Net Receivables **17**	2278	•	•	21	70	218	950	2830	3272	10193	19607	28287	119219
Inventories **18**	2193	•	13	1	131	201	415	861	3902	8389	15901	31636	137833
Net Property, Plant and Equipment **19**	4121	•	3	101	66	34	597	2950	6883	8707	24475	53852	280477
Total Assets **20**	11731	•	60	136	481	503	2385	7736	16026	34661	70731	156502	769236

Notes and Loans Payable 21	3547	•	29	42	305	131	1165	940	4725	6123	19172	29973	250594
All Other Liabilities 22	2774	•	2	19	89	254	606	2378	2467	6906	10077	26307	198802
Net Worth 23	5410	•	29	75	87	118	614	4418	8834	21633	41482	100222	319840
Selected Financial Ratios (Times to 1)													
Current Ratio 24	2.2	•	2.2	0.5	4.2	1.8	1.6	1.9	2.3	3.1	2.5	3.9	2.1
Quick Ratio 25	1.2	•	0.4	0.5	2.7	1.0	1.2	1.4	1.1	1.7	1.4	2.2	1.1
Net Sales to Working Capital 26	5.1	•	26.6	•	3.7	14.9	9.6	7.1	4.9	3.8	4.5	3.5	5.1
Coverage Ratio 27	3.4	•	10.5	7.1	10.2	•	6.1	•	2.2	4.3	5.5	4.5	2.5
Total Asset Turnover 28	1.3	•	3.8	3.2	2.2	6.3	2.7	1.9	1.5	1.8	1.6	1.3	1.1
Inventory Turnover 29	5.7	•	•	•	1.8	•	•	•	3.6	5.7	•	3.9	5.4
Receivables Turnover 30	6.9	•	•	•	4.0	9.6	7.7	6.0	5.6	6.8	•	5.6	7.2
Total Liabilities to Net Worth 31	1.2	•	1.1	0.8	4.6	3.3	2.9	0.8	0.8	0.6	0.7	0.6	1.4
Selected Financial Factors (in Percentages)													
Debt Ratio 32	53.9	•	51.6	45.0	82.0	76.6	74.3	42.9	44.9	37.6	41.4	36.0	58.4
Return on Assets 33	9.4	•	33.6	32.8	•	4.5	22.3	17.7	5.8	10.1	13.0	8.3	7.4
Return on Equity 34	11.4	•	•	•	•	19.4	•	26.3	3.8	9.9	16.0	6.8	7.6
Return Before Interest on Equity 35	20.3	•	•	•	•	19.4	•	31.0	10.5	16.1	22.2	13.0	17.8
Profit Margin, Before Income Tax 36	5.1	•	8.1	8.9	23.9	0.7	7.0	8.9	2.2	4.4	6.8	5.2	4.2
Profit Margin, After Income Tax 37	4.1	•	6.9	8.9	23.9	0.7	6.8	8.0	1.4	3.5	6.0	3.5	3.0

Trends in Selected Ratios and Factors, 1990-1999

	1990	1991	1992	1993	1994	1995	1996	1997	1998	1999
Cost of Operations (%) 38	72.7	72.7	75.1	76.3	76.1	74.8	73.4	73.7	73.8	73.3
Operating Margin (%) 39	2.1	4.2	2.1	2.8	3.3	4.5	6.0	4.7	4.5	3.0
Oper. Margin Before Officers Comp. (%) 40	3.3	5.1	3.0	3.8	5.0	5.8	7.5	6.1	6.0	4.3
Average Net Receivables ($) 41	2755	4587	8114	4848	3597	6183	5264	2664	2270	2278
Average Inventories ($) 42	2524	4092	7142	4551	3405	5369	5221	2677	1842	2193
Average Net Worth ($) 43	6205	10700	20557	12714	9501	16400	15251	7368	5738	5410
Current Ratio (×1) 44	2.1	2.4	1.8	2.2	2.2	2.3	2.6	2.4	2.4	2.2
Quick Ratio (×1) 45	1.2	1.3	1.0	1.3	1.2	1.4	1.5	1.4	1.5	1.2
Coverage Ratio (×1) 46	3.5	4.2	4.5	4.4	3.9	4.3	6.2	4.6	4.8	3.4
Asset Turnover (×1) 47	1.4	1.5	1.2	1.4	1.4	1.4	1.4	1.4	1.4	1.3
Operating Leverage 48	1.0	2.0	0.5	1.3	1.2	1.4	1.3	0.8	1.0	0.7
Financial Leverage 49	1.0	1.2	1.1	1.0	1.0	1.0	1.1	0.9	1.0	1.0
Total Leverage 50	0.9	2.3	0.5	1.4	1.2	1.4	1.5	0.7	1.0	0.6

KNITTING MILLS

MONEY AMOUNTS AND SIZE OF ASSETS IN THOUSANDS OF DOLLARS

Item Description for Accounting Period 7/95 Through 6/96		Total	Zero Assets	Under 100	100 to 250	251 to 500	501 to 1,000	1,001 to 5,000	5,001 to 10,000	10,001 to 25,000	25,001 to 50,000	50,001 to 100,000	100,001 to 250,000	250,001 and over
Number of Enterprises	1	815	30	•	246	71	53	234	82	68	13	10	5	3
Revenues ($ in Thousands)														
Net Sales	2	10246636	136398	•	228	155396	35718	1495681	832984	2500588	479358	1002035	1165956	2442294
Portfolio Income	3	57586	297	•	•	•	490	3073	1342	7873	7726	4268	24441	8078
Other Revenues	4	54977	27	•	•	46	797	13099	1796	2200	3898	13062	5783	14267
Total Revenues	5	10359199	136722	•	228	155442	37005	1511853	836122	2510661	490982	1019365	1196180	2464639
Average Total Revenues	6	12711	4557	•	1	2189	698	6461	10197	36921	37768	101936	239236	821546
Operating Costs/Operating Income (%)														
Cost of Operations	7	75.5	77.4	•	•	•	82.2	78.5	77.6	81.6	80.0	68.4	61.1	73.9
Rent	8	3.8	2.9	•	•	2.0	8.6	2.3	2.6	3.4	5.3	4.5	5.0	4.4
Taxes Paid	9	2.0	3.5	•	56.6	0.6	3.5	1.7	2.4	2.1	1.7	2.4	1.7	1.8
Interest Paid	10	2.2	2.9	•	•	2.4	5.6	1.6	1.7	1.1	3.2	4.0	3.2	2.3
Depreciation, Depletion, Amortization	11	3.5	3.8	•	•	0.3	10.9	2.6	5.5	2.8	2.9	3.7	4.6	3.6
Pensions and Other Benefits	12	1.5	0.6	•	•	1.1	0.8	0.8	1.1	2.0	1.1	1.2	2.2	1.4
Other	13	7.5	3.0	•	•	15.8	50.7	7.7	5.9	2.7	8.5	9.6	13.7	8.1
Officers Compensation	14	1.8	5.0	•	•	2.4	•	4.5	2.6	2.0	2.2	1.2	0.3	0.4
Operating Margin	15	2.3	0.9	•	•	•	•	0.4	0.7	2.5	•	5.2	8.2	4.1
Oper. Margin Before Officers Compensation	16	4.1	5.9	•	•	•	•	4.9	3.3	4.5	•	6.3	8.5	4.5
Selected Average Balance Sheet ($ in Thousands)														
Net Receivables	17	1738	•	•	2	1	73	557	1371	3906	5670	16523	40931	153320
Inventories	18	2052	•	•	•	71	•	666	1497	4573	9082	19399	47182	176696
Net Property, Plant and Equipment	19	2587	•	•	•	3	179	938	2448	4910	8817	20932	45204	265020
Total Assets	20	7953	•	•	106	419	534	2664	6786	15787	36083	70019	184787	683807

Notes and Loans Payable	21	2968	•	•	180	446	466	1151	2292	3397	10578	48556	58597	237954
All Other Liabilities	22	1665	•	•	1	189	8	626	1853	3854	6612	13681	54567	95641
Net Worth	23	3320	•	•	-75	-216	60	887	2641	8536	18893	7782	71622	350212

Selected Financial Ratios (Times to 1)

Current Ratio	24	2.1	•	•	9.1	1.5	0.5	1.5	1.5	1.9	2.3	1.4	2.2	5.1
Quick Ratio	25	1.0	•	•	9.1	0.5	0.3	0.8	0.7	1.0	1.2	0.7	1.1	2.4
Net Sales to Working Capital	26	5.5	•	•	0.2	22.9	•	13.8	10.4	7.8	3.4	8.0	4.4	3.0
Coverage Ratio	27	2.6	1.4	•	•	•	•	1.9	1.6	3.6	0.2	2.7	4.3	3.2
Total Asset Turnover	28	1.6	•	•	0.0	5.2	1.3	2.4	1.5	2.3	1.0	1.4	1.3	1.2
Inventory Turnover	29	5.3	•	•	•	•	•	8.4	4.2	7.6	4.0	3.9	4.3	3.9
Receivables Turnover	30	7.1	•	•	0.0	•	•	•	5.4	9.5	7.3	6.7	5.9	5.3
Total Liabilities to Net Worth	31	1.4	•	•	•	•	7.9	2.0	1.6	0.9	0.9	8.0	1.6	1.0

Selected Financial Factors (in Percentages)

Debt Ratio	32	58.3	•	•	•	•	88.7	66.7	61.1	45.9	47.7	88.9	61.3	48.8
Return on Assets	33	8.8	•	•	•	•	•	7.2	4.1	9.4	0.5	15.5	17.6	8.7
Return on Equity	34	7.3	•	•	0.9	•	•	7.5	3.1	10.8	•	•	17.6	7.6
Return Before Interest on Equity	35	21.0	•	•	0.9	•	•	21.5	10.4	17.5	1.0	•	•	16.9
Profit Margin, Before Income Tax	36	3.4	1.2	•	•	•	•	1.4	1.1	2.9	•	6.9	10.8	5.0
Profit Margin, After Income Tax	37	1.9	•	•	•	•	•	1.0	0.8	2.5	•	4.8	5.4	3.3

Trends in Selected Ratios and Factors, 1990-1999

		1990	1991	1992	1993	1994	1995	1996	1997	1998	1999
Cost of Labor (%)	38	72.3	74.1	77.1	76.0	73.8	78.7	76.9	75.9	76.0	75.5
Operating Margin (%)	39	4.5	3.4	1.9	1.6	3.0	2.5	3.3	3.5	3.3	2.3
Oper. Margin Before Officers Comp. (%)	40	6.8	5.9	4.3	3.6	5.8	4.3	5.3	5.3	5.3	4.1
Average Net Receivables ($)	41	1154	812	712	1397	1063	1080	1010	1760	1795	1738
Average Inventories ($)	42	1052	715	661	1189	862	1028	1061	1741	1539	2052
Average Net Worth ($)	43	1832	1351	1403	2489	2068	2124	1868	3224	2840	3320
Current Ratio (×1)	44	2.4	2.3	2.3	2.2	2.3	2.2	2.0	2.2	2.1	2.1
Quick Ratio (×1)	45	1.3	1.3	1.3	1.3	1.4	1.2	1.0	1.2	1.2	1.0
Coverage Ratio (×1)	46	4.2	3.3	2.7	2.2	3.7	2.9	3.6	3.9	4.3	2.6
Asset Turnover (×1)	47	1.8	1.8	2.0	1.8	1.7	1.8	1.8	1.6	1.7	1.6
Total Liabilities/Net Worth (×1)	48	1.3	1.3	1.1	1.4	1.1	1.1	1.3	1.2	1.4	1.4
Return on Assets (×1)	49	13.2	10.9	8.9	8.8	10.7	9.2	9.6	9.0	11.7	8.8
Return on Equity (%)	50	14.8	12.4	7.8	7.6	12.0	9.1	11.2	10.1	14.9	7.3

Table II

Corporations with Net Income

KNITTING MILLS

MONEY AMOUNTS AND SIZE OF ASSETS IN THOUSANDS OF DOLLARS

Item Description for Accounting Period 7/95 Through 6/96	Total	Zero Assets	Under 100	100 to 250	251 to 500	501 to 1,000	1,001 to 5,000	5,001 to 10,000	10,001 to 25,000	25,001 to 50,000	50,001 to 100,000	100,001 to 250,000	250,001 and over
Number of Enterprises **1**	380	•	•	•	•	48	180	45	59	7	•	•	3

Revenues ($ in Thousands)

Net Sales **2**	8402378	•	•	•	•	21673	1203317	437749	2351465	189544	•	•	2442294
Portfolio Income **3**	32899	•	•	•	•	490	2440	1068	6470	7646	•	•	8078
Other Revenues **4**	37674	•	•	•	•	-1	1912	1046	1825	3765	•	•	14267
Total Revenues **5**	8472951	•	•	•	•	22162	1207669	439863	2359760	200955	•	•	2464639
Average Total Revenues **6**	22297	•	•	•	•	462	6709	9775	39996	28708	•	•	821546

Operating Costs/Operating Income (%)

Cost of Operations **7**	74.3	•	•	•	•	39.3	74.0	74.1	81.3	73.4	•	•	73.9
Rent **8**	3.4	•	•	•	•	•	2.1	2.6	3.4	4.3	•	•	4.4
Taxes Paid **9**	1.9	•	•	•	•	5.2	1.7	2.0	1.9	3.1	•	•	1.8
Interest Paid **10**	1.8	•	•	•	•	•	1.2	1.5	1.1	1.7	•	•	2.3
Depreciation, Depletion, Amortization **11**	3.1	•	•	•	•	14.2	2.2	4.8	2.6	2.7	•	•	3.6
Pensions and Other Benefits **12**	1.4	•	•	•	•	•	0.9	1.7	2.0	1.1	•	•	1.4
Other **13**	6.2	•	•	•	•	41.1	7.4	6.2	2.7	5.7	•	•	8.1
Officers Compensation **14**	1.9	•	•	•	•	•	5.1	3.5	1.9	3.0	•	•	0.4
Operating Margin **15**	5.9	•	•	•	•	0.3	5.7	3.7	3.2	5.0	•	•	4.1
Oper. Margin Before Officers Compensation **16**	7.8	•	•	•	•	0.3	10.7	7.2	5.1	8.0	•	•	4.5

Selected Average Balance Sheet ($ in Thousands)

Net Receivables **17**	2982	•	•	•	•	64	478	1049	3844	3297	•	•	153320
Inventories **18**	3431	•	•	•	•	•	621	822	4677	5208	•	•	176696
Net Property, Plant and Equipment **19**	4557	•	•	•	•	132	808	2195	4879	8276	•	•	265020
Total Assets **20**	13575	•	•	•	•	507	2511	6649	15965	38317	•	•	683807

Notes and Loans Payable 21	4527	•	•	•	•	•	799	1684	2997	3174	•	• 237954
All Other Liabilities 22	2535	•	•	•	•	8	590	1354	4115	4432	•	• 95641
Net Worth 23	6513	•	•	•	•	498	1122	3611	8853	30710	•	• 350212

Selected Financial Ratios (Times to 1)

Current Ratio 24	2.5	•	•	•	•	•	1.8	1.5	2.1	3.0	•	• 5.1
Quick Ratio 25	1.3	•	•	•	•	18.8	1.0	0.8	1.1	2.0	•	• 2.4
Net Sales to Working Capital 26	5.0	•	•	•	•	2.1	10.4	12.4	7.6	2.5	•	• 3.0
Coverage Ratio 27	4.7	•	•	•	•	•	5.9	3.8	4.3	6.9	•	• 3.2
Total Asset Turnover 28	1.6	•	•	•	•	0.9	2.7	1.5	2.5	0.7	•	• 1.2
Inventory Turnover 29	5.1	•	•	•	•	•	8.3	3.2	7.8	2.6	•	• 3.9
Receivables Turnover 30	6.8	•	•	•	•	7.3	•	3.8	•	4.7	•	• 5.3
Total Liabilities to Net Worth 31	1.1	•	•	•	•	0.0	1.2	0.9	0.8	0.3	•	• 1.0

Selected Financial Factors (in Percentages)

Debt Ratio 32	52.0	•	•	•	•	1.7	55.4	45.7	44.6	19.9	•	• 48.8
Return on Assets 33	14.0	•	•	•	•	2.3	19.1	8.4	11.5	8.4	•	• 8.7
Return on Equity 34	16.9	•	•	•	•	2.1	32.7	10.2	13.8	7.7	•	• 7.6
Return Before Interest on Equity 35	29.1	•	•	•	•	2.3	•	15.5	20.7	10.5	•	• 16.9
Profit Margin, Before Income Tax 36	6.8	•	•	•	•	2.6	6.0	4.2	3.5	10.2	•	• 5.0
Profit Margin, After Income Tax 37	5.0	•	•	•	•	2.3	5.5	3.8	3.1	8.8	•	• 3.3

Trends in Selected Ratios and Factors, 1990-1999

	1990	1991	1992	1993	1994	1995	1996	1997	1998	1999
Cost of Operations (%) 38	71.7	73.1	76.5	75.2	72.9	77.1	76.4	74.9	75.2	74.3
Operating Margin (%) 39	6.5	5.9	5.1	5.8	4.3	4.7	5.5	6.6	5.8	5.9
Oper. Margin Before Officers Comp. (%) 40	8.8	8.4	7.6	7.9	7.2	6.5	7.5	8.4	7.7	7.8
Average Net Receivables ($) 41	1474	1092	863	1396	1394	2330	1011	2099	2764	2982
Average Inventories ($) 42	1212	837	708	1126	1106	2072	1066	1884	2370	3431
Average Net Worth ($) 43	2405	1914	1852	2895	3052	5051	2347	4121	5126	6513
Current Ratio (×1) 44	2.6	2.5	2.6	2.9	2.6	2.4	2.4	2.6	2.3	2.5
Quick Ratio (×1) 45	1.5	1.6	1.6	1.8	1.6	1.4	1.2	1.4	1.3	1.3
Coverage Ratio (×1) 46	5.5	5.0	5.5	5.5	5.7	4.9	5.9	6.8	5.5	4.7
Asset Turnover (×1) 47	1.8	1.7	1.8	1.9	1.8	1.7	1.7	1.5	1.6	1.6
Operating Leverage 48	1.3	0.9	0.9	1.1	0.7	1.1	1.2	1.2	0.9	1.0
Financial Leverage 49	1.1	1.1	1.1	1.0	1.0	1.0	1.0	1.0	0.9	1.0
Total Leverage 50	1.4	1.0	0.9	1.2	0.7	1.1	1.2	1.2	0.8	1.0

Table I

Corporations with and without Net Income

OTHER TEXTILE MILL PRODUCTS

MONEY AMOUNTS AND SIZE OF ASSETS IN THOUSANDS OF DOLLARS

Item Description for Accounting Period 7/95 Through 6/96	Total	Zero Assets	Under 100	100 to 250	251 to 500	501 to 1,000	1,001 to 5,000	5,001 to 10,000	10,001 to 25,000	25,001 to 50,000	50,001 to 100,000	100,001 to 250,000	250,001 and over
Number of Enterprises **1**	3277	3	969	556	270	384	676	168	135	44	30	22	19
Revenues ($ in Thousands)													
Net Sales **2**	39375908	296118	186665	278603	339216	824814	3588965	2044808	4356402	2812408	3190295	4434002	17023613
Portfolio Income **3**	360275	263	•	•	231	207	9291	930	13132	24330	7572	73532	230790
Other Revenues **4**	286608	6245	222	•	•	2166	10751	19750	14835	15128	16183	79617	121709
Total Revenues **5**	40022791	302626	186887	278603	339447	827187	3609007	2065488	4384369	2851866	3214050	4587151	17376112
Average Total Revenues **6**	12213	100875	193	501	1257	2154	5339	12295	32477	64815	107135	208507	914532
Operating Costs/Operating Income (%)													
Cost of Operations **7**	77.1	80.4	38.4	72.3	79.0	75.7	77.5	73.9	79.2	77.6	78.8	79.5	76.4
Rent **8**	4.2	3.8	6.4	•	3.2	4.7	3.4	5.9	3.8	5.2	4.6	3.5	4.3
Taxes Paid **9**	2.0	1.6	4.4	3.1	1.4	1.8	2.2	1.9	1.6	1.7	1.9	1.6	2.3
Interest Paid **10**	2.4	3.8	1.1	1.2	0.2	0.7	1.1	2.0	1.6	2.0	2.1	2.2	3.3
Depreciation, Depletion, Amortization **11**	3.7	3.9	1.9	2.4	1.0	0.8	2.5	3.7	3.0	3.0	4.1	4.1	4.3
Pensions and Other Benefits **12**	1.4	2.0	6.8	2.5	1.3	0.6	1.2	1.0	1.6	1.3	1.4	1.3	1.5
Other **13**	7.3	9.0	28.1	15.0	9.1	7.3	6.2	9.9	8.1	5.0	5.6	7.9	7.2
Officers Compensation **14**	1.3	0.8	20.9	9.5	2.8	4.4	3.4	1.8	1.2	2.1	0.9	0.9	0.4
Operating Margin **15**	0.5	•	•	•	2.0	4.0	2.6	•	•	2.2	0.8	•	0.4
Oper. Margin Before Officers Compensation **16**	1.9	•	13.0	3.7	4.7	8.4	5.9	1.8	1.3	4.3	1.7	•	0.8
Selected Average Balance Sheet ($ in Thousands)													
Net Receivables **17**	1583	•	18	94	64	314	498	1181	4195	6639	14605	31312	129401
Inventories **18**	1695	•	5	28	58	158	483	1971	4855	10149	18800	27345	133180
Net Property, Plant and Equipment **19**	2704	•	16	40	39	105	578	2539	5549	12346	27154	51555	248060
Total Assets **20**	8108	•	49	180	328	678	2171	6464	16653	37036	70111	155649	742862

Notes and Loans Payable 21	3265	•	66	91	23	221	395	3240	4781	16261	27652	57030	328287
All Other Liabilities 22	2066	•	21	51	205	251	532	1427	4371	11016	14781	35356	193423
Net Worth 23	2777	•	-38	39	101	205	1245	1798	7501	9760	27679	63262	221152

Selected Financial Ratios (Times to 1)

Current Ratio 24	1.9	•	0.6	1.6	1.2	1.7	2.2	2.0	1.7	1.3	1.9	2.1	2.0
Quick Ratio 25	0.9	•	0.5	1.2	0.3	1.1	1.3	0.8	0.9	0.6	0.9	1.1	1.0
Net Sales to Working Capital 26	6.7	•	•	10.5	28.0	10.6	7.4	6.5	7.6	12.3	5.9	5.5	6.1
Coverage Ratio 27	1.9	0.2	•	•	12.6	7.0	3.8	1.5	1.5	2.7	1.8	2.1	1.8
Total Asset Turnover 28	1.5	•	4.0	2.8	3.8	3.2	2.5	1.9	1.9	1.7	1.5	1.3	1.2
Inventory Turnover 29	5.6	•	•	•	•	•	•	4.6	6.0	5.9	4.6	5.3	5.1
Receivables Turnover 30	7.5	•	•	6.3	8.1	9.8	•	9.0	9.1	•	7.2	6.3	6.5
Total Liabilities to Net Worth 31	1.9	•	•	3.7	2.3	2.3	0.8	2.6	1.2	2.8	1.5	1.5	2.4

Selected Financial Factors (in Percentages)

Debt Ratio 32	65.8	•	•	78.6	69.3	69.7	42.7	72.2	55.0	73.7	60.5	59.4	70.2
Return on Assets 33	6.7	•	•	•	8.5	16.0	10.2	5.8	4.4	9.6	5.4	6.0	6.9
Return on Equity 34	6.1	•	39.1	•	24.7	38.1	12.0	5.6	0.2	19.0	4.1	4.5	6.3
Return Before Interest on Equity 35	19.7	•	33.8	•	27.6	•	17.9	20.7	9.7	•	13.7	14.7	23.3
Profit Margin, Before Income Tax 36	2.2	•	•	•	2.0	4.3	3.1	1.1	0.7	3.5	1.5	2.5	2.5
Profit Margin, After Income Tax 37	1.4	•	•	•	2.0	3.7	2.8	0.8	•	2.9	1.1	1.4	1.6

Trends in Selected Ratios and Factors, 1990-1999

	1990	1991	1992	1993	1994	1995	1996	1997	1998	1999
Cost of Labor (%) 38	75.5	76.7	77.1	77.0	76.6	76.4	73.4	74.9	76.0	77.1
Operating Margin (%) 39	1.2	1.5	•	•	•	•	1.1	1.2	1.3	0.5
Oper. Margin Before Officers Comp. (%) 40	2.6	2.8	0.6	1.1	•	0.3	2.4	2.6	2.6	1.9
Average Net Receivables ($) 41	1185	2223	1777	1777	1812	1782	1495	1443	2050	1583
Average Inventories ($) 42	1167	1451	1399	1517	1507	1410	1414	1415	2036	1695
Average Net Worth ($) 43	2342	2541	2213	2270	2112	1953	2700	2512	3556	2777
Current Ratio (×1) 44	2.0	2.2	2.0	2.0	1.9	1.8	1.6	1.8	2.0	1.9
Quick Ratio (×1) 45	0.9	1.3	1.1	1.1	1.0	1.0	0.8	0.9	1.0	0.9
Coverage Ratio (×1) 46	2.7	2.4	1.7	1.5	1.3	1.4	2.1	2.3	2.4	1.9
Asset Turnover (×1) 47	1.5	1.2	1.4	1.5	1.4	1.4	1.3	1.4	1.4	1.5
Total Liabilities/Net Worth (×1) 48	1.3	1.9	2.1	2.2	2.6	2.7	2.1	1.8	1.8	1.9
Return on Assets (×1) 49	9.5	7.0	10.1	8.3	7.5	7.5	8.2	7.8	8.2	6.7
Return on Equity (%) 50	8.1	7.4	8.9	5.6	3.2	4.4	9.7	9.1	9.8	6.1

Table II

Corporations with Net Income

OTHER TEXTILE MILL PRODUCTS

MONEY AMOUNTS AND SIZE OF ASSETS IN THOUSANDS OF DOLLARS

Item Description for Accounting Period 7/95 Through 6/96		Total	Zero Assets	Under 100	100 to 250	251 to 500	501 to 1,000	1,001 to 5,000	5,001 to 10,000	10,001 to 25,000	25,001 to 50,000	50,001 to 100,000	100,001 to 250,000	250,001 and over
Number of Enterprises	1	1962	•	411	78	270	384	561	96	84	32	•	•	12
Revenues ($ in Thousands)														
Net Sales	2	29182050	•	72674	51980	339216	824814	2975704	1271856	2757838	2337752	•	•	12985353
Portfolio Income	3	301411	•	•	•	231	207	6680	182	9260	21796	•	•	191642
Other Revenues	4	200253	•	223	•	•	2166	10345	14878	10791	14270	•	•	63128
Total Revenues	5	29683714	•	72897	51980	339447	827187	2992729	1286916	2777889	2373818	•	•	13240123
Average Total Revenues	6	15129	•	177	666	1257	2154	5335	13405	33070	74182	•	•	1103344
Operating Costs/Operating Income (%)														
Cost of Operations	7	75.7	•	2.1	50.4	79.0	75.7	76.6	72.7	76.3	76.1	•	•	75.3
Rent	8	4.3	•	7.6	•	3.2	4.7	3.6	3.9	3.8	5.2	•	•	4.6
Taxes Paid	9	1.9	•	5.4	4.2	1.4	1.8	2.0	1.9	1.4	1.6	•	•	2.1
Interest Paid	10	2.2	•	•	1.5	0.2	0.7	1.1	1.1	1.5	2.0	•	•	3.1
Depreciation, Depletion, Amortization	11	3.2	•	•	7.9	1.0	0.8	2.5	2.5	2.3	2.1	•	•	3.9
Pensions and Other Benefits	12	1.3	•	13.4	0.3	1.3	0.6	1.3	0.9	1.6	1.4	•	•	1.1
Other	13	7.2	•	14.0	29.7	9.1	7.3	6.1	8.8	8.2	5.6	•	•	7.0
Officers Compensation	14	1.4	•	53.7	4.7	2.8	4.4	3.6	2.3	1.4	2.3	•	•	0.4
Operating Margin	15	2.9	•	3.9	1.4	2.0	4.0	3.3	6.0	3.6	3.8	•	•	2.6
Oper. Margin Before Officers Compensation	16	4.3	•	57.6	6.1	4.7	8.4	6.9	8.3	5.0	6.1	•	•	3.0
Selected Average Balance Sheet ($ in Thousands)														
Net Receivables	17	1951	•	•	69	64	314	532	1407	4150	7469	•	•	151728
Inventories	18	2044	•	•	•	58	158	511	2161	5068	11216	•	•	152349
Net Property, Plant and Equipment	19	2846	•	•	134	39	105	533	2056	4589	10448	•	•	262252
Total Assets	20	9600	•	9	240	328	678	2121	6610	15995	38055	•	•	872183

Notes and Loans Payable 21	3448	•	20	87	23	221	400	2253	4260	15429	•	•	361382
All Other Liabilities 22	2513	•	24	31	205	251	540	1249	3044	12595	•	•	241870
Net Worth 23	3639	•	-34	122	101	205	1181	3108	8691	10032	•	•	268931

Selected Financial Ratios (Times to 1)

Current Ratio 24	2.1	•	0.4	0.8	1.2	1.7	2.2	2.2	2.5	1.4	•	•	2.2
Quick Ratio 25	1.0	•	0.4	0.8	0.3	1.1	1.3	0.9	1.2	0.6	•	•	1.1
Net Sales to Working Capital 26	6.0	•	•	•	28.0	10.6	6.9	5.6	5.3	10.1	•	•	5.7
Coverage Ratio 27	3.1	•	•	1.9	12.6	7.0	4.6	7.5	3.9	3.6	•	•	2.5
Total Asset Turnover 28	1.6	•	•	2.8	3.8	3.2	2.5	2.0	2.1	1.9	•	•	1.3
Inventory Turnover 29	5.4	•	0.6	8.6	•	•	9.8	3.9	5.5	5.9	•	•	4.8
Receivables Turnover 30	7.2	•	•	4.3	•	10.0	•	6.7	9.2	9.7	•	•	6.2
Total Liabilities to Net Worth 31	1.6	•	•	1.0	2.3	2.3	0.8	1.1	0.9	2.8	•	•	2.3

Selected Financial Factors (in Percentages)

Debt Ratio 32	62.1	•	•	49.1	69.3	69.7	44.3	53.0	45.7	73.6	•	•	69.2
Return on Assets 33	10.5	•	•	7.7	8.5	16.0	12.3	16.7	11.9	14.2	•	•	9.5
Return on Equity 34	14.8	•	•	6.3	24.7	38.1	16.0	29.1	12.3	33.6	•	•	13.3
Return Before Interest on Equity 35	27.7	•	•	15.2	27.6	•	22.1	•	21.8	•	•	•	30.8
Profit Margin, Before Income Tax 36	4.6	•	4.2	1.4	2.0	4.3	3.9	7.2	4.3	5.4	•	•	4.5
Profit Margin, After Income Tax 37	3.6	•	4.2	1.2	2.0	3.7	3.6	6.8	3.3	4.6	•	•	3.3

Trends in Selected Ratios and Factors, 1990-1999

	1990	1991	1992	1993	1994	1995	1996	1997	1998	1999
Cost of Operations (%) 38	75.0	76.8	76.2	76.3	74.7	75.9	73.2	75.0	75.1	75.7
Operating Margin (%) 39	3.1	3.8	0.9	1.9	1.6	3.3	4.0	4.1	3.3	2.9
Oper. Margin Before Officers Comp. (%) 40	4.5	5.2	2.3	3.3	3.4	4.8	5.3	5.5	4.4	4.3
Average Net Receivables ($) 41	1850	1021	2345	2893	1384	1500	1749	1942	3224	1951
Average Inventories ($) 42	1734	1099	1737	2312	1587	1613	1687	1855	3175	2044
Average Net Worth ($) 43	3560	1989	3025	3752	2685	3091	3659	4106	5637	3639
Current Ratio (×1) 44	2.1	2.0	2.2	2.2	2.0	2.2	1.9	2.1	2.3	2.1
Quick Ratio (×1) 45	1.1	1.0	1.3	1.3	1.0	1.1	1.0	1.1	1.2	1.0
Coverage Ratio (×1) 46	4.0	4.5	2.2	2.3	2.7	3.5	4.0	4.2	3.4	3.1
Asset Turnover (×1) 47	1.7	2.0	1.5	1.5	1.6	1.7	1.3	1.5	1.4	1.6
Operating Leverage 48	1.1	1.2	0.3	2.1	0.9	2.0	1.2	1.0	0.8	0.9
Financial Leverage 49	1.1	1.2	0.8	1.0	1.1	1.1	1.1	1.0	0.9	1.0
Total Leverage 50	1.2	1.5	0.2	2.1	1.0	2.3	1.3	1.0	0.7	0.9

Table I

Corporations with and without Net Income

MEN'S AND BOY'S CLOTHING

MONEY AMOUNTS AND SIZE OF ASSETS IN THOUSANDS OF DOLLARS

Item Description for Accounting Period 7/95 Through 6/96	Total	Zero Assets	Under 100	100 to 250	251 to 500	501 to 1,000	1,001 to 5,000	5,001 to 10,000	10,001 to 25,000	25,001 to 50,000	50,001 to 100,000	100,001 to 250,000	250,001 and over
Number of Enterprises **1**	789	•	•	121	340	64	97	42	46	21	13	11	9
Revenues ($ in Thousands)													
Net Sales **2**	24295341	•	•	60330	362145	126411	361597	903317	1541301	1392215	1545456	2561315	15366400
Portfolio Income **3**	676766	•	•	•	454	73	389	10	4295	2172	11337	15837	642191
Other Revenues **4**	839962	•	•	•	104	•	563	3316	5573	6367	60003	37956	725951
Total Revenues **5**	25812069	•	•	60330	362703	126484	362549	906643	1551169	1400754	1616796	2615108	16734542
Average Total Revenues **6**	32715	•	•	499	1067	1976	3738	21587	33721	66703	124369	237737	1859394
Operating Costs/Operating Income (%)													
Cost of Operations **7**	68.8	•	•	87.7	58.9	88.9	78.7	76.4	75.0	75.5	77.3	68.3	66.0
Rent **8**	7.4	•	•	2.1	10.7	1.0	5.0	4.1	6.2	4.2	7.1	6.7	8.1
Taxes Paid **9**	2.3	•	•	1.4	3.5	2.5	3.4	1.6	2.9	1.6	2.0	2.3	2.4
Interest Paid **10**	2.6	•	•	4.4	2.4	1.3	2.7	1.2	1.1	1.5	2.9	1.5	3.1
Depreciation, Depletion, Amortization **11**	2.5	•	•	4.8	1.9	1.3	1.3	0.9	1.0	1.5	1.8	1.8	3.1
Pensions and Other Benefits **12**	1.8	•	•	0.5	•	0.2	2.6	0.8	2.0	1.1	1.9	2.9	1.8
Other **13**	12.6	•	•	2.8	14.1	6.2	7.8	8.0	7.2	7.8	8.0	12.1	14.6
Officers Compensation **14**	1.1	•	•	•	3.6	5.4	4.5	2.2	1.8	2.6	1.0	0.9	0.6
Operating Margin **15**	1.0	•	•	•	4.9	•	•	4.9	2.9	4.3	•	3.5	0.3
Oper. Margin Before Officers Compensation **16**	2.0	•	•	•	8.6	•	•	7.1	4.7	6.9	4.4	•	0.9
Selected Average Balance Sheet ($ in Thousands)													
Net Receivables **17**	4005	•	•	15	21	205	477	1946	5216	8766	19824	34939	216017
Inventories **18**	5902	•	•	•	75	138	824	2170	5904	14166	28136	62082	314821
Net Property, Plant and Equipment **19**	4435	•	•	138	191	41	634	932	1682	5245	8454	28708	300145
Total Assets **20**	30054	•	•	153	358	574	2898	6659	16024	34507	69870	161945	2091345

Notes and Loans Payable 21	7212	•	•	260	180	283	1251	1386	3272	8081	23199	37268	484141
All Other Liabilities 22	8174	•	•	13	63	122	407	1993	3039	8819	21028	39002	585249
Net Worth 23	14668	•	•	-120	114	169	1239	3281	9712	17607	25642	85676	1021955

Selected Financial Ratios (Times to 1)

Current Ratio 24	2.2	•	•	0.2	1.6	1.4	1.9	2.0	2.7	2.3	1.5	2.7	2.3
Quick Ratio 25	1.0	•	•	0.2	0.6	0.9	0.9	0.9	1.3	1.0	0.6	1.1	1.0
Net Sales to Working Capital 26	4.5	•	•	•	21.7	15.1	4.3	8.7	4.0	4.4	6.7	3.2	4.5
Coverage Ratio 27	4.1	•	•	0.2	3.2	•	•	5.3	4.3	4.4	1.9	4.7	4.5
Total Asset Turnover 28	1.0	•	•	3.3	3.0	3.4	1.3	3.2	2.1	1.9	1.7	1.4	0.8
Inventory Turnover 29	3.6	•	•	•	•	•	2.8	4.8	3.8	4.4	3.7	2.4	3.7
Receivables Turnover 30	7.8	•	•	•	•	•	5.7	7.4	6.1	8.8	6.1	6.4	8.4
Total Liabilities to Net Worth 31	1.1	•	•	•	2.1	2.4	1.3	1.0	0.7	1.0	1.7	0.9	1.1

Selected Financial Factors (in Percentages)

Debt Ratio 32	51.2	•	•	•	68.1	70.6	57.3	50.7	39.4	49.0	63.3	47.1	51.1
Return on Assets 33	11.1	•	•	2.6	22.1	•	•	21.1	9.6	12.2	9.3	10.2	11.3
Return on Equity 34	11.1	•	•	14.9	•	•	•	34.7	9.0	15.1	7.0	11.0	11.2
Return Before Interest on Equity 35	22.7	•	•	•	•	•	•	•	15.9	24.0	25.5	19.3	23.2
Profit Margin, Before Income Tax 36	8.2	•	•	•	5.1	•	•	5.3	3.5	4.9	2.6	5.6	10.8
Profit Margin, After Income Tax 37	5.3	•	•	•	4.8	•	•	5.3	2.6	4.0	1.5	4.1	6.7

Trends in Selected Ratios and Factors, 1990-1999

	1990	1991	1992	1993	1994	1995	1996	1997	1998	1999
Cost of Labor (%) 38	69.7	71.7	72.4	71.5	71.7	70.4	69.0	68.9	68.9	68.8
Operating Margin (%) 39	0.5	•	•	0.7	•	0.5	2.0	2.4	2.5	1.0
Oper. Margin Before Officers Comp. (%) 40	1.9	0.9	1.1	1.9	•	1.6	3.4	3.4	3.4	2.0
Average Net Receivables ($) 41	1477	773	1269	1577	2379	3367	1751	1771	3226	4005
Average Inventories ($) 42	1921	1280	1903	2606	3428	4639	2402	2775	4881	5902
Average Net Worth ($) 43	2795	1739	2356	3372	6641	9550	4441	5451	10892	14668
Current Ratio (×1) 44	1.7	1.6	1.5	1.6	1.3	1.7	1.6	1.6	2.2	2.2
Quick Ratio (×1) 45	0.7	0.6	0.6	0.6	0.5	0.7	0.7	0.6	0.9	1.0
Coverage Ratio (×1) 46	1.9	1.5	2.4	2.3	2.0	2.6	3.6	4.4	4.6	4.1
Asset Turnover (×1) 47	1.3	1.4	1.4	1.4	1.1	1.0	1.1	1.1	1.1	1.0
Total Liabilities/Net Worth (×1) 48	1.9	1.8	2.0	1.8	1.5	1.5	1.5	1.3	1.2	1.1
Return on Assets (×1) 49	9.5	9.1	13.6	12.9	10.2	11.9	10.7	12.0	11.2	11.1
Return on Equity (%) 50	8.5	6.3	17.0	13.8	7.9	11.8	12.1	13.8	13.0	11.1

Table II

Corporations with Net Income

MEN'S AND BOY'S CLOTHING

MONEY AMOUNTS AND SIZE OF ASSETS IN THOUSANDS OF DOLLARS

Item Description for Accounting Period 7/95 Through 6/96		Total	Zero Assets	Under 100	100 to 250	251 to 500	501 to 1,000	1,001 to 5,000	5,001 to 10,000	10,001 to 25,000	25,001 to 50,000	50,001 to 100,000	100,001 to 250,000	250,001 and over
Number of Enterprises	1	399	•	•	•	172	55	60	38	32	15	9	•	•
Revenues ($ in Thousands)														
Net Sales	2	20192061	•	•	•	219228	55557	275180	903314	969474	1054645	1071453	•	•
Portfolio Income	3	664697	•	•	•	•	•	16	10	3683	1655	11124	•	•
Other Revenues	4	768361	•	•	•	4	•	563	2104	1656	5050	57101	•	•
Total Revenues	5	21625119	•	•	•	219232	55557	275759	905428	974813	1061350	1139678	•	•
Average Total Revenues	6	54198	•	•	•	1275	1010	4596	23827	30463	70757	126631	•	•
Operating Costs/Operating Income (%)														
Cost of Operations	7	67.4	•	•	•	43.0	68.0	75.7	76.4	71.6	75.5	73.6	•	•
Rent	8	7.1	•	•	•	17.7	•	3.5	3.7	5.1	3.6	7.1	•	•
Taxes Paid	9	2.4	•	•	•	4.6	5.1	3.1	1.5	3.3	1.5	2.2	•	•
Interest Paid	10	2.7	•	•	•	3.2	1.6	2.9	1.0	0.7	1.1	2.2	•	•
Depreciation, Depletion, Amortization	11	2.6	•	•	•	1.9	2.5	0.4	0.9	1.2	1.6	1.5	•	•
Pensions and Other Benefits	12	1.7	•	•	•	•	•	3.0	0.8	2.0	0.7	2.1	•	•
Other	13	12.1	•	•	•	17.2	8.1	6.7	7.0	7.2	6.0	6.5	•	•
Officers Compensation	14	1.0	•	•	•	2.6	9.7	3.8	2.2	2.0	3.0	0.9	•	•
Operating Margin	15	3.0	•	•	•	9.9	5.0	1.0	6.5	7.1	7.1	4.1	•	•
Oper. Margin Before Officers Compensation	16	4.0	•	•	•	12.5	14.8	4.7	8.7	9.1	10.1	4.9	•	•
Selected Average Balance Sheet ($ in Thousands)														
Net Receivables	17	6653	•	•	•	14	234	670	1809	5183	9392	19267	•	•
Inventories	18	9566	•	•	•	94	161	879	2398	5158	14007	26892	•	•
Net Property, Plant and Equipment	19	7848	•	•	•	170	41	608	1018	1829	5811	8234	•	•
Total Assets	20	54031	•	•	•	357	527	3168	6804	16407	36561	67460	•	•

Notes and Loans Payable 21	11865	•	•	•	35	329	1336	1265	1703	6557	21619	•	•
All Other Liabilities 22	14686	•	•	•	52	47	568	2017	2851	9605	12440	•	•
Net Worth 23	27480	•	•	•	271	150	1263	3522	11853	20399	33401	•	•

Selected Financial Ratios (Times to 1)

Current Ratio 24	2.3	•	•	•	1.5	1.4	1.4	1.9	3.2	2.3	1.9	•	•
Quick Ratio 25	1.0	•	•	•	0.4	0.9	0.6	0.7	1.7	1.1	0.8	•	•
Net Sales to Working Capital 26	4.4	•	•	•	28.3	8.0	8.2	10.2	3.3	4.3	5.1	•	•
Coverage Ratio 27	5.2	•	•	•	4.1	4.2	1.4	7.6	12.0	8.1	5.8	•	•
Total Asset Turnover 28	0.9	•	•	•	3.6	1.9	1.5	3.5	1.9	1.9	1.8	•	•
Inventory Turnover 29	3.5	•	•	•	9.6	8.5	5.5	5.3	3.5	4.9	3.5	•	•
Receivables Turnover 30	7.6	•	•	•	•	8.6	7.6	9.8	4.9	8.5	5.4	•	•
Total Liabilities to Net Worth 31	1.0	•	•	•	0.3	2.5	1.5	0.9	0.4	0.8	1.0	•	•

Selected Financial Factors (in Percentages)

Debt Ratio 32	49.2	•	•	•	24.2	71.5	60.1	48.2	27.8	44.2	50.5	•	•
Return on Assets 33	13.0	•	•	•	•	12.7	5.9	27.2	15.4	16.9	22.0	•	•
Return on Equity 34	14.2	•	•	•	•	33.9	3.5	•	15.9	22.4	31.3	•	•
Return Before Interest on Equity 35	25.5	•	•	•	•	•	14.9	•	21.4	30.2	•	•	•
Profit Margin, Before Income Tax 36	11.2	•	•	•	9.9	5.0	1.2	6.8	7.7	7.7	10.3	•	•
Profit Margin, After Income Tax 37	7.7	•	•	•	9.4	5.0	1.0	6.8	6.2	6.5	8.8	•	•

Trends in Selected Ratios and Factors, 1990-1999

	1990	1991	1992	1993	1994	1995	1996	1997	1998	1999
Cost of Operations (%) 38	68.9	71.5	70.7	70.0	69.4	68.1	68.0	67.5	68.3	67.4
Operating Margin (%) 39	1.6	1.1	1.1	2.4	1.0	2.5	4.3	4.1	4.1	3.0
Oper. Margin Before Officers Comp. (%) 40	3.0	3.1	2.5	3.6	2.0	3.7	5.7	5.0	4.9	4.0
Average Net Receivables ($) 41	1631	649	1738	1636	4947	7931	6759	4804	5006	6653
Average Inventories ($) 42	2010	1115	2625	2767	7045	10814	9758	7430	7449	9566
Average Net Worth ($) 43	3193	1571	3717	4069	16600	26134	20598	16710	18861	27480
Current Ratio (×1) 44	1.7	1.6	1.5	1.6	1.2	1.7	1.6	1.6	2.1	2.3
Quick Ratio (×1) 45	0.8	0.6	0.6	0.6	0.5	0.8	0.7	0.6	0.9	1.0
Coverage Ratio (×1) 46	2.2	2.2	2.9	2.8	2.5	3.2	4.7	5.6	5.7	5.2
Asset Turnover (×1) 47	1.2	1.5	1.3	1.3	1.0	0.9	1.1	1.1	1.0	0.9
Operating Leverage 48	0.4	0.7	1.0	2.1	0.4	2.7	1.7	1.0	1.0	0.7
Financial Leverage 49	0.8	1.2	1.2	0.9	0.9	1.1	1.2	1.0	1.0	1.0
Total Leverage 50	0.3	0.8	1.2	2.0	0.4	3.0	2.0	1.0	1.0	0.7

Table I

Corporations with and without Net Income

WOMEN'S AND CHILDREN'S CLOTHING

MONEY AMOUNTS AND SIZE OF ASSETS IN THOUSANDS OF DOLLARS

Item Description for Accounting Period 7/95 Through 6/96		Total	Zero Assets	Under 100	100 to 250	251 to 500	501 to 1,000	1,001 to 5,000	5,001 to 10,000	10,001 to 25,000	25,001 to 50,000	50,001 to 100,000	100,001 to 250,000	250,001 and over
Number of Enterprises	1	4627	•	•	717	516	375	621	146	123	26	13	10	6
Revenues ($ in Thousands)														
Net Sales	2	27594903	•	•	774919	670505	1230988	5374137	3000500	4233599	2027554	1838806	2021822	5631008
Portfolio Income	3	131917	•	•	9098	571	163	21716	8898	7743	5051	3670	16417	58249
Other Revenues	4	391441	•	•	3594	12817	8605	23279	62563	43836	60329	5954	115688	38586
Total Revenues	5	28118261	•	•	787611	683893	1239756	5419132	3071961	4285178	2092934	1848430	2153927	5727843
Average Total Revenues	6	6077	•	•	1098	1325	3306	8726	21041	34839	80497	142187	215393	954640
Operating Costs/Operating Income (%)														
Cost of Operations	7	74.2	•	•	77.0	78.0	72.0	77.6	73.0	77.8	76.7	71.6	62.5	73.8
Rent	8	7.3	•	•	2.4	3.4	8.9	7.1	6.4	5.6	6.0	8.4	9.1	8.5
Taxes Paid	9	1.8	•	•	2.0	2.2	4.6	1.7	2.6	1.3	1.7	1.7	1.6	1.5
Interest Paid	10	1.6	•	•	0.3	0.8	0.8	1.2	1.9	1.9	2.0	2.6	2.2	1.5
Depreciation, Depletion, Amortization	11	0.9	•	•	1.0	0.8	0.9	0.6	0.4	0.7	0.8	1.1	1.9	1.4
Pensions and Other Benefits	12	1.1	•	•	1.9	0.5	1.1	0.8	1.1	0.7	0.8	0.6	1.4	1.5
Other	13	10.3	•	•	18.1	14.1	8.7	10.1	11.3	8.0	9.1	10.7	13.7	9.1
Officers Compensation	14	2.8	•	•	7.5	2.4	2.1	3.9	3.5	4.6	1.6	1.5	2.3	0.7
Operating Margin	15	•	•	•	•	•	0.9	•	•	•	1.4	1.9	5.3	2.2
Oper. Margin Before Officers Compensation	16	2.7	•	•	•	0.3	3.1	1.0	3.3	4.1	3.0	3.4	7.6	2.9
Selected Average Balance Sheet ($ in Thousands)														
Net Receivables	17	688	•	•	34	131	166	618	2206	3701	8277	15044	22184	204101
Inventories	18	936	•	•	20	96	244	1047	3167	6479	13900	25525	38440	194229
Net Property, Plant and Equipment	19	299	•	•	35	62	147	187	477	1620	5039	6181	22088	72223
Total Assets	20	2711	•	•	164	388	744	2389	7302	14819	37839	69029	139396	701346

Notes and Loans Payable	21	755	•	•	113	124	189	619	2633	4493	14689	29164	48492	112630
All Other Liabilities	22	1008	•	•	123	205	407	918	2506	4641	9381	14399	26339	344683
Net Worth	23	948	•	•	-72	60	148	853	2163	5686	13770	25466	64564	244033

Selected Financial Ratios (Times to 1)

Current Ratio	24	1.6	•	•	0.8	1.5	1.2	1.9	1.4	1.8	1.8	1.9	2.6	1.4
Quick Ratio	25	0.7	•	•	0.6	1.0	0.5	0.7	0.6	0.7	0.6	0.7	1.2	0.7
Net Sales to Working Capital	26	8.0	•	•	•	11.9	37.2	9.2	11.1	6.5	6.3	5.8	3.9	7.8
Coverage Ratio	27	2.1	•	•	•	0.9	3.1	•	2.2	1.3	3.3	1.9	6.6	3.6
Total Asset Turnover	28	2.2	•	•	6.6	3.4	4.4	3.6	2.8	2.3	2.1	2.1	1.5	1.3
Inventory Turnover	29	4.7	•	•	•	7.9	9.5	6.1	5.1	4.0	4.2	3.6	3.0	3.8
Receivables Turnover	30	8.3	•	•	•	7.5	•	•	•	8.5	8.5	8.6	8.5	4.6
Total Liabilities to Net Worth	31	1.9	•	•	•	5.5	4.0	1.8	2.4	1.6	1.8	1.7	1.2	1.9

Selected Financial Factors (in Percentages)

Debt Ratio	32	65.0	•	•	•	84.5	80.1	64.3	70.4	61.6	63.6	63.1	53.7	65.2
Return on Assets	33	7.5	•	•	•	2.2	10.8	•	11.5	5.7	13.5	10.1	20.7	7.1
Return on Equity	34	6.8	•	•	•	•	34.9	•	10.9	3.0	17.8	11.1	35.7	8.0
Return Before Interest on Equity	35	21.4	•	•	•	14.3	•	•	•	15.0	•	27.3	•	20.5
Profit Margin, Before Income Tax	36	1.8	•	•	•	•	1.7	•	2.2	0.6	4.6	2.4	12.1	3.8
Profit Margin, After Income Tax	37	1.1	•	•	•	•	1.6	•	1.2	0.5	3.1	2.0	11.4	2.1

Trends in Selected Ratios and Factors, 1990-1999

		1990	1991	1992	1993	1994	1995	1996	1997	1998	1999
Cost of Labor (%)	38	70.3	73.0	72.2	72.5	73.1	73.9	73.4	73.6	73.1	74.2
Operating Margin (%)	39	1.2	0.4	•	•	0.7	0.3	0.9	0.9	1.1	•
Oper. Margin Before Officers Comp. (%)	40	3.6	2.9	1.9	2.6	4.1	3.1	4.3	4.0	3.9	2.7
Average Net Receivables ($)	41	548	621	543	529	514	556	588	633	705	688
Average Inventories ($)	42	749	756	645	715	661	759	755	839	895	936
Average Net Worth ($)	43	1168	1097	909	949	584	670	732	831	898	948
Current Ratio (×1)	44	1.4	1.7	1.9	1.7	1.6	1.7	1.8	1.9	1.8	1.6
Quick Ratio (×1)	45	0.6	0.7	0.8	0.7	0.7	0.7	0.8	0.8	0.8	0.7
Coverage Ratio (×1)	46	2.8	2.3	2.1	2.2	2.1	2.1	2.9	3.0	3.1	2.1
Asset Turnover (×1)	47	1.6	1.7	1.7	1.7	2.5	2.4	2.4	2.3	2.2	2.2
Total Liabilities/Net Worth (×1)	48	1.5	1.7	1.9	1.9	2.4	2.1	2.0	1.9	1.8	1.9
Return on Assets (×1)	49	7.7	8.6	10.6	11.0	11.1	9.8	10.1	9.2	9.8	7.5
Return on Equity (%)	50	6.6	7.7	10.2	12.1	13.5	11.2	14.9	13.2	14.2	6.8

Table II

Corporations with Net Income

WOMEN'S AND CHILDREN'S CLOTHING

MONEY AMOUNTS AND SIZE OF ASSETS IN THOUSANDS OF DOLLARS

Item Description for Accounting Period 7/95 Through 6/96	Total	Zero Assets	Under 100	100 to 250	251 to 500	501 to 1,000	1,001 to 5,000	5,001 to 10,000	10,001 to 25,000	25,001 to 50,000	50,001 to 100,000	100,001 to 250,000	250,001 and over
Number of Enterprises **1**	2146	•	910	182	299	256	287	80	80	21	9	•	•
Revenues ($ in Thousands)													
Net Sales **2**	19232421	•	216164	55979	503312	891397	3221049	1852288	3093124	1639110	1436540	•	•
Portfolio Income **3**	101245	•	287	8833	85	163	9397	5214	1481	4969	3620	•	•
Other Revenues **4**	325896	•	14017	12	12734	7818	2850	54674	18742	60291	4442	•	•
Total Revenues **5**	19659562	•	230468	64824	516131	899378	3233296	1912176	3113347	1704370	1444602	•	•
Average Total Revenues **6**	9161	•	253	356	1726	3513	11266	23902	38917	81160	160511	•	•
Operating Costs/Operating Income (%)													
Cost of Operations **7**	72.9	•	64.4	64.6	80.1	69.8	74.8	70.8	78.0	77.1	70.7	•	•
Rent **8**	6.7	•	4.5	4.2	3.0	11.2	6.0	5.3	4.4	4.9	8.4	•	•
Taxes Paid **9**	1.6	•	1.4	2.5	1.4	4.0	1.4	2.6	1.1	1.6	1.5	•	•
Interest Paid **10**	1.2	•	0.2	•	0.4	1.0	0.8	1.5	1.2	1.8	1.9	•	•
Depreciation, Depletion, Amortization **11**	0.9	•	0.6	•	0.8	1.0	0.4	0.3	0.6	0.7	1.0	•	•
Pensions and Other Benefits **12**	0.8	•	0.5	0.8	0.5	0.5	0.6	1.5	0.6	0.8	0.6	•	•
Other **13**	9.1	•	18.0	25.1	9.7	6.1	9.3	10.7	5.9	8.6	10.5	•	•
Officers Compensation **14**	3.0	•	5.8	2.1	2.5	2.3	4.8	4.8	5.5	1.7	1.6	•	•
Operating Margin **15**	3.7	•	4.6	0.7	1.8	4.4	2.1	2.5	2.9	3.0	4.0	•	•
Oper. Margin Before Officers Compensation **16**	6.7	•	10.4	2.8	4.2	6.7	6.8	7.3	8.3	4.6	5.6	•	•
Selected Average Balance Sheet ($ in Thousands)													
Net Receivables **17**	1171	•	8	13	169	162	968	1743	4322	9401	16664	•	•
Inventories **18**	1365	•	13	36	149	249	1262	3450	6381	14331	24902	•	•
Net Property, Plant and Equipment **19**	392	•	3	0	29	128	135	295	1142	3944	6171	•	•
Total Assets **20**	4139	•	46	200	408	731	2709	7305	14867	38508	70056	•	•

Notes and Loans Payable 21	881	•	11	51	95	216	602	2116	3930	14528	22608	•	•
All Other Liabilities 22	1396	•	8	30	139	284	1058	2141	4498	8736	15997	•	•
Net Worth 23	1862	•	26	119	175	232	1049	3048	6438	15244	31451	•	•

Selected Financial Ratios (Times to 1)

Current Ratio 24	1.8	•	5.1	5.4	2.8	1.6	2.0	1.6	2.0	1.9	1.9	•	•
Quick Ratio 25	0.8	•	3.6	3.5	1.5	0.6	1.0	0.5	0.8	0.6	0.8	•	•
Net Sales to Working Capital 26	6.8	•	7.0	3.3	7.0	17.6	8.9	11.1	6.3	5.2	6.2	•	•
Coverage Ratio 27	5.8	•	•	•	13.1	6.5	4.3	4.8	3.9	4.8	3.4	•	•
Total Asset Turnover 28	2.2	•	5.2	1.5	4.1	4.8	4.2	3.2	2.6	2.0	2.3	•	•
Inventory Turnover 29	4.3	•	•	4.3	8.5	•	4.8	5.0	4.2	4.3	3.8	•	•
Receivables Turnover 30	7.0	•	•	•	8.4	•	9.2	•	7.9	8.5	8.2	•	•
Total Liabilities to Net Worth 31	1.2	•	0.8	0.7	1.3	2.2	1.6	1.4	1.3	1.5	1.2	•	•

Selected Financial Factors (in Percentages)

Debt Ratio 32	55.0	•	42.8	40.4	57.2	68.3	61.3	58.3	56.7	60.4	55.1	•	•
Return on Assets 33	15.5	•	•	25.4	19.3	29.5	13.2	23.1	12.3	17.7	14.7	•	•
Return on Equity 34	23.6	•	•	33.2	31.6	•	25.1	31.0	20.2	26.3	20.8	•	•
Return Before Interest on Equity 35	34.5	•	•	•	•	•	34.0	•	28.3	•	32.7	•	•
Profit Margin, Before Income Tax 36	5.9	•	11.2	16.5	4.3	5.3	2.4	5.8	3.5	6.9	4.6	•	•
Profit Margin, After Income Tax 37	4.9	•	10.5	12.9	3.3	5.2	2.4	4.1	3.4	5.2	4.1	•	•

Trends in Selected Ratios and Factors, 1990-1999

	1990	1991	1992	1993	1994	1995	1996	1997	1998	1999
Cost of Operations (%) 38	69.4	71.2	71.2	71.8	72.1	71.9	72.4	72.1	72.3	72.9
Operating Margin (%) 39	4.3	3.6	2.3	2.9	3.8	3.7	4.1	3.6	3.1	3.7
Oper. Margin Before Officers Comp. (%) 40	6.8	6.2	4.8	5.5	7.7	6.7	7.7	6.9	6.0	6.7
Average Net Receivables ($) 41	910	1032	1191	946	955	1101	826	1192	1311	1171
Average Inventories ($) 42	1196	1150	1351	1272	1175	1415	977	1499	1564	1365
Average Net Worth ($) 43	2321	2259	2467	2136	1385	1734	1254	1582	1776	1862
Current Ratio (×1) 44	1.5	1.8	2.0	2.0	1.8	1.9	2.0	1.9	1.8	1.8
Quick Ratio (×1) 45	0.6	0.8	0.9	0.8	0.8	0.8	1.0	0.9	0.8	0.8
Coverage Ratio (×1) 46	5.2	4.2	3.2	3.5	4.2	5.4	6.2	5.2	5.1	5.8
Asset Turnover (×1) 47	1.7	1.7	1.6	1.6	2.6	2.4	2.5	2.3	2.2	2.2
Operating Leverage 48	1.0	0.8	0.7	1.2	1.4	1.0	1.1	0.9	0.9	1.2
Financial Leverage 49	1.0	1.0	0.9	1.1	1.1	1.1	1.0	1.0	1.0	1.0
Total Leverage 50	1.0	0.8	0.6	1.3	1.5	1.1	1.1	0.9	0.9	1.2

Table I

Corporations with and without Net Income

OTHER APPAREL AND ACCESSORIES

MONEY AMOUNTS AND SIZE OF ASSETS IN THOUSANDS OF DOLLARS

Item Description for Accounting Period 7/95 Through 6/96	Total	Zero Assets	Under 100	100 to 250	251 to 500	501 to 1,000	1,001 to 5,000	5,001 to 10,000	10,001 to 25,000	25,001 to 50,000	50,001 to 100,000	100,001 to 250,000	250,001 and over
Number of Enterprises **1**	5014	326	2490	695	820	255	262	63	70	13	11	7	3
Revenues ($ in Thousands)													
Net Sales **2**	12211997	404781	212829	936745	869567	281263	1258076	930128	2434078	769447	956558	1579360	1579165
Portfolio Income **3**	55829	4557	•	228	275	105	13781	912	2287	25084	1127	798	6675
Other Revenues **4**	134002	2031	155	2289	790	285	54486	19522	12336	7948	4378	9434	20347
Total Revenues **5**	12401828	411369	212984	939262	870632	281653	1326343	950562	2448701	802479	962063	1589592	1606187
Average Total Revenues **6**	2473	1262	86	1351	1062	1105	5062	15088	34981	61729	87460	227085	535396
Operating Costs/Operating Income (%)													
Cost of Operations **7**	72.3	78.5	59.4	83.7	64.8	59.6	73.6	79.2	77.0	69.4	69.4	70.3	65.1
Rent **8**	6.3	2.3	9.2	1.6	11.0	5.8	6.3	7.4	4.7	7.1	5.9	5.8	9.4
Taxes Paid **9**	2.3	4.9	1.2	1.4	3.0	2.4	1.7	2.3	2.2	2.8	1.6	2.5	2.4
Interest Paid **10**	2.7	1.3	1.4	0.4	0.7	1.2	2.2	3.2	2.6	2.1	3.5	5.1	3.4
Depreciation, Depletion, Amortization **11**	2.0	2.7	2.9	0.8	2.2	3.5	1.8	0.5	1.6	1.7	3.0	3.0	2.5
Pensions and Other Benefits **12**	1.3	•	0.1	•	0.3	6.2	1.4	0.9	0.7	5.0	1.4	1.8	0.7
Other **13**	12.1	15.6	25.2	7.4	14.7	20.7	12.2	9.1	8.5	12.4	11.0	13.2	15.8
Officers Compensation **14**	2.1	3.0	1.6	2.0	2.5	5.5	5.3	1.8	1.7	1.2	2.2	1.0	0.6
Operating Margin **15**	•	•	2.8	•	0.9	•	•	•	1.0	•	2.2	•	0.2
Oper. Margin Before Officers Compensation **16**	1.1	0.6	4.8	3.4	0.8	1.0	2.7	4.4	0.8				
Selected Average Balance Sheet ($ in Thousands)													
Net Receivables **17**	287	•	1	85	80	163	409	1595	3747	8087	15748	33509	96263
Inventories **18**	451	•	2	64	78	198	786	3864	6938	12609	20991	43703	153666
Net Property, Plant and Equipment **19**	231	•	9	16	104	103	258	902	2590	8089	16151	29964	71164
Total Assets **20**	1346		16	174	336	731	2050	7012	16751	38012	70189	163576	520572

Notes and Loans Payable 21	606	•	12	165	169	513	919	3088	6928	10930	30556	104429	165009
All Other Liabilities 22	334	•	3	32	90	195	664	2180	4299	19827	14127	36679	79324
Net Worth 23	406	•	1	-23	77	23	468	1743	5523	7254	25506	22468	276238

Selected Financial Ratios (Times to 1)

Current Ratio 24	2.0	•	2.0	2.2	1.6	2.4	2.0	1.9	1.7	2.4	2.6	1.9	2.1
Quick Ratio 25	0.8	•	1.1	1.3	0.9	1.0	0.7	0.6	0.6	1.2	1.2	0.9	0.7
Net Sales to Working Capital 26	5.7	•	30.9	14.7	13.1	3.5	6.2	5.4	7.4	3.8	3.4	5.5	3.4
Coverage Ratio 27	1.2	•	0.4	9.4	2.5	•	1.5	0.3	1.6	2.2	1.8	0.7	1.6
Total Asset Turnover 28	1.8	•	5.4	7.8	3.2	1.5	2.4	2.1	2.1	1.6	1.2	1.4	1.0
Inventory Turnover 29	4.2	•	•	•	7.4	3.5	3.7	3.4	5.2	3.6	2.7	4.3	2.2
Receivables Turnover 30	8.5	•	•	•	•	8.7	9.2	•	•	7.6	5.9	7.6	4.8
Total Liabilities to Net Worth 31	2.3	•	20.7	•	3.4	30.3	3.4	3.0	2.0	4.2	1.8	6.3	0.9

Selected Financial Factors (in Percentages)

Debt Ratio 32	69.8	•	95.4	•	77.0	96.8	77.2	75.1	67.0	80.9	63.7	86.3	46.9
Return on Assets 33	5.9	•	3.2	26.8	5.2	•	7.6	2.1	8.6	7.1	7.7	4.5	5.4
Return on Equity 34	1.7	•	•	•	6.5	•	10.5	•	8.9	13.1	6.0	•	3.2
Return Before Interest on Equity 35	19.6	•	•	•	22.6	•	33.4	8.5	26.1	•	21.1	32.9	10.1
Profit Margin, Before Income Tax 36	0.6	•	•	3.1	1.0	•	1.1	•	1.6	2.5	2.8	•	1.9
Profit Margin, After Income Tax 37	0.3	•	•	2.9	0.5	•	1.0	•	1.4	1.6	1.8	•	1.7

Trends in Selected Ratios and Factors, 1990-1999

	1990	1991	1992	1993	1994	1995	1996	1997	1998	1999
Cost of Labor (%) 38	72.7	70.9	68.2	68.5	69.6	70.1	69.4	69.6	70.5	72.3
Operating Margin (%) 39	•	•	•	•	•	•	0.6	•	•	•
Oper. Margin Before Officers Comp. (%) 40	2.3	2.8	3.3	2.7	1.7	1.8	3.1	2.4	0.4	1.1
Average Net Receivables ($) 41	224	247	458	324	300	268	276	305	250	287
Average Inventories ($) 42	349	378	640	482	409	375	402	418	349	451
Average Net Worth ($) 43	276	288	441	303	294	309	399	396	259	406
Current Ratio (×1) 44	1.7	1.6	1.8	1.7	1.7	1.8	2.0	1.7	1.7	2.0
Quick Ratio (×1) 45	0.7	0.7	0.7	0.7	0.8	0.8	0.8	0.7	0.7	0.8
Coverage Ratio (×1) 46	1.2	1.6	1.4	1.1	1.2	1.2	1.8	1.7	1.0	1.2
Asset Turnover (×1) 47	1.9	1.9	1.5	1.6	1.8	1.8	2.0	1.7	1.8	1.8
Total Liabilities/Net Worth (×1) 48	2.5	2.7	3.5	3.8	3.4	2.9	2.2	2.5	3.3	2.3
Return on Assets (×1) 49	5.2	6.6	5.9	6.5	8.2	7.4	8.9	7.1	4.1	5.9
Return on Equity (%) 50	•	5.5	4.6	•	3.5	2.7	9.9	7.3	•	1.7

Table II
Corporations with Net Income

OTHER APPAREL AND ACCESSORIES

Money Amounts and Size of Assets in Thousands of Dollars

Item Description for Accounting Period 7/95 Through 6/96	Total	Zero Assets	Under 100	100 to 250	251 to 500	501 to 1,000	1,001 to 5,000	5,001 to 10,000	10,001 to 25,000	25,001 to 50,000	50,001 to 100,000	100,001 to 250,000	250,001 and over
Number of Enterprises **1**	2655	195	951	573	579	75	177	40	45	•	•	•	•
Revenues ($ in Thousands)													
Net Sales **2**	8356542	324166	138503	814925	577831	153332	781267	612006	1473268	•	•	•	•
Portfolio Income **3**	12877	559	•	228	275	62	2524	489	707	•	•	•	•
Other Revenues **4**	106034	2031	•	2289	83	•	52061	9542	11669	•	•	•	•
Total Revenues **5**	8475453	326756	138503	817442	578189	153394	835852	622037	1485644	•	•	•	•
Average Total Revenues **6**	3192	1676	146	1427	999	2045	4722	15551	33014	•	•	•	•
Operating Costs/Operating Income (%)													
Cost of Operations **7**	70.8	75.1	81.4	84.4	56.8	59.9	64.3	79.5	75.8	•	•	•	•
Rent **8**	6.5	•	4.5	1.3	15.5	5.5	8.1	7.8	3.9	•	•	•	•
Taxes Paid **9**	2.2	5.2	0.5	1.5	3.9	3.1	2.3	0.8	2.6	•	•	•	•
Interest Paid **10**	2.3	0.9	0.9	•	0.2	1.0	2.2	3.0	2.6	•	•	•	•
Depreciation, Depletion, Amortization **11**	1.8	2.0	1.2	0.8	1.7	1.3	2.1	0.5	1.3	•	•	•	•
Pensions and Other Benefits **12**	0.8	•	•	•	0.1	1.6	2.0	0.9	0.7	•	•	•	•
Other **13**	10.5	15.1	8.1	6.3	15.2	17.5	12.4	6.3	8.0	•	•	•	•
Officers Compensation **14**	2.1	2.2	0.6	2.3	2.1	7.1	6.4	1.4	2.0	•	•	•	•
Operating Margin **15**	3.0	•	2.9	3.3	4.5	3.2	0.3	•	3.1	•	•	•	•
Oper. Margin Before Officers Compensation **16**	5.1	1.6	3.5	5.6	6.7	10.2	6.7	1.3	5.1	•	•	•	•
Selected Average Balance Sheet ($ in Thousands)													
Net Receivables **17**	394	•	•	102	92	261	463	1453	4575	•	•	•	•
Inventories **18**	573	•	0	48	62	148	793	4625	6912	•	•	•	•
Net Property, Plant and Equipment **19**	261	•	5	17	96	40	246	1295	1951	•	•	•	•
Total Assets **20**	1669	•	9	176	339	616	1990	7695	16510	•	•	•	•

Notes and Loans Payable 21	640	•	11	164	130	110	695	3831	8380	•	•	•	•
All Other Liabilities 22	335	•	2	39	61	239	507	1837	3741	•	•	•	•
Net Worth 23	694	•	-4	-26	148	268	787	2027	4390	•	•	•	•

Selected Financial Ratios (Times to 1)

Current Ratio 24	2.2	•	2.9	1.9	2.9	2.4	2.3	2.1	1.7	•	•	•	•
Quick Ratio 25	0.9	•	2.6	1.3	1.8	1.7	1.0	0.5	0.6	•	•	•	•
Net Sales to Working Capital 26	5.1	•	•	18.0	7.1	6.4	4.9	4.7	6.3	•	•	•	•
Coverage Ratio 27	3.0	1.2	4.2	•	•	4.3	4.3	1.5	2.5	•	•	•	•
Total Asset Turnover 28	1.9	•	•	8.1	3.0	3.3	2.2	2.0	2.0	•	•	•	•
Inventory Turnover 29	4.0	•	•	•	8.9	4.7	3.5	2.6	4.4	•	•	•	•
Receivables Turnover 30	7.7	•	•	•	•	8.0	7.6	8.6	7.9	•	•	•	•
Total Liabilities to Net Worth 31	1.4	•	•	•	1.3	1.3	1.5	2.8	2.8	•	•	•	•

Selected Financial Factors (in Percentages)

Debt Ratio 32	58.4	•	•	•	56.4	56.6	60.4	73.7	73.4	•	•	•	•
Return on Assets 33	12.6	•	•	30.0	14.1	13.8	21.0	8.9	12.9	•	•	•	•
Return on Equity 34	18.0	•	•	•	25.8	20.1	•	10.0	27.5	•	•	•	•
Return Before Interest on Equity 35	30.3	•	•	•	32.2	31.8	•	33.8	•	•	•	•	•
Profit Margin, Before Income Tax 36	4.4	0.2	2.9	3.6	4.6	3.2	7.3	1.5	3.9	•	•	•	•
Profit Margin, After Income Tax 37	4.0	0.2	2.9	3.4	3.8	2.6	7.2	1.3	3.7	•	•	•	•

Trends in Selected Ratios and Factors, 1990-1999

	1990	1991	1992	1993	1994	1995	1996	1997	1998	1999
Cost of Operations (%) 38	71.0	70.8	67.3	68.2	68.8	69.5	69.7	67.8	70.1	70.8
Operating Margin (%) 39	2.8	2.8	3.1	4.3	3.3	4.0	4.1	3.5	3.3	3.0
Oper. Margin Before Officers Comp. (%) 40	6.6	5.7	7.9	8.1	6.3	7.0	6.7	6.7	5.6	5.1
Average Net Receivables ($) 41	251	335	518	461	427	408	493	473	325	394
Average Inventories ($) 42	339	559	728	623	574	557	669	599	417	573
Average Net Worth ($) 43	338	543	633	613	733	630	753	735	463	694
Current Ratio (×1) 44	1.7	1.7	1.8	1.9	2.1	2.1	2.1	2.0	2.0	2.2
Quick Ratio (×1) 45	0.8	0.7	0.8	0.8	1.0	1.0	1.0	0.9	0.9	0.9
Coverage Ratio (×1) 46	3.8	3.3	3.3	3.4	3.4	3.3	3.6	3.7	3.4	3.0
Asset Turnover (×1) 47	2.4	2.0	1.9	1.9	2.0	2.0	2.2	1.8	1.9	1.9
Operating Leverage 48	0.7	1.0	1.1	1.4	0.8	1.2	1.0	0.9	0.9	0.9
Financial Leverage 49	1.0	1.1	1.1	1.0	1.1	1.0	1.0	1.0	1.0	1.0
Total Leverage 50	0.7	1.1	1.2	1.4	0.8	1.2	1.1	0.9	0.9	0.9

Table I

Corporations with and without Net Income

MISCELLANEOUS FABRICATED TEXTILE PRODUCTS

MONEY AMOUNTS AND SIZE OF ASSETS IN THOUSANDS OF DOLLARS

Item Description for Accounting Period 7/95 Through 6/96	Total	Zero Assets	Under 100	100 to 250	251 to 500	501 to 1,000	1,001 to 5,000	5,001 to 10,000	10,001 to 25,000	25,001 to 50,000	50,001 to 100,000	100,001 to 250,000	250,001 and over
Number of Enterprises **1**	7013	488	2325	1448	1181	575	769	92	81	33	12	4	4
Revenues ($ in Thousands)													
Net Sales **2**	16013845	115214	271802	1031477	999751	1388298	3686004	1036688	2381427	1883584	1328567	810122	1080910
Portfolio Income **3**	82540	411	237	1278	1232	9663	7442	1772	2164	12774	10134	6612	28819
Other Revenues **4**	93981	1058	19	12633	5550	10404	12760	2883	18901	12447	8277	2005	7048
Total Revenues **5**	16190366	116683	272058	1045388	1006533	1408365	3706206	1041343	2402492	1908805	1346978	818739	1116777
Average Total Revenues **6**	2309	239	117	722	852	2449	4820	11319	29660	57843	112248	204685	279194
Operating Costs/Operating Income (%)													
Cost of Operations **7**	72.3	74.5	65.4	57.9	57.1	74.3	72.6	77.5	76.1	75.7	72.1	79.6	73.6
Rent **8**	5.7	9.1	2.4	11.2	8.4	5.1	5.9	4.6	4.9	6.3	4.9	2.3	3.5
Taxes Paid **9**	2.3	1.0	3.4	4.3	3.2	2.5	2.6	1.5	1.8	1.7	2.0	1.6	2.1
Interest Paid **10**	1.7	4.9	•	0.5	1.4	0.7	1.4	2.0	1.4	1.6	0.9	1.0	7.9
Depreciation, Depletion, Amortization **11**	2.1	2.0	1.0	1.6	2.2	1.6	1.8	1.2	1.6	2.2	1.8	4.2	5.0
Pensions and Other Benefits **12**	1.5	0.7	•	0.6	0.9	1.5	2.2	0.7	1.2	1.3	2.4	1.3	1.8
Other **13**	10.1	14.3	24.3	16.0	19.0	10.9	8.0	7.9	9.5	8.2	9.1	4.3	10.9
Officers Compensation **14**	3.5	1.0	5.2	6.6	7.4	5.2	4.3	4.2	2.2	2.3	0.7	0.5	1.3
Operating Margin **15**	0.9	•	•	1.4	0.3	•	1.4	0.6	1.2	0.9	6.3	5.2	•
Oper. Margin Before Officers Compensation **16**	4.4	•	3.6	8.0	7.7	3.5	5.7	4.7	3.4	3.1	6.9	5.7	•
Selected Average Balance Sheet ($ in Thousands)													
Net Receivables **17**	292	•	2	40	86	226	617	1803	3747	7407	18822	28281	57375
Inventories **18**	318	•	3	32	74	152	580	2834	4995	10559	20832	17060	55710
Net Property, Plant and Equipment **19**	275	•	3	46	68	150	466	922	2301	8390	14864	48179	103604
Total Assets **20**	1231	•	16	174	347	713	2098	7064	14515	32145	72548	143982	394170

Notes and Loans Payable	21	480	•	28	65	201	151	761	2803	4680	10359	11794	45174	248775
All Other Liabilities	22	328	•	2	38	84	342	743	1387	3869	7335	17998	36240	82090
Net Worth	23	424	•	-13	72	62	220	594	2874	5965	14451	42756	62567	63305

Selected Financial Ratios (Times to 1)

Current Ratio	24	1.8	•	6.4	2.9	1.9	1.4	1.5	2.3	2.0	1.9	2.4	1.4	1.9
Quick Ratio	25	1.0	•	4.5	2.1	1.1	0.9	0.8	1.1	0.9	0.9	1.2	1.0	0.9
Net Sales to Working Capital	26	6.7	•	13.2	9.3	9.0	17.3	10.3	3.6	5.7	5.6	3.9	10.6	4.6
Coverage Ratio	27	2.2	•	•	6.4	1.7	0.7	2.3	1.5	2.5	2.4	9.2	7.4	0.7
Total Asset Turnover	28	1.9	•	7.2	4.1	2.4	3.4	2.3	1.6	2.0	1.8	1.5	1.4	0.7
Inventory Turnover	29	5.5	•	•	•	7.6	10.0	6.3	3.6	4.1	5.2	4.6	7.7	3.8
Receivables Turnover	30	8.1	•	•	•	•	9.6	8.7	5.8	7.6	8.0	6.3	8.5	4.9
Total Liabilities to Net Worth	31	1.9	•	•	1.4	4.6	2.3	2.5	1.5	1.4	1.2	0.7	1.3	5.2

Selected Financial Factors (in Percentages)

Debt Ratio	32	65.6	•	•	58.9	82.1	69.2	71.7	59.3	58.9	55.1	41.1	56.6	83.9
Return on Assets	33	6.9	•	•	13.3	5.6	1.7	7.7	4.8	7.1	6.7	13.1	10.2	3.6
Return on Equity	34	7.5	•	13.6	24.5	10.6	•	11.8	2.4	8.6	6.8	13.4	12.9	•
Return Before Interest on Equity	35	20.1	•	13.1	32.3	31.3	5.3	27.0	11.8	17.2	15.0	22.2	23.4	22.5
Profit Margin, Before Income Tax	36	2.0	•	•	2.8	0.9	•	1.9	1.0	2.1	2.2	7.6	6.3	•
Profit Margin, After Income Tax	37	1.4	•	•	2.5	0.8	•	1.5	0.6	1.8	1.7	5.2	4.0	•

Trends in Selected Ratios and Factors, 1990-1999

		1990	1991	1992	1993	1994	1995	1996	1997	1998	1999
Cost of Labor (%)	38	71.1	71.9	72.7	72.7	73.0	73.3	72.1	70.5	70.8	72.3
Operating Margin (%)	39	1.1	1.1	0.4	•	•	•	1.3	1.4	1.3	0.9
Oper. Margin Before Officers Comp. (%)	40	4.1	4.4	4.3	2.6	3.4	3.0	5.0	5.2	4.8	4.4
Average Net Receivables ($)	41	309	253	257	211	254	218	255	255	250	292
Average Inventories ($)	42	390	341	357	260	317	259	297	286	261	318
Average Net Worth ($)	43	470	341	313	234	344	327	432	417	354	424
Current Ratio (×1)	44	2.0	1.8	1.8	1.7	1.9	1.9	2.0	1.9	1.9	1.8
Quick Ratio (×1)	45	0.9	0.8	0.8	0.8	0.9	1.0	1.0	1.0	1.0	1.0
Coverage Ratio (×1)	46	2.5	2.8	1.9	1.0	1.5	1.9	2.9	3.1	2.8	2.2
Asset Turnover (×1)	47	2.1	2.2	2.2	2.2	2.2	2.1	2.0	2.0	2.0	1.9
Total Liabilities/Net Worth (×1)	48	1.6	1.9	2.2	2.3	1.7	1.7	1.4	1.6	1.8	1.9
Return on Assets (×1)	49	8.9	9.8	8.3	4.5	6.4	6.2	7.6	7.2	7.9	6.9
Return on Equity (%)	50	6.8	14.3	9.1	•	3.9	5.2	9.3	9.4	11.0	7.5

Table II

Corporations with Net Income

MISCELLANEOUS FABRICATED TEXTILE PRODUCTS

MONEY AMOUNTS AND SIZE OF ASSETS IN THOUSANDS OF DOLLARS

Item Description for Accounting Period 7/95 Through 6/96	Total	Zero Assets	Under 100	100 to 250	251 to 500	501 to 1,000	1,001 to 5,000	5,001 to 10,000	10,001 to 25,000	25,001 to 50,000	50,001 to 100,000	100,001 to 250,000	250,001 and over
Number of Enterprises **1**	3562	23	797	966	594	430	586	65	61	24	•	•	•
Revenues ($ in Thousands)													
Net Sales **2**	12461994	6324	185318	767681	705302	942942	2968430	855512	1853093	1306762	•	•	•
Portfolio Income **3**	67248	•	5	1028	868	9118	6747	1096	1324	12394	•	•	•
Other Revenues **4**	78891	163	•	11683	5432	10319	12102	2868	17052	9159	•	•	•
Total Revenues **5**	12608133	6487	185323	780392	711602	962379	2987279	859476	1871469	1328315	•	•	•
Average Total Revenues **6**	3540	282	233	808	1198	2238	5098	13223	30680	55346	•	•	•
Operating Costs/Operating Income (%)													
Cost of Operations **7**	72.2	58.8	74.8	56.9	58.8	72.8	72.1	78.2	74.3	73.9	•	•	•
Rent **8**	5.3	4.7	3.4	13.2	5.0	3.8	5.7	4.5	5.1	6.4	•	•	•
Taxes Paid **9**	2.2	•	1.8	4.3	3.4	2.3	2.5	1.3	1.7	1.8	•	•	•
Interest Paid **10**	1.4	5.1	1.8	0.2	0.6	0.8	1.2	1.9	1.2	1.2	•	•	•
Depreciation, Depletion, Amortization **11**	2.0	3.0	0.6	1.0	1.0	2.1	1.7	1.1	1.4	2.2	•	•	•
Pensions and Other Benefits **12**	1.5	3.4	•	0.4	1.3	1.4	1.9	0.8	1.4	1.2	•	•	•
Other **13**	8.6	16.5	10.0	12.3	17.1	11.0	7.2	6.0	9.3	7.6	•	•	•
Officers Compensation **14**	3.4	7.8	•	6.7	8.8	5.1	4.4	4.5	2.4	2.7	•	•	•
Operating Margin **15**	3.5	0.6	9.5	5.0	4.0	0.8	3.4	1.8	3.2	3.1	•	•	•
Oper. Margin Before Officers Compensation **16**	6.9	8.4	9.5	11.6	12.8	6.0	7.8	6.3	5.6	5.8	•	•	•
Selected Average Balance Sheet ($ in Thousands)													
Net Receivables **17**	439	•	4	41	115	169	704	2108	3742	7329	•	•	•
Inventories **18**	427	•	2	35	68	97	566	2642	4292	9582	•	•	•
Net Property, Plant and Equipment **19**	407	•	2	28	45	177	462	864	2132	8534	•	•	•
Total Assets **20**	1760	•	21	174	359	670	2127	6647	13789	32066	•	•	•

Notes and Loans Payable 21	589	•	21	33	98	131	704	2932	2738	8626	•	•	•
All Other Liabilities 22	441	•	1	48	78	279	684	1499	3942	6910	•	•	•
Net Worth 23	730	•	-1	92	183	259	739	2215	7109	16530	•	•	•

Selected Financial Ratios (Times to 1)

Current Ratio 24	1.9	•	•	2.7	2.1	1.5	1.7	1.7	2.2	2.4	•	•	•
Quick Ratio 25	1.1	•	•	2.0	1.3	1.0	1.0	0.8	1.0	1.2	•	•	•
Net Sales to Working Capital 26	6.7	•	12.2	9.5	9.1	16.2	7.9	6.6	5.6	4.4	•	•	•
Coverage Ratio 27	4.3	1.6	•	•	8.8	4.8	4.4	2.2	4.5	5.0	•	•	•
Total Asset Turnover 28	2.0	•	10.9	4.6	3.3	3.3	2.4	2.0	2.2	1.7	•	•	•
Inventory Turnover 29	6.0	•	•	•	9.9	•	7.7	4.3	4.2	4.5	•	•	•
Receivables Turnover 30	8.2	•	•	•	•	•	8.7	6.2	7.2	7.2	•	•	•
Total Liabilities to Net Worth 31	1.4	•	•	0.9	1.0	1.6	1.9	2.0	0.9	0.9	•	•	•

Selected Financial Factors (in Percentages)

Debt Ratio 32	58.5	•	•	46.9	49.0	61.3	65.2	66.7	48.5	48.5	•	•	•
Return on Assets 33	12.1	•	•	31.1	18.1	12.0	12.4	8.2	12.0	10.0	•	•	•
Return on Equity 34	18.6	•	•	•	30.0	24.0	23.7	10.9	16.0	13.1	•	•	•
Return Before Interest on Equity 35	29.2	•	•	•	•	30.9	•	24.6	23.2	19.4	•	•	•
Profit Margin, Before Income Tax 36	4.7	3.2	9.5	6.6	4.8	2.9	4.0	2.3	4.2	4.7	•	•	•
Profit Margin, After Income Tax 37	3.9	3.2	9.5	6.3	4.6	2.8	3.5	1.8	3.8	4.0	•	•	•

Trends in Selected Ratios and Factors, 1990-1999

	1990	1991	1992	1993	1994	1995	1996	1997	1998	1999
Cost of Operations (%) 38	70.0	72.0	71.3	71.0	72.2	72.5	72.2	69.0	69.5	72.2
Operating Margin (%) 39	3.4	2.9	3.3	3.4	3.5	1.9	4.0	4.2	4.3	3.5
Oper. Margin Before Officers Comp. (%) 40	6.4	6.3	7.5	7.3	7.5	6.0	7.6	7.9	7.8	6.9
Average Net Receivables ($) 41	346	376	349	361	332	380	421	374	359	439
Average Inventories ($) 42	444	484	451	417	376	404	445	384	358	427
Average Net Worth ($) 43	599	577	561	554	517	663	756	664	620	730
Current Ratio (×1) 44	2.1	2.0	1.9	2.1	2.2	2.3	2.4	2.1	2.1	1.9
Quick Ratio (×1) 45	1.0	0.9	0.9	1.0	1.1	1.2	1.3	1.2	1.2	1.1
Coverage Ratio (×1) 46	4.0	4.2	4.2	3.9	3.9	5.2	5.9	6.4	6.3	4.3
Asset Turnover (×1) 47	2.2	2.3	2.3	2.3	2.5	2.1	2.2	2.2	2.3	2.0
Operating Leverage 48	1.1	0.9	1.1	1.0	1.0	0.5	2.1	1.1	1.0	0.8
Financial Leverage 49	0.9	1.3	1.0	1.0	1.1	1.1	1.0	1.0	1.0	0.9
Total Leverage 50	1.0	1.1	1.1	1.0	1.1	0.6	2.1	1.1	1.1	0.7

Table I

Corporations with and without Net Income

LOGGING, SAWMILLS, AND PLANING MILLS

MONEY AMOUNTS AND SIZE OF ASSETS IN THOUSANDS OF DOLLARS

Item Description for Accounting Period 7/95 Through 6/96	Total	Zero Assets	Under 100	100 to 250	251 to 500	501 to 1,000	1,001 to 5,000	5,001 to 10,000	10,001 to 25,000	25,001 to 50,000	50,001 to 100,000	100,001 to 250,000	250,001 and over
Number of Enterprises **1**	9267	33	3693	1484	1332	1263	1067	169	143	44	22	7	9
Revenues ($ in Thousands)													
Net Sales **2**	37394090	255629	358984	689367	1331694	2332308	5008558	2256906	3384460	2136248	1579760	798615	17261561
Portfolio Income **3**	830397	2804	1367	2684	10517	16286	49872	10742	53861	15119	37217	43681	586247
Other Revenues **4**	450494	2874	824	1	1697	34087	42222	33902	19790	7212	18606	27083	262196
Total Revenues **5**	38674981	261307	361175	692052	1343908	2382681	5100652	2301550	3458111	2158579	1635583	869379	18110004
Average Total Revenues **6**	4173	7918	98	466	1009	1887	4780	13619	24183	49059	74345	124197	2012223
Operating Costs/Operating Income (%)													
Cost of Operations **7**	69.9	89.4	32.8	58.5	58.4	57.8	77.0	83.0	83.1	86.1	87.5	82.1	62.8
Rent **8**	6.4	1.3	3.8	7.1	7.1	7.3	4.4	3.0	2.4	1.5	3.3	3.4	9.2
Taxes Paid **9**	2.2	1.5	2.5	2.5	2.8	2.5	1.8	1.4	1.6	1.4	2.0	2.0	2.5
Interest Paid **10**	2.6	3.8	0.9	1.4	1.1	1.7	1.7	2.1	2.2	2.4	2.7	2.9	3.4
Depreciation, Depletion, Amortization **11**	5.8	3.1	4.2	6.1	6.4	7.1	4.2	2.3	3.3	5.8	4.1	5.0	7.2
Pensions and Other Benefits **12**	1.7	0.6	1.0	•	1.1	1.2	0.7	1.2	0.8	0.9	0.5	0.8	2.8
Other **13**	8.8	1.7	41.8	15.7	15.1	17.7	8.0	5.2	4.0	2.5	3.6	4.2	9.3
Officers Compensation **14**	1.6	1.8	10.1	6.7	5.3	4.8	2.4	2.2	1.6	1.1	0.6	0.7	0.4
Operating Margin **15**	1.1	•	2.9	2.0	2.9	•	•	•	1.0	•	•	•	2.5
Oper. Margin Before Officers Compensation **16**	2.6	•	13.0	8.8	8.1	4.8	2.3	1.9	2.6	•	•	•	2.8
Selected Average Balance Sheet ($ in Thousands)													
Net Receivables **17**	265	•	1	2	21	56	283	931	1926	2794	5952	10901	143347
Inventories **18**	434	•	0	9	40	84	426	2762	3860	9180	12542	16240	175962
Net Property, Plant and Equipment **19**	1847	•	6	77	194	437	912	2527	5888	14381	29499	66329	1354166
Total Assets **20**	3617	•	17	124	334	687	2055	7294	15559	33957	68081	141202	2481541

Notes and Loans Payable 21	1403	•	8	104	170	410	866	3424	6995	13840	25774	39590	902156
All Other Liabilities 22	709	•	5	4	35	61	278	1308	1889	4593	9884	13549	568649
Net Worth 23	1505	•	4	16	129	216	911	2562	6674	15524	32423	88063	1010737

Selected Financial Ratios (Times to 1)

Current Ratio 24	1.4	•	1.4	0.4	1.2	1.1	1.7	1.4	2.0	1.8	1.6	2.0	1.2
Quick Ratio 25	0.5	•	1.3	0.2	0.6	0.6	0.8	0.4	0.8	0.5	0.5	0.6	0.5
Net Sales to Working Capital 26	15.3	•	41.9	•	•	•	12.7	10.5	6.0	7.1	7.0	5.1	28.4
Coverage Ratio 27	2.7	0.8	5.1	2.7	4.6	2.3	2.0	1.8	2.4	0.7	0.8	3.7	3.2
Total Asset Turnover 28	1.1	•	5.9	3.8	3.0	2.7	2.3	1.8	1.5	1.4	1.1	0.8	0.8
Inventory Turnover 29	7.1	•	•	•	•	•	8.3	4.4	5.2	5.0	5.6	5.8	8.2
Receivables Turnover 30	•	•	•	•	•	•	•	•	•	•	•	•	•
Total Liabilities to Net Worth 31	1.4	•	3.6	6.8	1.6	2.2	1.3	1.9	1.3	1.2	1.1	0.6	1.5

Selected Financial Factors (in Percentages)

Debt Ratio 32	58.4	•	78.3	87.2	61.5	68.6	55.7	64.9	57.1	54.3	52.4	37.6	59.3
Return on Assets 33	7.9	•	25.7	14.3	14.5	10.4	7.9	6.7	8.1	2.3	2.2	8.6	8.4
Return on Equity 34	7.9	•	•	•	28.6	15.1	6.3	6.9	7.4	•	•	6.9	9.2
Return Before Interest on Equity 35	19.0	•	•	•	•	33.2	17.7	19.2	18.8	5.0	4.5	13.8	20.5
Profit Margin, Before Income Tax 36	4.5	•	3.5	2.4	3.8	2.2	1.7	1.6	3.1	•	•	7.8	7.4
Profit Margin, After Income Tax 37	3.0	•	3.5	2.1	3.7	1.8	1.2	1.3	2.1	•	•	5.3	4.8

Trends in Selected Ratios and Factors, 1990-1999

	1990	1991	1992	1993	1994	1995	1996	1997	1998	1999
Cost of Labor (%) 38	74.0	73.2	72.7	73.0	74.0	74.3	71.7	73.0	72.6	69.9
Operating Margin (%) 39	•	•	•	•	•	•	•	1.0	1.9	1.1
Oper. Margin Before Officers Comp. (%) 40	•	1.2	1.5	1.8	•	•	0.4	2.8	3.6	2.6
Average Net Receivables ($) 41	459	436	452	415	318	272	296	329	306	265
Average Inventories ($) 42	409	370	399	379	311	241	262	346	360	434
Average Net Worth ($) 43	2123	1803	2044	1883	1972	1192	1294	1429	1492	1505
Current Ratio (×1) 44	1.7	1.9	1.7	1.8	2.3	1.6	1.9	1.9	1.7	1.4
Quick Ratio (×1) 45	0.7	0.8	0.6	0.7	0.9	0.7	1.0	0.8	0.8	0.5
Coverage Ratio (×1) 46	2.2	3.3	3.2	2.7	1.8	1.1	2.8	3.3	3.0	2.7
Asset Turnover (×1) 47	1.0	1.1	1.1	1.1	0.9	1.0	0.9	1.2	1.2	1.1
Total Liabilities/Net Worth (×1) 48	1.1	1.1	1.1	1.1	0.9	1.2	1.6	1.2	1.3	1.4
Return on Assets (×1) 49	7.4	10.6	10.7	10.4	5.7	3.5	6.0	9.5	8.7	7.9
Return on Equity (%) 50	5.5	11.1	10.7	9.9	3.1	•	7.2	10.9	9.1	7.9

Table II

Corporations with Net Income

LOGGING, SAWMILLS, AND PLANING MILLS

MONEY AMOUNTS AND SIZE OF ASSETS IN THOUSANDS OF DOLLARS

Item Description for Accounting Period 7/95 Through 6/96	Total	Zero Assets	Under 100	100 to 250	251 to 500	501 to 1,000	1,001 to 5,000	5,001 to 10,000	10,001 to 25,000	25,001 to 50,000	50,001 to 100,000	100,001 to 250,000	250,001 and over
Number of Enterprises **1**	5599	6	1997	1003	866	903	567	123	89	22	10	•	•
Revenues ($ in Thousands)													
Net Sales **2**	30391401	36434	219981	289836	1072566	1887029	3615928	1720145	2347325	1063087	529281	•	•
Portfolio Income **3**	763945	472	10	2018	10259	15804	40097	7707	47462	11396	25755	•	•
Other Revenues **4**	369170	313	•	•	1698	32576	10057	18018	13219	4864	7891	•	•
Total Revenues **5**	31524516	37219	219991	291854	1084523	1935409	3666082	1745870	2408006	1079347	562927	•	•
Average Total Revenues **6**	5630	6203	110	291	1252	2143	6466	14194	27056	49061	56293	•	•
Operating Costs/Operating Income (%)													
Cost of Operations **7**	67.9	77.3	29.2	54.0	63.4	60.6	76.7	80.5	79.9	84.8	72.1	•	•
Rent **8**	6.8	3.1	6.2	3.6	4.7	6.4	4.1	3.5	2.7	1.5	5.4	•	•
Taxes Paid **9**	2.2	2.4	2.8	2.1	2.5	2.5	1.6	1.3	1.5	1.1	2.2	•	•
Interest Paid **10**	2.4	3.1	0.3	2.7	0.9	1.4	1.0	1.7	2.4	2.5	2.3	•	•
Depreciation, Depletion, Amortization **11**	5.8	3.0	0.7	9.4	5.4	5.8	3.0	2.2	3.1	3.8	7.2	•	•
Pensions and Other Benefits **12**	1.9	1.5	0.6	•	1.0	1.3	0.6	1.1	0.8	1.0	0.9	•	•
Other **13**	8.5	5.0	31.1	12.2	12.1	15.5	6.9	4.9	3.9	2.0	5.5	•	•
Officers Compensation **14**	1.5	1.2	15.6	5.3	5.5	5.2	2.4	2.5	1.6	1.2	1.1	•	•
Operating Margin **15**	3.1	3.5	13.6	10.8	4.6	1.4	3.8	2.5	4.2	2.2	3.4	•	•
Oper. Margin Before Officers Compensation **16**	4.6	4.6	29.2	16.1	10.1	6.6	6.2	5.0	5.8	3.4	4.5	•	•
Selected Average Balance Sheet ($ in Thousands)													
Net Receivables **17**	359	•	•	2	23	74	399	754	2155	2411	4983	•	•
Inventories **18**	548	•	•	5	43	104	616	2576	4354	8377	9920	•	•
Net Property, Plant and Equipment **19**	2607	•	1	82	182	395	837	3079	5986	13515	32597	•	•
Total Assets **20**	5032	•	7	122	352	693	2345	7176	16000	34980	66241	•	•

Notes and Loans Payable 21	1772	•	0	65	146	362	640	3190	8165	13467	16319	•	•
All Other Liabilities 22	1006	•	-0	6	44	73	279	793	1974	4060	5706	•	•
Net Worth 23	2255	•	7	51	163	258	1427	3194	5860	17453	44216	•	•

Selected Financial Ratios (Times to 1)

Current Ratio 24	1.4	•	19.1	0.6	1.6	1.3	2.8	1.6	1.8	2.4	2.7	•	•
Quick Ratio 25	0.5	•	17.9	0.2	0.9	0.7	1.4	0.5	0.7	0.8	1.0	•	•
Net Sales to Working Capital 26	15.2	•	18.4	•	34.3	36.2	7.8	9.4	6.9	5.4	3.5	•	•
Coverage Ratio 27	3.9	2.8	•	5.2	7.5	3.8	6.3	3.4	3.8	2.5	5.2	•	•
Total Asset Turnover 28	1.1	•	•	2.4	3.5	3.0	2.7	2.0	1.7	1.4	0.8	•	•
Inventory Turnover 29	7.1	•	•	•	•	•	6.9	4.5	4.9	4.3	3.6	•	•
Receivables Turnover 30	•	•	•	•	•	•	•	•	•	•	•	•	•
Total Liabilities to Net Worth 31	1.2	•	0.0	1.4	1.2	1.7	0.7	1.3	1.7	1.0	0.5	•	•

Selected Financial Factors (in Percentages)

Debt Ratio 32	55.2	•	1.2	58.1	53.9	62.8	39.2	55.5	63.4	50.1	33.3	•	•
Return on Assets 33	10.0	•	•	33.7	23.2	16.4	16.8	11.0	15.0	8.6	9.6	•	•
Return on Equity 34	12.1	•	•	•	•	28.7	20.1	15.8	25.2	8.0	9.0	•	•
Return Before Interest on Equity 35	22.3	•	•	•	•	•	27.6	24.7	•	17.2	14.4	•	•
Profit Margin, Before Income Tax 36	6.9	5.6	13.6	11.5	5.7	4.0	5.2	4.0	6.7	3.7	9.7	•	•
Profit Margin, After Income Tax 37	5.0	5.1	13.6	10.9	5.6	3.5	4.5	3.6	5.6	2.9	7.5	•	•

Trends in Selected Ratios and Factors, 1990-1999

	1990	1991	1992	1993	1994	1995	1996	1997	1998	1999
Cost of Operations (%) 38	73.7	73.4	72.4	72.0	71.4	72.7	71.3	72.7	72.2	67.9
Operating Margin (%) 39	•	0.4	1.2	1.3	•	2.0	•	1.9	3.5	3.1
Oper. Margin Before Officers Comp. (%) 40	•	1.6	2.3	2.8	0.5	4.3	0.9	3.8	5.0	4.6
Average Net Receivables ($) 41	674	531	812	666	422	147	394	417	444	359
Average Inventories ($) 42	568	433	673	555	339	266	335	417	477	548
Average Net Worth ($) 43	3025	2225	3720	3149	2725	1033	1755	1795	2268	2255
Current Ratio (×1) 44	1.8	2.0	1.8	1.9	2.6	1.3	2.0	2.0	1.7	1.4
Quick Ratio (×1) 45	0.7	0.8	0.6	0.8	1.0	0.6	1.0	0.9	0.8	0.5
Coverage Ratio (×1) 46	2.6	3.6	3.8	3.2	2.5	3.6	3.1	3.9	4.0	3.9
Asset Turnover (×1) 47	1.0	1.1	1.0	1.1	0.8	1.3	0.9	1.1	1.2	1.1
Operating Leverage 48	0.6	•	3.0	1.1	•	•	•	•	1.8	0.9
Financial Leverage 49	1.0	1.2	1.0	1.0	0.9	1.3	0.9	1.1	1.0	1.0
Total Leverage 50	0.6	•	3.0	1.1	•	•	•	•	1.8	0.9

Table I

Corporations with and without Net Income

MILLWORK, PLYWOOD, AND RELATED PRODUCTS

MONEY AMOUNTS AND SIZE OF ASSETS IN THOUSANDS OF DOLLARS

Item Description for Accounting Period 7/95 Through 6/96	Total	Zero Assets	Under 100	100 to 250	251 to 500	501 to 1,000	1,001 to 5,000	5,001 to 10,000	10,001 to 25,000	25,001 to 50,000	50,001 to 100,000	100,001 to 250,000	250,001 and over
Number of Enterprises 1	4250	42	1296	322	599	818	878	169	68	30	9	12	7
Revenues ($ in Thousands)													
Net Sales 2	37141183	37642	486810	75930	543787	1476165	4984966	2461359	1868478	2154241	903368	2491320	19657118
Portfolio Income 3	236367	20576	•	15	1443	749	9955	10407	6187	15154	1839	19136	150909
Other Revenues 4	350187	8089	•	97	393	3514	36047	21045	18480	5213	6965	34055	216284
Total Revenues 5	37727737	66307	486810	76042	545623	1480428	5030968	2492811	1893145	2174608	912172	2544511	20024311
Average Total Revenues 6	8877	1579	376	236	911	1810	5730	14750	27840	72487	101352	212043	2860616
Operating Costs/Operating Income (%)													
Cost of Operations 7	73.4	•	58.5	86.7	72.5	68.3	80.5	80.2	77.7	80.3	76.9	72.4	70.2
Rent 8	4.2	4.9	7.2	•	4.8	5.0	4.4	3.2	4.4	4.2	4.3	4.9	4.0
Taxes Paid 9	2.1	4.0	9.6	0.6	4.3	3.0	1.8	1.9	2.0	2.6	1.1	2.1	1.9
Interest Paid 10	2.0	3.9	•	0.4	0.8	1.2	1.1	1.0	1.7	1.2	1.4	1.4	2.8
Depreciation, Depletion, Amortization 11	3.6	1.3	0.6	5.6	2.2	2.9	1.8	1.6	2.4	2.6	3.1	3.3	4.8
Pensions and Other Benefits 12	1.4	1.3	1.0	•	2.2	1.2	1.3	1.6	2.0	1.5	1.0	2.8	1.1
Other 13	7.4	8.8	12.7	13.5	11.2	9.5	5.1	6.1	5.4	6.2	6.9	9.7	7.7
Officers Compensation 14	1.2	4.4	7.4	1.2	4.9	3.8	3.0	1.6	1.7	1.0	0.8	0.8	0.2
Operating Margin 15	4.8	•	3.1	•	•	5.2	1.1	2.8	2.9	0.5	4.6	2.7	7.4
Oper. Margin Before Officers Compensation 16	6.0	•	10.5	•	2.1	9.0	4.1	4.4	4.6	1.5	5.4	3.5	7.6
Selected Average Balance Sheet ($ in Thousands)													
Net Receivables 17	755	•	2	23	120	223	628	1482	3052	5774	12455	26370	190655
Inventories 18	950	•	18	10	57	109	649	1782	4325	11677	15696	27172	271753
Net Property, Plant and Equipment 19	2572	•	6	73	118	269	533	1929	5680	14822	21875	43208	1181405
Total Assets 20	8188	•	34	164	355	713	2199	6786	15355	36986	72972	148831	3747555

Notes and Loans Payable 21	1998	•	2	90	162	295	747	1959	6619	13029	26013	31103	812574
All Other Liabilities 22	2955	•	8	9	90	176	505	1185	2764	5240	13457	29800	1554191
Net Worth 23	3235	•	24	65	103	242	947	3642	5972	18717	33501	87928	1380791
Selected Financial Ratios (Times to 1)													
Current Ratio 24	1.1	•	3.6	4.0	1.6	1.6	1.8	2.1	1.6	2.3	2.1	2.7	0.9
Quick Ratio 25	0.3	•	1.2	2.8	1.2	1.1	0.9	1.1	0.8	0.8	1.0	1.4	0.2
Net Sales to Working Capital 26	28.6	•	18.8	7.2	11.0	11.4	8.7	6.7	8.3	6.2	5.5	4.6	•
Coverage Ratio 27	4.2	10.1	•	•	•	5.5	2.8	5.3	3.5	2.2	5.0	4.5	4.3
Total Asset Turnover 28	1.1	•	11.0	1.4	2.6	2.5	2.6	2.2	1.8	2.0	1.4	1.4	0.8
Inventory Turnover 29	7.4	•	•	•	•	•	7.0	8.0	5.2	6.2	4.4	5.9	8.0
Receivables Turnover 30	•	•	•	8.2	9.2	•	9.0	•	9.5	•	8.3	8.6	•
Total Liabilities to Net Worth 31	1.5	•	0.4	1.5	2.4	2.0	1.3	0.9	1.6	1.0	1.2	0.7	1.7
Selected Financial Factors (in Percentages)													
Debt Ratio 32	60.5	•	29.4	60.6	70.9	66.1	56.9	46.3	61.1	49.4	54.1	40.9	63.2
Return on Assets 33	9.0	•	33.9	•	•	17.0	8.0	10.7	10.4	5.1	9.5	8.7	9.0
Return on Equity 34	12.0	•	•	•	•	•	9.4	15.2	18.6	2.1	15.2	7.8	12.2
Return Before Interest on Equity 35	22.8	•	•	•	•	•	18.5	20.0	26.8	10.0	20.7	14.7	24.5
Profit Margin, Before Income Tax 36	6.4	•	3.1	•	•	5.5	2.0	4.1	4.2	1.4	5.5	4.9	9.3
Profit Margin, After Income Tax 37	4.5	•	3.0	•	•	5.4	1.6	3.8	4.0	0.5	5.1	3.3	6.0

Trends in Selected Ratios and Factors, 1990-1999

	1990	1991	1992	1993	1994	1995	1996	1997	1998	1999
Cost of Labor (%) 38	76.6	74.3	75.9	74.9	75.7	76.3	76.0	76.8	77.1	73.4
Operating Margin (%) 39	•	0.7	2.3	2.4	•	•	0.6	1.3	2.6	4.8
Oper. Margin Before Officers Comp. (%) 40	•	2.3	3.6	3.6	0.4	•	2.0	2.7	3.9	6.0
Average Net Receivables ($) 41	440	508	543	552	478	413	435	499	559	755
Average Inventories ($) 42	519	572	610	638	719	695	745	788	760	950
Average Net Worth ($) 43	1420	1642	1863	1893	2708	2494	2129	1953	2106	3235
Current Ratio (×1) 44	1.3	1.3	1.5	1.7	1.2	1.1	1.0	1.1	1.1	1.1
Quick Ratio (×1) 45	0.7	0.7	0.7	0.8	0.5	0.5	0.4	0.5	0.5	0.3
Coverage Ratio (×1) 46	1.9	3.1	3.5	3.2	1.7	1.5	1.9	2.2	3.1	4.2
Asset Turnover (×1) 47	1.6	1.4	1.5	1.5	1.1	1.1	1.3	1.4	1.4	1.1
Total Liabilities/Net Worth (×1) 48	1.3	1.3	1.2	1.2	1.4	1.4	1.6	1.6	1.6	1.5
Return on Assets (×1) 49	6.6	10.0	9.9	10.2	6.0	6.1	7.0	7.1	9.3	9.0
Return on Equity (%) 50	3.3	10.5	11.8	10.5	3.3	2.5	6.0	7.6	11.8	12.0

Table II

Corporations with Net Income

MILLWORK, PLYWOOD, AND RELATED PRODUCTS

MONEY AMOUNTS AND SIZE OF ASSETS IN THOUSANDS OF DOLLARS

Item Description for Accounting Period 7/95 Through 6/96	Total	Zero Assets	Under 100	100 to 250	251 to 500	501 to 1,000	1,001 to 5,000	5,001 to 10,000	10,001 to 25,000	25,001 to 50,000	50,001 to 100,000	100,001 to 250,000	250,001 and over
Number of Enterprises 1	2539	21	646	•	392	667	577	147	49	17	•	•	•
Revenues ($ in Thousands)													
Net Sales 2	32157618	210	284196	•	365496	1356274	3482609	2338914	1316349	1189611	•	•	•
Portfolio Income 3	196850	11719	•	•	870	643	9523	2258	2351	5960	•	•	•
Other Revenues 4	350194	7379	•	•	57	2288	27192	22426	15735	486	•	•	•
Total Revenues 5	32704662	19308	284196	•	366423	1359205	3519324	2363598	1334435	1196057	•	•	•
Average Total Revenues 6	12881	919	440	•	935	2038	6099	16079	27233	70356	•	•	•
Operating Costs/Operating Income (%)													
Cost of Operations 7	71.8	•	64.6	•	67.0	67.3	79.5	80.2	72.2	73.2	•	•	•
Rent 8	4.0	•	3.2	•	3.9	5.1	3.5	3.0	5.4	5.1	•	•	•
Taxes Paid 9	2.1	•	13.0	•	3.9	3.0	1.7	1.8	2.0	2.8	•	•	•
Interest Paid 10	2.1	•	•	•	0.6	0.8	0.9	0.8	1.2	1.0	•	•	•
Depreciation, Depletion, Amortization 11	3.8	51.9	0.1	•	2.1	2.5	1.9	1.5	2.3	2.3	•	•	•
Pensions and Other Benefits 12	1.3	•	•	•	2.6	1.3	1.0	1.6	2.3	2.1	•	•	•
Other 13	7.3	•	9.1	•	10.1	8.4	4.7	5.7	6.8	7.6	•	•	•
Officers Compensation 14	1.0	•	3.9	•	3.6	3.8	3.2	1.6	1.5	1.2	•	•	•
Operating Margin 15	6.6	•	6.1	•	6.3	7.9	3.7	3.9	6.2	4.8	•	•	•
Oper. Margin Before Officers Compensation 16	7.6	•	10.1	•	9.9	11.7	6.9	5.5	7.7	6.0	•	•	•
Selected Average Balance Sheet ($ in Thousands)													
Net Receivables 17	1065	•	•	•	150	255	629	1384	3113	5189	•	•	•
Inventories 18	1329	•	30	•	33	119	674	1886	3599	12520	•	•	•
Net Property, Plant and Equipment 19	3967	•	1	•	115	203	583	2023	5355	10466	•	•	•
Total Assets 20	12692	•	35	•	351	708	2332	6844	14399	33263	•	•	•

Notes and Loans Payable 21	2900	•	2	•	154	217	591	1889	5510	8523	•	•	•
All Other Liabilities 22	4723	•	1	•	122	156	438	1269	2178	4663	•	•	•
Net Worth 23	5069	•	32	•	74	335	1303	3685	6710	20077	•	•	•

Selected Financial Ratios (Times to 1)

Current Ratio 24	1.1	•	•	•	1.6	2.1	2.1	2.1	1.8	2.4	•	•	•
Quick Ratio 25	0.3	•	3.1	•	1.3	1.5	1.1	1.1	1.0	0.7	•	•	•
Net Sales to Working Capital 26	41.0	•	13.3	•	11.2	7.9	7.6	7.1	7.3	5.6	•	•	•
Coverage Ratio 27	5.0	•	•	•	11.8	10.7	6.6	7.4	7.4	6.7	•	•	•
Total Asset Turnover 28	1.0	•	12.4	•	2.7	2.9	2.6	2.3	1.9	2.1	•	•	•
Inventory Turnover 29	7.4	•	•	•	•	•	6.5	9.0	5.2	8.2	•	•	•
Receivables Turnover 30	•	•	•	•	8.8	9.9	9.3	•	8.6	•	•	•	•
Total Liabilities to Net Worth 31	1.5	•	0.1	•	3.7	1.1	0.8	0.9	1.2	0.7	•	•	•

Selected Financial Factors (in Percentages)

Debt Ratio 32	60.1	•	9.6	•	78.8	52.7	44.2	46.2	53.4	39.7	•	•	•
Return on Assets 33	10.3	•	•	•	18.9	25.7	14.4	13.2	16.3	13.3	•	•	•
Return on Equity 34	15.0	•	•	•	•	•	19.1	20.1	29.6	13.0	•	•	•
Return Before Interest on Equity 35	25.9	•	•	•	•	•	25.8	24.5	•	22.0	•	•	•
Profit Margin, Before Income Tax 36	8.3	•	6.1	•	6.5	8.1	4.7	4.9	7.6	5.4	•	•	•
Profit Margin, After Income Tax 37	6.0	•	6.0	•	6.3	8.0	4.1	4.7	7.4	3.7	•	•	•

Trends in Selected Ratios and Factors, 1990-1999

	1990	1991	1992	1993	1994	1995	1996	1997	1998	1999
Cost of Operations (%) 38	75.2	74.2	75.4	73.9	72.9	74.6	74.3	74.6	75.0	71.8
Operating Margin (%) 39	2.6	2.3	3.3	3.8	1.4	•	1.6	2.8	4.0	6.6
Oper. Margin Before Officers Comp. (%) 40	4.1	3.6	4.4	4.8	2.4	0.5	2.9	4.1	5.3	7.6
Average Net Receivables ($) 41	462	572	675	842	950	438	584	818	833	1065
Average Inventories ($) 42	537	655	758	940	1538	930	1042	1403	1225	1329
Average Net Worth ($) 43	1506	2062	2509	3060	6808	3399	3351	3926	3816	5069
Current Ratio (×1) 44	1.4	1.4	1.5	1.8	1.1	1.0	1.0	1.1	1.0	1.1
Quick Ratio (×1) 45	0.7	0.7	0.8	0.9	0.5	0.4	0.4	0.4	0.4	0.3
Coverage Ratio (×1) 46	4.2	4.8	4.1	4.0	2.4	2.3	2.1	2.6	3.5	5.0
Asset Turnover (×1) 47	1.8	1.4	1.4	1.5	1.0	1.1	1.2	1.3	1.3	1.0
Operating Leverage 48	1.4	0.9	1.4	1.2	0.4	•	•	1.8	1.4	1.7
Financial Leverage 49	1.1	1.1	1.0	0.9	0.8	1.0	1.0	1.2	1.1	1.1
Total Leverage 50	1.5	1.0	1.5	1.1	0.3	•	•	2.2	1.6	1.7

Table I

Corporations with and without Net Income

OTHER WOOD PRODUCTS, INCLUDING WOOD BUILDINGS AND MOBILE HOMES

MONEY AMOUNTS AND SIZE OF ASSETS IN THOUSANDS OF DOLLARS

Item Description for Accounting Period 7/95 Through 6/96	Total	Zero Assets	Under 100	100 to 250	251 to 500	501 to 1,000	1,001 to 5,000	5,001 to 10,000	10,001 to 25,000	25,001 to 50,000	50,001 to 100,000	100,001 to 250,000	250,001 and over
Number of Enterprises 1	5655	327	1892	559	1073	661	875	144	83	15	18	8	•
Revenues ($ in Thousands)													
Net Sales 2	23048759	185629	215532	329359	1491387	1276968	5529330	2088876	3277133	1048194	2724592	4881759	•
Portfolio Income 3	370965	353	3162	•	2952	10233	26639	2543	10442	4667	22058	287919	•
Other Revenues 4	248002	34	10129	2686	12933	1708	22080	47606	21554	21357	29615	78297	•
Total Revenues 5	23667726	186016	228823	332045	1507272	1288909	5578049	2139025	3309129	1074218	2776265	5247975	•
Average Total Revenues 6	4185	569	121	594	1405	1950	6375	14854	39869	71615	154237	655997	•
Operating Costs/Operating Income (%)													
Cost of Operations 7	74.9	64.3	52.7	63.0	72.4	67.0	76.7	74.5	79.3	82.2	73.3	74.6	•
Rent 8	4.5	5.3	5.3	15.3	4.4	4.4	3.9	4.5	3.7	4.6	5.1	4.8	•
Taxes Paid 9	2.1	2.8	4.9	3.2	1.8	3.1	2.1	2.3	1.8	1.5	1.8	2.3	•
Interest Paid 10	2.1	2.8	1.6	0.2	1.1	1.0	1.1	1.4	1.2	0.9	1.3	5.4	•
Depreciation, Depletion, Amortization 11	2.2	1.9	3.2	0.6	2.4	2.0	2.3	2.9	1.6	2.1	1.5	2.6	•
Pensions and Other Benefits 12	1.6	4.1	2.1	2.7	1.1	2.7	1.2	1.1	1.2	1.9	0.9	2.3	•
Other 13	8.8	18.3	26.3	7.7	11.7	10.6	6.1	8.2	5.7	4.2	9.7	12.5	•
Officers Compensation 14	2.5	3.4	15.6	3.0	4.1	6.2	3.2	3.0	2.0	0.7	1.2	0.7	•
Operating Margin 15	1.4	•	•	4.5	1.1	3.3	3.5	2.2	3.6	2.0	5.3	•	•
Oper. Margin Before Officers Compensation 16	3.9	0.4	3.8	7.4	5.2	9.4	6.7	5.2	5.6	2.8	6.5	•	•
Selected Average Balance Sheet ($ in Thousands)													
Net Receivables 17	351	•	4	45	91	186	535	1290	3491	7080	12751	56361	•
Inventories 18	385	•	3	32	72	148	461	2731	3699	9067	14072	60543	•
Net Property, Plant and Equipment 19	513	•	16	34	130	207	693	2057	4817	8392	16083	107281	•
Total Assets 20	2048	•	29	157	369	712	2236	6900	14740	29567	68330	590561	•

Notes and Loans Payable 21	864	•	61	18	170	179	807	2242	4690	7291	16350	329933	•
All Other Liabilities 22	443	•	8	46	108	132	488	1623	3283	8489	17917	109397	•
Net Worth 23	741	•	-40	94	90	402	941	3036	6766	13787	34063	151231	•
Selected Financial Ratios (Times to 1)													
Current Ratio 24	2.0	•	0.7	2.4	1.3	2.5	1.6	2.4	1.8	1.8	1.7	2.9	•
Quick Ratio 25	1.1	•	0.4	1.6	0.8	1.6	1.0	0.9	0.9	0.8	0.8	1.8	•
Net Sales to Working Capital 26	8.5	•	•	9.3	26.8	7.7	13.1	5.6	9.8	8.8	9.3	5.3	•
Coverage Ratio 27	3.0	0.0	•	•	3.0	5.5	5.0	4.3	5.0	6.1	6.9	1.5	•
Total Asset Turnover 28	2.0	•	4.0	3.8	3.8	2.7	2.8	2.1	2.7	2.4	2.2	1.0	•
Inventory Turnover 29	7.3	•	•	•	•	8.0	8.8	4.1	8.5	5.2	8.6	•	•
Receivables Turnover 30	•	•	•	•	•	9.9	•	•	•	7.3	•	•	•
Total Liabilities to Net Worth 31	1.8	•	•	0.7	3.1	0.8	1.4	1.3	1.2	1.2	1.0	2.9	•
Selected Financial Factors (in Percentages)													
Debt Ratio 32	63.8	•	•	40.5	75.5	43.6	57.9	56.0	54.1	53.4	50.2	74.4	•
Return on Assets 33	12.2	•	•	20.4	12.2	13.9	15.5	12.7	15.3	13.0	19.2	8.1	•
Return on Equity 34	18.0	•	18.4	32.2	30.4	17.4	26.5	19.1	24.3	18.6	25.0	4.4	•
Return Before Interest on Equity 35	33.8	•	11.2	34.3	•	24.7	•	28.8	33.4	27.9	•	31.6	•
Profit Margin, Before Income Tax 36	4.1	•	•	5.3	2.1	4.2	4.4	4.6	4.6	4.6	7.4	2.5	•
Profit Margin, After Income Tax 37	3.3	•	•	5.1	2.0	3.6	4.0	4.0	4.2	3.7	5.6	1.1	•

Trends in Selected Ratios and Factors, 1990-1999

	1990	1991	1992	1993	1994	1995	1996	1997	1998	1999
Cost of Labor (%) 38	75.1	72.8	73.9	74.4	75.5	75.3	74.5	75.6	75.7	74.9
Operating Margin (%) 39	•	•	•	•	•	•	•	0.4	•	1.4
Oper. Margin Before Officers Comp. (%) 40	•	0.8	•	•	•	•	1.8	2.7	1.9	3.9
Average Net Receivables ($) 41	455	470	348	310	263	285	279	362	417	351
Average Inventories ($) 42	342	309	342	294	276	326	333	394	457	385
Average Net Worth ($) 43	582	550	249	246	366	480	518	596	790	741
Current Ratio (×1) 44	1.4	1.2	1.3	1.5	1.3	1.3	1.6	1.5	1.8	2.0
Quick Ratio (×1) 45	0.9	0.8	0.7	0.8	0.8	0.7	0.9	0.8	1.0	1.1
Coverage Ratio (×1) 46	1.5	1.8	1.1	1.4	1.4	1.9	2.5	3.2	2.2	3.0
Asset Turnover (×1) 47	1.5	1.6	1.3	1.4	1.5	1.4	1.6	1.9	2.0	2.0
Total Liabilities/Net Worth (×1) 48	2.6	2.9	8.6	7.2	4.0	3.2	2.8	2.6	1.9	1.8
Return on Assets (×1) 49	5.9	11.5	7.2	7.8	6.9	7.9	9.4	10.7	9.2	12.2
Return on Equity (%) 50	0.9	12.3	2.1	10.6	6.3	10.6	15.9	20.0	9.4	18.0

Table II
Corporations with Net Income

OTHER WOOD PRODUCTS, INCLUDING WOOD BUILDINGS AND MOBILE HOMES

MONEY AMOUNTS AND SIZE OF ASSETS IN THOUSANDS OF DOLLARS

Item Description for Accounting Period 7/95 Through 6/96	Total	Zero Assets	Under 100	100 to 250	251 to 500	501 to 1,000	1,001 to 5,000	5,001 to 10,000	10,001 to 25,000	25,001 to 50,000	50,001 to 100,000	100,001 to 250,000	250,001 and over
Number of Enterprises 1	3316	•	•	425	707	479	715	120	72	15	18	•	•
Revenues ($ in Thousands)													
Net Sales 2	19137109	•	•	164821	995808	979002	4487566	1919113	2949528	1048194	2724592	•	•
Portfolio Income 3	100167	•	•	•	1727	8082	23480	2257	8180	4667	22058	•	•
Other Revenues 4	177819	•	•	163	8853	1168	11085	46719	21324	21357	29615	•	•
Total Revenues 5	19415095	•	•	164984	1006388	988252	4522131	1968089	2979032	1074218	2776265	•	•
Average Total Revenues 6	5855	•	•	388	1423	2063	6325	16401	41375	71615	154237	•	•
Operating Costs/Operating Income (%)													
Cost of Operations 7	75.4	•	•	62.2	70.0	68.9	76.0	74.0	78.9	82.2	73.3	•	•
Rent 8	4.1	•	•	4.6	4.2	3.3	3.6	4.2	3.9	4.6	5.1	•	•
Taxes Paid 9	1.9	•	•	2.4	1.6	3.1	1.8	2.3	1.7	1.5	1.8	•	•
Interest Paid 10	1.1	•	•	0.3	1.1	0.9	0.8	1.4	1.1	0.9	1.3	•	•
Depreciation, Depletion, Amortization 11	1.9	•	•	0.7	2.7	2.0	2.2	2.5	1.5	2.1	1.5	•	•
Pensions and Other Benefits 12	1.3	•	•	1.4	1.2	2.6	1.2	1.1	1.0	1.9	0.9	•	•
Other 13	7.5	•	•	12.0	11.2	7.2	5.7	7.6	5.7	4.2	9.7	•	•
Officers Compensation 14	2.6	•	•	5.9	4.3	7.3	3.3	3.1	2.1	0.7	1.2	•	•
Operating Margin 15	4.4	•	•	10.6	3.8	4.8	5.4	4.0	4.2	2.0	5.3	•	•
Oper. Margin Before Officers Compensation 16	7.0	•	•	16.5	8.1	12.1	8.7	7.0	6.3	2.8	6.5	•	•
Selected Average Balance Sheet ($ in Thousands)													
Net Receivables 17	476	•	•	19	94	199	528	1436	3550	7080	12751	•	•
Inventories 18	518	•	•	37	70	161	423	2850	3872	9067	14072	•	•
Net Property, Plant and Equipment 19	612	•	•	39	143	199	657	1899	4388	8392	16083	•	•
Total Assets 20	2163	•	•	137	372	694	2106	7004	14522	29567	68330	•	•

Notes and Loans Payable 21	644	•	•	24	168	181	584	2104	4692	7291	16350	•	•
All Other Liabilities 22	549	•	•	13	113	155	415	1796	3216	8489	17917	•	•
Net Worth 23	970	•	•	100	91	358	1107	3104	6614	13787	34063	•	•

Selected Financial Ratios (Times to 1)

Current Ratio 24	2.0	•	•	6.5	1.6	2.2	2.2	2.9	2.0	1.8	1.7	•	•
Quick Ratio 25	1.1	•	•	3.7	1.0	1.4	1.4	1.1	1.0	0.8	0.8	•	•
Net Sales to Working Capital 26	8.8	•	•	5.2	17.7	8.1	9.2	5.1	9.2	8.8	9.3	•	•
Coverage Ratio 27	6.7	•	•	•	5.5	7.7	8.3	5.9	5.7	6.1	6.9	•	•
Total Asset Turnover 28	2.7	•	•	2.8	3.8	3.0	3.0	2.3	2.8	2.4	2.2	•	•
Inventory Turnover 29	7.8	•	•	7.6	•	7.7	9.1	4.9	8.5	•	8.6	•	•
Receivables Turnover 30	•	•	•	9.9	•	9.2	•	•	•	•	•	•	•
Total Liabilities to Net Worth 31	1.2	•	•	0.4	3.1	0.9	0.9	1.3	1.2	1.2	1.0	•	•

Selected Financial Factors (in Percentages)

Debt Ratio 32	55.2	•	•	26.6	75.5	48.4	47.4	55.7	54.5	53.4	50.2	•	•
Return on Assets 33	18.5	•	•	31.2	22.5	19.4	20.7	18.0	17.8	13.0	19.2	•	•
Return on Equity 34	29.2	•	•	39.9	•	28.4	31.6	30.2	29.4	18.6	25.0	•	•
Return Before Interest on Equity 35	•	•	•	•	•	•	•	•	•	27.9	•	•	•
Profit Margin, Before Income Tax 36	5.9	•	•	10.7	4.9	5.7	6.1	6.5	5.2	4.6	7.4	•	•
Profit Margin, After Income Tax 37	4.9	•	•	10.3	4.6	5.0	5.6	5.9	4.8	3.7	5.6	•	•

Trends in Selected Ratios and Factors, 1990-1999

	1990	1991	1992	1993	1994	1995	1996	1997	1998	1999
Cost of Operations (%) 38	72.6	71.6	74.0	75.3	74.5	72.8	74.0	75.3	75.6	75.4
Operating Margin (%) 39	0.7	3.7	2.2	2.1	•	•	1.3	1.9	4.0	4.4
Oper. Margin Before Officers Comp. (%) 40	3.3	6.1	5.2	4.4	2.3	1.9	3.5	3.9	6.2	7.0
Average Net Receivables ($) 41	501	610	403	428	332	474	362	493	469	476
Average Inventories ($) 42	425	411	391	383	334	490	430	546	529	518
Average Net Worth ($) 43	1043	923	810	829	540	793	771	891	902	970
Current Ratio (×1) 44	1.5	1.1	1.8	1.9	1.5	1.3	1.8	1.7	1.8	2.0
Quick Ratio (×1) 45	0.9	0.7	1.0	1.0	0.9	0.7	1.0	0.9	0.9	1.1
Coverage Ratio (×1) 46	3.4	4.5	4.5	3.5	2.7	2.8	3.3	4.0	7.3	6.7
Asset Turnover (×1) 47	1.6	1.4	2.1	2.1	1.5	1.3	1.6	1.9	2.7	2.7
Operating Leverage 48	1.3	5.2	0.6	1.0	•	0.7	•	1.4	2.1	1.1
Financial Leverage 49	1.0	1.3	1.1	1.0	0.9	0.9	1.1	1.1	1.2	1.0
Total Leverage 50	1.2	6.6	0.6	0.9	•	0.6	•	1.5	2.4	1.1

Table I
Corporations with and without Net Income

FURNITURE AND FIXTURES

MANUFACTURING 2500

Money Amounts and Size of Assets in Thousands of Dollars

Item Description for Accounting Period 7/95 Through 6/96	Total	Zero Assets	Under 100	100 to 250	251 to 500	501 to 1,000	1,001 to 5,000	5,001 to 10,000	10,001 to 25,000	25,001 to 50,000	50,001 to 100,000	100,001 to 250,000	250,001 and over
Number of Enterprises **1**	11155	251	5702	1296	1206	943	1329	161	163	49	20	15	17
Revenues ($ in Thousands)													
Net Sales **2**	46428029	144693	817262	955836	1327925	2244319	7712240	2711830	5419441	3288399	2600890	3260596	15944600
Portfolio Income **3**	288992	12512	2077	719	331	2007	17177	5671	8761	10723	7339	34630	187044
Other Revenues **4**	554455	9430	36481	1335	6126	13097	38461	6955	30049	33381	28857	95030	255252
Total Revenues **5**	47271476	166635	855820	957890	1334382	2259423	7767878	2724456	5458251	3332503	2637086	3390256	16386896
Average Total Revenues **6**	4238	664	150	739	1106	2396	5845	16922	33486	68010	131854	226017	963935
Operating Costs/Operating Income (%)													
Cost of Operations **7**	68.6	75.8	63.7	69.2	68.5	70.7	72.5	73.3	74.3	74.3	74.6	69.1	61.6
Rent **8**	6.9	7.1	8.2	4.9	7.4	9.5	4.7	4.4	4.5	4.6	5.7	6.3	9.7
Taxes Paid **9**	2.5	16.2	2.5	3.9	3.1	2.8	2.6	2.2	2.2	2.0	2.0	1.9	2.6
Interest Paid **10**	1.3	4.3	1.1	0.6	0.6	0.7	1.1	1.0	1.8	1.2	3.6	1.8	1.1
Depreciation, Depletion, Amortization **11**	2.5	3.5	3.7	1.5	2.0	1.4	1.5	1.7	2.3	2.0	2.1	3.8	3.4
Pensions and Other Benefits **12**	2.1	4.1	1.0	0.3	1.4	0.6	1.5	1.9	1.7	2.0	2.0	1.6	3.1
Other **13**	11.9	12.4	19.9	14.1	15.5	12.3	10.3	10.5	10.2	10.7	10.1	13.5	12.6
Officers Compensation **14**	1.8	3.2	6.5	6.4	3.1	3.0	3.6	2.2	1.8	1.2	1.0	0.9	0.5
Operating Margin **15**	2.4	•	•	•	•	•	2.2	2.9	1.2	2.0	•	1.3	5.5
Oper. Margin Before Officers Compensation **16**	4.2	•	•	5.5	1.5	2.0	5.8	5.2	3.0	3.2	•	2.2	6.0
Selected Average Balance Sheet ($ in Thousands)													
Net Receivables **17**	555	•	6	48	85	226	679	2463	4084	10486	16250	37413	142335
Inventories **18**	474	•	8	44	123	223	668	2111	5353	8053	18867	26291	91593
Net Property, Plant and Equipment **19**	591	•	10	39	90	178	504	1628	3940	10536	19657	42878	181138
Total Assets **20**	2331		34	190	329	704	2349	7284	16339	35361	69158	151639	715149

Notes and Loans Payable 21	654	•	31	78	210	287	579	1806	6236	10347	40827	48375	139192
All Other Liabilities 22	590	•	16	60	119	219	840	2025	3454	8067	19504	31404	164287
Net Worth 23	1088	•	-14	52	0	198	930	3454	6649	16947	8827	71859	411670

Selected Financial Ratios (Times to 1)

Current Ratio 24	1.9	•	0.9	1.7	1.4	1.6	1.7	2.0	1.7	2.0	2.2	2.1	2.2
Quick Ratio 25	1.0	•	0.5	1.0	0.6	0.8	0.9	1.1	0.8	1.1	1.1	1.3	1.2
Net Sales to Working Capital 26	6.8	•	•	13.4	15.5	13.2	8.3	6.4	7.6	6.4	5.8	5.4	5.5
Coverage Ratio 27	4.2	•	•	•	•	0.5	3.7	4.5	2.1	3.7	1.1	4.0	8.8
Total Asset Turnover 28	1.8	•	4.3	3.9	3.4	3.4	2.5	2.3	2.0	1.9	1.9	1.4	1.3
Inventory Turnover 29	6.3	•	•	9.1	8.0	•	6.4	5.6	5.0	6.6	4.8	5.7	7.1
Receivables Turnover 30	8.1	•	•	•	•	•	9.2	7.5	9.0	7.0	7.2	6.0	7.4
Total Liabilities to Net Worth 31	1.2	•	•	2.7	•	2.6	1.5	1.1	1.5	1.1	6.8	1.1	0.7

Selected Financial Factors (in Percentages)

Debt Ratio 32	53.4	•	•	72.8	100.0	71.8	60.4	52.6	59.3	52.1	87.2	52.6	42.4
Return on Assets 33	10.0	•	•	•	•	1.2	9.8	10.1	7.5	8.6	7.4	10.1	12.5
Return on Equity 34	10.9	•	20.1	•	•	•	15.7	12.4	6.1	10.0	•	11.9	12.6
Return Before Interest on Equity 35	21.5	•	8.5	•	•	4.3	24.8	21.2	18.5	17.9	•	21.2	21.7
Profit Margin, Before Income Tax 36	4.3	•	•	•	•	•	2.9	3.4	1.9	3.3	0.3	5.3	8.5
Profit Margin, After Income Tax 37	2.9	•	•	•	•	•	2.5	2.5	1.2	2.5	•	3.9	5.5

Trends in Selected Ratios and Factors, 1990-1999

	1990	1991	1992	1993	1994	1995	1996	1997	1998	1999
Cost of Labor (%) 38	68.0	69.8	71.0	70.5	70.9	70.5	69.4	69.3	69.5	68.6
Operating Margin (%) 39	2.4	2.1	0.9	•	•	•	1.2	2.1	2.6	2.4
Oper. Margin Before Officers Comp. (%) 40	4.6	4.2	3.0	1.7	1.3	1.2	3.1	4.0	4.5	4.2
Average Net Receivables ($) 41	522	515	558	525	454	472	504	563	506	555
Average Inventories ($) 42	516	505	574	505	439	439	426	509	452	474
Average Net Worth ($) 43	1003	962	989	855	796	733	826	963	930	1088
Current Ratio (×1) 44	1.9	2.0	1.9	1.6	1.7	1.6	1.8	1.9	1.9	1.9
Quick Ratio (×1) 45	1.0	1.1	1.0	0.8	0.9	0.8	1.0	1.0	1.0	1.0
Coverage Ratio (×1) 46	4.0	3.9	2.8	1.9	1.6	1.7	3.3	4.0	4.7	4.2
Asset Turnover (×1) 47	1.9	1.9	1.7	1.6	1.7	1.6	1.8	1.9	1.9	1.8
Total Liabilities/Net Worth (×1) 48	1.1	1.2	1.6	1.9	1.8	2.1	1.5	1.4	1.2	1.2
Return on Assets (×1) 49	12.4	10.9	8.5	9.4	7.2	6.2	10.0	9.8	11.7	10.0
Return on Equity (%) 50	10.1	10.8	9.0	8.2	3.4	3.9	12.2	12.8	14.4	10.9

Table II
Corporations with Net Income

FURNITURE AND FIXTURES

MONEY AMOUNTS AND SIZE OF ASSETS IN THOUSANDS OF DOLLARS

Item Description for Accounting Period 7/95 Through 6/96		Total	Zero Assets	Under 100	100 to 250	251 to 500	501 to 1,000	1,001 to 5,000	5,001 to 10,000	10,001 to 25,000	25,001 to 50,000	50,001 to 100,000	100,001 to 250,000	250,001 and over
Number of Enterprises	1	6499	196	2992	646	714	565	1070	140	93	41	•	11	•
Revenues ($ in Thousands)														
Net Sales	2	38246113	52451	434044	467562	973545	1398291	6853427	2374497	2955527	2736606	•	2674651	•
Portfolio Income	3	269053	12463	121	380	4	1673	11530	5164	6369	7996	•	34548	•
Other Revenues	4	490911	7703	6780	263	4677	6822	27782	6825	22526	31810	•	93859	•
Total Revenues	5	39006077	72617	440945	468205	978226	1406786	6892739	2386486	2984422	2776412	•	2803058	•
Average Total Revenues	6	6002	370	147	725	1370	2490	6442	17046	32091	67717	•	254823	•
Operating Costs/Operating Income (%)														
Cost of Operations	7	66.5	59.6	51.3	64.6	70.6	65.1	71.6	72.6	70.2	72.3	•	67.7	•
Rent	8	7.2	13.7	6.2	6.5	5.6	11.0	4.6	4.3	4.3	4.8	•	6.8	•
Taxes Paid	9	2.5	2.4	2.5	4.7	2.7	2.3	2.6	2.4	2.5	2.1	•	2.1	•
Interest Paid	10	1.0	2.5	1.2	0.3	0.4	0.6	0.9	1.0	1.1	1.1	•	1.4	•
Depreciation, Depletion, Amortization	11	2.5	2.6	4.2	1.5	1.5	1.2	1.5	1.7	2.0	1.9	•	3.3	•
Pensions and Other Benefits	12	2.3	1.2	0.4	0.5	1.4	0.5	1.6	1.9	2.1	2.0	•	1.7	•
Other	13	11.7	10.0	22.5	14.7	12.9	12.7	9.5	10.3	10.1	11.3	•	13.7	•
Officers Compensation	14	1.8	7.7	6.5	4.6	2.7	3.6	3.8	2.4	1.9	1.3	•	0.9	•
Operating Margin	15	4.6	0.3	5.3	2.7	2.3	3.2	3.9	3.5	5.9	3.3	•	2.6	•
Oper. Margin Before Officers Compensation	16	6.3	8.0	11.7	7.3	5.0	6.8	7.7	5.9	7.8	4.5	•	3.5	•
Selected Average Balance Sheet ($ in Thousands)														
Net Receivables	17	810	•	10	56	89	247	726	2599	3888	11128	•	39152	•
Inventories	18	632	•	9	47	112	232	662	2285	4897	7668	•	28258	•
Net Property, Plant and Equipment	19	861	•	13	39	70	124	548	1590	3895	10427	•	46866	•
Total Assets	20	3364		38	213	313	667	2442	7378	16415	34797	•	155779	•

Notes and Loans Payable 21	739	•	27	95	120	161	524	1819	4110	9309	•	39140	•
All Other Liabilities 22	796	•	6	47	96	234	636	2172	3041	8326	•	30199	•
Net Worth 23	1829	•	6	71	96	272	1282	3387	9264	17162	•	86440	•
Selected Financial Ratios (Times to 1)													
Current Ratio 24	2.2	•	4.4	2.9	1.9	1.8	2.2	1.9	2.2	2.1	•	2.3	•
Quick Ratio 25	1.2	•	2.7	2.0	0.9	1.0	1.2	1.0	1.1	1.3	•	1.4	•
Net Sales to Working Capital 26	5.9	•	8.1	7.2	12.1	10.8	6.8	6.4	5.3	5.9	•	4.9	•
Coverage Ratio 27	7.5	•	6.7	10.6	8.1	7.3	5.9	5.0	7.2	5.2	•	6.5	•
Total Asset Turnover 28	1.8	•	3.8	3.4	4.4	3.7	2.6	2.3	1.9	1.9	•	1.6	•
Inventory Turnover 29	6.4	•	•	8.2	•	5.9	7.2	5.5	4.6	6.6	•	•	•
Receivables Turnover 30	7.7	•	•	•	•	8.0	9.7	7.4	7.9	6.7	•	•	•
Total Liabilities to Net Worth 31	0.8	•	5.8	2.0	2.3	1.5	0.9	1.2	0.8	1.0	•	0.8	•
Selected Financial Factors (in Percentages)													
Debt Ratio 32	45.6	•	85.3	66.6	69.2	59.2	47.5	54.1	43.6	50.7	•	44.5	•
Return on Assets 33	13.4	•	30.6	10.7	13.8	16.3	14.2	11.6	15.3	11.1	•	13.6	•
Return on Equity 34	15.8	•	•	29.0	38.8	32.7	20.2	15.5	19.0	14.6	•	16.2	•
Return Before Interest on Equity 35	24.6	•	•	32.1	•	•	27.0	25.3	27.1	22.5	•	24.5	•
Profit Margin, Before Income Tax 36	6.6	•	6.9	2.9	2.8	3.8	4.5	4.1	6.8	4.7	•	7.4	•
Profit Margin, After Income Tax 37	4.9	•	6.8	2.9	2.8	3.6	4.0	3.1	5.6	3.8	•	5.8	•

Trends in Selected Ratios and Factors, 1990-1999

	1990	1991	1992	1993	1994	1995	1996	1997	1998	1999
Cost of Operations (%) 38	66.9	69.1	70.0	69.2	68.5	68.6	68.5	68.9	68.5	66.5
Operating Margin (%) 39	4.8	4.8	3.3	3.0	3.7	3.5	3.4	4.1	4.2	4.6
Oper. Margin Before Officers Comp. (%) 40	7.1	6.8	5.3	4.8	6.0	5.5	5.2	5.9	6.0	6.3
Average Net Receivables ($) 41	731	772	739	806	593	590	794	823	913	810
Average Inventories ($) 42	649	726	705	723	503	502	639	696	764	632
Average Net Worth ($) 43	1579	1688	1522	1583	1300	1278	1510	1604	1943	1829
Current Ratio (×1) 44	2.3	2.3	2.1	1.8	2.2	2.0	2.0	2.0	2.1	2.2
Quick Ratio (×1) 45	1.2	1.2	1.1	1.0	1.2	1.1	1.1	1.1	1.2	1.2
Coverage Ratio (×1) 46	8.0	7.3	4.7	3.3	5.8	5.4	5.2	6.4	7.0	7.5
Asset Turnover (×1) 47	2.0	1.9	1.7	1.6	1.9	1.8	1.7	1.9	1.9	1.8
Operating Leverage 48	1.0	1.0	0.7	0.9	1.3	1.0	1.0	1.2	1.0	1.1
Financial Leverage 49	1.0	1.1	1.0	0.9	1.2	1.0	1.0	1.1	1.0	1.0
Total Leverage 50	1.0	1.1	0.7	0.8	1.5	0.9	0.9	1.3	1.0	1.1

Table I

Corporations with and without Net Income

PULP, PAPER, AND BOARD MILLS

MONEY AMOUNTS AND SIZE OF ASSETS IN THOUSANDS OF DOLLARS

Item Description for Accounting Period 7/95 Through 6/96	Total	Zero Assets	Under 100	100 to 250	251 to 500	501 to 1,000	1,001 to 5,000	5,001 to 10,000	10,001 to 25,000	25,001 to 50,000	50,001 to 100,000	100,001 to 250,000	250,001 and over
Number of Enterprises **1**	309	13	•	•	108	•	43	32	40	16	13	9	35
Revenues ($ in Thousands)													
Net Sales **2**	88033914	2984635	•	•	105579	•	80447	1132404	1035037	1078409	1233880	1509922	78873602
Portfolio Income **3**	2507041	134112	•	•	7	•	3808	•	1930	1973	17656	47146	2300411
Other Revenues **4**	2045898	47080	•	•	31	•	64	31	5818	2821	21748	5985	1962315
Total Revenues **5**	92586853	3165827	•	•	105617	•	84319	1132435	1042785	1083203	1273284	1563053	83136328
Average Total Revenues **6**	299634	243525	•	•	978	•	1961	35389	26070	67700	97945	173673	2375324
Operating Costs/Operating Income (%)													
Cost of Operations **7**	65.6	54.4	•	•	68.2	•	75.7	89.8	82.1	83.1	80.3	74.3	64.9
Rent **8**	5.1	10.8	•	•	7.2	•	0.9	1.0	2.9	2.2	3.4	2.9	5.1
Taxes Paid **9**	1.9	1.9	•	•	4.3	•	0.6	0.4	1.4	1.5	1.1	1.5	1.9
Interest Paid **10**	3.5	2.9	•	•	0.8	•	2.1	0.5	1.1	1.7	3.6	2.7	3.6
Depreciation, Depletion, Amortization **11**	6.4	5.7	•	•	3.8	•	2.8	0.8	4.9	3.8	3.9	5.4	6.6
Pensions and Other Benefits **12**	2.4	1.4	•	•	0.4	•	0.7	0.1	1.2	2.1	1.7	1.5	2.5
Other **13**	12.0	27.2	•	•	33.5	•	10.3	1.2	5.1	4.1	7.1	7.8	11.9
Officers Compensation **14**	0.4	0.5	•	•	7.9	•	5.0	2.8	1.2	0.9	1.1	0.4	0.3
Operating Margin **15**	2.8	•	•	•	•	•	2.1	3.4	•	0.8	•	3.6	3.3
Oper. Margin Before Officers Compensation **16**	3.2	•	•	•	•	•	7.0	6.2	1.3	1.6	•	4.0	3.5
Selected Average Balance Sheet ($ in Thousands)													
Net Receivables **17**	29433	•	•	•	91	•	337	2762	2680	7642	9573	22726	240672
Inventories **18**	26970	•	•	•	121	•	424	1249	2375	5060	11194	19091	221974
Net Property, Plant and Equipment **19**	164987	•	•	•	133	•	409	1298	8708	19027	31712	87726	1401512
Total Assets **20**	378662	•	•	•	363	•	2612	7629	15459	36167	73077	173671	3225741

Notes and Loans Payable 21	121375	•	•	•	184	•	291	1463	7250	11162	33831	67862	1025906
All Other Liabilities 22	104781	•	•	•	555	•	258	4740	2927	11206	14603	55814	890456
Net Worth 23	152506	•	•	•	-376	•	2063	1426	5283	13799	24643	49995	1309379

Selected Financial Ratios (Times to 1)

Current Ratio 24	1.0	•	•	•	0.9	•	3.1	1.5	1.7	1.3	1.6	2.0	1.0
Quick Ratio 25	0.4	•	•	•	0.5	•	1.6	1.0	0.9	0.8	0.7	1.2	0.4
Net Sales to Working Capital 26	•	•	•	•	•	•	2.3	17.3	11.1	17.6	10.8	5.3	•
Coverage Ratio 27	3.4	2.2	•	•	•	•	4.3	7.6	1.7	1.7	1.3	3.7	3.5
Total Asset Turnover 28	0.8	•	•	•	2.7	•	0.7	4.6	1.7	1.9	1.3	1.0	0.7
Inventory Turnover 29	7.5	•	•	•	5.7	•	4.4	•	9.9	8.8	7.3	7.7	7.1
Receivables Turnover 30	•	•	•	•	•	•	3.0	•	9.1	8.6	9.6	7.6	9.7
Total Liabilities to Net Worth 31	1.5	•	•	•	•	•	0.3	4.4	1.9	1.6	2.0	2.5	1.5

Selected Financial Factors (in Percentages)

Debt Ratio 32	59.7	•	•	•	•	•	21.0	81.3	65.8	61.9	66.3	71.2	59.4
Return on Assets 33	9.0	•	•	•	•	•	6.4	18.2	3.2	5.3	5.9	9.4	8.9
Return on Equity 34	11.1	•	•	•	•	•	6.2	•	0.7	3.6	•	16.3	11.0
Return Before Interest on Equity 35	22.3	•	•	•	•	•	8.1	•	9.3	13.9	17.4	32.8	21.9
Profit Margin, Before Income Tax 36	8.5	3.3	•	•	•	•	6.9	3.4	0.8	1.2	0.9	7.1	9.1
Profit Margin, After Income Tax 37	5.9	2.0	•	•	•	•	6.8	3.4	0.1	0.7	•	4.9	6.4

Trends in Selected Ratios and Factors, 1990-1999

	1990	1991	1992	1993	1994	1995	1996	1997	1998	1999
Cost of Labor (%) 38	66.2	66.0	64.9	65.0	65.7	67.3	68.8	68.9	70.0	65.6
Operating Margin (%) 39	•	0.9	4.7	3.5	1.2	•	•	•	•	2.8
Oper. Margin Before Officers Comp. (%) 40	•	1.3	5.1	4.2	1.6	•	•	•	•	3.2
Average Net Receivables ($) 41	10631	12847	42310	25490	23281	55234	63284	25590	27960	29433
Average Inventories ($) 42	9477	10511	23701	19533	18003	39064	41849	18587	23455	26970
Average Net Worth ($) 43	59841	63793	155379	118875	101652	212546	217902	95035	136283	152506
Current Ratio (×1) 44	1.3	1.3	1.5	1.2	0.9	0.9	0.9	1.0	0.8	1.0
Quick Ratio (×1) 45	0.7	0.7	0.9	0.7	0.5	0.5	0.5	0.5	0.4	0.4
Coverage Ratio (×1) 46	2.1	2.9	4.4	3.8	2.5	1.5	0.8	1.1	1.9	3.4
Asset Turnover (×1) 47	0.9	0.9	0.9	0.9	0.7	0.7	0.7	0.7	0.7	0.8
Total Liabilities/Net Worth (×1) 48	1.0	1.1	1.0	1.2	1.5	1.6	1.8	1.7	1.7	1.5
Return on Assets (×1) 49	5.6	7.2	9.8	8.7	5.7	3.9	2.1	2.9	5.0	9.0
Return on Equity (%) 50	3.9	6.2	10.2	9.3	5.2	0.7	•	•	3.2	11.1

Table II

Corporations with Net Income

PULP, PAPER, AND BOARD MILLS

MONEY AMOUNTS AND SIZE OF ASSETS IN THOUSANDS OF DOLLARS

Item Description for Accounting Period 7/95 Through 6/96	Total	Zero Assets	Under 100	100 to 250	251 to 500	501 to 1,000	1,001 to 5,000	5,001 to 10,000	10,001 to 25,000	25,001 to 50,000	50,001 to 100,000	100,001 to 250,000	250,001 and over
Number of Enterprises **1**	205	•	•	•	•	•	43	32	32	9	8	9	30

Revenues ($ in Thousands)

Net Sales **2**	84784295	•	•	•	•	•	80447	1132404	833608	721891	737270	1509922	76735116
Portfolio Income **3**	2480048	•	•	•	•	•	3808	•	1699	1539	5820	47146	2285930
Other Revenues **4**	1937867	•	•	•	•	•	64	31	1828	2597	17030	5985	1863013
Total Revenues **5**	89202210	•	•	•	•	•	84319	1132435	837135	726027	760120	1563053	80884059
Average Total Revenues **6**	435133	•	•	•	•	•	1961	35389	26160	80670	95015	173673	2696135

Operating Costs/Operating Income (%)

Cost of Operations **7**	64.9	•	•	•	•	•	75.7	89.8	79.4	81.4	77.2	74.3	64.3
Rent **8**	5.2	•	•	•	•	•	0.9	1.0	3.4	2.2	3.9	2.9	5.1
Taxes Paid **9**	1.9	•	•	•	•	•	0.6	0.4	1.4	1.2	1.5	1.5	1.9
Interest Paid **10**	3.4	•	•	•	•	•	2.1	0.5	1.1	1.0	2.8	2.7	3.6
Depreciation, Depletion, Amortization **11**	6.3	•	•	•	•	•	2.8	0.8	4.0	3.1	3.6	5.4	6.5
Pensions and Other Benefits **12**	2.4	•	•	•	•	•	0.7	0.1	1.3	1.9	2.0	1.5	2.6
Other **13**	12.2	•	•	•	•	•	10.3	1.2	5.7	4.1	4.8	7.8	12.1
Officers Compensation **14**	0.4	•	•	•	•	•	5.0	2.8	1.5	1.0	1.0	0.4	0.3
Operating Margin **15**	3.4	•	•	•	•	•	2.1	3.4	2.4	4.2	3.4	3.6	3.7
Oper. Margin Before Officers Compensation **16**	3.7	•	•	•	•	•	7.0	6.2	3.9	5.2	4.3	4.0	4.0

Selected Average Balance Sheet ($ in Thousands)

Net Receivables **17**	42185	•	•	•	•	•	337	2762	2777	9018	9039	22726	269693
Inventories **18**	39178	•	•	•	•	•	424	1249	2368	4961	10753	19091	253158
Net Property, Plant and Equipment **19**	241369	•	•	•	•	•	409	1298	7372	18479	27271	87726	1600214
Total Assets **20**	557323	•	•	•	•	•	2612	7629	14255	38545	70048	173671	3698484

Notes and Loans Payable 21	176302	•	•	•	•	•	291	1463	4120	9504	31162	67862	1166674
All Other Liabilities 22	152500	•	•	•	•	•	258	4740	3269	7846	14090	55814	1010167
Net Worth 23	228521	•	•	•	•	•	2063	1426	6866	21195	24796	49995	1521643

Selected Financial Ratios (Times to 1)

Current Ratio 24	1.0	•	•	•	•	•	3.1	1.5	1.8	2.2	1.8	2.0	1.0
Quick Ratio 25	0.4	•	•	•	•	•	1.6	1.0	1.0	1.5	0.8	1.2	0.4
Net Sales to Working Capital 26	•	•	•	•	•	•	2.3	17.3	10.0	8.1	9.5	5.3	•
Coverage Ratio 27	3.7	•	•	•	•	•	4.3	7.6	3.5	6.0	3.4	3.7	3.7
Total Asset Turnover 28	0.8	•	•	•	•	•	0.7	4.6	1.8	2.1	1.3	1.0	0.7
Inventory Turnover 29	8.8	•	•	•	•	•	4.4	•	9.5	8.5	6.9	9.6	8.4
Receivables Turnover 30	•	•	•	•	•	•	3.0	•	8.6	8.0	9.7	•	•
Total Liabilities to Net Worth 31	1.4	•	•	•	•	•	0.3	4.4	1.1	0.8	1.8	2.5	1.4

Selected Financial Factors (in Percentages)

Debt Ratio 32	59.0	•	•	•	•	•	21.0	81.3	51.8	45.0	64.6	71.2	58.9
Return on Assets 33	9.3	•	•	•	•	•	6.4	18.2	7.1	11.9	12.1	9.4	9.1
Return on Equity 34	11.7	•	•	•	•	•	6.2	•	7.4	15.4	17.0	16.3	11.4
Return Before Interest on Equity 35	22.7	•	•	•	•	•	8.1	•	14.7	21.5	34.2	32.8	22.1
Profit Margin, Before Income Tax 36	9.1	•	•	•	•	•	6.9	3.4	2.8	4.7	6.5	7.1	9.6
Profit Margin, After Income Tax 37	6.5	•	•	•	•	•	6.8	3.4	2.0	4.1	4.6	4.9	6.8

Trends in Selected Ratios and Factors, 1990-1999

	1990	1991	1992	1993	1994	1995	1996	1997	1998	1999
Cost of Operations (%) 38	65.3	65.6	64.7	64.2	63.9	63.9	64.0	63.9	65.6	64.9
Operating Margin (%) 39	•	1.1	4.9	4.4	2.4	•	•	•	•	3.4
Oper. Margin Before Officers Comp. (%) 40	•	1.5	5.3	4.8	2.8	0.4	0.1	0.1	•	3.7
Average Net Receivables ($) 41	26117	18279	59484	38728	37135	27784	35552	13516	32403	42185
Average Inventories ($) 42	23173	14968	32756	29502	28256	32340	35970	13004	25502	39178
Average Net Worth ($) 43	155680	92198	220821	193682	164078	190224	209443	71882	163155	228521
Current Ratio (×1) 44	1.3	1.3	1.5	1.2	0.9	0.9	0.8	0.9	1.0	1.0
Quick Ratio (×1) 45	0.7	0.7	0.9	0.7	0.5	0.4	0.4	0.4	0.5	0.4
Coverage Ratio (×1) 46	2.6	3.0	4.6	4.2	2.9	2.6	2.3	2.3	3.3	3.7
Asset Turnover (×1) 47	0.8	0.9	0.9	0.8	0.7	0.7	0.8	0.7	0.7	0.8
Operating Leverage 48	•	•	4.6	0.9	0.6	•	4.8	1.0	2.3	•
Financial Leverage 49	1.1	1.0	1.3	1.0	0.8	0.9	0.9	1.1	1.2	1.2
Total Leverage 50	•	•	5.8	0.9	0.5	•	4.2	1.2	2.8	•

OTHER PAPER PRODUCTS

MONEY AMOUNTS AND SIZE OF ASSETS IN THOUSANDS OF DOLLARS

Item Description for Accounting Period 7/95 Through 6/96		Total	Zero Assets	Under 100	100 to 250	251 to 500	501 to 1,000	1,001 to 5,000	5,001 to 10,000	10,001 to 25,000	25,001 to 50,000	50,001 to 100,000	100,001 to 250,000	250,001 and over
Number of Enterprises	1	3067	479	208	•	577	192	993	252	181	104	29	23	29
Revenues ($ in Thousands)														
Net Sales	2	80330094	875598	47301	•	595930	717223	5697114	4134703	6190599	5922509	3397396	6062123	46689599
Portfolio Income	3	1661990	11696	1833	•	1479	9	22308	16663	27221	41258	50302	30043	1459176
Other Revenues	4	1235827	2293	•	•	1267	265	40406	29694	35688	49810	28952	42446	1005007
Total Revenues	5	83227911	889587	49134	•	598676	717497	5759828	4181060	6253508	6013577	3476650	6134612	49153782
Average Total Revenues	6	27137	1857	236	•	1038	3737	5800	16592	34550	57823	119884	266722	1694958
Operating Costs/Operating Income (%)														
Cost of Operations	7	69.9	72.1	61.5	•	75.2	68.6	71.1	73.4	73.8	74.8	75.5	72.2	67.4
Rent	8	5.9	6.9	•	•	4.1	4.5	5.2	5.5	5.5	4.9	5.1	5.3	6.3
Taxes Paid	9	2.0	2.3	0.2	•	2.4	2.4	2.3	1.9	2.0	1.8	1.6	1.7	2.0
Interest Paid	10	3.2	1.6	•	•	0.6	0.9	1.0	1.3	1.4	2.2	2.1	1.7	4.4
Depreciation, Depletion, Amortization	11	4.2	2.3	•	•	2.0	2.2	2.7	2.7	2.9	3.6	3.5	3.5	5.1
Pensions and Other Benefits	12	2.9	1.2	•	•	0.4	0.8	1.3	1.5	1.5	1.7	1.0	2.4	3.9
Other	13	8.4	7.3	•	•	12.7	12.7	8.8	7.7	7.1	7.8	8.9	8.6	8.4
Officers Compensation	14	1.2	1.9	•	•	2.2	5.1	4.0	4.1	2.2	1.5	0.9	0.8	0.4
Operating Margin	15	2.5	4.4	•	•	0.6	2.8	3.6	2.1	3.7	1.8	1.6	4.0	2.2
Oper. Margin Before Officers Compensation	16	3.6	6.2	•	•	2.8	7.9	7.6	6.2	5.9	3.2	2.5	4.8	2.6
Selected Average Balance Sheet ($ in Thousands)														
Net Receivables	17	3051	•	•	•	83	253	633	1724	4027	7862	14707	26470	193619
Inventories	18	2462	•	•	•	75	101	441	1306	3037	6460	13264	24792	156717
Net Property, Plant and Equipment	19	7910	•	•	•	106	332	722	2074	5801	12542	28641	65210	627966
Total Assets	20	22090	•	10	•	366	841	2172	6592	15513	34164	73208	162232	1770448

Notes and Loans Payable 21	7745	•	•	•	205	420	725	2516	5975	13848	28114	54631	607184
All Other Liabilities 22	7830	•	200	•	111	313	546	1769	3330	8344	17135	36926	691174
Net Worth 23	6515	•	-190	•	50	108	901	2308	6208	11972	27958	70675	472091

Selected Financial Ratios (Times to 1)

Current Ratio 24	1.1	•	•	•	1.1	1.0	1.7	1.8	1.8	1.6	1.5	1.9	1.0
Quick Ratio 25	0.5	•	•	•	0.7	0.8	1.1	1.1	1.1	0.9	0.8	1.0	0.4
Net Sales to Working Capital 26	29.7	•	23.4	•	•	•	10.5	9.3	9.2	9.6	10.3	7.8	•
Coverage Ratio 27	3.0	4.7	•	•	2.9	4.1	5.6	3.4	4.4	2.5	2.9	4.1	2.8
Total Asset Turnover 28	1.2	•	•	•	2.8	4.5	2.7	2.5	2.2	1.7	1.6	1.6	0.9
Inventory Turnover 29	7.8	•	•	•	•	•	9.5	9.3	7.5	7.4	6.4	8.0	7.5
Receivables Turnover 30	8.6	•	•	•	•	•	9.3	•	7.8	8.5	8.4	9.3	8.3
Total Liabilities to Net Worth 31	2.4	•	•	•	6.4	6.8	1.4	1.9	1.5	1.9	1.6	1.3	2.8

Selected Financial Factors (in Percentages)

Debt Ratio 32	70.5	•	•	•	86.4	87.2	58.5	65.0	60.0	65.0	61.8	56.4	73.3
Return on Assets 33	11.2	•	•	•	4.7	16.7	15.1	11.1	13.3	9.2	9.7	11.0	11.1
Return on Equity 34	19.0	•	•	•	8.1	•	27.4	17.6	21.9	11.5	11.0	14.7	19.7
Return Before Interest on Equity 35	•	•	•	•	34.5	•	•	31.8	33.3	26.1	25.3	25.2	•
Profit Margin, Before Income Tax 36	6.3	6.0	•	•	1.1	2.9	4.7	3.2	4.7	3.3	3.9	5.1	7.9
Profit Margin, After Income Tax 37	4.7	5.4	•	•	0.4	2.9	4.3	2.5	4.0	2.4	2.6	3.9	5.8

Trends in Selected Ratios and Factors, 1990-1999

	1990	1991	1992	1993	1994	1995	1996	1997	1998	1999
Cost of Labor (%) 38	66.8	67.5	68.9	68.6	69.1	69.7	68.5	71.9	69.0	69.9
Operating Margin (%) 39	2.8	3.8	3.1	1.4	0.8	•	0.8	•	0.7	2.5
Oper. Margin Before Officers Comp. (%) 40	4.3	5.1	4.4	2.8	2.0	0.5	2.0	1.1	1.8	3.6
Average Net Receivables ($) 41	1331	2348	2392	2429	2340	2011	2418	2468	2948	3051
Average Inventories ($) 42	1184	2100	1651	1775	1694	1636	1901	1949	2184	2462
Average Net Worth ($) 43	3453	6123	4803	5240	4960	4557	5351	4826	5757	6515
Current Ratio (×1) 44	1.8	1.7	1.1	1.2	1.0	1.1	1.2	1.0	1.1	1.1
Quick Ratio (×1) 45	0.9	0.9	0.6	0.6	0.6	0.5	0.5	0.5	0.5	0.5
Coverage Ratio (×1) 46	4.2	5.0	3.7	2.4	2.4	2.1	2.6	2.3	2.3	3.0
Asset Turnover (×1) 47	1.5	1.5	1.2	1.2	1.1	1.1	1.1	1.2	1.1	1.2
Total Liabilities/Net Worth (×1) 48	1.1	1.1	1.9	1.9	2.0	2.2	2.3	2.6	2.4	2.4
Return on Assets (×1) 49	12.2	13.9	12.5	11.5	10.9	8.9	9.9	8.6	8.7	11.2
Return on Equity (%) 50	10.8	15.0	17.6	12.6	11.7	7.9	13.1	10.5	10.6	19.0

OTHER PAPER PRODUCTS

MONEY AMOUNTS AND SIZE OF ASSETS IN THOUSANDS OF DOLLARS

Item Description for Accounting Period 7/95 Through 6/96		Total	Zero Assets	Under 100	100 to 250	251 to 500	501 to 1,000	1,001 to 5,000	5,001 to 10,000	10,001 to 25,000	25,001 to 50,000	50,001 to 100,000	100,001 to 250,000	250,001 and over
Number of Enterprises	1	2053	•	•	•	•	98	305	192	155	76	25	19	25
Revenues ($ in Thousands)														
Net Sales	2	72241114	•	•	•	•	274067	4898308	3361703	5663189	4528660	3111822	5051824	43940126
Portfolio Income	3	1625472	•	•	•	•	9	16790	15278	18706	38351	44431	24182	1455260
Other Revenues	4	1200836	•	•	•	•	265	30597	23217	30268	29240	28301	28889	1026522
Total Revenues	5	75067422	•	•	•	•	274341	4945695	3400198	5712163	4596251	3184554	5104895	46421908
Average Total Revenues	6	36565	•	•	•	•	2799	6144	17709	36853	60477	127382	268679	1856876
Operating Costs/Operating Income (%)														
Cost of Operations	7	69.6	•	•	•	•	59.3	69.1	74.4	73.7	73.0	74.8	71.9	67.8
Rent	8	5.9	•	•	•	•	6.9	5.1	4.6	5.4	5.1	5.0	4.3	6.4
Taxes Paid	9	2.0	•	•	•	•	3.1	2.2	1.8	2.0	1.8	1.7	1.8	2.1
Interest Paid	10	2.9	•	•	•	•	0.9	0.9	0.9	1.1	1.9	1.7	1.5	3.9
Depreciation, Depletion, Amortization	11	4.2	•	•	•	•	1.9	2.7	1.8	2.7	3.4	3.4	3.6	5.0
Pensions and Other Benefits	12	2.9	•	•	•	•	1.1	1.3	1.5	1.5	1.7	1.0	2.1	3.8
Other	13	8.1	•	•	•	•	12.8	8.6	5.6	6.4	7.6	8.4	8.2	8.4
Officers Compensation	14	1.1	•	•	•	•	4.8	4.2	4.8	2.2	1.6	0.9	0.8	0.3
Operating Margin	15	3.4	•	•	•	•	9.3	5.9	4.7	5.0	4.0	3.2	5.8	2.4
Oper. Margin Before Officers Compensation	16	4.5	•	•	•	•	14.1	10.1	9.5	7.2	5.6	4.1	6.6	2.7
Selected Average Balance Sheet ($ in Thousands)														
Net Receivables	17	4120	•	•	•	•	256	635	1769	4214	8427	15467	26905	213752
Inventories	18	3231	•	•	•	•	118	424	1294	3217	6154	13437	25329	168808
Net Property, Plant and Equipment	19	10386	•	•	•	•	200	693	1685	5547	11766	29973	64060	666741
Total Assets	20	30044	•	•	•	•	764	2169	6461	15646	34693	73697	160021	1941485

Notes and Loans Payable 21	8869	•	•	•	•	276	682	1510	5084	12784	26211	49504	558349
All Other Liabilities 22	10870	•	•	•	•	240	487	1718	3352	7873	17554	36413	770468
Net Worth 23	10305	•	•	•	•	247	999	3232	7211	14037	29932	74103	612668

Selected Financial Ratios (Times to 1)

Current Ratio 24	1.1	•	•	•	•	1.3	2.0	2.4	2.0	1.9	1.7	2.1	1.0
Quick Ratio 25	0.5	•	•	•	•	0.9	1.3	1.5	1.2	1.1	1.0	1.1	0.4
Net Sales to Working Capital 26	28.5	•	•	•	•	26.2	9.4	7.1	8.4	7.5	8.5	7.1	•
Coverage Ratio 27	3.6	•	•	•	•	11.4	8.6	7.6	6.3	3.9	4.2	5.7	3.2
Total Asset Turnover 28	1.2	•	•	•	•	3.7	2.8	2.7	2.3	1.7	1.7	1.7	0.9
Inventory Turnover 29	8.4	•	•	•	•	4.2	•	•	7.7	7.2	7.9	7.8	8.3
Receivables Turnover 30	9.4	•	•	•	•	4.9	9.9	•	8.2	7.8	9.8	8.9	9.5
Total Liabilities to Net Worth 31	1.9	•	•	•	•	2.1	1.2	1.0	1.2	1.5	1.5	1.2	2.2

Selected Financial Factors (in Percentages)

Debt Ratio 32	65.7	•	•	•	•	67.6	53.9	50.0	53.9	59.6	59.4	53.7	68.5
Return on Assets 33	12.2	•	•	•	•	37.6	21.7	18.0	16.1	12.6	12.3	13.6	11.2
Return on Equity 34	19.8	•	•	•	•	•	38.8	26.7	25.7	18.3	17.0	19.4	17.9
Return Before Interest on Equity 35	•	•	•	•	•	•	•	•	•	31.2	30.2	29.4	•
Profit Margin, Before Income Tax 36	7.5	•	•	•	•	9.4	6.9	5.8	5.8	5.5	5.5	6.8	8.5
Profit Margin, After Income Tax 37	5.8	•	•	•	•	9.4	6.4	4.9	5.1	4.3	4.1	5.4	6.2

Trends in Selected Ratios and Factors, 1990-1999

	1990	1991	1992	1993	1994	1995	1996	1997	1998	1999
Cost of Operations (%) 38	65.5	66.2	67.6	67.3	68.2	63.9	64.1	63.7	65.4	69.6
Operating Margin (%) 39	4.1	4.8	4.6	4.8	4.9	4.6	2.8	4.5	4.7	3.4
Oper. Margin Before Officers Comp. (%) 40	5.4	6.2	6.0	6.2	6.1	6.1	4.4	6.0	6.1	4.5
Average Net Receivables ($) 41	2271	2351	3436	2599	2996	2473	3150	3383	3651	4120
Average Inventories ($) 42	2005	2093	2304	1844	2249	2018	2421	2550	2802	3231
Average Net Worth ($) 43	6521	6771	7657	6049	7241	6356	8436	9085	8825	10305
Current Ratio (×1) 44	1.8	1.8	1.1	1.9	1.6	1.6	1.2	1.7	1.6	1.1
Quick Ratio (×1) 45	1.0	1.0	0.6	1.1	0.9	0.9	0.5	0.9	0.9	0.5
Coverage Ratio (×1) 46	5.8	6.3	4.8	5.2	6.0	5.0	4.9	7.2	6.0	3.6
Asset Turnover (×1) 47	1.5	1.5	1.2	1.5	1.5	1.3	1.1	1.4	1.4	1.2
Operating Leverage 48	0.9	1.2	1.0	1.0	1.0	1.0	0.6	1.6	1.1	0.7
Financial Leverage 49	1.0	1.1	1.0	1.1	1.0	1.0	1.0	1.1	1.0	0.9
Total Leverage 50	0.9	1.3	1.0	1.1	1.0	0.9	0.6	1.7	1.1	0.7

Table I

Corporations with and without Net Income

NEWSPAPERS

MONEY AMOUNTS AND SIZE OF ASSETS IN THOUSANDS OF DOLLARS

Item Description for Accounting Period 7/95 Through 6/96	Total	Zero Assets	Under 100	100 to 250	251 to 500	501 to 1,000	1,001 to 5,000	5,001 to 10,000	10,001 to 25,000	25,001 to 50,000	50,001 to 100,000	100,001 to 250,000	250,001 and over
Number of Enterprises **1**	4714	148	2231	994	443	307	288	95	90	56	12	21	30
Revenues ($ in Thousands)													
Net Sales **2**	46501205	528440	230247	562077	262579	354063	1000863	1028961	1582499	1845424	664655	3235028	35206368
Portfolio Income **3**	1516551	68045	312	1450	3112	1964	1916	116643	17904	35953	62373	148412	1058468
Other Revenues **4**	1400524	23339	1403	570	30568	1865	4685	17069	27490	54352	92695	87652	1058835
Total Revenues **5**	49418280	619824	231962	564097	296259	357892	1007464	1162673	1627893	1935729	819723	3471092	37323671
Average Total Revenues **6**	10483	4188	104	568	669	1166	3498	12239	18088	34567	68310	165290	1244122
Operating Costs/Operating Income (%)													
Cost of Operations **7**	34.4	25.3	58.7	42.7	35.1	32.5	46.8	40.5	35.4	37.5	37.1	33.5	33.6
Rent **8**	20.0	26.8	14.5	18.6	28.3	23.2	14.4	20.8	20.9	21.6	17.7	20.6	19.8
Taxes Paid **9**	3.5	6.0	1.3	3.8	4.3	3.6	2.8	3.9	3.5	4.2	4.3	4.1	3.4
Interest Paid **10**	3.5	9.9	2.5	2.0	1.0	2.8	1.7	2.4	2.9	2.9	15.2	6.7	3.1
Depreciation, Depletion, Amortization **11**	5.6	13.4	7.7	3.0	2.6	4.3	4.4	3.2	4.2	6.5	6.8	6.7	5.6
Pensions and Other Benefits **12**	3.7	3.3	0.2	1.5	4.4	2.0	1.3	2.8	2.9	4.0	4.5	3.0	4.0
Other **13**	24.3	26.7	19.1	23.5	27.4	31.1	20.8	19.6	23.2	16.4	28.6	24.4	24.8
Officers Compensation **14**	1.7	6.7	1.0	6.9	10.8	7.8	6.2	6.1	2.8	1.9	3.0	1.4	1.1
Operating Margin **15**	3.4	•	•	•	•	•	1.7	0.8	4.2	4.9	•	•	4.8
Oper. Margin Before Officers Compensation **16**	5.0	•	•	5.0	•	0.5	7.9	6.9	7.0	6.8	•	1.0	5.9
Selected Average Balance Sheet ($ in Thousands)													
Net Receivables **17**	1308	•	3	42	69	162	271	1136	1966	3827	7669	19898	165049
Inventories **18**	281	•	0	1	7	13	44	256	316	989	1550	4418	36157
Net Property, Plant and Equipment **19**	3131	•	11	52	86	174	811	1777	3854	12352	19719	57760	390055
Total Assets **20**	12027	•	24	159	354	776	1848	7386	14421	36620	68252	162053	1576238

Notes and Loans Payable	21	3577	•	45	141	68	528	746	2695	6195	12158	49591	85398	411028
All Other Liabilities	22	2952	•	7	28	85	145	240	1732	2924	5389	15547	35841	401683
Net Worth	23	5499	•	-29	-10	201	103	861	2959	5302	19073	3114	40814	763527

Selected Financial Ratios (Times to 1)

Current Ratio	24	1.2	•	1.3	1.6	1.9	1.0	2.7	2.4	1.4	1.8	1.5	1.6	1.1
Quick Ratio	25	0.9	•	1.2	1.6	1.7	0.9	2.3	1.7	1.1	1.5	1.2	1.3	0.8
Net Sales to Working Capital	26	22.4	•	•	24.6	7.4	•	8.6	5.4	12.8	6.2	8.6	10.9	38.7
Coverage Ratio	27	3.8	0.9	•	0.2	•	•	2.4	6.8	3.4	4.3	1.4	2.0	4.6
Total Asset Turnover	28	0.8	•	4.4	3.6	1.7	1.5	1.9	1.5	1.2	0.9	0.8	1.0	0.8
Inventory Turnover	29	•	•	•	•	•	•	•	•	•	•	•	•	•
Receivables Turnover	30	7.7	•	•	•	6.6	6.6	•	8.9	9.6	9.2	6.0	8.4	7.3
Total Liabilities to Net Worth	31	1.2	•	•	•	0.8	6.6	1.2	1.5	1.7	0.9	20.9	3.0	1.1

Selected Financial Factors (in Percentages)

Debt Ratio	32	54.3	•	•	•	43.3	86.8	53.4	59.9	63.2	47.9	95.4	74.8	51.6
Return on Assets	33	10.8	•	•	1.3	•	•	7.4	23.6	12.1	11.2	17.5	13.0	10.4
Return on Equity	34	11.6	•	14.9	•	•	•	7.1	•	18.4	12.8	•	16.4	11.1
Return Before Interest on Equity	35	23.7	•	6.1	•	•	•	15.9	•	32.9	21.6	•	•	21.5
Profit Margin, Before Income Tax	36	9.7	•	•	•	•	•	2.3	13.7	7.0	9.6	6.4	6.9	11.0
Profit Margin, After Income Tax	37	6.5	•	•	•	•	•	1.8	11.0	5.6	7.4	4.4	4.3	7.2

Trends in Selected Ratios and Factors, 1990-1999

		1990	1991	1992	1993	1994	1995	1996	1997	1998	1999
Cost of Labor (%)	38	40.4	41.2	41.4	37.2	38.0	37.4	36.5	32.0	33.4	34.4
Operating Margin (%)	39	2.6	3.1	•	0.5	•	•	0.4	4.1	6.8	3.4
Oper. Margin Before Officers Comp. (%)	40	4.1	4.7	1.2	2.0	•	•	2.3	5.9	8.3	5.0
Average Net Receivables ($)	41	1065	1190	1050	1087	1158	1116	1010	1065	940	1308
Average Inventories ($)	42	228	314	310	262	470	431	404	182	168	281
Average Net Worth ($)	43	4062	4310	4059	5410	7316	6595	6277	4112	4036	5499
Current Ratio (×1)	44	1.3	1.3	1.5	1.4	1.2	1.2	1.3	1.2	1.2	1.2
Quick Ratio (×1)	45	0.9	0.9	1.1	1.0	0.7	0.8	0.8	0.9	0.9	0.9
Coverage Ratio (×1)	46	3.2	3.0	2.7	2.5	2.2	1.7	2.3	3.7	5.4	3.8
Asset Turnover (×1)	47	0.8	0.8	0.7	0.6	0.6	0.6	0.6	0.8	0.9	0.8
Total Liabilities/Net Worth (×1)	48	1.3	1.5	1.6	1.2	1.2	1.2	1.4	1.2	1.1	1.2
Return on Assets (×1)	49	12.1	11.0	12.7	9.6	8.6	6.9	7.2	10.3	13.2	10.8
Return on Equity (%)	50	10.9	11.0	13.8	7.9	6.6	3.6	6.2	11.1	15.3	11.6

Table II

Corporations with Net Income

NEWSPAPERS

MONEY AMOUNTS AND SIZE OF ASSETS IN THOUSANDS OF DOLLARS

Item Description for Accounting Period 7/95 Through 6/96		Total	Zero Assets	Under 100	100 to 250	251 to 500	501 to 1,000	1,001 to 5,000	5,001 to 10,000	10,001 to 25,000	25,001 to 50,000	50,001 to 100,000	100,001 to 250,000	250,001 and over
Number of Enterprises	1	2346	•	1113	292	280	174	214	76	64	52	•	17	30
Revenues ($ in Thousands)														
Net Sales	2	44030427	•	124480	188927	198792	230584	659901	891110	1162449	1740176	•	2743297	35206368
Portfolio Income	3	1434641	•	128	•	1663	1950	1121	111076	13735	34032	•	85101	1058468
Other Revenues	4	1298098	•	1404	•	427	479	3967	13979	23738	53995	•	37660	1058835
Total Revenues	5	46763166	•	126012	188927	200882	233013	664989	1016165	1199922	1828203	•	2866058	37323671
Average Total Revenues	6	19933	•	113	647	717	1339	3107	13371	18749	35158	•	168592	1244122
Operating Costs/Operating Income (%)														
Cost of Operations	7	33.8	•	58.2	57.2	34.0	33.2	41.1	34.0	34.5	37.1	•	30.3	33.6
Rent	8	20.2	•	18.4	5.2	21.0	20.6	15.9	23.8	20.3	22.0	•	24.1	19.8
Taxes Paid	9	3.5	•	0.6	3.0	3.2	3.2	3.0	3.7	3.6	4.2	•	3.9	3.4
Interest Paid	10	3.3	•	0.9	2.8	1.2	1.7	1.8	2.5	2.1	2.6	•	4.4	3.1
Depreciation, Depletion, Amortization	11	5.5	•	5.4	1.3	2.4	2.9	4.3	3.1	3.9	6.1	•	6.5	5.6
Pensions and Other Benefits	12	3.8	•	•	0.5	3.1	1.7	1.4	2.2	2.7	4.1	•	2.9	4.0
Other	13	24.1	•	11.7	16.4	24.8	24.3	19.4	21.9	21.8	16.4	•	21.3	24.8
Officers Compensation	14	1.5	•	1.8	5.8	7.6	10.2	8.9	6.6	2.8	1.9	•	1.5	1.1
Operating Margin	15	4.5	•	3.0	7.9	2.9	2.3	4.2	2.3	8.4	5.8	•	5.1	4.8
Oper. Margin Before Officers Compensation	16	6.0	•	4.8	13.7	10.5	12.5	13.1	8.9	11.2	7.7	•	6.6	5.9
Selected Average Balance Sheet ($ in Thousands)														
Net Receivables	17	2523	•	•	58	64	182	259	1237	1871	3900	•	21107	165049
Inventories	18	552	•	1	4	5	10	54	295	348	1041	•	4573	36157
Net Property, Plant and Equipment	19	6019	•	6	79	111	186	771	1842	3465	12195	•	55131	390055
Total Assets	20	23354	•	10	160	367	781	1607	7462	14316	36615	•	160320	1576238

Notes and Loans Payable 21	6652	•	29	182	101	401	628	2952	4852	11382	•	75723	411028
All Other Liabilities 22	5748	•	4	27	58	136	186	1897	3143	5402	•	32223	401683
Net Worth 23	10953	•	-23	-49	208	244	794	2614	6321	19831	•	52373	763527
Selected Financial Ratios (Times to 1)													
Current Ratio 24	1.2	•	6.0	2.1	2.1	1.5	2.7	2.6	1.5	1.9	•	1.9	1.1
Quick Ratio 25	0.9	•	5.2	2.0	1.9	1.4	2.2	1.8	1.2	1.5	•	1.5	0.8
Net Sales to Working Capital 26	22.2	•	33.1	15.2	9.0	13.0	9.7	5.1	10.4	6.0	•	9.0	38.7
Coverage Ratio 27	4.3	•	5.5	3.8	4.5	3.0	3.8	7.4	6.6	5.1	•	3.2	4.6
Total Asset Turnover 28	0.8	•	11.2	4.0	1.9	1.7	1.9	1.6	1.3	0.9	•	1.0	0.8
Inventory Turnover 29	•	•	•	•	•	•	•	•	•	•	•	•	•
Receivables Turnover 30	7.6	•	9.7	8.9	8.3	8.4	•	8.2	9.9	•	•	•	•
Total Liabilities to Net Worth 31	1.1	•	•	•	0.8	2.2	1.0	1.9	1.3	0.9	•	2.1	1.1
Selected Financial Factors (in Percentages)													
Debt Ratio 32	53.1	•	•	•	43.3	68.8	50.6	65.0	55.9	45.8	•	67.3	51.6
Return on Assets 33	11.3	•	•	•	9.9	8.4	12.9	29.6	17.2	12.0	•	14.0	10.4
Return on Equity 34	12.6	•	•	•	12.9	15.3	16.1	•	27.3	14.0	•	20.1	11.1
Return Before Interest on Equity 35	24.1	•	•	•	17.4	26.8	26.1	•	•	22.2	•	•	21.5
Profit Margin, Before Income Tax 36	10.8	•	4.2	7.9	4.0	3.3	4.9	16.3	11.5	10.6	•	9.6	11.0
Profit Margin, After Income Tax 37	7.3	•	4.2	7.9	3.8	2.8	4.1	13.1	9.5	8.3	•	6.5	7.2

Trends in Selected Ratios and Factors, 1990-1999

	1990	1991	1992	1993	1994	1995	1996	1997	1998	1999
Cost of Operations (%) 38	40.5	39.1	40.9	36.3	36.9	34.8	35.9	31.5	33.0	33.8
Operating Margin (%) 39	5.4	6.6	1.5	2.7	0.4	2.8	2.0	5.4	7.5	4.5
Oper. Margin Before Officers Comp. (%) 40	6.8	8.1	3.2	4.2	1.8	4.5	3.5	6.8	9.0	6.0
Average Net Receivables ($) 41	1357	1420	1248	1651	1869	1619	2169	2206	2212	2523
Average Inventories ($) 42	274	295	374	411	800	331	909	388	407	552
Average Net Worth ($) 43	5422	5663	5091	8842	12471	7330	14533	8994	9940	10953
Current Ratio (×1) 44	1.3	1.3	1.6	1.4	1.3	1.2	1.3	1.2	1.2	1.2
Quick Ratio (×1) 45	1.0	1.0	1.1	1.0	0.8	0.9	0.9	0.9	0.9	0.9
Coverage Ratio (×1) 46	4.2	4.4	3.4	3.2	2.6	3.1	2.6	4.3	5.8	4.3
Asset Turnover (×1) 47	0.9	0.9	0.8	0.6	0.6	0.8	0.5	0.8	0.8	0.8
Operating Leverage 48	1.0	1.2	0.2	1.8	0.1	8.3	0.7	2.7	1.4	0.6
Financial Leverage 49	1.0	1.1	1.0	1.0	0.9	1.1	0.9	1.2	1.1	0.9
Total Leverage 50	1.0	1.3	0.2	1.7	0.1	9.2	0.6	3.4	1.5	0.6

Table I

Corporations with and without Net Income

PERIODICALS

MONEY AMOUNTS AND SIZE OF ASSETS IN THOUSANDS OF DOLLARS

Item Description for Accounting Period 7/95 Through 6/96		Total	Zero Assets	Under 100	100 to 250	251 to 500	501 to 1,000	1,001 to 5,000	5,001 to 10,000	10,001 to 25,000	25,001 to 50,000	50,001 to 100,000	100,001 to 250,000	250,001 and over
Number of Enterprises	1	5569	452	2273	1179	643	267	512	101	86	18	11	13	16
Revenues ($ in Thousands)														
Net Sales	2	32105041	152131	414773	474801	587325	409314	2131106	2115219	2213208	551515	922706	2585663	19547281
Portfolio Income	3	1481445	61704	15989	12463	2016	1163	25323	21023	21075	11568	14140	29564	1265415
Other Revenues	4	1810854	5708	88966	3764	5368	33073	21146	35766	22550	13575	46460	62140	1472339
Total Revenues	5	35397340	219543	519728	491028	594709	443550	2177575	2172008	2256833	576658	983306	2677367	22285035
Average Total Revenues	6	6356	486	229	416	925	1661	4253	21505	26242	32037	89391	205951	1392815
Operating Costs/Operating Income (%)														
Cost of Operations	7	47.9	44.5	74.2	40.5	43.2	44.9	49.4	63.7	48.7	50.4	51.7	40.8	46.4
Rent	8	13.7	23.6	15.7	12.7	17.4	7.4	16.6	10.6	13.1	13.4	15.2	14.2	13.7
Taxes Paid	9	2.2	2.6	4.8	6.1	3.3	1.1	2.6	1.5	2.6	2.5	2.7	1.6	2.0
Interest Paid	10	6.3	6.0	1.6	0.9	1.9	0.1	1.2	1.5	0.8	1.9	4.1	2.1	9.3
Depreciation, Depletion, Amortization	11	3.6	1.2	1.9	1.2	1.8	0.4	1.9	1.6	2.9	6.2	4.5	2.7	4.3
Pensions and Other Benefits	12	2.1	3.4	1.0	0.7	1.0	1.7	1.6	1.1	1.4	2.2	2.9	2.0	2.4
Other	13	28.7	29.4	37.9	36.0	20.4	26.0	22.5	15.1	25.8	20.2	17.7	37.3	30.8
Officers Compensation	14	2.2	2.5	8.5	4.6	12.2	9.9	4.8	5.0	3.9	2.2	2.3	1.8	0.9
Operating Margin	15	•	•	•	•	•	8.5	•	•	1.0	1.2	•	•	•
Oper. Margin Before Officers Compensation	16	•	•	•	1.8	11.2	18.4	4.3	4.9	4.9	3.4	1.3	•	•
Selected Average Balance Sheet ($ in Thousands)														
Net Receivables	17	1414	•	3	78	90	35	621	1664	3250	4597	13069	29619	395565
Inventories	18	236	•	5	8	5	45	50	695	1503	1505	6213	12161	49828
Net Property, Plant and Equipment	19	569	•	7	9	98	20	298	781	4106	8690	19442	31596	106828
Total Assets	20	12515	•	29	154	358	678	2146	7433	14880	33540	66070	157772	3907865

Notes and Loans Payable 21	4011	•	28	125	159	9	642	2427	2692	7448	32655	36403	1265480
All Other Liabilities 22	2839	•	26	111	169	736	1391	4812	6380	15281	22902	91618	740720
Net Worth 23	5665	•	-24	-82	31	-67	113	194	5808	10810	10512	29750	1901665

Selected Financial Ratios (Times to 1)

Current Ratio 24	1.2	•	0.4	1.1	1.4	1.5	1.1	0.7	1.9	0.9	1.4	1.2	1.2
Quick Ratio 25	0.9	•	0.2	1.0	1.2	1.1	0.9	0.5	1.2	0.7	1.1	0.8	0.9
Net Sales to Working Capital 26	14.0	•	•	30.1	15.5	9.9	27.1	•	6.5	•	8.7	20.9	11.0
Coverage Ratio 27	1.7	6.2	•	1.6	1.2	•	2.4	2.7	4.5	4.0	2.3	1.6	1.6
Total Asset Turnover 28	0.5	•	6.2	2.6	2.6	2.3	1.9	2.8	1.7	0.9	1.3	1.3	0.3
Inventory Turnover 29	•	•	•	•	•	8.0	•	•	9.7	•	7.5	7.3	•
Receivables Turnover 30	4.1	•	•	6.1	•	•	6.9	•	9.1	6.1	5.4	6.3	3.1
Total Liabilities to Net Worth 31	1.2	•	•	•	10.7	•	18.1	37.3	1.6	2.1	5.3	4.3	1.1

Selected Financial Factors (in Percentages)

Debt Ratio 32	54.7	•	•	•	91.5	•	94.8	97.4	61.0	67.8	84.1	81.2	51.3
Return on Assets 33	4.9	•	•	3.9	5.5	38.4	5.6	11.6	6.2	6.8	12.0	4.1	4.6
Return on Equity 34	2.6	•	•	•	4.5	•	28.4	•	10.1	13.6	33.5	5.8	2.0
Return Before Interest on Equity 35	10.8	•	•	•	•	•	•	•	15.8	21.1	•	21.5	9.5
Profit Margin, Before Income Tax 36	4.3	31.2	•	0.6	0.3	16.9	1.7	2.6	2.8	5.6	5.4	1.1	5.5
Profit Margin, After Income Tax 37	2.6	28.8	•	0.6	0.2	16.2	0.8	2.3	2.3	4.8	4.2	0.9	3.0

Trends in Selected Ratios and Factors, 1990-1999

	1990	1991	1992	1993	1994	1995	1996	1997	1998	1999
Cost of Labor (%) 38	45.6	48.1	48.7	49.2	54.4	50.0	50.5	50.6	49.1	47.9
Operating Margin (%) 39	•	•	•	•	•	•	•	•	•	•
Oper. Margin Before Officers Comp. (%) 40	0.7	1.6	•	•	•	•	•	•	•	•
Average Net Receivables ($) 41	386	337	332	823	869	958	1161	1330	1412	1414
Average Inventories ($) 42	128	136	137	183	380	442	239	157	185	236
Average Net Worth ($) 43	905	621	578	2000	1917	4086	6061	3545	4686	5665
Current Ratio (×1) 44	1.5	1.0	1.3	1.1	1.0	0.9	1.2	1.6	1.1	1.2
Quick Ratio (×1) 45	1.0	0.6	0.8	0.7	0.7	0.5	0.9	1.2	0.9	0.9
Coverage Ratio (×1) 46	3.5	3.0	2.0	1.0	0.9	1.4	2.3	1.9	2.3	1.7
Asset Turnover (×1) 47	1.3	1.3	1.3	0.7	0.7	0.7	0.7	0.6	0.5	0.5
Total Liabilities/Net Worth (×1) 48	1.8	2.6	2.7	2.6	3.1	1.5	0.8	1.2	1.2	1.2
Return on Assets (×1) 49	9.4	8.4	6.5	4.5	3.3	5.5	5.1	5.4	5.8	4.9
Return on Equity (%) 50	11.0	11.7	4.5	•	•	2.5	3.4	3.7	5.0	2.6

Table II

Corporations with Net Income

PERIODICALS

MONEY AMOUNTS AND SIZE OF ASSETS IN THOUSANDS OF DOLLARS

Item Description for Accounting Period 7/95 Through 6/96		Total	Zero Assets	Under 100	100 to 250	251 to 500	501 to 1,000	1,001 to 5,000	5,001 to 10,000	10,001 to 25,000	25,001 to 50,000	50,001 to 100,000	100,001 to 250,000	250,001 and over
Number of Enterprises	1	2600	•	700	838	429	159	321	49	64	10	8	•	12
Revenues ($ in Thousands)														
Net Sales	2	23508299	•	94048	361724	269382	283078	1330705	1429205	1830414	405455	663890	•	15000356
Portfolio Income	3	1332052	•	557	12151	267	706	24325	18699	9668	8966	7717	•	1170521
Other Revenues	4	1527201	•	57	34	1013	33038	13575	28310	4760	10208	46077	•	1330548
Total Revenues	5	26367552	•	94662	373909	270662	316822	1368605	1476214	1844842	424629	717684	•	17501425
Average Total Revenues	6	10141	•	135	446	631	1993	4264	30127	28826	42463	89710	•	1458452
Operating Costs/Operating Income (%)														
Cost of Operations	7	49.2	•	26.2	52.5	34.9	45.3	45.5	56.9	50.0	39.3	54.0	•	50.1
Rent	8	12.9	•	2.6	11.3	18.3	8.2	14.6	12.7	13.0	16.2	13.2	•	12.7
Taxes Paid	9	2.3	•	2.5	7.0	2.9	1.2	2.9	1.6	2.7	2.9	3.0	•	2.1
Interest Paid	10	4.9	•	•	1.1	1.9	•	0.8	1.6	0.7	2.3	2.3	•	6.9
Depreciation, Depletion, Amortization	11	2.3	•	1.1	0.7	1.7	0.2	1.5	1.0	2.9	3.8	4.5	•	2.2
Pensions and Other Benefits	12	2.0	•	•	0.9	0.7	2.4	1.9	1.3	1.5	2.7	3.2	•	2.2
Other	13	28.3	•	36.4	19.6	22.9	20.8	21.2	17.6	21.7	23.6	16.6	•	31.1
Officers Compensation	14	1.9	•	19.5	2.4	7.5	8.7	4.9	3.9	3.7	2.2	2.2	•	0.8
Operating Margin	15	•	•	11.7	4.5	9.5	13.4	6.9	3.4	3.9	7.0	1.0	•	•
Oper. Margin Before Officers Compensation	16	•	•	31.2	7.0	16.9	22.0	11.8	7.3	7.6	9.2	3.2	•	•
Selected Average Balance Sheet ($ in Thousands)														
Net Receivables	17	2504	•	5	85	111	58	646	2183	3322	5394	11888	•	450174
Inventories	18	383	•	15	10	5	58	56	82	1786	2085	6543	•	51906
Net Property, Plant and Equipment	19	884	•	14	5	25	17	222	984	4611	13051	21124	•	107120
Total Assets	20	21866	•	60	165	314	683	2128	7284	15477	33768	65238	•	4348505

Notes and Loans Payable **21**	4941	•	20	129	94	15	441	2821	2744	8534	20186	•	971220
All Other Liabilities **22**	4802	•	24	123	122	836	1228	5345	6147	13825	21980	•	844607
Net Worth **23**	12123	•	16	-86	98	-168	459	-883	6586	11410	23072	•	2532678

Selected Financial Ratios (Times to 1)

Current Ratio **24**	1.3	•	1.0	1.0	3.8	5.1	1.4	0.6	1.6	1.2	1.5	•	1.3
Quick Ratio **25**	1.0	•	0.4	0.9	3.2	4.3	1.1	0.5	1.1	0.8	1.1	•	1.0
Net Sales to Working Capital **26**	8.9	•	•	•	3.6	5.4	9.7	•	8.0	22.2	8.7	•	7.3
Coverage Ratio **27**	2.9	•	•	8.5	6.3	•	13.6	5.1	7.5	6.1	4.8	•	2.5
Total Asset Turnover **28**	0.4	•	2.3	2.6	2.0	2.6	2.0	4.0	1.9	1.2	1.3	•	0.3
Inventory Turnover **29**	•	•	3.3	•	•	6.5	•	•	9.9	8.4	•	•	•
Receivables Turnover **30**	3.4	•	•	8.2	9.7	•	6.2	•	9.9	6.3	•	•	5.6
Total Liabilities to Net Worth **31**	0.8	•	2.9	•	2.2	•	3.6	•	1.4	2.0	1.8	•	0.7

Selected Financial Factors (in Percentages)

Debt Ratio **32**	44.6	•	74.1	•	68.7	•	78.4	•	57.5	66.2	64.6	•	41.8
Return on Assets **33**	5.9	•	27.8	23.4	23.7	•	20.4	33.4	9.6	16.6	14.1	•	4.9
Return on Equity **34**	5.2	•	•	•	•	•	•	•	17.0	37.4	25.5	•	3.4
Return Before Interest on Equity **35**	10.7	•	•	•	•	•	•	•	22.6	•	•	•	8.4
Profit Margin, Before Income Tax **36**	9.4	•	12.3	7.9	10.0	25.3	9.7	6.7	4.5	11.6	8.7	•	10.0
Profit Margin, After Income Tax **37**	7.0	•	12.0	7.9	9.6	24.4	8.3	6.2	3.9	10.5	7.1	•	6.8

Trends in Selected Ratios and Factors, 1990-1999

	1990	1991	1992	1993	1994	1995	1996	1997	1998	1999
Cost of Operations (%) **38**	44.6	45.3	47.4	52.3	49.6	50.3	49.6	49.7	49.7	49.2
Operating Margin (%) **39**	0.2	1.9	1.7	1.3	3.2	•	•	•	•	•
Oper. Margin Before Officers Comp. (%) **40**	3.0	4.5	5.1	4.5	5.7	•	•	•	•	•
Average Net Receivables ($) **41**	638	711	643	1066	558	2309	1623	3017	2489	2504
Average Inventories ($) **42**	231	317	289	412	187	1212	318	303	301	383
Average Net Worth ($) **43**	1587	1663	1527	2169	1309	12479	9799	8739	8635	12123
Current Ratio (×1) **44**	1.3	1.0	1.5	1.3	1.3	0.9	1.2	1.7	1.3	1.3
Quick Ratio (×1) **45**	0.7	0.6	0.9	0.9	0.9	0.5	0.9	1.3	1.0	1.0
Coverage Ratio (×1) **46**	5.7	5.2	5.9	7.8	9.1	2.1	3.4	2.7	3.0	2.9
Asset Turnover (×1) **47**	1.4	1.3	1.3	1.5	1.4	0.6	0.6	0.5	0.5	0.4
Operating Leverage **48**	0.1	8.1	0.9	0.8	2.4	•	0.6	1.0	1.1	0.9
Financial Leverage **49**	1.0	1.0	1.1	1.1	1.0	0.6	1.3	0.9	1.1	1.0
Total Leverage **50**	0.1	8.3	1.0	0.9	2.5	•	0.7	0.9	1.1	0.8

Table I

Corporations with and without Net Income

BOOKS, GREETING CARDS, AND MISCELLANEOUS PUBLISHING

MONEY AMOUNTS AND SIZE OF ASSETS IN THOUSANDS OF DOLLARS

Item Description for Accounting Period 7/95 Through 6/96		Total	Zero Assets	Under 100	100 to 250	251 to 500	501 to 1,000	1,001 to 5,000	5,001 to 10,000	10,001 to 25,000	25,001 to 50,000	50,001 to 100,000	100,001 to 250,000	250,001 and over
Number of Enterprises	1	12717	1618	7651	1365	920	340	548	110	85	32	16	11	21
Revenues ($ in Thousands)														
Net Sales	2	33986808	925381	420052	749919	773964	258197	2402709	1334283	2133133	1585710	1154458	1758407	20490593
Portfolio Income	3	1409442	17188	2680	1570	2142	392	14589	3943	6666	11006	14436	67763	1267069
Other Revenues	4	1100622	21603	5061	12556	7049	12661	110584	26813	19448	17795	21337	52747	792967
Total Revenues	5	36496872	964172	427793	764045	783155	271250	2527882	1365039	2159247	1614511	1190231	1878917	22550629
Average Total Revenues	6	2870	596	56	560	851	798	4613	12409	25403	50453	74389	170811	1073839
Operating Costs/Operating Income (%)														
Cost of Operations	7	39.2	38.8	28.4	31.0	41.2	46.3	45.7	44.6	53.2	58.3	46.4	45.8	34.5
Rent	8	15.5	17.8	11.7	8.0	5.6	13.2	14.9	21.6	11.5	11.0	10.1	12.2	17.3
Taxes Paid	9	2.8	4.1	2.4	1.7	1.9	2.4	2.6	3.6	2.0	1.9	1.6	2.2	3.0
Interest Paid	10	4.4	1.0	0.5	0.5	0.8	1.7	1.2	2.0	1.5	1.6	2.8	2.3	6.2
Depreciation, Depletion, Amortization	11	4.7	10.5	1.9	1.8	1.3	1.1	1.9	2.3	3.1	3.6	2.3	4.1	5.7
Pensions and Other Benefits	12	2.3	0.3	1.4	2.1	4.5	2.4	1.5	2.5	1.1	2.3	2.1	2.1	2.6
Other	13	29.3	20.2	48.4	36.2	32.8	33.5	25.2	18.1	21.1	18.4	26.3	27.3	32.1
Officers Compensation	14	2.6	1.1	8.2	15.3	12.4	10.0	6.0	3.7	2.8	2.0	2.7	2.5	1.2
Operating Margin	15	•	6.3	•	3.6	•	•	1.1	1.7	3.8	0.9	5.8	1.5	•
Oper. Margin Before Officers Compensation	16	1.9	7.4	5.5	18.9	11.9	•	7.1	5.4	6.6	2.9	8.6	4.0	•
Selected Average Balance Sheet ($ in Thousands)														
Net Receivables	17	563	•	2	18	78	83	592	1192	5051	7656	15925	34616	250320
Inventories	18	316	•	3	19	58	247	403	630	3240	4858	9781	17395	131574
Net Property, Plant and Equipment	19	415	•	4	41	24	32	370	1578	2941	8084	9615	17652	186789
Total Assets	20	3214	•	15	161	329	734	2315	7074	15055	32376	64232	166701	1560204

Notes and Loans Payable 21	973	•	14	55	70	261	700	2883	4536	9831	19047	38122	471919
All Other Liabilities 22	1036	•	2	78	151	229	841	1924	5824	11160	29919	51825	488586
Net Worth 23	1206	•	-1	29	108	245	773	2267	4695	11385	15266	76754	599699

Selected Financial Ratios (Times to 1)

Current Ratio 24	1.5	•	2.7	1.1	1.4	1.8	1.5	1.3	1.5	1.5	1.3	1.7	1.4
Quick Ratio 25	0.8	•	1.7	0.6	1.0	0.5	0.8	0.9	0.9	0.9	0.8	1.0	0.8
Net Sales to Working Capital 26	6.5	•	9.8	•	10.8	3.5	9.4	14.8	7.0	8.2	8.7	5.2	5.5
Coverage Ratio 27	2.5	11.1	•	13.4	1.8	•	6.5	3.0	4.3	2.7	4.2	4.8	2.2
Total Asset Turnover 28	0.8	•	3.7	3.4	2.6	1.0	1.9	1.7	1.7	1.5	1.1	1.0	0.6
Inventory Turnover 29	3.5	•	4.1	6.1	6.7	1.5	5.7	9.0	4.9	6.2	3.9	4.5	2.6
Receivables Turnover 30	5.0	•	•	•	•	6.9	7.5	•	6.3	6.1	5.2	5.0	4.0
Total Liabilities to Net Worth 31	1.7	•	•	4.6	2.1	2.0	2.0	2.1	2.2	1.9	3.2	1.2	1.6

Selected Financial Factors (in Percentages)

Debt Ratio 32	62.5	•	•	82.2	67.2	66.6	66.6	68.0	68.8	64.8	76.2	54.0	61.6
Return on Assets 33	9.2	•	•	20.2	3.9	•	14.2	10.1	10.9	6.5	13.1	10.6	8.6
Return on Equity 34	10.5	•	•	•	2.3	•	31.0	18.4	21.7	8.8	27.6	13.5	8.3
Return Before Interest on Equity 35	24.6	•	33.2	•	11.8	•	•	31.6	34.8	18.5	•	23.0	22.5
Profit Margin, Before Income Tax 36	6.7	10.2	•	5.5	0.7	•	6.3	3.9	5.0	2.7	8.9	8.7	7.6
Profit Margin, After Income Tax 37	4.8	7.0	•	5.4	0.3	•	5.5	3.4	4.1	2.0	5.8	6.5	5.1

Trends in Selected Ratios and Factors, 1990-1999

	1990	1991	1992	1993	1994	1995	1996	1997	1998	1999
Cost of Labor (%) 38	38.3	39.2	42.0	38.9	39.3	41.3	39.5	36.9	38.0	39.2
Operating Margin (%) 39	0.5	0.7	•	•	•	•	•	•	•	•
Oper. Margin Before Officers Comp. (%) 40	3.0	3.3	0.3	•	0.5	•	1.9	0.8	1.4	1.9
Average Net Receivables ($) 41	786	740	803	871	1072	716	672	692	534	563
Average Inventories ($) 42	340	341	341	343	373	345	309	307	297	316
Average Net Worth ($) 43	1272	1043	938	1523	1376	921	1088	1072	1046	1206
Current Ratio (×1) 44	1.6	1.5	1.5	1.0	1.1	1.2	1.2	1.1	1.5	1.5
Quick Ratio (×1) 45	1.1	0.9	0.9	0.5	0.7	0.6	0.6	0.6	0.9	0.8
Coverage Ratio (×1) 46	3.8	3.3	3.3	2.0	2.1	1.7	2.3	2.2	2.3	2.5
Asset Turnover (×1) 47	1.0	0.9	0.8	0.6	0.7	0.7	0.8	0.8	0.9	0.8
Total Liabilities/Net Worth (×1) 48	1.3	2.1	2.8	2.6	2.5	3.6	2.2	2.5	1.7	1.7
Return on Assets (×1) 49	12.3	9.9	11.3	8.4	8.1	7.4	7.9	8.0	8.5	9.2
Return on Equity (%) 50	12.4	12.9	17.9	9.1	9.0	7.9	10.1	10.3	8.7	10.5

BOOKS, GREETING CARDS, AND MISCELLANEOUS PUBLISHING

MONEY AMOUNTS AND SIZE OF ASSETS IN THOUSANDS OF DOLLARS

Item Description for Accounting Period 7/95 Through 6/96		Total	Zero Assets	Under 100	100 to 250	251 to 500	501 to 1,000	1,001 to 5,000	5,001 to 10,000	10,001 to 25,000	25,001 to 50,000	50,001 to 100,000	100,001 to 250,000	250,001 and over
Number of Enterprises	1	6472	4	4097	991	647	116	401	88	72	21	•	•	13
Revenues ($ in Thousands)														
Net Sales	2	26725095	915390	269643	687897	621463	83579	2043600	1242440	1916190	997098	•	•	15276523
Portfolio Income	3	1177125	16256	8	860	1841	32	11312	3270	5439	9548	•	•	1049267
Other Revenues	4	827698	20007	3464	12556	7049	11094	109161	24703	6439	10662	•	•	556105
Total Revenues	5	28729918	951653	273115	701313	630353	94705	2169073	1270413	1928068	1017308	•	•	16881895
Average Total Revenues	6	4439	237913	67	708	974	816	5409	14437	26779	48443	•	•	1298607
Operating Costs/Operating Income (%)														
Cost of Operations	7	37.9	38.6	25.4	32.1	40.4	48.8	46.1	44.7	52.6	57.4	•	•	32.1
Rent	8	16.3	18.0	5.3	5.9	3.6	15.7	15.4	20.9	11.0	12.2	•	•	19.0
Taxes Paid	9	2.9	4.1	1.7	1.7	1.7	2.7	2.8	3.5	1.9	2.4	•	•	3.3
Interest Paid	10	4.1	1.0	0.5	0.2	0.5	1.4	1.1	1.3	1.4	1.5	•	•	6.2
Depreciation, Depletion, Amortization	11	5.0	10.4	1.8	1.4	1.2	0.6	1.8	2.1	2.9	3.2	•	•	6.3
Pensions and Other Benefits	12	2.3	0.3	•	2.2	5.6	0.8	1.5	2.2	1.1	1.9	•	•	2.7
Other	13	26.2	19.3	44.6	34.6	28.1	38.4	22.6	17.7	20.7	14.5	•	•	28.3
Officers Compensation	14	2.5	1.1	7.5	14.5	13.7	3.2	6.1	2.7	2.7	2.2	•	•	1.1
Operating Margin	15	2.7	7.2	13.3	7.3	5.3	•	2.7	4.9	5.8	4.7	•	•	1.0
Oper. Margin Before Officers Compensation	16	5.2	8.3	20.8	21.9	19.0	•	8.7	7.7	8.5	7.0	•	•	2.1
Selected Average Balance Sheet ($ in Thousands)														
Net Receivables	17	864	•	3	14	91	52	700	1479	5261	7069	•	•	306577
Inventories	18	477	•	4	3	52	295	406	469	3238	4135	•	•	166362
Net Property, Plant and Equipment	19	640	•	3	43	22	9	449	1440	2607	7260	•	•	241942
Total Assets	20	4653	•	19	159	352	647	2534	6995	14754	32933	•	•	1827573

Notes and Loans Payable 21	1288	•	10	52	40	107	713	2092	4657	8435	•	•	520697
All Other Liabilities 22	1630	•	1	83	115	255	967	2000	5363	11526	•	•	633967
Net Worth 23	1735	•	8	24	198	285	854	2903	4735	12972	•	•	672909

Selected Financial Ratios (Times to 1)

Current Ratio 24	1.5	•	2.8	0.9	2.2	2.3	1.4	2.2	1.7	1.5	•	•	1.4
Quick Ratio 25	0.9	•	1.8	0.6	1.6	0.3	0.8	1.7	1.0	0.9	•	•	0.8
Net Sales to Working Capital 26	6.7	•	8.0	•	6.3	2.0	10.9	6.9	6.2	8.2	•	•	6.1
Coverage Ratio 27	3.5	11.7	•	•	13.6	2.3	8.8	6.4	5.6	5.5	•	•	2.9
Total Asset Turnover 28	0.9	•	3.4	4.4	2.7	1.1	2.0	2.0	1.8	1.5	•	•	0.7
Inventory Turnover 29	3.4	•	7.9	•	9.4	0.9	6.1	•	5.1	6.0	•	•	2.3
Receivables Turnover 30	5.1	•	•	•	•	5.5	8.0	•	6.3	5.4	•	•	4.0
Total Liabilities to Net Worth 31	1.7	•	1.5	5.6	0.8	1.3	2.0	1.4	2.1	1.5	•	•	1.7

Selected Financial Factors (in Percentages)

Debt Ratio 32	62.7	•	59.3	84.9	44.0	55.9	66.3	58.5	67.9	60.6	•	•	63.2
Return on Assets 33	12.7	•	•	•	19.8	3.5	19.4	17.2	14.1	12.0	•	•	11.4
Return on Equity 34	18.5	•	•	•	30.5	3.8	•	32.4	30.2	21.0	•	•	14.5
Return Before Interest on Equity 35	34.2	•	•	•	•	8.0	•	•	•	30.4	•	•	31.1
Profit Margin, Before Income Tax 36	10.3	10.8	14.6	9.3	6.7	1.8	8.5	7.2	6.4	6.8	•	•	11.6
Profit Margin, After Income Tax 37	7.8	7.7	14.4	9.2	6.3	1.5	7.6	6.7	5.4	5.7	•	•	8.3

Trends in Selected Ratios and Factors, 1990-1999

	1990	1991	1992	1993	1994	1995	1996	1997	1998	1999
Cost of Operations (%) 38	35.8	37.1	41.6	37.0	36.7	39.2	40.5	34.8	38.8	37.9
Operating Margin (%) 39	3.0	2.6	3.1	1.7	3.6	4.8	3.2	1.6	4.7	2.7
Oper. Margin Before Officers Comp. (%) 40	5.5	5.0	5.6	4.2	6.2	7.6	5.7	4.1	6.9	5.2
Average Net Receivables ($) 41	1622	1495	1359	1417	1716	976	1064	1273	932	864
Average Inventories ($) 42	644	634	653	508	588	491	459	549	532	477
Average Net Worth ($) 43	2724	2232	2586	2197	2750	1872	1964	2239	1631	1735
Current Ratio (×1) 44	1.6	1.5	1.6	1.3	1.4	1.7	1.5	1.3	1.6	1.5
Quick Ratio (×1) 45	1.1	1.0	1.0	0.9	0.9	1.0	0.9	0.8	1.0	0.9
Coverage Ratio (×1) 46	5.5	4.1	7.6	3.7	4.7	3.9	4.2	3.2	4.1	3.5
Asset Turnover (×1) 47	1.0	0.9	0.9	0.9	0.9	0.9	0.9	0.8	1.0	0.9
Operating Leverage 48	2.2	0.9	1.2	0.6	2.1	1.3	0.7	0.5	2.9	0.6
Financial Leverage 49	1.2	1.0	1.2	0.9	1.1	1.0	1.1	0.9	1.1	1.0
Total Leverage 50	2.7	0.8	1.5	0.5	2.3	1.3	0.7	0.5	3.1	0.6

COMMERCIAL AND OTHER PRINTING AND PRINTING TRADE SERVICES

MONEY AMOUNTS AND SIZE OF ASSETS IN THOUSANDS OF DOLLARS

Item Description for Accounting Period 7/95 Through 6/96		Total	Zero Assets	Under 100	100 to 250	251 to 500	501 to 1,000	1,001 to 5,000	5,001 to 10,000	10,001 to 25,000	25,001 to 50,000	50,001 to 100,000	100,001 to 250,000	250,001 and over
Number of Enterprises	1	32346	2394	14402	6092	3077	2421	2910	680	220	76	31	17	25
Revenues ($ in Thousands)														
Net Sales	2	75583820	537917	2643600	4345206	3661333	4318065	13029869	8891807	5904873	3758909	3404596	2792780	22294864
Portfolio Income	3	442260	1055	23016	6149	31027	23821	40175	35030	12113	18478	25925	29768	195702
Other Revenues	4	865761	7342	7681	13143	12298	14965	74209	90027	51838	30876	44596	24504	494286
Total Revenues	5	76891841	546314	2674297	4364498	3704658	4356851	13144253	9016864	5968824	3808263	3475117	2847052	22984852
Average Total Revenues	6	2377	228	186	716	1204	1800	4517	13260	27131	50109	112101	167474	919394
Operating Costs/Operating Income (%)														
Cost of Operations	7	64.4	65.2	48.5	57.4	55.5	60.0	62.8	66.5	71.9	69.6	71.7	64.9	65.9
Rent	8	8.5	6.8	10.4	8.8	10.4	10.0	9.4	8.5	6.6	7.5	6.7	7.3	8.1
Taxes Paid	9	2.7	4.0	3.9	2.8	3.0	3.7	2.9	2.8	2.2	2.0	2.0	2.2	2.4
Interest Paid	10	2.1	3.4	1.0	0.6	1.3	1.6	1.6	2.0	1.6	2.4	2.2	3.7	3.0
Depreciation, Depletion, Amortization	11	4.3	5.7	2.1	2.4	3.6	4.2	4.4	4.3	3.6	4.1	4.2	4.6	5.3
Pensions and Other Benefits	12	2.4	2.3	1.6	0.9	1.6	1.6	2.2	2.1	1.6	1.8	1.8	2.8	3.7
Other	13	10.5	11.4	23.6	15.5	17.0	13.5	9.7	8.8	7.0	9.6	7.6	11.6	9.0
Officers Compensation	14	3.7	2.2	9.7	11.2	7.8	6.2	5.6	3.4	2.3	2.0	1.1	1.2	0.8
Operating Margin	15	1.4	•	•	0.4	•	•	1.4	1.6	3.1	1.0	2.8	1.9	1.9
Oper. Margin Before Officers Compensation	16	5.2	1.2	9.1	11.6	7.6	5.5	7.0	5.0	5.4	3.0	3.9	3.1	2.8
Selected Average Balance Sheet ($ in Thousands)														
Net Receivables	17	349	•	8	45	121	181	548	1847	4323	7922	16757	24770	190564
Inventories	18	131	•	3	11	25	49	229	785	2374	3813	7963	14094	56802
Net Property, Plant and Equipment	19	525	•	11	55	124	279	862	3106	5435	12230	25655	41051	287229
Total Assets	20	1449	•	31	167	354	718	2092	6861	14514	32182	68474	143419	864210

Notes and Loans Payable 21	538	•	29	78	145	314	838	3008	5878	14001	25742	64194	262166
All Other Liabilities 22	411	•	14	42	99	178	485	1554	4100	8140	16670	33142	281958
Net Worth 23	499	•	-12	46	110	225	769	2298	4536	10040	26061	46083	320086

Selected Financial Ratios (Times to 1)

Current Ratio 24	1.4	•	1.1	2.0	1.4	1.6	1.6	1.4	1.5	1.4	1.6	1.4	1.3
Quick Ratio 25	1.0	•	0.8	1.7	1.2	1.3	1.1	1.0	0.9	0.9	1.1	0.9	0.9
Net Sales to Working Capital 26	12.7	•	•	14.8	21.4	12.8	11.1	12.7	10.2	11.7	9.6	10.5	13.0
Coverage Ratio 27	2.5	1.2	1.6	2.5	1.7	1.1	2.4	2.5	3.6	2.0	3.2	2.1	2.7
Total Asset Turnover 28	1.6	•	5.8	4.3	3.4	2.5	2.1	1.9	1.9	1.5	1.6	1.2	1.0
Inventory Turnover 29	•	•	•	•	•	•	•	•	8.7	•	9.8	7.6	•
Receivables Turnover 30	6.9	•	•	•	•	9.4	7.6	7.8	5.9	7.2	6.9	6.0	5.0
Total Liabilities to Net Worth 31	1.9	•	•	2.6	2.2	2.2	1.7	2.0	2.2	2.2	1.6	2.1	1.7

Selected Financial Factors (in Percentages)

Debt Ratio 32	65.5	•	•	72.2	69.0	68.6	63.3	66.5	68.8	68.8	61.9	67.9	63.0
Return on Assets 33	8.5	•	9.2	6.0	7.7	4.5	8.3	9.5	10.8	7.3	11.3	8.6	8.3
Return on Equity 34	10.6	•	•	12.1	9.8	•	10.5	13.6	21.0	8.1	14.9	8.4	9.1
Return Before Interest on Equity 35	24.7	•	•	21.5	24.8	14.4	22.5	28.4	34.5	23.4	29.6	26.7	22.3
Profit Margin, Before Income Tax 36	3.2	0.6	0.6	0.9	1.0	0.2	2.2	3.0	4.2	2.4	4.8	3.8	5.0
Profit Margin, After Income Tax 37	2.3	0.4	0.6	0.8	0.9	•	1.8	2.4	3.6	1.7	3.5	2.4	3.3

Trends in Selected Ratios and Factors, 1990-1999

	1990	1991	1992	1993	1994	1995	1996	1997	1998	1999
Cost of Labor (%) 38	62.2	64.1	64.6	63.9	61.9	62.5	62.5	62.0	62.5	64.4
Operating Margin (%) 39	0.8	0.5	1.1	0.6	0.4	0.9	2.1	2.0	2.7	1.4
Oper. Margin Before Officers Comp. (%) 40	5.1	4.4	4.9	4.6	4.5	4.9	6.3	6.0	6.6	5.2
Average Net Receivables ($) 41	242	254	313	295	306	297	299	336	356	349
Average Inventories ($) 42	108	119	132	123	121	116	113	113	130	131
Average Net Worth ($) 43	357	363	551	435	470	453	430	461	497	499
Current Ratio (×1) 44	1.6	1.5	1.5	1.7	1.5	1.5	1.5	1.4	1.5	1.4
Quick Ratio (×1) 45	1.1	1.0	1.0	1.2	1.1	1.1	1.0	1.0	1.0	1.0
Coverage Ratio (×1) 46	2.3	2.1	2.5	2.2	1.9	2.1	2.7	2.8	3.1	2.5
Asset Turnover (×1) 47	1.7	1.7	1.5	1.7	1.4	1.6	1.7	1.6	1.6	1.6
Total Liabilities/Net Worth (×1) 48	1.7	1.9	1.5	1.8	2.1	1.9	1.9	1.9	1.9	1.9
Return on Assets (×1) 49	9.5	8.3	9.1	9.9	8.3	8.9	9.6	9.0	9.6	8.5
Return on Equity (%) 50	7.5	7.7	9.4	10.4	8.1	9.2	12.4	12.2	14.2	10.6

Table II

Corporations with Net Income

COMMERCIAL AND OTHER PRINTING AND PRINTING TRADE SERVICES

MONEY AMOUNTS AND SIZE OF ASSETS IN THOUSANDS OF DOLLARS

Item Description for Accounting Period 7/95 Through 6/96		Total	Zero Assets	Under 100	100 to 250	251 to 500	501 to 1,000	1,001 to 5,000	5,001 to 10,000	10,001 to 25,000	25,001 to 50,000	50,001 to 100,000	100,001 to 250,000	250,001 and over
Number of Enterprises	1	17676	821	7276	3118	1985	1522	2194	494	150	58	26	12	20
Revenues ($ in Thousands)														
Net Sales	2	58660571	255135	1565234	2818002	2471798	2823542	10599770	6406332	4269528	2741170	2959573	2011886	19738600
Portfolio Income	3	391991	97	21740	5556	30255	16449	34143	31056	7449	9957	20996	25792	188500
Other Revenues	4	776605	931	5433	5519	8343	9708	64507	78695	40129	24937	39835	16281	482291
Total Revenues	5	59829167	256163	1592407	2829077	2510396	2849699	10698420	6516083	4317106	2776064	3020404	2053959	20409391
Average Total Revenues	6	3385	312	219	907	1265	1872	4876	13190	28781	47863	116169	171163	1020470
Operating Costs/Operating Income (%)														
Cost of Operations	7	63.9	49.8	46.0	61.2	54.8	57.3	63.0	66.7	70.2	68.1	70.3	65.3	64.6
Rent	8	8.1	11.4	10.0	6.0	9.7	10.7	8.9	7.6	6.2	7.0	6.9	7.2	8.3
Taxes Paid	9	2.6	4.9	3.2	2.3	2.7	3.5	2.8	2.9	2.3	2.2	1.9	2.4	2.5
Interest Paid	10	1.9	1.4	0.9	0.4	1.0	1.4	1.4	1.7	1.4	2.0	1.9	4.0	2.6
Depreciation, Depletion, Amortization	11	4.2	4.9	1.7	1.8	3.2	4.0	3.6	4.1	3.3	3.9	3.9	3.8	5.5
Pensions and Other Benefits	12	2.6	1.6	1.3	0.5	1.3	1.6	2.2	2.1	1.8	1.9	1.9	3.0	3.9
Other	13	9.7	13.2	24.2	11.6	16.9	12.3	9.3	7.7	6.5	9.4	8.2	7.7	8.9
Officers Compensation	14	3.6	1.9	7.6	12.4	8.0	6.3	5.7	3.9	2.4	2.1	1.2	1.5	0.9
Operating Margin	15	3.5	11.0	5.2	3.9	2.5	3.1	3.2	3.4	6.1	3.5	4.0	5.2	2.9
Oper. Margin Before Officers Compensation	16	7.1	12.9	12.8	16.3	10.5	9.4	8.9	7.3	8.4	5.6	5.2	6.6	3.7
Selected Average Balance Sheet ($ in Thousands)														
Net Receivables	17	521	•	8	54	118	167	570	1761	4616	7625	17243	24304	224943
Inventories	18	190	•	3	13	23	49	255	716	2489	3579	7985	14345	65201
Net Property, Plant and Equipment	19	747	•	8	48	117	273	790	2983	5364	10788	24529	42349	328109
Total Assets	20	2107	•	28	179	353	735	2083	6685	14725	30282	66212	147888	967015

Notes and Loans Payable 21	673	•	33	72	110	267	731	2563	5276	11134	23780	66991	253979
All Other Liabilities 22	607	•	10	38	80	154	497	1451	3519	7346	17390	34469	325973
Net Worth 23	828	•	-15	69	163	314	855	2671	5930	11802	25042	46428	387063

Selected Financial Ratios (Times to 1)

Current Ratio 24	1.5	•	1.2	2.9	1.8	2.0	1.7	1.6	1.7	1.7	1.6	1.5	1.3
Quick Ratio 25	1.0	•	0.9	2.4	1.5	1.5	1.2	1.1	1.1	1.2	1.1	1.0	0.9
Net Sales to Working Capital 26	10.8	•	•	11.6	13.3	9.6	10.6	11.1	8.0	7.4	9.8	9.4	11.7
Coverage Ratio 27	3.9	9.1	9.2	12.7	5.0	4.0	4.0	4.0	6.2	3.4	4.2	2.8	3.4
Total Asset Turnover 28	1.6	•	7.7	5.1	3.5	2.5	2.3	1.9	1.9	1.6	1.7	1.1	1.0
Inventory Turnover 29	•	•	•	•	•	•	•	•	7.6	•	•	7.6	•
Receivables Turnover 30	6.4	•	•	•	•	9.1	7.9	7.6	5.2	•	•	6.0	4.7
Total Liabilities to Net Worth 31	1.6	•	•	1.6	1.2	1.4	1.4	1.5	1.5	1.6	1.7	2.2	1.5

Selected Financial Factors (in Percentages)

Debt Ratio 32	60.7	•	•	61.2	53.8	57.3	59.0	60.1	59.7	61.0	62.2	68.6	60.0
Return on Assets 33	11.6	•	•	23.4	17.9	13.5	12.7	13.2	16.6	10.5	13.6	12.7	9.0
Return on Equity 34	17.5	•	•	•	30.3	20.3	20.3	21.0	30.5	15.3	20.9	18.8	10.8
Return Before Interest on Equity 35	29.6	•	•	•	•	31.7	31.0	33.1	•	26.9	•	•	22.4
Profit Margin, Before Income Tax 36	5.5	11.4	6.9	4.3	4.1	4.0	4.1	5.1	7.2	4.8	6.1	7.2	6.2
Profit Margin, After Income Tax 37	4.4	11.1	6.9	4.2	4.0	3.4	3.6	4.3	6.4	3.8	4.6	5.2	4.3

Trends in Selected Ratios and Factors, 1990-1999

	1990	1991	1992	1993	1994	1995	1996	1997	1998	1999
Cost of Operations (%) 38	60.8	62.9	63.2	63.1	61.1	62.0	62.2	61.7	62.3	63.9
Operating Margin (%) 39	3.7	3.6	3.9	3.5	4.1	3.8	4.6	4.0	4.4	3.5
Oper. Margin Before Officers Comp. (%) 40	7.8	7.6	7.7	7.2	8.3	7.6	8.7	7.8	8.0	7.1
Average Net Receivables ($) 41	334	297	363	351	417	354	381	458	445	521
Average Inventories ($) 42	145	143	150	148	174	148	146	152	163	190
Average Net Worth ($) 43	574	521	633	618	735	619	641	681	668	828
Current Ratio (×1) 44	1.8	1.7	1.8	1.9	1.8	1.8	1.6	1.4	1.5	1.5
Quick Ratio (×1) 45	1.3	1.2	1.2	1.3	1.3	1.2	1.1	1.0	1.0	1.0
Coverage Ratio (×1) 46	3.9	4.3	4.5	3.7	4.0	3.7	4.5	4.2	4.3	3.9
Asset Turnover (×1) 47	1.8	1.7	1.8	1.8	1.7	1.7	1.7	1.5	1.6	1.6
Operating Leverage 48	1.0	1.0	1.1	0.9	1.2	0.9	1.2	0.9	1.1	0.8
Financial Leverage 49	1.0	1.2	1.1	1.0	1.0	1.0	1.1	1.0	1.0	1.0
Total Leverage 50	0.9	1.1	1.2	0.8	1.2	0.9	1.3	0.9	1.2	0.8

Table I

Corporations with and without Net Income

INDUSTRIAL CHEMICALS, PLASTICS MATERIALS AND SYNTHETICS

MONEY AMOUNTS AND SIZE OF ASSETS IN THOUSANDS OF DOLLARS

Item Description for Accounting Period 7/95 Through 6/96	Total	Zero Assets	Under 100	100 to 250	251 to 500	501 to 1,000	1,001 to 5,000	5,001 to 10,000	10,001 to 25,000	25,001 to 50,000	50,001 to 100,000	100,001 to 250,000	250,001 and over
Number of Enterprises 1	4803	120	1487	343	621	440	1053	272	173	109	44	50	89
Revenues ($ in Thousands)													
Net Sales 2	203142753	388507	207676	248024	459901	1219855	5230283	3534822	4439839	5378584	4035751	8888629	169110881
Portfolio Income 3	10349471	4065	5320	115	274	44129	13717	8149	20463	35068	60018	257288	9900868
Other Revenues 4	8017412	4860	6344	1024	422	17082	48931	39734	38226	57278	57278	103408	7624385
Total Revenues 5	221509636	397432	219340	249163	460597	1281066	5292931	3582705	4498528	5489369	4153047	9249325	186636134
Average Total Revenues 6	46119	3312	148	726	742	2912	5027	13172	26003	50361	94387	184986	2097035
Operating Costs/Operating Income (%)													
Cost of Operations 7	65.6	49.3	56.9	58.2	66.0	71.3	65.2	71.4	71.2	73.2	71.3	72.2	64.7
Rent 8	5.9	17.5	8.8	3.2	3.7	4.4	7.9	5.1	5.7	5.8	5.7	4.9	5.9
Taxes Paid 9	2.3	2.7	2.4	3.0	2.7	2.0	2.3	1.9	1.6	1.4	1.6	1.6	2.4
Interest Paid 10	4.5	1.4	0.4	2.8	2.1	1.2	1.6	1.7	1.3	2.1	1.9	2.2	5.1
Depreciation, Depletion, Amortization 11	5.0	3.5	0.8	2.9	4.4	1.4	2.8	2.6	3.1	4.0	4.2	4.9	5.2
Pensions and Other Benefits 12	2.7	2.3	0.6	3.2	0.7	1.4	1.6	1.3	1.3	1.7	1.7	2.3	2.9
Other 13	14.1	17.2	16.0	21.2	14.4	9.3	13.6	9.6	10.8	9.9	10.5	8.0	14.8
Officers Compensation 14	0.7	3.2	10.5	10.9	5.1	7.4	4.5	3.6	2.4	1.4	1.3	0.9	0.3
Operating Margin 15	•	3.1	3.7	•	1.0	1.7	0.4	2.9	2.7	0.5	1.9	3.0	•
Oper. Margin Before Officers Compensation 16	•	6.3	14.2	5.6	6.1	9.1	4.9	6.5	5.1	1.9	3.2	3.9	•
Selected Average Balance Sheet ($ in Thousands)													
Net Receivables 17	10787	•	3	60	108	240	625	2113	4308	7775	13467	28343	525591
Inventories 18	4272	•	5	9	82	166	421	1574	2721	6255	11348	21876	188403
Net Property, Plant and Equipment 19	16226	•	0	78	136	177	679	2405	5390	13778	27249	61186	782973
Total Assets 20	65152	•	36	167	375	835	2222	7093	15466	35957	71567	168380	3255958

Notes and Loans Payable 21	21510	•	41	165	199	285	884	2510	4034	12245	23446	53012	1074377
All Other Liabilities 22	20982	•	3	327	118	278	624	2001	3741	8974	17373	37071	1067622
Net Worth 23	22660	•	-8	-326	58	273	714	2582	7691	14738	30749	78297	1113958

Selected Financial Ratios (Times to 1)

Current Ratio 24	1.2	•	5.1	0.2	1.7	1.7	1.6	1.8	1.9	1.5	1.6	2.1	1.1
Quick Ratio 25	0.8	•	1.8	0.2	1.0	1.1	1.0	1.1	1.1	0.8	0.9	1.2	0.8
Net Sales to Working Capital 26	17.3	•	7.2	•	7.8	12.2	9.2	6.5	6.7	9.3	7.2	4.7	24.8
Coverage Ratio 27	3.1	4.8	•	•	1.5	6.7	2.0	3.5	4.2	2.3	3.7	4.2	3.1
Total Asset Turnover 28	0.7	•	3.9	4.3	2.0	3.3	2.2	1.8	1.7	1.4	1.3	1.1	0.6
Inventory Turnover 29	6.9	•	•	•	10.0	•	8.0	6.8	6.9	6.4	5.8	6.0	6.9
Receivables Turnover 30	4.1	•	•	8.9	•	•	7.6	7.5	6.0	6.9	6.6	6.6	3.8
Total Liabilities to Net Worth 31	1.9	•	•	•	5.4	2.1	2.1	1.8	1.0	1.4	1.3	1.2	1.9

Selected Financial Factors (in Percentages)

Debt Ratio 32	65.2	•	•	•	84.4	67.4	67.9	63.6	50.3	59.0	57.0	53.5	65.8
Return on Assets 33	9.1	•	37.5	•	6.4	26.3	7.3	10.9	8.7	6.4	9.2	10.0	9.1
Return on Equity 34	12.0	•	•	11.4	12.7	•	7.6	17.6	10.4	4.9	11.0	11.2	12.1
Return Before Interest on Equity 35	26.2	•	•	4.7	•	•	22.6	29.8	17.6	15.6	21.4	21.4	26.6
Profit Margin, Before Income Tax 36	9.5	5.4	9.3	•	1.1	6.7	1.6	4.2	4.0	2.6	5.3	7.2	10.5
Profit Margin, After Income Tax 37	6.4	3.0	8.7	•	1.0	5.6	1.1	3.5	3.1	1.5	3.7	4.9	7.1

Trends in Selected Ratios and Factors, 1990-1999

	1990	1991	1992	1993	1994	1995	1996	1997	1998	1999
Cost of Labor (%) 38	63.8	64.8	65.0	65.2	67.3	66.5	67.0	67.5	66.0	65.6
Operating Margin (%) 39	•	•	1.1	•	•	•	•	•	•	•
Oper. Margin Before Officers Comp. (%) 40	•	•	1.8	•	•	•	•	•	•	•
Average Net Receivables ($) 41	4610	5452	6275	7649	7050	9291	8935	9821	10795	10787
Average Inventories ($) 42	2954	3349	3879	4598	3771	4927	4305	4160	4218	4272
Average Net Worth ($) 43	11717	16820	18417	21833	18284	27018	23298	23693	24144	22660
Current Ratio (×1) 44	1.3	1.6	1.5	1.4	1.4	1.2	1.2	1.2	1.3	1.2
Quick Ratio (×1) 45	0.8	0.8	0.8	0.8	0.8	0.8	0.8	0.8	0.9	0.8
Coverage Ratio (×1) 46	2.6	3.8	4.0	3.0	2.4	2.0	1.9	2.1	2.6	3.1
Asset Turnover (×1) 47	1.0	0.8	0.8	0.8	0.7	0.7	0.7	0.6	0.7	0.7
Total Liabilities/Net Worth (×1) 48	1.5	1.2	1.3	1.4	1.5	1.4	1.6	1.7	1.7	1.9
Return on Assets (×1) 49	9.3	9.8	10.4	9.3	7.7	6.3	5.3	5.3	6.8	9.1
Return on Equity (%) 50	8.5	9.9	11.9	9.9	7.0	4.5	4.1	4.6	7.3	12.0

Table II

Corporations with Net Income

INDUSTRIAL CHEMICALS, PLASTICS MATERIALS AND SYNTHETICS

MONEY AMOUNTS AND SIZE OF ASSETS IN THOUSANDS OF DOLLARS

Item Description for Accounting Period 7/95 Through 6/96		Total	Zero Assets	Under 100	100 to 250	251 to 500	501 to 1,000	1,001 to 5,000	5,001 to 10,000	10,001 to 25,000	25,001 to 50,000	50,001 to 100,000	100,001 to 250,000	250,001 and over
Number of Enterprises	1	3045	18	748	154	401	352	808	207	141	72	31	36	78
Revenues ($ in Thousands)														
Net Sales	2	189642177	331161	198428	237072	238654	984474	4457620	2838239	3664830	4259142	3243365	7229452	161959741
Portfolio Income	3	9963383	2929	5320	81	274	42260	9851	5071	14506	24191	49354	229428	9580120
Other Revenues	4	7747361	1833	6343	•	321	4978	29993	35891	34220	70394	41243	88220	7433921
Total Revenues	5	207352921	335923	210091	237153	239249	1031712	4497464	2879201	3713556	4353727	3333962	7547100	178973782
Average Total Revenues	6	68096	18662	281	1540	597	2931	5566	13909	26337	60468	107547	209642	2294536
Operating Costs/Operating Income (%)														
Cost of Operations	7	65.0	44.4	57.7	59.0	60.4	68.7	64.7	69.9	68.3	72.2	69.5	72.6	64.3
Rent	8	6.0	18.2	8.9	3.1	0.6	4.4	7.4	5.2	5.9	5.5	5.7	4.9	6.1
Taxes Paid	9	2.3	2.6	2.2	2.9	2.5	1.8	2.1	1.9	1.6	1.4	1.6	1.6	2.4
Interest Paid	10	4.4	1.5	•	0.3	1.6	1.2	1.4	1.4	1.1	1.6	1.5	1.5	4.9
Depreciation, Depletion, Amortization	11	4.9	3.6	0.8	2.3	3.0	1.5	2.7	2.3	3.0	3.3	3.4	4.0	5.2
Pensions and Other Benefits	12	2.8	2.6	•	3.3	1.0	1.4	1.7	1.2	1.2	1.8	1.7	1.8	3.0
Other	13	14.0	16.4	13.0	18.6	11.2	7.7	12.2	8.9	11.0	9.3	10.3	7.7	14.7
Officers Compensation	14	0.7	3.6	11.0	8.8	6.8	8.3	4.4	3.7	2.6	1.3	1.3	0.8	0.3
Operating Margin	15	•	7.2	6.3	1.8	12.9	5.3	3.6	5.6	5.3	3.8	5.2	5.3	•
Oper. Margin Before Officers Compensation	16	0.6	10.8	17.3	10.5	19.7	13.6	7.9	9.3	7.9	5.1	6.5	6.1	•
Selected Average Balance Sheet ($ in Thousands)														
Net Receivables	17	16233	•	6	130	101	226	674	2029	4176	9150	14362	31041	583439
Inventories	18	6142	•	2	19	68	124	461	1430	2899	6851	11986	23471	203070
Net Property, Plant and Equipment	19	22644	•	•	47	106	150	680	2307	5312	12674	23506	50974	815338
Total Assets	20	96174		62	210	341	806	2258	6925	15079	35703	71691	164589	3541650

Notes and Loans Payable 21	30218	•	64	4	112	189	779	1878	3386	9295	17723	39562	1124537
All Other Liabilities 22	31310	•	2	154	57	240	573	1856	3197	9949	17880	37751	1170258
Net Worth 23	34646	•	-5	53	172	377	906	3191	8496	16458	36088	87276	1246855

Selected Financial Ratios (Times to 1)

Current Ratio 24	1.2	•	6.5	1.1	2.7	2.3	1.8	2.2	2.1	1.6	2.0	2.3	1.1
Quick Ratio 25	0.8	•	2.8	0.9	1.8	1.6	1.1	1.4	1.2	0.9	1.1	1.3	0.8
Net Sales to Working Capital 26	15.7	•	8.2	•	4.1	9.1	8.6	5.8	6.0	8.6	5.8	4.5	21.2
Coverage Ratio 27	3.4	6.7	•	8.3	9.5	9.3	4.3	6.1	6.9	4.9	6.9	7.8	3.3
Total Asset Turnover 28	0.7	•	4.3	7.3	1.8	3.5	2.5	2.0	1.7	1.7	1.5	1.2	0.6
Inventory Turnover 29	7.1	•	•	•	8.9	•	8.8	7.0	6.3	6.4	5.9	6.2	7.1
Receivables Turnover 30	4.1	•	•	•	9.5	•	8.2	7.7	5.8	6.9	6.7	6.7	3.8
Total Liabilities to Net Worth 31	1.8	•	•	3.0	1.0	1.1	1.5	1.2	0.8	1.2	1.0	0.9	1.9

Selected Financial Factors (in Percentages)

Debt Ratio 32	64.0	•	•	74.9	49.7	53.2	59.9	53.9	43.7	53.9	49.7	47.0	64.8
Return on Assets 33	9.7	•	•	14.8	25.7	39.2	14.2	16.6	13.3	12.7	14.7	13.8	9.4
Return on Equity 34	13.2	•	•	•	•	•	23.4	26.1	16.9	17.0	19.3	16.3	12.6
Return Before Interest on Equity 35	26.9	•	•	•	•	•	•	•	23.6	27.6	29.1	26.1	26.7
Profit Margin, Before Income Tax 36	10.6	8.7	12.2	1.8	13.2	10.1	4.5	7.0	6.6	6.1	8.6	9.9	11.1
Profit Margin, After Income Tax 37	7.3	5.8	11.5	1.5	13.0	8.6	3.8	6.1	5.5	4.7	6.7	7.1	7.6

Trends in Selected Ratios and Factors, 1990-1999

	1990	1991	1992	1993	1994	1995	1996	1997	1998	1999
Cost of Operations (%) 38	63.4	64.2	64.5	64.3	66.5	65.6	65.7	65.0	64.8	65.0
Operating Margin (%) 39	•	0.3	1.8	•	•	•	•	•	•	•
Oper. Margin Before Officers Comp. (%) 40	•	0.8	2.4	0.2	•	•	•	•	•	0.6
Average Net Receivables ($) 41	6950	9826	8736	15196	11904	16463	11421	18230	15677	16233
Average Inventories ($) 42	4617	5915	5275	8991	6090	7817	5355	6948	5725	6142
Average Net Worth ($) 43	19649	31667	26527	44876	32212	49440	30206	43880	34312	34646
Current Ratio (×1) 44	1.3	1.6	1.5	1.5	1.5	1.3	1.3	1.3	1.3	1.2
Quick Ratio (×1) 45	0.8	0.9	0.8	0.8	0.8	0.9	0.9	0.9	0.9	0.8
Coverage Ratio (×1) 46	3.1	4.2	4.5	3.6	3.0	2.7	2.7	2.8	3.1	3.4
Asset Turnover (×1) 47	1.0	0.8	0.8	0.8	0.7	0.7	0.7	0.6	0.7	0.7
Operating Leverage 48	1.2	•	6.3	•	5.9	2.0	0.8	1.0	0.3	0.0
Financial Leverage 49	1.1	1.2	1.1	0.9	0.9	1.0	1.0	1.0	1.1	1.1
Total Leverage 50	1.3	•	6.8	•	5.3	2.0	0.8	1.0	0.3	0.0

Table I

Corporations with and without Net Income

DRUGS

MONEY AMOUNTS AND SIZE OF ASSETS IN THOUSANDS OF DOLLARS

Item Description for Accounting Period 7/95 Through 6/96		Total	Zero Assets	Under 100	100 to 250	251 to 500	501 to 1,000	1,001 to 5,000	5,001 to 10,000	10,001 to 25,000	25,001 to 50,000	50,001 to 100,000	100,001 to 250,000	250,001 and over
Number of Enterprises	1	1456	13	246	118	113	190	421	70	90	53	38	38	65
Revenues ($ in Thousands)														
Net Sales	2	144919796	1699926	3277	329074	152429	297811	1220883	599976	1630401	861113	1664752	5745692	130714463
Portfolio Income	3	9485743	67395	•	1658	•	2293	10545	8409	27872	46589	71032	190831	9059120
Other Revenues	4	9032563	-23614	•	707	107	198	37802	26795	45764	106812	125432	269362	8443198
Total Revenues	5	163438102	1743707	3277	331439	152536	300302	1269230	635180	1704037	1014514	1861216	6205885	148216781
Average Total Revenues	6	112251	134131	13	2809	1350	1581	3015	9074	18934	19142	48979	163313	2280258
Operating Costs/Operating Income (%)														
Cost of Operations	7	47.9	52.1	15.7	80.7	35.7	55.2	57.8	59.6	66.9	37.7	51.1	42.3	47.7
Rent	8	11.1	14.4	•	4.4	24.1	7.8	13.9	9.3	9.5	22.9	12.6	7.1	11.1
Taxes Paid	9	2.0	1.4	1.7	2.4	3.7	3.2	2.8	2.4	1.7	4.0	2.3	1.9	2.0
Interest Paid	10	4.0	1.0	•	1.3	5.1	2.1	2.1	0.7	1.6	1.4	2.7	1.3	4.2
Depreciation, Depletion, Amortization	11	4.0	3.3	•	2.1	2.3	2.3	3.3	3.9	3.1	7.5	4.7	2.6	4.1
Pensions and Other Benefits	12	2.7	0.9	•	•	1.9	1.3	1.5	1.6	1.4	4.2	2.3	1.7	2.8
Other	13	27.2	23.0	24.7	16.3	28.3	19.3	25.5	31.5	24.3	46.5	31.7	28.9	27.1
Officers Compensation	14	0.7	0.4	•	3.0	1.6	8.0	5.7	5.3	3.3	5.3	2.3	1.1	0.5
Operating Margin	15	0.5	3.7	57.9	•	•	1.0	•	•	•	•	•	13.2	0.6
Oper. Margin Before Officers Compensation	16	1.2	4.1	57.9	•	•	8.9	•	•	•	•	•	14.2	1.1
Selected Average Balance Sheet ($ in Thousands)														
Net Receivables	17	39303	•	9	227	175	161	493	1169	2374	3665	10704	25754	847131
Inventories	18	12007	•	7	•	171	166	544	1226	2491	2639	9095	19420	241037
Net Property, Plant and Equipment	19	28737	•	•	0	113	120	550	1890	4128	6025	13300	37416	597278
Total Assets	20	182155	•	31	235	469	667	2256	6475	16214	35653	74072	156096	3869288

Notes and Loans Payable 21	46540	•	8	452	668	335	800	904	3774	5155	14185	21930	1002796
All Other Liabilities 22	65751	•	•	232	330	264	538	1622	3356	4880	10388	28854	1434258
Net Worth 23	69864	•	23	-449	-530	68	918	3949	9085	25618	49499	105312	1432234

Selected Financial Ratios (Times to 1)

Current Ratio 24	1.1	•	•	0.4	0.9	1.8	2.0	2.3	2.6	4.1	3.3	2.3	1.1
Quick Ratio 25	0.8	•	•	0.4	0.4	1.0	1.1	1.5	1.6	2.4	1.8	1.3	0.7
Net Sales to Working Capital 26	17.6	•	0.4	•	•	7.7	3.8	3.7	2.9	1.0	1.6	3.4	37.2
Coverage Ratio 27	5.2	7.3	•	•	0.5	1.9	•	•	•	•	1.8	•	5.1
Total Asset Turnover 28	0.6	•	0.4	11.9	2.9	2.4	1.3	1.3	1.1	0.5	0.6	1.0	0.5
Inventory Turnover 29	4.1	•	0.4	•	3.4	4.3	3.0	5.2	5.4	1.7	2.7	3.1	4.2
Receivables Turnover 30	2.7	•	1.5	•	7.3	6.9	6.5	9.1	8.1	3.5	4.4	6.1	2.6
Total Liabilities to Net Worth 31	1.6	•	0.4	•	•	8.8	1.5	0.6	0.8	0.4	0.5	0.5	1.7

Selected Financial Factors (in Percentages)

Debt Ratio 32	61.7	•	25.6	•	•	89.8	59.3	39.0	44.0	28.2	33.2	32.5	63.0
Return on Assets 33	11.1	•	24.6	•	7.4	9.2	•	•	•	•	2.9	21.7	11.3
Return on Equity 34	15.0	•	33.1	•	6.5	28.2	•	•	•	•	•	18.5	16.1
Return Before Interest on Equity 35	29.0	•	33.1	•	•	•	•	•	•	•	4.3	32.2	30.5
Profit Margin, Before Income Tax 36	16.4	6.3	•	•	•	1.8	•	•	•	•	2.1	21.1	17.5
Profit Margin, After Income Tax 37	10.6	4.8	•	•	•	1.2	•	•	•	•	•	12.9	11.5

Trends in Selected Ratios and Factors, 1990-1999

	1990	1991	1992	1993	1994	1995	1996	1997	1998	1999
Cost of Labor (%) 38	45.3	44.2	43.8	44.9	44.5	44.2	41.6	43.3	45.7	47.9
Operating Margin (%) 39	2.4	4.5	5.2	6.0	5.2	5.8	5.1	3.9	3.8	0.5
Oper. Margin Before Officers Comp. (%) 40	3.1	5.2	6.1	6.7	6.0	6.5	5.8	4.6	4.4	1.2
Average Net Receivables ($) 41	12625	14015	18851	18707	15928	21522	23524	31349	36575	39303
Average Inventories ($) 42	8222	8029	8920	8711	7125	8719	8935	12252	11921	12007
Average Net Worth ($) 43	46630	38204	47270	50778	40125	51993	50194	69991	73968	69864
Current Ratio (×1) 44	1.4	1.4	1.3	1.1	1.2	1.4	1.4	1.3	1.0	1.1
Quick Ratio (×1) 45	0.8	0.8	0.9	0.7	0.7	0.9	0.9	0.8	0.7	0.8
Coverage Ratio (×1) 46	6.7	7.2	6.5	6.8	6.6	6.4	7.3	7.4	7.4	5.2
Asset Turnover (×1) 47	0.7	0.7	0.7	0.7	0.7	0.7	0.7	0.6	0.6	0.6
Total Liabilities/Net Worth (×1) 48	0.9	1.1	1.0	1.0	1.1	1.0	1.2	1.2	1.5	1.6
Return on Assets (×1) 49	14.0	14.2	14.3	13.4	14.9	14.9	14.2	12.3	11.5	11.1
Return on Equity (%) 50	12.7	15.1	15.9	14.7	17.6	16.9	17.4	15.2	15.6	15.0

DRUGS

MONEY AMOUNTS AND SIZE OF ASSETS IN THOUSANDS OF DOLLARS

Item Description for Accounting Period 7/95 Through 6/96		Total	Zero Assets	Under 100	100 to 250	251 to 500	501 to 1,000	1,001 to 5,000	5,001 to 10,000	10,001 to 25,000	25,001 to 50,000	50,001 to 100,000	100,001 to 250,000	250,001 and over
Number of Enterprises	1	887	•	•	•	•	116	309	•	56	21	17	27	61
Revenues ($ in Thousands)														
Net Sales	2	140333912	•	•	•	•	257261	948125	•	1193090	727063	1128037	4789715	129282568
Portfolio Income	3	9295517	•	•	•	•	15	3055	•	12785	9378	41178	160134	9001214
Other Revenues	4	8433719	•	•	•	•	42	4370	•	30856	16812	39327	174229	8188459
Total Revenues	5	158063148	•	•	•	•	257318	955550	•	1236731	753253	1208542	5124078	146472241
Average Total Revenues	6	178200	•	•	•	•	2218	3092	•	22084	35869	71091	189781	2401184
Operating Costs/Operating Income (%)														
Cost of Operations	7	47.5	•	•	•	•	50.4	51.3	•	58.3	33.4	48.2	39.8	47.6
Rent	8	10.7	•	•	•	•	5.4	11.8	•	7.8	12.6	5.5	4.6	11.0
Taxes Paid	9	2.0	•	•	•	•	2.8	2.4	•	1.7	2.8	1.7	1.8	2.0
Interest Paid	10	4.0	•	•	•	•	1.9	1.4	•	1.2	1.0	2.3	1.3	4.2
Depreciation, Depletion, Amortization	11	3.9	•	•	•	•	1.7	2.4	•	2.7	5.1	2.5	1.7	4.0
Pensions and Other Benefits	12	2.6	•	•	•	•	1.5	1.3	•	1.2	3.0	1.6	1.1	2.8
Other	13	26.7	•	•	•	•	12.7	15.4	•	18.3	23.7	24.6	26.5	27.1
Officers Compensation	14	0.6	•	•	•	•	7.4	5.3	•	2.5	2.2	1.1	0.8	0.5
Operating Margin	15	2.1	•	•	•	•	16.3	8.7	•	6.3	16.2	12.5	22.4	1.0
Oper. Margin Before Officers Compensation	16	2.7	•	•	•	•	23.7	14.1	•	8.8	18.4	13.7	23.2	1.5
Selected Average Balance Sheet ($ in Thousands)														
Net Receivables	17	63596	•	•	•	•	241	510	•	2838	7161	16644	30218	897805
Inventories	18	18877	•	•	•	•	230	586	•	3273	4160	11205	20735	253313
Net Property, Plant and Equipment	19	45219	•	•	•	•	66	519	•	5012	5546	13981	35580	627561
Total Assets	20	289148	•	•	•	•	650	2150	•	16118	35722	75621	161789	4069343

Notes and Loans Payable 21	73953	•	•	•	•	187	571	•	3999	3936	15422	24088	1051436
All Other Liabilities 22	106037	•	•	•	•	241	324	•	3558	5264	11005	30155	1517510
Net Worth 23	109158	•	•	•	•	221	1256	•	8561	26523	49194	107545	1500397

Selected Financial Ratios (Times to 1)

Current Ratio 24	1.1	•	•	•	•	2.3	3.8	•	1.9	3.5	2.8	2.3	1.0
Quick Ratio 25	0.7	•	•	•	•	1.2	2.1	•	1.1	2.1	1.9	1.4	0.7
Net Sales to Working Capital 26	24.0	•	•	•	•	6.9	2.7	•	4.9	2.1	2.6	3.7	42.0
Coverage Ratio 27	5.5	•	•	•	•	9.7	7.7	•	9.2	•	9.5	•	5.2
Total Asset Turnover 28	0.6	•	•	•	•	3.4	1.4	•	1.3	1.0	0.9	1.1	0.5
Inventory Turnover 29	4.2	•	•	•	•	5.5	2.7	•	4.3	1.7	2.6	3.2	4.2
Receivables Turnover 30	2.7	•	•	•	•	•	6.5	•	7.6	4.4	3.9	6.2	2.5
Total Liabilities to Net Worth 31	1.7	•	•	•	•	1.9	0.7	•	0.9	0.4	0.5	0.5	1.7

Selected Financial Factors (in Percentages)

Debt Ratio 32	62.3	•	•	•	•	66.0	41.6	•	46.9	25.8	35.0	33.5	63.1
Return on Assets 33	12.0	•	•	•	•	•	15.6	•	14.7	19.9	19.3	33.6	11.5
Return on Equity 34	17.2	•	•	•	•	•	20.5	•	21.9	19.8	17.5	32.2	16.6
Return Before Interest on Equity 35	31.8	•	•	•	•	•	26.6	•	27.7	26.8	29.7	•	31.1
Profit Margin, Before Income Tax 36	18.0	•	•	•	•	16.4	9.5	•	9.9	19.6	19.7	29.4	17.8
Profit Margin, After Income Tax 37	11.9	•	•	•	•	15.7	8.4	•	8.8	15.1	13.0	19.5	11.7

Trends in Selected Ratios and Factors, 1990-1999

	1990	1991	1992	1993	1994	1995	1996	1997	1998	1999
Cost of Operations (%) 38	44.6	40.6	43.0	44.0	43.9	43.9	41.4	43.0	45.5	47.5
Operating Margin (%) 39	3.5	7.6	8.0	8.8	8.1	7.2	6.5	5.3	5.6	2.1
Oper. Margin Before Officers Comp. (%) 40	4.2	8.3	8.8	9.3	8.7	7.8	7.2	5.8	6.2	2.7
Average Net Receivables ($) 41	36642	16192	24326	44206	25473	56396	37045	37562	62057	63596
Average Inventories ($) 42	23389	9657	11178	19289	11249	22420	13815	14615	19535	18877
Average Net Worth ($) 43	136506	47853	58152	117790	65433	130105	75542	82403	123849	109158
Current Ratio (×1) 44	1.4	1.5	1.3	1.1	1.2	1.3	1.3	1.3	1.0	1.1
Quick Ratio (×1) 45	0.8	0.8	0.9	0.7	0.7	0.9	0.9	0.8	0.7	0.7
Coverage Ratio (×1) 46	7.2	10.7	8.2	8.5	8.1	6.9	7.8	8.1	8.1	5.5
Asset Turnover (×1) 47	0.7	0.8	0.8	0.7	0.7	0.7	0.7	0.6	0.6	0.6
Operating Leverage 48	0.7	2.2	1.1	1.1	0.9	0.9	0.9	0.8	1.1	0.4
Financial Leverage 49	1.1	1.1	1.1	1.0	1.0	1.0	1.0	1.0	1.0	0.9
Total Leverage 50	0.8	2.4	1.1	1.1	0.9	0.9	0.9	0.8	1.1	0.4

SOAP, CLEANERS, AND TOILET GOODS

MONEY AMOUNTS AND SIZE OF ASSETS IN THOUSANDS OF DOLLARS

Item Description for Accounting Period 7/95 Through 6/96		Total	Zero Assets	Under 100	100 to 250	251 to 500	501 to 1,000	1,001 to 5,000	5,001 to 10,000	10,001 to 25,000	25,001 to 50,000	50,001 to 100,000	100,001 to 250,000	250,001 and over
Number of Enterprises	1	2626	22	1109	113	372	312	460	99	64	33	16	•	27
Revenues ($ in Thousands)														
Net Sales	2	90952618	447502	150473	25778	407662	648213	2363274	1342330	1700250	1719207	1390212	•	80757717
Portfolio Income	3	3650910	2260	•	•	489	2585	17355	1171	31386	6243	85003	•	3504418
Other Revenues	4	3049070	1209	•	•	•	3075	11768	8262	2921	32683	17435	•	2971718
Total Revenues	5	97652598	450971	150473	25778	408151	653873	2392397	1351763	1734557	1758133	1492650	•	87233853
Average Total Revenues	6	37187	20499	136	228	1097	2096	5201	13654	27102	53277	93291	•	3230883
Operating Costs/Operating Income (%)														
Cost of Operations	7	63.5	49.7	64.9	47.0	61.9	57.9	63.7	70.2	61.4	53.0	52.7	•	64.0
Rent	8	7.1	7.4	•	67.8	2.4	13.3	8.1	4.3	9.2	7.5	6.9	•	7.1
Taxes Paid	9	1.2	1.2	3.7	10.1	2.4	2.8	1.7	2.3	2.1	1.2	1.5	•	1.1
Interest Paid	10	3.5	3.6	0.7	5.1	1.7	0.2	1.1	1.2	1.5	1.3	2.5	•	3.8
Depreciation, Depletion, Amortization	11	2.8	5.9	1.5	11.3	1.6	1.2	1.3	2.1	2.6	2.5	2.9	•	2.8
Pensions and Other Benefits	12	1.8	1.2	0.7	•	•	1.2	1.0	1.1	1.6	2.6	1.6	•	1.9
Other	13	21.1	29.1	27.3	57.1	20.1	11.3	16.0	11.7	19.7	24.7	28.8	•	21.2
Officers Compensation	14	0.9	1.4	6.8	•	6.9	9.4	4.4	3.0	1.8	2.3	1.4	•	0.6
Operating Margin	15	•	0.7	•	•	3.1	2.8	2.7	4.2	0.3	5.0	1.9	•	•
Oper. Margin Before Officers Compensation	16	•	2.0	1.1	•	10.0	12.2	7.1	7.1	2.1	7.3	3.3	•	•
Selected Average Balance Sheet ($ in Thousands)														
Net Receivables	17	3968	•	17	65	109	230	731	2592	4032	7981	11828	•	332588
Inventories	18	2563	•	7	31	64	167	643	1654	2591	7520	11454	•	206950
Net Property, Plant and Equipment	19	5877	•	5	71	54	112	241	1005	4009	10813	16138	•	528964
Total Assets	20	33572	•	36	189	360	632	2172	6373	13332	34846	72711	•	3073004

Notes and Loans Payable 21	11072	•	30	976	179	47	603	1670	4134	10071	19679	•	1018371
All Other Liabilities 22	14651	•	12	29	151	148	491	1965	4682	14664	18280	•	1365142
Net Worth 23	7848	•	-7	-815	29	438	1078	2738	4516	10110	34752	•	689490
Selected Financial Ratios (Times to 1)													
Current Ratio 24	0.7	•	2.3	3.4	1.5	3.0	2.6	1.5	1.8	1.9	1.7	•	0.7
Quick Ratio 25	0.4	•	1.6	2.3	1.2	1.8	1.5	1.0	1.0	1.0	0.9	•	0.4
Net Sales to Working Capital 26	•	•	8.4	3.4	10.8	7.0	5.0	8.2	7.0	5.8	6.3	•	•
Coverage Ratio 27	2.9	1.4	•	•	2.9	•	4.7	5.1	2.6	7.6	4.7	•	2.8
Total Asset Turnover 28	1.0	•	3.8	1.2	3.1	3.3	2.4	2.1	2.0	1.5	1.2	•	1.0
Inventory Turnover 29	8.6	•	•	2.4	•	6.9	4.7	7.6	6.0	3.9	4.4	•	9.3
Receivables Turnover 30	8.7	•	•	3.4	•	8.8	6.6	7.6	7.8	6.8	8.6	•	8.9
Total Liabilities to Net Worth 31	3.3	•	•	•	11.4	0.5	1.0	1.3	2.0	2.5	1.1	•	3.5
Selected Financial Factors (in Percentages)													
Debt Ratio 32	76.6	•	•	•	92.0	30.7	50.4	57.0	66.1	71.0	52.2	•	77.6
Return on Assets 33	10.4	•	•	•	14.8	12.6	11.7	12.9	7.6	14.1	14.0	•	10.3
Return on Equity 34	18.0	•	•	27.5	•	16.5	16.1	19.8	8.9	35.3	16.1	•	18.0
Return Before Interest on Equity 35	•	•	•	26.1	•	18.2	23.6	29.9	22.3	•	29.3	•	•
Profit Margin, Before Income Tax 36	6.6	1.4	•	•	3.2	3.6	3.9	4.9	2.4	8.2	9.2	•	6.8
Profit Margin, After Income Tax 37	4.1	•	•	•	3.0	3.5	3.4	4.0	1.5	6.9	6.4	•	4.2

Trends in Selected Ratios and Factors, 1990-1999

	1990	1991	1992	1993	1994	1995	1996	1997	1998	1999
Cost of Labor (%) 38	63.0	64.7	65.7	65.3	65.3	65.7	63.4	63.3	64.5	63.5
Operating Margin (%) 39	•	•	•	•	•	•	•	•	•	•
Oper. Margin Before Officers Comp. (%) 40	•	•	•	•	•	•	•	0.4	0.7	•
Average Net Receivables ($) 41	5300	5106	3787	4481	11231	5218	5003	5746	5373	3968
Average Inventories ($) 42	2958	2910	2339	2913	3800	2022	3333	3098	3462	2563
Average Net Worth ($) 43	12029	13721	11719	16038	20527	10055	13531	11467	12377	7848
Current Ratio (×1) 44	1.3	1.1	0.9	0.9	0.9	0.9	0.9	1.1	0.8	0.7
Quick Ratio (×1) 45	0.7	0.6	0.4	0.3	0.6	0.6	0.5	0.7	0.4	0.4
Coverage Ratio (×1) 46	2.4	2.6	3.1	2.2	2.0	2.3	2.8	3.3	3.5	2.9
Asset Turnover (×1) 47	1.0	1.1	0.8	0.8	0.7	0.9	1.0	1.1	1.0	1.0
Total Liabilities/Net Worth (×1) 48	1.6	1.5	2.1	1.9	2.0	2.0	1.9	2.1	2.6	3.3
Return on Assets (×1) 49	8.2	10.5	7.0	6.9	6.0	8.4	9.3	9.9	9.3	10.4
Return on Equity (%) 50	7.4	10.5	9.8	5.8	4.2	8.4	11.3	13.8	15.1	18.0

Table II

Corporations with Net Income

SOAP, CLEANERS, AND TOILET GOODS

MONEY AMOUNTS AND SIZE OF ASSETS IN THOUSANDS OF DOLLARS

Item Description for Accounting Period 7/95 Through 6/96	Total	Zero Assets	Under 100	100 to 250	251 to 500	501 to 1,000	1,001 to 5,000	5,001 to 10,000	10,001 to 25,000	25,001 to 50,000	50,001 to 100,000	100,001 to 250,000	250,001 and over
Number of Enterprises **1**	1502	15	351	•	336	219	375	•	46	28	11	•	•
Revenues ($ in Thousands)													
Net Sales **2**	83991078	188747	116933	•	395548	522171	1878162	•	1371388	1584088	939113	•	•
Portfolio Income **3**	2184458	2226	•	•	489	1108	16716	•	13681	6240	81569	•	•
Other Revenues **4**	2743801	2411	•	•	•	3075	9339	•	2056	32647	4516	•	•
Total Revenues **5**	88919337	193384	116933	•	396037	526354	1904217	•	1387125	1622975	1025198	•	•
Average Total Revenues **6**	59201	12892	333	•	1179	2403	5078	•	30155	57963	93200	•	•
Operating Costs/Operating Income (%)													
Cost of Operations **7**	64.5	62.0	72.7	•	63.1	54.0	63.1	•	57.9	50.9	49.5	•	•
Rent **8**	6.7	2.7	•	•	1.9	15.3	7.9	•	10.0	7.2	7.2	•	•
Taxes Paid **9**	1.1	1.8	3.1	•	2.3	2.6	1.7	•	2.3	1.2	1.6	•	•
Interest Paid **10**	1.8	0.3	0.8	•	1.5	0.3	0.8	•	1.3	1.1	1.9	•	•
Depreciation, Depletion, Amortization **11**	2.7	1.9	0.3	•	0.9	1.4	1.2	•	2.0	2.6	1.7	•	•
Pensions and Other Benefits **12**	1.7	0.8	•	•	•	0.6	0.7	•	1.9	2.7	1.9	•	•
Other **13**	19.5	16.3	22.1	•	18.2	11.3	15.3	•	17.5	25.1	27.3	•	•
Officers Compensation **14**	0.8	2.9	•	•	6.4	9.7	5.0	•	1.9	2.5	1.7	•	•
Operating Margin **15**	1.3	11.3	1.0	•	5.7	5.0	4.2	•	5.4	6.9	7.3	•	•
Oper. Margin Before Officers Compensation **16**	2.0	14.2	1.0	•	12.1	14.6	9.2	•	7.3	9.4	9.0	•	•
Selected Average Balance Sheet ($ in Thousands)													
Net Receivables **17**	6024	•	46	•	119	222	711	•	4998	7582	11855	•	•
Inventories **18**	3860	•	19	•	54	161	569	•	2648	7487	11941	•	•
Net Property, Plant and Equipment **19**	9351	•	2	•	51	150	205	•	3375	9714	12517	•	•
Total Assets **20**	44944	•	83	•	368	637	2051	•	13535	34313	67827	•	•

Notes and Loans Payable	21	12471	•	32	•	186	66	400	•	3489	9216	12349	•	•
All Other Liabilities	22	14283	•	38	•	145	180	449	•	3477	8389	11801	•	•
Net Worth	23	18190	•	12	•	37	391	1202	•	6569	16707	43676	•	•
Selected Financial Ratios (Times to 1)														
Current Ratio	24	1.2	•	2.1	•	1.7	2.3	2.9	•	2.3	2.0	2.5	•	•
Quick Ratio	25	0.7	•	1.5	•	1.3	1.4	1.7	•	1.5	1.1	1.4	•	•
Net Sales to Working Capital	26	21.0	•	7.7	•	9.8	10.2	4.7	•	6.0	6.0	4.0	•	•
Coverage Ratio	27	5.6	•	2.3	•	4.9	•	7.6	•	6.1	10.7	9.5	•	•
Total Asset Turnover	28	1.3	•	4.0	•	3.2	3.8	2.5	•	2.2	1.7	1.3	•	•
Inventory Turnover	29	9.3	•	•	•	•	6.1	4.7	•	•	4.5	7.1	•	•
Receivables Turnover	30	9.0	•	•	•	•	8.4	6.4	•	•	8.9	•	•	•
Total Liabilities to Net Worth	31	1.5	•	5.7	•	9.0	0.6	0.7	•	1.1	1.1	0.6	•	•
Selected Financial Factors (in Percentages)														
Debt Ratio	32	59.5	•	85.0	•	90.0	38.7	41.4	•	51.5	51.3	35.6	•	•
Return on Assets	33	12.6	•	7.2	•	23.4	22.7	15.5	•	17.2	18.9	23.1	•	•
Return on Equity	34	17.2	•	27.4	•	•	34.2	20.2	•	25.0	30.3	24.0	•	•
Return Before Interest on Equity	35	31.1	•	•	•	•	•	26.4	•	•	•	•	•	•
Profit Margin, Before Income Tax	36	8.3	13.8	1.0	•	5.8	5.8	5.5	•	6.5	10.4	16.4	•	•
Profit Margin, After Income Tax	37	5.6	9.3	1.0	•	5.6	5.6	4.9	•	5.5	8.9	12.3	•	•

Trends in Selected Ratios and Factors, 1990-1999

		1990	1991	1992	1993	1994	1995	1996	1997	1998	1999
Cost of Operations (%)	38	64.6	65.5	65.7	66.6	66.7	66.6	64.2	63.9	65.3	64.5
Operating Margin (%)	39	•	•	•	1.7	1.1	0.5	1.1	1.3	1.8	1.3
Oper. Margin Before Officers Comp. (%)	40	•	•	0.3	2.3	1.6	1.3	1.9	2.0	2.6	2.0
Average Net Receivables ($)	41	6749	11457	4715	4314	12619	7515	7228	6802	8567	6024
Average Inventories ($)	42	3687	6498	2881	2694	5041	3037	4829	3563	5179	3860
Average Net Worth ($)	43	16454	28855	14773	13176	26073	15080	20763	17295	24550	18190
Current Ratio (×1)	44	1.3	1.0	0.9	1.0	1.2	1.3	1.3	1.2	1.2	1.2
Quick Ratio (×1)	45	0.7	0.5	0.4	0.5	0.8	0.9	0.8	0.7	0.7	0.7
Coverage Ratio (×1)	46	2.9	3.2	3.2	4.4	5.1	4.2	4.4	5.2	5.9	5.6
Asset Turnover (×1)	47	1.1	1.3	0.8	1.0	1.0	1.2	1.2	1.2	1.2	1.3
Operating Leverage	48	2.0	0.6	0.4	•	0.6	0.5	2.4	1.1	1.5	0.7
Financial Leverage	49	1.3	1.1	1.0	1.1	1.0	1.0	1.0	1.0	1.0	1.0
Total Leverage	50	2.5	0.7	0.4	•	0.6	0.4	2.5	1.2	1.5	0.7

Table I

Corporations with and without Net Income

PAINTS AND ALLIED PRODUCTS

MONEY AMOUNTS AND SIZE OF ASSETS IN THOUSANDS OF DOLLARS

Item Description for Accounting Period 7/95 Through 6/96		Total	Zero Assets	Under 100	100 to 250	251 to 500	501 to 1,000	1,001 to 5,000	5,001 to 10,000	10,001 to 25,000	25,001 to 50,000	50,001 to 100,000	100,001 to 250,000	250,001 and over
Number of Enterprises	1	1230	24	473	•	59	156	316	116	55	13	4	6	8
Revenues ($ in Thousands)														
Net Sales	2	16220377	224014	40284	•	17261	305058	1512351	2062595	1734092	790683	543514	1216439	7774087
Portfolio Income	3	280911	315	•	•	•	289	12308	5193	8797	7790	1864	14936	229418
Other Revenues	4	108233	983	•	•	-587	539	4239	12428	10532	27467	1974	13360	37298
Total Revenues	5	16609521	225312	40284	•	16674	305886	1528898	2080216	1753421	825940	547352	1244735	8040803
Average Total Revenues	6	13504	9388	85	•	283	1961	4838	17933	31880	63534	136838	207456	1005100
Operating Costs/Operating Income (%)														
Cost of Operations	7	59.3	72.3	0.9	•	53.8	66.6	59.9	70.0	63.3	63.2	65.6	62.7	53.6
Rent	8	10.7	8.5	•	•	11.0	5.6	9.1	5.5	7.7	12.1	4.9	13.9	13.1
Taxes Paid	9	2.1	1.7	0.3	•	14.6	3.1	2.8	1.8	1.5	1.5	0.9	2.4	2.3
Interest Paid	10	2.5	0.6	•	•	14.3	0.6	1.1	1.0	1.2	0.8	0.5	1.2	4.1
Depreciation, Depletion, Amortization	11	2.5	3.5	0.5	•	7.3	2.1	1.7	1.4	2.1	2.2	2.1	2.4	3.1
Pensions and Other Benefits	12	2.3	1.6	•	•	•	1.7	2.0	1.6	1.1	2.6	0.5	1.7	3.1
Other	13	15.8	12.5	64.5	•	6.6	15.3	15.6	13.5	13.8	14.1	17.6	10.8	17.5
Officers Compensation	14	1.9	6.0	8.3	•	21.2	8.4	7.0	3.2	1.9	1.3	2.5	0.8	0.4
Operating Margin	15	3.0	•	25.6	•	•	•	0.8	2.0	7.4	2.1	5.6	4.2	2.9
Oper. Margin Before Officers Compensation	16	4.9	•	33.9	•	•	5.1	7.8	5.2	9.3	3.4	8.0	5.0	3.3
Selected Average Balance Sheet ($ in Thousands)														
Net Receivables	17	1762	•	•	•	12	184	702	2546	3501	8997	20145	27528	133179
Inventories	18	1548	•	•	•	47	242	442	1983	4275	6637	18738	22600	120247
Net Property, Plant and Equipment	19	2087	•	1	•	264	128	463	2150	4066	8916	17336	36681	188385
Total Assets	20	10386	16	•	•	347	624	2100	7880	17079	33827	71004	123095	1083813

Notes and Loans Payable 21	2887	•	•	•	163	133	525	2009	3965	3394	12153	27283	330856
All Other Liabilities 22	2704	•	•	•	282	189	484	2872	4100	12576	18681	31689	267504
Net Worth 23	4796	•	16	•	-98	302	1091	2999	9014	17858	40170	64123	485454

Selected Financial Ratios (Times to 1)

Current Ratio 24	1.9	•	•	•	0.3	2.0	1.9	1.7	2.5	1.9	2.1	1.7	1.9
Quick Ratio 25	1.0	•	•	•	0.1	1.0	1.2	1.0	1.3	1.1	1.2	0.9	0.9
Net Sales to Working Capital 26	6.5	•	5.5	•	•	8.2	7.6	8.2	4.9	6.9	5.6	7.6	6.0
Coverage Ratio 27	3.2	•	•	•	•	•	2.8	3.9	8.1	9.3	13.5	7.9	2.6
Total Asset Turnover 28	1.3	•	5.3	•	0.9	3.1	2.3	2.3	1.9	1.8	1.9	1.7	0.9
Inventory Turnover 29	5.2	•	•	•	1.4	7.5	5.8	7.0	5.0	6.9	3.3	6.9	4.4
Receivables Turnover 30	7.9	•	•	•	1.7	•	7.0	7.5	8.9	7.9	4.1	9.6	8.0
Total Liabilities to Net Worth 31	1.2	•	•	•	•	1.1	0.9	1.6	0.9	0.9	0.8	0.9	1.2

Selected Financial Factors (in Percentages)

Debt Ratio 32	53.8	•	•	•	•	51.5	48.1	62.0	47.2	47.2	43.4	47.9	55.2
Return on Assets 33	10.1	•	•	•	•	•	6.9	8.8	17.9	13.2	12.9	15.3	9.3
Return on Equity 34	10.0	•	•	•	•	•	6.7	12.5	25.8	14.4	14.3	17.4	7.6
Return Before Interest on Equity 35	22.0	•	•	•	•	•	13.3	23.1	33.9	24.9	22.9	29.4	20.8
Profit Margin, Before Income Tax 36	5.5	•	25.6	•	•	•	1.9	2.9	8.5	6.5	6.3	8.1	6.3
Profit Margin, After Income Tax 37	3.7	•	25.6	•	•	•	1.5	2.1	7.4	4.2	4.2	5.5	3.8

Trends in Selected Ratios and Factors, 1990-1999

	1990	1991	1992	1993	1994	1995	1996	1997	1998	1999
Cost of Labor (%) 38	61.1	59.9	61.0	61.3	60.6	59.5	58.7	58.2	59.2	59.3
Operating Margin (%) 39	3.0	3.3	2.4	3.1	3.5	3.6	4.8	5.9	5.6	3.0
Oper. Margin Before Officers Comp. (%) 40	4.6	5.2	4.2	4.8	5.3	5.5	6.8	7.7	7.6	4.9
Average Net Receivables ($) 41	1555	1395	1676	1193	1233	1273	2100	1211	1986	1762
Average Inventories ($) 42	1824	1421	1715	1160	1240	1251	2043	1072	1848	1548
Average Net Worth ($) 43	3133	2938	3341	2352	2531	2750	4842	2641	4240	4796
Current Ratio (×1) 44	1.8	2.0	2.0	1.9	2.0	2.0	2.1	2.1	1.9	1.9
Quick Ratio (×1) 45	0.9	1.0	1.0	1.0	1.0	1.1	1.1	1.1	1.0	1.0
Coverage Ratio (×1) 46	6.0	6.2	5.3	5.0	7.1	6.7	9.1	11.4	8.5	3.2
Asset Turnover (×1) 47	1.9	2.0	1.9	1.9	1.9	1.8	1.9	1.8	1.6	1.3
Total Liabilities/Net Worth (×1) 48	1.2	1.1	1.1	1.2	1.1	1.0	0.9	0.9	1.2	1.2
Return on Assets (×1) 49	12.5	12.8	10.2	11.0	14.0	12.4	12.6	13.5	12.2	10.1
Return on Equity (%) 50	12.9	14.9	11.5	12.6	17.6	14.5	14.5	16.3	16.2	10.0

Table II

Corporations with Net Income

PAINTS AND ALLIED PRODUCTS

MONEY AMOUNTS AND SIZE OF ASSETS IN THOUSANDS OF DOLLARS

Item Description for Accounting Period 7/95 Through 6/96		Total	Zero Assets	Under 100	100 to 250	251 to 500	501 to 1,000	1,001 to 5,000	5,001 to 10,000	10,001 to 25,000	25,001 to 50,000	50,001 to 100,000	100,001 to 250,000	250,001 and over
Number of Enterprises	1	962	•	•	•	•	86	221	103	50	10	4	6	•
Revenues ($ in Thousands)														
Net Sales	2	13738918	•	•	•	•	192425	1124177	1838793	1567841	617413	543514	1216439	•
Portfolio Income	3	103517	•	•	•	•	•	11012	5142	8782	6447	1864	14936	•
Other Revenues	4	100313	•	•	•	•	283	3488	12429	9838	27674	1974	13360	•
Total Revenues	5	13942748	•	•	•	•	192708	1138677	1856364	1586461	651534	547352	1244735	•
Average Total Revenues	6	14494	•	•	•	•	2241	5152	18023	31729	65153	136838	207456	•
Operating Costs/Operating Income (%)														
Cost of Operations	7	58.8	•	•	•	•	63.0	59.8	70.1	62.1	64.3	65.6	62.7	•
Rent	8	11.1	•	•	•	•	3.4	8.0	5.1	7.8	12.1	4.9	13.9	•
Taxes Paid	9	2.2	•	•	•	•	2.7	3.1	1.8	1.6	1.8	0.9	2.4	•
Interest Paid	10	0.9	•	•	•	•	0.1	1.4	1.0	1.1	0.3	0.5	1.2	•
Depreciation, Depletion, Amortization	11	2.0	•	•	•	•	1.7	1.7	1.4	2.1	2.4	2.1	2.4	•
Pensions and Other Benefits	12	2.3	•	•	•	•	1.9	1.8	1.7	1.2	3.4	0.5	1.7	•
Other	13	15.1	•	•	•	•	16.6	13.6	13.6	13.6	11.4	17.6	10.8	•
Officers Compensation	14	1.8	•	•	•	•	10.2	7.6	3.1	2.0	1.1	2.5	0.8	•
Operating Margin	15	5.9	•	•	•	•	0.6	3.0	2.3	8.5	3.2	5.6	4.2	•
Oper. Margin Before Officers Compensation	16	7.7	•	•	•	•	10.7	10.6	5.4	10.5	4.3	8.0	5.0	•
Selected Average Balance Sheet ($ in Thousands)														
Net Receivables	17	1885	•	•	•	•	213	773	2546	3305	9271	20145	27528	•
Inventories	18	1693	•	•	•	•	195	424	1965	4076	6124	18738	22600	•
Net Property, Plant and Equipment	19	2017	•	•	•	•	99	506	2275	4023	10490	17336	36681	•
Total Assets	20	8571	•	•	•	•	582	2250	8107	17033	37188	71004	123095	•

Notes and Loans Payable 21	1417	•	•	•	•	97	692	1992	3579	1164	12153	27283	•
All Other Liabilities 22	2698	•	•	•	•	187	567	2830	4226	13627	18681	31689	•
Net Worth 23	4457	•	•	•	•	299	991	3284	9228	22396	40170	64123	•

Selected Financial Ratios (Times to 1)

Current Ratio 24	2.0	•	•	•	•	2.2	1.5	1.8	2.4	1.9	2.1	1.7	•
Quick Ratio 25	1.0	•	•	•	•	1.3	1.0	1.1	1.3	1.1	1.2	0.9	•
Net Sales to Working Capital 26	6.1	•	•	•	•	8.9	10.6	7.2	5.0	7.3	5.6	7.6	•
Coverage Ratio 27	9.8	•	•	•	•	6.2	4.1	4.2	9.7	•	13.5	7.9	•
Total Asset Turnover 28	1.7	•	•	•	•	3.9	2.3	2.2	1.9	1.7	1.9	1.7	•
Inventory Turnover 29	5.0	•	•	•	•	•	7.4	7.1	5.2	•	9.5	•	•
Receivables Turnover 30	7.8	•	•	•	•	•	7.8	7.4	9.5	•	•	•	•
Total Liabilities to Net Worth 31	0.9	•	•	•	•	1.0	1.3	1.5	0.9	0.7	0.8	0.9	•

Selected Financial Factors (in Percentages)

Debt Ratio 32	48.0	•	•	•	•	48.7	56.0	59.5	45.8	39.8	43.4	47.9	•
Return on Assets 33	13.9	•	•	•	•	3.2	12.9	9.4	19.8	15.0	12.9	15.3	•
Return on Equity 34	16.9	•	•	•	•	4.9	19.2	13.0	28.6	15.8	14.3	17.4	•
Return Before Interest on Equity 35	26.6	•	•	•	•	6.2	29.2	23.2	•	24.8	22.9	29.4	•
Profit Margin, Before Income Tax 36	7.5	•	•	•	•	0.7	4.3	3.3	9.6	8.7	6.3	8.1	•
Profit Margin, After Income Tax 37	5.3	•	•	•	•	0.7	3.8	2.4	8.4	5.7	4.2	5.5	•

Trends in Selected Ratios and Factors, 1990-1999

	1990	1991	1992	1993	1994	1995	1996	1997	1998	1999
Cost of Operations (%) 38	61.0	59.5	59.7	59.5	59.1	59.2	57.6	58.4	58.4	58.8
Operating Margin (%) 39	3.8	4.0	3.9	4.8	5.1	4.6	5.9	7.1	7.0	5.9
Oper. Margin Before Officers Comp. (%) 40	5.5	5.8	5.6	6.4	6.6	6.5	7.8	8.5	8.7	7.7
Average Net Receivables ($) 41	1818	1875	1825	2277	2511	2125	2373	1788	4144	1885
Average Inventories ($) 42	2172	1870	1875	2186	2550	2103	2219	1556	3861	1693
Average Net Worth ($) 43	3854	4066	3966	4647	5827	4656	5528	4080	9456	4457
Current Ratio (×1) 44	1.9	2.1	2.0	2.0	2.1	2.1	2.1	2.2	2.1	2.0
Quick Ratio (×1) 45	0.9	1.0	1.0	1.0	1.1	1.1	1.1	1.2	1.1	1.0
Coverage Ratio (×1) 46	7.1	7.0	7.8	7.7	9.9	7.9	11.1	13.9	13.4	9.8
Asset Turnover (×1) 47	1.9	1.9	1.9	1.8	1.9	1.8	1.8	1.8	1.7	1.7
Operating Leverage 48	1.4	1.1	1.0	1.3	1.1	0.9	1.3	1.2	1.0	0.8
Financial Leverage 49	1.1	1.1	1.0	1.0	1.1	1.0	1.1	1.0	1.0	1.0
Total Leverage 50	1.4	1.2	1.0	1.3	1.1	0.9	1.4	1.2	1.0	0.8

Table I

Corporations with and without Net Income

AGRICULTURAL AND OTHER CHEMICAL PRODUCTS

MONEY AMOUNTS AND SIZE OF ASSETS IN THOUSANDS OF DOLLARS

Item Description for Accounting Period 7/95 Through 6/96		Total	Zero Assets	Under 100	100 to 250	251 to 500	501 to 1,000	1,001 to 5,000	5,001 to 10,000	10,001 to 25,000	25,001 to 50,000	50,001 to 100,000	100,001 to 250,000	250,001 and over
Number of Enterprises	1	2852	10	1191	233	337	360	435	81	104	34	21	15	31
Revenues ($ in Thousands)														
Net Sales	2	38825170	508093	96008	123453	339140	383834	2141170	777160	2877065	1832731	2519716	2237570	24989230
Portfolio Income	3	1450793	64216	•	•	•	2246	9272	6244	14817	13856	15347	99493	1225305
Other Revenues	4	1842062	21720	13857	•	1869	908	16605	21909	71418	19092	42554	129180	1502948
Total Revenues	5	42118025	594029	109865	123453	341009	386988	2167047	805313	2963300	1865679	2577617	2466243	27717483
Average Total Revenues	6	14768	59403	92	530	1012	1075	4982	9942	28493	54873	122744	164416	894112
Operating Costs/Operating Income (%)														
Cost of Operations	7	67.1	66.5	37.3	67.0	71.4	67.1	69.4	64.0	66.8	69.3	74.3	68.5	66.1
Rent	8	7.4	13.1	•	6.0	6.1	5.1	7.2	8.4	9.3	7.4	6.0	7.3	7.3
Taxes Paid	9	1.9	2.8	1.2	3.3	2.6	2.1	1.8	1.8	1.9	1.7	1.2	1.6	1.9
Interest Paid	10	3.8	6.0	•	0.1	0.9	3.4	1.1	2.8	1.5	1.3	1.7	3.3	4.8
Depreciation, Depletion, Amortization	11	3.9	5.4	0.3	1.9	2.2	2.9	2.7	3.3	2.7	2.6	2.6	4.8	4.3
Pensions and Other Benefits	12	2.1	2.5	•	2.3	0.4	1.7	1.2	1.3	1.7	1.4	1.9	1.0	2.5
Other	13	13.6	20.9	62.3	12.2	16.1	10.8	12.0	15.3	12.5	11.0	9.1	13.8	14.2
Officers Compensation	14	1.1	1.3	•	8.0	2.9	5.0	4.2	4.0	1.8	1.8	1.5	0.7	0.6
Operating Margin	15	•	•	•	•	•	1.9	0.6	•	1.8	3.7	1.8	•	•
Oper. Margin Before Officers Compensation	16	0.3	•	•	7.4	0.4	6.8	4.8	3.3	3.7	5.5	3.3	•	•
Selected Average Balance Sheet ($ in Thousands)														
Net Receivables	17	2542	•	4	76	101	106	522	1310	3994	8461	15302	29060	172986
Inventories	18	1919	•	0	15	120	133	527	1443	3137	6822	20286	22207	119883
Net Property, Plant and Equipment	19	3930	•	0	32	112	259	639	1377	4124	11023	22625	42450	282737
Total Assets	20	15086	•	7	238	367	753	2340	6712	15686	35276	71963	164995	1102856

Notes and Loans Payable 21	4932	•	3	6	126	468	938	2993	4347	9843	23206	54442	358379
All Other Liabilities 22	4909	•	9	67	204	209	521	1268	4577	7922	17747	49529	375435
Net Worth 23	5245	•	-6	165	37	76	881	2451	6762	17511	31009	61024	369042

Selected Financial Ratios (Times to 1)

Current Ratio 24	1.3	•	0.9	2.1	1.4	0.9	1.4	1.9	1.8	1.6	1.6	1.2	1.3
Quick Ratio 25	0.7	•	0.9	1.8	0.7	0.5	0.8	0.9	1.1	0.9	0.7	0.7	0.6
Net Sales to Working Capital 26	9.8	•	•	6.9	15.6	•	12.7	4.5	6.4	7.5	7.8	15.8	10.3
Coverage Ratio 27	3.1	0.8	•	•	•	1.8	2.9	2.0	4.2	5.6	3.6	4.0	3.0
Total Asset Turnover 28	0.9	•	12.4	2.2	2.8	1.4	2.1	1.4	1.8	1.5	1.7	0.9	0.7
Inventory Turnover 29	4.8	•	•	•	7.4	5.2	6.7	3.9	6.6	5.6	4.4	4.8	4.4
Receivables Turnover 30	5.4	•	•	7.6	9.1	8.0	9.3	6.6	7.7	6.7	8.3	5.8	4.6
Total Liabilities to Net Worth 31	1.9	•	•	0.5	8.9	8.9	1.7	1.7	1.3	1.0	1.3	1.7	2.0

Selected Financial Factors (in Percentages)

Debt Ratio 32	65.2	•	•	30.9	89.9	89.9	62.4	63.5	56.9	50.4	56.9	63.0	66.5
Return on Assets 33	10.6	•	•	•	•	8.6	6.9	7.9	11.1	10.6	9.8	11.9	10.7
Return on Equity 34	15.0	•	•	•	•	36.1	8.7	6.0	14.6	10.9	12.3	16.5	15.6
Return Before Interest on Equity 35	30.5	•	•	•	•	•	18.3	21.6	25.7	21.3	22.6	32.0	31.8
Profit Margin, Before Income Tax 36	8.0	•	13.4	•	•	2.7	2.2	2.7	4.8	5.7	4.2	9.8	9.8
Profit Margin, After Income Tax 37	5.8	•	13.4	•	•	2.6	1.6	1.5	3.6	3.6	3.2	6.8	7.2

Trends in Selected Ratios and Factors, 1990-1999

	1990	1991	1992	1993	1994	1995	1996	1997	1998	1999
Cost of Labor (%) 38	66.7	65.2	65.4	64.7	66.3	61.4	60.6	61.2	63.0	67.1
Operating Margin (%) 39	•	•	•	•	•	•	•	•	•	•
Oper. Margin Before Officers Comp. (%) 40	•	0.2	•	•	•	•	•	•	•	0.3
Average Net Receivables ($) 41	1166	2013	3477	3182	3360	2477	2210	2073	2287	2542
Average Inventories ($) 42	1002	1315	2608	2367	2162	1934	1758	1376	1736	1919
Average Net Worth ($) 43	2725	3579	7083	5807	6723	5926	5344	3872	4574	5245
Current Ratio (×1) 44	1.3	1.5	1.5	1.2	1.3	1.4	1.4	1.3	1.2	1.3
Quick Ratio (×1) 45	0.7	0.9	0.8	0.7	0.7	0.8	0.8	0.8	0.7	0.7
Coverage Ratio (×1) 46	2.2	2.9	2.7	2.4	3.1	2.0	2.4	2.3	2.3	3.1
Asset Turnover (×1) 47	1.1	1.1	0.9	0.9	0.8	0.8	0.8	0.8	0.9	0.9
Total Liabilities/Net Worth (×1) 48	1.4	1.5	1.5	1.7	1.8	2.2	2.1	2.4	2.0	1.9
Return on Assets (×1) 49	6.8	8.5	7.5	8.4	10.7	5.7	6.4	6.2	6.5	10.6
Return on Equity (%) 50	4.4	9.0	8.2	8.1	13.4	5.2	7.1	7.1	6.7	15.0

AGRICULTURAL AND OTHER CHEMICAL PRODUCTS

MONEY AMOUNTS AND SIZE OF ASSETS IN THOUSANDS OF DOLLARS

Item Description for Accounting Period 7/95 Through 6/96		Total	Zero Assets	Under 100	100 to 250	251 to 500	501 to 1,000	1,001 to 5,000	5,001 to 10,000	10,001 to 25,000	25,001 to 50,000	50,001 to 100,000	100,001 to 250,000	250,001 and over
Number of Enterprises	1	1486	5	472	•	178	290	334	45	89	20	13	12	27
Revenues ($ in Thousands)														
Net Sales	2	33560241	291873	17570	•	160685	355142	1797643	471487	2684000	1263445	1734774	1903333	22880291
Portfolio Income	3	1328185	60269	•	•	•	2246	8397	3972	12158	12545	12035	89963	1126601
Other Revenues	4	1724139	16715	13822	•	1869	907	14675	16035	58811	10486	37284	119691	1433840
Total Revenues	5	36612565	368857	31392	•	162554	358295	1820715	491494	2754969	1286476	1784093	2112987	25440732
Average Total Revenues	6	24638	73771	67	•	913	1236	5451	10922	30955	64324	137238	176082	942249
Operating Costs/Operating Income (%)														
Cost of Operations	7	66.8	64.6	54.8	•	68.1	63.9	67.0	65.5	66.9	70.2	72.6	68.1	66.1
Rent	8	7.4	15.4	•	•	5.9	5.5	7.6	5.9	8.7	6.3	6.6	6.9	7.4
Taxes Paid	9	1.9	1.6	3.2	•	2.0	2.0	1.7	2.1	1.8	1.6	1.4	1.5	2.0
Interest Paid	10	3.5	4.4	•	•	0.5	2.2	0.8	2.7	1.2	0.7	1.3	3.2	4.4
Depreciation, Depletion, Amortization	11	3.6	3.4	1.0	•	1.6	1.6	1.8	1.5	2.1	2.3	2.1	4.6	4.1
Pensions and Other Benefits	12	2.2	3.2	•	•	•	1.7	1.3	1.5	1.5	1.3	2.2	1.1	2.5
Other	13	12.9	25.2	33.0	•	16.2	11.1	12.0	11.9	11.2	8.3	9.0	12.3	13.6
Officers Compensation	14	1.1	1.7	•	•	3.3	5.4	4.6	4.5	1.7	1.0	1.2	0.7	0.6
Operating Margin	15	0.7	•	8.1	•	2.4	6.8	3.3	4.6	5.0	8.5	3.6	1.7	•
Oper. Margin Before Officers Compensation	16	1.8	•	8.1	•	5.8	12.2	7.9	9.1	6.7	9.5	4.8	2.4	•
Selected Average Balance Sheet ($ in Thousands)														
Net Receivables	17	4360	•	7	•	126	130	578	1378	4297	8198	16906	31522	185748
Inventories	18	3130	•	0	•	161	134	597	1425	3253	7448	21887	23508	122760
Net Property, Plant and Equipment	19	6164	•	1	•	41	251	458	591	3887	9838	18707	42839	281481
Total Assets	20	23657	•	14	•	363	807	2250	6208	15657	36151	71785	162798	1067207

Notes and Loans Payable **21**	7783	•	4	•	63	348	803	2650	3737	4980	19996	56550	359029
All Other Liabilities **22**	6864	•	21	•	211	125	506	1118	4530	8593	17899	33574	321733
Net Worth **23**	9009	•	-11	•	90	335	941	2440	7390	22578	33890	72673	386445

Selected Financial Ratios (Times to 1)

Current Ratio **24**	1.5	•	1.0	•	5.8	2.5	1.9	2.4	1.9	2.4	1.8	1.5	1.4
Quick Ratio **25**	0.8	•	0.9	•	2.8	1.5	1.1	1.1	1.1	1.3	0.8	0.8	0.8
Net Sales to Working Capital **26**	7.1	•	•	•	3.6	5.9	7.4	3.7	6.3	5.3	6.9	7.7	7.4
Coverage Ratio **27**	3.9	2.6	•	•	7.8	4.6	7.1	4.3	7.3	•	6.2	5.2	3.5
Total Asset Turnover **28**	1.0	•	2.6	•	2.5	1.5	2.4	1.7	1.9	1.8	1.9	1.0	0.8
Inventory Turnover **29**	5.2	•	•	•	5.9	5.8	6.2	3.3	•	•	4.1	9.2	9.1
Receivables Turnover **30**	5.7	•	5.2	•	7.5	8.4	9.2	5.3	•	•	7.5	•	9.1
Total Liabilities to Net Worth **31**	1.6	•	•	•	3.1	1.4	1.4	1.6	1.1	0.6	1.1	1.3	1.8

Selected Financial Factors (in Percentages)

Debt Ratio **32**	61.9	•	•	•	75.3	58.5	58.2	60.7	52.8	37.6	52.8	55.4	63.8
Return on Assets **33**	13.1	•	•	•	10.3	15.0	13.9	19.5	16.8	19.7	14.5	16.0	12.3
Return on Equity **34**	19.3	•	•	•	33.5	27.8	24.5	29.7	25.4	21.0	19.9	20.9	18.0
Return Before Interest on Equity **35**	34.4	•	•	•	•	•	33.3	•	•	31.6	30.7	•	33.9
Profit Margin, Before Income Tax **36**	10.2	6.9	•	•	3.6	7.7	5.0	8.9	7.5	10.6	6.5	13.2	11.0
Profit Margin, After Income Tax **37**	7.7	6.9	•	•	3.3	7.6	4.3	6.9	6.2	7.5	5.1	9.6	8.2

Trends in Selected Ratios and Factors, 1990-1999

	1990	1991	1992	1993	1994	1995	1996	1997	1998	1999
Cost of Operations (%) **38**	64.1	62.2	64.4	63.1	62.3	58.3	58.1	58.5	63.3	66.8
Operating Margin (%) **39**	•	1.3	0.7	•	•	•	0.9	1.1	1.8	0.7
Oper. Margin Before Officers Comp. (%) **40**	•	2.7	1.8	0.3	0.6	0.9	2.1	2.3	2.9	1.8
Average Net Receivables ($) **41**	1702	2744	4360	5014	2775	2228	2139	3909	2924	4360
Average Inventories ($) **42**	1360	1649	3202	3792	1806	1899	1759	2361	2230	3130
Average Net Worth ($) **43**	3926	5033	9248	9904	6378	6114	5342	6613	6146	9009
Current Ratio (×1) **44**	1.3	1.5	1.6	1.3	1.4	1.6	1.6	1.4	1.3	1.5
Quick Ratio (×1) **45**	0.7	1.0	0.9	0.7	0.8	0.9	1.0	0.8	0.7	0.8
Coverage Ratio (×1) **46**	4.2	4.4	3.8	3.1	6.0	3.8	5.1	4.8	3.9	3.9
Asset Turnover (×1) **47**	1.1	1.2	1.0	1.0	0.9	0.9	0.9	0.9	1.0	1.0
Operating Leverage **48**	•	•	0.5	•	1.1	0.3	•	1.3	1.7	0.4
Financial Leverage **49**	1.1	1.1	1.0	0.9	1.3	0.9	1.1	1.0	1.0	1.0
Total Leverage **50**	•	•	0.5	•	1.3	0.3	•	1.2	1.7	0.4

Table I

Corporations with and without Net Income

PETROLEUM REFINING (INCLUDING INTEGRATED)

MONEY AMOUNTS AND SIZE OF ASSETS IN THOUSANDS OF DOLLARS

Item Description for Accounting Period 7/95 Through 6/96		Total	Zero Assets	Under 100	100 to 250	251 to 500	501 to 1,000	1,001 to 5,000	5,001 to 10,000	10,001 to 25,000	25,001 to 50,000	50,001 to 100,000	100,001 to 250,000	250,001 and over
Number of Enterprises	1	312	3	•	•	121	64	56	•	9	8	3	8	40
Revenues ($ in Thousands)														
Net Sales	2	451350814	1439359	•	•	141299	13053	199493	•	493582	842358	914299	2204190	445103181
Portfolio Income	3	20049683	27930	•	•	61	•	590	•	5220	4049	5572	190161	19816103
Other Revenues	4	11512050	-132989	•	•	3243	•	160	•	2854	2986	7257	165361	11463176
Total Revenues	5	482912547	1334300	•	•	144603	13053	200243	•	501656	849393	927128	2559712	476382460
Average Total Revenues	6	1547797	444767	•	•	1195	204	3576	•	55740	106174	309043	319964	11909562
Operating Costs/Operating Income (%)														
Cost of Operations	7	77.4	92.9	•	•	88.5	•	74.3	•	92.5	90.1	95.6	91.8	77.2
Rent	8	2.4	0.9	•	•	2.6	•	2.8	•	2.7	1.2	1.2	2.0	2.4
Taxes Paid	9	4.8	3.3	•	•	0.4	6.4	2.1	•	0.5	0.7	0.7	1.2	4.9
Interest Paid	10	3.9	2.7	•	•	3.1	•	5.9	•	1.3	1.5	0.3	2.2	3.9
Depreciation, Depletion, Amortization	11	4.0	1.8	•	•	0.6	2.7	2.9	•	1.3	1.5	0.4	4.5	4.0
Pensions and Other Benefits	12	1.0	•	•	•	•	•	2.2	•	0.3	0.5	0.2	0.3	1.1
Other	13	8.7	2.5	•	•	4.0	52.6	9.5	•	4.0	3.6	2.4	12.0	8.7
Officers Compensation	14	0.1	•	•	•	1.1	•	5.6	•	0.2	0.8	0.3	0.3	0.1
Operating Margin	15	•	•	•	•	•	38.3	•	•	•	0.2	•	•	•
Oper. Margin Before Officers Compensation	16	•	•	•	•	1.0	38.3	0.3	•	•	0.9	•	•	•
Selected Average Balance Sheet ($ in Thousands)														
Net Receivables	17	255256	•	•	•	95	•	345	•	4945	8398	24449	16006	1982399
Inventories	18	59941	•	•	•	18	•	94	•	1780	4923	5728	18450	461848
Net Property, Plant and Equipment	19	530190	•	•	•	73	148	604	•	6762	10509	22495	93569	4110154
Total Assets	20	1962446	•	•	•	378	760	2021	•	16840	39504	93253	181638	15248877

Notes and Loans Payable **21**	469241	•	•	•	277	•	1104	•	12090	20861	4432	61084	3638252
All Other Liabilities **22**	594101	•	•	•	19	•	1960	•	5778	15506	47869	50998	4612994
Net Worth **23**	899104	•	•	•	82	760	-1044	•	-1027	3138	40953	69556	6995631

Selected Financial Ratios (Times to 1)

Current Ratio **24**	1.2	•	•	•	8.1	•	0.3	•	1.3	0.8	1.7	1.0	1.2
Quick Ratio **25**	0.7	•	•	•	6.9	•	0.2	•	0.9	0.5	1.0	0.5	0.7
Net Sales to Working Capital **26**	18.5	•	•	•	8.8	0.4	•	•	36.4	•	11.8	•	18.2
Coverage Ratio **27**	2.6	•	•	•	1.7	•	0.2	•	0.1	1.7	2.4	1.9	2.6
Total Asset Turnover **28**	0.7	•	•	•	3.1	0.3	1.8	•	3.3	2.7	3.3	1.5	0.7
Inventory Turnover **29**	•	•	•	•	•	•	•	•	•	•	•	•	•
Receivables Turnover **30**	5.9	•	•	•	6.8	1.2	5.7	•	•	•	•	•	5.9
Total Liabilities to Net Worth **31**	1.2	•	•	•	3.6	•	•	•	•	11.6	1.3	1.6	1.2

Selected Financial Factors (in Percentages)

Debt Ratio **32**	54.2	•	•	•	78.2	•	•	•	•	92.1	56.1	61.7	54.1
Return on Assets **33**	7.3	•	•	•	16.3	10.3	1.7	•	0.4	6.6	2.4	6.1	7.3
Return on Equity **34**	6.2	•	•	•	29.4	10.3	17.9	•	•	15.6	2.3	6.0	6.3
Return Before Interest on Equity **35**	15.8	•	•	•	•	10.3	•	•	•	•	5.3	16.0	15.9
Profit Margin, Before Income Tax **36**	6.0	•	•	•	2.2	•	•	•	•	1.0	0.4	1.9	6.1
Profit Margin, After Income Tax **37**	3.9	•	•	•	2.1	•	•	•	•	0.5	0.3	1.5	4.0

Trends in Selected Ratios and Factors, 1990-1999

	1990	1991	1992	1993	1994	1995	1996	1997	1998	1999
Cost of Labor (%) **38**	69.9	74.0	72.4	75.8	78.1	78.3	78.2	77.7	77.4	77.4
Operating Margin (%) **39**	•	•	•	•	•	•	•	•	•	•
Oper. Margin Before Officers Comp. (%) **40**	•	•	•	•	•	•	•	•	•	•
Average Net Receivables ($) **41**	108281	88467	202895	106277	170149	170041	81865	168981	169004	255256
Average Inventories ($) **42**	24800	23263	43541	30306	42963	50022	23596	44751	42128	59941
Average Net Worth ($) **43**	320867	293074	538041	370024	503068	693274	315551	625023	629907	899104
Current Ratio (×1) **44**	1.3	1.1	1.2	1.1	1.1	1.2	1.2	1.2	1.2	1.2
Quick Ratio (×1) **45**	0.9	0.7	0.9	0.7	0.7	0.7	0.7	0.7	0.7	0.7
Coverage Ratio (×1) **46**	1.7	2.1	2.5	2.6	2.8	2.5	2.3	2.5	2.1	2.6
Asset Turnover (×1) **47**	0.6	0.6	0.7	0.8	0.9	0.8	0.8	0.8	0.7	0.7
Total Liabilities/Net Worth (×1) **48**	1.3	1.3	1.3	1.2	1.3	1.0	1.1	1.2	1.2	1.2
Return on Assets (×1) **49**	5.6	6.7	8.3	9.1	9.4	6.4	5.7	6.4	5.8	7.3
Return on Equity (%) **50**	1.8	4.7	7.6	8.2	9.0	5.0	4.4	5.5	3.9	6.2

PETROLEUM REFINING (INCLUDING INTEGRATED)

MONEY AMOUNTS AND SIZE OF ASSETS IN THOUSANDS OF DOLLARS

Item Description for Accounting Period 7/95 Through 6/96		Total	Zero Assets	Under 100	100 to 250	251 to 500	501 to 1,000	1,001 to 5,000	5,001 to 10,000	10,001 to 25,000	25,001 to 50,000	50,001 to 100,000	100,001 to 250,000	250,001 and over
Number of Enterprises	1	266	•	•	•	121	64	36	•	•	8	•	•	32
Revenues ($ in Thousands)														
Net Sales	2	423104022	•	•	•	141299	13053	213167	•	•	1174888	•	•	420278536
Portfolio Income	3	19582531	•	•	•	61	•	490	•	•	7984	•	•	19395538
Other Revenues	4	11450193	•	•	•	3243	•	225	•	•	7077	•	•	11292418
Total Revenues	5	454136746	•	•	•	144603	13053	213882	•	•	1189949	•	•	450966492
Average Total Revenues	6	1707281	•	•	•	1195	204	5941	•	•	148744	•	•	14092703
Operating Costs/Operating Income (%)														
Cost of Operations	7	77.1	•	•	•	88.5	•	74.8	•	•	91.3	•	•	77.0
Rent	8	2.3	•	•	•	2.6	•	2.7	•	•	1.4	•	•	2.3
Taxes Paid	9	4.9	•	•	•	0.4	6.4	2.1	•	•	0.9	•	•	4.9
Interest Paid	10	3.9	•	•	•	3.1	•	0.9	•	•	0.8	•	•	3.9
Depreciation, Depletion, Amortization	11	4.0	•	•	•	0.6	2.7	2.6	•	•	0.9	•	•	4.0
Pensions and Other Benefits	12	1.1	•	•	•	•	•	2.1	•	•	0.4	•	•	1.1
Other	13	8.7	•	•	•	4.0	52.6	8.9	•	•	3.1	•	•	8.7
Officers Compensation	14	0.1	•	•	•	1.1	•	5.2	•	•	0.7	•	•	•
Operating Margin	15	•	•	•	•	•	38.3	0.8	•	•	0.6	•	•	•
Oper. Margin Before Officers Compensation	16	•	•	•	•	1.0	38.3	6.0	•	•	1.3	•	•	•
Selected Average Balance Sheet ($ in Thousands)														
Net Receivables	17	279385	•	•	•	95	•	561	•	•	9723	•	•	2316721
Inventories	18	63872	•	•	•	18	•	200	•	•	4725	•	•	526612
Net Property, Plant and Equipment	19	588397	•	•	•	73	148	832	•	•	13290	•	•	4879747
Total Assets	20	2183084	•	•	•	378	760	1922	•	•	52190	•	•	18108034

Notes and Loans Payable 21	517533	•	•	•	277	•	573	•	•	10207	•	•	4291957
All Other Liabilities 22	664395	•	•	•	19	•	680	•	•	19860	•	•	5510874
Net Worth 23	1001156	•	•	•	82	760	669	•	•	22123	•	•	8305203

Selected Financial Ratios (Times to 1)

Current Ratio 24	1.2	•	•	•	8.1	•	1.0	•	•	1.2	•	•	1.2
Quick Ratio 25	0.7	•	•	•	6.9	•	0.6	•	•	0.8	•	•	0.7
Net Sales to Working Capital 26	18.0	•	•	•	8.8	0.4	•	•	•	29.0	•	•	18.0
Coverage Ratio 27	2.7	•	•	•	1.7	•	2.2	•	•	3.4	•	•	2.7
Total Asset Turnover 28	0.7	•	•	•	3.1	0.3	3.1	•	•	2.8	•	•	0.7
Inventory Turnover 29	•	•	•	•	•	•	•	•	•	•	•	•	•
Receivables Turnover 30	6.3	•	•	•	6.8	1.2	6.5	•	•	•	•	•	6.3
Total Liabilities to Net Worth 31	1.2	•	•	•	3.6	•	1.9	•	•	1.4	•	•	1.2

Selected Financial Factors (in Percentages)

Debt Ratio 32	54.2	•	•	•	78.2	•	65.2	•	•	57.6	•	•	54.1
Return on Assets 33	7.7	•	•	•	16.3	10.3	6.3	•	•	7.2	•	•	7.7
Return on Equity 34	6.9	•	•	•	29.4	10.3	7.2	•	•	8.7	•	•	6.9
Return Before Interest on Equity 35	16.7	•	•	•	•	10.3	18.0	•	•	16.9	•	•	16.7
Profit Margin, Before Income Tax 36	6.6	•	•	•	2.2	•	1.1	•	•	1.8	•	•	6.6
Profit Margin, After Income Tax 37	4.4	•	•	•	2.1	•	0.8	•	•	1.3	•	•	4.4

Trends in Selected Ratios and Factors, 1990-1999

	1990	1991	1992	1993	1994	1995	1996	1997	1998	1999
Cost of Operations (%) 38	69.3	72.3	72.0	74.8	77.9	77.9	77.3	78.1	78.0	77.1
Operating Margin (%) 39	•	•	•	•	•	•	•	•	•	•
Oper. Margin Before Officers Comp. (%) 40	•	•	•	•	•	•	•	•	•	•
Average Net Receivables ($) 41	147881	223553	298681	129513	251404	447184	204536	196642	158263	279385
Average Inventories ($) 42	44877	55819	60920	39391	62105	122375	56419	47719	35299	63872
Average Net Worth ($) 43	685231	755825	786858	503764	739732	1909573	886003	723054	672887	1001156
Current Ratio (×1) 44	1.1	1.1	1.2	1.1	1.1	1.1	1.1	1.1	1.1	1.2
Quick Ratio (×1) 45	0.7	0.7	0.9	0.7	0.7	0.7	0.7	0.7	0.7	0.7
Coverage Ratio (×1) 46	2.8	2.8	2.5	2.8	2.8	2.7	2.6	2.7	2.5	2.7
Asset Turnover (×1) 47	0.6	0.7	0.7	0.8	0.9	0.8	0.8	0.8	0.7	0.7
Operating Leverage 48	4.2	0.4	0.8	0.9	0.3	3.7	1.1	0.9	1.6	0.7
Financial Leverage 49	1.0	1.0	1.1	1.1	1.0	1.0	1.0	1.0	0.9	1.1
Total Leverage 50	4.2	0.4	0.9	1.0	0.3	3.6	1.1	1.0	1.4	0.8

PETROLEUM AND COAL PRODUCTS, NOT ELSEWHERE CLASSIFIED

MONEY AMOUNTS AND SIZE OF ASSETS IN THOUSANDS OF DOLLARS

Item Description for Accounting Period 7/95 Through 6/96		Total	Zero Assets	Under 100	100 to 250	251 to 500	501 to 1,000	1,001 to 5,000	5,001 to 10,000	10,001 to 25,000	25,001 to 50,000	50,001 to 100,000	100,001 to 250,000	250,001 and over
Number of Enterprises	1	1126	9	320	182	253	111	139	40	56	10	•	6	•
Revenues ($ in Thousands)														
Net Sales	2	5440594	104861	36283	5683	135518	456173	713530	661881	1600085	602840	•	1123741	•
Portfolio Income	3	29031	228	704	1618	40	33	1822	1060	10266	9101	•	4159	•
Other Revenues	4	106328	1607	•	9287	4716	1433	4827	34239	9470	12294	•	28456	•
Total Revenues	5	5575953	106696	36987	16588	140274	457639	720179	697180	1619821	624235	•	1156356	•
Average Total Revenues	6	4952	11855	116	91	554	4123	5181	17430	28925	62424	•	192726	•
Operating Costs/Operating Income (%)														
Cost of Operations	7	76.2	86.3	49.8	•	52.7	77.8	67.8	79.5	77.9	70.2	•	81.9	•
Rent	8	4.7	3.6	•	3.2	6.7	6.9	5.7	4.3	5.4	5.1	•	2.4	•
Taxes Paid	9	1.8	0.9	3.1	8.2	4.2	1.3	3.0	2.0	1.7	1.7	•	1.2	•
Interest Paid	10	1.8	7.9	•	4.8	2.0	0.2	1.9	1.5	1.7	1.6	•	2.1	•
Depreciation, Depletion, Amortization	11	3.1	10.9	1.5	3.5	6.0	0.7	3.6	3.0	2.9	3.3	•	2.8	•
Pensions and Other Benefits	12	1.2	0.9	2.5	•	0.8	0.2	1.5	1.0	1.2	1.6	•	1.1	•
Other	13	9.0	10.2	11.1	•	27.2	10.9	10.3	6.3	8.9	10.9	•	5.0	•
Officers Compensation	14	2.7	0.8	52.2	•	12.8	4.5	3.8	2.1	2.2	1.2	•	0.7	•
Operating Margin	15	•	•	•	•	•	•	2.3	0.5	•	4.4	•	2.9	•
Oper. Margin Before Officers Compensation	16	2.3	•	32.0	•	0.5	2.2	6.1	2.5	0.4	5.6	•	3.6	•
Selected Average Balance Sheet ($ in Thousands)														
Net Receivables	17	590	•	•	11	140	143	557	1257	2548	8497	•	42519	•
Inventories	18	340	•	•	8	17	115	174	776	1968	6527	•	22229	•
Net Property, Plant and Equipment	19	936	•	11	42	121	304	1402	2280	5599	11013	•	44699	•
Total Assets	20	2676	•	31	179	321	629	2697	6030	14833	42107	•	158616	•

Notes and Loans Payable 21	1396	•	•	253	284	4652	1026	1989	6098	12553	•	41305	•
All Other Liabilities 22	691	•	6	19	305	764	641	2035	2665	8058	•	35020	•
Net Worth 23	589	•	24	-94	-268	-4787	1030	2006	6069	21496	•	82290	•

Selected Financial Ratios (Times to 1)

Current Ratio 24	1.4	•	1.5	0.4	0.3	0.3	1.6	1.0	1.6	1.9	•	2.3	•
Quick Ratio 25	0.8	•	1.5	0.1	0.3	0.2	1.2	0.6	0.8	1.3	•	1.4	•
Net Sales to Working Capital 26	14.0	•	33.5	•	•	•	11.4	•	10.3	5.5	•	4.3	•
Coverage Ratio 27	2.2	•	•	•	•	•	2.7	4.9	0.6	5.8	•	3.8	•
Total Asset Turnover 28	1.8	•	3.7	0.2	1.7	6.5	1.9	2.8	1.9	1.4	•	1.2	•
Inventory Turnover 29	•	•	•	•	•	•	•	•	•	7.4	•	•	•
Receivables Turnover 30	8.7	•	•	5.5	7.5	•	6.9	•	•	9.0	•	5.8	•
Total Liabilities to Net Worth 31	3.6	•	0.3	•	•	•	1.6	2.0	1.5	1.0	•	0.9	•

Selected Financial Factors (in Percentages)

Debt Ratio 32	78.0	•	20.7	•	•	•	61.8	66.7	59.1	49.0	•	48.1	•
Return on Assets 33	6.8	•	•	•	•	•	9.6	20.1	2.0	13.6	•	9.3	•
Return on Equity 34	11.8	•	•	•	17.6	1.7	13.9	39.0	•	17.8	•	11.9	•
Return Before Interest on Equity 35	30.8	•	•	•	13.6	1.6	25.2	•	5.0	26.7	•	17.9	•
Profit Margin, Before Income Tax 36	2.0	•	•	•	•	•	3.2	5.8	•	7.9	•	5.8	•
Profit Margin, After Income Tax 37	1.5	•	•	•	•	•	2.8	4.7	•	6.3	•	5.2	•

Trends in Selected Ratios and Factors, 1990-1999

	1990	1991	1992	1993	1994	1995	1996	1997	1998	1999
Cost of Labor (%) 38	73.8	71.8	73.5	79.1	78.2	77.9	74.0	78.4	76.0	76.2
Operating Margin (%) 39	•	•	•	•	•	•	•	•	0.5	•
Oper. Margin Before Officers Comp. (%) 40	•	•	0.5	2.3	2.6	•	2.8	0.7	2.6	2.3
Average Net Receivables ($) 41	1177	1375	1336	494	673	540	381	601	589	590
Average Inventories ($) 42	283	380	479	280	460	365	242	342	344	340
Average Net Worth ($) 43	1732	1717	1597	923	1159	741	684	370	653	589
Current Ratio (×1) 44	1.5	1.4	1.4	1.6	1.5	1.1	1.5	1.3	1.6	1.4
Quick Ratio (×1) 45	1.1	1.0	0.9	1.0	0.8	0.6	0.9	0.8	1.0	0.8
Coverage Ratio (×1) 46	2.9	1.4	3.1	2.1	1.9	0.5	2.4	1.3	2.5	2.2
Asset Turnover (×1) 47	1.1	1.2	1.2	2.0	1.8	1.6	1.7	1.7	1.6	1.8
Total Liabilities/Net Worth (×1) 48	1.2	1.5	2.0	1.4	1.7	3.0	1.6	6.6	3.4	3.6
Return on Assets (×1) 49	7.4	3.7	8.6	8.2	6.7	2.3	5.8	3.1	6.5	6.8
Return on Equity (%) 50	7.1	2.0	12.7	9.0	6.1	•	5.3	•	12.8	11.8

Table II

Corporations with Net Income

PETROLEUM AND COAL PRODUCTS, NOT ELSEWHERE CLASSIFIED

MONEY AMOUNTS AND SIZE OF ASSETS IN THOUSANDS OF DOLLARS

Item Description for Accounting Period 7/95 Through 6/96	Total	Zero Assets	Under 100	100 to 250	251 to 500	501 to 1,000	1,001 to 5,000	5,001 to 10,000	10,001 to 25,000	25,001 to 50,000	50,001 to 100,000	100,001 to 250,000	250,001 and over
Number of Enterprises **1**	468	•	•	•	61	96	109	•	24	10	•	•	•
Revenues ($ in Thousands)													
Net Sales **2**	4285000	•	•	•	82897	453108	603094	•	756944	602840	•	•	•
Portfolio Income **3**	23165	•	•	•	39	33	1308	•	5847	9101	•	•	•
Other Revenues **4**	103029	•	•	•	3853	15	4718	•	10168	12294	•	•	•
Total Revenues **5**	4411194	•	•	•	86789	453156	609120	•	772959	624235	•	•	•
Average Total Revenues **6**	9426	•	•	•	1423	4720	5588	•	32207	62424	•	•	•
Operating Costs/Operating Income (%)													
Cost of Operations **7**	76.6	•	•	•	62.8	78.1	68.0	•	79.0	70.2	•	•	•
Rent **8**	4.5	•	•	•	3.8	7.0	5.4	•	5.1	5.1	•	•	•
Taxes Paid **9**	1.8	•	•	•	3.3	1.0	3.0	•	1.7	1.7	•	•	•
Interest Paid **10**	1.5	•	•	•	•	0.2	1.1	•	1.7	1.6	•	•	•
Depreciation, Depletion, Amortization **11**	2.6	•	•	•	0.6	0.7	2.8	•	2.5	3.3	•	•	•
Pensions and Other Benefits **12**	1.2	•	•	•	1.3	0.2	1.6	•	1.4	1.6	•	•	•
Other **13**	7.3	•	•	•	3.5	5.8	9.8	•	7.2	10.9	•	•	•
Officers Compensation **14**	2.1	•	•	•	11.9	4.6	2.8	•	1.9	1.2	•	•	•
Operating Margin **15**	2.6	•	•	•	12.9	2.6	5.6	•	•	4.4	•	•	•
Oper. Margin Before Officers Compensation **16**	4.7	•	•	•	24.7	7.1	8.4	•	1.6	5.6	•	•	•
Selected Average Balance Sheet ($ in Thousands)													
Net Receivables **17**	1131	•	•	•	213	83	599	•	2177	8497	•	•	•
Inventories **18**	640	•	•	•	67	133	191	•	1331	6527	•	•	•
Net Property, Plant and Equipment **19**	1705	•	•	•	70	351	1110	•	7066	11013	•	•	•
Total Assets **20**	4991	•	•	•	399	636	2533	•	14139	42107	•	•	•

Notes and Loans Payable **21**	1540	•	•	•	649	81	683	•	4456	12553	•	•	•
All Other Liabilities **22**	1227	•	•	•	1127	66	495	•	3046	8058	•	•	•
Net Worth **23**	2225	•	•	•	-1377	489	1355	•	6637	21496	•	•	•

Selected Financial Ratios (Times to 1)

Current Ratio **24**	1.5	•	•	•	0.2	3.7	2.4	•	1.4	1.9	•	•	•
Quick Ratio **25**	1.0	•	•	•	0.1	1.5	1.9	•	0.8	1.3	•	•	•
Net Sales to Working Capital **26**	11.0	•	•	•	•	27.0	7.4	•	22.5	5.5	•	•	•
Coverage Ratio **27**	4.7	•	•	•	•	•	6.8	•	2.1	5.8	•	•	•
Total Asset Turnover **28**	1.8	•	•	•	3.4	7.4	2.2	•	2.2	1.4	•	•	•
Inventory Turnover **29**	•	•	•	•	•	•	•	•	•	7.4	•	•	•
Receivables Turnover **30**	8.4	•	•	•	•	•	7.8	•	•	9.0	•	•	•
Total Liabilities to Net Worth **31**	1.3	•	•	•	•	0.3	0.9	•	1.1	1.0	•	•	•

Selected Financial Factors (in Percentages)

Debt Ratio **32**	55.4	•	•	•	•	23.1	46.5	•	53.1	49.0	•	•	•
Return on Assets **33**	12.8	•	•	•	•	20.1	16.7	•	7.6	13.6	•	•	•
Return on Equity **34**	19.7	•	•	•	•	24.7	24.7	•	5.6	17.8	•	•	•
Return Before Interest on Equity **35**	28.6	•	•	•	•	26.1	31.2	•	16.2	26.7	•	•	•
Profit Margin, Before Income Tax **36**	5.5	•	•	•	17.6	2.6	6.5	•	1.8	7.9	•	•	•
Profit Margin, After Income Tax **37**	4.8	•	•	•	17.6	2.6	6.1	•	1.2	6.3	•	•	•

Trends in Selected Ratios and Factors, 1990-1999

	1990	1991	1992	1993	1994	1995	1996	1997	1998	1999
Cost of Operations (%) **38**	70.3	74.2	72.4	79.4	77.0	74.8	71.1	74.9	75.6	76.6
Operating Margin (%) **39**	3.2	2.5	0.6	1.9	2.8	1.6	4.3	2.9	3.1	2.6
Oper. Margin Before Officers Comp. (%) **40**	5.8	6.0	3.2	4.6	5.6	5.3	6.8	4.7	5.0	4.7
Average Net Receivables ($) **41**	938	427	708	402	491	463	752	751	933	1131
Average Inventories ($) **42**	308	277	380	255	371	290	458	431	569	640
Average Net Worth ($) **43**	1573	1242	1251	905	1274	1006	1821	1703	2172	2225
Current Ratio (×1) **44**	1.6	1.5	1.8	1.8	1.9	1.9	2.0	1.7	2.0	1.5
Quick Ratio (×1) **45**	1.1	0.9	1.1	1.1	1.1	1.2	1.3	1.1	1.2	1.0
Coverage Ratio (×1) **46**	6.9	4.1	4.7	3.9	4.5	3.5	6.6	5.4	4.7	4.7
Asset Turnover (×1) **47**	1.6	1.9	1.6	2.4	2.1	1.9	1.9	2.0	1.8	1.8
Operating Leverage **48**	4.4	0.8	0.2	3.5	1.5	0.6	2.7	0.7	1.1	0.8
Financial Leverage **49**	1.1	1.1	0.9	1.1	1.0	1.0	1.1	1.0	1.0	1.0
Total Leverage **50**	4.8	0.9	0.2	3.8	1.4	0.6	3.1	0.7	1.1	0.8

Table I

Corporations with and without Net Income

RUBBER PRODUCTS; PLASTIC FOOTWEAR, HOSE AND BELTING

MONEY AMOUNTS AND SIZE OF ASSETS IN THOUSANDS OF DOLLARS

Item Description for Accounting Period 7/95 Through 6/96	Total	Zero Assets	Under 100	100 to 250	251 to 500	501 to 1,000	1,001 to 5,000	5,001 to 10,000	10,001 to 25,000	25,001 to 50,000	50,001 to 100,000	100,001 to 250,000	250,001 and over
Number of Enterprises **1**	1950	34	395	583	61	218	446	78	48	43	20	9	16
Revenues ($ in Thousands)													
Net Sales **2**	39735553	337528	84770	209327	114503	459597	2705020	1297701	1139552	2455176	2102536	1140967	27688877
Portfolio Income **3**	816523	51	•	•	48	640	7349	4371	4609	7457	8073	13600	770327
Other Revenues **4**	698930	729	•	35	98	2339	8435	2337	16031	18030	18335	51943	580614
Total Revenues **5**	41251006	338308	84770	209362	114649	462576	2720804	1304409	1160192	2480663	2128944	1206510	29039818
Average Total Revenues **6**	21154	9950	215	359	1879	2122	6100	16723	24171	57690	106447	134057	1814989
Operating Costs/Operating Income (%)													
Cost of Operations **7**	69.2	78.5	54.2	64.4	60.9	55.0	65.7	68.8	69.8	71.2	73.4	75.9	69.0
Rent **8**	5.7	1.7	•	1.2	•	10.6	5.3	6.3	5.0	6.9	5.1	4.4	5.7
Taxes Paid **9**	1.5	0.4	2.8	3.9	2.9	3.9	2.5	2.2	2.7	2.3	1.9	1.6	1.2
Interest Paid **10**	2.3	2.9	0.6	0.3	•	0.6	1.1	0.9	1.9	1.9	2.1	3.7	2.5
Depreciation, Depletion, Amortization **11**	3.2	3.7	2.8	1.7	0.2	2.8	2.0	2.4	2.7	3.0	3.1	4.5	3.4
Pensions and Other Benefits **12**	5.5	1.9	2.4	3.7	1.1	0.9	1.8	2.4	2.5	2.6	2.7	1.9	6.9
Other **13**	12.9	16.9	27.1	11.4	11.1	12.4	12.0	7.4	10.5	8.6	7.9	8.6	14.2
Officers Compensation **14**	1.0	0.3	9.0	13.4	24.1	11.7	4.8	2.8	1.9	1.1	1.1	0.8	0.2
Operating Margin **15**	•	•	1.3	•	•	2.1	4.8	7.0	3.0	2.5	2.8	•	•
Oper. Margin Before Officers Compensation **16**	•	•	10.2	13.4	23.9	13.9	9.5	9.7	4.9	3.6	3.9	•	•
Selected Average Balance Sheet ($ in Thousands)													
Net Receivables **17**	2893	•	5	59	100	197	762	2244	2875	8050	16317	20531	252863
Inventories **18**	2627	•	0	54	123	192	674	2404	2651	7591	16184	22557	223304
Net Property, Plant and Equipment **19**	5372	•	12	52	4	180	688	1869	4572	10384	20613	27953	538595
Total Assets **20**	16574	•	60	207	283	695	2461	7350	14953	32570	68032	161157	1587827

Notes and Loans Payable 21	4775	•	16	37	•	416	644	1504	4003	11724	24283	75912	432683
All Other Liabilities 22	6157	•	10	69	69	225	573	1350	3402	9271	20079	49107	633853
Net Worth 23	5642	•	33	101	215	54	1243	4496	7548	11575	23670	36137	521291

Selected Financial Ratios (Times to 1)

Current Ratio 24	1.3	•	2.2	8.1	4.0	1.6	2.2	3.1	1.6	1.4	1.5	1.1	1.2
Quick Ratio 25	0.7	•	2.1	4.8	2.1	1.0	1.2	1.5	0.9	0.7	0.8	0.5	0.6
Net Sales to Working Capital 26	13.7	•	8.4	2.9	9.0	11.4	6.4	4.7	8.3	12.3	8.5	32.3	19.1
Coverage Ratio 27	2.3	•	3.2	1.2	•	6.1	5.8	9.2	3.6	2.9	3.0	2.2	1.9
Total Asset Turnover 28	1.2	•	3.6	1.7	6.6	3.0	2.5	2.3	1.6	1.8	1.6	0.8	1.1
Inventory Turnover 29	5.6	•	•	7.2	7.5	7.4	5.4	4.8	5.0	5.5	5.3	3.9	5.7
Receivables Turnover 30	7.2	•	•	9.5	9.1	9.9	7.5	7.4	6.2	7.3	7.2	5.4	7.1
Total Liabilities to Net Worth 31	1.9	•	0.8	1.1	0.3	11.8	1.0	0.6	1.0	1.8	1.9	3.5	2.1

Selected Financial Factors (in Percentages)

Debt Ratio 32	66.0	•	44.1	51.0	24.2	92.2	49.5	38.8	49.5	64.5	65.2	77.6	67.2
Return on Assets 33	6.2	•	6.5	0.7	•	10.1	15.9	19.0	10.5	9.5	9.3	6.3	5.1
Return on Equity 34	6.5	•	7.6	0.3	•	•	21.8	25.3	11.7	14.4	11.1	9.5	3.8
Return Before Interest on Equity 35	18.2	•	11.6	1.4	•	•	31.4	31.1	20.8	26.8	26.8	28.1	15.4
Profit Margin, Before Income Tax 36	2.8	•	1.3	•	•	2.8	5.3	7.5	4.8	3.6	4.0	4.3	2.2
Profit Margin, After Income Tax 37	1.8	•	1.2	•	•	2.4	4.5	6.8	3.7	2.9	2.5	2.7	1.2

Trends in Selected Ratios and Factors, 1990-1999

	1990	1991	1992	1993	1994	1995	1996	1997	1998	1999
Cost of Labor (%) 38	66.6	68.0	70.5	68.7	68.1	68.2	67.1	67.3	66.6	69.2
Operating Margin (%) 39	•	•	•	•	•	•	•	•	•	•
Oper. Margin Before Officers Comp. (%) 40	•	0.3	•	•	•	•	•	•	0.2	•
Average Net Receivables ($) 41	2481	2226	2492	1751	2363	2892	2875	4342	3438	2893
Average Inventories ($) 42	1902	1773	2027	1794	2298	2477	2290	3018	2956	2627
Average Net Worth ($) 43	6266	3723	4512	4080	5154	6418	5070	6776	7142	5642
Current Ratio (×1) 44	1.4	1.2	1.0	1.2	1.2	1.3	1.2	1.4	1.4	1.3
Quick Ratio (×1) 45	0.8	0.7	0.5	0.6	0.6	0.7	0.6	0.8	0.7	0.7
Coverage Ratio (×1) 46	2.1	3.3	2.2	1.8	1.4	1.3	2.0	2.2	2.4	2.3
Asset Turnover (×1) 47	1.2	1.3	1.1	1.2	1.1	1.1	1.1	1.1	1.2	1.2
Total Liabilities/Net Worth (×1) 48	1.2	2.3	2.3	1.8	2.0	1.8	2.3	2.1	1.8	1.9
Return on Assets (×1) 49	8.1	13.6	9.3	8.7	5.3	6.1	7.0	6.9	7.8	6.2
Return on Equity (%) 50	5.6	19.8	10.8	6.4	1.0	0.4	6.2	5.6	7.9	6.5

Table II

Corporations with Net Income

RUBBER PRODUCTS; PLASTIC FOOTWEAR, HOSE AND BELTING

MONEY AMOUNTS AND SIZE OF ASSETS IN THOUSANDS OF DOLLARS

Item Description for Accounting Period 7/95 Through 6/96		Total	Zero Assets	Under 100	100 to 250	251 to 500	501 to 1,000	1,001 to 5,000	5,001 to 10,000	10,001 to 25,000	25,001 to 50,000	50,001 to 100,000	100,001 to 250,000	250,001 and over
Number of Enterprises	1	1496	8	395	389	•	181	362	69	31	30	14	6	10
Revenues ($ in Thousands)														
Net Sales	2	28772507	259664	84770	186978	•	319055	2311527	1185434	852677	1678116	1653624	744543	19496118
Portfolio Income	3	689909	51	•	•	•	611	6794	4181	3900	5304	4993	9128	654948
Other Revenues	4	438596	729	•	36	•	1201	7797	2319	14795	19460	16329	45828	330101
Total Revenues	5	29901012	260444	84770	187014	•	320867	2326118	1191934	871372	1702880	1674946	799499	20481167
Average Total Revenues	6	19987	32556	215	481	•	1773	6426	17274	28109	56763	119639	133250	2048117
Operating Costs/Operating Income (%)														
Cost of Operations	7	66.9	79.4	54.2	56.2	•	46.9	62.7	67.7	70.8	66.1	73.4	77.1	66.6
Rent	8	6.3	1.2	•	1.4	•	12.7	5.7	6.2	4.8	7.6	4.5	4.0	6.6
Taxes Paid	9	1.5	0.4	2.8	4.3	•	3.5	2.6	2.2	3.0	2.6	1.9	1.4	1.0
Interest Paid	10	2.1	3.1	0.6	•	•	0.4	1.1	1.0	1.7	1.9	1.7	3.2	2.3
Depreciation, Depletion, Amortization	11	3.1	3.7	2.8	1.4	•	3.6	1.9	2.5	2.7	3.0	2.8	5.3	3.3
Pensions and Other Benefits	12	4.1	2.3	2.4	4.1	•	1.3	1.8	2.2	2.6	3.2	2.3	1.5	5.0
Other	13	13.1	9.0	27.1	10.2	•	12.1	13.3	7.7	7.9	10.1	7.2	6.0	14.7
Officers Compensation	14	1.2	0.3	9.0	14.9	•	15.5	4.9	2.8	1.8	1.3	1.1	0.8	0.2
Operating Margin	15	1.9	0.6	1.3	7.4	•	4.0	6.2	7.8	4.8	4.2	5.1	0.9	0.4
Oper. Margin Before Officers Compensation	16	3.0	1.0	10.2	22.3	•	19.5	11.1	10.6	6.6	5.6	6.2	1.7	0.6
Selected Average Balance Sheet ($ in Thousands)														
Net Receivables	17	2773	•	5	82	•	217	784	2373	3484	7857	17484	17438	293489
Inventories	18	2181	•	0	47	•	83	700	2356	2972	7277	16857	20180	214575
Net Property, Plant and Equipment	19	4896	•	12	38	•	191	641	1931	4638	11229	19383	24691	600514
Total Assets	20	15733	•	60	215	•	641	2453	7542	16331	32808	68407	175596	1840350

Notes and Loans Payable 21	3554	•	16	6	•	386	617	1666	3977	11547	22011	79652	364495
All Other Liabilities 22	5664	•	10	21	•	94	540	1254	3841	8467	19393	48165	722817
Net Worth 23	6515	•	33	188	•	160	1296	4621	8513	12794	27004	47778	753037

Selected Financial Ratios (Times to 1)

Current Ratio 24	1.4	•	2.2	8.3	•	3.1	2.3	3.3	1.7	1.5	1.6	1.0	1.3
Quick Ratio 25	0.8	•	2.1	5.7	•	2.4	1.3	1.6	1.0	0.8	0.8	0.5	0.7
Net Sales to Working Capital 26	11.8	•	8.4	3.2	•	6.1	6.2	4.5	8.2	10.0	8.2	•	16.3
Coverage Ratio 27	4.0	1.3	3.2	•	•	11.6	7.5	9.6	5.1	4.0	4.7	3.6	3.6
Total Asset Turnover 28	1.2	•	3.6	2.2	•	2.8	2.6	2.3	1.7	1.7	1.7	0.7	1.1
Inventory Turnover 29	5.9	•	•	•	•	7.7	5.2	5.4	4.4	4.8	5.3	4.4	6.3
Receivables Turnover 30	6.8	•	•	•	•	7.2	7.4	8.5	5.2	6.4	6.9	6.3	6.7
Total Liabilities to Net Worth 31	1.4	•	0.8	0.2	•	3.0	0.9	0.6	0.9	1.6	1.5	2.7	1.5

Selected Financial Factors (in Percentages)

Debt Ratio 32	58.6	•	44.1	12.3	•	75.0	47.2	38.7	47.9	61.0	60.5	72.8	59.1
Return on Assets 33	9.9	•	6.5	16.7	•	13.8	20.5	21.2	14.5	13.1	14.0	8.1	8.6
Return on Equity 34	13.9	•	7.6	18.9	•	•	28.6	28.4	17.9	21.1	19.6	14.9	11.3
Return Before Interest on Equity 35	23.9	•	11.6	19.0	•	•	•	34.6	27.9	33.5	•	29.7	20.9
Profit Margin, Before Income Tax 36	6.1	0.9	1.3	7.4	•	4.6	6.8	8.4	6.9	5.8	6.4	8.2	5.8
Profit Margin, After Income Tax 37	4.7	0.5	1.2	7.4	•	4.1	5.8	7.6	5.6	4.8	4.5	5.8	4.4

Trends in Selected Ratios and Factors, 1990-1999

	1990	1991	1992	1993	1994	1995	1996	1997	1998	1999
Cost of Operations (%) 38	66.0	67.5	69.3	66.1	65.5	63.8	63.7	65.8	65.8	66.9
Operating Margin (%) 39	•	•	•	0.5	4.2	1.8	2.3	1.7	2.0	1.9
Oper. Margin Before Officers Comp. (%) 40	•	0.7	•	1.7	6.6	3.1	3.5	2.8	3.1	3.0
Average Net Receivables ($) 41	3598	3045	3429	1932	1204	1848	1504	2923	4184	2773
Average Inventories ($) 42	2649	2450	2936	2036	954	1593	1275	2345	3148	2181
Average Net Worth ($) 43	9711	5219	6428	4761	3285	5425	3640	7030	10248	6515
Current Ratio (×1) 44	1.4	1.2	1.3	1.6	2.3	1.9	1.9	1.3	1.5	1.4
Quick Ratio (×1) 45	0.8	0.7	0.7	0.8	1.4	1.0	1.0	0.7	0.8	0.8
Coverage Ratio (×1) 46	2.4	3.5	2.9	3.1	5.9	3.4	4.8	4.7	4.5	4.0
Asset Turnover (×1) 47	1.2	1.3	1.2	1.4	1.4	1.4	1.4	1.3	1.3	1.2
Operating Leverage 48	3.9	0.3	2.6	•	9.2	0.4	1.3	0.7	1.2	0.9
Financial Leverage 49	0.7	1.3	1.0	1.0	1.3	0.8	1.2	1.0	1.0	1.1
Total Leverage 50	2.7	0.3	2.5	•	11.7	0.4	1.5	0.7	1.3	1.0

Table I

Corporations with and without Net Income

MISCELLANEOUS PLASTICS PRODUCTS

MONEY AMOUNTS AND SIZE OF ASSETS IN THOUSANDS OF DOLLARS

Item Description for Accounting Period 7/95 Through 6/96		Total	Zero Assets	Under 100	100 to 250	251 to 500	501 to 1,000	1,001 to 5,000	5,001 to 10,000	10,001 to 25,000	25,001 to 50,000	50,001 to 100,000	100,001 to 250,000	250,001 and over
Number of Enterprises	1	10343	447	2167	1677	1663	1254	2108	387	382	129	71	42	17
Revenues ($ in Thousands)														
Net Sales	2	65958134	523483	457128	809542	1991331	2079521	10644422	5046365	10611946	7568374	7663287	7513523	11049213
Portfolio Income	3	619221	19238	5928	163	2293	5889	33397	13482	49956	64322	44219	64109	316226
Other Revenues	4	687878	2060	59	463	6281	9519	47146	31925	52782	40942	120737	87877	288085
Total Revenues	5	67265233	544781	463115	810168	1999905	2094929	10724965	5091772	10714684	7673638	7828243	7665509	11653524
Average Total Revenues	6	6503	1219	214	483	1203	1671	5088	13157	28049	59486	110257	182512	685501
Operating Costs/Operating Income (%)														
Cost of Operations	7	70.0	61.8	43.5	47.8	63.8	68.3	68.7	71.4	72.7	74.5	73.4	71.6	66.2
Rent	8	5.1	7.0	15.4	10.6	7.2	7.4	4.8	4.8	4.1	4.3	4.2	4.8	6.2
Taxes Paid	9	2.2	2.1	7.8	4.8	3.1	3.2	2.5	2.2	2.2	1.9	1.9	1.9	1.8
Interest Paid	10	2.2	2.1	1.2	0.8	1.0	1.3	1.5	1.6	1.6	2.1	2.3	3.4	3.5
Depreciation, Depletion, Amortization	11	4.0	3.0	1.2	2.9	1.9	2.8	3.6	3.9	3.8	4.1	4.5	5.3	4.4
Pensions and Other Benefits	12	1.7	1.1	1.1	2.6	1.1	1.3	1.6	2.0	1.8	1.8	1.7	1.9	1.4
Other	13	10.5	16.1	20.5	20.3	15.1	9.8	9.8	7.1	7.3	7.5	9.6	8.7	17.7
Officers Compensation	14	2.2	1.9	10.2	7.8	5.3	6.6	4.2	2.9	2.0	1.2	1.2	0.7	0.4
Operating Margin	15	2.1	5.0	•	2.5	1.8	•	3.4	4.2	4.7	2.6	1.4	1.7	•
Oper. Margin Before Officers Compensation	16	4.3	6.9	9.3	10.3	7.1	5.9	7.6	7.1	6.7	3.8	2.6	2.5	•
Selected Average Balance Sheet ($ in Thousands)														
Net Receivables	17	849	•	17	57	118	205	583	1705	3609	8294	14659	26502	100041
Inventories	18	661	•	12	13	82	141	477	1334	2965	6250	11423	22995	72694
Net Property, Plant and Equipment	19	1407	•	9	58	100	215	866	2650	5747	13365	28436	52842	175802
Total Assets	20	4059	•	51	173	397	726	2369	6805	14926	36647	71361	150366	622164

Notes and Loans Payable 21	1421	•	38	77	110	268	885	2103	4583	13021	28111	69115	173856
All Other Liabilities 22	1107	•	22	56	131	186	602	1842	3545	8789	18414	34174	214316
Net Worth 23	1532	•	-9	40	156	273	882	2860	6798	14837	24836	47077	233993

Selected Financial Ratios (Times to 1)

Current Ratio 24	1.4	•	1.1	1.7	1.7	2.1	1.5	1.7	1.7	1.6	1.5	1.6	1.0
Quick Ratio 25	0.8	•	0.7	1.4	1.1	1.4	0.9	1.0	1.0	0.9	0.8	0.9	0.5
Net Sales to Working Capital 26	11.8	•	•	11.8	11.5	6.9	11.0	8.8	8.7	9.1	10.4	8.4	•
Coverage Ratio 27	3.0	5.3	1.4	4.2	3.2	1.1	3.7	4.2	4.7	2.9	2.6	2.2	2.5
Total Asset Turnover 28	1.6	•	4.2	2.8	3.0	2.3	2.1	1.9	1.9	1.6	1.5	1.2	1.1
Inventory Turnover 29	6.9	•	•	•	•	7.0	7.6	6.2	7.4	6.9	7.3	5.8	6.2
Receivables Turnover 30	7.9	•	•	9.7	•	7.1	9.0	6.4	8.5	7.2	7.7	7.3	7.7
Total Liabilities to Net Worth 31	1.7	•	•	3.3	1.6	1.7	1.7	1.4	1.2	1.5	1.9	2.2	1.7

Selected Financial Factors (in Percentages)

Debt Ratio 32	62.3	•	•	76.9	60.8	62.5	62.8	58.0	54.5	59.5	65.2	68.7	62.4
Return on Assets 33	10.3	•	6.9	9.4	9.7	3.2	12.0	12.9	13.3	9.8	8.8	8.8	9.1
Return on Equity 34	13.9	•	•	28.8	13.7	•	20.1	21.0	20.4	12.5	10.4	10.4	8.7
Return Before Interest on Equity 35	27.1	•	•	•	24.7	8.4	32.1	30.6	29.3	24.2	25.3	28.0	24.1
Profit Margin, Before Income Tax 36	4.3	9.1	0.5	2.6	2.2	•	4.1	5.1	5.6	4.0	3.5	3.9	5.1
Profit Margin, After Income Tax 37	3.3	6.8	0.5	2.4	1.8	•	3.5	4.6	5.0	3.2	2.4	2.8	3.1

Trends in Selected Ratios and Factors, 1990-1999

	1990	1991	1992	1993	1994	1995	1996	1997	1998	1999
Cost of Labor (%) 38	68.4	70.4	71.3	71.1	70.5	69.7	69.0	69.0	69.7	70.0
Operating Margin (%) 39	0.9	1.1	1.0	0.9	0.3	0.8	1.5	2.2	2.7	2.1
Oper. Margin Before Officers Comp. (%) 40	3.9	3.7	3.8	3.4	2.9	3.4	4.2	4.7	5.1	4.3
Average Net Receivables ($) 41	430	487	497	531	616	627	656	745	761	849
Average Inventories ($) 42	314	381	419	421	485	504	540	588	628	661
Average Net Worth ($) 43	599	769	799	896	875	1093	1124	1270	1295	1532
Current Ratio (×1) 44	1.6	1.7	1.6	1.6	1.5	1.5	1.5	1.5	1.5	1.4
Quick Ratio (×1) 45	0.9	0.9	0.8	0.9	0.9	0.9	0.9	0.9	0.9	0.8
Coverage Ratio (×1) 46	2.3	2.7	2.9	2.5	2.0	2.5	2.5	2.9	3.4	3.0
Asset Turnover (×1) 47	1.6	1.7	1.7	1.5	1.5	1.5	1.5	1.5	1.6	1.6
Total Liabilities/Net Worth (×1) 48	2.0	1.7	1.7	1.7	2.2	1.8	1.9	1.8	1.8	1.7
Return on Assets (×1) 49	8.7	9.0	9.8	9.7	9.0	9.7	9.5	10.0	10.7	10.3
Return on Equity (%) 50	7.7	10.2	13.1	11.5	10.3	11.6	12.9	14.5	16.4	13.9

Table II

Corporations with Net Income

MISCELLANEOUS PLASTICS PRODUCTS

MONEY AMOUNTS AND SIZE OF ASSETS IN THOUSANDS OF DOLLARS

Item Description for Accounting Period 7/95 Through 6/96		Total	Zero Assets	Under 100	100 to 250	251 to 500	501 to 1,000	1,001 to 5,000	5,001 to 10,000	10,001 to 25,000	25,001 to 50,000	50,001 to 100,000	100,001 to 250,000	250,001 and over
Number of Enterprises	1	6848	426	970	1117	1264	659	1583	322	324	87	49	33	14
Revenues ($ in Thousands)														
Net Sales	2	53992304	475295	232211	547357	1576335	1263210	8649676	4409035	9349547	5341329	5548130	6259961	10340217
Portfolio Income	3	547486	19141	*	157	1474	4789	27335	11902	37903	53068	26668	58021	307027
Other Revenues	4	582727	797	*	464	4925	9557	39931	29699	46791	31121	71824	64635	282986
Total Revenues	5	55122517	495233	232211	547978	1582734	1277556	8716942	4450636	9434241	5425518	5646622	6382617	10930230
Average Total Revenues	6	8049	1163	239	491	1252	1939	5507	13822	29118	62362	115237	193413	780731
Operating Costs/Operating Income (%)														
Cost of Operations	7	69.0	60.6	35.3	46.7	59.5	66.6	67.5	70.3	72.4	73.2	72.2	70.7	65.6
Rent	8	5.0	7.0	7.7	5.2	7.5	8.0	4.8	5.1	4.0	4.4	3.8	5.0	6.3
Taxes Paid	9	2.2	2.0	3.5	4.6	3.1	2.9	2.6	2.2	2.1	1.9	1.9	2.1	1.8
Interest Paid	10	1.9	2.1	0.8	1.0	1.0	1.1	1.3	1.4	1.4	1.5	1.5	3.2	3.1
Depreciation, Depletion, Amortization	11	3.9	3.0	0.6	3.6	1.9	2.9	3.1	3.6	3.7	3.9	4.4	4.9	4.4
Pensions and Other Benefits	12	1.6	1.1	1.5	1.6	1.2	0.8	1.7	2.0	1.6	1.9	1.5	2.0	1.4
Other	13	10.1	13.8	22.4	19.7	15.2	8.7	8.8	7.3	7.0	6.9	8.6	8.5	17.3
Officers Compensation	14	2.2	1.8	15.3	9.6	6.1	6.6	4.6	2.7	1.8	1.3	1.3	0.6	0.4
Operating Margin	15	4.2	8.7	13.1	8.1	4.5	2.5	5.7	5.4	6.2	5.1	5.0	3.1	*
Oper. Margin Before Officers Compensation	16	6.3	10.5	28.4	17.7	10.7	9.1	10.3	8.1	8.0	6.4	6.2	3.8	*
Selected Average Balance Sheet ($ in Thousands)														
Net Receivables	17	1034	*	21	53	122	232	652	1782	3697	8382	14929	28532	106455
Inventories	18	811	*	8	8	89	163	524	1361	3076	6486	11412	23603	82430
Net Property, Plant and Equipment	19	1648	*	7	64	109	193	764	2646	5729	13437	29214	50844	196239
Total Assets	20	4897	*	42	185	396	746	2429	6900	15159	36665	68360	152385	696186

Notes and Loans Payable 21	1492	•	18	74	97	302	739	1950	4379	9832	21711	68791	170518
All Other Liabilities 22	1297	•	4	40	120	188	585	1913	3450	8491	15119	33612	236600
Net Worth 23	2108	•	20	71	179	257	1105	3037	7329	18342	31529	49982	289068

Selected Financial Ratios (Times to 1)

Current Ratio 24	1.5	•	1.8	2.2	1.9	2.6	1.8	1.8	1.8	1.8	1.6	1.8	1.0
Quick Ratio 25	0.9	•	1.3	2.0	1.2	1.7	1.1	1.1	1.0	1.0	0.9	1.0	0.5
Net Sales to Working Capital 26	10.3	•	16.9	8.5	10.4	6.2	8.0	8.1	8.0	7.6	9.2	7.1	•
Coverage Ratio 27	4.4	7.2	•	9.4	6.2	4.5	6.1	5.5	6.0	5.5	5.4	2.7	3.2
Total Asset Turnover 28	1.6	•	5.7	2.7	3.2	2.6	2.3	2.0	1.9	1.7	1.7	1.3	1.1
Inventory Turnover 29	6.9	•	•	•	•	7.0	7.7	6.6	7.3	6.1	7.2	5.8	6.3
Receivables Turnover 30	8.0	•	•	•	•	7.2	8.8	6.8	8.5	6.6	7.7	7.1	8.5
Total Liabilities to Net Worth 31	1.3	•	1.2	1.6	1.2	1.9	1.2	1.3	1.1	1.0	1.2	2.1	1.4

Selected Financial Factors (in Percentages)

Debt Ratio 32	57.0	•	53.3	61.5	54.9	65.6	54.5	56.0	51.7	50.0	53.9	67.2	58.5
Return on Assets 33	13.5	•	•	24.2	18.6	12.1	17.3	15.4	16.1	13.7	13.6	10.5	10.3
Return on Equity 34	19.9	•	•	•	30.7	25.5	28.3	26.1	25.0	18.5	18.4	14.7	11.5
Return Before Interest on Equity 35	31.4	•	•	•	•	•	•	•	33.3	27.4	29.6	32.1	24.8
Profit Margin, Before Income Tax 36	6.5	12.9	13.1	8.2	5.0	3.7	6.5	6.4	7.1	6.7	6.7	5.3	6.7
Profit Margin, After Income Tax 37	5.3	10.4	13.1	7.9	4.4	3.4	5.7	5.8	6.4	5.5	5.1	3.9	4.5

Trends in Selected Ratios and Factors, 1990-1999

	1990	1991	1992	1993	1994	1995	1996	1997	1998	1999
Cost of Operations (%) 38	67.4	68.7	69.9	69.4	68.0	67.8	67.4	68.4	68.6	69.0
Operating Margin (%) 39	4.1	3.6	3.4	3.4	3.9	3.7	4.1	4.6	4.9	4.2
Oper. Margin Before Officers Comp. (%) 40	7.0	6.2	6.4	6.0	6.5	6.2	6.9	7.1	7.1	6.3
Average Net Receivables ($) 41	450	584	601	667	891	814	799	883	928	1034
Average Inventories ($) 42	330	463	522	513	703	654	640	669	764	811
Average Net Worth ($) 43	706	1088	1098	1293	1598	1618	1598	1603	1762	2108
Current Ratio (×1) 44	1.7	1.9	1.7	1.8	1.8	1.7	1.7	1.7	1.7	1.5
Quick Ratio (×1) 45	1.0	1.0	0.9	1.0	1.0	1.0	1.0	1.0	1.0	0.9
Coverage Ratio (×1) 46	4.3	4.6	4.8	4.3	4.4	4.5	4.8	5.0	5.0	4.4
Asset Turnover (×1) 47	1.8	1.7	1.8	1.6	1.6	1.6	1.7	1.7	1.7	1.6
Operating Leverage 48	0.9	0.9	1.0	1.0	1.2	1.0	1.1	1.1	1.1	0.9
Financial Leverage 49	1.0	1.2	1.1	1.0	1.0	1.0	1.1	1.0	1.0	1.0
Total Leverage 50	0.9	1.0	1.0	1.0	1.2	1.0	1.2	1.1	1.1	0.8

Table I

Corporations with and without Net Income

FOOTWEAR, EXCEPT RUBBER

Money Amounts and Size of Assets in Thousands of Dollars

Item Description for Accounting Period 7/95 Through 6/96	Total	Zero Assets	Under 100	100 to 250	251 to 500	501 to 1,000	1,001 to 5,000	5,001 to 10,000	10,001 to 25,000	25,001 to 50,000	50,001 to 100,000	100,001 to 250,000	250,001 and over
Number of Enterprises **1**	306	•	•	129	•	•	30	•	28	12	9	5	5

Revenues ($ in Thousands)

Net Sales **2**	16113415	•	•	8263	•	•	62244	•	738457	707613	1171449	2005346	11297636
Portfolio Income **3**	532699	•	•	2	•	•	5	•	1805	257	9298	3122	516965
Other Revenues **4**	315182	•	•	96	•	•	25	•	1180	1950	5301	56206	249076
Total Revenues **5**	16961296	•	•	8361	•	•	62274	•	741442	709820	1186048	2064674	12063677
Average Total Revenues **6**	55429	•	•	65	•	•	2076	•	26480	59152	131783	412935	2412735

Operating Costs/Operating Income (%)

Cost of Operations **7**	65.8	•	•	63.4	•	•	64.1	•	75.0	75.5	63.0	67.6	64.6
Rent **8**	6.0	•	•	3.1	•	•	•	•	2.7	4.9	9.7	9.7	5.3
Taxes Paid **9**	6.3	•	•	0.7	•	•	2.5	•	1.5	1.3	3.0	3.2	7.9
Interest Paid **10**	6.1	•	•	•	•	•	•	•	1.2	1.6	2.4	1.8	7.9
Depreciation, Depletion, Amortization **11**	3.7	•	•	47.1	•	•	3.2	•	1.2	1.0	1.4	1.3	4.6
Pensions and Other Benefits **12**	1.6	•	•	•	•	•	•	•	2.0	1.4	1.6	1.9	1.6
Other **13**	13.0	•	•	17.9	•	•	24.0	•	10.9	11.9	16.0	20.0	11.4
Officers Compensation **14**	0.7	•	•	•	•	•	4.0	•	1.7	1.9	0.9	1.2	0.4
Operating Margin **15**	•	•	•	•	•	•	2.3	•	4.0	0.7	2.1	•	•
Oper. Margin Before Officers Compensation **16**	•	•	•	•	•	•	6.3	•	5.7	2.6	3.0	•	•

Selected Average Balance Sheet ($ in Thousands)

Net Receivables **17**	9668	•	•	•	•	•	376	•	4030	9198	19237	51057	458632
Inventories **18**	7260	•	•	6	•	•	255	•	4814	10076	27600	71101	270245
Net Property, Plant and Equipment **19**	33522	•	•	138	•	•	142	•	1861	5050	8829	28270	1977176
Total Assets **20**	76910	•	•	147	•	•	1465	•	12943	31576	74602	195541	4211650

Notes and Loans Payable 21	18277	•	•	25	•	•	313	•	3763	10434	19982	69698	960950
All Other Liabilities 22	65144	•	•	•	•	•	530	•	2990	5748	17760	70742	3847237
Net Worth 23	-6511	•	•	122	•	•	622	•	6189	15395	36860	55101	-596537

Selected Financial Ratios (Times to 1)

Current Ratio 24	1.1	•	•	•	•	•	1.9	•	2.6	2.0	2.9	1.7	1.0
Quick Ratio 25	0.3	•	•	•	•	•	0.9	•	1.2	1.0	1.3	0.7	0.2
Net Sales to Working Capital 26	23.8	•	•	7.2	•	•	4.3	•	4.4	5.5	3.6	7.0	•
Coverage Ratio 27	1.4	•	•	•	•	•	•	•	4.8	1.6	2.4	•	1.4
Total Asset Turnover 28	0.7	•	•	0.4	•	•	1.4	•	2.0	1.9	1.8	2.1	0.5
Inventory Turnover 29	4.2	•	•	0.9	•	•	5.2	•	4.9	4.1	2.8	4.6	4.3
Receivables Turnover 30	4.4	•	•	•	•	•	5.9	•	7.0	6.4	5.9	9.5	3.8
Total Liabilities to Net Worth 31	•	•	•	0.2	•	•	1.4	•	1.1	1.1	1.0	2.6	•

Selected Financial Factors (in Percentages)

Debt Ratio 32	•	•	•	17.1	•	•	57.6	•	52.2	51.3	50.6	71.8	•
Return on Assets 33	5.6	•	•	•	•	•	3.4	•	11.5	4.8	9.8	•	6.0
Return on Equity 34	•	•	•	•	•	•	4.6	•	16.0	3.8	7.5	•	•
Return Before Interest on Equity 35	•	•	•	•	•	•	7.9	•	23.9	9.9	19.7	•	•
Profit Margin, Before Income Tax 36	2.1	•	•	•	•	•	2.4	•	4.5	1.0	3.2	•	3.2
Profit Margin, After Income Tax 37	1.5	•	•	•	•	•	1.4	•	3.8	1.0	2.1	•	2.5

Trends in Selected Ratios and Factors, 1990-1999

	1990	1991	1992	1993	1994	1995	1996	1997	1998	1999
Cost of Labor (%) 38	68.2	68.2	68.5	68.4	68.7	67.1	68.8	67.5	69.3	65.8
Operating Margin (%) 39	•	•	•	•	•	•	•	•	•	•
Oper. Margin Before Officers Comp. (%) 40	•	•	1.0	•	0.3	•	•	•	•	•
Average Net Receivables ($) 41	3724	3989	5964	4484	19598	15082	9006	11554	15782	9668
Average Inventories ($) 42	4615	5412	8528	2694	11126	8980	5638	7935	10138	7260
Average Net Worth ($) 43	6354	7287	9545	2330	11156	9622	2857	2351	-10808	-6511
Current Ratio (×1) 44	2.5	2.4	2.2	2.8	2.4	2.6	2.4	1.8	1.4	1.1
Quick Ratio (×1) 45	1.3	1.3	1.0	1.7	1.4	1.6	1.4	0.8	0.8	0.3
Coverage Ratio (×1) 46	2.6	1.9	2.1	1.8	1.9	1.7	1.6	1.2	0.9	1.4
Asset Turnover (×1) 47	1.2	1.4	1.6	1.4	0.9	1.0	1.0	0.9	0.9	0.7
Total Liabilities/Net Worth (×1) 48	1.9	1.8	1.8	3.5	5.4	4.9	11.7	20.7	•	•
Return on Assets (×1) 49	9.7	10.7	13.1	10.7	7.0	7.3	6.5	4.5	3.9	5.6
Return on Equity (%) 50	11.4	9.8	13.6	16.3	15.8	12.6	19.3	2.9	7.2	•

Table II

Corporations with Net Income

FOOTWEAR, EXCEPT RUBBER

MONEY AMOUNTS AND SIZE OF ASSETS IN THOUSANDS OF DOLLARS

Item Description for Accounting Period 7/95 Through 6/96		Total	Zero Assets	Under 100	100 to 250	251 to 500	501 to 1,000	1,001 to 5,000	5,001 to 10,000	10,001 to 25,000	25,001 to 50,000	50,001 to 100,000	100,001 to 250,000	250,001 and over
Number of Enterprises	1	46	•	•	•	•	•	•	•	•	6	•	•	•
Revenues ($ in Thousands)														
Net Sales	2	12636477	•	•	•	•	•	•	•	•	370776	•	•	•
Portfolio Income	3	513972	•	•	•	•	•	•	•	•	17	•	•	•
Other Revenues	4	251570	•	•	•	•	•	•	•	•	668	•	•	•
Total Revenues	5	13402019	•	•	•	•	•	•	•	•	371461	•	•	•
Average Total Revenues	6	291348	•	•	•	•	•	•	•	•	61910	•	•	•
Operating Costs/Operating Income (%)														
Cost of Operations	7	65.7	•	•	•	•	•	•	•	•	76.2	•	•	•
Rent	8	4.8	•	•	•	•	•	•	•	•	2.3	•	•	•
Taxes Paid	9	7.2	•	•	•	•	•	•	•	•	1.4	•	•	•
Interest Paid	10	7.1	•	•	•	•	•	•	•	•	0.9	•	•	•
Depreciation, Depletion, Amortization	11	4.2	•	•	•	•	•	•	•	•	0.5	•	•	•
Pensions and Other Benefits	12	1.7	•	•	•	•	•	•	•	•	2.1	•	•	•
Other	13	10.8	•	•	•	•	•	•	•	•	10.2	•	•	•
Officers Compensation	14	0.6	•	•	•	•	•	•	•	•	2.8	•	•	•
Operating Margin	15	•	•	•	•	•	•	•	•	•	3.7	•	•	•
Oper. Margin Before Officers Compensation	16	•	•	•	•	•	•	•	•	•	6.5	•	•	•
Selected Average Balance Sheet ($ in Thousands)														
Net Receivables	17	53693	•	•	•	•	•	•	•	•	9650	•	•	•
Inventories	18	32397	•	•	•	•	•	•	•	•	8172	•	•	•
Net Property, Plant and Equipment	19	216415	•	•	•	•	•	•	•	•	2177	•	•	•
Total Assets	20	466767	•	•	•	•	•	•	•	•	29437	•	•	•

Notes and Loans Payable **21**	107345	•	•	•	•	•	•	•	•	5101	•	•	•
All Other Liabilities **22**	417269	•	•	•	•	•	•	•	•	4610	•	•	•
Net Worth **23**	-57846	•	•	•	•	•	•	•	•	19726	•	•	•

Selected Financial Ratios (Times to 1)

Current Ratio **24**	1.0	•	•	•	•	•	•	•	•	3.3	•	•	•
Quick Ratio **25**	0.2	•	•	•	•	•	•	•	•	1.9	•	•	•
Net Sales to Working Capital **26**	•	•	•	•	•	•	•	•	•	4.2	•	•	•
Coverage Ratio **27**	1.6	•	•	•	•	•	•	•	•	5.5	•	•	•
Total Asset Turnover **28**	0.6	•	•	•	•	•	•	•	•	2.1	•	•	•
Inventory Turnover **29**	6.7	•	•	•	•	•	•	•	•	•	•	•	•
Receivables Turnover **30**	7.5	•	•	•	•	•	•	•	•	•	•	•	•
Total Liabilities to Net Worth **31**	•	•	•	•	•	•	•	•	•	0.5	•	•	•

Selected Financial Factors (in Percentages)

Debt Ratio **32**	•	•	•	•	•	•	•	•	•	33.0	•	•	•
Return on Assets **33**	6.6	•	•	•	•	•	•	•	•	10.0	•	•	•
Return on Equity **34**	•	•	•	•	•	•	•	•	•	12.2	•	•	•
Return Before Interest on Equity **35**	•	•	•	•	•	•	•	•	•	14.9	•	•	•
Profit Margin, Before Income Tax **36**	4.1	•	•	•	•	•	•	•	•	3.9	•	•	•
Profit Margin, After Income Tax **37**	3.3	•	•	•	•	•	•	•	•	3.9	•	•	•

Trends in Selected Ratios and Factors, 1990-1999

	1990	1991	1992	1993	1994	1995	1996	1997	1998	1999
Cost of Operations (%) **38**	67.1	67.2	67.5	67.3	67.8	66.7	68.4	66.0	65.4	65.7
Operating Margin (%) **39**	0.8	•	0.8	•	0.2	•	•	3.5	4.3	•
Oper. Margin Before Officers Comp. (%) **40**	1.8	0.3	1.7	0.2	1.0	•	•	4.6	5.7	•
Average Net Receivables ($) **41**	4427	6998	6483	22591	26467	15391	9231	8160	8188	53693
Average Inventories ($) **42**	5556	9410	9575	12592	14185	8890	5508	12551	8684	32397
Average Net Worth ($) **43**	8260	13625	11026	12169	14292	9741	2680	17099	14934	-57846
Current Ratio (×1) **44**	2.8	2.5	2.3	3.0	2.4	2.7	2.5	2.6	3.0	1.0
Quick Ratio (×1) **45**	1.5	1.3	1.0	1.9	1.5	1.6	1.5	1.0	1.6	0.2
Coverage Ratio (×1) **46**	3.7	2.2	2.4	2.1	2.1	1.9	1.7	6.5	6.4	1.6
Asset Turnover (×1) **47**	1.2	1.4	1.6	1.4	0.8	1.0	0.9	1.7	1.5	0.6
Operating Leverage **48**	0.4	•	•	•	•	•	1.6	•	1.2	•
Financial Leverage **49**	1.2	0.8	1.1	1.0	1.0	0.9	0.9	2.0	1.0	0.5
Total Leverage **50**	0.5	•	•	•	•	•	1.4	•	1.2	•

Table I

Corporations with and without Net Income

LEATHER AND LEATHER PRODUCTS, NOT ELSEWHERE CLASSIFIED

MONEY AMOUNTS AND SIZE OF ASSETS IN THOUSANDS OF DOLLARS

Item Description for Accounting Period 7/95 Through 6/96	Total	Zero Assets	Under 100	100 to 250	251 to 500	501 to 1,000	1,001 to 5,000	5,001 to 10,000	10,001 to 25,000	25,001 to 50,000	50,001 to 100,000	100,001 to 250,000	250,001 and over
Number of Enterprises **1**	1797	•	349	805	•	192	234	29	22	8	3	3	4
Revenues ($ in Thousands)													
Net Sales **2**	6330026	•	12355	268937	•	524809	1461277	347803	422435	538560	264690	706007	1620755
Portfolio Income **3**	76660	•	•	141	•	466	3376	150	3109	2013	3359	6516	57454
Other Revenues **4**	123407	•	-632	531	•	832	739	559	22328	759	2883	1196	94189
Total Revenues **5**	6530093	•	11723	269609	•	526107	1465392	348512	447872	541332	270932	713719	1772398
Average Total Revenues **6**	3634	•	34	335	•	2740	6262	12018	20358	67666	90311	237906	443100
Operating Costs/Operating Income (%)													
Cost of Operations **7**	72.5	•	•	64.4	•	56.3	82.5	77.6	65.4	67.3	66.7	73.4	74.5
Rent **8**	5.4	•	34.3	6.9	•	8.7	2.7	4.8	4.5	3.4	9.6	7.9	6.0
Taxes Paid **9**	1.9	•	12.0	2.3	•	2.9	1.5	1.6	2.9	1.0	0.9	1.5	2.0
Interest Paid **10**	2.2	•	0.9	1.6	•	0.9	1.1	1.0	1.0	1.1	2.8	1.4	5.1
Depreciation, Depletion, Amortization **11**	1.7	•	8.3	0.7	•	1.0	1.1	0.8	1.7	0.7	1.3	2.1	3.1
Pensions and Other Benefits **12**	1.5	•	1.5	1.1	•	0.6	0.5	1.0	2.1	0.9	2.5	1.1	3.0
Other **13**	11.8	•	9.4	19.2	•	20.1	6.4	9.2	15.9	11.5	14.4	11.7	9.8
Officers Compensation **14**	3.4	•	•	6.7	•	7.3	2.6	2.8	5.2	13.0	0.5	1.0	0.7
Operating Margin **15**	•	•	•	•	•	2.3	1.7	1.3	1.4	1.2	1.4	•	•
Oper. Margin Before Officers Compensation **16**	3.0	•	•	4.0	•	9.6	4.3	4.1	6.6	14.2	1.8	1.0	•
Selected Average Balance Sheet ($ in Thousands)													
Net Receivables **17**	412	•	2	23	•	190	631	1672	3262	10122	18932	31550	39154
Inventories **18**	571	•	4	74	•	257	836	4048	2144	14796	24661	40445	57290
Net Property, Plant and Equipment **19**	345	•	6	8	•	113	287	506	1982	2694	8494	27228	83065
Total Assets **20**	2160	•	25	139	•	636	2081	6735	14489	29879	78317	174696	396092

Notes and Loans Payable 21	865	•	86	40	•	237	663	1302	6605	15835	16506	48540	182440
All Other Liabilities 22	706	•	4	27	•	209	580	2261	2801	4554	19224	40714	179487
Net Worth 23	589	•	-65	73	•	189	837	3173	5083	9490	42587	85442	34165

Selected Financial Ratios (Times to 1)

Current Ratio 24	1.6	•	2.9	2.6	•	2.2	1.8	2.1	0.9	1.6	2.3	2.3	1.2
Quick Ratio 25	0.8	•	1.7	1.1	•	1.1	0.9	0.7	0.5	0.6	1.2	1.1	0.5
Net Sales to Working Capital 26	7.5	•	5.0	4.3	•	10.0	8.0	3.7	•	6.9	2.9	3.8	22.3
Coverage Ratio 27	2.2	•	•	•	•	3.8	2.8	2.6	8.5	2.5	2.3	1.7	2.0
Total Asset Turnover 28	1.6	•	1.4	2.4	•	4.3	3.0	1.8	1.3	2.3	1.1	1.4	1.0
Inventory Turnover 29	4.4	•	•	2.7	•	4.9	6.3	1.6	5.6	3.4	4.8	4.7	5.1
Receivables Turnover 30	8.3	•	•	•	•	•	•	3.6	6.4	6.9	9.3	8.0	8.2
Total Liabilities to Net Worth 31	2.7	•	•	0.9	•	2.4	1.5	1.1	1.9	2.2	0.8	1.1	10.6

Selected Financial Factors (in Percentages)

Debt Ratio 32	72.8	•	•	47.8	•	70.2	59.8	52.9	64.9	68.3	45.6	51.1	91.4
Return on Assets 33	7.9	•	•	•	•	15.1	9.1	4.3	11.0	6.3	7.3	3.1	10.5
Return on Equity 34	11.1	•	•	•	•	34.7	14.0	5.3	17.0	11.6	4.4	0.3	•
Return Before Interest on Equity 35	28.9	•	•	•	•	•	22.5	9.2	31.3	19.8	13.5	6.4	•
Profit Margin, Before Income Tax 36	2.7	•	•	•	•	2.6	1.9	1.5	7.3	1.7	3.7	0.9	5.2
Profit Margin, After Income Tax 37	1.9	•	•	•	•	2.4	1.9	1.4	4.5	1.6	2.1	0.1	3.7

Trends in Selected Ratios and Factors, 1990-1999

	1990	1991	1992	1993	1994	1995	1996	1997	1998	1999
Cost of Labor (%) 38	76.0	74.8	76.3	75.6	76.6	70.0	70.0	72.8	70.6	72.5
Operating Margin (%) 39	0.3	1.8	2.0	1.0	•	1.8	2.2	1.7	•	•
Oper. Margin Before Officers Comp. (%) 40	3.3	4.8	4.9	4.4	3.3	7.4	6.3	5.8	3.4	3.0
Average Net Receivables ($) 41	259	437	449	502	379	319	421	322	431	412
Average Inventories ($) 42	282	462	478	569	469	400	496	399	575	571
Average Net Worth ($) 43	382	571	587	702	633	515	598	422	522	589
Current Ratio (×1) 44	1.8	1.8	1.8	1.8	1.8	2.0	1.7	1.6	1.6	1.6
Quick Ratio (×1) 45	0.9	1.0	0.9	0.9	0.9	1.0	0.9	0.8	0.8	0.8
Coverage Ratio (×1) 46	2.3	3.8	3.6	2.3	2.2	3.7	4.2	4.6	2.6	2.2
Asset Turnover (×1) 47	2.2	2.1	1.9	2.0	2.0	2.0	2.2	1.9	1.7	1.6
Total Liabilities/Net Worth (×1) 48	1.5	1.6	1.6	1.6	1.5	1.5	1.7	2.1	3.0	2.7
Return on Assets (×1) 49	6.2	9.5	10.4	8.3	7.3	8.9	10.4	8.9	10.9	7.9
Return on Equity (%) 50	4.4	13.2	15.6	7.7	6.3	12.1	16.3	16.0	21.4	11.1

Table II

Corporations with Net Income

LEATHER AND LEATHER PRODUCTS, NOT ELSEWHERE CLASSIFIED

MONEY AMOUNTS AND SIZE OF ASSETS IN THOUSANDS OF DOLLARS

Item Description for Accounting Period 7/95 Through 6/96	Total	Zero Assets	Under 100	100 to 250	251 to 500	501 to 1,000	1,001 to 5,000	5,001 to 10,000	10,001 to 25,000	25,001 to 50,000	50,001 to 100,000	100,001 to 250,000	250,001 and over
Number of Enterprises **1**	853	•	•	•	147	192	155	•	•	8	•	•	•
Revenues ($ in Thousands)													
Net Sales **2**	4921786	•	•	•	144802	524809	1032599	•	•	538560	•	•	•
Portfolio Income **3**	63294	•	•	•	11	466	3279	•	•	2013	•	•	•
Other Revenues **4**	118901	•	•	•	•	832	739	•	•	759	•	•	•
Total Revenues **5**	5103981	•	•	•	144813	526107	1036617	•	•	541332	•	•	•
Average Total Revenues **6**	5984	•	•	•	985	2740	6688	•	•	67666	•	•	•
Operating Costs/Operating Income (%)													
Cost of Operations **7**	71.1	•	•	•	54.4	56.3	81.5	•	•	67.3	•	•	•
Rent **8**	5.2	•	•	•	1.3	8.7	3.4	•	•	3.4	•	•	•
Taxes Paid **9**	2.0	•	•	•	3.8	2.9	1.5	•	•	1.0	•	•	•
Interest Paid **10**	2.0	•	•	•	•	0.9	0.8	•	•	1.1	•	•	•
Depreciation, Depletion, Amortization **11**	1.7	•	•	•	1.6	1.0	1.3	•	•	0.7	•	•	•
Pensions and Other Benefits **12**	1.5	•	•	•	•	0.6	0.5	•	•	0.9	•	•	•
Other **13**	11.5	•	•	•	35.0	20.1	4.6	•	•	11.5	•	•	•
Officers Compensation **14**	3.7	•	•	•	0.3	7.3	2.0	•	•	13.0	•	•	•
Operating Margin **15**	1.4	•	•	•	3.6	2.3	4.6	•	•	1.2	•	•	•
Oper. Margin Before Officers Compensation **16**	5.1	•	•	•	4.0	9.6	6.5	•	•	14.2	•	•	•
Selected Average Balance Sheet ($ in Thousands)													
Net Receivables **17**	666	•	•	•	182	190	608	•	•	10122	•	•	•
Inventories **18**	823	•	•	•	87	257	587	•	•	14796	•	•	•
Net Property, Plant and Equipment **19**	598	•	•	•	23	113	358	•	•	2694	•	•	•
Total Assets **20**	3519	•	•	•	371	636	1933	•	•	29879	•	•	•

Notes and Loans Payable 21	1145	•	•	•	387	237	502	•	•	15835	•	•	•
All Other Liabilities 22	1244	•	•	•	60	209	503	•	•	4554	•	•	•
Net Worth 23	1131	•	•	•	-76	189	928	•	•	9490	•	•	•
Selected Financial Ratios (Times to 1)													
Current Ratio 24	1.7	•	•	•	5.6	2.2	1.8	•	•	1.6	•	•	•
Quick Ratio 25	0.8	•	•	•	4.2	1.1	1.1	•	•	0.6	•	•	•
Net Sales to Working Capital 26	7.4	•	•	•	3.5	10.0	9.8	•	•	6.9	•	•	•
Coverage Ratio 27	3.6	•	•	•	•	3.8	7.1	•	•	2.5	•	•	•
Total Asset Turnover 28	1.6	•	•	•	2.7	4.3	3.5	•	•	2.3	•	•	•
Inventory Turnover 29	4.2	•	•	•	6.2	4.9	7.0	•	•	4.0	•	•	•
Receivables Turnover 30	7.7	•	•	•	9.2	•	•	•	•	8.8	•	•	•
Total Liabilities to Net Worth 31	2.1	•	•	•	•	2.4	1.1	•	•	2.2	•	•	•
Selected Financial Factors (in Percentages)													
Debt Ratio 32	67.9	•	•	•	•	70.2	52.0	•	•	68.3	•	•	•
Return on Assets 33	11.6	•	•	•	9.7	15.1	19.5	•	•	6.3	•	•	•
Return on Equity 34	20.6	•	•	•	•	34.7	34.4	•	•	11.6	•	•	•
Return Before Interest on Equity 35	•	•	•	•	•	•	•	•	•	19.8	•	•	•
Profit Margin, Before Income Tax 36	5.1	•	•	•	3.7	2.6	4.9	•	•	1.7	•	•	•
Profit Margin, After Income Tax 37	4.1	•	•	•	3.0	2.4	4.8	•	•	1.6	•	•	•

Trends in Selected Ratios and Factors, 1990-1999

	1990	1991	1992	1993	1994	1995	1996	1997	1998	1999
Cost of Operations (%) 38	74.1	72.3	75.6	73.7	73.7	68.3	69.8	71.6	69.3	71.1
Operating Margin (%) 39	3.2	3.3	3.4	3.2	2.3	3.4	3.2	3.3	0.8	1.4
Oper. Margin Before Officers Comp. (%) 40	6.2	6.7	6.4	6.9	6.4	9.2	7.5	7.4	4.3	5.1
Average Net Receivables ($) 41	296	414	650	465	498	409	563	303	558	666
Average Inventories ($) 42	277	452	727	576	599	494	668	380	738	823
Average Net Worth ($) 43	547	686	1069	883	1084	803	864	481	758	1131
Current Ratio (×1) 44	2.0	2.2	2.1	2.2	2.5	2.2	1.7	1.9	1.7	1.7
Quick Ratio (×1) 45	1.1	1.2	1.1	1.1	1.3	1.2	0.9	0.9	0.8	0.8
Coverage Ratio (×1) 46	5.6	5.9	5.1	4.3	5.7	5.1	5.2	7.2	3.0	3.6
Asset Turnover (×1) 47	2.1	2.0	2.0	2.2	2.2	2.0	2.2	1.8	1.7	1.6
Operating Leverage 48	1.2	1.0	1.0	1.0	0.7	1.5	0.9	1.0	0.2	1.9
Financial Leverage 49	1.1	1.1	1.0	0.9	1.1	1.0	1.0	1.1	0.8	1.0
Total Leverage 50	1.3	1.1	1.1	0.8	0.8	1.4	0.9	1.1	0.2	1.9

Table I

Corporations with and without Net Income

GLASS PRODUCTS

MONEY AMOUNTS AND SIZE OF ASSETS IN THOUSANDS OF DOLLARS

Item Description for Accounting Period 7/95 Through 6/96		Total	Zero Assets	Under 100	100 to 250	251 to 500	501 to 1,000	1,001 to 5,000	5,001 to 10,000	10,001 to 25,000	25,001 to 50,000	50,001 to 100,000	100,001 to 250,000	250,001 and over
Number of Enterprises	1	1792	9	621	414	170	218	241	21	51	19	10	5	13
Revenues ($ in Thousands)														
Net Sales	2	29075416	69285	144021	319559	307939	304703	1281442	284270	927204	1100917	881633	1314692	22139752
Portfolio Income	3	2084538	66	•	•	218	104	1347	89	7951	1872	8095	6378	2058420
Other Revenues	4	1189205	580	•	•	248	223	5233	2473	9199	4394	4555	8398	1153898
Total Revenues	5	32349159	69931	144021	319559	308405	305030	1288022	286832	944354	1107183	894283	1329468	25352070
Average Total Revenues	6	18052	7770	232	772	1814	1399	5344	13659	18517	58273	89428	265894	1950159
Operating Costs/Operating Income (%)														
Cost of Operations	7	62.0	59.8	34.9	51.3	63.7	43.1	72.1	73.7	68.3	74.8	65.7	73.9	60.1
Rent	8	5.8	2.3	18.9	19.2	3.5	4.7	5.7	4.9	4.8	5.7	6.1	5.4	5.7
Taxes Paid	9	2.4	0.7	7.0	3.1	3.0	2.4	2.3	2.1	2.0	1.8	2.5	1.6	2.5
Interest Paid	10	8.6	3.3	0.6	0.6	0.5	2.1	1.5	0.9	2.5	2.3	0.9	2.1	10.8
Depreciation, Depletion, Amortization	11	4.0	3.3	0.5	1.5	0.7	5.1	2.9	3.1	4.1	3.3	5.3	3.4	4.1
Pensions and Other Benefits	12	4.2	0.4	1.2	1.0	1.5	2.4	0.8	2.2	0.9	1.8	2.8	1.5	5.0
Other	13	17.3	14.6	15.6	21.0	11.3	22.6	7.9	6.3	11.7	6.1	12.4	8.0	19.5
Officers Compensation	14	1.2	2.7	18.7	5.2	6.9	13.3	4.0	2.2	2.8	1.3	0.8	0.6	0.6
Operating Margin	15	•	13.0	2.8	•	9.0	4.3	3.0	4.7	3.0	3.1	3.4	3.6	•
Oper. Margin Before Officers Compensation	16	•	15.7	21.5	2.5	15.9	17.6	7.0	6.9	5.7	4.4	4.2	4.2	•
Selected Average Balance Sheet ($ in Thousands)														
Net Receivables	17	3385	•	1	49	166	126	794	1171	3671	8316	11818	23037	399597
Inventories	18	1712	•	•	38	75	177	739	1216	3025	6393	13114	27962	173133
Net Property, Plant and Equipment	19	5619	•	4	38	49	146	683	3060	5109	11627	23656	60223	674072
Total Assets	20	20358	•	12	188	350	626	2674	6281	15824	37069	73272	180659	2482855

Notes and Loans Payable 21	7517	•	16	72	70	349	1360	2382	4703	15653	21026	83347	907764
All Other Liabilities 22	6414	•	22	117	112	151	661	1042	4912	8939	18034	31468	803121
Net Worth 23	6427	•	-26	-1	168	125	653	2857	6209	12477	34213	65844	771970

Selected Financial Ratios (Times to 1)

Current Ratio 24	1.5	•	0.2	1.1	1.7	2.0	2.0	2.3	1.6	1.3	2.4	1.2	1.4
Quick Ratio 25	0.9	•	0.2	0.8	1.2	1.2	1.1	1.3	0.9	0.8	1.4	0.6	0.9
Net Sales to Working Capital 26	8.6	•	•	•	15.7	6.4	6.1	8.2	6.2	13.4	4.4	29.3	8.5
Coverage Ratio 27	1.7	5.2	5.9	•	•	3.1	3.4	7.0	2.9	2.6	6.2	3.3	1.6
Total Asset Turnover 28	0.8	•	•	4.1	5.2	2.2	2.0	2.2	1.2	1.6	1.2	1.5	0.7
Inventory Turnover 29	6.2	•	•	•	•	4.3	6.2	9.1	5.2	8.1	6.0	5.2	6.1
Receivables Turnover 30	4.7	•	•	•	8.4	•	7.2	10.0	5.7	9.0	9.7	8.4	4.1
Total Liabilities to Net Worth 31	2.2	•	•	•	1.1	4.0	3.1	1.2	1.6	2.0	1.2	1.8	2.2

Selected Financial Factors (in Percentages)

Debt Ratio 32	68.4	•	•	•	52.1	80.1	75.6	54.5	60.8	66.4	53.3	63.6	68.9
Return on Assets 33	11.9	•	•	•	•	14.6	10.0	14.0	8.4	9.3	7.0	9.9	12.1
Return on Equity 34	10.6	•	•	•	•	•	23.8	26.5	6.4	13.5	8.9	17.4	9.8
Return Before Interest on Equity 35	•	•	•	•	•	•	•	30.9	21.3	27.6	14.9	27.1	•
Profit Margin, Before Income Tax 36	6.3	13.9	2.8	•	9.1	4.4	3.5	5.6	4.8	3.7	4.9	4.7	6.9
Profit Margin, After Income Tax 37	4.2	8.9	2.8	•	8.9	4.3	2.9	5.6	2.2	2.9	3.5	4.4	4.5

Trends in Selected Ratios and Factors, 1990-1999

	1990	1991	1992	1993	1994	1995	1996	1997	1998	1999
Cost of Labor (%) 38	62.8	64.7	63.0	63.6	62.3	61.4	60.6	60.6	60.5	62.0
Operating Margin (%) 39	0.6	•	•	•	•	•	•	•	•	•
Oper. Margin Before Officers Comp. (%) 40	1.6	•	•	•	•	•	•	•	•	•
Average Net Receivables ($) 41	8761	5880	4775	3404	2105	2739	3400	5192	4631	3385
Average Inventories ($) 42	1803	2769	2155	2675	1648	1930	2003	2074	2028	1712
Average Net Worth ($) 43	8811	12640	10991	14390	9143	12659	10865	8394	8627	6427
Current Ratio (×1) 44	2.7	1.2	1.3	1.2	1.3	1.3	1.5	1.6	1.7	1.5
Quick Ratio (×1) 45	2.1	0.8	0.8	0.7	0.7	0.7	0.9	1.0	1.1	0.9
Coverage Ratio (×1) 46	3.4	2.2	1.4	1.5	1.8	1.2	1.4	1.4	1.7	1.7
Asset Turnover (×1) 47	0.5	0.5	0.5	0.5	0.5	0.5	0.5	0.7	0.8	0.8
Total Liabilities/Net Worth (×1) 48	2.4	2.6	1.9	1.8	1.7	1.8	2.2	2.2	2.0	2.2
Return on Assets (×1) 49	5.2	7.1	5.6	8.4	7.6	8.0	7.2	8.9	9.4	11.9
Return on Equity (%) 50	7.9	8.5	2.0	4.6	6.0	1.9	3.8	4.9	7.5	10.6

Table II

Corporations with Net Income

GLASS PRODUCTS

MONEY AMOUNTS AND SIZE OF ASSETS IN THOUSANDS OF DOLLARS

Item Description for Accounting Period 7/95 Through 6/96	Total	Zero Assets	Under 100	100 to 250	251 to 500	501 to 1,000	1,001 to 5,000	5,001 to 10,000	10,001 to 25,000	25,001 to 50,000	50,001 to 100,000	100,001 to 250,000	250,001 and over
Number of Enterprises **1**	1180	•	423	136	170	159	198	21	32	•	7	•	10
Revenues ($ in Thousands)													
Net Sales **2**	23654382	•	117830	62825	307939	272779	1091408	284270	746633	•	731941	•	17876570
Portfolio Income **3**	1977915	•	•	•	218	104	1107	89	5314	•	4177	•	1961701
Other Revenues **4**	973494	•	•	•	248	136	5234	2473	8157	•	1941	•	943695
Total Revenues **5**	26605791	•	117830	62825	308405	273019	1097749	286832	760104	•	738059	•	20781966
Average Total Revenues **6**	22547	•	279	462	1814	1717	5544	13659	23753	•	105437	•	2078197
Operating Costs/Operating Income (%)													
Cost of Operations **7**	59.5	•	32.8	57.9	63.7	41.9	69.5	73.7	66.0	•	66.0	•	57.0
Rent **8**	5.7	•	20.5	•	3.5	4.9	6.7	4.9	4.3	•	5.6	•	5.7
Taxes Paid **9**	2.6	•	6.2	4.2	3.0	2.7	2.5	2.1	2.2	•	2.6	•	2.7
Interest Paid **10**	9.6	•	0.2	•	0.5	0.9	1.8	0.9	1.7	•	0.7	•	12.2
Depreciation, Depletion, Amortization **11**	4.0	•	0.2	3.7	0.7	2.9	2.0	3.1	3.6	•	5.8	•	4.3
Pensions and Other Benefits **12**	4.3	•	1.4	•	1.5	2.6	0.9	2.2	1.0	•	2.9	•	5.2
Other **13**	17.0	•	13.3	16.4	11.3	21.8	7.1	6.3	10.0	•	10.7	•	19.6
Officers Compensation **14**	1.3	•	20.5	8.9	6.9	14.9	4.2	2.2	3.0	•	0.7	•	0.6
Operating Margin **15**	•	•	5.0	8.8	9.0	7.6	5.6	4.7	8.2	•	5.1	•	•
Oper. Margin Before Officers Compensation **16**	•	•	25.5	17.7	15.9	22.4	9.8	6.9	11.2	•	5.8	•	•
Selected Average Balance Sheet ($ in Thousands)													
Net Receivables **17**	3817	•	•	52	166	159	866	1171	3918	•	13388	•	379572
Inventories **18**	2106	•	•	13	75	164	825	1216	3856	•	15002	•	180397
Net Property, Plant and Equipment **19**	7097	•	2	53	49	127	590	3060	4913	•	31307	•	737621
Total Assets **20**	25569	•	7	176	350	660	2541	6281	16854	•	73953	•	2693532

Notes and Loans Payable 21	9485	•	18	3	70	196	1290	2382	3487	•	13871	•	1007442
All Other Liabilities 22	6922	•	25	17	112	205	593	1042	4053	•	16907	•	746505
Net Worth 23	9162	•	-36	156	168	259	659	2857	9314	•	43174	•	939585

Selected Financial Ratios (Times to 1)

Current Ratio 24	1.6	•	0.2	6.1	1.7	1.9	2.6	2.3	1.8	•	2.6	•	1.5
Quick Ratio 25	1.0	•	0.2	5.1	1.2	1.3	1.4	1.3	1.1	•	1.4	•	0.9
Net Sales to Working Capital 26	8.0	•	•	4.9	15.7	7.2	4.6	8.2	5.3	•	4.8	•	8.3
Coverage Ratio 27	2.0	•	•	•	•	10.1	4.5	7.0	6.9	•	9.2	•	1.8
Total Asset Turnover 28	0.8	•	•	2.6	5.2	2.6	2.2	2.2	1.4	•	1.4	•	0.7
Inventory Turnover 29	6.7	•	•	•	•	5.9	7.3	9.1	4.9	•	5.7	•	6.8
Receivables Turnover 30	6.3	•	•	8.9	8.4	•	9.0	10.0	5.8	•	9.3	•	5.8
Total Liabilities to Net Worth 31	1.8	•	•	0.1	1.1	1.6	2.9	1.2	0.8	•	0.7	•	1.9

Selected Financial Factors (in Percentages)

Debt Ratio 32	64.2	•	•	11.4	52.1	60.8	74.1	54.5	44.7	•	41.6	•	65.1
Return on Assets 33	14.6	•	•	23.3	•	22.1	17.2	14.0	16.2	•	9.4	•	14.6
Return on Equity 34	14.2	•	•	22.2	•	•	•	26.5	16.9	•	10.3	•	12.9
Return Before Interest on Equity 35	•	•	•	26.3	•	•	•	30.9	29.2	•	16.1	•	•
Profit Margin, Before Income Tax 36	9.0	•	5.0	8.8	9.1	7.7	6.2	5.6	10.0	•	5.9	•	9.8
Profit Margin, After Income Tax 37	6.5	•	5.0	7.5	8.9	7.5	5.5	5.6	6.8	•	4.2	•	6.8

Trends in Selected Ratios and Factors, 1990-1999

	1990	1991	1992	1993	1994	1995	1996	1997	1998	1999
Cost of Operations (%) 38	61.6	63.2	59.0	60.1	58.3	57.8	55.8	55.0	55.4	59.5
Operating Margin (%) 39	1.6	•	4.5	2.2	3.9	0.7	2.9	1.5	4.3	•
Oper. Margin Before Officers Comp. (%) 40	2.5	•	5.9	3.3	4.9	1.6	4.2	2.4	5.3	•
Average Net Receivables ($) 41	11104	8238	2288	3869	1920	5969	3758	4914	5218	3817
Average Inventories ($) 42	2058	3803	1487	2537	1145	2941	1883	1724	2956	2106
Average Net Worth ($) 43	10964	15726	7036	15265	7745	22072	10433	9602	17555	9162
Current Ratio (×1) 44	2.8	1.2	1.6	1.5	1.6	1.5	1.8	1.9	1.8	1.6
Quick Ratio (×1) 45	2.2	0.8	0.9	0.9	0.9	1.0	1.1	1.2	1.1	1.0
Coverage Ratio (×1) 46	3.9	2.4	5.1	4.3	6.4	4.3	4.7	4.3	4.9	2.0
Asset Turnover (×1) 47	0.5	0.5	0.9	0.8	0.8	0.7	0.9	0.8	0.8	0.8
Operating Leverage 48	1.1	•	•	0.5	1.8	0.2	4.4	0.5	2.9	•
Financial Leverage 49	1.1	0.8	1.5	1.0	1.1	0.9	1.0	1.0	1.1	0.6
Total Leverage 50	1.1	•	•	0.5	1.9	0.2	4.5	0.5	3.0	•

Table I

Corporations with and without Net Income

CEMENT, HYDRAULIC

MONEY AMOUNTS AND SIZE OF ASSETS IN THOUSANDS OF DOLLARS

Item Description for Accounting Period 7/95 Through 6/96	Total	Zero Assets	Under 100	100 to 250	251 to 500	501 to 1,000	1,001 to 5,000	5,001 to 10,000	10,001 to 25,000	25,001 to 50,000	50,001 to 100,000	100,001 to 250,000	250,001 and over
Number of Enterprises 1	300	8	•	•	171	59	21	11	•	7	5	9	9
Revenues ($ in Thousands)													
Net Sales 2	7059930	299975	•	•	179695	112953	56493	115703	•	215740	347775	1252231	4479366
Portfolio Income 3	106717	3289	•	•	885	•	109	198	•	281	3084	7865	91005
Other Revenues 4	181848	58425	•	•	270	•	256	73	•	3695	2406	15323	101401
Total Revenues 5	7348495	361689	•	•	180850	112953	56858	115974	•	219716	353265	1275419	4671772
Average Total Revenues 6	24495	45211	•	•	1058	1914	2708	10543	•	31388	70653	141713	519086
Operating Costs/Operating Income (%)													
Cost of Operations 7	60.8	92.0	•	•	43.6	0.2	67.7	69.3	•	72.5	75.6	65.4	57.7
Rent 8	5.8	0.6	•	•	9.9	38.7	9.4	2.7	•	2.5	2.5	2.3	6.6
Taxes Paid 9	2.5	1.5	•	•	5.4	5.1	2.5	2.5	•	2.3	1.8	2.3	2.5
Interest Paid 10	3.2	1.1	•	•	0.9	•	1.5	0.5	•	2.0	1.7	2.8	3.9
Depreciation, Depletion, Amortization 11	7.1	7.3	•	•	7.7	12.5	3.2	5.7	•	2.0	5.5	7.9	7.2
Pensions and Other Benefits 12	3.3	•	•	•	1.5	•	2.6	4.4	•	1.3	1.8	2.6	4.1
Other 13	10.4	5.3	•	•	15.4	43.5	10.3	2.1	•	4.1	3.6	7.0	11.7
Officers Compensation 14	0.8	•	•	•	4.4	•	2.3	1.6	•	0.7	0.6	0.9	0.6
Operating Margin 15	6.1	•	•	•	11.2	0.2	0.6	11.4	•	12.7	7.0	8.9	5.8
Oper. Margin Before Officers Compensation 16	6.9	•	•	•	15.5	0.2	2.9	13.0	•	13.4	7.6	9.8	6.4
Selected Average Balance Sheet ($ in Thousands)													
Net Receivables 17	3144	•	•	•	105	•	350	1503	•	5709	15846	15909	71000
Inventories 18	2753	•	•	•	24	•	593	22	•	3418	7501	16719	66351
Net Property, Plant and Equipment 19	15012	•	•	•	187	908	254	1479	•	10756	32035	97560	364753
Total Assets 20	31583	•	•	•	395	914	1269	6581	•	37718	67752	157125	804182

Notes and Loans Payable 21	8825	•	•	•	95	1013	337	4151	•	9354	14278	58994	205681
All Other Liabilities 22	6208	•	•	•	33	145	438	955	•	3002	9949	32722	162584
Net Worth 23	16550	•	•	•	267	-244	493	1475	•	25361	43525	65410	435918

Selected Financial Ratios (Times to 1)

Current Ratio 24	2.0	•	•	•	5.5	0.1	1.4	2.3	•	4.1	2.6	1.4	2.0
Quick Ratio 25	1.1	•	•	•	3.8	0.0	0.5	2.1	•	3.1	1.7	0.7	1.1
Net Sales to Working Capital 26	6.1	•	•	•	6.4	•	10.7	7.7	•	2.6	4.2	10.6	5.4
Coverage Ratio 27	4.2	12.4	•	•	13.7	•	1.9	•	•	8.3	6.2	4.9	3.6
Total Asset Turnover 28	0.8	•	•	•	2.7	2.1	2.1	1.6	•	0.8	1.0	0.9	0.6
Inventory Turnover 29	5.7	•	•	•	•	0.8	3.3	•	•	6.1	7.0	6.1	4.7
Receivables Turnover 30	8.1	•	•	•	•	•	8.0	8.2	•	7.0	5.5	9.4	7.4
Total Liabilities to Net Worth 31	0.9	•	•	•	0.5	•	1.6	3.5	•	0.5	0.6	1.4	0.9

Selected Financial Factors (in Percentages)

Debt Ratio 32	47.6	•	•	•	32.3	•	61.1	77.6	•	32.8	35.8	58.4	45.8
Return on Assets 33	10.0	•	•	•	33.9	0.3	5.8	19.2	•	13.5	10.5	12.0	8.6
Return on Equity 34	11.2	•	•	•	•	•	7.0	•	•	17.4	10.3	15.9	8.9
Return Before Interest on Equity 35	19.0	•	•	•	•	•	15.0	•	•	20.0	16.4	28.7	15.9
Profit Margin, Before Income Tax 36	10.2	12.7	•	•	11.8	0.2	1.3	11.5	•	14.5	8.6	10.7	10.1
Profit Margin, After Income Tax 37	7.9	8.6	•	•	11.8	0.2	1.3	11.5	•	14.4	6.5	7.5	7.8

Trends in Selected Ratios and Factors, 1990-1999

	1990	1991	1992	1993	1994	1995	1996	1997	1998	1999
Cost of Labor (%) 38	62.9	66.8	68.4	69.3	70.2	70.7	69.2	65.6	62.2	60.8
Operating Margin (%) 39	•	•	•	•	•	•	•	•	0.1	6.1
Oper. Margin Before Officers Comp. (%) 40	•	•	•	•	•	•	•	•	1.0	6.9
Average Net Receivables ($) 41	4165	1366	4392	3972	3632	3864	3329	3842	2813	3144
Average Inventories ($) 42	3950	1082	4026	3402	3630	4530	3794	3421	2402	2753
Average Net Worth ($) 43	20890	6221	25162	22145	20307	21428	14910	14732	15247	16550
Current Ratio (×1) 44	1.7	1.4	1.5	1.6	1.9	1.4	1.5	1.6	1.7	2.0
Quick Ratio (×1) 45	0.8	0.8	0.8	0.8	0.8	0.5	0.6	0.7	0.9	1.1
Coverage Ratio (×1) 46	1.2	1.8	1.3	1.3	1.0	0.2	0.5	1.8	2.7	4.2
Asset Turnover (×1) 47	0.7	0.7	0.6	0.6	0.5	0.5	0.6	0.6	0.7	0.8
Total Liabilities/Net Worth (×1) 48	1.1	1.1	1.2	1.1	1.2	1.5	2.1	2.0	1.2	0.9
Return on Assets (×1) 49	4.9	6.4	5.1	5.2	3.4	0.6	1.5	4.9	7.4	10.0
Return on Equity (%) 50	•	4.0	1.7	•	•	•	•	4.5	7.4	11.2

Table II
Corporations with Net Income

CEMENT, HYDRAULIC

MONEY AMOUNTS AND SIZE OF ASSETS IN THOUSANDS OF DOLLARS

Item Description for Accounting Period 7/95 Through 6/96	Total	Zero Assets	Under 100	100 to 250	251 to 500	501 to 1,000	1,001 to 5,000	5,001 to 10,000	10,001 to 25,000	25,001 to 50,000	50,001 to 100,000	100,001 to 250,000	250,001 and over
Number of Enterprises 1	296	8	•	•	171	59	21	11	•	•	5	•	9
Revenues ($ in Thousands)													
Net Sales 2	7018637	299975	•	•	179695	112953	56493	115703	•	•	347775	•	4479366
Portfolio Income 3	106154	3289	•	•	885	•	109	198	•	•	3084	•	91005
Other Revenues 4	179151	58425	•	•	270	•	256	73	•	•	2406	•	101401
Total Revenues 5	7303942	361689	•	•	180850	112953	56858	115974	•	•	353265	•	4671772
Average Total Revenues 6	24675	45211	•	•	1058	1914	2708	10543	•	•	70653	•	519086
Operating Costs/Operating Income (%)													
Cost of Operations 7	60.7	92.0	•	•	43.6	0.2	67.7	69.3	•	•	75.6	•	57.7
Rent 8	5.8	0.6	•	•	9.9	38.7	9.4	2.7	•	•	2.5	•	6.6
Taxes Paid 9	2.5	1.5	•	•	5.4	5.1	2.5	2.5	•	•	1.8	•	2.5
Interest Paid 10	3.1	1.1	•	•	0.9	•	1.5	0.5	•	•	1.7	•	3.9
Depreciation, Depletion, Amortization 11	7.1	7.3	•	•	7.7	12.5	3.2	5.7	•	•	5.5	•	7.2
Pensions and Other Benefits 12	3.4	•	•	•	1.5	•	2.6	4.4	•	•	1.8	•	4.1
Other 13	10.4	5.3	•	•	15.4	43.5	10.3	2.1	•	•	3.6	•	11.7
Officers Compensation 14	0.8	•	•	•	4.4	•	2.3	1.6	•	•	0.6	•	0.6
Operating Margin 15	6.3	•	•	•	11.2	0.2	0.6	11.4	•	•	7.0	•	5.8
Oper. Margin Before Officers Compensation 16	7.0	•	•	•	15.5	0.2	2.9	13.0	•	•	7.6	•	6.4
Selected Average Balance Sheet ($ in Thousands)													
Net Receivables 17	3113	•	•	•	105	•	350	1503	•	•	15846	•	71000
Inventories 18	2708	•	•	•	24	•	593	22	•	•	7501	•	66351
Net Property, Plant and Equipment 19	14692	•	•	•	187	908	254	1479	•	•	32035	•	364753
Total Assets 20	31024	•	•	•	395	914	1269	6581	•	•	67752	•	804182

Notes and Loans Payable 21	8431	•	•	•	95	1013	337	4151	•	•	14278	•	205681
All Other Liabilities 22	6239	•	•	•	33	145	438	955	•	•	9949	•	162584
Net Worth 23	16354	•	•	•	267	-244	493	1475	•	•	43525	•	435918

Selected Financial Ratios (Times to 1)

Current Ratio 24	2.0	•	•	•	5.5	0.1	1.4	2.3	•	•	2.6	•	2.0
Quick Ratio 25	1.1	•	•	•	3.8	0.0	0.5	2.1	•	•	1.7	•	1.1
Net Sales to Working Capital 26	6.2	•	•	•	6.4	•	10.7	7.7	•	•	4.2	•	5.4
Coverage Ratio 27	4.3	12.4	•	•	13.7	•	1.9	•	•	•	6.2	•	3.6
Total Asset Turnover 28	0.8	•	•	•	2.7	2.1	2.1	1.6	•	•	1.0	•	0.6
Inventory Turnover 29	6.3	•	•	•	•	1.6	6.2	•	•	•	7.0	•	8.7
Receivables Turnover 30	8.9	•	•	•	•	•	•	8.2	•	•	5.5	•	•
Total Liabilities to Net Worth 31	0.9	•	•	•	0.5	•	1.6	3.5	•	•	0.6	•	0.9

Selected Financial Factors (in Percentages)

Debt Ratio 32	47.3	•	•	•	32.3	•	61.1	77.6	•	•	35.8	•	45.8
Return on Assets 33	10.3	•	•	•	33.9	0.3	5.8	19.2	•	•	10.5	•	8.6
Return on Equity 34	11.6	•	•	•	•	•	7.0	•	•	•	10.3	•	8.9
Return Before Interest on Equity 35	19.5	•	•	•	•	•	15.0	•	•	•	16.4	•	15.9
Profit Margin, Before Income Tax 36	10.3	12.7	•	•	11.8	0.2	1.3	11.5	•	•	8.6	•	10.1
Profit Margin, After Income Tax 37	8.0	8.6	•	•	11.8	0.2	1.3	11.5	•	•	6.5	•	7.8

Trends in Selected Ratios and Factors, 1990-1999

	1990	1991	1992	1993	1994	1995	1996	1997	1998	1999
Cost of Operations (%) 38	60.6	64.0	67.6	66.5	64.6	67.7	62.1	63.0	61.7	60.7
Operating Margin (%) 39	•	1.7	•	•	•	4.6	1.2	1.3	4.1	6.3
Oper. Margin Before Officers Comp. (%) 40	•	2.9	•	•	•	5.8	2.8	2.2	5.0	7.0
Average Net Receivables ($) 41	5103	1078	6163	10727	4569	4070	1923	4629	2965	3113
Average Inventories ($) 42	4581	925	5051	7602	6278	4885	1778	4189	2483	2708
Average Net Worth ($) 43	20872	6335	34577	63196	29304	25774	9834	19236	17519	16354
Current Ratio (×1) 44	1.7	1.6	1.4	1.7	2.1	2.2	1.8	1.9	1.8	2.0
Quick Ratio (×1) 45	0.8	0.9	0.8	1.0	0.6	1.0	0.9	0.8	1.0	1.1
Coverage Ratio (×1) 46	3.2	2.9	1.9	2.3	2.8	3.9	2.4	2.9	3.7	4.3
Asset Turnover (×1) 47	0.9	0.7	0.6	0.6	0.6	0.7	0.7	0.7	0.7	0.8
Operating Leverage 48	1.0	•	•	1.1	1.9	•	0.3	1.1	3.1	1.6
Financial Leverage 49	1.3	1.0	0.8	1.0	1.3	1.1	0.8	1.2	1.1	1.0
Total Leverage 50	1.2	•	•	1.1	2.5	•	0.2	1.4	3.4	1.6

CONCRETE, GYPSUM, AND PLASTER PRODUCTS

MONEY AMOUNTS AND SIZE OF ASSETS IN THOUSANDS OF DOLLARS

Item Description for Accounting Period 7/95 Through 6/96		Total	Zero Assets	Under 100	100 to 250	251 to 500	501 to 1,000	1,001 to 5,000	5,001 to 10,000	10,001 to 25,000	25,001 to 50,000	50,001 to 100,000	100,001 to 250,000	250,001 and over
Number of Enterprises	1	3415	4	423	679	371	594	1038	116	135	24	14	6	12
Revenues ($ in Thousands)														
Net Sales	2	22269772	8521	15456	432688	241095	967723	5096188	1073163	2715176	1104935	1438321	821090	8355415
Portfolio Income	3	351481	63	•	1579	13732	3004	41123	6809	19349	14302	22917	17261	211343
Other Revenues	4	285124	67	-1	2616	11102	10788	89868	12805	26519	4755	11134	1613	113858
Total Revenues	5	22906377	8651	15455	436883	265929	981515	5227179	1092777	2761044	1123992	1472372	839964	8680616
Average Total Revenues	6	6708	2163	37	643	717	1652	5036	9420	20452	46833	105169	139994	723385
Operating Costs/Operating Income (%)														
Cost of Operations	7	68.5	37.0	30.0	50.5	52.1	61.2	66.8	68.2	69.4	72.8	73.4	66.0	70.4
Rent	8	5.8	14.5	•	21.4	15.0	7.1	6.6	7.0	5.5	3.9	5.3	4.3	4.5
Taxes Paid	9	2.4	3.2	8.9	4.9	2.6	2.9	2.6	2.9	2.6	2.3	2.0	3.6	1.8
Interest Paid	10	2.6	•	•	0.4	3.9	2.5	1.0	1.3	1.3	1.1	1.8	2.6	4.5
Depreciation, Depletion, Amortization	11	4.8	5.4	•	3.0	3.0	4.4	4.1	3.7	6.0	5.7	5.5	6.6	4.6
Pensions and Other Benefits	12	2.0	1.8	•	0.4	1.8	1.0	1.6	1.5	1.6	3.6	1.5	3.6	2.4
Other	13	9.7	14.5	53.6	18.4	26.6	15.2	13.4	9.2	6.8	4.1	5.0	7.0	8.6
Officers Compensation	14	1.8	2.3	32.8	4.0	•	2.8	3.5	2.9	1.9	1.0	1.3	1.3	0.6
Operating Margin	15	2.7	21.4	•	•	•	2.9	0.4	3.6	5.0	5.6	4.4	5.2	2.8
Oper. Margin Before Officers Compensation	16	4.5	23.6	7.5	1.0	•	5.7	3.9	6.4	6.9	6.5	5.7	6.5	3.4
Selected Average Balance Sheet ($ in Thousands)														
Net Receivables	17	885	•	•	29	114	196	507	2297	3854	7333	11016	21718	89241
Inventories	18	474	•	1	19	79	121	291	714	1303	2666	9535	8894	57602
Net Property, Plant and Equipment	19	2155	•	2	75	75	240	916	1812	5811	14899	30832	66959	333225
Total Assets	20	5218	•	16	157	398	721	2206	6904	14284	36284	67645	148084	783840

Notes and Loans Payable 21	1983	•	53	119	270	542	620	1639	3734	5454	16870	54800	351074
All Other Liabilities 22	1242	•	0	44	76	241	472	1352	3114	6953	12518	22379	207978
Net Worth 23	1994	•	-37	-6	53	-63	1114	3913	7436	23877	38257	70905	224789

Selected Financial Ratios (Times to 1)

Current Ratio 24	1.5	•	7.7	1.0	1.5	0.8	1.7	1.9	1.7	2.5	1.8	0.9	1.4
Quick Ratio 25	1.0	•	1.6	0.5	1.0	0.5	1.2	1.5	1.2	1.9	1.1	0.6	0.8
Net Sales to Working Capital 26	11.3	•	23.9	•	7.6	•	10.4	4.3	7.4	4.9	8.2	•	15.0
Coverage Ratio 27	3.2	•	•	•	2.4	2.7	3.9	5.3	6.0	7.7	4.8	3.9	2.6
Total Asset Turnover 28	1.3	•	2.3	4.1	1.6	2.3	2.2	1.4	1.4	1.3	1.5	0.9	0.9
Inventory Turnover 29	9.8	•	9.0	•	4.0	7.8	•	8.1	•	•	8.3	9.1	9.1
Receivables Turnover 30	7.3	•	5.5	•	5.5	8.5	10.0	4.0	5.9	6.4	9.5	4.7	7.5
Total Liabilities to Net Worth 31	1.6	•	•	•	6.6	•	1.0	0.8	0.9	0.5	0.8	1.1	2.5

Selected Financial Factors (in Percentages)

Debt Ratio 32	61.8	•	•	•	86.8	•	49.5	43.3	47.9	34.2	43.5	52.1	71.3
Return on Assets 33	10.4	•	•	•	15.4	15.6	8.9	8.8	11.1	10.6	13.1	9.2	10.4
Return on Equity 34	13.6	•	25.2	•	•	•	10.4	10.0	14.1	11.2	13.3	9.4	15.3
Return Before Interest on Equity 35	27.1	•	25.2	•	•	•	17.6	15.5	21.4	16.2	23.1	19.2	•
Profit Margin, Before Income Tax 36	5.7	22.7	•	•	5.5	4.4	3.0	5.3	6.6	7.3	6.8	7.4	7.2
Profit Margin, After Income Tax 37	4.2	15.0	•	•	3.4	3.6	2.4	4.2	5.2	5.8	4.9	4.9	4.9

Trends in Selected Ratios and Factors, 1990-1999

	1990	1991	1992	1993	1994	1995	1996	1997	1998	1999
Cost of Labor (%) 38	67.5	68.7	70.4	71.5	71.3	71.2	71.1	71.1	68.9	68.5
Operating Margin (%) 39	1.9	0.1	•	•	•	•	•	•	2.3	2.7
Oper. Margin Before Officers Comp. (%) 40	3.9	2.0	0.8	•	•	•	•	•	4.1	4.5
Average Net Receivables ($) 41	595	647	614	759	895	659	589	705	903	885
Average Inventories ($) 42	298	329	322	433	434	386	351	348	441	474
Average Net Worth ($) 43	1329	1468	836	1229	1432	928	734	1463	1879	1994
Current Ratio (×1) 44	1.5	1.6	1.6	1.4	1.1	1.0	0.9	1.4	1.6	1.5
Quick Ratio (×1) 45	1.0	1.0	1.1	0.9	0.7	0.7	0.6	1.0	1.1	1.0
Coverage Ratio (×1) 46	3.3	3.2	2.2	1.2	1.1	0.7	1.2	1.8	3.0	3.2
Asset Turnover (×1) 47	1.2	1.3	1.3	1.1	1.0	1.0	1.2	1.3	1.3	1.3
Total Liabilities/Net Worth (×1) 48	1.6	1.5	3.1	3.1	2.6	3.6	3.9	1.6	1.6	1.6
Return on Assets (×1) 49	10.8	10.2	9.5	6.3	5.8	3.7	5.6	6.5	10.0	10.4
Return on Equity (%) 50	11.8	11.2	13.7	1.2	•	•	•	4.7	12.9	13.6

Table II

Corporations with Net Income

CONCRETE, GYPSUM, AND PLASTER PRODUCTS

MONEY AMOUNTS AND SIZE OF ASSETS IN THOUSANDS OF DOLLARS

Item Description for Accounting Period 7/95 Through 6/96	Total	Zero Assets	Under 100	100 to 250	251 to 500	501 to 1,000	1,001 to 5,000	5,001 to 10,000	10,001 to 25,000	25,001 to 50,000	50,001 to 100,000	100,001 to 250,000	250,001 and over
Number of Enterprises **1**	1985	•	•	136	263	494	822	105	116	18	•	•	•
Revenues ($ in Thousands)													
Net Sales **2**	19840632	•	•	1169	195498	852694	426099	1005772	2451185	979591	•	•	•
Portfolio Income **3**	307459	•	•	568	13727	2931	35825	6754	15351	12384	•	•	•
Other Revenues **4**	275887	•	•	-1	11103	8375	81893	12106	25496	4451	•	•	•
Total Revenues **5**	20423978	•	•	1736	220328	864000	4543817	1024632	2492032	996426	•	•	•
Average Total Revenues **6**	10289	•	•	13	838	1749	5528	9758	21483	55357	•	•	•
Operating Costs/Operating Income (%)													
Cost of Operations **7**	68.8	•	•	•	52.0	64.0	66.2	68.5	69.6	72.0	•	•	•
Rent **8**	5.3	•	•	•	15.9	6.3	6.3	7.1	5.1	3.9	•	•	•
Taxes Paid **9**	2.3	•	•	2.0	2.3	2.7	2.6	2.9	2.5	2.3	•	•	•
Interest Paid **10**	2.5	•	•	•	1.9	2.4	0.9	1.3	1.0	0.9	•	•	•
Depreciation, Depletion, Amortization **11**	4.6	•	•	•	2.4	4.3	4.0	3.3	6.0	5.3	•	•	•
Pensions and Other Benefits **12**	2.1	•	•	•	1.5	1.0	1.6	1.4	1.6	3.9	•	•	•
Other **13**	8.9	•	•	29.5	22.5	13.2	12.5	8.6	6.4	3.8	•	•	•
Officers Compensation **14**	1.7	•	•	•	•	2.3	3.8	2.6	1.8	1.1	•	•	•
Operating Margin **15**	3.9	•	•	68.5	1.7	4.0	2.2	4.5	6.0	6.8	•	•	•
Oper. Margin Before Officers Compensation **16**	5.6	•	•	68.5	1.7	6.3	6.0	7.1	7.9	7.9	•	•	•
Selected Average Balance Sheet ($ in Thousands)													
Net Receivables **17**	1337	•	•	33	145	208	523	2348	3632	8167	•	•	•
Inventories **18**	695	•	•	•	14	130	283	789	1311	2712	•	•	•
Net Property, Plant and Equipment **19**	3203	•	•	1	82	237	965	1634	5428	15436	•	•	•
Total Assets **20**	7918	•	•	122	398	732	2308	6629	13756	40042	•	•	•

Notes and Loans Payable 21	2835	•	•	•	127	551	506	1803	2571	4977	•	•	•
All Other Liabilities 22	1938	•	•	•	73	271	479	1395	3200	6922	•	•	•
Net Worth 23	3145	•	•	122	198	-90	1322	3431	7985	28143	•	•	•

Selected Financial Ratios (Times to 1)

Current Ratio 24	1.6	•	•	•	2.3	0.7	1.9	1.8	1.8	2.8	•	•	•
Quick Ratio 25	1.1	•	•	•	2.1	0.5	1.3	1.4	1.3	2.3	•	•	•
Net Sales to Working Capital 26	10.2	•	•	0.2	5.4	•	10.1	4.8	7.3	4.6	•	•	•
Coverage Ratio 27	3.9	•	•	•	8.7	3.3	6.4	5.8	8.5	10.7	•	•	•
Total Asset Turnover 28	1.3	•	•	0.1	1.9	2.4	2.3	1.5	1.5	1.4	•	•	•
Inventory Turnover 29	•	•	•	•	•	9.0	•	8.3	•	•	•	•	•
Receivables Turnover 30	7.7	•	•	0.1	5.5	9.3	•	3.9	6.9	6.7	•	•	•
Total Liabilities to Net Worth 31	1.5	•	•	•	1.0	•	0.8	0.9	0.7	0.4	•	•	•

Selected Financial Factors (in Percentages)

Debt Ratio 32	60.3	•	•	•	50.3	•	42.7	48.3	42.0	29.7	•	•	•
Return on Assets 33	12.0	•	•	8.2	30.3	18.0	13.5	11.1	13.3	12.8	•	•	•
Return on Equity 34	16.8	•	•	8.2	•	•	17.0	14.4	16.2	13.4	•	•	•
Return Before Interest on Equity 35	30.2	•	•	8.2	•	•	23.5	21.4	22.9	18.2	•	•	•
Profit Margin, Before Income Tax 36	7.1	•	•	•	14.4	5.3	4.9	6.3	7.7	8.5	•	•	•
Profit Margin, After Income Tax 37	5.3	•	•	•	11.8	4.4	4.2	5.2	6.1	6.9	•	•	•

Trends in Selected Ratios and Factors, 1990-1999

	1990	1991	1992	1993	1994	1995	1996	1997	1998	1999
Cost of Operations (%) 38	66.2	67.9	68.5	68.2	67.2	66.4	66.9	68.9	68.5	68.8
Operating Margin (%) 39	4.4	2.1	1.8	2.3	2.0	2.8	2.5	1.5	4.1	3.9
Oper. Margin Before Officers Comp. (%) 40	6.3	3.8	4.1	4.5	4.7	5.0	4.9	3.6	5.8	5.6
Average Net Receivables ($) 41	765	778	555	625	548	487	488	768	1101	1337
Average Inventories ($) 42	364	378	278	355	321	283	325	383	503	695
Average Net Worth ($) 43	1931	1763	682	1403	1533	1302	1374	1485	2271	3145
Current Ratio (×1) 44	1.6	1.8	1.8	1.8	2.1	2.1	1.9	1.6	1.6	1.6
Quick Ratio (×1) 45	1.0	1.2	1.2	1.2	1.3	1.4	1.2	1.1	1.2	1.1
Coverage Ratio (×1) 46	4.9	4.4	3.5	3.9	2.9	3.9	4.0	2.5	3.8	3.9
Asset Turnover (×1) 47	1.3	1.4	1.5	1.5	1.4	1.6	1.4	1.3	1.3	1.3
Operating Leverage 48	1.3	0.5	0.8	1.3	0.9	1.4	0.9	0.6	2.7	1.0
Financial Leverage 49	1.1	1.1	1.0	1.1	0.9	1.1	1.1	0.8	1.2	1.0
Total Leverage 50	1.4	0.5	0.8	1.5	0.8	1.6	1.0	0.5	3.2	0.9

Table I

Corporations with and without Net Income

OTHER NONMETALLIC MINERAL PRODUCTS

MONEY AMOUNTS AND SIZE OF ASSETS IN THOUSANDS OF DOLLARS

Item Description for Accounting Period 7/95 Through 6/96	Total	Zero Assets	Under 100	100 to 250	251 to 500	501 to 1,000	1,001 to 5,000	5,001 to 10,000	10,001 to 25,000	25,001 to 50,000	50,001 to 100,000	100,001 to 250,000	250,001 and over
Number of Enterprises **1**	3672	149	1326	662	320	393	592	124	50	27	13	10	5
Revenues ($ in Thousands)													
Net Sales **2**	15620894	300673	111898	521388	411255	699267	2861188	1481005	1341478	1128708	903748	1697106	4163178
Portfolio Income **3**	270610	12143	5432	591	420	1787	8526	18243	43281	4817	74028	19064	82279
Other Revenues **4**	205459	9765	17	7683	363	6295	44693	17361	9760	6969	13375	11822	77357
Total Revenues **5**	16096963	322581	117347	529662	412038	707349	2914407	1516609	1394519	1140494	991151	1727992	4322814
Average Total Revenues **6**	4384	2165	88	800	1288	1800	4923	12231	27890	42241	76242	172799	864563
Operating Costs/Operating Income (%)													
Cost of Operations **7**	64.7	61.9	24.7	53.2	51.3	64.6	67.7	69.7	65.5	67.9	70.2	69.2	60.9
Rent **8**	6.9	4.2	18.1	14.6	12.7	4.6	6.5	3.9	5.6	5.5	5.7	7.6	7.8
Taxes Paid **9**	2.6	2.2	4.2	2.6	4.0	3.2	2.8	2.2	2.3	2.2	2.4	1.9	2.9
Interest Paid **10**	2.4	9.9	1.2	0.6	1.0	0.6	1.1	1.3	1.4	2.6	4.0	3.6	3.2
Depreciation, Depletion, Amortization **11**	3.9	7.9	5.1	2.5	2.5	2.2	2.4	3.3	2.9	6.5	4.6	5.6	4.4
Pensions and Other Benefits **12**	2.7	2.2	0.4	0.8	1.6	2.8	2.0	1.8	1.5	3.0	2.5	2.7	4.2
Other **13**	12.1	11.2	46.5	19.3	14.4	9.9	11.5	11.0	14.7	9.3	13.2	7.6	12.8
Officers Compensation **14**	2.6	0.8	7.0	9.5	5.4	8.0	4.9	3.0	2.1	1.6	1.1	0.7	0.4
Operating Margin **15**	2.1	•	•	•	7.2	4.1	1.2	3.9	4.0	1.4	•	1.2	3.6
Oper. Margin Before Officers Compensation **16**	4.7	0.6	•	6.5	12.6	12.2	6.2	6.8	6.1	3.0	•	1.9	4.0
Selected Average Balance Sheet ($ in Thousands)													
Net Receivables **17**	498	•	0	41	94	159	587	1466	3682	5469	12152	25184	87691
Inventories **18**	547	•	2	57	60	88	451	2039	4350	8343	12165	27059	104438
Net Property, Plant and Equipment **19**	952	•	2	50	110	153	536	2045	5096	14942	17170	61628	258792
Total Assets **20**	3340	•	34	178	334	599	2133	7009	16974	34790	70335	148980	1086987

Notes and Loans Payable 21	944	•	39	72	108	104	558	2405	3733	13500	17004	59227	259957
All Other Liabilities 22	841	•	1	64	46	147	648	1181	3712	6352	14435	39525	300490
Net Worth 23	1555	•	-6	43	180	349	927	3422	9528	14938	38896	50229	526540

Selected Financial Ratios (Times to 1)

Current Ratio 24	1.8	•	11.8	1.7	3.0	2.4	1.8	2.5	1.9	2.0	2.2	1.7	1.3
Quick Ratio 25	0.9	•	8.3	0.9	2.0	1.8	1.1	1.2	0.9	0.8	1.1	0.9	0.7
Net Sales to Working Capital 26	7.2	•	3.1	15.7	9.9	7.6	8.5	4.4	5.5	5.3	4.0	6.6	11.5
Coverage Ratio 27	3.2	1.7	•	•	8.4	10.1	3.8	6.0	6.1	1.9	2.5	1.8	3.5
Total Asset Turnover 28	1.3	•	2.5	4.4	3.9	3.0	2.3	1.7	1.6	1.2	1.0	1.1	0.8
Inventory Turnover 29	5.3	•	•	7.8	5.0	•	8.5	4.9	4.2	4.4	3.4	4.5	4.8
Receivables Turnover 30	8.1	•	•	•	7.1	•	•	8.2	7.6	8.2	5.0	6.1	7.5
Total Liabilities to Net Worth 31	1.2	•	•	3.2	0.9	0.7	1.3	1.1	0.8	1.3	0.8	2.0	1.1

Selected Financial Factors (in Percentages)

Debt Ratio 32	53.5	•	•	76.1	46.1	41.8	56.5	51.2	43.9	57.1	44.7	66.3	51.6
Return on Assets 33	9.7	•	•	•	32.5	17.4	9.5	12.8	13.4	6.1	9.8	7.5	8.5
Return on Equity 34	10.6	•	33.3	•	•	22.9	14.0	19.0	16.6	4.5	7.0	7.2	8.2
Return Before Interest on Equity 35	20.7	•	16.4	•	•	29.8	21.9	26.2	23.8	14.1	17.7	22.3	17.4
Profit Margin, Before Income Tax 36	5.2	7.1	•	•	7.4	5.3	3.1	6.3	7.1	2.4	5.9	3.0	7.9
Profit Margin, After Income Tax 37	3.9	4.3	•	•	7.3	4.5	2.7	5.5	5.9	1.6	3.9	2.2	5.2

Trends in Selected Ratios and Factors, 1990-1999

	1990	1991	1992	1993	1994	1995	1996	1997	1998	1999
Cost of Labor (%) 38	66.0	66.8	67.0	67.2	67.6	67.5	65.7	65.2	65.6	64.7
Operating Margin (%) 39	0.9	•	1.6	•	•	•	•	0.7	2.3	2.1
Oper. Margin Before Officers Comp. (%) 40	2.9	1.8	4.4	2.5	0.9	0.2	2.1	3.0	4.5	4.7
Average Net Receivables ($) 41	522	707	532	938	578	563	629	471	464	498
Average Inventories ($) 42	476	557	496	782	599	559	543	451	422	547
Average Net Worth ($) 43	778	1237	893	1565	2475	1657	1684	1445	1245	1555
Current Ratio (×1) 44	1.5	1.9	1.8	1.6	1.6	1.5	1.8	1.7	1.8	1.8
Quick Ratio (×1) 45	0.8	1.0	0.9	0.9	0.8	0.8	1.0	0.9	1.0	0.9
Coverage Ratio (×1) 46	2.8	2.5	3.1	2.1	2.5	1.1	1.8	2.0	2.9	3.2
Asset Turnover (×1) 47	1.4	1.3	1.4	1.2	0.8	1.0	1.0	1.1	1.2	1.3
Total Liabilities/Net Worth (×1) 48	2.4	1.9	2.1	2.1	1.0	1.3	1.3	1.3	1.3	1.2
Return on Assets (×1) 49	8.8	11.6	13.4	9.4	7.9	4.1	5.6	5.4	8.7	9.7
Return on Equity (%) 50	9.9	12.1	18.4	10.0	5.8	•	4.0	4.3	9.6	10.6

Table II

Corporations with Net Income

OTHER NONMETALLIC MINERAL PRODUCTS

MONEY AMOUNTS AND SIZE OF ASSETS IN THOUSANDS OF DOLLARS

Item Description for Accounting Period 7/95 Through 6/96		Total	Zero Assets	Under 100	100 to 250	251 to 500	501 to 1,000	1,001 to 5,000	5,001 to 10,000	10,001 to 25,000	25,001 to 50,000	50,001 to 100,000	100,001 to 250,000	250,001 and over
Number of Enterprises	1	2536	13	695	600	217	352	492	92	36	16	•	•	•
Revenues ($ in Thousands)														
Net Sales	2	13792635	298479	96971	487831	317241	652670	2463178	1263708	971699	748478	•	•	•
Portfolio Income	3	191995	12140	•	404	420	1608	7834	16717	42564	1746	•	•	•
Other Revenues	4	183773	9495	16	7	363	5634	42914	11744	9531	4191	•	•	•
Total Revenues	5	14168403	320114	96987	488242	318024	659912	2513926	1292169	1023794	754415	•	•	•
Average Total Revenues	6	5587	24624	140	814	1466	1875	5110	14045	28439	47151	•	•	•
Operating Costs/Operating Income (%)														
Cost of Operations	7	63.7	61.8	21.4	50.8	46.8	64.2	65.7	70.5	63.8	62.8	•	•	•
Rent	8	7.0	4.2	19.6	15.3	15.4	4.4	6.7	3.6	5.4	6.0	•	•	•
Taxes Paid	9	2.6	2.2	3.9	2.4	4.1	3.1	2.8	2.1	2.5	2.4	•	•	•
Interest Paid	10	2.2	10.0	•	0.5	1.0	0.5	0.9	1.3	0.7	1.8	•	•	•
Depreciation, Depletion, Amortization	11	3.7	7.9	4.7	2.2	2.7	2.0	2.3	2.8	2.6	5.3	•	•	•
Pensions and Other Benefits	12	2.7	2.1	0.2	0.8	2.1	2.8	2.0	1.7	1.5	2.5	•	•	•
Other	13	11.2	9.7	39.3	18.4	13.3	9.5	11.6	8.9	14.8	7.7	•	•	•
Officers Compensation	14	2.6	0.8	6.8	9.1	4.6	8.5	5.3	2.5	2.2	1.3	•	•	•
Operating Margin	15	4.4	1.4	4.3	0.6	9.9	5.1	2.8	6.8	6.6	10.2	•	•	•
Oper. Margin Before Officers Compensation	16	6.9	2.1	11.1	9.8	14.5	13.6	8.1	9.2	8.8	11.5	•	•	•
Selected Average Balance Sheet ($ in Thousands)														
Net Receivables	17	604	•	•	31	89	158	582	1530	3374	6292	•	•	•
Inventories	18	646	•	0	62	48	78	404	2260	3981	8028	•	•	•
Net Property, Plant and Equipment	19	1145	•	2	47	146	145	499	1723	4594	14704	•	•	•
Total Assets	20	4207	•	45	172	365	593	2033	7053	16808	35629	•	•	•

Notes and Loans Payable 21	1065	•	5	70	129	89	511	1862	1814	10923	•	•	•
All Other Liabilities 22	1055	•	4	38	55	143	535	1261	3286	5921	•	•	•
Net Worth 23	2087	•	36	64	181	361	988	3931	11708	18785	•	•	•

Selected Financial Ratios (Times to 1)

Current Ratio 24	1.9	•	11.2	3.1	2.8	2.6	2.0	2.6	2.7	2.6	•	•	•
Quick Ratio 25	1.0	•	11.2	1.5	2.0	2.0	1.2	1.2	1.2	1.2	•	•	•
Net Sales to Working Capital 26	7.0	•	3.9	10.0	12.4	7.6	8.1	4.4	4.3	4.7	•	•	•
Coverage Ratio 27	4.3	1.9	•	2.6	10.8	14.0	6.1	8.1	•	7.2	•	•	•
Total Asset Turnover 28	1.3	•	3.1	4.7	4.0	3.1	2.5	2.0	1.6	1.3	•	•	•
Inventory Turnover 29	5.5	•	•	7.1	4.6	•	9.4	4.9	3.8	4.2	•	•	•
Receivables Turnover 30	8.4	•	•	•	7.1	•	•	8.4	6.8	7.0	•	•	•
Total Liabilities to Net Worth 31	1.0	•	0.3	1.7	1.0	0.7	1.1	0.8	0.4	0.9	•	•	•

Selected Financial Factors (in Percentages)

Debt Ratio 32	50.4	•	19.5	63.0	50.4	39.1	51.4	44.3	30.4	47.3	•	•	•
Return on Assets 33	12.0	•	13.2	5.4	•	21.0	14.2	20.0	18.3	16.6	•	•	•
Return on Equity 34	14.6	•	16.3	8.5	•	27.8	22.1	28.3	21.1	24.0	•	•	•
Return Before Interest on Equity 35	24.2	•	16.3	14.6	•	34.5	29.1	•	26.2	31.6	•	•	•
Profit Margin, Before Income Tax 36	7.1	8.6	4.3	0.7	10.2	6.3	4.8	9.0	10.7	10.9	•	•	•
Profit Margin, After Income Tax 37	5.6	5.8	4.3	0.7	10.0	5.4	4.4	8.1	9.1	9.7	•	•	•

Trends in Selected Ratios and Factors, 1990-1999

	1990	1991	1992	1993	1994	1995	1996	1997	1998	1999
Cost of Operations (%) 38	65.2	67.0	65.7	65.5	66.3	67.8	66.5	64.0	64.2	63.7
Operating Margin (%) 39	3.2	2.9	4.3	2.3	1.3	2.9	3.8	3.5	4.6	4.4
Oper. Margin Before Officers Comp. (%) 40	4.9	4.7	6.6	4.5	3.5	5.6	6.1	5.8	6.8	6.9
Average Net Receivables ($) 41	651	940	782	1147	868	463	658	815	628	604
Average Inventories ($) 42	557	663	647	1055	847	375	555	725	546	646
Average Net Worth ($) 43	750	1447	1431	2291	4411	1168	1768	2683	1881	2087
Current Ratio (×1) 44	1.5	1.8	1.8	1.7	1.6	1.9	2.1	1.8	2.0	1.9
Quick Ratio (×1) 45	0.8	1.0	1.0	0.9	0.8	1.2	1.2	1.0	1.1	1.0
Coverage Ratio (×1) 46	4.1	3.6	4.5	3.1	3.8	3.4	4.3	3.3	4.3	4.3
Asset Turnover (×1) 47	1.4	1.4	1.4	1.3	0.8	1.4	1.3	1.1	1.2	1.3
Operating Leverage 48	1.5	0.9	1.5	0.5	0.6	2.2	1.4	0.9	1.3	1.0
Financial Leverage 49	1.0	1.1	1.1	0.9	1.1	1.2	1.1	0.9	1.0	1.0
Total Leverage 50	1.5	1.0	1.7	0.5	0.6	2.6	1.5	0.8	1.4	1.0

Table I

Corporations with and without Net Income

FERROUS METAL INDUSTRIES; MISCELLANEOUS PRIMARY METAL PRODUCTS

MONEY AMOUNTS AND SIZE OF ASSETS IN THOUSANDS OF DOLLARS

Item Description for Accounting Period 7/95 Through 6/96	Total	Zero Assets	Under 100	100 to 250	251 to 500	501 to 1,000	1,001 to 5,000	5,001 to 10,000	10,001 to 25,000	25,001 to 50,000	50,001 to 100,000	100,001 to 250,000	250,001 and over
Number of Enterprises **1**	2402	80	874	•	221	269	549	151	90	55	31	37	44

Revenues ($ in Thousands)

Net Sales **2**	77035142	924392	78935	•	206436	663741	2304084	2085066	2576890	3625594	3800664	9714163	51055178
Portfolio Income **3**	991147	17747	138	•	235	598	23460	7058	4091	17568	22310	63360	834581
Other Revenues **4**	704516	59270	•	•	5526	530	24847	8288	20550	13889	21819	67355	482442
Total Revenues **5**	78730805	1001409	79073	•	212197	664869	2352391	2100412	2601531	3657051	3844793	9844878	52372201
Average Total Revenues **6**	32777	12518	90	•	960	2472	4285	13910	28906	66492	124026	266078	1190277

Operating Costs/Operating Income (%)

Cost of Operations **7**	75.3	85.2	44.7	•	36.7	78.3	66.6	80.7	79.9	78.6	80.1	80.0	73.7
Rent **8**	3.4	2.3	6.1	•	17.4	5.0	6.1	2.3	4.7	2.7	3.0	3.0	3.3
Taxes Paid **9**	1.9	1.9	4.9	•	3.5	2.2	4.0	1.9	2.1	1.6	1.8	1.6	1.8
Interest Paid **10**	2.0	1.1	0.8	•	1.9	0.6	1.5	1.5	2.0	1.1	1.5	1.9	2.2
Depreciation, Depletion, Amortization **11**	4.0	2.6	3.8	•	2.8	1.7	4.0	2.4	3.3	2.9	3.4	3.5	4.4
Pensions and Other Benefits **12**	4.5	4.6	3.4	•	2.3	1.3	2.3	2.2	1.8	2.3	2.3	2.3	5.5
Other **13**	7.7	12.6	43.4	•	22.7	2.5	10.3	3.8	7.0	3.8	4.0	5.9	8.5
Officers Compensation **14**	0.7	0.7	18.6	•	14.4	3.7	4.2	1.9	1.4	1.3	0.8	0.7	0.3
Operating Margin **15**	0.7	•	•	•	•	4.9	1.0	3.3	•	5.8	3.3	1.3	0.2
Oper. Margin Before Officers Compensation **16**	1.4	•	•	•	12.7	8.6	5.2	5.2	•	7.1	4.1	1.9	0.5

Selected Average Balance Sheet ($ in Thousands)

Net Receivables **17**	4285	•	2	•	101	218	515	1934	3769	7289	18130	28734	165206
Inventories **18**	4275	•	0	•	14	191	259	1296	2856	7940	14298	35874	168446
Net Property, Plant and Equipment **19**	10805	•	9	•	199	145	1047	1687	6422	14361	27732	71984	457789
Total Assets **20**	27105	•	47	•	385	679	2223	6322	15784	36232	74608	170767	1149471

Notes and Loans Payable 21	6754	•	24	•	208	177	1035	1892	6710	9126	21140	52638	262438
All Other Liabilities 22	12269	•	67	•	218	181	442	1671	4248	9966	23214	64630	563140
Net Worth 23	8081	•	-43	•	-41	321	746	2759	4826	17139	30254	53499	323893

Selected Financial Ratios (Times to 1)

Current Ratio 24	1.8	•	0.4	•	0.7	2.0	1.6	1.8	1.1	1.8	1.7	1.6	1.9
Quick Ratio 25	0.9	•	0.3	•	0.5	1.1	1.1	1.1	0.6	0.9	1.0	0.7	0.9
Net Sales to Working Capital 26	6.8	•	•	•	•	10.7	11.9	8.2	•	8.0	7.6	9.9	5.7
Coverage Ratio 27	2.5	•	•	•	1.6	10.2	3.1	3.6	0.4	7.4	3.9	2.4	2.3
Total Asset Turnover 28	1.2	•	1.9	•	2.4	3.6	1.9	2.2	1.8	1.8	1.7	1.5	1.0
Inventory Turnover 29	5.6	•	•	•	•	•	7.9	•	6.6	6.8	6.5	5.6	5.1
Receivables Turnover 30	6.8	•	•	•	5.3	•	6.5	7.8	6.8	9.6	6.4	8.7	6.3
Total Liabilities to Net Worth 31	2.4	•	•	•	•	1.1	2.0	1.3	2.3	1.1	1.5	2.2	2.6

Selected Financial Factors (in Percentages)

Debt Ratio 32	70.2	•	•	•	•	52.7	66.5	56.4	69.4	52.7	59.5	68.7	71.8
Return on Assets 33	5.8	•	•	•	7.3	20.3	8.7	11.8	1.5	14.1	9.7	7.0	5.1
Return on Equity 34	7.5	•	•	•	•	38.0	13.8	18.1	•	21.3	11.7	8.1	6.3
Return Before Interest on Equity 35	19.3	•	•	•	•	•	26.0	27.1	4.8	29.7	23.9	22.3	17.9
Profit Margin, Before Income Tax 36	2.9	•	•	•	1.2	5.0	3.1	3.9	•	6.7	4.4	2.6	2.8
Profit Margin, After Income Tax 37	1.9	•	•	•	1.2	5.0	2.5	3.6	•	5.5	2.9	1.6	1.8

Trends in Selected Ratios and Factors, 1990-1999

	1990	1991	1992	1993	1994	1995	1996	1997	1998	1999
Cost of Labor (%) 38	74.8	74.7	74.5	75.9	77.9	78.8	76.8	76.1	75.5	75.3
Operating Margin (%) 39	•	•	1.9	•	•	•	•	•	•	0.7
Oper. Margin Before Officers Comp. (%) 40	•	•	2.7	•	•	•	•	•	•	1.4
Average Net Receivables ($) 41	3876	3520	3388	3519	4226	2861	4433	4092	4483	4285
Average Inventories ($) 42	3817	3041	3291	3504	4089	3414	3437	3588	3847	4275
Average Net Worth ($) 43	4693	3955	3491	4795	4251	4417	2526	5851	6954	8081
Current Ratio (×1) 44	1.5	1.5	1.8	1.5	1.3	1.4	1.3	1.5	1.5	1.8
Quick Ratio (×1) 45	0.8	0.8	0.9	0.8	0.7	0.7	0.8	0.8	0.8	0.9
Coverage Ratio (×1) 46	1.0	2.1	3.7	2.2	0.9	0.2	0.3	0.8	1.6	2.5
Asset Turnover (×1) 47	1.2	1.3	1.3	1.2	1.2	1.1	1.1	1.1	1.1	1.2
Total Liabilities/Net Worth (×1) 48	4.0	3.7	4.5	3.6	5.2	3.7	8.3	3.1	2.7	2.4
Return on Assets (×1) 49	3.6	7.0	10.1	7.0	3.0	0.5	0.8	1.9	3.8	5.8
Return on Equity (%) 50	•	12.3	31.9	12.3	•	•	•	•	1.8	7.5

Table II

Corporations with Net Income

FERROUS METAL INDUSTRIES; MISCELLANEOUS PRIMARY METAL PRODUCTS

MONEY AMOUNTS AND SIZE OF ASSETS IN THOUSANDS OF DOLLARS

Item Description for Accounting Period 7/95 Through 6/96		Total	Zero Assets	Under 100	100 to 250	251 to 500	501 to 1,000	1,001 to 5,000	5,001 to 10,000	10,001 to 25,000	25,001 to 50,000	50,001 to 100,000	100,001 to 250,000	250,001 and over
Number of Enterprises	1	1529	6	413	•	159	269	405	106	43	46	25	27	29
Revenues ($ in Thousands)														
Net Sales	2	54594142	523041	21034	•	175906	663741	1713172	1525920	1136428	3381149	3152639	7362604	34938508
Portfolio Income	3	570300	14806	•	•	26	598	22123	2735	1723	8897	15199	54298	449892
Other Revenues	4	466872	2705	•	•	5396	530	19591	5771	6015	11491	14507	52847	348021
Total Revenues	5	55631314	540552	21034	•	181328	664869	1754886	1534426	1144166	3401537	3182345	7469749	35736421
Average Total Revenues	6	36384	90092	51	•	1140	2472	4333	14476	26609	73946	127294	276657	1232290
Operating Costs/Operating Income (%)														
Cost of Operations	7	75.0	80.2	31.4	•	40.5	78.3	64.3	77.8	72.3	77.9	80.4	78.7	74.1
Rent	8	3.5	2.6	•	•	15.4	5.0	6.6	2.6	6.4	2.7	2.3	2.7	3.6
Taxes Paid	9	2.0	1.2	4.0	•	3.0	2.2	3.4	1.6	2.5	1.6	1.6	1.6	2.1
Interest Paid	10	1.8	1.8	2.5	•	2.2	0.6	1.2	1.5	1.5	0.8	1.0	1.7	2.1
Depreciation, Depletion, Amortization	11	3.6	3.5	5.7	•	2.7	1.7	3.9	2.7	3.9	2.7	3.0	3.4	3.8
Pensions and Other Benefits	12	3.3	4.1	•	•	1.6	1.3	2.2	1.8	2.2	2.4	1.8	2.2	3.9
Other	13	6.2	7.1	20.4	•	23.4	2.5	9.4	4.2	3.3	3.2	3.8	5.0	6.9
Officers Compensation	14	0.8	•	28.4	•	12.6	3.7	4.1	2.0	2.5	1.2	0.9	0.7	0.3
Operating Margin	15	4.0	•	7.5	•	•	4.9	5.1	5.9	5.5	7.4	5.2	4.2	3.4
Oper. Margin Before Officers Compensation	16	4.7	•	36.0	•	11.3	8.6	9.2	7.9	7.9	8.7	6.1	4.8	3.7
Selected Average Balance Sheet ($ in Thousands)														
Net Receivables	17	4195	•	•	•	119	218	543	2132	3482	7795	19412	31930	139147
Inventories	18	4436	•	•	•	20	191	272	1194	2041	8554	14442	36534	160755
Net Property, Plant and Equipment	19	10399	•	12	•	225	145	982	1935	5848	13513	27248	73155	403071
Total Assets	20	25969	•	36	•	382	679	2193	6164	14344	36609	75473	173436	1001224

Notes and Loans Payable 21	6793	•	13	•	289	177	880	2064	4991	5997	18794	43984	260850
All Other Liabilities 22	9625	•	11	•	290	181	381	1305	2953	10594	18234	58839	402290
Net Worth 23	9550	•	12	•	-196	321	933	2795	6400	20018	38445	70613	338084

Selected Financial Ratios (Times to 1)

Current Ratio 24	1.9	•	1.2	•	0.5	2.0	1.6	1.7	1.5	2.0	1.9	1.7	2.0
Quick Ratio 25	0.9	•	1.2	•	0.4	1.1	1.1	1.1	0.9	1.0	1.1	0.8	0.9
Net Sales to Working Capital 26	6.9	•	20.0	•	•	10.7	10.9	8.6	11.3	7.5	6.5	8.3	6.2
Coverage Ratio 27	4.3	2.6	4.0	•	1.8	10.2	7.1	5.4	5.0	11.0	7.3	4.4	3.7
Total Asset Turnover 28	1.4	•	1.4	•	2.9	3.6	1.9	2.3	1.9	2.0	1.7	1.6	1.2
Inventory Turnover 29	6.5	•	4.0	•	•	•	8.4	•	5.3	7.5	7.0	5.7	6.3
Receivables Turnover 30	8.6	•	•	•	4.9	•	6.0	7.4	5.3	•	6.2	8.3	9.1
Total Liabilities to Net Worth 31	1.7	•	2.0	•	•	1.1	1.4	1.2	1.3	0.8	1.0	1.5	2.0

Selected Financial Factors (in Percentages)

Debt Ratio 32	63.2	•	66.9	•	•	52.7	57.5	54.7	55.4	45.3	49.1	59.3	66.2
Return on Assets 33	10.6	•	14.3	•	11.3	20.3	16.8	18.4	14.2	17.7	11.9	11.5	9.3
Return on Equity 34	16.7	•	30.5	•	•	38.0	30.0	30.9	24.3	24.9	14.2	16.8	14.6
Return Before Interest on Equity 35	28.7	•	•	•	•	•	•	•	31.7	32.3	23.3	28.2	27.6
Profit Margin, Before Income Tax 36	5.9	2.9	7.5	•	1.7	5.0	7.5	6.4	6.2	8.0	6.1	5.6	5.7
Profit Margin, After Income Tax 37	4.5	1.9	7.1	•	1.7	5.0	6.6	6.0	5.9	6.8	4.3	4.4	4.1

Trends in Selected Ratios and Factors, 1990-1999

	1990	1991	1992	1993	1994	1995	1996	1997	1998	1999
Cost of Operations (%) 38	71.0	74.0	73.7	74.9	77.6	76.6	75.1	75.6	76.7	75.0
Operating Margin (%) 39	•	1.4	3.0	1.5	2.5	2.7	2.1	3.9	3.7	4.0
Oper. Margin Before Officers Comp. (%) 40	0.9	2.0	3.7	2.4	3.4	4.0	3.2	5.0	4.7	4.7
Average Net Receivables ($) 41	2703	4233	3774	3638	3802	1939	4749	3661	3208	4195
Average Inventories ($) 42	3080	3479	3656	4196	3304	2256	3634	3557	2928	4436
Average Net Worth ($) 43	4535	4462	4154	5371	359	5302	8455	8549	6498	9550
Current Ratio (×1) 44	1.7	1.7	1.8	1.9	1.6	2.0	1.6	1.8	1.9	1.9
Quick Ratio (×1) 45	0.8	0.9	0.9	0.9	0.9	1.0	0.9	1.0	1.0	0.9
Coverage Ratio (×1) 46	2.7	3.3	4.2	4.2	3.8	3.7	3.2	4.6	4.5	4.3
Asset Turnover (×1) 47	1.2	1.3	1.3	1.3	1.4	1.4	1.2	1.4	1.4	1.4
Operating Leverage 48	0.0	•	2.2	0.5	1.7	1.1	0.8	1.9	1.0	1.1
Financial Leverage 49	1.5	1.3	1.1	1.0	1.0	0.9	1.0	1.1	1.0	1.0
Total Leverage 50	0.0	•	2.5	0.5	1.6	1.0	0.8	2.1	1.0	1.0

Table I

Corporations with and without Net Income

NONFERROUS METAL INDUSTRIES

MONEY AMOUNTS AND SIZE OF ASSETS IN THOUSANDS OF DOLLARS

Item Description for Accounting Period 7/95 Through 6/96		Total	Zero Assets	Under 100	100 to 250	251 to 500	501 to 1,000	1,001 to 5,000	5,001 to 10,000	10,001 to 25,000	25,001 to 50,000	50,001 to 100,000	100,001 to 250,000	250,001 and over
Number of Enterprises	1	1853	41	294	62	279	261	545	154	86	52	24	21	33
Revenues ($ in Thousands)														
Net Sales	2	89979828	328543	110709	•	280879	474273	8600456	2128942	3468837	3503875	4311357	4852044	61919913
Portfolio Income	3	1681699	2376	•	3147	77	689	4831	26827	12074	15378	9996	47780	1558522
Other Revenues	4	1535610	3114	•	914	171	1774	4495	2715	20836	19486	212004	23220	1246886
Total Revenues	5	93197137	334033	110709	4061	281127	476736	8609782	2158484	3501747	3538739	4533357	4923044	64725321
Average Total Revenues	6	50295	8147	377	66	1008	1827	15798	14016	40718	68053	188890	234431	1961373
Operating Costs/Operating Income (%)														
Cost of Operations	7	79.1	78.3	57.2	•	65.1	69.5	90.9	79.7	80.9	81.5	86.5	79.7	76.8
Rent	8	2.8	3.7	•	•	3.0	7.1	1.2	4.1	3.1	3.6	3.0	2.6	2.8
Taxes Paid	9	1.4	2.4	3.2	•	5.0	3.5	0.8	2.2	1.5	1.3	0.9	1.4	1.5
Interest Paid	10	1.9	5.4	•	•	2.8	0.5	0.3	0.9	1.4	1.4	1.2	2.2	2.3
Depreciation, Depletion, Amortization	11	3.9	5.8	1.0	•	3.3	2.6	0.6	2.6	2.1	2.0	1.7	2.9	4.8
Pensions and Other Benefits	12	1.7	2.7	0.1	•	4.7	1.7	0.6	1.0	1.6	1.2	1.4	1.7	1.9
Other	13	7.2	10.5	26.1	•	12.2	10.9	2.7	5.4	5.0	4.4	5.3	4.8	8.4
Officers Compensation	14	0.7	0.5	10.9	•	5.1	8.3	1.3	2.3	2.9	1.6	0.4	0.6	0.3
Operating Margin	15	1.4	•	1.7	•	•	•	1.6	1.7	1.7	3.1	•	4.1	1.3
Oper. Margin Before Officers Compensation	16	2.1	•	12.6	•	4.0	4.2	2.8	4.0	4.5	4.7	0.2	4.7	1.6
Selected Average Balance Sheet ($ in Thousands)														
Net Receivables	17	7750	•	39	•	80	190	692	1688	5174	9694	19514	37883	346290
Inventories	18	4696	•	8	•	29	182	497	1080	3664	8299	15132	33990	193419
Net Property, Plant and Equipment	19	14071	•	8	•	187	176	581	2334	5002	11694	20930	52532	686471
Total Assets	20	41873	•	60	148	405	677	2222	6701	17277	34903	69339	155668	2024176

Notes and Loans Payable 21	10070	•	28	1410	240	134	537	1960	4919	11913	24468	53639	457942
All Other Liabilities 22	14653	•	107	30	75	239	714	1373	5242	8752	22104	50242	725550
Net Worth 23	17150	•	-74	-1293	90	304	971	3368	7115	14237	22767	51787	840684

Selected Financial Ratios (Times to 1)

Current Ratio 24	1.6	•	0.6	0.0	1.7	1.6	1.9	1.9	1.6	1.8	1.8	2.0	1.6
Quick Ratio 25	1.0	•	0.5	0.0	1.1	0.9	1.2	1.2	0.9	1.0	1.0	1.1	0.9
Net Sales to Working Capital 26	8.4	•	•	•	12.1	11.2	21.7	8.4	10.6	7.6	9.3	5.9	7.8
Coverage Ratio 27	3.8	•	•	•	0.6	•	6.2	4.3	2.9	4.0	5.3	3.5	3.8
Total Asset Turnover 28	1.2	•	6.2	•	2.5	2.7	7.1	2.1	2.3	1.9	2.6	1.5	0.9
Inventory Turnover 29	8.3	•	•	•	•	•	•	7.6	8.0	7.0	9.3	5.6	7.6
Receivables Turnover 30	6.2	•	•	•	•	•	•	7.1	7.5	6.8	8.7	6.3	5.4
Total Liabilities to Net Worth 31	1.5	•	•	•	3.5	1.2	1.3	1.0	1.4	1.5	2.1	2.0	1.4

Selected Financial Factors (in Percentages)

Debt Ratio 32	59.1	•	•	•	77.7	55.1	56.3	49.8	58.8	59.2	67.2	66.7	58.5
Return on Assets 33	8.5	•	10.7	•	4.4	•	14.2	8.3	9.2	10.5	15.8	11.6	8.0
Return on Equity 34	10.7	•	•	10.0	•	•	23.6	8.9	11.7	14.7	35.4	19.2	9.7
Return Before Interest on Equity 35	20.6	•	•	9.6	19.6	•	32.5	16.4	22.4	25.8	•	34.9	19.3
Profit Margin, Before Income Tax 36	5.4	•	1.7	•	•	•	1.7	3.1	2.6	4.1	4.9	5.6	6.4
Profit Margin, After Income Tax 37	3.8	•	1.7	•	•	•	1.5	2.2	2.1	3.1	4.5	4.3	4.4

Trends in Selected Ratios and Factors, 1990-1999

	1990	1991	1992	1993	1994	1995	1996	1997	1998	1999
Cost of Labor (%) 38	81.7	83.4	80.8	79.6	80.8	81.7	79.8	81.8	81.8	79.1
Operating Margin (%) 39	•	•	0.9	0.4	•	•	•	•	•	1.4
Oper. Margin Before Officers Comp. (%) 40	•	•	1.8	1.2	•	•	•	•	•	2.1
Average Net Receivables ($) 41	7715	4411	6186	3323	4700	5151	6858	7142	7152	7750
Average Inventories ($) 42	2743	3135	4306	2478	3307	4394	4749	4361	4152	4696
Average Net Worth ($) 43	11863	10947	13582	9241	12576	14477	16002	14460	13645	17150
Current Ratio (×1) 44	1.1	1.7	1.7	1.6	1.5	1.4	1.6	1.5	1.4	1.6
Quick Ratio (×1) 45	0.8	0.9	1.0	0.8	0.8	0.7	0.9	0.9	0.8	1.0
Coverage Ratio (×1) 46	1.2	2.1	3.1	3.2	2.5	1.3	1.1	0.7	2.5	3.8
Asset Turnover (×1) 47	0.7	1.1	1.3	1.1	1.1	1.0	1.0	0.9	1.0	1.2
Total Liabilities/Net Worth (×1) 48	1.9	1.3	1.5	1.4	1.3	1.5	1.6	1.8	1.8	1.5
Return on Assets (×1) 49	5.0	5.7	9.4	9.7	7.2	3.4	2.6	1.4	5.1	8.5
Return on Equity (%) 50	0.9	4.8	12.0	12.2	6.5	0.3	•	•	5.6	10.7

NONFERROUS METAL INDUSTRIES

MONEY AMOUNTS AND SIZE OF ASSETS IN THOUSANDS OF DOLLARS

Item Description for Accounting Period 7/95 Through 6/96		Total	Zero Assets	Under 100	100 to 250	251 to 500	501 to 1,000	1,001 to 5,000	5,001 to 10,000	10,001 to 25,000	25,001 to 50,000	50,001 to 100,000	100,001 to 250,000	250,001 and over
Number of Enterprises	1	1293	5	294	•	62	131	502	123	62	49	21	17	28
Revenues ($ in Thousands)														
Net Sales	2	82107945	103017	110709	•	75115	262451	8386251	1985933	2502882	3264807	3885501	4175044	57356234
Portfolio Income	3	1559730	2077	•	•	36	27	4829	26823	10851	15372	8625	45940	1445153
Other Revenues	4	1422170	2858	•	•	•	929	4495	2716	16306	19113	211672	20255	1143823
Total Revenues	5	85089845	107952	110709	•	75151	263407	8395575	2015472	2530039	3299292	4105798	4241239	59945210
Average Total Revenues	6	65808	21590	377	•	1212	2011	16724	16386	40807	67332	195514	249485	2140900
Operating Costs/Operating Income (%)														
Cost of Operations	7	80.1	79.8	57.2	•	72.7	62.4	91.2	80.4	79.3	80.4	85.7	80.1	78.2
Rent	8	2.6	1.9	•	•	•	5.0	1.1	3.3	3.0	3.8	3.2	2.4	2.6
Taxes Paid	9	1.4	2.2	3.2	•	3.0	3.5	0.8	2.0	1.6	1.3	0.9	1.3	1.4
Interest Paid	10	1.8	6.5	•	•	0.4	0.6	0.3	0.8	1.3	1.3	1.0	1.9	2.2
Depreciation, Depletion, Amortization	11	3.7	7.2	1.0	•	2.8	2.5	0.6	2.1	2.0	2.0	1.5	2.8	4.7
Pensions and Other Benefits	12	1.7	0.5	0.1	•	2.9	1.8	0.7	1.0	1.7	1.2	1.3	1.5	1.9
Other	13	5.9	3.5	26.1	•	12.0	11.1	2.5	4.8	4.8	4.5	5.5	4.3	6.6
Officers Compensation	14	0.7	0.8	10.9	•	6.3	12.2	1.2	2.3	3.3	1.7	0.4	0.6	0.3
Operating Margin	15	2.3	•	1.7	•	•	1.0	1.6	3.4	3.1	3.8	0.4	5.4	2.2
Oper. Margin Before Officers Compensation	16	3.0	•	12.6	•	6.3	13.2	2.9	5.7	6.4	5.5	0.8	5.9	2.4
Selected Average Balance Sheet ($ in Thousands)														
Net Receivables	17	10270	•	39	•	151	251	717	1938	4914	9625	19475	39738	384512
Inventories	18	5933	•	8	•	3	128	508	1215	3776	8361	15517	30254	205846
Net Property, Plant and Equipment	19	18025	•	8	•	132	132	606	1904	4712	11656	20716	52410	733968
Total Assets	20	54612	•	60	•	410	658	2290	6960	16871	35073	70578	156850	2198757

Notes and Loans Payable 21	12262	•	28	•	10	144	509	1407	4234	11371	24559	47746	473262
All Other Liabilities 22	19546	•	107	•	45	179	743	1597	4840	8480	21669	47944	809293
Net Worth 23	22804	•	-74	•	355	334	1037	3956	7798	15222	24350	61161	916202

Selected Financial Ratios (Times to 1)

Current Ratio 24	1.6	•	0.6	•	5.4	1.7	1.8	1.9	1.8	1.8	1.9	1.8	1.6
Quick Ratio 25	1.0	•	0.5	•	5.3	1.1	1.2	1.2	1.1	1.0	1.0	1.0	0.9
Net Sales to Working Capital 26	8.4	•	•	•	6.1	11.0	22.7	8.8	9.0	7.4	9.0	7.1	7.7
Coverage Ratio 27	4.5	1.4	•	•	1.1	3.4	6.5	7.2	4.4	4.7	6.8	4.8	4.4
Total Asset Turnover 28	1.2	•	6.2	•	3.0	3.1	7.3	2.3	2.4	1.9	2.6	1.6	0.9
Inventory Turnover 29	9.5	•	•	•	•	•	•	7.7	7.7	7.3	•	7.6	8.8
Receivables Turnover 30	6.4	•	•	•	4.1	7.8	•	7.6	7.7	7.0	•	6.8	5.6
Total Liabilities to Net Worth 31	1.4	•	•	•	0.2	1.0	1.2	0.8	1.2	1.3	1.9	1.6	1.4

Selected Financial Factors (in Percentages)

Debt Ratio 32	58.3	•	•	•	13.4	49.2	54.7	43.2	53.8	56.6	65.5	61.0	58.3
Return on Assets 33	9.5	•	10.7	•	1.3	5.8	15.0	13.0	13.0	11.8	18.5	13.8	8.8
Return on Equity 34	12.9	•	•	•	0.2	7.1	24.2	15.8	17.9	16.7	•	21.9	11.4
Return Before Interest on Equity 35	22.7	•	•	•	1.5	11.4	33.0	22.9	28.2	27.1	•	•	21.1
Profit Margin, Before Income Tax 36	6.4	2.5	1.7	•	•	1.3	1.7	4.8	4.2	4.9	6.0	7.0	7.3
Profit Margin, After Income Tax 37	4.6	1.7	1.7	•	•	1.2	1.5	3.9	3.5	3.8	5.5	5.5	5.1

Trends in Selected Ratios and Factors, 1990-1999

	1990	1991	1992	1993	1994	1995	1996	1997	1998	1999
Cost of Operations (%) 38	80.5	81.7	77.4	79.2	80.6	84.3	78.2	81.2	81.8	80.1
Operating Margin (%) 39	•	•	2.2	1.3	1.2	•	0.5	0.2	•	2.3
Oper. Margin Before Officers Comp. (%) 40	•	•	3.2	2.1	2.0	•	1.7	1.3	0.3	3.0
Average Net Receivables ($) 41	6788	3346	7596	6204	9130	8988	4599	5489	7291	10270
Average Inventories ($) 42	1640	2447	5047	4480	6434	5952	2667	2880	3660	5933
Average Net Worth ($) 43	11409	11074	17598	18044	27977	19729	9233	10162	14749	22804
Current Ratio (×1) 44	1.1	1.8	1.7	1.6	1.5	1.3	1.8	1.9	1.4	1.6
Quick Ratio (×1) 45	0.8	1.0	1.0	0.8	0.8	0.8	1.1	1.2	0.9	1.0
Coverage Ratio (×1) 46	1.4	2.9	3.7	3.8	3.6	2.9	3.6	4.1	3.6	4.5
Asset Turnover (×1) 47	0.5	1.0	1.1	1.0	1.1	1.2	1.2	1.2	1.0	1.2
Operating Leverage 48	34.3	0.1	•	0.6	1.0	•	•	0.4	•	•
Financial Leverage 49	0.6	2.3	1.2	1.0	0.9	0.9	1.1	1.1	1.0	1.1
Total Leverage 50	19.2	0.2	•	0.6	0.9	•	•	0.4	•	•

Table I

Corporations with and without Net Income

METAL CANS AND SHIPPING CONTAINERS

MONEY AMOUNTS AND SIZE OF ASSETS IN THOUSANDS OF DOLLARS

Item Description for Accounting Period 7/95 Through 6/96		Total	Zero Assets	Under 100	100 to 250	251 to 500	501 to 1,000	1,001 to 5,000	5,001 to 10,000	10,001 to 25,000	25,001 to 50,000	50,001 to 100,000	100,001 to 250,000	250,001 and over
Number of Enterprises	1	182	•	•	•	•	38	65	12	11	5	4	•	6
Revenues ($ in Thousands)														
Net Sales	2	14924905	•	•	•	•	58873	237197	213869	433124	414827	701077	•	12682248
Portfolio Income	3	642494	•	•	•	•	271	2958	•	1096	147	2140	•	632601
Other Revenues	4	355301	•	•	•	•	352	689	2946	896	2195	5521	•	337504
Total Revenues	5	15922700	•	•	•	•	59496	240844	216815	435116	417169	708738	•	13652353
Average Total Revenues	6	87487	•	•	•	•	1566	3705	18068	39556	83434	177184	•	2275392
Operating Costs/Operating Income (%)														
Cost of Operations	7	77.5	•	•	•	•	72.9	77.2	71.9	81.5	84.0	76.3	•	77.4
Rent	8	3.2	•	•	•	•	0.4	5.4	6.5	4.1	2.2	3.2	•	3.1
Taxes Paid	9	2.0	•	•	•	•	2.1	2.6	2.9	1.2	0.8	1.4	•	2.0
Interest Paid	10	4.2	•	•	•	•	0.2	1.2	2.5	1.4	1.4	1.9	•	4.6
Depreciation, Depletion, Amortization	11	4.2	•	•	•	•	1.7	5.5	3.1	2.4	2.7	3.4	•	4.4
Pensions and Other Benefits	12	4.1	•	•	•	•	1.2	1.3	0.7	0.9	0.6	1.6	•	4.5
Other	13	7.1	•	•	•	•	17.1	8.0	12.4	7.9	5.4	4.8	•	7.0
Officers Compensation	14	0.4	•	•	•	•	•	3.0	1.8	0.8	2.0	0.9	•	0.3
Operating Margin	15	•	•	•	•	•	4.5	•	•	•	1.1	6.7	•	•
Oper. Margin Before Officers Compensation	16	•	•	•	•	•	4.5	•	0.1	0.7	3.1	7.6	•	•
Selected Average Balance Sheet ($ in Thousands)														
Net Receivables	17	7233	•	•	•	•	295	310	2133	4898	11205	24732	•	174241
Inventories	18	6715	•	•	•	•	73	232	960	4116	6903	18268	•	173307
Net Property, Plant and Equipment	19	17840	•	•	•	•	61	1158	2456	6415	14139	42169	•	471479
Total Assets	20	55498	•	•	•	•	529	2102	6483	17897	34634	135571	•	1489190

Notes and Loans Payable 21	25144	•	•	•	•	29	634	3365	5396	13067	37337	•	701976
All Other Liabilities 22	12742	•	•	•	•	364	279	2432	4762	8968	30836	•	338609
Net Worth 23	17611	•	•	•	•	136	1189	685	7739	12599	67397	•	448605

Selected Financial Ratios (Times to 1)

Current Ratio 24	1.1	•	•	•	•	1.3	1.9	1.1	1.3	1.5	1.7	•	1.1
Quick Ratio 25	0.6	•	•	•	•	1.0	1.2	0.8	0.8	0.9	1.1	•	0.5
Net Sales to Working Capital 26	49.7	•	•	•	•	14.9	10.8	•	16.5	12.1	7.4	•	•
Coverage Ratio 27	2.1	•	•	•	•	•	•	0.9	1.3	2.2	5.0	•	2.0
Total Asset Turnover 28	1.5	•	•	•	•	2.9	1.7	2.8	2.2	2.4	1.3	•	1.4
Inventory Turnover 29	•	•	•	•	•	•	•	•	7.0	•	•	•	•
Receivables Turnover 30	•	•	•	•	•	•	8.8	•	7.0	7.9	•	•	•
Total Liabilities to Net Worth 31	2.2	•	•	•	•	2.9	0.8	8.5	1.3	1.8	1.0	•	2.3

Selected Financial Factors (in Percentages)

Debt Ratio 32	68.3	•	•	•	•	74.4	43.5	89.4	56.8	63.6	50.3	•	69.9
Return on Assets 33	12.7	•	•	•	•	16.8	•	6.0	4.0	7.3	12.4	•	13.1
Return on Equity 34	17.8	•	•	•	•	•	•	•	0.3	11.1	13.1	•	19.8
Return Before Interest on Equity 35	•	•	•	•	•	•	•	•	9.2	20.1	25.0	•	•
Profit Margin, Before Income Tax 36	4.4	•	•	•	•	5.6	•	•	0.4	1.7	7.7	•	4.7
Profit Margin, After Income Tax 37	3.8	•	•	•	•	4.5	•	•	•	1.7	5.0	•	4.2

Trends in Selected Ratios and Factors, 1990-1999

	1990	1991	1992	1993	1994	1995	1996	1997	1998	1999
Cost of Labor (%) 38	70.7	76.8	78.8	80.6	81.0	81.8	73.3	73.6	76.8	77.5
Operating Margin (%) 39	•	•	•	•	•	•	•	•	•	•
Oper. Margin Before Officers Comp. (%) 40	•	•	•	•	•	0.4	•	•	•	•
Average Net Receivables ($) 41	5523	11450	5353	18571	19061	11364	6881	4306	8008	7233
Average Inventories ($) 42	4862	9914	5464	7641	6999	7575	6610	5371	8591	6715
Average Net Worth ($) 43	19148	49108	37137	62493	44009	23568	11969	11465	20292	17611
Current Ratio (×1) 44	0.9	0.9	0.8	0.9	1.0	1.6	1.5	1.2	1.0	1.1
Quick Ratio (×1) 45	0.4	0.4	0.3	0.6	0.7	0.9	0.7	0.5	0.5	0.6
Coverage Ratio (×1) 46	2.2	2.2	2.2	1.8	2.2	2.4	1.8	1.3	2.4	2.1
Asset Turnover (×1) 47	0.7	0.8	0.7	0.7	0.6	1.3	1.1	1.1	1.1	1.5
Total Liabilities/Net Worth (×1) 48	1.7	1.3	1.0	1.1	1.4	1.3	2.3	1.9	1.9	2.2
Return on Assets (×1) 49	6.7	7.1	7.7	6.8	7.2	7.6	4.9	3.5	6.5	12.7
Return on Equity (%) 50	6.2	5.7	5.4	4.2	6.7	6.5	3.6	0.8	6.9	17.8

Table II

Corporations with Net Income

METAL CANS AND SHIPPING CONTAINERS

MONEY AMOUNTS AND SIZE OF ASSETS IN THOUSANDS OF DOLLARS

Item Description for Accounting Period 7/95 Through 6/96	Total	Zero Assets	Under 100	100 to 250	251 to 500	501 to 1,000	1,001 to 5,000	5,001 to 10,000	10,001 to 25,000	25,001 to 50,000	50,001 to 100,000	100,001 to 250,000	250,001 and over
Number of Enterprises **1**	133	•	•	•	38	38	35	3	3	5	4	•	•
Revenues ($ in Thousands)													
Net Sales **2**	13220676	•	•	•	37088	58873	127159	92103	49409	414827	701077	•	•
Portfolio Income **3**	641548	•	•	•	1981	271	2649	•	1094	147	2140	•	•
Other Revenues **4**	337048	•	•	•	•	352	11	230	-1	2195	5521	•	•
Total Revenues **5**	14199272	•	•	•	39069	59496	129819	92333	50502	417169	708738	•	•
Average Total Revenues **6**	106761	•	•	•	1028	1566	3709	30778	16834	83434	177184	•	•
Operating Costs/Operating Income (%)													
Cost of Operations **7**	77.0	•	•	•	55.4	72.9	61.7	85.7	82.9	84.0	76.3	•	•
Rent **8**	3.2	•	•	•	3.3	0.4	7.5	1.6	0.8	2.2	3.2	•	•
Taxes Paid **9**	2.1	•	•	•	5.4	2.1	3.6	2.3	0.9	0.8	1.4	•	•
Interest Paid **10**	4.0	•	•	•	2.9	0.2	0.2	1.0	•	1.4	1.9	•	•
Depreciation, Depletion, Amortization **11**	4.0	•	•	•	3.6	1.7	6.8	1.9	4.2	2.7	3.4	•	•
Pensions and Other Benefits **12**	4.5	•	•	•	•	1.2	0.5	1.5	1.1	0.6	1.6	•	•
Other **13**	7.2	•	•	•	29.2	17.1	7.3	3.2	2.7	5.4	4.8	•	•
Officers Compensation **14**	0.4	•	•	•	•	•	4.2	1.4	•	2.0	0.9	•	•
Operating Margin **15**	•	•	•	•	0.1	4.5	8.2	1.4	7.4	1.1	6.7	•	•
Oper. Margin Before Officers Compensation **16**	•	•	•	•	0.1	4.5	12.4	2.8	7.4	3.1	7.6	•	•
Selected Average Balance Sheet ($ in Thousands)													
Net Receivables **17**	8600	•	•	•	135	295	384	3451	3903	11205	24732	•	•
Inventories **18**	7232	•	•	•	1	73	167	2521	2416	6903	18268	•	•
Net Property, Plant and Equipment **19**	19950	•	•	•	26	61	1319	1901	4553	14139	42169	•	•
Total Assets **20**	67348	•	•	•	489	529	2354	9176	18624	34634	135571	•	•

Notes and Loans Payable 21	27508	•	•	•	201	29	118	1756	•	13067	37337	•	•
All Other Liabilities 22	14620	•	•	•	150	364	130	3107	886	8968	30836	•	•
Net Worth 23	25220	•	•	•	138	136	2106	4313	17737	12599	67397	•	•

Selected Financial Ratios (Times to 1)

Current Ratio 24	1.1	•	•	•	1.0	1.3	7.9	2.2	9.0	1.5	1.7	•	•
Quick Ratio 25	0.6	•	•	•	1.0	1.0	6.0	1.3	6.2	0.9	1.1	•	•
Net Sales to Working Capital 26	•	•	•	•	•	14.9	4.9	8.4	2.3	12.1	7.4	•	•
Coverage Ratio 27	2.4	•	•	•	2.9	•	•	2.7	•	2.2	5.0	•	•
Total Asset Turnover 28	1.5	•	•	•	2.0	2.9	1.6	3.4	0.9	2.4	1.3	•	•
Inventory Turnover 29	•	•	•	•	•	•	•	•	2.4	•	•	•	•
Receivables Turnover 30	•	•	•	•	•	•	8.8	•	2.4	7.9	•	•	•
Total Liabilities to Net Worth 31	1.7	•	•	•	2.6	2.9	0.1	1.1	0.1	1.8	1.0	•	•

Selected Financial Factors (in Percentages)

Debt Ratio 32	62.6	•	•	•	71.8	74.4	10.6	53.0	4.8	63.6	50.3	•	•
Return on Assets 33	13.7	•	•	•	16.6	16.8	16.1	9.0	8.5	7.3	12.4	•	•
Return on Equity 34	18.3	•	•	•	32.6	•	11.7	7.9	5.9	11.1	13.1	•	•
Return Before Interest on Equity 35	•	•	•	•	•	•	18.1	19.0	9.0	20.1	25.0	•	•
Profit Margin, Before Income Tax 36	5.3	•	•	•	5.5	5.6	10.3	1.7	9.7	1.7	7.7	•	•
Profit Margin, After Income Tax 37	4.7	•	•	•	4.6	4.5	6.8	1.1	6.3	1.7	5.0	•	•

Trends in Selected Ratios and Factors, 1990-1999

	1990	1991	1992	1993	1994	1995	1996	1997	1998	1999
Cost of Operations (%) 38	69.9	76.6	78.7	80.9	81.3	82.8	74.9	75.1	76.4	77.0
Operating Margin (%) 39	•	•	•	•	•	0.4	4.0	0.7	•	•
Oper. Margin Before Officers Comp. (%) 40	•	•	•	•	•	0.8	4.7	1.5	•	•
Average Net Receivables ($) 41	18747	11731	5584	19909	27409	22928	10107	3345	12172	8600
Average Inventories ($) 42	16583	9754	5352	7532	9328	14401	10380	5589	13385	7232
Average Net Worth ($) 43	68449	52043	44915	70530	65263	50251	16111	9984	32207	25220
Current Ratio (×1) 44	0.9	0.9	0.7	0.9	1.0	1.6	1.9	2.2	1.0	1.1
Quick Ratio (×1) 45	0.4	0.4	0.3	0.6	0.7	1.0	0.9	0.8	0.5	0.6
Coverage Ratio (×1) 46	2.4	2.3	2.6	2.0	2.3	3.0	3.3	2.2	2.6	2.4
Asset Turnover (×1) 47	0.7	0.8	0.7	0.6	0.5	1.3	1.6	1.5	1.1	1.5
Operating Leverage 48	17.3	0.9	1.4	1.9	1.0	•	10.6	0.2	•	6.0
Financial Leverage 49	1.0	1.0	1.2	0.8	1.2	1.1	1.1	0.8	1.1	1.2
Total Leverage 50	16.9	0.9	1.6	1.5	1.2	•	11.5	0.2	•	7.3

Table I

Corporations with and without Net Income

CUTLERY, HAND TOOLS, AND HARDWARE

MONEY AMOUNTS AND SIZE OF ASSETS IN THOUSANDS OF DOLLARS

Item Description for Accounting Period 7/95 Through 6/96	Total	Zero Assets	Under 100	100 to 250	251 to 500	501 to 1,000	1,001 to 5,000	5,001 to 10,000	10,001 to 25,000	25,001 to 50,000	50,001 to 100,000	100,001 to 250,000	250,001 and over
Number of Enterprises **1**	3460	32	944	641	578	345	687	95	87	20	15	8	8

Revenues ($ in Thousands)

Net Sales **2**	24373105	136127	186985	205350	554094	583288	3229644	1189027	2355203	1151792	1497739	1336935	11946922
Portfolio Income **3**	811844	1406	12905	14	793	112	10730	2705	9611	22119	10009	25039	716400
Other Revenues **4**	685604	22880	•	11468	424	2926	18079	4801	18433	5230	10621	7493	583249
Total Revenues **5**	25870553	160413	199890	216832	555311	586326	3258453	1196533	2383247	1179141	1518369	1369467	13246571
Average Total Revenues **6**	7477	5013	212	338	961	1699	4743	12595	27394	58957	101225	171183	1655821

Operating Costs/Operating Income (%)

Cost of Operations **7**	63.4	79.4	71.1	60.6	65.7	73.5	67.8	64.2	70.0	70.7	66.4	60.3	59.3
Rent **8**	6.6	7.2	3.1	10.8	1.7	2.6	3.8	5.8	4.1	5.2	6.1	6.0	8.5
Taxes Paid **9**	2.2	2.5	2.7	1.5	2.8	3.1	2.8	3.3	2.5	2.2	2.1	1.7	2.0
Interest Paid **10**	2.8	7.3	2.1	1.7	3.4	1.2	1.4	1.3	1.6	2.4	1.6	2.9	3.8
Depreciation, Depletion, Amortization **11**	3.1	4.5	5.9	2.9	3.8	2.7	3.4	3.6	3.2	3.3	3.8	3.3	2.7
Pensions and Other Benefits **12**	2.8	0.4	0.7	0.5	1.2	3.9	2.2	3.0	2.5	2.1	4.1	3.1	3.1
Other **13**	13.2	12.4	15.8	18.6	9.1	3.1	7.6	8.1	8.5	9.6	9.4	15.7	17.1
Officers Compensation **14**	2.1	1.6	1.0	5.2	5.0	7.1	5.4	6.4	2.5	1.7	1.6	0.7	0.5
Operating Margin **15**	3.9	•	•	•	7.3	2.9	5.6	4.3	5.3	2.9	4.8	6.4	3.0
Oper. Margin Before Officers Compensation **16**	5.9	•	•	3.6	12.3	10.0	11.1	10.7	7.7	4.6	6.4	7.1	3.5

Selected Average Balance Sheet ($ in Thousands)

Net Receivables **17**	1066	•	2	22	65	238	627	1472	3276	7136	12470	28968	267144
Inventories **18**	897	•	2	34	97	176	586	2031	3963	9135	15862	27922	172252
Net Property, Plant and Equipment **19**	1232	•	22	60	147	172	716	2276	4714	9909	22519	41804	258670
Total Assets **20**	6220	•	36	149	383	748	2389	6892	14858	35916	69995	143984	1800311

Notes and Loans Payable 21	1903	•	28	66	172	227	687	1805	4271	13510	13416	40344	566200
All Other Liabilities 22	1109	•	12	48	119	127	524	1388	3206	7524	15786	37503	277856
Net Worth 23	3208	•	-4	35	92	394	1178	3699	7381	14882	40793	66137	956255

Selected Financial Ratios (Times to 1)

Current Ratio 24	1.6	•	0.6	4.2	1.7	2.6	2.1	2.1	2.1	2.4	2.5	1.8	1.3
Quick Ratio 25	0.9	•	0.4	2.3	1.0	1.6	1.2	1.0	1.1	1.3	1.1	0.9	0.7
Net Sales to Working Capital 26	8.6	•	•	5.2	9.6	5.6	6.3	5.9	5.9	4.6	4.6	5.7	16.3
Coverage Ratio 27	4.9	1.4	3.2	3.4	3.2	3.8	5.9	4.8	5.0	3.2	4.8	4.1	5.2
Total Asset Turnover 28	1.1	•	5.5	2.2	2.5	2.3	2.0	1.8	1.8	1.6	1.4	1.2	0.8
Inventory Turnover 29	5.0	•	•	3.9	8.4	7.0	4.9	3.9	4.9	4.4	3.9	4.5	5.3
Receivables Turnover 30	6.6	•	•	9.6	•	6.8	7.1	7.1	8.8	8.0	7.5	6.9	5.6
Total Liabilities to Net Worth 31	0.9	•	•	3.2	3.2	0.9	1.0	0.9	1.0	1.4	0.7	1.2	0.9

Selected Financial Factors (in Percentages)

Debt Ratio 32	48.4	•	•	76.3	75.9	47.3	50.7	46.3	50.3	58.6	41.7	54.1	46.9
Return on Assets 33	15.6	•	36.3	12.3	27.3	10.4	15.5	11.3	14.6	12.3	11.2	13.9	16.4
Return on Equity 34	17.1	•	•	36.7	•	14.4	22.0	15.3	18.4	16.7	11.0	17.9	16.5
Return Before Interest on Equity 35	30.3	•	•	•	•	19.7	31.4	21.1	29.4	29.6	19.2	30.2	30.8
Profit Margin, Before Income Tax 36	11.0	2.7	4.6	4.1	7.5	3.4	6.5	4.9	6.4	5.3	6.2	9.1	15.9
Profit Margin, After Income Tax 37	7.8	•	4.6	4.1	7.2	3.4	5.5	4.5	5.0	4.3	4.5	7.1	10.6

Trends in Selected Ratios and Factors, 1990-1999

	1990	1991	1992	1993	1994	1995	1996	1997	1998	1999
Cost of Labor (%) 38	62.7	63.0	64.5	64.1	64.1	63.6	62.9	62.6	62.7	63.4
Operating Margin (%) 39	•	1.6	2.1	•	0.5	•	1.5	1.8	3.9	3.9
Oper. Margin Before Officers Comp. (%) 40	2.3	4.1	4.4	2.1	3.1	2.8	4.2	4.4	6.2	5.9
Average Net Receivables ($) 41	493	821	647	677	613	528	674	862	936	1066
Average Inventories ($) 42	702	650	650	634	591	485	587	723	766	897
Average Net Worth ($) 43	1690	1577	1891	2314	2136	1974	2449	2996	2562	3208
Current Ratio (×1) 44	1.3	1.5	2.2	1.8	1.7	1.8	1.8	1.9	1.8	1.6
Quick Ratio (×1) 45	0.5	0.8	0.9	1.0	0.9	1.0	1.0	1.0	1.0	0.9
Coverage Ratio (×1) 46	2.9	4.3	3.7	2.6	3.1	3.1	3.7	4.7	5.0	4.9
Asset Turnover (×1) 47	1.1	1.0	0.9	0.9	0.9	0.9	1.0	0.9	1.2	1.1
Total Liabilities/Net Worth (×1) 48	1.3	1.4	1.4	0.9	0.9	0.9	0.8	0.9	1.0	0.9
Return on Assets (×1) 49	9.3	11.8	10.8	9.6	10.2	9.6	9.8	9.9	14.7	15.6
Return on Equity (%) 50	8.5	13.5	14.1	7.9	8.8	8.4	9.1	10.2	16.8	17.1

Table II

Corporations with Net Income

CUTLERY, HAND TOOLS, AND HARDWARE

MONEY AMOUNTS AND SIZE OF ASSETS IN THOUSANDS OF DOLLARS

Item Description for Accounting Period 7/95 Through 6/96	Total	Zero Assets	Under 100	100 to 250	251 to 500	501 to 1,000	1,001 to 5,000	5,001 to 10,000	10,001 to 25,000	25,001 to 50,000	50,001 to 100,000	100,001 to 250,000	250,001 and over
Number of Enterprises **1**	2482	•	628	390	455	238	577	77	73	17	10	•	8
Revenues ($ in Thousands)													
Net Sales **2**	22149630	•	177173	97586	444764	470455	2773829	921013	2118976	935820	1082545	•	11946922
Portfolio Income **3**	793586	•	12668	•	698	112	10570	2616	8141	19289	8118	•	716400
Other Revenues **4**	664977	•	-1	11468	417	1712	12856	2856	12275	4910	9276	•	583249
Total Revenues **5**	23608193	•	189840	109054	445879	472279	2797255	926485	2139392	960019	1099939	•	13246571
Average Total Revenues **6**	9512	•	302	280	980	1984	4848	12032	29307	56472	109994	•	1655821
Operating Costs/Operating Income (%)													
Cost of Operations **7**	62.2	•	72.2	68.6	64.0	70.8	65.8	59.3	69.3	69.2	64.0	•	59.3
Rent **8**	6.6	•	2.4	0.4	2.1	1.9	4.0	6.3	3.6	5.7	5.3	•	8.5
Taxes Paid **9**	2.3	•	2.5	0.3	2.8	3.0	2.9	3.5	2.6	2.4	2.7	•	2.0
Interest Paid **10**	2.8	•	2.2	3.4	3.7	1.0	1.2	1.1	1.2	2.5	1.3	•	3.8
Depreciation, Depletion, Amortization **11**	3.0	•	5.6	4.7	3.7	3.0	3.3	3.9	3.1	3.2	3.0	•	2.7
Pensions and Other Benefits **12**	2.8	•	0.5	1.0	0.9	4.5	2.1	3.1	2.1	2.4	4.5	•	3.1
Other **13**	13.4	•	14.8	16.7	8.6	2.8	7.7	9.0	7.7	8.1	10.0	•	17.1
Officers Compensation **14**	2.0	•	1.1	4.8	4.9	7.8	5.9	7.0	2.5	2.0	1.5	•	0.5
Operating Margin **15**	4.9	•	•	0.1	9.4	5.3	7.3	6.8	8.0	4.7	7.8	•	3.0
Oper. Margin Before Officers Compensation **16**	6.9	•	•	4.9	14.3	13.1	13.1	13.8	10.4	6.6	9.3	•	3.5
Selected Average Balance Sheet ($ in Thousands)													
Net Receivables **17**	1364	•	3	24	56	280	634	1349	3527	6605	13453	•	267144
Inventories **18**	1104	•	1	45	114	141	599	2094	3722	8602	17245	•	172252
Net Property, Plant and Equipment **19**	1529	•	19	53	124	227	690	2311	4986	10451	22207	•	258670
Total Assets **20**	8092	•	32	156	381	786	2417	6952	15406	35736	73891	•	1800311

Notes and Loans Payable 21	2394	•	30	99	141	196	592	1521	3346	11984	9893	•	566200
All Other Liabilities 22	1363	•	18	25	127	169	520	1004	2883	5641	15792	•	277856
Net Worth 23	4335	•	-17	31	112	420	1304	4428	9177	18111	48206	•	956255

Selected Financial Ratios (Times to 1)

Current Ratio 24	1.6	•	0.4	5.0	1.8	2.0	2.3	2.7	2.7	2.6	2.9	•	1.3
Quick Ratio 25	0.9	•	0.2	2.8	1.0	1.4	1.3	1.2	1.5	1.5	1.4	•	0.7
Net Sales to Working Capital 26	8.3	•	•	3.0	8.9	7.5	5.7	4.8	5.1	4.4	4.2	•	16.3
Coverage Ratio 27	5.5	•	3.7	4.5	3.6	6.8	7.9	8.0	8.4	4.0	8.5	•	5.2
Total Asset Turnover 28	1.1	•	8.9	1.6	2.6	2.5	2.0	1.7	1.9	1.6	1.5	•	0.8
Inventory Turnover 29	5.0	•	•	3.0	8.9	8.4	4.8	3.2	5.5	3.9	8.0	•	•
Receivables Turnover 30	6.4	•	•	7.1	•	7.3	7.0	6.9	9.0	7.2	•	•	•
Total Liabilities to Net Worth 31	0.9	•	•	4.0	2.4	0.9	0.9	0.6	0.7	1.0	0.5	•	0.9

Selected Financial Factors (in Percentages)

Debt Ratio 32	46.4	•	•	80.1	70.5	46.5	46.0	36.3	40.4	49.3	34.8	•	46.9
Return on Assets 33	16.9	•	•	24.5	34.3	16.8	18.5	14.6	19.0	14.9	15.6	•	16.4
Return on Equity 34	18.6	•	•	•	•	26.6	25.5	18.5	23.1	18.4	15.9	•	16.5
Return Before Interest on Equity 35	31.6	•	•	•	•	31.4	34.2	22.9	31.8	29.4	23.9	•	30.8
Profit Margin, Before Income Tax 36	12.6	•	5.9	11.9	9.7	5.7	8.1	7.4	8.9	7.2	9.4	•	15.9
Profit Margin, After Income Tax 37	9.1	•	5.9	11.9	9.2	5.7	6.9	6.9	7.3	6.1	7.1	•	10.6

Trends in Selected Ratios and Factors, 1990-1999

	1990	1991	1992	1993	1994	1995	1996	1997	1998	1999
Cost of Operations (%) 38	61.8	61.3	62.7	61.7	61.1	61.8	62.2	61.4	61.7	62.2
Operating Margin (%) 39	0.9	3.4	3.5	1.9	3.5	2.4	2.9	3.2	4.9	4.9
Oper. Margin Before Officers Comp. (%) 40	2.8	5.3	5.9	4.1	6.0	5.0	5.3	5.7	7.1	6.9
Average Net Receivables ($) 41	718	1114	740	1071	693	775	1026	1219	1228	1364
Average Inventories ($) 42	1022	810	703	885	574	663	857	942	965	1104
Average Net Worth ($) 43	2709	2226	2382	4267	2903	3442	4188	4752	3571	4335
Current Ratio (×1) 44	1.2	1.5	2.4	1.9	2.0	2.0	1.9	1.9	1.9	1.6
Quick Ratio (×1) 45	0.5	0.8	1.0	1.0	1.1	1.1	1.1	1.1	1.1	0.9
Coverage Ratio (×1) 46	3.4	5.5	4.9	3.9	5.3	4.8	4.6	6.1	5.6	5.5
Asset Turnover (×1) 47	1.0	1.0	0.9	0.9	0.8	0.8	0.9	0.9	1.2	1.1
Operating Leverage 48	0.4	3.9	1.1	0.5	1.8	0.7	1.2	1.1	1.5	1.0
Financial Leverage 49	1.0	1.2	1.1	0.9	1.1	1.0	1.0	1.1	1.0	1.0
Total Leverage 50	0.4	4.7	1.2	0.5	2.0	0.7	1.2	1.2	1.5	1.0

Table I

Corporations with and without Net Income

PLUMBING AND HEATING, EXCEPT ELECTRIC AND WARM AIR

MONEY AMOUNTS AND SIZE OF ASSETS IN THOUSANDS OF DOLLARS

Item Description for Accounting Period 7/95 Through 6/96	Total	Zero Assets	Under 100	100 to 250	251 to 500	501 to 1,000	1,001 to 5,000	5,001 to 10,000	10,001 to 25,000	25,001 to 50,000	50,001 to 100,000	100,001 to 250,000	250,001 and over
Number of Enterprises 1	1709	9	806	256	288	44	181	66	29	15	7	4	4
Revenues ($ in Thousands)													
Net Sales 2	13490581	129167	125048	273874	182241	161583	629569	598179	1008495	871673	768046	1057430	7685277
Portfolio Income 3	241257	53	76	•	382	307	1748	771	3728	7235	4814	7242	214902
Other Revenues 4	81400	1160	•	1395	2376	5610	18369	7576	5788	2850	8083	7392	20798
Total Revenues 5	13813238	130380	125124	275269	184999	167500	649686	606526	1018011	881758	780943	1072064	7920977
Average Total Revenues 6	8083	14487	155	1075	642	3807	3589	9190	35104	58784	111563	268016	1980244
Operating Costs/Operating Income (%)													
Cost of Operations 7	67.6	69.5	48.8	85.3	54.2	72.9	69.5	71.8	71.7	58.1	70.9	62.4	68.0
Rent 8	5.9	3.1	24.9	5.5	9.9	13.0	6.0	7.0	3.5	9.1	7.1	7.0	5.1
Taxes Paid 9	2.3	2.3	7.2	0.9	3.9	0.5	3.8	2.3	1.5	2.0	2.0	2.2	2.3
Interest Paid 10	2.8	1.4	•	1.2	0.9	0.4	1.0	2.9	1.3	1.0	2.1	2.2	3.7
Depreciation, Depletion, Amortization 11	2.5	1.2	1.5	3.0	2.3	1.4	1.5	3.2	2.3	2.3	2.5	2.3	2.7
Pensions and Other Benefits 12	2.4	0.8	0.6	•	4.9	2.8	1.5	1.2	1.4	3.8	2.3	4.5	2.4
Other 13	12.8	17.8	12.1	7.1	16.5	11.6	14.2	11.9	13.5	15.1	10.1	15.1	12.4
Officers Compensation 14	1.2	2.2	4.9	1.1	10.4	3.2	4.1	3.6	1.9	1.7	1.7	0.6	0.3
Operating Margin 15	2.6	1.8	0.1	•	•	•	•	•	3.0	6.9	1.4	3.8	3.4
Oper. Margin Before Officers Compensation 16	3.7	4.0	5.0	•	7.4	•	2.6	•	4.9	8.6	3.2	4.4	3.7
Selected Average Balance Sheet ($ in Thousands)													
Net Receivables 17	1207	•	2	8	68	405	453	1543	5129	8330	23587	44355	305480
Inventories 18	1215	•	6	47	109	90	792	2108	6017	9402	14338	39807	291445
Net Property, Plant and Equipment 19	1445	•	5	38	49	65	285	1987	4304	9388	21628	40426	419234
Total Assets 20	6830	•	32	138	340	905	1981	6662	18306	33576	72139	188165	2095900

Notes and Loans Payable 21	974	•	28	440	209	1220	695	3050	5195	6434	19946	56188	119220
All Other Liabilities 22	2363	•	6	88	128	521	3190	1485	3104	6586	20885	66536	668527
Net Worth 23	3493	•	-2	-390	2	-836	-1904	2128	10007	20557	31308	65441	1308154

Selected Financial Ratios (Times to 1)

Current Ratio 24	2.0	•	0.5	0.7	1.4	0.5	0.5	1.6	2.7	2.7	2.3	1.7	3.3
Quick Ratio 25	1.0	•	0.2	0.3	0.8	0.4	0.2	0.7	1.3	1.2	1.4	0.8	1.7
Net Sales to Working Capital 26	5.9	•	•	•	9.1	•	•	5.7	4.6	4.6	4.4	6.6	4.4
Coverage Ratio 27	2.8	2.9	•	•	•	•	2.8	0.2	4.1	8.7	2.5	3.4	2.8
Total Asset Turnover 28	1.2	•	4.9	7.8	1.9	4.1	1.8	1.4	1.9	1.7	1.5	1.4	0.9
Inventory Turnover 29	4.4	•	•	•	3.5	•	2.6	3.3	3.8	3.8	6.2	3.6	4.6
Receivables Turnover 30	6.9	•	•	•	•	•	6.3	7.3	6.0	6.5	5.1	5.3	7.0
Total Liabilities to Net Worth 31	1.0	•	•	•	•	•	•	2.1	0.8	0.6	1.3	1.9	0.6

Selected Financial Factors (in Percentages)

Debt Ratio 32	48.9	•	•	•	99.3	•	•	68.1	45.3	38.8	56.6	65.2	37.6
Return on Assets 33	8.9	•	0.9	•	•	•	4.9	0.7	9.9	15.6	8.0	10.4	9.3
Return on Equity 34	7.5	•	•	10.0	•	15.0	•	•	13.0	16.8	5.9	13.2	6.4
Return Before Interest on Equity 35	17.4	•	•	6.6	•	7.2	•	2.1	18.1	25.5	18.5	29.8	14.8
Profit Margin, Before Income Tax 36	5.0	2.7	0.2	•	•	•	1.8	•	3.9	8.0	3.2	5.2	6.4
Profit Margin, After Income Tax 37	3.3	1.8	0.2	•	•	•	1.6	•	3.7	6.0	1.7	3.3	4.4

Trends in Selected Ratios and Factors, 1990-1999

	1990	1991	1992	1993	1994	1995	1996	1997	1998	1999
Cost of Labor (%) 38	63.8	65.8	67.0	68.3	67.7	70.0	67.0	67.4	65.7	67.6
Operating Margin (%) 39	2.4	3.1	1.1	1.6	•	•	1.7	2.1	4.5	2.6
Oper. Margin Before Officers Comp. (%) 40	4.2	4.2	2.9	2.9	1.3	0.3	2.9	3.4	5.7	3.7
Average Net Receivables ($) 41	1368	1697	2323	2014	1428	1415	1948	1682	1250	1207
Average Inventories ($) 42	1533	2011	2466	1805	1416	1648	2157	1769	1393	1215
Average Net Worth ($) 43	5575	5993	6077	5070	3828	4783	6556	5218	3870	3493
Current Ratio (×1) 44	2.2	2.2	2.6	2.5	2.2	2.2	1.9	1.9	1.9	2.0
Quick Ratio (×1) 45	1.1	1.0	1.2	1.3	1.1	1.0	0.9	0.9	0.9	1.0
Coverage Ratio (×1) 46	2.9	2.5	2.2	2.2	1.8	1.7	2.8	3.1	3.6	2.8
Asset Turnover (×1) 47	0.9	0.9	1.0	1.0	1.0	1.1	1.0	1.1	1.1	1.2
Total Liabilities/Net Worth (×1) 48	0.8	1.1	1.4	1.2	1.3	1.0	1.1	1.0	1.0	1.0
Return on Assets (×1) 49	10.0	10.7	10.4	9.4	7.8	6.0	8.1	9.9	11.5	8.9
Return on Equity (%) 50	6.8	8.5	8.9	7.2	4.6	2.9	7.2	9.9	11.3	7.5

Table II

Corporations with Net Income

PLUMBING AND HEATING, EXCEPT ELECTRIC AND WARM AIR

MONEY AMOUNTS AND SIZE OF ASSETS IN THOUSANDS OF DOLLARS

Item Description for Accounting Period 7/95 Through 6/96		Total	Zero Assets	Under 100	100 to 250	251 to 500	501 to 1,000	1,001 to 5,000	5,001 to 10,000	10,001 to 25,000	25,001 to 50,000	50,001 to 100,000	100,001 to 250,000	250,001 and over
Number of Enterprises	1	1205	9	604	207	102	40	153	38	25	15	•	•	4
Revenues ($ in Thousands)														
Net Sales	2	12498491	129167	105538	270026	84898	161583	497057	396812	955881	871673	•	•	7685277
Portfolio Income	3	239264	53	•	•	382	307	1738	397	3719	7235	•	•	214902
Other Revenues	4	69190	1160	•	1395	704	5610	17433	879	5723	2850	•	•	20798
Total Revenues	5	12806945	130380	105538	271421	85984	167500	516228	398088	965323	881758	•	•	7920977
Average Total Revenues	6	10628	14487	175	1311	843	4188	3374	10476	38613	58784	•	•	1980244
Operating Costs/Operating Income (%)														
Cost of Operations	7	67.1	69.5	48.5	84.9	44.5	72.9	65.1	70.3	71.0	58.1	•	•	68.0
Rent	8	5.8	3.1	25.8	3.7	9.5	12.4	5.5	5.2	3.6	9.1	•	•	5.1
Taxes Paid	9	2.3	2.3	7.7	0.7	4.4	0.4	4.6	2.2	1.5	2.0	•	•	2.3
Interest Paid	10	2.7	1.4		1.3	0.1	0.4	1.0	3.0	1.3	1.0	•	•	3.7
Depreciation, Depletion, Amortization	11	2.4	1.2	0.6	0.9	1.3	1.4	1.6	2.0	2.4	2.3	•	•	2.7
Pensions and Other Benefits	12	2.4	0.8	0.7	•	5.2	2.3	1.6	1.5	1.5	3.8	•	•	2.4
Other	13	12.5	17.8	10.7	6.3	20.4	6.1	13.2	9.0	13.7	15.1	•	•	12.4
Officers Compensation	14	1.1	2.2	5.8	1.1	13.0	3.2	4.1	3.6	1.9	1.7	•	•	0.3
Operating Margin	15	3.7	1.8	0.2	1.2	1.7	1.0	3.4	3.3	3.2	6.9	•	•	3.4
Oper. Margin Before Officers Compensation	16	4.8	4.0	6.0	2.3	14.6	4.1	7.5	6.9	5.1	8.6	•	•	3.7
Selected Average Balance Sheet ($ in Thousands)														
Net Receivables	17	1582	•	2	10	81	446	419	1574	5598	8330	•	•	305480
Inventories	18	1566	•	8	49	84	99	800	2398	5975	9402	•	•	291445
Net Property, Plant and Equipment	19	1908	•	3	42	62	72	319	1806	4740	9388	•	•	419234
Total Assets	20	9116	•	34	126	321	927	1989	7344	19505	33576	•	•	2095900

Notes and Loans Payable 21	976	•	37	211	114	200	646	2849	5598	6434	•	•	119220
All Other Liabilities 22	3078	•	2	31	49	263	3529	2096	3160	6586	•	•	668527
Net Worth 23	5061	•	-5	-115	158	463	-2186	2398	10746	20557	•	•	1308154

Selected Financial Ratios (Times to 1)

Current Ratio 24	2.3	•	0.4	1.6	3.4	2.6	0.5	1.8	2.8	2.7	•	•	3.3
Quick Ratio 25	1.1	•	0.1	0.7	1.8	2.2	0.2	0.7	1.4	1.2	•	•	1.7
Net Sales to Working Capital 26	5.4	•	•	43.7	6.4	9.2	•	5.0	4.7	4.6	•	•	4.4
Coverage Ratio 27	3.3	2.9	•	2.4	•	13.0	8.6	2.2	4.3	8.7	•	•	2.8
Total Asset Turnover 28	1.1	•	5.1	10.3	2.6	4.4	1.6	1.4	2.0	1.7	•	•	0.9
Inventory Turnover 29	4.4	•	•	•	3.7	•	2.5	2.6	4.2	3.8	•	•	4.6
Receivables Turnover 30	6.9	•	•	•	•	•	8.3	6.5	6.2	6.5	•	•	7.0
Total Liabilities to Net Worth 31	0.8	•	•	•	1.0	1.0	•	2.1	0.8	0.6	•	•	0.6

Selected Financial Factors (in Percentages)

Debt Ratio 32	44.5	•	•	•	50.7	50.0	•	67.4	44.9	38.8	•	•	37.6
Return on Assets 33	10.1	•	1.2	30.6	8.0	21.8	13.4	9.3	10.7	15.6	•	•	9.3
Return on Equity 34	9.1	•	•	•	13.2	28.1	•	11.7	14.2	16.8	•	•	6.4
Return Before Interest on Equity 35	18.2	•	•	•	16.2	•	•	28.6	19.4	25.5	•	•	14.8
Profit Margin, Before Income Tax 36	6.2	2.7	0.2	1.7	3.0	4.6	7.2	3.6	4.2	8.0	•	•	6.4
Profit Margin, After Income Tax 37	4.4	1.8	0.2	1.7	2.5	3.2	7.0	2.7	4.0	6.0	•	•	4.4

Trends in Selected Ratios and Factors, 1990-1999

	1990	1991	1992	1993	1994	1995	1996	1997	1998	1999
Cost of Operations (%) 38	63.1	65.3	66.0	67.2	65.6	70.0	65.7	65.9	65.2	67.1
Operating Margin (%) 39	4.7	3.9	2.5	3.1	2.0	1.5	3.4	3.5	5.4	3.7
Oper. Margin Before Officers Comp. (%) 40	6.5	4.8	4.2	4.3	3.5	2.7	4.4	4.6	6.5	4.8
Average Net Receivables ($) 41	1533	2061	3560	2541	1362	2411	4349	2661	1963	1582
Average Inventories ($) 42	1646	2411	3681	2211	1268	2733	4930	2859	2196	1566
Average Net Worth ($) 43	6177	7505	10253	6929	4160	9472	16617	9451	7178	5061
Current Ratio (×1) 44	2.2	2.3	2.6	2.7	2.7	2.5	2.0	2.5	2.7	2.3
Quick Ratio (×1) 45	1.1	1.0	1.2	1.4	1.4	1.2	0.9	1.2	1.3	1.1
Coverage Ratio (×1) 46	4.7	2.7	2.7	2.9	2.8	2.6	3.4	3.9	4.0	3.3
Asset Turnover (×1) 47	1.0	0.9	1.0	1.0	1.0	0.9	0.9	1.1	1.1	1.1
Operating Leverage 48	1.2	0.8	0.7	1.2	0.7	0.7	2.3	1.0	1.6	0.7
Financial Leverage 49	1.2	0.9	1.1	1.0	1.0	1.0	1.1	1.1	0.9	1.0
Total Leverage 50	1.4	0.7	0.7	1.3	0.7	0.8	2.5	1.2	1.5	0.7

Table I

Corporations with and without Net Income

FABRICATED STRUCTURAL METAL PRODUCTS

MONEY AMOUNTS AND SIZE OF ASSETS IN THOUSANDS OF DOLLARS

Item Description for Accounting Period 7/95 Through 6/96	Total	Zero Assets	Under 100	100 to 250	251 to 500	501 to 1,000	1,001 to 5,000	5,001 to 10,000	10,001 to 25,000	25,001 to 50,000	50,001 to 100,000	100,001 to 250,000	250,001 and over
Number of Enterprises 1	9439	105	2054	1921	1480	1288	2022	315	141	55	30	20	8
Revenues ($ in Thousands)													
Net Sales 2	44787407	59121	318031	1278548	1590981	2389772	10241791	4720373	4449143	3476365	3422319	4480114	8320848
Portfolio Income 3	468319	118	14790	674	5556	6400	58913	18705	15890	36145	28719	38157	244250
Other Revenues 4	358577	109	18	1829	1398	4779	43882	23310	20830	19222	43104	51801	148300
Total Revenues 5	45614303	59348	332839	1281051	1597935	2400951	10344586	4762388	4525863	3531732	3494142	4570072	8713398
Average Total Revenues 6	4833	565	162	667	1080	1864	5116	15119	32098	64213	116471	228504	1089175
Operating Costs/Operating Income (%)													
Cost of Operations 7	74.4	76.0	46.2	61.1	67.2	68.2	73.5	74.1	77.8	76.9	77.9	77.9	75.6
Rent 8	5.4	3.7	18.3	14.5	5.5	5.5	5.3	5.0	4.8	5.0	4.7	5.8	4.5
Taxes Paid 9	2.1	3.4	4.4	2.7	2.9	2.9	2.3	2.0	2.3	2.1	1.5	1.8	1.6
Interest Paid 10	1.5	1.0	1.5	0.8	0.7	0.8	1.0	1.0	1.1	1.5	1.6	1.8	2.6
Depreciation, Depletion, Amortization 11	2.3	0.2	1.1	1.8	2.0	1.8	1.9	2.0	1.7	2.4	1.9	2.2	3.8
Pensions and Other Benefits 12	2.0	0.2	0.2	2.6	2.0	1.2	1.8	1.4	2.3	1.7	2.0	2.1	2.5
Other 13	7.3	9.4	15.6	14.3	10.2	9.6	7.1	7.1	5.5	6.4	5.9	6.6	7.4
Officers Compensation 14	2.7	22.7	9.2	4.4	6.5	7.0	4.3	3.2	1.7	1.9	1.1	0.7	0.7
Operating Margin 15	2.4	•	3.6	•	3.1	3.1	2.9	4.3	2.9	2.2	3.4	1.1	1.4
Oper. Margin Before Officers Compensation 16	5.2	6.2	12.8	2.3	9.7	10.2	7.1	7.5	4.6	4.1	4.5	1.8	2.1
Selected Average Balance Sheet ($ in Thousands)													
Net Receivables 17	868	•	8	68	100	263	656	2352	4944	9604	17460	34304	382051
Inventories 18	459	•	1	19	67	151	492	1298	3066	7826	14230	26321	98077
Net Property, Plant and Equipment 19	722	•	13	35	84	175	542	1782	3464	9998	16433	33155	315478
Total Assets 20	3270	•	33	165	366	751	2105	7177	14177	34793	71497	137243	1706994

Notes and Loans Payable **21**	738	•	19	101	100	225	645	1831	3797	10152	23027	38067	233456
All Other Liabilities **22**	1362	•	8	62	75	173	589	2203	4304	9764	24282	44419	967625
Net Worth **23**	1170	•	6	2	191	353	871	3143	6076	14877	24188	54757	505912

Selected Financial Ratios (Times to 1)

Current Ratio **24**	1.5	•	0.9	1.7	2.9	2.6	1.9	1.7	1.8	1.5	1.5	1.7	1.1
Quick Ratio **25**	0.9	•	0.8	1.4	2.1	1.8	1.2	1.1	1.1	0.8	0.8	1.0	0.7
Net Sales to Working Capital **26**	8.8	•	•	14.1	6.5	5.5	7.5	7.5	7.6	9.1	8.0	6.9	31.4
Coverage Ratio **27**	4.0	•	6.7	•	6.5	5.3	4.8	6.1	4.5	3.5	4.3	2.7	3.5
Total Asset Turnover **28**	1.5	•	4.8	4.0	2.9	2.5	2.4	2.1	2.3	1.8	1.6	1.6	0.6
Inventory Turnover **29**	7.6	•	•	•	•	8.4	7.8	9.3	7.9	6.3	6.4	6.2	7.2
Receivables Turnover **30**	6.0	•	•	•	9.0	7.6	8.0	6.4	6.8	7.9	6.5	5.5	3.6
Total Liabilities to Net Worth **31**	1.8	•	4.4	•	0.9	1.1	1.4	1.3	1.3	1.3	2.0	1.5	2.4

Selected Financial Factors (in Percentages)

Debt Ratio **32**	64.2	•	81.6	99.0	47.9	53.0	58.6	56.2	57.1	57.3	66.2	60.1	70.4
Return on Assets **33**	8.4	•	•	•	12.4	11.0	11.7	12.9	10.8	9.6	11.2	7.9	5.5
Return on Equity **34**	12.9	•	•	•	17.2	16.4	19.6	21.3	16.4	11.7	17.1	7.3	7.8
Return Before Interest on Equity **35**	23.3	•	•	•	23.8	23.3	28.3	29.4	25.2	22.4	33.2	19.8	18.5
Profit Margin, Before Income Tax **36**	4.3	•	8.3	•	3.6	3.6	3.9	5.2	3.8	3.7	5.4	3.0	6.4
Profit Margin, After Income Tax **37**	3.2	•	7.9	•	3.1	3.1	3.4	4.5	3.1	2.8	3.6	1.8	3.8

Trends in Selected Ratios and Factors, 1990-1999

	1990	1991	1992	1993	1994	1995	1996	1997	1998	1999
Cost of Labor (%) **38**	73.1	73.0	74.3	74.2	73.5	75.4	74.8	75.2	73.4	74.4
Operating Margin (%) **39**	•	•	0.3	0.5	0.8	•	•	0.2	2.0	2.4
Oper. Margin Before Officers Comp. (%) **40**	1.8	2.0	2.7	3.3	4.0	2.0	2.0	2.8	4.4	5.2
Average Net Receivables ($) **41**	576	586	865	763	678	841	906	875	810	868
Average Inventories ($) **42**	439	442	526	560	472	486	509	456	543	459
Average Net Worth ($) **43**	927	886	1158	1084	1013	1334	1336	1220	1379	1170
Current Ratio (×1) **44**	1.6	1.5	1.3	1.7	1.7	1.6	1.5	1.6	1.6	1.5
Quick Ratio (×1) **45**	0.9	0.9	0.8	1.0	1.0	1.0	0.9	1.0	0.9	0.9
Coverage Ratio (×1) **46**	2.2	2.2	2.4	2.4	2.7	1.9	2.1	2.1	3.8	4.0
Asset Turnover (×1) **47**	1.5	1.5	1.4	1.8	1.7	1.4	1.4	1.5	1.4	1.5
Total Liabilities/Net Worth (×1) **48**	1.7	1.8	2.1	1.7	1.6	1.6	1.8	1.8	1.9	1.8
Return on Assets (×1) **49**	7.0	6.9	8.4	9.1	9.4	5.4	5.6	5.0	7.9	8.4
Return on Equity (%) **50**	5.3	6.4	10.7	9.9	10.6	3.5	5.3	4.4	12.2	12.9

Table II

Corporations with Net Income

FABRICATED STRUCTURAL METAL PRODUCTS

MONEY AMOUNTS AND SIZE OF ASSETS IN THOUSANDS OF DOLLARS

Item Description for Accounting Period 7/95 Through 6/96	Total	Zero Assets	Under 100	100 to 250	251 to 500	501 to 1,000	1,001 to 5,000	5,001 to 10,000	10,001 to 25,000	25,001 to 50,000	50,001 to 100,000	100,001 to 250,000	250,001 and over
Number of Enterprises **1**	6852	42	1592	1059	1084	946	1629	289	117	49	24	15	5
Revenues ($ in Thousands)													
Net Sales **2**	36229099	45318	288059	876832	1237645	1840123	8516289	4442680	3754104	3190803	2975228	3226637	5835380
Portfolio Income **3**	263883	85	10819	419	3053	4250	45941	17273	15295	35676	20870	30554	79646
Other Revenues **4**	286267	1	·	1109	421	3199	31883	19074	19258	17441	53078	47192	93615
Total Revenues **5**	36779249	45404	298878	878360	1241119	1847572	8594113	4479027	3788657	3243920	3049176	3304383	6008641
Average Total Revenues **6**	5368	1081	188	829	1145	1953	5276	15498	32382	66202	127049	220292	1201728
Operating Costs/Operating Income (%)													
Cost of Operations **7**	73.1	63.1	44.6	52.5	66.0	66.4	72.5	73.9	76.8	76.5	77.2	76.7	73.1
Rent **8**	5.2	3.1	17.7	19.2	5.8	5.8	5.6	4.9	4.3	4.7	4.6	5.3	2.9
Taxes Paid **9**	2.1	2.4	4.6	2.5	3.1	2.8	2.3	2.0	2.2	1.9	1.5	1.9	1.7
Interest Paid **10**	1.2	0.4	0.8	0.5	0.6	0.5	1.0	1.0	0.9	1.3	1.5	1.1	2.1
Depreciation, Depletion, Amortization **11**	2.2	0.1	1.0	1.4	1.8	2.0	1.9	2.0	1.6	2.3	1.8	2.0	4.1
Pensions and Other Benefits **12**	1.8	0.2	·	3.5	2.3	1.1	1.7	1.3	2.5	1.5	1.8	1.6	2.0
Other **13**	6.8	5.6	14.6	11.8	9.6	8.8	6.7	7.0	5.3	6.0	5.6	6.8	6.3
Officers Compensation **14**	2.6	25.1	10.2	4.3	6.3	6.7	3.9	3.0	1.7	1.9	1.1	0.7	0.5
Operating Margin **15**	5.1	·	6.3	4.4	4.5	6.0	4.6	5.1	4.9	3.8	5.1	3.9	7.4
Oper. Margin Before Officers Compensation **16**	7.7	25.1	16.5	8.7	10.8	12.7	8.5	8.1	6.6	5.8	6.2	4.7	7.9
Selected Average Balance Sheet ($ in Thousands)													
Net Receivables **17**	723	·	7	82	99	272	674	2450	5028	9849	18586	33303	133661
Inventories **18**	513	·	2	7	76	145	476	1352	2983	7502	13789	26584	134162
Net Property, Plant and Equipment **19**	757	·	14	31	75	202	563	1748	3231	9981	16948	30392	341571
Total Assets **20**	2741	·	35	162	363	780	2097	7306	14016	34886	73789	132574	957587

Notes and Loans Payable 21	573	•	23	46	96	150	550	1844	2998	9056	18246	22527	118989
All Other Liabilities 22	895	•	8	60	81	175	516	2242	4262	9267	23188	37124	450285
Net Worth 23	1273	•	4	56	186	455	1031	3220	6756	16563	32355	72922	388312

Selected Financial Ratios (Times to 1)

Current Ratio 24	1.7	•	0.8	1.9	3.0	2.7	2.1	1.8	1.8	1.6	1.7	2.1	1.0
Quick Ratio 25	1.0	•	0.8	1.8	2.1	1.9	1.4	1.1	1.1	0.8	0.9	1.2	0.4
Net Sales to Working Capital 26	8.2	•	•	14.4	6.4	5.6	6.9	7.3	7.5	8.2	6.8	5.2	•
Coverage Ratio 27	6.7	1.4	13.8	11.1	9.5	13.2	6.7	6.9	7.7	5.3	6.1	6.7	6.0
Total Asset Turnover 28	1.9	•	5.2	5.1	3.2	2.5	2.5	2.1	2.3	1.9	1.7	1.6	1.2
Inventory Turnover 29	7.4	•	•	•	•	9.5	8.3	•	8.2	6.6	6.7	5.8	5.2
Receivables Turnover 30	6.9	•	•	•	8.4	7.7	8.3	7.2	6.8	8.0	7.0	5.3	5.1
Total Liabilities to Net Worth 31	1.2	•	7.9	1.9	1.0	0.7	1.0	1.3	1.1	1.1	1.3	0.8	1.5

Selected Financial Factors (in Percentages)

Debt Ratio 32	53.6	•	88.8	65.1	48.9	41.7	50.8	55.9	51.8	52.5	56.2	45.0	59.5
Return on Assets 33	15.1	•	•	25.4	16.9	17.3	16.2	14.5	15.3	12.6	15.0	11.8	15.3
Return on Equity 34	21.8	•	•	•	25.5	24.8	25.1	24.6	24.1	17.3	20.7	13.1	20.5
Return Before Interest on Equity 35	32.4	•	•	•	33.1	29.7	32.9	32.9	31.8	26.6	34.2	21.4	•
Profit Margin, Before Income Tax 36	6.6	0.2	10.1	4.5	4.8	6.4	5.5	5.9	5.8	5.5	7.5	6.2	10.5
Profit Margin, After Income Tax 37	5.3	0.2	9.7	4.0	4.2	5.8	5.0	5.2	5.1	4.4	5.4	4.5	6.8

Trends in Selected Ratios and Factors, 1990-1999

	1990	1991	1992	1993	1994	1995	1996	1997	1998	1999
Cost of Operations (%) 38	71.3	70.9	72.7	72.6	72.5	74.2	73.6	72.8	72.1	73.1
Operating Margin (%) 39	2.1	2.1	2.5	2.9	3.4	2.4	1.9	3.0	3.6	5.1
Oper. Margin Before Officers Comp. (%) 40	4.9	4.8	4.8	5.8	6.7	5.0	4.9	5.9	6.0	7.7
Average Net Receivables ($) 41	636	730	1080	778	821	1078	1141	787	848	723
Average Inventories ($) 42	517	605	600	549	554	585	607	534	562	513
Average Net Worth ($) 43	1202	1248	1512	1222	1448	2068	1987	1426	1709	1273
Current Ratio (×1) 44	1.9	1.9	1.7	1.8	2.0	1.7	1.6	1.7	1.7	1.7
Quick Ratio (×1) 45	1.1	1.0	1.0	1.0	1.2	1.1	1.0	1.0	0.9	1.0
Coverage Ratio (×1) 46	4.1	3.8	3.7	3.9	5.0	4.1	4.1	4.4	5.3	6.7
Asset Turnover (×1) 47	1.7	1.6	1.6	1.8	1.8	1.3	1.3	1.7	1.3	1.9
Operating Leverage 48	1.0	1.0	1.2	1.2	1.2	0.7	0.8	1.6	1.2	1.4
Financial Leverage 49	1.0	1.1	1.1	1.0	1.1	0.9	1.0	1.1	1.0	1.1
Total Leverage 50	1.1	1.1	1.2	1.2	1.2	0.7	0.8	1.6	1.3	1.5

Table I

Corporations with and without Net Income

METAL FORGINGS AND STAMPINGS

MONEY AMOUNTS AND SIZE OF ASSETS IN THOUSANDS OF DOLLARS

Item Description for Accounting Period 7/95 Through 6/96	Total	Zero Assets	Under 100	100 to 250	251 to 500	501 to 1,000	1,001 to 5,000	5,001 to 10,000	10,001 to 25,000	25,001 to 50,000	50,001 to 100,000	100,001 to 250,000	250,001 and over
Number of Enterprises 1	3669	•	634	1084	•	502	788	199	144	61	27	16	5
Revenues ($ in Thousands)													
Net Sales 2	26969330	•	208762	307380	•	707554	4806679	3039874	4231262	3650313	2470343	3128048	4265985
Portfolio Income 3	227776	•	541	10588	•	1582	34211	4567	28140	17225	23303	18892	88724
Other Revenues 4	285309	•	97	3970	•	2245	20481	15894	17266	25261	16020	60431	96707
Total Revenues 5	27482415	•	209400	321938	•	711381	4861371	3060335	4276668	3692799	2509666	3207371	4451416
Average Total Revenues 6	7490	•	330	297	•	1417	6169	15379	29699	60538	92951	200461	890283
Operating Costs/Operating Income (%)													
Cost of Operations 7	73.7	•	61.2	66.0	•	59.0	73.5	73.3	75.6	76.4	77.4	75.3	69.9
Rent 8	4.9	•	5.2	8.9	•	2.4	4.9	3.9	3.4	3.5	2.9	4.4	9.7
Taxes Paid 9	2.4	•	2.8	4.1	•	3.6	2.6	2.6	2.2	2.0	2.3	2.7	1.9
Interest Paid 10	1.6	•	0.4	1.2	•	1.0	1.4	1.2	1.2	1.6	1.7	2.0	2.3
Depreciation, Depletion, Amortization 11	3.3	•	2.2	3.0	•	4.0	2.4	2.5	3.2	3.7	4.3	4.3	2.9
Pensions and Other Benefits 12	2.6	•	•	0.5	•	3.9	2.0	2.2	2.4	2.4	2.8	2.9	3.6
Other 13	6.8	•	17.3	16.2	•	10.5	6.1	5.7	5.2	4.4	5.4	6.7	10.8
Officers Compensation 14	2.3	•	7.9	6.0	•	10.7	3.5	3.1	2.3	1.6	1.3	1.1	0.5
Operating Margin 15	2.7	•	3.1	•	•	4.9	3.7	5.5	4.5	4.4	2.2	0.7	•
Oper. Margin Before Officers Compensation 16	4.9	•	11.0	0.1	•	15.6	7.2	8.7	6.7	6.0	3.4	1.7	•
Selected Average Balance Sheet ($ in Thousands)													
Net Receivables 17	1073	•	22	26	•	219	773	2030	4160	8722	13740	29405	158352
Inventories 18	816	•	10	18	•	86	576	1606	3449	6731	10863	19618	124088
Net Property, Plant and Equipment 19	1496	•	7	30	•	272	748	2139	5455	14093	25674	60414	191973
Total Assets 20	4661	•	55	148	•	749	2496	6939	15668	36073	66905	153701	878638

Notes and Loans Payable 21	1197	•	9	19	•	138	933	1892	4977	10810	18228	43862	110673
All Other Liabilities 22	1573	•	6	29	•	115	732	1934	3828	9834	19005	51611	442771
Net Worth 23	1891	•	40	100	•	497	830	3113	6863	15430	29672	58228	325194

Selected Financial Ratios (Times to 1)

Current Ratio 24	1.5	•	3.1	2.0	•	3.4	1.5	1.7	1.8	1.6	1.5	1.3	1.3
Quick Ratio 25	0.9	•	2.5	1.4	•	2.7	1.0	1.0	1.1	0.9	0.9	0.7	0.8
Net Sales to Working Capital 26	9.1	•	10.4	8.0	•	4.5	10.5	8.8	7.2	8.6	8.7	11.5	11.0
Coverage Ratio 27	3.9	•	9.8	•	•	6.7	4.6	6.4	5.5	4.6	3.2	2.6	2.3
Total Asset Turnover 28	1.6	•	6.0	1.9	•	1.9	2.5	2.2	1.9	1.7	1.4	1.3	1.0
Inventory Turnover 29	6.9	•	•	•	•	8.2	7.5	7.7	6.5	7.1	6.8	7.3	5.6
Receivables Turnover 30	7.3	•	•	•	•	6.6	8.1	8.3	7.3	7.5	7.1	6.2	6.6
Total Liabilities to Net Worth 31	1.5	•	0.4	0.5	•	0.5	2.0	1.2	1.3	1.3	1.3	1.6	1.7

Selected Financial Factors (in Percentages)

Debt Ratio 32	59.4	•	27.2	32.6	•	33.7	66.7	55.1	56.2	57.2	55.7	62.1	63.0
Return on Assets 33	9.6	•	22.4	•	•	12.1	15.0	16.2	12.6	11.8	7.4	6.6	5.0
Return on Equity 34	14.7	•	26.8	•	•	13.8	32.4	28.8	19.1	17.7	7.6	6.1	6.9
Return Before Interest on Equity 35	23.7	•	30.7	•	•	18.3	•	•	28.9	27.6	16.6	17.5	13.5
Profit Margin, Before Income Tax 36	4.5	•	3.4	•	•	5.5	4.8	6.2	5.5	5.6	3.7	3.2	2.9
Profit Margin, After Income Tax 37	3.8	•	3.3	•	•	4.9	4.4	5.9	4.5	4.6	2.5	1.8	2.6

Trends in Selected Ratios and Factors, 1990-1999

	1990	1991	1992	1993	1994	1995	1996	1997	1998	1999
Cost of Labor (%) 38	70.3	71.7	73.1	74.3	73.2	72.9	71.8	72.9	72.6	73.7
Operating Margin (%) 39	•	1.1	1.2	•	•	•	0.8	1.4	3.1	2.7
Oper. Margin Before Officers Comp. (%) 40	2.8	4.3	4.1	2.7	1.8	1.9	4.3	4.5	5.6	4.9
Average Net Receivables ($) 41	623	776	760	817	695	655	680	812	955	1073
Average Inventories ($) 42	516	611	709	701	611	551	542	652	762	816
Average Net Worth ($) 43	1104	1508	1647	1676	1372	1204	1289	1573	1741	1891
Current Ratio (×1) 44	1.6	1.7	1.6	1.6	1.6	1.6	1.5	1.5	1.6	1.5
Quick Ratio (×1) 45	0.9	0.9	0.8	0.8	0.9	0.9	0.9	0.9	0.9	0.9
Coverage Ratio (×1) 46	2.0	3.1	2.5	2.1	1.5	1.4	2.3	3.0	3.8	3.9
Asset Turnover (×1) 47	1.6	1.5	1.4	1.4	1.4	1.3	1.5	1.5	1.6	1.6
Total Liabilities/Net Worth (×1) 48	1.5	1.2	1.4	1.5	1.7	1.9	1.4	1.5	1.5	1.5
Return on Assets (×1) 49	6.9	8.1	8.5	8.8	7.1	5.0	5.8	6.7	9.6	9.6
Return on Equity (%) 50	3.0	8.7	8.9	8.5	3.9	2.2	6.0	8.6	14.0	14.7

Table II

Corporations with Net Income

METAL FORGINGS AND STAMPINGS

MONEY AMOUNTS AND SIZE OF ASSETS IN THOUSANDS OF DOLLARS

Item Description for Accounting Period 7/95 Through 6/96		Total	Zero Assets	Under 100	100 to 250	251 to 500	501 to 1,000	1,001 to 5,000	5,001 to 10,000	10,001 to 25,000	25,001 to 50,000	50,001 to 100,000	100,001 to 250,000	250,001 and over
Number of Enterprises	1	2859	•	509	805	62	406	694	187	101	46	19	11	•
Revenues ($ in Thousands)														
Net Sales	2	21866104	•	166857	284046	27893	574957	4334693	2949816	3232399	2815738	1731526	2358709	•
Portfolio Income	3	170206	•	•	1812	3	668	31405	4248	24140	12245	20650	11234	•
Other Revenues	4	185524	•	•	21	•	1472	19862	13961	12452	26620	11475	36181	•
Total Revenues	5	22221834	•	166857	285879	27896	577097	4385960	2968025	3268991	2854603	1763651	2406124	•
Average Total Revenues	6	7773	•	328	355	450	1421	6320	15872	32366	62057	92824	218739	•
Operating Costs/Operating Income (%)														
Cost of Operations	7	71.9	•	58.3	57.4	59.0	56.3	72.7	73.1	74.1	73.3	74.5	74.5	•
Rent	8	5.2	•	4.1	9.0	•	2.7	5.0	3.9	3.3	3.7	3.1	4.4	•
Taxes Paid	9	2.4	•	2.0	3.8	5.7	3.7	2.5	2.6	2.4	2.2	2.1	2.5	•
Interest Paid	10	1.3	•	0.5	1.0	2.0	0.7	1.4	1.1	1.1	1.3	1.3	1.5	•
Depreciation, Depletion, Amortization	11	2.9	•	2.7	3.2	4.2	3.5	2.5	2.5	2.6	3.5	4.0	4.0	•
Pensions and Other Benefits	12	2.5	•	•	0.6	1.4	3.8	1.8	2.1	2.3	2.4	2.8	2.7	•
Other	13	6.6	•	13.9	15.2	23.4	10.6	6.0	5.4	4.9	5.0	5.3	6.1	•
Officers Compensation	14	2.4	•	8.9	4.2	4.0	11.9	3.5	3.1	2.2	1.8	1.3	1.2	•
Operating Margin	15	5.0	•	9.8	5.8	0.4	6.8	4.8	6.2	7.2	6.9	5.6	3.3	•
Oper. Margin Before Officers Compensation	16	7.4	•	18.7	10.0	4.3	18.7	8.2	9.3	9.4	8.7	6.9	4.5	•
Selected Average Balance Sheet ($ in Thousands)														
Net Receivables	17	1094	•	18	32	40	226	770	2094	4202	8743	13148	31945	•
Inventories	18	817	•	12	10	87	86	601	1598	3480	6978	9298	18153	•
Net Property, Plant and Equipment	19	1400	•	8	28	56	229	782	2176	4993	13441	24154	57316	•
Total Assets	20	4497	•	49	138	304	710	2574	7051	15405	35366	64717	148910	•

Notes and Loans Payable 21	1054	•	12	23	114	98	995	1757	4129	8665	13716	35120	•
All Other Liabilities 22	1422	•	2	22	39	109	719	1912	3960	9096	16850	44228	•
Net Worth 23	2021	•	36	94	151	503	860	3382	7316	17605	34150	69562	•

Selected Financial Ratios (Times to 1)

Current Ratio 24	1.6	•	3.0	2.5	1.9	3.4	1.6	1.7	2.0	2.0	1.6	1.7	•
Quick Ratio 25	1.0	•	2.0	2.0	1.1	2.7	1.0	1.1	1.2	1.0	0.9	0.9	•
Net Sales to Working Capital 26	8.4	•	12.5	8.1	4.4	4.5	10.0	8.4	6.8	6.4	9.1	7.9	•
Coverage Ratio 27	6.1	•	•	7.3	1.2	11.6	5.2	7.3	9.0	7.2	6.7	4.6	•
Total Asset Turnover 28	1.7	•	6.6	2.6	1.5	2.0	2.4	2.2	2.1	1.7	1.4	1.4	•
Inventory Turnover 29	6.9	•	•	•	1.0	8.3	8.2	8.0	6.4	6.3	7.0	•	•
Receivables Turnover 30	7.3	•	•	•	1.6	7.1	8.7	8.6	7.2	7.0	6.6	•	•
Total Liabilities to Net Worth 31	1.2	•	0.4	0.5	1.0	0.4	2.0	1.1	1.1	1.0	0.9	1.2	•

Selected Financial Factors (in Percentages)

Debt Ratio 32	55.1	•	27.1	32.4	50.3	29.1	66.6	52.0	52.5	50.2	47.2	53.3	•
Return on Assets 33	13.5	•	•	18.7	3.5	15.7	17.8	17.7	19.4	16.6	12.2	9.7	•
Return on Equity 34	21.7	•	•	21.8	0.9	18.2	39.9	30.1	30.4	24.2	14.8	10.6	•
Return Before Interest on Equity 35	30.0	•	•	27.6	7.1	22.1	•	•	•	33.3	23.1	20.8	•
Profit Margin, Before Income Tax 36	6.6	•	9.8	6.3	0.4	7.2	5.9	6.8	8.3	8.3	7.4	5.3	•
Profit Margin, After Income Tax 37	5.7	•	9.7	5.8	0.3	6.5	5.5	6.5	7.0	7.0	5.6	3.4	•

Trends in Selected Ratios and Factors, 1990-1999

	1990	1991	1992	1993	1994	1995	1996	1997	1998	1999
Cost of Operations (%) 38	69.1	70.4	71.8	72.8	71.0	70.6	71.5	70.8	71.5	71.9
Operating Margin (%) 39	4.2	3.7	3.4	2.1	3.9	3.9	4.1	3.7	4.7	5.0
Oper. Margin Before Officers Comp. (%) 40	8.1	6.8	6.2	4.7	8.0	7.9	8.2	6.8	7.0	7.4
Average Net Receivables ($) 41	521	848	879	856	594	546	659	943	1064	1094
Average Inventories ($) 42	422	647	798	725	507	409	476	736	813	817
Average Net Worth ($) 43	990	1949	2140	2082	1173	1055	1228	1986	2088	2021
Current Ratio (×1) 44	1.9	2.0	1.9	1.9	1.8	1.9	1.8	1.7	1.7	1.6
Quick Ratio (×1) 45	1.1	1.1	1.0	1.0	1.0	1.2	1.1	1.0	1.0	1.0
Coverage Ratio (×1) 46	4.5	5.5	3.5	2.9	4.3	4.6	5.2	5.1	5.2	6.1
Asset Turnover (×1) 47	2.1	1.6	1.4	1.4	1.8	1.7	1.8	1.5	1.6	1.7
Operating Leverage 48	1.1	0.9	0.9	0.6	1.9	1.0	1.1	0.9	1.3	1.1
Financial Leverage 49	1.0	1.2	0.9	1.0	1.2	1.0	1.1	1.0	1.0	1.1
Total Leverage 50	1.1	1.1	0.8	0.6	2.2	1.0	1.1	0.9	1.3	1.2

Table I

Corporations with and without Net Income

COATING, ENGRAVING, AND ALLIED SERVICES

MONEY AMOUNTS AND SIZE OF ASSETS IN THOUSANDS OF DOLLARS

Item Description for Accounting Period 7/95 Through 6/96	Total	Zero Assets	Under 100	100 to 250	251 to 500	501 to 1,000	1,001 to 5,000	5,001 to 10,000	10,001 to 25,000	25,001 to 50,000	50,001 to 100,000	100,001 to 250,000	250,001 and over
Number of Enterprises **1**	3620	205	1420	311	457	576	527	75	37	8	6	•	•
Revenues ($ in Thousands)													
Net Sales **2**	7801014	12307	940250	224705	405696	1199588	1978276	896155	841818	565607	736611	•	•
Portfolio Income **3**	36558	8	17406	83	375	2653	5949	4346	3313	512	1911	•	•
Other Revenues **4**	41758	962	7197	600	245	1784	16850	2116	5120	1771	5114	•	•
Total Revenues **5**	7879330	13277	964853	225388	406316	1204025	2001075	902617	850251	567890	743636	•	•
Average Total Revenues **6**	2177	65	679	725	889	2090	3797	12035	22980	70986	123939	•	•
Operating Costs/Operating Income (%)													
Cost of Operations **7**	60.3	49.3	54.8	22.3	60.6	56.1	56.8	60.7	72.4	72.3	72.3	•	•
Rent **8**	7.4	4.7	8.0	28.1	2.1	9.1	7.6	9.4	4.6	3.7	4.1	•	•
Taxes Paid **9**	3.8	7.9	6.1	5.8	5.3	3.8	3.6	3.9	2.7	2.0	2.1	•	•
Interest Paid **10**	1.2	3.9	0.6	1.2	0.7	0.9	1.5	2.0	1.4	0.5	1.0	•	•
Depreciation, Depletion, Amortization **11**	3.4	5.6	1.5	4.0	3.8	2.6	3.6	4.6	4.6	2.5	4.5	•	•
Pensions and Other Benefits **12**	2.4	3.2	0.8	6.2	2.2	2.0	2.7	4.7	1.8	2.7	1.7	•	•
Other **13**	12.1	17.4	18.5	15.8	16.4	16.2	12.3	9.1	6.5	5.6	8.3	•	•
Officers Compensation **14**	4.8	3.1	8.4	16.4	6.2	5.7	4.9	2.9	2.8	1.6	1.0	•	•
Operating Margin **15**	4.5	5.0	1.5	0.2	2.8	3.6	7.1	2.9	3.4	9.2	5.0	•	•
Oper. Margin Before Officers Compensation **16**	9.3	8.1	9.8	16.6	9.0	9.3	12.1	5.7	6.2	10.8	6.0	•	•
Selected Average Balance Sheet ($ in Thousands)													
Net Receivables **17**	250	•	26	35	93	290	475	1842	2930	7686	15037	•	•
Inventories **18**	105	•	1	2	34	71	107	495	1534	9656	15726	•	•
Net Property, Plant and Equipment **19**	421	•	27	112	190	168	740	3589	7261	10033	43290	•	•
Total Assets **20**	1010	•	65	176	355	740	1980	6706	14238	34458	95193	•	•

Notes and Loans Payable 21	355	•	30	136	156	275	750	2959	3517	3546	32771	•	•
All Other Liabilities 22	230	•	24	29	57	145	397	1527	4363	7571	22590	•	•
Net Worth 23	424	•	10	12	142	320	834	2220	6358	23341	39832	•	•

Selected Financial Ratios (Times to 1)

Current Ratio 24	1.6	•	1.1	0.9	2.0	2.2	1.7	1.5	1.0	2.9	1.6	•	•
Quick Ratio 25	1.2	•	1.1	0.9	1.5	1.7	1.3	1.2	0.7	1.6	0.8	•	•
Net Sales to Working Capital 26	11.6	•	•	•	11.0	8.1	9.5	13.6	•	4.5	9.2	•	•
Coverage Ratio 27	5.8	4.3	7.8	1.4	5.2	5.6	6.7	2.8	4.2	•	7.0	•	•
Total Asset Turnover 28	2.1	•	10.3	4.1	2.5	2.8	1.9	1.8	1.6	2.1	1.3	•	•
Inventory Turnover 29	•	•	•	•	•	•	•	•	•	5.9	6.8	•	•
Receivables Turnover 30	9.5	•	•	•	8.8	7.8	9.3	6.7	8.7	9.7	8.9	•	•
Total Liabilities to Net Worth 31	1.4	•	5.4	14.1	1.5	1.3	1.4	2.0	1.2	0.5	1.4	•	•

Selected Financial Factors (in Percentages)

Debt Ratio 32	58.0	•	84.2	93.4	59.9	56.8	57.9	66.9	55.4	32.3	58.2	•	•
Return on Assets 33	14.3	•	•	7.0	9.2	13.7	18.5	10.0	9.2	20.8	8.9	•	•
Return on Equity 34	24.2	•	•	28.3	17.2	24.0	32.0	14.2	12.2	25.9	15.2	•	•
Return Before Interest on Equity 35	34.1	•	•	•	22.9	31.7	•	30.1	20.5	30.8	21.3	•	•
Profit Margin, Before Income Tax 36	5.5	12.8	4.1	0.5	3.0	4.0	8.3	3.6	4.4	9.6	5.9	•	•
Profit Margin, After Income Tax 37	4.8	8.6	3.9	0.5	2.8	3.7	7.1	2.7	3.4	8.6	4.9	•	•

Trends in Selected Ratios and Factors, 1990-1999

	1990	1991	1992	1993	1994	1995	1996	1997	1998	1999
Cost of Labor (%) 38	63.0	59.4	64.7	62.8	64.9	65.4	67.7	64.5	61.5	60.3
Operating Margin (%) 39	1.4	2.8	4.7	3.8	1.5	0.8	0.8	2.7	4.8	4.5
Oper. Margin Before Officers Comp. (%) 40	6.3	9.7	9.7	8.5	6.1	5.4	4.8	6.9	9.6	9.3
Average Net Receivables ($) 41	256	219	329	245	304	215	225	229	218	250
Average Inventories ($) 42	139	105	193	115	169	114	126	99	88	105
Average Net Worth ($) 43	432	358	608	410	628	435	384	424	355	424
Current Ratio (×1) 44	1.5	1.9	2.2	1.6	2.0	1.8	1.5	1.5	1.5	1.6
Quick Ratio (×1) 45	1.0	1.3	1.5	1.1	1.4	1.3	1.0	1.1	1.1	1.2
Coverage Ratio (×1) 46	3.0	3.6	5.3	4.1	2.9	2.2	2.3	5.0	6.6	5.8
Asset Turnover (×1) 47	1.8	2.1	2.0	2.0	1.9	1.8	1.8	2.0	2.1	2.1
Total Liabilities/Net Worth (×1) 48	1.6	1.4	1.1	1.3	1.1	1.3	1.7	1.3	1.6	1.4
Return on Assets (×1) 49	9.2	11.8	15.9	13.9	9.1	7.0	6.6	12.1	14.8	14.3
Return on Equity (%) 50	7.8	14.9	22.3	19.1	8.6	5.7	7.3	17.5	27.7	24.2

Table II

Corporations with Net Income

COATING, ENGRAVING, AND ALLIED SERVICES

MONEY AMOUNTS AND SIZE OF ASSETS IN THOUSANDS OF DOLLARS

Item Description for Accounting Period 7/95 Through 6/96	Total	Zero Assets	Under 100	100 to 250	251 to 500	501 to 1,000	1,001 to 5,000	5,001 to 10,000	10,001 to 25,000	25,001 to 50,000	50,001 to 100,000	100,001 to 250,000	250,001 and over
Number of Enterprises **1**	3085	205	1420	93	319	499	443	66	•	•	•	•	•
Revenues ($ in Thousands)													
Net Sales **2**	6953301	12307	940250	138423	291630	1060025	1715211	801510	•	•	•	•	•
Portfolio Income **3**	31280	8	17406	•	209	2653	3454	3207	•	•	•	•	•
Other Revenues **4**	35473	962	7197	•	-1	577	13871	1534	•	•	•	•	•
Total Revenues **5**	7020054	13277	964853	138423	291838	1063255	1732536	806251	•	•	•	•	•
Average Total Revenues **6**	2276	65	679	1488	915	2131	3911	12216	•	•	•	•	•
Operating Costs/Operating Income (%)													
Cost of Operations **7**	60.5	49.3	54.8	4.3	63.5	55.7	54.9	63.4	•	•	•	•	•
Rent **8**	7.1	4.7	8.0	39.0	•	7.8	8.2	7.5	•	•	•	•	•
Taxes Paid **9**	3.7	7.9	6.1	5.3	5.1	3.9	3.7	3.8	•	•	•	•	•
Interest Paid **10**	1.0	3.9	0.6	0.6	0.4	0.9	1.1	2.2	•	•	•	•	•
Depreciation, Depletion, Amortization **11**	3.2	5.6	1.5	4.0	3.7	2.7	3.0	4.5	•	•	•	•	•
Pensions and Other Benefits **12**	2.4	3.2	0.8	7.8	1.4	1.4	3.0	4.6	•	•	•	•	•
Other **13**	11.7	17.4	18.5	16.5	17.0	16.2	12.4	7.0	•	•	•	•	•
Officers Compensation **14**	4.4	3.1	8.4	12.9	3.3	5.8	4.3	3.2	•	•	•	•	•
Operating Margin **15**	6.1	5.0	1.5	9.8	5.7	5.7	9.5	3.7	•	•	•	•	•
Oper. Margin Before Officers Compensation **16**	10.5	8.1	9.8	22.7	9.0	11.5	13.8	6.9	•	•	•	•	•
Selected Average Balance Sheet ($ in Thousands)													
Net Receivables **17**	255	•	26	2	82	305	463	1907	•	•	•	•	•
Inventories **18**	112	•	1	•	16	66	119	526	•	•	•	•	•
Net Property, Plant and Equipment **19**	414	•	27	100	205	178	727	3515	•	•	•	•	•
Total Assets **20**	1003	•	65	160	339	736	1916	6685	•	•	•	•	•

Notes and Loans Payable 21	318	•	30	63	173	192	565	3363	•	•	•	•	•
All Other Liabilities 22	227	•	24	34	55	132	381	1517	•	•	•	•	•
Net Worth 23	458	•	10	63	111	413	970	1805	•	•	•	•	•
Selected Financial Ratios (Times to 1)													
Current Ratio 24	1.7	•	1.1	0.5	2.0	2.3	1.8	1.4	•	•	•	•	•
Quick Ratio 25	1.2	•	1.1	0.4	1.6	1.9	1.3	1.1	•	•	•	•	•
Net Sales to Working Capital 26	11.1	•	•	•	13.8	7.5	8.7	16.2	•	•	•	•	•
Coverage Ratio 27	7.9	4.3	7.8	•	•	7.5	10.5	2.9	•	•	•	•	•
Total Asset Turnover 28	2.3	•	10.3	9.3	2.7	2.9	2.0	1.8	•	•	•	•	•
Inventory Turnover 29	•	•	•	•	•	•	•	•	•	•	•	•	•
Receivables Turnover 30	9.5	•	•	•	9.0	7.8	9.3	6.3	•	•	•	•	•
Total Liabilities to Net Worth 31	1.2	•	5.4	1.6	2.1	0.8	1.0	2.7	•	•	•	•	•
Selected Financial Factors (in Percentages)													
Debt Ratio 32	54.4	•	84.2	61.0	67.3	43.9	49.4	73.0	•	•	•	•	•
Return on Assets 33	18.1	•	•	•	16.6	20.0	23.3	11.9	•	•	•	•	•
Return on Equity 34	30.4	•	•	•	•	29.1	36.3	21.8	•	•	•	•	•
Return Before Interest on Equity 35	•	•	•	•	•	•	•	•	•	•	•	•	•
Profit Margin, Before Income Tax 36	7.1	12.8	4.1	9.8	5.8	6.0	10.5	4.3	•	•	•	•	•
Profit Margin, After Income Tax 37	6.2	8.6	3.9	9.8	5.5	5.7	9.1	3.3	•	•	•	•	•

Trends in Selected Ratios and Factors, 1990-1999

	1990	1991	1992	1993	1994	1995	1996	1997	1998	1999
Cost of Operations (%) 38	60.7	59.9	64.9	62.5	62.5	65.2	66.6	64.8	62.3	60.5
Operating Margin (%) 39	4.8	5.2	6.2	6.0	4.8	4.9	4.2	4.4	6.1	6.1
Oper. Margin Before Officers Comp. (%) 40	9.8	11.6	11.2	11.1	9.7	9.9	7.9	8.4	10.6	10.5
Average Net Receivables ($) 41	334	223	360	238	353	321	490	456	335	255
Average Inventories ($) 42	194	115	214	110	212	179	267	218	144	112
Average Net Worth ($) 43	734	386	727	482	942	825	1013	1005	662	458
Current Ratio (×1) 44	1.8	2.0	2.3	2.1	2.8	2.1	1.7	1.7	1.8	1.7
Quick Ratio (×1) 45	1.2	1.4	1.6	1.5	2.0	1.5	1.2	1.2	1.3	1.2
Coverage Ratio (×1) 46	6.2	5.7	7.2	6.5	6.3	5.8	5.2	7.6	8.9	7.9
Asset Turnover (×1) 47	1.8	2.2	2.1	2.0	1.9	1.8	1.8	1.9	2.1	2.3
Operating Leverage 48	0.9	1.1	1.2	1.0	0.8	1.0	0.9	1.1	1.4	1.0
Financial Leverage 49	1.0	1.2	1.1	1.0	1.0	1.0	1.0	1.0	1.1	1.0
Total Leverage 50	0.9	1.3	1.3	0.9	0.8	1.1	0.9	1.1	1.5	1.0

Table I

Corporations with and without Net Income

ORDNANCE AND ACCESSORIES, EXCEPT VEHICLES AND GUIDED MISSILES

MONEY AMOUNTS AND SIZE OF ASSETS IN THOUSANDS OF DOLLARS

Item Description for Accounting Period 7/95 Through 6/96		Total	Zero Assets	Under 100	100 to 250	251 to 500	501 to 1,000	1,001 to 5,000	5,001 to 10,000	10,001 to 25,000	25,001 to 50,000	50,001 to 100,000	100,001 to 250,000	250,001 and over
Number of Enterprises	1	611	•	404	62	•	54	67	•	15	3	4	3	•
Revenues ($ in Thousands)														
Net Sales	2	2353317	•	8929	31189	•	81220	266871	•	533326	276001	405066	750715	•
Portfolio Income	3	8610	•	•	•	•	•	104	•	1988	647	1390	4478	•
Other Revenues	4	22283	•	•	•	•	•	875	•	8609	2264	2858	7679	•
Total Revenues	5	2384210	•	8929	31189	•	81220	267850	•	543923	278912	409314	762872	•
Average Total Revenues	6	3902	•	22	503	•	1504	3998	•	36262	92971	102328	254291	•
Operating Costs/Operating Income (%)														
Cost of Operations	7	70.7	•	53.4	56.1	•	52.0	72.8	•	80.5	86.1	69.6	60.8	•
Rent	8	2.9	•	•	12.7	•	3.9	3.0	•	2.3	1.4	3.9	2.7	•
Taxes Paid	9	2.0	•	1.4	3.1	•	3.8	1.9	•	3.2	0.3	2.8	1.2	•
Interest Paid	10	2.1	•	•	1.8	•	0.7	0.6	•	2.0	1.8	2.2	2.9	•
Depreciation, Depletion, Amortization	11	3.2	•	•	2.4	•	1.2	1.4	•	2.5	1.8	3.1	5.1	•
Pensions and Other Benefits	12	1.5	•	•	•	•	4.4	0.4	•	1.9	0.6	1.7	1.5	•
Other	13	10.8	•	45.5	8.3	•	10.4	13.0	•	5.9	5.4	13.5	13.8	•
Officers Compensation	14	2.3	•	•	9.6	•	18.5	3.7	•	1.8	0.5	2.1	0.9	•
Operating Margin	15	4.7	•	•	5.9	•	5.2	3.4	•	•	2.3	1.2	11.1	•
Oper. Margin Before Officers Compensation	16	7.0	•	•	15.5	•	23.7	7.1	•	1.8	2.7	3.2	12.1	•
Selected Average Balance Sheet ($ in Thousands)														
Net Receivables	17	565	•	•	80	•	365	491	•	4457	9818	17932	39911	•
Inventories	18	713	•	0	59	•	55	624	•	5953	9066	22634	59980	•
Net Property, Plant and Equipment	19	717	•	•	3	•	74	318	•	6805	9038	18547	69767	•
Total Assets	20	2550	•	2	213	•	568	1571	•	18955	31752	70851	248505	•

Notes and Loans Payable **21**	657	•	•	72	•	•	430	•	6754	6335	10689	68383	•
All Other Liabilities **22**	684	•	•	5	•	99	517	•	5742	14262	19426	57090	•
Net Worth **23**	1209	•	2	136	•	468	624	•	6459	11155	40737	123032	•
Selected Financial Ratios (Times to 1)													
Current Ratio **24**	2.3	•	•	3.5	•	5.0	2.1	•	1.3	1.5	2.4	3.4	•
Quick Ratio **25**	1.1	•	•	2.3	•	4.4	1.0	•	0.6	0.8	1.1	1.6	•
Net Sales to Working Capital **26**	4.5	•	•	3.6	•	3.8	6.2	•	12.4	12.6	3.8	2.7	•
Coverage Ratio **27**	3.9	•	•	4.2	•	9.0	7.4	•	2.0	2.8	2.0	5.4	•
Total Asset Turnover **28**	1.5	•	12.7	2.4	•	2.7	2.5	•	1.9	2.9	1.4	1.0	•
Inventory Turnover **29**	3.7	•	•	9.7	•	5.6	5.4	•	5.0	7.2	3.8	2.2	•
Receivables Turnover **30**	6.9	•	•	•	•	5.1	8.9	•	7.5	9.1	6.3	6.1	•
Total Liabilities to Net Worth **31**	1.1	•	•	0.6	•	0.2	1.5	•	1.9	1.9	0.7	1.0	•
Selected Financial Factors (in Percentages)													
Debt Ratio **32**	52.6	•	•	36.1	•	17.5	60.3	•	65.9	64.9	42.5	50.5	•
Return on Assets **33**	12.2	•	•	18.1	•	15.6	11.0	•	7.6	14.9	6.3	15.8	•
Return on Equity **34**	13.4	•	•	18.4	•	16.8	18.2	•	10.0	25.9	2.3	17.1	•
Return Before Interest on Equity **35**	25.7	•	•	28.4	•	18.9	27.7	•	22.2	•	11.0	31.9	•
Profit Margin, Before Income Tax **36**	6.0	•	•	5.9	•	5.2	3.8	•	2.0	3.3	2.2	12.8	•
Profit Margin, After Income Tax **37**	4.2	•	•	5.0	•	5.2	2.9	•	1.8	3.1	0.9	8.4	•

Trends in Selected Ratios and Factors, 1990-1999

	1990	1991	1992	1993	1994	1995	1996	1997	1998	1999
Cost of Labor (%) **38**	67.7	75.5	74.6	70.3	74.9	67.5	69.0	68.5	73.0	70.7
Operating Margin (%) **39**	3.2	1.7	•	•	•	0.9	0.9	0.8	0.3	4.7
Oper. Margin Before Officers Comp. (%) **40**	6.1	3.8	0.6	•	•	5.0	4.3	3.4	2.4	7.0
Average Net Receivables ($) **41**	950	613	1315	1601	1677	1235	398	767	538	565
Average Inventories ($) **42**	1110	720	1759	1752	1432	1352	588	1104	736	713
Average Net Worth ($) **43**	1444	833	1923	2250	1408	1313	557	367	736	1209
Current Ratio (×1) **44**	1.8	1.8	1.7	2.1	1.5	1.7	1.6	1.6	1.5	2.3
Quick Ratio (×1) **45**	0.9	0.8	0.7	0.9	0.8	0.8	0.7	0.7	0.7	1.1
Coverage Ratio (×1) **46**	2.9	2.5	1.2	1.1	1.0	1.4	2.4	2.1	1.8	3.9
Asset Turnover (×1) **47**	1.7	1.4	1.1	1.0	1.1	1.2	1.3	1.0	1.5	1.5
Total Liabilities/Net Worth (×1) **48**	1.6	2.1	2.7	2.7	4.1	3.2	2.9	11.2	2.7	1.1
Return on Assets (×1) **49**	13.6	9.5	5.0	6.3	6.2	7.5	9.3	5.4	6.7	12.2
Return on Equity (%) **50**	11.8	10.8	•	•	•	2.5	12.9	8.7	3.0	13.4

Table II

Corporations with Net Income

ORDNANCE AND ACCESSORIES, EXCEPT VEHICLES AND GUIDED MISSILES

MONEY AMOUNTS AND SIZE OF ASSETS IN THOUSANDS OF DOLLARS

Item Description for Accounting Period 7/95 Through 6/96	Total	Zero Assets	Under 100	100 to 250	251 to 500	501 to 1,000	1,001 to 5,000	5,001 to 10,000	10,001 to 25,000	25,001 to 50,000	50,001 to 100,000	100,001 to 250,000	250,001 and over
Number of Enterprises 1	406	•	202	62	•	54	67	•	•	•	•	3	•
Revenues ($ in Thousands)													
Net Sales 2	2114640	•	8685	31189	•	81220	266871	•	•	•	•	750715	•
Portfolio Income 3	8366	•	•	•	•	•	104	•	•	•	•	4478	•
Other Revenues 4	19790	•	•	•	•	•	875	•	•	•	•	7679	•
Total Revenues 5	2142796	•	8685	31189	•	81220	267850	•	•	•	•	762872	•
Average Total Revenues 6	5278	•	43	503	•	1504	3998	•	•	•	•	254291	•
Operating Costs/Operating Income (%)													
Cost of Operations 7	70.8	•	52.8	56.1	•	52.0	72.8	•	•	•	•	60.8	•
Rent 8	2.5	•	•	12.7	•	3.9	3.0	•	•	•	•	2.7	•
Taxes Paid 9	1.9	•	0.1	3.1	•	3.8	1.9	•	•	•	•	1.2	•
Interest Paid 10	2.0	•	•	1.8	•	0.7	0.6	•	•	•	•	2.9	•
Depreciation, Depletion, Amortization 11	3.2	•	•	2.4	•	1.2	1.4	•	•	•	•	5.1	•
Pensions and Other Benefits 12	1.4	•	•	•	•	4.4	0.4	•	•	•	•	1.5	•
Other 13	10.1	•	45.8	8.3	•	10.4	13.0	•	•	•	•	13.8	•
Officers Compensation 14	2.4	•	•	9.6	•	18.5	3.7	•	•	•	•	0.9	•
Operating Margin 15	5.7	•	1.3	5.9	•	5.2	3.4	•	•	•	•	11.1	•
Oper. Margin Before Officers Compensation 16	8.0	•	1.3	15.5	•	23.7	7.1	•	•	•	•	12.1	•
Selected Average Balance Sheet ($ in Thousands)													
Net Receivables 17	782	•	•	80	•	365	491	•	•	•	•	39911	•
Inventories 18	918	•	•	59	•	55	624	•	•	•	•	59980	•
Net Property, Plant and Equipment 19	983	•	•	3	•	74	318	•	•	•	•	69767	•
Total Assets 20	3443	•	1	213	•	568	1571	•	•	•	•	248505	•

Notes and Loans Payable 21	959	•	•	72	•	•	430	•	•	•	•	68383	•
All Other Liabilities 22	864	•	•	5	•	99	517	•	•	•	•	57090	•
Net Worth 23	1620	•	1	136	•	468	624	•	•	•	•	123032	•
Selected Financial Ratios (Times to 1)													
Current Ratio 24	2.3	•	•	3.5	•	5.0	2.1	•	•	•	•	3.4	•
Quick Ratio 25	1.2	•	•	2.3	•	4.4	1.0	•	•	•	•	1.6	•
Net Sales to Working Capital 26	4.5	•	•	3.6	•	3.8	6.2	•	•	•	•	2.7	•
Coverage Ratio 27	4.5	•	•	4.2	•	9.0	7.4	•	•	•	•	5.4	•
Total Asset Turnover 28	1.5	•	•	2.4	•	2.7	2.5	•	•	•	•	1.0	•
Inventory Turnover 29	5.2	•	•	9.7	•	5.6	6.5	•	•	•	•	5.1	•
Receivables Turnover 30	8.3	•	•	•	•	5.1	•	•	•	•	•	•	•
Total Liabilities to Net Worth 31	1.1	•	•	0.6	•	0.2	1.5	•	•	•	•	1.0	•
Selected Financial Factors (in Percentages)													
Debt Ratio 32	53.0	•	•	36.1	•	17.5	60.3	•	•	•	•	50.5	•
Return on Assets 33	13.6	•	•	18.1	•	15.6	11.0	•	•	•	•	15.8	•
Return on Equity 34	16.1	•	•	18.4	•	16.8	18.2	•	•	•	•	17.1	•
Return Before Interest on Equity 35	28.9	•	•	28.4	•	18.9	27.7	•	•	•	•	31.9	•
Profit Margin, Before Income Tax 36	7.0	•	1.3	5.9	•	5.2	3.8	•	•	•	•	12.8	•
Profit Margin, After Income Tax 37	5.0	•	1.3	5.0	•	5.2	2.9	•	•	•	•	8.4	•

Trends in Selected Ratios and Factors, 1990-1999

	1990	1991	1992	1993	1994	1995	1996	1997	1998	1999
Cost of Operations (%) 38	67.4	72.1	71.9	69.7	75.4	61.8	65.3	64.4	74.7	70.8
Operating Margin (%) 39	5.1	3.9	2.8	8.1	4.1	8.3	7.8	9.9	7.0	5.7
Oper. Margin Before Officers Comp. (%) 40	8.2	6.2	4.2	10.8	7.2	14.6	12.4	12.0	10.0	8.0
Average Net Receivables ($) 41	1211	603	2260	526	770	1085	661	422	1084	782
Average Inventories ($) 42	1458	707	2885	852	989	1638	769	512	1148	918
Average Net Worth ($) 43	1880	881	3182	1410	1908	2616	1438	977	2342	1620
Current Ratio (×1) 44	1.9	2.1	2.3	2.3	2.1	2.2	2.6	2.2	2.4	2.3
Quick Ratio (×1) 45	0.9	1.0	1.0	1.0	1.0	1.0	1.3	1.2	1.4	1.2
Coverage Ratio (×1) 46	4.6	3.5	2.4	5.6	5.1	6.8	6.1	8.2	9.3	4.5
Asset Turnover (×1) 47	1.6	1.4	1.4	1.6	2.4	1.8	1.4	1.5	1.8	1.5
Operating Leverage 48	1.1	0.8	0.7	2.9	0.5	2.0	1.0	1.3	0.7	0.8
Financial Leverage 49	1.2	1.1	0.8	1.5	1.0	1.1	1.0	1.0	1.0	0.9
Total Leverage 50	1.3	0.8	0.6	4.3	0.5	2.2	0.9	1.2	0.7	0.8

Table I

Corporations with and without Net Income

MISCELLANEOUS FABRICATED METAL PRODUCTS

MONEY AMOUNTS AND SIZE OF ASSETS IN THOUSANDS OF DOLLARS

Item Description for Accounting Period 7/95 Through 6/96		Total	Zero Assets	Under 100	100 to 250	251 to 500	501 to 1,000	1,001 to 5,000	5,001 to 10,000	10,001 to 25,000	25,001 to 50,000	50,001 to 100,000	100,001 to 250,000	250,001 and over
Number of Enterprises	1	25205	945	6700	4700	4302	3359	3787	722	377	166	78	38	30
Revenues ($ in Thousands)														
Net Sales	2	98270796	961822	1103723	2323637	4034547	6030972	15634071	10234176	10628823	8715323	8524401	7038969	23040331
Portfolio Income	3	890712	857	536	51302	6732	17741	48817	49206	62790	64859	59854	62110	465910
Other Revenues	4	1103631	2688	5477	25525	32224	42307	90523	80334	67085	70196	92690	92275	502307
Total Revenues	5	100265139	965367	1109736	2400464	4073503	6091020	15773411	10363716	10758698	8850378	8676945	7193354	24008548
Average Total Revenues	6	3978	1022	166	511	947	1813	4165	14354	28538	53316	111243	189299	800285
Operating Costs/Operating Income (%)														
Cost of Operations	7	70.7	75.7	54.4	56.8	59.2	65.5	67.5	73.1	71.2	75.1	73.8	74.4	73.2
Rent	8	5.5	5.4	7.6	7.9	9.7	5.7	5.5	4.7	4.9	4.5	5.2	6.1	5.4
Taxes Paid	9	2.3	1.6	3.8	3.4	3.8	3.2	2.8	2.2	2.2	2.0	1.7	1.9	1.8
Interest Paid	10	1.8	2.4	0.8	0.8	1.2	1.3	1.3	1.6	1.4	1.6	2.1	2.5	2.7
Depreciation, Depletion, Amortization	11	2.9	2.9	2.7	3.4	3.3	3.2	3.0	2.5	3.1	2.9	3.1	3.1	2.8
Pensions and Other Benefits	12	2.3	1.4	0.7	1.0	2.4	1.7	2.1	1.7	2.2	1.9	1.8	2.7	3.5
Other	13	8.6	9.1	20.8	15.5	11.7	10.0	8.7	7.6	8.0	6.6	7.8	7.5	8.3
Officers Compensation	14	2.9	4.6	9.9	8.2	8.0	7.1	5.6	3.1	2.3	1.4	1.2	0.9	0.3
Operating Margin	15	2.9	•	•	3.2	0.9	2.5	3.6	3.6	4.7	4.1	3.3	1.1	2.2
Oper. Margin Before Officers Compensation	16	5.9	1.7	9.4	11.4	8.9	9.6	9.2	6.7	7.0	5.5	4.5	2.0	2.5
Selected Average Balance Sheet ($ in Thousands)														
Net Receivables	17	555	•	8	37	111	187	556	1866	4012	8687	15476	35910	123041
Inventories	18	505	•	5	20	59	136	455	1611	3920	7446	16471	33395	124842
Net Property, Plant and Equipment	19	666	•	11	51	126	233	568	2238	4763	10360	22142	37113	158119
Total Assets	20	2544	•	39	162	364	731	2030	7146	15849	33842	69455	148650	785317

Notes and Loans Payable	21	858	•	35	52	166	277	642	2466	4783	10089	24958	50871	264316
All Other Liabilities	22	662	•	9	50	95	154	471	2110	3883	8687	18350	45056	203847
Net Worth	23	1023	•	-5	60	103	300	917	2570	7182	15066	26147	52723	317155

Selected Financial Ratios (Times to 1)

Current Ratio	24	1.8	•	1.9	1.5	1.7	2.3	2.0	1.6	1.8	1.7	1.8	1.8	1.9
Quick Ratio	25	1.0	•	1.4	1.1	1.2	1.5	1.2	0.9	1.0	1.0	0.9	1.0	1.0
Net Sales to Working Capital	26	6.4	•	15.3	15.3	10.9	7.1	6.3	8.6	6.8	6.5	6.5	5.2	5.0
Coverage Ratio	27	3.8	•	1.1	9.5	2.6	3.8	4.4	4.0	5.2	4.5	3.4	2.3	3.6
Total Asset Turnover	28	1.5	•	4.2	3.1	2.6	2.5	2.0	2.0	1.8	1.6	1.6	1.3	1.0
Inventory Turnover	29	5.8	•	•	•	10.0	8.5	6.3	6.7	5.3	6.1	5.1	4.2	4.9
Receivables Turnover	30	7.3	•	•	•	8.4	9.1	7.6	8.1	7.2	7.1	7.3	5.4	6.4
Total Liabilities to Net Worth	31	1.5	•	•	1.7	2.5	1.4	1.2	1.8	1.2	1.3	1.7	1.8	1.5

Selected Financial Factors (in Percentages)

Debt Ratio	32	59.8	•	•	63.1	71.7	59.0	54.9	64.0	54.7	55.5	62.4	64.5	59.6
Return on Assets	33	10.5	•	3.4	22.0	7.7	11.7	11.8	12.8	13.0	11.2	11.3	7.3	9.2
Return on Equity	34	14.8	•	3.4	•	13.5	18.1	17.1	21.6	19.5	15.2	16.7	8.3	11.1
Return Before Interest on Equity	35	26.2	•	•	•	27.3	28.5	26.2	•	28.7	25.2	30.0	20.4	22.8
Profit Margin, Before Income Tax	36	5.0	•	•	6.5	1.8	3.5	4.5	4.9	5.9	5.6	5.1	3.3	6.8
Profit Margin, After Income Tax	37	3.9	•	•	6.3	1.5	3.0	3.8	3.9	5.0	4.4	4.0	2.4	4.6

Trends in Selected Ratios and Factors, 1990-1999

		1990	1991	1992	1993	1994	1995	1996	1997	1998	1999
Cost of Labor (%)	38	68.4	69.5	71.1	70.1	70.1	69.4	69.5	69.7	70.0	70.7
Operating Margin (%)	39	•	•	0.3	0.6	0.6	•	1.2	2.3	3.1	2.9
Oper. Margin Before Officers Comp. (%)	40	1.3	2.6	3.4	4.1	3.9	0.8	4.7	5.7	6.1	5.9
Average Net Receivables ($)	41	481	469	335	334	338	561	399	431	503	555
Average Inventories ($)	42	414	413	319	322	324	391	345	394	442	505
Average Net Worth ($)	43	557	605	552	547	567	760	680	785	867	1023
Current Ratio (×1)	44	1.5	1.6	1.7	1.7	1.8	1.8	1.9	1.8	1.9	1.8
Quick Ratio (×1)	45	0.8	0.9	0.9	0.9	1.0	1.0	1.0	1.0	1.0	1.0
Coverage Ratio (×1)	46	1.7	2.1	2.2	2.4	2.4	1.8	3.0	3.3	3.9	3.8
Asset Turnover (×1)	47	1.2	1.3	1.5	1.6	1.6	1.2	1.5	1.5	1.6	1.5
Total Liabilities/Net Worth (×1)	48	2.2	2.0	1.7	1.7	1.6	2.0	1.6	1.5	1.5	1.5
Return on Assets (×1)	49	6.5	8.7	10.4	9.4	8.6	7.2	8.8	9.1	10.6	10.5
Return on Equity (%)	50	3.9	9.2	11.1	10.6	9.3	6.2	11.1	12.0	15.3	14.8

Table II

Corporations with Net Income

MISCELLANEOUS FABRICATED METAL PRODUCTS

MONEY AMOUNTS AND SIZE OF ASSETS IN THOUSANDS OF DOLLARS

Item Description for Accounting Period 7/95 Through 6/96	Total	Zero Assets	Under 100	100 to 250	251 to 500	501 to 1,000	1,001 to 5,000	5,001 to 10,000	10,001 to 25,000	25,001 to 50,000	50,001 to 100,000	100,001 to 250,000	250,001 and over
Number of Enterprises **1**	16369	649	2687	3304	2896	2534	3103	609	333	133	65	30	25
Revenues ($ in Thousands)													
Net Sales **2**	83534723	261848	684244	1908204	3123280	4710878	13367108	8968025	9620025	7046301	7412688	5718741	20713380
Portfolio Income **3**	747386	520	492	23600	4544	14891	36012	44770	45781	54475	54190	58680	409431
Other Revenues **4**	982856	1525	1697	25288	12362	37334	79531	75151	61281	44597	82099	82273	479718
Total Revenues **5**	85264965	263893	686433	1957092	3140186	4763103	13482651	9087946	9727087	7145373	7548977	5859694	21602529
Average Total Revenues **6**	5209	407	255	592	1084	1880	4345	14923	29210	53725	116138	195323	864101
Operating Costs/Operating Income (%)													
Cost of Operations **7**	69.9	67.7	55.6	55.8	59.2	62.7	66.4	72.5	70.8	73.0	73.1	74.1	72.4
Rent **8**	5.4	4.8	5.2	7.2	8.1	6.1	5.3	4.6	4.9	4.7	5.3	5.8	5.5
Taxes Paid **9**	2.2	1.8	2.9	3.3	3.5	3.1	2.8	2.1	2.2	2.1	1.8	1.9	1.8
Interest Paid **10**	1.6	2.5	0.7	0.6	0.8	1.1	1.1	1.3	1.3	1.4	1.7	2.2	2.4
Depreciation, Depletion, Amortization **11**	2.8	2.5	2.1	2.8	2.9	3.2	2.8	2.3	2.9	2.9	2.9	2.7	2.8
Pensions and Other Benefits **12**	2.4	2.0	0.3	0.6	2.3	1.7	2.2	1.7	2.2	1.8	1.9	2.6	3.6
Other **13**	8.0	8.6	20.3	15.0	10.1	9.5	8.3	7.2	7.5	6.3	7.2	7.3	7.9
Officers Compensation **14**	2.8	1.7	6.1	7.8	7.4	7.6	5.7	3.1	2.3	1.6	1.2	0.9	0.3
Operating Margin **15**	4.9	8.5	6.9	6.9	5.7	5.2	5.4	5.2	6.1	6.3	5.1	2.4	3.5
Oper. Margin Before Officers Compensation **16**	7.7	10.3	13.0	14.7	13.1	12.8	11.1	8.3	8.4	7.9	6.2	3.3	3.7
Selected Average Balance Sheet ($ in Thousands)													
Net Receivables **17**	718	•	15	33	117	184	580	1935	4043	8053	15762	38308	129102
Inventories **18**	648	•	5	22	55	129	439	1656	3936	7677	16963	31484	131466
Net Property, Plant and Equipment **19**	863	•	13	57	121	231	567	2138	4643	10409	21917	36841	177641
Total Assets **20**	3316	•	58	169	363	727	2018	7188	15685	33820	69234	149939	852240

Notes and Loans Payable **21**	1000	•	15	50	108	222	541	2093	4189	8430	20496	46309	283519
All Other Liabilities **22**	819	•	15	43	81	145	446	2083	3703	8199	17230	41615	211164
Net Worth **23**	1497	•	28	76	174	360	1031	3012	7793	17192	31508	62016	357556

Selected Financial Ratios (Times to 1)

Current Ratio **24**	1.9	•	2.0	1.7	2.2	2.5	2.2	1.7	1.9	1.9	1.8	1.8	1.8
Quick Ratio **25**	1.1	•	1.7	1.3	1.6	1.7	1.4	1.0	1.0	1.0	0.9	1.0	1.0
Net Sales to Working Capital **26**	6.2	•	13.5	14.0	8.7	7.1	6.1	7.9	6.4	5.8	6.4	5.5	5.3
Coverage Ratio **27**	5.4	4.8	11.6	•	9.3	6.9	6.6	6.0	6.8	6.4	5.0	3.2	4.4
Total Asset Turnover **28**	1.5	•	4.4	3.4	3.0	2.6	2.1	2.1	1.9	1.6	1.7	1.3	1.0
Inventory Turnover **29**	5.8	•	•	•	•	8.9	6.5	6.8	5.4	5.7	5.2	4.7	4.9
Receivables Turnover **30**	7.4	•	•	•	8.6	9.2	7.6	8.3	7.3	7.1	7.6	5.2	6.9
Total Liabilities to Net Worth **31**	1.2	•	1.1	1.2	1.1	1.0	1.0	1.4	1.0	1.0	1.2	1.4	1.4

Selected Financial Factors (in Percentages)

Debt Ratio **32**	54.9	•	52.1	55.3	52.1	50.4	48.9	58.1	50.3	49.2	54.5	58.6	58.1
Return on Assets **33**	13.3	•	34.6	34.6	20.7	18.8	15.9	16.1	15.5	14.3	14.2	9.1	10.3
Return on Equity **34**	19.5	•	•	•	35.8	29.2	23.1	26.7	22.7	19.0	20.6	11.4	13.3
Return Before Interest on Equity **35**	29.5	•	•	•	•	•	31.2	•	31.2	28.1	31.2	21.9	24.5
Profit Margin, Before Income Tax **36**	7.1	9.3	7.2	9.5	6.2	6.3	6.3	6.5	7.2	7.7	6.9	4.9	8.2
Profit Margin, After Income Tax **37**	5.7	8.4	6.9	9.2	5.8	5.7	5.5	5.5	6.1	6.2	5.7	3.7	5.7

Trends in Selected Ratios and Factors, 1990-1999

	1990	1991	1992	1993	1994	1995	1996	1997	1998	1999
Cost of Operations (%) **38**	65.4	67.9	69.7	68.4	68.0	66.8	67.4	68.0	69.4	69.9
Operating Margin (%) **39**	2.9	2.4	2.9	3.5	4.2	0.4	4.1	4.6	4.8	4.9
Oper. Margin Before Officers Comp. (%) **40**	6.5	5.8	5.9	7.0	7.7	3.8	7.6	8.0	7.7	7.7
Average Net Receivables ($) **41**	380	706	448	382	388	693	527	545	627	718
Average Inventories ($) **42**	357	607	421	357	383	441	436	499	553	648
Average Net Worth ($) **43**	774	993	858	770	809	1000	1034	1047	1196	1497
Current Ratio (×1) **44**	2.1	1.6	2.0	2.0	2.1	2.0	2.1	1.9	1.9	1.9
Quick Ratio (×1) **45**	1.2	0.9	1.1	1.1	1.1	1.1	1.2	1.1	1.1	1.1
Coverage Ratio (×1) **46**	4.3	3.5	3.4	4.3	4.9	3.0	5.2	4.9	5.3	5.4
Asset Turnover (×1) **47**	1.5	1.3	1.6	1.7	1.7	1.2	1.6	1.6	1.6	1.5
Operating Leverage **48**	1.3	0.9	1.2	1.2	1.2	0.1	9.7	1.1	1.0	1.0
Financial Leverage **49**	1.1	1.0	1.0	1.1	1.1	0.8	1.2	1.0	1.0	1.0
Total Leverage **50**	1.4	0.9	1.2	1.3	1.3	0.1	11.9	1.1	1.1	1.0

Table I

Corporations with and without Net Income

FARM MACHINERY

MONEY AMOUNTS AND SIZE OF ASSETS IN THOUSANDS OF DOLLARS

Item Description for Accounting Period 7/95 Through 6/96	Total	Zero Assets	Under 100	100 to 250	251 to 500	501 to 1,000	1,001 to 5,000	5,001 to 10,000	10,001 to 25,000	25,001 to 50,000	50,001 to 100,000	100,001 to 250,000	250,001 and over
Number of Enterprises **1**	2065	5	1028	•	178	349	325	115	34	10	10	6	4
Revenues ($ in Thousands)													
Net Sales **2**	22207592	253826	42448	•	310576	630259	1430096	1488701	833882	303737	1153764	1402336	14357968
Portfolio Income **3**	1100726	5684	151	•	396	2639	3577	9602	1180	1130	25009	11887	1039474
Other Revenues **4**	423955	3450	1483	•	2697	376	11703	13631	11278	4431	3593	28740	342568
Total Revenues **5**	23732273	262960	44082	•	313669	633274	1445376	1511934	846340	309298	1182366	1442963	15740010
Average Total Revenues **6**	11493	52592	43	•	1762	1815	4447	13147	24892	30930	118237	240494	3935002
Operating Costs/Operating Income (%)													
Cost of Operations **7**	65.9	64.6	29.3	•	78.4	70.4	74.2	72.4	69.4	71.5	71.9	72.7	62.6
Rent **8**	5.4	7.8	32.4	•	4.8	4.3	5.7	4.6	6.8	6.1	5.8	6.1	5.1
Taxes Paid **9**	1.6	2.3	5.9	•	0.8	1.7	1.5	1.5	2.0	1.9	1.6	1.2	1.7
Interest Paid **10**	4.1	3.3	2.0	•	1.1	0.5	1.4	2.2	2.1	2.7	4.5	1.3	5.2
Depreciation, Depletion, Amortization **11**	2.5	3.0	18.7	•	0.8	1.1	1.9	2.1	2.2	1.8	2.7	1.8	2.7
Pensions and Other Benefits **12**	4.5	2.0	•	•	1.1	1.0	1.2	0.9	1.4	1.3	1.2	3.2	6.2
Other **13**	15.8	18.6	45.3	•	11.4	13.2	11.6	12.7	7.8	10.4	10.0	11.5	18.1
Officers Compensation **14**	0.9	1.0	16.1	•	1.2	5.6	2.3	2.5	2.7	4.0	1.0	0.4	0.2
Operating Margin **15**	•	•	•	•	0.7	2.2	0.4	1.3	5.7	0.4	1.5	1.9	•
Oper. Margin Before Officers Compensation **16**	0.3	•	•	•	1.9	7.8	2.7	3.7	8.3	4.4	2.5	2.2	•
Selected Average Balance Sheet ($ in Thousands)													
Net Receivables **17**	5809	•	1	•	33	100	360	1434	3331	9525	16782	40200	2763580
Inventories **18**	1375	•	5	•	304	417	1086	3297	5097	15559	21575	46544	269570
Net Property, Plant and Equipment **19**	1307	•	26	•	36	61	325	1744	3297	2589	15422	27874	469698
Total Assets **20**	10645	•	35	•	412	793	2030	7380	15924	30464	74739	148204	4401274

Notes and Loans Payable 21	4537	•	132	•	195	233	609	3606	6453	11967	26467	43216	1910512
All Other Liabilities 22	3206	•	1	•	93	238	787	1117	3741	4654	19729	47353	1370255
Net Worth 23	2902	•	-98	•	124	321	634	2657	5730	13842	28543	57634	1120508

Selected Financial Ratios (Times to 1)

Current Ratio 24	2.3	•	0.7	•	1.9	2.7	1.5	1.9	1.7	2.1	1.8	2.1	2.5
Quick Ratio 25	1.9	•	0.3	•	0.2	1.0	0.4	0.7	0.8	0.8	0.9	0.8	2.3
Net Sales to Working Capital 26	2.5	•	•	•	10.4	4.1	8.9	5.2	6.0	2.2	5.2	4.4	1.9
Coverage Ratio 27	2.5	1.4	•	•	2.6	6.0	2.0	2.3	4.4	1.8	1.8	4.8	2.5
Total Asset Turnover 28	1.0	•	1.2	•	4.2	2.3	2.2	1.8	1.6	1.0	1.6	1.6	0.8
Inventory Turnover 29	5.2	•	4.8	•	5.5	3.2	3.1	2.9	3.9	1.3	4.1	3.9	8.0
Receivables Turnover 30	2.0	•	•	•	•	•	•	7.2	7.4	2.5	7.7	6.0	1.5
Total Liabilities to Net Worth 31	2.7	•	•	•	2.3	1.5	2.2	1.8	1.8	1.2	1.6	1.6	2.9

Selected Financial Factors (in Percentages)

Debt Ratio 32	72.8	•	•	•	70.0	59.5	68.8	64.0	64.0	54.6	61.8	61.1	74.6
Return on Assets 33	10.5	•	•	•	11.8	7.3	6.2	8.8	14.3	4.8	12.7	9.5	10.7
Return on Equity 34	15.4	•	19.3	•	18.7	12.2	6.3	11.8	23.7	3.5	10.6	14.3	16.6
Return Before Interest on Equity 35	•	•	18.5	•	•	18.1	19.9	24.5	•	10.6	33.2	24.3	•
Profit Margin, Before Income Tax 36	6.3	1.2	•	•	1.7	2.7	1.5	2.8	7.2	2.2	3.8	4.8	8.0
Profit Margin, After Income Tax 37	4.2	0.3	•	•	1.3	2.2	0.9	2.4	5.6	1.6	2.6	3.5	5.2

Trends in Selected Ratios and Factors, 1990-1999

	1990	1991	1992	1993	1994	1995	1996	1997	1998	1999
Cost of Labor (%) 38	72.0	70.9	59.6	69.3	67.7	67.7	68.0	68.3	66.2	65.9
Operating Margin (%) 39	•	•	•	•	•	•	•	•	•	•
Oper. Margin Before Officers Comp. (%) 40	•	•	•	•	•	•	•	•	•	0.3
Average Net Receivables ($) 41	2920	2975	2936	3903	4512	3399	3386	4280	5405	5809
Average Inventories ($) 42	843	987	1077	1300	1245	795	812	1136	1507	1375
Average Net Worth ($) 43	1782	1948	1949	2631	2375	1513	1534	1840	2714	2902
Current Ratio (×1) 44	1.9	1.6	1.7	1.8	1.7	1.9	2.7	2.4	2.6	2.3
Quick Ratio (×1) 45	1.4	1.2	1.2	1.3	1.3	1.5	2.2	1.9	2.0	1.9
Coverage Ratio (×1) 46	0.6	1.4	2.1	1.8	1.9	1.5	1.3	2.0	3.0	2.5
Asset Turnover (×1) 47	0.8	1.0	0.8	1.0	1.0	1.0	1.0	1.1	1.0	1.0
Total Liabilities/Net Worth (×1) 48	2.4	2.4	2.3	2.1	2.5	2.9	2.9	3.3	2.8	2.7
Return on Assets (×1) 49	2.4	8.5	13.3	10.1	9.6	6.4	5.5	7.9	10.5	10.5
Return on Equity (%) 50	•	4.5	19.5	9.9	10.9	4.6	3.2	12.4	19.3	15.4

Table II

Corporations with Net Income

FARM MACHINERY

MONEY AMOUNTS AND SIZE OF ASSETS IN THOUSANDS OF DOLLARS

Item Description for Accounting Period 7/95 Through 6/96		Total	Zero Assets	Under 100	100 to 250	251 to 500	501 to 1,000	1,001 to 5,000	5,001 to 10,000	10,001 to 25,000	25,001 to 50,000	50,001 to 100,000	100,001 to 250,000	250,001 and over
Number of Enterprises	1	1232	•	404	•	117	329	231	97	28	•	•	•	4
Revenues ($ in Thousands)														
Net Sales	2	20775937	•	7195	•	162888	624490	1085713	1211405	703824	•	•	•	14357968
Portfolio Income	3	1094610	•	•	•	6	2639	1337	9184	1061	•	•	•	1039474
Other Revenues	4	404463	•	1280	•	1833	377	6955	13487	6192	•	•	•	342568
Total Revenues	5	22275010	•	8475	•	164727	627506	1094005	1234076	711077	•	•	•	15740010
Average Total Revenues	6	18080	•	21	•	1408	1907	4736	12722	25396	•	•	•	3935002
Operating Costs/Operating Income (%)														
Cost of Operations	7	65.4	•	18.7	•	73.1	70.3	74.4	70.7	70.6	•	•	•	62.6
Rent	8	5.1	•	•	•	7.5	3.9	6.0	4.7	3.7	•	•	•	5.1
Taxes Paid	9	1.6	•	8.1	•	1.3	1.7	1.3	1.5	2.0	•	•	•	1.7
Interest Paid	10	4.2	•	•	•	0.6	0.5	1.1	2.0	1.8	•	•	•	5.2
Depreciation, Depletion, Amortization	11	2.4	•	1.7	•	1.3	1.0	1.8	2.2	2.0	•	•	•	2.7
Pensions and Other Benefits	12	4.7	•	•	•	2.1	0.9	0.7	0.7	1.6	•	•	•	6.2
Other	13	15.8	•	83.7	•	8.9	12.4	10.5	13.9	7.6	•	•	•	18.1
Officers Compensation	14	0.8	•	•	•	2.2	5.4	2.0	2.3	2.8	•	•	•	0.2
Operating Margin	15	•	•	•	•	3.2	4.1	2.3	2.1	8.2	•	•	•	•
Oper. Margin Before Officers Compensation	16	0.8	•	•	•	5.4	9.4	4.3	4.3	10.9	•	•	•	•
Selected Average Balance Sheet ($ in Thousands)														
Net Receivables	17	9601	•	•	•	44	99	394	1404	3445	•	•	•	2763580
Inventories	18	2013	•	2	•	281	422	1088	2968	5614	•	•	•	269570
Net Property, Plant and Equipment	19	2017	•	2	•	45	62	320	1753	2762	•	•	•	469698
Total Assets	20	17090	•	4	•	386	800	2037	7063	15739	•	•	•	4401274

Notes and Loans Payable 21	7118	•	56	•	64	236	474	3611	6052	•	•	•	1910512
All Other Liabilities 22	5191	•	•	•	61	230	887	1138	3428	•	•	•	1370255
Net Worth 23	4781	•	-52	•	261	333	676	2314	6259	•	•	•	1120508

Selected Financial Ratios (Times to 1)

Current Ratio 24	2.4	•	•	•	5.6	2.9	1.5	1.9	1.8	•	•	•	2.5
Quick Ratio 25	2.0	•	•	•	0.8	1.1	0.4	0.7	0.8	•	•	•	2.3
Net Sales to Working Capital 26	2.3	•	6.6	•	5.0	4.1	9.3	5.3	5.5	•	•	•	1.9
Coverage Ratio 27	2.7	•	•	•	8.6	10.2	3.7	3.0	6.2	•	•	•	2.5
Total Asset Turnover 28	1.0	•	4.2	•	3.6	2.4	2.3	1.8	1.6	•	•	•	0.8
Inventory Turnover 29	5.4	•	2.1	•	3.5	3.5	3.1	2.7	3.6	•	•	•	8.0
Receivables Turnover 30	1.9	•	5.9	•	•	•	•	6.4	6.8	•	•	•	1.5
Total Liabilities to Net Worth 31	2.6	•	•	•	0.5	1.4	2.0	2.1	1.5	•	•	•	2.9

Selected Financial Factors (in Percentages)

Debt Ratio 32	72.0	•	•	•	32.4	58.3	66.8	67.2	60.2	•	•	•	74.6
Return on Assets 33	11.3	•	23.4	•	17.6	11.9	9.7	10.5	17.5	•	•	•	10.7
Return on Equity 34	17.6	•	•	•	19.1	22.9	16.2	18.4	29.2	•	•	•	16.6
Return Before Interest on Equity 35	•	•	•	•	26.0	28.6	29.1	32.1	•	•	•	•	•
Profit Margin, Before Income Tax 36	7.2	•	5.6	•	4.3	4.5	3.1	3.9	9.2	•	•	•	8.0
Profit Margin, After Income Tax 37	5.0	•	5.6	•	3.6	4.0	2.3	3.4	7.3	•	•	•	5.2

Trends in Selected Ratios and Factors, 1990-1999

	1990	1991	1992	1993	1994	1995	1996	1997	1998	1999
Cost of Operations (%) 38	71.8	69.7	56.4	68.9	66.4	66.1	66.9	67.5	66.1	65.4
Operating Margin (%) 39	1.7	•	•	•	•	•	•	•	•	•
Oper. Margin Before Officers Comp. (%) 40	3.3	•	•	•	•	•	•	•	•	0.8
Average Net Receivables ($) 41	693	8235	5764	3979	6783	4365	5271	7713	9177	9601
Average Inventories ($) 42	737	2173	1706	991	1497	769	997	1783	2419	2013
Average Net Worth ($) 43	1006	5463	4011	2656	3465	1762	2279	3208	4663	4781
Current Ratio (×1) 44	1.8	1.7	1.8	1.8	1.8	1.9	3.0	2.6	2.6	2.4
Quick Ratio (×1) 45	0.9	1.3	1.4	1.4	1.4	1.6	2.5	2.1	2.1	2.0
Coverage Ratio (×1) 46	3.1	1.7	2.3	2.7	2.4	2.0	1.7	2.4	3.2	2.7
Asset Turnover (×1) 47	1.6	1.0	0.7	1.0	1.0	1.0	1.0	1.2	1.0	1.0
Operating Leverage 48	25.3	•	1.0	0.4	0.9	1.9	1.2	0.6	0.4	0.0
Financial Leverage 49	1.1	0.6	1.8	1.0	0.9	0.9	0.9	1.4	1.1	0.9
Total Leverage 50	27.9	•	1.8	0.4	0.8	1.8	1.0	0.8	0.4	0.0

Table I

Corporations with and without Net Income

CONSTRUCTION AND RELATED MACHINERY

MONEY AMOUNTS AND SIZE OF ASSETS IN THOUSANDS OF DOLLARS

Item Description for Accounting Period 7/95 Through 6/96		Total	Zero Assets	Under 100	100 to 250	251 to 500	501 to 1,000	1,001 to 5,000	5,001 to 10,000	10,001 to 25,000	25,001 to 50,000	50,001 to 100,000	100,001 to 250,000	250,001 and over
Number of Enterprises	1	2243	7	777	123	248	408	421	133	53	23	16	17	17
Revenues ($ in Thousands)														
Net Sales	2	43857067	822	179149	42396	381836	863456	1711679	1763639	1465282	1033832	1489604	3066562	31858811
Portfolio Income	3	1407045	•	747	5	167	2226	16790	2598	6381	18099	12610	45141	1302282
Other Revenues	4	987046	•	744	75	614	27429	16740	14104	8873	24380	19167	32016	842902
Total Revenues	5	46251158	822	180640	42476	382617	893111	1745209	1780341	1480536	1076311	1521381	3143719	34003995
Average Total Revenues	6	20620	117	232	345	1543	2189	4145	13386	27935	46796	95086	184925	2000235
Operating Costs/Operating Income (%)														
Cost of Operations	7	75.6	68.0	53.7	76.6	51.1	68.1	71.8	71.5	74.7	74.8	80.6	75.2	76.5
Rent	8	4.9	49.5	22.0	•	18.6	7.0	4.7	5.0	6.4	6.6	5.1	6.1	4.3
Taxes Paid	9	1.8	•	3.0	3.0	4.1	1.9	2.6	2.2	2.1	1.3	1.0	1.7	1.7
Interest Paid	10	2.8	•	0.2	1.4	0.5	1.5	1.2	1.1	1.6	2.2	1.6	1.6	3.4
Depreciation, Depletion, Amortization	11	2.3	0.6	4.0	0.7	1.7	2.3	2.0	1.8	2.2	3.0	1.8	2.1	2.4
Pensions and Other Benefits	12	2.7	•	•	•	0.1	0.9	1.3	1.5	2.0	2.3	1.3	3.0	3.0
Other	13	9.2	28.0	19.4	7.5	13.6	12.3	10.5	6.9	7.1	8.1	8.7	8.7	9.3
Officers Compensation	14	1.1	•	2.0	18.2	2.2	4.7	6.5	5.9	2.1	0.7	0.8	0.7	0.4
Operating Margin	15	•	•	•	•	8.2	1.5	•	4.2	1.9	1.2	•	1.0	•
Oper. Margin Before Officers Compensation	16	0.8	•	•	10.8	10.4	6.2	6.1	10.1	4.0	1.9	•	1.7	•
Selected Average Balance Sheet ($ in Thousands)														
Net Receivables	17	7266	•	2	11	141	276	678	1631	4353	9543	17730	32314	844788
Inventories	18	2727	•	3	86	114	201	877	2317	4722	11681	21548	42610	219380
Net Property, Plant and Equipment	19	3246	•	7	7	58	154	428	1426	3149	8276	12922	28157	340191
Total Assets	20	20191	•	18	128	416	759	2376	6543	15442	34919	65534	142360	2228554

Notes and Loans Payable 21	6741	•	10	28	94	230	678	1825	5556	15281	21257	34099	758747
All Other Liabilities 22	7005	•	3	45	124	153	964	1208	5226	11466	21103	46677	786674
Net Worth 23	6445	•	5	55	198	377	734	3510	4660	8172	23174	61584	683133

Selected Financial Ratios (Times to 1)

Current Ratio 24	1.6	•	3.4	1.4	2.2	2.4	1.5	3.0	1.6	1.6	1.9	1.7	1.6
Quick Ratio 25	1.1	•	2.3	0.2	1.3	1.6	0.8	1.4	0.9	0.7	0.9	0.8	1.2
Net Sales to Working Capital 26	4.7	•	31.5	10.8	9.3	6.0	6.2	4.4	6.8	5.1	4.5	5.0	4.5
Coverage Ratio 27	3.0	•	•	•	•	4.4	2.3	5.9	2.8	3.5	1.9	3.2	3.0
Total Asset Turnover 28	1.0	•	12.9	2.7	3.7	2.8	1.7	2.0	1.8	1.3	1.4	1.3	0.9
Inventory Turnover 29	5.6	•	•	2.9	7.5	5.8	3.2	4.2	3.8	3.0	4.1	3.1	7.0
Receivables Turnover 30	2.8	•	•	•	9.4	7.8	7.4	8.3	6.2	5.4	6.2	5.0	2.3
Total Liabilities to Net Worth 31	2.1	•	2.4	1.3	1.1	1.0	2.2	0.9	2.3	3.3	1.8	1.3	2.3

Selected Financial Factors (in Percentages)

Debt Ratio 32	68.1	•	70.8	57.1	52.4	50.4	69.1	46.4	69.8	76.6	64.6	56.8	69.4
Return on Assets 33	8.3	•	•	•	32.9	17.8	4.6	12.5	8.0	9.6	4.2	6.5	8.4
Return on Equity 34	12.3	•	•	•	•	23.2	4.9	16.3	13.2	21.7	2.6	6.1	12.8
Return Before Interest on Equity 35	26.0	•	•	•	•	•	15.0	23.2	26.5	•	11.9	15.1	27.3
Profit Margin, Before Income Tax 36	5.7	•	•	•	8.4	5.0	1.5	5.1	2.9	5.3	1.4	3.5	6.6
Profit Margin, After Income Tax 37	4.1	•	•	•	8.4	4.1	0.9	4.3	2.2	4.0	0.6	2.1	4.7

Trends in Selected Ratios and Factors, 1990-1999

	1990	1991	1992	1993	1994	1995	1996	1997	1998	1999
Cost of Labor (%) 38	70.8	71.7	73.0	72.6	72.5	71.9	73.8	72.2	73.7	75.6
Operating Margin (%) 39	•	•	•	•	•	•	•	•	•	•
Oper. Margin Before Officers Comp. (%) 40	•	•	0.1	•	•	•	•	•	0.6	0.8
Average Net Receivables ($) 41	4805	3907	3972	5624	6281	3644	3915	4714	6087	7266
Average Inventories ($) 42	2594	2299	2388	2915	3323	1843	1665	1803	2301	2727
Average Net Worth ($) 43	7154	7016	6673	9056	10019	5691	3275	4020	5704	6445
Current Ratio (×1) 44	1.5	1.7	1.7	1.7	1.7	1.7	1.6	1.6	1.6	1.6
Quick Ratio (×1) 45	0.9	1.0	1.0	1.0	1.1	1.0	1.1	1.1	1.1	1.1
Coverage Ratio (×1) 46	0.8	1.5	3.0	2.2	1.9	1.6	1.2	2.5	3.0	3.0
Asset Turnover (×1) 47	0.9	0.9	0.9	0.9	0.9	0.9	0.9	0.9	0.9	1.0
Total Liabilities/Net Worth (×1) 48	1.5	1.2	1.3	1.4	1.3	1.4	2.8	2.5	2.0	2.1
Return on Assets (×1) 49	2.9	4.4	8.6	7.1	6.5	5.3	3.7	7.1	8.0	8.3
Return on Equity (%) 50	•	0.7	9.8	6.3	5.0	2.6	0.7	10.0	11.3	12.3

CONSTRUCTION AND RELATED MACHINERY

MONEY AMOUNTS AND SIZE OF ASSETS IN THOUSANDS OF DOLLARS

Item Description for Accounting Period 7/95 Through 6/96		Total	Zero Assets	Under 100	100 to 250	251 to 500	501 to 1,000	1,001 to 5,000	5,001 to 10,000	10,001 to 25,000	25,001 to 50,000	50,001 to 100,000	100,001 to 250,000	250,001 and over
Number of Enterprises	1	1304	•	198	•	210	408	309	95	29	•	•	11	13
Revenues ($ in Thousands)														
Net Sales	2	38617334	•	129071	•	323054	863456	1476627	1326338	839417	•	•	2285378	29491090
Portfolio Income	3	1373787	•	670	•	167	2226	15830	2163	6080	•	•	30335	1290339
Other Revenues	4	961826	•	741	•	614	27429	14975	12904	5411	•	•	22890	836393
Total Revenues	5	40952947	•	130482	•	323835	893111	1507432	1341405	850908	•	•	2338603	31617822
Average Total Revenues	6	31406	•	659	•	1542	2189	4878	14120	29342	•	•	212600	2432140
Operating Costs/Operating Income (%)														
Cost of Operations	7	75.4	•	49.8	•	46.8	68.1	71.1	69.1	66.7	•	•	73.5	76.9
Rent	8	4.6	•	22.0	•	21.7	7.0	4.4	5.9	5.8	•	•	6.1	4.0
Taxes Paid	9	1.8	•	2.8	•	4.2	1.9	2.6	1.9	2.6	•	•	1.8	1.7
Interest Paid	10	2.8	•	•	•	0.3	1.5	0.8	0.8	0.9	•	•	0.9	3.4
Depreciation, Depletion, Amortization	11	2.3	•	4.0	•	1.3	2.3	1.8	1.6	2.5	•	•	2.1	2.4
Pensions and Other Benefits	12	2.6	•	•	•	0.1	0.9	1.4	1.8	2.7	•	•	3.1	2.8
Other	13	9.1	•	20.7	•	13.3	12.3	9.3	7.3	8.3	•	•	8.0	9.2
Officers Compensation	14	1.0	•	•	•	2.6	4.7	7.0	4.1	2.5	•	•	0.8	0.4
Operating Margin	15	0.5	•	0.8	•	9.8	1.5	1.8	7.7	8.2	•	•	3.7	•
Oper. Margin Before Officers Compensation	16	1.4	•	0.8	•	12.4	6.2	8.8	11.8	10.7	•	•	4.5	•
Selected Average Balance Sheet ($ in Thousands)														
Net Receivables	17	11685	•	•	•	135	276	731	1731	3652	•	•	36398	1059382
Inventories	18	3736	•	•	•	131	201	907	2444	3982	•	•	41630	247341
Net Property, Plant and Equipment	19	4978	•	10	•	43	154	419	1314	3371	•	•	32094	417286
Total Assets	20	31605	•	25	•	403	759	2561	6741	15823	•	•	146759	2763250

Notes and Loans Payable 21	10208	•	13	•	72	230	634	1304	2687	•	•	24713	921753
All Other Liabilities 22	10754	•	•	•	113	153	900	1361	4980	•	•	40554	960831
Net Worth 23	10643	•	12	•	217	377	1027	4076	8156	•	•	81492	880667

Selected Financial Ratios (Times to 1)

Current Ratio 24	1.6	•	•	•	2.6	2.4	1.8	2.8	2.0	•	•	1.9	1.6
Quick Ratio 25	1.2	•	•	•	1.5	1.6	0.9	1.3	1.2	•	•	0.9	1.2
Net Sales to Working Capital 26	4.6	•	44.3	•	7.9	6.0	5.5	4.6	5.1	•	•	4.8	4.5
Coverage Ratio 27	3.5	•	•	•	•	4.4	5.8	12.0	11.3	•	•	7.8	3.2
Total Asset Turnover 28	0.9	•	•	•	3.8	2.8	1.9	2.1	1.8	•	•	1.4	0.8
Inventory Turnover 29	6.0	•	•	•	5.9	5.8	3.5	4.8	3.7	•	•	3.6	7.1
Receivables Turnover 30	2.6	•	•	•	8.6	7.8	7.8	8.4	6.3	•	•	5.9	2.2
Total Liabilities to Net Worth 31	2.0	•	1.1	•	0.9	1.0	1.5	0.7	1.0	•	•	0.8	2.1

Selected Financial Factors (in Percentages)

Debt Ratio 32	66.3	•	51.3	•	46.1	50.4	59.9	39.5	48.5	•	•	44.5	68.1
Return on Assets 33	9.3	•	•	•	39.6	17.8	8.7	19.9	19.2	•	•	9.9	8.8
Return on Equity 34	14.4	•	•	•	•	23.2	14.5	26.6	29.8	•	•	10.6	13.5
Return Before Interest on Equity 35	27.6	•	•	•	•	•	21.7	32.9	•	•	•	17.8	27.6
Profit Margin, Before Income Tax 36	7.1	•	1.8	•	10.0	5.0	3.9	8.8	9.6	•	•	6.1	7.4
Profit Margin, After Income Tax 37	5.2	•	1.8	•	10.0	4.1	3.1	7.8	8.4	•	•	4.2	5.2

Trends in Selected Ratios and Factors, 1990-1999

	1990	1991	1992	1993	1994	1995	1996	1997	1998	1999
Cost of Operations (%) 38	70.3	71.1	72.3	73.4	71.9	63.3	70.9	72.7	73.4	75.4
Operating Margin (%) 39	•	0.2	0.7	0.1	•	•	•	•	0.7	0.5
Oper. Margin Before Officers Comp. (%) 40	•	1.3	1.5	1.1	0.2	0.9	0.7	•	1.8	1.4
Average Net Receivables ($) 41	7265	4586	5794	6479	11310	2178	1653	5893	10161	11685
Average Inventories ($) 42	3848	2138	3228	2835	5280	1432	802	1650	3443	3736
Average Net Worth ($) 43	11044	6585	10084	9339	18710	5933	2625	4916	9612	10643
Current Ratio (×1) 44	1.7	1.7	1.7	1.7	1.8	1.8	1.5	1.6	1.6	1.6
Quick Ratio (×1) 45	1.1	1.1	1.1	1.1	1.2	1.0	1.0	1.2	1.1	1.2
Coverage Ratio (×1) 46	2.5	2.9	3.8	2.9	2.4	3.1	2.8	3.6	3.6	3.5
Asset Turnover (×1) 47	1.0	1.1	0.9	1.0	0.9	0.9	0.9	0.9	0.9	0.9
Operating Leverage 48	2.1	•	3.2	0.2	•	0.7	2.3	1.1	•	0.7
Financial Leverage 49	1.2	1.1	1.2	0.9	0.9	1.2	1.0	1.1	1.0	1.0
Total Leverage 50	2.4	•	3.8	0.2	•	0.8	2.2	1.1	•	0.7

Table I

Corporations with and without Net Income

METALWORKING MACHINERY

MONEY AMOUNTS AND SIZE OF ASSETS IN THOUSANDS OF DOLLARS

Item Description for Accounting Period 7/95 Through 6/96	Total	Zero Assets	Under 100	100 to 250	251 to 500	501 to 1,000	1,001 to 5,000	5,001 to 10,000	10,001 to 25,000	25,001 to 50,000	50,001 to 100,000	100,001 to 250,000	250,001 and over
Number of Enterprises **1**	7035	130	2155	733	892	1325	1380	184	141	55	17	12	11
Revenues ($ in Thousands)													
Net Sales **2**	30555530	120751	323314	371748	930734	1933878	5622004	2009976	3340693	2975711	1514652	2314366	9097703
Portfolio Income **3**	310192	257	210	8369	4894	3883	29639	6302	10936	15133	7286	27238	196044
Other Revenues **4**	405516	604	•	351	3998	7235	20476	10301	15957	26182	7208	23648	289557
Total Revenues **5**	31271238	121612	323524	380468	939626	1944996	5672119	2026579	3367586	3017026	1529146	2365252	9583304
Average Total Revenues **6**	4445	935	150	519	1053	1468	4110	11014	23884	54855	89950	197104	871209
Operating Costs/Operating Income (%)													
Cost of Operations **7**	65.8	89.5	38.9	29.0	55.5	59.7	64.1	69.7	71.1	73.1	71.4	72.8	63.3
Rent **8**	6.3	6.5	11.4	21.1	7.3	3.7	4.5	5.2	6.0	4.8	5.7	7.0	7.7
Taxes Paid **9**	3.4	0.8	4.0	5.5	3.9	4.6	3.5	3.3	2.9	2.3	2.4	1.8	4.1
Interest Paid **10**	2.4	0.3	0.6	1.6	1.2	1.4	1.3	1.4	1.9	1.5	1.6	1.1	4.7
Depreciation, Depletion, Amortization **11**	3.1	0.4	3.0	4.1	3.9	5.0	3.4	3.2	2.5	3.0	3.1	2.8	2.7
Pensions and Other Benefits **12**	2.9	1.1	1.4	3.0	2.3	3.0	2.9	3.6	2.8	1.9	2.8	3.4	3.2
Other **13**	10.1	0.8	16.1	21.2	11.6	8.9	7.4	6.3	7.5	7.5	6.4	5.4	15.8
Officers Compensation **14**	3.5	1.5	12.8	12.7	12.0	10.7	6.6	3.4	2.2	1.8	1.4	1.0	0.5
Operating Margin **15**	2.7	•	12.0	2.0	2.3	3.1	6.4	4.0	3.2	4.3	5.2	4.7	•
Oper. Margin Before Officers Compensation **16**	6.1	0.7	24.7	14.6	14.3	13.7	13.0	7.4	5.4	6.0	6.5	5.7	•
Selected Average Balance Sheet ($ in Thousands)													
Net Receivables **17**	791	•	11	46	88	180	496	1955	4077	9989	15005	40529	207455
Inventories **18**	622	•	3	23	33	77	493	1633	4022	9966	17208	41679	121162
Net Property, Plant and Equipment **19**	744	•	11	84	169	311	727	1810	3995	8996	18507	34811	132668
Total Assets **20**	3344	•	52	162	380	713	2233	6296	14516	34741	68564	166186	963369

Notes and Loans Payable 21	1051	•	19	102	145	255	666	1740	5207	7600	16301	27793	346131
All Other Liabilities 22	1155	•	30	60	79	118	717	1989	5377	12749	20952	57551	357039
Net Worth 23	1138	•	2	-0	156	340	850	2567	3931	14392	31311	80842	265199

Selected Financial Ratios (Times to 1)

Current Ratio 24	1.4	•	2.3	1.1	1.9	2.1	1.5	1.5	1.3	1.7	1.6	1.6	1.1
Quick Ratio 25	0.8	•	2.0	0.8	1.5	1.5	0.8	0.9	0.7	0.9	0.7	0.8	0.7
Net Sales to Working Capital 26	9.6	•	9.0	•	11.1	7.4	9.9	7.9	10.8	5.8	5.6	5.3	19.8
Coverage Ratio 27	3.2	0.7	•	3.7	3.7	3.7	6.8	4.5	3.2	4.8	4.7	7.1	2.0
Total Asset Turnover 28	1.3	•	2.9	3.1	2.8	2.1	1.8	1.7	1.6	1.6	1.3	1.2	0.9
Inventory Turnover 29	4.8	•	•	•	•	7.9	5.6	5.7	4.2	4.5	4.0	3.4	4.7
Receivables Turnover 30	5.7	•	•	9.7	•	6.8	7.9	6.7	5.5	5.9	5.8	4.6	4.4
Total Liabilities to Net Worth 31	1.9	•	27.3	•	1.4	1.1	1.6	1.5	2.7	1.4	1.2	1.1	2.7

Selected Financial Factors (in Percentages)

Debt Ratio 32	66.0	•	96.5	•	59.0	52.3	62.0	59.2	72.9	58.6	54.3	51.4	72.6
Return on Assets 33	10.0	•	36.7	18.5	12.2	10.2	15.5	10.7	9.6	11.0	10.1	9.3	7.8
Return on Equity 34	16.2	•	•	•	19.2	12.9	29.1	17.2	19.2	16.5	13.7	11.6	10.9
Return Before Interest on Equity 35	29.3	•	•	•	29.6	21.4	•	26.3	•	26.7	22.1	19.2	28.6
Profit Margin, Before Income Tax 36	5.3	•	12.0	4.3	3.2	3.6	7.3	4.8	4.0	5.6	6.1	6.9	4.5
Profit Margin, After Income Tax 37	4.3	•	11.6	3.7	2.9	3.0	6.1	4.1	3.2	4.4	4.8	4.9	3.5

Trends in Selected Ratios and Factors, 1990-1999

	1990	1991	1992	1993	1994	1995	1996	1997	1998	1999
Cost of Labor (%) 38	65.3	66.3	65.3	64.4	62.3	63.0	64.6	64.7	65.6	65.8
Operating Margin (%) 39	•	•	•	•	•	•	•	•	1.9	2.7
Oper. Margin Before Officers Comp. (%) 40	2.1	2.1	4.7	1.7	•	•	•	3.7	5.4	6.1
Average Net Receivables ($) 41	598	456	479	768	790	502	536	585	717	791
Average Inventories ($) 42	497	388	352	585	494	486	459	459	538	622
Average Net Worth ($) 43	963	775	664	1108	912	829	787	739	907	1138
Current Ratio (×1) 44	1.8	1.8	1.6	1.2	1.3	1.5	1.4	1.4	1.5	1.4
Quick Ratio (×1) 45	1.0	1.0	0.9	0.7	0.8	0.7	0.8	0.8	0.9	0.8
Coverage Ratio (×1) 46	1.7	1.8	2.7	1.7	1.2	1.2	1.2	2.0	2.7	3.2
Asset Turnover (×1) 47	1.2	1.3	1.3	1.0	1.0	1.1	1.2	1.3	1.3	1.3
Total Liabilities/Net Worth (×1) 48	1.3	1.4	1.5	2.2	2.4	2.3	2.3	2.4	2.2	1.9
Return on Assets (×1) 49	5.9	6.4	8.7	6.8	9.0	10.0	6.9	7.2	8.8	10.0
Return on Equity (%) 50	1.7	3.8	10.3	5.7	3.1	3.0	2.2	9.1	13.9	16.2

METALWORKING MACHINERY

MONEY AMOUNTS AND SIZE OF ASSETS IN THOUSANDS OF DOLLARS

Item Description for Accounting Period 7/95 Through 6/96		Total	Zero Assets	Under 100	100 to 250	251 to 500	501 to 1,000	1,001 to 5,000	5,001 to 10,000	10,001 to 25,000	25,001 to 50,000	50,001 to 100,000	100,001 to 250,000	250,001 and over
Number of Enterprises	1	5975	7	2155	610	615	1068	1169	157	113	44	•	•	•
Revenues ($ in Thousands)														
Net Sales	2	27463018	120421	323314	308380	721489	1608846	5133343	1640711	2689947	2627134	•	•	•
Portfolio Income	3	268558	257	210	1994	4518	2564	28289	3765	9278	8204	•	•	•
Other Revenues	4	389774	605	•	351	3997	7098	17948	9812	12283	19444	•	•	•
Total Revenues	5	28121350	121283	323524	310725	730004	1618508	5179580	1654288	2711508	2654782	•	•	•
Average Total Revenues	6	4707	17326	150	509	1187	1515	4431	10537	23996	60336	•	•	•
Operating Costs/Operating Income (%)														
Cost of Operations	7	65.3	89.7	38.9	22.4	57.8	61.1	63.3	68.5	70.0	73.0	•	•	•
Rent	8	6.1	6.5	11.4	22.8	5.3	3.0	4.1	4.3	5.5	4.9	•	•	•
Taxes Paid	9	3.4	0.7	4.0	4.7	3.6	4.6	3.5	3.5	2.9	2.3	•	•	•
Interest Paid	10	2.2	0.3	0.6	0.9	0.9	1.4	1.1	1.5	1.3	1.0	•	•	•
Depreciation, Depletion, Amortization	11	3.0	0.1	3.0	4.9	3.4	5.2	3.1	3.6	2.6	2.7	•	•	•
Pensions and Other Benefits	12	3.0	1.1	1.4	3.6	2.4	2.8	3.0	4.0	2.6	1.8	•	•	•
Other	13	10.1	0.2	16.1	22.2	9.9	8.3	7.4	5.5	7.4	6.9	•	•	•
Officers Compensation	14	3.3	1.5	12.8	12.5	12.2	9.2	6.8	3.1	2.0	1.8	•	•	•
Operating Margin	15	3.8	•	12.0	6.1	4.6	4.4	7.8	6.1	5.6	5.7	•	•	•
Oper. Margin Before Officers Compensation	16	7.0	1.5	24.7	18.6	16.8	13.7	14.6	9.1	7.6	7.5	•	•	•
Selected Average Balance Sheet ($ in Thousands)														
Net Receivables	17	817	•	11	46	90	176	517	1783	3748	8874	•	•	•
Inventories	18	643	•	3	15	39	68	497	1653	3938	10832	•	•	•
Net Property, Plant and Equipment	19	753	•	11	101	151	340	695	1991	3679	8943	•	•	•
Total Assets	20	3458	•	52	169	383	714	2245	6239	13985	33468	•	•	•

Notes and Loans Payable 21	1024	•	19	52	103	265	543	1591	3863	6732	•	•	•
All Other Liabilities 22	1166	•	30	59	83	112	734	1702	4148	11241	•	•	•
Net Worth 23	1267	•	2	58	197	337	967	2945	5974	15495	•	•	•

Selected Financial Ratios (Times to 1)

Current Ratio 24	1.4	•	2.3	0.9	2.1	1.9	1.5	1.7	1.9	2.0	•	•	•
Quick Ratio 25	0.9	•	2.0	0.7	1.6	1.5	0.9	0.9	1.0	1.0	•	•	•
Net Sales to Working Capital 26	8.5	•	9.0	•	10.4	8.7	9.1	6.5	5.6	5.3	•	•	•
Coverage Ratio 27	4.0	3.0	•	9.1	7.5	4.6	9.1	5.6	5.9	7.7	•	•	•
Total Asset Turnover 28	1.3	•	2.9	3.0	3.1	2.1	2.0	1.7	1.7	1.8	•	•	•
Inventory Turnover 29	5.3	•	•	•	•	9.2	6.1	5.7	4.5	4.6	•	•	•
Receivables Turnover 30	5.9	•	•	9.0	•	6.6	8.5	7.6	6.3	7.3	•	•	•
Total Liabilities to Net Worth 31	1.7	•	27.3	1.9	1.0	1.1	1.3	1.1	1.4	1.2	•	•	•

Selected Financial Factors (in Percentages)

Debt Ratio 32	63.4	•	96.5	65.7	48.6	52.8	56.9	52.8	57.3	53.7	•	•	•
Return on Assets 33	11.5	•	36.7	23.0	20.5	13.6	19.1	14.1	13.1	13.8	•	•	•
Return on Equity 34	19.2	•	•	•	31.9	19.1	33.4	21.3	21.3	20.6	•	•	•
Return Before Interest on Equity 35	31.2	•	•	•	•	28.8	•	29.9	30.7	29.8	•	•	•
Profit Margin, Before Income Tax 36	6.5	0.7	12.0	6.9	5.8	5.0	8.7	6.9	6.4	6.7	•	•	•
Profit Margin, After Income Tax 37	5.3	0.5	11.6	6.2	5.3	4.3	7.4	6.0	5.4	5.4	•	•	•

Trends in Selected Ratios and Factors, 1990-1999

	1990	1991	1992	1993	1994	1995	1996	1997	1998	1999
Cost of Operations (%) 38	63.6	64.0	64.0	64.8	64.3	64.9	66.2	62.0	63.9	65.3
Operating Margin (%) 39	3.5	4.5	3.2	3.9	3.3	2.4	3.0	2.2	3.6	3.8
Oper. Margin Before Officers Comp. (%) 40	8.3	8.9	7.4	8.3	7.5	6.4	7.3	6.3	7.1	7.0
Average Net Receivables ($) 41	475	368	631	545	573	476	541	579	793	817
Average Inventories ($) 42	441	364	477	545	463	410	400	407	534	643
Average Net Worth ($) 43	983	839	986	1131	1130	929	910	966	1103	1267
Current Ratio (×1) 44	1.9	2.0	1.8	2.0	2.0	2.0	1.8	1.5	1.6	1.4
Quick Ratio (×1) 45	1.1	1.1	1.1	1.0	1.2	1.1	1.1	0.9	1.0	0.9
Coverage Ratio (×1) 46	4.5	5.5	4.4	5.1	4.5	3.4	5.5	3.2	3.6	4.0
Asset Turnover (×1) 47	1.4	1.5	1.3	1.5	1.4	1.3	1.5	1.2	1.4	1.3
Operating Leverage 48	1.1	1.3	0.7	1.2	0.8	0.7	1.2	0.7	1.7	1.0
Financial Leverage 49	1.0	1.2	1.0	1.0	1.0	1.0	1.1	0.9	1.0	1.0
Total Leverage 50	1.1	1.5	0.7	1.3	0.8	0.7	1.4	0.6	1.8	1.1

Table I

Corporations with and without Net Income

SPECIAL INDUSTRY MACHINERY

MONEY AMOUNTS AND SIZE OF ASSETS IN THOUSANDS OF DOLLARS

Item Description for Accounting Period 7/95 Through 6/96		Total	Zero Assets	Under 100	100 to 250	251 to 500	501 to 1,000	1,001 to 5,000	5,001 to 10,000	10,001 to 25,000	25,001 to 50,000	50,001 to 100,000	100,001 to 250,000	250,001 and over
Number of Enterprises	1	4702	33	1677	508	683	292	1060	203	127	57	26	27	9
Revenues ($ in Thousands)														
Net Sales	2	29849543	379207	159186	98156	511857	487882	4818098	2821784	3012663	2724379	2426654	5614147	6795528
Portfolio Income	3	444923	1231	4022	82	879	680	19738	6110	21791	57015	40305	90791	202276
Other Revenues	4	484473	15422	1	•	7885	16851	28603	11630	34791	39937	32629	57040	239687
Total Revenues	5	30778939	395860	163209	98238	520621	505413	4866439	2839524	3069245	2821331	2499588	5761978	7237491
Average Total Revenues	6	6546	11996	97	193	762	1731	4591	13988	24167	49497	96138	213407	804166
Operating Costs/Operating Income (%)														
Cost of Operations	7	69.3	81.5	8.9	57.1	68.7	60.8	66.0	67.1	70.1	71.3	67.9	72.5	70.9
Rent	8	8.4	6.0	74.3	17.6	6.9	7.4	6.4	9.0	6.3	5.9	7.4	7.7	10.9
Taxes Paid	9	2.2	1.7	7.5	1.7	3.6	3.1	3.3	2.1	2.1	2.2	2.7	1.6	1.5
Interest Paid	10	1.9	1.5	0.3	5.2	1.5	0.8	1.4	0.8	1.5	1.1	1.7	1.8	3.7
Depreciation, Depletion, Amortization	11	2.3	2.2	1.3	4.5	3.3	2.3	2.3	1.7	2.3	2.4	2.7	2.3	2.2
Pensions and Other Benefits	12	2.5	1.4	1.0	0.2	2.9	1.2	1.9	2.4	2.7	2.0	2.3	2.0	3.7
Other	13	9.9	8.6	31.2	21.6	13.2	13.1	10.0	9.8	10.4	10.5	9.6	8.0	10.0
Officers Compensation	14	2.3	0.7	7.6	2.1	9.3	7.5	5.0	3.2	2.2	1.3	1.9	1.1	0.7
Operating Margin	15	1.3	•	•	•	•	3.8	3.8	3.9	2.5	3.5	3.9	3.1	•
Oper. Margin Before Officers Compensation	16	3.6	•	•	•	•	11.4	8.8	7.0	4.7	4.8	5.7	4.2	•
Selected Average Balance Sheet ($ in Thousands)														
Net Receivables	17	1293	•	0	1	85	135	612	1888	4451	9429	16702	47848	235822
Inventories	18	1032	•	8	65	83	286	568	1982	3950	9716	15433	33380	144623
Net Property, Plant and Equipment	19	872	•	7	39	95	143	614	1461	3035	5651	14588	27094	132655
Total Assets	20	4858	•	35	142	360	754	2301	7109	15675	36954	71606	163443	888117

Notes and Loans Payable **21**	1246	•	87	179	119	266	719	1628	4617	7374	15908	44845	193082
All Other Liabilities **22**	1915	•	74	13	132	171	809	2175	5149	12114	24272	65874	409159
Net Worth **23**	1697	•	-127	-49	109	318	774	3306	5909	17467	31425	52725	285876
Selected Financial Ratios (Times to 1)													
Current Ratio **24**	1.5	•	0.2	1.3	1.6	1.8	1.4	2.1	1.7	1.9	1.7	1.6	1.4
Quick Ratio **25**	0.9	•	0.0	0.3	1.0	0.7	0.8	1.1	0.9	1.0	0.9	0.9	0.8
Net Sales to Working Capital **26**	6.0	•	•	9.9	8.3	7.5	10.0	5.2	5.7	4.1	5.5	5.2	5.5
Coverage Ratio **27**	3.3	1.6	•	•	•	10.1	4.4	6.7	4.0	6.8	5.0	4.5	1.9
Total Asset Turnover **28**	1.3	•	2.7	1.4	2.1	2.2	2.0	2.0	1.5	1.3	1.3	1.3	0.9
Inventory Turnover **29**	4.5	•	1.9	1.8	9.2	4.0	5.0	4.7	3.9	3.7	4.1	5.2	4.1
Receivables Turnover **30**	4.9	•	•	•	•	9.1	7.1	7.7	5.3	4.6	5.4	5.3	3.0
Total Liabilities to Net Worth **31**	1.9	•	•	•	2.3	1.4	2.0	1.2	1.7	1.1	1.3	2.1	2.1
Selected Financial Factors (in Percentages)													
Debt Ratio **32**	65.1	•	•	•	69.8	57.9	66.4	53.5	62.3	52.7	56.1	67.8	67.8
Return on Assets **33**	8.4	•	•	•	•	18.3	12.2	10.2	9.0	9.5	11.2	10.1	5.8
Return on Equity **34**	12.3	•	22.1	38.5	•	38.6	22.1	16.6	14.3	13.0	13.3	17.4	6.3
Return Before Interest on Equity **35**	23.9	•	21.9	18.0	•	•	•	22.0	24.0	20.1	25.4	31.2	18.1
Profit Margin, Before Income Tax **36**	4.5	0.9	•	•	•	7.4	4.8	4.5	4.5	6.3	6.8	6.2	3.2
Profit Margin, After Income Tax **37**	3.3	•	•	•	•	7.4	3.8	3.9	3.6	4.8	4.5	4.4	2.4

Trends in Selected Ratios and Factors, 1990-1999

	1990	1991	1992	1993	1994	1995	1996	1997	1998	1999
Cost of Labor (%) **38**	65.7	68.1	70.3	69.9	68.8	69.8	68.6	70.5	69.9	69.3
Operating Margin (%) **39**	•	•	•	0.2	•	•	•	•	•	1.3
Oper. Margin Before Officers Comp. (%) **40**	•	2.2	1.4	2.6	1.7	•	0.2	0.6	2.6	3.6
Average Net Receivables ($) **41**	763	934	908	961	1060	1314	1211	1278	1501	1293
Average Inventories ($) **42**	699	756	791	819	1066	1230	1015	907	1079	1032
Average Net Worth ($) **43**	1194	1308	1386	1387	1735	2021	1771	1510	1934	1697
Current Ratio (×1) **44**	1.7	1.6	1.7	1.7	1.6	1.5	1.6	1.6	1.6	1.5
Quick Ratio (×1) **45**	0.9	0.9	0.9	1.0	0.8	0.8	0.9	1.0	0.9	0.9
Coverage Ratio (×1) **46**	1.8	2.8	2.7	2.5	2.1	1.2	1.7	1.6	2.9	3.3
Asset Turnover (×1) **47**	1.3	1.3	1.4	1.3	1.2	1.2	1.2	1.3	1.2	1.3
Total Liabilities/Net Worth (×1) **48**	1.6	1.6	1.6	1.6	1.7	1.9	1.8	2.0	1.7	1.9
Return on Assets (×1) **49**	5.8	7.2	7.3	8.1	6.9	4.5	4.6	4.5	7.0	8.4
Return on Equity (%) **50**	1.7	7.7	8.0	8.7	6.2	•	2.6	2.1	8.8	12.3

Table II

Corporations with Net Income

SPECIAL INDUSTRY MACHINERY

MONEY AMOUNTS AND SIZE OF ASSETS IN THOUSANDS OF DOLLARS

Item Description for Accounting Period 7/95 Through 6/96	Total	Zero Assets	Under 100	100 to 250	251 to 500	501 to 1,000	1,001 to 5,000	5,001 to 10,000	10,001 to 25,000	25,001 to 50,000	50,001 to 100,000	100,001 to 250,000	250,001 and over
Number of Enterprises **1**	1578	12	•	•	242	178	796	169	85	47	22	22	6
Revenues ($ in Thousands)													
Net Sales **2**	22133457	217337	•	•	191501	359811	3542144	2519030	2198299	2275248	2130486	4500551	4199050
Portfolio Income **3**	326209	485	•	•	•	642	7603	4271	15610	50400	32347	81949	132901
Other Revenues **4**	299006	2450	•	•	3901	14468	18301	11189	26183	34090	27721	33817	126886
Total Revenues **5**	22758672	220272	•	•	195402	374921	3568048	2534490	2240092	2359738	2190554	4616317	4458837
Average Total Revenues **6**	14422	18356	•	•	807	2106	4482	14997	26354	50207	99571	209833	743140
Operating Costs/Operating Income (%)													
Cost of Operations **7**	67.6	76.3	•	•	56.9	60.5	63.8	66.1	67.3	71.3	66.4	71.0	67.3
Rent **8**	8.0	3.9	•	•	3.9	6.9	5.7	9.1	5.9	6.0	7.3	7.6	12.6
Taxes Paid **9**	2.2	1.1	•	•	3.6	3.1	3.2	1.9	2.1	2.3	2.8	1.7	1.4
Interest Paid **10**	1.6	1.2	•	•	2.1	0.4	1.1	0.6	1.1	1.0	1.5	1.6	3.4
Depreciation, Depletion, Amortization **11**	2.1	3.2	•	•	4.1	1.7	2.4	1.4	2.0	2.1	2.3	2.1	1.9
Pensions and Other Benefits **12**	2.5	0.8	•	•	1.7	1.2	1.8	2.2	3.0	2.2	2.3	2.1	4.0
Other **13**	8.9	4.7	•	•	15.7	10.7	8.8	10.3	10.0	8.5	8.6	7.5	8.9
Officers Compensation **14**	2.3	0.6	•	•	6.9	8.5	5.6	3.1	2.0	1.4	1.9	1.2	0.5
Operating Margin **15**	5.0	8.3	•	•	5.2	7.1	7.7	5.4	6.6	5.3	7.0	5.3	•
Oper. Margin Before Officers Compensation **16**	7.3	9.0	•	•	12.1	15.6	13.2	8.4	8.6	6.7	8.9	6.5	0.5
Selected Average Balance Sheet ($ in Thousands)													
Net Receivables **17**	2834	•	•	•	112	124	593	1976	4725	8150	16602	44273	248743
Inventories **18**	2201	•	•	•	74	378	536	2193	3820	9434	15708	34122	121186
Net Property, Plant and Equipment **19**	1853	•	•	•	110	109	612	1360	2691	5875	13827	25834	130556
Total Assets **20**	11021	•	•	•	361	747	2289	7280	15771	36554	72615	165142	971660

Notes and Loans Payable 21	2160	•	•	•	115	224	542	1348	3593	5917	16212	46534	119646
All Other Liabilities 22	4296	•	•	•	49	117	726	2385	4961	12267	23252	60214	488407
Net Worth 23	4566	•	•	•	196	405	1021	3547	7216	18370	33150	58393	363608

Selected Financial Ratios (Times to 1)

Current Ratio 24	1.8	•	•	•	4.3	3.9	1.8	2.2	1.8	2.0	1.8	1.7	1.6
Quick Ratio 25	1.0	•	•	•	2.7	1.4	1.1	1.2	1.0	1.1	1.0	1.0	1.0
Net Sales to Working Capital 26	4.8	•	•	•	4.2	4.5	6.3	5.0	5.3	3.9	5.2	4.6	4.2
Coverage Ratio 27	5.9	9.3	•	•	4.5	•	8.7	11.4	9.1	9.5	7.5	6.3	2.9
Total Asset Turnover 28	1.3	•	•	•	2.2	2.7	2.0	2.1	1.6	1.3	1.3	1.2	0.7
Inventory Turnover 29	4.5	•	•	•	6.0	3.4	4.6	5.0	3.7	3.9	8.2	5.2	4.4
Receivables Turnover 30	5.0	•	•	•	8.2	8.2	7.5	8.1	5.1	5.1	•	5.7	2.7
Total Liabilities to Net Worth 31	1.4	•	•	•	0.8	0.9	1.3	1.1	1.2	1.0	1.2	1.8	1.7

Selected Financial Factors (in Percentages)

Debt Ratio 32	58.6	•	•	•	45.5	45.7	55.4	51.3	54.3	49.8	54.4	64.7	62.6
Return on Assets 33	12.1	•	•	•	20.3	31.7	18.4	13.3	15.9	12.0	15.0	12.3	7.1
Return on Equity 34	19.4	•	•	•	27.5	•	30.6	22.6	26.3	16.5	20.6	21.6	9.7
Return Before Interest on Equity 35	29.1	•	•	•	•	•	•	27.4	34.6	23.8	32.8	34.7	18.8
Profit Margin, Before Income Tax 36	7.9	9.7	•	•	7.2	11.3	8.4	6.0	8.6	8.1	9.7	8.3	6.4
Profit Margin, After Income Tax 37	6.3	6.5	•	•	6.8	11.2	7.0	5.4	7.4	6.3	7.1	6.2	5.1

Trends in Selected Ratios and Factors, 1990-1999

	1990	1991	1992	1993	1994	1995	1996	1997	1998	1999
Cost of Operations (%) 38	63.3	65.4	69.0	69.2	67.2	67.1	65.6	68.2	67.8	67.6
Operating Margin (%) 39	1.1	3.1	2.6	2.7	2.9	2.3	3.7	3.2	3.9	5.0
Oper. Margin Before Officers Comp. (%) 40	4.1	6.0	5.4	5.2	5.5	4.7	6.6	5.9	6.5	7.3
Average Net Receivables ($) 41	1055	772	821	1217	1217	1512	1009	1538	2042	2834
Average Inventories ($) 42	834	702	727	993	1026	1292	877	1079	1471	2201
Average Net Worth ($) 43	2110	1295	1461	1934	2235	2755	1906	2418	3033	4566
Current Ratio (×1) 44	2.0	1.9	1.9	1.9	1.9	1.8	1.8	1.7	1.7	1.8
Quick Ratio (×1) 45	1.1	1.0	1.0	1.1	1.1	1.0	1.1	1.1	1.0	1.0
Coverage Ratio (×1) 46	4.4	4.7	5.1	4.3	4.4	3.8	5.9	5.0	5.9	5.9
Asset Turnover (×1) 47	1.3	1.5	1.5	1.4	1.3	1.4	1.4	1.3	1.3	1.3
Operating Leverage 48	0.5	2.9	0.9	1.1	1.1	0.8	1.7	0.9	1.2	1.3
Financial Leverage 49	1.1	1.1	1.1	0.9	1.0	0.9	1.2	1.0	1.0	1.0
Total Leverage 50	0.5	3.2	0.9	1.0	1.1	0.7	1.9	0.8	1.3	1.3

Table I

Corporations with and without Net Income

GENERAL INDUSTRY MACHINERY

MONEY AMOUNTS AND SIZE OF ASSETS IN THOUSANDS OF DOLLARS

Item Description for Accounting Period 7/95 Through 6/96	Total	Zero Assets	Under 100	100 to 250	251 to 500	501 to 1,000	1,001 to 5,000	5,001 to 10,000	10,001 to 25,000	25,001 to 50,000	50,001 to 100,000	100,001 to 250,000	250,001 and over
Number of Enterprises **1**	3796	124	1374	803	86	431	607	176	89	42	21	24	20
Revenues ($ in Thousands)													
Net Sales **2**	34691954	164028	33970	380209	86113	598888	2569563	2072847	1635066	2559523	1794130	3701246	19096371
Portfolio Income **3**	677776	310	57	91	7	3001	5997	7108	14131	23264	20460	40392	562961
Other Revenues **4**	398065	93	•	10076	112	965	36093	4231	16341	30001	13322	67913	218915
Total Revenues **5**	35767795	164431	34027	390376	86232	602854	2611653	2084186	1665538	2612788	1827912	3809551	19878247
Average Total Revenues **6**	9422	1326	25	486	1003	1399	4303	11842	18714	62209	87043	158731	993912
Operating Costs/Operating Income (%)													
Cost of Operations **7**	66.0	72.7	18.0	59.6	40.7	63.7	65.1	69.0	68.9	70.1	69.6	68.0	64.5
Rent **8**	7.2	7.2	•	12.3	1.8	5.9	7.7	6.5	7.0	5.8	6.5	7.1	7.6
Taxes Paid **9**	2.2	1.3	5.0	3.1	5.4	3.9	3.4	1.8	2.4	1.8	1.8	2.0	2.1
Interest Paid **10**	2.3	0.9	0.9	2.1	0.6	1.3	1.5	1.2	1.6	1.5	1.9	2.0	2.9
Depreciation, Depletion, Amortization **11**	3.3	1.1	3.5	3.8	7.2	3.7	2.4	1.7	2.7	2.0	3.2	4.2	3.7
Pensions and Other Benefits **12**	4.0	1.6	0.2	1.0	5.1	2.5	1.8	1.6	2.1	2.4	1.9	2.8	5.5
Other **13**	10.7	23.6	47.2	15.8	22.6	7.2	9.9	10.1	8.9	8.9	10.3	11.4	11.0
Officers Compensation **14**	1.8	4.4	22.7	6.8	27.9	5.2	6.6	4.2	2.2	3.1	1.1	1.2	0.4
Operating Margin **15**	2.6	•	2.4	•	•	6.7	1.7	3.9	4.2	4.7	3.8	1.4	2.4
Oper. Margin Before Officers Compensation **16**	4.3	•	25.1	2.4	16.6	11.9	8.2	8.1	6.4	7.7	4.9	2.5	2.9
Selected Average Balance Sheet ($ in Thousands)													
Net Receivables **17**	1525	•	2	33	110	179	684	1896	3854	10396	14542	29433	156670
Inventories **18**	1454	•	2	46	24	212	513	2463	4016	8648	17736	32378	138479
Net Property, Plant and Equipment **19**	1983	•	5	45	144	208	515	1229	3231	7754	17773	35662	250611
Total Assets **20**	8865	•	17	170	363	652	2152	6766	15552	36151	75392	147895	1132320

Notes and Loans Payable **21**	2410	•	4	113	27	246	789	2077	4159	9893	20202	46243	288980
All Other Liabilities **22**	2995	•	6	52	300	161	609	2168	3613	9108	19527	42289	417158
Net Worth **23**	3460	•	7	5	35	245	754	2522	7781	17150	35663	59363	426183

Selected Financial Ratios (Times to 1)

Current Ratio **24**	1.5	•	5.7	1.3	2.1	2.2	1.7	1.7	2.1	1.9	1.7	1.5	1.3
Quick Ratio **25**	0.7	•	3.9	0.6	1.9	1.1	1.1	0.8	1.1	1.1	0.8	0.7	0.6
Net Sales to Working Capital **26**	8.2	•	4.0	25.6	8.7	5.8	6.7	6.0	3.9	5.4	5.1	6.7	12.4
Coverage Ratio **27**	3.8	•	3.8	0.2	•	6.8	3.2	4.7	4.8	5.7	4.1	3.3	3.7
Total Asset Turnover **28**	1.0	•	1.5	2.8	2.8	2.1	2.0	1.8	1.2	1.7	1.1	1.1	0.9
Inventory Turnover **29**	4.1	•	1.2	6.4	•	3.6	5.0	3.2	3.2	5.7	2.9	3.4	4.4
Receivables Turnover **30**	6.0	•	7.1	•	9.6	7.2	6.1	5.2	4.7	6.8	4.9	6.2	6.0
Total Liabilities to Net Worth **31**	1.6	•	1.6	34.9	9.3	1.7	1.9	1.7	1.0	1.1	1.1	1.5	1.7

Selected Financial Factors (in Percentages)

Debt Ratio **32**	61.0	•	61.4	97.2	90.3	62.5	65.0	62.7	50.0	52.6	52.7	59.9	62.4
Return on Assets **33**	8.9	•	5.1	0.9	•	18.4	9.5	9.7	9.1	14.0	8.7	6.9	8.9
Return on Equity **34**	11.1	•	8.6	•	•	33.1	13.2	18.2	11.0	18.9	8.6	7.1	11.1
Return Before Interest on Equity **35**	22.9	•	13.2	32.5	•	•	27.1	26.1	18.1	29.4	18.4	17.1	23.7
Profit Margin, Before Income Tax **36**	6.4	•	2.6	•	•	7.4	3.3	4.4	6.1	6.8	5.8	4.6	7.7
Profit Margin, After Income Tax **37**	4.2	•	2.3	•	•	5.8	2.4	3.9	4.7	5.3	3.6	2.7	5.0

Trends in Selected Ratios and Factors, 1990-1999

	1990	1991	1992	1993	1994	1995	1996	1997	1998	1999
Cost of Labor (%) **38**	65.7	68.7	68.1	68.6	67.3	67.4	66.9	66.6	66.4	66.0
Operating Margin (%) **39**	•	•	0.9	•	1.5	•	0.2	1.5	2.0	2.6
Oper. Margin Before Officers Comp. (%) **40**	•	1.4	2.5	1.4	3.3	1.3	2.0	3.3	3.8	4.3
Average Net Receivables ($) **41**	872	1072	1582	1997	1770	1456	1540	1584	1519	1525
Average Inventories ($) **42**	913	1065	1328	1614	1614	1295	1468	1287	1453	1454
Average Net Worth ($) **43**	1983	2381	2593	3539	3191	2945	3167	2855	3171	3460
Current Ratio (×1) **44**	1.4	1.5	1.3	1.3	1.1	1.3	1.5	1.5	1.5	1.5
Quick Ratio (×1) **45**	0.7	0.7	0.7	0.7	0.6	0.6	0.7	0.8	0.7	0.7
Coverage Ratio (×1) **46**	1.8	2.5	2.9	2.5	3.0	2.3	2.9	3.7	3.6	3.8
Asset Turnover (×1) **47**	1.1	1.2	1.1	1.0	0.9	1.0	1.0	1.1	1.2	1.0
Total Liabilities/Net Worth (×1) **48**	1.2	1.2	1.6	1.7	1.8	1.4	1.5	1.5	1.5	1.6
Return on Assets (×1) **49**	4.8	6.0	7.6	7.8	7.7	5.7	6.7	7.9	8.2	8.9
Return on Equity (%) **50**	0.8	5.0	9.0	8.6	9.4	4.6	6.9	9.3	9.3	11.1

Table II

Corporations with Net Income

GENERAL INDUSTRY MACHINERY

MONEY AMOUNTS AND SIZE OF ASSETS IN THOUSANDS OF DOLLARS

Item Description for Accounting Period 7/95 Through 6/96		Total	Zero Assets	Under 100	100 to 250	251 to 500	501 to 1,000	1,001 to 5,000	5,001 to 10,000	10,001 to 25,000	25,001 to 50,000	50,001 to 100,000	100,001 to 250,000	250,001 and over
Number of Enterprises	1	2082	14	397	369	62	431	497	149	74	36	17	19	16
Revenues ($ in Thousands)														
Net Sales	2	30734473	163830	24642	222032	86113	598888	2267632	1747069	1432376	2215167	1466866	3136529	17373328
Portfolio Income	3	611160	310	17	30	7	3001	5471	7078	13640	16551	18738	37259	509063
Other Revenues	4	343026	93	•	9751	112	965	35577	3734	15711	31713	10618	60611	174138
Total Revenues	5	31688659	164233	24659	231813	86232	602854	2308680	1757881	1461727	2263431	1496222	3234399	18056529
Average Total Revenues	6	15220	11731	62	628	1391	1399	4645	11798	19753	62873	88013	170232	1128533
Operating Costs/Operating Income (%)														
Cost of Operations	7	65.4	72.8	18.7	69.1	40.7	63.7	63.8	67.6	69.1	70.2	69.3	66.6	64.0
Rent	8	7.2	7.2	•	5.1	1.8	5.9	7.6	7.0	6.5	5.6	5.8	7.3	7.6
Taxes Paid	9	2.1	1.3	5.1	2.2	5.3	3.9	3.3	1.9	2.3	1.6	1.6	2.1	2.0
Interest Paid	10	2.0	0.9	1.3	0.8	0.6	1.3	1.4	0.9	1.3	0.9	1.2	1.8	2.6
Depreciation, Depletion, Amortization	11	3.2	1.1	2.5	2.7	7.2	3.7	2.3	1.5	2.6	1.9	2.8	4.2	3.6
Pensions and Other Benefits	12	4.2	1.6	0.1	0.6	5.1	2.5	1.7	1.8	2.2	2.2	1.9	3.0	5.8
Other	13	9.9	3.1	33.7	13.4	6.9	7.2	9.1	9.5	8.4	8.5	10.0	10.1	10.4
Officers Compensation	14	1.8	4.4	31.3	6.1	27.9	5.2	7.1	4.8	2.1	3.2	1.0	1.2	0.4
Operating Margin	15	4.2	7.8	7.4	•	4.4	6.7	3.8	5.0	5.6	6.0	6.6	3.7	3.7
Oper. Margin Before Officers Compensation	16	6.0	12.2	38.7	6.1	32.3	11.9	10.9	9.8	7.7	9.2	7.5	4.9	4.1
Selected Average Balance Sheet ($ in Thousands)														
Net Receivables	17	2396	•	4	24	153	179	714	1835	3968	10740	15161	28842	173603
Inventories	18	2275	•	8	29	34	212	547	2478	4030	8796	17650	31068	155138
Net Property, Plant and Equipment	19	3147	•	14	19	200	208	515	1264	3275	7157	18005	33114	284893
Total Assets	20	14251	•	34	157	403	652	2271	6762	15705	35283	72365	143448	1298012

Notes and Loans Payable 21	3663	•	7	67	38	246	750	1766	3371	6925	13874	37945	337423
All Other Liabilities 22	4725	•	20	32	87	161	604	2121	3351	9951	18680	41876	462976
Net Worth 23	5862	•	7	57	279	245	917	2874	8983	18407	39811	63627	497613

Selected Financial Ratios (Times to 1)

Current Ratio 24	1.5	•	4.7	1.2	2.1	2.2	1.9	1.9	2.4	2.0	1.9	1.6	1.3
Quick Ratio 25	0.8	•	2.8	0.6	1.7	1.1	1.2	0.9	1.3	1.2	0.9	0.8	0.6
Net Sales to Working Capital 26	7.8	•	4.1	•	13.5	5.8	5.9	5.0	3.6	5.1	4.4	6.3	12.3
Coverage Ratio 27	5.0	10.3	6.9	6.7	9.3	6.8	5.1	7.0	6.9	10.5	8.2	5.0	4.4
Total Asset Turnover 28	1.0	•	1.9	3.9	3.5	2.1	2.0	1.7	1.2	1.8	1.2	1.2	0.8
Inventory Turnover 29	4.4	•	2.4	7.4	•	4.7	5.3	3.8	3.3	6.2	3.0	3.7	4.7
Receivables Turnover 30	6.3	•	•	•	9.6	7.7	6.5	5.9	4.8	6.8	4.9	6.6	6.3
Total Liabilities to Net Worth 31	1.4	•	4.1	1.7	0.5	1.7	1.5	1.4	0.8	0.9	0.8	1.3	1.6

Selected Financial Factors (in Percentages)

Debt Ratio 32	58.9	•	80.3	63.5	30.9	62.5	59.6	57.5	42.8	47.8	45.0	55.7	61.7
Return on Assets 33	10.5	•	16.2	19.7	17.5	18.4	14.0	11.2	11.0	15.9	11.8	10.3	9.7
Return on Equity 34	14.3	•	•	•	18.7	33.1	22.5	20.1	12.9	21.8	12.9	12.8	12.9
Return Before Interest on Equity 35	25.5	•	•	•	25.3	•	34.7	26.2	19.2	30.5	21.4	23.2	25.2
Profit Margin, Before Income Tax 36	8.1	8.1	7.5	4.4	4.5	7.4	5.6	5.5	7.6	8.3	8.7	7.2	8.9
Profit Margin, After Income Tax 37	5.7	6.0	7.1	3.9	3.8	5.8	4.5	4.9	6.0	6.5	6.0	4.9	5.9

Trends in Selected Ratios and Factors, 1990-1999

	1990	1991	1992	1993	1994	1995	1996	1997	1998	1999
Cost of Operations (%) 38	62.7	66.9	65.4	67.9	65.2	65.2	65.9	65.0	64.9	65.4
Operating Margin (%) 39	2.6	2.9	3.7	1.0	3.5	2.0	2.6	4.1	5.0	4.2
Oper. Margin Before Officers Comp. (%) 40	4.7	5.1	5.3	2.5	5.1	3.8	4.3	5.8	6.8	6.0
Average Net Receivables ($) 41	877	1226	2366	3205	2662	2065	2440	2546	2089	2396
Average Inventories ($) 42	833	1267	1918	2477	2278	1637	2143	1885	1875	2275
Average Net Worth ($) 43	1941	2834	3979	5905	5175	4368	5423	4991	4705	5862
Current Ratio (×1) 44	1.9	1.9	1.4	1.3	1.1	1.3	1.5	1.6	1.7	1.5
Quick Ratio (×1) 45	1.0	1.0	0.8	0.7	0.6	0.7	0.8	0.9	0.8	0.8
Coverage Ratio (×1) 46	5.0	4.8	4.2	3.1	3.9	3.5	4.7	6.0	5.7	5.0
Asset Turnover (×1) 47	1.3	1.3	1.0	1.0	0.9	0.9	1.0	1.1	1.2	1.0
Operating Leverage 48	10.0	1.1	1.3	0.3	3.4	0.6	1.3	1.6	1.2	0.9
Financial Leverage 49	1.2	1.1	1.0	0.9	1.1	1.0	1.1	1.0	1.0	1.0
Total Leverage 50	11.4	1.2	1.3	0.2	3.7	0.6	1.4	1.7	1.2	0.8

OFFICE, COMPUTING, AND ACCOUNTING MACHINES

MONEY AMOUNTS AND SIZE OF ASSETS IN THOUSANDS OF DOLLARS

Item Description for Accounting Period 7/95 Through 6/96	Total	Zero Assets	Under 100	100 to 250	251 to 500	501 to 1,000	1,001 to 5,000	5,001 to 10,000	10,001 to 25,000	25,001 to 50,000	50,001 to 100,000	100,001 to 250,000	250,001 and over
Number of Enterprises 1	2657	50	1521	431	53	34	312	80	58	33	33	15	38
Revenues ($ in Thousands)													
Net Sales 2	128327590	570702	201714	536345	82208	72371	1120238	939193	1445345	2101047	3043804	2656000	115558626
Portfolio Income 3	5554841	21543	133	48	•	•	9599	3524	9792	10478	50806	99873	5349047
Other Revenues 4	17334477	16776	35399	467	•	40	10916	7971	3497	9815	56070	87789	17105733
Total Revenues 5	151216908	609021	237246	536860	82208	72411	1140753	950688	1458634	2121340	3150680	2843662	138013406
Average Total Revenues 6	56913	12180	156	1246	1551	2130	3656	11884	25149	64283	95475	189577	3631932
Operating Costs/Operating Income (%)													
Cost of Operations 7	67.6	59.1	38.8	84.1	27.7	•	60.1	58.8	63.3	61.6	61.1	61.1	68.3
Rent 8	11.9	30.5	24.5	4.8	23.3	12.2	13.9	15.6	12.1	12.8	13.9	18.2	11.6
Taxes Paid 9	1.7	3.8	3.4	0.9	2.7	1.9	2.7	1.9	1.8	2.0	1.9	1.6	1.6
Interest Paid 10	2.6	2.1	0.2	0.8	0.3	1.2	1.1	1.1	1.2	1.3	1.0	2.3	2.7
Depreciation, Depletion, Amortization 11	4.5	14.4	0.1	0.3	1.5	0.6	1.9	2.1	1.5	2.9	3.4	4.6	4.7
Pensions and Other Benefits 12	2.4	7.0	0.5	•	1.0	0.5	1.8	2.7	1.0	1.9	1.8	2.9	2.4
Other 13	19.7	23.8	46.4	11.4	17.3	15.9	13.4	17.7	17.5	13.8	18.8	13.3	20.0
Officers Compensation 14	0.7	4.5	9.7	2.3	3.6	2.4	10.2	2.7	3.0	2.1	2.2	1.9	0.4
Operating Margin 15	•	•	•	•	22.7	•	•	•	•	1.7	•	•	•
Oper. Margin Before Officers Compensation 16	•	•	•	•	26.3	•	5.2	•	1.7	3.8	•	•	•
Selected Average Balance Sheet ($ in Thousands)													
Net Receivables 17	13365	•	7	57	123	241	538	1927	4984	10803	21094	41600	872965
Inventories 18	5323	•	11	44	17	580	555	2385	3274	8028	11294	23097	330251
Net Property, Plant and Equipment 19	8176	•	3	33	126	50	294	582	2397	4675	8914	31002	539627
Total Assets 20	45814	•	27	173	279	935	2360	7013	15989	35021	75385	160210	2981479

Notes and Loans Payable 21	12726	•	13	123	109	106	1122	1225	4121	5423	10408	50177	836023
All Other Liabilities 22	19163	•	32	63	55	1471	920	3099	6211	17556	23164	64237	1252212
Net Worth 23	13926	•	-18	-14	115	-642	318	2689	5657	12042	41812	45796	893243

Selected Financial Ratios (Times to 1)

Current Ratio 24	1.5	•	0.7	1.1	1.7	0.7	1.5	1.6	1.5	1.4	2.1	1.3	1.5
Quick Ratio 25	1.0	•	0.3	0.7	1.4	0.2	0.8	0.9	1.0	0.8	1.4	0.8	1.0
Net Sales to Working Capital 26	6.0	•	•	•	24.6	•	7.1	5.4	6.2	8.6	3.3	7.7	6.0
Coverage Ratio 27	4.3	•	•	•	•	•	•	•	0.8	3.1	0.5	1.5	4.5
Total Asset Turnover 28	1.1	•	5.0	7.2	5.6	2.3	1.5	1.7	1.6	1.8	1.2	1.1	1.0
Inventory Turnover 29	6.4	•	9.4	•	•	4.6	4.3	2.5	5.8	6.4	5.4	4.3	6.6
Receivables Turnover 30	3.9	•	•	•	•	4.2	5.8	4.4	6.0	6.6	4.6	4.2	3.8
Total Liabilities to Net Worth 31	2.3	•	•	•	1.4	•	6.4	1.6	1.8	1.9	0.8	2.5	2.3

Selected Financial Factors (in Percentages)

Debt Ratio 32	69.6	•	•	•	58.8	•	86.5	61.7	64.6	65.6	44.5	71.4	70.1
Return on Assets 33	11.7	•	•	•	•	•	•	•	1.4	7.2	0.7	3.9	12.6
Return on Equity 34	20.0	•	•	•	•	•	•	•	•	10.1	•	•	22.9
Return Before Interest on Equity 35	•	•	•	•	•	•	•	•	3.8	20.8	1.2	13.7	•
Profit Margin, Before Income Tax 36	8.5	•	•	•	22.7	•	•	•	•	2.7	•	1.2	9.6
Profit Margin, After Income Tax 37	5.8	•	•	•	22.7	•	•	•	•	1.9	•	•	6.7

Trends in Selected Ratios and Factors, 1990-1999

	1990	1991	1992	1993	1994	1995	1996	1997	1998	1999
Cost of Labor (%) 38	54.7	57.2	60.2	59.7	59.2	60.2	66.1	69.8	66.5	67.6
Operating Margin (%) 39	•	•	•	•	•	•	•	•	•	•
Oper. Margin Before Officers Comp. (%) 40	•	•	•	•	•	•	•	•	•	•
Average Net Receivables ($) 41	26625	46914	52666	27132	19779	19131	14723	15374	14564	13365
Average Inventories ($) 42	16748	26418	31564	13395	9054	8876	7144	7390	6228	5323
Average Net Worth ($) 43	45770	81232	102704	42835	33490	32882	20915	21312	19629	13926
Current Ratio (×1) 44	1.6	1.7	1.6	1.5	1.4	1.4	1.6	1.6	1.6	1.5
Quick Ratio (×1) 45	1.0	1.0	0.9	1.0	0.9	0.9	1.0	1.0	1.0	1.0
Coverage Ratio (×1) 46	2.6	4.0	4.8	3.5	3.5	2.4	2.8	0.9	1.7	4.3
Asset Turnover (×1) 47	0.6	0.7	0.8	0.7	0.7	0.7	0.8	0.9	1.0	1.1
Total Liabilities/Net Worth (×1) 48	1.5	1.5	1.3	1.5	1.4	1.7	1.9	1.8	1.8	2.3
Return on Assets (×1) 49	8.5	10.3	13.8	10.4	11.1	7.5	8.5	2.5	4.2	11.7
Return on Equity (%) 50	5.8	10.7	16.4	10.8	11.2	6.2	9.0	•	1.7	20.0

OFFICE, COMPUTING, AND ACCOUNTING MACHINES

MONEY AMOUNTS AND SIZE OF ASSETS IN THOUSANDS OF DOLLARS

Item Description for Accounting Period 7/95 Through 6/96		Total	Zero Assets	Under 100	100 to 250	251 to 500	501 to 1,000	1,001 to 5,000	5,001 to 10,000	10,001 to 25,000	25,001 to 50,000	50,001 to 100,000	100,001 to 250,000	250,001 and over
Number of Enterprises	1	1209	43	380	407	53	•	160	45	44	25	18	8	26
Revenues ($ in Thousands)														
Net Sales	2	109902226	54869	23743	532096	82208	•	741574	680078	1263636	1561331	1610467	1367300	101984925
Portfolio Income	3	5254435	12601	•	•	•	•	5351	1609	7237	6670	31333	68507	5121131
Other Revenues	4	16950049	9	•	467	•	•	7893	2991	1549	9412	28654	60305	16838764
Total Revenues	5	132106710	67479	23743	532563	82208	•	754818	684678	1272422	1577413	1670454	1496112	123944820
Average Total Revenues	6	109269	1569	62	1309	1551	•	4718	15215	28919	63097	92803	187014	4767108
Operating Costs/Operating Income (%)														
Cost of Operations	7	66.5	29.3	28.9	81.8	27.7	•	62.7	54.7	60.4	66.1	55.9	54.6	67.0
Rent	8	11.5	9.8	•	4.6	23.3	•	11.6	13.5	10.9	8.8	10.4	18.2	11.5
Taxes Paid	9	1.7	1.3	4.1	0.8	2.7	•	2.1	1.8	1.7	1.7	1.8	2.2	1.7
Interest Paid	10	2.8	0.5	•	0.5	0.3	•	0.8	0.8	1.0	1.0	0.9	2.9	2.9
Depreciation, Depletion, Amortization	11	4.6	1.2	•	0.3	1.5	•	0.9	1.7	1.4	1.8	2.5	6.5	4.8
Pensions and Other Benefits	12	2.4	0.9	4.0	•	1.0	•	1.9	2.7	0.8	1.4	1.7	2.6	2.5
Other	13	20.6	17.9	22.3	7.7	17.3	•	7.5	13.4	13.9	10.5	15.1	10.9	21.3
Officers Compensation	14	0.5	11.7	32.0	1.9	3.6	•	7.7	2.4	2.1	2.1	2.3	1.4	0.4
Operating Margin	15	•	27.5	8.8	2.4	22.7	•	5.1	9.1	7.8	6.6	9.4	0.7	•
Oper. Margin Before Officers Compensation	16	•	39.3	40.9	4.3	26.3	•	12.7	11.4	9.9	8.8	11.7	2.1	•
Selected Average Balance Sheet ($ in Thousands)														
Net Receivables	17	26176	•	•	60	123	•	516	2151	5712	9987	18038	53363	1160935
Inventories	18	9647	•	•	46	17	•	428	2200	3332	8168	12148	20298	413218
Net Property, Plant and Equipment	19	16424	•	•	33	126	•	162	526	2453	4735	9314	43787	732418
Total Assets	20	89441	•	6	174	279	•	2039	7021	15590	33627	76923	174172	3965355

Notes and Loans Payable 21	25248	•	•	94	109	•	314	841	3208	3721	8389	48198	1139290
All Other Liabilities 22	37052	•	2	39	55	•	498	2872	5350	17422	17206	48479	1661484
Net Worth 23	27142	•	4	42	115	•	1226	3308	7032	12485	51328	77495	1164581

Selected Financial Ratios (Times to 1)

Current Ratio 24	1.5	•	2.6	1.4	1.7	•	2.5	1.9	1.7	1.4	3.0	1.8	1.4
Quick Ratio 25	1.0	•	2.6	0.9	1.4	•	1.6	1.1	1.1	0.7	2.0	1.1	1.0
Net Sales to Working Capital 26	5.9	•	16.2	36.8	24.6	•	5.1	5.2	6.2	9.4	2.4	3.8	6.1
Coverage Ratio 27	5.1	•	•	5.8	•	•	10.0	12.7	9.6	8.7	•	4.5	5.0
Total Asset Turnover 28	1.0	•	9.9	7.5	5.6	•	2.3	2.2	1.9	1.9	1.2	1.0	1.0
Inventory Turnover 29	7.9	•	•	•	•	•	8.5	2.9	6.1	6.4	4.6	5.8	8.1
Receivables Turnover 30	4.7	•	•	•	•	•	6.8	4.6	6.5	7.0	4.7	4.3	4.7
Total Liabilities to Net Worth 31	2.3	•	0.7	3.2	1.4	•	0.7	1.1	1.2	1.7	0.5	1.3	2.4

Selected Financial Factors (in Percentages)

Debt Ratio 32	69.7	•	39.1	76.1	58.8	•	39.9	52.9	54.9	62.9	33.3	55.5	70.6
Return on Assets 33	14.3	•	•	22.7	•	•	17.3	22.5	17.7	16.1	16.7	12.7	14.2
Return on Equity 34	27.2	•	•	•	•	•	23.1	39.8	28.2	33.3	17.5	15.2	27.4
Return Before Interest on Equity 35	•	•	•	•	•	•	28.7	•	•	•	25.1	28.6	•
Profit Margin, Before Income Tax 36	11.3	•	8.8	2.5	22.7	•	6.8	9.6	8.6	7.7	13.5	10.1	11.4
Profit Margin, After Income Tax 37	8.1	•	8.8	2.4	22.7	•	6.1	8.7	6.9	6.7	10.0	6.9	8.1

Trends in Selected Ratios and Factors, 1990-1999

	1990	1991	1992	1993	1994	1995	1996	1997	1998	1999
Cost of Operations (%) 38	52.8	56.3	59.0	58.1	57.2	58.0	68.5	67.8	68.0	66.5
Operating Margin (%) 39	•	•	•	•	•	•	•	•	•	•
Oper. Margin Before Officers Comp. (%) 40	•	•	•	•	•	•	•	•	•	•
Average Net Receivables ($) 41	73167	75261	80866	26751	31835	53175	33976	10323	18517	26176
Average Inventories ($) 42	53568	41779	49973	12247	12886	23295	16325	5481	8493	9647
Average Net Worth ($) 43	155195	132124	171049	40940	57015	97742	52670	18265	24842	27142
Current Ratio (×1) 44	1.6	1.7	1.7	1.5	1.5	1.5	1.6	1.4	1.4	1.5
Quick Ratio (×1) 45	1.0	1.0	1.0	1.0	1.0	1.0	0.9	0.9	0.9	1.0
Coverage Ratio (×1) 46	4.2	4.7	5.5	5.0	4.9	3.9	4.5	3.4	4.0	5.1
Asset Turnover (×1) 47	0.6	0.7	0.7	0.6	0.6	0.6	0.8	1.0	1.2	1.0
Operating Leverage 48	1.5	0.6	0.9	1.2	1.3	0.9	1.0	0.2	0.1	12.1
Financial Leverage 49	1.0	1.2	1.1	1.0	1.0	1.0	1.1	1.0	1.1	1.1
Total Leverage 50	1.4	0.6	1.0	1.2	1.3	0.9	1.1	0.2	0.1	13.2

Table I

Corporations with and without Net Income

OTHER MACHINERY, EXCEPT ELECTRICAL

MONEY AMOUNTS AND SIZE OF ASSETS IN THOUSANDS OF DOLLARS

Item Description for Accounting Period 7/95 Through 6/96		Total	Zero Assets	Under 100	100 to 250	251 to 500	501 to 1,000	1,001 to 5,000	5,001 to 10,000	10,001 to 25,000	25,001 to 50,000	50,001 to 100,000	100,001 to 250,000	250,001 and over
Number of Enterprises	1	6612	9	1755	1956	1003	682	826	176	103	44	18	19	19
Revenues ($ in Thousands)														
Net Sales	2	41325383	41800	209497	1030203	750708	1386521	3524934	2108045	2412555	1952355	1729329	3386742	22792693
Portfolio Income	3	499705	49	530	829	1967	2879	13915	5793	9541	11407	15361	79221	358216
Other Revenues	4	538428	727	8544	686	580	8727	24350	7537	8466	31532	17011	23951	406314
Total Revenues	5	42363516	42576	218571	1031718	753255	1398127	3563199	2121375	2430562	1995294	1761701	3489914	23557223
Average Total Revenues	6	6407	4731	125	527	751	2050	4314	12053	23598	45348	97872	183680	1239854
Operating Costs/Operating Income (%)														
Cost of Operations	7	70.2	70.7	46.7	44.2	61.9	68.1	69.4	64.9	65.9	70.3	67.2	69.7	73.4
Rent	8	6.4	8.8	10.8	13.2	5.4	6.0	6.6	8.5	7.2	6.2	6.1	7.2	5.7
Taxes Paid	9	2.0	2.9	3.5	4.5	4.3	2.3	3.0	2.6	2.4	2.3	2.0	1.8	1.6
Interest Paid	10	2.2	1.6	2.6	1.2	1.7	0.7	1.5	1.8	1.5	2.5	2.1	2.8	2.5
Depreciation, Depletion, Amortization	11	2.8	3.5	6.3	3.8	3.6	1.3	2.4	3.5	3.2	3.2	2.5	2.7	2.8
Pensions and Other Benefits	12	2.7	3.7	1.3	2.3	3.2	1.0	1.9	2.3	2.3	2.7	2.6	3.0	3.1
Other	13	10.2	10.4	29.1	17.0	16.3	13.1	11.0	8.8	9.4	8.3	10.4	10.9	9.5
Officers Compensation	14	1.8	2.5	8.7	11.9	5.3	4.2	4.1	2.9	2.9	3.6	2.4	0.9	0.3
Operating Margin	15	1.6	•	•	2.1	•	3.3	0.2	4.8	5.3	0.9	4.7	1.1	1.2
Oper. Margin Before Officers Compensation	16	3.4	•	•	14.0	3.6	7.5	4.3	7.6	8.2	4.5	7.1	2.0	1.5
Selected Average Balance Sheet ($ in Thousands)														
Net Receivables	17	1032	•	1	26	68	263	664	1579	3729	8203	15897	33278	212140
Inventories	18	800	•	6	24	78	216	566	1732	4483	6857	16486	25661	141364
Net Property, Plant and Equipment	19	987	•	19	76	89	98	519	2249	3460	8942	14622	28023	200812
Total Assets	20	4382	•	47	155	351	694	2247	7465	14593	34705	70291	145366	922999

Notes and Loans Payable 21	1243	•	34	70	150	216	718	2186	3675	12043	17493	36413	254157
All Other Liabilities 22	1608	•	5	23	80	340	569	1820	3551	10362	20187	53042	383342
Net Worth 23	1531	•	8	62	121	138	961	3459	7367	12301	32612	55911	285500

Selected Financial Ratios (Times to 1)

Current Ratio 24	1.5	•	1.5	2.7	1.7	1.5	2.0	1.9	1.9	1.4	1.8	1.7	1.4
Quick Ratio 25	0.8	•	1.0	1.6	1.0	0.9	1.1	1.0	0.9	0.8	1.0	0.9	0.8
Net Sales to Working Capital 26	7.9	•	18.3	12.3	8.9	10.4	5.6	5.8	5.0	8.8	5.4	5.8	9.7
Coverage Ratio 27	3.2	•	•	2.9	0.2	6.8	1.9	4.0	5.1	2.3	4.2	2.5	3.3
Total Asset Turnover 28	1.4	•	2.6	3.4	2.1	2.9	1.9	1.6	1.6	1.3	1.4	1.2	1.3
Inventory Turnover 29	5.7	•	•	9.8	5.5	6.3	5.5	4.6	3.7	5.2	3.4	5.4	6.4
Receivables Turnover 30	6.5	•	•	•	8.4	7.8	7.4	7.6	6.7	7.4	4.7	6.7	6.0
Total Liabilities to Net Worth 31	1.9	•	4.9	1.5	1.9	4.0	1.3	1.2	1.0	1.8	1.2	1.6	2.2

Selected Financial Factors (in Percentages)

Debt Ratio 32	65.1	•	83.0	60.3	65.6	80.1	57.3	53.7	49.5	64.6	53.6	61.5	69.1
Return on Assets 33	10.1	•	•	11.5	0.8	14.2	5.1	11.5	12.1	7.2	11.9	8.6	10.8
Return on Equity 34	13.5	•	•	18.6	•	•	2.2	14.1	15.8	6.5	14.1	6.7	16.7
Return Before Interest on Equity 35	28.8	•	•	28.9	2.2	•	12.0	24.8	23.9	20.2	25.6	22.4	34.8
Profit Margin, Before Income Tax 36	4.9	•	•	2.2	•	4.1	1.3	5.4	6.0	3.1	6.6	4.3	5.8
Profit Margin, After Income Tax 37	3.3	•	•	2.2	•	3.8	0.5	4.1	5.0	1.8	4.8	2.1	4.0

Trends in Selected Ratios and Factors, 1990-1999

	1990	1991	1992	1993	1994	1995	1996	1997	1998	1999
Cost of Labor (%) 38	69.0	68.6	71.9	72.2	70.6	69.5	69.3	69.6	69.1	70.2
Operating Margin (%) 39	•	•	•	•	•	•	•	0.2	1.7	1.6
Oper. Margin Before Officers Comp. (%) 40	0.9	1.4	•	•	•	•	0.2	2.4	3.5	3.4
Average Net Receivables ($) 41	815	607	868	1080	1102	597	647	797	961	1032
Average Inventories ($) 42	631	567	810	800	838	652	632	722	806	800
Average Net Worth ($) 43	1609	1389	1586	1710	2038	1236	1110	1231	1338	1531
Current Ratio (×1) 44	1.6	1.8	1.5	1.3	1.0	1.4	1.6	1.5	1.5	1.5
Quick Ratio (×1) 45	0.9	0.9	0.8	0.7	0.6	0.7	0.8	0.8	0.8	0.8
Coverage Ratio (×1) 46	2.5	2.7	2.2	1.7	1.6	1.3	1.8	2.4	3.2	3.2
Asset Turnover (×1) 47	1.1	1.1	1.0	1.0	0.9	1.1	1.1	1.2	1.4	1.4
Total Liabilities/Net Worth (×1) 48	1.4	1.5	2.4	2.3	2.4	2.4	2.8	2.9	2.3	1.9
Return on Assets (×1) 49	5.5	7.2	8.5	7.2	6.5	5.3	6.7	7.6	9.8	10.1
Return on Equity (%) 50	3.7	7.1	9.8	6.4	4.6	0.9	6.8	11.9	14.6	13.5

Table II

Corporations with Net Income

OTHER MACHINERY, EXCEPT ELECTRICAL

MONEY AMOUNTS AND SIZE OF ASSETS IN THOUSANDS OF DOLLARS

Item Description for Accounting Period 7/95 Through 6/96	Total	Zero Assets	Under 100	100 to 250	251 to 500	501 to 1,000	1,001 to 5,000	5,001 to 10,000	10,001 to 25,000	25,001 to 50,000	50,001 to 100,000	100,001 to 250,000	250,001 and over
Number of Enterprises **1**	3530	•	603	1137	364	527	565	164	89	31	14	12	•
Revenues ($ in Thousands)													
Net Sales **2**	35540862	•	33899	668738	259591	1102116	2669788	2010359	2013388	1319099	1397515	2243917	•
Portfolio Income **3**	410003	•	•	103	1300	2127	6429	4837	6333	7918	8726	64711	•
Other Revenues **4**	511546	•	5523	672	147	8053	19517	7406	8007	26695	16039	19242	•
Total Revenues **5**	36462411	•	39422	669513	261038	1112296	2695734	2022602	2027728	1353712	1422280	2327870	•
Average Total Revenues **6**	10329	•	65	589	717	2111	4771	12333	22783	43668	101591	193989	•
Operating Costs/Operating Income (%)													
Cost of Operations **7**	69.7	•	27.8	43.0	57.3	67.1	65.6	64.4	64.4	71.0	67.4	62.8	•
Rent **8**	6.3	•	9.0	14.9	5.1	6.1	6.4	8.4	6.3	5.5	5.5	8.8	•
Taxes Paid **9**	2.0	•	0.9	3.9	5.2	2.0	3.0	2.7	2.6	2.4	2.1	2.2	•
Interest Paid **10**	2.0	•	1.6	0.9	0.7	0.7	0.9	1.7	1.3	2.0	1.8	2.6	•
Depreciation, Depletion, Amortization **11**	2.7	•	1.1	4.0	2.9	1.4	2.2	3.6	3.2	2.7	2.7	2.7	•
Pensions and Other Benefits **12**	2.8	•	•	1.4	3.4	0.9	2.1	2.3	2.3	2.4	2.9	3.4	•
Other **13**	9.7	•	20.0	16.1	12.0	13.9	10.6	8.5	9.0	6.9	8.7	10.1	•
Officers Compensation **14**	1.5	•	•	10.5	8.6	3.5	4.1	2.8	3.3	2.1	2.5	1.1	•
Operating Margin **15**	3.4	•	39.6	5.4	4.9	4.6	5.1	5.7	7.8	5.1	6.6	6.4	•
Oper. Margin Before Officers Compensation **16**	4.9	•	39.6	15.9	13.5	8.1	9.2	8.5	11.1	7.2	9.1	7.5	•
Selected Average Balance Sheet ($ in Thousands)													
Net Receivables **17**	1702	•	2	33	74	277	701	1519	3826	8145	16119	32301	•
Inventories **18**	1267	•	10	32	33	225	496	1642	4223	6724	18654	26902	•
Net Property, Plant and Equipment **19**	1581	•	0	82	71	101	471	2389	3344	8368	16112	28302	•
Total Assets **20**	7113	•	50	163	341	710	2112	7446	14017	34648	71707	151309	•

Notes and Loans Payable 21	1834	•	17	70	32	218	533	2028	3125	9153	17494	30199	•
All Other Liabilities 22	2624	•	3	24	89	379	547	1773	3185	9622	20325	48327	•
Net Worth 23	2654	•	30	69	221	112	1032	3645	7707	15873	33888	72783	•

Selected Financial Ratios (Times to 1)

Current Ratio 24	1.6	•	2.1	5.0	2.2	1.5	2.1	1.8	2.0	1.4	1.9	2.5	•
Quick Ratio 25	0.9	•	1.6	3.0	1.7	0.9	1.3	1.0	1.0	0.8	0.9	1.4	•
Net Sales to Working Capital 26	7.3	•	2.6	9.2	6.0	11.1	6.2	6.4	4.7	7.6	5.4	4.0	•
Coverage Ratio 27	4.4	•	•	7.4	8.7	9.5	7.6	4.8	7.6	4.9	5.8	4.9	•
Total Asset Turnover 28	1.4	•	1.1	3.6	2.1	3.0	2.2	1.7	1.6	1.2	1.4	1.2	•
Inventory Turnover 29	5.9	•	3.1	7.2	4.1	6.0	6.5	5.6	3.6	9.0	3.0	5.3	•
Receivables Turnover 30	6.7	•	•	•	6.0	8.4	8.2	9.1	6.2	•	4.7	7.6	•
Total Liabilities to Net Worth 31	1.7	•	0.7	1.4	0.6	5.3	1.1	1.1	0.8	1.2	1.1	1.1	•

Selected Financial Factors (in Percentages)

Debt Ratio 32	62.7	•	39.8	57.4	35.3	84.2	51.1	51.1	45.0	54.2	52.8	51.9	•
Return on Assets 33	12.5	•	•	22.8	12.9	18.3	15.7	13.1	15.8	11.9	14.1	15.8	•
Return on Equity 34	19.0	•	•	•	14.7	•	23.2	16.6	21.2	15.5	18.0	17.8	•
Return Before Interest on Equity 35	33.4	•	•	•	20.0	•	32.1	26.8	28.7	26.0	29.9	32.9	•
Profit Margin, Before Income Tax 36	6.8	•	•	5.5	5.5	5.5	6.1	6.3	8.5	7.7	8.4	10.2	•
Profit Margin, After Income Tax 37	5.0	•	•	5.4	4.6	5.2	5.1	4.9	7.2	5.8	6.1	7.0	•

Trends in Selected Ratios and Factors, 1990-1999

	1990	1991	1992	1993	1994	1995	1996	1997	1998	1999
Cost of Operations (%) 38	68.3	67.7	69.8	70.7	69.3	68.9	67.2	69.2	68.3	69.7
Operating Margin (%) 39	2.7	3.7	0.9	0.2	•	1.3	1.3	1.7	3.4	3.4
Oper. Margin Before Officers Comp. (%) 40	4.7	5.8	2.8	1.7	•	3.6	3.1	3.6	5.0	4.9
Average Net Receivables ($) 41	719	949	907	1063	1592	730	828	931	1102	1702
Average Inventories ($) 42	802	892	915	1082	1111	693	750	855	943	1267
Average Net Worth ($) 43	2191	2042	2165	2283	2925	1412	1333	1502	1583	2654
Current Ratio (×1) 44	2.0	1.9	1.6	1.6	0.9	1.5	1.5	1.5	1.5	1.6
Quick Ratio (×1) 45	1.0	1.0	0.8	0.7	0.5	0.8	0.8	0.8	0.8	0.9
Coverage Ratio (×1) 46	5.6	5.1	3.6	2.5	2.1	2.8	2.8	3.1	4.1	4.4
Asset Turnover (×1) 47	1.3	1.4	1.0	1.2	0.9	1.3	1.3	1.1	1.4	1.4
Operating Leverage 48	1.2	1.4	0.2	0.2	•	•	1.0	1.3	2.1	1.0
Financial Leverage 49	1.1	1.0	0.9	0.9	0.9	1.3	1.0	1.1	1.1	1.0
Total Leverage 50	1.3	1.4	0.2	0.2	•	•	1.0	1.4	2.2	1.0

HOUSEHOLD APPLIANCES

MONEY AMOUNTS AND SIZE OF ASSETS IN THOUSANDS OF DOLLARS

Item Description for Accounting Period 7/95 Through 6/96		Total	Zero Assets	Under 100	100 to 250	251 to 500	501 to 1,000	1,001 to 5,000	5,001 to 10,000	10,001 to 25,000	25,001 to 50,000	50,001 to 100,000	100,001 to 250,000	250,001 and over
Number of Enterprises	1	329	•	•	•	•	37	67	25	17	5	10	8	8
Revenues ($ in Thousands)														
Net Sales	2	21765476	•	•	•	•	14328	384906	431717	480297	476771	1004323	2238839	16518970
Portfolio Income	3	214304	•	•	•	•	15	569	603	385	1381	4202	2498	204597
Other Revenues	4	332047	•	•	•	•	•	3776	3977	15598	858	12391	8965	285821
Total Revenues	5	22311827	•	•	•	•	14343	389251	436297	496280	479010	1020916	2250302	17009388
Average Total Revenues	6	67817	•	•	•	•	388	5810	17452	29193	95802	102092	281288	2126174
Operating Costs/Operating Income (%)														
Cost of Operations	7	70.1	•	•	•	•	0.5	70.1	70.8	76.9	79.8	67.4	80.3	68.2
Rent	8	5.0	•	•	•	•	•	11.8	6.2	3.1	1.4	8.2	2.4	5.1
Taxes Paid	9	1.2	•	•	•	•	•	1.7	1.8	2.0	2.2	1.9	1.2	1.1
Interest Paid	10	2.3	•	•	•	•	•	1.9	0.5	1.5	0.4	1.9	1.7	2.6
Depreciation, Depletion, Amortization	11	2.6	•	•	•	•	•	2.0	1.4	1.7	1.9	3.1	2.9	2.6
Pensions and Other Benefits	12	2.5	•	•	•	•	•	0.6	0.6	0.6	1.7	1.4	1.0	3.0
Other	13	16.0	•	•	•	•	33.6	14.6	9.2	11.3	5.0	14.5	8.8	17.7
Officers Compensation	14	0.4	•	•	•	•	•	2.2	1.8	1.2	0.3	1.0	0.4	0.3
Operating Margin	15	•	•	•	•	•	66.0	•	7.9	1.8	7.5	0.6	1.4	•
Oper. Margin Before Officers Compensation	16	0.4	•	•	•	•	66.0	•	9.7	3.0	7.8	1.5	1.8	•
Selected Average Balance Sheet ($ in Thousands)														
Net Receivables	17	9856	•	•	•	•	•	406	2943	3536	10954	15772	57005	300452
Inventories	18	8803	•	•	•	•	6	875	1624	4633	10213	14895	44321	266250
Net Property, Plant and Equipment	19	11494	•	•	•	•	1	567	2102	3319	10828	18305	35655	388394
Total Assets	20	49061	•	•	•	•	547	2446	7746	13708	35266	69292	175080	1649955

Notes and Loans Payable 21	14563	•	•	•	•	•	1120	1230	2557	3682	23013	63920	476062
All Other Liabilities 22	16328	•	•	•	•	39	1101	3898	4545	8516	18519	42372	568479
Net Worth 23	18170	•	•	•	•	508	225	2617	6607	23067	27760	68787	605414

Selected Financial Ratios (Times to 1)

Current Ratio 24	1.6	•	•	•	•	14.2	1.3	1.3	1.4	2.6	1.4	1.8	1.6
Quick Ratio 25	0.8	•	•	•	•	14.1	0.6	0.9	0.7	1.4	0.7	1.0	0.8
Net Sales to Working Capital 26	8.4	•	•	•	•	0.8	15.7	13.2	9.8	6.5	8.9	5.9	8.9
Coverage Ratio 27	2.1	•	•	•	•	•	•	•	4.5	•	2.2	2.2	2.0
Total Asset Turnover 28	1.4	•	•	•	•	0.7	2.4	2.2	2.1	2.7	1.5	1.6	1.3
Inventory Turnover 29	5.1	•	•	•	•	0.6	4.5	•	4.3	4.6	5.9	5.0	5.0
Receivables Turnover 30	6.7	•	•	•	•	1.5	8.6	7.8	6.9	5.7	6.2	5.2	6.9
Total Liabilities to Net Worth 31	1.7	•	•	•	•	0.1	9.9	2.0	1.1	0.5	1.5	1.6	1.7

Selected Financial Factors (in Percentages)

Debt Ratio 32	63.0	•	•	•	•	7.2	90.8	66.2	51.8	34.6	59.9	60.7	63.3
Return on Assets 33	6.6	•	•	•	•	•	•	21.3	13.6	22.5	6.0	5.8	6.3
Return on Equity 34	6.0	•	•	•	•	35.7	•	•	18.3	21.5	3.0	4.8	5.6
Return Before Interest on Equity 35	17.8	•	•	•	•	•	•	•	28.2	34.5	14.9	14.7	17.2
Profit Margin, Before Income Tax 36	2.6	•	•	•	•	•	•	9.1	5.1	7.9	2.2	1.9	2.5
Profit Margin, After Income Tax 37	1.7	•	•	•	•	•	•	7.2	4.3	5.2	0.8	1.2	1.6

Trends in Selected Ratios and Factors, 1990-1999

	1990	1991	1992	1993	1994	1995	1996	1997	1998	1999
Cost of Labor (%) 38	71.2	71.4	71.1	73.2	72.4	72.2	66.0	70.6	75.8	70.1
Operating Margin (%) 39	•	0.7	•	•	•	•	1.2	1.7	1.9	•
Oper. Margin Before Officers Comp. (%) 40	•	1.3	•	•	•	•	1.7	2.3	2.3	0.4
Average Net Receivables ($) 41	15488	14771	11840	23556	8852	8504	11531	4172	12394	9856
Average Inventories ($) 42	9498	9617	7605	14667	5588	4546	8215	5227	11610	8803
Average Net Worth ($) 43	29563	23406	18480	29302	12175	11048	21522	10289	23533	18170
Current Ratio (×1) 44	1.7	2.0	2.0	1.4	1.2	1.2	1.5	1.6	1.8	1.6
Quick Ratio (×1) 45	1.0	1.1	1.2	0.8	0.7	0.7	0.8	0.7	0.9	0.8
Coverage Ratio (×1) 46	2.5	3.0	2.4	1.9	1.7	2.0	2.1	2.7	3.6	2.1
Asset Turnover (×1) 47	1.0	1.2	1.0	1.1	1.1	0.9	1.1	1.3	1.4	1.4
Total Liabilities/Net Worth (×1) 48	1.0	1.3	1.5	2.0	2.0	2.2	1.8	1.7	1.5	1.7
Return on Assets (×1) 49	6.6	8.5	6.9	7.2	7.8	7.9	7.7	9.8	11.6	6.6
Return on Equity (%) 50	4.1	8.1	6.1	5.8	4.9	7.6	7.5	11.2	14.2	6.0

Table II

Corporations with Net Income

HOUSEHOLD APPLIANCES

MONEY AMOUNTS AND SIZE OF ASSETS IN THOUSANDS OF DOLLARS

Item Description for Accounting Period 7/95 Through 6/96	Total	Zero Assets	Under 100	100 to 250	251 to 500	501 to 1,000	1,001 to 5,000	5,001 to 10,000	10,001 to 25,000	25,001 to 50,000	50,001 to 100,000	100,001 to 250,000	250,001 and over
Number of Enterprises **1**	174	•	•	•	60	37	18	25	10	5	6	5	•

Revenues ($ in Thousands)

Item Description for Accounting Period 7/95 Through 6/96	Total	Zero Assets	Under 100	100 to 250	251 to 500	501 to 1,000	1,001 to 5,000	5,001 to 10,000	10,001 to 25,000	25,001 to 50,000	50,001 to 100,000	100,001 to 250,000	250,001 and over
Net Sales **2**	19162079	•	•	•	51573	14328	64040	431717	271180	476771	754996	1111447	•
Portfolio Income **3**	212060	•	•	•	•	15	159	603	203	1381	3724	1323	•
Other Revenues **4**	319461	•	•	•	•	•	•	3977	15009	858	10533	7485	•
Total Revenues **5**	19693600	•	•	•	51573	14343	64199	436297	286392	479010	769253	1120255	•
Average Total Revenues **6**	113182	•	•	•	860	388	3567	17452	28639	95802	128209	224051	•

Operating Costs/Operating Income (%)

Item Description for Accounting Period 7/95 Through 6/96	Total	Zero Assets	Under 100	100 to 250	251 to 500	501 to 1,000	1,001 to 5,000	5,001 to 10,000	10,001 to 25,000	25,001 to 50,000	50,001 to 100,000	100,001 to 250,000	250,001 and over
Cost of Operations **7**	68.2	•	•	•	80.1	0.5	40.4	70.8	74.4	79.8	58.0	74.6	•
Rent **8**	5.2	•	•	•	7.7	•	20.7	6.2	2.9	1.4	10.8	3.3	•
Taxes Paid **9**	1.2	•	•	•	1.1	•	2.9	1.8	2.5	2.2	2.2	1.7	•
Interest Paid **10**	2.4	•	•	•	0.6	•	0.4	0.5	1.0	0.4	1.8	1.8	•
Depreciation, Depletion, Amortization **11**	2.5	•	•	•	1.0	•	2.7	1.4	2.0	1.9	2.3	3.3	•
Pensions and Other Benefits **12**	2.8	•	•	•	•	•	2.9	0.6	1.0	1.7	1.9	1.6	•
Other **13**	16.6	•	•	•	3.8	33.6	17.9	9.2	10.4	5.0	16.8	8.0	•
Officers Compensation **14**	0.4	•	•	•	•	•	7.7	1.8	0.6	0.3	1.0	0.3	•
Operating Margin **15**	0.7	•	•	•	5.7	66.0	4.5	7.9	5.5	7.5	5.3	5.5	•
Oper. Margin Before Officers Compensation **16**	1.1	•	•	•	5.7	66.0	12.2	9.7	6.1	7.8	6.3	5.8	•

Selected Average Balance Sheet ($ in Thousands)

Item Description for Accounting Period 7/95 Through 6/96	Total	Zero Assets	Under 100	100 to 250	251 to 500	501 to 1,000	1,001 to 5,000	5,001 to 10,000	10,001 to 25,000	25,001 to 50,000	50,001 to 100,000	100,001 to 250,000	250,001 and over
Net Receivables **17**	16829	•	•	•	162	•	461	2943	3184	10954	20387	52678	•
Inventories **18**	14176	•	•	•	94	6	74	1624	4582	10213	17755	43919	•
Net Property, Plant and Equipment **19**	19542	•	•	•	35	1	298	2102	3741	10828	16711	29264	•
Total Assets **20**	83592	•	•	•	315	547	1118	7746	13334	35266	79259	173531	•

Notes and Loans Payable 21	22403	•	•	•	83	•	241	1230	1746	3682	19838	54648	•
All Other Liabilities 22	28789	•	•	•	122	39	408	3898	3362	8516	24880	37440	•
Net Worth 23	32400	•	•	•	109	508	469	2617	8226	23067	34540	81443	•

Selected Financial Ratios (Times to 1)

Current Ratio 24	1.7	•	•	•	1.9	14.2	1.9	1.3	1.9	2.6	2.0	2.3	•
Quick Ratio 25	0.9	•	•	•	1.2	14.1	1.5	0.9	0.9	1.4	1.0	1.3	•
Net Sales to Working Capital 26	7.4	•	•	•	6.9	0.8	10.0	13.2	6.0	6.5	5.5	3.7	•
Coverage Ratio 27	2.5	•	•	•	10.6	•	14.1	•	12.3	•	5.1	4.5	•
Total Asset Turnover 28	1.3	•	•	•	2.7	0.7	3.2	2.2	2.0	2.7	1.6	1.3	•
Inventory Turnover 29	5.0	•	•	•	•	0.6	1.2	•	3.5	5.9	8.2	7.6	•
Receivables Turnover 30	6.4	•	•	•	•	1.5	1.9	7.8	5.7	6.8	•	8.4	•
Total Liabilities to Net Worth 31	1.6	•	•	•	1.9	0.1	1.4	2.0	0.6	0.5	1.3	1.1	•

Selected Financial Factors (in Percentages)

Debt Ratio 32	61.3	•	•	•	65.4	7.2	58.1	66.2	38.3	34.6	56.4	53.1	•
Return on Assets 33	7.9	•	•	•	17.3	•	16.4	21.3	24.5	22.5	14.3	10.3	•
Return on Equity 34	8.5	•	•	•	38.4	35.7	25.7	•	31.5	21.5	19.4	13.1	•
Return Before Interest on Equity 35	20.3	•	•	•	•	•	•	•	•	34.5	32.7	22.0	•
Profit Margin, Before Income Tax 36	3.6	•	•	•	5.7	•	4.8	9.1	11.1	7.9	7.2	6.3	•
Profit Margin, After Income Tax 37	2.5	•	•	•	4.9	•	3.4	7.2	9.6	5.2	5.3	4.8	•

Trends in Selected Ratios and Factors, 1990-1999

	1990	1991	1992	1993	1994	1995	1996	1997	1998	1999
Cost of Operations (%) 38	68.9	70.9	69.9	73.0	72.0	72.5	66.1	70.3	76.2	68.2
Operating Margin (%) 39	2.6	2.9	1.4	•	•	0.6	2.2	2.4	2.5	0.7
Oper. Margin Before Officers Comp. (%) 40	3.1	3.5	1.9	0.3	•	0.9	2.6	3.0	2.9	1.1
Average Net Receivables ($) 41	11426	13335	10142	29321	10093	10414	35030	18189	19521	16829
Average Inventories ($) 42	7063	9705	6911	18526	6275	5217	23773	22024	17675	14176
Average Net Worth ($) 43	25220	24591	18939	41613	16747	14775	68469	47380	38149	32400
Current Ratio (×1) 44	1.9	2.1	1.9	1.3	1.3	1.2	1.6	1.6	1.9	1.7
Quick Ratio (×1) 45	1.0	1.1	1.1	0.7	0.8	0.8	0.9	0.7	0.9	0.9
Coverage Ratio (×1) 46	4.4	4.2	3.9	2.4	2.3	2.4	2.4	3.0	4.0	2.5
Asset Turnover (×1) 47	1.0	1.3	1.1	1.2	1.0	0.9	1.0	1.3	1.4	1.3
Operating Leverage 48	•	1.2	0.5	•	4.0	•	3.7	1.1	1.0	0.3
Financial Leverage 49	1.1	1.1	1.0	0.8	1.0	1.0	1.1	1.1	1.1	0.8
Total Leverage 50	•	1.3	0.5	•	3.9	•	4.0	1.2	1.1	0.2

Table I

Corporations with and without Net Income

RADIO, TELEVISION, AND COMMUNICATION EQUIPMENT

MONEY AMOUNTS AND SIZE OF ASSETS IN THOUSANDS OF DOLLARS

Item Description for Accounting Period 7/95 Through 6/96	Total	Zero Assets	Under 100	100 to 250	251 to 500	501 to 1,000	1,001 to 5,000	5,001 to 10,000	10,001 to 25,000	25,001 to 50,000	50,001 to 100,000	100,001 to 250,000	250,001 and over
Number of Enterprises 1	2359	•	939	303	•	232	256	45	88	50	41	27	31
Revenues ($ in Thousands)													
Net Sales 2	71198651	•	108851	216196	•	310084	1181323	402146	1918710	1973194	3679640	5612298	55389070
Portfolio Income 3	1055523	•	•	•	•	10377	9223	3195	11040	22894	51655	40668	823898
Other Revenues 4	1828748	•	-14373	115	•	6086	31114	1930	43817	48324	45263	51001	1612886
Total Revenues 5	74082922	•	94478	216311	•	326547	1221660	407271	1973567	2044412	3776558	5703967	57825854
Average Total Revenues 6	31404	•	101	714	•	1408	4772	9050	22427	40888	92111	211258	1865350
Operating Costs/Operating Income (%)													
Cost of Operations 7	62.4	•	57.9	85.7	•	59.1	60.4	67.2	60.9	65.9	64.2	68.2	61.5
Rent 8	11.0	•	4.1	3.0	•	17.0	13.3	13.2	13.6	11.8	10.7	9.2	11.0
Taxes Paid 9	1.7	•	1.4	1.2	•	3.4	1.9	2.5	2.3	1.9	1.6	1.6	1.6
Interest Paid 10	1.2	•	0.6	1.3	•	1.7	1.8	1.4	1.3	1.4	1.1	1.7	1.1
Depreciation, Depletion, Amortization 11	5.0	•	2.2	0.9	•	1.0	2.8	2.8	3.0	3.1	2.9	3.0	5.6
Pensions and Other Benefits 12	2.7	•	0.7	•	•	3.0	1.7	1.7	2.3	1.5	2.1	2.1	3.0
Other 13	14.6	•	20.4	11.3	•	18.0	21.8	12.1	14.5	15.2	15.1	12.7	14.4
Officers Compensation 14	1.2	•	11.2	2.6	•	5.3	6.8	1.9	3.3	2.1	2.0	1.2	0.8
Operating Margin 15	0.3	•	1.7	•	•	•	•	•	•	•	0.4	0.3	1.0
Oper. Margin Before Officers Compensation 16	1.5	•	12.9	•	•	•	•	•	2.2	•	2.4	1.5	1.8
Selected Average Balance Sheet ($ in Thousands)													
Net Receivables 17	5773	•	3	32	•	252	675	1262	3990	7642	15520	35602	353330
Inventories 18	3719	•	10	75	•	153	718	1809	4360	6684	14168	28776	204396
Net Property, Plant and Equipment 19	5482	•	8	46	•	59	446	1732	2628	5979	11393	30790	350406
Total Assets 20	24914	•	23	170	•	777	2241	6987	16497	32574	75946	143364	1530273

Notes and Loans Payable 21	5666	•	72	101	•	232	1233	1204	3719	6327	10413	42634	341627
All Other Liabilities 22	7620	•	9	122	•	375	903	1811	5014	7831	17144	34693	483986
Net Worth 23	11628	•	-58	-54	•	170	105	3972	7765	18417	48389	66038	704660

Selected Financial Ratios (Times to 1)

Current Ratio 24	1.5	•	1.2	0.9	•	1.9	1.2	2.0	2.2	2.2	2.6	1.8	1.4
Quick Ratio 25	0.9	•	0.4	0.3	•	1.3	0.6	1.2	1.2	1.2	1.6	1.1	0.8
Net Sales to Working Capital 26	6.6	•	48.4	•	•	4.8	19.1	3.8	3.4	3.5	2.8	5.4	7.9
Coverage Ratio 27	5.2	•	•	•	•	•	•	•	2.3	2.4	3.7	2.1	6.6
Total Asset Turnover 28	1.2	•	5.0	4.2	•	1.7	2.1	1.3	1.3	1.2	1.2	1.5	1.2
Inventory Turnover 29	5.5	•	7.2	•	•	5.4	3.8	3.0	3.2	4.3	4.4	5.5	5.9
Receivables Turnover 30	5.6	•	•	•	•	6.5	6.2	6.4	5.5	5.1	6.3	6.3	5.5
Total Liabilities to Net Worth 31	1.2	•	•	•	•	3.6	20.3	0.8	1.1	0.8	0.6	1.2	1.2

Selected Financial Factors (in Percentages)

Debt Ratio 32	53.3	•	•	•	•	78.1	95.3	43.2	52.9	43.5	36.3	53.9	54.0
Return on Assets 33	7.6	•	•	•	•	•	•	•	3.9	4.2	4.7	5.1	8.6
Return on Equity 34	8.4	•	23.6	•	•	•	•	•	1.8	1.6	2.2	2.4	10.7
Return Before Interest on Equity 35	16.3	•	22.0	•	•	•	•	•	8.2	7.5	7.4	11.0	18.7
Profit Margin, Before Income Tax 36	5.1	•	•	•	•	•	•	•	1.7	2.1	2.9	1.8	6.3
Profit Margin, After Income Tax 37	3.2	•	•	•	•	•	•	•	0.7	0.8	1.2	0.8	4.2

Trends in Selected Ratios and Factors, 1990-1999

	1990	1991	1992	1993	1994	1995	1996	1997	1998	1999
Cost of Labor (%) 38	63.0	62.4	68.6	68.3	66.4	66.1	66.2	64.4	61.0	62.4
Operating Margin (%) 39	•	•	•	•	•	•	•	•	2.0	0.3
Oper. Margin Before Officers Comp. (%) 40	•	•	•	•	•	•	•	0.1	3.1	1.5
Average Net Receivables ($) 41	6528	3028	3919	4304	8470	7819	6665	3733	5388	5773
Average Inventories ($) 42	2494	2163	2398	3062	5478	4668	2992	2137	3369	3719
Average Net Worth ($) 43	6696	5830	5721	7296	14242	13349	9345	6290	10121	11628
Current Ratio (×1) 44	1.8	1.8	1.5	1.5	1.5	1.3	1.4	1.5	1.6	1.5
Quick Ratio (×1) 45	0.9	1.0	0.9	0.9	0.9	0.8	0.9	0.9	0.9	0.9
Coverage Ratio (×1) 46	1.4	2.7	2.3	2.1	2.3	2.1	2.9	3.3	5.9	5.2
Asset Turnover (×1) 47	0.7	1.1	1.2	1.2	1.1	1.1	1.1	1.2	1.2	1.2
Total Liabilities/Net Worth (×1) 48	2.3	1.2	1.4	1.4	1.6	1.5	1.5	1.4	1.2	1.2
Return on Assets (×1) 49	6.0	5.9	5.8	5.9	6.3	5.0	5.5	5.2	10.0	7.6
Return on Equity (%) 50	2.2	4.1	4.1	3.2	4.7	2.9	5.2	5.2	12.3	8.4

Table II

Corporations with Net Income

RADIO, TELEVISION, AND COMMUNICATION EQUIPMENT

MONEY AMOUNTS AND SIZE OF ASSETS IN THOUSANDS OF DOLLARS

Item Description for Accounting Period 7/95 Through 6/96	Total	Zero Assets	Under 100	100 to 250	251 to 500	501 to 1,000	1,001 to 5,000	5,001 to 10,000	10,001 to 25,000	25,001 to 50,000	50,001 to 100,000	100,001 to 250,000	250,001 and over
Number of Enterprises **1**	950	•	332	60	180	90	110	19	54	38	24	15	•
Revenues ($ in Thousands)													
Net Sales **2**	59439084	•	94548	142013	116240	159667	782803	308446	1372027	1669423	2182093	3220158	•
Portfolio Income **3**	889003	•	•	•	61220	9608	5373	498	5680	19284	28933	30927	•
Other Revenues **4**	1626140	•	•	•	1492	•	6222	2119	39848	41802	22849	36580	•
Total Revenues **5**	61954227	•	94548	142013	178952	169275	794398	311063	1417555	1730509	2233875	3287665	•
Average Total Revenues **6**	65215	•	285	2367	994	1881	7222	16372	26251	45540	93078	219178	•
Operating Costs/Operating Income (%)													
Cost of Operations **7**	60.1	•	58.3	90.0	65.1	50.4	53.8	67.1	55.2	66.8	58.6	60.7	•
Rent **8**	10.7	•	4.7	1.4	15.1	12.8	10.1	8.3	12.3	9.5	8.3	10.1	•
Taxes Paid **9**	1.7	•	1.3	1.0	3.2	1.8	1.6	2.2	2.6	1.8	1.6	2.0	•
Interest Paid **10**	1.1	•	0.4	0.8	0.9	0.2	1.5	0.6	1.2	1.0	0.7	1.5	•
Depreciation, Depletion, Amortization **11**	5.3	•	•	0.5	2.0	0.2	2.4	2.2	2.3	2.8	2.8	3.3	•
Pensions and Other Benefits **12**	2.8	•	0.8	•	1.4	4.3	1.5	1.6	2.2	1.5	2.0	2.9	•
Other **13**	14.7	•	17.1	4.9	50.9	8.0	17.2	4.2	12.2	13.1	14.5	13.5	•
Officers Compensation **14**	1.1	•	11.7	1.0	9.3	3.5	8.3	1.4	2.7	1.8	2.1	1.7	•
Operating Margin **15**	2.6	•	5.8	0.6	•	19.0	3.8	12.6	9.4	1.7	9.5	4.3	•
Oper. Margin Before Officers Compensation **16**	3.7	•	17.5	1.5	•	22.4	12.1	14.0	12.2	3.5	11.6	6.0	•
Selected Average Balance Sheet ($ in Thousands)													
Net Receivables **17**	11914	•	10	15	144	241	1116	1720	4271	7719	15829	37319	•
Inventories **18**	7357	•	27	58	30	351	1035	2813	4646	7264	13719	27864	•
Net Property, Plant and Equipment **19**	11725	•	•	34	49	31	582	2512	2546	5869	12073	32290	•
Total Assets **20**	49514	•	40	155	388	837	3050	7845	16358	32354	73329	155952	•

Notes and Loans Payable 21	10430	•	153	52	58	36	1110	703	2643	6664	6402	39680	•
All Other Liabilities 22	15793	•	25	78	129	427	1014	1971	4873	7246	15102	39270	•
Net Worth 23	23291	•	-138	26	201	373	926	5171	8842	18444	51824	77002	•
Selected Financial Ratios (Times to 1)													
Current Ratio 24	1.5	•	1.2	1.4	1.7	2.3	1.5	2.4	2.5	2.3	3.1	2.4	•
Quick Ratio 25	0.9	•	0.4	0.7	1.5	1.1	0.8	1.0	1.4	1.3	2.0	1.6	•
Net Sales to Working Capital 26	7.7	•	38.5	•	5.8	4.7	8.8	5.4	3.5	3.5	2.7	3.8	•
Coverage Ratio 27	8.3	•	•	1.7	8.1	•	4.7	•	11.9	8.1	•	5.1	•
Total Asset Turnover 28	1.3	•	7.1	•	1.7	2.1	2.3	2.1	1.6	1.4	1.2	1.4	•
Inventory Turnover 29	5.5	•	•	•	6.8	3.6	3.8	3.1	3.0	4.5	4.0	4.8	•
Receivables Turnover 30	5.8	•	•	•	3.9	6.3	6.2	6.7	5.4	5.6	5.6	5.5	•
Total Liabilities to Net Worth 31	1.1	•	•	5.1	0.9	1.3	2.3	0.5	0.9	0.8	0.4	1.0	•
Selected Financial Factors (in Percentages)													
Debt Ratio 32	53.0	•	•	83.5	48.2	55.5	69.7	34.1	46.0	43.0	29.3	50.6	•
Return on Assets 33	11.1	•	•	20.7	11.7	•	15.7	28.8	21.6	10.6	15.7	10.8	•
Return on Equity 34	14.8	•	•	•	16.8	•	33.3	38.8	32.5	12.7	15.6	12.3	•
Return Before Interest on Equity 35	23.6	•	•	•	22.7	•	•	•	•	18.6	22.1	21.9	•
Profit Margin, Before Income Tax 36	7.7	•	5.8	0.6	6.2	25.0	5.3	13.3	12.7	6.9	11.9	6.3	•
Profit Margin, After Income Tax 37	5.5	•	5.5	0.5	5.2	25.0	4.3	12.4	11.3	5.3	8.9	4.4	•

Trends in Selected Ratios and Factors, 1990-1999

	1990	1991	1992	1993	1994	1995	1996	1997	1998	1999
Cost of Operations (%) 38	59.6	60.6	69.1	63.0	62.2	63.4	62.2	60.4	58.7	60.1
Operating Margin (%) 39	•	0.8	0.6	1.5	•	•	•	1.8	3.9	2.6
Oper. Margin Before Officers Comp. (%) 40	•	1.9	1.7	2.7	0.4	0.4	1.0	3.4	4.9	3.7
Average Net Receivables ($) 41	10709	3306	9905	4351	12027	18134	8918	6147	8231	11914
Average Inventories ($) 42	3666	2314	5606	2680	6679	8797	3551	3477	5308	7357
Average Net Worth ($) 43	10800	6573	13880	7560	22911	34438	13364	11860	16219	23291
Current Ratio (×1) 44	1.8	1.9	1.5	1.7	1.5	1.4	1.5	1.5	1.5	1.5
Quick Ratio (×1) 45	0.9	1.0	0.9	1.0	0.9	0.9	1.0	0.9	0.9	0.9
Coverage Ratio (×1) 46	1.8	5.1	4.3	4.7	4.9	4.3	5.0	6.6	8.0	8.3
Asset Turnover (×1) 47	0.7	1.2	1.4	1.2	1.1	1.1	1.1	1.2	1.3	1.3
Operating Leverage 48	0.9	•	0.8	2.3	•	0.9	0.4	•	2.2	0.7
Financial Leverage 49	1.4	2.0	1.0	1.0	1.0	1.0	1.1	1.1	1.0	1.0
Total Leverage 50	1.2	•	0.7	2.4	•	0.9	0.4	•	2.1	0.7

Table I

Corporations with and without Net Income

ELECTRONIC COMPONENTS AND ACCESSORIES

MONEY AMOUNTS AND SIZE OF ASSETS IN THOUSANDS OF DOLLARS

Item Description for Accounting Period 7/95 Through 6/96	Total	Zero Assets	Under 100	100 to 250	251 to 500	501 to 1,000	1,001 to 5,000	5,001 to 10,000	10,001 to 25,000	25,001 to 50,000	50,001 to 100,000	100,001 to 250,000	250,001 and over
Number of Enterprises **1**	12173	1761	3132	1795	1196	1218	1960	412	291	138	101	88	81
Revenues ($ in Thousands)													
Net Sales **2**	205861990	1837463	503337	928174	1120104	2114954	9757481	5401359	7438315	7457264	9642127	16381483	143279930
Portfolio Income **3**	4819141	30244	11941	2507	7761	6101	32691	31291	65928	81096	287280	298772	3963528
Other Revenues **4**	4318193	4177	2120	20030	3892	5799	54708	32178	76012	74377	199224	390095	3455580
Total Revenues **5**	214999324	1871884	517398	950711	1131757	2126854	9844880	5464828	7580255	7612737	10128631	17070350	150699038
Average Total Revenues **6**	17662	1063	165	530	946	1746	5023	13264	26049	55165	100283	193981	1860482
Operating Costs/Operating Income (%)													
Cost of Operations **7**	67.8	71.5	62.5	40.5	62.2	58.2	64.2	71.4	67.6	68.8	67.4	66.8	68.4
Rent **8**	8.2	10.7	8.0	18.4	8.4	10.0	10.3	6.1	9.4	8.2	9.1	9.7	7.7
Taxes Paid **9**	1.7	1.4	2.2	3.1	2.6	3.1	2.8	2.3	2.1	1.8	1.6	1.6	1.5
Interest Paid **10**	1.5	1.1	2.3	2.1	0.8	0.8	1.3	1.5	1.5	1.5	1.4	1.2	1.5
Depreciation, Depletion, Amortization **11**	3.9	3.2	1.6	2.2	1.4	1.8	2.1	2.1	3.0	2.9	3.2	3.6	4.4
Pensions and Other Benefits **12**	2.2	0.6	0.3	1.0	1.7	1.2	1.8	1.4	1.5	1.9	1.7	2.1	2.5
Other **13**	10.1	11.2	24.8	21.0	12.5	14.9	11.0	9.5	11.1	10.9	12.4	11.3	9.5
Officers Compensation **14**	1.3	2.9	8.1	12.3	10.6	7.6	5.0	3.4	2.4	1.6	1.5	1.1	0.6
Operating Margin **15**	3.3	•	•	•	•	2.5	1.6	2.4	1.5	2.5	1.7	2.6	3.9
Oper. Margin Before Officers Compensation **16**	4.5	0.3	•	11.8	10.4	10.0	6.6	5.8	3.8	4.1	3.2	3.7	4.5
Selected Average Balance Sheet ($ in Thousands)													
Net Receivables **17**	2855	•	9	48	109	211	660	1852	3837	9198	17286	33666	309906
Inventories **18**	1990	•	13	20	80	134	615	1995	3523	7690	12481	24522	201846
Net Property, Plant and Equipment **19**	3141	•	5	30	69	168	516	1564	3392	7894	12886	33292	369298
Total Assets **20**	13936	•	32	151	361	688	2356	7015	15193	36778	71860	159301	1601518

Notes and Loans Payable 21	2909	•	14	136	163	206	754	2252	4294	7742	12445	26173	325822
All Other Liabilities 22	4249	•	29	129	88	173	900	1775	5248	9599	18535	43603	494238
Net Worth 23	6778	•	-11	-113	110	309	702	2987	5652	19438	40880	89526	781458

Selected Financial Ratios (Times to 1)

Current Ratio 24	1.9	•	0.8	0.5	2.1	2.1	1.6	1.8	1.6	2.3	2.6	2.1	1.8
Quick Ratio 25	1.1	•	0.4	0.4	1.3	1.4	0.9	0.9	0.9	1.4	1.6	1.3	1.1
Net Sales to Working Capital 26	5.0	•	•	•	6.6	7.3	8.4	6.0	7.0	3.7	3.1	3.7	5.1
Coverage Ratio 27	6.6	0.7	•	1.9	2.1	5.1	3.0	3.4	3.2	4.1	5.8	7.0	7.5
Total Asset Turnover 28	1.2	•	5.0	3.4	2.6	2.5	2.1	1.9	1.7	1.5	1.3	1.2	1.1
Inventory Turnover 29	6.1	•	5.9	•	8.2	6.8	5.2	4.6	4.8	5.2	5.5	5.3	6.5
Receivables Turnover 30	6.1	•	•	•	9.7	8.7	7.7	6.5	6.5	6.4	5.9	5.8	5.9
Total Liabilities to Net Worth 31	1.1	•	•	•	2.3	1.2	2.4	1.4	1.7	0.9	0.8	0.8	1.1

Selected Financial Factors (in Percentages)

Debt Ratio 32	51.4	•	•	•	69.4	55.1	70.2	57.4	62.8	47.2	43.1	43.8	51.2
Return on Assets 33	11.6	•	•	14.0	4.3	9.5	8.0	9.5	8.1	8.8	10.6	9.4	12.4
Return on Equity 34	13.5	•	•	•	1.3	14.6	10.9	11.9	8.0	8.8	11.0	9.8	14.6
Return Before Interest on Equity 35	23.9	•	•	•	13.9	21.1	26.9	22.3	21.9	16.6	18.5	16.8	25.3
Profit Margin, Before Income Tax 36	8.1	•	•	2.0	0.9	3.0	2.5	3.6	3.3	4.5	6.6	6.9	9.7
Profit Margin, After Income Tax 37	5.4	•	•	1.7	0.2	2.6	1.5	2.7	1.8	3.2	4.7	4.7	6.5

Trends in Selected Ratios and Factors, 1990-1999

	1990	1991	1992	1993	1994	1995	1996	1997	1998	1999
Cost of Labor (%) 38	64.8	66.8	67.6	66.5	66.6	67.3	67.9	66.2	67.6	67.8
Operating Margin (%) 39	•	•	•	•	•	•	•	1.8	3.3	3.3
Oper. Margin Before Officers Comp. (%) 40	•	•	0.2	•	•	•	•	3.3	4.6	4.5
Average Net Receivables ($) 41	1489	1530	1893	1658	1738	2021	2200	2388	2682	2855
Average Inventories ($) 42	1373	1341	1514	1330	1412	1498	1612	1752	1764	1990
Average Net Worth ($) 43	3256	2891	3368	2928	3006	3671	4708	5424	5697	6778
Current Ratio (×1) 44	1.9	1.8	1.7	1.6	1.5	1.6	1.7	1.6	1.7	1.9
Quick Ratio (×1) 45	1.0	0.9	0.9	0.9	0.9	1.0	1.0	1.0	1.0	1.1
Coverage Ratio (×1) 46	1.6	2.7	3.6	2.3	2.3	2.3	3.0	4.4	6.1	6.6
Asset Turnover (×1) 47	1.1	1.2	1.1	1.1	1.1	1.1	1.2	1.2	1.2	1.2
Total Liabilities/Net Worth (×1) 48	1.1	1.3	1.3	1.4	1.6	1.3	1.2	1.2	1.2	1.1
Return on Assets (×1) 49	3.4	6.2	9.5	6.6	7.3	6.1	6.3	9.3	10.9	11.6
Return on Equity (%) 50	•	4.3	9.6	4.5	5.6	4.0	5.1	10.0	13.1	13.5

Table II

Corporations with Net Income

ELECTRONIC COMPONENTS AND ACCESSORIES

MONEY AMOUNTS AND SIZE OF ASSETS IN THOUSANDS OF DOLLARS

Item Description for Accounting Period 7/95 Through 6/96		Total	Zero Assets	Under 100	100 to 250	251 to 500	501 to 1,000	1,001 to 5,000	5,001 to 10,000	10,001 to 25,000	25,001 to 50,000	50,001 to 100,000	100,001 to 250,000	250,001 and over
Number of Enterprises	1	6953	326	1758	1130	624	860	1388	318	233	99	79	68	69
Revenues ($ in Thousands)														
Net Sales	2	182128100	965444	276021	616262	789902	1638088	7666428	4272166	5963226	5723325	7879610	13125020	133212610
Portfolio Income	3	4335296	27785	11929	1876	978	3512	12523	9534	52654	60392	212626	252624	3688862
Other Revenues	4	3786175	6393	1186	19787	3793	3407	36852	20995	54832	59572	134229	200401	3244728
Total Revenues	5	190249571	999622	289136	637925	794673	1645007	7715803	4302695	6070712	5843289	8226465	13578045	140146200
Average Total Revenues	6	27362	3066	164	565	1274	1913	5559	13530	26055	59023	104132	199677	2031104
Operating Costs/Operating Income (%)														
Cost of Operations	7	67.4	73.5	53.8	34.1	65.6	55.2	63.9	70.0	64.4	66.7	67.1	65.5	68.2
Rent	8	7.5	5.1	6.0	18.9	4.2	9.3	8.3	5.8	8.4	7.4	7.8	8.7	7.3
Taxes Paid	9	1.7	1.1	2.4	2.9	2.2	3.1	2.7	2.2	2.1	1.7	1.6	1.6	1.6
Interest Paid	10	1.3	1.4	2.5	2.6	0.2	0.6	0.9	1.2	1.3	1.3	1.3	1.0	1.4
Depreciation, Depletion, Amortization	11	3.9	4.0	2.3	2.2	0.9	1.4	1.8	2.1	2.6	2.5	2.9	3.6	4.4
Pensions and Other Benefits	12	2.3	0.8	0.1	1.1	2.1	1.3	1.6	1.4	1.6	2.1	1.7	2.0	2.5
Other	13	9.4	7.0	24.6	17.8	7.8	13.1	8.7	7.9	10.3	9.4	10.7	10.1	9.2
Officers Compensation	14	1.2	2.0	11.2	13.8	12.4	8.3	5.1	3.2	2.4	1.6	1.4	1.2	0.5
Operating Margin	15	5.4	5.2	•	6.6	4.7	7.8	7.1	6.4	7.0	7.4	5.6	6.5	5.0
Oper. Margin Before Officers Compensation	16	6.6	7.2	8.4	20.5	17.1	16.1	12.2	9.6	9.3	9.0	7.0	7.7	5.6
Selected Average Balance Sheet ($ in Thousands)														
Net Receivables	17	4300	•	7	48	115	240	697	1858	3969	9313	16980	34095	325892
Inventories	18	3052	•	9	21	81	138	610	1923	3693	7394	13423	24235	221012
Net Property, Plant and Equipment	19	4808	•	9	26	43	127	448	1642	3132	8140	13189	33484	394884
Total Assets	20	21428	•	28	163	346	679	2304	6942	15295	36342	71827	161088	1721199

Notes and Loans Payable 21	4004	•	10	63	51	143	520	2002	3554	6624	10374	25369	321869
All Other Liabilities 22	6524	•	29	123	49	179	679	1646	4773	8860	18821	41924	539072
Net Worth 23	10900	•	-11	-24	246	358	1105	3294	6968	20858	42632	93795	860257

Selected Financial Ratios (Times to 1)

Current Ratio 24	1.9	•	0.6	0.7	4.1	2.3	2.0	2.0	1.7	2.6	2.7	2.4	1.9
Quick Ratio 25	1.2	•	0.3	0.6	2.6	1.5	1.2	1.1	1.0	1.6	1.7	1.5	1.1
Net Sales to Working Capital 26	4.8	•	•	•	6.1	6.9	6.5	5.9	5.9	3.8	3.2	3.4	5.0
Coverage Ratio 27	8.8	7.8	1.8	5.0	•	14.7	10.1	6.9	7.6	8.2	8.9	11.2	8.7
Total Asset Turnover 28	1.2	•	5.7	3.4	3.7	2.8	2.4	1.9	1.7	1.6	1.4	1.2	1.1
Inventory Turnover 29	6.1	•	4.7	7.0	•	7.3	5.9	4.7	4.6	5.2	5.6	5.5	6.3
Receivables Turnover 30	6.2	•	•	•	•	8.4	8.0	6.5	6.5	6.4	6.1	6.0	6.0
Total Liabilities to Net Worth 31	1.0	•	•	•	0.4	0.9	1.1	1.1	1.2	0.8	0.7	0.7	1.0

Selected Financial Factors (in Percentages)

Debt Ratio 32	49.1	•	•	•	28.9	47.3	52.1	52.6	54.5	42.6	40.7	41.8	50.0
Return on Assets 33	14.2	•	24.7	•	20.0	24.7	20.7	16.2	16.8	17.1	15.5	13.3	13.7
Return on Equity 34	17.5	•	•	•	21.7	•	32.5	24.7	24.9	21.4	17.9	15.1	16.5
Return Before Interest on Equity 35	28.0	•	•	•	28.0	•	•	34.1	•	29.9	26.1	22.8	27.4
Profit Margin, Before Income Tax 36	10.3	9.3	1.9	10.2	5.3	8.2	7.8	7.1	8.7	9.5	9.9	10.1	10.8
Profit Margin, After Income Tax 37	7.3	7.7	1.8	9.8	4.2	7.7	6.5	6.1	6.8	7.7	7.6	7.3	7.3

Trends in Selected Ratios and Factors, 1990-1999

	1990	1991	1992	1993	1994	1995	1996	1997	1998	1999
Cost of Operations (%) 38	64.0	65.9	66.6	65.0	64.8	65.5	66.8	65.7	67.0	67.4
Operating Margin (%) 39	0.2	0.5	2.4	2.5	2.4	2.0	2.1	4.4	5.2	5.4
Oper. Margin Before Officers Comp. (%) 40	1.5	1.8	3.7	4.0	3.9	3.5	3.5	5.6	6.3	6.6
Average Net Receivables ($) 41	2298	2627	2944	2202	2507	2670	2947	3599	3773	4300
Average Inventories ($) 42	2126	2327	2337	1849	2151	2089	2223	2693	2487	3052
Average Net Worth ($) 43	4916	5195	5730	4202	4915	5568	7145	8835	8622	10900
Current Ratio (×1) 44	1.9	1.8	1.7	1.7	1.6	1.8	1.9	1.7	1.8	1.9
Quick Ratio (×1) 45	1.0	1.0	1.0	0.9	1.0	1.0	1.1	1.0	1.1	1.2
Coverage Ratio (×1) 46	4.5	5.1	6.8	5.0	4.5	4.8	6.4	6.2	8.1	8.8
Asset Turnover (×1) 47	1.2	1.2	1.2	1.2	1.1	1.2	1.3	1.2	1.2	1.2
Operating Leverage 48	0.1	2.4	4.6	1.1	1.0	0.9	1.1	2.0	1.2	1.1
Financial Leverage 49	1.0	1.1	1.1	1.0	1.0	1.0	1.1	1.0	1.0	1.0
Total Leverage 50	0.1	2.8	5.1	1.0	0.9	0.9	1.2	2.0	1.2	1.1

Table I

Corporations with and without Net Income

OTHER ELECTRICAL EQUIPMENT

MONEY AMOUNTS AND SIZE OF ASSETS IN THOUSANDS OF DOLLARS

Item Description for Accounting Period 7/95 Through 6/96	Total	Zero Assets	Under 100	100 to 250	251 to 500	501 to 1,000	1,001 to 5,000	5,001 to 10,000	10,001 to 25,000	25,001 to 50,000	50,001 to 100,000	100,001 to 250,000	250,001 and over
Number of Enterprises **1**	8734	282	3676	1052	1010	494	1396	334	225	88	75	65	37

Revenues ($ in Thousands)

Net Sales **2**	138106606	635002	283938	359812	909826	757707	6485062	4535800	5743380	4443002	6176435	11980875	95795768
Portfolio Income **3**	16956114	12644	1470	985	20819	3917	38656	20663	35561	43445	89531	209723	16478702
Other Revenues **4**	3504327	4947	9557	8565	3897	1425	52595	28392	41482	59201	88576	184184	3021503
Total Revenues **5**	158567047	652593	294965	369362	934542	763049	6576313	4584855	5820423	4545648	6354542	12374782	115295973
Average Total Revenues **6**	18155	2314	80	351	925	1545	4711	13727	25869	51655	84727	190381	3116107

Operating Costs/Operating Income (%)

Cost of Operations **7**	57.1	61.2	23.1	46.4	57.3	63.5	65.9	66.1	67.7	67.8	62.5	64.9	53.6
Rent **8**	13.0	7.7	28.4	17.3	9.3	10.9	7.9	8.1	7.4	6.9	10.3	8.3	15.0
Taxes Paid **9**	2.1	1.6	6.2	2.5	2.7	3.2	2.3	2.3	2.1	1.9	1.9	1.9	2.1
Interest Paid **10**	10.9	1.3	0.9	2.4	1.4	1.4	0.9	1.3	1.3	1.4	1.6	1.8	15.1
Depreciation, Depletion, Amortization **11**	9.5	1.7	6.5	4.3	2.1	2.5	1.9	1.8	2.4	2.7	3.4	3.5	12.5
Pensions and Other Benefits **12**	2.7	1.9	1.9	1.3	1.6	1.4	1.6	1.9	2.1	2.0	2.0	2.5	2.9
Other **13**	13.2	22.9	30.4	24.5	18.2	14.1	12.2	11.4	12.2	12.3	12.9	13.0	13.3
Officers Compensation **14**	1.1	1.7	21.5	10.2	7.0	5.7	5.4	3.5	2.6	2.0	1.5	1.2	0.4
Operating Margin **15**	•	•	•	•	0.5	•	1.9	3.7	2.3	3.1	3.8	2.9	•
Oper. Margin Before Officers Compensation **16**	•	1.7	2.6	1.4	7.5	2.9	7.2	7.2	4.8	5.0	5.3	4.1	•

Selected Average Balance Sheet ($ in Thousands)

Net Receivables **17**	9340	•	4	25	82	143	685	1987	4093	9321	16694	30891	2020495
Inventories **18**	1654	•	2	31	51	154	596	2284	3826	7828	16500	27977	218339
Net Property, Plant and Equipment **19**	4755	•	3	40	101	138	372	1098	2590	6390	12457	34615	975563
Total Assets **20**	44925	•	13	175	364	693	2102	7205	15386	35993	71589	155716	9837233

Notes and Loans Payable 21	27231	•	32	171	179	270	608	1903	3570	8513	16366	37947	6229471
All Other Liabilities 22	9285	•	12	176	66	290	719	1888	4361	9420	16905	32866	1994885
Net Worth 23	8409	•	-31	-173	119	132	774	3414	7456	18060	38318	84903	1612877

Selected Financial Ratios (Times to 1)

Current Ratio 24	1.1	•	0.5	0.9	2.5	1.3	1.8	2.0	2.0	2.0	2.5	2.1	1.0
Quick Ratio 25	0.5	•	0.4	0.6	1.8	0.9	1.0	1.0	1.1	1.1	1.4	1.2	0.4
Net Sales to Working Capital 26	13.1	•	•	•	6.2	12.4	6.6	5.4	4.9	4.5	3.0	4.1	•
Coverage Ratio 27	1.6	3.1	•	•	3.2	•	4.5	4.8	3.8	4.9	5.2	4.4	1.4
Total Asset Turnover 28	0.4	•	6.2	2.0	2.5	2.2	2.2	1.9	1.7	1.4	1.2	1.2	0.3
Inventory Turnover 29	5.5	•	•	5.1	•	3.9	5.2	4.2	4.5	4.6	3.5	4.6	6.2
Receivables Turnover 30	1.7	•	•	•	•	6.5	7.1	6.5	6.3	5.6	5.2	6.3	1.3
Total Liabilities to Net Worth 31	4.4	•	•	•	2.1	4.3	1.7	1.1	1.1	1.0	0.9	0.8	5.1

Selected Financial Factors (in Percentages)

Debt Ratio 32	81.3	•	•	•	67.2	81.0	63.2	52.6	51.6	49.8	46.5	45.5	83.6
Return on Assets 33	6.0	•	•	•	11.4	•	9.2	11.4	8.2	9.5	9.6	9.5	5.7
Return on Equity 34	7.7	•	37.8	12.7	19.5	•	14.8	14.8	8.5	9.6	11.0	9.0	7.1
Return Before Interest on Equity 35	31.9	•	•	7.6	34.9	•	25.0	24.1	17.0	18.8	17.9	17.4	34.8
Profit Margin, Before Income Tax 36	6.0	2.8	•	•	3.2	•	3.2	4.8	3.6	5.4	6.8	6.2	6.6
Profit Margin, After Income Tax 37	4.1	1.5	•	•	2.6	•	2.5	3.7	2.5	3.4	5.1	4.1	4.4

Trends in Selected Ratios and Factors, 1990-1999

	1990	1991	1992	1993	1994	1995	1996	1997	1998	1999
Cost of Labor (%) 38	63.3	63.7	60.5	61.4	60.9	62.6	63.4	58.2	57.6	57.1
Operating Margin (%) 39	•	•	•	•	•	•	•	•	•	•
Oper. Margin Before Officers Comp. (%) 40	•	•	•	•	•	•	•	•	•	•
Average Net Receivables ($) 41	4590	5934	5489	4977	5203	6164	11157	12250	10494	9340
Average Inventories ($) 42	1823	2281	1975	2045	2081	1730	1722	1439	1913	1654
Average Net Worth ($) 43	4892	7959	5648	6009	5451	4564	5024	7297	9234	8409
Current Ratio (×1) 44	1.7	1.5	1.5	1.1	1.4	1.3	1.5	1.5	0.9	1.1
Quick Ratio (×1) 45	1.0	0.8	0.9	0.5	0.6	0.7	1.1	1.2	0.5	0.5
Coverage Ratio (×1) 46	1.8	1.7	1.8	1.7	1.6	1.3	1.4	1.7	1.7	1.6
Asset Turnover (×1) 47	0.6	0.6	0.6	0.6	0.5	0.5	0.4	0.4	0.4	0.4
Total Liabilities/Net Worth (×1) 48	2.8	2.2	2.8	3.2	4.3	5.1	5.4	4.2	3.9	4.4
Return on Assets (×1) 49	6.1	5.2	8.9	9.2	8.7	6.8	6.0	5.9	6.6	6.0
Return on Equity (%) 50	5.5	3.8	9.9	9.8	10.1	5.5	5.9	6.6	8.8	7.7

Table II

Corporations with Net Income

OTHER ELECTRICAL EQUIPMENT

MONEY AMOUNTS AND SIZE OF ASSETS IN THOUSANDS OF DOLLARS

Item Description for Accounting Period 7/95 Through 6/96		Total	Zero Assets	Under 100	100 to 250	251 to 500	501 to 1,000	1,001 to 5,000	5,001 to 10,000	10,001 to 25,000	25,001 to 50,000	50,001 to 100,000	100,001 to 250,000	250,001 and over
Number of Enterprises	1	4708	193	1200	783	632	122	1118	287	166	70	56	47	33
Revenues ($ in Thousands)														
Net Sales	2	116528869	467410	134928	296991	849301	168183	5677886	4004706	4497816	3864339	4760030	8998057	82809220
Portfolio Income	3	16461839	11057	1469	985	20194	181	22409	18796	27240	32371	80575	154282	16092280
Other Revenues	4	2907908	1899	6660	8499	3114	242	49237	22946	27358	52686	57293	103759	2574217
Total Revenues	5	135898616	480366	143057	306475	872609	168606	5749532	4046448	4552414	3949396	4897898	9256098	101475717
Average Total Revenues	6	28865	2489	119	391	1381	1382	5143	14099	27424	56420	87462	196938	3075022
Operating Costs/Operating Income (%)														
Cost of Operations	7	56.7	66.5	33.4	35.7	56.2	37.1	65.6	66.7	64.8	66.6	59.4	62.3	54.0
Rent	8	11.4	6.7	15.7	16.1	8.4	16.7	6.7	6.6	7.1	6.3	9.9	7.9	13.0
Taxes Paid	9	2.0	1.4	3.9	2.2	2.7	1.9	2.2	2.4	2.2	1.9	1.9	2.1	2.0
Interest Paid	10	12.2	1.2	0.3	2.6	1.0	0.5	0.7	1.2	1.1	1.1	1.4	1.6	16.6
Depreciation, Depletion, Amortization	11	10.7	1.3	1.0	4.5	1.8	1.5	1.6	1.7	2.2	2.1	3.4	3.3	14.0
Pensions and Other Benefits	12	2.5	2.0	1.8	1.0	1.6	0.7	1.5	1.6	2.1	1.9	1.9	2.5	2.6
Other	13	13.1	12.0	21.0	21.8	15.7	19.9	10.8	9.8	11.4	10.7	12.8	13.1	13.5
Officers Compensation	14	1.0	1.4	15.6	10.8	6.7	4.1	5.0	3.4	2.3	1.9	1.5	0.8	0.4
Operating Margin	15	•	7.6	7.5	5.4	6.0	17.5	5.9	6.7	6.9	7.6	7.8	6.4	•
Oper. Margin Before Officers Compensation	16	•	9.0	23.1	16.2	12.7	21.6	10.9	10.1	9.2	9.5	9.3	7.2	•
Selected Average Balance Sheet ($ in Thousands)														
Net Receivables	17	16516	•	3	28	129	187	741	2058	4307	9641	17057	31619	2193284
Inventories	18	2476	•	0	29	48	182	572	2259	3960	8093	17295	29476	203520
Net Property, Plant and Equipment	19	7787	•	2	47	76	42	394	1102	2707	6775	11782	35247	987017
Total Assets	20	76380	•	7	188	370	706	2113	7183	15415	36694	72243	155575	10248863

Notes and Loans Payable 21	47913	•	3	137	85	8	492	1780	3294	7304	14223	31571	6697261
All Other Liabilities 22	13927	•	1	65	81	386	590	1815	4188	9211	17002	33981	1828798
Net Worth 23	14540	•	4	-14	203	312	1032	3588	7934	20179	41018	90023	1722804

Selected Financial Ratios (Times to 1)

Current Ratio 24	1.1	•	7.2	1.2	2.6	1.8	2.2	2.0	2.2	2.2	2.6	2.7	1.0
Quick Ratio 25	0.5	•	6.5	0.9	2.0	1.3	1.3	1.1	1.1	1.2	1.4	1.5	0.4
Net Sales to Working Capital 26	10.4	•	28.1	20.5	7.8	4.9	5.8	5.4	4.8	4.3	2.8	3.4	26.4
Coverage Ratio 27	1.7	10.0	•	4.3	10.0	•	10.9	7.5	8.4	10.1	8.6	7.0	1.5
Total Asset Turnover 28	0.3	•	•	2.0	3.6	2.0	2.4	2.0	1.8	1.5	1.2	1.2	0.3
Inventory Turnover 29	5.5	•	•	5.2	•	1.1	5.6	4.3	4.5	4.8	5.9	8.1	•
Receivables Turnover 30	1.5	•	•	9.6	•	2.2	7.3	6.8	6.4	6.0	10.0	•	2.3
Total Liabilities to Net Worth 31	4.3	•	0.9	•	0.8	1.3	1.1	1.0	1.0	0.8	0.8	0.7	5.0

Selected Financial Factors (in Percentages)

Debt Ratio 32	81.0	•	46.3	•	45.0	55.8	51.2	50.1	48.5	45.0	43.2	42.1	83.2
Return on Assets 33	6.6	•	•	22.6	35.2	35.7	18.9	17.3	16.2	16.2	14.3	13.4	6.0
Return on Equity 34	9.9	•	•	•	•	•	30.8	25.3	22.6	20.5	17.9	14.1	7.7
Return Before Interest on Equity 35	34.5	•	•	•	•	•	•	34.7	31.4	29.5	25.2	23.2	•
Profit Margin, Before Income Tax 36	8.1	10.4	13.6	8.6	8.7	17.8	7.1	7.7	8.1	9.7	10.7	9.3	7.8
Profit Margin, After Income Tax 37	5.8	8.6	13.5	8.4	8.1	17.7	6.3	6.5	6.6	7.5	8.6	6.6	5.3

Trends in Selected Ratios and Factors, 1990-1999

	1990	1991	1992	1993	1994	1995	1996	1997	1998	1999
Cost of Operations (%) 38	62.5	61.2	59.2	59.3	58.0	61.7	63.3	57.5	57.0	56.7
Operating Margin (%) 39	•	•	•	•	•	•	•	•	•	•
Oper. Margin Before Officers Comp. (%) 40	•	•	•	•	•	•	•	•	•	•
Average Net Receivables ($) 41	6333	12359	9232	8892	11699	8630	18926	21860	15972	16516
Average Inventories ($) 42	2232	4236	3040	3225	4169	2215	2375	1997	2639	2476
Average Net Worth ($) 43	6523	16393	9597	10523	11941	6543	8264	12755	13933	14540
Current Ratio (×1) 44	1.7	1.5	1.5	1.1	1.4	1.4	1.6	1.6	0.9	1.1
Quick Ratio (×1) 45	1.0	0.8	0.9	0.5	0.6	0.8	1.2	1.3	0.5	0.5
Coverage Ratio (×1) 46	2.0	1.9	2.0	1.8	1.7	1.6	1.7	2.1	1.8	1.7
Asset Turnover (×1) 47	0.6	0.5	0.6	0.5	0.5	0.4	0.4	0.3	0.4	0.3
Operating Leverage 48	1.3	0.8	1.5	1.1	1.4	1.7	1.6	0.4	1.1	1.2
Financial Leverage 49	1.1	0.9	1.2	0.9	0.9	0.9	1.1	1.3	0.9	0.9
Total Leverage 50	1.5	0.7	1.8	1.0	1.3	1.4	1.8	0.5	0.9	1.1

Table I

Corporations with and without Net Income

MOTOR VEHICLES AND EQUIPMENT

Item Description for Accounting Period 7/95 Through 6/96		Total	Zero Assets	Under 100	100 to 250	251 to 500	501 to 1,000	1,001 to 5,000	5,001 to 10,000	10,001 to 25,000	25,001 to 50,000	50,001 to 100,000	100,001 to 250,000	250,001 and over
		MONEY AMOUNTS AND SIZE OF ASSETS IN THOUSANDS OF DOLLARS												
Number of Enterprises	1	3110	252	1088	18	231	357	643	154	109	90	67	43	57
Revenues ($ in Thousands)														
Net Sales	2	418020702	1260727	141918	2421	217144	940172	4205289	2150748	3103140	5660554	7801090	13072343	379465157
Portfolio Income	3	22795117	27982	•	130	73	3666	14568	2183	9531	40835	81527	116503	22498119
Other Revenues	4	20861222	10427	83	•	1474	2136	28663	15051	13908	53926	44825	74920	20615809
Total Revenues	5	461677041	1299136	142001	2551	218691	945974	4248520	2167982	3126579	5755315	7927442	13263766	422579085
Average Total Revenues	6	148449	5155	131	142	947	2650	6607	14078	28684	63948	118320	308460	7413668
Operating Costs/Operating Income (%)														
Cost of Operations	7	78.4	83.2	61.9	30.3	63.5	73.4	79.2	73.8	76.7	81.7	81.0	79.9	78.3
Rent	8	4.1	3.3	•	52.3	8.5	4.0	3.9	6.2	4.4	3.6	3.0	3.9	4.2
Taxes Paid	9	1.7	1.3	4.3	9.8	3.2	3.3	1.8	2.7	2.0	1.6	1.6	1.4	1.7
Interest Paid	10	4.3	2.6	0.5	62.4	1.8	0.7	0.9	1.2	1.5	1.6	1.4	1.6	4.6
Depreciation, Depletion, Amortization	11	7.3	3.4	4.3	44.4	2.4	1.0	1.6	3.2	3.0	2.9	4.3	3.2	7.8
Pensions and Other Benefits	12	4.6	0.8	•	•	•	1.8	1.1	1.4	1.2	1.2	1.6	2.5	4.9
Other	13	8.9	5.4	17.4	•	26.8	8.5	6.7	8.5	7.1	6.3	4.6	5.3	9.2
Officers Compensation	14	0.2	0.5	13.5	72.7	3.7	3.3	3.0	2.4	1.2	0.8	0.6	0.5	0.1
Operating Margin	15	•	•	•	•	•	4.1	1.9	0.6	3.0	0.4	2.1	1.9	•
Oper. Margin Before Officers Compensation	16	•	•	11.8	•	•	7.4	4.9	3.0	4.2	1.2	2.6	2.4	•
Selected Average Balance Sheet ($ in Thousands)														
Net Receivables	17	52223	•	4	32	67	260	537	1621	3504	7514	16072	40756	2768734
Inventories	18	7456	•	12	2	96	223	817	1738	3802	8877	13092	31621	330372
Net Property, Plant and Equipment	19	35238	•	13	2	95	119	487	2447	4944	10309	26872	55088	1810280
Total Assets	20	160067	•	36	186	346	793	2306	7029	15180	34475	69920	177579	8381751

Notes and Loans Payable **21**	49261	•	29	722	163	223	858	2536	5723	13962	20831	54325	2569903
All Other Liabilities **22**	77278	•	7	572	54	296	718	2125	5142	9458	18833	54977	4111810
Net Worth **23**	33528	•	-0	-1108	129	274	730	2369	4315	11055	30257	68277	1700038

Selected Financial Ratios (Times to 1)

Current Ratio **24**	1.1	•	2.8	0.1	3.6	2.0	1.6	1.6	1.4	1.5	1.3	1.5	1.1
Quick Ratio **25**	0.9	•	1.0	0.0	2.1	1.3	0.8	0.7	0.8	0.8	0.7	0.8	0.9
Net Sales to Working Capital **26**	15.5	•	9.6	•	5.3	8.2	10.0	9.1	10.9	9.1	13.9	11.3	16.1
Coverage Ratio **27**	1.4	1.9	•	•	•	8.0	4.2	2.2	3.5	2.3	3.7	3.2	1.3
Total Asset Turnover **28**	0.8	•	3.6	0.7	2.7	3.3	2.8	2.0	1.9	1.8	1.7	1.7	0.8
Inventory Turnover **29**	•	•	4.0	0.3	6.9	9.6	7.2	5.4	6.5	6.0	7.8	8.3	•
Receivables Turnover **30**	2.8	•	•	1.4	•	•	•	7.8	9.5	8.1	7.8	7.7	2.6
Total Liabilities to Net Worth **31**	3.8	•	•	•	1.7	1.9	2.2	2.0	2.5	2.1	1.3	1.6	3.9

Selected Financial Factors (in Percentages)

Debt Ratio **32**	79.1	•	•	•	62.7	65.5	68.4	66.3	71.6	67.9	56.7	61.6	79.7
Return on Assets **33**	5.0	•	•	•	•	17.7	10.6	5.0	9.8	6.6	8.3	8.4	4.9
Return on Equity **34**	3.6	•	•	•	•	•	19.2	6.6	18.5	7.3	8.9	11.2	3.1
Return Before Interest on Equity **35**	24.0	•	•	•	•	•	33.4	14.9	34.3	20.5	19.3	21.9	24.1
Profit Margin, Before Income Tax **36**	1.7	2.5	•	•	•	4.7	2.8	1.4	3.7	2.1	3.7	3.4	1.5
Profit Margin, After Income Tax **37**	0.9	1.6	•	•	•	4.3	2.2	1.1	2.8	1.3	2.3	2.5	0.8

Trends in Selected Ratios and Factors, 1990-1999

	1990	1991	1992	1993	1994	1995	1996	1997	1998	1999
Cost of Labor (%) **38**	72.4	80.0	71.0	78.8	80.3	81.5	77.4	76.2	76.8	78.4
Operating Margin (%) **39**	•	•	•	•	•	•	•	•	•	•
Oper. Margin Before Officers Comp. (%) **40**	•	•	•	•	•	•	•	•	•	•
Average Net Receivables ($) **41**	64091	80883	75523	63188	73473	59847	51952	47283	43907	52223
Average Inventories ($) **42**	6358	7304	7080	5730	8187	7422	6289	6837	6894	7456
Average Net Worth ($) **43**	30778	34533	34733	29823	38554	31667	23742	25948	27788	33528
Current Ratio (×1) **44**	1.4	1.5	1.5	1.4	1.3	1.3	1.4	1.2	1.2	1.1
Quick Ratio (×1) **45**	1.2	1.3	1.3	1.2	1.1	1.0	1.1	0.9	1.0	0.9
Coverage Ratio (×1) **46**	1.4	1.3	2.0	1.5	1.2	0.7	1.0	2.1	2.1	1.4
Asset Turnover (×1) **47**	0.7	0.9	0.7	0.6	0.6	0.6	0.7	0.8	0.9	0.8
Total Liabilities/Net Worth (×1) **48**	3.2	3.4	3.4	3.5	3.5	3.9	5.1	4.9	4.2	3.8
Return on Assets (×1) **49**	6.0	5.7	6.6	7.7	6.3	3.6	4.0	7.0	6.4	5.0
Return on Equity (%) **50**	3.5	3.0	9.0	6.6	1.0	•	•	14.8	12.0	3.6

Table II

Corporations with Net Income

MOTOR VEHICLES AND EQUIPMENT

MONEY AMOUNTS AND SIZE OF ASSETS IN THOUSANDS OF DOLLARS

Item Description for Accounting Period 7/95 Through 6/96	Total	Zero Assets	Under 100	100 to 250	251 to 500	501 to 1,000	1,001 to 5,000	5,001 to 10,000	10,001 to 25,000	25,001 to 50,000	50,001 to 100,000	100,001 to 250,000	250,001 and over
Number of Enterprises 1	1553	11	199	•	119	319	527	109	75	62	50	36	46

Revenues ($ in Thousands)

Net Sales 2	265073186	929526	17762	•	117743	870202	3794131	1778222	2059861	4601293	6036768	10836720	234030959
Portfolio Income 3	14343389	22074	•	•	59	3173	13320	985	4246	37034	75134	102986	14084376
Other Revenues 4	12409194	9140	•	•	1474	1946	24900	12229	8397	26676	29385	71662	12223386
Total Revenues 5	291825769	960740	17762	•	119276	875321	3832351	1791436	2072504	4665003	6141287	11011368	260338721
Average Total Revenues 6	187911	87340	89	•	1002	2744	7272	16435	27633	75242	122826	305871	5659537

Operating Costs/Operating Income (%)

Cost of Operations 7	80.5	80.5	74.8	•	61.8	72.7	79.3	72.6	73.2	80.3	79.3	79.9	80.7
Rent 8	3.2	3.2	•	•	1.7	3.7	3.9	6.0	3.7	3.5	3.0	3.9	3.1
Taxes Paid 9	1.4	1.6	0.7	•	2.7	3.5	1.8	2.7	1.4	1.5	1.7	1.3	1.4
Interest Paid 10	4.0	2.2	•	•	1.3	0.6	0.7	0.8	1.4	1.4	1.0	1.3	4.4
Depreciation, Depletion, Amortization 11	7.3	3.9	1.8	•	1.7	1.1	1.2	2.9	3.5	2.6	4.2	3.2	7.9
Pensions and Other Benefits 12	2.6	0.7	•	•	•	1.9	1.1	1.4	1.0	1.1	1.6	2.2	2.8
Other 13	7.7	5.9	14.8	•	20.9	8.3	5.9	6.9	6.6	5.7	4.2	5.0	8.0
Officers Compensation 14	0.2	0.5	•	•	3.7	3.4	3.0	2.4	1.2	0.8	0.6	0.5	0.1
Operating Margin 15	•	1.6	7.9	•	6.4	4.9	3.2	4.5	8.1	3.1	4.5	2.9	•
Oper. Margin Before Officers Compensation 16	•	2.0	7.9	•	10.1	8.3	6.2	6.9	9.3	3.9	5.1	3.3	•

Selected Average Balance Sheet ($ in Thousands)

Net Receivables 17	73555	•	18	•	49	272	550	1565	3340	8431	15783	40893	2405208
Inventories 18	9887	•	3	•	112	209	834	1559	3580	8947	12514	31559	262599
Net Property, Plant and Equipment 19	40863	•	•	•	54	112	415	2397	5067	9596	25183	52959	1278206
Total Assets 20	192149	•	29	•	345	782	2312	6943	15085	35168	69543	174422	6153664

Notes and Loans Payable 21	55013	•	•	•	169	195	718	2053	5210	11329	14569	45056	1767550
All Other Liabilities 22	88384	•	18	•	22	294	729	1552	3721	8827	18867	52003	2890543
Net Worth 23	48752	•	11	•	154	294	864	3339	6154	15012	36106	77363	1495570

Selected Financial Ratios (Times to 1)

Current Ratio 24	1.3	•	1.5	•	8.8	2.0	1.8	1.6	1.7	1.9	1.7	1.6	1.3
Quick Ratio 25	1.1	•	1.3	•	5.2	1.3	0.9	0.8	0.9	1.1	1.0	0.9	1.1
Net Sales to Working Capital 26	8.0	•	11.2	•	3.8	8.3	9.3	10.1	7.9	6.9	8.6	9.8	7.9
Coverage Ratio 27	2.0	3.3	•	•	6.9	10.1	6.9	8.0	7.2	4.2	7.2	4.4	1.9
Total Asset Turnover 28	0.9	•	3.1	•	2.9	3.5	3.1	2.4	1.8	2.1	1.7	1.7	0.8
Inventory Turnover 29	•	•	2.7	•	6.4	•	7.9	6.1	5.6	6.9	8.1	8.3	•
Receivables Turnover 30	2.1	•	9.0	•	•	•	•	8.5	8.4	8.3	7.7	7.6	1.9
Total Liabilities to Net Worth 31	3.0	•	1.6	•	1.3	1.7	1.7	1.1	1.5	1.4	0.9	1.3	3.1

Selected Financial Factors (in Percentages)

Debt Ratio 32	74.6	•	61.7	•	55.4	62.5	62.6	51.9	59.2	57.3	48.1	55.7	75.7
Return on Assets 33	7.1	•	24.8	•	25.9	21.4	15.1	14.1	18.5	12.4	12.5	10.0	6.8
Return on Equity 34	9.7	•	•	•	•	•	28.1	24.3	32.9	17.4	14.9	13.4	8.8
Return Before Interest on Equity 35	28.0	•	•	•	•	•	•	29.4	•	29.0	24.0	22.5	27.9
Profit Margin, Before Income Tax 36	4.0	4.9	7.9	•	7.7	5.5	4.1	5.3	8.7	4.5	6.2	4.5	3.8
Profit Margin, After Income Tax 37	2.8	3.8	6.7	•	6.8	5.1	3.4	5.0	7.4	3.5	4.5	3.5	2.6

Trends in Selected Ratios and Factors, 1990-1999

	1990	1991	1992	1993	1994	1995	1996	1997	1998	1999
Cost of Operations (%) 38	71.2	74.8	70.0	78.1	79.2	76.8	75.9	75.3	76.6	80.5
Operating Margin (%) 39	•	•	•	•	•	•	•	•	•	•
Oper. Margin Before Officers Comp. (%) 40	•	•	•	•	•	•	•	•	•	•
Average Net Receivables ($) 41	121794	91025	140500	198250	117863	2849	63195	78737	80686	73555
Average Inventories ($) 42	10238	10687	11559	14994	12247	1761	8343	10291	11846	9887
Average Net Worth ($) 43	57322	48718	63252	91426	62114	3980	43104	43325	50901	48752
Current Ratio (×1) 44	1.4	1.4	1.5	1.4	1.2	1.5	1.4	1.2	1.2	1.3
Quick Ratio (×1) 45	1.2	1.2	1.3	1.2	1.0	0.9	1.2	0.9	1.0	1.1
Coverage Ratio (×1) 46	1.4	1.8	2.1	1.5	1.4	2.2	1.6	2.3	2.2	2.0
Asset Turnover (×1) 47	0.7	0.6	0.7	0.6	0.6	1.3	0.6	0.7	0.9	0.9
Operating Leverage 48	2.0	1.2	0.8	2.3	0.9	0.2	4.5	1.1	0.7	1.1
Financial Leverage 49	0.7	1.7	1.2	0.7	0.7	2.7	0.6	1.6	1.0	0.9
Total Leverage 50	1.4	2.0	1.0	1.6	0.6	0.4	2.7	1.7	0.6	1.0

Table I

Corporations with and without Net Income

AIRCRAFT, GUIDED MISSILES, AND PARTS

MONEY AMOUNTS AND SIZE OF ASSETS IN THOUSANDS OF DOLLARS

Item Description for Accounting Period 7/95 Through 6/96	Total	Zero Assets	Under 100	100 to 250	251 to 500	501 to 1,000	1,001 to 5,000	5,001 to 10,000	10,001 to 25,000	25,001 to 50,000	50,001 to 100,000	100,001 to 250,000	250,001 and over
Number of Enterprises **1**	1218	4	516	195	126	19	153	90	56	11	12	11	24
Revenues ($ in Thousands)													
Net Sales **2**	124814155	65803	49314	103047	150026	72217	543044	1199167	1335645	376078	717575	1240417	118961822
Portfolio Income **3**	4912702	1189	1032	109748	•	•	820	1524	9810	3449	12581	43530	4729019
Other Revenues **4**	2635554	51	•	•	•	386	1017	6882	26001	32506	-2905	21169	2550447
Total Revenues **5**	132362411	67043	50346	212795	150026	72603	544881	1207573	1371456	412033	727251	1305116	126241288
Average Total Revenues **6**	108672	16761	98	1091	1191	3821	3561	13417	24490	37458	60604	118647	5260054
Operating Costs/Operating Income (%)													
Cost of Operations **7**	75.7	31.4	•	43.6	69.3	91.1	66.8	76.6	72.1	74.8	67.7	72.3	76.0
Rent **8**	6.4	4.6	•	21.2	3.4	2.7	7.5	4.8	6.8	2.6	5.0	5.2	6.5
Taxes Paid **9**	1.9	1.4	11.0	4.1	1.7	0.5	3.6	2.8	2.4	2.6	2.3	3.3	1.9
Interest Paid **10**	2.8	1.1	•	0.2	0.4	0.8	0.7	0.9	3.2	7.1	3.8	6.3	2.8
Depreciation, Depletion, Amortization **11**	2.9	21.1	29.4	0.9	2.8	0.1	2.7	1.8	2.5	4.2	7.6	3.5	2.9
Pensions and Other Benefits **12**	2.6	0.3	•	5.7	1.6	•	1.8	3.1	2.2	1.6	2.2	4.1	2.6
Other **13**	10.3	8.1	82.4	•	15.1	4.1	10.0	6.5	8.7	8.9	11.0	9.9	10.2
Officers Compensation **14**	0.4	1.3	•	•	3.8	1.0	4.1	2.4	1.9	2.2	2.1	1.4	0.3
Operating Margin **15**	•	30.9	•	•	2.0	•	2.9	1.0	0.5	•	•	•	•
Oper. Margin Before Officers Compensation **16**	•	32.2	•	•	5.8	0.7	7.0	3.5	2.4	•	0.4	•	•
Selected Average Balance Sheet ($ in Thousands)													
Net Receivables **17**	20228	•	•	126	41	44	533	2245	2738	6232	11343	29311	985148
Inventories **18**	19809	•	•	•	196	32	399	2459	5551	7588	11062	31760	955952
Net Property, Plant and Equipment **19**	24106	•	32	13	68	565	481	985	2794	9093	20014	34453	1178562
Total Assets **20**	104605	•	79	218	387	915	1909	6629	15704	33856	76725	160356	5101406

Notes and Loans Payable 21	34635	•	5	0	220	623	479	1431	7073	21070	26946	83821	1669499
All Other Liabilities 22	39096	•	•	64	78	134	349	1902	4658	9286	20155	42758	1928942
Net Worth 23	30873	•	74	154	89	158	1081	3296	3973	3499	29624	33777	1502965

Selected Financial Ratios (Times to 1)

Current Ratio 24	1.1	•	•	2.8	2.5	0.9	2.6	2.0	1.9	1.7	1.6	1.7	1.1
Quick Ratio 25	0.5	•	•	2.7	0.5	0.6	1.7	0.9	0.7	0.8	0.8	0.7	0.5
Net Sales to Working Capital 26	17.3	•	2.1	4.0	7.9	•	4.9	5.4	4.7	5.1	5.4	3.4	20.0
Coverage Ratio 27	2.3	•	•	•	6.4	1.4	5.5	2.9	2.0	1.8	0.9	0.9	2.3
Total Asset Turnover 28	1.0	•	1.2	2.4	3.1	4.2	1.9	2.0	1.5	1.0	0.8	0.7	1.0
Inventory Turnover 29	3.9	•	•	•	4.8	4.2	6.1	4.6	3.0	3.0	5.4	2.3	4.0
Receivables Turnover 30	5.1	•	•	4.2	•	6.3	6.9	6.1	8.0	6.7	7.8	4.3	5.0
Total Liabilities to Net Worth 31	2.4	•	0.1	0.4	3.4	4.8	0.8	1.0	3.0	8.7	1.6	3.8	2.4

Selected Financial Factors (in Percentages)

Debt Ratio 32	70.5	•	6.2	29.3	77.0	82.7	43.4	50.3	74.7	89.7	61.4	78.9	70.5
Return on Assets 33	6.2	•	•	8.0	7.3	4.7	7.3	5.4	9.6	12.9	2.6	3.9	6.2
Return on Equity 34	7.4	•	•	10.5	23.4	6.4	9.2	5.7	13.6	•	•	•	7.6
Return Before Interest on Equity 35	21.1	•	•	11.3	31.8	27.3	12.8	10.8	•	•	6.6	18.3	21.1
Profit Margin, Before Income Tax 36	3.6	32.8	•	3.1	2.0	0.3	3.2	1.7	3.2	5.7	•	•	3.7
Profit Margin, After Income Tax 37	2.3	30.4	•	3.1	1.8	0.3	2.8	1.4	2.3	4.2	•	•	2.3

Trends in Selected Ratios and Factors, 1990-1999

	1990	1991	1992	1993	1994	1995	1996	1997	1998	1999
Cost of Labor (%) 38	72.8	74.9	72.0	75.5	75.6	77.5	77.8	75.5	75.2	75.7
Operating Margin (%) 39	•	•	0.4	•	•	0.2	•	•	•	•
Oper. Margin Before Officers Comp. (%) 40	•	•	0.8	•	•	0.4	•	•	•	•
Average Net Receivables ($) 41	12263	13726	16784	23188	18188	15929	30942	25134	21412	20228
Average Inventories ($) 42	14119	18997	20207	31658	23945	24678	40386	26245	20772	19809
Average Net Worth ($) 43	19788	23549	27343	33886	26460	30814	47509	38645	31132	30873
Current Ratio (×1) 44	1.4	1.3	1.3	1.3	1.3	1.3	1.4	1.3	1.3	1.1
Quick Ratio (×1) 45	0.5	0.6	0.6	0.6	0.5	0.5	0.7	0.7	0.6	0.5
Coverage Ratio (×1) 46	2.3	3.4	4.7	2.8	3.5	4.4	2.5	2.8	2.3	2.3
Asset Turnover (×1) 47	1.0	1.1	1.1	1.1	1.2	1.3	1.2	1.1	1.0	1.0
Total Liabilities/Net Worth (×1) 48	2.2	2.2	2.2	2.2	2.3	2.1	2.6	2.4	2.5	2.4
Return on Assets (×1) 49	6.1	9.6	12.3	8.6	9.8	10.8	6.6	7.1	6.5	6.2
Return on Equity (%) 50	8.5	13.7	21.0	11.4	16.0	17.1	10.1	10.0	7.7	7.4

Table II

Corporations with Net Income

AIRCRAFT, GUIDED MISSILES, AND PARTS

MONEY AMOUNTS AND SIZE OF ASSETS IN THOUSANDS OF DOLLARS

Item Description for Accounting Period 7/95 Through 6/96		Total	Zero Assets	Under 100	100 to 250	251 to 500	501 to 1,000	1,001 to 5,000	5,001 to 10,000	10,001 to 25,000	25,001 to 50,000	50,001 to 100,000	100,001 to 250,000	250,001 and over
Number of Enterprises	1	564	•	•	•	126	19	77	76	39	4	7	4	17
Revenues ($ in Thousands)														
Net Sales	2	99869600	•	•	•	150026	72217	248027	948310	995492	179028	536525	603194	95978519
Portfolio Income	3	3729066	•	•	•	•	•	305	1485	5772	2789	3454	31248	3682823
Other Revenues	4	2083134	•	•	•	•	386	98	5243	19111	28992	3311	17442	2008501
Total Revenues	5	105681800	•	•	•	150026	72603	248430	955038	1020375	210809	543290	651884	101669843
Average Total Revenues	6	187379	•	•	•	1191	3821	3226	12566	26163	52702	77613	162971	5980579
Operating Costs/Operating Income (%)														
Cost of Operations	7	73.3	•	•	•	69.3	91.1	58.1	74.0	68.9	71.4	66.2	65.1	73.5
Rent	8	7.7	•	•	•	3.4	2.7	8.3	4.9	6.6	2.0	4.3	3.5	7.8
Taxes Paid	9	2.3	•	•	•	1.7	0.5	4.0	2.9	2.7	2.6	2.6	3.9	2.2
Interest Paid	10	2.8	•	•	•	0.4	0.8	0.2	0.9	2.8	0.2	3.4	5.1	2.8
Depreciation, Depletion, Amortization	11	3.3	•	•	•	2.8	0.1	1.3	1.9	2.1	1.9	7.8	3.8	3.3
Pensions and Other Benefits	12	3.1	•	•	•	1.6	•	3.3	3.3	2.2	2.0	1.9	4.4	3.1
Other	13	8.2	•	•	•	15.1	4.1	9.6	5.7	8.8	7.3	8.3	12.6	8.2
Officers Compensation	14	0.4	•	•	•	3.8	1.0	4.6	2.9	1.7	2.1	1.9	1.7	0.3
Operating Margin	15	•	•	•	•	2.0	•	10.7	3.7	4.4	10.7	3.8	•	•
Oper. Margin Before Officers Compensation	16	•	•	•	•	5.8	0.7	15.3	6.6	6.1	12.8	5.6	1.7	•
Selected Average Balance Sheet ($ in Thousands)														
Net Receivables	17	38958	•	•	•	41	44	484	2084	2779	10256	14081	26269	1258397
Inventories	18	25026	•	•	•	196	32	287	2527	5491	7016	11483	39459	787918
Net Property, Plant and Equipment	19	28812	•	•	•	68	565	240	1051	2767	6251	24465	34844	922751
Total Assets	20	163531	•	•	•	387	915	1634	6688	15063	36362	76550	178482	5265067

Notes and Loans Payable 21	50292	•	•	•	220	623	57	1427	7477	252	25969	48677	1620190
All Other Liabilities 22	66026	•	•	•	78	134	153	1744	4714	8154	21834	50520	2146878
Net Worth 23	47213	•	•	•	89	158	1423	3518	2873	27957	28747	79284	1497998

Selected Financial Ratios (Times to 1)

Current Ratio 24	1.6	•	•	•	2.5	0.9	6.6	2.1	1.7	3.3	1.7	2.1	1.6
Quick Ratio 25	0.9	•	•	•	0.5	0.6	4.6	1.0	0.7	2.0	0.9	1.0	0.9
Net Sales to Working Capital 26	6.4	•	•	•	7.9	•	3.5	4.8	6.1	2.6	5.4	3.5	6.5
Coverage Ratio 27	2.9	•	•	•	6.4	1.4	•	5.7	3.5	•	2.5	2.6	2.9
Total Asset Turnover 28	1.1	•	•	•	3.1	4.2	2.0	1.9	1.7	1.2	1.0	0.9	1.1
Inventory Turnover 29	4.8	•	•	•	8.4	•	8.6	4.5	3.3	2.7	8.8	1.8	4.9
Receivables Turnover 30	4.7	•	•	•	•	•	5.8	6.2	10.0	5.0	•	4.4	4.6
Total Liabilities to Net Worth 31	2.5	•	•	•	3.4	4.8	0.2	0.9	4.3	0.3	1.7	1.3	2.5

Selected Financial Factors (in Percentages)

Debt Ratio 32	71.1	•	•	•	77.0	82.7	12.9	47.4	80.9	23.1	62.5	55.6	71.6
Return on Assets 33	8.8	•	•	•	7.3	4.7	21.6	9.9	16.4	35.2	8.3	11.1	8.7
Return on Equity 34	13.8	•	•	•	23.4	6.4	22.4	14.0	•	•	12.4	10.5	13.5
Return Before Interest on Equity 35	30.5	•	•	•	31.8	27.3	24.8	18.8	•	•	22.1	25.1	30.4
Profit Margin, Before Income Tax 36	5.3	•	•	•	2.0	0.3	10.8	4.4	6.9	28.4	4.9	8.1	5.2
Profit Margin, After Income Tax 37	3.7	•	•	•	1.8	0.3	9.9	4.0	5.7	25.3	4.6	5.5	3.6

Trends in Selected Ratios and Factors, 1990-1999

	1990	1991	1992	1993	1994	1995	1996	1997	1998	1999
Cost of Operations (%) 38	72.6	74.7	71.9	75.1	75.7	77.4	78.3	75.5	73.7	73.3
Operating Margin (%) 39	•	•	0.9	•	•	1.0	•	•	•	•
Oper. Margin Before Officers Comp. (%) 40	•	•	1.3	•	•	1.2	•	•	•	•
Average Net Receivables ($) 41	16288	17854	50225	84172	49633	22191	40686	46321	77048	38958
Average Inventories ($) 42	18557	25075	60169	117095	64106	34007	41083	47091	59437	25026
Average Net Worth ($) 43	28224	31007	84030	127105	73252	42080	63186	72452	90212	47213
Current Ratio (×1) 44	1.4	1.3	1.3	1.4	1.3	1.3	1.4	1.4	1.6	1.6
Quick Ratio (×1) 45	0.6	0.6	0.6	0.6	0.5	0.5	0.8	0.7	0.9	0.9
Coverage Ratio (×1) 46	3.3	3.9	5.2	3.3	4.1	5.8	3.7	4.1	3.2	2.9
Asset Turnover (×1) 47	1.0	1.1	1.1	1.1	1.2	1.4	1.2	1.1	1.1	1.1
Operating Leverage 48	0.4	0.1	•	•	0.4	•	•	0.1	5.3	0.6
Financial Leverage 49	1.2	0.9	1.1	0.9	1.2	1.1	1.0	1.0	0.9	1.0
Total Leverage 50	0.5	0.1	•	•	0.5	•	•	0.1	4.8	0.6

SHIP AND BOAT BUILDING AND REPAIRING

MONEY AMOUNTS AND SIZE OF ASSETS IN THOUSANDS OF DOLLARS

Item Description for Accounting Period 7/95 Through 6/96		Total	Zero Assets	Under 100	100 to 250	251 to 500	501 to 1,000	1,001 to 5,000	5,001 to 10,000	10,001 to 25,000	25,001 to 50,000	50,001 to 100,000	100,001 to 250,000	250,001 and over
Number of Enterprises	1	2554	15	1645	207	129	104	300	91	37	8	7	4	5
Revenues ($ in Thousands)														
Net Sales	2	14859891	30135	139882	96797	42992	169889	1087704	951584	1128921	258356	637311	898013	9418306
Portfolio Income	3	476108	186865	•	•	1317	4513	6266	30686	2775	2701	5711	10394	224881
Other Revenues	4	186296	43	3146	•	288	24366	10004	31521	14973	6012	3349	10363	82230
Total Revenues	5	15522295	217043	143028	96797	44597	198768	1103974	1013791	1146669	267069	646371	918770	9725417
Average Total Revenues	6	6078	14470	87	468	346	1911	3680	11141	30991	33384	92339	229692	1945083
Operating Costs/Operating Income (%)														
Cost of Operations	7	78.6	96.2	30.3	40.5	71.0	60.6	68.2	77.2	74.2	78.4	71.6	81.2	82.1
Rent	8	3.3	8.3	18.9	15.8	3.1	5.8	8.4	5.7	4.5	4.8	3.3	2.5	1.9
Taxes Paid	9	2.2	0.7	4.6	2.9	1.8	2.8	3.1	2.3	3.1	2.4	3.3	0.8	1.9
Interest Paid	10	1.9	4.1	0.3	0.2	4.8	0.8	1.5	2.9	1.6	5.4	2.0	2.3	1.8
Depreciation, Depletion, Amortization	11	2.1	5.5	2.6	0.6	4.7	3.6	3.2	2.5	2.5	3.5	2.4	1.9	1.8
Pensions and Other Benefits	12	3.6	•	1.4	0.3	0.5	0.7	1.8	1.9	2.8	4.1	5.1	4.9	3.0
Other	13	7.0	•	33.3	20.5	27.5	15.6	11.8	11.5	7.8	5.6	8.4	8.1	4.2
Officers Compensation	14	1.1	0.6	11.7	8.3	3.9	4.5	2.3	1.4	1.9	2.0	1.1	1.0	0.5
Operating Margin	15	0.3	•	•	11.1	•	5.7	•	•	1.7	•	2.9	•	2.9
Oper. Margin Before Officers Compensation	16	1.4	•	8.7	19.4	•	10.1	2.1	•	3.6	•	4.0	•	3.4
Selected Average Balance Sheet ($ in Thousands)														
Net Receivables	17	1605	•	1	50	40	295	302	1146	3323	1808	14410	30654	698894
Inventories	18	977	•	2	5	65	51	645	1722	1712	10489	2785	7346	386045
Net Property, Plant and Equipment	19	1033	•	5	60	37	192	733	1601	7246	8848	26155	42011	307159
Total Assets	20	5798	•	12	152	291	729	2119	7072	16020	36336	69469	162915	2268781

Notes and Loans Payable 21	1290	•	11	44	260	151	767	3637	8465	25530	20291	37744	369125
All Other Liabilities 22	2728	•	3	41	54	400	663	1702	3792	7500	16449	66963	1193688
Net Worth 23	1780	•	-3	67	-23	179	690	1734	3763	3305	32729	58209	705968

Selected Financial Ratios (Times to 1)

Current Ratio 24	2.0	•	1.5	1.5	2.3	1.0	1.3	1.3	1.6	1.3	1.5	1.5	2.2
Quick Ratio 25	1.2	•	0.9	1.4	1.1	0.9	0.5	0.7	1.0	0.4	0.8	0.8	1.3
Net Sales to Working Capital 26	3.2	•	•	16.8	4.9	•	14.2	9.8	12.7	8.0	8.4	6.7	2.3
Coverage Ratio 27	3.5	13.9	•	•	•	•	1.8	1.4	3.0	0.5	3.1	0.9	4.4
Total Asset Turnover 28	1.0	•	7.2	3.1	1.2	2.3	1.7	1.5	1.9	0.9	1.3	1.4	0.8
Inventory Turnover 29	6.2	•	10.0	•	3.6	3.0	3.8	5.5	•	2.9	•	•	5.9
Receivables Turnover 30	4.7	•	•	•	8.7	8.5	•	7.9	7.8	•	7.3	•	3.6
Total Liabilities to Net Worth 31	2.3	•	•	1.3	•	3.1	2.1	3.1	3.3	10.0	1.1	1.8	2.2

Selected Financial Factors (in Percentages)

Debt Ratio 32	69.3	•	•	56.2	•	75.5	67.5	75.5	76.5	90.9	52.9	64.3	68.9
Return on Assets 33	6.7	•	•	34.6	•	•	4.6	5.9	9.1	2.3	8.3	2.7	6.5
Return on Equity 34	11.2	•	22.7	•	•	•	5.1	3.5	21.1	•	6.9	•	11.8
Return Before Interest on Equity 35	21.7	•	12.5	•	•	•	14.2	24.2	•	24.9	17.6	7.5	20.8
Profit Margin, Before Income Tax 36	4.7	•	•	11.1	•	22.6	1.2	1.1	3.2	•	4.3	•	6.0
Profit Margin, After Income Tax 37	3.4	•	•	11.1	•	18.2	1.0	0.6	2.6	•	2.5	•	4.4

Trends in Selected Ratios and Factors, 1990-1999

	1990	1991	1992	1993	1994	1995	1996	1997	1998	1999
Cost of Labor (%) 38	77.8	79.5	76.3	78.5	80.5	78.4	77.9	77.9	78.8	78.6
Operating Margin (%) 39	•	•	•	•	•	•	•	•	•	0.3
Oper. Margin Before Officers Comp. (%) 40	•	0.3	•	•	•	•	•	•	1.8	1.4
Average Net Receivables ($) 41	458	473	524	607	363	356	338	281	895	1605
Average Inventories ($) 42	399	368	510	539	326	338	276	321	498	977
Average Net Worth ($) 43	365	439	533	1019	634	724	692	611	1427	1780
Current Ratio (×1) 44	0.9	1.0	1.0	1.4	1.3	1.3	1.2	1.3	1.4	2.0
Quick Ratio (×1) 45	0.5	0.5	0.5	0.8	0.6	0.6	0.6	0.7	0.9	1.2
Coverage Ratio (×1) 46	1.0	1.7	1.6	1.5	0.5	1.2	0.7	•	2.7	3.5
Asset Turnover (×1) 47	1.4	1.5	1.5	1.6	1.6	1.6	1.3	1.3	1.2	1.0
Total Liabilities/Net Worth (×1) 48	6.8	5.8	4.8	2.4	2.2	2.0	2.0	2.0	2.0	2.3
Return on Assets (×1) 49	3.4	7.0	6.4	6.8	2.1	4.4	2.1	•	4.7	6.7
Return on Equity (%) 50	•	12.4	7.5	2.1	•	•	•	•	5.8	11.2

Table II

Corporations with Net Income

SHIP AND BOAT BUILDING AND REPAIRING

MONEY AMOUNTS AND SIZE OF ASSETS IN THOUSANDS OF DOLLARS

Item Description for Accounting Period 7/95 Through 6/96		Total	Zero Assets	Under 100	100 to 250	251 to 500	501 to 1,000	1,001 to 5,000	5,001 to 10,000	10,001 to 25,000	25,001 to 50,000	50,001 to 100,000	100,001 to 250,000	250,001 and over
Number of Enterprises	1	998	•	407	•	•	75	219	41	32	•	4	•	•
Revenues ($ in Thousands)														
Net Sales	2	12785360	•	48766	•	•	124313	978291	456957	1190703	•	449082	•	•
Portfolio Income	3	447706	•	•	•	•	3968	1608	18890	5135	•	6746	•	•
Other Revenues	4	149729	•	53	•	•	24326	9546	12578	18489	•	2507	•	•
Total Revenues	5	13382795	•	48819	•	•	152607	989445	488425	1214327	•	458335	•	•
Average Total Revenues	6	13410	•	120	•	•	2035	4518	11913	37948	•	114584	•	•
Operating Costs/Operating Income (%)														
Cost of Operations	7	78.7	•	33.6	•	•	53.0	68.6	76.5	74.0	•	63.7	•	•
Rent	8	3.0	•	•	•	•	4.7	8.3	4.1	4.7	•	5.9	•	•
Taxes Paid	9	2.2	•	3.2	•	•	3.4	2.9	2.3	3.3	•	2.8	•	•
Interest Paid	10	1.7	•	•	•	•	0.4	1.4	1.7	1.5	•	1.1	•	•
Depreciation, Depletion, Amortization	11	2.0	•	0.1	•	•	2.3	3.1	1.8	2.3	•	3.4	•	•
Pensions and Other Benefits	12	3.4	•	•	•	•	0.9	1.7	1.3	3.1	•	1.3	•	•
Other	13	6.4	•	22.3	•	•	16.2	10.8	10.2	7.2	•	11.7	•	•
Officers Compensation	14	1.1	•	33.4	•	•	6.1	2.1	1.3	1.9	•	1.3	•	•
Operating Margin	15	1.7	•	7.4	•	•	13.1	1.2	0.9	2.1	•	8.8	•	•
Oper. Margin Before Officers Compensation	16	2.8	•	40.8	•	•	19.2	3.3	2.2	4.0	•	10.1	•	•
Selected Average Balance Sheet ($ in Thousands)														
Net Receivables	17	3891	•	0	•	•	407	322	1572	3919	•	21898	•	•
Inventories	18	2205	•	5	•	•	49	688	1141	1906	•	1248	•	•
Net Property, Plant and Equipment	19	2129	•	1	•	•	33	716	1380	6089	•	41372	•	•
Total Assets	20	13169	•	8	•	•	734	2126	7003	16762	•	105024	•	•

Notes and Loans Payable **21**	2370	•	•	•	•	11	711	2588	6080	•	13285	•	•
All Other Liabilities **22**	6515	•	1	•	•	461	627	1757	4818	•	31550	•	•
Net Worth **23**	4285	•	7	•	•	262	787	2658	5864	•	60189	•	•

Selected Financial Ratios (Times to 1)

Current Ratio **24**	2.1	•	5.4	•	•	1.3	1.3	2.2	1.7	•	1.6	•	•
Quick Ratio **25**	1.3	•	1.6	•	•	1.2	0.5	1.5	1.1	•	1.2	•	•
Net Sales to Working Capital **26**	2.9	•	19.1	•	•	14.1	13.5	4.3	11.0	•	5.7	•	•
Coverage Ratio **27**	4.8	•	•	•	•	•	2.7	5.6	3.7	•	10.9	•	•
Total Asset Turnover **28**	1.0	•	14.3	•	•	2.3	2.1	1.6	2.2	•	1.1	•	•
Inventory Turnover **29**	6.2	•	5.7	•	•	•	4.5	5.2	•	•	•	•	•
Receivables Turnover **30**	4.4	•	•	•	•	6.9	•	5.9	•	•	•	•	•
Total Liabilities to Net Worth **31**	2.1	•	0.2	•	•	1.8	1.7	1.6	1.9	•	0.8	•	•

Selected Financial Factors (in Percentages)

Debt Ratio **32**	67.5	•	17.0	•	•	64.3	63.0	62.1	65.0	•	42.7	•	•
Return on Assets **33**	7.8	•	•	•	•	•	7.8	15.1	12.2	•	12.7	•	•
Return on Equity **34**	14.4	•	•	•	•	•	11.5	27.8	21.0	•	13.8	•	•
Return Before Interest on Equity **35**	23.8	•	•	•	•	•	21.0	•	34.8	•	22.1	•	•
Profit Margin, Before Income Tax **36**	6.3	•	7.5	•	•	•	2.3	7.8	4.0	•	10.8	•	•
Profit Margin, After Income Tax **37**	4.8	•	7.5	•	•	29.8	2.0	6.6	3.3	•	7.4	•	•

Trends in Selected Ratios and Factors, 1990-1999

	1990	1991	1992	1993	1994	1995	1996	1997	1998	1999
Cost of Operations (%) **38**	75.3	72.0	75.6	74.9	75.2	74.4	71.8	72.8	78.8	78.7
Operating Margin (%) **39**	2.6	4.1	0.5	2.2	3.2	4.1	3.9	3.5	2.4	1.7
Oper. Margin Before Officers Comp. (%) **40**	5.1	6.1	2.3	4.1	5.0	5.5	6.7	5.1	4.0	2.8
Average Net Receivables ($) **41**	453	484	985	503	458	409	254	259	1347	3891
Average Inventories ($) **42**	490	452	941	493	494	324	125	429	726	2205
Average Net Worth ($) **43**	437	104	1609	1143	977	886	552	721	2300	4285
Current Ratio (×1) **44**	0.9	0.9	1.5	1.6	1.6	1.5	1.3	1.5	1.4	2.1
Quick Ratio (×1) **45**	0.4	0.5	0.8	0.9	0.8	0.8	0.8	0.7	0.9	1.3
Coverage Ratio (×1) **46**	5.2	5.3	3.4	3.6	3.6	4.8	4.6	4.3	5.1	4.8
Asset Turnover (×1) **47**	2.1	1.8	1.8	1.6	1.7	1.8	1.6	1.4	1.2	1.0
Operating Leverage **48**	0.6	1.6	0.1	4.5	1.5	1.3	1.0	0.9	0.7	0.7
Financial Leverage **49**	1.0	1.1	0.9	1.0	1.1	1.1	1.0	1.0	0.9	1.0
Total Leverage **50**	0.7	1.7	0.1	4.5	1.7	1.4	1.0	1.0	0.7	0.7

OTHER TRANSPORTATION EQUIPMENT, EXCEPT MOTOR VEHICLES

MONEY AMOUNTS AND SIZE OF ASSETS IN THOUSANDS OF DOLLARS

Item Description for Accounting Period 7/95 Through 6/96		Total	Zero Assets	Under 100	100 to 250	251 to 500	501 to 1,000	1,001 to 5,000	5,001 to 10,000	10,001 to 25,000	25,001 to 50,000	50,001 to 100,000	100,001 to 250,000	250,001 and over
Number of Enterprises	1	1375	20	397	258	253	83	227	46	35	24	7	16	9
Revenues ($ in Thousands)														
Net Sales	2	21005509	39689	14733	315045	461666	303109	1411245	353562	1176673	1440539	1028813	4974237	9486198
Portfolio Income	3	276805	9207	•	2	•	•	1187	5845	1353	14495	3646	26780	214289
Other Revenues	4	542739	2421	•	337	30	457	6629	3239	3028	35181	19300	60376	411742
Total Revenues	5	21825053	51317	14733	315384	461696	303566	1419061	362646	1181054	1490215	1051759	5061393	10112229
Average Total Revenues	6	15873	2566	37	1222	1825	3657	6251	7884	33744	62092	150251	316337	1123581
Operating Costs/Operating Income (%)														
Cost of Operations	7	76.8	66.2	65.0	87.1	67.5	79.2	78.0	72.1	70.9	76.7	82.1	81.5	74.6
Rent	8	5.5	16.1	•	2.0	3.2	4.6	4.4	4.6	9.1	4.6	3.0	3.3	7.0
Taxes Paid	9	1.8	2.8	0.5	0.9	2.1	1.3	2.4	1.3	2.6	1.7	1.5	1.7	1.9
Interest Paid	10	1.7	26.3	•	0.4	1.4	0.9	1.3	0.8	2.4	2.1	1.3	1.4	1.8
Depreciation, Depletion, Amortization	11	2.7	6.3	1.3	0.3	0.6	0.7	2.1	4.4	2.7	2.4	2.5	1.8	3.4
Pensions and Other Benefits	12	1.9	7.4	•	1.1	0.3	0.3	1.5	0.4	1.7	2.6	1.2	2.4	2.0
Other	13	8.4	27.6	29.0	12.5	16.2	8.6	7.0	11.8	7.6	7.9	5.5	5.3	10.0
Officers Compensation	14	0.8	5.6	•	3.0	2.9	•	1.3	1.8	1.7	1.4	0.7	0.6	0.4
Operating Margin	15	0.5	•	4.3	•	6.0	4.6	2.1	2.9	1.4	0.6	2.2	2.0	•
Oper. Margin Before Officers Compensation	16	1.2	•	4.3	•	8.9	4.6	3.4	4.7	3.1	2.1	2.9	2.6	•
Selected Average Balance Sheet ($ in Thousands)														
Net Receivables	17	2130	•	•	49	108	132	477	724	5819	8950	15067	50642	155838
Inventories	18	1782	•	•	68	74	516	894	1269	4818	13714	19645	37617	96976
Net Property, Plant and Equipment	19	2371	•	•	15	95	60	612	1800	4810	6818	18151	37056	217072
Total Assets	20	9301	•	9	155	346	918	2376	6376	17146	38558	67384	183288	757729

Notes and Loans Payable 21	2999	•	6	219	84	439	1051	832	7891	12428	19071	49464	247902
All Other Liabilities 22	3026	•	3	237	138	177	728	622	4717	12334	19653	71366	235008
Net Worth 23	3276	•	0	-301	124	302	597	4922	4539	13796	28659	62457	274819

Selected Financial Ratios (Times to 1)

Current Ratio 24	1.5	•	0.4	0.6	1.7	1.9	1.5	3.2	1.3	2.2	1.8	1.5	1.4
Quick Ratio 25	0.8	•	0.4	0.3	1.2	0.4	0.6	1.7	0.7	0.8	0.8	0.9	0.8
Net Sales to Working Capital 26	9.5	•	•	•	18.2	10.6	11.5	3.8	14.4	4.0	8.3	7.8	12.5
Coverage Ratio 27	3.6	•	•	•	5.4	6.5	3.1	7.6	1.8	2.9	4.3	3.6	4.2
Total Asset Turnover 28	1.7	•	4.2	7.9	5.3	4.0	2.6	1.2	2.0	1.6	2.2	1.7	1.4
Inventory Turnover 29	6.7	•	•	•	•	7.1	5.0	5.5	4.5	4.1	6.7	7.0	7.6
Receivables Turnover 30	7.6	•	•	•	•	•	•	9.5	5.6	8.1	•	6.9	7.0
Total Liabilities to Net Worth 31	1.8	•	17.5	•	1.8	2.0	3.0	0.3	2.8	1.8	1.4	1.9	1.8

Selected Financial Factors (in Percentages)

Debt Ratio 32	64.8	•	94.6	•	64.3	67.1	74.9	22.8	73.5	64.2	57.5	65.9	63.7
Return on Assets 33	10.0	•	18.0	•	38.6	22.3	10.2	7.6	8.3	9.7	12.4	8.7	10.6
Return on Equity 34	13.8	•	•	29.1	•	•	26.0	6.5	11.1	13.0	16.3	13.2	13.8
Return Before Interest on Equity 35	28.5	•	•	27.4	•	•	•	9.8	31.4	27.0	29.2	25.4	29.3
Profit Margin, Before Income Tax 36	4.4	•	4.3	•	6.0	4.7	2.6	5.5	1.8	4.1	4.4	3.7	5.8
Profit Margin, After Income Tax 37	3.0	•	3.9	•	5.9	4.7	2.5	4.2	1.5	3.0	3.2	2.7	3.6

Trends in Selected Ratios and Factors, 1990-1999

	1990	1991	1992	1993	1994	1995	1996	1997	1998	1999
Cost of Labor (%) 38	77.4	79.3	79.5	79.0	76.1	76.5	76.1	76.5	77.0	76.8
Operating Margin (%) 39	•	•	•	•	•	•	•	0.5	1.8	0.5
Oper. Margin Before Officers Comp. (%) 40	•	•	•	•	•	•	•	1.3	2.6	1.2
Average Net Receivables ($) 41	974	1233	2118	1498	1266	2054	1767	2493	2350	2130
Average Inventories ($) 42	911	975	1580	1206	1182	1724	1285	2058	2126	1782
Average Net Worth ($) 43	1689	1703	2310	1989	2324	2863	2198	3524	4044	3276
Current Ratio (×1) 44	1.5	1.4	1.5	1.4	1.5	1.4	1.5	1.5	1.6	1.5
Quick Ratio (×1) 45	0.8	0.8	0.9	0.8	0.8	0.8	0.9	0.8	0.8	0.8
Coverage Ratio (×1) 46	2.1	2.2	2.2	1.8	1.8	1.4	2.1	3.2	4.5	3.6
Asset Turnover (×1) 47	1.5	1.6	1.4	1.5	1.3	1.4	1.6	1.6	1.6	1.7
Total Liabilities/Net Worth (×1) 48	1.7	2.0	2.4	2.2	1.9	2.3	2.4	2.1	1.7	1.8
Return on Assets (×1) 49	7.6	7.8	8.7	7.1	6.7	5.6	7.3	8.8	10.6	10.0
Return on Equity (%) 50	5.8	7.9	9.8	5.1	5.1	1.0	6.9	12.0	15.5	13.8

Table II

Corporations with Net Income

OTHER TRANSPORTATION EQUIPMENT, EXCEPT MOTOR VEHICLES

MONEY AMOUNTS AND SIZE OF ASSETS IN THOUSANDS OF DOLLARS

Item Description for Accounting Period 7/95 Through 6/96	Total	Zero Assets	Under 100	100 to 250	251 to 500	501 to 1,000	1,001 to 5,000	5,001 to 10,000	10,001 to 25,000	25,001 to 50,000	50,001 to 100,000	100,001 to 250,000	250,001 and over
Number of Enterprises **1**	953	8	397	•	253	46	150	32	20	20	•	•	•
Revenues ($ in Thousands)													
Net Sales **2**	18292373	8271	14733	•	461666	254399	1080136	332338	686440	1179112	•	•	•
Portfolio Income **3**	257730	1487	•	•	•	•	155	1664	1095	14424	•	•	•
Other Revenues **4**	516249	158	•	•	30	458	6467	2416	1976	25861	•	•	•
Total Revenues **5**	19066352	9916	14733	•	461696	254857	1086758	336418	689511	1219397	•	•	•
Average Total Revenues **6**	20007	1240	37	•	1825	5540	7245	10513	34476	60970	•	•	•
Operating Costs/Operating Income (%)													
Cost of Operations **7**	76.8	71.9	65.0	•	67.5	78.2	78.2	72.6	72.8	77.8	•	•	•
Rent **8**	5.0	4.3	•	•	3.2	5.5	4.1	4.4	6.3	4.0	•	•	•
Taxes Paid **9**	1.8	4.4	0.5	•	2.1	1.5	2.2	1.3	2.8	1.6	•	•	•
Interest Paid **10**	1.6	•	•	•	1.4	•	1.4	•	1.3	1.8	•	•	•
Depreciation, Depletion, Amortization **11**	2.5	1.3	1.3	•	0.6	0.7	1.5	1.3	2.3	2.5	•	•	•
Pensions and Other Benefits **12**	1.8	•	•	•	0.3	0.4	0.4	0.4	2.1	2.0	•	•	•
Other **13**	7.8	22.9	29.0	•	16.2	7.9	6.2	8.5	4.4	6.7	•	•	•
Officers Compensation **14**	0.7	3.8	•	•	2.9	•	1.3	1.9	2.2	1.5	•	•	•
Operating Margin **15**	2.0	•	4.3	•	6.0	5.8	4.8	9.7	5.8	2.2	•	•	•
Oper. Margin Before Officers Compensation **16**	2.7	•	4.3	•	8.9	5.8	6.0	11.5	8.0	3.6	•	•	•
Selected Average Balance Sheet ($ in Thousands)													
Net Receivables **17**	2540	•	•	•	108	198	527	958	5400	8272	•	•	•
Inventories **18**	2154	•	•	•	74	501	995	1732	4391	14214	•	•	•
Net Property, Plant and Equipment **19**	2959	•	•	•	95	101	582	1107	5213	6839	•	•	•
Total Assets **20**	11553	•	9	•	346	916	2619	6590	16990	39050	•	•	•

Notes and Loans Payable	21	3492	•	6	•	84	309	1047	372	6162	12160	•	•	•
All Other Liabilities	22	3649	•	3	•	138	298	771	480	3023	11358	•	•	•
Net Worth	23	4412	•	0	•	124	309	801	5738	7805	15532	•	•	•

Selected Financial Ratios (Times to 1)

Current Ratio	24	1.6	•	0.4	•	1.7	1.9	1.8	7.4	1.7	2.1	•	•	•
Quick Ratio	25	0.8	•	0.4	•	1.2	0.6	0.7	3.8	1.0	0.7	•	•	•
Net Sales to Working Capital	26	9.3	•	•	•	18.2	15.1	9.4	3.3	7.3	4.0	•	•	•
Coverage Ratio	27	5.0	•	•	•	5.4	•	5.0	•	5.7	4.1	•	•	•
Total Asset Turnover	28	1.7	•	4.2	•	5.3	6.0	2.8	1.6	2.0	1.5	•	•	•
Inventory Turnover	29	6.9	•	•	•	•	9.4	5.1	5.7	4.1	3.8	•	•	•
Receivables Turnover	30	7.8	•	•	•	•	•	•	•	5.1	8.6	•	•	•
Total Liabilities to Net Worth	31	1.6	•	17.5	•	1.8	2.0	2.3	0.2	1.2	1.5	•	•	•

Selected Financial Factors (in Percentages)

Debt Ratio	32	61.8	•	94.6	•	64.3	66.3	69.4	12.9	54.1	60.2	•	•	•
Return on Assets	33	13.1	•	18.0	•	38.6	36.4	18.5	17.2	15.2	11.1	•	•	•
Return on Equity	34	20.1	•	•	•	•	•	•	17.2	24.8	16.1	•	•	•
Return Before Interest on Equity	35	34.2	•	•	•	•	•	•	19.8	33.1	27.8	•	•	•
Profit Margin, Before Income Tax	36	6.3	11.0	4.3	•	6.0	6.0	5.4	10.8	6.2	5.6	•	•	•
Profit Margin, After Income Tax	37	4.6	8.4	3.9	•	5.9	5.9	5.2	9.5	5.6	4.2	•	•	•

Trends in Selected Ratios and Factors, 1990-1999

		1990	1991	1992	1993	1994	1995	1996	1997	1998	1999
Cost of Operations (%)	38	75.7	78.8	77.0	77.4	75.3	73.0	74.4	75.7	76.7	76.8
Operating Margin (%)	39	1.3	1.0	0.5	0.2	2.1	0.1	1.3	2.0	2.9	2.0
Oper. Margin Before Officers Comp. (%)	40	2.6	1.9	1.4	1.1	2.9	1.3	2.3	2.8	3.6	2.7
Average Net Receivables ($)	41	1277	2382	5043	3300	2018	3884	3856	3955	5100	2540
Average Inventories ($)	42	1609	1671	2919	2170	1696	2581	2645	3170	4577	2154
Average Net Worth ($)	43	2410	3783	6024	4090	4051	5658	6051	5967	9522	4412
Current Ratio (×1)	44	1.6	1.6	1.7	1.5	1.7	1.6	1.6	1.5	1.6	1.6
Quick Ratio (×1)	45	0.9	1.0	1.1	0.9	0.9	0.9	1.0	0.9	0.9	0.8
Coverage Ratio (×1)	46	4.6	3.1	3.4	3.0	3.1	2.9	3.5	4.4	5.7	5.0
Asset Turnover (×1)	47	1.8	1.6	1.4	1.6	1.4	1.4	1.6	1.7	1.7	1.7
Operating Leverage	48	0.7	0.7	0.5	0.3	14.1	0.1	9.8	1.6	1.5	0.7
Financial Leverage	49	1.1	0.9	1.0	1.0	1.0	0.9	1.1	1.1	1.1	1.0
Total Leverage	50	0.7	0.7	0.5	0.3	14.0	0.1	11.0	1.7	1.6	0.7

Table I

Corporations with and without Net Income

SCIENTIFIC INSTRUMENTS AND MEASURING DEVICES; WATCHES AND CLOCKS

MONEY AMOUNTS AND SIZE OF ASSETS IN THOUSANDS OF DOLLARS

Item Description for Accounting Period 7/95 Through 6/96		Total	Zero Assets	Under 100	100 to 250	251 to 500	501 to 1,000	1,001 to 5,000	5,001 to 10,000	10,001 to 25,000	25,001 to 50,000	50,001 to 100,000	100,001 to 250,000	250,001 and over
Number of Enterprises	1	3305	62	1210	305	338	501	536	110	110	57	29	22	24
Revenues ($ in Thousands)														
Net Sales	2	62817785	93201	52886	6527	306925	608253	2638548	1344540	2205852	2514609	2368262	3117500	47560681
Portfolio Income	3	1282678	3339	•	473	558	2431	34899	5103	21497	35147	31083	67225	1080927
Other Revenues	4	2689547	447	•	15	6999	8331	29853	7081	21009	38162	18833	59723	2499089
Total Revenues	5	66790010	96987	52886	7015	314482	619015	2703300	1356724	2248358	2587918	2418178	3244448	51140697
Average Total Revenues	6	20209	1564	44	23	930	1236	5043	12334	20440	45402	83385	147475	2130862
Operating Costs/Operating Income (%)														
Cost of Operations	7	68.3	64.9	49.6	84.1	46.6	51.8	59.1	62.0	56.7	59.5	55.4	58.7	71.6
Rent	8	10.0	16.9	7.2	14.1	10.1	12.3	10.0	10.4	13.4	11.4	14.4	14.4	9.2
Taxes Paid	9	1.7	1.8	2.6	5.5	3.2	2.8	3.0	2.2	2.2	1.7	2.8	2.5	1.5
Interest Paid	10	1.7	3.4	1.9	35.9	0.4	1.0	1.0	1.6	1.5	2.2	1.0	2.6	1.7
Depreciation, Depletion, Amortization	11	3.1	5.7	10.3	8.1	0.8	3.2	2.4	2.2	2.6	2.9	2.4	3.6	3.2
Pensions and Other Benefits	12	3.0	3.7	3.8	•	5.0	2.7	2.6	1.4	3.2	2.3	3.7	3.8	3.1
Other	13	11.6	34.0	33.4	•	14.9	16.7	13.5	16.8	13.9	15.6	14.5	11.6	10.7
Officers Compensation	14	1.1	9.4	0.4	•	16.7	10.0	5.4	2.3	2.6	2.0	1.6	1.5	0.4
Operating Margin	15	•	•	•	•	2.4	•	3.1	1.2	4.0	2.6	4.2	1.3	•
Oper. Margin Before Officers Compensation	16	0.6	•	•	•	19.2	9.5	8.5	3.5	6.6	4.6	5.8	2.8	•
Selected Average Balance Sheet ($ in Thousands)														
Net Receivables	17	4362	•	•	4	172	171	792	1916	3860	9418	15666	28050	483391
Inventories	18	2768	•	2	61	88	173	861	2118	4193	8300	14415	24112	268117
Net Property, Plant and Equipment	19	2647	•	8	36	11	155	494	1343	2500	5580	11252	25853	281048
Total Assets	20	15830	•	17	132	331	749	2794	7010	14334	36329	67566	153314	1688380

Notes and Loans Payable 21	3632	•	16	71	84	175	564	2454	2976	9608	8418	42822	383855
All Other Liabilities 22	4875	•	7	15	119	172	683	1719	3586	8846	14900	38173	551875
Net Worth 23	7323	•	-6	45	129	401	1547	2836	7772	17875	44248	72319	752650

Selected Financial Ratios (Times to 1)

Current Ratio 24	1.7	•	0.6	3.5	3.4	2.8	2.6	2.2	2.1	2.2	2.9	2.2	1.5
Quick Ratio 25	1.1	•	0.4	0.4	2.5	1.7	1.4	1.1	1.1	1.3	1.8	1.1	1.0
Net Sales to Working Capital 26	5.3	•	•	0.4	4.1	3.3	3.7	4.3	4.1	3.5	2.9	3.4	6.4
Coverage Ratio 27	5.0	•	•	•	13.4	2.3	6.7	2.3	5.0	3.5	7.4	3.4	5.3
Total Asset Turnover 28	1.2	•	2.6	0.2	2.8	1.6	1.8	1.8	1.4	1.2	1.2	0.9	1.2
Inventory Turnover 29	5.1	•	9.5	0.3	5.2	4.2	3.1	3.0	2.8	3.2	3.7	3.7	5.9
Receivables Turnover 30	4.7	•	•	0.3	7.1	6.7	5.7	5.5	5.4	5.0	5.9	5.1	4.6
Total Liabilities to Net Worth 31	1.2	•	•	1.9	1.6	0.9	0.8	1.5	0.9	1.0	0.5	1.1	1.3

Selected Financial Factors (in Percentages)

Debt Ratio 32	53.7	•	•	65.7	61.1	46.4	44.6	59.5	45.8	50.8	34.5	52.8	55.4
Return on Assets 33	10.1	•	•	•	14.5	3.6	11.5	6.4	10.4	9.2	8.8	8.3	10.5
Return on Equity 34	11.8	•	•	•	33.6	2.3	15.1	0.3	12.8	8.8	7.6	8.1	13.1
Return Before Interest on Equity 35	21.8	•	•	•	•	6.7	20.8	15.8	19.1	18.6	13.4	17.6	23.7
Profit Margin, Before Income Tax 36	6.7	•	•	•	4.9	1.3	5.5	2.1	5.9	5.4	6.3	6.4	7.3
Profit Margin, After Income Tax 37	4.6	•	•	•	4.8	0.8	4.8	•	5.0	3.6	4.1	4.2	5.0

Trends in Selected Ratios and Factors, 1990-1999

	1990	1991	1992	1993	1994	1995	1996	1997	1998	1999
Cost of Labor (%) 38	58.9	60.0	60.1	60.8	60.9	61.4	62.6	64.5	65.7	68.3
Operating Margin (%) 39	•	•	•	•	•	•	•	•	•	•
Oper. Margin Before Officers Comp. (%) 40	•	•	1.0	•	•	•	•	0.5	0.8	0.6
Average Net Receivables ($) 41	2006	2513	2705	2146	2813	3026	3432	4050	3694	4362
Average Inventories ($) 42	1636	1691	2052	1607	1828	2129	2217	2451	2356	2768
Average Net Worth ($) 43	4400	4389	4648	3572	4339	5825	6480	6736	6472	7323
Current Ratio (×1) 44	2.2	1.9	1.8	1.7	1.7	1.7	1.7	1.6	1.7	1.7
Quick Ratio (×1) 45	1.3	1.2	1.0	1.0	1.0	1.0	1.0	1.0	1.0	1.1
Coverage Ratio (×1) 46	2.7	3.1	6.0	3.5	2.7	3.2	4.0	4.3	5.3	5.0
Asset Turnover (×1) 47	1.1	1.1	1.2	1.1	1.1	1.1	1.1	1.1	1.2	1.2
Total Liabilities/Net Worth (×1) 48	0.9	1.1	1.2	1.3	1.3	1.1	1.0	1.2	1.2	1.2
Return on Assets (×1) 49	5.3	6.1	17.5	9.2	7.8	8.6	7.7	7.4	9.3	10.1
Return on Equity (%) 50	2.5	4.6	21.1	10.1	7.5	8.1	7.9	8.3	11.1	11.8

Table II

Corporations with Net Income

SCIENTIFIC INSTRUMENTS AND MEASURING DEVICES; WATCHES AND CLOCKS

MONEY AMOUNTS AND SIZE OF ASSETS IN THOUSANDS OF DOLLARS

Item Description for Accounting Period 7/95 Through 6/96	Total	Zero Assets	Under 100	100 to 250	251 to 500	501 to 1,000	1,001 to 5,000	5,001 to 10,000	10,001 to 25,000	25,001 to 50,000	50,001 to 100,000	100,001 to 250,000	250,001 and over
Number of Enterprises **1**	1940	•	•	•	301	377	453	92	•	42	22	18	21
Revenues ($ in Thousands)													
Net Sales **2**	59644688	•	•	•	284571	521694	2402264	1238461	•	2110172	1884084	2657973	46536417
Portfolio Income **3**	1246996	•	•	•	379	2179	34092	2756	•	29832	26187	59586	1071867
Other Revenues **4**	2624524	•	•	•	6621	7642	23747	2409	•	35806	11804	43648	2472055
Total Revenues **5**	63516208	•	•	•	291571	531515	2460103	1243626	•	2175810	1922075	2761207	50080339
Average Total Revenues **6**	32740	•	•	•	969	1410	5431	13518	•	51805	87367	153400	2384778
Operating Costs/Operating Income (%)													
Cost of Operations **7**	68.5	•	•	•	46.4	47.8	57.4	62.1	•	60.1	53.3	57.1	71.8
Rent **8**	9.5	•	•	•	9.8	11.2	9.7	9.2	•	10.3	13.3	12.3	9.0
Taxes Paid **9**	1.7	•	•	•	3.1	2.6	2.9	2.2	•	1.6	2.9	2.5	1.5
Interest Paid **10**	1.5	•	•	•	0.4	0.4	0.9	1.4	•	2.0	0.8	2.3	1.6
Depreciation, Depletion, Amortization **11**	3.0	•	•	•	0.8	2.2	2.2	1.9	•	2.5	2.4	3.3	3.2
Pensions and Other Benefits **12**	3.0	•	•	•	5.1	2.6	2.6	1.4	•	2.1	4.0	3.5	3.0
Other **13**	11.4	•	•	•	13.4	15.4	13.1	13.6	•	15.0	13.4	12.8	10.8
Officers Compensation **14**	1.0	•	•	•	16.7	11.0	5.6	2.2	•	1.8	1.6	1.6	0.4
Operating Margin **15**	0.4	•	•	•	4.1	6.9	5.8	6.2	•	4.7	8.4	4.6	•
Oper. Margin Before Officers Compensation **16**	1.4	•	•	•	20.8	17.9	11.4	8.3	•	6.4	10.0	6.2	•
Selected Average Balance Sheet ($ in Thousands)													
Net Receivables **17**	7056	•	•	•	188	200	845	2005	•	10691	15154	28534	539778
Inventories **18**	4315	•	•	•	85	167	865	2177	•	9124	14893	25297	292250
Net Property, Plant and Equipment **19**	4192	•	•	•	11	86	507	1365	•	5976	11161	26330	310793
Total Assets **20**	25140	•	•	•	339	726	2834	7114	•	38110	67994	149394	1875658

Notes and Loans Payable 21	5480	•	•	•	93	50	475	2167	•	9692	6630	31835	417791
All Other Liabilities 22	7745	•	•	•	129	118	690	1787	•	9174	13448	38502	609039
Net Worth 23	11916	•	•	•	117	558	1669	3161	•	19244	47916	79057	848829
Selected Financial Ratios (Times to 1)													
Current Ratio 24	1.7	•	•	•	3.3	4.9	2.6	2.1	•	2.3	3.2	2.2	1.5
Quick Ratio 25	1.1	•	•	•	2.5	3.4	1.4	1.1	•	1.4	1.9	1.1	1.0
Net Sales to Working Capital 26	5.5	•	•	•	4.1	2.8	3.8	5.0	•	3.4	3.0	3.7	6.4
Coverage Ratio 27	6.1	•	•	•	•	•	10.7	5.9	•	4.8	14.3	5.1	5.8
Total Asset Turnover 28	1.2	•	•	•	2.8	1.9	1.9	1.9	•	1.3	1.3	1.0	1.2
Inventory Turnover 29	5.4	•	•	•	5.3	4.7	3.5	3.4	•	3.4	3.4	3.6	6.2
Receivables Turnover 30	4.8	•	•	•	8.0	6.4	6.2	6.3	•	5.3	6.0	4.9	4.6
Total Liabilities to Net Worth 31	1.1	•	•	•	1.9	0.3	0.7	1.3	•	1.0	0.4	0.9	1.2
Selected Financial Factors (in Percentages)													
Debt Ratio 32	52.6	•	•	•	65.6	23.2	41.1	55.6	•	49.5	29.5	47.1	54.8
Return on Assets 33	11.4	•	•	•	19.5	17.4	17.0	15.0	•	12.7	14.2	11.8	10.8
Return on Equity 34	14.2	•	•	•	•	20.2	23.3	18.5	•	14.1	13.8	13.1	13.5
Return Before Interest on Equity 35	24.0	•	•	•	•	22.7	28.8	33.6	•	25.1	20.1	22.3	23.9
Profit Margin, Before Income Tax 36	7.8	•	•	•	6.6	8.7	8.2	6.6	•	7.6	10.5	9.6	7.6
Profit Margin, After Income Tax 37	5.5	•	•	•	6.4	8.2	7.4	4.4	•	5.4	7.7	7.0	5.2

Trends in Selected Ratios and Factors, 1990-1999

	1990	1991	1992	1993	1994	1995	1996	1997	1998	1999
Cost of Operations (%) 38	58.5	59.9	59.4	60.3	60.4	61.3	62.5	64.2	65.6	68.5
Operating Margin (%) 39	0.2	•	1.2	•	•	•	•	0.3	0.8	0.4
Oper. Margin Before Officers Comp. (%) 40	1.6	1.0	2.8	0.6	1.2	0.3	0.8	1.5	1.9	1.4
Average Net Receivables ($) 41	2049	3476	4705	2703	3236	4811	5512	6208	5200	7056
Average Inventories ($) 42	1457	2164	3352	1971	2105	3223	3280	3462	3135	4315
Average Net Worth ($) 43	4604	6635	8585	4841	5503	9705	10121	10302	9353	11916
Current Ratio (×1) 44	2.3	2.1	1.9	1.8	1.6	1.7	1.7	1.6	1.7	1.7
Quick Ratio (×1) 45	1.4	1.3	1.1	1.0	1.0	1.0	1.1	1.0	1.1	1.1
Coverage Ratio (×1) 46	4.9	5.5	7.7	4.9	4.6	4.2	5.8	6.1	7.0	6.1
Asset Turnover (×1) 47	1.2	1.1	1.3	1.1	1.2	1.1	1.1	1.1	1.2	1.2
Operating Leverage 48	0.1	•	•	•	0.2	5.5	0.4	•	2.5	0.5
Financial Leverage 49	1.0	1.2	1.1	1.0	1.0	1.0	1.1	1.0	1.0	1.0
Total Leverage 50	0.1	•	•	•	0.2	5.4	0.5	•	2.6	0.5

Table I

Corporations with and without Net Income

OPTICAL, MEDICAL, AND OPHTHALMIC GOODS

MONEY AMOUNTS AND SIZE OF ASSETS IN THOUSANDS OF DOLLARS

Item Description for Accounting Period 7/95 Through 6/96		Total	Zero Assets	Under 100	100 to 250	251 to 500	501 to 1,000	1,001 to 5,000	5,001 to 10,000	10,001 to 25,000	25,001 to 50,000	50,001 to 100,000	100,001 to 250,000	250,001 and over
Number of Enterprises	1	5958	749	2429	633	366	468	834	134	134	78	46	47	39
Revenues ($ in Thousands)														
Net Sales	2	49394887	845549	515686	263361	257257	574325	3519656	1241077	2450124	2589919	2943282	7055536	27139116
Portfolio Income	3	1541265	25636	40429	18775	673	1445	18714	40294	30925	62387	101516	305320	895150
Other Revenues	4	1500619	79512	574	3689	473	7342	15704	21403	45070	72404	54236	150045	1050167
Total Revenues	5	52436771	950697	556689	285825	258403	583112	3554074	1302774	2526119	2724710	3099034	7510901	29084433
Average Total Revenues	6	8801	1269	229	452	706	1246	4261	9722	18852	34932	67370	159806	745755
Operating Costs/Operating Income (%)														
Cost of Operations	7	53.9	42.2	49.7	52.3	42.0	51.0	56.9	47.9	51.6	51.5	51.1	52.4	55.6
Rent	8	14.4	14.3	18.3	18.2	13.5	9.9	11.6	20.2	13.3	12.9	14.1	9.9	15.9
Taxes Paid	9	2.3	2.8	3.4	4.2	2.6	3.8	2.5	2.9	2.4	2.4	2.1	1.8	2.3
Interest Paid	10	2.5	3.4	1.0	0.5	1.8	1.3	1.3	1.6	1.8	2.0	1.8	2.1	3.1
Depreciation, Depletion, Amortization	11	4.0	3.4	1.4	4.5	2.6	1.6	2.7	5.1	4.2	3.2	4.2	3.4	4.5
Pensions and Other Benefits	12	2.9	2.9	2.9	3.3	4.1	2.6	2.0	3.1	2.5	2.8	2.2	2.2	3.3
Other	13	17.2	25.8	27.8	26.9	20.5	26.3	19.0	22.9	24.2	23.9	23.0	18.4	13.7
Officers Compensation	14	2.0	2.3	8.0	10.9	22.5	6.4	4.9	5.7	3.3	2.2	2.6	1.5	0.8
Operating Margin	15	0.9	2.9	•	•	•	•	•	•	•	•	•	8.4	0.9
Oper. Margin Before Officers Compensation	16	2.8	5.2	•	•	13.0	3.5	4.0	•	•	1.3	1.6	9.8	1.7
Selected Average Balance Sheet ($ in Thousands)														
Net Receivables	17	2143	•	14	40	82	218	619	1970	3087	6339	14128	30906	225322
Inventories	18	1335	•	14	39	69	144	455	1601	2844	5772	12055	22395	122258
Net Property, Plant and Equipment	19	1616	•	10	19	98	60	336	1428	3538	7025	13210	27049	157804
Total Assets	20	9678	•	56	131	399	694	2182	7498	15026	36870	72161	158034	987444

Notes and Loans Payable 21	1896	•	66	118	114	274	587	1659	2945	7839	11295	28410	187583
All Other Liabilities 22	3098	•	53	59	96	125	771	1527	3005	7562	14924	26873	369487
Net Worth 23	4684	•	-64	-47	189	295	823	4312	9077	21470	45941	102750	430374

Selected Financial Ratios (Times to 1)

Current Ratio 24	1.7	•	0.9	1.8	1.2	2.9	1.8	2.6	2.4	2.5	2.8	2.7	1.4
Quick Ratio 25	1.0	•	0.6	1.1	0.8	2.0	1.2	1.8	1.5	1.3	1.7	1.5	0.9
Net Sales to Working Capital 26	4.2	•	•	8.7	20.2	3.6	6.3	2.8	3.2	2.4	2.5	2.9	5.2
Coverage Ratio 27	4.0	5.5	•	•	•	•	1.1	•	1.2	3.2	3.5	8.1	3.9
Total Asset Turnover 28	0.9	•	3.8	3.2	1.8	1.8	1.9	1.2	1.2	0.9	0.9	1.0	0.7
Inventory Turnover 29	3.6	•	7.5	9.1	3.2	4.5	4.8	2.3	3.2	3.1	3.0	3.7	3.5
Receivables Turnover 30	4.2	•	•	•	5.4	6.7	7.0	4.1	5.7	5.2	4.8	5.4	3.5
Total Liabilities to Net Worth 31	1.1	•	•	•	1.1	1.4	1.7	0.7	0.7	0.7	0.6	0.5	1.3

Selected Financial Factors (in Percentages)

Debt Ratio 32	51.6	•	•	•	52.6	57.5	62.3	42.5	39.6	41.8	36.3	35.0	56.4
Return on Assets 33	8.6	•	•	•	•	•	2.6	•	2.6	5.7	5.4	16.3	8.5
Return on Equity 34	7.9	•	19.5	•	•	•	•	•	•	1.7	2.5	15.3	9.2
Return Before Interest on Equity 35	17.9	•	11.3	•	•	•	7.0	•	4.4	9.8	8.5	25.0	19.5
Profit Margin, Before Income Tax 36	7.6	15.4	•	•	•	•	•	•	0.4	4.4	4.4	15.0	9.0
Profit Margin, After Income Tax 37	4.5	9.1	•	•	•	•	•	•	•	1.1	1.8	10.5	5.7

Trends in Selected Ratios and Factors, 1990-1999

	1990	1991	1992	1993	1994	1995	1996	1997	1998	1999
Cost of Labor (%) 38	53.1	53.3	54.3	53.6	53.4	52.6	53.5	52.3	52.7	53.9
Operating Margin (%) 39	•	•	•	•	•	•	•	0.6	•	0.9
Oper. Margin Before Officers Comp. (%) 40	0.2	0.5	0.6	•	•	1.0	3.0	3.1	2.1	2.8
Average Net Receivables ($) 41	1027	1059	1529	1511	1953	1949	1548	1460	1652	2143
Average Inventories ($) 42	706	723	895	914	1262	1197	1057	1069	1096	1335
Average Net Worth ($) 43	1875	2320	2689	2703	3652	3555	3540	3742	3840	4684
Current Ratio (×1) 44	1.3	1.5	1.5	1.7	1.7	1.7	1.8	1.8	1.7	1.7
Quick Ratio (×1) 45	0.8	0.9	0.9	1.0	1.0	1.0	1.1	1.0	1.0	1.0
Coverage Ratio (×1) 46	2.7	3.6	3.6	2.8	2.8	4.0	4.0	3.9	4.2	4.0
Asset Turnover (×1) 47	1.0	0.9	0.9	1.0	1.0	1.0	1.0	0.9	0.9	0.9
Total Liabilities/Net Worth (×1) 48	1.3	1.1	1.2	1.3	1.3	1.3	1.0	1.1	1.1	1.1
Return on Assets (×1) 49	6.1	9.0	7.9	9.7	8.9	10.5	8.0	6.9	8.3	8.6
Return on Equity (%) 50	3.4	7.0	6.8	8.2	7.0	11.1	6.9	5.3	7.4	7.9

Table II

Corporations with Net Income

OPTICAL, MEDICAL, AND OPHTHALMIC GOODS

MONEY AMOUNTS AND SIZE OF ASSETS IN THOUSANDS OF DOLLARS

Item Description for Accounting Period 7/95 Through 6/96	Total	Zero Assets	Under 100	100 to 250	251 to 500	501 to 1,000	1,001 to 5,000	5,001 to 10,000	10,001 to 25,000	25,001 to 50,000	50,001 to 100,000	100,001 to 250,000	250,001 and over
Number of Enterprises 1	3335	•	•	372	65	310	581	68	91	51	31	39	35
Revenues ($ in Thousands)													
Net Sales 2	38120288	•	•	148167	79769	410779	2799346	705806	2211542	2008825	2258713	6059010	20380697
Portfolio Income 3	1248433	•	•	18684	673	1046	10693	34704	15372	47246	78659	286237	707647
Other Revenues 4	1202603	•	•	3	446	254	8187	7197	25612	14431	31160	130187	905595
Total Revenues 5	40571324	•	•	166854	80888	412079	2818226	747707	2252526	2070502	2368532	6475434	21993939
Average Total Revenues 6	12165	•	•	449	1244	1329	4851	10996	24753	40598	76404	166037	628398
Operating Costs/Operating Income (%)													
Cost of Operations 7	49.8	•	•	50.0	35.6	47.3	56.9	46.2	50.5	48.3	51.3	51.5	48.6
Rent 8	13.1	•	•	20.1	9.2	9.3	9.7	16.6	11.6	9.5	9.5	9.4	15.6
Taxes Paid 9	2.2	•	•	4.7	2.7	3.2	2.4	2.3	2.1	2.3	2.0	1.8	2.3
Interest Paid 10	2.2	•	•	0.5	0.8	0.9	0.7	1.1	1.5	1.6	1.6	1.3	3.0
Depreciation, Depletion, Amortization 11	3.8	•	•	2.2	2.7	1.6	2.0	3.0	3.2	2.8	3.9	3.1	4.5
Pensions and Other Benefits 12	3.1	•	•	2.7	2.9	2.9	1.8	2.0	2.5	2.6	2.0	2.2	3.8
Other 13	17.5	•	•	21.8	17.4	18.9	13.7	17.0	17.5	20.0	20.0	17.9	17.3
Officers Compensation 14	1.8	•	•	•	28.9	5.5	4.8	4.8	2.5	1.9	2.7	1.5	0.8
Operating Margin 15	6.6	•	•	•	•	10.5	8.0	7.0	8.7	11.1	7.1	11.3	4.2
Oper. Margin Before Officers Compensation 16	8.4	•	•	•	28.7	16.1	12.8	11.8	11.2	13.0	9.8	12.8	5.1
Selected Average Balance Sheet ($ in Thousands)													
Net Receivables 17	3098	•	•	36	170	259	696	1963	3876	6492	15516	32277	206646
Inventories 18	1634	•	•	28	19	165	472	1194	3622	6247	13456	20861	89664
Net Property, Plant and Equipment 19	2124	•	•	11	53	59	306	1462	4104	7111	13691	26396	131052
Total Assets 20	13119	•	•	112	295	672	2176	7458	15460	37710	71665	155931	857258

Notes and Loans Payable 21	2492	•	•	91	83	246	424	1038	3637	6978	11467	19517	173208
All Other Liabilities 22	3463	•	•	36	140	105	666	1253	3496	7194	15490	24691	253105
Net Worth 23	7165	•	•	-16	72	321	1086	5167	8326	23537	44709	111723	430946

Selected Financial Ratios (Times to 1)

Current Ratio 24	1.9	•	•	2.4	1.7	3.9	2.2	3.4	2.4	2.7	2.7	2.9	1.7
Quick Ratio 25	1.2	•	•	1.6	1.5	2.6	1.5	2.5	1.3	1.5	1.5	1.7	1.1
Net Sales to Working Capital 26	3.6	•	•	6.9	13.6	3.1	5.6	2.7	4.3	2.7	3.1	2.8	3.8
Coverage Ratio 27	7.2	•	•	•	2.6	12.7	13.4	13.3	8.2	10.1	8.7	14.8	5.5
Total Asset Turnover 28	0.9	•	•	3.6	4.2	2.0	2.2	1.4	1.6	1.1	1.0	1.0	0.7
Inventory Turnover 29	3.4	•	•	9.7	2.4	5.7	5.8	3.8	6.8	3.0	5.6	3.7	3.0
Receivables Turnover 30	3.9	•	•	•	3.3	6.9	7.3	5.3	•	5.6	9.4	5.3	3.0
Total Liabilities to Net Worth 31	0.8	•	•	•	3.1	1.1	1.0	0.5	0.9	0.6	0.6	0.4	1.0

Selected Financial Factors (in Percentages)

Debt Ratio 32	45.4	•	•	•	75.6	52.2	50.1	30.7	46.2	37.6	37.6	28.4	49.7
Return on Assets 33	13.8	•	•	•	8.4	23.1	20.8	19.5	19.7	16.3	13.7	19.4	11.0
Return on Equity 34	15.4	•	•	•	17.8	•	34.5	21.0	24.9	16.4	14.0	18.0	12.0
Return Before Interest on Equity 35	25.3	•	•	•	34.4	•	•	28.2	•	26.2	21.9	27.1	21.9
Profit Margin, Before Income Tax 36	13.7	•	•	10.8	1.2	10.8	8.7	13.0	11.0	14.1	11.9	18.2	13.3
Profit Margin, After Income Tax 37	9.6	•	•	10.8	1.1	10.3	7.8	10.4	8.6	9.8	8.6	12.9	8.9

Trends in Selected Ratios and Factors, 1990-1999

	1990	1991	1992	1993	1994	1995	1996	1997	1998	1999
Cost of Operations (%) 38	49.1	50.1	49.1	48.5	49.1	51.8	53.1	49.5	52.7	49.8
Operating Margin (%) 39	2.4	2.0	3.5	2.2	2.6	2.7	5.4	7.1	5.0	6.6
Oper. Margin Before Officers Comp. (%) 40	4.3	4.2	5.9	4.6	4.6	4.2	7.3	9.4	6.8	8.4
Average Net Receivables ($) 41	1679	1179	1489	2257	2315	3847	3253	2046	2843	3098
Average Inventories ($) 42	1042	713	701	1247	1255	2163	2183	1269	1772	1634
Average Net Worth ($) 43	3080	2532	2461	4242	4161	7005	7968	5324	6563	7165
Current Ratio (×1) 44	1.4	1.6	1.7	2.0	1.8	1.7	1.9	1.8	1.7	1.9
Quick Ratio (×1) 45	0.8	0.9	1.1	1.3	1.1	1.1	1.1	1.1	1.0	1.2
Coverage Ratio (×1) 46	5.9	6.1	7.4	6.0	5.7	6.3	6.7	8.4	7.2	7.2
Asset Turnover (×1) 47	1.0	0.9	1.0	1.1	1.0	1.0	1.0	0.9	0.9	0.9
Operating Leverage 48	1.0	0.8	1.7	0.7	1.2	1.0	2.0	1.3	0.7	1.3
Financial Leverage 49	1.0	1.0	1.1	1.0	1.0	1.1	1.0	1.0	1.0	1.0
Total Leverage 50	1.0	0.9	2.0	0.7	1.1	1.1	2.1	1.4	0.7	1.3

Table I

Corporations with and without Net Income

PHOTOGRAPHIC EQUIPMENT AND SUPPLIES

MONEY AMOUNTS AND SIZE OF ASSETS IN THOUSANDS OF DOLLARS

Item Description for Accounting Period 7/95 Through 6/96	Total	Zero Assets	Under 100	100 to 250	251 to 500	501 to 1,000	1,001 to 5,000	5,001 to 10,000	10,001 to 25,000	25,001 to 50,000	50,001 to 100,000	100,001 to 250,000	250,001 and over
Number of Enterprises **1**	731	7	433	•	90	43	137	•	7	5	5	•	4
Revenues ($ in Thousands)													
Net Sales **2**	25657343	28951	460779	•	20954	54377	519837	•	188528	261993	467674	•	23654248
Portfolio Income **3**	1796763	6717	•	•	•	104	4810	•	82	789	3790	•	1780472
Other Revenues **4**	3297641	70235	•	•	3512	•	1494	•	648	884	4378	•	3216491
Total Revenues **5**	30751747	105903	460779	•	24466	54481	526141	•	189258	263666	475842	•	28651211
Average Total Revenues **6**	42068	15129	1064	•	272	1267	3840	•	27037	52733	95168	•	7162803
Operating Costs/Operating Income (%)													
Cost of Operations **7**	58.6	15.3	58.4	•	55.4	61.7	71.5	•	53.2	75.0	66.0	•	58.1
Rent **8**	14.6	•	17.8	•	26.5	15.2	7.5	•	12.4	10.1	11.2	•	14.8
Taxes Paid **9**	2.3	•	1.4	•	1.9	2.6	3.0	•	2.7	1.8	2.0	•	2.4
Interest Paid **10**	4.1	•	0.1	•	9.4	0.5	1.7	•	1.6	1.7	1.7	•	4.4
Depreciation, Depletion, Amortization **11**	2.5	49.3	0.6	•	2.9	2.1	1.6	•	2.5	3.5	4.1	•	2.4
Pensions and Other Benefits **12**	8.2	•	1.4	•	•	2.0	2.0	•	1.9	2.5	1.3	•	8.8
Other **13**	26.3	•	18.1	•	13.8	11.0	10.0	•	12.4	12.9	13.0	•	27.0
Officers Compensation **14**	0.6	•	•	•	•	1.8	5.9	•	1.6	1.2	0.8	•	0.5
Operating Margin **15**	•	•	2.3	•	•	3.3	•	•	11.8	•	•	•	•
Oper. Margin Before Officers Compensation **16**	•	•	2.3	•	•	5.0	2.8	•	13.5	•	0.8	•	•
Selected Average Balance Sheet ($ in Thousands)													
Net Receivables **17**	13378	•	•	•	9	61	490	•	4118	9318	13298	•	2391758
Inventories **18**	3038	•	•	•	66	214	826	•	4498	12429	17639	•	477574
Net Property, Plant and Equipment **19**	9507	•	9	•	13	117	363	•	2202	7616	29432	•	1672220
Total Assets **20**	64177	•	10	•	355	509	2477	•	14413	32895	86408	•	11454554

Notes and Loans Payable **21**	13657	•	4	•	277	78	728	•	6937	13272	31135	•	2395717
All Other Liabilities **22**	37297	•	-1	•	94	131	795	•	3502	13637	17402	•	6740392
Net Worth **23**	13223	•	7	•	-17	301	954	•	3975	5986	37870	•	2318444

Selected Financial Ratios (Times to 1)

Current Ratio **24**	1.3	•	•	•	0.8	2.7	1.5	•	1.6	1.7	1.3	•	1.3
Quick Ratio **25**	0.7	•	•	•	0.1	0.8	0.6	•	0.9	0.7	0.6	•	0.7
Net Sales to Working Capital **26**	4.2	•	•	•	•	5.7	8.5	•	6.7	5.9	11.1	•	4.0
Coverage Ratio **27**	1.9	•	•	•	1.7	7.6	•	•	8.6	•	2.0	•	1.9
Total Asset Turnover **28**	0.6	•	•	•	0.7	2.5	1.5	•	1.9	1.6	1.1	•	0.5
Inventory Turnover **29**	7.0	•	•	•	1.4	3.8	3.8	•	2.3	3.1	3.3	•	7.6
Receivables Turnover **30**	2.5	•	•	•	•	•	9.3	•	4.5	5.6	5.3	•	2.4
Total Liabilities to Net Worth **31**	3.9	•	0.4	•	•	0.7	1.6	•	2.6	4.5	1.3	•	4.0

Selected Financial Factors (in Percentages)

Debt Ratio **32**	79.4	•	29.9	•	•	40.9	61.5	•	72.4	81.8	56.2	•	79.8
Return on Assets **33**	4.4	•	•	•	10.7	9.8	•	•	25.8	•	3.8	•	4.4
Return on Equity **34**	7.1	•	•	•	•	13.6	•	•	•	•	1.0	•	7.3
Return Before Interest on Equity **35**	21.1	•	•	•	•	16.6	•	•	•	•	8.6	•	21.6
Profit Margin, Before Income Tax **36**	3.8	•	2.3	•	6.8	3.4	•	•	12.2	•	1.7	•	4.1
Profit Margin, After Income Tax **37**	2.7	•	2.3	•	6.8	3.2	•	•	12.2	•	0.4	•	2.9

Trends in Selected Ratios and Factors, 1990-1999

	1990	1991	1992	1993	1994	1995	1996	1997	1998	1999
Cost of Labor (%) **38**	59.9	64.7	60.9	65.0	61.7	62.0	56.0	56.9	51.1	58.6
Operating Margin (%) **39**	•	•	•	•	•	•	•	•	•	•
Oper. Margin Before Officers Comp. (%) **40**	•	•	•	•	•	•	•	•	•	•
Average Net Receivables ($) **41**	3331	2896	5155	15777	10684	8506	20403	20244	10646	13378
Average Inventories ($) **42**	1846	1424	2628	6136	3814	3320	5528	4747	2053	3038
Average Net Worth ($) **43**	7386	4867	7449	15686	12159	10859	24451	22677	9773	13223
Current Ratio (×1) **44**	1.7	1.6	1.1	1.0	1.2	1.3	1.4	1.5	1.4	1.3
Quick Ratio (×1) **45**	0.9	0.9	0.6	0.7	0.8	0.8	1.0	1.1	1.1	0.7
Coverage Ratio (×1) **46**	1.0	3.4	2.2	1.1	2.6	2.2	2.2	2.1	4.4	1.9
Asset Turnover (×1) **47**	1.0	1.0	0.7	0.8	0.8	0.8	0.6	0.5	0.6	0.6
Total Liabilities/Net Worth (×1) **48**	0.8	1.3	2.4	3.5	3.0	3.1	3.2	3.5	4.0	3.9
Return on Assets (×1) **49**	4.0	7.2	8.6	5.5	11.8	10.5	7.4	6.2	12.9	4.4
Return on Equity (%) **50**	•	6.9	9.9	0.4	19.6	12.6	11.3	10.3	32.9	7.1

Table II

Corporations with Net Income

PHOTOGRAPHIC EQUIPMENT AND SUPPLIES

MONEY AMOUNTS AND SIZE OF ASSETS IN THOUSANDS OF DOLLARS

Item Description for Accounting Period 7/95 Through 6/96	Total	Zero Assets	Under 100	100 to 250	251 to 500	501 to 1,000	1,001 to 5,000	5,001 to 10,000	10,001 to 25,000	25,001 to 50,000	50,001 to 100,000	100,001 to 250,000	250,001 and over
Number of Enterprises 1	645	•	•	•	90	43	71	•	•	•	•	3	•
Revenues ($ in Thousands)													
Net Sales 2	23075468	•	•	•	20954	54377	334817	•	•	•	•	21955743	•
Portfolio Income 3	1735628	•	•	•		104	710	•	•	•	•	1731947	•
Other Revenues 4	3106392	•	•	•	3512	•	1144	•	•	•	•	3100730	•
Total Revenues 5	27917488	•	•	•	24466	54481	336671	•	•	•	•	26788420	•
Average Total Revenues 6	43283	•	•	•	272	1267	4742	•	•	•	•	8929473	•
Operating Costs/Operating Income (%)													
Cost of Operations 7	57.4	•	•	•	55.4	61.7	72.8	•	•	•	•	57.3	•
Rent 8	15.8	•	•	•	26.5	15.2	7.1	•	•	•	•	15.9	•
Taxes Paid 9	2.5	•	•	•	1.9	2.6	2.4	•	•	•	•	2.5	•
Interest Paid 10	4.3	•	•	•	9.4	0.5	1.5	•	•	•	•	4.5	•
Depreciation, Depletion, Amortization 11	2.5	•	•	•	2.9	2.1	1.5	•	•	•	•	2.5	•
Pensions and Other Benefits 12	9.1	•	•	•		2.0	1.9	•	•	•	•	9.4	•
Other 13	25.5	•	•	•	13.8	11.0	7.6	•	•	•	•	26.0	•
Officers Compensation 14	0.6	•	•	•		1.8	4.1	•	•	•	•	0.5	•
Operating Margin 15	•	•	•	•		3.3	1.1	•	•	•	•	•	•
Oper. Margin Before Officers Compensation 16	•	•	•	•		5.0	5.2	•	•	•	•	•	•
Selected Average Balance Sheet ($ in Thousands)													
Net Receivables 17	14414	•	•	•	9	61	705	•	•	•	•	3071398	•
Inventories 18	2504	•	•	•	66	214	1124	•	•	•	•	495299	•
Net Property, Plant and Equipment 19	9564	•	•	•	13	117	445	•	•	•	•	2029077	•
Total Assets 20	68967	•	•	•	355	509	2633	•	•	•	•	14679521	•

Notes and Loans Payable 21	13791	•	•	•	277	78	807	•	•	•	•	2927665	•
All Other Liabilities 22	40840	•	•	•	94	131	714	•	•	•	•	8748157	•
Net Worth 23	14336	•	•	•	-17	301	1112	•	•	•	•	3003699	•
Selected Financial Ratios (Times to 1)													
Current Ratio 24	1.3	•	•	•	0.8	2.7	2.0	•	•	•	•	1.3	•
Quick Ratio 25	0.7	•	•	•	0.1	0.8	0.8	•	•	•	•	0.7	•
Net Sales to Working Capital 26	3.9	•	•	•	•	5.7	4.8	•	•	•	•	3.8	•
Coverage Ratio 27	2.1	•	•	•	1.7	7.6	2.1	•	•	•	•	2.0	•
Total Asset Turnover 28	0.5	•	•	•	0.7	2.5	1.8	•	•	•	•	0.5	•
Inventory Turnover 29	7.6	•	•	•	3.9	7.3	5.1	•	•	•	•	•	•
Receivables Turnover 30	2.3	•	•	•	•	•	•	•	•	•	•	4.8	•
Total Liabilities to Net Worth 31	3.8	•	•	•	•	0.7	1.4	•	•	•	•	3.9	•
Selected Financial Factors (in Percentages)													
Debt Ratio 32	79.2	•	•	•	•	40.9	57.8	•	•	•	•	79.5	•
Return on Assets 33	4.6	•	•	•	10.7	9.8	5.6	•	•	•	•	4.5	•
Return on Equity 34	8.3	•	•	•	•	13.6	4.9	•	•	•	•	7.9	•
Return Before Interest on Equity 35	22.2	•	•	•	•	16.6	13.2	•	•	•	•	22.0	•
Profit Margin, Before Income Tax 36	4.6	•	•	•	6.8	3.4	1.6	•	•	•	•	4.6	•
Profit Margin, After Income Tax 37	3.3	•	•	•	6.8	3.2	1.2	•	•	•	•	3.3	•

Trends in Selected Ratios and Factors, 1990-1999

	1990	1991	1992	1993	1994	1995	1996	1997	1998	1999
Cost of Operations (%) 38	60.1	64.6	60.6	64.5	61.1	61.7	59.3	56.5	50.5	57.4
Operating Margin (%) 39	0.3	•	•	•	•	•	•	•	•	•
Oper. Margin Before Officers Comp. (%) 40	1.6	•	•	•	0.3	•	•	•	•	•
Average Net Receivables ($) 41	1012	5225	16045	18144	21601	12774	14795	30000	20490	14414
Average Inventories ($) 42	806	2509	7602	6678	7161	4730	6222	6757	3677	2504
Average Net Worth ($) 43	1769	8926	21718	18112	24470	16419	21561	33034	18590	14336
Current Ratio (×1) 44	2.0	1.6	1.2	1.0	1.2	1.3	1.5	1.5	1.4	1.3
Quick Ratio (×1) 45	1.1	1.0	0.6	0.7	0.8	0.8	0.9	1.1	1.1	0.7
Coverage Ratio (×1) 46	3.5	3.8	2.5	1.2	2.7	2.4	3.0	2.2	4.5	2.1
Asset Turnover (×1) 47	1.3	1.0	0.7	0.8	0.8	0.8	0.8	0.5	0.5	0.5
Operating Leverage 48	•	•	0.7	7.8	0.0	334.9	0.3	4.5	1.3	1.4
Financial Leverage 49	1.3	0.9	0.9	0.3	4.3	0.8	1.4	0.8	1.4	0.7
Total Leverage 50	•	•	0.6	2.0	0.0	254.2	0.4	3.7	1.8	1.0

Table I

Corporations with and without Net Income

RAILROAD TRANSPORTATION

MONEY AMOUNTS AND SIZE OF ASSETS IN THOUSANDS OF DOLLARS

Item Description for Accounting Period 7/95 Through 6/96		Total	Zero Assets	Under 100	100 to 250	251 to 500	501 to 1,000	1,001 to 5,000	5,001 to 10,000	10,001 to 25,000	25,001 to 50,000	50,001 to 100,000	100,001 to 250,000	250,001 and over
Number of Enterprises	1	425	10	134	•	66	41	55	49	24	13	12	4	15
Revenues ($ in Thousands)														
Net Sales	2	48822676	2524823	29723	•	6745	67307	181489	299241	240688	323909	517720	308511	44322522
Portfolio Income	3	2541619	262257	•	•	912	876	3166	5014	1502	6468	48787	19904	2192732
Other Revenues	4	2634229	113945	•	•	•	815	1948	5586	9375	15187	34771	18276	2434327
Total Revenues	5	53998524	2901025	29723	•	7657	68998	186603	309841	251565	345564	601278	346691	48949581
Average Total Revenues	6	127055	290102	222	•	116	1683	3393	6323	10482	26582	50106	86673	3263305
Operating Costs/Operating Income (%)														
Cost of Operations	7	33.3	28.7	•	•	66.1	•	•	66.7	31.8	36.6	39.2	13.0	33.6
Rent	8	20.1	27.9	•	•	•	16.2	25.2	2.3	12.2	14.3	17.1	26.9	19.9
Taxes Paid	9	6.1	5.8	0.1	•	3.0	6.7	8.5	5.6	6.2	6.5	5.4	6.7	6.2
Interest Paid	10	6.6	15.1	1.2	•	•	1.1	2.8	5.0	4.4	3.2	4.7	8.2	6.2
Depreciation, Depletion, Amortization	11	8.5	8.2	9.9	•	•	5.1	3.4	11.4	10.4	10.4	8.2	9.8	8.5
Pensions and Other Benefits	12	4.4	5.0	•	•	•	•	7.6	0.4	3.3	4.8	3.0	3.0	4.4
Other	13	26.5	25.1	89.7	•	•	59.6	58.0	7.1	17.5	19.8	27.5	32.3	26.6
Officers Compensation	14	0.5	1.4	•	•	•	2.0	1.2	0.3	0.9	1.6	1.6	3.4	0.4
Operating Margin	15	•	•	•	•	30.9	9.3	•	1.5	13.4	2.9	•	•	•
Oper. Margin Before Officers Compensation	16	•	•	•	•	30.9	11.3	•	1.7	14.3	4.5	•	•	•
Selected Average Balance Sheet ($ in Thousands)														
Net Receivables	17	11277	•	•	•	241	12	484	766	2105	4536	7353	18042	296148
Inventories	18	2421	•	•	•	•	•	•	178	318	1450	1259	1834	64740
Net Property, Plant and Equipment	19	168296	•	71	•	101	246	1081	4991	10246	25587	45571	127462	4637339
Total Assets	20	258657	•	94	•	344	516	1774	8055	14537	39978	68660	188466	7128947

Notes and Loans Payable 21	60397	•	242	•	59	183	298	2738	5952	10593	24838	69421	1641203
All Other Liabilities 22	99175	•	•	•	9	7	728	1482	4076	10109	22382	52985	2755075
Net Worth 23	99085	•	-148	•	277	325	748	3835	4509	19276	21439	66060	2732669

Selected Financial Ratios (Times to 1)

Current Ratio 24	0.7	•	0.5	•	3.6	7.9	0.9	1.4	1.1	1.3	1.0	1.0	0.7
Quick Ratio 25	0.4	•	0.5	•	3.6	7.9	0.8	1.0	0.8	0.9	0.7	0.7	0.4
Net Sales to Working Capital 26	•	•	•	•	0.6	31.8	•	16.2	22.6	12.0	•	•	•
Coverage Ratio 27	1.7	0.9	0.3	•	•	12.0	•	2.0	5.1	4.1	3.0	2.1	1.8
Total Asset Turnover 28	0.5	•	2.4	•	0.3	3.2	1.9	0.8	0.7	0.6	0.6	0.4	0.4
Inventory Turnover 29	•	•	•	•	•	•	•	•	•	6.7	•	5.9	•
Receivables Turnover 30	9.2	•	•	•	0.9	•	7.1	8.2	5.5	5.4	5.4	4.8	9.0
Total Liabilities to Net Worth 31	1.6	•	•	•	0.3	0.6	1.4	1.1	2.2	1.1	2.2	1.9	1.6

Selected Financial Factors (in Percentages)

Debt Ratio 32	61.7	•	•	•	19.5	37.0	57.9	52.4	69.0	51.8	68.8	65.0	61.7
Return on Assets 33	5.0	•	0.8	•	13.2	•	•	7.6	15.4	8.0	8.9	7.0	4.6
Return on Equity 34	2.8	•	1.4	•	13.9	•	•	3.7	37.1	8.5	11.2	8.1	2.7
Return Before Interest on Equity 35	13.1	•	•	•	16.4	•	•	15.9	•	16.5	28.4	20.1	12.0
Profit Margin, Before Income Tax 36	4.7	•	•	•	•	11.8	•	5.0	18.0	9.6	9.4	9.0	4.9
Profit Margin, After Income Tax 37	2.4	•	•	•	•	8.3	•	2.3	16.7	6.5	5.6	6.9	2.5

Trends in Selected Ratios and Factors, 1990-1999

	1990	1991	1992	1993	1994	1995	1996	1997	1998	1999
Cost of Labor (%) 38	51.7	46.2	46.5	43.1	38.8	38.2	37.6	37.7	35.1	33.3
Operating Margin (%) 39	•	•	•	•	•	•	•	•	•	•
Oper. Margin Before Officers Comp. (%) 40	•	•	•	•	•	•	•	•	•	•
Average Net Receivables ($) 41	19039	12057	10406	8412	9423	9102	9556	14309	13738	11277
Average Inventories ($) 42	4571	3121	2151	2025	1572	1359	1976	2802	2260	2421
Average Net Worth ($) 43	104809	72953	73164	48634	58619	49363	61036	96761	86422	99085
Current Ratio (×1) 44	0.9	1.2	0.8	0.9	0.7	0.6	0.6	0.7	0.8	0.7
Quick Ratio (×1) 45	0.6	0.8	0.6	0.4	0.5	0.4	0.4	0.5	0.5	0.4
Coverage Ratio (×1) 46	•	1.7	1.9	1.2	1.2	1.1	1.2	1.3	1.9	1.7
Asset Turnover (×1) 47	0.5	0.5	0.5	0.5	0.5	0.5	0.5	0.5	0.5	0.5
Total Liabilities/Net Worth (×1) 48	1.3	1.2	1.1	2.0	1.7	1.9	1.8	1.8	1.7	1.6
Return on Assets (×1) 49	•	4.3	5.7	4.3	4.8	3.9	3.9	3.7	5.4	5.0
Return on Equity (%) 50	•	2.3	3.2	•	•	•	•	0.3	3.4	2.8

Table II

Corporations with Net Income

RAILROAD TRANSPORTATION

MONEY AMOUNTS AND SIZE OF ASSETS IN THOUSANDS OF DOLLARS

Item Description for Accounting Period 7/95 Through 6/96		Total	Zero Assets	Under 100	100 to 250	251 to 500	501 to 1,000	1,001 to 5,000	5,001 to 10,000	10,001 to 25,000	25,001 to 50,000	50,001 to 100,000	100,001 to 250,000	250,001 and over
Number of Enterprises	1	208	•	•	•	66	41	21	19	24	•	7	•	•
Revenues ($ in Thousands)														
Net Sales	2	44168443	•	•	•	6745	67307	145631	198199	240688	•	296967	•	•
Portfolio Income	3	2333531	•	•	•	912	876	44	4433	1502	•	46468	•	•
Other Revenues	4	1725530	•	•	•	•	815	278	279	9375	•	21702	•	•
Total Revenues	5	48227504	•	•	•	7657	68998	145953	202911	251565	•	365137	•	•
Average Total Revenues	6	231863	•	•	•	116	1683	6950	10680	10482	•	52162	•	•
Operating Costs/Operating Income (%)														
Cost of Operations	7	33.0	•	•	•	66.1	•	•	69.8	31.8	•	50.5	•	•
Rent	8	18.4	•	•	•	•	16.2	25.1	3.2	12.2	•	12.8	•	•
Taxes Paid	9	5.6	•	•	•	3.0	6.7	7.5	4.5	6.2	•	5.3	•	•
Interest Paid	10	6.7	•	•	•	•	1.1	0.3	0.7	4.4	•	3.2	•	•
Depreciation, Depletion, Amortization	11	8.5	•	•	•	•	5.1	1.9	6.9	10.4	•	4.9	•	•
Pensions and Other Benefits	12	4.2	•	•	•	•	•	5.4	0.4	3.3	•	2.4	•	•
Other	13	25.1	•	•	•	•	59.6	59.4	5.4	17.5	•	23.1	•	•
Officers Compensation	14	0.5	•	•	•	•	2.0	•	0.4	0.9	•	1.6	•	•
Operating Margin	15	•	•	•	•	30.9	9.3	0.5	8.8	13.4	•	•	•	•
Oper. Margin Before Officers Compensation	16	•	•	•	•	30.9	11.3	0.5	9.2	14.3	•	•	•	•
Selected Average Balance Sheet ($ in Thousands)														
Net Receivables	17	20521	•	•	•	241	12	483	1411	2105	•	6631	•	•
Inventories	18	4054	•	•	•	•	•	•	442	318	•	1611	•	•
Net Property, Plant and Equipment	19	299322	•	•	•	101	246	683	3257	10246	•	41212	•	•
Total Assets	20	477301	•	•	•	344	516	1300	9386	14537	•	69000	•	•

Notes and Loans Payable **21**	107197	•	•	•	59	183	284	1536	5952	•	14513	•	•
All Other Liabilities **22**	188770	•	•	•	9	7	546	2015	4076	•	22135	•	•
Net Worth **23**	181334	•	•	•	277	325	471	5835	4509	•	32352	•	•

Selected Financial Ratios (Times to 1)

Current Ratio **24**	0.7	•	•	•	3.6	7.9	1.0	1.7	1.1	•	1.2	•	•
Quick Ratio **25**	0.4	•	•	•	3.6	7.9	1.0	1.3	0.8	•	0.8	•	•
Net Sales to Working Capital **26**	•	•	•	•	0.6	31.8	•	8.3	22.6	•	17.5	•	•
Coverage Ratio **27**	2.1	•	•	•	•	12.0	3.5	•	5.1	•	6.9	•	•
Total Asset Turnover **28**	0.5	•	•	•	0.3	3.2	5.3	1.1	0.7	•	0.6	•	•
Inventory Turnover **29**	•	•	•	•	•	•	•	•	•	•	•	•	•
Receivables Turnover **30**	9.4	•	•	•	0.9	•	•	7.4	7.5	•	5.6	•	•
Total Liabilities to Net Worth **31**	1.6	•	•	•	0.3	0.6	1.8	0.6	2.2	•	1.1	•	•

Selected Financial Factors (in Percentages)

Debt Ratio **32**	62.0	•	•	•	19.5	37.0	63.8	37.8	69.0	•	53.1	•	•
Return on Assets **33**	6.3	•	•	•	13.2	•	5.0	13.2	15.4	•	13.7	•	•
Return on Equity **34**	5.8	•	•	•	13.9	•	7.8	13.6	37.1	•	16.6	•	•
Return Before Interest on Equity **35**	16.5	•	•	•	16.4	•	13.8	21.3	•	•	29.3	•	•
Profit Margin, Before Income Tax **36**	7.4	•	•	•	•	11.8	0.7	11.2	18.0	•	19.1	•	•
Profit Margin, After Income Tax **37**	5.0	•	•	•	•	8.3	0.5	7.6	16.7	•	12.7	•	•

Trends in Selected Ratios and Factors, 1990-1999

	1990	1991	1992	1993	1994	1995	1996	1997	1998	1999
Cost of Operations (%) **38**	53.6	45.7	48.2	44.7	40.8	41.4	35.7	36.9	35.1	33.0
Operating Margin (%) **39**	•	•	•	•	•	•	•	•	•	•
Oper. Margin Before Officers Comp. (%) **40**	•	•	•	•	•	•	•	•	•	•
Average Net Receivables ($) **41**	31584	22161	15021	10131	9840	10055	7615	15944	16856	20521
Average Inventories ($) **42**	8619	5589	2998	2245	953	1137	1337	2684	2753	4054
Average Net Worth ($) **43**	193379	138957	112404	58071	59822	58482	36022	103744	108595	181334
Current Ratio (×1) **44**	0.9	1.2	0.8	0.9	0.8	0.7	0.8	0.8	0.7	0.7
Quick Ratio (×1) **45**	0.6	0.8	0.6	0.3	0.6	0.5	0.6	0.5	0.5	0.4
Coverage Ratio (×1) **46**	1.7	2.1	2.7	2.0	2.0	1.9	2.1	1.8	2.3	2.1
Asset Turnover (×1) **47**	0.5	0.5	0.5	0.5	0.5	0.5	0.5	0.5	0.5	0.5
Operating Leverage **48**	1.3	0.8	0.8	1.6	0.4	1.6	0.4	2.3	0.2	2.1
Financial Leverage **49**	0.9	1.2	1.2	0.8	1.0	1.0	1.2	0.8	1.3	0.9
Total Leverage **50**	1.2	1.0	0.9	1.2	0.4	1.5	0.5	1.9	0.3	1.9

Table I

Corporations with and without Net Income

LOCAL AND INTERURBAN PASSENGER TRANSIT

Item Description for Accounting Period 7/95 Through 6/96		Total	Zero Assets	Under 100	100 to 250	251 to 500	501 to 1,000	1,001 to 5,000	5,001 to 10,000	10,001 to 25,000	25,001 to 50,000	50,001 to 100,000	100,001 to 250,000	250,001 and over
		MONEY AMOUNTS AND SIZE OF ASSETS IN THOUSANDS OF DOLLARS												
Number of Enterprises	1	16004	851	10054	2390	1554	289	721	69	60	6	3	6	•
Revenues ($ in Thousands)														
Net Sales	2	9867088	390554	807891	470475	664914	666767	2975208	632305	1526620	323487	122156	1286711	•
Portfolio Income	3	114920	3460	1587	10141	2378	5059	36093	11864	12915	1999	177	29246	•
Other Revenues	4	215085	2103	2177	20627	31265	3974	52782	9421	48059	7704	6104	30869	•
Total Revenues	5	10197093	396117	811655	501243	698557	675800	3064083	653590	1587594	333190	128437	1346826	•
Average Total Revenues	6	637	465	81	210	450	2338	4250	9472	26460	55532	42812	224471	•
Operating Costs/Operating Income (%)														
Cost of Operations	7	28.2	6.7	20.0	19.0	35.0	51.0	31.9	22.2	37.0	0.7	42.2	17.6	•
Rent	8	23.5	40.3	9.7	23.9	24.1	15.1	23.0	22.0	22.5	43.3	17.7	29.8	•
Taxes Paid	9	4.9	2.0	3.5	6.1	5.2	5.4	4.7	5.2	5.7	4.0	3.1	5.9	•
Interest Paid	10	2.7	5.1	3.7	4.5	4.3	0.8	1.8	1.9	2.6	1.3	3.9	3.7	•
Depreciation, Depletion, Amortization	11	6.3	5.6	7.0	7.6	4.7	4.2	7.5	9.3	4.6	3.6	9.6	5.4	•
Pensions and Other Benefits	12	3.4	5.0	0.4	0.7	3.4	1.9	2.2	1.9	8.5	8.8	2.1	3.2	•
Other	13	29.6	42.2	51.4	32.2	22.7	20.9	25.7	28.8	21.6	35.6	24.3	36.6	•
Officers Compensation	14	3.3	0.6	6.8	9.7	3.0	4.5	3.4	3.9	1.8	1.5	3.4	0.6	•
Operating Margin	15	•	•	•	•	•	•	•	4.9	•	1.3	•	•	•
Oper. Margin Before Officers Compensation	16	1.4	•	4.4	6.2	0.7	0.7	3.1	8.8	•	2.8	•	•	•
Selected Average Balance Sheet ($ in Thousands)														
Net Receivables	17	50	•	2	4	30	172	412	448	2026	9326	5789	27013	•
Inventories	18	4	•	•	0	0	7	31	71	357	295	456	1725	•
Net Property, Plant and Equipment	19	149	•	16	45	57	190	1104	3613	5922	4594	13630	84971	•
Total Assets	20	387	•	40	175	315	660	2074	6328	14831	32229	67472	245591	•

Notes and Loans Payable 21	197	•	30	129	264	431	1089	1865	6124	9184	48125	86590	•
All Other Liabilities 22	81	•	5	13	13	217	343	1359	6488	14474	8221	47607	•
Net Worth 23	109	•	5	32	38	12	641	3104	2220	8571	11127	111394	•
Selected Financial Ratios (Times to 1)													
Current Ratio 24	1.1	•	0.9	1.0	2.4	1.2	1.2	1.1	0.7	1.3	2.8	1.2	•
Quick Ratio 25	0.8	•	0.8	0.6	1.8	0.9	0.9	0.7	0.4	1.1	0.9	1.0	•
Net Sales to Working Capital 26	•	•	•	•	10.1	45.1	39.8	•	•	18.1	2.4	28.2	•
Coverage Ratio 27	1.5	•	0.5	1.7	1.6	•	2.5	5.3	0.9	4.3	0.7	1.5	•
Total Asset Turnover 28	1.6	•	2.0	1.1	1.4	3.5	2.0	1.5	1.7	1.7	0.6	0.9	•
Inventory Turnover 29	•	•	•	•	•	•	•	•	•	1.0	•	•	•
Receivables Turnover 30	•	•	•	•	•	•	•	•	•	5.8	2.2	•	•
Total Liabilities to Net Worth 31	2.6	•	7.7	4.4	7.3	•	2.2	1.0	5.7	2.8	5.1	1.2	•
Selected Financial Factors (in Percentages)													
Debt Ratio 32	71.8	•	88.5	81.6	88.0	98.1	69.1	51.0	85.0	73.4	83.5	54.7	•
Return on Assets 33	6.7	•	3.6	8.5	9.6	•	9.2	14.7	3.8	9.2	1.7	4.9	•
Return on Equity 34	5.1	•	•	14.6	29.2	•	13.5	21.5	•	18.0	•	1.6	•
Return Before Interest on Equity 35	23.5	•	31.2	•	•	•	29.7	30.0	25.3	34.7	10.4	10.9	•
Profit Margin, Before Income Tax 36	1.5	•	•	3.0	2.7	•	2.8	8.3	•	4.3	•	1.9	•
Profit Margin, After Income Tax 37	0.9	•	•	2.4	2.6	•	2.1	7.3	•	2.9	•	0.8	•

Trends in Selected Ratios and Factors, 1990-1999

	1990	1991	1992	1993	1994	1995	1996	1997	1998	1999
Cost of Labor (%) 38	42.2	39.9	41.5	36.7	41.4	35.8	30.9	28.1	27.7	28.2
Operating Margin (%) 39	•	•	•	•	•	•	•	•	•	•
Oper. Margin Before Officers Comp. (%) 40	•	•	•	2.6	•	1.5	2.5	2.4	1.7	1.4
Average Net Receivables ($) 41	358	204	257	56	61	50	45	55	48	50
Average Inventories ($) 42	35	27	38	8	12	7	4	7	5	4
Average Net Worth ($) 43	196	167	204	101	58	104	97	118	115	109
Current Ratio (×1) 44	1.6	1.2	1.4	1.1	1.0	1.0	1.1	1.2	1.1	1.1
Quick Ratio (×1) 45	1.3	1.0	1.1	0.8	0.7	0.7	0.7	0.9	0.8	0.8
Coverage Ratio (×1) 46	1.4	1.3	1.1	1.8	0.6	1.4	1.6	1.4	2.0	1.5
Asset Turnover (×1) 47	0.9	0.9	1.1	1.9	1.9	2.0	2.1	1.8	1.6	1.6
Total Liabilities/Net Worth (×1) 48	5.0	4.4	4.1	2.6	5.8	2.8	2.5	2.3	2.2	2.6
Return on Assets (×1) 49	8.6	6.9	6.6	8.2	2.9	6.2	6.9	5.8	7.2	6.7
Return on Equity (%) 50	8.3	5.0	0.7	8.8	•	2.6	5.6	2.0	8.0	5.1

Table II

Corporations with Net Income

LOCAL AND INTERURBAN PASSENGER TRANSIT

MONEY AMOUNTS AND SIZE OF ASSETS IN THOUSANDS OF DOLLARS

Item Description for Accounting Period 7/95 Through 6/96	Total	Zero Assets	Under 100	100 to 250	251 to 500	501 to 1,000	1,001 to 5,000	5,001 to 10,000	10,001 to 25,000	25,001 to 50,000	50,001 to 100,000	100,001 to 250,000	250,001 and over
Number of Enterprises **1**	9822	•	5748	1726	1295	165	445	59	26	6	•	•	•
Revenues ($ in Thousands)													
Net Sales **2**	5578442	•	419821	314694	544970	192061	1877670	582828	715924	314095	•	•	•
Portfolio Income **3**	71121	•	•	983	2378	1340	22312	11864	8198	1342	•	•	•
Other Revenues **4**	177959	•	2177	16101	28105	1561	45495	9420	33044	13331	•	•	•
Total Revenues **5**	5827522	•	421998	331778	575453	194962	1945477	604112	757166	328768	•	•	•
Average Total Revenues **6**	593	•	73	192	444	1182	4372	10239	29122	54795	•	•	•
Operating Costs/Operating Income (%)													
Cost of Operations **7**	24.1	•	18.8	24.1	30.5	17.1	25.5	24.0	28.5	16.4	•	•	•
Rent **8**	24.2	•	5.2	13.3	23.6	24.6	25.5	22.8	25.5	30.6	•	•	•
Taxes Paid **9**	4.8	•	3.0	5.0	5.4	6.8	4.7	5.2	6.7	2.8	•	•	•
Interest Paid **10**	2.2	•	3.8	3.8	4.3	1.0	1.9	1.0	1.1	1.7	•	•	•
Depreciation, Depletion, Amortization **11**	6.4	•	4.4	9.0	3.7	4.0	8.4	7.0	4.0	6.4	•	•	•
Pensions and Other Benefits **12**	3.0	•	0.2	0.8	3.8	0.3	1.5	2.0	10.1	3.2	•	•	•
Other **13**	29.1	•	47.3	30.4	23.1	35.4	27.8	26.0	25.1	36.2	•	•	•
Officers Compensation **14**	3.9	•	9.8	11.8	3.6	8.4	3.0	4.0	1.5	2.1	•	•	•
Operating Margin **15**	2.4	•	7.5	1.9	2.0	2.4	1.8	8.0	•	0.8	•	•	•
Oper. Margin Before Officers Compensation **16**	6.3	•	17.3	13.6	5.6	10.8	4.8	12.0	•	2.9	•	•	•
Selected Average Balance Sheet ($ in Thousands)													
Net Receivables **17**	54	•	1	5	34	196	434	451	2376	10466	•	•	•
Inventories **18**	3	•	•	0	•	10	28	63	315	162	•	•	•
Net Property, Plant and Equipment **19**	122	•	12	49	45	124	1092	2790	4345	9390	•	•	•
Total Assets **20**	390	•	43	167	318	601	2039	5803	14361	45669	•	•	•

Notes and Loans Payable 21	176	•	25	111	231	119	1002	1073	3778	25935	•	•	•
All Other Liabilities 22	65	•	5	13	9	189	357	1472	5247	11235	•	•	•
Net Worth 23	150	•	13	43	77	293	681	3258	5336	8499	•	•	•

Selected Financial Ratios (Times to 1)

Current Ratio 24	1.4	•	1.6	0.8	3.9	1.9	1.3	1.1	1.0	2.1	•	•	•
Quick Ratio 25	1.1	•	1.4	0.6	3.0	1.6	1.0	0.8	0.7	1.2	•	•	•
Net Sales to Working Capital 26	17.4	•	29.9	•	6.8	5.7	23.8	•	•	4.5	•	•	•
Coverage Ratio 27	4.1	•	3.1	2.9	2.8	4.9	4.0	13.2	4.1	4.2	•	•	•
Total Asset Turnover 28	1.5	•	1.7	1.1	1.3	1.9	2.1	1.7	1.9	1.2	•	•	•
Inventory Turnover 29	•	•	•	•	•	•	•	•	•	•	•	•	•
Receivables Turnover 30	•	•	•	•	•	9.1	9.5	•	•	•	•	•	•
Total Liabilities to Net Worth 31	1.6	•	2.4	2.9	3.1	1.1	2.0	0.8	1.7	4.4	•	•	•

Selected Financial Factors (in Percentages)

Debt Ratio 32	61.7	•	70.4	74.3	75.7	51.2	66.6	43.9	62.9	81.4	•	•	•
Return on Assets 33	13.2	•	19.9	12.1	15.7	9.6	15.1	21.5	8.3	8.2	•	•	•
Return on Equity 34	22.3	•	•	27.0	•	12.8	27.0	32.1	14.8	22.8	•	•	•
Return Before Interest on Equity 35	34.3	•	•	•	•	19.7	•	•	22.2	•	•	•	•
Profit Margin, Before Income Tax 36	6.8	•	8.0	7.3	7.6	4.0	5.4	11.7	3.3	5.4	•	•	•
Profit Margin, After Income Tax 37	5.9	•	7.9	6.4	7.4	3.2	4.4	10.6	2.9	3.7	•	•	•

Trends in Selected Ratios and Factors, 1990-1999

	1990	1991	1992	1993	1994	1995	1996	1997	1998	1999
Cost of Operations (%) 38	44.4	42.2	36.1	38.7	42.2	37.5	35.0	31.5	26.5	24.1
Operating Margin (%) 39	•	•	1.6	3.6	•	2.6	3.0	3.3	1.8	2.4
Oper. Margin Before Officers Comp. (%) 40	•	•	5.9	7.5	3.3	6.1	6.9	6.7	5.5	6.3
Average Net Receivables ($) 41	616	332	65	46	76	53	50	52	57	54
Average Inventories ($) 42	58	45	8	4	16	8	6	10	7	3
Average Net Worth ($) 43	339	269	205	116	153	138	141	160	166	150
Current Ratio (×1) 44	1.8	1.2	1.2	1.2	1.2	1.1	1.4	1.4	1.1	1.4
Quick Ratio (×1) 45	1.5	1.1	0.9	1.0	0.9	0.8	0.9	1.1	0.8	1.1
Coverage Ratio (×1) 46	1.7	1.6	4.9	4.5	3.3	3.7	4.1	3.9	3.8	4.1
Asset Turnover (×1) 47	0.8	0.8	1.9	2.0	2.1	2.2	2.3	1.8	1.7	1.5
Operating Leverage 48	1.0	0.7	•	2.2	•	•	1.2	1.1	0.6	1.4
Financial Leverage 49	1.1	1.1	2.2	1.0	0.9	1.1	1.0	1.0	1.0	1.1
Total Leverage 50	1.1	0.8	•	2.1	•	•	1.2	1.1	0.6	1.4

TRUCKING AND WAREHOUSING

MONEY AMOUNTS AND SIZE OF ASSETS IN THOUSANDS OF DOLLARS

Item Description for Accounting Period 7/95 Through 6/96		Total	Zero Assets	Under 100	100 to 250	251 to 500	501 to 1,000	1,001 to 5,000	5,001 to 10,000	10,001 to 25,000	25,001 to 50,000	50,001 to 100,000	100,001 to 250,000	250,001 and over
Number of Enterprises	1	78563	3704	42963	12369	8159	5042	5141	568	342	145	64	40	25
Revenues ($ in Thousands)														
Net Sales	2	156583609	1075588	7823901	7732164	9270996	10113856	27692419	8060977	9142639	6920441	6920092	7990221	53840316
Portfolio Income	3	2012894	49961	58130	66771	131070	83837	252570	57771	108887	113985	94235	212522	783155
Other Revenues	4	2197364	115112	30943	15331	58241	101137	267068	62257	191864	287686	41501	78615	947609
Total Revenues	5	160793867	1240661	7912974	7814266	9460307	10298830	28212057	8181005	9443390	7322112	7055828	8281358	55571080
Average Total Revenues	6	2047	335	184	632	1159	2043	5488	14403	27612	50497	110247	207034	2222843
Operating Costs/Operating Income (%)														
Cost of Operations	7	30.9	18.6	25.5	20.7	35.8	35.5	42.4	46.7	40.7	35.6	35.0	28.4	20.9
Rent	8	20.2	41.0	15.2	18.3	14.2	12.7	14.2	13.1	15.8	18.6	17.7	20.7	28.6
Taxes Paid	9	4.7	7.6	3.6	5.4	3.6	3.7	4.0	3.7	4.7	4.7	5.2	5.1	5.4
Interest Paid	10	1.7	4.7	1.3	1.3	1.4	1.4	1.5	1.7	1.8	2.8	2.2	2.3	1.6
Depreciation, Depletion, Amortization	11	5.8	3.4	4.5	5.7	5.7	5.7	5.2	5.6	6.4	9.2	7.5	9.5	5.2
Pensions and Other Benefits	12	4.3	3.2	0.4	2.1	1.0	1.3	1.7	2.8	3.4	3.2	2.7	3.1	8.5
Other	13	31.2	38.0	42.5	42.4	33.7	37.1	28.4	23.9	27.3	29.7	30.2	30.3	29.9
Officers Compensation	14	2.0	0.8	5.9	4.6	4.8	3.3	2.8	1.9	1.8	1.0	0.9	0.9	0.3
Operating Margin	15	•	•	1.1	•	•	•	•	0.6	•	•	•	•	•
Oper. Margin Before Officers Compensation	16	1.3	•	7.0	4.0	4.6	2.7	2.6	2.4	•	•	•	0.6	•
Selected Average Balance Sheet ($ in Thousands)														
Net Receivables	17	203	•	2	22	76	150	538	1732	3304	5746	13599	25744	265093
Inventories	18	11	•	0	2	1	4	28	196	182	669	1072	1562	9230
Net Property, Plant and Equipment	19	516	•	16	90	187	348	1039	3296	7954	21299	40042	87332	656119
Total Assets	20	1012	•	30	161	364	699	2123	6894	14363	34484	69556	158104	1363456

Notes and Loans Payable 21	388	•	24	118	195	340	1021	2952	6342	18646	30856	54504	348292
All Other Liabilities 22	287	•	6	30	64	136	441	1775	3093	6266	17974	34663	516756
Net Worth 23	337	•	-1	13	105	223	661	2167	4927	9573	20726	68937	503408

Selected Financial Ratios (Times to 1)

Current Ratio 24	1.1	•	0.9	1.2	1.4	1.4	1.3	1.1	1.2	1.0	1.2	1.4	1.0
Quick Ratio 25	0.9	•	0.8	1.0	1.1	1.2	1.1	0.9	1.0	0.8	0.9	1.0	0.8
Net Sales to Working Capital 26	•	•	•	•	30.0	25.7	28.8	42.7	30.2	•	28.8	17.7	•
Coverage Ratio 27	2.2	0.6	2.7	1.4	2.3	1.9	2.1	2.2	1.8	1.4	1.4	2.5	2.8
Total Asset Turnover 28	2.0	•	6.1	3.9	3.1	2.9	2.5	2.1	1.9	1.4	1.6	1.3	1.6
Inventory Turnover 29	•	•	•	•	•	•	•	•	•	•	•	•	•
Receivables Turnover 30	•	•	•	•	•	•	•	8.6	7.9	8.6	8.5	8.3	8.9
Total Liabilities to Net Worth 31	2.0	•	•	11.3	2.5	2.1	2.2	2.2	1.9	2.6	2.4	1.3	1.7

Selected Financial Factors (in Percentages)

Debt Ratio 32	66.7	•	•	91.9	71.2	68.1	68.9	68.6	65.7	72.3	70.2	56.4	63.2
Return on Assets 33	7.3	•	21.6	6.9	10.2	7.4	7.9	7.6	6.0	5.5	4.5	7.2	7.0
Return on Equity 34	8.0	•	•	17.3	17.9	9.2	10.4	10.2	5.6	2.8	1.7	6.3	7.0
Return Before Interest on Equity 35	21.9	•	•	•	•	23.1	25.2	24.2	17.4	19.9	15.2	16.4	19.1
Profit Margin, Before Income Tax 36	2.0	•	2.2	0.5	1.8	1.2	1.6	2.0	1.4	1.2	0.7	3.4	2.9
Profit Margin, After Income Tax 37	1.4	•	2.1	0.4	1.7	1.0	1.3	1.6	1.0	0.6	0.3	2.2	1.6

Trends in Selected Ratios and Factors, 1990-1999

	1990	1991	1992	1993	1994	1995	1996	1997	1998	1999
Cost of Labor (%) 38	41.0	39.4	36.2	38.5	37.8	38.0	32.5	30.7	31.3	30.9
Operating Margin (%) 39	•	•	•	•	•	•	0.2	0.8	0.8	•
Oper. Margin Before Officers Comp. (%) 40	1.5	0.4	1.0	0.4	0.7	1.2	2.4	2.8	2.8	1.3
Average Net Receivables ($) 41	153	148	150	179	169	165	178	183	197	203
Average Inventories ($) 42	12	14	11	13	11	11	11	10	11	11
Average Net Worth ($) 43	342	317	298	298	271	284	291	316	347	337
Current Ratio (×1) 44	1.0	1.1	1.0	1.1	1.0	1.0	1.1	1.1	1.2	1.1
Quick Ratio (×1) 45	0.8	0.8	0.8	0.9	0.8	0.8	0.8	0.9	0.9	0.9
Coverage Ratio (×1) 46	2.4	1.7	1.8	1.7	1.7	1.9	2.8	3.4	3.4	2.2
Asset Turnover (×1) 47	1.9	1.8	1.9	2.0	2.1	2.0	2.1	2.1	2.1	2.0
Total Liabilities/Net Worth (×1) 48	1.7	1.8	1.9	2.2	2.3	2.1	2.1	1.9	1.8	2.0
Return on Assets (×1) 49	8.0	5.9	6.7	6.7	7.3	7.4	9.5	9.7	9.7	7.3
Return on Equity (%) 50	6.9	3.9	5.4	4.9	6.3	7.3	13.4	14.4	14.7	8.0

Table II

Corporations with Net Income

TRUCKING AND WAREHOUSING

MONEY AMOUNTS AND SIZE OF ASSETS IN THOUSANDS OF DOLLARS

Item Description for Accounting Period 7/95 Through 6/96		Total	Zero Assets	Under 100	100 to 250	251 to 500	501 to 1,000	1,001 to 5,000	5,001 to 10,000	10,001 to 25,000	25,001 to 50,000	50,001 to 100,000	100,001 to 250,000	250,001 and over
Number of Enterprises	1	44755	2293	23771	6174	5006	3477	3261	379	221	87	37	33	15
Revenues ($ in Thousands)														
Net Sales	2	113355399	266391	4948435	4927587	5516470	7051115	19061394	6037456	5854110	3898049	4271822	6421135	45101434
Portfolio Income	3	1405740	29696	51120	35460	104380	49287	181882	45080	72536	69904	57008	161121	548268
Other Revenues	4	1752958	84	12698	7724	41097	80773	189634	51173	168492	235194	25758	68388	871942
Total Revenues	5	116514097	296171	5012253	4970771	5661947	7181175	19432910	6133709	6095138	4203147	4354588	6650644	46521644
Average Total Revenues	6	2603	129	211	805	1131	2065	5959	16184	27580	48312	117692	201535	3101443
Operating Costs/Operating Income (%)														
Cost of Operations	7	31.2	17.2	23.0	19.4	36.5	39.6	43.7	49.2	41.0	39.3	37.2	27.7	21.7
Rent	8	19.4	9.6	11.5	18.9	13.3	11.5	12.3	10.6	13.9	17.7	16.4	20.2	27.6
Taxes Paid	9	4.3	13.2	3.1	4.0	3.2	3.5	3.5	3.3	4.0	4.9	4.5	5.1	4.9
Interest Paid	10	1.4	12.0	1.1	0.9	1.1	1.1	1.2	1.2	1.7	2.7	2.0	2.3	1.3
Depreciation, Depletion, Amortization	11	5.2	5.5	4.0	4.5	5.2	4.8	4.2	4.6	5.8	8.4	6.7	9.3	4.8
Pensions and Other Benefits	12	4.4	1.3	0.5	2.2	1.0	1.3	1.5	1.6	2.9	2.3	2.7	2.6	8.4
Other	13	30.7	33.4	45.8	41.4	31.6	32.9	28.1	25.3	28.8	26.5	28.9	30.0	30.1
Officers Compensation	14	1.9	1.3	5.2	4.8	5.2	3.7	3.1	1.8	2.2	1.1	0.9	1.0	0.3
Operating Margin	15	1.7	6.7	5.9	3.9	2.9	1.6	2.4	2.5	•	•	0.8	1.9	1.0
Oper. Margin Before Officers Compensation	16	3.5	8.0	11.1	8.8	8.1	5.3	5.4	4.2	2.0	•	1.7	2.8	1.3
Selected Average Balance Sheet ($ in Thousands)														
Net Receivables	17	253	•	3	19	83	163	581	1763	3828	4888	14108	24516	333762
Inventories	18	15	•	0	4	1	3	30	263	191	699	1363	1524	14191
Net Property, Plant and Equipment	19	628	•	14	81	169	317	922	3013	7708	22242	40098	88498	876208
Total Assets	20	1280	•	30	163	365	691	2161	6896	14805	35357	71739	157951	1831423

Notes and Loans Payable **21**	410	•	19	110	163	290	881	2379	6097	17497	28177	49552	405371
All Other Liabilities **22**	371	•	4	25	65	109	471	1774	2896	5344	18697	34790	699055
Net Worth **23**	499	•	7	27	137	292	809	2743	5813	12516	24864	73609	726996

Selected Financial Ratios (Times to 1)

Current Ratio **24**	1.2	•	1.2	1.3	1.5	2.0	1.5	1.2	1.3	1.2	1.4	1.3	1.0
Quick Ratio **25**	0.9	•	1.1	1.0	1.3	1.8	1.2	0.9	1.1	0.9	0.9	1.0	0.7
Net Sales to Working Capital **26**	37.6	•	•	•	18.4	13.6	18.5	25.8	19.3	34.5	17.1	19.4	•
Coverage Ratio **27**	4.1	2.5	7.5	6.6	5.9	4.2	4.6	4.4	3.3	2.8	2.4	3.4	4.1
Total Asset Turnover **28**	2.0	•	6.9	4.9	3.0	2.9	2.7	2.3	1.8	1.3	1.6	1.2	1.7
Inventory Turnover **29**	•	•	•	•	•	•	•	•	•	•	•	•	•
Receivables Turnover **30**	9.5	•	•	•	•	•	9.3	8.3	6.7	7.5	7.5	8.0	•
Total Liabilities to Net Worth **31**	1.6	•	3.1	5.0	1.7	1.4	1.7	1.5	1.6	1.8	1.9	1.2	1.5

Selected Financial Factors (in Percentages)

Debt Ratio **32**	61.0	•	75.4	83.2	62.6	57.8	62.6	60.2	60.7	64.6	65.4	53.4	60.3
Return on Assets **33**	11.6	•	•	27.8	20.1	13.2	14.8	12.0	10.0	9.7	7.7	9.4	9.1
Return on Equity **34**	17.8	•	•	•	•	21.8	27.4	19.7	15.3	14.2	9.9	10.5	11.3
Return Before Interest on Equity **35**	29.6	•	•	•	•	31.3	•	30.1	25.4	27.5	22.2	20.2	22.9
Profit Margin, Before Income Tax **36**	4.4	17.9	7.2	4.8	5.5	3.4	4.3	4.0	3.9	5.0	2.8	5.4	4.2
Profit Margin, After Income Tax **37**	3.5	17.7	7.0	4.7	5.2	3.1	3.8	3.4	3.4	4.0	2.1	4.0	2.7

Trends in Selected Ratios and Factors, 1990-1999

	1990	1991	1992	1993	1994	1995	1996	1997	1998	1999
Cost of Operations (%) **38**	37.7	38.2	33.7	37.3	34.0	34.6	30.8	30.9	30.5	31.2
Operating Margin (%) **39**	1.5	0.7	1.7	1.1	1.1	1.3	1.9	2.2	1.9	1.7
Oper. Margin Before Officers Comp. (%) **40**	3.3	2.8	3.9	2.9	3.0	3.2	3.9	4.1	3.7	3.5
Average Net Receivables ($) **41**	211	185	179	237	210	196	214	240	280	253
Average Inventories ($) **42**	17	13	10	14	12	12	13	14	16	15
Average Net Worth ($) **43**	558	498	415	487	416	407	412	467	530	499
Current Ratio (×1) **44**	1.2	1.2	1.2	1.2	1.2	1.2	1.1	1.2	1.2	1.2
Quick Ratio (×1) **45**	0.9	0.9	0.9	1.0	0.9	0.9	0.9	0.9	0.9	0.9
Coverage Ratio (×1) **46**	4.1	3.6	4.2	3.7	3.4	3.5	4.2	4.8	4.4	4.1
Asset Turnover (×1) **47**	1.9	1.8	2.1	2.0	2.1	2.1	2.1	2.1	2.1	2.0
Operating Leverage **48**	1.0	0.5	2.4	0.6	1.0	1.3	1.4	1.2	0.9	0.9
Financial Leverage **49**	1.0	1.1	1.1	1.0	1.0	1.0	1.1	1.0	1.0	1.0
Total Leverage **50**	0.9	0.5	2.5	0.6	1.0	1.3	1.5	1.2	0.9	0.9

Table I

Corporations with and without Net Income

WATER TRANSPORTATION

MONEY AMOUNTS AND SIZE OF ASSETS IN THOUSANDS OF DOLLARS

Item Description for Accounting Period 7/95 Through 6/96	Total	Zero Assets	Under 100	100 to 250	251 to 500	501 to 1,000	1,001 to 5,000	5,001 to 10,000	10,001 to 25,000	25,001 to 50,000	50,001 to 100,000	100,001 to 250,000	250,001 and over
Number of Enterprises 1	8150	112	3727	1503	916	592	1009	119	90	19	25	21	16
Revenues ($ in Thousands)													
Net Sales 2	22321243	575112	651037	577470	495775	498552	2501550	1079805	1596839	718245	1573341	2674835	9378680
Portfolio Income 3	962417	3603	15705	778	12936	7832	63773	9552	49315	5008	22190	112000	659727
Other Revenues 4	634157	26415	1046	678	46614	1711	81897	34063	72171	12870	24961	42408	289323
Total Revenues 5	23917817	605130	667788	578926	555325	508095	2647220	1123420	1718325	736123	1620492	2829243	10327730
Average Total Revenues 6	2935	5403	179	385	606	858	2624	9441	19092	38743	64820	134726	645483
Operating Costs/Operating Income (%)													
Cost of Operations 7	53.4	37.4	16.0	38.4	48.8	40.2	53.1	59.6	42.6	56.3	55.3	58.0	58.3
Rent 8	10.3	4.5	7.8	16.2	17.4	12.3	12.0	9.8	12.8	6.3	7.4	12.5	9.3
Taxes Paid 9	2.1	0.6	3.4	4.1	4.4	3.0	2.9	3.2	3.1	3.8	2.3	1.3	1.4
Interest Paid 10	4.1	1.4	2.3	1.4	2.4	2.9	3.2	2.8	3.0	3.2	3.6	4.5	5.3
Depreciation, Depletion, Amortization 11	6.3	4.9	2.2	4.4	6.0	6.7	5.1	5.2	6.5	6.2	8.3	7.6	6.6
Pensions and Other Benefits 12	2.2	0.3	0.6	•	0.8	1.3	0.9	2.1	1.4	3.0	1.8	1.4	3.5
Other 13	24.8	67.5	68.7	32.3	35.6	30.0	26.2	16.6	31.6	17.8	18.3	19.5	20.3
Officers Compensation 14	1.5	0.3	5.2	4.7	3.0	3.0	2.7	1.5	2.4	2.0	1.5	1.0	0.6
Operating Margin 15	•	•	•	•	•	0.8	•	•	•	1.6	1.6	•	•
Oper. Margin Before Officers Compensation 16	•	•	•	3.2	•	3.8	•	0.8	•	3.6	3.1	•	•
Selected Average Balance Sheet ($ in Thousands)													
Net Receivables 17	335	•	6	19	66	106	261	1892	2877	5628	10291	17638	67496
Inventories 18	60	•	1	5	27	12	123	27	404	164	502	3706	11958
Net Property, Plant and Equipment 19	1468	•	13	90	178	459	1222	3559	8674	17881	38959	74739	376876
Total Assets 20	3102	•	39	181	377	726	2049	7464	16376	36464	71029	153329	873376

Notes and Loans Payable 21	1297	•	15	181	357	363	1261	4408	6742	12833	30315	61662	312685
All Other Liabilities 22	772	•	4	40	87	64	541	1941	3964	8479	13919	50145	212820
Net Worth 23	1033	•	20	-40	-68	300	247	1115	5670	15152	26795	41522	347871

Selected Financial Ratios (Times to 1)

Current Ratio 24	1.1	•	3.7	1.5	1.3	1.7	0.9	1.1	1.6	1.8	1.1	0.9	1.0
Quick Ratio 25	0.8	•	3.0	1.4	0.9	1.3	0.6	0.8	1.0	1.7	0.9	0.6	0.7
Net Sales to Working Capital 26	•	•	12.3	17.0	14.4	11.3	•	•	7.9	6.6	28.9	•	•
Coverage Ratio 27	1.7	•	•	0.1	•	2.0	0.9	2.2	2.4	2.3	2.3	1.1	2.1
Total Asset Turnover 28	0.9	•	4.5	2.1	1.4	1.2	1.2	1.2	1.1	1.0	0.9	0.8	0.7
Inventory Turnover 29	•	•	•	•	•	•	•	•	•	•	•	•	•
Receivables Turnover 30	8.3	•	•	•	7.3	6.8	10.0	6.2	6.3	6.5	6.0	7.0	9.0
Total Liabilities to Net Worth 31	2.0	•	1.0	•	•	1.4	7.3	5.7	1.9	1.4	1.7	2.7	1.5

Selected Financial Factors (in Percentages)

Debt Ratio 32	66.7	•	48.5	•	•	58.7	88.0	85.1	65.4	58.5	62.3	72.9	60.2
Return on Assets 33	6.1	•	•	0.3	•	6.5	3.6	7.4	7.7	7.6	7.4	4.1	7.4
Return on Equity 34	3.7	•	•	14.8	•	6.9	•	15.5	8.1	6.8	7.4	•	6.1
Return Before Interest on Equity 35	18.3	•	•	•	31.8	15.8	29.7	•	22.3	18.2	19.6	14.9	18.5
Profit Margin, Before Income Tax 36	2.8	•	•	•	•	2.7	•	3.3	4.2	4.1	4.8	0.4	5.7
Profit Margin, After Income Tax 37	1.4	•	•	•	•	2.4	•	1.9	2.6	2.7	3.2	•	3.6

Trends in Selected Ratios and Factors, 1990-1999

	1990	1991	1992	1993	1994	1995	1996	1997	1998	1999
Cost of Labor (%) 38	64.5	60.4	58.5	58.3	60.8	55.6	52.7	53.4	52.7	53.4
Operating Margin (%) 39	•	•	•	•	•	•	•	•	•	•
Oper. Margin Before Officers Comp. (%) 40	•	•	•	•	•	•	•	•	•	•
Average Net Receivables ($) 41	388	390	445	515	433	413	264	323	301	335
Average Inventories ($) 42	79	66	84	89	91	51	56	57	47	60
Average Net Worth ($) 43	1145	670	670	834	785	854	702	896	908	1033
Current Ratio (×1) 44	1.1	1.1	1.1	1.1	1.1	1.1	1.0	1.2	1.1	1.1
Quick Ratio (×1) 45	0.7	0.7	0.8	0.8	0.8	0.8	0.7	0.9	0.8	0.8
Coverage Ratio (×1) 46	0.3	0.7	1.8	1.7	1.5	1.8	1.6	1.7	1.7	1.7
Asset Turnover (×1) 47	0.7	0.9	0.9	0.9	0.9	0.9	0.9	0.9	1.0	0.9
Total Liabilities/Net Worth (×1) 48	2.0	3.2	3.2	3.0	2.5	2.2	2.3	2.1	2.0	2.0
Return on Assets (×1) 49	1.1	2.4	6.9	7.6	6.4	6.5	5.3	5.4	5.7	6.1
Return on Equity (%) 50	•	•	8.8	7.9	4.2	5.6	2.7	4.0	3.8	3.7

Table II

Corporations with Net Income

WATER TRANSPORTATION

MONEY AMOUNTS AND SIZE OF ASSETS IN THOUSANDS OF DOLLARS

Item Description for Accounting Period 7/95 Through 6/96	Total	Zero Assets	Under 100	100 to 250	251 to 500	501 to 1,000	1,001 to 5,000	5,001 to 10,000	10,001 to 25,000	25,001 to 50,000	50,001 to 100,000	100,001 to 250,000	250,001 and over
Number of Enterprises **1**	4509	10	2533	591	416	300	465	78	60	12	18	13	13
Revenues ($ in Thousands)													
Net Sales **2**	17778880	36472	607881	431598	369004	361066	1950922	836001	1066506	562193	1316944	1260990	8979303
Portfolio Income **3**	702778	192	12895	63	1729	7437	20213	9019	42477	4537	19230	78912	506074
Other Revenues **4**	468976	-1	18887	•	497	933	28360	31063	57062	11834	19174	16907	284261
Total Revenues **5**	18950634	36663	639663	431661	371230	369436	1999495	876083	1166045	578564	1355348	1356809	9769638
Average Total Revenues **6**	4203	3666	253	730	892	1231	4300	11232	19434	48214	75297	104370	751511
Operating Costs/Operating Income (%)													
Cost of Operations **7**	54.8	85.8	12.9	47.3	46.5	49.1	57.7	63.6	42.9	58.0	59.6	51.5	58.0
Rent **8**	9.3	•	8.3	12.8	11.8	12.4	9.3	7.6	11.5	5.0	6.1	11.3	9.3
Taxes Paid **9**	2.1	7.7	3.1	3.6	2.9	2.7	2.2	3.2	3.1	4.1	2.2	2.2	1.5
Interest Paid **10**	2.6	0.3	1.9	0.8	0.7	1.1	1.1	2.2	3.0	1.5	2.8	4.4	3.1
Depreciation, Depletion, Amortization **11**	5.5	1.2	1.6	2.5	3.4	5.3	2.5	4.3	6.2	4.6	6.7	7.2	6.3
Pensions and Other Benefits **12**	2.4	1.6	0.7	•	•	0.8	0.7	2.3	1.5	3.3	1.5	1.6	3.5
Other **13**	21.9	•	66.3	24.0	30.9	22.4	21.3	12.3	28.3	19.0	15.7	18.4	20.4
Officers Compensation **14**	1.4	•	5.0	5.0	2.8	2.6	2.4	1.5	2.0	1.8	1.5	1.5	0.6
Operating Margin **15**	•	3.4	0.4	4.1	1.2	3.8	3.0	3.1	1.5	2.8	3.9	2.0	•
Oper. Margin Before Officers Compensation **16**	1.4	3.4	5.4	9.1	3.9	6.5	5.4	4.5	3.6	4.6	5.4	3.5	•
Selected Average Balance Sheet ($ in Thousands)													
Net Receivables **17**	491	•	3	45	72	172	469	1638	3098	7500	11226	16890	81167
Inventories **18**	81	•	1	13	25	16	185	30	190	69	544	3370	14364
Net Property, Plant and Equipment **19**	1860	•	12	55	109	350	849	2853	8220	13972	40649	67928	406228
Total Assets **20**	4231		41	174	329	750	2151	7379	15666	36908	73612	150534	943846

Notes and Loans Payable 21	1370	•	10	51	134	256	730	2703	6126	6120	27994	48411	297235
All Other Liabilities 22	1065	•	3	49	71	101	632	1995	3735	10756	15015	40130	239399
Net Worth 23	1796	•	28	73	123	393	789	2681	5805	20031	30603	61993	407212

Selected Financial Ratios (Times to 1)

Current Ratio 24	1.2	•	3.3	2.4	2.0	1.8	1.3	1.0	1.4	2.0	1.2	1.3	1.0
Quick Ratio 25	0.8	•	2.7	2.1	1.7	1.5	0.9	0.7	1.1	1.9	1.0	0.9	0.6
Net Sales to Working Capital 26	30.6	•	17.2	10.9	8.8	9.9	19.8	•	10.3	5.3	18.2	12.1	•
Coverage Ratio 27	3.6	12.9	4.0	6.3	3.6	6.7	5.9	4.6	4.7	5.0	3.5	3.4	3.2
Total Asset Turnover 28	0.9	•	5.9	4.2	2.7	1.6	2.0	1.5	1.1	1.3	1.0	0.7	0.7
Inventory Turnover 29	•	•	•	•	•	•	•	•	•	•	•	•	•
Receivables Turnover 30	8.1	•	•	•	•	5.4	9.3	6.7	6.3	5.9	7.3	5.0	8.8
Total Liabilities to Net Worth 31	1.4	•	0.5	1.4	1.7	0.9	1.7	1.8	1.7	0.9	1.4	1.4	1.3

Selected Financial Factors (in Percentages)

Debt Ratio 32	57.6	•	30.6	58.0	62.5	47.6	63.3	63.7	63.0	45.7	58.4	58.8	56.9
Return on Assets 33	8.9	•	•	20.5	6.6	11.6	12.8	14.5	15.7	9.2	9.8	9.5	7.2
Return on Equity 34	11.2	•	•	37.2	10.8	17.5	25.3	24.3	26.1	9.6	12.4	12.3	7.7
Return Before Interest on Equity 35	20.9	•	•	•	17.6	22.1	34.9	•	•	16.9	23.5	23.1	16.6
Profit Margin, Before Income Tax 36	6.9	3.9	5.6	4.1	1.8	6.1	5.5	7.9	10.9	5.8	7.0	10.4	6.7
Profit Margin, After Income Tax 37	5.1	3.8	5.4	3.7	1.5	5.7	4.8	6.1	8.5	4.1	5.2	7.8	4.5

Trends in Selected Ratios and Factors, 1990-1999

	1990	1991	1992	1993	1994	1995	1996	1997	1998	1999
Cost of Operations (%) 38	59.1	56.3	57.5	52.8	56.8	56.1	54.5	54.2	51.5	54.8
Operating Margin (%) 39	•	•	•	•	•	•	•	•	•	•
Oper. Margin Before Officers Comp. (%) 40	•	•	•	•	0.5	•	•	•	1.7	1.4
Average Net Receivables ($) 41	547	593	894	1213	703	614	582	442	437	491
Average Inventories ($) 42	114	111	126	183	149	65	94	71	59	81
Average Net Worth ($) 43	1605	1724	1916	2123	1460	1557	1845	1557	1474	1796
Current Ratio (×1) 44	1.3	1.5	1.3	1.3	1.2	1.1	1.1	1.3	1.1	1.2
Quick Ratio (×1) 45	0.8	1.0	1.0	1.0	0.9	0.9	0.8	1.0	0.8	0.8
Coverage Ratio (×1) 46	2.6	3.1	3.0	2.8	2.8	2.9	3.1	2.8	3.2	3.6
Asset Turnover (×1) 47	0.9	1.0	0.9	0.9	0.9	0.8	1.0	0.9	1.0	0.9
Operating Leverage 48	0.7	0.6	1.3	0.9	0.5	2.1	0.9	1.0	•	•
Financial Leverage 49	1.3	1.0	1.1	0.9	1.0	1.0	1.0	1.0	1.1	1.0
Total Leverage 50	0.9	0.6	1.4	0.9	0.5	2.1	0.9	0.9	•	•

Table I

Corporations with and without Net Income

TRANSPORTATION BY AIR

MONEY AMOUNTS AND SIZE OF ASSETS IN THOUSANDS OF DOLLARS

Item Description for Accounting Period 7/95 Through 6/96	Total	Zero Assets	Under 100	100 to 250	251 to 500	501 to 1,000	1,001 to 5,000	5,001 to 10,000	10,001 to 25,000	25,001 to 50,000	50,001 to 100,000	100,001 to 250,000	250,001 and over
Number of Enterprises **1**	7844	1098	2816	1297	807	869	635	159	71	34	18	15	24
Revenues ($ in Thousands)													
Net Sales **2**	108242688	244554	193885	297609	618976	623376	1213905	1225881	1898620	1703042	2254948	2814932	95152959
Portfolio Income **3**	2474358	38621	9485	681	15890	56206	50163	10182	25568	29482	17781	58058	2162242
Other Revenues **4**	1904053	25825	1426	10435	1020	24295	47917	37917	13701	35676	157554	103973	1444315
Total Revenues **5**	112621099	309000	204796	308725	635886	703877	1311985	1273980	1937889	1768200	2430283	2976963	98759516
Average Total Revenues **6**	14358	281	73	238	788	810	2066	8012	27294	52006	135016	198464	4114980
Operating Costs/Operating Income (%)													
Cost of Operations **7**	21.4	39.0	20.8	5.4	48.9	55.1	54.5	64.2	58.6	48.9	42.7	38.6	17.8
Rent **8**	21.1	0.6	19.3	0.7	8.3	14.2	11.9	8.2	10.7	15.5	16.2	12.6	22.3
Taxes Paid **9**	2.8	0.5	3.7	0.8	3.4	3.7	3.2	1.7	2.4	2.0	2.2	2.0	2.9
Interest Paid **10**	3.2	3.7	1.6	2.7	1.6	3.6	4.7	1.1	1.6	2.0	1.0	3.0	3.3
Depreciation, Depletion, Amortization **11**	7.2	17.1	3.4	8.4	5.2	17.2	12.6	9.1	4.2	3.2	2.9	7.6	7.3
Pensions and Other Benefits **12**	5.5	0.5	1.0	•	1.2	0.6	0.8	0.5	1.2	1.8	1.8	2.8	6.1
Other **13**	40.7	69.1	56.9	99.5	33.8	32.0	30.5	26.8	23.1	30.9	39.4	37.3	41.5
Officers Compensation **14**	0.4	0.4	14.1	1.0	6.4	1.7	2.5	1.1	1.9	0.9	0.6	0.7	0.2
Operating Margin **15**	•	•	•	•	•	•	•	•	•	•	•	•	•
Oper. Margin Before Officers Compensation **16**	•	•	•	•	•	•	•	•	•	•	•	•	•
Selected Average Balance Sheet ($ in Thousands)													
Net Receivables **17**	1256	•	2	37	57	34	170	962	3883	5840	16071	16973	351857
Inventories **18**	320	•	1	0	35	33	143	241	1255	2264	3942	14120	77973
Net Property, Plant and Equipment **19**	6988	•	20	80	185	436	1635	4249	6199	16720	21120	86610	2071758
Total Assets **20**	12409	•	35	151	365	719	2257	6463	17294	32569	72250	165110	3647775

Notes and Loans Payable 21	4211	•	35	241	287	332	2177	3786	9477	15811	15220	63403	1153253
All Other Liabilities 22	6194	•	2	67	57	116	355	1553	10321	15578	35165	89881	1859427
Net Worth 23	2004	•	-2	-158	20	271	-275	1124	-2505	1179	21865	11825	635094

Selected Financial Ratios (Times to 1)

Current Ratio 24	0.8	•	2.6	0.5	2.0	1.3	1.0	1.0	0.8	0.7	1.2	0.7	0.8
Quick Ratio 25	0.5	•	1.7	0.5	1.2	0.6	0.7	0.7	0.6	0.5	0.9	0.3	0.5
Net Sales to Working Capital 26	•	•	13.6	•	10.2	21.3	•	•	•	•	24.3	•	•
Coverage Ratio 27	1.6	•	•	•	•	•	•	•	0.0	0.4	1.9	1.4	1.8
Total Asset Turnover 28	1.1	•	2.0	1.5	2.1	1.0	0.9	1.2	1.6	1.5	1.7	1.1	1.1
Inventory Turnover 29	9.4	•	•	•	•	•	6.3	•	•	•	•	5.8	9.0
Receivables Turnover 30	•	•	•	7.8	•	•	8.1	9.9	6.8	7.7	9.5	9.0	•
Total Liabilities to Net Worth 31	5.2	•	•	•	16.9	1.7	•	4.8	•	26.6	2.3	13.0	4.8

Selected Financial Factors (in Percentages)

Debt Ratio 32	83.9	•	•	•	94.4	62.3	•	82.6	•	96.4	69.7	92.8	82.6
Return on Assets 33	5.5	•	•	•	•	•	•	•	•	1.1	3.4	4.8	6.3
Return on Equity 34	7.4	•	•	21.7	•	•	•	•	21.4	•	3.1	7.9	11.1
Return Before Interest on Equity 35	34.0	•	•	17.6	•	•	•	•	•	30.6	11.1	•	•
Profit Margin, Before Income Tax 36	1.8	•	•	•	•	•	•	•	•	•	0.9	1.2	2.5
Profit Margin, After Income Tax 37	1.1	•	•	•	•	•	•	•	•	•	0.5	0.5	1.8

Trends in Selected Ratios and Factors, 1990-1999

	1990	1991	1992	1993	1994	1995	1996	1997	1998	1999
Cost of Labor (%) 38	41.6	38.2	38.8	40.4	42.3	40.8	38.2	36.3	27.1	21.4
Operating Margin (%) 39	•	•	•	•	•	•	•	•	•	•
Oper. Margin Before Officers Comp. (%) 40	•	•	•	•	•	•	•	•	•	•
Average Net Receivables ($) 41	800	953	1210	908	1812	1504	1310	1054	1152	1256
Average Inventories ($) 42	156	250	319	247	384	309	270	302	313	320
Average Net Worth ($) 43	2035	2512	2447	1476	898	520	-50	1194	1270	2004
Current Ratio (×1) 44	0.9	1.0	0.9	0.8	0.7	0.7	0.7	0.7	0.8	0.8
Quick Ratio (×1) 45	0.5	0.5	0.6	0.5	0.5	0.5	0.5	0.5	0.5	0.5
Coverage Ratio (×1) 46	0.7	1.9	2.6	1.6	0.4	•	•	0.2	0.9	1.6
Asset Turnover (×1) 47	0.8	0.9	1.1	1.1	1.1	0.9	1.0	1.1	1.1	1.1
Total Liabilities/Net Worth (×1) 48	2.8	2.5	3.2	4.4	12.9	21.0	•	8.0	8.6	5.2
Return on Assets (×1) 49	2.3	6.3	8.5	5.5	1.2	•	•	0.8	3.0	5.5
Return on Equity (%) 50	•	5.7	12.7	5.4	•	•	1078.7	•	•	7.4

Table II

Corporations with Net Income

TRANSPORTATION BY AIR

MONEY AMOUNTS AND SIZE OF ASSETS IN THOUSANDS OF DOLLARS

Item Description for Accounting Period 7/95 Through 6/96	Total	Zero Assets	Under 100	100 to 250	251 to 500	501 to 1,000	1,001 to 5,000	5,001 to 10,000	10,001 to 25,000	25,001 to 50,000	50,001 to 100,000	100,001 to 250,000	250,001 and over
Number of Enterprises **1**	2927	279	1034	595	410	287	169	54	42	16	12	9	19
Revenues ($ in Thousands)													
Net Sales **2**	68508992	37139	125249	265687	390917	451729	383047	949612	1508910	1195539	1380625	2203354	59617184
Portfolio Income **3**	1926354	38512	9478	192	15890	55952	31282	6588	21995	5649	12923	39146	1688748
Other Revenues **4**	1486907	11503	348	10259	1021	19393	27445	20205	11947	20158	145437	36934	1182256
Total Revenues **5**	71922253	87154	135075	276138	407828	527074	441774	976405	1542852	1221346	1538985	2279434	62488188
Average Total Revenues **6**	24572	312	131	464	995	1836	2614	18082	36735	76334	128249	253270	3288852
Operating Costs/Operating Income (%)													
Cost of Operations **7**	19.6	43.9	8.7	6.1	43.3	59.2	49.7	76.7	59.0	44.7	40.2	43.4	15.3
Rent **8**	18.9	1.8	26.9	•	9.6	8.5	7.9	8.6	9.2	17.8	16.0	9.9	20.0
Taxes Paid **9**	3.0	2.7	5.0	0.4	3.6	3.1	4.8	1.4	2.6	1.7	2.4	1.7	3.1
Interest Paid **10**	3.0	6.2	1.4	1.7	1.0	1.5	5.8	0.8	0.8	1.5	1.2	1.9	3.2
Depreciation, Depletion, Amortization **11**	6.2	24.1	3.4	3.5	3.9	8.0	11.1	2.4	2.4	2.1	2.8	6.1	6.5
Pensions and Other Benefits **12**	5.1	3.0	1.5	•	1.7	0.2	2.0	0.6	0.8	1.7	1.9	1.7	5.6
Other **13**	44.3	17.8	30.2	88.8	29.7	24.3	18.7	8.6	21.1	28.9	41.6	34.9	46.5
Officers Compensation **14**	0.5	2.1	20.3	•	5.2	1.3	4.9	1.1	2.0	0.8	0.5	0.6	0.3
Operating Margin **15**	•	•	2.7	•	2.0	•	•	•	2.2	0.9	•	•	•
Oper. Margin Before Officers Compensation **16**	•	0.6	23.0	•	7.2	•	•	1.0	4.1	1.7	•	0.4	•
Selected Average Balance Sheet ($ in Thousands)													
Net Receivables **17**	1990	•	•	57	54	49	85	2384	5195	9519	17369	21741	254617
Inventories **18**	445	•	2	0	66	70	202	238	1581	2232	5449	21779	44261
Net Property, Plant and Equipment **19**	10520	•	21	73	135	342	1358	2503	4477	14775	17239	94364	1512060
Total Assets **20**	19616	•	39	151	345	725	2238	6654	17121	34430	72662	181816	2758974

Notes and Loans Payable 21	5959	•	4	126	165	183	1373	1668	10784	11623	17188	42820	825807
All Other Liabilities 22	9547	•	2	24	61	233	231	2666	14568	16144	31932	71730	1355477
Net Worth 23	4110	•	33	1	119	309	635	2320	-8231	6662	23542	67266	577690

Selected Financial Ratios (Times to 1)

Current Ratio 24	0.9	•	3.7	1.1	1.5	1.5	2.1	1.3	0.7	0.8	1.4	1.2	0.9
Quick Ratio 25	0.6	•	0.8	1.0	0.8	0.8	1.4	1.1	0.5	0.6	1.0	0.6	0.6
Net Sales to Working Capital 26	•	•	19.4	•	20.4	23.0	5.1	22.8	•	•	10.2	26.1	•
Coverage Ratio 27	2.5	•	8.8	3.1	7.2	8.3	2.8	4.7	6.5	3.1	5.0	2.7	2.4
Total Asset Turnover 28	1.2	•	3.1	3.0	2.8	2.2	1.0	2.7	2.1	2.2	1.6	1.4	1.1
Inventory Turnover 29	•	•	4.9	•	•	•	3.7	•	•	•	•	5.7	•
Receivables Turnover 30	•	•	•	8.7	•	•	4.7	9.3	6.5	7.7	7.8	•	•
Total Liabilities to Net Worth 31	3.8	•	0.2	•	1.9	1.4	2.5	1.9	•	4.2	2.1	1.7	3.8

Selected Financial Factors (in Percentages)

Debt Ratio 32	79.1	•	16.9	99.4	65.6	57.4	71.6	65.1	•	80.7	67.6	63.0	79.1
Return on Assets 33	9.0	•	36.7	15.3	20.2	26.5	16.4	9.2	10.8	9.8	9.7	6.9	8.7
Return on Equity 34	20.2	•	39.2	•	•	•	30.3	19.6	•	32.7	20.8	8.5	18.4
Return Before Interest on Equity 35	•	•	•	•	•	•	•	26.3	•	•	30.0	18.5	•
Profit Margin, Before Income Tax 36	4.5	•	10.5	3.5	6.3	10.7	10.4	2.7	4.4	3.1	4.9	3.2	4.4
Profit Margin, After Income Tax 37	3.5	•	10.5	3.3	6.2	10.7	8.5	2.6	3.7	2.9	4.3	2.3	3.4

Trends in Selected Ratios and Factors, 1990-1999

	1990	1991	1992	1993	1994	1995	1996	1997	1998	1999
Cost of Operations (%) 38	30.5	35.0	35.7	34.5	48.4	50.5	41.7	41.4	29.2	19.6
Operating Margin (%) 39	•	•	1.0	•	•	•	•	2.0	•	•
Oper. Margin Before Officers Comp. (%) 40	•	•	1.5	•	•	•	0.9	2.7	0.2	•
Average Net Receivables ($) 41	2443	1875	2715	1910	2438	869	577	952	2301	1990
Average Inventories ($) 42	514	470	740	480	870	304	143	254	497	445
Average Net Worth ($) 43	6723	6052	7589	3995	5921	871	1262	2046	3461	4110
Current Ratio (×1) 44	1.0	1.1	0.8	0.8	0.8	1.0	1.2	1.1	0.9	0.9
Quick Ratio (×1) 45	0.6	0.6	0.6	0.5	0.6	0.7	0.9	0.9	0.7	0.6
Coverage Ratio (×1) 46	2.3	3.1	4.8	3.4	2.4	1.9	2.8	3.8	2.4	2.5
Asset Turnover (×1) 47	0.9	0.9	1.1	1.1	1.2	1.3	1.3	1.4	1.2	1.2
Operating Leverage 48	2.9	0.7	•	•	0.7	4.4	•	83.5	•	1.7
Financial Leverage 49	0.9	1.1	1.1	1.0	0.7	1.1	1.2	1.2	0.8	1.1
Total Leverage 50	2.8	0.8	•	•	0.4	4.6	•	99.8	•	1.8

PIPE LINES, EXCEPT NATURAL GAS

MONEY AMOUNTS AND SIZE OF ASSETS IN THOUSANDS OF DOLLARS

Item Description for Accounting Period 7/95 Through 6/96		Total	Zero Assets	Under 100	100 to 250	251 to 500	501 to 1,000	1,001 to 5,000	5,001 to 10,000	10,001 to 25,000	25,001 to 50,000	50,001 to 100,000	100,001 to 250,000	250,001 and over
Number of Enterprises	1	160	16	•	66	•	•	36	•	20	12	4	5	•
Revenues ($ in Thousands)														
Net Sales	2	2101036	3910	•	•	•	•	100273	•	203628	290058	130694	1372474	•
Portfolio Income	3	44588	259	•	•	•	•	248	•	3408	2439	7635	30598	•
Other Revenues	4	134853	11671	•	2321	•	•	136	•	13089	29289	24814	53533	•
Total Revenues	5	2280477	15840	•	2321	•	•	100657	•	220125	321786	163143	1456605	•
Average Total Revenues	6	14253	990	•	35	•	•	2796	•	11006	26816	40786	291321	•
Operating Costs/Operating Income (%)														
Cost of Operations	7	43.2	•	•	•	•	•	14.6	•	22.8	25.7	53.9	51.1	•
Rent	8	4.3	•	•	•	•	•	2.8	•	7.9	6.0	7.7	3.2	•
Taxes Paid	9	4.9	1.2	•	•	•	•	5.4	•	5.4	6.8	7.0	4.2	•
Interest Paid	10	4.4	•	•	•	•	•	1.3	•	1.2	6.4	4.7	4.6	•
Depreciation, Depletion, Amortization	11	3.8	73.3	•	•	•	•	3.8	•	3.8	3.6	7.9	3.2	•
Pensions and Other Benefits	12	1.1	•	•	•	•	•	•	•	0.5	1.7	1.3	1.1	•
Other	13	13.4	•	•	•	•	•	47.1	•	19.2	15.5	21.3	7.7	•
Officers Compensation	14	0.2	•	•	•	•	•	•	•	•	0.5	0.2	0.2	•
Operating Margin	15	24.9	•	•	•	•	•	25.1	•	39.5	33.9	•	24.7	•
Oper. Margin Before Officers Compensation	16	25.1	•	•	•	•	•	25.1	•	39.5	34.3	•	24.9	•
Selected Average Balance Sheet ($ in Thousands)														
Net Receivables	17	2624	•	•	40	•	•	1344	•	1218	2656	5526	58083	•
Inventories	18	285	•	•	•	•	•	136	•	178	466	1134	5389	•
Net Property, Plant and Equipment	19	10558	•	•	•	•	•	1376	•	9298	18012	48672	208597	•
Total Assets	20	17058	•	•	237	•	•	3035	•	17420	33811	62944	319700	•

Notes and Loans Payable 21	6869	•	•	•	•	•	476	•	776	14489	19916	162579	•
All Other Liabilities 22	6312	•	•	825	•	•	299	•	7779	10725	16583	118823	•
Net Worth 23	3877	•	•	-588	•	•	2259	•	8865	8596	26444	38299	•

Selected Financial Ratios (Times to 1)

Current Ratio 24	1.3	•	•	0.2	•	•	1.6	•	1.4	1.1	1.1	1.5	•
Quick Ratio 25	0.9	•	•	0.2	•	•	1.4	•	0.7	0.6	0.9	1.2	•
Net Sales to Working Capital 26	12.0	•	•	•	•	•	4.8	•	4.9	38.6	23.9	9.4	•
Coverage Ratio 27	8.7	•	•	•	•	•	•	•	•	8.0	5.5	7.7	•
Total Asset Turnover 28	0.8	•	•	•	•	•	0.9	•	0.6	0.7	0.5	0.9	•
Inventory Turnover 29	•	•	•	•	•	•	3.4	•	•	•	•	•	•
Receivables Turnover 30	4.9	•	•	•	•	•	2.4	•	7.5	8.1	4.8	4.9	•
Total Liabilities to Net Worth 31	3.4	•	•	•	•	•	0.4	•	1.0	2.9	1.4	7.4	•

Selected Financial Factors (in Percentages)

Debt Ratio 32	77.3	•	•	•	•	•	25.6	•	49.1	74.6	58.0	88.0	•
Return on Assets 33	29.1	•	•	•	•	•	24.6	•	28.5	36.6	13.4	30.4	•
Return on Equity 34	•	•	•	11.9	•	•	20.1	•	36.0	•	17.7	•	•
Return Before Interest on Equity 35	•	•	•	11.9	•	•	33.1	•	•	•	31.8	•	•
Profit Margin, Before Income Tax 36	33.4	•	•	•	•	•	25.5	•	•	•	21.0	30.9	•
Profit Margin, After Income Tax 37	21.7	•	•	•	•	•	16.3	•	31.3	28.6	14.3	20.1	•

Trends in Selected Ratios and Factors, 1990-1999

	1990	1991	1992	1993	1994	1995	1996	1997	1998	1999
Cost of Labor (%) 38	68.3	55.1	41.5	40.8	31.8	42.6	36.9	45.0	25.4	43.2
Operating Margin (%) 39	4.0	13.7	27.9	29.5	32.6	24.5	24.2	24.4	30.3	24.9
Oper. Margin Before Officers Comp. (%) 40	4.3	13.9	28.1	29.8	32.8	24.8	24.6	24.6	30.9	25.1
Average Net Receivables ($) 41	5421	2494	3996	4258	2381	3728	1064	2677	2630	2624
Average Inventories ($) 42	2229	462	591	248	210	570	131	288	107	285
Average Net Worth ($) 43	15670	9134	9499	12139	3538	4042	2342	6178	3011	3877
Current Ratio (×1) 44	0.7	0.8	0.8	0.7	0.7	1.0	1.0	1.1	1.1	1.3
Quick Ratio (×1) 45	0.5	0.6	0.6	0.6	0.6	0.6	0.5	0.6	0.8	0.9
Coverage Ratio (×1) 46	2.5	3.6	7.6	7.6	6.4	7.0	7.5	9.3	7.9	8.7
Asset Turnover (×1) 47	1.0	1.5	0.8	0.8	0.6	0.7	0.7	0.8	0.6	0.8
Total Liabilities/Net Worth (×1) 48	2.5	2.9	3.2	2.6	6.3	10.3	4.5	3.7	4.4	3.4
Return on Assets (×1) 49	12.7	37.3	28.2	28.7	27.3	23.0	25.5	28.2	26.5	29.1
Return on Equity (%) 50	12.2	62.9	67.8	59.4	112.2	145.2	80.0	78.6	80.3	73.4

Table II

Corporations with Net Income

PIPE LINES, EXCEPT NATURAL GAS

MONEY AMOUNTS AND SIZE OF ASSETS IN THOUSANDS OF DOLLARS

Item Description for Accounting Period 7/95 Through 6/96	Total	Zero Assets	Under 100	100 to 250	251 to 500	501 to 1,000	1,001 to 5,000	5,001 to 10,000	10,001 to 25,000	25,001 to 50,000	50,001 to 100,000	100,001 to 250,000	250,001 and over
Number of Enterprises 1	72	•	•	•	•	•	15	•	20	•	4	5	•
Revenues ($ in Thousands)													
Net Sales 2	2096515	•	•	•	•	•	98700	•	203628	•	130694	1372474	•
Portfolio Income 3	43597	•	•	•	•	•	248	•	3408	•	7635	30598	•
Other Revenues 4	132434	•	•	•	•	•	52	•	13089	•	24814	53533	•
Total Revenues 5	2272546	•	•	•	•	•	99000	•	220125	•	163143	1456605	•
Average Total Revenues 6	31563	•	•	•	•	•	6600	•	11006	•	40786	291321	•
Operating Costs/Operating Income (%)													
Cost of Operations 7	43.3	•	•	•	•	•	14.8	•	22.8	•	53.9	51.1	•
Rent 8	4.3	•	•	•	•	•	1.8	•	7.9	•	7.7	3.2	•
Taxes Paid 9	4.9	•	•	•	•	•	5.5	•	5.4	•	7.0	4.2	•
Interest Paid 10	4.3	•	•	•	•	•	1.3	•	1.2	•	4.7	4.6	•
Depreciation, Depletion, Amortization 11	3.8	•	•	•	•	•	3.8	•	3.8	•	7.9	3.2	•
Pensions and Other Benefits 12	1.0	•	•	•	•	•	•	•	0.5	•	1.3	1.1	•
Other 13	12.7	•	•	•	•	•	46.2	•	19.2	•	21.3	7.7	•
Officers Compensation 14	0.2	•	•	•	•	•	•	•	•	•	0.2	0.2	•
Operating Margin 15	25.6	•	•	•	•	•	26.6	•	39.5	•	•	24.7	•
Oper. Margin Before Officers Compensation 16	25.8	•	•	•	•	•	26.6	•	39.5	•	•	24.9	•
Selected Average Balance Sheet ($ in Thousands)													
Net Receivables 17	5288	•	•	•	•	•	820	•	1218	•	5526	58083	•
Inventories 18	633	•	•	•	•	•	327	•	178	•	1134	5389	•
Net Property, Plant and Equipment 19	23412	•	•	•	•	•	3302	•	9298	•	48672	208597	•
Total Assets 20	36453	•	•	•	•	•	4702	•	17420	•	62944	319700	•

Notes and Loans Payable 21	15119	·	·	·	1143	·	776	·	19916	162579
All Other Liabilities 22	13132				1681		7779		16583	118823
Net Worth 23	8203				1878		8865		26444	38299

Selected Financial Ratios (Times to 1)

Current Ratio 24	1.3	·	·	·	0.6	·	1.4	·	1.1	1.5
Quick Ratio 25	1.0				0.4		0.7		0.9	1.2
Net Sales to Working Capital 26	11.7				·		4.9		23.9	9.4
Coverage Ratio 27	8.9				·		·		5.5	7.7
Total Asset Turnover 28	0.8				1.4		0.6		0.5	0.9
Inventory Turnover 29	·				4.0		·		·	·
Receivables Turnover 30	5.5				·		7.5		·	9.5
Total Liabilities to Net Worth 31	3.5				1.5		1.0		1.4	7.4

Selected Financial Factors (in Percentages)

Debt Ratio 32	77.5	·	·	·	60.1	·	49.1	·	58.0	88.0
Return on Assets 33	30.6				39.5		28.5		13.4	30.4
Return on Equity 34	·				·		36.0		17.7	·
Return Before Interest on Equity 35	·				·		·		31.8	·
Profit Margin, Before Income Tax 36	34.0				26.9		·		21.0	30.9
Profit Margin, After Income Tax 37	22.2				17.5		31.3		14.3	20.1

Trends in Selected Ratios and Factors, 1990-1999

	1990	1991	1992	1993	1994	1995	1996	1997	1998	1999
Cost of Operations (%) 38	47.1	54.7	41.5	39.3	31.8	41.5	36.9	43.7	25.5	43.3
Operating Margin (%) 39	25.7	14.1	27.9	30.9	36.0	28.0	25.2	26.0	33.5	25.6
Oper. Margin Before Officers Comp. (%) 40	25.9	14.3	28.1	31.1	36.1	28.3	25.7	26.2	34.1	25.8
Average Net Receivables ($) 41	3104	3203	3996	4146	1847	3737	2005	3667	3118	5288
Average Inventories ($) 42	498	527	591	269	221	386	295	380	130	633
Average Net Worth ($) 43	10687	11423	9499	11945	5564	6641	4859	7885	2919	8203
Current Ratio (×1) 44	0.9	0.8	0.8	0.6	0.5	1.1	1.0	1.2	1.1	1.3
Quick Ratio (×1) 45	0.7	0.6	0.6	0.6	0.5	0.7	0.6	0.6	0.8	1.0
Coverage Ratio (×1) 46	7.3	3.6	7.6	8.3	7.4	8.2	7.7	9.9	8.4	8.9
Asset Turnover (×1) 47	0.8	1.6	0.8	0.8	0.7	0.8	0.7	0.8	0.6	0.8
Operating Leverage 48	3.7	0.6	2.0	1.1	1.2	0.8	0.9	1.0	1.3	0.8
Financial Leverage 49	1.3	0.9	1.3	1.0	1.0	1.0	1.0	1.0	1.0	1.0
Total Leverage 50	4.7	0.5	2.6	1.1	1.2	0.8	0.9	1.1	1.3	0.8

TRANSPORTATION SERVICES, NOT ELSEWHERE CLASSIFIED

MONEY AMOUNTS AND SIZE OF ASSETS IN THOUSANDS OF DOLLARS

Item Description for Accounting Period 7/95 Through 6/96		Total	Zero Assets	Under 100	100 to 250	251 to 500	501 to 1,000	1,001 to 5,000	5,001 to 10,000	10,001 to 25,000	25,001 to 50,000	50,001 to 100,000	100,001 to 250,000	250,001 and over
Number of Enterprises	1	46056	2140	30275	5946	3130	1989	2021	322	130	55	18	18	10
Revenues ($ in Thousands)														
Net Sales	2	67301127	346284	14581710	4555116	4692315	6350357	12721599	5990583	6365622	2549110	2393424	3359440	3395567
Portfolio Income	3	572209	1692	9988	10093	12072	15958	46667	53433	35412	87331	12001	44026	243538
Other Revenues	4	1692739	69209	139838	26957	21916	149146	172980	110888	90766	209426	60900	109703	531009
Total Revenues	5	69566075	417185	14731536	4592166	4726303	6515461	12941246	6154904	6491800	2845867	2466325	3513169	4170114
Average Total Revenues	6	1510	195	487	772	1510	3276	6403	19115	49937	51743	137018	195176	417011
Operating Costs/Operating Income (%)														
Cost of Operations	7	66.7	46.9	75.1	56.8	61.9	70.6	67.2	73.1	74.4	62.9	62.6	63.8	26.1
Rent	8	9.9	21.3	8.0	10.3	10.1	7.4	9.9	10.5	7.6	11.6	12.9	13.1	17.9
Taxes Paid	9	2.1	6.7	1.3	2.4	2.0	2.5	2.1	2.2	1.3	3.6	1.7	2.1	3.5
Interest Paid	10	1.4	1.4	0.3	0.5	0.5	0.4	0.9	0.9	1.3	1.6	1.1	1.2	13.9
Depreciation, Depletion, Amortization	11	2.9	3.4	0.7	2.2	1.7	1.2	3.0	2.0	2.0	5.1	3.0	3.6	18.0
Pensions and Other Benefits	12	1.0	1.9	0.5	0.5	0.6	0.8	0.8	1.3	1.0	2.2	1.3	1.5	2.5
Other	13	16.1	36.6	13.4	23.4	18.3	14.7	14.9	10.5	11.0	20.1	17.8	15.1	36.0
Officers Compensation	14	2.5	0.9	2.6	4.7	4.0	3.3	2.8	2.0	1.2	1.7	1.1	1.3	0.5
Operating Margin	15	•	•	•	•	1.0	•	•	•	0.2	•	•	•	•
Oper. Margin Before Officers Compensation	16	0.1	•	0.9	4.0	5.0	2.4	1.3	•	1.4	•	•	•	•
Selected Average Balance Sheet ($ in Thousands)														
Net Receivables	17	133	•	4	26	99	258	684	2267	5910	6737	20150	33223	80566
Inventories	18	7	•	0	0	4	18	15	59	878	262	520	1011	5973
Net Property, Plant and Equipment	19	243	•	10	49	105	188	710	2444	4432	12975	28256	41477	512128
Total Assets	20	672	•	30	162	364	732	2184	6643	16873	34025	74975	133208	1212331

Notes and Loans Payable 21	245	•	30	61	119	216	889	2248	8318	13111	20576	31803	392091
All Other Liabilities 22	244	•	13	49	124	365	960	2654	6527	11506	28696	49828	374857
Net Worth 23	183	•	-13	52	120	150	334	1742	2029	9409	25704	51577	445382

Selected Financial Ratios (Times to 1)

Current Ratio 24	1.0	•	1.0	1.7	1.4	1.4	1.0	1.1	1.3	1.1	0.9	1.1	0.8
Quick Ratio 25	0.8	•	0.9	1.5	1.2	1.2	0.8	0.9	1.0	0.8	0.8	0.8	0.4
Net Sales to Working Capital 26	•	•	•	21.6	23.5	25.8	•	•	23.7	44.6	•	•	•
Coverage Ratio 27	1.7	2.0	•	1.2	4.6	5.6	1.3	1.4	2.8	2.9	2.5	3.7	1.3
Total Asset Turnover 28	2.2	•	•	4.7	4.1	4.4	2.9	2.8	2.9	1.4	1.8	1.4	0.3
Inventory Turnover 29	•	•	•	•	•	•	•	•	•	•	•	•	•
Receivables Turnover 30	•	•	•	•	•	•	9.7	9.4	8.2	7.2	4.7	6.2	3.8
Total Liabilities to Net Worth 31	2.7	•	•	2.1	2.0	3.9	5.5	2.8	7.3	2.6	1.9	1.6	1.7

Selected Financial Factors (in Percentages)

Debt Ratio 32	72.7	•	•	68.0	66.9	79.5	84.7	73.8	88.0	72.4	65.7	61.3	63.3
Return on Assets 33	5.2	•	•	2.6	9.1	9.2	3.2	3.5	10.1	6.2	4.6	6.1	5.2
Return on Equity 34	5.0	•	26.2	•	19.4	32.9	0.1	1.8	39.0	10.3	6.1	8.0	1.9
Return Before Interest on Equity 35	19.0	•	14.9	8.0	27.5	•	21.1	13.1	•	22.6	13.5	15.8	14.1
Profit Margin, Before Income Tax 36	1.0	1.4	•	•	1.7	1.7	0.2	0.3	2.2	3.0	1.6	3.2	4.6
Profit Margin, After Income Tax 37	0.6	1.4	•	•	1.6	1.6	•	0.2	1.6	2.1	1.2	2.2	2.5

Trends in Selected Ratios and Factors, 1990-1999

	1990	1991	1992	1993	1994	1995	1996	1997	1998	1999
Cost of Labor (%) 38	66.2	66.2	67.3	65.5	65.9	68.0	61.9	64.9	65.5	66.7
Operating Margin (%) 39	•	•	•	•	•	•	•	•	•	•
Oper. Margin Before Officers Comp. (%) 40	•	•	•	•	•	•	•	•	•	0.1
Average Net Receivables ($) 41	166	139	137	205	205	138	128	142	142	133
Average Inventories ($) 42	20	14	8	18	23	10	8	7	7	7
Average Net Worth ($) 43	165	154	125	166	167	141	91	176	174	183
Current Ratio (×1) 44	1.1	1.0	0.9	1.2	1.1	1.0	0.7	0.9	0.9	1.0
Quick Ratio (×1) 45	0.9	0.8	0.8	0.9	0.9	0.8	0.6	0.7	0.7	0.8
Coverage Ratio (×1) 46	0.9	1.6	1.2	1.4	1.2	1.3	1.3	1.6	1.6	1.7
Asset Turnover (×1) 47	1.5	1.7	1.8	1.6	1.6	2.2	2.2	2.1	2.0	2.2
Total Liabilities/Net Worth (×1) 48	3.6	3.7	4.7	4.4	4.6	3.9	6.1	3.1	3.1	2.7
Return on Assets (×1) 49	4.1	6.6	5.8	7.6	5.8	5.3	4.8	5.0	5.2	5.2
Return on Equity (%) 50	•	6.2	1.9	8.5	1.2	1.4	2.7	4.7	4.9	5.0

Table II
Corporations with Net Income

TRANSPORTATION SERVICES, NOT ELSEWHERE CLASSIFIED

MONEY AMOUNTS AND SIZE OF ASSETS IN THOUSANDS OF DOLLARS

Item Description for Accounting Period 7/95 Through 6/96		Total	Zero Assets	Under 100	100 to 250	251 to 500	501 to 1,000	1,001 to 5,000	5,001 to 10,000	10,001 to 25,000	25,001 to 50,000	50,001 to 100,000	100,001 to 250,000	250,001 and over
Number of Enterprises	1	24392	•	13985	3403	2406	1252	1278	228	91	43	11	14	•
Revenues ($ in Thousands)														
Net Sales	2	47352662	•	8862360	2979429	3885753	4357826	9509751	4156304	4356941	1854005	1689967	2626942	•
Portfolio Income	3	495242	•	6549	6054	9024	8622	27186	45823	24440	85715	9008	38682	•
Other Revenues	4	1279000	•	72222	20769	19912	139634	138485	100659	89093	191687	36472	92033	•
Total Revenues	5	49126904	•	8941131	3006252	3914689	4506082	9675422	4302786	4470474	2131407	1735447	2757657	•
Average Total Revenues	6	2014	•	639	883	1627	3599	7571	18872	49126	49568	157768	196976	•
Operating Costs/Operating Income (%)														
Cost of Operations	7	64.9	•	75.6	55.5	60.2	70.7	67.7	72.2	72.4	57.4	55.4	61.9	•
Rent	8	9.5	•	7.1	7.6	10.0	7.7	9.6	9.7	7.3	12.0	14.8	13.3	•
Taxes Paid	9	2.2	•	1.3	2.4	2.0	3.1	2.1	2.3	1.4	4.5	1.9	2.1	•
Interest Paid	10	1.5	•	0.2	0.4	0.5	0.2	0.6	1.1	0.9	1.7	1.2	1.2	•
Depreciation, Depletion, Amortization	11	2.9	•	0.6	2.3	1.6	1.2	1.8	2.5	1.5	5.9	3.1	4.0	•
Pensions and Other Benefits	12	1.0	•	0.3	0.3	0.7	1.0	0.8	1.0	0.9	2.4	1.5	1.6	•
Other	13	16.1	•	11.6	24.2	18.3	12.5	13.9	10.8	12.5	23.7	20.6	14.9	•
Officers Compensation	14	2.5	•	2.5	4.9	4.3	3.2	2.9	1.7	1.5	2.1	1.3	1.5	•
Operating Margin	15	•	•	0.9	2.6	2.5	0.4	0.6	•	1.7	•	0.3	•	•
Oper. Margin Before Officers Compensation	16	2.0	•	3.4	7.5	6.8	3.7	3.5	0.4	3.2	•	1.6	1.0	•
Selected Average Balance Sheet ($ in Thousands)														
Net Receivables	17	188	•	5	14	104	316	870	2402	6221	6099	27134	35156	•
Inventories	18	10	•	0	•	5	3	19	77	953	335	760	1140	•
Net Property, Plant and Equipment	19	356	•	11	56	113	149	496	2637	4643	12374	30335	46456	•
Total Assets	20	991	•	32	162	371	758	2124	6746	16995	33901	77807	137272	•

Notes and Loans Payable 21	310	•	15	60	114	118	654	2371	5923	11366	23003	34801	•
All Other Liabilities 22	352	•	12	33	105	430	1069	2347	5964	11705	27784	56379	•
Net Worth 23	329	•	5	69	151	210	401	2028	5108	10830	27020	46092	•

Selected Financial Ratios (Times to 1)

Current Ratio 24	1.1	•	1.4	2.2	1.8	1.4	1.2	1.2	1.5	1.1	1.0	1.1	•
Quick Ratio 25	0.8	•	1.3	2.0	1.5	1.3	1.0	1.0	1.2	0.9	0.9	0.8	•
Net Sales to Working Capital 26	•	•	•	20.1	17.0	20.8	45.6	34.9	13.4	39.6	•	45.7	•
Coverage Ratio 27	3.1	•	13.3	9.7	8.1	•	4.8	2.9	5.8	4.3	3.6	5.0	•
Total Asset Turnover 28	2.0	•	•	5.4	4.4	4.6	3.5	2.7	2.8	1.3	2.0	1.4	•
Inventory Turnover 29	•	•	•	•	•	•	•	•	•	•	•	•	•
Receivables Turnover 30	9.9	•	•	•	•	•	8.9	8.8	7.0	7.6	4.2	5.9	•
Total Liabilities to Net Worth 31	2.0	•	6.1	1.4	1.5	2.6	4.3	2.3	2.3	2.1	1.9	2.0	•

Selected Financial Factors (in Percentages)

Debt Ratio 32	66.9	•	85.8	57.7	59.1	72.3	81.2	69.9	70.0	68.1	65.3	66.4	•
Return on Assets 33	9.3	•	38.6	21.0	16.3	18.5	10.4	8.9	14.6	9.1	8.1	8.3	•
Return on Equity 34	16.0	•	•	•	32.7	•	37.9	17.4	32.1	17.0	13.6	14.7	•
Return Before Interest on Equity 35	28.0	•	•	•	•	•	•	29.6	•	28.5	23.3	24.8	•
Profit Margin, Before Income Tax 36	3.2	•	1.8	3.5	3.3	3.8	2.3	2.2	4.3	5.5	3.0	4.9	•
Profit Margin, After Income Tax 37	2.7	•	1.8	3.3	3.1	3.6	2.0	1.9	3.4	4.3	2.4	3.6	•

Trends in Selected Ratios and Factors, 1990-1999

	1990	1991	1992	1993	1994	1995	1996	1997	1998	1999
Cost of Operations (%) 38	61.4	64.8	68.8	64.0	64.4	66.0	63.3	64.4	64.3	64.9
Operating Margin (%) 39	•	•	•	•	•	•	•	•	•	•
Oper. Margin Before Officers Comp. (%) 40	3.6	2.0	1.0	•	0.7	1.6	2.0	2.3	0.9	2.0
Average Net Receivables ($) 41	212	184	207	314	340	186	187	192	238	188
Average Inventories ($) 42	7	22	8	26	29	7	11	9	13	10
Average Net Worth ($) 43	160	271	246	318	324	274	164	315	346	329
Current Ratio (×1) 44	1.1	1.2	1.2	1.3	1.3	1.1	0.8	1.0	0.9	1.1
Quick Ratio (×1) 45	1.0	0.9	1.0	1.1	1.1	0.9	0.6	0.7	0.7	0.8
Coverage Ratio (×1) 46	2.8	3.4	2.9	2.2	2.1	2.7	2.7	3.1	3.0	3.1
Asset Turnover (×1) 47	2.0	1.8	2.0	1.5	1.5	2.1	2.1	1.9	1.7	2.0
Operating Leverage 48	•	•	2.1	1.6	0.6	0.4	0.6	0.9	4.0	0.4
Financial Leverage 49	1.1	1.2	1.0	0.9	0.9	1.2	1.0	1.1	1.0	1.0
Total Leverage 50	•	•	2.0	1.4	0.6	0.4	0.6	0.9	4.0	0.4

Table I

Corporations with and without Net Income

TELEPHONE, TELEGRAPH, AND OTHER COMMUNICATION SERVICES

MONEY AMOUNTS AND SIZE OF ASSETS IN THOUSANDS OF DOLLARS

Item Description for Accounting Period 7/95 Through 6/96	Total	Zero Assets	Under 100	100 to 250	251 to 500	501 to 1,000	1,001 to 5,000	5,001 to 10,000	10,001 to 25,000	25,001 to 50,000	50,001 to 100,000	100,001 to 250,000	250,001 and over
Number of Enterprises **1**	15226	1138	7827	1532	1167	896	1714	347	316	122	65	43	59
Revenues ($ in Thousands)													
Net Sales **2**	261966575	1201635	1234898	2460778	1316536	1666341	5900884	2044263	2996118	2230634	2085176	3466382	235362931
Portfolio Income **3**	10864436	20091	1496	36	12499	37069	112070	41175	100696	107026	132157	168860	10131259
Other Revenues **4**	12644885	12851	33973	605	11072	-5509	98223	101193	119104	94249	94097	137548	11947481
Total Revenues **5**	285475896	1234577	1270367	2461419	1340107	1697901	6111177	2186631	3215918	2431909	2311430	3772790	257441671
Average Total Revenues **6**	18749	1085	162	1607	1148	1895	3565	6302	10177	19934	35560	87739	4363418
Operating Costs/Operating Income (%)													
Cost of Operations **7**	29.6	44.7	30.2	60.1	60.5	59.1	58.4	39.2	31.5	47.7	30.7	47.0	27.6
Rent **8**	9.4	16.7	16.2	3.5	7.1	13.1	12.5	8.6	10.6	8.6	9.2	11.6	9.3
Taxes Paid **9**	4.0	2.6	4.5	4.7	2.3	2.3	2.3	2.7	2.7	2.4	3.2	2.3	4.1
Interest Paid **10**	6.0	4.0	0.2	0.3	0.8	1.2	2.2	2.6	4.6	4.6	6.5	6.5	6.3
Depreciation, Depletion, Amortization **11**	13.4	9.9	1.6	0.8	3.4	3.1	4.5	9.8	11.2	11.7	14.0	10.4	14.1
Pensions and Other Benefits **12**	3.5	1.8	1.7	0.2	0.6	0.8	0.8	1.6	1.4	1.1	1.5	1.2	3.8
Other **13**	33.1	24.9	34.3	25.4	17.6	19.3	18.7	35.4	36.1	26.7	34.5	26.8	33.9
Officers Compensation **14**	0.5	1.3	12.8	1.6	7.1	4.5	3.3	2.5	2.4	1.6	1.9	1.4	0.2
Operating Margin **15**	0.4	•	•	3.5	0.7	•	•	•	•	•	•	•	0.7
Oper. Margin Before Officers Compensation **16**	0.9	•	11.3	5.1	7.8	1.4	0.6	•	2.0	•	0.5	•	0.9
Selected Average Balance Sheet ($ in Thousands)													
Net Receivables **17**	4376	•	4	18	71	199	494	846	1842	3912	8278	18570	1063792
Inventories **18**	371	•	1	17	32	52	59	145	371	1061	1126	2020	84148
Net Property, Plant and Equipment **19**	12885	•	9	43	157	163	711	3491	7275	14122	29533	51510	3137876
Total Assets **20**	33005	•	25	166	349	697	2129	7221	15446	33479	71534	153140	8045774

Notes and Loans Payable 21	10618	•	36	94	149	374	924	2473	6791	11116	35891	62637	2538340
All Other Liabilities 22	10125	•	10	54	86	341	752	1399	2629	6820	11786	35802	2505870
Net Worth 23	12263	•	-21	18	114	-18	454	3349	6027	15543	23857	54701	3001564
Selected Financial Ratios (Times to 1)													
Current Ratio 24	1.0	•	0.8	1.9	1.1	1.2	1.3	1.7	1.9	1.7	1.4	1.5	0.9
Quick Ratio 25	0.6	•	0.7	1.1	0.7	1.0	1.1	1.4	1.5	1.3	1.1	1.2	0.6
Net Sales to Working Capital 26	•	•	•	39.1	•	28.2	13.1	6.7	3.9	4.1	6.6	4.9	•
Coverage Ratio 27	2.6	0.3	8.8	12.0	3.9	•	1.4	2.7	2.5	2.1	2.5	1.2	2.6
Total Asset Turnover 28	0.5	•	6.3	9.7	3.2	2.7	1.6	0.8	0.6	0.6	0.5	0.5	0.5
Inventory Turnover 29	•	•	•	•	•	•	•	•	7.8	•	8.2	•	•
Receivables Turnover 30	3.4	•	•	•	•	•	8.2	6.5	5.2	5.2	3.7	4.6	3.2
Total Liabilities to Net Worth 31	1.7	•	•	8.1	2.1	•	3.7	1.2	1.6	1.2	2.0	1.8	1.7
Selected Financial Factors (in Percentages)													
Debt Ratio 32	62.9	•	•	89.0	67.2	•	78.7	53.6	61.0	53.6	66.7	64.3	62.7
Return on Assets 33	8.1	•	9.8	37.0	10.6	•	4.8	5.8	7.0	5.1	7.2	4.2	8.2
Return on Equity 34	8.4	•	•	•	18.8	•	•	4.0	6.3	2.6	6.7	•	8.7
Return Before Interest on Equity 35	21.8	•	•	•	32.4	7.3	22.5	12.5	17.8	11.0	21.6	11.8	22.0
Profit Margin, Before Income Tax 36	9.5	•	1.4	3.5	2.5	•	0.8	4.5	6.7	4.8	9.6	1.5	10.3
Profit Margin, After Income Tax 37	6.0	•	1.3	3.5	1.9	•	•	2.3	4.0	2.2	5.0	•	6.6

Trends in Selected Ratios and Factors, 1990-1999

	1990	1991	1992	1993	1994	1995	1996	1997	1998	1999
Cost of Labor (%) 38	33.3	34.9	38.7	46.0	41.5	42.9	28.8	28.7	29.9	29.6
Operating Margin (%) 39	1.6	1.4	1.1	•	•	•	0.2	1.2	1.7	0.4
Oper. Margin Before Officers Comp. (%) 40	2.0	1.7	1.5	0.4	•	0.3	0.6	1.6	2.1	0.9
Average Net Receivables ($) 41	3909	4246	6565	5190	6602	6508	6180	8876	6306	4376
Average Inventories ($) 42	701	702	813	641	525	521	411	464	416	371
Average Net Worth ($) 43	17917	17926	21247	17528	17240	18860	16099	18807	15344	12263
Current Ratio (×1) 44	1.0	1.1	1.0	1.0	1.0	1.1	1.0	0.9	1.1	1.0
Quick Ratio (×1) 45	0.8	0.8	0.8	0.8	0.8	0.9	0.8	0.8	0.9	0.6
Coverage Ratio (×1) 46	2.3	2.4	2.4	2.4	2.3	2.3	2.5	2.8	3.2	2.6
Asset Turnover (×1) 47	0.5	0.5	0.4	0.5	0.5	0.5	0.5	0.4	0.5	0.5
Total Liabilities/Net Worth (×1) 48	1.2	1.3	1.3	1.3	1.4	1.3	1.4	1.5	1.4	1.7
Return on Assets (×1) 49	5.7	6.0	6.2	6.3	6.4	6.6	6.5	6.5	7.6	8.1
Return on Equity (%) 50	3.4	4.3	5.3	5.0	5.3	5.3	6.0	6.8	8.0	8.4

Table II

Corporations with Net Income

TELEPHONE, TELEGRAPH, AND OTHER COMMUNICATION SERVICES

MONEY AMOUNTS AND SIZE OF ASSETS IN THOUSANDS OF DOLLARS

Item Description for Accounting Period 7/95 Through 6/96	Total	Zero Assets	Under 100	100 to 250	251 to 500	501 to 1,000	1,001 to 5,000	5,001 to 10,000	10,001 to 25,000	25,001 to 50,000	50,001 to 100,000	100,001 to 250,000	250,001 and over
Number of Enterprises 1	8221	209	3745	1110	808	578	1076	268	236	88	42	25	35

Revenues ($ in Thousands)

Net Sales 2	247584716	798233	809828	2332056	1212109	1010080	4141042	1712063	2211679	1899697	1702392	2701379	227054157
Portfolio Income 3	10518432	15336	1423	•	12110	36401	104087	32814	85784	93425	119736	118261	9899054
Other Revenues 4	12302158	6900	19829	606	9405	3092	80796	32298	89671	89675	73259	101227	11795403
Total Revenues 5	270405306	820469	831080	2332662	1233624	1049573	4325925	1777175	2387134	2082797	1895387	2920867	248748614
Average Total Revenues 6	32892	3926	222	2101	1527	1816	4020	6631	10115	23668	45128	116835	7107103

Operating Costs/Operating Income (%)

Cost of Operations 7	28.9	51.5	25.2	59.4	63.1	53.4	60.1	38.0	31.0	47.8	30.0	48.3	27.2
Rent 8	8.8	14.1	13.0	3.2	4.9	11.2	9.7	6.8	7.4	7.2	8.0	9.3	8.9
Taxes Paid 9	4.1	2.5	4.3	4.6	2.1	2.1	2.0	2.8	3.0	2.2	3.2	2.3	4.2
Interest Paid 10	5.9	1.0	•	0.1	0.8	0.5	0.9	2.5	3.3	3.5	4.3	3.0	6.2
Depreciation, Depletion, Amortization 11	13.4	3.5	1.1	0.7	2.0	2.9	3.7	9.4	10.6	10.4	12.7	7.8	14.0
Pensions and Other Benefits 12	3.7	1.4	2.4	0.2	0.5	0.8	0.7	1.7	1.6	1.0	1.5	1.3	3.9
Other 13	33.0	14.5	31.5	25.8	14.5	19.1	14.7	27.2	32.5	24.2	32.4	21.5	33.9
Officers Compensation 14	0.4	0.3	13.5	1.2	7.4	5.8	3.1	2.0	2.6	1.3	1.8	1.3	0.1
Operating Margin 15	2.0	11.4	8.8	4.8	4.8	4.3	5.2	9.7	8.2	2.5	6.2	5.2	1.6
Oper. Margin Before Officers Compensation 16	2.3	11.6	22.3	6.0	12.1	10.1	8.3	11.7	10.8	3.9	8.0	6.5	1.7

Selected Average Balance Sheet ($ in Thousands)

Net Receivables 17	7770	•	6	23	68	248	411	874	1787	3937	9609	25087	1747221
Inventories 18	647	•	2	14	28	60	50	183	396	685	1406	2705	138650
Net Property, Plant and Equipment 19	22558	•	7	36	168	93	721	3906	7466	15587	35562	58262	5065335
Total Assets 20	56040	•	27	172	360	703	2076	7090	15220	33429	70839	149881	12637837

Notes and Loans Payable 21	17401	•	5	79	164	166	431	2266	5080	10189	25341	41255	3927215
All Other Liabilities 22	17627	•	6	39	80	248	595	1234	2414	7078	12956	42106	4025098
Net Worth 23	21012	•	16	54	116	289	1050	3590	7726	16161	32542	66519	4685523

Selected Financial Ratios (Times to 1)

Current Ratio 24	1.0	•	2.3	1.8	1.1	1.5	1.9	2.2	2.4	1.8	1.8	1.3	0.9
Quick Ratio 25	0.6	•	1.8	1.2	0.8	1.3	1.6	1.7	1.9	1.4	1.4	1.0	0.6
Net Sales to Working Capital 26	•	•	24.5	43.7	•	10.8	7.5	5.3	3.1	4.6	4.8	10.8	•
Coverage Ratio 27	2.9	•	•	•	9.2	•	12.0	6.4	5.9	4.5	5.1	5.4	2.8
Total Asset Turnover 28	0.5	•	8.0	12.2	4.2	2.5	1.9	0.9	0.6	0.7	0.6	0.7	0.5
Inventory Turnover 29	•	•	•	•	•	•	•	•	8.5	•	8.3	•	•
Receivables Turnover 30	3.4	•	•	•	•	9.2	9.7	7.2	5.2	5.8	4.4	4.4	3.2
Total Liabilities to Net Worth 31	1.7	•	0.7	2.2	2.1	1.4	1.0	1.0	1.0	1.1	1.2	1.3	1.7

Selected Financial Factors (in Percentages)

Debt Ratio 32	62.5	•	42.1	68.7	67.7	58.9	49.4	49.4	49.2	51.7	54.1	55.6	62.9
Return on Assets 33	9.2	•	•	•	30.6	21.5	19.5	14.4	11.8	10.1	12.4	11.6	9.0
Return on Equity 34	10.8	•	•	•	•	•	30.1	19.3	14.9	12.1	14.7	14.4	10.3
Return Before Interest on Equity 35	24.6	•	•	•	•	•	•	28.4	23.3	20.8	27.0	26.2	24.2
Profit Margin, Before Income Tax 36	11.3	14.1	11.4	4.8	6.6	8.2	9.6	13.5	16.0	12.1	17.4	13.1	11.3
Profit Margin, After Income Tax 37	7.6	10.0	11.2	4.8	6.0	6.7	8.2	10.8	12.3	9.1	11.8	8.8	7.4

Trends in Selected Ratios and Factors, 1990-1999

	1990	1991	1992	1993	1994	1995	1996	1997	1998	1999
Cost of Operations (%) 38	34.6	36.3	39.3	46.8	42.1	42.8	28.3	28.2	29.2	28.9
Operating Margin (%) 39	3.8	3.9	2.9	2.0	0.9	1.2	1.4	2.2	2.9	2.0
Oper. Margin Before Officers Comp. (%) 40	4.1	4.1	3.2	2.3	1.2	1.5	1.7	2.6	3.2	2.3
Average Net Receivables ($) 41	7612	7829	11120	10158	10932	11112	10394	14505	10902	7770
Average Inventories ($) 42	1399	1308	1367	1234	845	874	674	737	694	647
Average Net Worth ($) 43	35458	33429	36023	33769	28337	32259	27025	29975	26034	21012
Current Ratio (×1) 44	1.0	1.1	1.0	1.0	1.1	1.1	1.0	0.9	1.1	1.0
Quick Ratio (×1) 45	0.8	0.8	0.8	0.9	0.9	0.9	0.8	0.8	0.9	0.6
Coverage Ratio (×1) 46	2.8	3.0	2.9	2.9	2.6	2.5	2.8	3.1	3.6	2.9
Asset Turnover (×1) 47	0.5	0.5	0.5	0.5	0.5	0.5	0.5	0.4	0.5	0.5
Operating Leverage 48	1.6	1.0	0.8	0.7	0.4	1.4	1.2	1.6	1.3	0.7
Financial Leverage 49	1.1	1.1	1.1	1.0	0.9	1.0	1.1	1.0	1.1	0.9
Total Leverage 50	1.8	1.1	0.8	0.7	0.4	1.4	1.3	1.6	1.4	0.6

RADIO AND TELEVISION BROADCASTING

MONEY AMOUNTS AND SIZE OF ASSETS IN THOUSANDS OF DOLLARS

Item Description for Accounting Period 7/95 Through 6/96		Total	Zero Assets	Under 100	100 to 250	251 to 500	501 to 1,000	1,001 to 5,000	5,001 to 10,000	10,001 to 25,000	25,001 to 50,000	50,001 to 100,000	100,001 to 250,000	250,001 and over
Number of Enterprises	1	8115	969	2817	680	827	1136	1112	197	161	49	53	56	58
Revenues ($ in Thousands)														
Net Sales	2	62637149	4580089	231225	186542	319679	938392	1935416	1057763	1363611	887892	1863375	3569088	45704077
Portfolio Income	3	5275624	491887	12541	19187	37757	5022	32227	68161	142536	42494	84969	296144	4042698
Other Revenues	4	2625776	292982	4202	-20021	856	17278	113248	41738	142608	13803	67649	119050	1832383
Total Revenues	5	70538549	5364958	247968	185708	358292	960692	2080891	1167662	1648755	944189	2015993	3984282	51579158
Average Total Revenues	6	8692	5537	88	273	433	846	1871	5927	10241	19269	38038	71148	889296
Operating Costs/Operating Income (%)														
Cost of Operations	7	26.6	72.1	34.4	•	6.5	12.8	14.1	24.3	14.6	10.2	12.5	8.3	25.8
Rent	8	14.9	11.5	8.8	25.1	22.8	28.5	28.4	16.9	19.9	23.7	17.4	18.5	13.6
Taxes Paid	9	4.4	1.8	2.8	3.9	4.1	5.6	4.2	4.3	5.1	3.4	9.4	4.7	4.5
Interest Paid	10	13.4	5.6	8.2	5.2	6.1	6.0	6.3	8.7	10.8	13.9	10.9	18.8	14.6
Depreciation, Depletion, Amortization	11	15.2	4.7	3.0	3.8	9.8	8.7	9.5	9.1	13.6	17.7	14.9	17.9	16.7
Pensions and Other Benefits	12	1.9	2.5	3.6	1.7	0.8	1.1	1.2	1.3	2.0	1.2	1.6	1.9	1.9
Other	13	30.0	17.5	62.7	53.4	50.4	34.8	37.5	34.7	40.5	40.6	35.1	40.6	28.8
Officers Compensation	14	1.5	1.0	10.6	9.2	10.4	7.5	4.6	6.3	4.0	2.6	3.4	2.1	0.8
Operating Margin	15	•	•	•	•	•	•	•	•	•	•	•	•	•
Oper. Margin Before Officers Compensation	16	•	•	•	7.0	•	2.6	•	0.7	•	•	•	•	•
Selected Average Balance Sheet ($ in Thousands)														
Net Receivables	17	1292	•	4	20	46	114	294	940	1774	3105	7513	12527	142087
Inventories	18	452	•	•	•	•	5	16	48	38	365	1000	475	60889
Net Property, Plant and Equipment	19	3684	•	7	34	102	342	632	1225	4201	9044	16497	36151	421041
Total Assets	20	20542	•	23	140	329	704	1880	6803	14787	35544	70651	159638	2504016

Notes and Loans Payable 21	10560	•	15	210	203	596	1683	4985	9394	23595	41954	116075	1214060
All Other Liabilities 22	5122	•	24	308	31	146	332	1668	3212	5702	13481	25315	646004
Net Worth 23	4861	•	-16	-378	95	-38	-135	150	2181	6248	15217	18248	643952

Selected Financial Ratios (Times to 1)

Current Ratio 24	1.3	•	1.3	0.1	2.4	0.9	1.4	1.0	1.1	1.8	1.4	1.5	1.3
Quick Ratio 25	0.8	•	1.3	0.1	2.3	0.7	1.2	0.9	0.9	1.1	1.0	1.3	0.8
Net Sales to Working Capital 26	9.9	•	42.5	•	6.3	•	11.3	•	26.6	3.6	8.0	6.1	8.7
Coverage Ratio 27	1.4	1.1	•	0.5	1.2	0.6	1.3	1.6	2.0	0.5	1.3	0.9	1.5
Total Asset Turnover 28	0.4	•	3.5	2.0	1.2	1.2	0.9	0.8	0.6	0.5	0.5	0.4	0.3
Inventory Turnover 29	5.3	•	•	•	•	•	•	•	•	6.3	4.7	•	3.9
Receivables Turnover 30	6.3	•	•	•	9.3	6.6	6.5	5.7	5.2	3.9	5.2	5.8	5.8
Total Liabilities to Net Worth 31	3.2	•	•	•	2.5	•	•	44.4	5.8	4.7	3.7	7.8	2.9

Selected Financial Factors (in Percentages)

Debt Ratio 32	76.3	•	•	•	71.0	•	•	97.8	85.3	82.4	78.5	88.6	74.3
Return on Assets 33	6.9	•	•	4.9	8.7	4.0	7.5	10.6	12.2	3.5	6.9	7.0	6.7
Return on Equity 34	4.0	•	•	2.1	1.2	•	•	•	30.7	•	2.6	•	4.7
Return Before Interest on Equity 35	29.2	•	•	•	29.9	•	•	•	•	20.0	32.1	•	25.9
Profit Margin, Before Income Tax 36	5.0	0.4	•	•	1.3	•	1.9	4.8	10.5	•	3.0	•	6.6
Profit Margin, After Income Tax 37	2.5	•	•	•	0.3	•	1.4	3.6	7.9	•	1.1	•	3.8

Trends in Selected Ratios and Factors, 1990-1999

	1990	1991	1992	1993	1994	1995	1996	1997	1998	1999
Cost of Labor (%) 38	42.8	39.7	37.2	34.3	36.3	33.6	29.6	25.9	30.1	26.6
Operating Margin (%) 39	•	•	•	•	•	•	•	•	•	•
Oper. Margin Before Officers Comp. (%) 40	•	•	•	•	•	•	•	•	•	•
Average Net Receivables ($) 41	626	628	574	848	922	782	966	974	1467	1292
Average Inventories ($) 42	291	270	243	63	66	66	66	69	398	452
Average Net Worth ($) 43	1225	1225	1445	1425	1835	1732	1744	2559	5141	4861
Current Ratio (×1) 44	1.2	1.4	1.2	1.1	1.1	1.0	1.1	1.4	1.2	1.3
Quick Ratio (×1) 45	0.7	0.8	0.6	0.7	0.7	0.6	0.8	0.9	0.8	0.8
Coverage Ratio (×1) 46	1.3	1.2	1.4	1.0	0.9	0.9	1.2	1.5	1.7	1.4
Asset Turnover (×1) 47	0.6	0.5	0.5	0.4	0.4	0.4	0.5	0.4	0.4	0.4
Total Liabilities/Net Worth (×1) 48	4.2	4.2	4.3	6.4	5.7	5.8	6.5	4.5	3.2	3.2
Return on Assets (×1) 49	8.6	7.9	10.3	8.1	7.0	7.4	8.4	8.5	7.8	6.9
Return on Equity (%) 50	1.5	•	4.1	•	•	•	5.1	9.6	8.6	4.0

Table II

Corporations with Net Income

RADIO AND TELEVISION BROADCASTING

MONEY AMOUNTS AND SIZE OF ASSETS IN THOUSANDS OF DOLLARS

Item Description for Accounting Period 7/95 Through 6/96	Total	Zero Assets	Under 100	100 to 250	251 to 500	501 to 1,000	1,001 to 5,000	5,001 to 10,000	10,001 to 25,000	25,001 to 50,000	50,001 to 100,000	100,001 to 250,000	250,001 and over
Number of Enterprises **1**	3270	62	1265	391	208	519	527	91	100	20	28	27	32
Revenues ($ in Thousands)													
Net Sales **2**	41668966	865252	142658	104579	131743	628314	1361161	680154	1109218	478067	1104249	1954031	33109540
Portfolio Income **3**	4042771	392287	9099	19137	37382	4976	25576	62092	130483	36880	73876	160189	3090792
Other Revenues **4**	1519817	27432	22748	1023	687	12455	99033	27503	81116	1951	34613	62150	1149109
Total Revenues **5**	47231554	1284971	174505	124739	169812	645745	1485770	769749	1320817	516898	1212738	2176370	37349441
Average Total Revenues **6**	14444	20725	138	319	816	1244	2819	8459	13208	25845	43312	80606	1167170
Operating Costs/Operating Income (%)													
Cost of Operations **7**	27.5	34.6	4.5	•	•	16.0	16.0	33.7	14.6	6.8	11.1	8.1	30.6
Rent **8**	15.8	15.6	10.5	22.2	28.6	25.4	26.5	14.0	19.5	25.3	18.4	18.7	14.6
Taxes Paid **9**	3.1	5.1	3.0	3.7	4.2	4.8	3.7	4.1	5.2	3.3	4.1	4.3	2.8
Interest Paid **10**	10.0	9.8	0.5	0.6	4.8	2.5	3.5	2.0	9.8	4.3	9.1	11.7	10.8
Depreciation, Depletion, Amortization **11**	11.3	12.8	2.0	1.6	5.2	2.6	6.3	6.6	11.1	11.5	12.5	12.5	11.8
Pensions and Other Benefits **12**	1.9	1.0	5.8	0.7	1.7	0.9	1.1	1.4	1.9	1.2	1.8	1.7	2.0
Other **13**	28.1	21.9	51.0	47.6	26.2	28.2	32.6	22.5	31.2	35.5	33.5	34.9	27.2
Officers Compensation **14**	1.6	0.4	17.1	10.9	23.4	8.9	4.8	8.2	3.2	2.2	2.4	2.2	1.0
Operating Margin **15**	0.8	•	5.7	12.7	5.9	10.7	5.6	7.6	3.5	10.2	7.2	6.0	•
Oper. Margin Before Officers Compensation **16**	2.4	•	22.8	23.6	29.3	19.6	10.4	15.8	6.8	12.4	9.6	8.2	0.4
Selected Average Balance Sheet ($ in Thousands)													
Net Receivables **17**	2326	•	5	1	65	168	431	1418	1609	4187	8339	14015	,96487
Inventories **18**	978	•	•	•	•	12	26	104	48	128	1656	374	97008
Net Property, Plant and Equipment **19**	4284	•	8	20	121	195	512	1213	4066	5571	14317	31574	366024
Total Assets **20**	31023	•	25	123	344	694	1803	7375	15044	33031	67365	148777	2851362

Notes and Loans Payable 21	11909	•	11	68	130	295	1009	2627	10681	14527	36426	85341	1039674
All Other Liabilities 22	8553	•	5	12	57	150	325	1027	2299	7722	10599	24899	820319
Net Worth 23	10560	•	10	43	157	249	469	3721	2064	10782	20340	38537	991369

Selected Financial Ratios (Times to 1)

Current Ratio 24	1.6	•	2.9	6.6	2.8	1.9	2.2	2.2	1.4	2.2	1.9	1.9	1.6
Quick Ratio 25	1.0	•	2.9	3.6	2.7	1.8	2.0	1.9	1.2	1.2	1.3	1.5	0.9
Net Sales to Working Capital 26	5.2	•	12.1	11.6	6.1	9.2	6.4	5.4	10.9	3.5	4.4	5.0	4.9
Coverage Ratio 27	2.4	5.9	•	•	8.3	6.4	5.2	11.4	3.3	5.3	2.9	2.5	2.2
Total Asset Turnover 28	0.4	•	4.5	2.2	1.9	1.8	1.4	1.0	0.7	0.7	0.6	0.5	0.4
Inventory Turnover 29	4.2	•	•	•	•	•	•	•	•	•	4.9	•	3.8
Receivables Turnover 30	5.6	•	•	•	•	7.1	6.7	5.2	9.6	4.0	4.9	5.4	5.3
Total Liabilities to Net Worth 31	1.9	•	1.6	1.8	1.2	1.8	2.9	1.0	6.3	2.1	2.3	2.9	1.9

Selected Financial Factors (in Percentages)

Debt Ratio 32	66.0	•	61.7	64.7	54.5	64.1	74.0	49.6	86.3	67.4	69.8	74.1	65.2
Return on Assets 33	10.0	•	•	•	•	27.8	26.1	23.1	23.8	16.3	15.2	14.1	8.5
Return on Equity 34	12.8	•	•	•	•	•	•	38.1	•	32.1	26.4	27.1	9.2
Return Before Interest on Equity 35	29.5	•	•	•	•	•	•	•	•	•	•	•	24.4
Profit Margin, Before Income Tax 36	14.4	•	28.1	32.0	34.8	13.4	14.7	20.8	22.4	18.3	16.9	17.4	12.6
Profit Margin, After Income Tax 37	10.6	32.8	27.4	31.7	32.3	13.2	14.1	19.0	19.3	14.5	13.6	14.4	8.8

Trends in Selected Ratios and Factors, 1990-1999

	1990	1991	1992	1993	1994	1995	1996	1997	1998	1999
Cost of Operations (%) 38	47.4	45.9	44.9	43.2	47.1	43.1	34.0	28.8	30.2	27.5
Operating Margin (%) 39	•	•	•	1.7	1.5	•	•	2.9	1.2	0.8
Oper. Margin Before Officers Comp. (%) 40	•	•	1.1	3.4	3.0	•	0.3	4.5	2.6	2.4
Average Net Receivables ($) 41	1103	762	705	1044	1020	1756	1419	1985	2310	2326
Average Inventories ($) 42	91	55	53	57	130	201	108	170	697	978
Average Net Worth ($) 43	2747	1949	3224	3703	5700	8866	5692	8973	11201	10560
Current Ratio (×1) 44	1.2	1.7	1.7	1.7	1.9	1.4	1.4	1.7	1.4	1.6
Quick Ratio (×1) 45	0.8	1.2	1.0	1.2	1.4	0.9	0.9	1.0	0.9	1.0
Coverage Ratio (×1) 46	2.5	2.6	3.8	3.1	3.0	2.1	2.2	2.9	2.6	2.4
Asset Turnover (×1) 47	0.8	0.7	0.7	0.6	0.6	0.6	0.5	0.5	0.4	0.4
Operating Leverage 48	•	0.3	0.4	•	0.9	•	1.0	•	0.4	0.7
Financial Leverage 49	1.0	1.0	1.2	0.9	1.0	0.8	1.1	1.2	0.9	1.0
Total Leverage 50	•	0.3	0.5	•	0.9	•	1.1	•	0.4	0.6

Table I

Corporations with and without Net Income

ELECTRIC SERVICES

MONEY AMOUNTS AND SIZE OF ASSETS IN THOUSANDS OF DOLLARS

Item Description for Accounting Period 7/95 Through 6/96	Total	Zero Assets	Under 100	100 to 250	251 to 500	501 to 1,000	1,001 to 5,000	5,001 to 10,000	10,001 to 25,000	25,001 to 50,000	50,001 to 100,000	100,001 to 250,000	250,001 and over
Number of Enterprises 1	1106	·	·	213	67	145	146	36	·	11	7	16	79
Revenues ($ in Thousands)													
Net Sales 2	134556975	·	·	105232	105346	194731	174614	11173	·	125334	165352	1023541	132529639
Portfolio Income 3	3266807	·	·	·	·	3	3516	5585	·	19833	4529	22561	3210584
Other Revenues 4	3058508	·	·	·	·	419	49480	45542	·	3547	4369	40350	2914367
Total Revenues 5	140882290	·	·	105232	105346	195153	227610	62300	·	148714	174250	1086452	138654590
Average Total Revenues 6	127380	·	·	494	1572	1346	1559	1731	·	13519	24893	67903	1755121
Operating Costs/Operating Income (%)													
Cost of Operations 7	40.6	·	·	46.6	49.6	63.3	12.8	10.7	·	31.7	35.3	55.8	40.5
Rent 8	3.8	·	·	·	17.5	8.6	19.3	72.8	·	6.3	3.6	1.5	3.7
Taxes Paid 9	7.1	·	·	2.5	3.5	5.0	3.3	19.9	·	4.2	4.2	3.1	7.1
Interest Paid 10	8.6	·	·	1.5	1.2	3.1	8.9	98.6	·	9.6	14.3	9.6	8.6
Depreciation, Depletion, Amortization 11	12.6	·	·	2.5	4.0	3.9	13.7	9.1	·	9.1	14.1	14.5	12.6
Pensions and Other Benefits 12	2.0	·	·	·	1.0	0.8	1.6	0.9	·	2.5	1.3	1.5	2.0
Other 13	16.6	·	·	40.2	13.7	11.0	34.7	·	·	40.6	32.2	17.1	16.5
Officers Compensation 14	0.3	·	·	·	8.3	6.7	7.3	49.7	·	1.9	2.4	1.2	0.3
Operating Margin 15	8.5	·	·	6.7	1.4	·	·	·	·	·	·	·	8.8
Oper. Margin Before Officers Compensation 16	8.8	·	·	6.7	9.7	4.4	5.7	·	·	·	·	·	9.0
Selected Average Balance Sheet ($ in Thousands)													
Net Receivables 17	16788	·	·	·	219	159	239	1201	·	2774	2036	6771	231627
Inventories 18	5455	·	·	·	52	49	9	0	·	320	407	1569	75817
Net Property, Plant and Equipment 19	241034	·	·	19	168	227	1336	2561	·	17126	46106	104335	3342601
Total Assets 20	387334	·	·	161	456	730	2699	7701	·	35343	68995	144776	5371610

Notes and Loans Payable 21	127690	•	•	216	210	510	2072	6431	•	15066	44898	82594	1756192
All Other Liabilities 22	127588	•	•	2	238	129	210	4212	•	6722	11236	46638	1772098
Net Worth 23	132055	•	•	-57	7	91	416	-2943	•	13554	12860	15544	1843320

Selected Financial Ratios (Times to 1)

Current Ratio 24	0.9	•	•	0.5	0.9	1.3	1.8	1.1	•	0.7	1.0	1.3	0.9
Quick Ratio 25	0.5	•	•	0.5	0.7	0.8	1.7	1.1	•	0.6	0.6	0.9	0.5
Net Sales to Working Capital 26	•	•	•	•	•	20.7	5.2	1.5	•	•	•	13.9	•
Coverage Ratio 27	2.6	•	•	5.5	2.2	0.3	4.3	1.4	•	2.3	0.9	1.2	2.6
Total Asset Turnover 28	0.3	•	•	3.1	3.5	1.8	0.5	0.1	•	0.3	0.4	0.5	0.3
Inventory Turnover 29	8.4	•	•	•	•	•	•	•	•	•	•	•	8.4
Receivables Turnover 30	8.2	•	•	•	•	•	5.0	0.5	•	6.6	•	8.6	8.2
Total Liabilities to Net Worth 31	1.9	•	•	•	•	7.0	5.5	•	•	1.6	4.4	8.3	1.9

Selected Financial Factors (in Percentages)

Debt Ratio 32	65.9	•	•	•	98.4	87.6	84.6	•	•	61.7	81.4	89.3	65.7
Return on Assets 33	6.9	•	•	25.2	8.9	1.7	16.7	5.6	•	7.2	4.2	5.1	6.9
Return on Equity 34	8.1	•	•	•	•	•	•	•	•	9.1	•	•	8.0
Return Before Interest on Equity 35	20.1	•	•	•	•	13.2	•	•	•	18.8	22.7	•	20.0
Profit Margin, Before Income Tax 36	13.3	•	•	6.7	1.4	•	28.8	•	•	12.8	•	1.9	13.4
Profit Margin, After Income Tax 37	8.7	•	•	6.7	1.4	•	26.9	4.1	•	10.8	•	•	8.8

Trends in Selected Ratios and Factors, 1990-1999

	1990	1991	1992	1993	1994	1995	1996	1997	1998	1999
Cost of Labor (%) 38	43.8	44.8	43.7	42.4	43.3	43.8	43.0	42.4	41.7	40.6
Operating Margin (%) 39	2.1	1.8	2.0	1.0	•	3.5	3.1	4.0	5.9	8.5
Oper. Margin Before Officers Comp. (%) 40	2.3	2.0	2.3	1.2	•	3.8	3.4	4.2	6.1	8.8
Average Net Receivables ($) 41	21284	12568	30117	43139	40239	33978	30190	13335	14010	16788
Average Inventories ($) 42	11379	8501	14242	20600	22131	18768	16807	6954	6770	5455
Average Net Worth ($) 43	231615	124964	274483	346940	365452	274648	269855	121184	133528	132055
Current Ratio (×1) 44	1.0	0.9	0.8	0.9	0.9	0.8	0.9	0.9	0.8	0.9
Quick Ratio (×1) 45	0.5	0.5	0.5	0.5	0.4	0.4	0.4	0.4	0.4	0.5
Coverage Ratio (×1) 46	1.5	1.7	1.7	1.7	1.7	1.8	1.8	2.0	2.2	2.6
Asset Turnover (×1) 47	0.3	0.3	0.3	0.3	0.3	0.4	0.3	0.3	0.3	0.3
Total Liabilities/Net Worth (×1) 48	1.7	1.8	1.8	1.9	1.9	1.9	1.9	2.2	2.0	1.9
Return on Assets (×1) 49	6.1	6.5	6.1	6.6	6.4	6.9	6.1	5.7	6.2	6.9
Return on Equity (%) 50	2.3	4.0	4.1	4.5	4.3	5.6	5.1	5.5	6.5	8.1

Table II

Corporations with Net Income

ELECTRIC SERVICES

MONEY AMOUNTS AND SIZE OF ASSETS IN THOUSANDS OF DOLLARS

Item Description for Accounting Period 7/95 Through 6/96		Total	Zero Assets	Under 100	100 to 250	251 to 500	501 to 1,000	1,001 to 5,000	5,001 to 10,000	10,001 to 25,000	25,001 to 50,000	50,001 to 100,000	100,001 to 250,000	250,001 and over
Number of Enterprises	1	838	•	•	213	67	42	27	21	•	•	•	9	67
Revenues ($ in Thousands)														
Net Sales	2	130932543	•	•	105232	105346	10988	107122	810	•	•	•	611504	129613024
Portfolio Income	3	2954887	•	•	•	•	•	3039	85	•	•	•	5825	2926746
Other Revenues	4	2991349	•	•	•	•	•	49268	38734	•	•	•	24396	2875365
Total Revenues	5	136878779	•	•	105232	105346	10988	159429	39629	•	•	•	641725	135415135
Average Total Revenues	6	163340	•	•	494	1572	262	5905	1887	•	•	•	71303	2021121
Operating Costs/Operating Income (%)														
Cost of Operations	7	40.7	•	•	46.6	49.6	•	•	•	•	•	•	48.5	40.7
Rent	8	3.8	•	•	•	17.5	33.2	30.4	•	•	•	•	1.3	3.8
Taxes Paid	9	7.2	•	•	2.5	3.5	12.1	4.1	•	•	•	•	3.3	7.2
Interest Paid	10	8.3	•	•	1.5	1.2	1.1	0.7	•	•	•	•	10.4	8.3
Depreciation, Depletion, Amortization	11	12.6	•	•	2.5	4.0	•	3.4	12.5	•	•	•	13.2	12.6
Pensions and Other Benefits	12	2.1	•	•	•	1.0	•	0.8	•	•	•	•	1.6	2.1
Other	13	15.7	•	•	40.2	13.7	47.0	34.2	•	•	•	•	12.7	15.7
Officers Compensation	14	0.3	•	•	•	8.3	•	11.0	93.3	•	•	•	1.5	0.3
Operating Margin	15	9.5	•	•	6.7	1.4	6.7	15.4	•	•	•	•	7.6	9.5
Oper. Margin Before Officers Compensation	16	9.8	•	•	6.7	9.7	6.7	26.4	•	•	•	•	9.1	9.8
Selected Average Balance Sheet ($ in Thousands)														
Net Receivables	17	21523	•	•	•	219	121	882	4	•	•	•	5452	267206
Inventories	18	6996	•	•	•	52	63	51	•	•	•	•	980	87159
Net Property, Plant and Equipment	19	305641	•	•	19	168	14	747	4346	•	•	•	115357	3798065
Total Assets	20	493869	•	•	161	456	836	3048	8156	•	•	•	143213	6142235

Notes and Loans Payable 21	153950	•	•	216	210	301	579	7288	•	•	•	91462	1903785
All Other Liabilities 22	166040	•	•	2	238	266	667	2527	•	•	•	24763	2069896
Net Worth 23	173878	•	•	-57	7	270	1802	-1658	•	•	•	26988	2168554

Selected Financial Ratios (Times to 1)

Current Ratio 24	0.9	•	•	0.5	0.9	4.2	2.8	0.2	•	•	•	1.1	0.9
Quick Ratio 25	0.5	•	•	0.5	0.7	1.8	2.6	0.2	•	•	•	0.8	0.5
Net Sales to Working Capital 26	•	•	•	•	•	1.0	3.0	•	•	•	•	43.3	•
Coverage Ratio 27	2.7	•	•	5.5	2.2	7.3	•	5.9	•	•	•	2.2	2.7
Total Asset Turnover 28	0.3	•	•	3.1	3.5	0.3	1.3	0.0	•	•	•	0.5	0.3
Inventory Turnover 29	8.6	•	•	•	•	•	•	•	•	•	•	•	8.5
Receivables Turnover 30	8.4	•	•	•	•	4.3	4.3	1.0	•	•	•	9.0	8.3
Total Liabilities to Net Worth 31	1.9	•	•	•	•	2.1	0.7	•	•	•	•	4.3	1.8

Selected Financial Factors (in Percentages)

Debt Ratio 32	64.8	•	•	•	98.4	67.8	40.9	•	•	•	•	81.2	64.7
Return on Assets 33	7.1	•	•	25.2	8.9	2.4	•	18.3	•	•	•	10.9	7.0
Return on Equity 34	8.5	•	•	•	•	5.7	•	•	•	•	•	23.0	8.4
Return Before Interest on Equity 35	20.1	•	•	•	•	7.5	•	•	•	•	•	•	19.9
Profit Margin, Before Income Tax 36	14.1	•	•	6.7	1.4	6.7	•	•	•	•	•	12.5	14.1
Profit Margin, After Income Tax 37	9.4	•	•	6.7	1.4	5.9	•	•	•	•	•	9.2	9.4

Trends in Selected Ratios and Factors, 1990-1999

	1990	1991	1992	1993	1994	1995	1996	1997	1998	1999
Cost of Operations (%) 38	42.4	43.2	43.1	40.2	42.8	43.3	42.5	42.9	42.2	40.7
Operating Margin (%) 39	7.2	5.0	6.2	5.9	5.0	5.9	4.6	6.1	7.5	9.5
Oper. Margin Before Officers Comp. (%) 40	7.3	5.2	6.5	6.1	5.3	6.1	4.9	6.4	7.8	9.8
Average Net Receivables ($) 41	31111	36652	32596	160826	83292	83934	53053	19214	17783	21523
Average Inventories ($) 42	20186	25787	15620	79666	47335	45359	29215	9554	8727	6996
Average Net Worth ($) 43	378624	385466	322723	1303793	779654	722016	498015	180875	178168	173878
Current Ratio (×1) 44	0.9	0.9	1.0	0.9	0.9	0.8	0.9	0.9	0.8	0.9
Quick Ratio (×1) 45	0.5	0.5	0.5	0.5	0.4	0.4	0.4	0.4	0.4	0.5
Coverage Ratio (×1) 46	2.0	2.0	2.1	2.2	2.0	2.1	2.0	2.3	2.5	2.7
Asset Turnover (×1) 47	0.4	0.3	0.3	0.3	0.3	0.4	0.3	0.3	0.3	0.3
Operating Leverage 48	1.3	0.7	1.3	1.0	0.9	1.2	0.8	1.3	1.2	1.3
Financial Leverage 49	1.1	1.1	1.2	1.0	0.9	1.1	1.0	1.1	1.1	1.1
Total Leverage 50	1.4	0.7	1.5	1.0	0.8	1.3	0.8	1.5	1.3	1.4

Table I

Corporations with and without Net Income

GAS PRODUCTION AND DISTRIBUTION

MONEY AMOUNTS AND SIZE OF ASSETS IN THOUSANDS OF DOLLARS

Item Description for Accounting Period 7/95 Through 6/96	Total	Zero Assets	Under 100	100 to 250	251 to 500	501 to 1,000	1,001 to 5,000	5,001 to 10,000	10,001 to 25,000	25,001 to 50,000	50,001 to 100,000	100,001 to 250,000	250,001 and over
Number of Enterprises 1	1116	58	•	101	305	264	232	10	38	20	19	13	56
Revenues ($ in Thousands)													
Net Sales 2	86265307	332205	•	•	277125	296079	596291	110762	805379	1425894	1433281	1469981	79518309
Portfolio Income 3	5792550	3689	•	•	1893	766	2882	165	16744	35356	6550	41144	5683363
Other Revenues 4	1577686	8065	•	1008	3375	121	9823	5	18051	12703	25877	75979	1422678
Total Revenues 5	93635543	343959	•	1008	282393	296966	608996	110932	840174	1473953	1465708	1587104	86624350
Average Total Revenues 6	83903	5930	•	10	926	1125	2625	11093	22110	73698	77143	122085	1546863
Operating Costs/Operating Income (%)													
Cost of Operations 7	71.2	49.5	•	•	70.7	71.9	70.7	43.6	79.1	92.5	81.1	67.6	70.7
Rent 8	2.7	3.8	•	•	4.8	8.3	6.6	19.3	6.6	0.8	2.4	7.0	2.5
Taxes Paid 9	3.5	1.7	•	•	2.9	2.4	2.3	2.7	1.4	0.6	1.9	4.4	3.7
Interest Paid 10	6.9	1.3	•	•	0.7	2.2	1.4	1.7	1.5	1.0	2.9	4.9	7.3
Depreciation, Depletion, Amortization 11	6.4	7.1	•	•	3.8	6.9	4.5	6.6	3.1	1.9	4.4	6.1	6.5
Pensions and Other Benefits 12	1.9	0.4	•	•	0.4	1.1	0.8	2.7	1.3	0.4	1.0	1.7	2.0
Other 13	11.4	44.9	•	•	9.9	7.9	9.9	19.1	16.6	1.9	4.9	12.5	11.5
Officers Compensation 14	0.5	0.6	•	•	8.0	4.1	1.8	1.7	1.4	0.9	0.7	0.8	0.5
Operating Margin 15	•	•	•	•	•	•	2.1	2.6	•	0.1	0.8	•	•
Oper. Margin Before Officers Compensation 16	•	•	•	•	7.0	•	3.9	4.3	•	1.0	1.5	•	•
Selected Average Balance Sheet ($ in Thousands)													
Net Receivables 17	18441	•	•	167	138	74	358	1938	2695	10100	13743	14683	350751
Inventories 18	3670	•	•	•	29	37	41	640	292	1250	2243	6420	69630
Net Property, Plant and Equipment 19	67155	•	•	46	87	370	917	2854	5100	12415	38140	95383	1288709
Total Assets 20	136010	•	•	215	339	636	2108	5747	12388	34477	73330	160190	2612714

Notes and Loans Payable 21	45278	•	•	685	76	398	456	2122	6417	8592	25843	66825	864815
All Other Liabilities 22	44791	•	•	-930	182	92	793	1692	7669	13246	20745	43736	862162
Net Worth 23	45942	•	•	460	81	145	858	1933	-1698	12639	26742	49628	885737

Selected Financial Ratios (Times to 1)

Current Ratio 24	0.9	•	•	•	0.9	0.9	1.1	1.8	0.9	1.2	1.4	1.0	0.9
Quick Ratio 25	0.6	•	•	•	0.7	0.7	0.9	1.4	0.6	1.1	1.1	0.6	0.6
Net Sales to Working Capital 26	•	•	•	•	•	•	•	8.9	•	26.4	14.1	•	•
Coverage Ratio 27	1.6	•	•	•	2.3	•	4.1	2.6	•	4.5	2.0	1.6	1.6
Total Asset Turnover 28	0.6	•	•	•	2.7	1.8	1.2	1.9	1.7	2.1	1.0	0.7	0.6
Inventory Turnover 29	•	•	•	•	•	•	•	•	•	•	•	•	•
Receivables Turnover 30	4.2	•	•	•	6.7	•	6.2	•	8.9	7.1	6.5	6.2	4.0
Total Liabilities to Net Worth 31	2.0	•	•	•	3.2	3.4	1.5	2.0	•	1.7	1.8	2.2	2.0

Selected Financial Factors (in Percentages)

Debt Ratio 32	66.2	•	•	•	76.0	77.2	59.3	66.4	•	63.4	63.5	69.0	66.1
Return on Assets 33	6.3	•	•	•	4.4	•	6.9	8.6	•	9.3	6.1	5.6	6.4
Return on Equity 34	3.6	•	•	•	7.5	•	9.4	10.4	•	12.8	5.2	1.1	3.8
Return Before Interest on Equity 35	18.7	•	•	•	18.3	•	16.9	25.5	•	25.4	16.8	18.1	18.9
Profit Margin, Before Income Tax 36	4.2	•	•	•	0.9	•	4.3	2.7	•	3.5	3.0	3.1	4.5
Profit Margin, After Income Tax 37	2.1	•	•	•	0.7	•	3.2	1.8	•	2.3	1.9	0.5	2.4

Trends in Selected Ratios and Factors, 1990-1999

	1990	1991	1992	1993	1994	1995	1996	1997	1998	1999
Cost of Labor (%) 38	73.7	73.6	71.0	73.0	72.9	71.3	71.5	73.1	72.5	71.2
Operating Margin (%) 39	•	•	•	•	•	•	•	•	•	•
Oper. Margin Before Officers Comp. (%) 40	•	•	•	•	•	•	•	•	•	•
Average Net Receivables ($) 41	10284	11557	7743	13440	9727	14787	15489	15905	16371	18441
Average Inventories ($) 42	3376	3399	2460	3730	3209	5369	4553	2952	3145	3670
Average Net Worth ($) 43	20098	25432	18823	29625	23373	34715	35668	31031	37843	45942
Current Ratio (×1) 44	0.9	0.9	0.9	0.9	0.9	0.9	0.9	0.9	0.9	0.9
Quick Ratio (×1) 45	0.6	0.6	0.6	0.6	0.6	0.6	0.6	0.7	0.6	0.6
Coverage Ratio (×1) 46	0.8	1.3	2.0	1.6	1.4	1.3	1.7	1.8	1.7	1.6
Asset Turnover (×1) 47	0.8	0.7	0.7	0.7	0.7	0.7	0.7	0.7	0.7	0.6
Total Liabilities/Net Worth (×1) 48	2.4	2.0	2.0	2.0	2.0	2.4	2.3	2.2	2.0	2.0
Return on Assets (×1) 49	4.2	6.3	10.5	7.8	6.8	6.6	7.3	6.6	6.1	6.3
Return on Equity (%) 50	•	1.5	11.6	6.0	3.1	3.3	5.8	6.0	4.8	3.6

Table II

Corporations with Net Income

GAS PRODUCTION AND DISTRIBUTION

MONEY AMOUNTS AND SIZE OF ASSETS IN THOUSANDS OF DOLLARS

Item Description for Accounting Period 7/95 Through 6/96	Total	Zero Assets	Under 100	100 to 250	251 to 500	501 to 1,000	1,001 to 5,000	5,001 to 10,000	10,001 to 25,000	25,001 to 50,000	50,001 to 100,000	100,001 to 250,000	250,001 and over
Number of Enterprises **1**	634	•	•	•	134	158	184	10	25	•	15	10	48
Revenues ($ in Thousands)													
Net Sales **2**	75391971				137402	212323	595613	110762	665513	•	1231405	1147034	69611218
Portfolio Income **3**	5229573	•	•	•	1891	648	2882	165	4619	•	6098	30920	5148591
Other Revenues **4**	1341134	•	•	•	3310	105	9823	5	6721	•	25787	37687	1242794
Total Revenues **5**	81962678	•	•	•	142603	213076	608318	110932	676853	•	1263290	1215641	76002603
Average Total Revenues **6**	129279	•	•	•	1064	1349	3306	11093	27074	•	84219	121564	1583388
Operating Costs/Operating Income (%)													
Cost of Operations **7**	69.5	•	•	•	55.8	67.9	70.8	43.6	80.7	•	81.4	68.2	69.0
Rent **8**	2.7				8.8	6.3	6.6	19.3	5.4	•	2.2	6.3	2.6
Taxes Paid **9**	3.5				3.3	2.5	2.3	2.7	1.4	•	2.0	4.3	3.6
Interest Paid **10**	6.3				0.9	1.1	1.4	1.7	0.8	•	1.9	4.2	6.7
Depreciation, Depletion, Amortization **11**	6.1				5.5	4.3	4.3	6.6	2.2	•	3.8	5.8	6.3
Pensions and Other Benefits **12**	1.9				0.8	0.9	0.8	2.7	1.1	•	1.0	1.3	2.0
Other **13**	11.3				13.0	7.8	9.1	19.1	6.6	•	5.1	5.5	11.6
Officers Compensation **14**	0.6				12.3	5.2	1.8	1.7	1.2	•	0.6	0.8	0.5
Operating Margin **15**	•				•	4.0	3.1	2.6	0.7	•	2.0	3.7	•
Oper. Margin Before Officers Compensation **16**	•				12.0	9.2	4.8	4.3	1.9	•	2.6	4.5	•
Selected Average Balance Sheet ($ in Thousands)													
Net Receivables **17**	28476	•	•	•	70	108	452	1938	3552	•	11628	14842	360777
Inventories **18**	5504	•	•	•	34	61	52	640	443	•	2790	6568	69086
Net Property, Plant and Equipment **19**	101957	•	•	•	135	252	1141	2854	5028	•	38904	86972	1303138
Total Assets **20**	207652	•	•	•	396	591	2320	5747	11964	•	73654	159494	2654062

Notes and Loans Payable 21	66878	•	•	•	57	171	515	2122	2178	•	19572	49234	859368
All Other Liabilities 22	69694	•	•	•	103	126	758	1692	5270	•	23254	45353	892074
Net Worth 23	71081	•	•	•	237	295	1047	1933	4516	•	30827	64907	902620

Selected Financial Ratios (Times to 1)

Current Ratio 24	0.9	•	•	•	1.1	1.6	1.1	1.8	1.4	•	1.2	1.0	0.9
Quick Ratio 25	0.6	•	•	•	0.7	1.2	1.0	1.4	1.0	•	0.9	0.6	0.6
Net Sales to Working Capital 26	•	•	•	•	•	13.0	•	8.9	13.8	•	29.9	•	•
Coverage Ratio 27	2.1	•	•	•	5.1	4.9	4.7	2.6	3.9	•	3.5	3.3	2.1
Total Asset Turnover 28	0.6	•	•	•	2.6	2.3	1.4	1.9	2.2	•	1.1	0.7	0.6
Inventory Turnover 29	•	•	•	•	•	•	•	•	•	•	•	•	•
Receivables Turnover 30	4.1	•	•	•	6.1	•	7.9	•	8.4	•	•	5.8	4.0
Total Liabilities to Net Worth 31	1.9	•	•	•	0.7	1.0	1.2	2.0	1.7	•	1.4	1.5	2.0

Selected Financial Factors (in Percentages)

Debt Ratio 32	65.8	•	•	•	40.3	50.2	54.9	66.4	62.3	•	58.2	59.3	66.0
Return on Assets 33	7.7	•	•	•	11.1	12.5	9.2	8.6	7.1	•	7.3	10.0	7.6
Return on Equity 34	7.8	•	•	•	12.6	19.1	12.7	10.4	10.4	•	8.7	11.4	7.6
Return Before Interest on Equity 35	22.4	•	•	•	18.6	25.0	20.4	25.5	18.9	•	17.3	24.5	22.3
Profit Margin, Before Income Tax 36	7.0	•	•	•	3.5	4.4	5.2	2.7	2.4	•	4.6	9.7	7.2
Profit Margin, After Income Tax 37	4.6	•	•	•	2.9	4.2	4.1	1.8	1.8	•	3.3	6.5	4.7

Trends in Selected Ratios and Factors, 1990-1999

	1990	1991	1992	1993	1994	1995	1996	1997	1998	1999
Cost of Operations (%) 38	71.8	70.3	66.9	69.5	73.1	72.4	71.3	72.8	71.5	69.5
Operating Margin (%) 39	•	•	•	•	•	•	•	•	•	•
Oper. Margin Before Officers Comp. (%) 40	•	•	•	•	•	•	•	•	•	•
Average Net Receivables ($) 41	3718	6945	15435	14851	13645	18688	18242	22581	21432	28476
Average Inventories ($) 42	1629	2614	5344	5236	4076	6021	5991	4205	4081	5504
Average Net Worth ($) 43	11184	22373	39090	40029	30265	41042	43950	43602	48858	71081
Current Ratio (×1) 44	0.8	1.0	0.9	0.9	0.9	0.9	0.9	1.0	0.9	0.9
Quick Ratio (×1) 45	0.5	0.6	0.6	0.6	0.6	0.6	0.5	0.7	0.6	0.6
Coverage Ratio (×1) 46	1.7	2.1	2.4	1.9	1.5	1.6	1.9	1.9	1.9	2.1
Asset Turnover (×1) 47	0.8	0.7	0.7	0.6	0.7	0.7	0.7	0.7	0.7	0.6
Operating Leverage 48	•	2.1	4.0	0.6	0.9	0.8	0.4	1.5	0.6	2.5
Financial Leverage 49	0.8	1.4	1.4	0.8	0.7	1.0	1.3	1.0	1.0	1.1
Total Leverage 50	•	2.9	5.5	0.5	0.6	0.8	0.5	1.5	0.6	2.8

Table I

Corporations with and without Net Income

COMBINATION UTILITY SERVICES

MONEY AMOUNTS AND SIZE OF ASSETS IN THOUSANDS OF DOLLARS

Item Description for Accounting Period 7/95 Through 6/96	Total	Zero Assets	Under 100	100 to 250	251 to 500	501 to 1,000	1,001 to 5,000	5,001 to 10,000	10,001 to 25,000	25,001 to 50,000	50,001 to 100,000	100,001 to 250,000	250,001 and over
Number of Enterprises **1**	369	•	•	157	101	•	26	•	20	4	4	4	48
Revenues ($ in Thousands)													
Net Sales **2**	91179950	•	•	179863	14439	•	44286	•	152167	61373	373059	366112	89940136
Portfolio Income **3**	1881897	•	•	4083	•	•	•	•	14237	1801	1334	5371	1781478
Other Revenues **4**	3150351	•	•	1100	•	•	414	•	4463	1459	16171	14083	3110341
Total Revenues **5**	96212198	•	•	185046	14439	•	44700	•	170867	64633	390564	385566	94831955
Average Total Revenues **6**	260738	•	•	1179	143	•	1719	•	8543	16158	97641	96392	1975666
Operating Costs/Operating Income (%)													
Cost of Operations **7**	39.5	•	•	•	•	•	45.0	•	32.5	64.2	83.0	40.7	39.4
Rent **8**	3.1	•	•	13.1	•	•	14.7	•	13.7	5.8	3.3	9.9	3.1
Taxes Paid **9**	7.8	•	•	1.7	13.8	•	2.3	•	5.1	0.9	2.0	5.2	7.8
Interest Paid **10**	7.6	•	•	1.0	25.9	•	13.3	•	9.1	3.9	4.4	5.3	7.6
Depreciation, Depletion, Amortization **11**	12.3	•	•	0.3	17.6	•	7.1	•	14.0	17.8	4.4	7.8	12.4
Pensions and Other Benefits **12**	2.2	•	•	1.7	•	•	•	•	2.0	2.4	0.5	2.5	2.3
Other **13**	19.7	•	•	85.4	57.8	•	12.7	•	28.9	7.2	49.9	23.5	19.4
Officers Compensation **14**	0.2	•	•	0.6	•	•	4.7	•	1.6	•	0.9	2.2	0.2
Operating Margin **15**	7.6	•	•	•	•	•	0.1	•	•	•	•	3.0	8.0
Oper. Margin Before Officers Compensation **16**	7.8	•	•	•	•	•	4.8	•	•	•	•	5.2	8.2
Selected Average Balance Sheet ($ in Thousands)													
Net Receivables **17**	27942	•	•	65	1	•	286	•	621	315	11681	11941	212179
Inventories **18**	13876	•	•	•	•	•	155	•	64	7	8038	3557	105593
Net Property, Plant and Equipment **19**	448765	•	•	0	270	•	806	•	12131	34783	36638	108634	3428814
Total Assets **20**	664566	•	•	158	324	•	1329	•	15888	43477	79582	167339	5076110

Notes and Loans Payable 21	231630	•	•	•	316	•	1597	•	8804	11995	54168	60526	1764905
All Other Liabilities 22	199444	•	•	5	62	•	309	•	1593	25078	26206	49530	1523848
Net Worth 23	233491	•	•	153	-54	•	-577	•	5491	6404	-792	57283	1787357

Selected Financial Ratios (Times to 1)

Current Ratio 24	0.9	•	•	15.0	0.4	•	1.0	•	0.9	5.7	0.8	1.3	0.9
Quick Ratio 25	0.5	•	•	15.0	0.3	•	0.7	•	0.5	3.6	0.5	0.6	0.5
Net Sales to Working Capital 26	•	•	•	15.4	•	•	•	•	•	4.8	•	13.5	•
Coverage Ratio 27	2.7	•	•	0.1	0.4	•	1.1	•	1.6	1.8	•	2.6	2.8
Total Asset Turnover 28	0.4	•	•	7.2	0.5	•	1.3	•	0.5	0.4	1.2	0.6	0.4
Inventory Turnover 29	7.1	•	•	•	•	•	3.0	•	•	•	•	•	7.1
Receivables Turnover 30	9.4	•	•	•	•	•	2.0	•	•	•	7.7	9.7	9.4
Total Liabilities to Net Worth 31	1.9	•	•	0.0	•	•	•	•	1.9	5.8	•	1.9	1.9

Selected Financial Factors (in Percentages)

Debt Ratio 32	64.9	•	•	3.4	•	•	•	•	65.4	85.3	•	65.8	64.8
Return on Assets 33	7.7	•	•	0.7	4.8	•	18.4	•	7.0	2.4	•	7.4	7.8
Return on Equity 34	9.2	•	•	•	39.6	•	•	•	3.1	2.4	•	8.4	9.4
Return Before Interest on Equity 35	21.9	•	•	0.7	•	•	•	•	20.3	16.3	•	21.7	22.0
Profit Margin, Before Income Tax 36	13.1	•	•	•	•	•	1.1	•	5.5	2.9	•	8.3	13.4
Profit Margin, After Income Tax 37	8.7	•	•	•	•	•	1.1	•	2.3	1.0	•	5.3	9.0

Trends in Selected Ratios and Factors, 1990-1999

	1990	1991	1992	1993	1994	1995	1996	1997	1998	1999
Cost of Labor (%) 38	46.7	47.9	44.7	47.1	45.0	41.6	40.2	40.6	39.2	39.5
Operating Margin (%) 39	2.9	5.2	4.4	1.7	4.0	3.3	3.6	4.2	6.9	7.6
Oper. Margin Before Officers Comp. (%) 40	3.1	5.4	4.6	1.9	4.2	3.5	3.8	4.5	7.2	7.8
Average Net Receivables ($) 41	23727	34572	25468	57261	80233	72810	26674	20911	24780	27942
Average Inventories ($) 42	13147	12470	11863	25805	40320	33909	14380	11496	13487	13876
Average Net Worth ($) 43	217869	295605	226977	501250	692707	601690	231872	179719	225707	233491
Current Ratio (×1) 44	0.9	1.1	1.0	1.0	0.8	1.0	0.9	0.9	1.0	0.9
Quick Ratio (×1) 45	0.5	0.6	0.5	0.5	0.4	0.6	0.5	0.5	0.5	0.5
Coverage Ratio (×1) 46	1.7	2.0	1.8	1.5	1.8	1.9	1.8	2.0	2.4	2.7
Asset Turnover (×1) 47	0.4	0.4	0.4	0.4	0.4	0.4	0.4	0.4	0.4	0.4
Total Liabilities/Net Worth (×1) 48	1.4	1.5	1.7	1.7	1.7	1.7	1.8	2.0	1.9	1.9
Return on Assets (×1) 49	6.2	6.7	6.5	5.7	6.6	6.7	6.1	5.8	6.7	7.7
Return on Equity (%) 50	2.7	4.5	4.7	2.4	4.8	5.2	4.7	5.3	7.4	9.2

COMBINATION UTILITY SERVICES

MONEY AMOUNTS AND SIZE OF ASSETS IN THOUSANDS OF DOLLARS

Item Description for Accounting Period 7/95 Through 6/96		Total	Zero Assets	Under 100	100 to 250	251 to 500	501 to 1,000	1,001 to 5,000	5,001 to 10,000	10,001 to 25,000	25,001 to 50,000	50,001 to 100,000	100,001 to 250,000	250,001 and over
Number of Enterprises	1	100	•	•	•	•	•	26	•	16	4	•	4	•
Revenues ($ in Thousands)														
Net Sales	2	89791573	•	•	•	•	•	44286	•	107046	352126	•	366112	•
Portfolio Income	3	1849339	•	•	•	•	•	•	•	14144	2086	•	5371	•
Other Revenues	4	3110852	•	•	•	•	•	414	•	2709	4262	•	14083	•
Total Revenues	5	94751764	•	•	•	•	•	44700	•	123899	358474	•	385566	•
Average Total Revenues	6	947518	•	•	•	•	•	1719	•	7744	89618	•	96392	•
Operating Costs/Operating Income (%)														
Cost of Operations	7	39.8	•	•	•	•	•	45.0	•	46.2	82.9	•	40.7	•
Rent	8	3.0	•	•	•	•	•	14.7	•	6.0	4.0	•	9.9	•
Taxes Paid	9	7.8	•	•	•	•	•	2.3	•	4.9	1.3	•	5.2	•
Interest Paid	10	7.6	•	•	•	•	•	13.3	•	11.1	1.8	•	5.3	•
Depreciation, Depletion, Amortization	11	12.2	•	•	•	•	•	7.1	•	11.8	3.1	•	7.8	•
Pensions and Other Benefits	12	2.3	•	•	•	•	•	•	•	2.8	0.9	•	2.5	•
Other	13	19.2	•	•	•	•	•	12.7	•	10.8	3.5	•	23.5	•
Officers Compensation	14	0.3	•	•	•	•	•	4.7	•	2.2	0.5	•	2.2	•
Operating Margin	15	8.0	•	•	•	•	•	0.1	•	4.3	2.2	•	3.0	•
Oper. Margin Before Officers Compensation	16	8.3	•	•	•	•	•	4.8	•	6.5	2.7	•	5.2	•
Selected Average Balance Sheet ($ in Thousands)														
Net Receivables	17	101098	•	•	•	•	•	286	•	441	10793	•	11941	•
Inventories	18	51019	•	•	•	•	•	155	•	80	8013	•	3557	•
Net Property, Plant and Equipment	19	1624845	•	•	•	•	•	806	•	12413	27664	•	108634	•
Total Assets	20	2396638	•	•	•	•	•	1329	•	16711	58012	•	167339	•

Notes and Loans Payable **21**	838892	•	•	•	•	•	1597	•	8143	22648	•	60526	•
All Other Liabilities **22**	716005	•	•	•	•	•	309	•	1793	17391	•	49530	•
Net Worth **23**	841740	•	•	•	•	•	-577	•	6775	17974	•	57283	•

Selected Financial Ratios (Times to 1)

Current Ratio **24**	0.9	•	•	•	•	•	1.0	•	0.9	1.4	•	1.3	•
Quick Ratio **25**	0.5	•	•	•	•	•	0.7	•	0.4	0.8	•	0.6	•
Net Sales to Working Capital **26**	•	•	•	•	•	•	•	•	•	14.6	•	13.5	•
Coverage Ratio **27**	2.8	•	•	•	•	•	1.1	•	2.8	3.2	•	2.6	•
Total Asset Turnover **28**	0.4	•	•	•	•	•	1.3	•	0.4	1.5	•	0.6	•
Inventory Turnover **29**	7.1	•	•	•	•	•	9.9	•	•	•	•	•	•
Receivables Turnover **30**	9.6	•	•	•	•	•	•	•	•	•	•	•	•
Total Liabilities to Net Worth **31**	1.9	•	•	•	•	•	•	•	1.5	2.2	•	1.9	•

Selected Financial Factors (in Percentages)

Debt Ratio **32**	64.9	•	•	•	•	•	•	•	59.5	69.0	•	65.8	•
Return on Assets **33**	7.9	•	•	•	•	•	18.4	•	12.5	8.6	•	7.4	•
Return on Equity **34**	9.7	•	•	•	•	•	•	•	15.2	12.7	•	8.4	•
Return Before Interest on Equity **35**	22.6	•	•	•	•	•	•	•	30.7	27.8	•	21.7	•
Profit Margin, Before Income Tax **36**	13.6	•	•	•	•	•	1.1	•	20.0	3.9	•	8.3	•
Profit Margin, After Income Tax **37**	9.1	•	•	•	•	•	1.1	•	15.4	2.6	•	5.3	•

Trends in Selected Ratios and Factors, 1990-1999

	1990	1991	1992	1993	1994	1995	1996	1997	1998	1999
Cost of Operations (%) **38**	45.9	48.0	44.2	47.1	42.7	40.3	39.1	39.1	38.1	39.8
Operating Margin (%) **39**	5.5	6.8	6.4	5.5	6.6	4.7	5.2	4.8	7.5	8.0
Oper. Margin Before Officers Comp. (%) **40**	5.7	7.0	6.6	5.7	6.9	4.9	5.5	5.0	7.7	8.3
Average Net Receivables ($) **41**	22876	34131	26815	68625	79817	98552	45707	28180	120642	101098
Average Inventories ($) **42**	12076	11658	12715	31377	40807	44191	24167	16020	68349	51019
Average Net Worth ($) **43**	203767	266846	231079	594171	629813	741783	375803	249812	1138219	841740
Current Ratio (×1) **44**	0.9	1.0	1.0	0.9	1.0	1.0	0.9	0.9	1.0	0.9
Quick Ratio (×1) **45**	0.6	0.6	0.5	0.5	0.5	0.5	0.5	0.5	0.5	0.5
Coverage Ratio (×1) **46**	2.1	2.3	2.2	2.0	2.2	2.1	2.1	2.0	2.5	2.8
Asset Turnover (×1) **47**	0.4	0.4	0.4	0.4	0.4	0.4	0.4	0.4	0.4	0.4
Operating Leverage **48**	0.9	1.2	0.9	0.9	1.2	0.7	1.1	0.9	1.6	1.1
Financial Leverage **49**	1.0	1.2	1.0	0.9	1.1	1.0	1.0	1.0	1.2	1.1
Total Leverage **50**	0.9	1.4	1.0	0.8	1.3	0.7	1.1	0.9	1.9	1.2

Table I

Corporations with and without Net Income

WATER SUPPLY AND OTHER SANITARY SERVICES

MONEY AMOUNTS AND SIZE OF ASSETS IN THOUSANDS OF DOLLARS

Item Description for Accounting Period 7/95 Through 6/96	Total	Zero Assets	Under 100	100 to 250	251 to 500	501 to 1,000	1,001 to 5,000	5,001 to 10,000	10,001 to 25,000	25,001 to 50,000	50,001 to 100,000	100,001 to 250,000	250,001 and over
Number of Enterprises **1**	11322	363	5036	1752	1182	1126	1498	151	116	35	22	12	29
Revenues ($ in Thousands)													
Net Sales **2**	34777807	378497	1950083	571600	589917	1309919	4885891	1125614	1296568	1212256	895437	1021339	19540687
Portfolio Income **3**	722459	3033	3644	4066	11084	10111	97579	13963	28496	33777	40168	11590	464949
Other Revenues **4**	1090284	2481	3951	2217	2096	14538	165917	33837	39161	25767	33841	41636	724839
Total Revenues **5**	36590550	384011	1957678	577883	603097	1334568	5149387	1173414	1364225	1271800	969446	1074565	20730475
Average Total Revenues **6**	3232	1058	389	330	510	1185	3438	7771	11761	36337	44066	89547	714844
Operating Costs/Operating Income (%)													
Cost of Operations **7**	32.1	19.4	9.5	31.6	31.5	48.1	41.7	41.2	46.3	34.4	45.9	35.1	28.7
Rent **8**	14.9	18.5	3.6	7.1	15.7	7.6	10.7	12.4	10.3	19.2	8.9	13.8	18.2
Taxes Paid **9**	4.6	3.4	0.9	3.1	5.5	3.3	4.7	4.4	3.4	3.7	4.1	6.3	5.1
Interest Paid **10**	4.7	0.8	0.2	1.7	1.5	2.0	2.6	1.7	4.6	2.6	4.7	5.4	6.4
Depreciation, Depletion, Amortization **11**	9.2	4.4	0.8	7.1	5.3	4.5	5.8	8.3	7.9	8.1	9.7	11.6	11.5
Pensions and Other Benefits **12**	2.4	4.1	•	1.5	0.5	1.5	1.7	2.8	1.9	2.7	3.1	2.9	2.9
Other **13**	30.2	46.0	80.9	35.2	33.3	24.6	29.3	26.3	21.0	28.3	23.5	26.1	26.6
Officers Compensation **14**	2.0	3.1	2.1	4.4	6.9	7.5	4.4	2.3	5.1	2.7	3.5	1.3	0.5
Operating Margin **15**	•	0.3	2.0	8.3	•	0.9	•	0.7	•	•	•	•	0.1
Oper. Margin Before Officers Compensation **16**	2.0	3.4	4.1	12.7	6.7	8.4	3.5	3.0	4.7	1.1	0.3	•	0.6
Selected Average Balance Sheet ($ in Thousands)													
Net Receivables **17**	426	•	5	16	37	91	449	1243	1843	4258	6638	16018	105410
Inventories **18**	39	•	3	2	1	22	31	263	182	488	226	2116	8431
Net Property, Plant and Equipment **19**	2598	•	12	87	144	341	1075	2649	7358	17786	36084	101221	798516
Total Assets **20**	5005	•	30	183	339	699	2300	6650	14532	35071	74326	151490	1523853

Notes and Loans Payable	21	1966	•	13	75	137	288	1071	1392	7472	12150	28537	46048	596205
All Other Liabilities	22	1278	•	7	19	86	171	614	2428	4968	11948	22442	36992	375476
Net Worth	23	1761	•	10	89	116	239	615	2831	2093	10973	23347	68449	552172

Selected Financial Ratios (Times to 1)

Current Ratio	24	0.8	•	1.5	6.1	1.0	1.3	1.0	1.7	0.9	1.5	1.1	1.3	0.7
Quick Ratio	25	0.6	•	1.1	5.8	1.0	1.1	0.8	1.2	0.8	1.1	0.9	1.1	0.5
Net Sales to Working Capital	26	•	•	•	5.3	•	20.1	•	7.1	•	12.3	38.8	11.5	•
Coverage Ratio	27	2.2	3.2	11.3	6.5	2.4	2.4	2.7	3.9	2.0	2.3	2.0	1.5	2.0
Total Asset Turnover	28	0.6	•	13.1	1.8	1.5	1.7	1.4	1.1	0.8	1.0	0.6	0.6	0.5
Inventory Turnover	29	•	•	•	•	•	•	•	•	•	•	•	•	•
Receivables Turnover	30	7.5	•	•	•	7.9	•	7.6	5.5	6.2	9.3	6.8	4.9	6.8
Total Liabilities to Net Worth	31	1.9	•	2.1	1.1	1.9	1.9	2.7	1.4	6.0	2.2	2.2	1.2	1.8

Selected Financial Factors (in Percentages)

Debt Ratio	32	64.8	•	67.6	51.2	65.7	65.8	73.3	57.4	85.6	68.7	68.6	54.8	63.8
Return on Assets	33	6.2	•	33.8	19.7	5.3	8.1	10.0	7.4	6.9	5.8	5.3	4.4	5.7
Return on Equity	34	6.3	•	•	33.7	7.9	12.3	21.2	8.7	17.4	4.9	5.4	•	4.9
Return Before Interest on Equity	35	17.6	•	•	•	15.4	23.5	•	17.3	•	18.6	16.8	9.8	15.8
Profit Margin, Before Income Tax	36	5.4	1.8	2.4	9.4	2.1	2.8	4.4	4.9	4.4	3.3	4.9	2.5	6.6
Profit Margin, After Income Tax	37	3.6	1.2	2.3	9.2	1.8	2.5	4.0	3.3	3.3	1.6	3.1	•	4.0

Trends in Selected Ratios and Factors, 1990-1999

		1990	1991	1992	1993	1994	1995	1996	1997	1998	1999
Cost of Labor (%)	38	40.7	45.9	46.4	48.5	45.8	47.5	31.0	32.8	31.1	32.1
Operating Margin (%)	39	4.7	2.6	2.0	0.9	0.4	•	•	•	•	•
Oper. Margin Before Officers Comp. (%)	40	7.6	5.8	4.6	3.3	2.9	0.5	•	1.5	1.4	2.0
Average Net Receivables ($)	41	152	166	239	272	253	289	308	324	381	426
Average Inventories ($)	42	20	16	22	23	20	22	19	29	37	39
Average Net Worth ($)	43	597	624	801	816	927	1097	1049	1251	1480	1761
Current Ratio (×1)	44	1.1	1.0	1.1	1.0	0.8	0.8	0.8	0.7	0.8	0.8
Quick Ratio (×1)	45	0.8	0.8	0.8	0.8	0.6	0.6	0.6	0.6	0.6	0.6
Coverage Ratio (×1)	46	2.9	3.0	2.8	2.6	2.1	1.8	1.7	1.8	2.0	2.2
Asset Turnover (×1)	47	0.8	0.8	0.9	0.9	0.8	0.7	0.7	0.7	0.7	0.6
Total Liabilities/Net Worth (×1)	48	1.5	1.7	1.8	2.1	1.9	1.9	2.0	1.9	1.9	1.9
Return on Assets (×1)	49	10.0	8.7	10.6	10.4	9.1	8.0	7.4	6.4	6.6	6.2
Return on Equity (%)	50	9.6	9.0	12.8	13.6	9.0	6.1	5.4	5.4	6.1	6.3

Table II

Corporations with Net Income

WATER SUPPLY AND OTHER SANITARY SERVICES

MONEY AMOUNTS AND SIZE OF ASSETS IN THOUSANDS OF DOLLARS

Item Description for Accounting Period 7/95 Through 6/96		Total	Zero Assets	Under 100	100 to 250	251 to 500	501 to 1,000	1,001 to 5,000	5,001 to 10,000	10,001 to 25,000	25,001 to 50,000	50,001 to 100,000	100,001 to 250,000	250,001 and over
Number of Enterprises	1	7538	94	3412	1222	721	710	1126	113	70	23	•	8	•
Revenues ($ in Thousands)														
Net Sales	2	28541629	362052	1935330	441801	338097	769750	4225315	914816	1138466	772675	•	460294	•
Portfolio Income	3	460374	2168	731	3461	8484	7681	95934	6323	19156	25303	•	6475	•
Other Revenues	4	929880	938	3951	2218	610	14144	156598	24625	20342	19111	•	23904	•
Total Revenues	5	29931883	365158	1940012	447480	347191	791575	4477847	945764	1177964	817089	•	490673	•
Average Total Revenues	6	3971	3885	569	366	482	1115	3977	8370	16828	35526	•	61334	•
Operating Costs/Operating Income (%)														
Cost of Operations	7	31.4	19.4	9.3	33.8	26.9	36.4	37.5	28.7	44.4	31.7	•	23.3	•
Rent	8	14.0	18.8	3.7	3.3	13.2	10.1	11.6	14.0	10.8	16.8	•	11.4	•
Taxes Paid	9	4.7	3.4	0.8	2.7	4.9	3.3	4.7	4.4	3.5	3.4	•	7.9	•
Interest Paid	10	4.2	0.7	0.2	1.4	1.4	2.3	2.1	1.1	3.0	2.4	•	5.6	•
Depreciation, Depletion, Amortization	11	9.4	3.7	0.6	7.6	5.1	5.8	5.3	8.3	7.7	9.4	•	15.2	•
Pensions and Other Benefits	12	2.6	4.3	•	1.3	0.5	1.5	1.8	3.3	1.9	2.9	•	2.2	•
Other	13	28.6	40.5	81.0	33.6	35.4	32.0	31.0	27.6	19.9	28.0	•	21.1	•
Officers Compensation	14	1.8	3.0	2.0	3.0	5.8	3.8	4.5	2.7	4.9	2.3	•	1.5	•
Operating Margin	15	3.5	6.4	2.5	13.4	6.9	4.9	1.7	10.1	4.0	3.1	•	11.9	•
Oper. Margin Before Officers Compensation	16	5.3	9.3	4.5	16.4	12.7	8.7	6.1	12.8	9.0	5.4	•	13.4	•
Selected Average Balance Sheet ($ in Thousands)														
Net Receivables	17	509	•	7	17	9	112	518	1174	1811	4769	•	10259	•
Inventories	18	42	•	3	0	•	36	20	59	288	220	•	1927	•
Net Property, Plant and Equipment	19	3410	•	10	90	158	377	974	3129	8731	20638	•	116324	•
Total Assets	20	6323	•	29	194	337	706	2297	6558	15464	35710	•	158092	•

Notes and Loans Payable 21	2296	•	10	78	105	281	899	1305	6516	11279	•	39960	•
All Other Liabilities 22	1649	•	5	21	41	148	606	1879	5271	8741	•	41078	•
Net Worth 23	2379	•	14	95	191	278	791	3374	3676	15691	•	77054	•

Selected Financial Ratios (Times to 1)

Current Ratio 24	0.8	•	2.7	6.5	1.9	1.7	1.3	1.6	1.2	1.3	•	1.9	•
Quick Ratio 25	0.6	•	2.1	6.5	1.8	1.3	1.1	1.3	1.0	1.0	•	1.6	•
Net Sales to Working Capital 26	•	•	•	5.9	12.1	10.4	23.7	9.9	31.8	18.7	•	4.6	•
Coverage Ratio 27	3.1	11.1	•	11.5	7.8	4.5	4.6	13.7	3.5	4.7	•	4.2	•
Total Asset Turnover 28	0.6	•	•	1.9	1.4	1.5	1.6	1.2	1.1	1.0	•	0.4	•
Inventory Turnover 29	•	•	•	•	•	•	•	•	•	•	•	•	•
Receivables Turnover 30	8.3	•	•	•	8.3	•	8.1	7.8	8.0	7.5	•	•	•
Total Liabilities to Net Worth 31	1.7	•	1.1	1.1	0.8	1.6	1.9	1.0	3.2	1.3	•	1.1	•

Selected Financial Factors (in Percentages)

Debt Ratio 32	62.4	•	52.9	51.0	43.3	60.7	65.6	48.6	76.2	56.1	•	51.3	•
Return on Assets 33	7.6	•	•	29.7	15.3	15.3	15.9	18.0	10.8	10.6	•	8.6	•
Return on Equity 34	10.1	•	•	•	22.5	28.3	33.9	27.8	26.6	13.0	•	8.9	•
Return Before Interest on Equity 35	20.2	•	•	•	27.0	•	•	34.9	•	24.2	•	17.6	•
Profit Margin, Before Income Tax 36	8.6	7.2	2.7	14.6	9.6	7.7	7.7	13.5	7.4	8.9	•	18.0	•
Profit Margin, After Income Tax 37	6.4	6.6	2.7	14.4	9.2	7.3	7.2	11.6	6.0	6.1	•	11.9	•

Trends in Selected Ratios and Factors, 1990-1999

	1990	1991	1992	1993	1994	1995	1996	1997	1998	1999
Cost of Operations (%) 38	38.7	44.9	46.7	50.6	47.7	44.0	28.4	30.4	29.7	31.4
Operating Margin (%) 39	6.6	6.0	5.6	3.9	3.9	2.0	1.4	3.1	3.4	3.5
Oper. Margin Before Officers Comp. (%) 40	9.4	9.0	7.9	6.2	6.2	4.6	3.9	5.3	5.5	5.3
Average Net Receivables ($) 41	206	229	292	393	346	418	432	426	415	509
Average Inventories ($) 42	26	22	26	33	23	32	25	40	35	42
Average Net Worth ($) 43	875	954	1140	1391	1493	1826	1706	2043	1988	2379
Current Ratio (×1) 44	1.1	1.0	1.0	1.0	0.7	0.8	0.7	0.7	0.8	0.8
Quick Ratio (×1) 45	0.9	0.8	0.8	0.7	0.6	0.6	0.6	0.5	0.6	0.6
Coverage Ratio (×1) 46	3.5	4.1	4.3	4.0	3.0	2.6	2.4	2.8	2.9	3.1
Asset Turnover (×1) 47	0.8	0.8	0.9	0.9	0.8	0.7	0.7	0.7	0.7	0.6
Operating Leverage 48	1.2	0.9	0.9	0.7	1.0	0.5	0.7	2.2	1.1	1.0
Financial Leverage 49	1.1	1.1	1.1	1.0	0.9	0.9	1.0	1.1	1.0	1.0
Total Leverage 50	1.3	1.0	1.0	0.7	0.9	0.5	0.8	2.3	1.1	1.0

Table I

Corporations with and without Net Income

GROCERIES AND RELATED PRODUCTS

MONEY AMOUNTS AND SIZE OF ASSETS IN THOUSANDS OF DOLLARS

Item Description for Accounting Period 7/95 Through 6/96		Total	Zero Assets	Under 100	100 to 250	251 to 500	501 to 1,000	1,001 to 5,000	5,001 to 10,000	10,001 to 25,000	25,001 to 50,000	50,001 to 100,000	100,001 to 250,000	250,001 and over
Number of Enterprises	1	26416	1928	9057	4044	3739	2972	3517	567	363	131	35	30	33
Revenues ($ in Thousands)														
Net Sales	2	269136268	1864238	3570302	4607659	8581476	12520562	41435376	18804623	25946276	19267400	11813102	22108092	98617161
Portfolio Income	3	768205	3950	8848	11952	23034	8543	37557	28799	31161	29180	23989	49060	512133
Other Revenues	4	3452443	5210	10738	98385	28196	75112	223453	107119	108051	309286	157668	249011	2080215
Total Revenues	5	273356916	1873398	3589888	4717996	8632706	12604217	41696386	18940541	26085488	19605866	11994759	22406163	101209509
Average Total Revenues	6	10348	972	396	1167	2309	4241	11856	33405	71861	149663	342707	746872	3066955
Operating Costs/Operating Income (%)														
Cost of Operations	7	86.3	75.7	77.5	69.6	81.1	83.4	85.9	87.8	86.4	87.1	90.4	89.6	86.9
Rent	8	4.9	11.4	5.5	10.2	5.0	5.7	4.6	4.4	4.9	4.0	3.6	3.6	5.4
Taxes Paid	9	0.9	1.3	1.3	1.8	1.0	0.9	0.9	0.9	1.0	0.7	0.6	1.2	0.8
Interest Paid	10	0.7	2.0	0.4	0.5	0.3	0.3	0.4	0.6	0.6	0.6	0.6	0.8	1.0
Depreciation, Depletion, Amortization	11	0.8	1.6	0.8	1.1	0.7	0.7	0.6	0.6	0.6	0.7	0.8	0.6	1.1
Pensions and Other Benefits	12	0.7	1.1	0.5	0.4	0.6	0.5	0.6	0.4	0.6	0.6	0.5	0.5	1.1
Other	13	5.4	9.0	9.4	11.4	7.5	5.5	5.4	4.5	4.5	6.7	3.5	4.2	5.2
Officers Compensation	14	1.0	1.4	4.2	6.3	3.6	2.7	1.6	1.0	1.1	0.6	0.4	0.3	0.1
Operating Margin	15	•	•	0.5	•	0.4	0.2	0.1	•	0.5	•	•	•	•
Oper. Margin Before Officers Compensation	16	0.3	•	4.6	5.0	4.0	3.0	1.7	0.9	1.6	•	•	•	•
Selected Average Balance Sheet ($ in Thousands)														
Net Receivables	17	693	•	8	43	105	260	863	2309	5804	10642	16535	40422	219868
Inventories	18	523	•	4	26	56	137	502	1836	4381	9266	21638	47077	160280
Net Property, Plant and Equipment	19	484	•	9	33	47	121	358	1373	2732	6656	18444	35086	194790
Total Assets	20	2246	•	36	168	348	695	2183	6757	16043	32530	70659	159580	791005

Notes and Loans Payable 21	796	•	20	83	88	176	636	2251	5337	11921	25994	65202	296036
All Other Liabilities 22	808	•	19	69	100	254	850	2194	5617	9853	22436	59250	292032
Net Worth 23	642	•	-3	17	160	264	696	2313	5088	10756	22229	35127	202937

Selected Financial Ratios (Times to 1)

Current Ratio 24	1.5	•	0.8	1.3	1.9	1.8	1.5	1.5	1.4	1.4	1.3	1.4	1.5
Quick Ratio 25	0.9	•	0.6	0.9	1.4	1.2	1.0	0.9	0.8	0.8	0.6	0.7	0.9
Net Sales to Working Capital 26	22.0	•	•	42.5	19.9	19.6	20.9	19.9	23.1	21.8	34.6	29.2	19.4
Coverage Ratio 27	2.3	•	3.6	3.2	4.8	4.3	2.7	2.0	2.9	2.9	2.9	1.9	2.1
Total Asset Turnover 28	4.5	•	10.9	6.8	6.6	6.1	5.4	4.9	4.5	4.5	4.8	4.6	3.8
Inventory Turnover 29	•	•	•	•	•	•	•	•	•	•	•	•	•
Receivables Turnover 30	•	•	•	•	•	•	•	•	•	•	•	•	•
Total Liabilities to Net Worth 31	2.5	•	•	9.1	1.2	1.6	2.1	1.9	2.2	2.0	2.2	3.6	2.9

Selected Financial Factors (in Percentages)

Debt Ratio 32	71.4	•	•	90.1	54.1	62.0	68.1	65.8	68.3	66.9	68.6	78.0	74.4
Return on Assets 33	7.3	•	15.1	11.0	8.2	7.1	6.3	5.8	7.0	7.1	8.2	6.6	7.8
Return on Equity 34	10.7	•	•	•	13.1	12.8	10.8	6.6	11.9	10.6	13.8	8.8	10.3
Return Before Interest on Equity 35	25.6	•	•	•	17.8	18.7	19.7	17.0	22.2	21.3	26.2	29.8	30.5
Profit Margin, Before Income Tax 36	0.9	•	1.0	1.1	1.0	0.9	0.7	0.6	1.0	1.0	1.1	0.7	1.1
Profit Margin, After Income Tax 37	0.7	•	1.0	1.1	0.9	0.8	0.6	0.5	0.9	0.8	0.9	0.4	0.7

Trends in Selected Ratios and Factors, 1990-1999

	1990	1991	1992	1993	1994	1995	1996	1997	1998	1999
Cost of Labor (%) 38	86.2	86.8	87.1	86.8	87.1	86.6	86.1	86.3	86.6	86.3
Operating Margin (%) 39	•	•	•	•	•	•	•	•	•	•
Oper. Margin Before Officers Comp. (%) 40	•	0.3	0.1	0.2	0.2	0.3	0.4	0.4	0.4	0.3
Average Net Receivables ($) 41	393	429	483	529	519	520	553	596	611	693
Average Inventories ($) 42	373	382	434	459	449	441	465	502	487	523
Average Net Worth ($) 43	413	441	507	551	548	577	727	651	594	642
Current Ratio (×1) 44	1.5	1.5	1.5	1.4	1.5	1.4	1.5	1.4	1.4	1.5
Quick Ratio (×1) 45	0.8	0.8	0.8	0.8	0.8	0.8	0.8	0.8	0.8	0.9
Coverage Ratio (×1) 46	2.4	2.5	2.3	2.1	1.9	2.2	2.3	2.5	2.6	2.3
Asset Turnover (×1) 47	4.9	4.9	4.7	4.7	4.6	4.5	4.1	4.5	4.6	4.5
Total Liabilities/Net Worth (×1) 48	2.4	2.4	2.4	2.4	2.4	2.3	1.9	2.3	2.5	2.5
Return on Assets (×1) 49	7.1	7.5	7.7	7.8	7.3	7.5	6.2	6.9	7.2	7.3
Return on Equity (%) 50	8.1	9.9	10.2	9.7	8.1	9.1	6.9	9.0	11.4	10.7

GROCERIES AND RELATED PRODUCTS

MONEY AMOUNTS AND SIZE OF ASSETS IN THOUSANDS OF DOLLARS

Item Description for Accounting Period 7/95 Through 6/96		Total	Zero Assets	Under 100	100 to 250	251 to 500	501 to 1,000	1,001 to 5,000	5,001 to 10,000	10,001 to 25,000	25,001 to 50,000	50,001 to 100,000	100,001 to 250,000	250,001 and over
Number of Enterprises	1	16335	629	5026	2521	2447	2369	2457	383	317	108	30	21	26
Revenues ($ in Thousands)														
Net Sales	2	219663352	381237	2011728	2701962	5787029	10306013	31007955	13842599	23534075	17115884	10541686	13368160	89065023
Portfolio Income	3	680973	415	4980	8537	12122	6459	29472	18725	23978	26863	22421	33645	493358
Other Revenues	4	3073321	4371	10593	85734	26035	70545	193145	80075	104510	300380	141399	151376	1905157
Total Revenues	5	223417646	386023	2027301	2796233	5825186	10383017	31230572	13941399	23662563	17443127	10705506	13553181	91463533
Average Total Revenues	6	13677	614	403	1109	2381	4383	12711	36401	74645	161510	356850	645390	3517828
Operating Costs/Operating Income (%)														
Cost of Operations	7	85.9	37.7	68.8	59.7	77.6	83.5	85.3	88.8	86.0	87.5	90.8	87.4	86.6
Rent	8	5.0	28.0	7.5	13.2	5.8	5.6	4.5	3.3	5.0	4.0	3.5	4.3	5.4
Taxes Paid	9	0.9	2.8	1.5	2.4	1.0	0.9	0.9	0.9	0.9	0.7	0.6	1.7	0.8
Interest Paid	10	0.7	0.6	0.4	0.5	0.1	0.3	0.4	0.5	0.5	0.5	0.5	0.7	1.0
Depreciation, Depletion, Amortization	11	0.8	3.2	0.7	1.4	0.7	0.7	0.6	0.6	0.6	0.7	0.8	0.7	1.1
Pensions and Other Benefits	12	0.8	2.9	0.7	0.5	0.7	0.5	0.6	0.4	0.6	0.7	0.5	0.6	1.1
Other	13	5.3	16.0	11.5	12.8	8.4	5.2	5.3	3.8	4.6	5.8	3.3	4.4	5.4
Officers Compensation	14	0.9	4.2	4.7	8.8	3.9	2.7	1.6	1.1	1.1	0.6	0.4	0.3	0.1
Operating Margin	15	•	4.7	4.1	1.0	1.8	0.8	0.9	0.8	0.7	•	•	•	•
Oper. Margin Before Officers Compensation	16	0.7	8.8	8.8	9.8	5.7	3.4	2.5	1.9	1.9	0.2	0.1	0.3	•
Selected Average Balance Sheet ($ in Thousands)														
Net Receivables	17	913	•	7	38	100	271	924	2403	5975	10913	16493	36408	245377
Inventories	18	685	•	6	19	46	134	518	1938	4266	8992	21853	45051	182232
Net Property, Plant and Equipment	19	647	•	6	49	48	119	350	1226	2789	6521	17606	36835	223099
Total Assets	20	2965	•	31	167	344	702	2284	6700	15847	32425	70111	155345	895561

Notes and Loans Payable	21	986	•	20	61	66	149	527	1798	4706	10450	23524	55381	341050
All Other Liabilities	22	1043	•	8	41	92	261	853	2333	6139	10881	23087	49067	316415
Net Worth	23	936	•	3	65	186	291	905	2568	5002	11094	23499	50897	238097

Selected Financial Ratios (Times to 1)

Current Ratio	24	1.5	•	1.4	2.3	2.2	1.9	1.7	1.5	1.4	1.4	1.4	1.4	1.6
Quick Ratio	25	0.9	•	0.9	1.8	1.6	1.3	1.1	0.8	0.8	0.8	0.6	0.7	0.9
Net Sales to Working Capital	26	20.4	•	•	19.0	17.9	18.2	18.0	23.3	23.4	22.1	30.0	23.5	18.9
Coverage Ratio	27	3.3	10.3	12.4	11.0	•	6.8	5.6	4.4	3.7	4.2	3.6	3.1	2.3
Total Asset Turnover	28	4.5	•	12.9	6.4	6.9	6.2	5.5	5.4	4.7	4.9	5.0	4.1	3.8
Inventory Turnover	29	•	•	•	•	•	•	•	•	•	•	•	•	•
Receivables Turnover	30	•	•	•	•	•	•	•	•	•	•	•	•	•
Total Liabilities to Net Worth	31	2.2	•	9.0	1.6	0.9	1.4	1.5	1.6	2.2	1.9	2.0	2.1	2.8

Selected Financial Factors (in Percentages)

Debt Ratio	32	68.5	•	90.0	60.9	45.8	58.5	60.4	61.7	68.4	65.8	66.5	67.2	73.4
Return on Assets	33	9.7	•	•	31.3	17.7	10.8	11.0	10.8	8.3	9.8	9.1	8.3	8.6
Return on Equity	34	17.2	•	•	•	30.0	20.5	21.0	19.1	16.1	18.0	16.0	12.2	12.2
Return Before Interest on Equity	35	30.8	•	•	•	32.7	26.1	27.7	28.1	26.2	28.6	27.2	25.4	32.3
Profit Margin, Before Income Tax	36	1.5	5.9	4.9	4.5	2.5	1.5	1.6	1.5	1.3	1.5	1.3	1.4	1.3
Profit Margin, After Income Tax	37	1.2	5.3	4.9	4.4	2.4	1.4	1.5	1.4	1.1	1.3	1.1	1.0	0.9

Trends in Selected Ratios and Factors, 1990-1999

		1990	1991	1992	1993	1994	1995	1996	1997	1998	1999
Cost of Operations (%)	38	86.3	86.9	87.1	87.0	86.9	86.3	85.8	86.0	86.3	85.9
Operating Margin (%)	39	•	•	•	•	•	•	•	•	•	•
Oper. Margin Before Officers Comp. (%)	40	0.2	0.7	0.5	0.7	0.8	0.8	1.0	1.0	0.9	0.7
Average Net Receivables ($)	41	562	515	625	661	735	760	678	795	862	913
Average Inventories ($)	42	540	478	578	584	639	665	585	698	694	685
Average Net Worth ($)	43	672	587	722	752	873	968	1006	1002	895	936
Current Ratio (×1)	44	1.5	1.5	1.6	1.5	1.6	1.5	1.5	1.5	1.5	1.5
Quick Ratio (×1)	45	0.8	0.8	0.8	0.8	0.9	0.8	0.8	0.8	0.9	0.9
Coverage Ratio (×1)	46	3.5	3.5	3.4	3.1	3.0	3.3	3.7	3.9	3.7	3.3
Asset Turnover (×1)	47	4.9	5.0	4.8	4.9	4.7	4.5	4.1	4.6	4.6	4.5
Operating Leverage	48	3.5	0.4	1.4	0.8	0.7	0.6	1.1	0.0	41.0	3.7
Financial Leverage	49	1.1	1.1	1.0	1.0	1.0	1.0	1.1	1.0	1.0	1.0
Total Leverage	50	3.7	0.4	1.5	0.8	0.7	0.6	1.1	0.0	41.6	3.6

Table I

Corporations with and without Net Income

MACHINERY, EQUIPMENT, AND SUPPLIES

MONEY AMOUNTS AND SIZE OF ASSETS IN THOUSANDS OF DOLLARS

Item Description for Accounting Period 7/95 Through 6/96	Total	Zero Assets	Under 100	100 to 250	251 to 500	501 to 1,000	1,001 to 5,000	5,001 to 10,000	10,001 to 25,000	25,001 to 50,000	50,001 to 100,000	100,001 to 250,000	250,001 and over
Number of Enterprises 1	55171	1573	20593	7984	6987	7599	8470	1024	566	206	83	61	26
Revenues ($ in Thousands)													
Net Sales 2	168505506	2384009	3880156	5086515	8147224	15569824	43123748	15622561	15112758	12024710	9605658	12618490	25329854
Portfolio Income 3	1856811	37733	4076	19807	36697	60950	228676	90363	87996	159045	109716	439891	581856
Other Revenues 4	2456635	68811	28105	44532	67634	136879	518723	149773	188941	186916	129808	208643	727874
Total Revenues 5	172818952	2490553	3912337	5150854	8251555	15767653	43871147	15862697	15389695	12370671	9845182	13267024	26639584
Average Total Revenues 6	3132	1583	190	645	1181	2075	5180	15491	27190	60052	118617	217492	1024599
Operating Costs/Operating Income (%)													
Cost of Operations 7	75.6	82.3	70.5	74.1	67.7	71.7	74.9	77.3	75.2	77.1	76.4	77.1	79.5
Rent 8	7.2	5.5	5.6	5.8	7.2	7.6	7.9	7.3	7.4	7.7	6.8	7.4	5.9
Taxes Paid 9	1.4	0.9	1.6	1.4	1.9	1.7	1.4	1.2	1.3	1.2	1.3	1.2	1.2
Interest Paid 10	1.4	0.4	0.8	0.8	0.8	0.6	0.9	1.0	1.4	1.5	1.8	2.3	2.7
Depreciation, Depletion, Amortization 11	2.0	1.0	1.0	0.8	1.1	1.1	1.3	1.2	2.2	2.6	3.0	2.7	3.5
Pensions and Other Benefits 12	1.1	0.4	0.8	0.3	0.9	1.0	0.9	0.9	1.0	1.2	1.3	1.4	1.4
Other 13	9.0	11.1	15.0	11.9	12.4	10.4	8.8	7.6	8.5	7.7	8.4	10.1	7.0
Officers Compensation 14	2.6	0.7	5.7	6.0	6.5	5.0	3.3	2.3	1.9	1.2	0.9	0.7	0.4
Operating Margin 15	•	•	•	•	1.5	0.9	0.6	1.2	1.2	•	0.2	•	•
Oper. Margin Before Officers Compensation 16	2.6	•	4.7	4.9	8.1	5.9	3.9	3.5	3.0	1.1	1.1	•	•
Selected Average Balance Sheet ($ in Thousands)													
Net Receivables 17	438	•	8	57	117	204	617	2151	4089	9507	19518	39760	207949
Inventories 18	495	•	6	44	98	247	804	2593	5599	11730	26818	51292	148244
Net Property, Plant and Equipment 19	227	•	5	27	47	86	268	946	2501	6946	13021	29485	86605
Total Assets 20	1532	•	31	171	358	718	2048	6879	14602	34213	71639	152494	753954

Notes and Loans Payable	21	563	•	46	67	117	174	606	2098	5411	12943	29465	56696	328359
All Other Liabilities	22	502	•	17	59	128	251	697	2724	4636	10916	21796	54867	205444
Net Worth	23	467	•	-32	44	113	294	745	2058	4554	10354	20379	40931	220152

Selected Financial Ratios (Times to 1)

Current Ratio	24	1.5	•	1.1	1.8	1.8	1.9	1.7	1.4	1.5	1.4	1.4	1.3	1.4
Quick Ratio	25	0.8	•	0.8	1.1	1.1	1.1	0.8	0.7	0.7	0.7	0.6	0.6	0.8
Net Sales to Working Capital	26	8.3	•	•	11.3	9.4	7.4	7.2	9.8	7.7	8.6	8.5	8.6	7.8
Coverage Ratio	27	2.9	6.9	0.8	1.3	4.6	4.4	3.7	3.7	3.1	2.9	2.5	2.0	2.3
Total Asset Turnover	28	2.0	•	6.0	3.7	3.3	2.9	2.5	2.2	1.8	1.7	1.6	1.4	1.3
Inventory Turnover	29	4.9	•	•	•	7.7	6.1	4.8	4.6	3.8	4.1	3.5	3.3	5.8
Receivables Turnover	30	7.2	•	•	•	•	9.9	8.3	7.1	6.9	6.2	6.1	5.7	5.0
Total Liabilities to Net Worth	31	2.3	•	•	2.9	2.2	1.5	1.8	2.4	2.2	2.3	2.5	2.7	2.4

Selected Financial Factors (in Percentages)

Debt Ratio	32	69.5	•	•	74.1	68.4	59.1	63.6	70.1	68.8	69.7	71.6	73.2	70.8
Return on Assets	33	7.8	•	3.5	3.8	11.7	7.8	8.1	8.3	8.1	7.1	7.2	6.1	8.0
Return on Equity	34	12.6	•	1.7	1.3	26.0	12.9	13.4	16.3	13.7	11.7	10.0	7.6	10.1
Return Before Interest on Equity	35	25.5	•	•	14.7	•	19.0	22.1	27.8	26.1	23.6	25.3	22.8	27.4
Profit Margin, Before Income Tax	36	2.5	2.3	•	0.2	2.8	2.1	2.4	2.7	3.0	2.7	2.7	2.2	3.5
Profit Margin, After Income Tax	37	1.9	1.6	•	•	2.5	1.9	2.0	2.2	2.3	2.1	1.8	1.5	2.3

Trends in Selected Ratios and Factors, 1990-1999

		1990	1991	1992	1993	1994	1995	1996	1997	1998	1999
Cost of Labor (%)	38	74.9	75.6	75.5	75.4	75.2	75.5	76.2	75.0	75.2	75.6
Operating Margin (%)	39	•	•	•	•	•	•	•	•	0.5	•
Oper. Margin Before Officers Comp. (%)	40	0.2	0.7	1.1	1.0	1.3	1.0	1.5	2.7	3.2	2.6
Average Net Receivables ($)	41	383	400	375	378	372	386	385	396	410	438
Average Inventories ($)	42	387	397	418	430	452	435	411	437	450	495
Average Net Worth ($)	43	379	388	399	398	447	431	395	423	437	467
Current Ratio (×1)	44	1.5	1.4	1.5	1.5	1.6	1.5	1.5	1.6	1.5	1.5
Quick Ratio (×1)	45	0.8	0.8	0.7	0.8	0.8	0.8	0.8	0.8	0.8	0.8
Coverage Ratio (×1)	46	1.8	2.1	2.2	2.0	1.9	1.6	2.0	2.8	3.5	2.9
Asset Turnover (×1)	47	1.8	1.9	1.9	1.9	1.8	1.8	1.9	2.0	2.1	2.0
Total Liabilities/Net Worth (×1)	48	2.5	2.5	2.4	2.4	2.2	2.2	2.3	2.2	2.2	2.3
Return on Assets (×1)	49	5.9	6.4	7.1	7.0	6.1	4.9	5.4	6.6	8.1	7.8
Return on Equity (%)	50	3.7	7.1	9.4	8.3	6.0	3.1	6.1	10.3	14.5	12.6

Table II

Corporations with Net Income

MACHINERY, EQUIPMENT, AND SUPPLIES

MONEY AMOUNTS AND SIZE OF ASSETS IN THOUSANDS OF DOLLARS

Item Description for Accounting Period 7/95 Through 6/96		Total	Zero Assets	Under 100	100 to 250	251 to 500	501 to 1,000	1,001 to 5,000	5,001 to 10,000	10,001 to 25,000	25,001 to 50,000	50,001 to 100,000	100,001 to 250,000	250,001 and over
Number of Enterprises	1	36364	411	10792	5457	5247	5912	6938	860	461	155	65	45	21
Revenues ($ in Thousands)														
Net Sales	2	143031049	2125549	2834836	4035160	6399605	12664458	37429541	13384466	13156465	9683221	7912407	9748194	23657146
Portfolio Income	3	1275456	37082	3802	15157	31565	48115	173509	81769	65005	107974	86235	167025	458215
Other Revenues	4	2160721	62215	25717	34808	52502	93457	455425	129723	166245	164369	118484	150197	707584
Total Revenues	5	146467226	2224846	2864355	4085125	6483672	12806030	38058475	13595958	13387715	9955564	8117126	10065416	24822945
Average Total Revenues	6	4028	5413	265	749	1236	2166	5486	15809	29041	64229	124879	223676	1182045
Operating Costs/Operating Income (%)														
Cost of Operations	7	75.0	83.8	70.3	72.9	65.2	70.5	74.6	76.2	75.4	76.2	75.4	75.8	79.2
Rent	8	7.0	4.4	3.4	5.8	7.2	7.9	7.6	7.5	7.3	7.8	6.8	7.0	5.9
Taxes Paid	9	1.4	0.7	1.2	1.4	1.9	1.7	1.4	1.3	1.3	1.2	1.4	1.1	1.2
Interest Paid	10	1.2	0.2	0.4	0.5	0.7	0.5	0.8	0.9	1.2	1.3	1.6	1.8	2.3
Depreciation, Depletion, Amortization	11	1.9	0.7	0.8	0.7	1.2	1.1	1.1	1.1	2.0	2.0	2.9	2.7	3.7
Pensions and Other Benefits	12	1.1	0.2	0.7	0.3	1.0	1.0	0.9	1.0	1.0	1.3	1.3	1.4	1.5
Other	13	8.3	9.6	11.8	10.3	12.4	10.0	8.5	7.6	7.5	7.8	8.0	8.3	6.6
Officers Compensation	14	2.5	0.3	5.1	5.6	6.7	5.1	3.3	2.3	1.9	1.2	1.0	0.7	0.4
Operating Margin	15	1.7	0.2	6.4	2.7	3.8	2.2	1.9	2.2	2.5	1.2	1.6	1.2	•
Oper. Margin Before Officers Compensation	16	4.2	0.5	11.5	8.3	10.6	7.3	5.2	4.5	4.4	2.4	2.6	1.8	•
Selected Average Balance Sheet ($ in Thousands)														
Net Receivables	17	546	•	10	63	128	216	629	2189	4337	9634	20338	36454	226367
Inventories	18	629	•	7	49	94	247	843	2545	5846	12811	27180	56887	168566
Net Property, Plant and Equipment	19	267	•	4	30	48	88	249	901	2156	5412	13771	30661	99996
Total Assets	20	1882		36	174	364	720	2063	6824	14589	34378	73079	151884	815469

Notes and Loans Payable 21	646	•	13	52	106	161	544	1890	5036	11867	30950	54316	359696
All Other Liabilities 22	603	•	10	60	112	234	678	2600	4719	12038	21017	52072	229993
Net Worth 23	633	•	13	62	145	325	841	2334	4833	10473	21113	45496	225780

Selected Financial Ratios (Times to 1)

Current Ratio 24	1.6	•	1.8	2.0	2.1	2.0	1.9	1.5	1.5	1.4	1.4	1.4	1.3
Quick Ratio 25	0.8	•	1.3	1.2	1.4	1.1	0.9	0.8	0.7	0.6	0.6	0.6	0.7
Net Sales to Working Capital 26	8.1	•	20.0	10.9	8.0	7.3	6.9	8.1	7.0	8.3	8.3	7.3	10.5
Coverage Ratio 27	4.4	•	•	9.8	8.6	7.7	5.6	5.1	4.4	4.2	3.6	3.4	2.8
Total Asset Turnover 28	2.1	•	7.4	4.3	3.4	3.0	2.6	2.3	2.0	1.8	1.7	1.4	1.4
Inventory Turnover 29	4.8	•	•	•	7.9	6.1	4.9	4.7	3.8	3.9	3.4	3.0	5.7
Receivables Turnover 30	7.4	•	•	•	•	9.7	8.7	7.1	6.9	6.2	6.0	6.3	5.3
Total Liabilities to Net Worth 31	2.0	•	1.8	1.8	1.5	1.2	1.5	1.9	2.0	2.3	2.5	2.3	2.6

Selected Financial Factors (in Percentages)

Debt Ratio 32	66.4	•	63.7	64.5	60.1	54.9	59.3	65.8	66.9	69.5	71.1	70.1	72.3
Return on Assets 33	10.9	•	•	18.6	19.5	11.3	11.4	10.6	10.7	9.8	9.6	8.9	9.1
Return on Equity 34	20.7	•	•	•	•	19.8	20.1	20.7	20.3	19.5	17.6	16.5	14.4
Return Before Interest on Equity 35	32.5	•	•	•	•	25.1	28.1	30.9	32.2	32.0	33.1	29.7	32.7
Profit Margin, Before Income Tax 36	4.0	4.8	7.5	3.9	5.2	3.3	3.6	3.7	4.2	4.1	4.2	4.4	4.3
Profit Margin, After Income Tax 37	3.3	4.1	7.4	3.7	4.8	3.0	3.1	3.1	3.4	3.3	3.1	3.5	2.9

Trends in Selected Ratios and Factors, 1990-1999

	1990	1991	1992	1993	1994	1995	1996	1997	1998	1999
Cost of Operations (%) 38	74.8	75.7	75.4	75.2	74.8	75.3	75.4	74.7	74.9	75.0
Operating Margin (%) 39	0.4	0.2	0.4	0.5	0.8	0.7	0.7	1.4	1.8	1.7
Oper. Margin Before Officers Comp. (%) 40	2.9	2.8	3.2	3.3	3.8	3.7	3.7	4.1	4.4	4.2
Average Net Receivables ($) 41	443	545	436	477	433	431	415	517	521	546
Average Inventories ($) 42	427	529	474	540	536	470	485	591	593	629
Average Net Worth ($) 43	497	581	507	588	622	558	545	646	624	633
Current Ratio (×1) 44	1.6	1.5	1.6	1.7	1.7	1.7	1.7	1.6	1.6	1.6
Quick Ratio (×1) 45	0.8	0.8	0.8	0.8	0.8	0.9	0.8	0.8	0.8	0.8
Coverage Ratio (×1) 46	3.6	3.6	3.7	3.7	3.6	3.6	4.3	4.6	4.9	4.4
Asset Turnover (×1) 47	2.1	2.1	2.0	2.1	2.0	2.0	2.1	2.1	2.1	2.1
Operating Leverage 48	5.8	0.7	1.5	1.4	1.7	0.8	1.1	1.9	1.3	0.9
Financial Leverage 49	1.1	1.1	1.1	1.0	1.0	1.0	1.1	1.0	1.0	1.0
Total Leverage 50	6.1	0.8	1.6	1.4	1.6	0.8	1.1	2.0	1.4	0.9

Table I

Corporations with and without Net Income

MOTOR VEHICLES AND AUTOMOTIVE EQUIPMENT

MONEY AMOUNTS AND SIZE OF ASSETS IN THOUSANDS OF DOLLARS

Item Description for Accounting Period 7/95 Through 6/96	Total	Zero Assets	Under 100	100 to 250	251 to 500	501 to 1,000	1,001 to 5,000	5,001 to 10,000	10,001 to 25,000	25,001 to 50,000	50,001 to 100,000	100,001 to 250,000	250,001 and over
Number of Enterprises **1**	23878	1565	8810	4687	3561	1991	2577	362	200	47	28	22	27
Revenues ($ in Thousands)													
Net Sales **2**	200394323	417933	2898806	4923948	4793663	4535821	15206992	5833201	7311605	4033073	3677513	7681568	139080201
Portfolio Income **3**	5417785	756	1022	3084	6665	4234	35922	18067	38762	18725	17288	98554	5174708
Other Revenues **4**	1549276	-5854	19440	15608	8131	17660	152927	68409	48911	24181	48291	120953	1030617
Total Revenues **5**	207361384	412835	2919268	4942640	4808459	4557715	15395841	5919677	7399278	4075979	3743092	7901075	145285526
Average Total Revenues **6**	8684	264	331	1055	1350	2289	5974	16353	36996	86723	133682	359140	5380945
Operating Costs/Operating Income (%)													
Cost of Operations **7**	79.8	72.3	75.2	83.3	68.6	76.8	77.0	77.7	77.8	81.4	80.6	86.2	80.4
Rent **8**	3.5	6.5	3.5	4.3	9.5	7.9	7.6	8.5	8.1	6.2	6.1	3.4	2.0
Taxes Paid **9**	0.8	1.3	1.4	1.1	1.7	1.7	1.4	1.4	1.3	1.0	1.2	0.7	0.5
Interest Paid **10**	2.5	0.8	0.4	0.5	0.7	0.6	0.9	1.2	1.3	1.1	1.2	0.9	3.1
Depreciation, Depletion, Amortization **11**	6.6	0.5	0.4	0.6	0.8	0.9	1.0	1.0	1.0	0.8	1.8	0.9	9.1
Pensions and Other Benefits **12**	0.6	0.9	0.4	0.3	0.7	0.6	0.8	0.7	0.9	0.7	0.8	0.3	0.6
Other **13**	8.2	12.6	10.9	7.3	11.7	8.5	8.4	7.5	7.0	5.5	7.3	7.7	8.3
Officers Compensation **14**	0.8	7.0	8.6	3.3	5.1	2.9	2.7	1.8	1.5	1.1	0.7	0.4	0.1
Operating Margin **15**	•	•	•	•	1.2	0.3	0.4	0.3	1.2	2.2	0.4	•	•
Oper. Margin Before Officers Compensation **16**	•	5.3	7.9	2.6	6.3	3.2	3.1	2.1	2.7	3.3	1.0	•	•
Selected Average Balance Sheet ($ in Thousands)													
Net Receivables **17**	1799	•	6	34	82	145	549	1868	4383	10958	14173	46307	1380194
Inventories **18**	856	•	12	90	161	368	924	3102	6332	14144	26859	42368	425345
Net Property, Plant and Equipment **19**	1463	•	4	20	43	89	268	849	2434	4333	11684	23257	1183507
Total Assets **20**	5203		32	169	350	681	2098	6866	15872	33407	67899	146183	3807858

Notes and Loans Payable **21**	2373	•	24	100	99	229	630	2194	5737	13282	23901	37843	1832750
All Other Liabilities **22**	1685	•	15	34	79	177	632	2551	5617	9241	19554	44669	1246639
Net Worth **23**	1146	•	-7	35	172	275	837	2121	4518	10884	24445	63672	728469

Selected Financial Ratios (Times to 1)

Current Ratio **24**	1.2	•	1.4	3.4	2.5	2.4	2.1	1.3	1.6	1.6	1.6	1.7	1.1
Quick Ratio **25**	0.8	•	0.7	1.3	1.1	0.9	0.9	0.5	0.7	0.7	0.6	0.9	0.8
Net Sales to Working Capital **26**	17.4	•	48.2	10.0	7.7	6.7	6.7	12.5	7.8	8.8	7.4	8.7	33.5
Coverage Ratio **27**	1.3	•	1.1	0.3	3.3	2.3	2.7	2.5	2.9	3.9	2.8	4.0	1.1
Total Asset Turnover **28**	1.6	•	10.3	6.2	3.9	3.4	2.8	2.4	2.3	2.6	1.9	2.4	1.4
Inventory Turnover **29**	8.1	•	•	•	5.3	5.1	5.0	4.5	4.9	5.2	4.3	7.5	10.0
Receivables Turnover **30**	5.1	•	•	•	•	•	•	•	8.5	9.3	9.1	7.9	4.1
Total Liabilities to Net Worth **31**	3.6	•	•	3.8	1.0	1.5	1.5	2.2	2.5	2.1	1.8	1.3	4.2

Selected Financial Factors (in Percentages)

Debt Ratio **32**	78.0	•	•	79.2	51.0	59.7	60.1	69.1	71.5	67.4	64.0	56.5	80.9
Return on Assets **33**	5.0	•	3.9	0.8	8.4	4.5	7.1	7.0	8.3	11.3	6.5	8.2	4.5
Return on Equity **34**	1.9	•	3.1	•	9.8	5.3	9.0	10.4	16.4	21.7	7.9	10.0	•
Return Before Interest on Equity **35**	22.8	•	•	4.0	17.1	11.0	17.7	22.6	29.3	34.6	18.0	18.7	23.7
Profit Margin, Before Income Tax **36**	0.7	•	•	•	1.5	0.8	1.6	1.8	2.4	3.3	2.1	2.6	0.2
Profit Margin, After Income Tax **37**	0.3	•	•	•	1.3	0.6	1.3	1.4	2.0	2.8	1.5	1.8	•

Trends in Selected Ratios and Factors, 1990-1999

	1990	1991	1992	1993	1994	1995	1996	1997	1998	1999
Cost of Labor (%) **38**	82.9	84.2	83.5	82.2	81.5	80.6	81.0	80.7	80.6	79.8
Operating Margin (%) **39**	0.8	•	•	•	•	•	•	•	•	•
Oper. Margin Before Officers Comp. (%) **40**	1.6	0.2	•	•	•	•	•	•	•	•
Average Net Receivables ($) **41**	545	742	782	1021	1164	1344	1402	1426	1552	1799
Average Inventories ($) **42**	628	681	698	707	706	693	784	811	845	856
Average Net Worth ($) **43**	849	920	999	1041	1032	1029	1053	1103	1151	1146
Current Ratio (×1) **44**	1.8	1.6	1.5	1.5	1.4	1.4	1.3	1.2	1.2	1.2
Quick Ratio (×1) **45**	0.8	0.8	0.8	0.8	0.8	0.9	0.8	0.8	0.7	0.8
Coverage Ratio (×1) **46**	3.6	1.8	1.8	1.6	1.4	1.1	1.5	1.4	1.6	1.3
Asset Turnover (×1) **47**	2.6	2.5	2.1	1.9	1.8	1.7	1.8	1.7	1.7	1.6
Total Liabilities/Net Worth (×1) **48**	1.4	1.6	1.7	1.9	2.2	2.4	2.7	2.9	3.2	3.6
Return on Assets (×1) **49**	10.3	6.9	6.1	6.1	5.2	4.7	5.1	4.0	5.0	5.0
Return on Equity (%) **50**	9.9	2.8	3.9	3.7	1.9	•	2.1	1.7	4.9	1.9

Table II

Corporations with Net Income

MOTOR VEHICLES AND AUTOMOTIVE EQUIPMENT

MONEY AMOUNTS AND SIZE OF ASSETS IN THOUSANDS OF DOLLARS

Item Description for Accounting Period 7/95 Through 6/96	Total	Zero Assets	Under 100	100 to 250	251 to 500	501 to 1,000	1,001 to 5,000	5,001 to 10,000	10,001 to 25,000	25,001 to 50,000	50,001 to 100,000	100,001 to 250,000	250,001 and over
Number of Enterprises **1**	13598	364	4515	2333	2445	1317	2084	285	157	47	22	13	16
Revenues ($ in Thousands)													
Net Sales **2**	115962215	80988	2051657	2422227	3337348	3208859	13059527	4727312	5885006	4033073	3200069	5748660	68207488
Portfolio Income **3**	2163903	•	63	678	4728	2096	31265	15728	32681	18725	16092	92458	1949391
Other Revenues **4**	925936	•	19296	9799	6138	12642	134278	48459	44669	24181	41816	97550	487107
Total Revenues **5**	119052054	80988	2071016	2432704	3348214	3223597	13225070	4791499	5962356	4075979	3257977	5938668	70643986
Average Total Revenues **6**	8755	222	459	1043	1369	2448	6346	16812	37977	86723	148090	456821	4415249
Operating Costs/Operating Income (%)													
Cost of Operations **7**	80.9	61.9	74.5	83.0	63.2	78.0	77.2	77.5	76.1	81.4	81.0	86.5	83.0
Rent **8**	4.1	1.8	1.2	3.8	11.5	6.9	7.4	8.0	8.5	6.2	5.7	2.8	2.3
Taxes Paid **9**	0.9	0.8	1.3	1.0	2.0	1.5	1.3	1.4	1.4	1.0	1.1	0.6	0.6
Interest Paid **10**	1.5	0.5	0.3	0.4	0.4	0.6	0.8	1.1	1.1	1.1	1.2	0.6	2.0
Depreciation, Depletion, Amortization **11**	3.6	0.2	0.3	0.6	0.9	0.8	0.8	1.0	1.0	0.8	1.7	0.6	5.5
Pensions and Other Benefits **12**	0.8	•	0.4	0.2	0.8	0.6	0.7	0.7	0.9	0.7	0.7	0.3	0.9
Other **13**	7.2	8.3	9.7	6.4	12.2	7.7	8.2	7.1	7.0	5.5	6.9	7.5	6.7
Officers Compensation **14**	1.1	1.0	10.1	2.3	6.0	2.4	2.7	1.8	1.7	1.1	0.6	0.3	0.1
Operating Margin **15**	•	25.6	2.2	2.3	3.0	1.4	1.0	1.5	2.4	2.2	1.1	0.9	•
Oper. Margin Before Officers Compensation **16**	1.2	26.7	12.2	4.7	9.1	3.8	3.7	3.3	4.1	3.3	1.7	1.2	•
Selected Average Balance Sheet ($ in Thousands)													
Net Receivables **17**	1467	•	9	35	93	157	577	1906	4233	10958	16095	48296	967771
Inventories **18**	898	•	17	81	142	329	957	3091	6511	14144	24387	41667	345268
Net Property, Plant and Equipment **19**	742	•	4	13	40	98	232	790	2330	4333	12272	17673	502476
Total Assets **20**	3952		42	164	353	678	2117	6930	15776	33407	69241	143434	2349255

Notes and Loans Payable 21	1800	•	15	41	80	226	544	2129	5047	13282	24174	19012	1242344
All Other Liabilities 22	789	•	11	27	82	170	667	2397	5162	9241	19972	42772	366999
Net Worth 23	1364	•	15	96	191	283	905	2404	5567	10884	25095	81650	739912

Selected Financial Ratios (Times to 1)

Current Ratio 24	1.5	•	2.2	3.4	2.5	2.4	2.2	1.4	1.7	1.6	1.6	2.1	1.3
Quick Ratio 25	0.9	•	1.1	1.4	1.2	1.0	0.9	0.6	0.8	0.7	0.7	1.1	0.9
Net Sales to Working Capital 26	10.2	•	23.5	9.9	7.8	7.3	6.6	11.0	7.1	8.8	8.1	8.2	12.7
Coverage Ratio 27	2.8	•	10.3	8.4	9.1	3.9	3.8	3.6	4.3	3.9	3.5	8.4	2.3
Total Asset Turnover 28	2.2	•	10.9	6.4	3.9	3.6	3.0	2.4	2.4	2.6	2.1	3.1	1.8
Inventory Turnover 29	7.4	•	•	9.5	4.9	6.7	5.2	4.6	4.5	5.6	5.1	•	9.3
Receivables Turnover 30	6.0	•	•	•	•	•	•	•	8.5	9.5	8.9	•	4.5
Total Liabilities to Net Worth 31	1.9	•	1.8	0.7	0.9	1.4	1.3	1.9	1.8	2.1	1.8	0.8	2.2

Selected Financial Factors (in Percentages)

Debt Ratio 32	65.5	•	63.9	41.6	45.9	58.3	57.2	65.3	64.7	67.4	63.8	43.1	68.5
Return on Assets 33	9.2	•	37.8	20.0	14.6	8.8	8.9	9.5	11.6	11.3	8.5	14.8	8.3
Return on Equity 34	12.9	•	•	28.9	21.3	14.3	12.8	16.0	22.6	21.7	12.5	17.5	9.9
Return Before Interest on Equity 35	26.6	•	•	34.2	27.0	21.1	20.9	27.2	32.9	34.6	23.5	26.0	26.3
Profit Margin, Before Income Tax 36	2.8	25.6	3.1	2.8	3.4	1.8	2.2	2.9	3.8	3.3	2.9	4.2	2.6
Profit Margin, After Income Tax 37	2.1	24.5	3.0	2.7	3.0	1.7	1.9	2.3	3.4	2.8	2.2	3.2	1.7

Trends in Selected Ratios and Factors, 1990-1999

	1990	1991	1992	1993	1994	1995	1996	1997	1998	1999
Cost of Operations (%) 38	83.3	82.5	82.7	82.1	81.8	81.3	80.1	79.7	79.5	80.9
Operating Margin (%) 39	1.5	1.5	1.7	•	0.4	0.4	•	0.2	•	•
Oper. Margin Before Officers Comp. (%) 40	2.4	2.5	2.9	1.3	1.5	1.5	0.7	1.3	0.8	1.2
Average Net Receivables ($) 41	701	708	772	1103	1194	1320	1332	1485	1282	1467
Average Inventories ($) 42	736	616	669	716	738	722	695	783	894	898
Average Net Worth ($) 43	1164	918	983	1154	1160	1214	1146	1358	1239	1364
Current Ratio (×1) 44	1.9	1.7	1.6	1.7	1.6	1.4	1.3	1.2	1.5	1.5
Quick Ratio (×1) 45	0.9	0.9	0.9	1.0	0.9	0.9	0.8	0.8	0.8	0.9
Coverage Ratio (×1) 46	4.6	4.0	4.1	3.0	2.9	2.5	2.7	2.6	2.7	2.8
Asset Turnover (×1) 47	2.6	2.7	2.4	2.1	2.1	2.1	1.9	1.8	2.0	2.2
Operating Leverage 48	0.4	1.0	1.1	0.0	10.1	1.1	•	•	•	•
Financial Leverage 49	1.0	1.1	1.1	0.9	1.0	0.9	1.0	1.0	1.1	1.0
Total Leverage 50	0.4	1.0	1.3	0.0	9.6	1.0	•	•	•	•

FURNITURE AND HOME FURNISHINGS

MONEY AMOUNTS AND SIZE OF ASSETS IN THOUSANDS OF DOLLARS

Item Description for Accounting Period 7/95 Through 6/96		Total	Zero Assets	Under 100	100 to 250	251 to 500	501 to 1,000	1,001 to 5,000	5,001 to 10,000	10,001 to 25,000	25,001 to 50,000	50,001 to 100,000	100,001 to 250,000	250,001 and over
Number of Enterprises	1	9097	560	4763	1122	658	957	795	160	50	23	6	3	•
Revenues ($ in Thousands)														
Net Sales	2	19538292	411845	1300554	590293	847229	2495612	4507599	3080001	1871197	2426627	951003	1056333	•
Portfolio Income	3	37406	751	150	127	1533	1727	5946	2925	2798	18165	718	2568	•
Other Revenues	4	488878	694	8545	47185	811	9312	102104	115412	18181	139469	41648	5516	•
Total Revenues	5	20064576	413290	1309249	637605	849573	2506651	4615649	3198338	1892176	2584261	993369	1064417	•
Average Total Revenues	6	2206	738	275	568	1291	2619	5806	19990	37844	112359	165562	354806	•
Operating Costs/Operating Income (%)														
Cost of Operations	7	72.6	76.0	67.2	71.9	65.3	73.3	66.4	79.6	68.8	82.2	86.1	61.1	•
Rent	8	7.7	8.7	4.8	4.4	5.0	6.2	10.6	7.1	7.3	8.3	6.7	8.1	•
Taxes Paid	9	1.5	1.3	2.7	3.1	1.2	1.5	1.7	0.9	1.2	1.1	0.9	1.7	•
Interest Paid	10	1.0	2.4	0.6	0.5	0.5	0.6	0.9	1.1	1.9	0.7	1.6	0.7	•
Depreciation, Depletion, Amortization	11	0.7	1.4	1.1	0.4	0.3	0.6	0.8	0.8	0.6	0.6	0.3	0.9	•
Pensions and Other Benefits	12	0.7	0.8	0.2	0.6	•	0.5	0.8	0.8	0.8	0.7	0.3	1.2	•
Other	13	13.1	10.8	17.8	17.6	21.1	11.2	14.8	10.9	14.3	8.9	6.8	17.0	•
Officers Compensation	14	3.2	0.2	4.3	7.0	4.8	4.7	4.9	1.6	2.7	1.2	0.7	1.3	•
Operating Margin	15	•	•	1.3	•	1.9	1.4	•	•	2.5	•	•	8.2	•
Oper. Margin Before Officers Compensation	16	2.8	•	5.6	1.6	6.6	6.1	4.2	•	5.1	•	•	9.4	•
Selected Average Balance Sheet ($ in Thousands)														
Net Receivables	17	228	•	5	33	61	227	737	2653	5272	11879	23284	22018	•
Inventories	18	271	•	11	83	116	311	862	2717	5740	9565	31658	42028	•
Net Property, Plant and Equipment	19	85	•	10	10	46	59	225	911	1110	7076	3766	19682	•
Total Assets	20	726	•	36	148	355	734	2225	7025	16714	35099	71690	121344	•

Notes and Loans Payable 21	241	•	20	81	72	199	621	2059	8312	11100	33430	25568	•
All Other Liabilities 22	270	•	13	62	168	304	800	2732	5164	14647	21620	43621	•
Net Worth 23	214	•	3	5	116	231	805	2235	3239	9352	16641	52155	•

Selected Financial Ratios (Times to 1)

Current Ratio 24	1.7	•	1.6	2.4	1.9	1.8	1.8	1.5	1.8	1.3	1.5	2.0	•
Quick Ratio 25	0.8	•	0.9	0.9	0.6	0.8	0.9	0.8	0.8	0.8	0.7	1.1	•
Net Sales to Working Capital 26	9.0	•	27.9	6.5	9.8	9.7	6.7	9.8	6.5	16.2	7.5	7.1	•
Coverage Ratio 27	3.4	0.5	4.2	6.4	5.7	4.3	2.8	2.0	2.8	5.1	1.8	14.1	•
Total Asset Turnover 28	3.0	•	7.6	3.6	3.6	3.6	2.6	2.8	2.2	3.0	2.2	2.9	•
Inventory Turnover 29	6.0	•	•	5.0	7.3	7.0	4.0	6.0	5.0	•	5.8	5.1	•
Receivables Turnover 30	9.3	•	•	•	•	•	7.2	6.8	7.1	•	9.3	•	•
Total Liabilities to Net Worth 31	2.4	•	10.2	28.5	2.1	2.2	1.8	2.2	4.2	2.8	3.3	1.3	•

Selected Financial Factors (in Percentages)

Debt Ratio 32	70.5	•	91.1	96.6	67.4	68.6	63.8	68.2	80.6	73.4	76.8	57.0	•
Return on Assets 33	9.6	•	19.6	10.9	9.4	8.7	6.5	6.0	12.1	10.4	6.1	27.9	•
Return on Equity 34	18.1	•	•	•	22.9	15.1	9.5	6.6	•	21.2	8.9	•	•
Return Before Interest on Equity 35	32.6	•	•	•	28.7	27.7	17.9	19.0	•	•	26.2	•	•
Profit Margin, Before Income Tax 36	2.3	•	2.0	2.6	2.1	1.9	1.6	1.1	3.5	2.8	1.2	8.9	•
Profit Margin, After Income Tax 37	1.8	•	1.9	2.6	2.1	1.3	1.4	0.8	3.5	1.9	0.9	6.0	•

Trends in Selected Ratios and Factors, 1990-1999

	1990	1991	1992	1993	1994	1995	1996	1997	1998	1999
Cost of Labor (%) 38	70.4	69.8	70.6	70.9	69.2	71.4	71.7	71.8	70.8	72.6
Operating Margin (%) 39	•	•	•	•	•	•	•	•	•	•
Oper. Margin Before Officers Comp. (%) 40	2.7	3.3	2.5	2.5	2.4	1.5	2.8	3.7	3.4	2.8
Average Net Receivables ($) 41	140	204	163	183	176	214	186	201	230	228
Average Inventories ($) 42	197	244	219	238	232	261	242	226	248	271
Average Net Worth ($) 43	144	207	161	182	204	251	236	231	192	214
Current Ratio (×1) 44	1.6	1.6	1.7	1.6	1.6	1.7	1.7	1.7	1.7	1.7
Quick Ratio (×1) 45	0.7	0.8	0.8	0.8	0.7	0.8	0.8	0.8	0.8	0.8
Coverage Ratio (×1) 46	2.0	2.5	1.6	1.5	0.8	1.3	2.1	3.6	4.1	3.4
Asset Turnover (×1) 47	2.6	2.4	2.5	2.6	2.4	2.5	2.6	2.7	2.8	3.0
Total Liabilities/Net Worth (×1) 48	2.6	2.4	2.6	2.5	2.3	2.0	1.8	1.9	2.6	2.4
Return on Assets (×1) 49	6.1	6.7	5.3	5.2	2.6	4.6	4.8	7.5	9.8	9.6
Return on Equity (%) 50	5.2	8.6	3.2	3.0	•	0.5	3.2	11.5	21.2	18.1

Table II

Corporations with Net Income

FURNITURE AND HOME FURNISHINGS

MONEY AMOUNTS AND SIZE OF ASSETS IN THOUSANDS OF DOLLARS

Item Description for Accounting Period 7/95 Through 6/96	Total	Zero Assets	Under 100	100 to 250	251 to 500	501 to 1,000	1,001 to 5,000	5,001 to 10,000	10,001 to 25,000	25,001 to 50,000	50,001 to 100,000	100,001 to 250,000	250,001 and over
Number of Enterprises 1	6243	•	3301	664	276	673	595	123	40	19	•	3	•
Revenues ($ in Thousands)													
Net Sales 2	15198075	•	874675	395630	377841	1842690	3739478	2108653	1654192	2245904	•	1056333	•
Portfolio Income 3	30239	•	32	2	1389	377	2986	2749	1350	17416	•	2568	•
Other Revenues 4	411993	•	8069	46800	639	-2790	51233	109111	14000	138301	•	5516	•
Total Revenues 5	15640307	•	882776	442432	379869	1840277	3793697	2220513	1669542	2401621	•	1064417	•
Average Total Revenues 6	2505	•	267	666	1376	2734	6376	18053	41739	126401	•	354806	•
Operating Costs/Operating Income (%)													
Cost of Operations 7	72.0	•	65.1	72.8	65.9	73.2	65.9	77.5	69.3	82.0	•	61.1	•
Rent 8	7.7	•	5.7	5.2	1.4	5.6	10.2	7.8	6.8	8.5	•	8.1	•
Taxes Paid 9	1.3	•	1.4	1.7	0.4	1.6	1.4	1.0	1.1	1.0	•	1.7	•
Interest Paid 10	0.9	•	0.6	0.7	•	0.4	0.9	1.1	1.7	0.5	•	0.7	•
Depreciation, Depletion, Amortization 11	0.7	•	1.1	0.2	•	0.5	0.7	0.8	0.5	0.6	•	0.9	•
Pensions and Other Benefits 12	0.7	•	0.3	0.9	•	0.5	0.7	0.9	0.8	0.7	•	1.2	•
Other 13	12.4	•	17.7	17.5	22.9	9.8	13.3	11.0	13.2	8.4	•	17.0	•
Officers Compensation 14	3.1	•	4.1	5.2	1.6	4.4	5.2	2.1	2.8	1.2	•	1.3	•
Operating Margin 15	1.4	•	4.1	•	7.9	3.9	1.7	•	3.9	•	•	8.2	•
Oper. Margin Before Officers Compensation 16	4.5	•	8.2	1.1	9.5	8.3	6.9	•	6.7	•	•	9.4	•
Selected Average Balance Sheet ($ in Thousands)													
Net Receivables 17	274	•	7	32	32	260	871	2868	5803	12483	•	22018	•
Inventories 18	280	•	11	82	25	257	876	2287	5620	9805	•	42028	•
Net Property, Plant and Equipment 19	94	•	9	10	8	68	192	1025	1117	7510	•	19682	•
Total Assets 20	803	•	36	152	367	695	2291	6937	17242	35419	•	121344	•

Notes and Loans Payable 21	230	•	15	26	10	156	606	2024	7441	8763	•	25568	•
All Other Liabilities 22	289	•	11	72	146	269	752	2547	5241	15782	•	43621	•
Net Worth 23	284	•	10	54	210	270	933	2365	4560	10875	•	52155	•
Selected Financial Ratios (Times to 1)													
Current Ratio 24	1.7	•	1.6	2.0	1.8	2.0	1.9	1.5	1.8	1.5	•	2.0	•
Quick Ratio 25	0.9	•	0.9	0.8	0.6	1.1	1.1	0.8	0.9	0.9	•	1.1	•
Net Sales to Working Capital 26	8.6	•	27.5	8.0	10.6	9.3	6.4	9.7	6.8	13.7	•	7.1	•
Coverage Ratio 27	5.9	•	9.5	12.8	•	9.7	4.4	3.8	3.8	9.1	•	14.1	•
Total Asset Turnover 28	3.0	•	7.4	3.9	3.7	3.9	2.8	2.5	2.4	3.3	•	2.9	•
Inventory Turnover 29	6.0	•	•	8.2	•	7.1	4.1	5.8	5.2	•	•	5.1	•
Receivables Turnover 30	8.9	•	•	•	•	•	6.9	6.1	6.9	•	•	•	•
Total Liabilities to Net Worth 31	1.8	•	2.6	1.8	0.8	1.6	1.5	1.9	2.8	2.3	•	1.3	•
Selected Financial Factors (in Percentages)													
Debt Ratio 32	64.6	•	71.8	64.2	42.7	61.2	59.3	65.9	73.6	69.3	•	57.0	•
Return on Assets 33	15.6	•	•	32.7	31.6	16.6	11.2	10.5	15.5	15.2	•	27.9	•
Return on Equity 34	31.2	•	•	•	•	30.7	19.0	19.0	•	33.6	•	•	•
Return Before Interest on Equity 35	•	•	•	•	•	•	27.4	30.7	•	•	•	•	•
Profit Margin, Before Income Tax 36	4.3	•	5.0	7.7	8.5	3.8	3.2	3.1	4.8	4.1	•	8.9	•
Profit Margin, After Income Tax 37	3.6	•	4.9	7.7	8.3	3.0	2.8	2.6	4.8	3.1	•	6.0	•

Trends in Selected Ratios and Factors, 1990-1999

	1990	1991	1992	1993	1994	1995	1996	1997	1998	1999
Cost of Operations (%) 38	72.0	70.4	71.0	71.8	68.6	72.1	71.3	71.8	71.0	72.0
Operating Margin (%) 39	0.8	1.8	1.0	1.4	1.3	1.2	1.0	2.0	1.4	1.4
Oper. Margin Before Officers Comp. (%) 40	4.3	4.8	4.8	4.8	6.6	5.0	4.8	5.5	4.5	4.5
Average Net Receivables ($) 41	213	355	280	254	227	237	274	310	272	274
Average Inventories ($) 42	281	395	360	314	288	254	337	319	297	280
Average Net Worth ($) 43	234	408	352	280	370	325	407	395	281	284
Current Ratio (×1) 44	1.8	1.7	1.8	1.7	1.8	1.8	1.9	1.8	1.7	1.7
Quick Ratio (×1) 45	0.8	0.9	0.9	0.9	0.8	0.9	0.9	0.9	0.8	0.9
Coverage Ratio (×1) 46	4.7	4.8	4.1	3.6	4.9	4.7	5.6	6.5	6.5	5.9
Asset Turnover (×1) 47	2.6	2.4	2.7	2.9	2.8	2.6	2.6	2.8	3.0	3.0
Operating Leverage 48	0.5	2.4	0.6	1.4	0.9	1.0	0.8	2.0	0.7	1.0
Financial Leverage 49	1.1	1.1	1.0	1.0	1.0	1.0	1.0	1.1	1.0	1.0
Total Leverage 50	0.6	2.5	0.6	1.4	0.9	1.0	0.8	2.2	0.7	1.0

LUMBER AND CONSTRUCTION MATERIALS

MONEY AMOUNTS AND SIZE OF ASSETS IN THOUSANDS OF DOLLARS

Item Description for Accounting Period 7/95 Through 6/96		Total	Zero Assets	Under 100	100 to 250	251 to 500	501 to 1,000	1,001 to 5,000	5,001 to 10,000	10,001 to 25,000	25,001 to 50,000	50,001 to 100,000	100,001 to 250,000	250,001 and over
Number of Enterprises	1	13724	290	4202	2068	1828	1930	2589	510	215	57	17	11	5
Revenues ($ in Thousands)														
Net Sales	2	70676998	76072	1012345	1248023	2998225	4651088	20447763	10583216	11990689	5868872	3102379	4742448	3955879
Portfolio Income	3	386362	8874	1032	2040	10666	23413	89942	20990	30037	21503	13049	10542	154272
Other Revenues	4	513703	18363	2304	4426	9882	26686	123146	55272	79346	51754	10326	18720	113477
Total Revenues	5	71577063	103309	1015681	1254489	3018773	4701187	20660851	10659478	12100072	5942129	3125754	4771710	4223628
Average Total Revenues	6	5215	356	242	607	1651	2436	7980	20901	56279	104248	183868	433792	844726
Operating Costs/Operating Income (%)														
Cost of Operations	7	83.0	94.8	60.4	82.1	78.5	75.6	83.3	82.5	85.2	84.2	86.2	84.8	87.5
Rent	8	5.1	4.1	3.8	2.7	4.6	4.8	5.2	5.8	4.9	5.2	4.0	6.1	3.9
Taxes Paid	9	1.1	3.0	1.6	1.7	2.6	1.5	1.1	1.0	0.8	1.1	1.0	1.0	0.9
Interest Paid	10	1.1	2.4	0.4	1.3	0.7	0.9	0.9	1.0	0.9	1.1	1.1	1.2	4.1
Depreciation, Depletion, Amortization	11	1.1	4.9	2.1	2.4	1.1	1.4	0.9	0.9	0.7	1.1	1.5	1.1	1.9
Pensions and Other Benefits	12	0.7	0.5	1.5	0.2	0.6	0.9	0.6	0.6	0.7	0.8	0.6	0.8	0.9
Other	13	5.6	12.0	17.3	11.7	7.9	9.6	5.3	5.3	4.1	4.8	4.6	4.1	5.5
Officers Compensation	14	2.0	5.4	11.7	3.3	2.7	4.6	2.3	2.1	1.5	1.0	0.6	0.6	0.4
Operating Margin	15	0.4	•	1.1	•	1.4	0.8	0.5	0.8	1.2	0.9	0.6	0.4	•
Oper. Margin Before Officers Compensation	16	2.4	•	12.8	•	4.2	5.4	2.8	3.0	2.8	1.8	1.1	1.1	•
Selected Average Balance Sheet ($ in Thousands)														
Net Receivables	17	534	•	2	23	108	209	753	2288	5935	10766	21744	54604	139977
Inventories	18	455	•	0	44	95	214	772	2362	4576	8097	17331	37610	41056
Net Property, Plant and Equipment	19	320	•	11	35	64	138	372	1040	2506	7519	16741	29770	163338
Total Assets	20	1654	•	31	170	358	733	2217	6830	14952	32630	65705	144231	629072

Notes and Loans Payable 21	606	•	76	129	123	264	735	2068	4823	11432	20398	53235	283066
All Other Liabilities 22	473	•	15	59	88	218	636	1807	4711	8085	23091	52413	141015
Net Worth 23	576	•	-60	-19	147	251	846	2955	5418	13113	22216	38583	204991

Selected Financial Ratios (Times to 1)

Current Ratio 24	1.6	•	1.3	1.1	2.2	2.0	1.9	1.8	1.6	1.6	1.7	1.4	0.8
Quick Ratio 25	0.9	•	1.1	0.6	1.3	1.0	1.0	1.0	0.9	0.9	0.9	0.9	0.6
Net Sales to Working Capital 26	12.1	•	•	•	11.8	9.2	10.0	8.8	12.4	12.5	10.2	14.1	•
Coverage Ratio 27	2.5	4.7	4.4	•	4.1	3.3	2.9	2.6	3.5	2.9	2.3	1.9	1.5
Total Asset Turnover 28	3.1	•	7.7	3.6	4.6	3.3	3.6	3.0	3.7	3.2	2.8	3.0	1.3
Inventory Turnover 29	9.4	•	•	•	•	8.8	8.3	7.1	•	•	•	9.6	•
Receivables Turnover 30	9.6	•	•	•	•	•	9.6	8.9	9.4	9.5	9.0	8.6	7.4
Total Liabilities to Net Worth 31	1.9	•	•	•	1.4	1.9	1.6	1.3	1.8	1.5	2.0	2.7	2.1

Selected Financial Factors (in Percentages)

Debt Ratio 32	65.2	•	•	•	59.0	65.8	61.8	56.7	63.8	59.8	66.2	73.3	67.4
Return on Assets 33	8.5	•	14.4	•	12.8	9.0	8.6	7.8	11.3	10.2	6.6	6.7	7.5
Return on Equity 34	11.8	•	•	•	22.1	16.3	12.4	9.2	18.1	13.4	6.3	5.1	6.6
Return Before Interest on Equity 35	24.4	•	•	•	31.1	26.3	22.6	17.9	31.1	25.4	19.6	25.1	22.9
Profit Margin, Before Income Tax 36	1.6	8.9	1.5	•	2.1	1.9	1.6	1.6	2.2	2.1	1.3	1.1	1.9
Profit Margin, After Income Tax 37	1.3	8.0	1.3	•	2.0	1.7	1.3	1.3	1.8	1.7	0.8	0.5	1.7

Trends in Selected Ratios and Factors, 1990-1999

	1990	1991	1992	1993	1994	1995	1996	1997	1998	1999
Cost of Labor (%) 38	82.4	82.4	83.2	82.7	83.2	82.4	83.6	84.2	84.0	83.0
Operating Margin (%) 39	0.4	0.2	•	•	•	•	•	0.4	0.9	0.4
Oper. Margin Before Officers Comp. (%) 40	2.4	2.2	1.7	1.7	0.8	0.7	1.8	2.3	2.8	2.4
Average Net Receivables ($) 41	428	449	504	479	451	471	589	614	554	534
Average Inventories ($) 42	331	380	406	413	392	403	479	534	472	455
Average Net Worth ($) 43	408	467	454	481	418	447	565	647	595	576
Current Ratio (×1) 44	1.6	1.7	1.6	1.6	1.6	1.6	1.6	1.6	1.7	1.6
Quick Ratio (×1) 45	1.0	1.0	0.9	0.9	0.9	0.9	0.9	0.9	0.9	0.9
Coverage Ratio (×1) 46	3.0	2.9	2.0	1.9	1.5	1.0	2.1	2.7	3.3	2.5
Asset Turnover (×1) 47	3.2	3.1	3.1	3.0	3.0	2.7	2.8	3.1	3.3	3.1
Total Liabilities/Net Worth (×1) 48	2.0	1.9	2.2	2.1	2.4	2.4	2.3	1.9	1.8	1.9
Return on Assets (×1) 49	9.2	9.3	7.8	8.0	6.7	4.1	6.5	7.9	10.1	8.5
Return on Equity (%) 50	12.1	12.6	8.7	9.4	4.9	•	9.0	12.0	16.8	11.8

Table II

Corporations with Net Income

LUMBER AND CONSTRUCTION MATERIALS

MONEY AMOUNTS AND SIZE OF ASSETS IN THOUSANDS OF DOLLARS

Item Description for Accounting Period 7/95 Through 6/96	Total	Zero Assets	Under 100	100 to 250	251 to 500	501 to 1,000	1,001 to 5,000	5,001 to 10,000	10,001 to 25,000	25,001 to 50,000	50,001 to 100,000	100,001 to 250,000	250,001 and over
Number of Enterprises **1**	8520	228	1605	1183	1232	1488	2138	402	168	49	14	•	•

Revenues ($ in Thousands)

	Total	Zero Assets	Under 100	100 to 250	251 to 500	501 to 1,000	1,001 to 5,000	5,001 to 10,000	10,001 to 25,000	25,001 to 50,000	50,001 to 100,000	100,001 to 250,000	250,001 and over
Net Sales **2**	55480301	18562	660653	702855	2256476	3676964	16590724	8223002	9544327	5319276	2953237	•	•
Portfolio Income **3**	291467	8622	875	930	6390	21786	72083	17367	26194	15870	12317	•	•
Other Revenues **4**	357593	18120	1155	3215	8970	24169	96345	50838	49720	39114	9723	•	•
Total Revenues **5**	56129361	45304	662683	707000	2271836	3722919	16759152	8291207	9620241	5374260	2975277	•	•
Average Total Revenues **6**	6588	199	413	598	1844	2502	7839	20625	57263	109679	212520	•	•

Operating Costs/Operating Income (%)

	Total	Zero Assets	Under 100	100 to 250	251 to 500	501 to 1,000	1,001 to 5,000	5,001 to 10,000	10,001 to 25,000	25,001 to 50,000	50,001 to 100,000	100,001 to 250,000	250,001 and over
Cost of Operations **7**	81.9	93.3	51.5	69.9	80.7	75.7	82.1	81.1	84.7	84.6	87.1	•	•
Rent **8**	5.3	7.6	5.8	3.5	4.6	4.9	5.2	6.2	5.0	5.1	3.6	•	•
Taxes Paid **9**	1.1	3.0	1.6	2.5	2.1	1.3	1.2	1.1	0.9	1.0	0.9	•	•
Interest Paid **10**	0.9	2.3	0.3	0.6	0.5	0.8	0.7	0.9	0.8	1.0	0.8	•	•
Depreciation, Depletion, Amortization **11**	1.0	1.5	2.2	3.4	0.6	1.3	0.9	0.8	0.7	1.0	1.3	•	•
Pensions and Other Benefits **12**	0.7	0.7	1.4	0.3	0.5	0.7	0.7	0.7	0.7	0.9	0.6	•	•
Other **13**	5.2	9.7	16.0	11.1	5.8	9.1	5.3	4.8	3.8	4.2	4.0	•	•
Officers Compensation **14**	2.1	6.5	13.4	4.6	2.4	4.6	2.5	2.5	1.4	0.8	0.5	•	•
Operating Margin **15**	1.8	•	8.0	4.2	2.9	1.9	1.5	2.0	2.2	1.4	1.2	•	•
Oper. Margin Before Officers Compensation **16**	3.9	•	21.4	8.8	5.3	6.4	4.0	4.5	3.6	2.2	1.8	•	•

Selected Average Balance Sheet ($ in Thousands)

	Total	Zero Assets	Under 100	100 to 250	251 to 500	501 to 1,000	1,001 to 5,000	5,001 to 10,000	10,001 to 25,000	25,001 to 50,000	50,001 to 100,000	100,001 to 250,000	250,001 and over
Net Receivables **17**	685	•	2	35	121	218	754	2250	5803	10941	20680	•	•
Inventories **18**	566	•	•	42	98	205	706	2362	4448	8388	17798	•	•
Net Property, Plant and Equipment **19**	365	•	17	31	52	142	342	914	2548	6293	17710	•	•
Total Assets **20**	2081	•	38	182	367	749	2138	6722	14939	31559	67375	•	•

Notes and Loans Payable 21	625	•	12	76	85	264	568	1824	4192	10463	20969	•	•
All Other Liabilities 22	559	•	8	19	74	215	596	1750	4522	8109	19172	•	•
Net Worth 23	897	•	18	88	208	270	974	3148	6225	12987	27234	•	•

Selected Financial Ratios (Times to 1)

Current Ratio 24	1.7	•	1.2	4.2	2.6	2.1	2.1	2.0	1.7	1.6	1.9	•	•
Quick Ratio 25	1.0	•	1.2	2.8	1.6	1.2	1.2	1.0	1.0	0.9	1.0	•	•
Net Sales to Working Capital 26	11.2	•	•	6.1	10.6	8.7	9.0	8.1	11.7	13.3	9.6	•	•
Coverage Ratio 27	4.1	•	•	8.6	9.1	5.2	4.5	4.3	4.7	3.5	3.3	•	•
Total Asset Turnover 28	3.1	•	10.9	3.3	5.0	3.3	3.6	3.1	3.8	3.4	3.1	•	•
Inventory Turnover 29	9.0	•	•	•	•	9.4	8.2	6.3	9.5	•	•	•	•
Receivables Turnover 30	9.2	•	•	•	•	•	9.1	8.1	8.9	•	•	•	•
Total Liabilities to Net Worth 31	1.3	•	1.1	1.1	0.8	1.8	1.2	1.1	1.4	1.4	1.5	•	•

Selected Financial Factors (in Percentages)

Debt Ratio 32	56.9	•	52.8	51.9	43.3	63.9	54.5	53.2	58.3	58.9	59.6	•	•
Return on Assets 33	12.1	•	•	17.8	20.2	12.7	11.7	11.4	14.6	11.7	8.8	•	•
Return on Equity 34	18.3	•	•	32.1	30.3	26.0	17.5	16.6	23.1	16.5	10.6	•	•
Return Before Interest on Equity 35	27.9	•	•	•	•	•	25.7	24.2	•	28.3	21.7	•	•
Profit Margin, Before Income Tax 36	2.9	•	8.3	4.8	3.6	3.1	2.5	2.9	3.0	2.4	2.0	•	•
Profit Margin, After Income Tax 37	2.5	•	8.0	4.7	3.4	2.8	2.2	2.6	2.5	2.0	1.4	•	•

Trends in Selected Ratios and Factors, 1990-1999

	1990	1991	1992	1993	1994	1995	1996	1997	1998	1999
Cost of Operations (%) 38	82.1	81.9	82.6	82.8	82.3	82.2	83.6	83.7	83.6	81.9
Operating Margin (%) 39	1.3	1.4	1.3	1.1	1.1	1.0	1.1	1.9	1.9	1.8
Oper. Margin Before Officers Comp. (%) 40	3.3	3.4	3.4	3.2	3.1	3.5	3.0	3.8	3.8	3.9
Average Net Receivables ($) 41	519	528	572	527	501	559	748	686	680	685
Average Inventories ($) 42	392	473	501	485	454	503	660	620	585	566
Average Net Worth ($) 43	518	645	643	651	595	667	836	812	793	897
Current Ratio (×1) 44	1.7	1.8	1.7	1.8	1.8	1.9	1.8	1.8	1.7	1.7
Quick Ratio (×1) 45	1.0	1.0	1.0	1.0	1.0	1.1	1.0	1.0	0.9	1.0
Coverage Ratio (×1) 46	4.1	4.3	3.4	3.6	3.6	3.4	3.6	5.0	4.6	4.1
Asset Turnover (×1) 47	3.3	3.2	3.3	3.4	3.5	3.3	3.2	3.4	3.4	3.1
Operating Leverage 48	0.9	1.1	0.9	0.9	1.0	0.9	1.0	1.8	1.0	0.9
Financial Leverage 49	1.0	1.1	1.0	1.1	1.0	1.0	1.0	1.1	1.0	1.0
Total Leverage 50	0.9	1.2	0.9	1.0	1.0	0.9	1.1	1.9	1.0	0.9

Table I

Corporations with and without Net Income

TOYS, SPORTING, RECREATIONAL, PHOTOGRAPHIC, AND HOBBY GOODS

MONEY AMOUNTS AND SIZE OF ASSETS IN THOUSANDS OF DOLLARS

Item Description for Accounting Period 7/95 Through 6/96		Total	Zero Assets	Under 100	100 to 250	251 to 500	501 to 1,000	1,001 to 5,000	5,001 to 10,000	10,001 to 25,000	25,001 to 50,000	50,001 to 100,000	100,001 to 250,000	250,001 and over
Number of Enterprises	1	9268	264	4509	1154	1083	960	929	175	114	32	26	13	7
Revenues ($ in Thousands)														
Net Sales	2	34968970	412865	693022	298558	836939	1892115	5319092	2563199	3645541	1772819	2917672	2799835	11817314
Portfolio Income	3	186533	1963	1094	120	1536	1543	11266	22947	21211	10658	22152	28473	63570
Other Revenues	4	330087	1432	167	150	448	24147	53703	20254	31230	17324	41215	48081	91934
Total Revenues	5	35485590	416260	694283	298828	838923	1917805	5384061	2606400	3697982	1800801	2981039	2876389	11972818
Average Total Revenues	6	3829	1577	154	259	775	1998	5796	14894	32438	56275	114655	221261	1710403
Operating Costs/Operating Income (%)														
Cost of Operations	7	72.8	66.4	49.2	50.5	65.6	70.5	73.0	75.8	77.4	72.4	72.2	68.8	74.9
Rent	8	5.9	4.7	10.6	14.6	3.3	10.1	7.5	5.1	5.2	6.9	5.9	5.0	4.7
Taxes Paid	9	1.1	0.7	1.3	4.4	1.0	1.8	1.4	1.3	1.3	1.1	1.1	1.0	0.8
Interest Paid	10	1.3	0.4	0.3	2.4	0.7	0.9	1.1	1.5	1.7	2.3	1.9	2.4	0.8
Depreciation, Depletion, Amortization	11	1.6	1.6	0.8	1.2	1.1	0.9	1.0	0.7	0.9	2.1	1.5	1.3	2.5
Pensions and Other Benefits	12	0.7	6.3	1.3	0.1	0.7	0.5	0.6	0.7	0.5	0.8	0.7	0.9	0.7
Other	13	14.4	18.8	22.1	24.0	20.5	11.6	12.9	11.5	14.6	16.7	13.1	16.4	14.5
Officers Compensation	14	1.9	2.6	13.3	3.7	4.7	5.9	3.4	1.9	1.2	1.2	1.5	0.9	0.3
Operating Margin	15	0.3	•	1.2	•	2.5	•	•	1.6	•	•	2.3	3.4	1.0
Oper. Margin Before Officers Compensation	16	2.1	1.3	14.5	2.7	7.1	4.0	2.4	3.4	•	•	3.8	4.3	1.3
Selected Average Balance Sheet ($ in Thousands)														
Net Receivables	17	586	•	0	18	79	161	724	2458	5271	10831	21671	50847	270562
Inventories	18	615	•	15	48	117	312	864	2058	5909	12037	24442	44628	244636
Net Property, Plant and Equipment	19	243	•	5	9	25	91	261	561	1557	5299	6597	14923	149451
Total Assets	20	1955	•	31	159	340	709	2275	6311	15464	36880	70961	147543	974576

Notes and Loans Payable 21	852	•	28	171	66	230	719	2825	7672	16210	29239	57315	459798
All Other Liabilities 22	571	•	4	56	162	384	928	1882	5359	11616	15658	46157	212409
Net Worth 23	532	•	-1	-68	113	94	628	1603	2433	9054	26064	44072	302370

Selected Financial Ratios (Times to 1)

Current Ratio 24	1.3	•	10.4	1.6	1.7	1.1	1.5	1.6	1.5	1.8	1.6	1.4	1.1
Quick Ratio 25	0.7	•	2.7	0.7	1.0	0.5	0.8	0.8	0.7	0.9	0.7	0.7	0.5
Net Sales to Working Capital 26	10.7	•	7.6	5.7	6.5	37.3	8.8	7.5	7.7	4.7	5.8	7.3	46.8
Coverage Ratio 27	2.4	•	5.5	0.6	5.0	0.3	1.2	3.1	0.2	0.2	3.5	3.6	4.0
Total Asset Turnover 28	1.9	•	5.0	1.6	2.3	2.8	2.5	2.3	2.1	1.5	1.6	1.5	1.7
Inventory Turnover 29	4.6	•	4.6	4.9	4.6	5.1	4.5	5.2	4.0	3.5	3.3	3.6	5.5
Receivables Turnover 30	6.6	•	•	•	9.3	•	7.1	6.2	5.9	5.1	5.0	3.8	7.2
Total Liabilities to Net Worth 31	2.7	•	•	•	2.0	6.6	2.6	2.9	5.4	3.1	1.7	2.4	2.2

Selected Financial Factors (in Percentages)

Debt Ratio 32	72.8	•	•	•	66.9	86.7	72.4	74.6	84.3	75.5	63.3	70.1	69.0
Return on Assets 33	5.8	•	8.3	2.4	7.6	0.8	3.3	11.1	0.7	0.7	10.0	12.5	5.4
Return on Equity 34	7.0	•	•	3.6	16.2	•	•	26.2	•	•	15.1	20.0	8.1
Return Before Interest on Equity 35	21.3	•	•	•	23.0	5.8	11.9	•	4.7	2.9	27.3	•	17.3
Profit Margin, Before Income Tax 36	1.8	•	1.4	•	2.7	•	0.2	3.3	•	•	4.5	6.2	2.3
Profit Margin, After Income Tax 37	1.0	•	1.3	•	2.4	•	•	2.9	•	•	3.5	4.1	1.5

Trends in Selected Ratios and Factors, 1990-1999

	1990	1991	1992	1993	1994	1995	1996	1997	1998	1999
Cost of Labor (%) 38	73.1	75.4	74.9	74.8	74.6	73.5	73.2	74.7	74.5	72.8
Operating Margin (%) 39	•	•	•	0.7	•	•	•	•	•	0.3
Oper. Margin Before Officers Comp. (%) 40	1.7	0.6	1.7	2.5	1.2	1.7	2.2	2.0	1.3	2.1
Average Net Receivables ($) 41	313	321	347	393	391	411	412	396	467	586
Average Inventories ($) 42	344	398	372	482	485	501	463	480	484	615
Average Net Worth ($) 43	199	208	187	280	273	296	326	344	348	532
Current Ratio (×1) 44	1.3	1.3	1.2	1.4	1.3	1.3	1.3	1.2	1.3	1.3
Quick Ratio (×1) 45	0.7	0.6	0.6	0.6	0.6	0.6	0.6	0.6	0.6	0.7
Coverage Ratio (×1) 46	2.1	1.3	2.1	2.2	1.6	1.7	1.9	2.3	1.6	2.4
Asset Turnover (×1) 47	2.2	2.2	2.1	2.3	2.2	2.1	2.1	2.0	2.1	1.9
Total Liabilities/Net Worth (×1) 48	3.7	4.0	4.6	3.7	3.9	3.9	3.3	3.1	3.3	2.7
Return on Assets (×1) 49	7.1	4.2	7.4	8.5	6.0	5.3	4.8	4.9	4.0	5.8
Return on Equity (%) 50	9.0	•	13.6	12.8	4.3	5.5	6.2	7.5	•	7.0

Table II

Corporations with Net Income

TOYS, SPORTING, RECREATIONAL, PHOTOGRAPHIC, AND HOBBY GOODS

MONEY AMOUNTS AND SIZE OF ASSETS IN THOUSANDS OF DOLLARS

Item Description for Accounting Period 7/95 Through 6/96	Total	Zero Assets	Under 100	100 to 250	251 to 500	501 to 1,000	1,001 to 5,000	5,001 to 10,000	10,001 to 25,000	25,001 to 50,000	50,001 to 100,000	100,001 to 250,000	250,001 and over
Number of Enterprises **1**	4053	5	1125	677	727	581	677	134	68	20	20	•	•
Revenues ($ in Thousands)													
Net Sales **2**	27885212	274598	349184	250371	564133	1163430	4129691	2267081	2391611	1110579	2218884	•	•
Portfolio Income **3**	151662	1950	7	•	1350	703	5557	18694	20149	5500	17433	•	•
Other Revenues **4**	249780	-33	•	62	444	18695	42563	7686	17442	11066	18639	•	•
Total Revenues **5**	28286654	276515	349191	250433	565927	1182828	4177811	2293461	2429202	1127145	2254956	•	•
Average Total Revenues **6**	6979	55303	310	370	778	2036	6171	17115	35724	56357	112748	•	•
Operating Costs/Operating Income (%)													
Cost of Operations **7**	71.1	57.3	14.9	46.1	66.6	64.5	70.1	76.4	75.2	69.9	70.0	•	•
Rent **8**	5.8	5.7	21.0	15.9	3.3	12.2	7.5	4.1	4.2	6.1	5.8	•	•
Taxes Paid **9**	1.2	0.7	2.1	4.7	1.2	2.1	1.5	1.1	1.5	1.2	1.0	•	•
Interest Paid **10**	1.1	0.2	0.1	1.8	0.6	0.7	1.1	1.4	1.1	1.9	1.7	•	•
Depreciation, Depletion, Amortization **11**	1.7	1.9	0.6	1.3	1.4	0.9	1.1	0.6	0.7	2.5	1.5	•	•
Pensions and Other Benefits **12**	0.8	9.4	2.6	•	1.0	0.6	0.7	0.4	0.5	0.9	0.7	•	•
Other **13**	13.2	14.2	27.4	19.3	12.2	9.5	12.1	10.6	10.9	11.7	12.2	•	•
Officers Compensation **14**	2.0	1.8	24.6	2.3	5.9	8.1	3.7	1.6	1.4	1.4	1.6	•	•
Operating Margin **15**	3.1	8.9	6.9	8.6	7.8	1.6	2.4	3.8	4.7	4.5	5.6	•	•
Oper. Margin Before Officers Compensation **16**	5.1	10.7	31.4	10.8	13.7	9.7	6.1	5.4	6.1	5.9	7.2	•	•
Selected Average Balance Sheet ($ in Thousands)													
Net Receivables **17**	1052	•	•	22	81	143	699	2726	5662	9367	21255	•	•
Inventories **18**	1032	•	20	26	108	296	765	2154	4994	11830	24076	•	•
Net Property, Plant and Equipment **19**	448	•	6	16	34	73	306	431	1593	5676	7656	•	•
Total Assets **20**	3465	•	35	160	348	699	2208	6290	15192	37157	70630	•	•

Notes and Loans Payable	21	1400	•	23	159	75	170	641	2603	5101	14693	28564	•	•
All Other Liabilities	22	922	•	6	40	132	244	688	1981	5230	9878	14309	•	•
Net Worth	23	1143	•	6	-40	140	285	879	1705	4860	12585	27757	•	•
Selected Financial Ratios (Times to 1)														
Current Ratio	24	1.4	•	4.8	1.7	2.1	1.8	1.8	1.6	1.8	2.4	1.7	•	•
Quick Ratio	25	0.7	•	1.1	0.9	1.3	0.8	1.0	0.9	1.0	1.2	0.8	•	•
Net Sales to Working Capital	26	9.9	•	13.7	7.8	5.2	8.6	7.5	8.0	6.4	3.6	5.0	•	•
Coverage Ratio	27	5.0	•	•	5.8	14.0	6.1	4.4	4.6	6.7	4.2	5.2	•	•
Total Asset Turnover	28	2.0	•	8.9	2.3	2.2	2.9	2.8	2.7	2.3	1.5	1.6	•	•
Inventory Turnover	29	5.0	•	1.3	•	4.7	5.8	4.9	6.0	4.3	6.6	3.0	•	•
Receivables Turnover	30	7.2	•	•	•	7.9	•	7.8	6.7	5.7	•	4.8	•	•
Total Liabilities to Net Worth	31	2.0	•	4.9	•	1.5	1.5	1.5	2.7	2.1	2.0	1.6	•	•
Selected Financial Factors (in Percentages)														
Debt Ratio	32	67.0	•	83.2	•	59.7	59.3	60.2	72.9	68.0	66.1	60.7	•	•
Return on Assets	33	11.3	•	•	24.1	19.5	11.3	12.8	17.0	17.0	11.7	14.1	•	•
Return on Equity	34	21.6	•	•	•	•	20.0	21.8	•	39.0	21.9	23.6	•	•
Return Before Interest on Equity	35	34.2	•	•	•	•	27.8	32.0	•	•	34.6	•	•	•
Profit Margin, Before Income Tax	36	4.6	9.5	6.9	8.6	8.1	3.3	3.6	5.0	6.3	6.0	7.2	•	•
Profit Margin, After Income Tax	37	3.6	6.7	6.8	8.6	7.7	2.9	3.1	4.5	5.4	5.0	5.9	•	•

Trends in Selected Ratios and Factors, 1990-1999

		1990	1991	1992	1993	1994	1995	1996	1997	1998	1999
Cost of Operations (%)	38	71.6	74.0	74.8	74.9	74.0	74.5	72.4	74.4	74.0	71.1
Operating Margin (%)	39	2.0	2.6	2.6	3.1	2.9	2.6	2.0	2.5	3.3	3.1
Oper. Margin Before Officers Comp. (%)	40	4.0	4.1	4.4	4.8	4.6	4.2	4.5	4.4	5.0	5.1
Average Net Receivables ($)	41	361	429	519	691	774	865	668	565	674	1052
Average Inventories ($)	42	398	532	531	831	953	1054	715	701	737	1032
Average Net Worth ($)	43	299	416	392	682	824	847	640	564	702	1143
Current Ratio (×1)	44	1.4	1.4	1.4	1.5	1.5	1.3	1.3	1.3	1.4	1.4
Quick Ratio (×1)	45	0.7	0.7	0.7	0.7	0.7	0.6	0.6	0.6	0.7	0.7
Coverage Ratio (×1)	46	3.9	4.2	4.3	4.9	4.4	4.1	4.0	5.0	5.5	5.0
Asset Turnover (×1)	47	2.3	2.4	2.2	2.5	2.3	2.3	2.2	2.2	2.2	2.0
Operating Leverage	48	0.7	1.3	1.0	1.2	1.0	0.9	0.8	1.3	1.3	1.0
Financial Leverage	49	1.0	1.1	1.0	1.0	1.0	1.0	1.0	1.0	1.0	1.0
Total Leverage	50	0.7	1.4	1.1	1.1	1.0	0.9	0.8	1.3	1.3	0.9

Table I

Corporations with and without Net Income

METALS AND MINERALS, EXCEPT PETROLEUM AND SCRAP

MONEY AMOUNTS AND SIZE OF ASSETS IN THOUSANDS OF DOLLARS

Item Description for Accounting Period 7/95 Through 6/96	Total	Zero Assets	Under 100	100 to 250	251 to 500	501 to 1,000	1,001 to 5,000	5,001 to 10,000	10,001 to 25,000	25,001 to 50,000	50,001 to 100,000	100,001 to 250,000	250,001 and over
Number of Enterprises **1**	6854	10	2405	900	1044	625	1282	269	157	85	39	20	17
Revenues ($ in Thousands)													
Net Sales **2**	102241643	490817	301509	642201	1900466	1639555	10772423	5295927	9071576	7840795	7089443	8302702	48894229
Portfolio Income **3**	800821	2393	2564	1534	763	1535	11233	8226	10300	45406	37315	130442	549111
Other Revenues **4**	520498	837	1492	622	794	2591	116340	17470	52470	43831	53240	95965	134844
Total Revenues **5**	103562962	494047	305565	644357	1902023	1643681	10899996	5321623	9134346	7930032	7179998	8529109	49578184
Average Total Revenues **6**	15110	49405	127	716	1822	2630	8502	19783	58181	93294	184103	426455	2916364
Operating Costs/Operating Income (%)													
Cost of Operations **7**	91.3	85.8	66.6	87.7	75.6	76.8	87.6	84.4	90.0	87.6	89.9	89.2	95.6
Rent **8**	2.2	1.7	5.4	1.1	6.1	5.1	3.1	3.6	2.7	2.6	2.2	2.8	1.2
Taxes Paid **9**	0.6	0.4	2.3	1.2	1.4	1.3	0.8	0.9	0.6	0.9	0.7	1.1	0.4
Interest Paid **10**	1.1	1.0	0.9	0.3	0.5	0.9	0.7	1.0	0.8	0.9	1.4	1.1	1.3
Depreciation, Depletion, Amortization **11**	0.5	0.5	1.4	0.2	1.0	0.5	0.5	0.7	0.5	0.6	0.6	0.7	0.4
Pensions and Other Benefits **12**	0.5	0.6	1.7	•	0.5	1.7	0.4	0.5	0.5	0.7	0.5	0.9	0.3
Other **13**	2.9	8.6	22.0	5.9	11.3	7.9	4.1	5.0	3.1	3.2	3.2	3.4	1.4
Officers Compensation **14**	1.0	0.5	6.4	4.9	3.7	5.0	2.6	1.9	1.0	1.2	0.6	0.5	0.3
Operating Margin **15**	•	1.0	•	•	•	0.9	0.3	2.0	0.8	2.4	1.0	0.3	•
Oper. Margin Before Officers Compensation **16**	1.0	1.5	•	3.7	3.7	5.9	2.8	3.9	1.8	3.6	1.6	0.9	•
Selected Average Balance Sheet ($ in Thousands)													
Net Receivables **17**	1661	•	1	66	118	215	966	2414	5920	11804	27880	50786	302461
Inventories **18**	1272	•	1	76	106	249	781	2800	6096	13479	23506	48059	155434
Net Property, Plant and Equipment **19**	491	•	12	8	65	61	231	570	2019	4244	7753	22817	78568
Total Assets **20**	5031		39	189	366	737	2349	7215	16880	36798	70175	167281	974131

Notes and Loans Payable 21	2041	•	19	121	120	200	652	2381	6751	8799	33669	66084	450773
All Other Liabilities 22	1721	•	6	30	160	274	949	2240	5465	12269	21549	43574	351899
Net Worth 23	1269	•	15	38	86	263	747	2594	4663	15729	14958	57623	171459

Selected Financial Ratios (Times to 1)

Current Ratio 24	1.5	•	1.2	2.7	1.4	1.6	1.6	1.7	1.7	1.9	1.3	1.5	1.3
Quick Ratio 25	0.8	•	1.1	1.6	0.8	0.9	0.9	0.8	0.9	1.0	0.7	0.8	0.7
Net Sales to Working Capital 26	13.1	•	42.0	6.2	23.1	12.8	11.3	8.0	10.5	6.8	13.7	11.4	18.7
Coverage Ratio 27	2.2	3.1	•	•	1.3	2.2	3.1	3.5	2.8	4.9	2.6	3.8	1.4
Total Asset Turnover 28	3.0	•	3.2	3.8	5.0	3.6	3.6	2.7	3.4	2.5	2.6	2.5	3.0
Inventory Turnover 29	•	•	•	8.8	•	•	9.2	6.5	7.3	6.8	7.4	6.1	•
Receivables Turnover 30	9.0	•	•	•	•	•	8.8	8.4	8.8	8.3	7.5	6.9	9.6
Total Liabilities to Net Worth 31	3.0	•	1.7	4.0	3.3	1.8	2.2	1.8	2.6	1.3	3.7	1.9	4.7

Selected Financial Factors (in Percentages)

Debt Ratio 32	74.8	•	62.7	80.0	76.5	64.3	68.2	64.1	72.4	57.3	78.7	65.6	82.4
Return on Assets 33	7.3	•	•	•	3.2	6.9	7.7	9.6	8.1	11.0	9.4	10.4	5.5
Return on Equity 34	11.7	•	•	•	•	9.1	14.4	14.1	16.8	17.3	18.5	14.1	5.5
Return Before Interest on Equity 35	29.1	•	•	•	13.5	19.3	24.1	26.8	29.2	25.7	•	30.1	31.1
Profit Margin, Before Income Tax 36	1.4	2.0	•	•	0.2	1.1	1.5	2.5	1.5	3.5	2.2	3.1	0.6
Profit Margin, After Income Tax 37	1.0	1.4	•	•	•	0.9	1.3	1.9	1.4	3.0	1.5	2.0	0.3

Trends in Selected Ratios and Factors, 1990-1999

	1990	1991	1992	1993	1994	1995	1996	1997	1998	1999
Cost of Labor (%) 38	92.1	93.5	92.7	93.0	92.1	91.3	92.2	90.9	90.6	91.3
Operating Margin (%) 39	•	•	•	•	•	•	•	•	0.1	•
Oper. Margin Before Officers Comp. (%) 40	•	•	•	•	•	•	•	0.4	1.1	1.0
Average Net Receivables ($) 41	2364	2654	2286	2455	2609	1148	1285	1342	1921	1661
Average Inventories ($) 42	4820	6445	6541	4224	4871	760	909	931	1444	1272
Average Net Worth ($) 43	931	1069	1318	1006	1007	886	1113	922	1351	1269
Current Ratio (×1) 44	1.0	1.0	1.0	1.0	0.9	1.4	1.4	1.4	1.4	1.5
Quick Ratio (×1) 45	0.5	0.4	0.3	0.5	0.4	0.8	0.7	0.8	0.8	0.8
Coverage Ratio (×1) 46	1.1	1.1	1.5	1.1	1.0	1.0	1.0	1.5	2.3	2.2
Asset Turnover (×1) 47	0.8	1.1	1.1	0.9	0.8	2.7	2.9	2.7	2.7	3.0
Total Liabilities/Net Worth (×1) 48	14.5	13.5	11.5	15.6	15.2	3.1	2.9	3.1	3.1	3.0
Return on Assets (×1) 49	7.1	6.9	8.7	5.8	5.2	3.6	3.0	3.6	5.9	7.3
Return on Equity (%) 50	3.1	4.8	23.7	5.9	•	•	•	2.8	10.4	11.7

Table II

Corporations with Net Income

METALS AND MINERALS, EXCEPT PETROLEUM AND SCRAP

MONEY AMOUNTS AND SIZE OF ASSETS IN THOUSANDS OF DOLLARS

Item Description for Accounting Period 7/95 Through 6/96	Total	Zero Assets	Under 100	100 to 250	251 to 500	501 to 1,000	1,001 to 5,000	5,001 to 10,000	10,001 to 25,000	25,001 to 50,000	50,001 to 100,000	100,001 to 250,000	250,001 and over
Number of Enterprises **1**	3796	7	717	267	839	384	1093	229	123	77	31	16	14
Revenues ($ in Thousands)													
Net Sales **2**	88053342	490663	166203	166447	1413445	946578	9091577	4702382	5992162	7276213	5781176	5997625	46028872
Portfolio Income **3**	728276	2069	946	•	752	1258	10027	7339	9251	45138	33384	108182	509930
Other Revenues **4**	433712	830	1240	•	741	858	94852	9269	40459	36507	42239	77340	129375
Total Revenues **5**	89215330	493562	168389	166447	1414938	948694	9196456	4718990	6041872	7357858	5856799	6183147	46668177
Average Total Revenues **6**	23502	70509	235	623	1686	2471	8414	20607	49121	95557	188929	386447	3333441
Operating Costs/Operating Income (%)													
Cost of Operations **7**	91.1	85.9	53.0	81.2	70.0	69.1	86.8	84.0	86.3	87.0	90.0	86.9	96.0
Rent **8**	2.1	1.7	2.6	•	7.1	6.4	3.4	3.8	3.6	2.6	1.9	3.3	1.0
Taxes Paid **9**	0.6	0.4	1.6	0.8	1.6	1.8	0.9	0.9	0.7	0.9	0.6	1.3	0.3
Interest Paid **10**	1.0	1.0	0.1	•	0.4	0.8	0.6	1.0	0.9	0.9	1.2	1.1	1.2
Depreciation, Depletion, Amortization **11**	0.5	0.5	1.1	0.3	1.3	0.5	0.5	0.7	0.7	0.7	0.5	0.7	0.4
Pensions and Other Benefits **12**	0.5	0.6	2.9	•	0.6	1.5	0.4	0.6	0.6	0.7	0.4	1.1	0.3
Other **13**	2.6	8.5	18.5	8.2	11.8	10.2	4.2	4.8	4.2	3.1	2.8	3.3	1.1
Officers Compensation **14**	0.9	0.5	9.8	4.7	4.3	5.7	2.4	1.8	1.2	1.2	0.7	0.6	0.2
Operating Margin **15**	0.7	1.1	10.4	5.0	3.0	4.1	0.8	2.6	1.9	3.1	1.9	1.8	•
Oper. Margin Before Officers Compensation **16**	1.6	1.6	20.2	9.6	7.4	9.9	3.2	4.4	3.2	4.3	2.6	2.4	•
Selected Average Balance Sheet ($ in Thousands)													
Net Receivables **17**	2553	•	•	20	133	158	955	2500	6057	11845	27805	46150	331551
Inventories **18**	1969	•	0	184	97	205	765	2891	6071	13722	25305	51370	168249
Net Property, Plant and Equipment **19**	698	•	27	10	68	59	197	548	1700	4551	6043	21843	79334
Total Assets **20**	7833	•	62	208	379	694	2335	7184	16475	37398	69828	168651	1077292

Notes and Loans Payable	21	2971	•	9	159	112	118	508	2080	6304	8127	28270	68217	477868
All Other Liabilities	22	2628	•	12	2	171	164	863	2401	4721	12084	20218	34944	397806
Net Worth	23	2234	•	41	46	95	413	965	2702	5450	17187	21341	65490	201618

Selected Financial Ratios (Times to 1)

Current Ratio	24	1.5	•	1.8	6.6	1.3	2.4	1.8	1.7	1.8	2.0	1.4	1.6	1.3
Quick Ratio	25	0.8	•	1.8	1.1	0.8	1.4	1.0	0.8	1.0	1.0	0.8	0.8	0.7
Net Sales to Working Capital	26	12.1	•	21.7	3.4	24.5	8.7	9.5	8.2	7.9	6.5	11.6	9.0	18.8
Coverage Ratio	27	2.9	3.2	•	•	9.4	6.7	4.4	4.1	4.2	5.8	3.6	5.5	1.6
Total Asset Turnover	28	3.0	•	3.7	3.0	4.5	3.6	3.6	2.9	3.0	2.5	2.7	2.2	3.1
Inventory Turnover	29	•	•	•	2.5	•	8.4	9.2	6.8	5.6	7.1	7.7	•	•
Receivables Turnover	30	8.9	•	•	5.5	•	•	9.2	8.5	7.1	8.6	7.8	•	9.8
Total Liabilities to Net Worth	31	2.5	•	0.5	3.5	3.0	0.7	1.4	1.7	2.0	1.2	2.3	1.6	4.4

Selected Financial Factors (in Percentages)

Debt Ratio	32	71.5	•	33.7	77.9	74.9	40.5	58.7	62.4	66.9	54.1	69.4	61.2	81.3
Return on Assets	33	8.9	•	•	14.8	15.5	17.9	9.1	11.2	10.7	12.6	11.9	13.3	6.0
Return on Equity	34	16.0	•	•	•	•	24.0	15.2	16.9	22.4	19.5	20.9	19.1	8.3
Return Before Interest on Equity	35	31.3	•	•	•	•	30.1	22.1	29.8	32.4	27.5	•	34.1	31.9
Profit Margin, Before Income Tax	36	2.0	2.1	11.7	5.0	3.1	4.3	2.0	3.0	2.8	4.1	3.2	4.9	0.8
Profit Margin, After Income Tax	37	1.6	1.5	11.3	4.2	2.7	4.0	1.8	2.2	2.5	3.6	2.4	3.4	0.5

Trends in Selected Ratios and Factors, 1990-1999

		1990	1991	1992	1993	1994	1995	1996	1997	1998	1999
Cost of Operations (%)	38	92.9	93.0	92.7	93.2	91.6	90.9	90.9	89.8	90.1	91.1
Operating Margin (%)	39	•	•	•	•	•	•	•	0.4	0.7	0.7
Oper. Margin Before Officers Comp. (%)	40	•	0.8	•	0.2	0.5	0.8	1.0	1.6	1.7	1.6
Average Net Receivables ($)	41	3255	1666	3211	1507	1259	1074	1183	1528	2228	2553
Average Inventories ($)	42	6997	1097	9650	966	884	706	785	1081	1608	1969
Average Net Worth ($)	43	1053	1189	1857	1125	1018	847	1067	1169	1621	2234
Current Ratio (×1)	44	1.0	1.3	1.0	1.4	1.4	1.5	1.5	1.6	1.5	1.5
Quick Ratio (×1)	45	0.5	0.7	0.3	0.8	0.7	0.8	0.8	0.9	0.8	0.8
Coverage Ratio (×1)	46	1.2	2.6	1.5	2.1	2.0	2.4	2.9	2.9	2.9	2.9
Asset Turnover (×1)	47	0.7	3.7	1.0	3.8	3.0	3.1	2.8	2.7	2.6	3.0
Operating Leverage	48	22.0	•	•	0.1	1.1	0.7	0.4	•	1.5	1.0
Financial Leverage	49	0.3	5.3	0.5	1.8	1.0	1.2	1.1	1.0	1.0	1.0
Total Leverage	50	5.8	•	•	0.2	1.0	0.8	0.5	•	1.6	1.0

Table I

Corporations with and without Net Income

ELECTRICAL GOODS

MONEY AMOUNTS AND SIZE OF ASSETS IN THOUSANDS OF DOLLARS

Item Description for Accounting Period 7/95 Through 6/96	Total	Zero Assets	Under 100	100 to 250	251 to 500	501 to 1,000	1,001 to 5,000	5,001 to 10,000	10,001 to 25,000	25,001 to 50,000	50,001 to 100,000	100,001 to 250,000	250,001 and over
Number of Enterprises **1**	25111	922	10408	2656	2974	3133	3708	629	404	119	59	51	47
Revenues ($ in Thousands)													
Net Sales **2**	209396794	2057855	2018814	1707999	3854276	8750624	26590637	13467327	19737306	11143513	9785659	18677675	91605109
Portfolio Income **3**	1654560	13268	1460	2027	4651	13346	38604	31912	67324	24611	31088	80943	1345322
Other Revenues **4**	2939853	137694	95610	14174	65196	149118	221485	82372	107663	70744	113813	176071	1705918
Total Revenues **5**	213991207	2208817	2115884	1724200	3924123	8913088	26850726	13581611	19912293	11238868	9930560	18934689	94656349
Average Total Revenues **6**	8522	2396	203	649	1319	2845	7241	21592	49288	94444	168315	371268	2013965
Operating Costs/Operating Income (%)													
Cost of Operations **7**	81.6	85.6	51.7	59.0	65.8	79.6	78.7	81.3	85.7	83.6	83.0	85.5	82.3
Rent **8**	5.8	6.8	13.0	11.0	9.5	7.1	7.3	6.5	5.2	5.3	5.5	4.6	5.1
Taxes Paid **9**	0.9	1.3	2.5	1.8	2.2	1.4	1.2	1.0	0.8	0.8	0.8	0.7	0.8
Interest Paid **10**	1.4	1.6	0.6	0.5	1.0	0.5	0.7	0.8	0.7	0.7	1.0	0.8	2.3
Depreciation, Depletion, Amortization **11**	2.1	0.9	1.5	1.3	1.1	0.5	0.6	0.7	0.5	0.7	1.5	0.6	3.9
Pensions and Other Benefits **12**	0.6	0.9	1.2	2.0	1.5	0.5	0.7	0.6	0.4	0.6	0.6	0.6	0.6
Other **13**	7.3	11.4	25.2	15.2	13.5	8.3	7.9	6.1	5.7	5.0	5.9	6.1	7.3
Officers Compensation **14**	1.3	1.0	9.9	7.4	7.4	3.6	2.8	2.0	1.0	1.0	0.7	0.5	0.3
Operating Margin **15**	•	•	•	1.9	•	•	0.2	1.1	•	2.4	1.0	0.7	•
Oper. Margin Before Officers Compensation **16**	0.3	•	4.3	9.2	5.6	2.1	3.0	3.1	1.1	3.4	1.7	1.1	•
Selected Average Balance Sheet ($ in Thousands)													
Net Receivables **17**	1198	•	10	51	104	269	850	2698	5992	13505	23448	58086	328957
Inventories **18**	1081	•	6	36	95	225	666	2389	5173	10943	22232	50263	314115
Net Property, Plant and Equipment **19**	433	•	6	21	61	62	211	693	1167	2741	9120	11015	154455
Total Assets **20**	3679	•	41	165	352	723	2138	6912	15493	33305	71038	152062	1143665

Notes and Loans Payable 21	1429	•	38	55	168	204	639	1736	4026	7573	21610	48231	521058
All Other Liabilities 22	1506	•	14	65	117	339	930	2825	8025	14558	24485	54794	460623
Net Worth 23	743	•	-11	45	68	180	569	2351	3442	11174	24943	49036	161985

Selected Financial Ratios (Times to 1)

Current Ratio 24	1.3	•	1.5	1.7	2.0	1.6	1.6	1.6	1.4	1.5	1.5	1.5	1.2
Quick Ratio 25	0.7	•	1.1	1.1	1.2	0.9	0.9	0.9	0.8	0.8	0.8	0.8	0.6
Net Sales to Working Capital 26	13.2	•	21.2	12.5	9.6	12.8	11.0	10.3	14.4	10.5	10.2	8.8	17.4
Coverage Ratio 27	1.9	•	•	6.7	1.0	1.8	2.8	3.6	2.4	5.6	3.6	3.5	1.5
Total Asset Turnover 28	2.3	•	4.7	3.9	3.7	3.9	3.4	3.1	3.2	2.8	2.3	2.4	1.7
Inventory Turnover 29	6.8	•	•	9.0	7.8	9.5	8.8	7.4	8.7	8.0	5.9	7.6	5.6
Receivables Turnover 30	7.6	•	•	•	10.0	•	9.2	7.2	8.9	7.5	6.9	7.2	6.8
Total Liabilities to Net Worth 31	4.0	•	•	2.7	4.2	3.0	2.8	2.0	3.5	2.0	1.9	2.1	6.1

Selected Financial Factors (in Percentages)

Debt Ratio 32	79.8	•	•	72.6	80.8	75.2	73.4	66.0	77.8	66.5	64.9	67.8	85.8
Return on Assets 33	6.1	•	•	12.8	3.6	3.4	6.0	8.5	5.3	10.9	8.0	7.0	5.6
Return on Equity 34	7.7	•	18.6	33.7	•	3.7	10.0	12.7	8.1	23.2	12.0	9.5	3.0
Return Before Interest on Equity 35	30.3	•	3.9	•	18.8	13.6	22.7	25.0	23.7	32.6	22.9	21.6	•
Profit Margin, Before Income Tax 36	1.3	•	•	2.8	•	0.4	1.2	2.0	1.0	3.2	2.5	2.1	1.0
Profit Margin, After Income Tax 37	0.7	•	•	2.4	•	0.2	0.8	1.4	0.6	2.8	1.8	1.3	0.3

Trends in Selected Ratios and Factors, 1990-1999

	1990	1991	1992	1993	1994	1995	1996	1997	1998	1999
Cost of Labor (%) 38	75.6	75.4	76.8	77.1	76.9	76.5	78.0	79.9	80.8	81.6
Operating Margin (%) 39	•	•	•	•	•	•	•	•	•	•
Oper. Margin Before Officers Comp. (%) 40	1.5	1.6	1.8	0.4	•	•	0.6	1.2	1.0	0.3
Average Net Receivables ($) 41	568	577	594	731	752	811	707	834	966	1198
Average Inventories ($) 42	537	505	540	687	658	723	694	796	904	1081
Average Net Worth ($) 43	484	476	498	615	701	687	621	770	738	743
Current Ratio (×1) 44	1.4	1.4	1.4	1.4	1.3	1.3	1.4	1.2	1.2	1.3
Quick Ratio (×1) 45	0.8	0.8	0.8	0.7	0.7	0.7	0.7	0.6	0.6	0.7
Coverage Ratio (×1) 46	2.0	2.3	2.1	1.6	1.0	1.3	1.6	2.3	2.6	1.9
Asset Turnover (×1) 47	2.3	2.1	2.1	2.0	1.8	1.8	2.0	2.0	2.2	2.3
Total Liabilities/Net Worth (×1) 48	2.5	2.7	2.9	2.8	2.7	3.0	3.1	2.9	3.3	4.0
Return on Assets (×1) 49	5.6	7.1	7.1	6.6	4.7	5.6	5.4	5.8	7.2	6.1
Return on Equity (%) 50	2.9	8.3	9.9	5.8	•	2.5	4.7	8.7	13.2	7.7

Table II

Corporations with Net Income

ELECTRICAL GOODS

MONEY AMOUNTS AND SIZE OF ASSETS IN THOUSANDS OF DOLLARS

Item Description for Accounting Period 7/95 Through 6/96		Total	Zero Assets	Under 100	100 to 250	251 to 500	501 to 1,000	1,001 to 5,000	5,001 to 10,000	10,001 to 25,000	25,001 to 50,000	50,001 to 100,000	100,001 to 250,000	250,001 and over
Number of Enterprises	1	14515	352	4084	2041	2067	2206	2768	481	285	105	51	43	30
Revenues ($ in Thousands)														
Net Sales	2	155437004	1199173	1111419	1396884	3190200	6804756	22095640	11273753	16159205	10492592	8777867	15798572	57136943
Portfolio Income	3	745651	1129	724	1987	4304	8597	28990	15632	50572	24283	30041	70160	509231
Other Revenues	4	1851418	131940	50207	9734	59582	126248	188836	64999	81212	64091	89318	147393	837860
Total Revenues	5	158034073	1332242	1162350	1408605	3254086	6939601	22313466	11354384	16290989	10580966	8897226	16016125	58484034
Average Total Revenues	6	10888	3785	285	690	1574	3146	8061	23606	57161	100771	174455	372468	1949468
Operating Costs/Operating Income (%)														
Cost of Operations	7	81.6	86.3	34.9	54.0	63.2	78.2	79.1	81.0	85.2	83.8	82.6	86.0	82.9
Rent	8	5.7	6.6	12.2	11.9	9.8	7.6	6.7	6.3	4.9	5.1	5.7	4.5	5.1
Taxes Paid	9	0.9	1.1	2.5	1.8	2.3	1.4	1.2	1.0	0.8	0.8	0.8	0.7	0.8
Interest Paid	10	0.9	0.5	0.3	0.5	0.8	0.4	0.5	0.7	0.6	0.6	0.8	0.7	1.3
Depreciation, Depletion, Amortization	11	0.9	0.7	1.9	1.4	1.0	0.5	0.5	0.6	0.4	0.7	1.0	0.5	1.3
Pensions and Other Benefits	12	0.6	0.8	1.8	2.4	1.4	0.5	0.7	0.6	0.4	0.6	0.6	0.6	0.6
Other	13	6.4	9.1	24.2	13.3	13.0	8.0	7.0	5.6	5.0	4.8	5.9	4.9	6.4
Officers Compensation	14	1.4	0.6	15.4	7.4	7.8	3.5	2.7	1.9	0.9	1.0	0.7	0.5	0.2
Operating Margin	15	1.7	•	6.8	7.4	0.8	•	1.7	2.3	2.0	2.7	1.9	1.7	1.4
Oper. Margin Before Officers Compensation	16	3.0	•	22.2	14.8	8.6	3.4	4.4	4.3	2.8	3.7	2.7	2.2	1.6
Selected Average Balance Sheet ($ in Thousands)														
Net Receivables	17	1387	•	8	44	111	291	884	2781	6423	14299	24541	56212	278375
Inventories	18	1197	•	4	31	96	228	709	2435	5581	10922	21148	46603	254979
Net Property, Plant and Equipment	19	456	•	10	19	58	66	198	750	1158	2853	7810	8882	131909
Total Assets	20	4029	•	45	152	353	727	2174	7023	15730	33727	69601	147069	945222

Notes and Loans Payable	21	992	•	19	40	121	181	491	1615	3911	7279	17059	41565	230509
All Other Liabilities	22	1724	•	11	54	116	335	912	2786	7147	15203	25191	54294	425662
Net Worth	23	1313	•	15	58	117	211	771	2622	4672	11245	27351	51209	289051

Selected Financial Ratios (Times to 1)

Current Ratio	24	1.5	•	2.0	1.8	2.1	1.6	1.7	1.5	1.5	1.5	1.6	1.6	1.4
Quick Ratio	25	0.8	•	1.7	1.3	1.2	1.0	1.0	0.9	0.8	0.9	0.8	0.9	0.7
Net Sales to Working Capital	26	10.4	•	18.6	12.9	10.8	12.8	10.3	11.4	12.2	10.7	9.1	8.2	10.3
Coverage Ratio	27	4.8	11.7	•	•	4.6	5.3	6.2	5.5	5.7	6.6	5.2	5.6	3.8
Total Asset Turnover	28	2.7	•	6.1	4.5	4.4	4.3	3.7	3.3	3.6	3.0	2.5	2.5	2.0
Inventory Turnover	29	7.4	•	•	•	9.5	9.7	9.6	7.6	9.1	8.8	6.2	8.1	5.9
Receivables Turnover	30	7.9	•	•	•	•	9.8	9.7	7.4	9.3	7.9	7.0	7.4	6.9
Total Liabilities to Net Worth	31	2.1	•	2.0	1.6	2.0	2.5	1.8	1.7	2.4	2.0	1.6	1.9	2.3

Selected Financial Factors (in Percentages)

Debt Ratio	32	67.4	•	66.9	61.8	67.0	71.0	64.6	62.7	70.3	66.7	60.7	65.2	69.4
Return on Assets	33	11.2	•	•	39.3	15.6	9.8	11.7	12.6	12.0	12.2	10.1	9.5	10.3
Return on Equity	34	20.6	•	•	•	33.2	24.6	23.1	21.3	27.5	26.9	15.8	15.4	16.6
Return Before Interest on Equity	35	34.4	•	•	•	•	33.9	33.0	33.6	•	•	25.6	27.1	33.6
Profit Margin, Before Income Tax	36	3.4	5.4	11.4	8.2	2.8	1.9	2.7	3.1	2.8	3.5	3.3	3.1	3.8
Profit Margin, After Income Tax	37	2.5	4.7	11.0	7.7	2.5	1.7	2.2	2.4	2.3	3.0	2.5	2.2	2.5

Trends in Selected Ratios and Factors, 1990-1999

		1990	1991	1992	1993	1994	1995	1996	1997	1998	1999
Cost of Operations (%)	38	74.4	74.3	76.9	76.7	77.1	76.6	79.2	79.8	81.7	81.6
Operating Margin (%)	39	2.0	1.6	2.2	0.5	1.5	1.0	1.7	1.8	1.7	1.7
Oper. Margin Before Officers Comp. (%)	40	4.1	3.5	4.3	2.4	3.7	3.0	3.9	3.4	3.0	3.0
Average Net Receivables ($)	41	620	730	615	821	705	744	930	1050	1154	1387
Average Inventories ($)	42	545	610	562	764	628	695	866	905	1030	1197
Average Net Worth ($)	43	669	735	575	838	724	812	991	1100	1058	1313
Current Ratio (×1)	44	1.6	1.6	1.5	1.5	1.7	1.6	1.6	1.6	1.5	1.5
Quick Ratio (×1)	45	0.9	0.9	0.8	0.8	0.9	0.9	0.9	0.9	0.8	0.8
Coverage Ratio (×1)	46	4.7	3.8	4.7	2.8	4.1	3.3	5.0	5.4	5.4	4.8
Asset Turnover (×1)	47	2.4	2.1	2.6	2.2	2.6	2.4	2.7	2.4	2.5	2.7
Operating Leverage	48	1.0	0.8	1.4	0.2	3.3	0.7	1.8	1.0	1.0	1.0
Financial Leverage	49	1.0	1.0	1.2	0.8	1.2	1.0	1.1	1.0	1.0	0.9
Total Leverage	50	1.0	0.8	1.6	0.2	3.9	0.7	2.0	1.0	1.0	0.9

Table I

Corporations with and without Net Income

HARDWARE, PLUMBING, AND HEATING EQUIPMENT AND SUPPLIES

MONEY AMOUNTS AND SIZE OF ASSETS IN THOUSANDS OF DOLLARS

Item Description for Accounting Period 7/95 Through 6/96		Total	Zero Assets	Under 100	100 to 250	251 to 500	501 to 1,000	1,001 to 5,000	5,001 to 10,000	10,001 to 25,000	25,001 to 50,000	50,001 to 100,000	100,001 to 250,000	250,001 and over
Number of Enterprises	1	12678	175	2320	2186	2585	2115	2516	457	225	67	15	12	4
Revenues ($ in Thousands)														
Net Sales	2	60503085	187602	635443	1479093	2916172	4194678	14083465	7750637	8308193	5705137	2131810	3708060	9402796
Portfolio Income	3	268942	2450	1016	2712	21347	5958	32809	23345	36803	17815	55131	12255	57301
Other Revenues	4	895162	1967	17768	11501	28829	111051	214528	82119	57927	45490	21904	18143	283934
Total Revenues	5	61667189	192019	654227	1493306	2966348	4311687	14330802	7856101	8402923	5768442	2208845	3738458	9744031
Average Total Revenues	6	4864	1097	282	683	1148	2039	5696	17191	37346	86096	147256	311538	2436008
Operating Costs/Operating Income (%)														
Cost of Operations	7	76.4	81.3	39.9	67.5	64.3	70.8	74.7	72.9	77.2	81.2	79.2	75.9	87.7
Rent	8	8.5	9.9	16.6	6.0	10.4	10.5	9.0	9.7	8.2	6.8	7.1	10.4	5.7
Taxes Paid	9	1.4	1.7	3.2	2.2	2.0	2.0	1.6	1.5	1.3	1.2	1.3	1.2	0.9
Interest Paid	10	0.9	0.9	0.5	0.6	1.1	0.8	0.7	0.9	1.2	0.9	1.7	0.9	0.9
Depreciation, Depletion, Amortization	11	0.8	0.5	0.8	1.1	1.2	1.0	0.7	1.1	0.8	0.6	0.9	1.0	0.6
Pensions and Other Benefits	12	1.0	0.8	1.1	1.4	1.0	0.8	0.9	1.3	1.1	0.6	1.1	1.0	1.0
Other	13	7.7	10.9	23.0	13.8	14.2	10.1	7.8	7.2	6.6	5.8	7.5	7.4	5.4
Officers Compensation	14	2.7	5.4	15.6	8.0	5.6	5.0	3.9	2.9	1.7	0.9	0.9	0.4	0.2
Operating Margin	15	0.7	•	•	•	0.3	•	0.9	2.6	1.9	2.0	0.3	1.9	•
Oper. Margin Before Officers Compensation	16	3.3	•	15.0	7.5	5.9	4.1	4.8	5.5	3.6	2.9	1.2	2.3	•
Selected Average Balance Sheet ($ in Thousands)														
Net Receivables	17	590	•	8	59	105	222	692	2194	4744	11038	17746	39667	324382
Inventories	18	669	•	1	37	120	275	818	2610	5960	12693	23242	49394	281176
Net Property, Plant and Equipment	19	220	•	4	25	52	72	211	764	1756	3429	9963	21471	131496
Total Assets	20	1809	•	33	161	376	702	2065	6853	14630	33552	66119	152184	840535

Notes and Loans Payable 21	518	•	19	74	160	209	453	1802	4396	9082	26198	41943	262143
All Other Liabilities 22	551	•	16	65	104	201	649	1483	4124	10605	15913	43249	351934
Net Worth 23	740	•	-1	22	111	292	964	3568	6111	13865	24008	66992	226458

Selected Financial Ratios (Times to 1)

Current Ratio 24	1.9	•	1.1	1.4	2.5	2.2	2.1	2.2	1.8	1.9	1.9	1.5	1.7
Quick Ratio 25	1.0	•	1.0	1.0	1.4	1.1	1.1	1.1	0.8	0.9	0.9	0.7	0.9
Net Sales to Working Capital 26	7.0	•	•	19.0	6.4	6.2	6.2	5.6	7.1	7.0	6.6	9.0	8.6
Coverage Ratio 27	3.8	•	5.4	1.7	2.8	3.5	4.8	5.3	3.6	4.4	3.3	4.0	2.6
Total Asset Turnover 28	2.6	•	8.3	4.2	3.0	2.8	2.7	2.5	2.5	2.5	2.2	2.0	2.8
Inventory Turnover 29	5.3	•	•	•	5.2	4.9	4.7	4.8	5.2	5.2	4.5	5.4	6.7
Receivables Turnover 30	8.2	•	•	•	•	8.8	7.7	8.1	8.8	7.8	7.9	9.8	7.0
Total Liabilities to Net Worth 31	1.5	•	•	6.3	2.4	1.4	1.2	0.9	1.4	1.4	1.8	1.3	2.7

Selected Financial Factors (in Percentages)

Debt Ratio 32	59.1	•	•	86.4	70.4	58.5	53.4	47.9	58.2	58.7	63.7	56.0	73.1
Return on Assets 33	9.2	•	23.5	4.3	9.4	7.5	9.1	12.1	10.5	10.3	12.2	7.3	6.4
Return on Equity 34	13.7	•	•	5.1	18.8	11.3	12.9	16.1	15.5	15.5	19.0	9.7	9.3
Return Before Interest on Equity 35	22.5	•	•	31.8	31.5	17.9	19.4	23.2	25.0	24.8	33.5	16.6	23.8
Profit Margin, Before Income Tax 36	2.6	•	2.3	0.4	2.0	1.9	2.7	4.0	3.0	3.1	4.0	2.7	1.4
Profit Margin, After Income Tax 37	2.1	•	2.2	0.2	1.9	1.7	2.2	3.4	2.6	2.5	3.2	2.1	0.9

Trends in Selected Ratios and Factors, 1990-1999

	1990	1991	1992	1993	1994	1995	1996	1997	1998	1999
Cost of Labor (%) 38	75.2	75.9	76.1	76.3	76.1	76.3	75.7	76.6	76.6	76.4
Operating Margin (%) 39	•	0.5	0.6	0.4	•	•	•	0.6	0.9	0.7
Oper. Margin Before Officers Comp. (%) 40	3.1	3.4	3.8	3.4	3.0	2.5	3.0	3.3	3.6	3.3
Average Net Receivables ($) 41	402	375	481	437	443	416	435	518	577	590
Average Inventories ($) 42	461	448	540	527	522	505	512	639	720	669
Average Net Worth ($) 43	458	434	546	526	527	520	508	617	698	740
Current Ratio (×1) 44	1.7	1.8	1.8	1.9	1.9	1.9	1.9	1.9	1.9	1.9
Quick Ratio (×1) 45	0.9	0.9	0.9	0.9	0.9	0.9	0.9	0.9	0.9	1.0
Coverage Ratio (×1) 46	2.7	3.4	3.1	2.6	2.3	1.9	2.5	3.0	3.6	3.8
Asset Turnover (×1) 47	2.6	2.6	2.6	2.5	2.6	2.6	2.6	2.7	2.7	2.6
Total Liabilities/Net Worth (×1) 48	1.7	1.7	1.7	1.6	1.7	1.6	1.7	1.6	1.6	1.5
Return on Assets (×1) 49	8.0	8.8	9.1	8.4	7.3	5.8	6.1	6.6	7.9	9.2
Return on Equity (%) 50	8.5	12.3	12.7	10.9	8.5	5.2	7.1	9.0	11.8	13.7

Table II

Corporations with Net Income

HARDWARE, PLUMBING, AND HEATING EQUIPMENT AND SUPPLIES

MONEY AMOUNTS AND SIZE OF ASSETS IN THOUSANDS OF DOLLARS

Item Description for Accounting Period 7/95 Through 6/96	Total	Zero Assets	Under 100	100 to 250	251 to 500	501 to 1,000	1,001 to 5,000	5,001 to 10,000	10,001 to 25,000	25,001 to 50,000	50,001 to 100,000	100,001 to 250,000	250,001 and over
Number of Enterprises **1**	9038	80	1241	1381	1918	1533	2176	423	202	57	•	•	•
Revenues ($ in Thousands)													
Net Sales **2**	50827589	39060	195296	972730	2308681	3265678	12542608	7124399	7763268	4564934	•	•	•
Portfolio Income **3**	254578	838	440	2205	20850	4407	31633	21086	35474	17148	•	•	•
Other Revenues **4**	833054	237	8357	5089	24719	107991	195129	73071	53895	45785	•	•	•
Total Revenues **5**	51915221	40135	204093	980024	2354250	3378076	12769370	7218556	7852637	4627867	•	•	•
Average Total Revenues **6**	5744	502	164	710	1227	2204	5868	17065	38874	81191	•	•	•
Operating Costs/Operating Income (%)													
Cost of Operations **7**	76.0	57.7	31.8	68.1	66.1	68.3	74.6	73.3	77.1	79.1			
Rent **8**	8.4	11.5	6.4	5.2	8.8	11.2	8.7	9.2	8.2	7.7			
Taxes Paid **9**	1.4	2.2	3.0	1.7	1.8	2.1	1.6	1.5	1.2	1.4			
Interest Paid **10**	0.9	0.9	0.7	0.2	1.0	0.7	0.7	0.9	1.0	1.0			
Depreciation, Depletion, Amortization **11**	0.8	1.1	0.3	1.0	0.9	0.8	0.7	1.1	0.6	0.6			
Pensions and Other Benefits **12**	1.0	0.4	1.7	2.0	1.1	0.9	0.8	1.3	1.1	0.6			
Other **13**	7.5	15.3	20.3	11.6	11.7	10.0	7.4	6.8	6.7	6.1			
Officers Compensation **14**	2.7	8.6	19.9	7.3	6.0	5.7	4.0	2.9	1.8	0.9			
Operating Margin **15**	1.5	2.6	15.9	3.0	2.8	0.5	1.5	3.1	2.3	2.6			
Oper. Margin Before Officers Compensation **16**	4.2	11.1	35.8	10.3	8.8	6.2	5.5	6.0	4.1	3.5			
Selected Average Balance Sheet ($ in Thousands)													
Net Receivables **17**	713	•	7	47	113	255	723	2177	4892	10837	•	•	•
Inventories **18**	793	•	•	28	103	257	831	2617	6035	13985	•	•	•
Net Property, Plant and Equipment **19**	246	•	1	25	42	68	216	789	1433	3464	•	•	•
Total Assets **20**	2150	•	20	155	369	726	2116	6924	14458	33661	•	•	•

Notes and Loans Payable 21	552	•	9	38	124	167	420	1699	3978	9172	•	•	•
All Other Liabilities 22	625	•	12	51	100	193	665	1499	3922	9717	•	•	•
Net Worth 23	974	•	-1	67	145	366	1030	3727	6558	14772	•	•	•

Selected Financial Ratios (Times to 1)

Current Ratio 24	2.0	•	0.6	1.8	2.6	2.8	2.1	2.3	1.9	2.0	•	•	•
Quick Ratio 25	1.0	•	0.6	1.3	1.6	1.6	1.1	1.2	0.9	0.9	•	•	•
Net Sales to Working Capital 26	6.4	•	•	15.1	6.5	5.4	6.0	5.3	6.7	5.9	•	•	•
Coverage Ratio 27	5.1	7.0	•	•	5.8	7.1	6.1	5.9	4.5	5.2	•	•	•
Total Asset Turnover 28	2.6	•	8.0	4.6	3.3	2.9	2.7	2.4	2.7	2.4	•	•	•
Inventory Turnover 29	5.2	•	•	•	9.1	5.6	4.7	5.0	5.3	4.5	•	•	•
Receivables Turnover 30	8.1	•	•	•	•	9.0	7.6	8.2	8.9	7.4	•	•	•
Total Liabilities to Net Worth 31	1.2	•	•	1.3	1.6	1.0	1.1	0.9	1.2	1.3	•	•	•

Selected Financial Factors (in Percentages)

Debt Ratio 32	54.7	•	•	57.1	60.8	49.6	51.3	46.2	54.6	56.1	•	•	•
Return on Assets 33	11.7	•	•	17.6	18.8	13.4	10.8	12.9	11.9	11.8	•	•	•
Return on Equity 34	17.6	•	•	35.2	38.1	21.0	15.9	17.0	17.7	17.8	•	•	•
Return Before Interest on Equity 35	25.8	•	•	•	•	26.5	22.2	23.9	26.2	26.9	•	•	•
Profit Margin, Before Income Tax 36	3.6	5.3	20.4	3.7	4.8	3.9	3.3	4.4	3.5	4.0	•	•	•
Profit Margin, After Income Tax 37	3.1	3.6	20.2	3.3	4.6	3.6	2.8	3.8	3.0	3.3	•	•	•

Trends in Selected Ratios and Factors, 1990-1999

	1990	1991	1992	1993	1994	1995	1996	1997	1998	1999
Cost of Operations (%) 38	74.2	74.8	75.5	74.9	76.4	75.6	75.8	76.4	76.3	76.0
Operating Margin (%) 39	1.5	1.6	1.9	1.9	1.3	1.0	1.1	1.8	2.0	1.5
Oper. Margin Before Officers Comp. (%) 40	4.7	4.6	5.0	5.3	4.2	4.2	4.2	4.4	4.6	4.2
Average Net Receivables ($) 41	512	440	552	463	530	502	648	700	737	713
Average Inventories ($) 42	569	512	612	549	610	592	766	863	922	793
Average Net Worth ($) 43	658	552	668	627	682	670	832	930	981	974
Current Ratio (×1) 44	1.8	1.8	1.9	2.0	2.0	2.0	2.0	2.0	2.0	2.0
Quick Ratio (×1) 45	0.9	0.9	1.0	1.0	1.0	1.0	1.0	1.0	1.0	1.0
Coverage Ratio (×1) 46	4.2	4.9	4.4	4.3	3.7	3.7	4.2	4.9	5.2	5.1
Asset Turnover (×1) 47	2.7	2.6	2.7	2.5	2.7	2.7	2.6	2.7	2.7	2.6
Operating Leverage 48	1.0	1.1	1.2	1.0	0.7	0.8	1.1	1.6	1.1	0.8
Financial Leverage 49	1.0	1.2	1.0	1.0	1.0	1.0	1.0	1.1	1.0	1.0
Total Leverage 50	1.0	1.2	1.2	1.0	0.7	0.8	1.1	1.7	1.1	0.8

Table I

Corporations with and without Net Income

OTHER DURABLE GOODS

MONEY AMOUNTS AND SIZE OF ASSETS IN THOUSANDS OF DOLLARS

Item Description for Accounting Period 7/95 Through 6/96	Total	Zero Assets	Under 100	100 to 250	251 to 500	501 to 1,000	1,001 to 5,000	5,001 to 10,000	10,001 to 25,000	25,001 to 50,000	50,001 to 100,000	100,001 to 250,000	250,001 and over
Number of Enterprises **1**	54665	2689	25114	7023	6327	5151	6566	850	610	187	87	36	25
Revenues ($ in Thousands)													
Net Sales **2**	172842271	1201597	5601598	5387432	7303554	11664199	40493122	13769599	20504283	15789434	12519029	10511227	28097196
Portfolio Income **3**	1809797	12835	10453	13564	8228	22850	107420	121018	84834	48443	54136	142787	1183226
Other Revenues **4**	1663019	29106	25090	23369	54432	93693	327317	179924	128974	200172	138814	106167	355966
Total Revenues **5**	176315087	1243538	5637141	5424365	7366214	11780742	40927859	14070541	20718091	16038049	12711979	10760181	29636388
Average Total Revenues **6**	3225	462	224	772	1164	2287	6233	16554	33964	85765	146115	298894	1185456
Operating Costs/Operating Income (%)													
Cost of Operations **7**	79.7	71.4	68.6	73.8	69.4	75.1	79.5	77.6	79.3	81.9	80.5	85.2	86.2
Rent **8**	5.3	8.3	3.6	4.9	7.3	6.3	5.4	6.6	6.0	5.0	5.2	4.5	3.6
Taxes Paid **9**	1.1	1.4	1.3	1.5	1.7	1.5	1.2	1.4	1.1	0.9	1.1	0.8	0.8
Interest Paid **10**	1.2	1.1	0.4	0.6	0.9	0.6	0.8	1.1	1.2	1.3	1.3	1.7	2.1
Depreciation, Depletion, Amortization **11**	1.0	1.5	0.8	0.9	1.2	0.9	0.8	1.2	1.0	1.1	1.2	1.7	1.1
Pensions and Other Benefits **12**	0.7	0.4	0.8	0.8	0.8	0.6	0.7	0.8	0.7	0.6	0.7	0.6	0.6
Other **13**	8.8	15.5	19.3	11.7	12.6	11.1	8.1	9.1	7.8	8.4	8.5	6.5	6.9
Officers Compensation **14**	2.2	2.7	5.5	6.4	5.9	3.6	3.0	2.3	1.7	1.0	0.9	0.6	0.4
Operating Margin **15**	•	•	•	•	0.3	0.4	0.6	0.1	1.3	•	0.7	•	•
Oper. Margin Before Officers Compensation **16**	2.2	0.4	5.3	6.0	6.2	4.0	3.5	2.4	3.0	0.9	1.6	•	•
Selected Average Balance Sheet ($ in Thousands)													
Net Receivables **17**	422	•	4	50	110	207	717	2384	5258	11568	18709	49340	213693
Inventories **18**	379	•	9	43	107	231	713	2395	4998	11818	21927	40998	118719
Net Property, Plant and Equipment **19**	165	•	7	20	48	85	239	928	1901	4628	10905	21801	74768
Total Assets **20**	1366	•	37	164	351	702	2101	6812	15315	34864	68410	156308	789498

Notes and Loans Payable 21	491	•	30	89	118	244	584	2255	5012	13338	25324	61038	310861
All Other Liabilities 22	496	•	12	56	118	254	856	2583	6136	11391	22150	45834	282162
Net Worth 23	379	•	-5	19	115	205	660	1974	4167	10135	20936	49435	196474

Selected Financial Ratios (Times to 1)

Current Ratio 24	1.6	•	2.0	1.6	1.9	1.9	1.6	1.5	1.5	1.5	1.5	1.4	1.5
Quick Ratio 25	0.8	•	1.2	1.0	1.1	1.0	0.9	0.8	0.8	0.8	0.7	0.7	0.9
Net Sales to Working Capital 26	8.9	•	17.3	16.3	9.2	8.9	9.6	9.5	9.1	9.2	8.9	8.9	6.2
Coverage Ratio 27	2.7	2.1	2.1	1.5	2.4	3.3	3.1	3.1	3.1	2.2	2.7	1.5	2.9
Total Asset Turnover 28	2.3	•	6.0	4.7	3.3	3.2	2.9	2.4	2.2	2.4	2.1	1.9	1.4
Inventory Turnover 29	6.8	•	•	•	7.6	7.5	7.1	5.6	5.2	6.2	5.4	6.3	8.2
Receivables Turnover 30	7.7	•	•	•	•	•	8.8	7.0	6.4	7.9	8.1	6.3	5.4
Total Liabilities to Net Worth 31	2.6	•	•	7.8	2.1	2.4	2.2	2.5	2.7	2.4	2.3	2.2	3.0

Selected Financial Factors (in Percentages)

Debt Ratio 32	72.2	•	•	88.6	67.3	70.9	68.6	71.0	72.8	70.9	69.4	68.4	75.1
Return on Assets 33	7.4	•	5.0	4.1	6.7	6.5	7.1	8.1	7.8	6.9	7.5	4.8	8.5
Return on Equity 34	12.4	•	•	5.8	10.2	13.8	12.7	15.3	15.5	9.0	11.5	2.5	14.0
Return Before Interest on Equity 35	26.6	•	•	•	20.5	22.4	22.5	27.8	28.6	23.7	24.5	15.0	34.1
Profit Margin, Before Income Tax 36	2.0	1.2	0.4	0.3	1.2	1.4	1.7	2.3	2.4	1.5	2.3	0.9	3.9
Profit Margin, After Income Tax 37	1.5	0.4	0.4	0.1	1.0	1.3	1.4	1.9	1.9	1.1	1.7	0.4	2.5

Trends in Selected Ratios and Factors, 1990-1999

	1990	1991	1992	1993	1994	1995	1996	1997	1998	1999
Cost of Labor (%) 38	78.0	79.1	79.3	79.2	84.5	84.7	80.8	79.8	78.7	79.7
Operating Margin (%) 39	•	•	0.4	•	•	•	•	•	0.1	•
Oper. Margin Before Officers Comp. (%) 40	2.0	2.3	3.2	2.5	1.3	1.0	1.8	2.0	2.3	2.2
Average Net Receivables ($) 41	252	291	307	294	296	335	376	381	411	422
Average Inventories ($) 42	224	257	287	284	281	316	361	355	375	379
Average Net Worth ($) 43	171	200	224	258	265	301	370	353	369	379
Current Ratio (×1) 44	1.4	1.5	1.4	1.4	1.4	1.4	1.4	1.4	1.5	1.6
Quick Ratio (×1) 45	0.8	0.8	0.8	0.8	0.8	0.7	0.7	0.8	0.8	0.8
Coverage Ratio (×1) 46	1.8	2.4	2.8	2.1	1.7	1.3	2.0	2.2	2.5	2.7
Asset Turnover (×1) 47	2.3	2.5	2.5	2.5	3.0	3.0	2.4	2.3	2.3	2.3
Total Liabilities/Net Worth (×1) 48	3.3	3.3	3.2	2.7	2.7	2.7	2.6	2.6	2.6	2.6
Return on Assets (×1) 49	5.9	7.8	9.7	7.9	6.3	4.6	5.3	5.3	6.3	7.4
Return on Equity (%) 50	5.6	14.1	20.9	11.3	6.0	1.2	6.3	7.1	10.2	12.4

OTHER DURABLE GOODS

MONEY AMOUNTS AND SIZE OF ASSETS IN THOUSANDS OF DOLLARS

Item Description for Accounting Period 7/95 Through 6/96		Total	Zero Assets	Under 100	100 to 250	251 to 500	501 to 1,000	1,001 to 5,000	5,001 to 10,000	10,001 to 25,000	25,001 to 50,000	50,001 to 100,000	100,001 to 250,000	250,001 and over
Number of Enterprises	1	31479	693	11653	4368	4490	3764	5143	636	498	125	64	24	19
Revenues ($ in Thousands)														
Net Sales	2	139930715	923550	3414334	4116524	5671191	9689588	34662926	11360452	17351017	11243274	10404339	6662681	24430840
Portfolio Income	3	1554016	10934	8846	4864	7085	17664	94627	36194	71355	32599	33404	114721	1121720
Other Revenues	4	1324510	27434	5978	11457	43702	81175	294461	111470	108915	134185	101074	74776	329885
Total Revenues	5	142809241	961918	3429158	4132845	5721978	9788427	35052014	11508116	17531287	11410058	10538817	6852178	25882445
Average Total Revenues	6	4537	1388	294	946	1274	2601	6815	18095	35203	91280	164669	285507	1362234
Operating Costs/Operating Income (%)														
Cost of Operations	7	80.0	70.7	65.9	73.9	68.7	76.1	79.4	76.4	79.5	81.4	81.4	83.6	88.3
Rent	8	4.9	7.6	4.3	4.9	7.4	5.7	5.2	6.6	5.5	4.7	4.6	3.9	3.0
Taxes Paid	9	1.1	1.1	1.3	1.3	1.6	1.4	1.1	1.4	1.1	0.8	1.1	0.8	0.7
Interest Paid	10	1.0	0.5	0.4	0.4	0.6	0.4	0.7	0.9	1.0	1.0	1.0	1.6	1.9
Depreciation, Depletion, Amortization	11	0.9	0.7	0.8	0.6	1.0	0.8	0.7	1.0	0.8	1.0	0.9	2.0	0.9
Pensions and Other Benefits	12	0.7	0.5	0.8	0.7	0.8	0.6	0.7	0.8	0.7	0.6	0.7	0.7	0.4
Other	13	7.7	9.1	15.9	9.7	11.7	9.1	7.5	8.0	7.1	7.3	7.4	6.8	5.6
Officers Compensation	14	2.2	1.9	5.3	6.7	5.7	3.5	2.9	2.4	1.8	1.0	0.9	0.6	0.3
Operating Margin	15	1.7	8.0	5.3	1.9	2.5	2.3	1.8	2.6	2.7	2.2	2.1	•	•
Oper. Margin Before Officers Compensation	16	3.8	9.9	10.5	8.6	8.2	5.9	4.7	5.0	4.5	3.2	3.0	0.6	•
Selected Average Balance Sheet ($ in Thousands)														
Net Receivables	17	576	•	6	62	117	222	760	2451	5446	11862	19193	51113	227747
Inventories	18	492	•	10	42	111	228	736	2456	5135	11400	23303	37418	110763
Net Property, Plant and Equipment	19	206	•	7	17	46	86	228	946	1742	4745	10014	19668	76424
Total Assets	20	1819	•	45	166	357	706	2137	6750	15356	34714	66446	153535	870799

Notes and Loans Payable 21	576	•	22	62	102	180	547	1999	4166	11651	20522	54017	328220
All Other Liabilities 22	663	•	14	60	121	238	860	2294	5873	10478	22127	49049	330914
Net Worth 23	581	•	10	45	134	288	731	2457	5316	12586	23797	50469	211664

Selected Financial Ratios (Times to 1)

Current Ratio 24	1.6	•	2.3	1.8	2.0	2.1	1.7	1.6	1.5	1.8	1.6	1.5	1.6
Quick Ratio 25	0.9	•	1.5	1.2	1.2	1.2	0.9	0.8	0.8	0.9	0.7	0.8	1.0
Net Sales to Working Capital 26	8.3	•	15.3	17.1	8.9	8.7	9.6	8.8	8.2	7.7	9.2	7.4	5.9
Coverage Ratio 27	4.7	•	14.1	7.2	6.6	9.2	5.3	5.4	4.9	4.6	4.3	2.7	3.6
Total Asset Turnover 28	2.5	•	6.5	5.7	3.5	3.7	3.2	2.7	2.3	2.6	2.5	1.8	1.5
Inventory Turnover 29	7.4	•	•	•	8.0	8.9	7.5	5.9	5.4	6.3	5.9	5.6	•
Receivables Turnover 30	8.0	•	•	•	•	•	9.0	7.3	6.5	7.8	8.7	5.0	6.3
Total Liabilities to Net Worth 31	2.1	•	3.7	2.7	1.7	1.5	1.9	1.8	1.9	1.8	1.8	2.1	3.1

Selected Financial Factors (in Percentages)

Debt Ratio 32	68.1	•	78.8	73.1	62.5	59.2	65.8	63.6	65.4	63.8	64.2	67.1	75.7
Return on Assets 33	11.5	•	40.0	15.1	14.2	13.7	11.4	12.5	10.8	12.3	10.8	7.9	10.1
Return on Equity 34	23.3	•	•	•	30.1	28.2	23.9	24.3	21.3	22.0	18.4	11.6	19.6
Return Before Interest on Equity 35	•	•	•	•	•	33.5	33.4	34.3	31.3	33.8	30.1	24.1	•
Profit Margin, Before Income Tax 36	3.7	12.1	5.7	2.3	3.4	3.4	2.9	3.9	3.8	3.7	3.4	2.8	4.9
Profit Margin, After Income Tax 37	3.1	11.1	5.6	2.1	3.2	3.2	2.6	3.3	3.3	3.1	2.7	2.1	3.2

Trends in Selected Ratios and Factors, 1990-1999

	1990	1991	1992	1993	1994	1995	1996	1997	1998	1999
Cost of Operations (%) 38	78.8	79.5	79.6	79.8	82.4	81.6	81.5	79.4	78.9	80.0
Operating Margin (%) 39	1.0	1.2	1.6	1.5	1.1	1.0	1.1	1.2	1.8	1.7
Oper. Margin Before Officers Comp. (%) 40	3.7	3.6	4.3	4.2	3.1	3.4	3.2	3.6	3.9	3.8
Average Net Receivables ($) 41	349	423	442	429	474	478	510	525	587	576
Average Inventories ($) 42	280	350	389	386	430	458	466	471	521	492
Average Net Worth ($) 43	321	389	428	437	509	529	580	555	591	581
Current Ratio (×1) 44	1.5	1.6	1.5	1.5	1.4	1.4	1.5	1.5	1.5	1.6
Quick Ratio (×1) 45	0.9	0.9	0.8	0.8	0.8	0.8	0.8	0.8	0.8	0.9
Coverage Ratio (×1) 46	3.6	3.9	4.0	3.7	3.2	3.3	3.9	4.2	4.4	4.7
Asset Turnover (×1) 47	2.4	2.6	2.6	2.6	2.7	2.7	2.5	2.4	2.4	2.5
Operating Leverage 48	0.7	1.2	1.4	1.0	0.7	0.9	1.2	1.1	1.5	0.9
Financial Leverage 49	1.0	1.1	1.0	1.0	0.9	1.0	1.0	1.1	1.0	1.0
Total Leverage 50	0.7	1.4	1.4	1.0	0.7	0.9	1.2	1.1	1.5	0.9

Table I

Corporations with and without Net Income

PAPER AND PAPER PRODUCTS

MONEY AMOUNTS AND SIZE OF ASSETS IN THOUSANDS OF DOLLARS

Item Description for Accounting Period 7/95 Through 6/96		Total	Zero Assets	Under 100	100 to 250	251 to 500	501 to 1,000	1,001 to 5,000	5,001 to 10,000	10,001 to 25,000	25,001 to 50,000	50,001 to 100,000	100,001 to 250,000	250,001 and over
Number of Enterprises	1	10197	71	5123	1244	1144	1062	1230	147	102	45	16	8	5
Revenues ($ in Thousands)														
Net Sales	2	56217267	584501	1246747	1035898	1437029	3109756	10882668	4403255	5867722	6771683	4274307	3477542	13126159
Portfolio Income	3	449138	1185	1163	3302	8601	23314	17640	17484	7109	23195	12261	5397	328491
Other Revenues	4	863172	9903	1040	60	2971	3116	78830	23505	37022	81082	20326	26695	578619
Total Revenues	5	57529577	595589	1248950	1039260	1448601	3136186	10979138	4444244	5911853	6875960	4306894	3509634	14033269
Average Total Revenues	6	5642	8389	244	835	1266	2953	8926	30233	57959	152799	269181	438704	2806654
Operating Costs/Operating Income (%)														
Cost of Operations	7	79.7	66.5	66.4	59.5	73.7	70.7	77.6	78.6	85.5	87.5	87.1	82.1	78.3
Rent	8	7.1	13.9	5.5	12.4	4.8	9.5	6.4	8.5	4.7	4.2	3.5	6.4	10.1
Taxes Paid	9	1.0	2.1	1.9	1.9	1.7	1.7	1.1	1.2	0.9	0.6	0.5	0.7	1.0
Interest Paid	10	1.4	1.8	0.3	0.4	1.0	0.5	0.5	0.6	0.7	0.8	1.1	0.7	3.8
Depreciation, Depletion, Amortization	11	1.4	2.6	0.6	0.6	0.9	0.9	0.7	0.6	0.6	0.5	0.6	0.9	3.7
Pensions and Other Benefits	12	0.9	1.7	1.2	0.9	1.1	0.7	0.5	0.8	0.5	0.4	0.7	0.8	1.6
Other	13	7.4	22.0	16.5	18.1	9.6	10.7	8.7	6.0	4.3	5.1	5.2	7.2	6.6
Officers Compensation	14	1.7	1.6	4.9	5.5	6.2	4.5	3.0	2.0	1.2	0.7	0.6	0.4	0.2
Operating Margin	15	•	•	2.8	0.7	1.2	0.9	1.4	1.7	1.6	0.2	0.6	0.8	•
Oper. Margin Before Officers Compensation	16	1.2	•	7.6	6.2	7.3	5.4	4.4	3.8	2.8	1.0	1.3	1.2	•
Selected Average Balance Sheet ($ in Thousands)														
Net Receivables	17	984	•	6	47	105	254	890	3056	6208	18135	27903	63120	1122253
Inventories	18	322	•	5	36	81	184	561	1991	3955	6265	15294	15826	176356
Net Property, Plant and Equipment	19	249	•	6	15	41	93	271	982	1932	4428	6030	31169	225159
Total Assets	20	2710	•	28	169	340	696	2066	7557	14114	35935	73708	169606	3381220

Notes and Loans Payable 21	550	•	20	63	112	146	469	2087	4738	13706	32881	43814	457444
All Other Liabilities 22	960	•	7	65	123	228	862	2780	5958	13497	23564	61412	1147328
Net Worth 23	1199	•	-0	42	106	322	735	2690	3417	8731	17263	64380	1776447

Selected Financial Ratios (Times to 1)

Current Ratio 24	1.4	•	2.2	1.8	1.8	2.1	1.6	1.6	1.6	1.4	1.6	1.9	1.2
Quick Ratio 25	1.0	•	1.5	1.3	1.1	1.2	1.0	1.0	1.0	1.1	0.9	1.1	1.0
Net Sales to Working Capital 26	13.2	•	23.4	15.6	12.5	10.2	13.9	12.9	14.0	18.7	13.3	7.7	12.6
Coverage Ratio 27	2.3	•	13.2	3.5	3.0	5.0	5.4	5.5	4.3	3.3	2.3	3.5	1.5
Total Asset Turnover 28	2.0	•	8.8	4.9	3.7	4.2	4.3	4.0	4.1	4.2	3.6	2.6	0.8
Inventory Turnover 29	•	•	•	•	9.7	•	•	•	•	•	•	•	•
Receivables Turnover 30	5.8	•	•	•	•	•	10.0	7.2	9.0	•	8.8	5.8	2.5
Total Liabilities to Net Worth 31	1.3	•	•	3.0	2.2	1.2	1.8	1.8	3.1	3.1	3.3	1.6	0.9

Selected Financial Factors (in Percentages)

Debt Ratio 32	55.8	•	•	75.2	69.0	53.8	64.4	64.4	75.8	75.7	76.6	62.1	47.5
Return on Assets 33	6.7	•	28.1	6.9	10.9	9.3	12.0	12.8	12.7	10.8	9.4	6.0	4.3
Return on Equity 34	6.9	•	•	18.2	22.1	14.6	24.3	23.2	33.9	25.4	15.9	8.9	1.8
Return Before Interest on Equity 35	15.0	•	•	27.8	35.0	20.2	33.7	•	•	•	•	15.8	8.2
Profit Margin, Before Income Tax 36	1.9	•	3.0	1.0	2.0	1.8	2.3	2.6	2.4	1.8	1.5	1.7	1.7
Profit Margin, After Income Tax 37	1.5	•	2.9	0.9	1.9	1.6	2.0	2.1	2.0	1.5	1.0	1.3	1.2

Trends in Selected Ratios and Factors, 1990-1999

	1990	1991	1992	1993	1994	1995	1996	1997	1998	1999
Cost of Labor (%) 38	77.3	78.7	82.3	81.3	79.9	78.6	79.8	78.9	78.8	79.7
Operating Margin (%) 39	•	0.2	•	•	•	•	•	•	•	•
Oper. Margin Before Officers Comp. (%) 40	2.8	2.4	2.0	1.8	1.9	1.9	1.9	2.1	1.0	1.2
Average Net Receivables ($) 41	341	362	478	612	511	509	471	409	965	984
Average Inventories ($) 42	178	202	255	332	279	256	241	222	337	322
Average Net Worth ($) 43	296	314	377	507	584	527	386	344	1122	1199
Current Ratio (×1) 44	1.5	1.4	1.5	1.5	1.5	1.5	1.5	1.5	1.3	1.4
Quick Ratio (×1) 45	1.0	0.9	1.0	0.9	1.0	1.0	1.0	1.0	1.0	1.0
Coverage Ratio (×1) 46	2.5	2.6	2.6	1.8	1.9	1.7	1.9	2.1	2.1	2.3
Asset Turnover (×1) 47	3.0	2.9	3.0	3.0	2.9	2.9	3.2	3.0	1.9	2.0
Total Liabilities/Net Worth (×1) 48	2.0	2.0	2.3	2.4	1.6	1.7	2.2	2.2	1.4	1.3
Return on Assets (×1) 49	7.4	7.0	8.3	7.4	6.6	5.2	5.3	5.0	5.0	6.7
Return on Equity (%) 50	8.2	8.7	13.0	8.2	6.1	3.5	5.8	5.8	4.6	6.9

Table II

Corporations with Net Income

PAPER AND PAPER PRODUCTS

MONEY AMOUNTS AND SIZE OF ASSETS IN THOUSANDS OF DOLLARS

Item Description for Accounting Period 7/95 Through 6/96		Total	Zero Assets	Under 100	100 to 250	251 to 500	501 to 1,000	1,001 to 5,000	5,001 to 10,000	10,001 to 25,000	25,001 to 50,000	50,001 to 100,000	100,001 to 250,000	250,001 and over
Number of Enterprises	1	6316	•	2545	666	932	850	1041	135	77	35	•	8	5

Revenues ($ in Thousands)

Item		Total	Zero Assets	Under 100	100 to 250	251 to 500	501 to 1,000	1,001 to 5,000	5,001 to 10,000	10,001 to 25,000	25,001 to 50,000	50,001 to 100,000	100,001 to 250,000	250,001 and over
Net Sales	2	50569602	•	885303	673100	1077427	2720596	9757263	4287491	5224885	5182758	•	3477542	13126159
Portfolio Income	3	436881	•	128	1325	8397	22403	15695	15623	6159	20968	•	5397	328491
Other Revenues	4	788213	•	886	60	2919	2996	55269	23344	29286	47398	•	26695	578619
Total Revenues	5	51794696	•	886317	674485	1088743	2745995	9828227	4326458	5260330	5251124	•	3509634	14033269
Average Total Revenues	6	8201	•	348	1013	1168	3231	9441	32048	68316	150032	•	438704	2806654

Operating Costs/Operating Income (%)

Item		Total	Zero Assets	Under 100	100 to 250	251 to 500	501 to 1,000	1,001 to 5,000	5,001 to 10,000	10,001 to 25,000	25,001 to 50,000	50,001 to 100,000	100,001 to 250,000	250,001 and over
Cost of Operations	7	79.7	•	64.5	69.1	72.5	71.3	76.8	78.2	85.9	86.7	•	82.1	78.3
Rent	8	7.1	•	6.8	8.7	4.5	9.4	6.4	8.7	4.4	4.4	•	6.4	10.1
Taxes Paid	9	1.0	•	2.0	1.3	1.7	1.7	1.1	1.2	0.8	0.6	•	0.7	1.0
Interest Paid	10	1.4	•	0.1	0.5	0.7	0.5	0.5	0.6	0.3	0.8	•	0.7	3.8
Depreciation, Depletion, Amortization	11	1.4	•	0.5	0.8	0.8	0.8	0.7	0.6	0.5	0.4	•	0.9	3.7
Pensions and Other Benefits	12	0.9	•	0.8	1.3	1.3	0.6	0.6	0.8	0.4	0.3	•	0.8	1.6
Other	13	6.9	•	16.2	8.3	9.4	10.1	8.7	6.1	4.1	5.1	•	7.2	6.6
Officers Compensation	14	1.7	•	2.8	7.1	7.4	4.1	3.2	2.0	1.2	0.8	•	0.4	0.2
Operating Margin	15	•	•	6.4	3.0	1.9	1.6	2.2	1.9	2.3	1.1	•	0.8	•
Oper. Margin Before Officers Compensation	16	1.7	•	9.2	10.1	9.3	5.7	5.4	3.9	3.5	1.9	•	1.2	•

Selected Average Balance Sheet ($ in Thousands)

Item		Total	Zero Assets	Under 100	100 to 250	251 to 500	501 to 1,000	1,001 to 5,000	5,001 to 10,000	10,001 to 25,000	25,001 to 50,000	50,001 to 100,000	100,001 to 250,000	250,001 and over
Net Receivables	17	1504	•	8	70	101	266	943	3272	6986	17622	•	63120	1122253
Inventories	18	461	•	10	28	81	196	545	2168	4053	6709	•	15826	176356
Net Property, Plant and Equipment	19	367	•	6	23	43	87	279	984	1764	4304	•	31169	225159
Total Assets	20	4121	•	40	188	344	701	2095	7681	14714	35770	•	169606	3381220

Notes and Loans Payable 21	750	•	19	43	88	119	431	2214	2445	13252	•	43814	457444
All Other Liabilities 22	1444	•	11	93	112	236	874	2607	6381	12097	•	61412	1147328
Net Worth 23	1926	•	10	52	144	346	790	2861	5888	10421	•	64380	1776447
Selected Financial Ratios (Times to 1)													
Current Ratio 24	1.4	•	2.4	1.1	2.1	2.3	1.7	1.7	1.8	1.6	•	1.9	1.2
Quick Ratio 25	1.0	•	1.7	0.8	1.3	1.4	1.1	1.0	1.1	1.1	•	1.1	1.0
Net Sales to Working Capital 26	12.4	•	19.1	•	9.7	9.9	14.1	12.5	12.5	15.6	•	7.7	12.6
Coverage Ratio 27	2.7	•	•	7.9	5.3	6.7	7.1	5.7	10.9	4.3	•	3.5	1.5
Total Asset Turnover 28	2.0	•	8.6	5.4	3.4	4.6	4.5	4.1	4.6	4.1	•	2.6	0.8
Inventory Turnover 29	•	•	•	•	•	•	•	10.0	•	•	•	•	•
Receivables Turnover 30	5.6	•	•	•	•	•	•	7.4	9.3	•	•	7.3	4.7
Total Liabilities to Net Worth 31	1.1	•	2.9	2.6	1.4	1.0	1.7	1.7	1.5	2.4	•	1.6	0.9
Selected Financial Factors (in Percentages)													
Debt Ratio 32	53.3	•	74.3	72.1	58.1	50.7	62.3	62.8	60.0	70.9	•	62.1	47.5
Return on Assets 33	7.5	•	•	19.7	12.2	13.5	15.1	13.8	15.2	13.3	•	6.0	4.3
Return on Equity 34	8.5	•	•	•	22.3	21.4	31.0	24.1	29.8	29.4	•	8.9	1.8
Return Before Interest on Equity 35	16.0	•	•	•	29.1	27.3	•	•	•	•	•	15.8	8.2
Profit Margin, Before Income Tax 36	2.4	•	6.5	3.2	2.9	2.5	2.9	2.8	3.0	2.5	•	1.7	1.7
Profit Margin, After Income Tax 37	2.1	•	6.5	3.1	2.8	2.3	2.6	2.2	2.6	2.1	•	1.3	1.2

Trends in Selected Ratios and Factors, 1990-1999

	1990	1991	1992	1993	1994	1995	1996	1997	1998	1999
Cost of Operations (%) 38	78.1	79.1	82.6	81.5	80.0	78.7	79.6	78.7	79.3	79.7
Operating Margin (%) 39	0.9	1.3	1.0	0.6	1.1	1.0	1.3	1.4	•	•
Oper. Margin Before Officers Comp. (%) 40	3.7	3.3	2.9	2.5	3.0	3.2	3.5	3.7	1.5	1.7
Average Net Receivables ($) 41	433	591	709	778	543	750	530	431	1352	1504
Average Inventories ($) 42	211	303	344	410	302	402	271	242	431	461
Average Net Worth ($) 43	452	550	581	695	727	952	546	445	1664	1926
Current Ratio (×1) 44	1.6	1.6	1.5	1.6	1.5	1.6	1.6	1.6	1.4	1.4
Quick Ratio (×1) 45	1.1	1.1	1.0	1.0	1.0	1.1	1.0	1.0	1.0	1.0
Coverage Ratio (×1) 46	4.2	4.4	3.7	2.5	3.1	3.2	3.7	4.9	2.9	2.7
Asset Turnover (×1) 47	3.0	3.0	3.1	3.0	2.8	2.8	3.4	3.2	1.9	2.0
Operating Leverage 48	0.8	1.4	0.7	0.6	1.8	1.0	1.3	1.1	•	•
Financial Leverage 49	1.1	1.1	1.0	0.8	1.1	1.0	1.1	1.1	0.8	1.0
Total Leverage 50	0.9	1.6	0.7	0.5	2.0	1.0	1.4	1.2	•	•

Table I

Corporations with and without Net Income

DRUGS, DRUG PROPRIETARIES, AND DRUGGISTS' SUNDRIES

MONEY AMOUNTS AND SIZE OF ASSETS IN THOUSANDS OF DOLLARS

Item Description for Accounting Period 7/95 Through 6/96		Total	Zero Assets	Under 100	100 to 250	251 to 500	501 to 1,000	1,001 to 5,000	5,001 to 10,000	10,001 to 25,000	25,001 to 50,000	50,001 to 100,000	100,001 to 250,000	250,001 and over
Number of Enterprises	1	5133	650	1927	1058	310	374	540	99	85	37	25	16	12
Revenues ($ in Thousands)														
Net Sales	2	81366817	178456	233159	426099	449850	1271776	4321867	2169546	3701388	3879019	5358960	4114915	55261782
Portfolio Income	3	263473	8645	47	594	208	434	8760	15061	26306	11693	13264	17472	160988
Other Revenues	4	939051	3642	293	601	890	10797	164901	21977	24330	79803	67113	186504	378201
Total Revenues	5	82569341	190743	233499	427294	450948	1283007	4495528	2206584	3752024	3970515	5439337	4318891	55800971
Average Total Revenues	6	16086	293	121	404	1455	3430	8325	22289	44141	107311	217573	269931	4650081
Operating Costs/Operating Income (%)														
Cost of Operations	7	89.5	59.0	79.1	71.6	47.7	78.5	72.8	79.5	77.6	81.0	85.9	84.3	94.2
Rent	8	3.3	11.1	2.0	2.3	12.6	4.4	8.3	6.9	5.4	4.8	3.9	3.8	2.4
Taxes Paid	9	0.5	2.2	1.3	1.3	1.7	0.8	1.2	0.7	0.9	0.6	0.8	0.6	0.3
Interest Paid	10	0.7	0.3	0.8	1.5	0.3	0.3	0.5	0.5	1.0	0.7	0.8	1.1	0.7
Depreciation, Depletion, Amortization	11	0.5	1.4	1.0	0.5	1.0	0.4	0.7	0.7	0.6	0.9	0.7	1.3	0.4
Pensions and Other Benefits	12	0.4	0.3	•	0.8	1.0	0.8	0.7	0.5	0.5	0.5	0.7	0.5	0.3
Other	13	5.2	27.1	20.4	22.1	22.6	5.4	17.3	8.6	11.6	9.5	7.2	10.2	2.5
Officers Compensation	14	0.6	1.0	6.0	5.7	7.7	7.9	2.7	1.2	1.2	0.7	0.5	0.8	•
Operating Margin	15	•	•	•	•	5.4	1.6	•	1.5	1.2	1.4	•	•	•
Oper. Margin Before Officers Compensation	16	•	•	•	•	13.1	9.5	•	2.6	2.5	2.1	•	•	•
Selected Average Balance Sheet ($ in Thousands)														
Net Receivables	17	1286	•	3	19	110	387	738	2205	4721	11978	19014	40595	317394
Inventories	18	1640	•	9	58	145	126	779	2273	4732	9710	23685	28707	482361
Net Property, Plant and Equipment	19	407	•	5	10	45	31	173	870	1304	4399	7798	21972	87072
Total Assets	20	4944	•	30	143	356	728	2417	7271	15029	36528	69448	155530	1325476

Notes and Loans Payable 21	1349	•	35	68	116	213	755	2217	8137	8555	19581	38342	327376
All Other Liabilities 22	1999	•	9	76	162	429	985	2465	6079	14910	26832	38811	567870
Net Worth 23	1596	•	-15	-1	78	86	677	2589	813	13063	23035	78377	430231

Selected Financial Ratios (Times to 1)

Current Ratio 24	1.5	•	2.4	1.4	1.7	1.5	1.6	1.6	1.0	1.4	1.5	1.9	1.5
Quick Ratio 25	0.7	•	1.4	0.6	0.8	1.1	0.9	0.7	0.5	0.8	0.7	1.1	0.6
Net Sales to Working Capital 26	14.3	•	9.2	13.5	12.5	15.9	11.0	9.8	•	13.7	12.7	6.1	15.9
Coverage Ratio 27	2.2	•	•	•	•	9.9	0.7	7.0	3.6	6.1	2.4	3.1	1.5
Total Asset Turnover 28	3.2	•	4.1	2.8	4.1	4.7	3.3	3.0	2.9	2.9	3.1	1.7	3.5
Inventory Turnover 29	9.0	•	•	5.4	6.2	•	7.4	9.6	7.5	8.2	8.2	8.8	9.3
Receivables Turnover 30	•	•	•	•	•	9.0	•	•	9.3	8.9	•	7.5	•
Total Liabilities to Net Worth 31	2.1	•	•	•	3.6	7.5	2.6	1.8	17.5	1.8	2.0	1.0	2.1

Selected Financial Factors (in Percentages)

Debt Ratio 32	67.7	•	•	•	78.1	88.2	72.0	64.4	94.6	64.2	66.8	49.6	67.6
Return on Assets 33	4.7	•	•	•	24.2	13.0	1.2	11.1	10.3	12.9	5.6	5.7	3.3
Return on Equity 34	4.8	•	•	•	•	•	•	24.3	•	22.7	6.1	4.2	1.1
Return Before Interest on Equity 35	14.7	•	•	•	•	•	4.3	31.3	•	•	16.9	11.3	10.3
Profit Margin, Before Income Tax 36	0.8	4.6	•	•	5.6	2.5	•	3.2	2.6	3.8	1.1	2.3	0.3
Profit Margin, After Income Tax 37	0.5	3.6	•	•	5.2	2.3	•	2.9	2.3	2.8	0.7	1.3	0.1

Trends in Selected Ratios and Factors, 1990-1999

	1990	1991	1992	1993	1994	1995	1996	1997	1998	1999
Cost of Labor (%) 38	82.9	83.6	85.0	86.5	87.6	87.5	87.1	87.5	88.6	89.5
Operating Margin (%) 39	0.5	•	•	•	•	•	0.3	•	0.1	•
Oper. Margin Before Officers Comp. (%) 40	1.5	0.9	0.2	0.2	0.3	0.7	1.0	0.6	0.7	•
Average Net Receivables ($) 41	868	909	1199	924	1153	1270	1291	1166	1297	1286
Average Inventories ($) 42	934	896	1364	975	1248	1468	1546	1403	1719	1640
Average Net Worth ($) 43	1078	974	1803	1189	1290	1474	1497	1237	1545	1596
Current Ratio (×1) 44	1.6	1.5	1.4	1.6	1.6	1.5	1.5	1.5	1.5	1.5
Quick Ratio (×1) 45	0.8	0.8	0.7	0.8	0.8	0.7	0.7	0.7	0.7	0.7
Coverage Ratio (×1) 46	3.5	2.4	2.1	1.8	1.7	2.5	2.9	2.6	3.0	2.2
Asset Turnover (×1) 47	2.8	2.9	2.5	2.8	2.9	3.2	3.1	3.3	3.2	3.2
Total Liabilities/Net Worth (×1) 48	1.8	2.1	1.8	1.9	2.2	2.1	2.3	2.5	2.3	2.1
Return on Assets (×1) 49	7.8	5.9	5.9	6.3	6.2	7.8	6.7	6.4	6.6	4.7
Return on Equity (%) 50	8.7	5.6	4.9	4.6	4.7	10.9	9.9	9.5	10.4	4.8

Table II

Corporations with Net Income

DRUGS, DRUG PROPRIETARIES, AND DRUGGISTS' SUNDRIES

MONEY AMOUNTS AND SIZE OF ASSETS IN THOUSANDS OF DOLLARS

Item Description for Accounting Period 7/95 Through 6/96	Total	Zero Assets	Under 100	100 to 250	251 to 500	501 to 1,000	1,001 to 5,000	5,001 to 10,000	10,001 to 25,000	25,001 to 50,000	50,001 to 100,000	100,001 to 250,000	250,001 and over
Number of Enterprises **1**	2556	140	718	592	179	333	395	68	64	28	21	10	7
Revenues ($ in Thousands)													
Net Sales **2**	60810289	53246	180183	278467	438536	1189579	3706292	1837783	2720727	3405073	4756848	1866609	40376946
Portfolio Income **3**	204695	8638	44	521	208	434	2498	14777	25677	10330	2989	12312	126266
Other Revenues **4**	716317	953	•	395	890	10748	17804	21164	18780	74091	64232	176343	330918
Total Revenues **5**	61731301	62837	180227	279383	439634	1200761	3726594	1873724	2765184	3489494	4824069	2055264	40834130
Average Total Revenues **6**	24152	449	251	472	2456	3606	9434	27555	43206	124625	229718	205526	5833447
Operating Costs/Operating Income (%)													
Cost of Operations **7**	89.2	26.6	76.9	69.1	47.2	78.8	73.1	78.8	74.7	82.1	85.2	78.7	94.7
Rent **8**	3.1	4.9	1.8	1.9	11.8	4.2	6.7	6.5	5.6	3.8	4.0	4.7	2.1
Taxes Paid **9**	0.5	3.3	1.2	1.6	1.7	0.8	0.9	0.7	1.0	0.6	0.8	1.0	0.2
Interest Paid **10**	0.4	•	0.3	0.7	0.3	0.2	0.4	0.2	0.9	0.4	0.6	0.9	0.4
Depreciation, Depletion, Amortization **11**	0.5	0.1	0.6	0.2	0.7	0.4	0.5	0.6	0.5	0.5	0.7	1.9	0.4
Pensions and Other Benefits **12**	0.4	0.3	•	1.3	1.0	0.9	0.6	0.5	0.6	0.4	0.7	0.5	0.3
Other **13**	4.8	36.7	9.9	14.7	21.5	5.1	12.4	8.8	11.7	8.6	6.8	14.9	2.2
Officers Compensation **14**	0.7	1.4	6.8	8.1	7.9	8.0	2.4	1.2	1.5	0.8	0.5	0.8	•
Operating Margin **15**	0.5	26.8	2.4	2.7	8.1	1.8	3.0	2.8	3.5	2.8	0.8	•	•
Oper. Margin Before Officers Compensation **16**	1.2	28.2	9.2	10.7	16.0	9.7	5.4	4.0	5.0	3.5	1.3	•	•
Selected Average Balance Sheet ($ in Thousands)													
Net Receivables **17**	1865	•	8	18	177	392	831	2722	4919	13617	20726	35932	369128
Inventories **18**	2402	•	18	58	172	118	767	1991	4578	10257	25533	22285	606279
Net Property, Plant and Equipment **19**	590	•	3	8	31	31	165	987	1337	4031	7186	23579	109635
Total Assets **20**	7225	•	46	149	424	743	2351	6986	14456	38930	67171	157432	1659716

Notes and Loans Payable 21	1436	•	18	21	•	195	490	475	5050	5410	16174	28614	322025
All Other Liabilities 22	2940	•	15	89	256	463	850	2670	5169	17432	26391	34441	716643
Net Worth 23	2849	•	13	39	167	85	1011	3841	4238	16087	24605	94378	621048

Selected Financial Ratios (Times to 1)

Current Ratio 24	1.5	•	2.6	1.7	1.5	1.5	1.8	1.9	1.5	1.5	1.6	2.1	1.5
Quick Ratio 25	0.7	•	1.5	0.8	0.9	1.2	1.0	1.2	0.9	0.9	0.7	1.4	0.6
Net Sales to Working Capital 26	13.9	•	9.6	9.7	18.0	15.3	10.7	10.6	10.4	12.1	11.9	4.4	17.3
Coverage Ratio 27	5.7	•	9.0	5.6	•	•	10.1	•	6.9	•	4.6	8.7	3.3
Total Asset Turnover 28	3.3	•	5.4	3.2	5.8	4.8	4.0	3.9	3.0	3.1	3.4	1.2	3.5
Inventory Turnover 29	8.7	•	•	4.9	7.5	•	8.8	•	6.3	9.0	7.9	•	•
Receivables Turnover 30	•	•	•	•	•	•	•	•	8.6	8.9	•	•	•
Total Liabilities to Net Worth 31	1.5	•	2.4	2.8	1.5	7.7	1.3	0.8	2.4	1.4	1.7	0.7	1.7

Selected Financial Factors (in Percentages)

Debt Ratio 32	60.6	•	70.9	73.7	60.5	88.5	57.0	45.0	70.7	58.7	63.4	40.1	62.6
Return on Assets 33	8.1	•	14.8	11.5	•	13.8	15.7	19.0	17.7	17.6	9.6	9.0	4.4
Return on Equity 34	13.4	•	•	36.0	•	•	30.2	31.0	•	32.2	16.3	8.8	5.4
Return Before Interest on Equity 35	20.4	•	•	•	•	•	•	34.6	•	•	26.3	15.1	11.7
Profit Margin, Before Income Tax 36	2.0	•	2.4	3.0	8.4	2.7	3.6	4.8	5.2	5.3	2.2	6.7	0.9
Profit Margin, After Income Tax 37	1.6	•	2.4	3.0	7.9	2.5	3.3	4.4	4.8	4.3	1.8	4.5	0.6

Trends in Selected Ratios and Factors, 1990-1999

	1990	1991	1992	1993	1994	1995	1996	1997	1998	1999
Cost of Operations (%) 38	82.9	85.0	85.4	86.6	87.4	87.7	87.7	87.4	88.9	89.2
Operating Margin (%) 39	1.1	1.0	0.7	0.4	0.9	0.8	1.0	0.7	0.6	0.5
Oper. Margin Before Officers Comp. (%) 40	2.0	1.8	1.4	1.0	1.5	1.5	1.7	1.3	1.2	1.2
Average Net Receivables ($) 41	1242	1686	1590	1976	1330	1537	1676	1643	1564	1865
Average Inventories ($) 42	1239	1617	1760	2074	1366	1822	2043	1881	2123	2402
Average Net Worth ($) 43	1556	1987	2195	3047	1691	2029	2105	1928	1730	2849
Current Ratio (×1) 44	1.7	1.6	1.3	1.6	1.5	1.5	1.5	1.5	1.4	1.5
Quick Ratio (×1) 45	0.9	0.8	0.7	0.8	0.8	0.8	0.7	0.7	0.6	0.7
Coverage Ratio (×1) 46	4.6	3.9	4.1	3.1	4.0	3.8	4.7	4.9	4.0	5.7
Asset Turnover (×1) 47	2.9	3.0	2.8	2.9	3.2	3.3	3.3	3.3	3.8	3.3
Operating Leverage 48	0.9	0.9	0.7	0.5	2.5	0.9	1.3	0.7	1.0	0.8
Financial Leverage 49	1.0	1.1	1.1	0.9	1.2	1.1	1.0	1.0	0.9	1.1
Total Leverage 50	0.9	1.0	0.8	0.5	2.9	0.9	1.3	0.7	0.9	0.9

Table I

Corporations with and without Net Income

APPAREL, PIECE GOODS, AND NOTIONS

MONEY AMOUNTS AND SIZE OF ASSETS IN THOUSANDS OF DOLLARS

Item Description for Accounting Period 7/95 Through 6/96	Total	Zero Assets	Under 100	100 to 250	251 to 500	501 to 1,000	1,001 to 5,000	5,001 to 10,000	10,001 to 25,000	25,001 to 50,000	50,001 to 100,000	100,001 to 250,000	250,001 and over
Number of Enterprises **1**	21485	2184	8398	3776	2516	1909	1906	405	273	74	22	15	7
Revenues ($ in Thousands)													
Net Sales **2**	68364232	673067	1289992	1965399	3036446	4234780	12116303	7206541	10354203	4814958	2539925	3950430	16182183
Portfolio Income **3**	565860	5116	1144	3627	2753	5592	19010	19188	12250	13862	20099	25819	437400
Other Revenues **4**	854183	11555	76659	27949	19628	8713	87998	147719	71009	71008	28065	71806	232073
Total Revenues **5**	69784275	689738	1367795	1996975	3058827	4249085	12223311	7373448	10437462	4899828	2588089	4048055	16851661
Average Total Revenues **6**	3248	316	163	529	1216	2226	6413	18206	38232	66214	117640	269870	2407330
Operating Costs/Operating Income (%)													
Cost of Operations **7**	77.6	79.1	50.0	69.7	75.5	80.7	77.9	81.5	79.0	75.9	72.0	69.1	80.8
Rent **8**	5.1	2.6	7.8	6.4	5.4	4.8	4.8	4.9	5.3	6.2	6.1	7.2	3.8
Taxes Paid **9**	2.0	5.2	2.7	2.0	1.5	1.3	2.2	1.5	1.7	2.7	2.3	3.3	1.6
Interest Paid **10**	1.6	2.7	0.3	1.0	0.5	1.2	1.4	1.6	1.6	1.6	1.9	2.7	1.9
Depreciation, Depletion, Amortization **11**	0.7	0.8	1.3	0.7	0.3	0.5	0.6	0.4	0.5	0.7	1.0	1.5	0.6
Pensions and Other Benefits **12**	0.5	0.3	1.5	0.5	0.8	0.6	0.4	0.4	0.4	0.6	0.8	0.8	0.4
Other **13**	11.0	14.8	28.8	15.2	13.9	9.3	10.9	10.3	8.1	10.9	9.7	19.3	9.3
Officers Compensation **14**	2.3	1.7	14.0	5.7	4.9	2.7	2.7	2.3	2.6	2.7	1.7	1.0	0.3
Operating Margin **15**	•	•	•	•	•	•	•	•	0.8	•	4.5	•	1.3
Oper. Margin Before Officers Compensation **16**	1.7	•	7.6	4.4	2.1	1.7	1.8	•	3.3	1.4	6.2	•	1.6
Selected Average Balance Sheet ($ in Thousands)													
Net Receivables **17**	370	•	6	49	81	217	663	1648	4653	7669	18588	40250	329206
Inventories **18**	442	•	10	56	110	265	798	3094	6116	12100	27335	55546	237233
Net Property, Plant and Equipment **19**	122	•	5	11	25	68	158	395	1306	2294	9048	21066	118333
Total Assets **20**	1360	•	36	167	351	693	2112	6849	14985	35112	69879	166973	1222076

Notes and Loans Payable 21	491	•	38	129	150	256	715	1836	5008	13128	25803	70488	400974
All Other Liabilities 22	454	•	15	99	113	285	908	3526	5047	10672	16264	52957	278239
Net Worth 23	415	•	-17	-61	88	153	489	1487	4930	11312	27812	43527	542863

Selected Financial Ratios (Times to 1)

Current Ratio 24	1.6	•	1.6	1.8	2.3	1.6	1.6	1.5	1.7	1.6	2.0	1.4	1.4
Quick Ratio 25	0.7	•	0.9	1.0	1.2	0.8	0.8	0.5	0.7	0.6	0.9	0.6	0.7
Net Sales to Working Capital 26	8.7	•	14.8	8.8	7.4	10.8	9.6	9.9	7.6	6.9	4.3	7.3	10.5
Coverage Ratio 27	2.1	•	•	1.2	•	0.4	1.0	0.7	2.0	1.3	4.4	0.1	4.6
Total Asset Turnover 28	2.3	•	4.3	3.1	3.5	3.2	3.0	2.6	2.5	1.9	1.7	1.6	1.9
Inventory Turnover 29	5.5	•	7.3	7.3	9.2	6.8	5.7	4.5	4.8	3.6	3.1	3.4	8.5
Receivables Turnover 30	8.2	•	•	•	•	9.6	8.6	8.4	8.2	8.7	6.3	6.4	7.0
Total Liabilities to Net Worth 31	2.3	•	•	•	3.0	3.5	3.3	3.6	2.0	2.1	1.5	2.8	1.3

Selected Financial Factors (in Percentages)

Debt Ratio 32	69.5	•	•	•	74.8	78.0	76.8	78.3	67.1	67.8	60.2	73.9	55.6
Return on Assets 33	7.8	•	•	3.8	•	1.5	4.2	2.9	8.1	3.9	13.5	0.4	16.4
Return on Equity 34	7.2	•	4.3	•	•	•	•	•	10.1	1.0	22.3	•	17.8
Return Before Interest on Equity 35	25.6	•	0.9	•	•	6.9	18.0	13.2	24.5	12.0	33.9	1.6	•
Profit Margin, Before Income Tax 36	1.8	•	•	0.2	•	•	•	•	1.6	0.5	6.3	•	6.8
Profit Margin, After Income Tax 37	0.9	•	•	•	•	•	•	•	1.3	0.2	5.4	•	4.2

Trends in Selected Ratios and Factors, 1990-1999

	1990	1991	1992	1993	1994	1995	1996	1997	1998	1999
Cost of Labor (%) 38	80.3	80.7	79.2	78.3	78.7	78.3	78.0	78.7	76.8	77.6
Operating Margin (%) 39	0.3	0.1	0.4	0.5	•	•	•	•	0.5	•
Oper. Margin Before Officers Comp. (%) 40	2.3	2.2	3.0	2.9	2.0	1.7	2.3	2.4	2.9	1.7
Average Net Receivables ($) 41	334	376	353	383	421	366	380	408	402	370
Average Inventories ($) 42	337	383	382	424	443	391	436	437	445	442
Average Net Worth ($) 43	304	318	316	345	378	358	378	437	436	415
Current Ratio (×1) 44	1.5	1.5	1.5	1.5	1.4	1.5	1.5	1.6	1.5	1.6
Quick Ratio (×1) 45	0.7	0.7	0.7	0.7	0.6	0.7	0.7	0.7	0.7	0.7
Coverage Ratio (×1) 46	2.4	2.4	2.5	2.3	2.1	1.9	2.4	2.7	2.8	2.1
Asset Turnover (×1) 47	3.0	2.7	2.6	2.5	2.2	2.3	2.3	2.4	2.4	2.3
Total Liabilities/Net Worth (×1) 48	2.3	2.6	2.6	2.7	2.9	2.7	2.6	2.2	2.2	2.3
Return on Assets (×1) 49	9.9	8.9	10.8	11.1	8.9	8.7	8.3	8.0	8.9	7.8
Return on Equity (%) 50	11.7	12.2	18.1	16.7	12.5	9.7	11.9	10.7	12.6	7.2

Table II

Corporations with Net Income

APPAREL, PIECE GOODS, AND NOTIONS

MONEY AMOUNTS AND SIZE OF ASSETS IN THOUSANDS OF DOLLARS

Item Description for Accounting Period 7/95 Through 6/96	Total	Zero Assets	Under 100	100 to 250	251 to 500	501 to 1,000	1,001 to 5,000	5,001 to 10,000	10,001 to 25,000	25,001 to 50,000	50,001 to 100,000	100,001 to 250,000	250,001 and over
Number of Enterprises 1	11401	432	3653	2845	1393	1141	1384	260	217	49	17	5	4
Revenues ($ in Thousands)													
Net Sales 2	51247969	318349	870907	1577515	2319196	2827942	9287462	4498615	8544645	3235186	1979396	1675404	14113352
Portfolio Income 3	417965	3395	407	3140	1366	1867	13071	15315	9821	9527	13110	1721	345225
Other Revenues 4	641763	9699	75122	10876	4261	5614	37826	129936	60976	68413	18614	26509	193917
Total Revenues 5	52307697	331443	946436	1591531	2324823	2835423	9338359	4643866	8615442	3313126	2011120	1703634	14652494
Average Total Revenues 6	4588	767	259	559	1669	2485	6747	17861	39702	67615	118301	340727	3663124
Operating Costs/Operating Income (%)													
Cost of Operations 7	76.6	68.9	41.7	65.2	78.1	80.1	78.4	79.6	78.3	73.0	68.9	62.7	79.6
Rent 8	4.8	1.3	9.9	6.7	4.6	4.6	4.2	5.3	5.2	5.7	6.2	5.5	3.8
Taxes Paid 9	1.8	10.0	2.6	2.2	1.2	0.8	2.0	1.4	1.7	3.1	2.6	1.2	1.7
Interest Paid 10	1.2	1.1	0.2	1.2	0.3	0.9	1.1	1.3	1.3	1.4	1.4	1.9	1.3
Depreciation, Depletion, Amortization 11	0.5	•	0.9	0.5	0.3	0.4	0.5	0.4	0.5	0.7	1.0	1.1	0.6
Pensions and Other Benefits 12	0.5	0.1	1.3	0.6	0.5	0.6	0.4	0.4	0.4	0.5	0.9	0.8	0.4
Other 13	9.8	15.3	25.8	14.2	10.3	8.9	8.7	9.4	7.2	10.1	10.3	22.4	9.2
Officers Compensation 14	2.4	2.6	15.5	6.5	3.6	2.6	2.8	2.8	2.8	3.4	1.6	1.3	0.3
Operating Margin 15	2.4	0.7	2.2	2.9	1.1	1.1	2.0	•	2.5	2.1	7.2	3.1	3.3
Oper. Margin Before Officers Compensation 16	4.8	3.3	17.7	9.4	4.7	3.8	4.8	2.4	5.4	5.5	8.8	4.4	3.6
Selected Average Balance Sheet ($ in Thousands)													
Net Receivables 17	529	•	9	52	110	238	683	1914	4920	7774	20061	61287	473461
Inventories 18	579	•	5	60	109	259	732	3263	6091	10832	26684	67042	366874
Net Property, Plant and Equipment 19	155	•	10	10	16	75	149	340	1300	1988	7914	15481	178103
Total Assets 20	1803	•	46	165	351	700	2067	6774	15053	34316	70261	187838	1731167

Notes and Loans Payable	21	504	•	12	90	76	198	701	1522	4697	8004	22223	72753	398340
All Other Liabilities	22	563	•	7	57	136	312	747	3237	4724	11376	15091	76814	395465
Net Worth	23	737	•	27	19	138	191	619	2015	5632	14936	32947	38271	937362

Selected Financial Ratios (Times to 1)

Current Ratio	24	1.7	•	3.5	2.0	2.1	1.6	1.8	1.6	1.7	1.7	2.0	1.6	1.7
Quick Ratio	25	0.8	•	2.3	1.1	1.2	0.8	0.9	0.6	0.8	0.8	0.9	0.8	0.8
Net Sales to Working Capital	26	7.9	•	10.0	8.3	10.3	12.0	8.3	7.9	7.3	5.9	4.4	6.2	8.8
Coverage Ratio	27	5.1	5.2	•	4.0	6.0	2.7	3.2	3.2	3.7	4.3	7.2	3.5	7.6
Total Asset Turnover	28	2.5	•	5.2	3.4	4.8	3.5	3.3	2.6	2.6	1.9	1.7	1.8	2.0
Inventory Turnover	29	5.7	•	•	7.4	•	7.4	5.9	4.2	5.0	3.7	3.1	2.8	8.4
Receivables Turnover	30	8.0	•	•	•	•	8.9	8.4	6.9	8.2	8.5	5.8	4.8	7.7
Total Liabilities to Net Worth	31	1.5	•	0.7	7.9	1.5	2.7	2.4	2.4	1.7	1.3	1.1	3.9	0.9

Selected Financial Factors (in Percentages)

Debt Ratio	32	59.2	•	40.9	88.7	60.6	72.8	70.1	70.3	62.6	56.5	53.1	79.6	45.9
Return on Assets	33	15.2	•	•	16.6	7.4	7.9	11.8	10.3	12.1	11.6	16.7	12.0	20.4
Return on Equity	34	23.1	•	•	•	14.8	17.2	25.0	20.6	21.2	18.3	26.3	27.8	21.3
Return Before Interest on Equity	35	•	•	•	•	18.8	29.1	•	34.6	32.4	26.6	•	•	•
Profit Margin, Before Income Tax	36	4.9	4.8	10.9	3.7	1.3	1.4	2.5	2.8	3.4	4.6	8.7	4.8	8.7
Profit Margin, After Income Tax	37	3.8	4.0	10.8	3.5	1.2	1.3	2.3	2.4	3.0	4.1	7.4	3.2	5.7

Trends in Selected Ratios and Factors, 1990-1999

		1990	1991	1992	1993	1994	1995	1996	1997	1998	1999
Cost of Operations (%)	38	73.2	81.3	79.2	79.0	79.3	78.8	78.0	79.1	76.7	76.6
Operating Margin (%)	39	2.7	2.1	2.3	2.4	2.1	1.6	1.9	1.9	2.8	2.4
Oper. Margin Before Officers Comp. (%)	40	5.6	4.2	4.9	4.8	4.2	3.9	4.7	4.3	5.2	4.8
Average Net Receivables ($)	41	364	595	508	719	599	565	471	646	517	529
Average Inventories ($)	42	405	552	543	740	587	590	536	662	542	579
Average Net Worth ($)	43	451	572	568	792	667	704	605	783	669	737
Current Ratio (×1)	44	1.7	1.5	1.6	1.6	1.6	1.6	1.7	1.7	1.7	1.7
Quick Ratio (×1)	45	0.8	0.7	0.7	0.8	0.7	0.7	0.7	0.8	0.9	0.8
Coverage Ratio (×1)	46	4.4	4.2	4.2	3.8	3.7	3.4	4.6	5.2	5.4	5.1
Asset Turnover (×1)	47	2.6	2.9	2.8	2.5	2.4	2.5	2.6	2.6	2.6	2.5
Operating Leverage	48	0.8	0.8	1.1	1.1	0.9	0.8	1.2	1.0	1.5	0.9
Financial Leverage	49	1.0	1.1	1.1	0.9	1.0	1.0	1.1	1.0	1.0	1.0
Total Leverage	50	0.8	0.8	1.2	1.0	0.9	0.7	1.3	1.0	1.5	0.9

Table I

Corporations with and without Net Income

FARM-PRODUCT RAW MATERIALS

MONEY AMOUNTS AND SIZE OF ASSETS IN THOUSANDS OF DOLLARS

Item Description for Accounting Period 7/95 Through 6/96	Total	Zero Assets	Under 100	100 to 250	251 to 500	501 to 1,000	1,001 to 5,000	5,001 to 10,000	10,001 to 25,000	25,001 to 50,000	50,001 to 100,000	100,001 to 250,000	250,001 and over
Number of Enterprises **1**	6924	4	1938	1146	1112	1023	1343	157	125	47	10	12	7
Revenues ($ in Thousands)													
Net Sales **2**	111329056	119610	1436667	1161392	1774999	4124700	18198709	3947581	6040866	5625308	3226750	9483095	56189380
Portfolio Income **3**	1456224	500	958	8946	4444	15702	34527	8830	23618	19436	2433	44568	1292261
Other Revenues **4**	1608543	1610	1583	77447	17739	81219	112721	50847	69693	44424	3151	20475	1127633
Total Revenues **5**	114393823	121720	1439208	1247785	1797182	4221621	18345957	4007258	6134177	5689168	3232334	9548138	58609274
Average Total Revenues **6**	16521	30430	743	1089	1616	4127	13660	25524	49073	121046	323233	795678	8372753
Operating Costs/Operating Income (%)													
Cost of Operations **7**	93.0	93.7	83.6	91.7	83.5	90.5	90.7	93.4	91.2	93.9	93.8	96.5	94.0
Rent **8**	1.6	0.6	0.5	2.8	3.1	2.8	2.7	1.6	2.3	1.8	1.1	0.7	1.3
Taxes Paid **9**	0.5	0.9	0.8	0.8	1.0	0.6	0.5	0.5	0.6	0.4	0.2	0.2	0.6
Interest Paid **10**	1.3	0.3	0.1	0.7	0.6	0.4	0.5	0.6	0.9	1.0	0.7	0.7	2.0
Depreciation, Depletion, Amortization **11**	1.0	0.4	0.6	0.5	1.5	1.0	0.7	0.7	0.9	0.6	0.4	0.3	1.4
Pensions and Other Benefits **12**	0.3	0.2	•	0.2	0.5	0.4	0.4	0.2	0.5	0.2	0.2	0.2	0.4
Other **13**	3.1	4.7	11.2	9.7	9.8	4.8	3.6	2.5	3.0	2.5	2.6	1.4	2.8
Officers Compensation **14**	0.6	•	1.7	1.2	2.0	1.7	1.3	1.1	1.1	0.3	0.3	0.2	0.2
Operating Margin **15**	•	•	1.5	•	•	•	•	•	•	•	0.8	•	•
Oper. Margin Before Officers Compensation **16**	•	•	3.2	•	•	•	1.1	0.6	0.7	•	1.1	•	•
Selected Average Balance Sheet ($ in Thousands)													
Net Receivables **17**	2336	•	0	66	80	187	759	2138	4220	6338	21129	44061	1842410
Inventories **18**	1192	•	2	11	49	97	626	1512	3867	10609	29136	41720	747191
Net Property, Plant and Equipment **19**	909	•	9	14	117	207	487	1301	3117	7348	12480	19624	566566
Total Assets **20**	6642	•	28	184	374	743	2317	6633	15139	34493	71177	169792	4876487

Notes and Loans Payable 21	2183	•	45	48	132	198	683	3016	4968	14797	31977	67026	1541133
All Other Liabilities 22	2420	•	7	68	87	165	966	2636	5063	8233	19101	63935	1815911
Net Worth 23	2040	•	-24	67	156	380	667	981	5108	11463	20099	38830	1519443

Selected Financial Ratios (Times to 1)

Current Ratio 24	1.2	•	2.4	1.3	1.6	2.4	1.4	1.0	1.4	1.6	1.3	1.3	1.1
Quick Ratio 25	0.8	•	0.6	1.1	1.0	1.8	0.8	0.6	0.7	0.7	0.6	0.5	0.8
Net Sales to Working Capital 26	25.6	•	•	38.4	19.7	15.6	29.2	•	15.1	14.3	24.6	23.6	28.5
Coverage Ratio 27	2.1	4.7	13.9	0.9	•	1.7	2.4	2.6	2.2	1.6	2.4	1.6	2.2
Total Asset Turnover 28	2.4	•	•	5.5	4.3	5.4	5.9	3.8	3.2	3.5	4.5	4.7	1.7
Inventory Turnover 29	•	•	•	•	•	•	•	•	•	•	•	•	•
Receivables Turnover 30	7.4	•	•	•	•	•	•	•	•	•	•	•	4.8
Total Liabilities to Net Worth 31	2.3	•	•	1.7	1.4	1.0	2.5	5.8	2.0	2.0	2.6	3.4	2.2

Selected Financial Factors (in Percentages)

Debt Ratio 32	69.3	•	•	63.4	58.4	48.9	71.2	85.2	66.3	66.8	71.8	77.1	68.9
Return on Assets 33	6.8	•	•	3.3	•	3.6	6.7	6.3	6.5	5.7	7.7	5.3	7.1
Return on Equity 34	8.8	•	•	•	•	1.2	12.4	21.0	6.8	5.4	12.4	7.2	9.0
Return Before Interest on Equity 35	22.1	•	•	9.0	•	6.9	23.2	•	19.2	17.0	27.3	23.1	22.7
Profit Margin, Before Income Tax 36	1.5	1.1	1.7	•	•	0.3	0.7	1.0	1.1	0.6	1.0	0.5	2.3
Profit Margin, After Income Tax 37	1.1	1.0	1.7	•	•	0.1	0.6	0.8	0.7	0.5	0.8	0.4	1.7

Trends in Selected Ratios and Factors, 1990-1999

	1990	1991	1992	1993	1994	1995	1996	1997	1998	1999
Cost of Labor (%) 38	89.4	90.5	91.6	92.0	91.6	91.4	93.2	92.9	93.0	93.0
Operating Margin (%) 39	•	•	•	•	•	•	•	•	•	•
Oper. Margin Before Officers Comp. (%) 40	•	•	•	•	•	•	•	•	•	•
Average Net Receivables ($) 41	744	877	1329	1506	1438	1518	1605	1747	1963	2336
Average Inventories ($) 42	464	669	957	960	885	860	789	960	1104	1192
Average Net Worth ($) 43	953	1170	1297	1462	1408	1320	1326	1568	1774	2040
Current Ratio (×1) 44	1.3	1.3	1.2	1.2	1.1	1.1	1.2	1.2	1.2	1.2
Quick Ratio (×1) 45	0.8	0.7	0.6	0.7	0.6	0.7	0.8	0.8	0.8	0.8
Coverage Ratio (×1) 46	1.8	2.6	1.6	1.5	1.6	1.9	2.4	2.5	1.9	2.1
Asset Turnover (×1) 47	2.9	2.9	3.0	3.1	2.8	2.7	2.8	2.7	2.6	2.4
Total Liabilities/Net Worth (×1) 48	1.8	1.8	2.7	2.5	2.7	2.8	2.4	2.3	2.3	2.3
Return on Assets (×1) 49	5.4	4.7	7.5	6.7	6.6	6.3	5.6	5.9	5.6	6.8
Return on Equity (%) 50	4.5	6.1	6.8	5.0	6.0	8.0	7.8	8.1	6.0	8.8

Table II

Corporations with Net Income

FARM-PRODUCT RAW MATERIALS

MONEY AMOUNTS AND SIZE OF ASSETS IN THOUSANDS OF DOLLARS

Item Description for Accounting Period 7/95 Through 6/96		Total	Zero Assets	Under 100	100 to 250	251 to 500	501 to 1,000	1,001 to 5,000	5,001 to 10,000	10,001 to 25,000	25,001 to 50,000	50,001 to 100,000	100,001 to 250,000	250,001 and over
Number of Enterprises	1	4364	•	936	768	643	736	988	135	98	33	7	•	7
Revenues ($ in Thousands)														
Net Sales	2	98355676	•	1231705	695532	1328227	3145494	12074223	3390146	5365142	4890129	1990607	•	56189380
Portfolio Income	3	1430136	•	915	6365	3822	11148	30563	5998	18291	15935	1721	•	1292261
Other Revenues	4	1533978	•	1583	73909	3633	74618	82285	49321	61483	35992	2801	•	1127633
Total Revenues	5	101319790	•	1234203	775806	1335682	3231260	12187071	3445465	5444916	4942056	1995129	•	58609274
Average Total Revenues	6	23217	•	1319	1010	2077	4390	12335	25522	55560	149759	285018	•	8372753
Operating Costs/Operating Income (%)														
Cost of Operations	7	92.9	•	84.3	92.7	84.0	90.2	88.7	92.8	91.5	94.2	91.5	•	94.0
Rent	8	1.6	•	0.6	1.4	2.7	2.5	3.1	1.7	2.2	1.7	1.4	•	1.3
Taxes Paid	9	0.5	•	0.8	0.7	1.0	0.6	0.6	0.5	0.6	0.3	0.2	•	0.6
Interest Paid	10	1.4	•	0.1	1.0	0.3	0.4	0.5	0.5	0.8	0.9	1.0	•	2.0
Depreciation, Depletion, Amortization	11	1.1	•	0.7	0.6	1.3	0.9	0.6	0.7	0.9	0.5	0.5	•	1.4
Pensions and Other Benefits	12	0.3	•	•	0.3	0.3	0.4	0.4	0.2	0.5	0.2	0.2	•	0.4
Other	13	3.1	•	11.2	10.7	7.8	4.4	4.1	2.3	2.6	2.3	3.6	•	2.8
Officers Compensation	14	0.5	•	0.5	0.9	1.8	1.8	1.4	1.1	1.0	0.2	0.3	•	0.2
Operating Margin	15	•	•	1.9	•	0.8	•	0.6	0.2	0.2	•	1.5	•	•
Oper. Margin Before Officers Compensation	16	•	•	2.4	•	2.6	0.6	2.0	1.3	1.2	•	1.8	•	•
Selected Average Balance Sheet ($ in Thousands)														
Net Receivables	17	3555	•	•	69	103	208	788	2327	4183	7900	19389	•	1842410
Inventories	18	1750	•	•	12	57	122	653	1411	3625	11359	34267	•	747191
Net Property, Plant and Equipment	19	1300	•	15	10	115	164	427	1316	3458	7546	13353	•	566566
Total Assets	20	9934	•	51	193	399	760	2299	6546	15533	35834	74309	•	4876487

Notes and Loans Payable 21	3158	•	83	61	99	166	602	1808	4617	15139	30862	•	1541133
All Other Liabilities 22	3649	•	13	42	91	179	905	2776	5497	9261	18779	•	1815911
Net Worth 23	3127	•	-46	91	209	415	792	1962	5420	11433	24668	•	1519443

Selected Financial Ratios (Times to 1)

Current Ratio 24	1.2	•	2.7	1.9	2.3	2.3	1.5	1.2	1.4	1.4	1.3	•	1.1
Quick Ratio 25	0.8	•	0.7	1.7	1.7	1.6	0.9	0.8	0.7	0.6	0.5	•	0.8
Net Sales to Working Capital 26	25.0	•	•	17.4	14.2	15.0	22.4	27.5	17.3	23.7	19.4	•	28.5
Coverage Ratio 27	2.4	•	•	4.5	5.3	4.9	4.4	4.6	3.2	2.0	2.6	•	2.2
Total Asset Turnover 28	2.3	•	•	4.7	5.2	5.6	5.3	3.8	3.5	4.1	3.8	•	1.7
Inventory Turnover 29	•	•	•	•	•	•	•	•	•	•	•	•	•
Receivables Turnover 30	6.9	•	•	•	•	•	•	•	•	•	•	•	8.7
Total Liabilities to Net Worth 31	2.2	•	•	1.1	0.9	0.8	1.9	2.3	1.9	2.1	2.0	•	2.2

Selected Financial Factors (in Percentages)

Debt Ratio 32	68.5	•	•	53.1	47.7	45.4	65.6	70.0	65.1	68.1	66.8	•	68.9
Return on Assets 33	7.5	•	•	19.9	8.7	10.0	10.7	8.7	8.5	7.2	10.3	•	7.1
Return on Equity 34	10.7	•	•	32.0	11.5	12.4	22.5	19.6	12.3	9.9	15.4	•	9.0
Return Before Interest on Equity 35	23.8	•	•	•	16.6	18.3	31.2	29.1	24.2	22.7	31.0	•	22.7
Profit Margin, Before Income Tax 36	1.9	•	2.1	3.3	1.4	1.4	1.6	1.8	1.7	0.9	1.7	•	2.3
Profit Margin, After Income Tax 37	1.5	•	2.1	3.2	1.2	1.2	1.5	1.5	1.2	0.8	1.3	•	1.7

Trends in Selected Ratios and Factors, 1990-1999

	1990	1991	1992	1993	1994	1995	1996	1997	1998	1999
Cost of Operations (%) 38	89.5	89.7	90.9	90.2	91.2	90.8	92.8	92.2	92.7	92.9
Operating Margin (%) 39	•	•	•	•	•	•	•	•	•	•
Oper. Margin Before Officers Comp. (%) 40	•	•	•	•	•	•	•	•	•	•
Average Net Receivables ($) 41	952	1163	1798	2305	2014	1822	2565	2536	2729	3555
Average Inventories ($) 42	606	919	1161	1194	1199	1097	1213	1268	1488	1750
Average Net Worth ($) 43	1324	1938	1907	2399	2038	1950	2151	2261	2496	3127
Current Ratio (×1) 44	1.3	1.4	1.3	1.2	1.1	1.1	1.2	1.2	1.2	1.2
Quick Ratio (×1) 45	0.8	0.8	0.7	0.7	0.6	0.7	0.8	0.8	0.8	0.8
Coverage Ratio (×1) 46	2.3	4.5	1.9	2.1	1.9	2.5	2.8	2.9	2.4	2.4
Asset Turnover (×1) 47	2.9	2.9	2.9	2.7	2.6	2.7	2.5	2.5	2.4	2.3
Operating Leverage 48	0.9	1.0	1.3	1.0	0.9	0.5	1.5	1.0	1.1	1.4
Financial Leverage 49	1.1	1.4	0.6	1.1	1.0	1.3	1.0	1.0	0.9	1.0
Total Leverage 50	1.0	1.4	0.8	1.1	0.8	0.6	1.6	1.0	1.0	1.4

Table I

Corporations with and without Net Income

CHEMICALS AND ALLIED PRODUCTS

MONEY AMOUNTS AND SIZE OF ASSETS IN THOUSANDS OF DOLLARS

Item Description for Accounting Period 7/95 Through 6/96		Total	Zero Assets	Under 100	100 to 250	251 to 500	501 to 1,000	1,001 to 5,000	5,001 to 10,000	10,001 to 25,000	25,001 to 50,000	50,001 to 100,000	100,001 to 250,000	250,001 and over
Number of Enterprises	1	7730	105	3466	678	1096	1003	1050	143	123	34	16	11	6
Revenues ($ in Thousands)														
Net Sales	2	33389274	253434	726896	520826	1355322	2180704	8110971	2675700	5008646	2696039	1955384	3699718	4205634
Portfolio Income	3	154820	7237	3149	4937	11457	10143	15419	8092	8599	3436	11466	44996	25888
Other Revenues	4	258537	3986	904	17697	13520	28339	42054	23724	52350	17298	7960	27804	22900
Total Revenues	5	33802631	264657	730949	543460	1380299	2219186	8168444	2707516	5069595	2716773	1974810	3772518	4254422
Average Total Revenues	6	4373	2521	211	802	1259	2213	7779	18934	41216	79905	123426	342956	709070
Operating Costs/Operating Income (%)														
Cost of Operations	7	79.2	70.7	64.8	77.6	67.9	71.3	80.9	82.3	79.4	88.3	80.2	83.0	74.6
Rent	8	5.7	6.3	11.3	4.2	7.2	8.4	4.8	4.0	6.3	3.0	4.1	4.9	8.3
Taxes Paid	9	1.1	1.6	1.5	1.9	1.5	1.7	1.1	1.3	1.1	0.7	1.1	0.8	1.0
Interest Paid	10	1.0	1.0	0.3	0.2	0.5	0.9	0.6	0.8	0.8	0.8	1.7	1.6	1.7
Depreciation, Depletion, Amortization	11	1.5	2.0	1.2	1.1	1.1	0.9	0.8	1.7	1.2	1.0	2.1	2.0	3.1
Pensions and Other Benefits	12	0.9	1.7	0.2	1.9	1.3	0.8	0.8	1.0	1.1	0.7	0.9	0.8	1.2
Other	13	7.7	17.4	16.7	13.2	12.9	13.3	6.3	5.5	7.1	3.2	5.8	6.3	10.0
Officers Compensation	14	2.5	4.2	5.2	8.0	9.0	4.8	3.4	1.9	1.7	1.1	1.1	0.5	1.0
Operating Margin	15	0.5	•	•	•	•	•	1.4	1.7	1.3	1.4	3.0	•	•
Oper. Margin Before Officers Compensation	16	3.0	•	4.1	•	7.7	2.8	4.8	3.5	3.0	2.4	4.2	0.6	0.2
Selected Average Balance Sheet ($ in Thousands)														
Net Receivables	17	569	•	7	71	112	320	1001	2283	6409	11820	15054	50311	86538
Inventories	18	368	•	3	1	39	141	538	1882	3522	9813	15503	30447	77621
Net Property, Plant and Equipment	19	344	•	6	13	41	78	279	1881	2727	5803	12376	42191	124713
Total Assets	20	1805	•	35	174	319	691	2289	7124	15903	34022	72500	168127	520966

Notes and Loans Payable 21	514	•	33	16	84	196	525	1505	3588	11543	22442	42985	187736
All Other Liabilities 22	653	•	26	105	126	287	958	2807	6321	13199	22292	58222	139060
Net Worth 23	638	•	-24	53	110	208	806	2812	5995	9280	27766	66920	194169

Selected Financial Ratios (Times to 1)

Current Ratio 24	1.4	•	0.8	1.0	2.3	1.7	1.5	1.5	1.4	1.4	1.5	1.5	1.1
Quick Ratio 25	0.9	•	0.7	0.9	1.9	1.2	1.0	0.9	0.9	0.8	0.8	0.9	0.6
Net Sales to Working Capital 26	13.5	•	•	•	10.0	9.6	13.0	12.0	12.7	11.7	10.2	10.8	32.7
Coverage Ratio 27	2.8	0.6	•	•	2.1	0.7	4.4	4.4	4.3	3.7	3.5	2.3	1.3
Total Asset Turnover 28	2.4	•	6.1	4.4	3.9	3.2	3.4	2.6	2.6	2.3	1.7	2.0	1.4
Inventory Turnover 29	9.9	•	•	•	•	•	•	10.0	8.7	8.8	7.0	9.5	8.2
Receivables Turnover 30	8.0	•	•	7.9	•	7.6	7.4	10.0	6.2	9.2	7.6	7.1	9.3
Total Liabilities to Net Worth 31	1.8	•	•	2.3	1.9	2.3	1.8	1.5	1.7	2.7	1.6	1.5	1.7

Selected Financial Factors (in Percentages)

Debt Ratio 32	64.7	•	•	69.6	65.6	69.9	64.8	60.5	62.3	72.7	61.7	60.2	62.7
Return on Assets 33	6.5	•	•	•	3.8	2.0	9.1	9.6	8.3	6.7	10.0	7.3	2.9
Return on Equity 34	8.8	•	4.9	•	3.6	•	16.2	14.3	13.1	14.8	15.4	6.9	0.5
Return Before Interest on Equity 35	18.4	•	2.5	•	11.0	6.5	25.7	24.4	22.0	24.7	26.2	18.4	7.7
Profit Margin, Before Income Tax 36	1.7	•	•	•	0.5	•	2.1	2.8	2.5	2.1	4.3	2.1	0.5
Profit Margin, After Income Tax 37	1.3	•	•	•	0.3	•	1.7	2.2	1.9	1.7	3.5	1.4	0.2

Trends in Selected Ratios and Factors, 1990-1999

	1990	1991	1992	1993	1994	1995	1996	1997	1998	1999
Cost of Labor (%) 38	78.2	77.6	82.3	82.7	82.7	81.4	80.7	80.1	79.7	79.2
Operating Margin (%) 39	0.4	0.9	0.4	•	•	•	•	•	0.5	0.5
Oper. Margin Before Officers Comp. (%) 40	2.0	2.8	2.9	2.1	1.9	1.5	2.0	2.2	3.1	3.0
Average Net Receivables ($) 41	417	588	504	713	564	476	492	478	429	569
Average Inventories ($) 42	214	289	322	414	352	322	304	287	266	368
Average Net Worth ($) 43	350	408	435	513	569	508	487	381	360	638
Current Ratio (×1) 44	1.4	1.4	1.5	1.6	1.4	1.5	1.4	1.3	1.4	1.4
Quick Ratio (×1) 45	1.0	0.9	0.9	1.0	0.9	0.9	0.9	0.8	0.8	0.9
Coverage Ratio (×1) 46	3.5	5.1	3.1	2.5	2.4	1.6	2.1	2.3	3.1	2.8
Asset Turnover (×1) 47	2.9	2.8	2.8	2.7	2.8	2.5	2.6	2.6	2.7	2.4
Total Liabilities/Net Worth (×1) 48	2.1	2.4	2.3	2.9	1.9	2.0	2.0	2.7	2.5	1.8
Return on Assets (×1) 49	9.1	9.2	8.6	6.9	6.4	3.8	4.5	4.3	6.4	6.5
Return on Equity (%) 50	10.9	17.6	14.2	11.4	7.5	1.5	4.0	5.3	10.9	8.8

CHEMICALS AND ALLIED PRODUCTS

MONEY AMOUNTS AND SIZE OF ASSETS IN THOUSANDS OF DOLLARS

Item Description for Accounting Period 7/95 Through 6/96		Total	Zero Assets	Under 100	100 to 250	251 to 500	501 to 1,000	1,001 to 5,000	5,001 to 10,000	10,001 to 25,000	25,001 to 50,000	50,001 to 100,000	100,001 to 250,000	250,001 and over
Number of Enterprises	1	5279	53	2153	396	760	699	937	132	98	28	12	7	3
Revenues ($ in Thousands)														
Net Sales	2	27177880	79981	282974	484595	1117005	1607149	7752565	2518896	4385226	2540670	1844961	2605666	1958192
Portfolio Income	3	99034	7091	2001	380	10527	712	11026	8092	8044	2999	10598	15585	21978
Other Revenues	4	204700	3944	442	124	12371	26132	39479	23709	38856	14765	7681	15297	21900
Total Revenues	5	27481614	91016	285417	485099	1139903	1633993	7803070	2550697	4432126	2558434	1863240	2636548	2002070
Average Total Revenues	6	5206	1717	133	1225	1500	2338	8328	19323	45226	91373	155270	376650	667357
Operating Costs/Operating Income (%)														
Cost of Operations	7	78.8	75.9	54.6	78.3	69.1	70.1	80.7	82.1	81.1	88.9	81.0	82.7	58.3
Rent	8	5.4	4.0	3.2	2.4	5.4	7.9	4.8	4.0	5.7	2.9	3.7	5.2	13.5
Taxes Paid	9	1.1	1.7	2.0	1.6	1.3	1.6	1.1	1.3	1.1	0.6	1.0	0.9	1.5
Interest Paid	10	0.9	0.4	0.2	0.1	0.4	0.7	0.6	0.7	0.7	0.6	1.3	1.2	2.7
Depreciation, Depletion, Amortization	11	1.5	4.2	1.9	0.9	1.0	0.8	0.8	1.6	1.0	0.7	1.7	2.2	5.2
Pensions and Other Benefits	12	0.9	0.7	0.5	1.6	1.4	0.8	0.8	1.0	1.0	0.6	0.9	1.0	1.3
Other	13	6.9	10.0	18.9	5.7	10.7	12.0	6.1	5.6	5.9	3.0	5.4	4.4	16.6
Officers Compensation	14	2.6	3.8	11.9	8.3	8.4	4.3	3.4	1.9	1.6	1.0	1.0	0.6	0.9
Operating Margin	15	1.9	•	6.9	1.2	2.4	1.9	1.8	1.8	2.0	1.9	4.1	1.9	•
Oper. Margin Before Officers Compensation	16	4.5	3.2	18.8	9.5	10.8	6.2	5.2	3.7	3.6	2.9	5.1	2.4	1.0
Selected Average Balance Sheet ($ in Thousands)														
Net Receivables	17	665	•	9	113	125	329	1073	2375	6178	12205	18947	52296	86538
Inventories	18	451	•	3	•	51	155	515	1929	4020	10596	18831	37914	102676
Net Property, Plant and Equipment	19	392	•	4	11	35	89	305	1809	2637	5058	13134	55586	164744
Total Assets	20	2037	•	39	170	322	668	2334	7301	16070	33869	73106	183420	685456

Notes and Loans Payable	21	546	•	17	10	34	148	540	1318	3634	9227	20563	39651	297076
All Other Liabilities	22	718	•	11	131	105	271	1019	3000	5853	14610	23923	53454	150814
Net Worth	23	773	•	11	29	183	249	775	2983	6582	10032	28620	90316	237566

Selected Financial Ratios (Times to 1)

Current Ratio	24	1.5	•	3.0	1.0	2.6	1.8	1.5	1.5	1.5	1.4	1.5	1.9	1.1
Quick Ratio	25	0.9	•	2.6	1.0	2.1	1.2	1.0	0.8	0.9	0.7	0.8	1.1	0.5
Net Sales to Working Capital	26	12.1	•	5.8	•	9.3	9.5	13.9	12.5	11.4	12.7	10.4	7.9	32.6
Coverage Ratio	27	4.6	•	•	13.5	13.8	6.1	5.1	5.3	5.2	5.6	5.3	3.6	1.9
Total Asset Turnover	28	2.5	•	3.4	7.2	4.6	3.4	3.6	2.6	2.8	2.7	2.1	2.0	1.0
Inventory Turnover	29	9.4	•	•	•	•	•	•	9.9	8.4	•	•	8.4	7.4
Receivables Turnover	30	7.8	•	•	7.7	•	7.1	7.7	9.7	6.8	•	•	7.3	•
Total Liabilities to Net Worth	31	1.6	•	2.7	4.8	0.8	1.7	2.0	1.5	1.5	2.4	1.6	1.0	1.9

Selected Financial Factors (in Percentages)

Debt Ratio	32	62.1	•	72.9	82.7	43.2	62.8	66.8	59.2	59.0	70.4	60.9	50.8	65.4
Return on Assets	33	9.9	•	27.1	10.4	22.1	14.6	10.7	9.8	10.5	8.3	13.8	8.6	4.8
Return on Equity	34	16.8	•	•	•	34.3	30.9	21.6	14.8	16.4	19.4	24.1	8.7	4.6
Return Before Interest on Equity	35	26.1	•	•	•	•	•	32.1	24.1	25.7	28.0	•	17.5	13.9
Profit Margin, Before Income Tax	36	3.1	13.2	7.8	1.3	4.5	3.6	2.4	3.1	3.1	2.6	5.3	3.1	2.4
Profit Margin, After Income Tax	37	2.5	10.1	7.8	1.3	4.3	3.4	2.0	2.3	2.4	2.2	4.5	2.1	1.7

Trends in Selected Ratios and Factors, 1990-1999

		1990	1991	1992	1993	1994	1995	1996	1997	1998	1999
Cost of Operations (%)	38	77.0	76.9	82.1	82.5	82.9	80.6	79.7	81.2	80.0	78.8
Operating Margin (%)	39	1.6	1.9	1.3	0.6	1.2	0.8	1.0	1.1	1.8	1.9
Oper. Margin Before Officers Comp. (%)	40	3.2	3.7	3.8	2.9	3.6	3.3	3.5	3.3	4.2	4.5
Average Net Receivables ($)	41	585	813	599	1012	701	588	719	840	536	665
Average Inventories ($)	42	261	385	383	556	422	386	456	501	343	451
Average Net Worth ($)	43	507	605	562	717	722	710	755	816	476	773
Current Ratio (×1)	44	1.5	1.4	1.5	1.7	1.5	1.6	1.5	1.5	1.4	1.5
Quick Ratio (×1)	45	1.1	0.9	0.9	1.1	1.0	1.0	0.9	0.9	0.9	0.9
Coverage Ratio (×1)	46	5.7	7.8	4.1	3.7	5.6	4.4	4.3	4.6	5.5	4.6
Asset Turnover (×1)	47	3.2	2.9	3.0	2.7	3.2	2.7	2.7	2.9	2.9	2.5
Operating Leverage	48	1.0	1.2	0.7	0.5	2.0	0.7	1.3	1.1	1.6	1.1
Financial Leverage	49	1.0	1.2	0.9	0.9	1.2	0.9	1.0	1.0	1.1	1.0
Total Leverage	50	1.0	1.5	0.7	0.5	2.3	0.6	1.2	1.1	1.8	1.1

Table I

Corporations with and without Net Income

PETROLEUM AND PETROLEUM PRODUCTS

MONEY AMOUNTS AND SIZE OF ASSETS IN THOUSANDS OF DOLLARS

Item Description for Accounting Period 7/95 Through 6/96	Total	Zero Assets	Under 100	100 to 250	251 to 500	501 to 1,000	1,001 to 5,000	5,001 to 10,000	10,001 to 25,000	25,001 to 50,000	50,001 to 100,000	100,001 to 250,000	250,001 and over
Number of Enterprises **1**	11612	277	3429	1532	1354	1428	2802	425	215	82	34	18	17
Revenues ($ in Thousands)													
Net Sales **2**	149053928	12820236	2149862	1301229	3188354	4850967	29072134	12485345	16657077	10251579	11303743	9817635	35155766
Portfolio Income **3**	8677931	5252	10495	1042	15266	16294	61928	25970	47034	34353	26073	76174	8358050
Other Revenues **4**	1333892	8014	3198	1876	31763	34880	217529	86786	116410	58945	56756	56206	661531
Total Revenues **5**	159065751	12833502	2163555	1304147	3235383	4902141	29351591	12598101	16820521	10344877	11386572	9950015	44175347
Average Total Revenues **6**	13698	46330	631	851	2390	3433	10475	29643	78235	126157	334899	552779	2598550
Operating Costs/Operating Income (%)													
Cost of Operations **7**	89.7	97.7	85.1	79.2	82.1	83.9	87.0	85.3	91.0	91.1	94.0	94.3	89.0
Rent **8**	2.8	0.4	2.8	3.2	5.2	2.9	3.3	4.3	2.7	2.7	1.8	1.7	3.2
Taxes Paid **9**	1.2	0.1	1.0	2.9	3.8	3.2	2.2	1.9	0.6	1.0	0.4	0.3	0.8
Interest Paid **10**	4.4	0.4	0.9	0.2	0.3	0.4	0.5	0.6	0.5	0.6	0.7	0.6	17.0
Depreciation, Depletion, Amortization **11**	1.1	0.1	0.6	1.3	0.9	1.2	1.2	1.4	1.0	1.1	0.7	1.0	1.6
Pensions and Other Benefits **12**	0.3	•	•	0.4	0.4	0.4	0.3	0.4	0.2	0.3	0.2	0.2	0.5
Other **13**	5.5	0.8	9.2	8.2	6.8	6.0	4.6	4.7	3.6	2.9	2.6	2.6	10.9
Officers Compensation **14**	0.6	•	1.0	3.4	1.6	2.1	1.1	1.1	0.4	0.5	0.2	0.5	0.2
Operating Margin **15**	•	0.5	•	1.3	•	0.1	•	0.4	•	•	•	•	•
Oper. Margin Before Officers Compensation **16**	•	0.5	0.4	4.7	0.5	2.2	1.1	1.5	0.4	0.4	•	•	•
Selected Average Balance Sheet ($ in Thousands)													
Net Receivables **17**	1051	•	9	39	95	221	614	1801	4507	9403	24342	40350	346609
Inventories **18**	1352	•	2	20	45	95	256	972	1339	5221	9979	22259	757527
Net Property, Plant and Equipment **19**	1185	•	15	43	94	167	755	2622	5924	11784	13511	44107	385557
Total Assets **20**	17700	•	42	160	353	701	2118	6942	15440	34641	68437	147072	10802917

Notes and Loans Payable	21	4686	•	37	19	101	150	595	2090	4704	12249	25770	46842	2800824
All Other Liabilities	22	10879	•	5	51	88	194	695	2186	5344	12762	26513	60643	6986198
Net Worth	23	2136	•	-1	90	164	357	828	2666	5392	9630	16154	39587	1015895

Selected Financial Ratios (Times to 1)

Current Ratio	24	1.1	•	2.7	2.0	2.5	2.0	1.6	1.4	1.2	1.1	1.2	1.1	1.1
Quick Ratio	25	0.4	•	2.5	1.6	1.8	1.5	1.2	1.0	0.9	0.7	0.8	0.7	0.3
Net Sales to Working Capital	26	7.7	•	43.8	14.9	16.3	15.0	24.5	30.8	•	•	•	•	2.1
Coverage Ratio	27	1.4	2.5	1.0	8.5	2.3	3.8	3.1	3.2	2.9	2.3	1.2	1.4	1.3
Total Asset Turnover	28	0.7	•	•	5.3	6.7	4.9	4.9	4.2	5.0	3.6	4.9	3.7	0.2
Inventory Turnover	29	4.3	•	•	•	•	•	•	•	•	•	•	•	1.1
Receivables Turnover	30	6.4	•	•	•	•	•	•	•	•	•	•	•	2.0
Total Liabilities to Net Worth	31	7.3	•	•	0.8	1.2	1.0	1.6	1.6	1.9	2.6	3.2	2.7	9.6

Selected Financial Factors (in Percentages)

Debt Ratio	32	87.9	•	•	43.8	53.6	49.1	60.9	61.6	65.1	72.2	76.4	73.1	90.6
Return on Assets	33	4.4	•	13.7	9.0	5.0	7.8	6.7	7.7	6.9	5.2	3.8	3.2	4.2
Return on Equity	34	6.9	•	24.2	14.1	4.9	9.2	9.9	11.0	9.8	7.2	1.2	2.0	6.0
Return Before Interest on Equity	35	•	•	•	16.0	10.7	15.3	17.2	19.9	19.7	18.7	16.1	12.0	•
Profit Margin, Before Income Tax	36	1.7	0.6	•	1.5	0.4	1.2	0.9	1.2	0.9	0.8	0.1	0.3	4.7
Profit Margin, After Income Tax	37	1.2	0.4	•	1.5	0.4	1.0	0.8	1.0	0.7	0.6	•	0.2	2.9

Trends in Selected Ratios and Factors, 1990-1999

		1990	1991	1992	1993	1994	1995	1996	1997	1998	1999
Cost of Labor (%)	38	89.8	92.0	91.1	92.0	92.0	91.2	91.2	91.1	90.2	89.7
Operating Margin (%)	39	•	•	•	•	•	•	•	•	•	•
Oper. Margin Before Officers Comp. (%)	40	•	•	•	•	•	•	•	•	•	•
Average Net Receivables ($)	41	766	878	610	810	859	1845	3588	2279	3029	1051
Average Inventories ($)	42	244	283	236	253	285	2170	4769	4370	4112	1352
Average Net Worth ($)	43	820	809	712	783	764	1048	1216	2024	2269	2136
Current Ratio (×1)	44	1.2	1.2	1.3	1.3	1.2	1.2	1.1	1.2	1.2	1.1
Quick Ratio (×1)	45	0.9	0.9	0.9	0.9	0.9	0.6	0.6	0.4	0.5	0.4
Coverage Ratio (×1)	46	2.3	2.1	2.4	2.2	1.7	1.4	1.4	1.1	1.4	1.4
Asset Turnover (×1)	47	3.3	3.4	3.9	3.9	4.4	1.4	0.9	0.7	0.7	0.7
Total Liabilities/Net Worth (×1)	48	2.2	2.7	2.3	2.5	2.5	7.5	12.3	7.7	7.1	7.3
Return on Assets (×1)	49	7.4	4.9	6.7	5.8	6.0	7.5	3.4	2.3	4.0	4.4
Return on Equity (%)	50	6.8	4.8	8.7	7.0	5.3	14.4	8.6	•	4.8	6.9

Table II
Corporations with Net Income

PETROLEUM AND PETROLEUM PRODUCTS

MONEY AMOUNTS AND SIZE OF ASSETS IN THOUSANDS OF DOLLARS

Item Description for Accounting Period 7/95 Through 6/96	Total	Zero Assets	Under 100	100 to 250	251 to 500	501 to 1,000	1,001 to 5,000	5,001 to 10,000	10,001 to 25,000	25,001 to 50,000	50,001 to 100,000	100,001 to 250,000	250,001 and over
Number of Enterprises **1**	7703	62	1852	867	931	1086	2274	354	182	52	19	11	11
Revenues ($ in Thousands)													
Net Sales **2**	112674983	8458066	1903883	656686	2486247	3839941	25295919	11353643	13796833	7003798	5496964	4729496	27653507
Portfolio Income **3**	8531262	3365	10293	549	13403	14287	51278	23712	40761	25452	15164	52562	8280439
Other Revenues **4**	1142547	4382	1260	542	24675	27979	171327	80991	109949	42142	26201	37189	615907
Total Revenues **5**	122348792	8465813	1915436	657777	2524325	3882207	25518524	11458346	13947543	7071392	5538329	4819247	36549853
Average Total Revenues **6**	15883	136545	1034	759	2711	3575	11222	32368	76635	135988	291491	438113	3322714
Operating Costs/Operating Income (%)													
Cost of Operations **7**	88.2	97.5	84.4	73.4	81.2	83.7	86.7	85.3	90.1	90.7	93.1	91.6	86.9
Rent **8**	3.1	0.4	3.0	3.6	5.0	2.4	3.3	4.3	3.0	2.8	2.1	2.4	3.7
Taxes Paid **9**	1.4	0.1	0.5	3.7	4.4	3.7	2.3	2.0	0.7	0.6	0.5	0.4	0.9
Interest Paid **10**	5.6	0.5	0.9	0.3	0.2	0.4	0.4	0.5	0.5	0.5	0.5	0.6	21.3
Depreciation, Depletion, Amortization **11**	1.2	•	0.3	1.6	0.7	1.1	1.2	1.4	1.2	1.1	0.6	1.2	1.9
Pensions and Other Benefits **12**	0.3	•	•	0.4	0.5	0.4	0.3	0.4	0.2	0.3	0.2	0.3	0.6
Other **13**	6.2	0.4	8.6	10.3	6.4	5.7	4.3	4.6	3.8	3.0	2.8	3.6	13.1
Officers Compensation **14**	0.6	•	1.0	3.1	1.9	2.3	1.1	1.0	0.4	0.5	0.2	0.6	0.1
Operating Margin **15**	•	1.1	1.4	3.7	•	0.5	0.5	0.6	0.2	0.6	•	•	•
Oper. Margin Before Officers Compensation **16**	•	1.1	2.4	6.8	1.5	2.8	1.5	1.7	0.6	1.1	0.2	•	•
Selected Average Balance Sheet ($ in Thousands)													
Net Receivables **17**	1283	•	15	40	101	210	607	1922	4099	9775	23412	36757	484698
Inventories **18**	1900	•	0	10	42	95	270	1088	1311	4461	10743	11660	1153196
Net Property, Plant and Equipment **19**	1477	•	2	49	75	155	722	2628	6529	13054	13650	40730	540591
Total Assets **20**	25622	•	45	159	353	716	2100	7094	15350	34285	68058	138619	16487347

Notes and Loans Payable 21	6327	•	42	17	78	132	543	1784	4779	11771	28245	28820	4020650
All Other Liabilities 22	16028	•	0	66	84	194	665	2308	5033	12713	22655	58426	10739974
Net Worth 23	3267	•	2	75	191	390	891	3002	5538	9801	17159	51373	1726724
Selected Financial Ratios (Times to 1)													
Current Ratio 24	1.2	•	11.4	1.5	3.0	2.0	1.6	1.4	1.2	1.0	1.2	1.2	1.1
Quick Ratio 25	0.4	•	11.4	1.4	2.2	1.5	1.2	1.0	0.9	0.7	0.8	0.8	0.4
Net Sales to Working Capital 26	5.3	•	30.8	20.5	15.3	15.2	24.9	29.3	•	•	38.4	41.1	1.5
Coverage Ratio 27	1.5	3.6	3.3	•	8.6	5.7	4.6	4.4	3.5	3.9	2.4	3.0	1.3
Total Asset Turnover 28	0.6	•	•	4.8	7.6	4.9	5.3	4.5	4.9	3.9	4.3	3.1	0.2
Inventory Turnover 29	3.3	•	•	•	•	•	•	•	•	•	•	•	0.9
Receivables Turnover 30	5.4	•	•	•	•	•	•	•	•	•	•	9.5	1.7
Total Liabilities to Net Worth 31	6.9	•	19.0	1.1	0.9	0.8	1.4	1.4	1.8	2.5	3.0	1.7	8.6
Selected Financial Factors (in Percentages)													
Debt Ratio 32	87.3	•	95.0	52.6	45.8	45.6	57.6	57.7	63.9	71.4	74.8	62.9	89.5
Return on Assets 33	4.7	•	•	19.8	10.4	9.7	9.2	9.0	8.5	8.1	5.4	5.8	4.3
Return on Equity 34	8.6	•	•	39.0	15.7	12.1	15.0	13.7	13.4	16.0	10.1	8.8	6.3
Return Before Interest on Equity 35	•	•	•	•	19.2	17.7	21.6	21.3	23.7	28.2	21.6	15.5	•
Profit Margin, Before Income Tax 36	2.6	1.2	2.0	3.9	1.2	1.6	1.4	1.5	1.2	1.5	0.8	1.2	6.6
Profit Margin, After Income Tax 37	1.9	0.9	1.9	3.9	1.1	1.3	1.2	1.3	1.0	1.2	0.6	1.1	4.4

Trends in Selected Ratios and Factors, 1990-1999

	1990	1991	1992	1993	1994	1995	1996	1997	1998	1999
Cost of Operations (%) 38	89.2	90.1	89.6	92.0	91.5	90.3	90.0	89.9	89.9	88.2
Operating Margin (%) 39	0.2	•	•	0.4	•	•	•	•	•	•
Oper. Margin Before Officers Comp. (%) 40	1.0	0.6	0.8	1.0	0.3	•	•	•	•	•
Average Net Receivables ($) 41	904	1144	661	881	1050	2789	5073	2889	4653	1283
Average Inventories ($) 42	248	314	245	318	335	3542	7103	6032	6669	1900
Average Net Worth ($) 43	997	1306	951	1195	1136	1533	1617	2811	3735	3267
Current Ratio (×1) 44	1.3	1.3	1.4	1.3	1.2	1.2	1.1	1.2	1.2	1.2
Quick Ratio (×1) 45	1.0	1.0	1.0	0.9	0.9	0.5	0.6	0.4	0.5	0.4
Coverage Ratio (×1) 46	3.9	4.2	4.1	4.6	3.1	1.6	1.7	1.5	1.6	1.5
Asset Turnover (×1) 47	3.4	3.1	3.5	4.7	4.2	1.1	0.7	0.6	0.6	0.6
Operating Leverage 48	1.1	•	0.9	•	•	15.5	0.9	1.1	1.2	1.0
Financial Leverage 49	1.0	1.1	1.1	1.1	0.9	0.6	1.0	0.9	1.1	0.9
Total Leverage 50	1.1	•	1.0	•	•	9.0	0.9	0.9	1.4	0.8

Table I

Corporations with and without Net Income

ALCOHOLIC BEVERAGES

MONEY AMOUNTS AND SIZE OF ASSETS IN THOUSANDS OF DOLLARS

Item Description for Accounting Period 7/95 Through 6/96	Total	Zero Assets	Under 100	100 to 250	251 to 500	501 to 1,000	1,001 to 5,000	5,001 to 10,000	10,001 to 25,000	25,001 to 50,000	50,001 to 100,000	100,001 to 250,000	250,001 and over
Number of Enterprises **1**	4832	32	1176	790	520	463	1281	279	191	63	19	13	6
Revenues ($ in Thousands)													
Net Sales **2**	54316286	130946	158953	662038	1057277	1362130	11813030	7939222	10435930	6843300	3019839	5140484	5753138
Portfolio Income **3**	298836	10	•	628	420	1404	28083	11663	25306	10899	11310	20818	188297
Other Revenues **4**	570228	93	5233	192	11101	36586	42411	78633	94599	81615	14283	42504	162976
Total Revenues **5**	55185350	131049	164186	662858	1068798	1400120	11883524	8029518	10555835	6935814	3045432	5203806	6104411
Average Total Revenues **6**	11421	4095	140	839	2055	3024	9277	28780	55266	110092	160286	400293	1017402
Operating Costs/Operating Income (%)													
Cost of Operations **7**	75.6	81.2	90.9	70.7	75.4	79.6	76.3	75.5	76.0	75.9	70.6	76.3	74.6
Rent **8**	7.9	7.6	3.6	10.8	8.7	5.7	8.3	7.9	7.7	9.1	7.8	6.8	7.4
Taxes Paid **9**	4.6	1.3	2.3	1.8	2.6	1.8	3.1	5.1	4.0	4.7	8.5	5.7	5.7
Interest Paid **10**	1.1	1.4	16.3	0.3	1.8	0.5	0.6	0.7	0.7	0.8	1.3	0.7	3.5
Depreciation, Depletion, Amortization **11**	1.0	1.3	0.9	0.7	1.4	1.2	1.1	1.1	0.9	0.9	1.1	0.8	1.2
Pensions and Other Benefits **12**	1.1	0.9	•	1.1	0.8	0.6	1.1	1.1	1.1	1.0	0.7	1.2	1.3
Other **13**	6.7	6.1	20.8	11.5	11.4	7.1	5.7	5.7	6.4	6.0	7.6	5.8	10.0
Officers Compensation **14**	1.4	0.3	•	2.7	1.9	3.0	2.1	1.5	1.4	1.1	1.0	0.6	0.6
Operating Margin **15**	0.7	•	•	0.6	•	0.6	1.8	1.5	1.9	0.6	1.4	2.1	•
Oper. Margin Before Officers Compensation **16**	2.1	0.3	•	3.3	•	3.6	3.9	3.0	3.3	1.7	2.4	2.7	•
Selected Average Balance Sheet ($ in Thousands)													
Net Receivables **17**	803	•	0	1	85	94	367	1092	2962	10444	14642	33920	179356
Inventories **18**	999	•	14	36	131	202	694	1392	3822	10503	18566	51162	155972
Net Property, Plant and Equipment **19**	665	•	3	22	38	122	539	1471	2610	6720	11161	22530	98002
Total Assets **20**	4002	•	24	148	384	687	2391	7136	15044	36145	68612	166326	834109

Notes and Loans Payable	21	1187	•	63	55	279	228	684	2328	4500	10988	23354	33307	235644
All Other Liabilities	22	1233	•	14	18	165	121	548	1261	3512	12641	16015	42726	400885
Net Worth	23	1582	•	-53	75	-60	339	1158	3547	7032	12516	29244	90293	197581

Selected Financial Ratios (Times to 1)

Current Ratio	24	1.5	•	1.1	3.0	1.1	2.7	2.0	2.2	1.9	1.5	1.7	1.9	1.0
Quick Ratio	25	0.8	•	0.3	1.2	0.5	1.4	1.0	1.2	1.0	0.8	0.8	0.9	0.5
Net Sales to Working Capital	26	14.2	•	•	20.7	•	10.7	12.8	14.0	13.0	13.2	9.6	8.1	•
Coverage Ratio	27	3.2	1.1	•	3.1	•	7.5	5.0	4.6	5.7	3.4	2.7	6.0	1.5
Total Asset Turnover	28	2.8	•	5.7	5.7	5.3	4.3	3.9	4.0	3.6	3.0	2.3	2.4	1.2
Inventory Turnover	29	8.7	•	•	•	•	•	•	•	•	8.6	6.7	6.6	4.4
Receivables Turnover	30	•	•	•	•	•	•	•	•	•	•	•	•	5.1
Total Liabilities to Net Worth	31	1.5	•	•	1.0	•	1.0	1.1	1.0	1.1	1.9	1.4	0.9	3.2

Selected Financial Factors (in Percentages)

Debt Ratio	32	60.5	•	•	49.4	•	50.7	51.6	50.3	53.3	65.4	57.4	45.7	76.3
Return on Assets	33	9.5	•	•	5.7	•	16.7	11.6	13.4	13.3	8.2	8.3	9.5	6.2
Return on Equity	34	14.5	•	•	5.8	•	28.4	17.2	20.8	21.7	15.1	10.3	10.8	6.9
Return Before Interest on Equity	35	24.1	•	•	11.2	•	33.9	24.0	26.9	28.5	23.6	19.5	17.5	26.1
Profit Margin, Before Income Tax	36	2.3	0.1	•	0.7	•	3.4	2.4	2.6	3.0	1.9	2.3	3.3	1.9
Profit Margin, After Income Tax	37	2.0	•	•	0.5	•	3.3	2.2	2.6	2.8	1.7	1.9	2.5	1.4

Trends in Selected Ratios and Factors, 1990-1999

		1990	1991	1992	1993	1994	1995	1996	1997	1998	1999
Cost of Labor (%)	38	75.4	76.1	76.7	77.2	75.1	76.0	75.7	75.3	75.8	75.6
Operating Margin (%)	39	0.6	0.9	0.2	0.9	1.1	0.9	1.1	0.9	0.8	0.7
Oper. Margin Before Officers Comp. (%)	40	2.1	2.4	1.8	2.3	2.5	2.4	2.7	2.5	2.1	2.1
Average Net Receivables ($)	41	494	515	706	777	742	809	854	910	821	803
Average Inventories ($)	42	703	684	918	835	952	944	1001	1134	1010	999
Average Net Worth ($)	43	872	1101	1513	1519	1541	1394	1445	1654	1507	1582
Current Ratio (×1)	44	1.5	1.6	1.6	1.6	1.6	1.5	1.5	1.6	1.7	1.5
Quick Ratio (×1)	45	0.7	0.8	0.8	0.9	0.8	0.8	0.8	0.8	0.8	0.8
Coverage Ratio (×1)	46	3.0	3.2	3.1	3.1	3.3	3.1	3.7	3.3	3.6	3.2
Asset Turnover (×1)	47	3.3	2.9	2.8	2.7	2.9	2.9	2.9	2.9	2.9	2.8
Total Liabilities/Net Worth (×1)	48	1.8	1.4	1.4	1.5	1.5	1.7	1.7	1.7	1.7	1.5
Return on Assets (×1)	49	11.0	10.5	10.2	10.3	11.9	10.5	10.2	9.3	11.2	9.5
Return on Equity (%)	50	14.7	14.7	14.1	15.2	17.5	16.3	17.2	14.7	18.0	14.5

Table II

Corporations with Net Income

ALCOHOLIC BEVERAGES

MONEY AMOUNTS AND SIZE OF ASSETS IN THOUSANDS OF DOLLARS

Item Description for Accounting Period 7/95 Through 6/96	Total	Zero Assets	Under 100	100 to 250	251 to 500	501 to 1,000	1,001 to 5,000	5,001 to 10,000	10,001 to 25,000	25,001 to 50,000	50,001 to 100,000	100,001 to 250,000	250,001 and over
Number of Enterprises 1	2854	17	208	451	264	403	1071	198	165	46	15	•	•
Revenues ($ in Thousands)													
Net Sales 2	46169392	101340	156354	620423	479765	1295415	10751572	6092510	9166619	4978736	2385666	•	•
Portfolio Income 3	190700	•	•	628	420	762	27210	10081	23445	4270	10663	•	•
Other Revenues 4	431805	82	3194	182	10845	35899	39878	75745	65864	80043	11672	•	•
Total Revenues 5	46791897	101422	159548	621233	491030	1332076	10818660	6178336	9255928	5063049	2408001	•	•
Average Total Revenues 6	16395	5966	767	1377	1860	3305	10101	31204	56097	110066	160533	•	•
Operating Costs/Operating Income (%)													
Cost of Operations 7	75.8	83.3	90.9	70.6	76.9	78.9	76.1	75.4	76.0	76.7	69.5	•	•
Rent 8	7.8	5.9	3.7	11.2	7.1	5.8	8.2	8.1	7.7	8.6	7.6	•	•
Taxes Paid 9	4.5	1.2	1.0	1.8	2.9	1.9	3.3	4.2	4.4	3.6	8.8	•	•
Interest Paid 10	0.8	1.6	0.6	0.2	0.2	0.5	0.6	0.7	0.6	0.8	1.0	•	•
Depreciation, Depletion, Amortization 11	1.0	1.6	0.2	0.4	0.6	1.2	1.1	1.1	0.9	0.9	1.1	•	•
Pensions and Other Benefits 12	1.1	1.1	•	1.2	1.6	0.6	1.1	1.1	1.1	1.1	0.7	•	•
Other 13	6.0	5.1	5.6	11.4	9.5	7.0	5.6	5.5	5.7	5.5	7.8	•	•
Officers Compensation 14	1.3	•	•	2.2	2.4	3.1	2.0	1.5	1.2	1.1	1.1	•	•
Operating Margin 15	1.8	0.2	•	1.2	•	1.1	2.2	2.4	2.6	1.7	2.5	•	•
Oper. Margin Before Officers Compensation 16	3.1	0.2	•	3.4	1.4	4.2	4.2	3.9	3.8	2.8	3.6	•	•
Selected Average Balance Sheet ($ in Thousands)													
Net Receivables 17	1103	•	•	1	125	107	348	1108	3104	10377	14215	•	•
Inventories 18	1428	•	39	56	108	206	751	1321	4005	10912	19755	•	•
Net Property, Plant and Equipment 19	914	•	3	28	22	129	564	1821	2585	6984	11290	•	•
Total Assets 20	5376	•	43	151	389	700	2495	7473	15327	37050	67780	•	•

Notes and Loans Payable	21	1500	•	68	20	83	195	729	2393	4177	11034	18870	•	•
All Other Liabilities	22	1479	•	4	30	176	139	606	1113	3640	13632	17052	•	•
Net Worth	23	2398	•	-28	100	130	366	1160	3967	7511	12384	31857	•	•

Selected Financial Ratios (Times to 1)

Current Ratio	24	1.7	•	2.9	3.0	1.6	2.5	1.9	2.3	1.9	1.4	1.8	•	•
Quick Ratio	25	0.9	•	0.1	1.1	0.9	1.4	0.9	1.3	1.0	0.7	0.9	•	•
Net Sales to Working Capital	26	12.1	•	28.8	22.1	18.1	11.7	14.5	13.9	12.7	14.9	8.5	•	•
Coverage Ratio	27	4.9	1.2	1.1	8.6	7.5	9.1	5.7	6.6	7.1	5.1	4.3	•	•
Total Asset Turnover	28	3.0	•	•	9.1	4.7	4.6	4.0	4.1	3.6	2.9	2.4	•	•
Inventory Turnover	29	8.5	•	•	•	•	•	•	•	•	8.0	6.2	•	•
Receivables Turnover	30	•	•	•	•	•	•	•	•	•	•	•	•	•
Total Liabilities to Net Worth	31	1.3	•	•	0.5	2.0	0.9	1.2	0.9	1.1	2.0	1.1	•	•

Selected Financial Factors (in Percentages)

Debt Ratio	32	55.4	•	•	33.4	66.7	47.7	53.5	46.9	51.0	66.6	53.0	•	•
Return on Assets	33	11.9	•	11.0	13.7	7.4	20.2	13.6	18.0	15.1	12.2	10.3	•	•
Return on Equity	34	18.9	•	•	15.9	18.3	33.3	21.9	28.4	24.7	26.8	14.4	•	•
Return Before Interest on Equity	35	26.6	•	•	20.5	22.1	•	29.3	34.0	30.9	•	21.9	•	•
Profit Margin, Before Income Tax	36	3.1	0.3	•	1.3	1.4	3.9	2.8	3.7	3.6	3.3	3.4	•	•
Profit Margin, After Income Tax	37	2.8	•	•	1.2	1.3	3.8	2.5	3.7	3.3	3.1	2.9	•	•

Trends in Selected Ratios and Factors, 1990-1999

		1990	1991	1992	1993	1994	1995	1996	1997	1998	1999
Cost of Operations (%)	38	75.7	75.5	76.8	77.5	75.1	76.0	75.4	74.8	75.9	75.8
Operating Margin (%)	39	1.7	1.9	1.4	1.6	1.8	1.3	1.5	1.6	1.2	1.8
Oper. Margin Before Officers Comp. (%)	40	3.2	3.3	3.0	2.9	3.2	2.7	3.1	3.2	2.6	3.1
Average Net Receivables ($)	41	654	754	1284	1054	1377	1285	1187	1209	1360	1103
Average Inventories ($)	42	906	1005	1623	1095	1645	1457	1367	1623	1680	1428
Average Net Worth ($)	43	1319	1622	2742	2129	2925	2274	2097	2448	2495	2398
Current Ratio (×1)	44	1.7	1.6	1.7	1.6	1.7	1.6	1.6	1.8	1.6	1.7
Quick Ratio (×1)	45	0.8	0.8	0.9	0.9	0.9	0.8	0.8	0.9	0.8	0.9
Coverage Ratio (×1)	46	5.7	4.0	4.1	3.9	4.0	3.5	4.4	4.2	4.2	4.9
Asset Turnover (×1)	47	3.5	2.9	3.0	2.8	2.9	2.9	2.9	3.0	2.9	3.0
Operating Leverage	48	1.1	1.1	0.8	1.1	1.2	0.7	1.2	1.0	0.8	1.5
Financial Leverage	49	1.2	1.0	1.0	1.0	1.0	0.9	1.1	1.0	1.0	1.1
Total Leverage	50	1.3	1.1	0.8	1.1	1.2	0.7	1.3	1.0	0.8	1.6

Table I

Corporations with and without Net Income

MISCELLANEOUS NONDURABLE GOODS; WHOLESALE TRADE NOT ALLOCABLE

MONEY AMOUNTS AND SIZE OF ASSETS IN THOUSANDS OF DOLLARS

Item Description for Accounting Period 7/95 Through 6/96		Total	Zero Assets	Under 100	100 to 250	251 to 500	501 to 1,000	1,001 to 5,000	5,001 to 10,000	10,001 to 25,000	25,001 to 50,000	50,001 to 100,000	100,001 to 250,000	250,001 and over
Number of Enterprises	1	47322	2330	21970	9235	4797	3344	4450	596	417	89	61	16	17
Revenues ($ in Thousands)														
Net Sales	2	142965305	1178771	4509570	4778777	7116872	6617545	30251351	10768214	18428446	8224740	8356133	4619578	38115308
Portfolio Income	3	702559	40813	6453	27900	25908	17273	69268	33963	47602	76694	58155	22946	275584
Other Revenues	4	1709197	23488	142965	44152	22957	265020	200853	93191	233084	100329	68567	34185	480406
Total Revenues	5	145377061	1243072	4658988	4850829	7165737	6899838	30521472	10895368	18709132	8401763	8482855	4676709	38871298
Average Total Revenues	6	3072	534	212	525	1494	2063	6859	18281	44866	94402	139063	292294	2286547
Operating Costs/Operating Income (%)														
Cost of Operations	7	80.3	80.7	63.5	69.3	76.5	71.9	81.4	76.1	81.4	80.7	78.6	71.6	86.9
Rent	8	5.9	7.1	7.9	6.5	6.2	9.0	5.1	6.7	5.5	5.4	5.2	7.1	5.7
Taxes Paid	9	1.2	1.5	2.1	2.1	1.4	1.9	1.5	1.2	1.1	1.1	1.3	1.0	0.8
Interest Paid	10	0.9	1.7	0.4	0.7	0.4	0.8	0.8	1.1	0.9	1.0	1.6	0.7	1.1
Depreciation, Depletion, Amortization	11	0.9	0.9	0.7	1.2	0.6	1.4	0.8	0.9	0.8	0.7	1.3	1.1	0.9
Pensions and Other Benefits	12	0.6	0.5	1.2	0.5	0.5	0.7	0.6	0.7	0.6	0.7	0.6	0.6	0.4
Other	13	8.5	12.0	16.9	16.1	9.8	13.9	7.3	10.7	7.9	10.0	9.0	14.8	4.7
Officers Compensation	14	1.9	1.3	9.6	3.7	5.4	3.9	2.5	1.8	1.4	0.7	1.1	0.9	0.2
Operating Margin	15	•	•	•	•	•	•	0.1	0.9	0.5	•	1.3	2.2	•
Oper. Margin Before Officers Compensation	16	1.7	•	7.4	3.6	4.6	0.6	2.6	2.8	1.9	0.5	2.4	3.1	•
Selected Average Balance Sheet ($ in Thousands)														
Net Receivables	17	323	•	3	37	104	227	604	2159	5330	11037	21594	30766	272363
Inventories	18	291	•	8	33	97	166	583	2132	4510	9043	19419	42341	226967
Net Property, Plant and Equipment	19	190	•	6	29	49	154	283	1022	1748	3886	9035	22943	233333
Total Assets	20	1110	•	32	162	355	711	1967	6854	14920	35573	71377	138003	1027156

Notes and Loans Payable	21	384	•	32	151	110	243	635	2377	4619	9744	26376	26446	333416
All Other Liabilities	22	422	•	10	83	157	236	628	2679	5680	12964	24053	54885	422133
Net Worth	23	304	•	-11	-72	88	232	704	1797	4621	12865	20948	56671	271607

Selected Financial Ratios (Times to 1)

Current Ratio	24	1.4	•	1.8	0.6	1.5	1.6	1.8	1.5	1.5	1.5	1.4	2.2	1.2
Quick Ratio	25	0.8	•	1.0	0.4	0.9	1.0	1.0	0.8	0.8	0.8	0.8	1.2	0.6
Net Sales to Working Capital	26	13.8	•	20.8	•	17.5	10.9	10.1	10.9	12.5	10.6	9.1	5.1	21.7
Coverage Ratio	27	2.6	0.9	3.9	3.1	0.6	2.1	2.3	3.0	3.2	3.0	2.7	6.0	2.3
Total Asset Turnover	28	2.7	•	6.5	3.2	4.2	2.8	3.5	2.6	3.0	2.6	1.9	2.1	2.2
Inventory Turnover	29	8.4	•	•	•	•	8.3	9.2	6.4	8.3	7.2	6.1	4.8	9.1
Receivables Turnover	30	9.7	•	•	•	•	8.3	•	8.4	8.8	8.4	7.1	8.2	8.8
Total Liabilities to Net Worth	31	2.7	•	•	•	3.0	2.1	1.8	2.8	2.2	1.8	2.4	1.4	2.8

Selected Financial Factors (in Percentages)

Debt Ratio	32	72.7	•	•	•	75.2	67.4	64.2	73.8	69.0	63.8	70.7	58.9	73.6
Return on Assets	33	6.6	•	9.9	6.8	1.1	4.7	6.2	8.3	8.6	7.7	8.3	8.5	5.3
Return on Equity	34	10.9	•	•	•	•	5.2	7.9	17.1	15.3	10.0	13.8	14.8	6.5
Return Before Interest on Equity	35	24.0	•	•	•	4.3	14.4	17.3	31.5	27.6	21.3	28.4	20.6	20.0
Profit Margin, Before Income Tax	36	1.5	•	1.1	1.4	•	0.9	1.0	2.1	2.0	2.0	2.8	3.4	1.4
Profit Margin, After Income Tax	37	1.1	•	1.1	1.2	•	0.6	0.8	1.7	1.6	1.4	2.1	2.9	0.8

Trends in Selected Ratios and Factors, 1990-1999

		1990	1991	1992	1993	1994	1995	1996	1997	1998	1999
Cost of Labor (%)	38	78.8	79.7	79.2	79.8	79.6	79.5	79.5	79.9	79.9	80.3
Operating Margin (%)	39	•	•	•	•	•	•	•	•	0.4	•
Oper. Margin Before Officers Comp. (%)	40	0.9	1.5	1.7	1.2	1.5	1.7	2.2	2.2	2.4	1.7
Average Net Receivables ($)	41	212	210	262	251	260	283	288	317	316	323
Average Inventories ($)	42	196	205	253	262	247	253	273	301	302	291
Average Net Worth ($)	43	218	228	224	245	253	293	312	295	300	304
Current Ratio (×1)	44	1.4	1.4	1.3	1.3	1.4	1.4	1.5	1.4	1.4	1.4
Quick Ratio (×1)	45	0.8	0.7	0.7	0.7	0.7	0.8	0.8	0.8	0.8	0.8
Coverage Ratio (×1)	46	2.0	2.1	2.4	1.8	1.8	2.3	3.0	3.1	3.3	2.6
Asset Turnover (×1)	47	2.7	2.6	2.5	2.6	2.7	2.6	2.8	2.8	2.8	2.7
Total Liabilities/Net Worth (×1)	48	2.5	2.5	3.3	2.8	2.7	2.3	2.2	2.7	2.6	2.7
Return on Assets (×1)	49	6.7	6.4	7.4	6.5	6.6	6.9	7.1	6.7	7.2	6.6
Return on Equity (%)	50	5.9	6.9	12.9	6.3	7.0	9.2	11.0	12.3	14.1	10.9

MISCELLANEOUS NONDURABLE GOODS; WHOLESALE TRADE NOT ALLOCABLE

MONEY AMOUNTS AND SIZE OF ASSETS IN THOUSANDS OF DOLLARS

Item Description for Accounting Period 7/95 Through 6/96		Total	Zero Assets	Under 100	100 to 250	251 to 500	501 to 1,000	1,001 to 5,000	5,001 to 10,000	10,001 to 25,000	25,001 to 50,000	50,001 to 100,000	100,001 to 250,000	250,001 and over
Number of Enterprises	1	23694	307	9142	5032	2467	2409	3372	500	331	67	43	12	13
Revenues ($ in Thousands)														
Net Sales	2	112108686	923554	2962515	3290973	3936036	5281914	22691864	9268269	14813748	7059650	6484816	2848959	32546388
Portfolio Income	3	557017	39613	5056	24289	19097	14368	61239	21981	39802	67375	39664	22103	202432
Other Revenues	4	1315224	19540	136309	38351	7245	244288	153150	87000	124069	74194	54631	30354	346092
Total Revenues	5	113980927	982707	3103880	3353613	3962378	5540570	22906253	9377250	14977619	7201219	6579111	2901416	33094912
Average Total Revenues	6	4811	3201	340	666	1606	2300	6793	18754	45250	107481	153003	241785	2545762
Operating Costs/Operating Income (%)														
Cost of Operations	7	79.5	77.7	58.8	72.5	72.8	70.2	80.0	75.0	79.9	80.5	77.0	60.2	87.3
Rent	8	5.8	8.0	9.0	4.1	6.3	9.3	4.9	6.8	5.7	4.8	5.4	9.0	5.3
Taxes Paid	9	1.2	1.3	1.9	1.6	1.7	1.6	1.7	1.2	0.9	1.1	1.4	1.3	0.8
Interest Paid	10	0.8	1.4	0.2	0.6	0.3	0.7	0.7	1.0	0.8	0.9	1.2	0.6	1.0
Depreciation, Depletion, Amortization	11	0.9	0.7	0.5	1.0	0.9	1.4	0.8	1.0	0.7	0.6	1.2	1.3	0.9
Pensions and Other Benefits	12	0.5	0.5	1.6	0.5	0.5	0.8	0.6	0.8	0.6	0.6	0.7	0.7	0.3
Other	13	8.0	9.3	15.4	12.9	9.5	14.2	7.1	10.5	7.9	9.0	8.2	21.0	4.2
Officers Compensation	14	1.9	1.1	10.8	3.6	5.9	3.7	2.6	1.9	1.5	0.7	1.2	1.4	0.2
Operating Margin	15	1.4	•	1.9	3.4	2.2	•	1.7	2.1	2.0	1.9	3.8	4.6	0.2
Oper. Margin Before Officers Compensation	16	3.3	1.2	12.7	6.9	8.1	1.9	4.3	4.0	3.6	2.6	5.0	5.9	0.4
Selected Average Balance Sheet ($ in Thousands)														
Net Receivables	17	517	•	4	42	111	251	624	2098	5299	11808	21238	29729	320293
Inventories	18	451	•	7	26	78	174	560	2212	4735	8866	20471	44866	255586
Net Property, Plant and Equipment	19	308	•	6	29	48	133	271	1121	1650	3933	9260	22107	284406
Total Assets	20	1735	•	35	168	352	704	1929	6975	14899	35012	71355	140786	1180480

Notes and Loans Payable 21	524	•	44	63	66	197	537	1975	4583	9007	23117	17735	379873
All Other Liabilities 22	629	•	11	49	115	224	582	2803	5426	12124	21712	58516	471397
Net Worth 23	582	•	-20	57	171	282	810	2197	4890	13880	26526	64536	329210

Selected Financial Ratios (Times to 1)

Current Ratio 24	1.5	•	1.9	2.1	2.2	1.7	1.9	1.6	1.5	1.6	1.6	2.3	1.3
Quick Ratio 25	0.9	•	1.3	1.5	1.4	1.1	1.1	0.8	0.8	0.9	0.8	1.3	0.7
Net Sales to Working Capital 26	11.4	•	28.4	10.6	11.4	10.4	9.3	9.7	12.0	10.5	7.8	3.7	19.3
Coverage Ratio 27	4.8	5.8	•	10.1	9.8	5.4	5.1	4.3	4.8	5.3	5.2	12.6	3.0
Total Asset Turnover 28	2.7	•	9.4	3.9	4.5	3.1	3.5	2.7	3.0	3.0	2.1	1.7	2.1
Inventory Turnover 29	8.3	•	•	•	•	8.2	9.4	6.2	8.3	7.9	6.2	3.0	8.9
Receivables Turnover 30	9.4	•	•	•	•	8.5	•	8.9	8.9	9.2	7.6	6.6	8.2
Total Liabilities to Net Worth 31	2.0	•	•	2.0	1.1	1.5	1.4	2.2	2.1	1.5	1.7	1.2	2.6

Selected Financial Factors (in Percentages)

Debt Ratio 32	66.5	•	•	66.2	51.5	59.9	58.0	68.5	67.2	60.4	62.8	54.2	72.1
Return on Assets 33	10.7	•	•	22.8	14.4	11.9	11.5	11.2	11.9	14.4	13.7	11.6	6.1
Return on Equity 34	21.3	•	•	•	23.8	21.5	19.9	23.6	24.2	24.4	25.0	20.5	9.6
Return Before Interest on Equity 35	32.0	•	•	•	29.7	29.7	27.5	•	•	•	•	25.3	21.7
Profit Margin, Before Income Tax 36	3.1	6.5	6.7	5.3	2.9	3.1	2.7	3.2	3.1	3.9	5.2	6.3	1.9
Profit Margin, After Income Tax 37	2.6	6.0	6.6	5.0	2.6	2.8	2.4	2.8	2.7	3.2	4.4	5.6	1.3

Trends in Selected Ratios and Factors, 1990-1999

	1990	1991	1992	1993	1994	1995	1996	1997	1998	1999
Cost of Operations (%) 38	77.5	78.2	79.1	79.5	78.6	79.1	79.0	79.8	79.5	79.5
Operating Margin (%) 39	0.8	1.4	1.5	1.2	1.5	1.2	1.5	1.4	1.7	1.4
Oper. Margin Before Officers Comp. (%) 40	2.9	3.5	3.5	3.2	3.7	3.1	3.5	3.3	3.6	3.3
Average Net Receivables ($) 41	277	324	326	357	363	438	508	497	462	517
Average Inventories ($) 42	240	312	327	388	336	388	467	468	427	451
Average Net Worth ($) 43	373	432	417	457	440	506	619	603	508	582
Current Ratio (×1) 44	1.7	1.6	1.6	1.5	1.5	1.5	1.5	1.5	1.6	1.5
Quick Ratio (×1) 45	1.0	0.9	0.9	0.8	0.8	0.9	0.8	0.8	0.9	0.9
Coverage Ratio (×1) 46	4.6	4.6	4.8	3.8	3.9	3.9	5.0	5.0	5.4	4.8
Asset Turnover (×1) 47	2.8	2.6	2.9	2.9	2.8	2.7	2.7	3.0	2.9	2.7
Operating Leverage 48	0.7	1.8	1.0	0.8	1.3	0.8	1.3	0.9	1.3	0.8
Financial Leverage 49	1.0	1.1	1.1	0.9	1.0	1.0	1.1	1.0	1.1	1.0
Total Leverage 50	0.7	1.9	1.1	0.8	1.3	0.8	1.3	0.9	1.3	0.8

Table I

Corporations with and without Net Income

BUILDING MATERIALS DEALERS

MONEY AMOUNTS AND SIZE OF ASSETS IN THOUSANDS OF DOLLARS

Item Description for Accounting Period 7/95 Through 6/96		Total	Zero Assets	Under 100	100 to 250	251 to 500	501 to 1,000	1,001 to 5,000	5,001 to 10,000	10,001 to 25,000	25,001 to 50,000	50,001 to 100,000	100,001 to 250,000	250,001 and over
Number of Enterprises	1	19897	1734	4671	4622	2437	2992	2972	225	172	37	14	12	10
Revenues ($ in Thousands)														
Net Sales	2	83339623	734601	1524495	3634981	2742345	5743244	16472937	4107030	5418234	3413260	1920777	4637175	33040542
Portfolio Income	3	813925	57523	1674	4032	6406	20972	60498	21337	33133	57899	22048	42730	485673
Other Revenues	4	781275	2205	30338	9864	32971	46815	117900	26119	64063	13338	18076	-20451	440037
Total Revenues	5	84984823	794329	1556507	3648877	2781722	5811031	16651335	4154486	5515430	3484497	1960901	4659454	33966252
Average Total Revenues	6	4271	458	333	789	1141	1942	5603	18464	32066	94176	140064	388288	3396625
Operating Costs/Operating Income (%)														
Cost of Operations	7	73.3	56.8	61.2	69.3	65.8	70.6	75.9	76.0	75.2	77.6	77.4	73.5	73.2
Rent	8	10.0	6.8	9.9	6.3	9.7	8.9	8.4	9.4	9.6	10.1	10.1	10.8	11.5
Taxes Paid	9	1.6	2.0	3.2	2.4	2.2	2.3	1.7	1.6	1.7	1.3	1.4	1.7	1.3
Interest Paid	10	1.5	0.5	0.4	0.6	0.8	1.2	0.9	1.3	1.4	1.7	1.6	2.5	2.0
Depreciation, Depletion, Amortization	11	1.5	0.6	0.5	1.2	1.2	1.5	1.1	1.1	1.4	1.1	1.4	2.0	2.0
Pensions and Other Benefits	12	0.8	0.1	0.8	0.8	1.4	0.9	1.0	0.9	1.2	1.0	1.2	0.9	0.5
Other	13	8.8	31.1	18.8	14.7	10.0	10.9	7.4	6.5	7.0	7.4	7.4	12.1	7.6
Officers Compensation	14	1.7	7.3	6.0	4.3	6.1	3.7	2.7	2.1	1.8	0.8	0.5	0.3	0.1
Operating Margin	15	0.8	•	•	0.4	2.9	•	0.9	1.2	0.9	•	•	•	1.9
Oper. Margin Before Officers Compensation	16	2.5	2.0	5.2	4.7	8.9	3.7	3.6	3.3	2.6	•	•	•	2.1
Selected Average Balance Sheet ($ in Thousands)														
Net Receivables	17	294	•	10	40	104	185	630	1745	4153	9793	21571	25531	86226
Inventories	18	580	•	14	64	108	275	724	2587	4030	11597	19385	65622	518469
Net Property, Plant and Equipment	19	612	•	8	33	60	125	359	1617	3521	8081	14188	51880	831552
Total Assets	20	1767		46	174	355	723	2134	7385	14642	35543	72932	179136	1609828

Notes and Loans Payable 21	503	•	37	74	110	278	549	2732	4218	13801	22114	95071	345409
All Other Liabilities 22	422	•	17	50	81	146	470	1167	2618	9534	14618	67445	396570
Net Worth 23	843	•	-8	50	164	299	1115	3487	7807	12209	36200	16620	867849

Selected Financial Ratios (Times to 1)

Current Ratio 24	2.0	•	1.9	2.0	2.7	2.7	2.4	1.8	2.2	2.2	2.3	1.4	1.7
Quick Ratio 25	0.8	•	0.9	1.0	1.4	1.3	1.3	0.8	1.2	1.0	1.3	0.4	0.3
Net Sales to Working Capital 26	8.4	•	20.5	12.5	6.9	5.6	5.8	7.9	6.1	6.9	4.9	14.3	12.3
Coverage Ratio 27	2.8	6.5	4.0	2.2	6.8	1.9	3.3	2.8	2.9	1.7	1.7	•	3.4
Total Asset Turnover 28	2.4	•	7.1	4.5	3.2	2.7	2.6	2.5	2.2	2.6	1.9	2.2	2.1
Inventory Turnover 29	5.5	•	•	9.7	6.3	5.3	5.8	5.2	6.1	6.1	5.1	4.7	4.9
Receivables Turnover 30	•	•	•	•	•	•	8.7	9.4	8.5	9.6	6.1	•	•
Total Liabilities to Net Worth 31	1.1	•	•	2.5	1.2	1.4	0.9	1.1	0.9	1.9	1.0	9.8	0.9

Selected Financial Factors (in Percentages)

Debt Ratio 32	52.3	•	•	71.2	53.9	58.7	47.7	52.8	46.7	65.7	50.4	90.7	46.1
Return on Assets 33	10.0	•	12.0	6.1	15.9	6.3	7.5	8.9	8.8	7.3	5.3	•	13.7
Return on Equity 34	9.2	•	•	10.6	28.2	5.9	8.3	9.9	8.3	4.9	2.0	•	11.3
Return Before Interest on Equity 35	21.1	•	•	21.1	34.5	15.2	14.4	18.9	16.5	21.1	10.6	•	25.3
Profit Margin, Before Income Tax 36	2.7	2.9	1.3	0.7	4.3	1.1	2.0	2.3	2.7	1.1	1.2	•	4.7
Profit Margin, After Income Tax 37	1.9	2.8	1.3	0.7	4.1	0.9	1.7	1.9	2.1	0.7	0.5	•	3.0

Trends in Selected Ratios and Factors, 1990-1999

	1990	1991	1992	1993	1994	1995	1996	1997	1998	1999
Cost of Labor (%) 38	73.2	72.9	73.9	72.7	72.1	72.3	73.0	73.4	73.2	73.3
Operating Margin (%) 39	•	•	•	•	•	•	0.5	1.0	1.7	0.8
Oper. Margin Before Officers Comp. (%) 40	1.9	1.6	1.5	1.0	1.9	1.7	2.6	2.9	3.4	2.5
Average Net Receivables ($) 41	254	294	289	312	223	230	222	251	281	294
Average Inventories ($) 42	373	452	427	427	369	393	412	474	518	580
Average Net Worth ($) 43	480	575	524	469	450	502	535	634	729	843
Current Ratio (×1) 44	2.0	1.8	2.0	2.0	1.9	2.0	2.1	2.1	2.0	2.0
Quick Ratio (×1) 45	0.9	0.8	0.9	0.9	0.8	0.8	0.8	0.8	0.8	0.8
Coverage Ratio (×1) 46	2.2	2.0	1.8	1.8	1.6	1.7	2.5	3.0	3.5	2.8
Asset Turnover (×1) 47	2.1	1.9	2.2	1.8	2.4	2.3	2.4	2.4	2.5	2.4
Total Liabilities/Net Worth (×1) 48	1.6	1.7	1.8	2.3	1.6	1.5	1.4	1.3	1.2	1.1
Return on Assets (×1) 49	7.3	7.4	7.1	7.7	7.7	7.2	8.9	9.9	11.5	10.0
Return on Equity (%) 50	5.4	7.0	6.2	8.4	4.7	4.3	9.3	10.8	12.6	9.2

Table II

Corporations with Net Income

BUILDING MATERIALS DEALERS

MONEY AMOUNTS AND SIZE OF ASSETS IN THOUSANDS OF DOLLARS

Item Description for Accounting Period 7/95 Through 6/96	Total	Zero Assets	Under 100	100 to 250	251 to 500	501 to 1,000	1,001 to 5,000	5,001 to 10,000	10,001 to 25,000	25,001 to 50,000	50,001 to 100,000	100,001 to 250,000	250,001 and over
Number of Enterprises **1**	12721	845	2562	2732	1656	2147	2434	158	134	27	11	•	•
Revenues ($ in Thousands)													
Net Sales **2**	66425682	642387	679916	1830050	1961689	4194184	13594835	2953241	4360238	2405099	1747513	•	•
Portfolio Income **3**	549348	56887	780	3681	2063	17363	52591	19911	27873	21350	19778	•	•
Other Revenues **4**	604083	1294	14419	8250	31936	38062	103806	17716	55829	9397	16175	•	•
Total Revenues **5**	67579113	700568	695115	1841981	1995688	4249609	13751232	2990868	4443940	2435846	1783466	•	•
Average Total Revenues **6**	5312	829	271	674	1205	1979	5650	18930	33164	90217	162133	•	•
Operating Costs/Operating Income (%)													
Cost of Operations **7**	73.6	54.4	71.1	67.3	65.6	69.4	75.4	76.3	75.4	77.6	77.8	•	•
Rent **8**	9.7	7.6	4.0	5.7	8.4	8.4	8.2	8.9	9.1	9.0	9.7	•	•
Taxes Paid **9**	1.5	1.6	1.4	3.2	1.8	2.3	1.7	1.5	1.7	1.3	1.4	•	•
Interest Paid **10**	1.2	0.3	0.3	0.5	0.7	1.1	0.8	1.0	1.0	1.3	1.4	•	•
Depreciation, Depletion, Amortization **11**	1.6	0.5	0.4	1.5	1.3	1.7	1.1	1.0	1.3	1.2	1.3	•	•
Pensions and Other Benefits **12**	0.8	0.2	0.3	0.5	1.3	0.8	1.0	0.8	1.2	0.9	1.2	•	•
Other **13**	7.6	31.3	14.5	13.7	9.9	10.4	7.4	6.0	6.5	5.9	6.4	•	•
Officers Compensation **14**	1.6	6.9	4.2	4.6	6.0	3.9	2.7	2.1	2.0	0.9	0.5	•	•
Operating Margin **15**	2.7	•	3.9	3.1	5.1	2.1	1.8	2.4	1.9	2.0	0.3	•	•
Oper. Margin Before Officers Compensation **16**	4.2	4.2	8.1	7.6	11.1	6.0	4.5	4.5	3.8	2.8	0.8	•	•
Selected Average Balance Sheet ($ in Thousands)													
Net Receivables **17**	370	•	7	45	109	194	643	1709	4651	9652	25288	•	•
Inventories **18**	718	•	12	55	113	269	721	2527	3735	10695	21473	•	•
Net Property, Plant and Equipment **19**	814	•	8	37	67	131	323	1684	3508	7587	14056	•	•
Total Assets **20**	2229	•	42	175	362	734	2090	7388	14973	34530	72460	•	•

Notes and Loans Payable 21	517	•	26	52	103	259	475	2172	3317	12478	19933	•	•
All Other Liabilities 22	506	•	14	54	85	135	468	1144	2498	5995	15952	•	•
Net Worth 23	1206	•	2	69	175	341	1147	4072	9158	16057	36576	•	•

Selected Financial Ratios (Times to 1)

Current Ratio 24	2.1	•	1.6	2.1	2.7	3.3	2.7	2.3	2.8	2.4	2.3	•	•
Quick Ratio 25	0.8	•	0.9	1.1	1.5	1.6	1.4	1.0	1.7	1.2	1.3	•	•
Net Sales to Working Capital 26	7.9	•	25.6	10.7	6.9	5.1	5.5	6.8	5.2	6.4	5.0	•	•
Coverage Ratio 27	4.8	•	•	8.5	11.1	4.1	4.7	4.6	4.7	3.4	2.7	•	•
Total Asset Turnover 28	2.4	•	6.3	3.8	3.3	2.7	2.7	2.5	2.2	2.6	2.2	•	•
Inventory Turnover 29	5.2	•	•	8.2	6.4	5.0	5.8	4.9	6.4	5.7	•	•	•
Receivables Turnover 30	•	•	•	•	•	9.6	8.5	8.4	7.6	8.6	•	•	•
Total Liabilities to Net Worth 31	0.9	•	16.6	1.5	1.1	1.2	0.8	0.8	0.6	1.2	1.0	•	•

Selected Financial Factors (in Percentages)

Debt Ratio 32	45.9	•	94.3	60.6	51.8	53.6	45.1	44.9	38.8	53.5	49.5	•	•
Return on Assets 33	12.9	•	•	16.2	24.4	12.0	9.8	11.9	10.4	11.8	8.2	•	•
Return on Equity 34	14.2	•	•	35.2	•	17.8	12.2	14.1	10.7	14.3	7.1	•	•
Return Before Interest on Equity 35	23.9	•	•	•	•	25.8	17.9	21.6	17.0	25.3	16.3	•	•
Profit Margin, Before Income Tax 36	4.4	6.4	6.1	3.7	6.8	3.4	2.9	3.7	3.8	3.2	2.4	•	•
Profit Margin, After Income Tax 37	3.3	6.3	6.1	3.6	6.6	3.1	2.5	3.1	3.0	2.6	1.7	•	•

Trends in Selected Ratios and Factors, 1990-1999

	1990	1991	1992	1993	1994	1995	1996	1997	1998	1999
Cost of Operations (%) 38	73.1	72.7	73.3	72.8	72.4	72.5	73.1	73.6	73.2	73.6
Operating Margin (%) 39	2.2	1.4	1.8	0.8	1.6	1.4	1.9	2.5	2.6	2.7
Oper. Margin Before Officers Comp. (%) 40	4.4	3.3	4.1	3.1	3.8	3.5	3.9	4.4	4.3	4.2
Average Net Receivables ($) 41	280	397	358	339	297	288	296	336	368	370
Average Inventories ($) 42	437	589	491	421	458	518	567	620	691	718
Average Net Worth ($) 43	628	809	739	563	706	781	800	895	1016	1206
Current Ratio (×1) 44	2.1	2.0	2.2	2.2	2.3	2.2	2.2	2.2	2.0	2.1
Quick Ratio (×1) 45	1.0	0.9	1.0	1.1	1.0	0.9	0.8	0.9	0.8	0.8
Coverage Ratio (×1) 46	4.7	3.4	4.2	3.4	3.3	3.1	3.6	4.4	4.3	4.8
Asset Turnover (×1) 47	2.5	2.1	2.4	2.2	2.6	2.3	2.4	2.5	2.5	2.4
Operating Leverage 48	1.4	0.6	1.3	0.4	2.1	0.9	1.4	1.3	1.0	1.0
Financial Leverage 49	1.0	1.0	1.1	1.0	1.0	1.0	1.1	1.1	1.0	1.0
Total Leverage 50	1.4	0.7	1.4	0.4	2.0	0.9	1.5	1.4	1.0	1.1

Table I

Corporations with and without Net Income

HARDWARE STORES

MONEY AMOUNTS AND SIZE OF ASSETS IN THOUSANDS OF DOLLARS

Item Description for Accounting Period 7/95 Through 6/96	Total	Zero Assets	Under 100	100 to 250	251 to 500	501 to 1,000	1,001 to 5,000	5,001 to 10,000	10,001 to 25,000	25,001 to 50,000	50,001 to 100,000	100,001 to 250,000	250,001 and over
Number of Enterprises **1**	12186	701	2520	3134	3088	1462	1157	85	25	4	7	•	3
Revenues ($ in Thousands)													
Net Sales **2**	15411712	49370	345302	1113381	2392189	1831930	4481175	1078227	750028	409487	1240351	•	1720270
Portfolio Income **3**	49371	144	804	4661	8489	11956	14754	3583	1722	417	589	•	2249
Other Revenues **4**	150975	271	227	5126	33675	24841	39467	6948	11265	41	13343	•	15775
Total Revenues **5**	15612058	49785	346333	1123168	2434353	1868727	4535396	1088758	763015	409945	1254283	•	1738294
Average Total Revenues **6**	1281	71	137	358	788	1278	3920	12809	30521	102486	179183	•	579431
Operating Costs/Operating Income (%)													
Cost of Operations **7**	67.4	66.9	56.5	65.5	67.2	65.8	68.1	63.8	68.2	73.1	69.1	•	70.2
Rent **8**	12.4	13.5	13.6	8.4	11.9	12.8	12.5	14.9	14.1	10.9	12.2	•	12.7
Taxes Paid **9**	2.4	1.9	2.6	3.3	2.6	2.5	2.3	2.1	2.3	1.3	2.2	•	2.1
Interest Paid **10**	1.5	2.6	0.5	1.2	1.2	1.5	1.2	1.1	1.7	0.7	3.8	•	1.4
Depreciation, Depletion, Amortization **11**	1.5	1.4	1.0	1.4	1.4	1.6	1.0	1.1	1.6	1.0	2.2	•	2.6
Pensions and Other Benefits **12**	1.0	1.2	0.9	0.8	0.9	0.8	0.9	0.8	1.3	0.6	1.5	•	1.7
Other **13**	11.9	20.3	17.1	15.5	12.2	12.6	10.2	13.4	10.4	7.6	13.7	•	10.9
Officers Compensation **14**	3.4	1.7	9.2	6.4	5.0	3.8	3.6	3.0	1.4	0.8	0.9	•	0.5
Operating Margin **15**	•	•	•	•	•	•	0.2	•	•	4.2	•	•	•
Oper. Margin Before Officers Compensation **16**	2.1	•	7.9	4.0	2.8	2.5	3.7	2.8	0.5	5.0	•	•	•
Selected Average Balance Sheet ($ in Thousands)													
Net Receivables **17**	68	•	6	17	52	80	300	713	1166	1444	985	•	10309
Inventories **18**	269	•	28	90	178	284	719	3215	6607	17534	32094	•	132632
Net Property, Plant and Equipment **19**	128	•	5	17	56	109	247	880	3414	9875	29115	•	159120
Total Assets **20**	585	•	39	163	363	660	1595	6013	14019	40883	83019	•	326947

Notes and Loans Payable 21	255	•	35	99	177	263	533	1643	5266	5532	68548	•	131228
All Other Liabilities 22	139	•	13	31	68	120	412	1648	2625	6851	29843	•	87560
Net Worth 23	191	•	-9	33	119	277	650	2722	6128	28499	-15372	•	108159

Selected Financial Ratios (Times to 1)

Current Ratio 24	2.0	•	4.6	3.1	3.1	2.8	2.4	1.9	1.8	2.6	0.6	•	1.5
Quick Ratio 25	0.6	•	1.1	0.7	0.9	0.9	0.9	0.5	0.3	0.5	0.1	•	0.2
Net Sales to Working Capital 26	6.6	•	4.8	4.4	4.4	4.4	5.8	5.9	8.4	7.7	•	•	11.8
Coverage Ratio 27	1.0	•	•	•	0.6	1.5	2.1	1.7	1.5	7.5	•	•	0.4
Total Asset Turnover 28	2.2	•	3.5	2.2	2.1	1.9	2.4	2.1	2.2	2.5	2.1	•	1.8
Inventory Turnover 29	3.3	•	2.7	2.7	2.7	2.9	3.9	2.7	3.4	4.4	4.3	•	3.3
Receivables Turnover 30	•	•	•	•	•	•	•	•	•	•	•	•	•
Total Liabilities to Net Worth 31	2.1	•	•	3.9	2.1	1.4	1.5	1.2	1.3	0.4	•	•	2.0

Selected Financial Factors (in Percentages)

Debt Ratio 32	67.4	•	•	79.6	67.2	58.0	59.2	54.7	56.3	30.3	•	•	66.9
Return on Assets 33	3.2	•	•	•	1.5	4.2	6.3	3.9	5.4	12.4	•	•	0.9
Return on Equity 34	•	•	17.3	•	•	2.5	6.3	2.7	2.4	13.2	•	•	•
Return Before Interest on Equity 35	9.7	•	8.2	•	4.6	10.1	15.4	8.5	12.3	17.8	7.0	•	2.7
Profit Margin, Before Income Tax 36	•	•	•	•	•	0.8	1.4	0.8	0.8	4.3	•	•	•
Profit Margin, After Income Tax 37	•	•	•	•	•	0.6	1.1	0.6	0.5	3.7	•	•	•

Trends in Selected Ratios and Factors, 1990-1999

	1990	1991	1992	1993	1994	1995	1996	1997	1998	1999
Cost of Labor (%) 38	67.2	67.1	67.2	67.2	67.3	66.8	67.3	66.7	67.6	67.4
Operating Margin (%) 39	•	•	0.1	•	•	•	•	•	•	•
Oper. Margin Before Officers Comp. (%) 40	3.7	4.3	4.3	3.4	3.2	2.9	2.0	3.0	2.6	2.1
Average Net Receivables ($) 41	55	63	67	71	71	73	74	66	73	68
Average Inventories ($) 42	191	193	212	219	241	259	248	236	259	269
Average Net Worth ($) 43	174	164	190	193	212	204	193	172	208	191
Current Ratio (×1) 44	2.5	2.3	2.2	2.3	2.4	2.4	2.4	2.4	2.6	2.0
Quick Ratio (×1) 45	0.8	0.7	0.7	0.7	0.7	0.7	0.7	0.7	0.7	0.6
Coverage Ratio (×1) 46	2.6	2.5	2.3	1.4	1.8	1.3	1.2	1.6	1.2	1.0
Asset Turnover (×1) 47	2.3	2.3	2.3	2.2	2.3	2.2	2.1	2.1	2.2	2.2
Total Liabilities/Net Worth (×1) 48	1.3	1.5	1.4	1.5	1.4	1.7	1.8	2.0	1.8	2.1
Return on Assets (×1) 49	7.0	6.5	6.8	5.1	6.2	5.0	3.6	4.3	3.3	3.2
Return on Equity (%) 50	6.1	7.0	7.2	2.0	5.0	1.6	0.4	3.1	•	•

HARDWARE STORES

MONEY AMOUNTS AND SIZE OF ASSETS IN THOUSANDS OF DOLLARS

Item Description for Accounting Period 7/95 Through 6/96		Total	Zero Assets	Under 100	100 to 250	251 to 500	501 to 1,000	1,001 to 5,000	5,001 to 10,000	10,001 to 25,000	25,001 to 50,000	50,001 to 100,000	100,001 to 250,000	250,001 and over
Number of Enterprises	1	6826	3	•	1561	1921	876	866	64	•	4	7	•	•
Revenues ($ in Thousands)														
Net Sales	2	10798949	34635	•	689005	1682731	1045814	3714334	817933	•	409487	1843670	•	•
Portfolio Income	3	30861	•	•	2003	7093	6009	9285	2579	•	417	2180	•	•
Other Revenues	4	88064	272	•	2783	20026	16816	32957	3824	•	41	8317	•	•
Total Revenues	5	10917874	34907	•	693791	1709850	1068639	3756576	824336	•	409945	1854167	•	•
Average Total Revenues	6	1599	11636	•	444	890	1220	4338	12880	•	102486	264881	•	•
Operating Costs/Operating Income (%)														
Cost of Operations	7	66.9	52.3	•	62.2	66.2	65.5	68.1	60.8	•	73.1	69.1	•	•
Rent	8	11.8	14.6	•	7.9	10.9	11.6	12.3	15.5	•	10.9	12.3	•	•
Taxes Paid	9	2.3	1.8	•	3.5	2.3	2.5	2.3	2.3	•	1.3	2.0	•	•
Interest Paid	10	1.1	2.1	•	0.9	0.9	1.3	1.0	1.2	•	0.7	1.5	•	•
Depreciation, Depletion, Amortization	11	1.2	2.0	•	0.6	1.0	1.5	0.9	1.3	•	1.0	2.3	•	•
Pensions and Other Benefits	12	1.0	1.0	•	0.8	1.0	1.1	0.8	0.7	•	0.6	1.6	•	•
Other	13	10.7	19.2	•	14.0	11.5	11.5	10.0	13.8	•	7.6	8.7	•	•
Officers Compensation	14	3.4	2.4	•	6.7	5.1	3.8	3.6	3.3	•	0.8	0.7	•	•
Operating Margin	15	1.6	4.6	•	3.6	1.1	1.2	1.0	1.3	•	4.2	1.8	•	•
Oper. Margin Before Officers Compensation	16	5.0	7.0	•	10.3	6.1	5.0	4.6	4.5	•	5.0	2.5	•	•
Selected Average Balance Sheet ($ in Thousands)														
Net Receivables	17	92	•	•	18	60	83	359	798	•	1444	3549	•	•
Inventories	18	326	•	•	95	201	287	733	3104	•	17534	59971	•	•
Net Property, Plant and Equipment	19	144	•	•	19	35	116	219	1027	•	9875	63022	•	•
Total Assets	20	700	•	•	160	378	677	1650	6038	•	40883	140741	•	•

Notes and Loans Payable 21	224	•	•	61	128	214	484	1860	•	5532	53198	•	•
All Other Liabilities 22	150	•	•	34	58	117	432	1418	•	6851	30893	•	•
Net Worth 23	326	•	•	65	191	346	734	2761	•	28499	56650	•	•

Selected Financial Ratios (Times to 1)

Current Ratio 24	2.5	•	•	3.1	4.1	3.6	2.4	1.9	•	2.6	1.8	•	•
Quick Ratio 25	0.7	•	•	0.7	1.2	1.3	0.9	0.5	•	0.5	0.2	•	•
Net Sales to Working Capital 26	5.5	•	•	5.4	3.9	3.5	6.0	6.3	•	7.7	8.9	•	•
Coverage Ratio 27	3.4	3.7	•	6.1	3.9	3.5	3.2	2.7	•	7.5	2.6	•	•
Total Asset Turnover 28	2.3	•	•	2.8	2.3	1.8	2.6	2.1	•	2.5	1.9	•	•
Inventory Turnover 29	3.2	•	•	2.9	2.6	2.6	3.9	2.6	•	8.5	6.1	•	•
Receivables Turnover 30	•	•	•	•	•	•	•	•	•	•	•	•	•
Total Liabilities to Net Worth 31	1.2	•	•	1.5	1.0	1.0	1.3	1.2	•	0.4	1.5	•	•

Selected Financial Factors (in Percentages)

Debt Ratio 32	53.5	•	•	59.5	49.4	49.0	55.5	54.3	•	30.3	59.8	•	•
Return on Assets 33	8.6	•	•	14.3	8.3	8.3	8.2	6.8	•	12.4	7.4	•	•
Return on Equity 34	11.4	•	•	28.5	11.7	10.3	10.5	8.2	•	13.2	8.8	•	•
Return Before Interest on Equity 35	18.4	•	•	•	16.4	16.2	18.5	14.8	•	17.8	18.3	•	•
Profit Margin, Before Income Tax 36	2.7	5.4	•	4.3	2.7	3.4	2.2	2.0	•	4.3	2.4	•	•
Profit Margin, After Income Tax 37	2.4	3.6	•	4.2	2.6	3.0	1.8	1.8	•	3.7	1.9	•	•

Trends in Selected Ratios and Factors, 1990-1999

	1990	1991	1992	1993	1994	1995	1996	1997	1998	1999
Cost of Operations (%) 38	66.3	67.2	67.1	65.9	67.5	66.2	66.6	66.9	67.3	66.9
Operating Margin (%) 39	1.6	1.5	1.7	1.2	1.5	1.2	0.2	1.5	1.7	1.6
Oper. Margin Before Officers Comp. (%) 40	5.8	5.8	6.0	5.8	5.1	5.0	3.4	4.8	5.3	5.0
Average Net Receivables ($) 41	60	73	79	82	98	88	92	91	98	92
Average Inventories ($) 42	215	213	239	261	303	327	327	326	330	326
Average Net Worth ($) 43	229	206	251	300	325	325	336	338	344	326
Current Ratio (×1) 44	2.7	2.4	2.4	2.7	2.5	2.8	2.7	2.6	2.8	2.5
Quick Ratio (×1) 45	0.8	0.8	0.8	0.9	0.8	0.8	0.8	0.8	0.8	0.7
Coverage Ratio (×1) 46	5.0	4.6	4.3	3.4	4.4	3.1	3.5	3.3	4.3	3.4
Asset Turnover (×1) 47	2.4	2.5	2.4	2.3	2.5	2.3	2.2	2.2	2.3	2.3
Operating Leverage 48	1.0	0.9	1.1	0.7	1.3	0.8	0.2	7.9	1.2	0.9
Financial Leverage 49	1.1	1.1	1.0	0.9	1.2	0.9	1.1	1.0	1.1	0.9
Total Leverage 50	1.1	1.0	1.1	0.6	1.5	0.7	0.2	7.7	1.3	0.9

Table I

Corporations with and without Net Income

GARDEN SUPPLIES AND MOBILE HOME DEALERS

MONEY AMOUNTS AND SIZE OF ASSETS IN THOUSANDS OF DOLLARS

Item Description for Accounting Period 7/95 Through 6/96	Total	Zero Assets	Under 100	100 to 250	251 to 500	501 to 1,000	1,001 to 5,000	5,001 to 10,000	10,001 to 25,000	25,001 to 50,000	50,001 to 100,000	100,001 to 250,000	250,001 and over
Number of Enterprises **1**	13913	268	6157	2472	1650	1468	1781	85	20	7	•	•	4
Revenues ($ in Thousands)													
Net Sales **2**	18397123	69078	1130464	1428616	1500502	2369791	6936454	1582626	613061	520632	•	•	2245900
Portfolio Income **3**	190283	57	2428	1200	3391	15448	34417	3664	3099	4629	•	•	121952
Other Revenues **4**	407086	8049	3422	873	10205	41427	107835	59446	21536	22301	•	•	131990
Total Revenues **5**	18994492	77184	1136314	1430689	1514098	2426666	7078706	1645736	637696	547562	•	•	2499842
Average Total Revenues **6**	1365	288	185	579	918	1653	3975	19362	31885	78223	•	•	624960
Operating Costs/Operating Income (%)													
Cost of Operations **7**	72.3	56.6	59.1	60.5	69.6	75.2	76.8	81.1	70.1	60.3	•	•	69.2
Rent **8**	7.7	16.4	12.9	7.3	7.6	7.6	6.2	6.1	7.8	12.0	•	•	10.2
Taxes Paid **9**	2.2	2.8	4.1	4.2	2.3	1.7	1.7	1.3	1.9	3.6	•	•	2.5
Interest Paid **10**	2.1	0.4	1.0	1.0	2.0	1.6	2.1	2.2	2.7	4.0	•	•	3.2
Depreciation, Depletion, Amortization **11**	1.5	2.4	1.2	1.7	2.1	1.3	0.9	1.0	1.5	2.6	•	•	3.7
Pensions and Other Benefits **12**	0.5	•	0.9	0.4	0.5	0.5	0.4	0.4	0.9	0.1	•	•	1.1
Other **13**	11.4	30.9	17.2	14.8	13.0	9.5	9.9	10.6	10.7	18.6	•	•	10.6
Officers Compensation **14**	2.8	4.4	5.6	7.1	3.4	3.2	2.4	1.6	2.0	1.7	•	•	0.7
Operating Margin **15**	•	•	•	3.2	•	•	•	•	2.5	•	•	•	•
Oper. Margin Before Officers Compensation **16**	2.2	•	3.7	10.2	3.0	2.6	2.1	•	4.5	•	•	•	•
Selected Average Balance Sheet ($ in Thousands)													
Net Receivables **17**	95	•	2	17	47	60	160	461	1248	4769	•	•	179042
Inventories **18**	257	•	16	56	136	388	944	3410	6065	11941	•	•	93809
Net Property, Plant and Equipment **19**	176	•	11	63	96	105	300	2330	6246	25660	•	•	216891
Total Assets **20**	695	•	41	173	380	693	1699	7761	16754	55011	•	•	734486

Notes and Loans Payable 21	361	•	28	85	246	324	1137	4201	7080	27195	•	•	260214
All Other Liabilities 22	169	•	8	46	72	147	440	935	3707	15248	•	•	201622
Net Worth 23	165	•	5	43	62	222	122	2625	5966	12568	•	•	272650

Selected Financial Ratios (Times to 1)

Current Ratio 24	1.5	•	2.4	1.7	1.2	1.5	1.4	1.2	1.1	1.4	•	•	2.1
Quick Ratio 25	0.5	•	0.9	0.6	0.5	0.3	0.3	0.2	0.2	0.5	•	•	0.9
Net Sales to Working Capital 26	8.8	•	12.7	13.9	19.9	10.6	12.3	23.1	36.9	12.2	•	•	2.5
Coverage Ratio 27	2.3	•	•	4.3	1.2	2.1	1.8	0.9	3.4	1.6	•	•	4.2
Total Asset Turnover 28	1.9	•	4.5	3.3	2.4	2.3	2.3	2.4	1.8	1.4	•	•	0.8
Inventory Turnover 29	4.6	•	7.8	6.6	4.7	3.5	4.3	4.9	5.7	6.8	•	•	4.9
Receivables Turnover 30	•	•	•	•	•	•	•	•	•	•	•	•	4.0
Total Liabilities to Net Worth 31	3.2	•	7.3	3.1	5.2	2.1	12.9	2.0	1.8	3.4	•	•	1.7

Selected Financial Factors (in Percentages)

Debt Ratio 32	76.2	•	87.9	75.5	83.8	68.0	92.8	66.2	64.4	77.2	•	•	62.9
Return on Assets 33	8.9	•	•	14.5	5.9	7.9	8.9	4.8	16.8	8.6	•	•	10.2
Return on Equity 34	15.1	•	•	•	5.9	10.2	•	•	26.1	7.5	•	•	13.3
Return Before Interest on Equity 35	•	•	•	•	•	24.6	•	14.2	•	•	•	•	27.4
Profit Margin, Before Income Tax 36	2.6	•	•	3.3	0.5	1.7	1.8	•	6.5	2.4	•	•	10.1
Profit Margin, After Income Tax 37	1.9	•	•	3.3	0.4	1.4	1.5	•	5.1	1.3	•	•	6.4

Trends in Selected Ratios and Factors, 1990-1999

	1990	1991	1992	1993	1994	1995	1996	1997	1998	1999
Cost of Labor (%) 38	74.8	73.8	74.9	72.4	69.7	68.7	69.7	70.5	71.6	72.3
Operating Margin (%) 39	•	•	•	•	•	•	•	•	•	•
Oper. Margin Before Officers Comp. (%) 40	•	•	•	•	0.7	1.0	1.5	1.8	2.6	2.2
Average Net Receivables ($) 41	60	66	73	61	70	77	70	95	89	95
Average Inventories ($) 42	182	180	196	209	210	178	167	200	195	257
Average Net Worth ($) 43	112	109	130	93	128	134	155	185	199	165
Current Ratio (×1) 44	1.5	1.1	1.5	1.4	1.4	1.6	1.8	1.6	1.6	1.5
Quick Ratio (×1) 45	0.5	0.4	0.5	0.4	0.4	0.6	0.6	0.6	0.6	0.5
Coverage Ratio (×1) 46	1.6	1.6	1.4	1.0	1.5	1.5	1.7	1.8	2.5	2.3
Asset Turnover (×1) 47	2.0	1.8	1.8	1.9	1.7	1.9	2.0	1.9	1.9	1.9
Total Liabilities/Net Worth (×1) 48	3.2	3.9	3.2	5.0	3.8	3.2	2.3	2.4	2.2	3.2
Return on Assets (×1) 49	8.1	8.5	6.0	5.4	7.5	8.0	7.5	7.3	9.5	8.9
Return on Equity (%) 50	7.3	9.1	3.8	•	7.6	6.5	7.4	7.6	14.2	15.1

Table II

Corporations with Net Income

GARDEN SUPPLIES AND MOBILE HOME DEALERS

MONEY AMOUNTS AND SIZE OF ASSETS IN THOUSANDS OF DOLLARS

Item Description for Accounting Period 7/95 Through 6/96		Total	Zero Assets	Under 100	100 to 250	251 to 500	501 to 1,000	1,001 to 5,000	5,001 to 10,000	10,001 to 25,000	25,001 to 50,000	50,001 to 100,000	100,001 to 250,000	250,001 and over
Number of Enterprises	1	8760	•	•	1771	1042	1136	1515	57	•	•	•	•	•
Revenues ($ in Thousands)														
Net Sales	2	14331239	•	•	1079276	1132397	1992654	6009687	1019376	•	•	•	•	•
Portfolio Income	3	179861	•	•	1	2881	14396	34066	1658	•	•	•	•	•
Other Revenues	4	330590	•	•	190	3935	33028	93217	37701	•	•	•	•	•
Total Revenues	5	14841690	•	•	1079467	1139213	2040078	6136970	1058735	•	•	•	•	•
Average Total Revenues	6	1694	•	•	610	1093	1796	4051	18574	•	•	•	•	•
Operating Costs/Operating Income (%)														
Cost of Operations	7	73.3	•	•	59.5	68.8	75.9	75.8	85.1	•	•	•	•	•
Rent	8	7.3	•	•	7.6	8.1	7.1	6.4	5.4	•	•	•	•	•
Taxes Paid	9	2.1	•	•	4.3	2.1	1.6	1.7	1.2	•	•	•	•	•
Interest Paid	10	1.8	•	•	0.9	1.7	1.5	2.0	1.9	•	•	•	•	•
Depreciation, Depletion, Amortization	11	1.2	•	•	1.9	1.7	1.2	0.9	1.0	•	•	•	•	•
Pensions and Other Benefits	12	0.5	•	•	0.2	0.5	0.4	0.4	0.1	•	•	•	•	•
Other	13	10.0	•	•	14.3	10.9	8.7	9.9	5.8	•	•	•	•	•
Officers Compensation	14	2.9	•	•	4.9	3.9	3.1	2.5	2.2	•	•	•	•	•
Operating Margin	15	1.0	•	•	6.5	2.3	0.7	0.5	•	•	•	•	•	•
Oper. Margin Before Officers Compensation	16	3.9	•	•	11.4	6.2	3.8	3.0	•	•	•	•	•	•
Selected Average Balance Sheet ($ in Thousands)														
Net Receivables	17	138	•	•	19	53	73	164	504	•	•	•	•	•
Inventories	18	324	•	•	57	162	415	936	3389	•	•	•	•	•
Net Property, Plant and Equipment	19	158	•	•	56	70	103	303	2272	•	•	•	•	•
Total Assets	20	839	•	•	166	389	713	1722	7784	•	•	•	•	•

Notes and Loans Payable 21	401	•	•	49	164	343	1188	4184	•	•	•	•	•
All Other Liabilities 22	198	•	•	52	66	132	395	717	•	•	•	•	•
Net Worth 23	240	•	•	65	158	238	139	2884	•	•	•	•	•

Selected Financial Ratios (Times to 1)

Current Ratio 24	1.6	•	•	2.1	1.7	1.5	1.4	1.2	•	•	•	•	•
Quick Ratio 25	0.5	•	•	0.9	0.7	0.3	0.3	0.3	•	•	•	•	•
Net Sales to Working Capital 26	7.4	•	•	10.8	9.8	9.5	11.0	21.1	•	•	•	•	•
Coverage Ratio 27	3.5	•	•	8.0	2.7	3.1	2.4	1.7	•	•	•	•	•
Total Asset Turnover 28	2.0	•	•	3.7	2.8	2.5	2.3	2.3	•	•	•	•	•
Inventory Turnover 29	4.5	•	•	6.3	4.7	3.4	4.4	4.3	•	•	•	•	•
Receivables Turnover 30	•	•	•	•	•	•	•	•	•	•	•	•	•
Total Liabilities to Net Worth 31	2.5	•	•	1.5	1.5	2.0	11.4	1.7	•	•	•	•	•

Selected Financial Factors (in Percentages)

Debt Ratio 32	71.4	•	•	60.5	59.3	66.7	92.0	63.0	•	•	•	•	•
Return on Assets 33	12.5	•	•	27.3	12.8	11.1	10.6	7.5	•	•	•	•	•
Return on Equity 34	25.0	•	•	•	19.3	19.4	•	7.3	•	•	•	•	•
Return Before Interest on Equity 35	•	•	•	•	31.5	33.3	•	20.3	•	•	•	•	•
Profit Margin, Before Income Tax 36	4.6	•	•	6.5	2.9	3.0	2.6	1.3	•	•	•	•	•
Profit Margin, After Income Tax 37	3.7	•	•	6.4	2.8	2.6	2.3	1.2	•	•	•	•	•

Trends in Selected Ratios and Factors, 1990-1999

	1990	1991	1992	1993	1994	1995	1996	1997	1998	1999
Cost of Operations (%) 38	74.4	73.4	75.1	72.8	69.8	66.8	71.1	71.5	73.2	73.3
Operating Margin (%) 39	•	•	•	•	•	•	•	0.4	0.3	1.0
Oper. Margin Before Officers Comp. (%) 40	0.6	1.2	1.2	3.0	3.0	2.6	2.8	3.0	3.6	3.9
Average Net Receivables ($) 41	67	101	107	88	87	103	105	142	98	138
Average Inventories ($) 42	198	260	210	239	208	192	225	278	222	324
Average Net Worth ($) 43	146	208	189	168	169	228	229	302	246	240
Current Ratio (×1) 44	1.6	1.5	1.6	1.8	1.5	1.8	1.8	1.7	1.7	1.6
Quick Ratio (×1) 45	0.5	0.5	0.6	0.5	0.4	0.7	0.6	0.6	0.6	0.5
Coverage Ratio (×1) 46	2.6	3.1	2.4	2.5	2.8	2.6	3.0	3.3	3.6	3.5
Asset Turnover (×1) 47	2.1	2.1	2.0	1.9	1.8	1.8	2.1	2.0	2.1	2.0
Operating Leverage 48	2.7	0.7	1.1	0.1	3.4	1.3	1.1	•	0.8	3.6
Financial Leverage 49	1.1	1.1	0.9	1.1	1.1	0.9	1.1	1.0	1.1	1.0
Total Leverage 50	2.9	0.8	1.0	0.1	3.6	1.2	1.2	•	0.8	3.5

Table I

Corporations with and without Net Income

GENERAL MERCHANDISE STORES

MONEY AMOUNTS AND SIZE OF ASSETS IN THOUSANDS OF DOLLARS

Item Description for Accounting Period 7/95 Through 6/96	Total	Zero Assets	Under 100	100 to 250	251 to 500	501 to 1,000	1,001 to 5,000	5,001 to 10,000	10,001 to 25,000	25,001 to 50,000	50,001 to 100,000	100,001 to 250,000	250,001 and over
Number of Enterprises **1**	9256	1068	2451	2194	1601	936	783	66	51	20	20	22	43
Revenues ($ in Thousands)													
Net Sales **2**	329883751	256283	1273901	809196	1532300	2006926	4518162	868900	1826000	1988514	3159725	6091744	305554100
Portfolio Income **3**	7311429	14941	172	7226	9006	6931	32859	5901	37851	26919	22614	64109	7082905
Other Revenues **4**	6849271	5562	8295	21634	11122	27240	32301	9695	80510	21602	63289	115838	6452178
Total Revenues **5**	344044451	276786	1282368	838056	1552428	2041097	4583322	882496	1944361	2037035	3245628	6271691	319089183
Average Total Revenues **6**	37170	259	523	382	970	2181	5854	13371	38125	101852	162281	285077	7420679
Operating Costs/Operating Income (%)													
Cost of Operations **7**	69.6	67.6	87.5	67.0	66.0	67.4	71.0	62.9	70.8	70.0	67.9	71.4	69.6
Rent **8**	11.5	17.5	3.0	8.1	10.6	12.0	10.5	13.8	12.6	13.2	13.3	12.2	11.5
Taxes Paid **9**	1.9	2.8	0.8	2.2	2.3	1.9	2.3	2.7	2.0	2.0	2.2	2.1	1.9
Interest Paid **10**	2.1	1.9	0.2	1.4	0.9	0.5	0.5	1.0	1.6	1.1	1.4	1.5	2.2
Depreciation, Depletion, Amortization **11**	2.0	2.4	0.5	1.6	1.2	0.7	0.8	1.2	1.5	1.4	1.7	1.7	2.1
Pensions and Other Benefits **12**	1.2	0.6	0.1	0.4	0.6	0.4	0.8	1.0	0.7	1.2	1.0	1.1	1.3
Other **13**	13.0	26.8	8.2	20.9	13.1	11.8	11.9	19.1	17.1	11.8	16.2	11.8	12.9
Officers Compensation **14**	0.2	0.4	1.7	5.8	5.1	4.2	1.9	1.2	1.6	0.7	1.0	0.4	0.1
Operating Margin **15**	•	•		•	0.3	1.1	0.5	•	•	•	•	•	•
Oper. Margin Before Officers Compensation **16**	•	•		•	5.4	5.3	2.4	•	•	•	•	•	•
Selected Average Balance Sheet ($ in Thousands)													
Net Receivables **17**	5487	•	3	4	21	67	193	625	1678	4892	6684	19540	1156737
Inventories **18**	5858	•	20	86	205	288	929	3659	6071	14243	27883	56716	1163232
Net Property, Plant and Equipment **19**	7012	•	13	35	60	122	280	883	4184	10531	13825	39317	1459038
Total Assets **20**	30756	•	50	164	371	675	1955	7306	16943	38198	64936	148574	6389754

Notes and Loans Payable	**21**	7062	•	29	98	189	149	368	1805	4196	9098	18874	36321	1457087
All Other Liabilities	**22**	13330	•	18	47	91	158	618	2484	6312	12285	18530	50381	2796415
Net Worth	**23**	10364	•	3	19	91	368	969	3018	6435	16815	27532	61872	2136252
Selected Financial Ratios (Times to 1)														
Current Ratio	**24**	1.4	•	1.8	2.3	2.9	3.4	2.2	2.1	1.3	2.2	2.0	1.8	1.3
Quick Ratio	**25**	0.7	•	0.6	0.6	0.7	1.2	0.7	0.6	0.4	0.8	0.6	0.5	0.7
Net Sales to Working Capital	**26**	10.5	•	38.4	5.7	5.2	6.0	7.3	4.6	15.2	7.9	7.5	7.3	10.9
Coverage Ratio	**27**	2.2	•	•	•	2.8	6.3	4.7	•	0.2	2.1	•	1.6	2.3
Total Asset Turnover	**28**	1.2	•	10.3	2.3	2.6	3.2	3.0	1.8	2.1	2.6	2.4	1.9	1.1
Inventory Turnover	**29**	4.3	•	•	3.3	2.8	4.2	4.5	1.9	3.4	4.1	3.4	3.4	4.3
Receivables Turnover	**30**	6.6	•	•	•	•	•	•	•	•	•	•	•	6.3
Total Liabilities to Net Worth	**31**	2.0	•	16.2	7.8	3.1	0.8	1.0	1.4	1.6	1.3	1.4	1.4	2.0
Selected Financial Factors (in Percentages)														
Debt Ratio	**32**	66.3	•	94.2	88.6	75.4	45.4	50.4	58.7	62.0	56.0	57.6	58.4	66.6
Return on Assets	**33**	5.5	•	•	•	6.6	10.5	7.2	•	0.5	5.8	•	4.5	5.5
Return on Equity	**34**	5.3	•	•	•	15.9	15.6	8.3	•	•	3.8	•	1.9	5.6
Return Before Interest on Equity	**35**	16.2	•	•	•	26.9	19.3	14.6	•	1.3	13.2	•	10.8	16.6
Profit Margin, Before Income Tax	**36**	2.6	•	•	•	1.6	2.8	1.9	•	•	1.2	•	0.9	2.8
Profit Margin, After Income Tax	**37**	1.6	•	•	•	1.5	2.7	1.4	•	•	0.7	•	0.4	1.7

Trends in Selected Ratios and Factors, 1990-1999

		1990	1991	1992	1993	1994	1995	1996	1997	1998	1999
Cost of Labor (%)	**38**	63.9	64.7	65.0	64.5	65.4	65.2	66.6	68.0	69.5	69.6
Operating Margin (%)	**39**	•	•	•	•	•	•	•	•	•	•
Oper. Margin Before Officers Comp. (%)	**40**	•	•	•	•	•	•	•	•	•	•
Average Net Receivables ($)	**41**	4467	5317	6877	5691	7894	8400	5981	7036	5448	5487
Average Inventories ($)	**42**	3071	3397	3899	3734	4661	5973	4972	6108	5865	5858
Average Net Worth ($)	**43**	4648	4790	5802	4785	6269	7976	7045	10382	9421	10364
Current Ratio (×1)	**44**	1.5	1.4	1.2	1.4	1.3	1.3	1.3	1.5	1.6	1.4
Quick Ratio (×1)	**45**	0.8	0.8	0.7	0.8	0.7	0.8	0.7	0.8	0.9	0.7
Coverage Ratio (×1)	**46**	1.8	1.9	1.6	1.6	1.5	1.5	1.6	1.8	2.4	2.2
Asset Turnover (×1)	**47**	1.1	1.1	1.0	1.1	1.1	1.0	1.0	1.1	1.2	1.2
Total Liabilities/Net Worth (×1)	**48**	2.5	2.9	3.2	3.3	3.4	3.6	3.3	2.5	2.2	2.0
Return on Assets (×1)	**49**	7.2	8.0	7.9	7.8	6.9	6.3	5.7	5.2	6.0	5.5
Return on Equity (%)	**50**	5.8	9.0	7.9	7.2	4.3	5.0	4.9	4.4	6.7	5.3

Table II

Corporations with Net Income

GENERAL MERCHANDISE STORES

MONEY AMOUNTS AND SIZE OF ASSETS IN THOUSANDS OF DOLLARS

Item Description for Accounting Period 7/95 Through 6/96	Total	Zero Assets	Under 100	100 to 250	251 to 500	501 to 1,000	1,001 to 5,000	5,001 to 10,000	10,001 to 25,000	25,001 to 50,000	50,001 to 100,000	100,001 to 250,000	250,001 and over
Number of Enterprises **1**	4842	106	•	1006	1212	673	602	50	•	15	•	•	29
Revenues ($ in Thousands)													
Net Sales **2**	266011211	30346	•	470310	1352676	1418986	3380774	574869	•	1511096	•	•	250356755
Portfolio Income **3**	6460479	14356	•	2389	9003	6046	30246	5157	•	26655	•	•	6276202
Other Revenues **4**	5295771	1386	•	14190	10895	20109	18179	4029	•	15240	•	•	5042061
Total Revenues **5**	277767461	46088	•	486889	1372574	1445141	3429199	584055	•	1552991	•	•	261675018
Average Total Revenues **6**	57366	435	•	484	1132	2147	5696	11681	•	103533	•	•	9023276
Operating Costs/Operating Income (%)													
Cost of Operations **7**	69.1	58.6	•	66.2	65.3	69.8	70.1	66.3	•	70.2	•	•	69.1
Rent **8**	11.1	16.1	•	6.4	10.6	10.3	10.1	12.5	•	13.3	•	•	11.1
Taxes Paid **9**	1.9	2.7	•	2.2	2.3	1.8	2.4	1.7	•	2.1	•	•	1.9
Interest Paid **10**	2.2	2.8	•	0.6	0.7	0.4	0.5	0.7	•	0.8	•	•	2.2
Depreciation, Depletion, Amortization **11**	2.1	2.3	•	1.4	1.0	0.6	0.8	1.1	•	1.2	•	•	2.1
Pensions and Other Benefits **12**	1.3	0.9	•	0.6	0.6	0.3	0.9	0.9	•	1.2	•	•	1.3
Other **13**	12.5	27.8	•	20.8	12.7	9.4	10.4	12.0	•	11.0	•	•	12.5
Officers Compensation **14**	0.2	2.2	•	3.0	5.1	4.9	2.1	1.3	•	0.6	•	•	0.1
Operating Margin **15**	•	•	•	•	1.8	2.5	2.8	3.7	•	•	•	•	•
Oper. Margin Before Officers Compensation **16**	•	•	•	1.9	6.8	7.4	4.8	5.0	•	0.2	•	•	•
Selected Average Balance Sheet ($ in Thousands)													
Net Receivables **17**	9951	•	•	5	27	84	226	677	•	6223	•	•	1633482
Inventories **18**	8542	•	•	67	212	276	923	2970	•	11895	•	•	1333361
Net Property, Plant and Equipment **19**	11535	•	•	32	42	113	282	919	•	10094	•	•	1881809
Total Assets **20**	51108	•	•	172	385	675	2002	6792	•	38363	•	•	8305442

Notes and Loans Payable 21	11108	•	•	50	121	145	312	536	•	5929	•	• 1807563
All Other Liabilities 22	22834	•	•	30	93	100	510	1231	•	12952	•	• 3752782
Net Worth 23	17165	•	•	91	171	430	1179	5025	•	19482	•	• 2745096

Selected Financial Ratios (Times to 1)

Current Ratio 24	1.3	•	•	3.4	2.8	4.7	2.8	3.8	•	2.0	•	• 1.3
Quick Ratio 25	0.8	•	•	1.4	0.8	1.9	1.0	1.3	•	0.9	•	• 0.8
Net Sales to Working Capital 26	10.4	•	•	5.9	5.8	5.0	5.8	3.3	•	8.6	•	• 10.9
Coverage Ratio 27	2.9	14.9	•	4.8	5.5	13.0	9.1	8.8	•	3.9	•	• 2.8
Total Asset Turnover 28	1.1	•	•	2.7	2.9	3.1	2.8	1.7	•	2.6	•	• 1.0
Inventory Turnover 29	4.1	•	•	4.7	3.5	4.3	4.1	2.5	•	4.9	•	• 4.1
Receivables Turnover 30	5.6	•	•	•	•	•	•	•	•	•	•	• 5.4
Total Liabilities to Net Worth 31	2.0	•	•	0.9	1.3	0.6	0.7	0.4	•	1.0	•	• 2.0

Selected Financial Factors (in Percentages)

Debt Ratio 32	66.4	•	•	46.8	55.5	36.4	41.1	26.0	•	49.2	•	• 67.0
Return on Assets 33	6.6	•	•	8.1	11.5	14.8	13.3	10.1	•	8.2	•	• 6.5
Return on Equity 34	8.5	•	•	11.8	20.2	20.7	16.7	11.3	•	8.6	•	• 8.3
Return Before Interest on Equity 35	19.6	•	•	15.2	25.7	23.2	22.5	13.7	•	16.2	•	• 19.5
Profit Margin, Before Income Tax 36	4.0	•	•	2.4	3.2	4.4	4.2	5.3	•	2.3	•	• 4.0
Profit Margin, After Income Tax 37	2.7	•	•	2.3	3.1	4.2	3.5	5.0	•	1.7	•	• 2.6

Trends in Selected Ratios and Factors, 1990-1999

	1990	1991	1992	1993	1994	1995	1996	1997	1998	1999
Cost of Operations (%) 38	63.5	64.9	64.7	64.2	65.1	65.0	69.6	68.0	69.5	69.1
Operating Margin (%) 39	•	•	•	•	•	•	1.4	•	•	•
Oper. Margin Before Officers Comp. (%) 40	•	•	•	•	•	•	1.7	•	•	•
Average Net Receivables ($) 41	7454	7136	9458	9375	12598	14033	2852	11012	9500	9951
Average Inventories ($) 42	5159	4854	4770	5632	6515	9064	7567	8754	9926	8542
Average Net Worth ($) 43	8426	7142	8130	8689	11238	15217	8225	16538	16827	17165
Current Ratio (×1) 44	1.4	1.3	1.3	1.4	1.3	1.3	1.5	1.6	1.6	1.3
Quick Ratio (×1) 45	0.8	0.8	0.8	0.9	0.7	0.8	0.5	0.9	0.9	0.8
Coverage Ratio (×1) 46	2.2	2.2	2.0	2.0	2.0	1.9	3.6	2.2	2.8	2.9
Asset Turnover (×1) 47	1.1	1.2	1.0	1.1	1.1	1.0	1.9	1.1	1.2	1.1
Operating Leverage 48	0.7	0.5	1.5	1.2	1.2	1.1	•	•	0.9	0.2
Financial Leverage 49	1.2	1.1	1.0	1.0	1.0	1.0	1.6	0.7	1.2	1.1
Total Leverage 50	0.9	0.5	1.4	1.2	1.2	1.0	•	•	1.0	0.2

Table I

Corporations with and without Net Income

GROCERY STORES

MONEY AMOUNTS AND SIZE OF ASSETS IN THOUSANDS OF DOLLARS

Item Description for Accounting Period 7/95 Through 6/96		Total	Zero Assets	Under 100	100 to 250	251 to 500	501 to 1,000	1,001 to 5,000	5,001 to 10,000	10,001 to 25,000	25,001 to 50,000	50,001 to 100,000	100,001 to 250,000	250,001 and over
Number of Enterprises	1	41462	2633	17122	10228	4759	3233	2812	273	175	89	48	34	54
Revenues ($ in Thousands)														
Net Sales	2	352465166	3169207	6355014	9516192	10390357	14529981	27865971	9500072	14369994	14202836	13965730	19836572	208763241
Portfolio Income	3	942675	42511	1316	8176	11765	34064	60490	11231	52771	39916	25062	165239	490136
Other Revenues	4	5466515	50845	117255	83656	79316	138552	299262	118748	243356	198086	218683	283085	3635668
Total Revenues	5	358874356	3262563	6473585	9608024	10481438	14702597	28225723	9630051	14666121	14440838	14209475	20284896	212889045
Average Total Revenues	6	8656	1239	378	939	2202	4548	10038	35275	83806	162257	296031	596615	3942390
Operating Costs/Operating Income (%)														
Cost of Operations	7	76.0	76.5	75.3	79.1	79.1	78.4	79.2	79.1	80.6	77.9	79.0	76.0	74.4
Rent	8	10.1	11.8	6.8	6.3	6.9	8.5	8.1	8.9	8.3	9.9	9.2	10.4	11.0
Taxes Paid	9	1.5	1.9	2.1	2.0	1.8	1.4	1.3	1.3	1.2	1.4	1.5	1.4	1.5
Interest Paid	10	1.0	1.2	0.3	0.5	0.4	0.4	0.6	0.5	0.5	0.6	0.5	1.0	1.3
Depreciation, Depletion, Amortization	11	1.6	1.2	0.9	0.9	0.8	1.0	1.2	1.0	1.1	1.2	1.6	1.7	1.9
Pensions and Other Benefits	12	1.6	1.2	0.3	0.3	0.4	0.5	0.7	1.1	1.0	1.4	1.3	1.5	2.0
Other	13	8.2	11.7	13.2	8.9	8.1	8.8	8.4	8.6	8.3	8.4	7.0	8.7	7.8
Officers Compensation	14	0.5	0.4	2.8	2.5	2.2	1.4	1.0	0.6	0.5	0.5	0.3	0.3	0.1
Operating Margin	15	•	•	•	•	0.5	•	•	•	•	•	•	•	•
Oper. Margin Before Officers Compensation	16	0.2	•	1.1	2.3	2.7	1.0	0.6	•	•	•	•	•	0.1
Selected Average Balance Sheet ($ in Thousands)														
Net Receivables	17	170	•	0	4	13	46	107	315	1609	2309	4983	8236	100268
Inventories	18	543	•	20	64	124	235	537	1889	3696	7633	14474	30390	279555
Net Property, Plant and Equipment	19	1104	•	12	40	98	214	735	2509	5524	16059	34356	72732	643257
Total Assets	20	2527	•	44	160	360	688	1948	6473	14675	36323	70542	162092	1416874

Notes and Loans Payable	21	997	•	30	74	141	240	806	2080	4983	10040	20517	60483	573712
All Other Liabilities	22	900	•	10	32	72	189	532	2170	4980	13998	21304	55443	532792
Net Worth	23	630	•	5	54	148	259	610	2224	4711	12285	28721	46166	310370

Selected Financial Ratios (Times to 1)

Current Ratio	24	1.2	•	2.6	2.4	2.8	1.7	1.4	1.3	1.2	1.1	1.3	1.2	1.1
Quick Ratio	25	0.4	•	0.7	0.7	0.9	0.6	0.5	0.4	0.5	0.5	0.5	0.4	0.4
Net Sales to Working Capital	26	•	•	21.8	17.2	16.0	27.9	40.4	•	•	•	•	•	•
Coverage Ratio	27	2.6	•	1.5	2.5	4.6	2.7	2.4	1.6	2.8	2.1	4.0	2.4	2.6
Total Asset Turnover	28	3.4	•	8.4	5.8	6.1	6.5	5.1	5.4	5.6	4.4	4.1	3.6	2.7
Inventory Turnover	29	•	•	•	•	•	•	•	•	•	•	•	•	•
Receivables Turnover	30	•	•	•	•	•	•	•	•	•	•	•	•	•
Total Liabilities to Net Worth	31	3.0	•	8.1	2.0	1.4	1.7	2.2	1.9	2.1	2.0	1.5	2.5	3.6

Selected Financial Factors (in Percentages)

Debt Ratio	32	75.1	•	89.0	66.3	59.0	62.4	68.7	65.7	67.9	66.2	59.3	71.5	78.1
Return on Assets	33	8.3	•	3.8	6.9	10.8	7.9	7.7	4.2	7.1	5.1	8.2	8.4	8.8
Return on Equity	34	13.3	•	10.0	11.5	19.1	11.9	11.1	3.4	11.1	5.1	11.3	11.4	15.2
Return Before Interest on Equity	35	33.4	•	34.2	20.4	26.2	20.9	24.5	12.1	22.1	15.0	20.2	29.6	•
Profit Margin, Before Income Tax	36	1.5	•	0.2	0.7	1.4	0.8	0.9	0.3	0.8	0.6	1.5	1.4	2.0
Profit Margin, After Income Tax	37	1.0	•	0.1	0.7	1.3	0.7	0.7	0.2	0.6	0.4	1.1	0.9	1.2

Trends in Selected Ratios and Factors, 1990-1999

		1990	1991	1992	1993	1994	1995	1996	1997	1998	1999
Cost of Labor (%)	38	77.4	77.2	77.5	77.5	77.0	76.8	76.7	76.2	76.1	76.0
Operating Margin (%)	39	•	•	•	•	•	•	•	•	•	•
Oper. Margin Before Officers Comp. (%)	40	•	•	•	•	•	•	•	•	0.3	0.2
Average Net Receivables ($)	41	138	143	124	315	160	161	169	186	175	170
Average Inventories ($)	42	459	521	495	563	557	591	621	596	555	543
Average Net Worth ($)	43	596	616	397	624	405	480	528	545	556	630
Current Ratio (×1)	44	1.3	1.3	1.2	1.3	1.0	1.2	1.2	1.1	1.2	1.2
Quick Ratio (×1)	45	0.4	0.4	0.4	0.5	0.3	0.4	0.4	0.4	0.4	0.4
Coverage Ratio (×1)	46	3.1	2.0	1.5	1.5	1.9	1.9	1.9	2.2	2.6	2.6
Asset Turnover (×1)	47	4.4	3.8	3.6	3.2	3.5	3.6	3.6	3.3	3.5	3.4
Total Liabilities/Net Worth (×1)	48	2.0	2.7	4.4	3.5	5.1	4.3	4.1	4.0	3.5	3.0
Return on Assets (×1)	49	8.2	7.8	6.5	8.0	9.7	8.4	7.7	7.5	8.8	8.3
Return on Equity (%)	50	9.2	8.3	5.8	6.6	17.7	13.4	11.6	13.5	15.8	13.3

Table II

Corporations with Net Income

GROCERY STORES

MONEY AMOUNTS AND SIZE OF ASSETS IN THOUSANDS OF DOLLARS

Item Description for Accounting Period 7/95 Through 6/96		Total	Zero Assets	Under 100	100 to 250	251 to 500	501 to 1,000	1,001 to 5,000	5,001 to 10,000	10,001 to 25,000	25,001 to 50,000	50,001 to 100,000	100,001 to 250,000	250,001 and over
Number of Enterprises	1	22633	383	8079	5998	3334	2257	2073	206	129	71	37	•	•
Revenues ($ in Thousands)														
Net Sales	2	293179000	1369094	3465966	5476572	6893749	10468172	21545530	7010043	10974466	11083932	11604624	•	•
Portfolio Income	3	774355	29010	214	4308	11065	30225	49384	7451	46178	25028	21934	•	•
Other Revenues	4	4670276	28716	75141	55757	53562	98332	202530	96071	134726	166763	178042	•	•
Total Revenues	5	298623631	1426820	3541321	5536637	6958376	10596729	21797444	7113565	11155370	11275723	11804600	•	•
Average Total Revenues	6	13194	3725	438	923	2087	4695	10515	34532	86476	158813	319043	•	•
Operating Costs/Operating Income (%)														
Cost of Operations	7	76.1	75.1	77.5	78.1	78.2	78.5	79.6	79.3	81.7	77.9	80.0	•	•
Rent	8	10.0	11.5	5.7	6.1	6.5	8.2	7.6	8.8	7.7	9.7	8.7	•	•
Taxes Paid	9	1.5	1.7	2.2	1.8	2.0	1.3	1.3	1.2	1.2	1.4	1.3	•	•
Interest Paid	10	0.8	1.5	0.3	0.3	0.4	0.4	0.5	0.5	0.4	0.6	0.4	•	•
Depreciation, Depletion, Amortization	11	1.6	1.2	0.8	0.8	0.7	0.9	1.0	0.9	1.0	1.3	1.4	•	•
Pensions and Other Benefits	12	1.6	0.8	0.2	0.3	0.3	0.5	0.6	1.1	0.8	1.4	1.3	•	•
Other	13	7.7	9.7	10.6	8.2	8.1	8.6	7.7	8.1	6.9	7.9	6.2	•	•
Officers Compensation	14	0.4	0.2	2.0	2.8	2.1	1.6	1.1	0.6	0.5	0.5	0.3	•	•
Operating Margin	15	0.4	•	0.7	1.6	1.8	0.2	0.7	•	•	•	0.4	•	•
Oper. Margin Before Officers Compensation	16	0.8	•	2.7	4.5	3.9	1.8	1.7	0.3	0.4	•	0.7	•	•
Selected Average Balance Sheet ($ in Thousands)														
Net Receivables	17	283	•	0	3	9	51	105	363	1782	2247	5617	•	•
Inventories	18	814	•	21	63	118	235	523	1783	3632	7675	15457	•	•
Net Property, Plant and Equipment	19	1711	•	11	31	88	190	668	2340	4868	17471	33793	•	•
Total Assets	20	3763	•	50	162	358	683	1918	6336	14124	36701	72373	•	•

Notes and Loans Payable 21	1227	•	19	41	115	204	553	1752	3864	10615	17388	•	•
All Other Liabilities 22	1371	•	10	32	66	197	490	1908	4649	12456	22003	•	•
Net Worth 23	1165	•	21	89	178	282	876	2675	5611	13629	32981	•	•

Selected Financial Ratios (Times to 1)

Current Ratio 24	1.2	•	2.7	2.7	3.3	1.8	1.7	1.3	1.3	1.2	1.4	•	•
Quick Ratio 25	0.4	•	0.9	0.9	1.2	0.7	0.7	0.5	0.6	0.5	0.5	•	•
Net Sales to Working Capital 26	•	•	21.0	14.5	14.3	26.5	25.0	49.1	46.4	•	39.4	•	•
Coverage Ratio 27	3.9	2.7	9.9	11.8	8.9	4.7	4.6	3.4	5.2	3.3	6.2	•	•
Total Asset Turnover 28	3.5	•	8.6	5.6	5.8	6.8	5.4	5.4	6.0	4.3	4.3	•	•
Inventory Turnover 29	•	•	•	•	•	•	•	•	•	•	•	•	•
Receivables Turnover 30	•	•	•	•	•	•	•	•	•	•	•	•	•
Total Liabilities to Net Worth 31	2.2	•	1.4	0.8	1.0	1.4	1.2	1.4	1.5	1.7	1.2	•	•

Selected Financial Factors (in Percentages)

Debt Ratio 32	69.0	•	58.1	45.2	50.3	58.8	54.4	57.8	60.3	62.9	54.4	•	•
Return on Assets 33	10.2	•	27.5	16.8	18.0	12.5	12.6	8.5	11.2	7.9	10.8	•	•
Return on Equity 34	17.5	•	•	27.1	30.5	21.9	18.6	13.2	19.2	11.5	15.4	•	•
Return Before Interest on Equity 35	33.0	•	•	30.6	•	30.2	27.5	20.2	28.3	21.1	23.6	•	•
Profit Margin, Before Income Tax 36	2.2	2.6	2.9	2.7	2.8	1.4	1.8	1.1	1.5	1.3	2.1	•	•
Profit Margin, After Income Tax 37	1.6	2.5	2.8	2.6	2.6	1.3	1.6	1.0	1.3	1.0	1.6	•	•

Trends in Selected Ratios and Factors, 1990-1999

	1990	1991	1992	1993	1994	1995	1996	1997	1998	1999
Cost of Operations (%) 38	77.1	77.6	78.4	77.6	76.7	76.5	76.6	76.3	76.0	76.1
Operating Margin (%) 39	•	0.1	0.3	•	•	•	•	0.3	0.4	0.4
Oper. Margin Before Officers Comp. (%) 40	0.3	0.6	1.0	0.4	0.3	0.4	0.5	0.7	0.8	0.8
Average Net Receivables ($) 41	218	195	104	437	247	249	263	298	273	283
Average Inventories ($) 42	668	678	478	698	815	871	895	880	820	814
Average Net Worth ($) 43	984	862	693	1268	727	963	1003	1080	946	1165
Current Ratio (×1) 44	1.3	1.3	1.4	1.5	1.0	1.2	1.2	1.1	1.2	1.2
Quick Ratio (×1) 45	0.5	0.5	0.5	0.7	0.3	0.4	0.4	0.4	0.4	0.4
Coverage Ratio (×1) 46	4.3	3.3	4.6	2.6	2.6	2.7	2.8	3.5	3.4	3.9
Asset Turnover (×1) 47	4.3	4.3	4.3	3.3	3.5	3.6	3.5	3.4	3.5	3.5
Operating Leverage 48	•	•	2.9	•	1.9	0.0	•	6.6	1.4	1.0
Financial Leverage 49	1.1	1.0	1.2	0.8	1.0	1.0	1.0	1.1	1.0	1.1
Total Leverage 50	•	•	3.5	•	1.8	0.0	•	7.3	1.4	1.0

Table I

Corporations with and without Net Income

OTHER FOOD STORES

MONEY AMOUNTS AND SIZE OF ASSETS IN THOUSANDS OF DOLLARS

Item Description for Accounting Period 7/95 Through 6/96	Total	Zero Assets	Under 100	100 to 250	251 to 500	501 to 1,000	1,001 to 5,000	5,001 to 10,000	10,001 to 25,000	25,001 to 50,000	50,001 to 100,000	100,001 to 250,000	250,001 and over
Number of Enterprises 1	34746	3776	20992	6012	2317	817	716	53	43	4	8	4	4
Revenues ($ in Thousands)													
Net Sales 2	30290763	722788	5690717	2998789	3999296	3100299	6058320	1125373	1991613	414931	767320	515564	2905754
Portfolio Income 3	139870	54144	5739	11650	2723	2306	7315	2108	10014	826	9372	14637	19033
Other Revenues 4	417433	44635	28409	40974	14095	2381	91122	12712	22049	1501	8813	23332	127412
Total Revenues 5	30848066	821567	5724865	3051413	4016114	3104986	6156757	1140193	2023676	417258	785505	553533	3052199
Average Total Revenues 6	888	218	273	508	1733	3800	8599	21513	47062	104314	98188	138383	763050
Operating Costs/Operating Income (%)													
Cost of Operations 7	64.8	67.5	58.8	61.0	71.9	76.1	67.5	49.8	73.4	55.1	58.2	45.3	59.1
Rent 8	11.0	10.9	9.6	9.9	9.6	6.7	10.4	23.3	8.9	18.9	12.9	24.1	15.8
Taxes Paid 9	2.2	2.6	2.5	3.0	1.8	1.5	2.1	3.8	1.3	3.6	1.9	3.2	2.3
Interest Paid 10	1.0	2.4	0.7	1.3	0.7	0.6	0.5	1.2	1.3	0.5	2.6	3.8	1.9
Depreciation, Depletion, Amortization 11	1.9	3.1	1.6	2.4	1.7	0.8	1.4	2.3	2.3	1.3	3.0	4.8	3.3
Pensions and Other Benefits 12	0.8	1.4	0.3	0.9	0.5	0.4	0.7	1.3	0.5	6.0	1.1	0.7	1.5
Other 13	16.5	22.3	22.2	19.1	10.7	11.5	15.9	15.7	11.4	14.1	30.8	22.2	15.2
Officers Compensation 14	2.7	0.9	5.1	4.1	3.0	2.1	1.8	4.3	1.1	0.6	0.8	0.8	0.6
Operating Margin 15	•	•	•	•	0.2	0.5	•	•	•	•	•	•	0.5
Oper. Margin Before Officers Compensation 16	1.7	•	4.4	2.4	3.2	2.6	1.5	2.6	0.8	0.6	•	•	1.1
Selected Average Balance Sheet ($ in Thousands)													
Net Receivables 17	25	•	1	20	37	115	241	448	2256	3572	4198	16869	30420
Inventories 18	42	•	9	18	61	144	531	613	1804	7462	7735	8564	73378
Net Property, Plant and Equipment 19	103	•	17	76	145	197	790	3905	6695	10681	17907	75339	181108
Total Assets 20	252	•	42	155	364	718	2100	7223	16800	29108	61792	148135	430923

Notes and Loans Payable 21	118	•	38	102	176	313	671	3049	7362	7653	31807	58159	139824
All Other Liabilities 22	69	•	9	43	81	243	756	2065	4715	11622	17053	23399	106199
Net Worth 23	65	•	-6	9	107	162	673	2110	4723	9832	12931	66577	184900
Selected Financial Ratios (Times to 1)													
Current Ratio 24	1.3	•	1.7	1.2	1.7	1.4	1.3	0.7	1.0	1.4	0.9	1.3	1.5
Quick Ratio 25	0.7	•	0.8	0.8	1.1	0.7	0.6	0.3	0.7	0.7	0.5	0.8	0.4
Net Sales to Working Capital 26	37.7	•	35.8	43.6	25.1	32.5	34.1	•	•	21.6	•	19.9	16.7
Coverage Ratio 27	1.9	2.2	0.9	1.0	1.9	2.1	3.5	0.7	2.0	2.2	•	1.6	3.9
Total Asset Turnover 28	3.5	•	6.5	3.2	4.8	5.3	4.0	2.9	2.8	3.6	1.6	0.9	1.7
Inventory Turnover 29	•	•	•	•	•	•	•	•	•	6.1	8.6	1.5	•
Receivables Turnover 30	•	•	•	•	•	•	•	•	•	•	•	5.9	•
Total Liabilities to Net Worth 31	2.9	•	•	15.9	2.4	3.4	2.1	2.4	2.6	2.0	3.8	1.2	1.3
Selected Financial Factors (in Percentages)													
Debt Ratio 32	74.2	•	•	94.1	70.5	77.5	68.0	70.8	71.9	66.2	79.1	55.1	57.1
Return on Assets 33	6.6	•	4.2	4.3	6.0	6.5	7.6	2.4	7.3	3.5	•	5.4	12.4
Return on Equity 34	7.6	•	6.0	•	9.0	13.7	13.7	•	9.5	3.7	•	3.0	13.9
Return Before Interest on Equity 35	25.5	•	•	•	20.3	28.9	23.6	8.1	26.1	10.5	•	12.0	28.9
Profit Margin, Before Income Tax 36	0.9	2.7	•	•	0.6	0.6	1.3	•	1.4	0.5	•	2.4	5.5
Profit Margin, After Income Tax 37	0.6	2.6	•	•	0.6	0.6	1.1	•	1.0	0.4	•	1.5	3.6

Trends in Selected Ratios and Factors, 1990-1999

	1990	1991	1992	1993	1994	1995	1996	1997	1998	1999
Cost of Labor (%) 38	67.5	69.7	69.3	69.6	68.8	68.6	67.8	67.0	65.2	64.8
Operating Margin (%) 39	•	•	•	•	•	•	•	•	•	•
Oper. Margin Before Officers Comp. (%) 40	1.1	1.2	0.8	0.8	1.0	1.1	1.2	1.8	1.9	1.7
Average Net Receivables ($) 41	23	20	27	21	24	21	18	17	21	25
Average Inventories ($) 42	39	37	35	35	39	41	38	39	42	42
Average Net Worth ($) 43	60	55	49	46	40	43	47	56	55	65
Current Ratio (×1) 44	1.3	1.3	1.2	1.2	1.2	1.1	1.3	1.4	1.3	1.3
Quick Ratio (×1) 45	0.7	0.6	0.6	0.6	0.6	0.5	0.6	0.6	0.6	0.7
Coverage Ratio (×1) 46	1.0	1.4	1.1	1.0	0.9	0.9	1.1	1.8	1.7	1.9
Asset Turnover (×1) 47	3.4	3.6	3.5	3.5	3.6	3.6	3.9	3.5	3.4	3.5
Total Liabilities/Net Worth (×1) 48	2.9	2.8	3.7	4.2	4.7	4.4	3.3	2.8	3.3	2.9
Return on Assets (×1) 49	3.7	5.0	3.9	4.4	4.0	4.3	4.8	5.8	5.7	6.6
Return on Equity (%) 50	•	0.9	•	•	•	•	•	5.9	5.3	7.6

Table II

Corporations with Net Income

OTHER FOOD STORES

MONEY AMOUNTS AND SIZE OF ASSETS IN THOUSANDS OF DOLLARS

Item Description for Accounting Period 7/95 Through 6/96	Total	Zero Assets	Under 100	100 to 250	251 to 500	501 to 1,000	1,001 to 5,000	5,001 to 10,000	10,001 to 25,000	25,001 to 50,000	50,001 to 100,000	100,001 to 250,000	250,001 and over
Number of Enterprises **1**	17065	1691	10120	2701	1479	475	523	31	31	4	4	•	•
Revenues ($ in Thousands)													
Net Sales **2**	19834698	172914	3251051	1523049	2565847	1700686	4613336	650643	1737480	414931	470962	•	•
Portfolio Income **3**	110765	51841	1673	10224	959	1439	5401	46	5132	826	2182	•	•
Other Revenues **4**	346850	27010	16403	37281	12376	1668	80949	12207	21880	1501	7227	•	•
Total Revenues **5**	20292313	251765	3269127	1570554	2579182	1703793	4699686	662896	1764492	417258	480371	•	•
Average Total Revenues **6**	1189	149	323	581	1744	3587	8986	21384	56919	104314	120093	•	•
Operating Costs/Operating Income (%)													
Cost of Operations **7**	65.0	57.3	59.2	64.6	78.1	78.5	65.7	36.1	75.7	55.1	61.6	•	•
Rent **8**	10.2	2.0	6.3	9.6	6.0	4.0	10.4	29.4	8.1	18.9	9.6	•	•
Taxes Paid **9**	2.1	3.5	2.2	3.0	1.4	1.6	2.1	2.8	1.2	3.6	1.8	•	•
Interest Paid **10**	0.8	2.7	0.6	1.1	0.5	0.7	0.4	1.1	0.8	0.5	0.9	•	•
Depreciation, Depletion, Amortization **11**	1.9	7.2	1.5	1.9	1.3	1.1	1.4	3.1	1.5	1.3	2.2	•	•
Pensions and Other Benefits **12**	0.7	0.1	0.4	0.5	0.4	0.6	0.6	0.6	0.5	6.0	0.6	•	•
Other **13**	15.4	32.4	21.7	14.8	7.3	8.4	17.0	19.6	10.5	14.1	20.7	•	•
Officers Compensation **14**	2.5	2.3	5.1	2.7	2.7	2.4	2.0	6.9	1.0	0.6	0.8	•	•
Operating Margin **15**	1.4	•	3.1	1.8	2.3	2.8	0.4	0.6	0.7	•	2.1	•	•
Oper. Margin Before Officers Compensation **16**	3.9	•	8.2	4.5	5.0	5.2	2.4	7.4	1.7	0.6	2.8	•	•
Selected Average Balance Sheet ($ in Thousands)													
Net Receivables **17**	35	•	1	11	36	129	253	472	2771	3572	7593	•	•
Inventories **18**	61	•	10	29	63	93	608	710	1363	7462	12169	•	•
Net Property, Plant and Equipment **19**	135	•	18	80	133	199	709	4248	6012	10681	13518	•	•
Total Assets **20**	346	•	49	162	366	708	2159	7186	16382	29108	52998	•	•

Notes and Loans Payable	21	124	•	32	94	150	339	581	1859	5246	7653	13736	•	•
All Other Liabilities	22	87	•	9	34	63	190	762	1573	5366	11622	18105	•	•
Net Worth	23	135	•	8	34	153	179	816	3755	5771	9832	21157	•	•

Selected Financial Ratios (Times to 1)

Current Ratio	24	1.5	•	2.2	1.7	2.3	1.5	1.4	0.9	1.2	1.4	1.4	•	•
Quick Ratio	25	0.8	•	1.1	1.0	1.5	0.8	0.7	0.5	0.9	0.7	0.7	•	•
Net Sales to Working Capital	26	22.0	•	24.4	20.6	16.3	30.9	21.9	•	41.1	21.6	15.6	•	•
Coverage Ratio	27	5.6	14.9	6.9	5.6	6.4	5.5	6.5	3.3	3.9	2.2	5.8	•	•
Total Asset Turnover	28	3.4	•	6.6	3.5	4.8	5.1	4.1	2.9	3.4	3.6	2.2	•	•
Inventory Turnover	29	•	•	•	•	•	•	•	•	•	•	•	•	•
Receivables Turnover	30	•	•	•	•	•	•	•	•	•	•	•	•	•
Total Liabilities to Net Worth	31	1.6	•	5.4	3.8	1.4	3.0	1.7	0.9	1.8	2.0	1.5	•	•

Selected Financial Factors (in Percentages)

Debt Ratio	32	61.1	•	84.3	79.3	58.2	74.8	62.2	47.8	64.8	66.2	60.1	•	•
Return on Assets	33	15.2	•	28.1	20.9	16.0	18.3	10.9	10.2	10.3	3.5	10.7	•	•
Return on Equity	34	27.9	•	•	•	31.4	•	21.0	13.7	17.7	3.7	17.0	•	•
Return Before Interest on Equity	35	•	•	•	•	•	•	28.9	19.6	29.3	10.5	26.9	•	•
Profit Margin, Before Income Tax	36	3.7	•	3.6	4.9	2.9	3.0	2.3	2.5	2.3	0.5	4.0	•	•
Profit Margin, After Income Tax	37	3.2	•	3.6	4.7	2.8	2.9	1.9	2.5	1.8	0.4	3.1	•	•

Trends in Selected Ratios and Factors, 1990-1999

		1990	1991	1992	1993	1994	1995	1996	1997	1998	1999
Cost of Operations (%)	38	68.2	69.3	67.8	71.2	70.3	69.5	67.6	66.9	63.0	65.0
Operating Margin (%)	39	1.0	0.4	1.1	0.6	1.4	1.1	1.0	1.6	2.0	1.4
Oper. Margin Before Officers Comp. (%)	40	3.5	3.2	4.0	3.0	3.4	3.1	3.5	3.8	4.5	3.9
Average Net Receivables ($)	41	44	32	35	32	41	34	33	29	35	35
Average Inventories ($)	42	71	61	48	50	57	57	66	64	67	61
Average Net Worth ($)	43	134	137	109	111	112	99	129	128	153	135
Current Ratio (×1)	44	1.5	1.6	1.6	1.6	1.5	1.4	1.6	1.6	1.5	1.5
Quick Ratio (×1)	45	0.8	0.8	0.9	0.9	0.8	0.7	0.8	0.8	0.7	0.8
Coverage Ratio (×1)	46	4.3	5.0	5.6	4.3	4.2	2.9	3.8	4.8	5.2	5.6
Asset Turnover (×1)	47	3.5	3.9	3.7	4.2	4.2	3.8	3.5	3.8	3.3	3.4
Operating Leverage	48	1.1	0.4	2.7	0.5	2.5	0.8	0.9	1.6	1.2	0.7
Financial Leverage	49	1.0	1.1	1.1	0.9	1.0	0.9	1.1	1.1	1.0	1.0
Total Leverage	50	1.1	0.5	2.9	0.5	2.5	0.7	1.0	1.7	1.3	0.7

Table I

Corporations with and without Net Income

MOTOR VEHICLE DEALERS

Money Amounts and Size of Assets in Thousands of Dollars

Item Description for Accounting Period 7/95 Through 6/96		Total	Zero Assets	Under 100	100 to 250	251 to 500	501 to 1,000	1,001 to 5,000	5,001 to 10,000	10,001 to 25,000	25,001 to 50,000	50,001 to 100,000	100,001 to 250,000	250,001 and over
Number of Enterprises	1	47944	1549	13002	6792	4089	3106	12703	4434	1895	294	59	15	6
Revenues ($ in Thousands)														
Net Sales	2	502160349	2619042	3318575	5975640	5701997	9827110	153547824	136359885	117561588	36963285	13121428	4848588	12315388
Portfolio Income	3	1563537	9832	2773	41801	55701	40978	366878	270395	316096	180522	102913	70678	104971
Other Revenues	4	7294817	27427	26633	123925	42729	173675	1926810	1842552	1860021	712353	291022	137481	130188
Total Revenues	5	511018703	2656301	3347981	6141366	5800427	10041763	155841512	138472832	119737705	37856160	13515363	5056747	12550547
Average Total Revenues	6	10659	1715	257	904	1419	3233	12268	31230	63186	128762	229074	337116	2091758
Operating Costs/Operating Income (%)														
Cost of Operations	7	88.7	90.7	79.6	82.8	84.4	88.3	88.8	88.7	88.9	89.2	87.5	86.8	93.0
Rent	8	4.4	4.9	3.4	4.3	3.8	3.8	4.2	4.5	4.7	4.5	4.9	4.6	2.1
Taxes Paid	9	0.8	0.9	2.0	1.3	1.2	0.8	0.8	0.8	0.8	0.8	0.9	0.8	0.3
Interest Paid	10	0.9	0.4	0.5	1.6	1.0	1.0	1.0	0.9	0.8	0.9	1.3	1.6	1.1
Depreciation, Depletion, Amortization	11	0.6	0.4	0.6	0.7	0.4	0.2	0.3	0.4	0.6	0.9	1.5	1.9	2.8
Pensions and Other Benefits	12	0.4	0.4	0.2	0.3	0.1	0.4	0.5	0.4	0.4	0.4	0.5	0.6	0.2
Other	13	4.6	6.5	13.9	10.9	8.0	5.5	4.5	4.5	4.1	4.2	5.1	6.0	2.1
Officers Compensation	14	0.9	0.4	3.3	1.6	1.9	1.6	1.0	0.8	0.7	0.7	0.6	0.5	0.1
Operating Margin	15	•	•	•	•	•	•	•	•	•	•	•	•	•
Oper. Margin Before Officers Compensation	16	•	•	•	•	1.1	•	•	•	•	•	•	•	•
Selected Average Balance Sheet ($ in Thousands)														
Net Receivables	17	340	•	3	39	88	152	267	801	1836	5166	11312	20153	376032
Inventories	18	1468	•	23	81	176	429	1869	4373	8558	16561	28702	55186	127333
Net Property, Plant and Equipment	19	306	•	4	19	30	50	224	737	1969	5850	15138	31349	215995
Total Assets	20	2462	•	39	168	355	729	2682	6808	14514	33486	67052	135370	847294

Notes and Loans Payable 21	1772	•	70	203	202	427	1939	4990	10459	23573	45164	80797	520845
All Other Liabilities 22	321	•	10	26	25	123	306	833	1707	4190	11497	25622	244777
Net Worth 23	370	•	-40	-62	128	179	436	985	2348	5722	10391	28951	81672

Selected Financial Ratios (Times to 1)

Current Ratio 24	1.2	•	2.0	2.6	3.8	1.8	1.3	1.2	1.2	1.1	1.1	1.2	0.9
Quick Ratio 25	0.3	•	0.6	1.1	1.5	0.6	0.2	0.3	0.3	0.3	0.4	0.4	0.6
Net Sales to Working Capital 26	29.6	•	15.7	10.4	6.2	11.1	23.7	33.1	37.5	•	48.1	22.7	•
Coverage Ratio 27	1.7	•	•	0.6	2.0	1.6	1.6	1.6	2.1	2.1	1.7	2.0	1.1
Total Asset Turnover 28	4.3	•	6.5	5.3	3.9	4.3	4.5	4.5	4.3	3.8	3.3	2.4	2.4
Inventory Turnover 29	6.6	•	•	•	7.2	6.5	5.7	6.4	7.0	8.0	8.1	5.2	•
Receivables Turnover 30	•	•	•	•	•	•	•	•	•	•	•	•	5.8
Total Liabilities to Net Worth 31	5.7	•	•	•	1.8	3.1	5.2	5.9	5.2	4.9	5.5	3.7	9.4

Selected Financial Factors (in Percentages)

Debt Ratio 32	85.0	•	•	•	63.9	75.4	83.7	85.5	83.8	82.9	84.5	78.6	90.4
Return on Assets 33	6.6	•	•	5.1	7.4	7.3	6.9	6.4	7.2	7.1	7.3	7.5	3.1
Return on Equity 34	15.0	•	15.1	10.2	9.0	10.1	13.9	14.2	20.7	17.5	14.2	14.0	0.8
Return Before Interest on Equity 35	•	•	12.0	•	20.5	29.7	•	•	•	•	•	•	32.0
Profit Margin, Before Income Tax 36	0.6	•	•	•	0.9	0.7	0.6	0.5	0.9	1.0	0.9	1.6	0.2
Profit Margin, After Income Tax 37	0.5	•	•	•	0.8	0.6	0.5	0.5	0.8	0.8	0.7	1.3	•

Trends in Selected Ratios and Factors, 1990-1999

	1990	1991	1992	1993	1994	1995	1996	1997	1998	1999
Cost of Labor (%) 38	87.5	87.3	87.5	87.6	87.5	87.9	88.1	88.2	88.6	88.7
Operating Margin (%) 39	•	•	•	•	•	•	•	•	•	•
Oper. Margin Before Officers Comp. (%) 40	•	•	•	•	•	•	•	•	•	•
Average Net Receivables ($) 41	213	213	244	231	236	237	251	281	342	340
Average Inventories ($) 42	917	1122	1169	1121	1073	1126	1227	1266	1479	1468
Average Net Worth ($) 43	313	336	323	280	269	259	321	348	395	370
Current Ratio (×1) 44	1.2	1.2	1.2	1.2	1.2	1.2	1.2	1.2	1.2	1.2
Quick Ratio (×1) 45	0.3	0.3	0.3	0.3	0.3	0.3	0.3	0.3	0.3	0.3
Coverage Ratio (×1) 46	1.6	1.5	1.3	0.9	0.9	0.8	1.7	2.1	2.3	1.7
Asset Turnover (×1) 47	4.3	3.8	4.0	3.9	3.9	4.0	4.2	4.3	4.4	4.3
Total Liabilities/Net Worth (×1) 48	4.4	4.8	5.2	5.9	6.0	6.4	5.4	5.1	5.2	5.7
Return on Assets (×1) 49	6.7	5.9	5.8	5.2	4.8	3.5	5.3	6.0	6.8	6.6
Return on Equity (%) 50	7.8	7.9	5.3	•	•	•	11.6	16.4	20.8	15.0

Table II

Corporations with Net Income

MOTOR VEHICLE DEALERS

MONEY AMOUNTS AND SIZE OF ASSETS IN THOUSANDS OF DOLLARS

Item Description for Accounting Period 7/95 Through 6/96	Total	Zero Assets	Under 100	100 to 250	251 to 500	501 to 1,000	1,001 to 5,000	5,001 to 10,000	10,001 to 25,000	25,001 to 50,000	50,001 to 100,000	100,001 to 250,000	250,001 and over
Number of Enterprises **1**	26892	67	4730	3878	2565	2118	8644	3074	1511	241	47	•	•
Revenues ($ in Thousands)													
Net Sales **2**	379300742	457467	1270179	4646723	4038334	7575054	108362344	98813108	96189198	31207814	10617831	•	•
Portfolio Income **3**	1272781	2779	688	32640	47896	21621	299863	198388	267720	151189	86719	•	•
Other Revenues **4**	5568409	4732	194	89630	37685	129475	1404067	1278507	1542698	604422	241396	•	•
Total Revenues **5**	386141932	464978	1271061	4768993	4123915	7726150	110066274	100290003	97999616	31963425	10945946	•	•
Average Total Revenues **6**	14359	6940	269	1230	1608	3648	12733	32625	64857	132628	232892	•	•
Operating Costs/Operating Income (%)													
Cost of Operations **7**	88.6	88.5	73.3	82.7	84.9	89.0	88.4	88.6	89.0	89.3	87.2	•	•
Rent **8**	4.3	4.4	3.8	4.4	3.5	3.2	4.2	4.5	4.6	4.4	5.0	•	•
Taxes Paid **9**	0.8	0.9	1.5	1.2	1.0	0.7	0.8	0.8	0.7	0.7	0.9	•	•
Interest Paid **10**	0.8	0.6	0.2	0.9	0.9	0.7	0.9	0.8	0.7	0.9	1.2	•	•
Depreciation, Depletion, Amortization **11**	0.6	0.3	0.4	0.3	0.3	0.2	0.3	0.4	0.5	0.8	1.5	•	•
Pensions and Other Benefits **12**	0.4	0.4	0.4	0.3	•	0.3	0.5	0.4	0.4	0.4	0.5	•	•
Other **13**	4.2	4.2	11.1	8.4	6.9	4.7	4.3	4.3	3.8	4.0	5.0	•	•
Officers Compensation **14**	0.9	0.7	5.3	1.7	1.8	1.8	1.1	0.8	0.8	0.6	0.7	•	•
Operating Margin **15**	•	•	4.2	0.1	0.7	•	•	•	•	•	•	•	•
Oper. Margin Before Officers Compensation **16**	0.3	0.7	9.4	1.8	2.5	1.3	0.8	0.4	0.1	•	•	•	•
Selected Average Balance Sheet ($ in Thousands)													
Net Receivables **17**	467	•	2	33	90	133	277	822	1904	4872	11168	•	•
Inventories **18**	1911	•	30	93	176	441	1873	4421	8498	16911	28042	•	•
Net Property, Plant and Equipment **19**	401	•	3	18	27	36	216	694	1885	5919	15429	•	•
Total Assets **20**	3232	•	45	167	361	701	2712	6903	14377	33455	66686	•	•

Notes and Loans Payable 21	2214	•	36	113	176	372	1833	4886	10139	23140	43044	•	•
All Other Liabilities 22	408	•	5	25	28	112	293	819	1633	4106	11895	•	•
Net Worth 23	611	•	4	28	157	217	586	1198	2606	6209	11746	•	•

Selected Financial Ratios (Times to 1)

Current Ratio 24	1.2	•	3.9	3.3	3.8	1.9	1.4	1.2	1.2	1.1	1.1	•	•
Quick Ratio 25	0.3	•	0.9	1.1	1.6	0.6	0.3	0.3	0.3	0.3	0.4	•	•
Net Sales to Working Capital 26	27.1	•	8.9	12.1	6.7	11.6	20.0	29.6	32.9	49.8	48.6	•	•
Coverage Ratio 27	2.5	3.7	•	4.1	4.2	3.0	2.5	2.3	2.7	2.6	2.1	•	•
Total Asset Turnover 28	4.4	•	6.0	7.2	4.4	5.1	4.6	4.7	4.4	3.9	3.4	•	•
Inventory Turnover 29	6.5	•	7.6	•	8.8	6.7	5.4	6.3	7.1	8.0	8.0	•	•
Receivables Turnover 30	•	•	•	•	•	•	•	•	•	•	•	•	•
Total Liabilities to Net Worth 31	4.3	•	10.1	4.9	1.3	2.2	3.6	4.8	4.5	4.4	4.7	•	•

Selected Financial Factors (in Percentages)

Debt Ratio 32	81.1	•	91.0	83.0	56.6	69.1	78.4	82.6	81.9	81.5	82.4	•	•
Return on Assets 33	8.9	•	26.3	26.0	16.0	11.1	9.7	8.5	8.7	8.4	8.3	•	•
Return on Equity 34	25.5	•	•	•	26.5	22.0	24.4	25.2	27.3	23.4	19.1	•	•
Return Before Interest on Equity 35	•	•	•	•	•	•	•	•	•	•	•	•	•
Profit Margin, Before Income Tax 36	1.2	1.7	4.2	2.7	2.8	1.4	1.2	1.0	1.3	1.3	1.3	•	•
Profit Margin, After Income Tax 37	1.1	1.4	4.2	2.7	2.6	1.3	1.2	0.9	1.1	1.1	1.0	•	•

Trends in Selected Ratios and Factors, 1990-1999

	1990	1991	1992	1993	1994	1995	1996	1997	1998	1999
Cost of Operations (%) 38	87.3	87.1	87.3	87.1	87.1	87.4	88.1	88.1	88.7	88.6
Operating Margin (%) 39	•	•	•	•	•	•	•	•	•	•
Oper. Margin Before Officers Comp. (%) 40	0.3	•	•	•	0.1	0.2	0.4	0.6	0.6	0.3
Average Net Receivables ($) 41	243	245	283	272	272	294	312	345	445	467
Average Inventories ($) 42	1024	1247	1313	1205	1155	1327	1451	1503	1866	1911
Average Net Worth ($) 43	436	479	490	491	469	515	485	496	575	611
Current Ratio (×1) 44	1.3	1.2	1.3	1.3	1.3	1.3	1.3	1.3	1.3	1.2
Quick Ratio (×1) 45	0.3	0.3	0.3	0.3	0.3	0.3	0.3	0.3	0.3	0.3
Coverage Ratio (×1) 46	2.6	2.5	2.4	2.0	2.1	2.1	2.8	3.0	3.2	2.5
Asset Turnover (×1) 47	4.5	4.0	4.2	4.0	4.0	4.1	4.3	4.4	4.5	4.4
Operating Leverage 48	1.3	1.2	1.0	1.0	0.9	0.9	0.7	0.8	0.9	1.6
Financial Leverage 49	1.0	1.1	1.0	0.9	1.1	1.0	1.2	1.0	1.0	0.9
Total Leverage 50	1.3	1.4	1.0	0.8	1.0	0.9	0.9	0.8	0.9	1.4

Table I

Corporations with and without Net Income

GASOLINE SERVICE STATIONS

MONEY AMOUNTS AND SIZE OF ASSETS IN THOUSANDS OF DOLLARS

Item Description for Accounting Period 7/95 Through 6/96	Total	Zero Assets	Under 100	100 to 250	251 to 500	501 to 1,000	1,001 to 5,000	5,001 to 10,000	10,001 to 25,000	25,001 to 50,000	50,001 to 100,000	100,001 to 250,000	250,001 and over
Number of Enterprises **1**	29610	1671	10841	9367	4115	1982	1400	90	103	23	11	7	•
Revenues ($ in Thousands)													
Net Sales **2**	69971565	637563	7435693	16355407	8266110	6214973	12404614	2041446	6108856	2960663	2303613	5242627	•
Portfolio Income **3**	151866	19835	924	12955	7373	10175	41069	4876	12630	2148	24986	14895	•
Other Revenues **4**	387278	7125	9062	47302	15492	59252	86456	7164	39101	24169	30159	61997	•
Total Revenues **5**	70510709	664523	7445679	16415664	8288975	6284400	12532139	2053486	6160587	2986980	2358758	5319519	•
Average Total Revenues **6**	2381	398	687	1752	2014	3171	8952	22817	59812	129869	214433	759931	•
Operating Costs/Operating Income (%)													
Cost of Operations **7**	83.2	84.9	82.8	85.0	82.1	82.1	80.9	81.1	84.4	83.4	85.0	85.0	•
Rent **8**	5.1	2.9	4.6	4.0	5.7	4.9	6.4	5.3	5.5	5.3	5.2	5.1	•
Taxes Paid **9**	1.8	4.0	2.0	1.4	1.7	1.4	2.7	2.5	1.1	2.8	1.3	1.0	•
Interest Paid **10**	0.6	0.2	0.2	0.3	0.8	0.9	0.7	1.4	0.6	0.6	1.1	0.7	•
Depreciation, Depletion, Amortization **11**	1.3	0.5	0.5	0.6	1.2	1.7	1.5	1.3	1.6	1.7	2.1	2.3	•
Pensions and Other Benefits **12**	0.3	•	0.3	0.1	0.2	0.2	0.3	0.5	0.3	0.5	0.3	0.5	•
Other **13**	6.5	11.3	7.9	5.9	7.1	7.1	6.7	6.8	5.7	4.7	5.8	5.1	•
Officers Compensation **14**	1.4	1.8	2.0	2.0	1.7	1.6	1.2	1.9	0.7	0.4	0.4	0.2	•
Operating Margin **15**	•	•	•	0.8	•	•	•	•	0.2	0.8	•	0.3	•
Oper. Margin Before Officers Compensation **16**	1.4	•	1.8	2.8	1.1	1.7	0.9	1.1	0.8	1.2	•	0.5	•
Selected Average Balance Sheet ($ in Thousands)													
Net Receivables **17**	47	•	5	15	39	68	269	747	1313	2137	6817	28646	•
Inventories **18**	60	•	15	34	44	91	228	511	1787	2709	7067	36652	•
Net Property, Plant and Equipment **19**	218	•	12	47	150	375	1019	3602	8461	23270	37322	137243	•
Total Assets **20**	452	•	52	165	351	724	2128	6376	14707	34743	70464	253013	•

Notes and Loans Payable 21	186	•	28	87	207	358	809	3075	4965	11107	29201	45864	•
All Other Liabilities 22	110	•	14	27	47	109	562	2284	3887	10615	19214	87118	•
Net Worth 23	156	•	9	51	96	258	757	1017	5855	13022	22049	120031	•

Selected Financial Ratios (Times to 1)

Current Ratio 24	1.5	•	2.2	2.7	2.7	2.0	1.5	0.8	1.0	1.0	0.8	1.2	•
Quick Ratio 25	0.9	•	1.1	1.5	1.7	1.3	1.0	0.6	0.5	0.7	0.4	0.6	•
Net Sales to Working Capital 26	41.1	•	39.3	30.5	22.1	22.9	33.4	•	•	•	•	•	•
Coverage Ratio 27	2.3	•	0.0	5.8	0.6	2.3	2.1	0.9	2.6	3.7	2.3	3.6	•
Total Asset Turnover 28	5.2	•	13.3	10.6	5.7	4.3	4.2	3.6	4.0	3.7	3.0	3.0	•
Inventory Turnover 29	•	•	•	•	•	•	•	•	•	•	•	•	•
Receivables Turnover 30	•	•	•	•	•	•	•	•	•	•	•	•	•
Total Liabilities to Net Worth 31	1.9	•	4.5	2.2	2.7	1.8	1.8	5.3	1.5	1.7	2.2	1.1	•

Selected Financial Factors (in Percentages)

Debt Ratio 32	65.5	•	81.8	69.1	72.5	64.4	64.4	84.1	60.2	62.5	68.7	52.6	•
Return on Assets 33	7.0	•	•	15.2	2.8	8.6	6.0	4.3	6.5	8.5	7.3	6.9	•
Return on Equity 34	9.9	•	•	39.8	•	11.8	6.9	•	8.5	14.0	9.4	9.0	•
Return Before Interest on Equity 35	20.3	•	0.1	•	10.2	24.1	16.9	27.1	16.4	22.6	23.5	14.6	•
Profit Margin, Before Income Tax 36	0.8	•	•	1.2	•	1.1	0.8	•	1.0	1.7	1.4	1.7	•
Profit Margin, After Income Tax 37	0.7	•	•	1.2	•	1.0	0.6	•	0.9	1.4	1.0	1.5	•

Trends in Selected Ratios and Factors, 1990-1999

	1990	1991	1992	1993	1994	1995	1996	1997	1998	1999
Cost of Labor (%) 38	82.7	82.6	81.3	81.1	83.0	83.9	83.5	82.7	82.9	83.2
Operating Margin (%) 39	•	•	•	•	•	•	•	0.1	0.3	•
Oper. Margin Before Officers Comp. (%) 40	1.3	1.1	1.7	1.5	0.6	0.3	1.0	1.5	1.7	1.4
Average Net Receivables ($) 41	45	45	42	49	56	49	52	59	48	47
Average Inventories ($) 42	62	54	52	58	65	64	66	66	65	60
Average Net Worth ($) 43	146	129	121	140	141	124	140	149	156	156
Current Ratio (×1) 44	1.5	1.3	1.4	1.6	1.3	1.3	1.5	1.4	1.5	1.5
Quick Ratio (×1) 45	0.8	0.8	0.8	0.9	0.8	0.7	0.9	0.9	0.9	0.9
Coverage Ratio (×1) 46	2.9	1.8	2.5	2.3	1.3	1.0	1.7	2.9	3.2	2.3
Asset Turnover (×1) 47	5.6	5.4	5.3	5.2	5.5	5.5	5.5	5.2	5.1	5.2
Total Liabilities/Net Worth (×1) 48	1.7	1.9	1.8	1.8	2.1	2.3	2.0	2.2	1.8	1.9
Return on Assets (×1) 49	9.3	5.9	8.4	8.3	4.5	3.7	5.1	8.8	8.0	7.0
Return on Equity (%) 50	10.4	5.3	11.1	10.7	1.2	•	4.8	16.0	13.7	9.9

Table II

Corporations with Net Income

GASOLINE SERVICE STATIONS

MONEY AMOUNTS AND SIZE OF ASSETS IN THOUSANDS OF DOLLARS

Item Description for Accounting Period 7/95 Through 6/96	Total	Zero Assets	Under 100	100 to 250	251 to 500	501 to 1,000	1,001 to 5,000	5,001 to 10,000	10,001 to 25,000	25,001 to 50,000	50,001 to 100,000	100,001 to 250,000	250,001 and over
Number of Enterprises 1	17203	640	4745	6848	2464	1442	933	29	66	•	•	7	•
Revenues ($ in Thousands)													
Net Sales 2	50001156	532165	3399343	11855343	5169369	4921426	8758033	1090838	4116200	•	•	5242627	•
Portfolio Income 3	126782	17640	913	8715	6833	5516	37032	4744	6074	•	•	14895	•
Other Revenues 4	304752	7125	4280	40431	9087	41601	67115	1006	36612	•	•	61997	•
Total Revenues 5	50432690	556930	3404536	11904489	5185289	4968543	8862180	1096588	4158886	•	•	5319519	•
Average Total Revenues 6	2932	870	717	1738	2104	3446	9499	37813	63013	•	•	759931	•
Operating Costs/Operating Income (%)													
Cost of Operations 7	83.0	88.5	83.6	84.8	83.4	82.0	79.2	76.9	83.3	•	•	85.0	•
Rent 8	5.0	3.0	3.6	4.0	4.4	5.0	6.7	7.6	5.5	•	•	5.1	•
Taxes Paid 9	1.8	2.1	1.2	1.3	1.9	1.4	3.2	3.6	1.2	•	•	1.0	•
Interest Paid 10	0.5	•	0.1	0.2	0.7	0.8	0.6	1.1	0.6	•	•	0.7	•
Depreciation, Depletion, Amortization 11	1.3	0.5	0.5	0.6	1.1	1.5	1.4	1.4	1.7	•	•	2.3	•
Pensions and Other Benefits 12	0.3	•	0.3	0.2	0.3	0.2	0.4	0.4	0.4	•	•	0.5	•
Other 13	5.9	5.9	7.2	5.5	5.6	6.5	6.7	7.9	5.7	•	•	5.1	•
Officers Compensation 14	1.3	1.9	2.8	1.8	1.7	1.6	1.3	0.8	0.7	•	•	0.2	•
Operating Margin 15	0.9	•	0.9	1.6	1.0	1.1	0.6	0.4	1.0	•	•	0.3	•
Oper. Margin Before Officers Compensation 16	2.2	•	3.6	3.4	2.7	2.6	2.0	1.2	1.7	•	•	0.5	•
Selected Average Balance Sheet ($ in Thousands)													
Net Receivables 17	60	•	4	17	40	66	297	967	1057	•	•	28646	•
Inventories 18	77	•	15	34	45	98	256	1056	1684	•	•	36652	•
Net Property, Plant and Equipment 19	261	•	12	45	115	336	905	4394	8723	•	•	137243	•
Total Assets 20	557	•	53	170	353	713	2066	7043	14500	•	•	253013	•

Notes and Loans Payable 21	194	•	25	61	180	317	674	3071	4638	•	•	45864	•
All Other Liabilities 22	133	•	9	25	40	111	544	2608	3918	•	•	87118	•
Net Worth 23	231	•	18	84	133	286	848	1364	5943	•	•	120031	•

Selected Financial Ratios (Times to 1)

Current Ratio 24	1.6	•	3.4	3.3	3.6	2.0	1.7	0.8	1.0	•	•	1.2	•
Quick Ratio 25	1.0	•	1.8	1.9	2.3	1.2	1.1	0.4	0.6	•	•	0.6	•
Net Sales to Working Capital 26	33.8	•	30.4	25.4	17.6	23.7	25.8	•	•	•	•	•	•
Coverage Ratio 27	4.3	•	8.8	9.5	2.9	3.7	4.2	1.8	4.3	•	•	3.6	•
Total Asset Turnover 28	5.2	•	13.6	10.2	6.0	4.8	4.6	5.4	4.3	•	•	3.0	•
Inventory Turnover 29	•	•	•	•	•	•	•	•	•	•	•	•	•
Receivables Turnover 30	•	•	•	•	•	•	•	•	•	•	•	•	•
Total Liabilities to Net Worth 31	1.4	•	1.9	1.0	1.7	1.5	1.4	4.2	1.4	•	•	1.1	•

Selected Financial Factors (in Percentages)

Debt Ratio 32	58.6	•	65.5	50.4	62.4	60.0	58.9	80.6	59.0	•	•	52.6	•
Return on Assets 33	11.8	•	15.9	22.6	11.3	13.1	10.8	10.8	11.2	•	•	6.9	•
Return on Equity 34	19.9	•	39.0	•	18.6	21.5	17.6	19.9	18.6	•	•	9.0	•
Return Before Interest on Equity 35	28.6	•	•	•	29.9	32.8	26.4	•	27.3	•	•	14.6	•
Profit Margin, Before Income Tax 36	1.7	2.8	1.0	2.0	1.3	2.0	1.8	0.9	2.0	•	•	1.7	•
Profit Margin, After Income Tax 37	1.6	2.7	1.0	2.0	1.2	1.8	1.6	0.7	1.8	•	•	1.5	•

Trends in Selected Ratios and Factors, 1990-1999

	1990	1991	1992	1993	1994	1995	1996	1997	1998	1999
Cost of Operations (%) 38	82.2	81.5	81.2	81.2	82.2	82.9	83.2	82.8	83.3	83.0
Operating Margin (%) 39	0.5	0.6	0.7	0.3	0.5	0.4	0.7	0.9	1.1	0.9
Oper. Margin Before Officers Comp. (%) 40	2.2	2.2	2.5	2.2	2.1	1.8	2.1	2.2	2.4	2.2
Average Net Receivables ($) 41	53	46	51	55	77	59	60	66	59	60
Average Inventories ($) 42	72	66	66	67	87	80	75	84	77	77
Average Net Worth ($) 43	204	191	186	181	235	187	192	228	207	231
Current Ratio (×1) 44	1.6	1.5	1.7	1.7	1.6	1.5	1.6	1.5	1.6	1.6
Quick Ratio (×1) 45	0.9	0.9	1.0	1.0	1.0	0.9	0.9	0.9	1.0	1.0
Coverage Ratio (×1) 46	5.3	4.2	4.7	3.7	4.3	3.5	4.0	5.0	5.0	4.3
Asset Turnover (×1) 47	5.8	5.7	5.3	5.4	5.2	5.3	5.7	5.4	5.3	5.2
Operating Leverage 48	1.6	1.1	1.2	0.4	1.8	0.7	1.9	1.2	1.3	0.8
Financial Leverage 49	1.1	1.1	1.0	1.0	1.1	0.9	1.1	1.1	1.0	1.0
Total Leverage 50	1.7	1.2	1.3	0.4	1.9	0.7	2.1	1.3	1.3	0.8

Corporations with and without Net Income

OTHER AUTOMOTIVE DEALERS

MONEY AMOUNTS AND SIZE OF ASSETS IN THOUSANDS OF DOLLARS

Item Description for Accounting Period 7/95 Through 6/96		Total	Zero Assets	Under 100	100 to 250	251 to 500	501 to 1,000	1,001 to 5,000	5,001 to 10,000	10,001 to 25,000	25,001 to 50,000	50,001 to 100,000	100,001 to 250,000	250,001 and over
Number of Enterprises	1	32980	1908	9611	8470	6050	3124	3359	283	105	26	19	17	7
Revenues ($ in Thousands)														
Net Sales	2	60783928	490631	3161573	4859448	6105335	5763392	16136375	5527949	4042712	1733682	3063729	4055530	5843571
Portfolio Income	3	352507	17785	16429	6002	26619	32225	63212	43213	15721	11585	33131	50973	35612
Other Revenues	4	637940	17382	16214	8733	34836	28364	221365	90468	72786	13750	18246	60590	55207
Total Revenues	5	61774375	525798	3194216	4874183	6166790	5823981	16420952	5661630	4131219	1759017	3115106	4167093	5934390
Average Total Revenues	6	1873	276	332	575	1019	1864	4889	20006	39345	67654	163953	245123	847770
Operating Costs/Operating Income (%)														
Cost of Operations	7	71.7	65.0	69.9	65.6	68.1	70.1	75.6	84.4	75.2	68.2	72.1	70.1	60.0
Rent	8	9.9	15.1	8.5	10.4	10.1	8.9	8.7	5.2	10.3	11.7	10.3	10.5	17.3
Taxes Paid	9	1.9	2.5	2.4	2.5	2.5	2.1	1.7	1.0	1.6	1.7	1.4	1.5	2.7
Interest Paid	10	1.4	1.4	1.2	0.9	1.2	1.4	1.5	1.5	1.4	1.4	1.5	1.6	1.4
Depreciation, Depletion, Amortization	11	1.7	1.1	0.8	1.4	1.3	1.0	1.3	0.7	2.2	3.8	2.3	3.9	2.9
Pensions and Other Benefits	12	0.8	1.0	0.4	0.7	0.6	0.7	0.5	0.3	0.9	0.7	1.5	1.0	2.1
Other	13	10.2	17.3	15.5	13.5	12.2	11.1	9.0	6.9	8.4	10.9	9.9	11.6	7.8
Officers Compensation	14	2.2	3.8	3.3	4.3	4.1	3.8	2.2	1.0	0.9	0.9	0.6	0.7	0.3
Operating Margin	15	0.3	•	•	0.7	•	1.0	•	•	•	0.8	0.6	•	5.6
Oper. Margin Before Officers Compensation	16	2.5	•	1.2	5.0	4.1	4.7	1.8	•	0.1	1.7	1.2	•	5.9
Selected Average Balance Sheet ($ in Thousands)														
Net Receivables	17	95	•	6	24	60	77	221	695	2403	4986	14524	29762	23835
Inventories	18	370	•	19	75	169	404	1131	3570	8079	10096	29047	51115	251454
Net Property, Plant and Equipment	19	182	•	6	31	58	103	311	977	3969	14024	17775	29788	294718
Total Assets	20	774	•	40	162	353	704	1922	6305	16219	35039	74950	154010	647086

Notes and Loans Payable 21	312	•	39	66	159	256	871	3517	7812	14407	30196	52001	145883
All Other Liabilities 22	224	•	17	50	85	194	456	1528	4826	12682	26033	48672	222101
Net Worth 23	238	•	-16	46	109	254	595	1260	3582	7950	18720	53337	279102

Selected Financial Ratios (Times to 1)

Current Ratio 24	1.5	•	1.4	1.9	2.4	2.0	1.6	1.3	1.3	1.3	1.2	1.3	1.5
Quick Ratio 25	0.4	•	0.6	0.7	0.8	0.5	0.4	0.3	0.3	0.5	0.4	0.5	0.2
Net Sales to Working Capital 26	10.0	•	34.1	10.2	6.4	6.9	8.8	20.0	15.4	18.6	18.6	10.3	8.4
Coverage Ratio 27	2.4	1.0	0.1	2.1	1.9	2.5	1.9	2.0	2.0	2.6	2.6	2.2	6.0
Total Asset Turnover 28	2.4	•	8.2	3.5	2.9	2.6	2.5	3.1	2.4	1.9	2.2	1.6	1.3
Inventory Turnover 29	3.9	•	•	4.8	4.3	3.1	3.4	5.6	4.3	4.8	4.2	3.3	2.5
Receivables Turnover 30	•	•	•	•	•	•	•	•	•	•	•	8.7	•
Total Liabilities to Net Worth 31	2.3	•	•	2.6	2.2	1.8	2.2	4.0	3.5	3.4	3.0	1.9	1.3

Selected Financial Factors (in Percentages)

Debt Ratio 32	69.3	•	•	71.8	69.1	64.0	69.0	80.0	77.9	77.3	75.0	65.4	56.9
Return on Assets 33	7.8	•	0.9	6.7	6.4	8.8	7.2	9.1	6.4	6.9	8.1	5.3	11.0
Return on Equity 34	10.9	•	23.6	11.3	8.1	12.9	9.0	19.4	11.1	12.8	13.9	6.1	14.1
Return Before Interest on Equity 35	25.2	•	•	23.7	20.6	24.4	23.1	•	29.0	30.5	32.3	15.3	25.4
Profit Margin, Before Income Tax 36	1.9	•	•	1.0	1.0	2.0	1.4	1.5	1.4	2.3	2.3	1.9	7.1
Profit Margin, After Income Tax 37	1.4	•	•	0.9	0.9	1.8	1.1	1.3	1.0	1.5	1.6	1.4	4.7

Trends in Selected Ratios and Factors, 1990-1999

	1990	1991	1992	1993	1994	1995	1996	1997	1998	1999
Cost of Labor (%) 38	70.9	71.3	71.6	72.2	69.5	69.6	69.4	70.1	70.7	71.7
Operating Margin (%) 39	•	•	•	•	•	•	•	•	0.5	0.3
Oper. Margin Before Officers Comp. (%) 40	1.3	1.9	1.9	1.7	1.8	2.5	2.9	2.4	2.9	2.5
Average Net Receivables ($) 41	68	69	62	71	69	69	72	80	85	95
Average Inventories ($) 42	197	225	240	267	270	250	263	277	322	370
Average Net Worth ($) 43	122	143	135	147	148	153	165	203	203	238
Current Ratio (×1) 44	1.6	1.5	1.6	1.5	1.6	1.7	1.7	1.6	1.6	1.5
Quick Ratio (×1) 45	0.5	0.5	0.4	0.4	0.5	0.5	0.5	0.5	0.5	0.4
Coverage Ratio (×1) 46	1.5	1.6	1.8	1.4	1.4	1.5	2.3	1.9	2.7	2.4
Asset Turnover (×1) 47	2.3	2.3	2.4	2.3	2.3	2.4	2.4	2.3	2.4	2.4
Total Liabilities/Net Worth (×1) 48	2.7	2.5	2.7	2.8	2.7	2.4	2.3	2.1	2.4	2.3
Return on Assets (×1) 49	5.7	5.4	6.9	6.3	6.2	5.4	6.6	5.5	8.0	7.8
Return on Equity (%) 50	2.8	3.7	8.2	4.4	4.0	3.3	9.1	5.6	12.9	10.9

Table II

Corporations with Net Income

OTHER AUTOMOTIVE DEALERS

MONEY AMOUNTS AND SIZE OF ASSETS IN THOUSANDS OF DOLLARS

Item Description for Accounting Period 7/95 Through 6/96		Total	Zero Assets	Under 100	100 to 250	251 to 500	501 to 1,000	1,001 to 5,000	5,001 to 10,000	10,001 to 25,000	25,001 to 50,000	50,001 to 100,000	100,001 to 250,000	250,001 and over
Number of Enterprises	1	20669	760	•	5684	4040	2485	2665	234	81	•	•	•	•
Revenues ($ in Thousands)														
Net Sales	2	49851827	263400	•	3518933	4221102	4696200	14149152	4559111	3568519	•	•	•	•
Portfolio Income	3	289212	15518	•	2366	12810	28186	59674	41859	9849	•	•	•	•
Other Revenues	4	498747	17094	•	5468	27781	23053	174279	69662	47996	•	•	•	•
Total Revenues	5	50639786	296012	•	3526767	4261693	4747439	14383105	4670632	3626364	•	•	•	•
Average Total Revenues	6	2450	389	•	620	1055	1910	5397	19960	44770	•	•	•	•
Operating Costs/Operating Income (%)														
Cost of Operations	7	71.7	65.2	•	64.5	66.8	69.4	76.3	84.8	75.5	•	•	•	•
Rent	8	9.7	11.8	•	10.6	10.1	8.6	8.1	4.6	10.4	•	•	•	•
Taxes Paid	9	1.9	2.5	•	2.7	2.5	2.2	1.6	0.9	1.6	•	•	•	•
Interest Paid	10	1.2	0.7	•	0.7	0.9	1.1	1.4	1.4	1.0	•	•	•	•
Depreciation, Depletion, Amortization	11	1.5	0.9	•	1.0	1.2	1.0	0.9	0.7	1.2	•	•	•	•
Pensions and Other Benefits	12	0.8	0.7	•	0.6	0.7	0.7	0.6	0.3	0.9	•	•	•	•
Other	13	9.3	11.4	•	13.0	11.4	11.0	8.2	6.1	8.2	•	•	•	•
Officers Compensation	14	2.0	3.1	•	3.7	4.1	4.0	2.2	1.2	0.8	•	•	•	•
Operating Margin	15	1.9	3.8	•	3.3	2.2	2.1	0.8	•	0.5	•	•	•	•
Oper. Margin Before Officers Compensation	16	3.9	6.8	•	7.0	6.4	6.0	3.0	1.1	1.4	•	•	•	•
Selected Average Balance Sheet ($ in Thousands)														
Net Receivables	17	124	•	•	23	60	78	234	673	2521	•	•	•	•
Inventories	18	491	•	•	79	167	396	1234	3456	8555	•	•	•	•
Net Property, Plant and Equipment	19	239	•	•	27	60	102	262	1123	3146	•	•	•	•
Total Assets	20	1014	•	•	164	360	707	1997	6345	16242	•	•	•	•

Notes and Loans Payable 21	359	•	•	53	124	236	881	3232	6631	•	•	•	•
All Other Liabilities 22	295	•	•	49	76	191	490	1485	5485	•	•	•	•
Net Worth 23	359	•	•	62	160	280	626	1628	4126	•	•	•	•

Selected Financial Ratios (Times to 1)

Current Ratio 24	1.6	•	•	2.3	2.8	2.0	1.6	1.4	1.4	•	•	•	•
Quick Ratio 25	0.4	•	•	0.8	1.1	0.5	0.4	0.3	0.3	•	•	•	•
Net Sales to Working Capital 26	9.2	•	•	8.7	5.7	6.8	8.9	16.3	13.8	•	•	•	•
Coverage Ratio 27	3.8	•	•	6.3	4.5	3.8	2.7	2.7	3.2	•	•	•	•
Total Asset Turnover 28	2.4	•	•	3.8	2.9	2.7	2.7	3.1	2.7	•	•	•	•
Inventory Turnover 29	3.8	•	•	5.2	4.0	3.3	3.5	6.2	4.6	•	•	•	•
Receivables Turnover 30	•	•	•	•	•	•	•	•	•	•	•	•	•
Total Liabilities to Net Worth 31	1.8	•	•	1.6	1.3	1.5	2.2	2.9	2.9	•	•	•	•

Selected Financial Factors (in Percentages)

Debt Ratio 32	64.6	•	•	62.0	55.6	60.4	68.7	74.4	74.6	•	•	•	•
Return on Assets 33	11.1	•	•	15.9	11.9	11.4	10.4	11.8	8.5	•	•	•	•
Return on Equity 34	19.1	•	•	33.9	19.3	19.4	18.5	26.1	19.0	•	•	•	•
Return Before Interest on Equity 35	31.2	•	•	•	26.8	28.8	33.1	•	33.3	•	•	•	•
Profit Margin, Before Income Tax 36	3.4	16.2	•	3.5	3.2	3.1	2.5	2.4	2.1	•	•	•	•
Profit Margin, After Income Tax 37	2.8	15.4	•	3.4	3.0	2.9	2.2	2.2	1.8	•	•	•	•

Trends in Selected Ratios and Factors, 1990-1999

	1990	1991	1992	1993	1994	1995	1996	1997	1998	1999
Cost of Operations (%) 38	69.4	70.7	71.2	71.2	68.3	68.1	69.2	69.6	70.9	71.7
Operating Margin (%) 39	0.5	1.0	0.6	0.9	1.0	1.6	1.6	1.7	1.9	1.9
Oper. Margin Before Officers Comp. (%) 40	3.6	4.0	3.5	3.6	4.1	4.8	4.5	4.5	4.2	3.9
Average Net Receivables ($) 41	79	93	76	93	92	82	82	95	115	124
Average Inventories ($) 42	224	274	285	330	317	281	293	321	432	491
Average Net Worth ($) 43	173	216	193	237	255	224	219	247	305	359
Current Ratio (×1) 44	1.7	1.6	1.6	1.6	1.8	1.8	1.7	1.7	1.6	1.6
Quick Ratio (×1) 45	0.6	0.5	0.5	0.5	0.5	0.5	0.5	0.5	0.5	0.4
Coverage Ratio (×1) 46	3.1	3.1	3.1	2.7	3.0	3.3	3.9	4.0	4.2	3.8
Asset Turnover (×1) 47	2.4	2.4	2.5	2.4	2.4	2.6	2.5	2.5	2.5	2.4
Operating Leverage 48	0.9	2.0	0.6	1.6	1.1	1.6	1.0	1.1	1.1	1.0
Financial Leverage 49	1.0	1.1	1.1	0.9	1.1	1.1	1.1	1.0	1.0	1.0
Total Leverage 50	0.9	2.2	0.6	1.5	1.1	1.7	1.1	1.1	1.1	0.9

APPAREL AND ACCESSORY STORES

MONEY AMOUNTS AND SIZE OF ASSETS IN THOUSANDS OF DOLLARS

Item Description for Accounting Period 7/95 Through 6/96		Total	Zero Assets	Under 100	100 to 250	251 to 500	501 to 1,000	1,001 to 5,000	5,001 to 10,000	10,001 to 25,000	25,001 to 50,000	50,001 to 100,000	100,001 to 250,000	250,001 and over
Number of Enterprises	1	41541	1717	20543	11193	4060	2333	1294	174	110	28	35	30	24
Revenues ($ in Thousands)														
Net Sales	2	91345409	236170	3348184	5011479	2971253	3677736	5676855	2177760	4588031	2296932	5243830	9370171	46747010
Portfolio Income	3	1327138	6611	7293	8784	12017	13371	24712	14595	11116	35057	23995	88812	1080772
Other Revenues	4	2192544	28173	42182	5700	21023	47090	45677	10035	47575	46239	93293	168481	1637077
Total Revenues	5	94865091	270954	3397659	5025963	3004293	3738197	5747244	2202390	4646722	2378228	5361118	9627464	49464859
Average Total Revenues	6	2284	158	165	449	740	1602	4441	12657	42243	84937	153175	320915	2061036
Operating Costs/Operating Income (%)														
Cost of Operations	7	59.9	78.4	56.2	61.3	62.8	59.9	62.4	65.1	59.8	60.6	60.6	63.0	58.5
Rent	8	13.0	10.3	7.1	7.6	8.8	13.1	12.9	10.5	13.5	12.6	13.1	13.7	14.2
Taxes Paid	9	2.4	2.2	2.2	2.5	2.7	2.5	2.2	2.9	2.3	1.8	2.3	3.1	2.2
Interest Paid	10	1.8	0.7	0.5	0.8	0.8	1.2	1.2	1.7	1.1	1.1	1.4	1.3	2.5
Depreciation, Depletion, Amortization	11	2.1	1.7	0.9	0.7	1.0	1.1	1.1	1.6	1.5	1.4	1.8	2.4	2.7
Pensions and Other Benefits	12	1.1	0.5	0.7	0.3	0.4	1.1	0.6	0.7	0.7	0.9	1.0	0.9	1.4
Other	13	20.8	34.6	26.1	20.2	17.9	17.6	19.6	18.3	22.1	24.2	20.2	16.5	21.7
Officers Compensation	14	1.7	6.5	8.2	5.0	5.2	5.1	3.1	2.5	1.3	1.0	0.8	1.2	0.5
Operating Margin	15	•	•	•	1.7	0.7	•	•	•	•	•	•	•	•
Oper. Margin Before Officers Compensation	16	•	•	6.3	6.6	5.9	3.6	0.2	•	•	•	•	•	•
Selected Average Balance Sheet ($ in Thousands)														
Net Receivables	17	149	•	3	13	30	59	218	548	1978	3248	4978	13807	185527
Inventories	18	405	•	26	102	178	356	952	3475	7681	14529	25815	56746	328742
Net Property, Plant and Equipment	19	299	•	6	12	44	97	298	1489	3394	7631	20897	41029	357070
Total Assets	20	1273	•	45	160	349	707	1891	7124	15664	35228	72750	161851	1387698

Notes and Loans Payable 21	407	•	34	51	102	249	606	3272	4922	12217	19284	37396	440802
All Other Liabilities 22	362	•	15	41	94	194	667	2340	5507	14318	20559	55672	366510
Net Worth 23	504	•	-4	68	153	264	619	1512	5235	8692	32907	68783	580386

Selected Financial Ratios (Times to 1)

Current Ratio 24	1.9	•	2.4	2.8	2.3	2.1	1.7	1.9	1.9	1.5	2.0	1.9	1.8
Quick Ratio 25	0.6	•	0.6	0.6	0.6	0.6	0.5	0.4	0.5	0.4	0.5	0.6	0.7
Net Sales to Working Capital 26	6.6	•	7.8	5.2	4.7	5.6	7.5	5.7	8.0	11.3	7.7	6.9	6.5
Coverage Ratio 27	1.6	•	0.2	3.6	3.3	1.1	•	•	0.1	0.9	1.7	1.6	1.9
Total Asset Turnover 28	1.7	•	3.6	2.8	2.1	2.2	2.3	1.8	2.7	2.3	2.1	1.9	1.4
Inventory Turnover 29	3.4	•	3.9	2.7	2.5	2.7	2.8	2.8	3.4	3.6	3.6	3.8	3.6
Receivables Turnover 30	•	•	•	•	•	•	•	•	•	•	•	•	•
Total Liabilities to Net Worth 31	1.5	•	•	1.4	1.3	1.7	2.1	3.7	2.0	3.1	1.2	1.4	1.4

Selected Financial Factors (in Percentages)

Debt Ratio 32	60.4	•	•	57.6	56.1	62.7	67.3	78.8	66.6	75.3	54.8	57.5	58.2
Return on Assets 33	5.1	•	0.3	7.6	5.3	2.9	•	•	0.2	2.1	4.9	3.9	6.5
Return on Equity 34	0.8	•	28.7	10.5	6.7	•	•	•	•	•	1.1	•	2.8
Return Before Interest on Equity 35	12.8	•	•	18.0	12.1	7.6	•	•	0.7	8.5	10.8	9.1	15.6
Profit Margin, Before Income Tax 36	1.1	•	•	2.0	1.8	•	•	•	•	•	1.0	0.7	2.1
Profit Margin, After Income Tax 37	0.2	•	•	1.6	1.4	•	•	•	•	•	0.3	•	0.8

Trends in Selected Ratios and Factors, 1990-1999

	1990	1991	1992	1993	1994	1995	1996	1997	1998	1999
Cost of Labor (%) 38	59.3	59.7	59.5	59.9	60.4	60.8	60.9	60.9	59.0	59.9
Operating Margin (%) 39	•	•	•	•	•	•	•	•	•	•
Oper. Margin Before Officers Comp. (%) 40	2.1	2.1	1.9	1.5	0.3	•	0.9	0.5	0.6	•
Average Net Receivables ($) 41	96	88	104	123	121	134	126	138	127	149
Average Inventories ($) 42	239	237	279	303	302	351	370	399	360	405
Average Net Worth ($) 43	291	273	317	353	377	446	499	518	452	504
Current Ratio (×1) 44	2.1	2.0	1.9	1.9	1.8	1.7	1.7	1.6	1.7	1.9
Quick Ratio (×1) 45	0.8	0.7	0.6	0.6	0.6	0.5	0.5	0.5	0.5	0.6
Coverage Ratio (×1) 46	3.0	2.7	2.9	2.3	1.9	2.1	2.9	2.8	2.6	1.6
Asset Turnover (×1) 47	2.0	2.0	2.0	1.9	1.7	1.8	1.9	1.9	1.8	1.7
Total Liabilities/Net Worth (×1) 48	1.2	1.3	1.5	1.5	1.6	1.5	1.3	1.4	1.5	1.5
Return on Assets (×1) 49	7.4	7.3	8.4	7.9	6.2	6.6	7.8	6.0	6.5	5.1
Return on Equity (%) 50	4.8	5.4	8.2	6.3	3.1	3.9	7.2	4.8	5.0	0.8

APPAREL AND ACCESSORY STORES

MONEY AMOUNTS AND SIZE OF ASSETS IN THOUSANDS OF DOLLARS

Item Description for Accounting Period 7/95 Through 6/96		Total	Zero Assets	Under 100	100 to 250	251 to 500	501 to 1,000	1,001 to 5,000	5,001 to 10,000	10,001 to 25,000	25,001 to 50,000	50,001 to 100,000	100,001 to 250,000	250,001 and over
Number of Enterprises	1	21866	499	7919	7800	2901	1770	753	89	63	16	22	18	15
Revenues ($ in Thousands)														
Net Sales	2	65043444	25000	1957962	3803330	2349116	2869657	3497781	1493023	2319640	1156197	2706330	6125308	36740100
Portfolio Income	3	954575	6072	7089	7301	6278	9620	22444	2753	6772	28527	9876	55364	792480
Other Revenues	4	1672105	13191	40177	1350	9243	44185	32318	6755	18951	7896	47399	134991	1315649
Total Revenues	5	67670124	44263	2005228	3811981	2364637	2923462	3552543	1502531	2345363	1192620	2763605	6315663	38848229
Average Total Revenues	6	3095	89	253	489	815	1652	4718	16882	37228	74539	125618	350870	2589882
Operating Costs/Operating Income (%)														
Cost of Operations	7	59.1	70.1	60.1	59.2	62.2	62.4	60.8	66.8	57.3	56.9	58.3	62.3	57.9
Rent	8	12.4	3.7	6.6	7.8	7.8	11.4	11.6	7.6	13.2	12.3	11.8	12.9	13.8
Taxes Paid	9	2.2	2.0	2.0	2.5	2.5	2.3	1.8	2.7	2.4	2.2	2.2	3.1	2.1
Interest Paid	10	1.7	•	0.5	0.5	0.6	1.1	0.9	0.9	1.1	1.0	1.4	0.7	2.4
Depreciation, Depletion, Amortization	11	2.0	7.8	0.8	0.6	0.9	0.8	1.1	1.3	1.2	1.6	2.0	2.2	2.5
Pensions and Other Benefits	12	1.0	•	0.1	0.2	0.4	0.6	0.6	0.7	0.8	0.6	1.0	0.9	1.3
Other	13	19.4	67.9	22.4	19.3	17.4	15.5	18.4	13.9	20.3	22.1	18.4	14.3	20.7
Officers Compensation	14	1.5	•	4.1	4.6	4.7	4.9	3.2	2.5	1.8	1.1	0.9	1.5	0.5
Operating Margin	15	0.6	•	3.5	5.4	3.7	1.1	1.7	3.7	1.9	2.3	3.9	2.3	•
Oper. Margin Before Officers Compensation	16	2.2	•	7.5	9.9	8.4	5.9	4.9	6.2	3.7	3.4	4.9	3.7	•
Selected Average Balance Sheet ($ in Thousands)														
Net Receivables	17	218	•	3	14	35	63	240	694	1814	3216	3513	14247	244679
Inventories	18	525	•	36	103	186	371	877	3992	8144	9825	23201	62152	392176
Net Property, Plant and Equipment	19	388	•	5	11	48	91	338	1348	3193	8422	22350	39770	409373
Total Assets	20	1674	•	59	165	354	704	1929	7340	15595	33982	70696	162547	1631336

Notes and Loans Payable **21**	453	•	28	27	87	195	435	2163	4659	5875	21186	21801	473020
All Other Liabilities **22**	434	•	16	38	96	154	575	2146	5165	12166	15797	45254	413893
Net Worth **23**	788	•	14	99	171	354	919	3030	5771	15941	33713	95492	744423

Selected Financial Ratios (Times to 1)

Current Ratio **24**	2.0	•	2.6	3.4	2.6	2.8	1.9	2.0	1.9	1.5	2.0	2.2	1.8
Quick Ratio **25**	0.7	•	0.7	0.7	0.7	0.8	0.7	0.4	0.5	0.6	0.5	0.6	0.7
Net Sales to Working Capital **26**	6.5	•	7.8	4.9	4.6	4.5	6.6	6.3	6.7	10.9	6.8	6.3	6.9
Coverage Ratio **27**	3.7	•	13.3	11.6	8.8	3.6	4.7	5.8	3.7	6.3	5.4	9.3	3.0
Total Asset Turnover **28**	1.8	•	4.2	3.0	2.3	2.3	2.4	2.3	2.4	2.1	1.8	2.1	1.5
Inventory Turnover **29**	3.3	•	4.3	2.8	3.1	2.7	2.8	3.3	2.6	3.9	3.1	3.4	3.5
Receivables Turnover **30**	•	•	•	•	•	•	•	•	•	•	•	•	•
Total Liabilities to Net Worth **31**	1.1	•	3.1	0.7	1.1	1.0	1.1	1.4	1.7	1.1	1.1	0.7	1.2

Selected Financial Factors (in Percentages)

Debt Ratio **32**	53.0	•	75.8	39.6	51.6	49.7	52.4	58.7	63.0	53.1	52.3	41.3	54.4
Return on Assets **33**	11.4	•	26.9	18.2	11.1	9.3	9.9	11.8	9.7	13.1	12.8	12.5	10.8
Return on Equity **34**	12.9	•	•	25.1	18.1	12.2	14.8	20.5	16.0	18.9	16.6	13.2	10.1
Return Before Interest on Equity **35**	24.3	•	•	30.1	22.9	18.4	20.7	28.7	26.2	27.9	26.8	21.2	23.6
Profit Margin, Before Income Tax **36**	4.7	25.4	5.9	5.6	4.3	2.9	3.2	4.3	3.0	5.2	6.0	5.3	4.8
Profit Margin, After Income Tax **37**	3.4	19.1	5.6	5.1	3.8	2.7	2.9	3.7	2.5	4.2	4.5	3.7	3.1

Trends in Selected Ratios and Factors, 1990-1999

	1990	1991	1992	1993	1994	1995	1996	1997	1998	1999
Cost of Operations (%) **38**	58.9	59.4	59.3	59.5	59.7	60.4	60.8	60.4	58.4	59.1
Operating Margin (%) **39**	2.2	2.4	2.4	2.3	1.6	1.2	1.4	1.5	1.4	0.6
Oper. Margin Before Officers Comp. (%) **40**	4.2	4.6	4.3	4.0	3.2	2.5	2.6	2.9	2.9	2.2
Average Net Receivables ($) **41**	155	138	153	185	177	198	212	222	216	218
Average Inventories ($) **42**	348	325	389	417	442	551	595	549	566	525
Average Net Worth ($) **43**	500	436	539	608	662	850	953	841	828	788
Current Ratio (×1) **44**	2.2	2.1	2.0	2.0	1.9	1.8	1.8	1.7	1.8	2.0
Quick Ratio (×1) **45**	0.8	0.8	0.7	0.7	0.6	0.6	0.5	0.6	0.5	0.7
Coverage Ratio (×1) **46**	5.8	5.9	6.2	4.7	4.3	4.4	4.7	5.9	5.0	3.7
Asset Turnover (×1) **47**	2.0	2.1	2.1	1.9	1.9	1.9	2.0	2.0	1.9	1.8
Operating Leverage **48**	1.1	1.1	1.0	1.0	0.7	0.8	1.2	1.0	1.0	0.5
Financial Leverage **49**	1.0	1.1	1.1	0.9	1.0	1.0	1.0	1.0	1.0	0.9
Total Leverage **50**	1.1	1.2	1.1	0.9	0.7	0.8	1.2	1.1	0.9	0.4

Table I

Corporations with and without Net Income

FURNITURE AND HOME FURNISHINGS STORES

MONEY AMOUNTS AND SIZE OF ASSETS IN THOUSANDS OF DOLLARS

Item Description for Accounting Period 7/95 Through 6/96	Total	Zero Assets	Under 100	100 to 250	251 to 500	501 to 1,000	1,001 to 5,000	5,001 to 10,000	10,001 to 25,000	25,001 to 50,000	50,001 to 100,000	100,001 to 250,000	250,001 and over
Number of Enterprises **1**	44126	2636	16926	9908	6471	4564	3172	249	110	34	23	20	12

Revenues ($ in Thousands)

Net Sales **2**	82699643	715874	3518250	5674634	7044012	7949806	16564646	5117343	3555363	2943747	3104635	5675527	20832804
Portfolio Income **3**	975786	5876	13547	9430	17908	60165	92432	38760	12898	24901	41422	79109	579337
Other Revenues **4**	1789528	377	10849	62583	31708	74651	231295	50761	144055	126454	72744	129908	854146
Total Revenues **5**	85461957	722127	3542646	5746647	7093628	8084622	16888373	5206864	3712316	3095102	3218801	5884544	22266287
Average Total Revenues **6**	1937	274	209	580	1096	1771	5324	20911	33748	91032	139948	294227	1855524

Operating Costs/Operating Income (%)

Cost of Operations **7**	65.9	70.1	58.7	67.2	61.7	63.1	64.3	69.1	59.7	72.0	65.2	69.5	68.9
Rent **8**	10.8	4.7	6.8	6.9	11.2	11.0	11.7	10.4	13.0	11.1	12.3	10.4	11.3
Taxes Paid **9**	2.1	2.6	2.5	2.0	2.5	2.4	2.2	1.5	2.1	1.6	1.8	2.0	2.0
Interest Paid **10**	1.2	2.8	0.5	0.8	0.7	0.9	1.0	0.8	0.9	1.2	1.5	1.6	2.0
Depreciation, Depletion, Amortization **11**	1.4	2.3	1.2	1.0	0.9	0.9	1.1	1.6	2.4	1.4	1.0	2.3	1.8
Pensions and Other Benefits **12**	0.8	2.2	1.2	0.4	0.7	0.8	0.8	0.5	1.2	0.5	0.8	1.0	0.7
Other **13**	17.2	19.7	22.7	17.4	17.9	17.1	16.2	14.5	19.9	14.3	17.5	16.9	17.2
Officers Compensation **14**	2.5	2.1	7.6	5.0	4.2	4.2	3.5	2.1	1.3	1.7	0.7	0.6	0.3
Operating Margin **15**	•	•	•	•	0.3	•	•	•	•	•	•	•	•
Oper. Margin Before Officers Compensation **16**	0.7	•	6.4	4.3	4.5	4.0	2.9	1.7	1.0	•	•	•	•

Selected Average Balance Sheet ($ in Thousands)

Net Receivables **17**	153	•	4	28	50	156	482	1601	5029	8100	17757	22718	146114
Inventories **18**	323	•	15	72	182	297	855	2809	4062	14911	23008	51963	401239
Net Property, Plant and Equipment **19**	164	•	7	24	54	94	305	1052	2170	8552	13201	42790	266614
Total Assets **20**	788	•	38	165	370	718	2026	6713	14842	37758	71237	154358	925254

Notes and Loans Payable 21	213	•	21	58	113	169	526	1423	2653	9957	25837	40072	245399
All Other Liabilities 22	258	•	9	54	99	193	712	2838	4100	15317	21003	57847	299881
Net Worth 23	317	•	8	53	158	357	789	2452	8089	12485	24396	56439	379974

Selected Financial Ratios (Times to 1)

Current Ratio 24	1.9	•	2.1	2.0	2.2	2.7	1.9	1.7	2.1	1.4	1.6	1.6	1.9
Quick Ratio 25	0.7	•	0.9	0.8	0.8	1.1	0.8	0.7	1.2	0.5	0.8	0.6	0.6
Net Sales to Working Capital 26	7.0	•	15.3	9.2	6.7	4.9	6.8	9.8	5.6	10.7	7.5	8.7	6.2
Coverage Ratio 27	2.3	•	•	1.8	2.5	2.7	2.4	2.6	5.6	2.2	3.1	0.7	2.4
Total Asset Turnover 28	2.4	•	5.5	3.5	3.0	2.4	2.6	3.1	2.2	2.3	1.9	1.8	1.9
Inventory Turnover 29	4.0	•	7.6	5.8	3.6	3.8	3.9	5.1	5.7	4.9	3.4	4.3	3.2
Receivables Turnover 30	•	•	•	•	•	•	•	•	8.8	•	7.4	•	10.0
Total Liabilities to Net Worth 31	1.5	•	3.6	2.1	1.3	1.0	1.6	1.7	0.8	2.0	1.9	1.7	1.4

Selected Financial Factors (in Percentages)

Debt Ratio 32	59.8	•	78.4	67.8	57.3	50.3	61.1	63.5	45.5	66.9	65.8	63.4	58.9
Return on Assets 33	6.6	•	•	4.9	5.0	5.7	5.9	6.5	10.8	5.9	8.7	1.9	9.0
Return on Equity 34	6.4	•	•	6.2	5.8	5.5	6.5	9.3	15.4	7.1	16.3	•	8.2
Return Before Interest on Equity 35	16.4	•	•	15.2	11.7	11.4	15.1	17.9	19.8	17.7	25.5	5.1	21.9
Profit Margin, Before Income Tax 36	1.6	•	•	0.6	1.0	1.5	1.3	1.3	4.1	1.4	3.1	•	2.8
Profit Margin, After Income Tax 37	1.1	•	•	0.6	0.8	1.1	1.0	1.1	3.9	1.0	2.9	•	1.8

Trends in Selected Ratios and Factors, 1990-1999

	1990	1991	1992	1993	1994	1995	1996	1997	1998	1999
Cost of Labor (%) 38	63.6	63.3	63.6	63.8	63.9	64.1	63.9	64.1	65.4	65.9
Operating Margin (%) 39	•	•	•	•	•	•	•	•	•	•
Oper. Margin Before Officers Comp. (%) 40	2.2	3.3	2.5	1.5	0.8	•	1.9	1.9	1.6	0.7
Average Net Receivables ($) 41	147	137	150	149	146	133	138	143	161	153
Average Inventories ($) 42	232	249	256	264	259	248	267	270	292	323
Average Net Worth ($) 43	232	245	245	236	238	225	265	278	301	317
Current Ratio (×1) 44	1.9	2.0	1.8	1.8	1.9	1.8	1.9	1.9	2.0	1.9
Quick Ratio (×1) 45	0.8	0.8	0.8	0.8	0.8	0.8	0.8	0.8	0.8	0.7
Coverage Ratio (×1) 46	2.8	3.3	2.7	2.0	1.7	1.1	2.1	2.5	3.2	2.3
Asset Turnover (×1) 47	2.0	2.2	2.1	2.2	2.2	2.2	2.1	2.2	2.3	2.4
Total Liabilities/Net Worth (×1) 48	1.7	1.6	1.8	2.0	1.9	1.9	1.6	1.5	1.5	1.5
Return on Assets (×1) 49	7.4	8.8	8.9	7.7	5.9	3.6	5.5	5.9	7.3	6.6
Return on Equity (%) 50	7.4	11.0	10.8	7.4	4.2	•	5.1	6.6	9.8	6.4

Table II

Corporations with Net Income

FURNITURE AND HOME FURNISHINGS STORES

MONEY AMOUNTS AND SIZE OF ASSETS IN THOUSANDS OF DOLLARS

Item Description for Accounting Period 7/95 Through 6/96	Total	Zero Assets	Under 100	100 to 250	251 to 500	501 to 1,000	1,001 to 5,000	5,001 to 10,000	10,001 to 25,000	25,001 to 50,000	50,001 to 100,000	100,001 to 250,000	250,001 and over
Number of Enterprises **1**	28065	1383	•	6143	4713	3446	2352	186	94	26	16	15	•
Revenues ($ in Thousands)													
Net Sales **2**	66819457	543933	•	3999471	5166282	6534307	12487589	4137046	3333227	2446960	2214888	4296391	•
Portfolio Income **3**	893366	5874	•	4032	14783	50378	73773	35832	11469	24761	34385	68846	•
Other Revenues **4**	1603946	372	•	50082	28487	56685	198725	39147	133563	93015	61900	106723	•
Total Revenues **5**	69316769	550179	•	4053585	5209552	6641370	12760087	4212025	3478259	2564736	2311173	4471960	•
Average Total Revenues **6**	2470	398	•	660	1105	1927	5425	22645	37003	98644	144448	298131	•
Operating Costs/Operating Income (%)													
Cost of Operations **7**	66.0	67.6	•	66.8	60.5	62.3	64.9	69.4	60.0	72.4	61.5	67.7	•
Rent **8**	10.4	4.6	•	6.0	10.1	10.9	11.0	10.2	12.7	10.1	13.3	10.2	•
Taxes Paid **9**	2.1	3.1	•	2.0	2.6	2.4	2.1	1.4	2.1	1.8	1.9	2.0	•
Interest Paid **10**	1.1	1.1	•	0.6	0.5	0.7	0.9	0.7	0.8	1.0	1.5	1.4	•
Depreciation, Depletion, Amortization **11**	1.4	2.4	•	0.8	0.8	0.8	1.2	1.5	2.4	1.4	0.8	2.4	•
Pensions and Other Benefits **12**	0.7	2.9	•	0.4	0.6	0.8	0.8	0.5	1.1	0.5	1.0	0.8	•
Other **13**	16.2	12.3	•	16.8	17.6	16.3	14.8	12.9	19.4	13.3	18.7	14.9	•
Officers Compensation **14**	2.5	2.1	•	5.1	4.7	4.2	3.8	2.2	1.2	1.7	0.7	0.6	•
Operating Margin **15**	•	3.8	•	1.7	2.8	1.7	0.7	1.3	0.4	•	0.8	•	•
Oper. Margin Before Officers Compensation **16**	2.1	5.9	•	6.8	7.5	5.9	4.4	3.5	1.6	•	1.4	0.6	•
Selected Average Balance Sheet ($ in Thousands)													
Net Receivables **17**	203	•	•	32	46	158	514	1560	5409	9187	20394	27914	•
Inventories **18**	408	•	•	70	183	306	835	2982	4489	13711	21709	53345	•
Net Property, Plant and Equipment **19**	202	•	•	19	43	93	299	963	2068	9005	11351	45599	•
Total Assets **20**	989	•	•	163	369	737	2077	6739	14762	37306	67035	158549	•

Notes and Loans Payable 21	233	•	•	55	86	155	419	1323	2631	10388	24049	41806	•
All Other Liabilities 22	306	•	•	54	90	187	702	3208	4596	12507	17377	42131	•
Net Worth 23	450	•	•	54	194	394	955	2207	7535	14410	25609	74612	•

Selected Financial Ratios (Times to 1)

Current Ratio 24	2.1	•	•	2.1	2.6	2.8	2.0	1.5	2.0	1.6	2.0	2.3	•
Quick Ratio 25	0.8	•	•	0.9	1.0	1.3	0.9	0.6	1.2	0.7	1.1	0.9	•
Net Sales to Working Capital 26	6.4	•	•	9.5	5.9	5.0	6.3	11.6	6.1	9.7	5.6	5.4	•
Coverage Ratio 27	4.0	5.3	•	6.3	7.9	5.9	4.3	5.2	7.2	3.7	4.5	4.0	•
Total Asset Turnover 28	2.4	•	•	4.0	3.0	2.6	2.6	3.3	2.4	2.5	2.1	1.8	•
Inventory Turnover 29	3.9	•	•	6.4	3.5	3.8	4.0	5.1	6.1	5.4	7.9	4.1	•
Receivables Turnover 30	•	•	•	•	•	•	•	•	9.2	•	•	8.8	•
Total Liabilities to Net Worth 31	1.2	•	•	2.0	0.9	0.9	1.2	2.1	1.0	1.6	1.6	1.1	•

Selected Financial Factors (in Percentages)

Debt Ratio 32	54.5	•	•	67.0	47.6	46.5	54.0	67.3	49.0	61.4	61.8	53.0	•
Return on Assets 33	10.9	•	•	14.7	12.1	10.2	9.4	12.7	13.3	9.6	13.6	9.8	•
Return on Equity 34	14.9	•	•	36.5	18.9	13.8	13.1	28.8	21.3	15.2	26.3	12.1	•
Return Before Interest on Equity 35	23.9	•	•	•	23.1	19.0	20.4	•	26.1	24.7	•	20.8	•
Profit Margin, Before Income Tax 36	3.4	4.9	•	3.1	3.6	3.3	2.8	3.1	4.8	2.8	5.1	4.1	•
Profit Margin, After Income Tax 37	2.8	4.3	•	3.0	3.3	2.9	2.4	2.9	4.5	2.3	4.9	3.2	•

Trends in Selected Ratios and Factors, 1990-1999

	1990	1991	1992	1993	1994	1995	1996	1997	1998	1999
Cost of Operations (%) 38	63.7	62.6	62.9	62.9	63.5	64.5	63.6	63.8	65.3	66.0
Operating Margin (%) 39	1.2	1.8	1.6	1.5	•	0.4	1.5	1.0	0.6	•
Oper. Margin Before Officers Comp. (%) 40	4.4	4.9	4.6	4.5	2.9	3.4	4.4	3.7	3.1	2.1
Average Net Receivables ($) 41	177	180	207	201	216	209	205	194	223	203
Average Inventories ($) 42	291	308	336	326	334	292	368	361	381	408
Average Net Worth ($) 43	325	346	365	349	407	329	416	420	437	450
Current Ratio (×1) 44	2.2	2.2	2.0	2.0	2.2	2.1	2.1	2.1	2.1	2.1
Quick Ratio (×1) 45	1.0	0.9	0.9	0.9	1.0	1.0	0.9	0.9	0.9	0.8
Coverage Ratio (×1) 46	5.4	5.1	4.7	4.2	3.9	4.1	4.6	4.9	5.1	4.0
Asset Turnover (×1) 47	2.2	2.2	2.1	2.2	2.2	2.3	2.1	2.2	2.3	2.4
Operating Leverage 48	0.8	1.5	0.9	0.9	•	•	3.9	0.7	0.6	•
Financial Leverage 49	1.1	1.1	1.0	1.0	1.0	1.0	1.1	1.0	1.0	0.9
Total Leverage 50	0.8	1.6	0.9	0.9	•	•	4.1	0.7	0.6	•

Table I

Corporations with and without Net Income

EATING AND DRINKING PLACES

MONEY AMOUNTS AND SIZE OF ASSETS IN THOUSANDS OF DOLLARS

Item Description for Accounting Period 7/95 Through 6/96		Total	Zero Assets	Under 100	100 to 250	251 to 500	501 to 1,000	1,001 to 5,000	5,001 to 10,000	10,001 to 25,000	25,001 to 50,000	50,001 to 100,000	100,001 to 250,000	250,001 and over
Number of Enterprises	1	200005	12492	116098	40093	15902	9032	5504	448	237	72	47	43	37
Revenues ($ in Thousands)														
Net Sales	2	176515981	1705504	26612734	22320720	15987536	15129748	21822042	5464192	7982755	3671705	4770984	9540632	41507429
Portfolio Income	3	2358139	92152	98645	78239	40390	49764	44280	60349	36277	24643	37778	85421	1710200
Other Revenues	4	4622274	82911	334957	182034	114418	207591	212887	54024	128200	100930	110476	692078	2401767
Total Revenues	5	183496394	1880567	27046336	22580993	16142344	15387103	22079209	5578565	8147232	3797278	4919238	10318131	45619396
Average Total Revenues	6	917	151	233	563	1015	1704	4011	12452	34377	52740	104665	239957	1232957
Operating Costs/Operating Income (%)														
Cost of Operations	7	42.0	51.5	43.9	42.1	44.1	39.9	39.5	41.8	40.5	48.1	43.7	46.8	40.2
Rent	8	19.1	17.6	17.4	18.4	18.2	20.2	20.7	18.9	16.3	18.3	21.6	19.7	20.2
Taxes Paid	9	4.3	4.1	5.0	4.9	4.4	4.3	4.1	3.6	3.5	3.5	4.5	3.8	4.1
Interest Paid	10	2.5	2.5	0.6	1.1	1.3	1.7	1.9	2.0	1.7	2.2	2.2	2.5	5.8
Depreciation, Depletion, Amortization	11	3.6	6.2	1.9	2.7	2.7	3.0	3.4	3.5	2.9	4.2	4.6	5.2	5.3
Pensions and Other Benefits	12	1.1	1.0	0.3	0.7	0.6	0.9	0.8	1.4	0.9	1.3	2.3	1.5	2.0
Other	13	26.9	36.2	28.0	27.5	25.5	27.4	26.4	25.3	33.4	25.4	22.6	24.4	26.2
Officers Compensation	14	2.6	1.8	5.0	3.8	3.6	3.7	2.4	2.2	1.8	1.5	1.0	0.9	0.6
Operating Margin	15	•	•	•	•	•	•	0.9	1.3	•	•	•	•	•
Oper. Margin Before Officers Compensation	16	0.5	•	2.9	2.7	3.3	2.5	3.3	3.5	0.7	•	•	•	•
Selected Average Balance Sheet ($ in Thousands)														
Net Receivables	17	30	•	1	6	20	30	76	528	894	2184	6159	14158	84304
Inventories	18	16	•	4	10	19	21	67	172	587	1274	1789	4407	26264
Net Property, Plant and Equipment	19	250	•	18	83	181	378	1052	3997	8097	18072	40712	85680	538843
Total Assets	20	508	•	39	160	346	682	1819	6984	14527	34212	73871	164355	1336502

Notes and Loans Payable **21**	232	•	40	116	203	361	1061	3274	6196	13810	30828	58127	460122
All Other Liabilities **22**	129	•	11	35	80	150	344	1258	2959	8738	18423	37642	384289
Net Worth **23**	147	•	-11	9	63	170	413	2452	5372	11664	24620	68587	492090
Selected Financial Ratios (Times to 1)													
Current Ratio **24**	0.9	•	1.0	1.0	1.1	0.9	0.9	1.1	0.9	0.9	0.8	1.0	0.9
Quick Ratio **25**	0.6	•	0.6	0.6	0.7	0.6	0.6	0.8	0.6	0.6	0.5	0.6	0.6
Net Sales to Working Capital **26**	•	•	•	•	•	•	•	•	•	•	•	•	•
Coverage Ratio **27**	1.8	•	0.3	1.0	1.5	1.3	2.1	2.7	1.6	0.5	1.3	2.4	2.0
Total Asset Turnover **28**	1.7	•	5.9	3.5	2.9	2.5	2.2	1.8	2.3	1.5	1.4	1.4	0.8
Inventory Turnover **29**	•	•	•	•	•	•	•	•	•	•	•	•	•
Receivables Turnover **30**	•	•	•	•	•	•	•	•	•	•	•	•	•
Total Liabilities to Net Worth **31**	2.5	•	•	17.5	4.5	3.0	3.4	1.9	1.7	1.9	2.0	1.4	1.7
Selected Financial Factors (in Percentages)													
Debt Ratio **32**	71.1	•	•	94.6	81.8	75.0	77.3	64.9	63.0	65.9	66.7	58.3	63.2
Return on Assets **33**	7.6	•	1.0	3.8	5.8	5.4	8.6	9.2	6.2	1.6	4.0	8.0	9.7
Return on Equity **34**	7.1	•	10.2	•	8.7	3.5	18.4	14.8	4.0	•	•	6.4	8.4
Return Before Interest on Equity **35**	26.3	•	•	•	32.0	21.5	•	26.2	16.8	4.7	11.9	19.2	26.4
Profit Margin, Before Income Tax **36**	1.9	•	•	•	0.7	0.5	2.1	3.3	1.0	•	0.7	3.5	5.8
Profit Margin, After Income Tax **37**	1.2	•	•	•	0.6	0.4	1.9	3.0	0.7	•	•	2.0	3.7

Trends in Selected Ratios and Factors, 1990-1999

	1990	1991	1992	1993	1994	1995	1996	1997	1998	1999
Cost of Labor (%) **38**	44.1	44.6	44.3	44.4	43.6	41.9	40.8	41.8	42.0	42.0
Operating Margin (%) **39**	•	•	•	•	•	•	•	•	•	•
Oper. Margin Before Officers Comp. (%) **40**	•	•	•	•	•	•	0.3	0.7	1.0	0.5
Average Net Receivables ($) **41**	33	34	38	29	36	25	23	22	25	30
Average Inventories ($) **42**	19	19	18	18	17	16	16	15	15	16
Average Net Worth ($) **43**	115	110	100	109	116	104	118	102	125	147
Current Ratio (×1) **44**	0.9	0.9	0.9	0.7	0.8	0.7	0.8	0.8	0.9	0.9
Quick Ratio (×1) **45**	0.6	0.5	0.6	0.5	0.6	0.5	0.5	0.5	0.6	0.6
Coverage Ratio (×1) **46**	1.4	1.3	1.3	1.2	1.3	1.3	1.6	1.8	1.9	1.8
Asset Turnover (×1) **47**	1.7	1.5	1.8	1.6	1.6	1.7	1.8	1.9	1.8	1.7
Total Liabilities/Net Worth (×1) **48**	3.1	3.7	3.9	3.7	3.8	3.8	3.0	3.4	2.8	2.5
Return on Assets (×1) **49**	5.5	4.6	6.1	6.1	7.2	7.6	7.8	8.4	8.6	7.6
Return on Equity (%) **50**	•	•	1.9	0.8	2.9	4.6	7.1	10.8	10.3	7.1

Table II

Corporations with Net Income

EATING AND DRINKING PLACES

MONEY AMOUNTS AND SIZE OF ASSETS IN THOUSANDS OF DOLLARS

Item Description for Accounting Period 7/95 Through 6/96		Total	Zero Assets	Under 100	100 to 250	251 to 500	501 to 1,000	1,001 to 5,000	5,001 to 10,000	10,001 to 25,000	25,001 to 50,000	50,001 to 100,000	100,001 to 250,000	250,001 and over
Number of Enterprises	1	94211	2446	53548	19875	8916	5322	3497	332	151	39	27	33	27
Revenues ($ in Thousands)														
Net Sales	2	122921771	687700	14469938	13778622	10788821	10430766	16518566	4629648	6125094	2294503	3239540	7892453	32068118
Portfolio Income	3	1855064	74878	90194	74039	35539	30711	28169	43908	25663	10264	26589	70739	1344371
Other Revenues	4	3616270	71299	283339	141423	67443	141137	166281	37500	89014	45648	81356	597876	1893955
Total Revenues	5	128393105	833877	14843471	13994084	10889803	10602614	16713016	4711056	6239771	2350415	3347485	8561068	35306444
Average Total Revenues	6	1363	341	277	704	1221	1992	4779	14190	41323	60267	123981	259426	1307646
Operating Costs/Operating Income (%)														
Cost of Operations	7	40.5	41.7	43.1	41.3	42.8	38.4	37.9	41.6	39.1	50.0	45.3	44.9	38.0
Rent	8	19.1	17.3	15.1	16.9	18.2	20.1	20.8	18.4	15.2	16.7	20.3	20.6	21.6
Taxes Paid	9	4.2	4.6	4.8	4.3	4.4	4.0	4.0	3.5	3.3	3.2	4.5	3.9	4.3
Interest Paid	10	2.3	1.8	0.5	0.8	1.0	1.3	1.5	1.9	1.3	1.9	1.6	2.1	5.1
Depreciation, Depletion, Amortization	11	3.4	4.2	1.4	1.9	2.3	2.6	3.1	3.4	2.3	3.8	3.9	4.8	5.5
Pensions and Other Benefits	12	1.2	1.0	0.3	0.7	0.5	0.9	0.8	1.5	0.9	1.1	2.5	1.7	2.2
Other	13	25.5	29.0	26.0	26.6	22.8	26.7	25.9	24.2	34.5	21.4	20.3	24.1	24.7
Officers Compensation	14	2.5	1.9	5.3	4.0	4.0	3.8	2.5	2.4	2.0	1.5	0.9	0.9	0.6
Operating Margin	15	1.4	•	3.6	3.7	4.0	2.2	3.6	3.2	1.7	0.7	0.9	•	•
Oper. Margin Before Officers Compensation	16	3.9	0.3	8.9	7.6	8.0	5.9	6.1	5.6	3.7	2.2	1.8	•	•
Selected Average Balance Sheet ($ in Thousands)														
Net Receivables	17	48	•	1	6	18	28	88	595	1067	2695	7058	16843	94468
Inventories	18	23	•	4	12	18	22	80	182	654	1505	1976	5002	27343
Net Property, Plant and Equipment	19	361	•	17	76	172	353	998	4236	7870	19763	42393	89345	639267
Total Assets	20	750	•	41	167	353	687	1870	7068	14410	34106	76339	169781	1418489

Notes and Loans Payable **21**	276	•	25	80	152	292	885	3471	5478	12932	25293	51298	452763
All Other Liabilities **22**	167	•	9	37	64	140	354	1339	3039	7316	19960	40433	330083
Net Worth **23**	307	•	7	51	137	255	631	2258	5894	13858	31086	78050	635644

Selected Financial Ratios (Times to 1)

Current Ratio **24**	1.0	•	1.4	1.5	1.6	1.1	1.1	1.0	1.0	0.9	0.9	1.1	0.9
Quick Ratio **25**	0.7	•	1.0	0.9	1.1	0.8	0.8	0.7	0.7	0.6	0.6	0.7	0.6
Net Sales to Working Capital **26**	•	•	•	40.7	27.2	•	•	•	•	•	•	•	•
Coverage Ratio **27**	3.6	11.7	13.8	7.9	6.0	3.9	4.1	3.6	3.8	2.7	3.7	3.7	2.6
Total Asset Turnover **28**	1.7	•	6.6	4.2	3.4	2.9	2.5	2.0	2.8	1.7	1.6	1.4	0.8
Inventory Turnover **29**	•	•	•	•	•	•	•	•	•	•	•	•	•
Receivables Turnover **30**	•	•	•	•	•	•	•	•	•	•	•	•	•
Total Liabilities to Net Worth **31**	1.5	•	4.8	2.3	1.6	1.7	2.0	2.1	1.5	1.5	1.5	1.2	1.2

Selected Financial Factors (in Percentages)

Debt Ratio **32**	59.1	•	82.6	69.5	61.2	62.8	66.3	68.1	59.1	59.4	59.3	54.0	55.2
Return on Assets **33**	14.2	•	•	24.9	20.5	14.7	15.8	13.7	13.4	8.6	9.0	10.9	11.3
Return on Equity **34**	20.8	•	•	•	•	28.2	34.1	28.3	21.4	11.0	11.4	11.7	10.5
Return Before Interest on Equity **35**	34.6	•	•	•	•	•	•	•	32.8	21.1	22.1	23.6	25.2
Profit Margin, Before Income Tax **36**	5.9	19.7	6.2	5.3	5.0	3.8	4.7	5.0	3.5	3.1	4.2	5.6	8.4
Profit Margin, After Income Tax **37**	4.9	18.8	6.0	5.1	4.8	3.7	4.6	4.6	3.1	2.6	3.0	3.8	5.6

Trends in Selected Ratios and Factors, 1990-1999

	1990	1991	1992	1993	1994	1995	1996	1997	1998	1999
Cost of Operations (%) **38**	42.6	43.2	43.1	42.3	41.9	41.1	38.8	40.8	40.9	40.5
Operating Margin (%) **39**	•	•	•	•	•	1.9	1.0	0.7	1.7	1.4
Oper. Margin Before Officers Comp. (%) **40**	•	0.5	1.0	0.8	3.3	4.8	4.1	3.3	4.3	3.9
Average Net Receivables ($) **41**	54	59	66	45	34	28	36	35	39	48
Average Inventories ($) **42**	25	32	27	22	21	20	20	21	21	23
Average Net Worth ($) **43**	264	258	212	212	250	237	249	235	265	307
Current Ratio (×1) **44**	1.0	1.0	1.0	0.8	1.0	0.9	1.0	1.0	1.0	1.0
Quick Ratio (×1) **45**	0.7	0.6	0.7	0.5	0.7	0.6	0.7	0.7	0.7	0.7
Coverage Ratio (×1) **46**	3.4	3.1	2.8	3.0	3.4	3.3	3.4	3.4	3.8	3.6
Asset Turnover (×1) **47**	1.5	1.4	1.7	1.7	1.8	1.8	1.8	1.8	1.9	1.7
Operating Leverage **48**	1.5	0.7	0.8	1.1	•	442.9	0.5	0.7	2.5	0.8
Financial Leverage **49**	1.0	1.0	1.0	1.1	1.1	1.0	1.0	1.0	1.1	1.0
Total Leverage **50**	1.5	0.7	0.8	1.1	•	440.0	0.5	0.7	2.7	0.8

Table I

Corporations with and without Net Income

DRUG STORES AND PROPRIETARY STORES

MONEY AMOUNTS AND SIZE OF ASSETS IN THOUSANDS OF DOLLARS

Item Description for Accounting Period 7/95 Through 6/96		Total	Zero Assets	Under 100	100 to 250	251 to 500	501 to 1,000	1,001 to 5,000	5,001 to 10,000	10,001 to 25,000	25,001 to 50,000	50,001 to 100,000	100,001 to 250,000	250,001 and over
Number of Enterprises	1	21369	2121	3508	8690	4252	2105	609	8	33	12	9	11	11
Revenues ($ in Thousands)														
Net Sales	2	86282854	109988	1384304	7210391	5681949	4724067	3313814	160148	1760487	1255512	1243545	5079455	54359193
Portfolio Income	3	344781	1316	208	10984	8590	13109	33441	418	1070	6662	7418	16920	244640
Other Revenues	4	908679	397	19939	23579	28678	17444	37162	3135	7308	8278	79852	83035	599879
Total Revenues	5	87536314	111701	1404451	7244954	5719217	4754620	3384417	163701	1768865	1270452	1330815	5179410	55203712
Average Total Revenues	6	4096	53	400	834	1345	2259	5557	20463	53602	105871	147868	470855	5018519
Operating Costs/Operating Income (%)														
Cost of Operations	7	73.5	52.5	76.8	74.7	74.2	71.9	70.4	43.4	71.8	80.9	73.6	74.5	73.5
Rent	8	10.7	17.3	5.2	7.4	8.8	9.3	13.7	12.5	13.2	11.5	12.8	10.5	11.2
Taxes Paid	9	1.5	5.2	1.5	1.5	1.5	1.7	1.7	2.3	1.8	1.9	2.0	1.5	1.4
Interest Paid	10	1.1	0.4	0.6	0.4	0.5	0.6	0.4	0.9	1.1	1.3	1.4	0.8	1.4
Depreciation, Depletion, Amortization	11	1.4	1.2	0.6	0.5	0.7	0.8	0.7	1.0	1.0	3.4	1.2	1.4	1.7
Pensions and Other Benefits	12	1.0	1.3	0.7	0.4	0.5	0.7	0.9	0.6	0.5	0.6	0.9	0.9	1.2
Other	13	9.7	19.6	8.1	8.8	8.3	8.6	9.3	21.4	9.9	16.7	11.6	9.6	9.9
Officers Compensation	14	1.5	3.9	8.2	5.7	5.4	5.1	2.9	3.0	0.8	0.6	0.7	0.4	0.1
Operating Margin	15	•	•	•	0.7	•	1.5	•	14.9	•	•	•	0.4	•
Oper. Margin Before Officers Compensation	16	1.2	2.6	6.7	6.4	5.5	6.6	2.9	17.9	0.9	•	•	0.9	•
Selected Average Balance Sheet ($ in Thousands)														
Net Receivables	17	150	•	7	30	61	89	338	2342	2704	3995	6114	27076	160343
Inventories	18	545	•	28	83	170	271	668	1467	6526	10001	25217	70048	708034
Net Property, Plant and Equipment	19	269	•	6	13	29	72	209	969	2453	7313	14234	38082	407771
Total Assets	20	1454	•	60	164	348	680	1759	7964	14947	36017	72563	173513	1990293

Notes and Loans Payable 21	349	•	27	59	79	183	331	2095	6042	24758	23517	41006	431538
All Other Liabilities 22	485	•	15	53	99	167	567	1586	6312	25072	20413	54021	675679
Net Worth 23	620	•	18	52	170	330	861	4283	2593	-13813	28634	78486	883077
Selected Financial Ratios (Times to 1)													
Current Ratio 24	1.6	•	3.0	2.0	2.5	2.8	2.5	2.5	1.4	0.8	1.6	1.9	1.4
Quick Ratio 25	0.4	•	1.3	0.7	0.9	1.2	0.9	1.5	0.5	0.4	0.4	0.7	0.3
Net Sales to Working Capital 26	13.4	•	11.8	12.3	8.1	6.7	6.6	5.5	16.1	•	9.8	8.6	17.8
Coverage Ratio 27	2.0	1.3	0.9	4.2	2.4	4.8	5.9	•	1.5	•	2.9	3.9	1.9
Total Asset Turnover 28	2.8	•	6.6	5.1	3.9	3.3	3.1	2.5	3.6	2.9	1.9	2.7	2.5
Inventory Turnover 29	5.4	•	8.1	7.4	5.9	6.1	5.9	3.7	5.5	6.8	4.4	5.5	5.0
Receivables Turnover 30	•	•	•	•	•	•	•	5.5	•	•	•	•	•
Total Liabilities to Net Worth 31	1.4	•	2.4	2.2	1.1	1.1	1.1	0.9	4.8	•	1.5	1.2	1.3
Selected Financial Factors (in Percentages)													
Debt Ratio 32	57.4	•	70.4	68.3	51.1	51.5	51.1	46.2	82.7	•	60.5	54.8	55.6
Return on Assets 33	6.1	•	3.5	7.9	4.9	8.8	7.8	•	5.7	•	7.8	8.5	6.4
Return on Equity 34	4.6	•	•	17.6	4.6	12.1	9.9	•	9.1	•	8.3	10.4	4.3
Return Before Interest on Equity 35	14.3	•	11.6	24.8	10.0	18.2	16.0	•	32.8	•	19.7	18.7	14.5
Profit Margin, Before Income Tax 36	1.1	0.1	•	1.2	0.7	2.1	2.1	17.1	0.5	•	2.7	2.4	1.2
Profit Margin, After Income Tax 37	0.7	•	•	1.1	0.6	1.8	1.6	13.8	0.5	•	1.7	1.8	0.8

Trends in Selected Ratios and Factors, 1990-1999

	1990	1991	1992	1993	1994	1995	1996	1997	1998	1999
Cost of Labor (%) 38	72.8	73.0	71.8	71.1	72.1	72.1	73.2	72.9	72.5	73.5
Operating Margin (%) 39	•	•	•	•	•	•	•	0.5	0.1	•
Oper. Margin Before Officers Comp. (%) 40	1.3	1.0	0.7	1.7	2.1	2.1	1.1	2.7	1.8	1.2
Average Net Receivables ($) 41	62	82	198	75	81	90	86	91	125	150
Average Inventories ($) 42	324	314	335	297	319	341	350	356	565	545
Average Net Worth ($) 43	378	328	436	176	199	246	247	238	594	620
Current Ratio (×1) 44	1.8	1.8	1.6	1.6	1.6	2.0	1.8	1.7	1.6	1.6
Quick Ratio (×1) 45	0.5	0.5	0.7	0.4	0.4	0.6	0.6	0.5	0.4	0.4
Coverage Ratio (×1) 46	2.2	1.8	1.9	2.0	2.0	2.1	1.6	3.0	2.9	2.0
Asset Turnover (×1) 47	2.2	2.6	2.0	2.9	3.0	3.1	3.1	3.5	2.7	2.8
Total Liabilities/Net Worth (×1) 48	1.6	1.7	1.9	2.8	2.6	2.1	2.2	2.3	1.5	1.4
Return on Assets (×1) 49	6.0	6.9	7.0	8.5	8.6	8.2	5.5	8.0	7.4	6.1
Return on Equity (%) 50	3.6	4.5	6.0	10.9	10.2	8.3	1.7	12.2	8.3	4.6

Table II

Corporations with Net Income

DRUG STORES AND PROPRIETARY STORES

MONEY AMOUNTS AND SIZE OF ASSETS IN THOUSANDS OF DOLLARS

Item Description for Accounting Period 7/95 Through 6/96	Total	Zero Assets	Under 100	100 to 250	251 to 500	501 to 1,000	1,001 to 5,000	5,001 to 10,000	10,001 to 25,000	25,001 to 50,000	50,001 to 100,000	100,001 to 250,000	250,001 and over
Number of Enterprises **1**	13002	408	1941	5334	3115	1668	484	8	14	6	5	•	•
Revenues ($ in Thousands)													
Net Sales **2**	57058781	69169	756420	4769060	4179943	3850893	2859503	160148	908582	637019	795586	•	•
Portfolio Income **3**	154448	1316	131	10912	7656	9775	32095	418	818	871	5456	•	•
Other Revenues **4**	508446	363	1519	11137	18337	15013	29386	3135	5614	1314	52507	•	•
Total Revenues **5**	57721675	70848	758070	4791109	4205936	3875681	2920984	163701	915014	639204	853549	•	•
Average Total Revenues **6**	4439	174	391	898	1350	2324	6035	20463	65358	106534	170710	•	•
Operating Costs/Operating Income (%)													
Cost of Operations **7**	72.7	22.7	71.7	73.7	73.7	71.1	71.0	43.4	78.5	72.9	75.9	•	•
Rent **8**	10.9	26.4	2.5	6.9	8.4	9.5	13.3	12.5	10.4	11.0	11.7	•	•
Taxes Paid **9**	1.4	5.9	1.3	1.4	1.5	1.8	1.7	2.3	1.4	1.8	1.9	•	•
Interest Paid **10**	0.9	0.5	0.2	0.4	0.4	0.5	0.3	0.9	0.6	0.7	0.9	•	•
Depreciation, Depletion, Amortization **11**	1.2	1.7	0.4	0.4	0.7	0.7	0.6	1.0	0.6	1.2	1.0	•	•
Pensions and Other Benefits **12**	0.9	2.1	0.4	0.5	0.5	0.7	0.9	0.6	0.5	0.5	1.1	•	•
Other **13**	8.8	19.0	7.1	8.6	8.1	7.7	8.4	21.4	6.3	10.3	8.9	•	•
Officers Compensation **14**	1.7	1.1	10.6	6.0	5.4	5.3	3.1	3.0	0.5	0.4	0.7	•	•
Operating Margin **15**	1.6	20.8	5.7	2.3	1.3	2.8	0.8	14.9	1.3	1.3	•	•	•
Oper. Margin Before Officers Compensation **16**	3.2	21.9	16.3	8.3	6.7	8.2	4.0	17.9	1.8	1.7	•	•	•
Selected Average Balance Sheet ($ in Thousands)													
Net Receivables **17**	189	•	8	37	61	89	362	2342	1843	3724	6101	•	•
Inventories **18**	593	•	30	80	155	255	698	1467	7520	13851	29069	•	•
Net Property, Plant and Equipment **19**	282	•	8	8	25	63	177	969	3356	11314	15029	•	•
Total Assets **20**	1433	•	68	164	337	678	1743	7964	15554	40224	81261	•	•

Notes and Loans Payable 21	345	•	19	32	69	152	204	2095	4323	8932	22622	•	•
All Other Liabilities 22	490	•	13	43	83	160	562	1586	5161	16819	19845	•	•
Net Worth 23	598	•	35	89	184	366	977	4283	6070	14473	38794	•	•
Selected Financial Ratios (Times to 1)													
Current Ratio 24	1.7	•	3.7	3.0	2.9	3.2	2.3	2.5	2.0	1.3	2.0	•	•
Quick Ratio 25	0.5	•	1.6	1.2	1.2	1.5	0.9	1.5	0.6	0.4	0.4	•	•
Net Sales to Working Capital 26	12.4	•	9.7	9.6	7.8	6.3	7.4	5.5	11.2	23.4	7.3	•	•
Coverage Ratio 27	4.0	•	•	8.9	5.5	7.5	12.2	•	4.7	3.4	6.9	•	•
Total Asset Turnover 28	3.1	•	5.8	5.5	4.0	3.4	3.4	2.5	4.2	2.6	2.0	•	•
Inventory Turnover 29	5.1	•	8.3	7.8	6.0	6.6	6.1	7.2	•	•	8.3	•	•
Receivables Turnover 30	•	•	•	•	•	•	•	•	•	•	•	•	•
Total Liabilities to Net Worth 31	1.4	•	0.9	0.9	0.8	0.9	0.8	0.9	1.6	1.8	1.1	•	•
Selected Financial Factors (in Percentages)													
Debt Ratio 32	58.3	•	47.9	45.9	45.3	46.0	43.9	46.2	61.0	64.0	52.3	•	•
Return on Assets 33	11.1	•	35.3	17.1	9.4	13.6	11.0	•	10.8	6.1	11.7	•	•
Return on Equity 34	15.3	•	•	26.9	12.6	19.2	14.3	•	19.6	9.9	14.9	•	•
Return Before Interest on Equity 35	26.5	•	•	31.6	17.3	25.2	19.7	•	27.6	17.1	24.5	•	•
Profit Margin, Before Income Tax 36	2.7	23.0	5.9	2.8	1.9	3.5	3.0	17.1	2.0	1.7	5.1	•	•
Profit Margin, After Income Tax 37	2.1	21.0	5.8	2.7	1.7	3.0	2.4	13.8	1.8	1.4	3.6	•	•

Trends in Selected Ratios and Factors, 1990-1999

	1990	1991	1992	1993	1994	1995	1996	1997	1998	1999
Cost of Operations (%) 38	71.6	72.0	71.6	70.5	72.1	71.1	71.7	72.2	71.3	72.7
Operating Margin (%) 39	1.0	0.7	•	1.4	1.3	1.4	1.5	1.8	1.6	1.6
Oper. Margin Before Officers Comp. (%) 40	2.9	2.5	1.7	3.9	3.5	3.8	3.9	3.6	3.2	3.2
Average Net Receivables ($) 41	65	89	264	86	104	93	108	120	154	189
Average Inventories ($) 42	304	321	332	303	366	335	374	468	624	593
Average Net Worth ($) 43	448	456	616	277	317	323	362	401	919	598
Current Ratio (×1) 44	1.8	1.8	1.9	2.2	2.1	2.2	2.2	1.8	1.7	1.7
Quick Ratio (×1) 45	0.5	0.5	0.9	0.7	0.6	0.7	0.7	0.5	0.5	0.5
Coverage Ratio (×1) 46	4.8	4.5	3.0	4.7	3.5	4.0	5.8	4.7	4.8	4.0
Asset Turnover (×1) 47	2.5	2.8	1.9	3.1	3.2	3.2	3.1	3.4	2.7	3.1
Operating Leverage 48	1.5	0.6	•	•	0.9	1.1	1.1	1.2	0.9	1.0
Financial Leverage 49	1.0	1.1	0.9	1.3	0.9	1.1	1.1	0.9	1.0	0.9
Total Leverage 50	1.5	0.7	•	•	0.8	1.2	1.2	1.1	0.9	0.9

Table I

Corporations with and without Net Income

LIQUOR STORES

MONEY AMOUNTS AND SIZE OF ASSETS IN THOUSANDS OF DOLLARS

Item Description for Accounting Period 7/95 Through 6/96		Total	Zero Assets	Under 100	100 to 250	251 to 500	501 to 1,000	1,001 to 5,000	5,001 to 10,000	10,001 to 25,000	25,001 to 50,000	50,001 to 100,000	100,001 to 250,000	250,001 and over
Number of Enterprises	1	13453	407	3017	5980	2608	1112	272	40	17	•	•	•	•
Revenues ($ in Thousands)														
Net Sales	2	13185583	61912	856815	3854152	3185842	2471419	1564278	684051	507113	•	•	•	•
Portfolio Income	3	28561	•	2096	13773	1361	2638	277	4246	4169	•	•	•	•
Other Revenues	4	187551	4779	5817	72799	48922	31028	4523	10326	9359	•	•	•	•
Total Revenues	5	13401695	66691	864728	3940724	3236125	2505085	1569078	698623	520641	•	•	•	•
Average Total Revenues	6	996	164	287	659	1241	2253	5769	17466	30626	•	•	•	•
Operating Costs/Operating Income (%)														
Cost of Operations	7	78.1	•	62.7	78.9	77.6	81.9	76.5	76.0	84.8	•	•	•	•
Rent	8	5.9	•	4.9	5.7	6.1	6.0	5.3	8.8	5.7	•	•	•	•
Taxes Paid	9	1.8	7.6	2.2	2.4	1.5	1.3	1.5	1.5	1.4	•	•	•	•
Interest Paid	10	0.9	•	0.3	0.8	1.1	0.8	0.7	1.9	1.1	•	•	•	•
Depreciation, Depletion, Amortization	11	0.8	•	0.8	0.8	0.9	0.7	0.9	1.1	1.2	•	•	•	•
Pensions and Other Benefits	12	0.3	•	•	0.3	0.2	0.3	0.7	0.4	0.7	•	•	•	•
Other	13	10.9	6.2	26.9	10.7	11.4	7.5	9.3	9.5	5.7	•	•	•	•
Officers Compensation	14	2.6	•	3.2	2.8	2.9	2.2	2.8	2.3	0.4	•	•	•	•
Operating Margin	15	•	•	•	•	•	•	2.5	•	•	•	•	•	•
Oper. Margin Before Officers Compensation	16	1.4	•	2.2	0.5	1.2	1.5	5.2	0.9	•	•	•	•	•
Selected Average Balance Sheet ($ in Thousands)														
Net Receivables	17	5	•	2	4	1	9	26	215	597	•	•	•	•
Inventories	18	117	•	21	80	129	306	788	1897	3692	•	•	•	•
Net Property, Plant and Equipment	19	59	•	12	24	61	106	421	1508	9208	•	•	•	•
Total Assets	20	292	•	49	174	331	681	1709	7114	21799	•	•	•	•

Notes and Loans Payable 21	138	•	36	108	185	263	453	1730	7728	•	•	•	•
All Other Liabilities 22	67	•	15	31	70	206	471	2396	2146	•	•	•	•
Net Worth 23	87	•	-2	35	77	212	785	2987	11925	•	•	•	•

Selected Financial Ratios (Times to 1)

Current Ratio 24	2.0	•	2.4	2.5	2.1	2.0	1.9	1.0	2.7	•	•	•	•
Quick Ratio 25	0.6	•	1.0	0.6	0.6	0.5	0.4	0.3	0.9	•	•	•	•
Net Sales to Working Capital 26	11.6	•	13.8	10.2	12.4	10.6	11.2	•	8.0	•	•	•	•
Coverage Ratio 27	1.5	•	0.8	0.9	1.0	1.8	5.3	1.3	2.5	•	•	•	•
Total Asset Turnover 28	3.4	•	5.8	3.7	3.7	3.3	3.4	2.4	1.4	•	•	•	•
Inventory Turnover 29	7.0	•	6.4	6.9	8.2	6.8	5.5	7.8	9.9	•	•	•	•
Receivables Turnover 30	•	•	•	•	•	•	•	•	•	•	•	•	•
Total Liabilities to Net Worth 31	2.4	•	•	4.0	3.3	2.2	1.2	1.4	0.8	•	•	•	•

Selected Financial Factors (in Percentages)

Debt Ratio 32	70.2	•	•	80.0	76.9	68.9	54.1	58.0	45.3	•	•	•	•
Return on Assets 33	4.3	•	1.4	2.7	4.1	4.6	11.5	5.8	3.7	•	•	•	•
Return on Equity 34	3.4	•	36.2	•	•	5.7	19.5	1.7	3.1	•	•	•	•
Return Before Interest on Equity 35	14.5	•	•	13.5	17.5	14.8	25.0	13.8	6.8	•	•	•	•
Profit Margin, Before Income Tax 36	0.4	•	•	•	•	0.6	2.8	0.6	1.7	•	•	•	•
Profit Margin, After Income Tax 37	0.3	•	•	•	•	0.6	2.7	0.3	1.2	•	•	•	•

Trends in Selected Ratios and Factors, 1990-1999

	1990	1991	1992	1993	1994	1995	1996	1997	1998	1999
Cost of Labor (%) 38	80.9	76.8	78.3	78.0	78.8	78.7	79.3	78.5	77.6	78.1
Operating Margin (%) 39	•	•	•	•	•	•	•	•	•	•
Oper. Margin Before Officers Comp. (%) 40	1.5	1.5	1.0	0.3	2.3	1.4	1.8	2.2	2.0	1.4
Average Net Receivables ($) 41	7	6	7	6	6	5	7	6	7	5
Average Inventories ($) 42	80	76	92	91	93	88	109	102	108	117
Average Net Worth ($) 43	67	69	86	68	83	78	97	95	96	87
Current Ratio (×1) 44	1.9	1.9	2.1	2.0	2.0	1.8	1.9	1.9	2.1	2.0
Quick Ratio (×1) 45	0.5	0.5	0.6	0.5	0.5	0.4	0.5	0.5	0.6	0.6
Coverage Ratio (×1) 46	1.6	1.3	0.7	0.7	3.0	2.0	1.4	2.1	2.1	1.5
Asset Turnover (×1) 47	3.8	3.5	3.3	3.4	3.6	3.5	3.6	3.4	3.1	3.4
Total Liabilities/Net Worth (×1) 48	2.2	2.1	1.9	2.5	1.8	2.0	1.8	1.9	2.0	2.4
Return on Assets (×1) 49	5.7	4.6	2.5	2.2	8.8	6.1	3.8	4.5	5.4	4.3
Return on Equity (%) 50	4.1	0.8	•	•	13.8	6.2	1.1	4.9	7.1	3.4

Table II

Corporations with Net Income

LIQUOR STORES

MONEY AMOUNTS AND SIZE OF ASSETS IN THOUSANDS OF DOLLARS

Item Description for Accounting Period 7/95 Through 6/96		Total	Zero Assets	Under 100	100 to 250	251 to 500	501 to 1,000	1,001 to 5,000	5,001 to 10,000	10,001 to 25,000	25,001 to 50,000	50,001 to 100,000	100,001 to 250,000	250,001 and over
Number of Enterprises	1	7369	•	1586	3407	1354	744	238	30	10	•	•	•	•
Revenues ($ in Thousands)														
Net Sales	2	8791074	•	535625	2239853	2099802	1837003	1257029	325462	496301	•	•	•	•
Portfolio Income	3	11012	•	1592	922	1020	2542	187	2673	2076	•	•	•	•
Other Revenues	4	141385	•	5558	58445	39162	21971	3369	5359	7522	•	•	•	•
Total Revenues	5	8943471	•	542775	2299220	2139984	1861516	1260585	333494	505899	•	•	•	•
Average Total Revenues	6	1214	•	342	675	1580	2502	5297	11116	50590	•	•	•	•
Operating Costs/Operating Income (%)														
Cost of Operations	7	77.3	•	52.4	77.8	77.5	82.8	75.6	76.0	85.2	•	•	•	•
Rent	8	5.2	•	5.9	4.7	5.7	5.3	4.2	5.5	5.5	•	•	•	•
Taxes Paid	9	1.8	•	2.4	2.8	1.4	1.3	1.6	0.9	1.2	•	•	•	•
Interest Paid	10	0.6	•	0.3	0.8	0.5	0.5	0.5	2.7	0.8	•	•	•	•
Depreciation, Depletion, Amortization	11	0.7	•	0.6	0.9	0.6	0.4	0.8	0.2	1.1	•	•	•	•
Pensions and Other Benefits	12	0.4	•	•	0.3	0.2	0.3	0.8	0.4	0.7	•	•	•	•
Other	13	10.6	•	33.5	9.7	11.1	7.0	9.7	8.6	4.9	•	•	•	•
Officers Compensation	14	2.8	•	3.4	3.3	3.0	2.0	3.3	4.2	0.4	•	•	•	•
Operating Margin	15	0.7	•	1.5	•	•	0.4	3.7	1.6	0.3	•	•	•	•
Oper. Margin Before Officers Compensation	16	3.5	•	4.9	3.1	3.0	2.4	6.9	5.8	0.7	•	•	•	•
Selected Average Balance Sheet ($ in Thousands)														
Net Receivables	17	7	•	•	5	1	12	22	231	728	•	•	•	•
Inventories	18	140	•	27	80	128	335	791	1470	6150	•	•	•	•
Net Property, Plant and Equipment	19	57	•	9	16	37	124	381	1350	8173	•	•	•	•
Total Assets	20	335	•	62	182	323	678	1683	6573	21223	•	•	•	•

Notes and Loans Payable 21	104	•	26	100	87	111	369	1087	6042	•	•	•	•
All Other Liabilities 22	80	•	15	26	70	234	470	2275	2873	•	•	•	•
Net Worth 23	151	•	21	56	166	333	845	3211	12308	•	•	•	•

Selected Financial Ratios (Times to 1)

Current Ratio 24	2.2	•	3.3	3.3	2.4	2.0	2.0	1.0	2.5	•	•	•	•
Quick Ratio 25	0.6	•	1.4	0.9	0.9	0.5	0.5	0.3	0.6	•	•	•	•
Net Sales to Working Capital 26	10.6	•	9.9	8.3	12.8	11.0	9.6	•	9.7	•	•	•	•
Coverage Ratio 27	4.8	•	9.6	4.2	5.2	4.7	9.3	2.4	4.0	•	•	•	•
Total Asset Turnover 28	3.6	•	5.5	3.6	4.8	3.7	3.1	1.7	2.3	•	•	•	•
Inventory Turnover 29	6.8	•	4.7	6.5	•	6.5	5.1	7.5	•	•	•	•	•
Receivables Turnover 30	•	•	•	•	•	•	•	•	•	•	•	•	•
Total Liabilities to Net Worth 31	1.2	•	2.0	2.3	1.0	1.0	1.0	1.1	0.7	•	•	•	•

Selected Financial Factors (in Percentages)

Debt Ratio 32	54.8	•	66.6	69.3	48.7	50.8	49.8	51.2	42.0	•	•	•	•
Return on Assets 33	11.0	•	17.3	11.7	11.6	7.9	13.8	10.6	7.1	•	•	•	•
Return on Equity 34	18.1	•	•	28.0	17.3	11.8	23.9	10.7	7.4	•	•	•	•
Return Before Interest on Equity 35	24.2	•	•	•	22.5	16.0	27.5	21.7	12.2	•	•	•	•
Profit Margin, Before Income Tax 36	2.5	•	2.8	2.5	1.9	1.7	3.9	3.7	2.3	•	•	•	•
Profit Margin, After Income Tax 37	2.3	•	2.5	2.4	1.9	1.6	3.8	3.2	1.8	•	•	•	•

Trends in Selected Ratios and Factors, 1990-1999

	1990	1991	1992	1993	1994	1995	1996	1997	1998	1999
Cost of Operations (%) 38	81.7	77.9	77.9	77.8	78.4	77.9	78.5	77.4	77.4	77.3
Operating Margin (%) 39	0.1	0.8	0.7	0.5	2.2	1.0	0.8	1.2	1.0	0.7
Oper. Margin Before Officers Comp. (%) 40	2.7	3.6	4.0	3.1	3.9	3.3	3.7	4.1	3.6	3.5
Average Net Receivables ($) 41	10	7	11	8	5	7	6	7	7	7
Average Inventories ($) 42	91	86	108	109	127	114	118	117	119	140
Average Net Worth ($) 43	111	97	130	119	140	134	138	149	143	151
Current Ratio (×1) 44	2.1	2.3	2.2	2.4	2.2	2.0	2.2	2.0	2.2	2.2
Quick Ratio (×1) 45	0.7	0.7	0.7	0.6	0.6	0.5	0.6	0.6	0.7	0.6
Coverage Ratio (×1) 46	3.6	4.0	4.1	5.0	7.5	5.3	4.9	6.6	6.0	4.8
Asset Turnover (×1) 47	3.7	3.5	3.4	3.7	4.0	3.6	3.8	3.6	3.1	3.6
Operating Leverage 48	0.1	6.9	0.9	0.7	4.8	0.4	0.9	1.5	0.9	0.7
Financial Leverage 49	0.9	1.1	1.1	1.0	1.1	0.9	1.0	1.1	1.0	1.0
Total Leverage 50	0.1	7.3	0.9	0.7	5.4	0.4	0.8	1.6	0.9	0.7

OTHER RETAIL STORES

MONEY AMOUNTS AND SIZE OF ASSETS IN THOUSANDS OF DOLLARS

Item Description for Accounting Period 7/95 Through 6/96		Total	Zero Assets	Under 100	100 to 250	251 to 500	501 to 1,000	1,001 to 5,000	5,001 to 10,000	10,001 to 25,000	25,001 to 50,000	50,001 to 100,000	100,001 to 250,000	250,001 and over
Number of Enterprises	1	212399	11574	112051	42257	21843	13447	9577	855	460	133	87	62	53
Revenues ($ in Thousands)														
Net Sales	2	281450693	3744815	19850194	19148097	23236401	24157810	46865170	13675180	16575615	10575530	11557178	20432964	71631737
Portfolio Income	3	1683063	113316	36255	132330	73769	95453	191316	39293	62592	19347	50637	119572	749184
Other Revenues	4	4791112	105913	288315	155269	188264	239748	578762	232878	244828	144891	182856	470901	1958486
Total Revenues	5	287924868	3964044	20174764	19435696	23498434	24493011	47635248	13947351	16883035	10739768	11790671	21023437	74339407
Average Total Revenues	6	1356	342	180	460	1076	1821	4974	16313	36702	80750	135525	339088	1402630
Operating Costs/Operating Income (%)														
Cost of Operations	7	66.7	69.7	59.0	60.9	66.5	65.3	68.4	71.3	66.6	66.4	66.4	66.7	68.8
Rent	8	9.9	9.9	9.0	10.3	9.2	10.3	10.4	8.9	10.1	9.6	11.6	10.2	9.7
Taxes Paid	9	1.9	1.8	2.7	2.6	2.1	2.2	1.9	1.5	1.6	1.7	1.6	1.6	1.5
Interest Paid	10	1.2	1.2	0.9	0.8	1.0	0.9	1.0	1.1	1.3	0.9	1.7	1.0	1.8
Depreciation, Depletion, Amortization	11	1.8	2.0	1.4	1.7	1.4	1.5	1.6	1.6	2.1	1.4	2.1	1.9	2.1
Pensions and Other Benefits	12	0.8	0.5	0.5	0.7	0.6	0.8	0.8	0.7	1.0	0.9	1.1	0.9	0.8
Other	13	15.8	18.1	22.2	17.9	14.0	14.5	12.7	12.6	16.1	15.8	15.1	17.2	16.6
Officers Compensation	14	2.7	3.0	6.4	5.3	5.1	4.9	3.1	2.1	1.5	1.3	0.7	0.6	0.5
Operating Margin	15	•	•	•	•	0.2	•	•	0.3	•	2.1	•	•	•
Oper. Margin Before Officers Compensation	16	2.1	•	4.5	5.0	5.3	4.6	3.2	2.4	1.4	3.4	0.5	0.6	•
Selected Average Balance Sheet ($ in Thousands)														
Net Receivables	17	93	•	4	19	53	116	401	1479	3288	7828	13316	20783	107089
Inventories	18	213	•	16	72	149	259	773	2591	5706	13368	26619	64090	250719
Net Property, Plant and Equipment	19	109	•	7	28	63	126	361	1446	3279	5959	14385	32236	149233
Total Assets	20	593	•	38	159	355	683	1915	6834	15213	34608	71348	155627	873571

Notes and Loans Payable 21	200	•	28	85	147	229	638	2220	4794	8989	22146	35741	262907
All Other Liabilities 22	199	•	13	43	104	203	649	2458	5580	12100	24359	58673	296044
Net Worth 23	194	•	-3	32	104	251	628	2156	4840	13520	24843	61213	314620

Selected Financial Ratios (Times to 1)

Current Ratio 24	1.6	•	2.1	2.1	2.0	2.0	1.7	1.5	1.4	1.6	1.5	1.6	1.5
Quick Ratio 25	0.6	•	0.9	0.8	0.8	0.9	0.7	0.6	0.6	0.6	0.6	0.5	0.5
Net Sales to Working Capital 26	9.2	•	12.0	7.3	8.3	7.5	8.8	10.6	11.3	8.8	8.4	8.3	10.2
Coverage Ratio 27	2.4	0.9	0.7	2.6	2.3	2.2	2.7	3.0	2.4	5.0	2.1	3.8	2.2
Total Asset Turnover 28	2.2	•	4.7	2.9	3.0	2.6	2.6	2.4	2.4	2.3	1.9	2.1	1.6
Inventory Turnover 29	4.3	•	6.7	4.0	4.6	4.9	4.4	4.6	4.2	3.9	3.1	3.8	3.9
Receivables Turnover 30	•	•	•	•	•	•	•	•	•	•	•	•	•
Total Liabilities to Net Worth 31	2.1	•	•	4.0	2.4	1.7	2.1	2.2	2.2	1.6	1.9	1.6	1.8

Selected Financial Factors (in Percentages)

Debt Ratio 32	67.3	•	•	80.0	70.8	63.3	67.2	68.5	68.2	60.9	65.2	60.7	64.0
Return on Assets 33	6.6	•	2.9	6.0	6.9	5.2	6.9	7.8	7.1	10.4	6.4	8.2	6.2
Return on Equity 34	8.5	•	17.9	16.1	11.9	6.1	10.5	13.4	10.3	18.0	6.7	10.3	5.6
Return Before Interest on Equity 35	20.2	•	•	29.9	23.7	14.0	20.9	24.8	22.4	26.7	18.5	20.8	17.1
Profit Margin, Before Income Tax 36	1.7	•	•	1.3	1.3	1.1	1.7	2.2	1.7	3.6	1.8	2.9	2.2
Profit Margin, After Income Tax 37	1.3	•	•	1.1	1.2	0.9	1.4	1.8	1.4	3.1	1.3	1.9	1.3

Trends in Selected Ratios and Factors, 1990-1999

	1990	1991	1992	1993	1994	1995	1996	1997	1998	1999
Cost of Labor (%) 38	64.5	64.4	64.4	65.3	64.7	64.9	64.7	66.1	66.2	66.7
Operating Margin (%) 39	•	•	•	•	•	•	•	•	•	•
Oper. Margin Before Officers Comp. (%) 40	2.0	2.5	1.7	2.1	1.7	1.6	1.9	2.4	2.6	2.1
Average Net Receivables ($) 41	63	68	84	76	71	74	83	82	88	93
Average Inventories ($) 42	133	143	163	164	170	169	176	186	207	213
Average Net Worth ($) 43	107	125	149	126	132	140	159	168	185	194
Current Ratio (×1) 44	1.7	1.8	1.6	1.6	1.6	1.7	1.7	1.7	1.7	1.6
Quick Ratio (×1) 45	0.7	0.7	0.6	0.6	0.6	0.6	0.7	0.7	0.6	0.6
Coverage Ratio (×1) 46	1.8	2.0	1.8	1.8	1.4	1.4	1.8	2.3	2.7	2.4
Asset Turnover (×1) 47	2.2	2.1	1.9	2.2	2.2	2.2	2.2	2.3	2.2	2.2
Total Liabilities/Net Worth (×1) 48	2.3	2.2	2.3	2.6	2.5	2.4	2.1	2.0	2.1	2.1
Return on Assets (×1) 49	5.6	6.3	7.0	7.0	5.8	5.3	5.6	6.1	6.6	6.6
Return on Equity (%) 50	3.1	5.9	6.8	6.8	2.2	1.7	4.9	7.1	9.1	8.5

Table II

Corporations with Net Income

OTHER RETAIL STORES

MONEY AMOUNTS AND SIZE OF ASSETS IN THOUSANDS OF DOLLARS

Item Description for Accounting Period 7/95 Through 6/96	Total	Zero Assets	Under 100	100 to 250	251 to 500	501 to 1,000	1,001 to 5,000	5,001 to 10,000	10,001 to 25,000	25,001 to 50,000	50,001 to 100,000	100,001 to 250,000	250,001 and over
Number of Enterprises **1**	112922	3486	52110	24835	14254	9868	7090	680	355	96	58	•	•
Revenues ($ in Thousands)													
Net Sales **2**	213698165	2422541	11702761	12435867	15492431	19226886	36411787	11889280	13188584	8681109	7994919	•	•
Portfolio Income **3**	1413006	104452	11763	97114	54566	75311	144832	34553	45657	14303	33624	•	•
Other Revenues **4**	3726984	56594	163577	111140	128861	170899	462589	187449	156925	111146	123569	•	•
Total Revenues **5**	218838155	2583587	11878101	12644121	15675858	19473096	37019208	12111282	13391166	8806558	8152112	•	•
Average Total Revenues **6**	1938	741	228	509	1100	1973	5221	17811	37722	91735	140554	•	•
Operating Costs/Operating Income (%)													
Cost of Operations **7**	67.0	69.6	58.9	58.9	64.2	66.0	68.4	71.9	68.1	64.8	66.9	•	•
Rent **8**	9.4	8.8	7.0	9.2	9.2	9.5	10.2	8.6	9.4	9.3	10.5	•	•
Taxes Paid **9**	1.8	1.6	2.2	2.5	2.1	2.1	1.9	1.4	1.5	1.8	1.6	•	•
Interest Paid **10**	1.1	0.9	0.5	0.7	0.9	0.8	0.9	0.9	1.1	0.7	1.2	•	•
Depreciation, Depletion, Amortization **11**	1.6	1.8	1.1	1.7	1.3	1.3	1.4	1.3	1.9	1.2	1.8	•	•
Pensions and Other Benefits **12**	0.8	0.6	0.4	0.7	0.6	0.8	0.8	0.7	1.0	0.8	0.9	•	•
Other **13**	14.3	11.1	19.5	17.3	13.3	13.1	11.5	11.6	12.9	16.3	13.6	•	•
Officers Compensation **14**	2.5	1.9	6.0	5.2	5.5	4.9	3.2	2.1	1.6	1.4	0.8	•	•
Operating Margin **15**	1.6	3.9	4.5	3.8	2.9	1.6	1.7	1.7	2.5	3.9	2.8	•	•
Oper. Margin Before Officers Compensation **16**	4.1	5.8	10.5	9.0	8.4	6.5	4.9	3.8	4.1	5.3	3.6	•	•
Selected Average Balance Sheet ($ in Thousands)													
Net Receivables **17**	130	•	5	20	58	120	426	1570	3636	9146	14867	•	•
Inventories **18**	301	•	19	70	149	259	801	2758	5524	12773	27702	•	•
Net Property, Plant and Equipment **19**	149	•	7	24	57	121	344	1263	3267	5656	12356	•	•
Total Assets **20**	836	•	44	160	356	688	1944	6873	15015	35267	71090	•	•

Notes and Loans Payable 21	233	•	21	61	119	176	556	1836	4322	7733	16400	•	•
All Other Liabilities 22	273	•	10	39	103	194	613	2504	5497	12832	24006	•	•
Net Worth 23	330	•	13	60	133	318	775	2533	5195	14703	30684	•	•

Selected Financial Ratios (Times to 1)

Current Ratio 24	1.7	•	2.5	2.4	2.1	2.2	1.9	1.5	1.5	1.6	1.7	•	•
Quick Ratio 25	0.7	•	1.1	0.9	0.9	1.0	0.8	0.7	0.7	0.7	0.7	•	•
Net Sales to Working Capital 26	8.8	•	11.2	7.1	7.7	7.3	7.6	9.7	10.8	9.0	6.5	•	•
Coverage Ratio 27	4.8	13.3	14.2	8.7	5.5	4.8	4.7	5.0	4.6	8.8	5.2	•	•
Total Asset Turnover 28	2.3	•	5.2	3.1	3.1	2.8	2.7	2.6	2.5	2.6	1.9	•	•
Inventory Turnover 29	4.3	•	7.7	4.1	4.7	5.4	4.5	5.1	4.4	4.4	2.8	•	•
Receivables Turnover 30	•	•	•	•	•	•	•	•	•	•	9.7	•	•
Total Liabilities to Net Worth 31	1.5	•	2.4	1.7	1.7	1.2	1.5	1.7	1.9	1.4	1.3	•	•

Selected Financial Factors (in Percentages)

Debt Ratio 32	60.5	•	70.8	62.6	62.5	53.8	60.1	63.2	65.4	58.3	56.8	•	•
Return on Assets 33	11.4	•	33.3	19.4	15.3	10.2	11.3	11.4	12.6	15.5	11.5	•	•
Return on Equity 34	19.2	•	•	•	31.7	15.7	19.5	21.4	25.3	28.6	17.9	•	•
Return Before Interest on Equity 35	28.9	•	•	•	•	22.0	28.4	31.0	•	•	26.6	•	•
Profit Margin, Before Income Tax 36	4.0	10.5	6.0	5.5	4.1	2.8	3.4	3.6	4.0	5.4	4.8	•	•
Profit Margin, After Income Tax 37	3.4	9.6	5.9	5.3	3.9	2.6	3.0	3.1	3.5	4.7	4.0	•	•

Trends in Selected Ratios and Factors, 1990-1999

	1990	1991	1992	1993	1994	1995	1996	1997	1998	1999
Cost of Operations (%) 38	64.9	64.4	64.8	64.7	64.9	65.0	64.9	65.7	66.6	67.0
Operating Margin (%) 39	1.6	2.2	1.9	2.2	2.0	2.2	1.7	2.2	1.9	1.6
Oper. Margin Before Officers Comp. (%) 40	5.1	5.6	5.2	5.3	5.2	5.2	4.7	4.8	4.4	4.1
Average Net Receivables ($) 41	85	93	101	111	98	103	116	121	134	130
Average Inventories ($) 42	167	186	211	224	221	226	249	276	307	301
Average Net Worth ($) 43	180	203	211	222	235	254	280	316	329	330
Current Ratio (×1) 44	1.8	1.9	1.9	1.8	1.8	1.8	1.8	1.8	1.7	1.7
Quick Ratio (×1) 45	0.8	0.8	0.8	0.7	0.7	0.7	0.7	0.7	0.7	0.7
Coverage Ratio (×1) 46	4.6	5.0	4.3	4.0	4.5	4.5	4.8	5.2	5.0	4.8
Asset Turnover (×1) 47	2.4	2.3	2.3	2.3	2.4	2.4	2.3	2.4	2.3	2.3
Operating Leverage 48	1.2	1.4	0.9	1.2	0.9	1.1	0.8	1.3	0.9	0.9
Financial Leverage 49	1.0	1.1	1.0	1.0	1.1	1.0	1.0	1.0	1.0	1.0
Total Leverage 50	1.3	1.5	0.8	1.2	1.0	1.1	0.8	1.3	0.9	0.9

Table I

Corporations with and without Net Income

MUTUAL SAVINGS BANKS

MONEY AMOUNTS AND SIZE OF ASSETS IN THOUSANDS OF DOLLARS

Item Description for Accounting Period 7/95 Through 6/96	Total	Zero Assets	Under 100	100 to 250	251 to 500	501 to 1,000	1,001 to 5,000	5,001 to 10,000	10,001 to 25,000	25,001 to 50,000	50,001 to 100,000	100,001 to 250,000	250,001 and over
Number of Enterprises **1**	234	8	•	•	•	•	3	•	10	16	24	89	83
Revenues ($ in Thousands)													
Net Sales **2**	560620	2408	•	•	•	•	1904	•	97	596	4541	44310	506765
Portfolio Income **3**	6971556	60482	•	•	•	•	138047	•	22521	56815	164989	1099217	5429485
Other Revenues **4**	954600	1117	•	•	•	•	8741	•	6956	66933	174663	218742	477448
Total Revenues **5**	8486776	64007	•	•	•	•	148692	•	29574	124344	344193	1362269	6413698
Average Total Revenues **6**	36268	8001	•	•	•	•	49564	•	2957	7772	14341	15306	77273
Operating Costs/Operating Income (%)													
Cost of Operations **7**	2.0	•	•	•	•	•	•	•	•	•	•	•	2.6
Rent **8**	7.7	10.3	•	•	•	•	6.1	•	6.4	2.3	3.4	8.0	8.0
Taxes Paid **9**	2.4	2.4	•	•	•	•	2.9	•	0.5	0.9	1.0	2.4	2.4
Interest Paid **10**	42.0	47.9	•	•	•	•	45.8	•	3.7	19.5	15.7	38.6	44.6
Depreciation, Depletion, Amortization **11**	1.7	1.7	•	•	•	•	1.3	•	1.1	0.4	0.6	1.7	1.7
Pensions and Other Benefits **12**	1.8	3.5	•	•	•	•	0.9	•	0.4	1.0	0.8	2.1	1.8
Other **13**	39.4	14.9	•	•	•	•	38.3	•	•	•	•	27.2	20.8
Officers Compensation **14**	1.8	1.1	•	•	•	•	3.9	•	•	1.5	1.7	3.1	1.5
Operating Margin **15**	1.3	18.4	•	•	•	•	0.8	•	•	•	•	16.9	16.5
Oper. Margin Before Officers Compensation **16**	3.1	19.5	•	•	•	•	4.7	•	•	•	•	20.0	18.1
Selected Average Balance Sheet ($ in Thousands)													
Net Receivables **17**	21596	•	•	•	•	•	1671	•	-4133	-2696	5259	11038	48484
Inventories **18**	12	•	•	•	•	•	•	•	•	•	•	10	23
Net Property, Plant and Equipment **19**	4750	•	•	•	•	•	5	•	524	365	1020	2610	10164
Total Assets **20**	414521	•	•	•	•	•	3660	•	19058	39592	77965	172538	951034

Notes and Loans Payable 21	23407	•	•	•	•	•	1	•	110	264	3407	3365	61332
All Other Liabilities 22	367665	•	•	•	•	•	48208	•	64977	60834	121726	157514	811154
Net Worth 23	23449	•	•	•	•	•	-44549	•	-46030	-21507	-47168	11659	78549

Selected Financial Ratios (Times to 1)

Current Ratio 24	0.3	•	•	•	•	•	0.9	•	0.0	0.2	0.4	0.3	0.3
Quick Ratio 25	0.2	•	•	•	•	•	0.8	•	•	0.2	0.3	0.3	0.2
Net Sales to Working Capital 26	•	•	•	•	•	•	•	•	•	•	•	•	•
Coverage Ratio 27	1.0	1.4	•	•	•	•	1.0	•	•	•	•	1.4	1.4
Total Asset Turnover 28	0.1	•	•	•	•	•	13.6	•	0.2	0.2	0.2	0.1	0.1
Inventory Turnover 29	•	•	•	•	•	•	•	•	•	•	•	•	•
Receivables Turnover 30	•	•	•	•	•	•	•	•	•	•	•	•	•
Total Liabilities to Net Worth 31	16.7	•	•	•	•	•	•	•	•	•	•	13.8	11.1

Selected Financial Factors (in Percentages)

Debt Ratio 32	94.4	•	•	•	•	•	•	•	•	•	•	93.3	91.8
Return on Assets 33	3.8	•	•	•	•	•	•	•	•	•	•	4.9	5.0
Return on Equity 34	•	•	•	•	•	•	4.1	•	•	29.1	23.5	15.6	10.8
Return Before Interest on Equity 35	•	•	•	•	•	•	•	•	•	21.7	18.2	•	•
Profit Margin, Before Income Tax 36	1.0	18.2	•	•	•	•	0.4	•	•	•	•	16.6	16.3
Profit Margin, After Income Tax 37	•	12.1	•	•	•	•	•	•	•	•	•	11.9	11.0

Trends in Selected Ratios and Factors, 1990-1999

	1990	1991	1992	1993	1994	1995	1996	1997	1998	1999
Cost of Labor (%) 38	0.9	1.2	0.8	0.8	0.9	1.1	1.0	1.5	2.0	2.0
Operating Margin (%) 39	10.5	10.6	10.2	6.7	4.2	10.7	16.3	14.1	17.8	1.3
Oper. Margin Before Officers Comp. (%) 40	11.9	12.2	11.9	8.5	6.2	12.6	18.6	16.5	20.2	3.1
Average Net Receivables ($) 41	49591	47157	41064	38441	60262	43769	26888	27022	23724	21596
Average Inventories ($) 42	985	60	122	287	444	284	21	11	3	12
Average Net Worth ($) 43	51868	57215	30779	25892	27670	29182	31880	33722	32722	23449
Current Ratio (×1) 44	0.3	0.2	0.2	0.3	0.3	0.3	0.3	0.3	0.3	0.3
Quick Ratio (×1) 45	0.2	0.2	0.2	0.2	0.3	0.3	0.2	0.2	0.2	0.2
Coverage Ratio (×1) 46	1.2	1.2	1.2	1.1	1.1	1.2	1.4	1.4	1.5	1.0
Asset Turnover (×1) 47	0.1	0.1	0.1	0.1	0.1	0.1	0.1	0.1	0.1	0.1
Total Liabilities/Net Worth (×1) 48	11.9	10.5	12.4	12.8	13.1	13.5	11.4	12.7	11.5	16.7
Return on Assets (×1) 49	7.1	6.7	7.0	7.5	7.0	6.7	5.5	4.3	4.5	3.8
Return on Equity (%) 50	10.1	8.1	9.3	5.3	2.5	9.6	11.4	8.6	12.7	•

Table II

Corporations with Net Income

MUTUAL SAVINGS BANKS

MONEY AMOUNTS AND SIZE OF ASSETS IN THOUSANDS OF DOLLARS

Item Description for Accounting Period 7/95 Through 6/96		Total	Zero Assets	Under 100	100 to 250	251 to 500	501 to 1,000	1,001 to 5,000	5,001 to 10,000	10,001 to 25,000	25,001 to 50,000	50,001 to 100,000	100,001 to 250,000	250,001 and over
Number of Enterprises	1	209	8	•	•	•	•	•	•	•	12	20	•	79
Revenues ($ in Thousands)														
Net Sales	2	540426	2408	•	•	•	•	•	•	•	596	4541	•	486683
Portfolio Income	3	6672507	60482	•	•	•	•	•	•	•	34438	114568	•	5243097
Other Revenues	4	370130	1117	•	•	•	•	•	•	•	730	1992	•	156917
Total Revenues	5	7583063	64007	•	•	•	•	•	•	•	35764	121101	•	5886697
Average Total Revenues	6	36283	8001	•	•	•	•	•	•	•	2980	6055	•	74515
Operating Costs/Operating Income (%)														
Cost of Operations	7	2.2	•	•	•	•	•	•	•	•	•	•	•	2.9
Rent	8	8.3	10.3	•	•	•	•	•	•	•	6.8	9.1	•	8.4
Taxes Paid	9	2.6	2.4	•	•	•	•	•	•	•	2.9	2.7	•	2.6
Interest Paid	10	45.8	47.9	•	•	•	•	•	•	•	51.2	44.1	•	47.2
Depreciation, Depletion, Amortization	11	1.8	1.7	•	•	•	•	•	•	•	1.3	1.8	•	1.8
Pensions and Other Benefits	12	2.0	3.5	•	•	•	•	•	•	•	3.4	2.3	•	1.9
Other	13	17.3	14.9	•	•	•	•	•	•	•	15.4	20.8	•	15.6
Officers Compensation	14	2.0	1.1	•	•	•	•	•	•	•	5.1	4.8	•	1.6
Operating Margin	15	18.1	18.4	•	•	•	•	•	•	•	14.1	14.4	•	18.1
Oper. Margin Before Officers Compensation	16	20.1	19.5	•	•	•	•	•	•	•	19.2	19.3	•	19.7
Selected Average Balance Sheet ($ in Thousands)														
Net Receivables	17	25187	•	•	•	•	•	•	•	•	2475	5287	•	52315
Inventories	18	13	•	•	•	•	•	•	•	•	•	•	•	24
Net Property, Plant and Equipment	19	5062	•	•	•	•	•	•	•	•	400	1129	•	10105
Total Assets	20	447491	•	•	•	•	•	•	•	•	39312	79293	•	964699

Notes and Loans Payable 21	24860	•	•	•	•	•	•	•	•	333	821	•	61719
All Other Liabilities 22	383386	•	•	•	•	•	•	•	•	35062	71702	•	816103
Net Worth 23	39245	•	•	•	•	•	•	•	•	3917	6770	•	86876

Selected Financial Ratios (Times to 1)

Current Ratio 24	0.3	•	•	•	•	•	•	•	•	0.4	0.3	•	0.2
Quick Ratio 25	0.2	•	•	•	•	•	•	•	•	0.3	0.3	•	0.2
Net Sales to Working Capital 26	•	•	•	•	•	•	•	•	•	•	•	•	•
Coverage Ratio 27	1.4	1.4	•	•	•	•	•	•	•	1.2	1.3	•	1.4
Total Asset Turnover 28	0.1	•	•	•	•	•	•	•	•	0.1	0.1	•	0.1
Inventory Turnover 29	•	•	•	•	•	•	•	•	•	•	•	•	•
Receivables Turnover 30	•	•	•	•	•	•	•	•	•	•	•	•	•
Total Liabilities to Net Worth 31	10.4	•	•	•	•	•	•	•	•	9.0	10.7	•	10.1

Selected Financial Factors (in Percentages)

Debt Ratio 32	91.2	•	•	•	•	•	•	•	•	90.0	91.5	•	91.0
Return on Assets 33	5.2	•	•	•	•	•	•	•	•	4.8	4.5	•	5.0
Return on Equity 34	11.4	•	•	•	•	•	•	•	•	6.1	8.6	•	10.4
Return Before Interest on Equity 35	•	•	•	•	•	•	•	•	•	•	•	•	•
Profit Margin, Before Income Tax 36	17.9	18.2	•	•	•	•	•	•	•	11.8	14.2	•	17.9
Profit Margin, After Income Tax 37	12.3	12.1	•	•	•	•	•	•	•	8.0	9.6	•	12.1

Trends in Selected Ratios and Factors, 1990-1999

	1990	1991	1992	1993	1994	1995	1996	1997	1998	1999
Cost of Operations (%) 38	0.8	1.2	0.7	0.5	0.8	0.8	0.9	1.2	2.1	2.2
Operating Margin (%) 39	11.9	12.8	11.0	11.5	9.8	15.6	18.5	20.3	23.9	18.1
Oper. Margin Before Officers Comp. (%) 40	13.2	14.5	12.6	13.6	11.7	17.5	20.8	22.7	26.3	20.1
Average Net Receivables ($) 41	51594	40878	53576	29022	58055	38311	28908	31408	25817	25187
Average Inventories ($) 42	1029	66	162	1	367	9	23	13	4	13
Average Net Worth ($) 43	52407	60725	40598	25302	30869	31123	33969	39945	36697	39245
Current Ratio (×1) 44	0.3	0.2	0.3	0.3	0.3	0.3	0.3	0.3	0.3	0.3
Quick Ratio (×1) 45	0.2	0.2	0.2	0.2	0.3	0.3	0.3	0.2	0.2	0.2
Coverage Ratio (×1) 46	1.2	1.2	1.2	1.2	1.2	1.3	1.4	1.5	1.6	1.4
Asset Turnover (×1) 47	0.1	0.1	0.1	0.1	0.1	0.1	0.1	0.1	0.1	0.1
Operating Leverage 48	1.3	1.1	0.9	1.1	0.9	1.6	1.2	1.1	1.2	0.8
Financial Leverage 49	1.3	1.1	0.8	1.0	0.9	1.6	1.3	1.2	1.3	0.7
Total Leverage 50	1.7	1.1	0.7	1.0	0.8	2.5	1.5	1.3	1.5	0.5

BANK HOLDING COMPANIES

MONEY AMOUNTS AND SIZE OF ASSETS IN THOUSANDS OF DOLLARS

Item Description for Accounting Period 7/95 Through 6/96		Total	Zero Assets	Under 100	100 to 250	251 to 500	501 to 1,000	1,001 to 5,000	5,001 to 10,000	10,001 to 25,000	25,001 to 50,000	50,001 to 100,000	100,001 to 250,000	250,001 and over
Number of Enterprises	1	5650	189	365	18	•	•	35	76	707	1081	1334	1144	703
Revenues ($ in Thousands)														
Net Sales	2	58264862	1634309	12471	•	•	•	8764	15796	77475	342156	725147	1338145	54110598
Portfolio Income	3	320469071	10085310	3255	8999	•	•	8278	111800	883998	2846092	6868913	12408924	287243502
Other Revenues	4	49249477	1071971	21	4739	•	•	7446	8742	17605	77592	235916	419386	47406060
Total Revenues	5	427983410	12791590	15747	13738	•	•	24488	136338	979078	3265840	7829976	14166455	388760160
Average Total Revenues	6	75749	67680	43	763	•	•	700	1794	1385	3021	5870	12383	553002
Operating Costs/Operating Income (%)														
Cost of Operations	7	0.1	•	•	•	•	•	•	•	•	•	•	0.1	0.1
Rent	8	10.9	11.8	8.0	30.8	•	•	6.1	8.4	8.1	8.8	9.7	11.1	10.9
Taxes Paid	9	1.9	2.4	5.3	1.3	•	•	1.4	2.7	2.6	2.5	2.4	2.5	1.9
Interest Paid	10	41.3	44.3	3.0	19.3	•	•	9.4	26.3	39.3	38.7	39.4	38.9	41.3
Depreciation, Depletion, Amortization	11	5.4	5.6	0.6	1.7	•	•	0.8	2.5	2.5	2.6	2.7	3.0	5.6
Pensions and Other Benefits	12	2.3	2.2	0.3	0.1	•	•	0.3	2.0	2.5	2.6	2.4	2.4	2.3
Other	13	22.0	19.7	6.6	•	•	•	10.3	•	25.6	17.7	18.0	17.5	22.3
Officers Compensation	14	2.6	2.7	64.5	•	•	•	0.1	13.4	10.9	9.1	7.0	5.5	2.3
Operating Margin	15	13.5	11.3	11.8	•	•	•	71.7	•	8.5	18.1	18.5	19.1	13.3
Oper. Margin Before Officers Compensation	16	16.1	14.0	76.3	•	•	•	71.8	•	19.4	27.2	25.5	24.6	15.6
Selected Average Balance Sheet ($ in Thousands)														
Net Receivables	17	373981	•	•	•	•	•	69	2863	10024	20350	39593	82493	2754619
Inventories	18	88	•	•	•	•	•	•	•	•	•	0	4	699
Net Property, Plant and Equipment	19	11801	•	•	•	•	•	•	198	267	583	1307	2878	86494
Total Assets	20	837625	•	3	229	•	•	2526	8063	18175	37476	72170	152982	6269172

Notes and Loans Payable 21	98172	•	3	114	•	•	298	2219	270	902	1076	2462	781039
All Other Liabilities 22	655455	•	•	6	•	•	40	6244	15813	33329	63322	134186	4861532
Net Worth 23	83998	•	0	109	•	•	2188	-400	2092	3244	7772	16334	626601
Selected Financial Ratios (Times to 1)													
Current Ratio 24	0.9	•	•	•	•	•	17.2	1.1	1.1	1.0	1.0	1.0	0.9
Quick Ratio 25	0.8	•	•	•	•	•	1.0	1.1	1.0	1.0	1.0	1.0	0.8
Net Sales to Working Capital 26	•	•	32.3	3.4	•	•	0.6	3.3	2.0	2.8	15.9	•	•
Coverage Ratio 27	1.3	1.2	4.9	•	•	•	8.7	•	1.1	1.4	1.4	1.4	1.3
Total Asset Turnover 28	0.1	•	•	3.3	•	•	0.3	0.2	0.1	0.1	0.1	0.1	0.1
Inventory Turnover 29	•	•	•	•	•	•	•	•	•	•	•	•	•
Receivables Turnover 30	•	•	•	•	•	•	•	•	•	•	•	•	•
Total Liabilities to Net Worth 31	9.0	•	39.0	1.1	•	•	0.2	•	7.7	10.6	8.3	8.4	9.0
Selected Financial Factors (in Percentages)													
Debt Ratio 32	90.0	•	97.4	52.4	•	•	13.4	•	88.5	91.4	89.2	89.3	90.0
Return on Assets 33	4.9	•	•	•	•	•	22.5	•	3.4	4.3	4.4	4.4	4.8
Return on Equity 34	7.7	•	•	•	•	•	18.2	•	0.8	9.0	7.5	7.8	7.6
Return Before Interest on Equity 35	•	•	•	•	•	•	25.9	•	29.6	•	•	•	•
Profit Margin, Before Income Tax 36	13.0	10.3	11.8	•	•	•	•	•	5.4	14.5	15.1	15.7	13.0
Profit Margin, After Income Tax 37	8.5	6.7	8.8	•	•	•	•	•	1.3	9.6	10.0	10.3	8.6

Trends in Selected Ratios and Factors, 1990-1999

	1990	1991	1992	1993	1994	1995	1996	1997	1998	1999
Cost of Labor (%) 38	0.6	0.1	0.1	0.1	0.2	0.1	16.5	0.1	0.1	0.1
Operating Margin (%) 39	5.1	5.8	5.3	5.6	4.1	3.9	8.4	12.8	12.1	13.5
Oper. Margin Before Officers Comp. (%) 40	8.0	8.7	7.9	7.9	6.6	6.6	11.2	16.2	15.1	16.1
Average Net Receivables ($) 41	323498	337707	376229	339995	309084	311054	262317	293778	307359	373981
Average Inventories ($) 42	3	64	15	30	88	126	86	22	56	88
Average Net Worth ($) 43	47023	48598	55480	54943	56617	57283	58406	68571	72270	83998
Current Ratio (×1) 44	1.1	1.0	1.0	0.9	0.9	0.9	0.9	0.9	0.9	0.9
Quick Ratio (×1) 45	1.0	0.9	0.9	0.9	0.8	0.9	0.8	0.8	0.8	0.8
Coverage Ratio (×1) 46	1.1	1.1	1.1	1.1	1.1	1.1	1.2	1.4	1.3	1.3
Asset Turnover (×1) 47	0.1	0.1	0.1	0.1	0.1	0.1	0.1	0.1	0.1	0.1
Total Liabilities/Net Worth (×1) 48	10.8	11.5	11.2	10.9	10.6	10.4	9.6	8.5	8.9	9.0
Return on Assets (×1) 49	5.2	5.2	5.7	7.0	6.6	5.6	4.6	4.1	4.0	4.9
Return on Equity (%) 50	1.5	2.1	2.0	2.8	1.6	1.2	6.0	6.6	6.0	7.7

267

Table II

Corporations with Net Income

BANK HOLDING COMPANIES

MONEY AMOUNTS AND SIZE OF ASSETS IN THOUSANDS OF DOLLARS

Item Description for Accounting Period 7/95 Through 6/96	Total	Zero Assets	Under 100	100 to 250	251 to 500	501 to 1,000	1,001 to 5,000	5,001 to 10,000	10,001 to 25,000	25,001 to 50,000	50,001 to 100,000	100,001 to 250,000	250,001 and over
Number of Enterprises **1**	5174	111	181	•	•	•	21	48	673	1049	1298	1108	687
Revenues ($ in Thousands)													
Net Sales **2**	57996919	1615857	12471	•	•	•	8764	8607	74117	334560	706675	1283460	53952409
Portfolio Income **3**	318926897	9950835	3250	•	•	•	8278	68719	847521	2780038	6666394	12023131	286578731
Other Revenues **4**	48993625	1067034	21	•	•	•	7446	1040	16595	50553	156380	362229	47332324
Total Revenues **5**	425917441	12633726	15742	•	•	•	24488	78366	938233	3165151	7529449	13668820	387863464
Average Total Revenues **6**	82319	113817	87	•	•	•	1166	1633	1394	3017	5801	12336	564576
Operating Costs/Operating Income (%)													
Cost of Operations **7**	0.1	•	•	•	•	•	•	•	•	•	•	•	0.1
Rent **8**	10.8	11.7	8.0	•	•	•	6.1	7.8	8.0	8.8	9.7	11.0	10.9
Taxes Paid **9**	1.9	2.3	5.1	•	•	•	1.4	1.7	2.6	2.5	2.4	2.5	1.9
Interest Paid **10**	41.3	44.5	3.0	•	•	•	9.4	33.4	39.6	39.1	39.7	39.1	41.4
Depreciation, Depletion, Amortization **11**	5.4	5.7	0.5	•	•	•	0.8	2.3	2.5	2.6	2.7	2.9	5.6
Pensions and Other Benefits **12**	2.3	2.1	0.3	•	•	•	0.3	1.6	2.5	2.7	2.4	2.4	2.3
Other **13**	21.8	19.5	4.9	•	•	•	10.1	19.7	16.5	15.9	16.3	16.4	22.3
Officers Compensation **14**	2.6	2.6	64.5	•	•	•	0.1	10.5	10.8	9.1	7.0	5.5	2.3
Operating Margin **15**	13.7	11.7	13.8	•	•	•	72.0	23.2	17.7	19.4	19.7	20.2	13.4
Oper. Margin Before Officers Compensation **16**	16.3	14.3	78.4	•	•	•	72.1	33.7	28.4	28.5	26.8	25.8	15.7
Selected Average Balance Sheet ($ in Thousands)													
Net Receivables **17**	406906	•	•	•	•	•	115	3500	9991	20567	39609	83038	2814332
Inventories **18**	87	•	•	•	•	•	•	•	•	•	0	1	651
Net Property, Plant and Equipment **19**	12812	•	•	•	•	•	•	40	249	572	1296	2865	88303
Total Assets **20**	910943	•	5	•	•	•	2419	8086	18111	37568	72126	153148	6401565

Notes and Loans Payable 21	106944	•	•	•	•	•	197	222	270	920	1054	2435	797821
All Other Liabilities 22	712532	•	•	•	•	•	59	5280	15666	33378	63160	134366	4963570
Net Worth 23	91466	•	5	•	•	•	2163	2583	2175	3270	7912	16347	640173
Selected Financial Ratios (Times to 1)													
Current Ratio 24	0.9	•	•	•	•	•	•	1.2	1.1	1.0	1.0	1.0	0.9
Quick Ratio 25	0.8	•	•	•	•	•	1.5	1.1	1.0	1.0	1.0	1.0	0.8
Net Sales to Working Capital 26	•	•	35.4	•	•	•	0.6	1.7	2.0	2.4	9.2	•	•
Coverage Ratio 27	1.3	1.2	5.6	•	•	•	8.7	1.7	1.4	1.4	1.4	1.4	1.3
Total Asset Turnover 28	0.1	•	•	•	•	•	0.5	0.2	0.1	0.1	0.1	0.1	0.1
Inventory Turnover 29	•	•	•	•	•	•	•	•	•	•	•	•	•
Receivables Turnover 30	•	•	•	•	•	•	•	•	•	•	•	•	•
Total Liabilities to Net Worth 31	9.0	•	•	•	•	•	0.1	2.1	7.3	10.5	8.1	8.4	9.0
Selected Financial Factors (in Percentages)													
Debt Ratio 32	90.0	•	•	•	•	•	10.6	68.1	88.0	91.3	89.0	89.3	90.0
Return on Assets 33	4.9	•	•	•	•	•	39.2	11.2	4.2	4.4	4.5	4.5	4.8
Return on Equity 34	7.8	•	•	•	•	•	30.8	10.2	6.5	9.9	8.0	8.5	7.6
Return Before Interest on Equity 35	•	•	•	•	•	•	•	•	34.7	•	•	•	•
Profit Margin, Before Income Tax 36	13.2	10.7	13.8	•	•	•	•	22.3	14.5	15.7	16.3	16.8	13.1
Profit Margin, After Income Tax 37	8.7	7.1	10.8	•	•	•	•	16.2	10.2	10.7	10.9	11.2	8.6

Trends in Selected Ratios and Factors, 1990-1999

	1990	1991	1992	1993	1994	1995	1996	1997	1998	1999
Cost of Operations (%) 38	0.6	0.2	0.1	0.1	0.1	0.1	17.4	0.1	0.1	0.1
Operating Margin (%) 39	6.4	7.9	7.9	7.9	7.0	9.4	9.4	13.7	13.3	13.7
Oper. Margin Before Officers Comp. (%) 40	9.2	10.9	10.6	10.3	9.8	12.1	12.0	17.0	16.1	16.3
Average Net Receivables ($) 41	426841	414430	417228	377094	276041	254106	282409	335551	336857	406906
Average Inventories ($) 42	4	85	19	32	45	137	99	21	25	87
Average Net Worth ($) 43	62684	63829	64778	63952	55479	46088	65702	79756	76735	91466
Current Ratio (×1) 44	1.1	1.0	1.0	1.0	0.9	0.9	0.9	0.9	0.8	0.9
Quick Ratio (×1) 45	1.0	0.9	0.9	0.9	0.8	0.9	0.8	0.8	0.8	0.8
Coverage Ratio (×1) 46	1.1	1.1	1.1	1.1	1.1	1.2	1.3	1.4	1.3	1.3
Asset Turnover (×1) 47	0.1	0.1	0.1	0.1	0.1	0.1	0.1	0.1	0.1	0.1
Operating Leverage 48	1.0	1.2	1.0	1.0	0.9	1.3	1.0	1.5	1.0	1.0
Financial Leverage 49	1.1	1.3	1.1	1.0	0.9	1.5	1.5	1.3	0.9	1.0
Total Leverage 50	1.1	1.6	1.1	1.0	0.8	2.0	1.6	1.9	0.9	1.0

BANKS, EXCEPT MUTUAL SAVINGS BANKS AND BANK HOLDING COMPANIES

MONEY AMOUNTS AND SIZE OF ASSETS IN THOUSANDS OF DOLLARS

Item Description for Accounting Period 7/95 Through 6/96		Total	Zero Assets	Under 100	100 to 250	251 to 500	501 to 1,000	1,001 to 5,000	5,001 to 10,000	10,001 to 25,000	25,001 to 50,000	50,001 to 100,000	100,001 to 250,000	250,001 and over
Number of Enterprises	1	3877	342	84	34	147	207	239	151	575	816	677	447	158
Revenues ($ in Thousands)														
Net Sales	2	12217863	3203655	443	•	7168	6142	115601	79841	99432	281013	473366	800085	7151117
Portfolio Income	3	73738023	52323132	29	330	1404	15987	50952	134043	762364	2171091	3506241	4849022	9923426
Other Revenues	4	4401110	2096143	-10753	876	2941	17804	36579	209796	167886	242774	283760	333874	1019433
Total Revenues	5	90356996	57622930	-10281	1206	11513	39933	203132	423680	1029682	2694878	4263367	5982981	18093976
Average Total Revenues	6	23306	168488	-122	35	78	193	850	2806	1791	3303	6297	13385	114519
Operating Costs/Operating Income (%)														
Cost of Operations	7	5.2	•	•	•	•	•	•	•	•	•	•	0.3	25.8
Rent	8	5.7	3.2	•	•	27.5	6.9	15.4	8.4	8.3	9.8	11.3	11.1	9.5
Taxes Paid	9	1.3	0.9	•	•	4.4	0.5	2.8	1.5	2.1	2.2	2.5	2.6	1.9
Interest Paid	10	60.2	77.9	•	•	•	97.3	3.3	6.1	29.3	32.6	34.3	34.0	26.3
Depreciation, Depletion, Amortization	11	1.4	0.7	•	•	0.4	0.2	4.5	1.0	2.2	2.2	2.5	2.6	2.9
Pensions and Other Benefits	12	1.0	0.5	•	•	•	•	1.3	1.0	2.0	2.1	2.2	2.1	1.9
Other	13	20.3	14.6	•	•	•	•	•	•	76.2	54.5	40.3	25.1	19.8
Officers Compensation	14	2.0	0.7	•	•	•	•	12.9	4.3	8.4	8.1	6.1	4.8	2.9
Operating Margin	15	2.9	1.6	•	•	•	•	•	•	•	•	0.9	17.6	9.2
Oper. Margin Before Officers Compensation	16	4.9	2.3	•	•	•	•	•	•	•	•	7.0	22.3	12.1
Selected Average Balance Sheet ($ in Thousands)														
Net Receivables	17	38454	•	•	2	100	-17	473	2887	8752	18698	37197	76110	436922
Inventories	18	14	•	•	•	•	•	•	•	0	•	1	12	315
Net Property, Plant and Equipment	19	1198	•	•	•	1	5	115	178	309	601	1226	2738	11821
Total Assets	20	77256	•	26	140	366	713	2401	7801	17702	35881	70697	149121	908771

Notes and Loans Payable 21	3171	•	•	•	•	•	114	59	182	213	639	1429	69035
All Other Liabilities 22	69244	•	3264	2950	1476	12889	8599	11411	18704	33813	64391	132379	761463
Net Worth 23	4841	•	-3238	-2810	-1109	-12176	-6312	-3669	-1184	1855	5667	15313	78273

Selected Financial Ratios (Times to 1)

Current Ratio 24	1.0	•	0.1	•	1.6	0.1	1.9	1.2	1.1	1.0	1.0	1.0	1.0
Quick Ratio 25	0.9	•	0.1	•	1.6	0.1	1.4	1.1	1.0	1.0	1.0	0.9	0.9
Net Sales to Working Capital 26	•	•	0.3	0.3	0.8	•	1.0	2.8	2.6	•	•	•	•
Coverage Ratio 27	1.0	1.0	•	•	•	•	•	•	•	0.6	1.0	1.4	1.3
Total Asset Turnover 28	0.3	•	•	0.3	0.2	0.3	0.4	0.4	0.1	0.1	0.1	0.1	0.1
Inventory Turnover 29	•	•	•	•	•	•	•	•	•	•	•	•	•
Receivables Turnover 30	•	•	•	•	•	•	•	•	•	•	•	•	•
Total Liabilities to Net Worth 31	15.0	•	•	•	•	•	•	•	•	18.4	11.5	8.7	10.6

Selected Financial Factors (in Percentages)

Debt Ratio 32	93.7	•	•	•	•	•	•	•	•	94.8	92.0	89.7	91.4
Return on Assets 33	18.9	•	•	•	•	•	•	•	•	1.7	2.9	4.3	4.4
Return on Equity 34	0.3	•	7.6	7.9	28.7	4.0	9.3	20.1	•	•	•	7.8	7.3
Return Before Interest on Equity 35	•	•	7.5	7.9	28.5	2.5	8.7	14.9	1.7	33.6	•	•	•
Profit Margin, Before Income Tax 36	2.3	1.6	•	•	•	•	•	•	•	•	•	14.0	8.5
Profit Margin, After Income Tax 37	•	0.3	•	•	•	•	•	•	•	•	•	8.9	5.0

Trends in Selected Ratios and Factors, 1990-1999

	1990	1991	1992	1993	1994	1995	1996	1997	1998	1999
Cost of Labor (%) 38	0.4	0.1	•	•	0.1	0.1	0.4	•	•	5.2
Operating Margin (%) 39	4.5	4.4	3.5	3.1	2.2	4.2	6.0	2.7	•	2.9
Oper. Margin Before Officers Comp. (%) 40	7.6	6.9	5.6	4.7	3.9	6.1	8.4	5.4	1.1	4.9
Average Net Receivables ($) 41	33398	33387	35743	32823	31612	36432	35647	35396	32348	38454
Average Inventories ($) 42	25	13	26	28	32	28	4	4	3	14
Average Net Worth ($) 43	4960	4998	5266	4958	5109	5566	5557	5557	4079	4841
Current Ratio (×1) 44	1.0	1.0	1.0	1.0	1.0	1.0	1.0	1.0	1.0	1.0
Quick Ratio (×1) 45	1.0	1.0	1.0	1.0	0.9	0.9	0.9	0.9	0.9	0.9
Coverage Ratio (×1) 46	1.0	1.0	1.0	1.0	1.0	1.1	1.1	1.0	1.0	1.0
Asset Turnover (×1) 47	0.2	0.2	0.2	0.3	0.3	0.3	0.2	0.2	0.3	0.3
Total Liabilities/Net Worth (×1) 48	11.3	10.9	11.1	11.0	11.2	12.2	13.0	12.2	15.5	15.0
Return on Assets (×1) 49	10.4	13.7	15.6	22.6	21.0	17.2	13.3	11.9	16.5	18.9
Return on Equity (%) 50	0.2	1.4	1.0	1.9	•	4.7	7.9	•	•	0.3

BANKS, EXCEPT MUTUAL SAVINGS BANKS AND BANK HOLDING COMPANIES

MONEY AMOUNTS AND SIZE OF ASSETS IN THOUSANDS OF DOLLARS

Item Description for Accounting Period 7/95 Through 6/96		Total	Zero Assets	Under 100	100 to 250	251 to 500	501 to 1,000	1,001 to 5,000	5,001 to 10,000	10,001 to 25,000	25,001 to 50,000	50,001 to 100,000	100,001 to 250,000	250,001 and over
Number of Enterprises	1	3059	165	22	•	119	124	•	102	492	735	634	•	142
Revenues ($ in Thousands)														
Net Sales	2	11118557	2277158	443	•	7168	6142	•	72537	88329	264259	456340	•	7087619
Portfolio Income	3	51211275	32062291	29	•	339	2373	•	63681	616046	1881518	3174612	•	8861807
Other Revenues	4	3429070	1871191	52	•	-1	4438	•	163708	152677	40692	107375	•	962984
Total Revenues	5	65758902	36210640	524	•	7506	12953	•	299926	857052	2186469	3738327	•	16912410
Average Total Revenues	6	21497	219458	24	•	63	104	•	2940	1742	2975	5896	•	119101
Operating Costs/Operating Income (%)														
Cost of Operations	7	7.1	•	•	•	•	•	•	•	•	•	•	•	27.6
Rent	8	6.0	2.6	•	•	37.3	16.6	•	10.8	8.3	10.1	11.7	•	9.4
Taxes Paid	9	1.6	1.1	17.4	•	6.8	1.4	•	1.9	2.2	2.5	2.7	•	2.0
Interest Paid	10	53.7	74.1	•	•	•	•	•	7.6	29.7	36.2	36.2	•	24.6
Depreciation, Depletion, Amortization	11	1.7	0.8	•	•	0.6	0.7	•	1.2	2.2	2.4	2.6	•	2.9
Pensions and Other Benefits	12	1.2	0.5	•	•	•	•	•	1.1	2.1	2.4	2.3	•	1.9
Other	13	15.2	13.4	•	•	32.9	62.6	•	53.6	21.0	18.3	17.7	•	15.7
Officers Compensation	14	2.5	0.8	•	•	•	•	•	4.5	8.9	9.3	6.5	•	3.0
Operating Margin	15	11.1	6.9	82.6	•	22.6	18.9	•	19.3	25.6	18.8	20.1	•	13.0
Oper. Margin Before Officers Compensation	16	13.6	7.7	82.6	•	22.6	18.9	•	23.8	34.6	28.1	26.6	•	16.0
Selected Average Balance Sheet ($ in Thousands)														
Net Receivables	17	45711	•	•	•	124	6	•	3478	9097	19322	37382	•	456952
Inventories	18	18	•	•	•	•	•	•	•	•	•	1	•	341
Net Property, Plant and Equipment	19	1391	•	•	•	1	8	•	177	282	602	1242	•	11985
Total Assets	20	88707	•	79	•	373	753	•	7799	17692	35724	70776	•	897562

Notes and Loans Payable **21**	2905	•	•	•	•	•	•	84	109	214	508	•	54405
All Other Liabilities **22**	76844	•	3	•	259	7759	•	6655	16215	31386	62328	•	758109
Net Worth **23**	8957	•	76	•	113	-7006	•	1059	1368	4124	7940	•	85047

Selected Financial Ratios (Times to 1)

Current Ratio **24**	1.0	•	•	•	1.6	0.1	•	1.1	1.1	1.0	1.0	•	1.0
Quick Ratio **25**	1.0	•	•	•	1.6	0.1	•	1.1	1.0	1.0	1.0	•	1.0
Net Sales to Working Capital **26**	26.0	•	0.3	•	0.5	•	•	5.4	2.2	2.7	•	•	4.3
Coverage Ratio **27**	1.2	1.1	•	•	•	•	•	3.5	1.8	1.5	1.5	•	1.5
Total Asset Turnover **28**	0.3	•	0.3	•	0.2	0.1	•	0.4	0.1	0.1	0.1	•	0.1
Inventory Turnover **29**	•	•	•	•	•	•	•	•	•	•	•	•	•
Receivables Turnover **30**	•	•	•	•	•	•	•	•	•	•	•	•	•
Total Liabilities to Net Worth **31**	8.9	•	0.0	•	2.3	•	•	6.4	11.9	7.7	7.9	•	9.6

Selected Financial Factors (in Percentages)

Debt Ratio **32**	89.9	•	3.3	•	69.6	•	•	86.4	92.3	88.5	88.8	•	90.5
Return on Assets **33**	15.5	•	25.0	•	3.8	2.6	•	10.0	5.2	4.4	4.4	•	4.9
Return on Equity **34**	17.3	•	22.0	•	10.7	•	•	•	25.4	8.2	8.5	•	12.0
Return Before Interest on Equity **35**	•	•	25.8	•	12.6	•	•	•	•	•	•	•	•
Profit Margin, Before Income Tax **36**	10.2	6.8	•	•	22.6	18.9	•	18.9	23.4	16.0	16.9	•	12.3
Profit Margin, After Income Tax **37**	7.2	4.8	•	•	19.2	18.9	•	17.9	20.0	11.3	11.5	•	8.6

Trends in Selected Ratios and Factors, 1990-1999

	1990	1991	1992	1993	1994	1995	1996	1997	1998	1999
Cost of Operations (%) **38**	0.4	•	•	•	0.2	•	•	•	0.1	7.1
Operating Margin (%) **39**	9.1	9.4	8.5	9.6	8.8	9.3	13.3	13.6	12.7	11.1
Oper. Margin Before Officers Comp. (%) **40**	12.1	11.9	10.5	11.6	10.9	11.3	15.8	16.8	16.2	13.6
Average Net Receivables ($) **41**	38327	40986	42949	43540	34752	40690	37097	37194	36868	45711
Average Inventories ($) **42**	18	0	7	0	42	0	0	3	3	18
Average Net Worth ($) **43**	5949	6425	6778	6902	6011	6884	6919	7403	6936	8957
Current Ratio (×1) **44**	1.0	1.0	1.0	1.0	1.0	1.0	1.0	1.0	1.0	1.0
Quick Ratio (×1) **45**	1.0	1.0	1.0	1.0	0.9	1.0	1.0	0.9	0.9	1.0
Coverage Ratio (×1) **46**	1.1	1.1	1.1	1.1	1.1	1.1	1.2	1.3	1.2	1.2
Asset Turnover (×1) **47**	0.2	0.2	0.2	0.2	0.2	0.3	0.2	0.2	0.2	0.3
Operating Leverage **48**	0.9	1.1	0.9	1.1	0.9	1.1	1.4	1.0	0.9	0.9
Financial Leverage **49**	1.0	1.2	1.0	1.2	1.0	1.1	1.7	1.0	0.9	0.9
Total Leverage **50**	0.9	1.2	0.9	1.4	0.9	1.2	2.4	1.1	0.9	0.8

Table I

Corporations with and without Net Income

SAVINGS AND LOAN ASSOCIATIONS

MONEY AMOUNTS AND SIZE OF ASSETS IN THOUSANDS OF DOLLARS

Item Description for Accounting Period 7/95 Through 6/96	Total	Zero Assets	Under 100	100 to 250	251 to 500	501 to 1,000	1,001 to 5,000	5,001 to 10,000	10,001 to 25,000	25,001 to 50,000	50,001 to 100,000	100,001 to 250,000	250,001 and over
Number of Enterprises **1**	2182	140	9	3	8	6	102	75	224	308	440	435	433
Revenues ($ in Thousands)													
Net Sales **2**	4604877	37971	•	•	•	•	1286	5221	28098	67660	122021	339261	4003359
Portfolio Income **3**	61238543	998778	646	627	702	185	21538	46291	243769	924136	2449512	5114723	51437633
Other Revenues **4**	9349899	149214	272	12	125	28866	170036	147305	761213	1234004	991529	1671285	4196042
Total Revenues **5**	75193319	1185963	918	639	827	29051	192860	198817	1033080	2225800	3563062	7125269	59637034
Average Total Revenues **6**	34461	8471	102	213	103	4842	1891	2651	4612	7227	8098	16380	137730
Operating Costs/Operating Income (%)													
Cost of Operations **7**	0.4	0.6	•	•	•	•	•	•	•	•	0.2	0.6	0.5
Rent **8**	7.6	8.6	3.4	5.5	6.4	0.2	0.8	1.4	1.7	3.5	5.9	6.5	8.1
Taxes Paid **9**	1.7	1.2	1.0	0.6	0.1	•	•	0.4	0.5	0.9	1.6	1.7	1.8
Interest Paid **10**	47.9	57.2	47.5	•	0.1	•	17.0	7.5	12.4	20.1	34.8	37.6	51.6
Depreciation, Depletion, Amortization **11**	1.9	0.7	•	•	38.9	•	•	0.1	0.3	0.6	1.2	1.3	2.1
Pensions and Other Benefits **12**	1.4	2.7	•	0.8	•	•	0.2	0.2	0.4	0.7	1.4	1.5	1.4
Other **13**	33.4	52.1	•	•	•	•	•	•	•	92.2	58.7	55.6	23.5
Officers Compensation **14**	1.4	5.0	•	•	•	•	1.0	0.6	1.1	1.8	2.7	2.4	1.1
Operating Margin **15**	4.4	•	•	•	•	•	•	•	•	•	•	•	10.0
Oper. Margin Before Officers Compensation **16**	5.8	•	•	•	•	•	•	•	•	•	•	•	11.1
Selected Average Balance Sheet ($ in Thousands)													
Net Receivables **17**	20251	•	•	-3	9	•	850	1841	2841	3392	6136	11090	80273
Inventories **18**	53	•	•	•	•	•	•	•	•	•	5	11	250
Net Property, Plant and Equipment **19**	4200	•	•	•	•	1	36	152	484	967	2217	17526
Total Assets **20**	401724	•	10	121	318	693	3288	7703	17593	37022	72433	158490	1754004

Notes and Loans Payable 21	59366	•	78	379	•	•	38	179	913	2567	3499	8312	284913
All Other Liabilities 22	330751	•	411	90660	69461	138100	50259	61657	59087	78090	79260	173625	1299305
Net Worth 23	11607	•	-479	-90919	-69144	-137407	-47010	-54133	-42406	-43634	-10326	-23447	169786
Selected Financial Ratios (Times to 1)													
Current Ratio 24	0.2	•	0.1	0.1	0.0	0.7	0.1	0.6	0.4	0.3	0.3	0.3	0.2
Quick Ratio 25	0.2	•	0.1	0.1	0.0	0.7	0.1	0.6	0.4	0.3	0.3	0.2	0.2
Net Sales to Working Capital 26	•	•	•	•	•	•	•	•	•	•	•	•	•
Coverage Ratio 27	1.1	0.5	•	•	•	•	•	•	•	0.0	0.8	0.8	1.2
Total Asset Turnover 28	0.1	•	10.6	1.8	0.3	7.0	0.6	0.4	0.3	0.2	0.1	0.1	0.1
Inventory Turnover 29	•	•	•	•	•	•	•	•	•	•	•	•	•
Receivables Turnover 30	•	•	•	•	•	•	•	•	•	•	•	•	•
Total Liabilities to Net Worth 31	33.6	•	•	•	•	•	•	•	•	•	•	•	9.3
Selected Financial Factors (in Percentages)													
Debt Ratio 32	97.1	•	•	•	•	•	•	•	•	•	•	•	90.3
Return on Assets 33	4.5	•	•	•	•	•	•	•	•	•	3.2	3.1	4.8
Return on Equity 34	2.1	•	•	18.5	3.6	0.9	7.2	7.6	4.1	3.5	7.5	7.5	4.9
Return Before Interest on Equity 35	•	•	•	18.5	3.6	0.9	6.5	7.3	2.7	•	•	•	•
Profit Margin, Before Income Tax 36	4.3	•	•	•	•	•	•	•	•	•	•	•	9.9
Profit Margin, After Income Tax 37	0.7	•	•	•	•	•	•	•	•	•	•	•	6.1

Trends in Selected Ratios and Factors, 1990-1999

	1990	1991	1992	1993	1994	1995	1996	1997	1998	1999
Cost of Labor (%) 38	1.4	1.7	2.1	1.9	1.8	1.1	1.3	2.7	2.7	0.4
Operating Margin (%) 39	3.0	•	•	•	4.4	7.4	4.6	•	0.2	4.4
Oper. Margin Before Officers Comp. (%) 40	4.1	0.7	•	•	5.3	8.3	6.0	0.5	1.6	5.8
Average Net Receivables ($) 41	14672	19074	19893	25955	44053	32614	12887	14246	18059	20251
Average Inventories ($) 42	291	321	394	436	512	533	291	135	32	53
Average Net Worth ($) 43	9159	7702	11779	10622	6933	11720	14242	5834	3844	11607
Current Ratio (×1) 44	0.2	0.2	0.2	0.2	0.3	0.3	0.2	0.2	0.2	0.2
Quick Ratio (×1) 45	0.2	0.2	0.2	0.2	0.2	0.2	0.2	0.2	0.2	0.2
Coverage Ratio (×1) 46	1.1	1.0	1.0	0.9	1.1	1.2	1.1	1.0	1.0	1.1
Asset Turnover (×1) 47	0.1	0.1	0.1	0.1	0.1	0.1	0.1	0.1	0.1	0.1
Total Liabilities/Net Worth (×1) 48	33.1	42.3	34.3	41.3	59.9	31.0	23.0	59.1	91.0	33.6
Return on Assets (×1) 49	8.0	6.8	6.4	7.4	8.2	7.4	5.1	3.5	3.5	4.5
Return on Equity (%) 50	4.8	•	•	•	17.1	18.5	2.4	•	•	2.1

Table II

Corporations with Net Income

SAVINGS AND LOAN ASSOCIATIONS

MONEY AMOUNTS AND SIZE OF ASSETS IN THOUSANDS OF DOLLARS

Item Description for Accounting Period 7/95 Through 6/96	Total	Zero Assets	Under 100	100 to 250	251 to 500	501 to 1,000	1,001 to 5,000	5,001 to 10,000	10,001 to 25,000	25,001 to 50,000	50,001 to 100,000	100,001 to 250,000	250,001 and over
Number of Enterprises 1	1572	46	•	•	•	•	3	20	129	212	390	384	386
Revenues ($ in Thousands)													
Net Sales 2	4094922	11213	•	•	•	•	7	160	17704	37203	99396	255648	3673590
Portfolio Income 3	54779000	279285	•	•	•	•	2514	10266	172131	679835	2084955	4476047	47073932
Other Revenues 4	3765822	124793	•	•	•	•	2878	44696	256392	79008	173582	311606	2756996
Total Revenues 5	62639744	415291	•	•	•	•	5399	55122	446227	796046	2357933	5043301	53504518
Average Total Revenues 6	39847	9028	•	•	•	•	1800	2756	3459	3755	6046	13134	138613
Operating Costs/Operating Income (%)													
Cost of Operations 7	0.4	•	•	•	•	•	•	•	•	•	0.2	0.1	0.5
Rent 8	8.2	6.7	•	•	•	•	1.9	2.2	3.2	6.5	7.9	8.4	8.3
Taxes Paid 9	1.9	1.1	•	•	•	•	1.2	0.8	0.9	2.0	2.1	2.2	1.9
Interest Paid 10	51.4	35.0	•	•	•	•	33.2	8.1	17.9	37.9	47.8	48.3	52.5
Depreciation, Depletion, Amortization 11	2.1	0.7	•	•	•	•	0.2	0.3	0.6	1.3	1.6	1.6	2.2
Pensions and Other Benefits 12	1.5	1.9	•	•	•	•	6.3	0.5	0.7	1.8	2.0	2.0	1.5
Other 13	18.6	22.0	•	•	•	•	5.2	35.1	49.6	21.7	18.4	18.7	18.2
Officers Compensation 14	1.5	1.2	•	•	•	•	34.0	1.6	2.3	4.2	3.9	3.2	1.2
Operating Margin 15	14.5	31.4	•	•	•	•	18.1	51.6	24.8	24.7	16.2	15.6	13.9
Oper. Margin Before Officers Compensation 16	16.0	32.6	•	•	•	•	52.1	53.2	27.1	28.9	20.1	18.8	15.1
Selected Average Balance Sheet ($ in Thousands)													
Net Receivables 17	23868	•	•	•	•	•	227	638	1372	1921	4939	9318	81394
Inventories 18	57	•	•	•	•	•	•	•	•	•	6	7	218
Net Property, Plant and Equipment 19	5352	•	•	•	•	•	23	47	252	554	1022	2259	18126
Total Assets 20	506854	•	•	•	•	•	3442	7602	17933	37690	72320	158911	1805908

Notes and Loans Payable 21	74840	•	•	•	•	•	•	•	339	3248	2833	8678	291395
All Other Liabilities 22	381685	•	•	•	•	•	918	18311	27186	36220	64529	140279	1319683
Net Worth 23	50329	•	•	•	•	•	2524	-10710	-9592	-1779	4958	9953	194830

Selected Financial Ratios (Times to 1)

Current Ratio 24	0.2	•	•	•	•	•	3.2	0.4	0.3	0.3	0.3	0.2	0.2
Quick Ratio 25	0.2	•	•	•	•	•	3.2	0.4	0.3	0.2	0.3	0.2	0.1
Net Sales to Working Capital 26	•	•	•	•	•	•	0.9	•	•	•	•	•	•
Coverage Ratio 27	1.3	1.9	•	•	•	•	1.6	7.4	2.4	1.7	1.3	1.3	1.3
Total Asset Turnover 28	0.1	•	•	•	•	•	0.5	0.4	0.2	0.1	0.1	0.1	0.1
Inventory Turnover 29	•	•	•	•	•	•	•	•	•	•	•	•	•
Receivables Turnover 30	•	•	•	•	•	•	•	•	•	•	•	•	•
Total Liabilities to Net Worth 31	9.1	•	•	•	•	•	0.4	•	•	•	13.6	15.0	8.3

Selected Financial Factors (in Percentages)

Debt Ratio 32	90.1	•	•	•	•	•	26.7	•	•	•	93.2	93.7	89.2
Return on Assets 33	5.2	•	•	•	•	•	26.8	21.6	8.2	6.2	5.3	5.3	5.1
Return on Equity 34	8.0	•	•	•	•	•	8.5	•	•	•	14.1	14.0	6.8
Return Before Interest on Equity 35	•	•	•	•	•	•	•	•	•	•	•	•	•
Profit Margin, Before Income Tax 36	14.3	31.4	•	•	•	•	18.1	•	24.8	24.4	15.9	15.3	13.8
Profit Margin, After Income Tax 37	10.1	26.5	•	•	•	•	12.0	•	23.3	21.1	11.5	10.6	9.5

Trends in Selected Ratios and Factors, 1990-1999

	1990	1991	1992	1993	1994	1995	1996	1997	1998	1999
Cost of Operations (%) 38	1.3	1.6	1.8	1.8	1.1	0.7	1.0	0.9	1.0	0.4
Operating Margin (%) 39	9.1	8.9	8.4	7.1	19.0	20.9	18.1	17.8	19.1	14.5
Oper. Margin Before Officers Comp. (%) 40	10.1	10.0	9.6	8.3	19.9	21.9	19.5	19.6	20.7	16.0
Average Net Receivables ($) 41	13217	23964	19549	24586	41632	33511	12871	14396	19555	23868
Average Inventories ($) 42	297	255	379	371	251	335	87	70	36	57
Average Net Worth ($) 43	14535	18138	22196	22110	20777	17341	20275	24606	27754	50329
Current Ratio (×1) 44	0.2	0.2	0.2	0.2	0.2	0.3	0.2	0.2	0.2	0.2
Quick Ratio (×1) 45	0.2	0.2	0.2	0.2	0.2	0.2	0.2	0.2	0.2	0.2
Coverage Ratio (×1) 46	1.1	1.1	1.1	1.1	1.4	1.4	1.4	1.4	1.5	1.3
Asset Turnover (×1) 47	0.1	0.1	0.1	0.1	0.1	0.1	0.1	0.1	0.1	0.1
Operating Leverage 48	1.4	1.0	1.0	0.9	2.7	1.1	0.9	1.0	1.1	0.8
Financial Leverage 49	1.5	1.0	1.0	0.8	3.2	1.1	0.8	1.0	1.2	0.6
Total Leverage 50	2.1	1.0	1.0	0.7	8.5	1.3	0.7	1.0	1.3	0.5

Table I

Corporations with and without Net Income

PERSONAL CREDIT INSTITUTIONS

MONEY AMOUNTS AND SIZE OF ASSETS IN THOUSANDS OF DOLLARS

Item Description for Accounting Period 7/95 Through 6/96	Total	Zero Assets	Under 100	100 to 250	251 to 500	501 to 1,000	1,001 to 5,000	5,001 to 10,000	10,001 to 25,000	25,001 to 50,000	50,001 to 100,000	100,001 to 250,000	250,001 and over
Number of Enterprises **1**	3247	10	384	1047	441	618	507	128	50	28	4	17	12

Revenues ($ in Thousands)

	Total	Zero Assets	Under 100	100 to 250	251 to 500	501 to 1,000	1,001 to 5,000	5,001 to 10,000	10,001 to 25,000	25,001 to 50,000	50,001 to 100,000	100,001 to 250,000	250,001 and over
Net Sales **2**	15340269	6217	157172	95080	54611	99658	205453	234380	115820	107642	41080	328036	13895120
Portfolio Income **3**	11965106	58	•	5803	3899	20652	76677	41131	35401	201107	30911	482879	11066588
Other Revenues **4**	3134700	1004	•	12276	2253	214826	20928	27517	14396	68389	3017	-4778	2774871
Total Revenues **5**	30440075	7279	157172	113159	60763	335136	303058	303028	165617	377138	75008	806137	27736579
Average Total Revenues **6**	9375	728	409	108	138	542	598	2367	3312	13469	18752	47420	2311382

Operating Costs/Operating Income (%)

	Total	Zero Assets	Under 100	100 to 250	251 to 500	501 to 1,000	1,001 to 5,000	5,001 to 10,000	10,001 to 25,000	25,001 to 50,000	50,001 to 100,000	100,001 to 250,000	250,001 and over
Cost of Operations **7**	11.0	•	•	•	•	•	0.7	•	•	0.5	•	5.5	11.9
Rent **8**	17.3	62.9	49.0	23.7	21.1	8.3	16.6	21.9	17.9	19.5	15.5	16.6	17.1
Taxes Paid **9**	2.6	2.3	0.8	4.3	3.9	1.4	3.2	3.2	2.6	2.5	3.3	2.8	2.6
Interest Paid **10**	27.8	•	4.2	4.4	7.3	42.4	16.8	14.1	27.6	21.9	22.0	19.4	28.5
Depreciation, Depletion, Amortization **11**	2.4	4.7	0.3	2.5	1.2	0.8	2.1	1.2	1.5	3.0	1.4	8.8	2.2
Pensions and Other Benefits **12**	1.4	•	0.7	•	0.6	0.4	1.8	0.8	0.9	1.4	1.0	1.0	1.5
Other **13**	27.5	•	37.0	51.1	42.1	31.6	43.3	41.6	35.1	34.9	23.7	49.9	26.2
Officers Compensation **14**	0.7	4.4	•	11.6	10.0	4.2	7.2	6.6	10.1	4.3	3.4	1.8	0.4
Operating Margin **15**	9.4	•	8.1	2.4	13.9	10.8	8.4	10.6	4.5	12.0	29.8	•	9.8
Oper. Margin Before Officers Compensation **16**	10.1	•	8.1	14.0	23.9	15.0	15.6	17.2	14.5	16.3	33.2	•	10.1

Selected Average Balance Sheet ($ in Thousands)

	Total	Zero Assets	Under 100	100 to 250	251 to 500	501 to 1,000	1,001 to 5,000	5,001 to 10,000	10,001 to 25,000	25,001 to 50,000	50,001 to 100,000	100,001 to 250,000	250,001 and over
Net Receivables **17**	32252	•	•	127	199	476	1626	5522	13805	26633	57899	89333	8290873
Inventories **18**	15	•	•	•	•	•	•	•	•	18	•	744	2945
Net Property, Plant and Equipment **19**	491	•	6	5	25	41	71	182	323	1423	831	2564	115719
Total Assets **20**	54947	•	38	165	402	729	2088	7025	14501	36280	58809	151476	14257470

Notes and Loans Payable 21	21225	•	11	88	148	271	1029	4845	9203	23564	34359	100847	5372929
All Other Liabilities 22	24658	•	0	6	16	121	308	971	3349	5696	6738	13640	6592411
Net Worth 23	9064	•	27	71	237	336	751	1209	1950	7020	17712	36990	2292129

Selected Financial Ratios (Times to 1)

Current Ratio 24	1.4	•	•	17.2	6.7	1.9	2.4	1.8	2.1	1.6	5.7	1.9	1.4
Quick Ratio 25	1.3	•	•	16.3	6.7	1.7	2.2	1.7	2.1	1.6	5.7	1.7	1.3
Net Sales to Working Capital 26	0.8	•	15.2	0.8	0.7	2.0	0.6	0.8	0.5	1.2	0.4	1.0	0.8
Coverage Ratio 27	1.3	•	2.9	1.6	2.9	1.3	1.5	1.8	1.2	1.6	2.4	0.7	1.3
Total Asset Turnover 28	0.2	•	10.8	0.7	0.4	0.8	0.3	0.3	0.2	0.4	0.3	0.3	0.2
Inventory Turnover 29	•	•	•	•	•	•	•	•	•	•	•	•	•
Receivables Turnover 30	•	•	•	•	•	•	•	•	•	•	•	•	•
Total Liabilities to Net Worth 31	5.1	•	0.4	1.3	0.7	1.2	1.8	4.8	6.4	4.2	2.3	3.1	5.2

Selected Financial Factors (in Percentages)

Debt Ratio 32	83.5	•	29.8	57.2	41.0	53.9	64.0	82.8	86.6	80.7	69.9	75.6	83.9
Return on Assets 33	6.2	•	•	4.5	7.2	39.6	7.2	8.4	7.3	12.6	16.5	4.2	6.1
Return on Equity 34	5.7	•	•	1.8	6.2	16.9	5.1	17.6	5.0	19.5	25.7	•	5.9
Return Before Interest on Equity 35	•	•	•	10.4	12.1	•	20.0	•	•	•	•	17.3	•
Profit Margin, Before Income Tax 36	8.7	•	8.1	2.4	13.6	10.8	8.4	10.6	4.5	12.0	29.8	•	9.0
Profit Margin, After Income Tax 37	5.5	•	8.1	1.2	10.8	10.5	6.4	9.0	2.9	10.2	24.3	•	5.8

Trends in Selected Ratios and Factors, 1990-1999

	1990	1991	1992	1993	1994	1995	1996	1997	1998	1999
Cost of Labor (%) 38	2.5	4.9	2.6	8.6	5.2	2.5	5.1	3.7	13.7	11.0
Operating Margin (%) 39	•	9.3	5.7	3.6	4.7	6.8	7.9	12.5	7.9	9.4
Oper. Margin Before Officers Comp. (%) 40	2.1	11.5	8.4	4.6	5.4	8.2	9.8	14.3	8.9	10.1
Average Net Receivables ($) 41	3891	4456	5016	13623	19368	12994	13973	23404	27507	32252
Average Inventories ($) 42	13	3	3	42	868	742	1060	17	2359	15
Average Net Worth ($) 43	851	1500	1569	6025	7874	4948	5656	10397	8719	9064
Current Ratio (×1) 44	1.6	2.3	2.0	1.2	1.3	1.6	1.8	1.9	1.2	1.4
Quick Ratio (×1) 45	1.5	1.9	1.6	1.0	1.1	1.5	1.6	1.8	1.1	1.3
Coverage Ratio (×1) 46	1.0	1.3	1.2	1.1	1.1	1.2	1.3	1.5	1.3	1.3
Asset Turnover (×1) 47	0.2	0.2	0.2	0.1	0.2	0.2	0.2	0.2	0.1	0.2
Total Liabilities/Net Worth (×1) 48	5.9	4.8	4.6	4.5	4.7	4.0	3.8	2.9	4.7	5.1
Return on Assets (×1) 49	9.4	10.4	9.7	6.2	9.3	9.0	7.2	6.0	3.8	6.2
Return on Equity (%) 50	•	10.5	5.3	1.7	3.2	4.3	4.5	5.7	3.3	5.7

Table II

Corporations with Net Income

PERSONAL CREDIT INSTITUTIONS

MONEY AMOUNTS AND SIZE OF ASSETS IN THOUSANDS OF DOLLARS

Item Description for Accounting Period 7/95 Through 6/96	Total	Zero Assets	Under 100	100 to 250	251 to 500	501 to 1,000	1,001 to 5,000	5,001 to 10,000	10,001 to 25,000	25,001 to 50,000	50,001 to 100,000	100,001 to 250,000	250,001 and over
Number of Enterprises **1**	2527	•	177	878	294	527	448	103	40	•	4	13	•
Revenues ($ in Thousands)													
Net Sales **2**	14977276	•	51810	86366	50728	91600	164580	205624	108596	•	41080	221831	•
Portfolio Income **3**	11675229	•	•	5709	3389	12700	76478	40357	31383	•	30911	305204	•
Other Revenues **4**	3116647	•	•	12177	928	211600	16697	25660	14154	•	3017	6658	•
Total Revenues **5**	29769152	•	51810	104252	55045	315900	257755	271641	154133	•	75008	533693	•
Average Total Revenues **6**	11780	•	293	119	187	599	575	2637	3853	•	18752	41053	•
Operating Costs/Operating Income (%)													
Cost of Operations **7**	11.2	•	•	•	•	•	0.8	•	•	•	•	3.6	•
Rent **8**	17.1	•	17.7	17.9	21.2	6.9	14.7	21.7	17.3	•	15.5	20.6	•
Taxes Paid **9**	2.6	•	2.0	3.2	3.8	1.2	3.0	3.2	2.6	•	3.3	3.0	•
Interest Paid **10**	27.8	•	12.8	4.1	4.6	43.9	15.0	14.4	23.9	•	22.0	15.9	•
Depreciation, Depletion, Amortization **11**	2.2	•	•	2.5	1.0	0.7	1.3	1.2	1.5	•	1.4	2.1	•
Pensions and Other Benefits **12**	1.4	•	0.5	•	0.2	0.3	1.4	0.8	1.0	•	1.0	1.3	•
Other **13**	26.8	•	39.7	49.3	43.8	31.3	44.3	40.5	34.5	•	23.7	31.3	•
Officers Compensation **14**	0.7	•	•	9.7	8.8	4.0	7.7	6.0	10.5	•	3.4	1.6	•
Operating Margin **15**	10.4	•	27.3	13.4	16.7	11.8	11.9	12.1	8.8	•	29.8	20.6	•
Oper. Margin Before Officers Compensation **16**	11.0	•	27.3	23.1	25.5	15.8	19.6	18.1	19.2	•	33.2	22.2	•
Selected Average Balance Sheet ($ in Thousands)													
Net Receivables **17**	40898	•	•	117	230	507	1566	5851	14051	•	57899	107398	•
Inventories **18**	5	•	•	•	•	•	•	•	•	•	•	45	•
Net Property, Plant and Equipment **19**	572	•	•	5	28	37	28	192	252	•	831	1910	•
Total Assets **20**	69672	•	69	160	398	749	1960	7145	14887	•	58809	152747	•

Notes and Loans Payable **21**	26845	•	•	78	159	263	945	5276	9053	•	34359	103928	•
All Other Liabilities **22**	31440	•	0	7	24	141	246	814	3925	•	6738	14917	•
Net Worth **23**	11387	•	68	75	214	346	769	1055	1910	•	17712	33902	•
Selected Financial Ratios (Times to 1)													
Current Ratio **24**	1.4	•	•	•	4.8	1.9	2.4	1.7	2.2	•	5.7	1.7	•
Quick Ratio **25**	1.3	•	•	19.1	4.8	1.7	2.3	1.5	2.2	•	5.7	1.6	•
Net Sales to Working Capital **26**	0.8	•	5.0	0.9	0.9	2.0	0.6	1.0	0.5	•	0.4	0.9	•
Coverage Ratio **27**	1.4	•	3.1	4.3	4.7	1.3	1.8	1.9	1.4	•	2.4	2.3	•
Total Asset Turnover **28**	0.2	•	4.3	0.8	0.5	0.8	0.3	0.4	0.3	•	0.3	0.3	•
Inventory Turnover **29**	•	•	•	•	•	•	•	•	•	•	•	•	•
Receivables Turnover **30**	•	•	•	•	•	•	•	•	•	•	•	•	•
Total Liabilities to Net Worth **31**	5.1	•	0.0	1.1	0.9	1.2	1.6	5.8	6.8	•	2.3	3.5	•
Selected Financial Factors (in Percentages)													
Debt Ratio **32**	83.7	•	0.7	53.2	46.1	53.9	60.8	85.2	87.2	•	69.9	77.8	•
Return on Assets **33**	6.3	•	•	13.0	10.0	•	7.9	9.8	8.4	•	16.5	9.7	•
Return on Equity **34**	6.7	•	•	19.1	11.9	19.8	7.1	25.7	14.3	•	25.7	16.4	•
Return Before Interest on Equity **35**	•	•	•	27.7	18.6	•	20.1	•	•	•	•	•	•
Profit Margin, Before Income Tax **36**	9.7	•	27.3	13.4	16.7	11.8	11.9	12.1	8.8	•	29.8	20.3	•
Profit Margin, After Income Tax **37**	6.5	•	27.3	12.0	13.6	11.4	9.5	10.3	7.1	•	24.3	13.5	•

Trends in Selected Ratios and Factors, 1990-1999

	1990	1991	1992	1993	1994	1995	1996	1997	1998	1999
Cost of Operations (%) **38**	5.7	5.2	2.7	8.8	5.4	2.6	5.1	3.7	16.0	11.2
Operating Margin (%) **39**	14.2	11.1	7.9	4.1	5.1	7.8	9.0	13.5	10.5	10.4
Oper. Margin Before Officers Comp. (%) **40**	20.2	13.3	10.5	5.2	5.7	9.2	10.8	15.1	11.4	11.0
Average Net Receivables ($) **41**	1640	4836	5711	23447	26873	17519	17660	32153	41151	40898
Average Inventories ($) **42**	16	0	1	74	1235	1046	1385	24	3763	5
Average Net Worth ($) **43**	466	1635	1801	10646	11124	6899	7256	14407	12854	11387
Current Ratio (×1) **44**	1.6	2.4	2.0	1.2	1.3	1.6	1.8	1.9	1.2	1.4
Quick Ratio (×1) **45**	1.4	2.0	1.6	1.0	1.1	1.4	1.6	1.7	1.1	1.3
Coverage Ratio (×1) **46**	1.7	1.4	1.2	1.1	1.1	1.2	1.3	1.5	1.5	1.4
Asset Turnover (×1) **47**	0.3	0.2	0.2	0.1	0.2	0.2	0.2	0.2	0.1	0.2
Operating Leverage **48**	2.7	0.8	0.7	0.5	1.2	1.5	1.2	1.5	0.8	1.0
Financial Leverage **49**	3.3	0.7	0.7	0.5	1.1	1.7	1.4	1.7	0.9	0.8
Total Leverage **50**	8.8	0.5	0.5	0.2	1.3	2.7	1.6	2.5	0.7	0.8

BUSINESS CREDIT INSTITUTIONS

MONEY AMOUNTS AND SIZE OF ASSETS IN THOUSANDS OF DOLLARS

Item Description for Accounting Period 7/95 Through 6/96		Total	Zero Assets	Under 100	100 to 250	251 to 500	501 to 1,000	1,001 to 5,000	5,001 to 10,000	10,001 to 25,000	25,001 to 50,000	50,001 to 100,000	100,001 to 250,000	250,001 and over
Number of Enterprises	1	2346	29	989	18	291	354	342	81	70	26	28	34	83
Revenues ($ in Thousands)														
Net Sales	2	10435166	33653	20351	16	64890	51849	223040	97021	138970	47544	112052	255435	9390345
Portfolio Income	3	17690722	216507	5688	22156	899	12483	16852	21642	33987	37931	154831	288752	16878993
Other Revenues	4	1370867	7150	9839	321	666	3283	28881	17617	22632	61099	7583	11465	1200332
Total Revenues	5	29496755	257310	35878	22493	66455	67615	268773	136280	195589	146574	274466	555652	27469670
Average Total Revenues	6	12573	8873	36	1250	228	191	786	1682	2794	5637	9802	16343	330960
Operating Costs/Operating Income (%)														
Cost of Operations	7	1.1	•	•	•	0.1	0.1	•	0.9	5.1	0.7	16.8	5.8	0.8
Rent	8	8.3	14.5	•	•	28.8	17.7	6.1	5.5	13.9	7.0	4.6	5.4	8.3
Taxes Paid	9	1.2	4.7	0.6	0.1	1.8	2.5	1.5	1.8	2.1	1.5	0.9	1.0	1.1
Interest Paid	10	41.5	33.1	13.0	98.4	12.8	15.9	14.7	18.3	33.4	41.7	39.1	53.4	41.9
Depreciation, Depletion, Amortization	11	4.1	0.9	•	0.3	1.9	1.6	1.9	13.3	5.1	14.1	10.5	6.0	4.0
Pensions and Other Benefits	12	1.0	1.1	•	•	0.8	1.5	1.3	0.5	1.0	0.2	0.9	0.7	1.0
Other	13	33.1	25.6	52.3	75.4	•	46.5	62.2	49.4	22.5	40.3	23.7	25.2	32.8
Officers Compensation	14	1.1	0.3	•	•	6.0	9.0	8.1	11.3	8.0	1.6	1.0	1.8	0.9
Operating Margin	15	8.7	19.8	34.1	•	•	5.2	4.2	•	9.0	•	2.5	0.8	9.2
Oper. Margin Before Officers Compensation	16	9.8	20.1	34.1	•	•	14.2	12.3	10.4	17.0	•	3.5	2.5	10.1
Selected Average Balance Sheet ($ in Thousands)														
Net Receivables	17	52763	•	0	10	231	499	1536	1938	9477	22516	36920	120006	1403528
Inventories	18	21	•	•	•	•	•	•	•	•	•	337	86	439
Net Property, Plant and Equipment	19	1251	•	•	5	5	19	108	379	956	148	2096	623	32619
Total Assets	20	88566	•	12	113	374	767	2123	6634	14939	38425	71068	166284	2366621

Notes and Loans Payable 21	60450	•	0	1272	354	612	1348	3775	9219	28412	47354	138327	1605948
All Other Liabilities 22	19669	•	10	8	188	173	447	1363	2210	2701	22691	19977	532715
Net Worth 23	8446	•	1	-1166	-168	-19	328	1496	3510	7312	1023	7981	227958

Selected Financial Ratios (Times to 1)

Current Ratio 24	1.2	•	1.7	0.1	1.0	1.7	2.5	3.4	2.0	1.5	1.0	1.1	1.2
Quick Ratio 25	0.9	•	1.6	0.0	0.9	1.7	2.3	3.1	1.7	1.5	0.9	1.0	0.9
Net Sales to Working Capital 26	1.1	•	•	•	•	0.9	0.7	0.9	0.5	0.7	7.3	2.9	1.0
Coverage Ratio 27	1.2	1.6	3.6	0.3	•	1.3	1.3	1.0	1.3	0.8	1.0	1.0	1.2
Total Asset Turnover 28	0.2	•	3.2	11.0	0.6	0.3	0.4	0.3	0.2	0.2	0.1	0.1	0.1
Inventory Turnover 29	•	•	•	•	•	•	•	•	•	•	•	•	•
Receivables Turnover 30	•	•	•	•	•	•	•	•	•	•	•	•	•
Total Liabilities to Net Worth 31	9.5	•	6.8	•	•	•	5.5	3.4	3.3	4.3	•	19.8	9.4

Selected Financial Factors (in Percentages)

Debt Ratio 32	90.5	•	87.1	•	•	•	84.5	77.5	76.5	81.0	98.6	95.2	90.4
Return on Assets 33	7.1	•	•	•	•	5.2	6.9	4.4	7.9	5.1	5.5	5.3	7.1
Return on Equity 34	8.3	•	•	•	•	•	9.1	•	5.6	•	•	•	8.7
Return Before Interest on Equity 35	•	•	•	•	•	•	•	19.6	33.4	26.8	•	•	•
Profit Margin, Before Income Tax 36	8.6	19.8	34.1	•	•	5.2	3.9	•	8.5	•	0.8	0.6	9.1
Profit Margin, After Income Tax 37	5.6	14.8	34.1	•	•	4.7	3.8	•	7.0	•	•	•	6.0

Trends in Selected Ratios and Factors, 1990-1999

	1990	1991	1992	1993	1994	1995	1996	1997	1998	1999
Cost of Labor (%) 38	6.2	8.6	3.3	1.7	0.6	14.5	2.5	2.2	1.3	1.1
Operating Margin (%) 39	•	4.6	6.4	2.2	3.1	•	3.4	3.5	9.4	8.7
Oper. Margin Before Officers Comp. (%) 40	•	7.1	8.2	3.4	4.3	0.7	5.3	5.0	10.6	9.8
Average Net Receivables ($) 41	9100	11881	13614	22285	38040	23028	26595	40372	46263	52763
Average Inventories ($) 42	8	28	14	5	0	0	7	8	18	21
Average Net Worth ($) 43	793	832	926	1489	2454	1378	2070	3910	7750	8446
Current Ratio (×1) 44	1.2	1.0	1.1	1.1	1.1	1.1	1.1	1.2	1.2	1.2
Quick Ratio (×1) 45	1.2	0.9	1.1	1.0	0.9	1.0	1.0	1.0	0.9	0.9
Coverage Ratio (×1) 46	1.0	1.1	1.1	1.0	1.1	1.0	1.1	1.1	1.3	1.2
Asset Turnover (×1) 47	0.1	0.1	0.1	0.1	0.1	0.1	0.1	0.1	0.1	0.2
Total Liabilities/Net Worth (×1) 48	17.6	25.9	20.2	22.1	25.9	23.8	18.2	14.2	9.3	9.5
Return on Assets (×1) 49	7.2	6.6	6.3	7.7	7.4	6.4	5.2	5.0	6.1	7.1
Return on Equity (%) 50	•	9.5	9.9	3.1	4.7	•	3.9	2.5	8.3	8.3

Table II

Corporations with Net Income

BUSINESS CREDIT INSTITUTIONS

MONEY AMOUNTS AND SIZE OF ASSETS IN THOUSANDS OF DOLLARS

Item Description for Accounting Period 7/95 Through 6/96	Total	Zero Assets	Under 100	100 to 250	251 to 500	501 to 1,000	1,001 to 5,000	5,001 to 10,000	10,001 to 25,000	25,001 to 50,000	50,001 to 100,000	100,001 to 250,000	250,001 and over
Number of Enterprises **1**	1428	•	622	•	113	•	•	26	45	•	15	20	•
Revenues ($ in Thousands)													
Net Sales **2**	9860172	•	20351	•	8269	•	•	22772	112794	•	80753	108204	•
Portfolio Income **3**	16770487	•	23205	•	•	•	•	9460	9947	•	86296	172336	•
Other Revenues **4**	1248345	•	9976	•	•	•	•	6119	20653	•	3280	11132	•
Total Revenues **5**	27879004	•	53532	•	8269	•	•	38351	143394	•	170329	291672	•
Average Total Revenues **6**	19523	•	86	•	73	•	•	1475	3187	•	11355	14584	•
Operating Costs/Operating Income (%)													
Cost of Operations **7**	0.9	•	•	•	0.8	•	•	3.1	•	•	27.1	2.5	•
Rent **8**	8.6	•	•	•	13.1	•	•	6.3	17.7	•	5.4	4.7	•
Taxes Paid **9**	1.2	•	0.2	•	1.5	•	•	1.5	2.5	•	1.1	1.3	•
Interest Paid **10**	40.6	•	43.4	•	26.9	•	•	16.4	28.5	•	25.9	57.4	•
Depreciation, Depletion, Amortization **11**	3.8	•	•	•	1.2	•	•	0.8	2.9	•	1.3	5.3	•
Pensions and Other Benefits **12**	1.1	•	•	•	2.0	•	•	0.8	1.1	•	1.3	0.7	•
Other **13**	32.9	•	33.1	•	47.1	•	•	29.0	23.9	•	23.4	14.5	•
Officers Compensation **14**	1.0	•	•	•	•	•	•	17.9	6.3	•	1.2	1.1	•
Operating Margin **15**	10.1	•	23.3	•	7.3	•	•	24.4	17.2	•	13.5	12.6	•
Oper. Margin Before Officers Compensation **16**	11.1	•	23.3	•	7.3	•	•	42.3	23.4	•	14.6	13.7	•
Selected Average Balance Sheet ($ in Thousands)													
Net Receivables **17**	76999	•	0	•	221	•	•	1533	12409	•	28662	117357	•
Inventories **18**	32	•	•	•	•	•	•	•	•	•	630	•	•
Net Property, Plant and Equipment **19**	1696	•	•	•	7	•	•	19	378	•	465	823	•
Total Assets **20**	131466	•	4	•	361	•	•	5153	15891	•	67663	164482	•

Notes and Loans Payable 21	87950	•	•	•	323	•	•	3635	8713	•	41149	130822	•
All Other Liabilities 22	30150	•	0	•	31	•	•	330	2830	•	17209	24453	•
Net Worth 23	13366	•	3	•	7	•	•	1189	4349	•	9305	9207	•

Selected Financial Ratios (Times to 1)

Current Ratio 24	1.2	•	4.9	•	1.6	•	•	9.8	2.0	•	1.1	1.0	•
Quick Ratio 25	0.9	•	4.8	•	1.5	•	•	9.5	1.9	•	1.0	0.9	•
Net Sales to Working Capital 26	1.1	•	•	•	0.6	•	•	0.5	0.5	•	2.4	•	•
Coverage Ratio 27	1.3	•	1.5	•	1.3	•	•	2.5	1.6	•	1.4	1.2	•
Total Asset Turnover 28	0.2	•	•	•	0.2	•	•	0.3	0.2	•	0.2	0.1	•
Inventory Turnover 29	•	•	•	•	•	•	•	•	•	•	•	•	•
Receivables Turnover 30	•	•	•	•	•	•	•	•	•	•	•	•	•
Total Liabilities to Net Worth 31	8.8	•	0.1	•	•	•	•	3.3	2.7	•	6.3	16.9	•

Selected Financial Factors (in Percentages)

Debt Ratio 32	89.8	•	11.0	•	98.2	•	•	76.9	72.6	•	86.3	94.4	•
Return on Assets 33	7.5	•	•	•	7.0	•	•	11.7	9.1	•	6.2	6.2	•
Return on Equity 34	10.1	•	•	•	•	•	•	27.8	10.7	•	10.2	16.0	•
Return Before Interest on Equity 35	•	•	•	•	•	•	•	•	33.1	•	•	•	•
Profit Margin, Before Income Tax 36	10.0	•	23.3	•	7.3	•	•	24.4	16.6	•	10.9	12.6	•
Profit Margin, After Income Tax 37	6.9	•	23.2	•	4.9	•	•	22.4	14.5	•	8.4	10.1	•

Trends in Selected Ratios and Factors, 1990-1999

	1990	1991	1992	1993	1994	1995	1996	1997	1998	1999
Cost of Operations (%) 38	9.6	9.5	2.7	2.5	0.5	17.6	2.6	2.1	1.4	0.9
Operating Margin (%) 39	5.6	7.4	11.5	7.7	4.8	4.7	6.6	8.4	10.8	10.1
Oper. Margin Before Officers Comp. (%) 40	7.0	9.9	13.5	9.6	6.0	5.8	8.5	10.0	11.9	11.1
Average Net Receivables ($) 41	13799	11270	14605	21853	66691	32441	40096	64037	89903	76999
Average Inventories ($) 42	14	20	9	8	0	0	12	15	36	32
Average Net Worth ($) 43	916	1067	1280	1386	4539	2007	3451	5797	16308	13366
Current Ratio (×1) 44	1.1	1.0	1.1	1.1	1.1	1.1	1.1	1.2	1.2	1.2
Quick Ratio (×1) 45	1.1	0.9	1.1	1.0	1.0	1.0	1.1	1.0	0.9	0.9
Coverage Ratio (×1) 46	1.1	1.1	1.2	1.1	1.1	1.1	1.1	1.2	1.3	1.3
Asset Turnover (×1) 47	0.1	0.1	0.1	0.1	0.1	0.1	0.1	0.1	0.2	0.2
Operating Leverage 48	0.9	1.3	1.6	0.7	0.6	1.0	1.4	1.3	1.3	0.9
Financial Leverage 49	0.8	1.5	1.5	0.6	0.6	1.4	1.5	1.2	1.4	0.9
Total Leverage 50	0.8	2.0	2.3	0.4	0.4	1.3	2.2	1.6	1.8	0.8

Table I

Corporations with and without Net Income

OTHER CREDIT AGENCIES

MONEY AMOUNTS AND SIZE OF ASSETS IN THOUSANDS OF DOLLARS

Item Description for Accounting Period 7/95 Through 6/96		Total	Zero Assets	Under 100	100 to 250	251 to 500	501 to 1,000	1,001 to 5,000	5,001 to 10,000	10,001 to 25,000	25,001 to 50,000	50,001 to 100,000	100,001 to 250,000	250,001 and over
Number of Enterprises	**1**	19359	1167	9412	2891	1815	1439	1519	361	310	109	104	113	121

Revenues ($ in Thousands)

Net Sales	**2**	34544725	273138	1911442	949590	477118	509431	1005526	722604	1152306	515517	572448	436918	26018685
Portfolio Income	**3**	55279424	83172	7421	33408	10999	30604	148461	60421	242952	295919	451746	1300776	52613545
Other Revenues	**4**	5012906	143020	60192	20115	2786	18364	108732	102159	253115	202533	148058	290268	3663567
Total Revenues	**5**	94837055	499330	1979055	1003113	490903	558399	1262719	885184	1648373	1013969	1172252	2027962	82295797
Average Total Revenues	**6**	4899	428	210	347	270	388	831	2452	5317	9302	11272	17947	680131

Operating Costs/Operating Income (%)

Cost of Operations	**7**	9.3	35.8	9.5	6.7	1.4	6.1	8.1	6.8	7.7	7.7	4.2	1.0	9.6
Rent	**8**	6.8	4.5	18.2	39.0	5.5	23.0	20.0	23.8	20.5	23.5	17.3	11.6	4.9
Taxes Paid	**9**	0.9	1.2	3.2	5.1	1.7	4.1	3.6	4.0	3.4	2.5	2.1	1.7	0.6
Interest Paid	**10**	48.0	23.5	1.6	3.1	2.8	5.4	13.4	12.8	16.2	22.1	26.3	48.4	52.5
Depreciation, Depletion, Amortization	**11**	1.8	0.9	1.5	2.1	1.2	1.9	2.4	5.3	2.8	4.0	5.4	3.8	1.6
Pensions and Other Benefits	**12**	0.8	0.7	1.6	1.7	1.6	1.6	1.7	1.4	1.2	1.8	1.5	1.5	0.7
Other	**13**	23.7	31.9	46.2	27.0	71.3	33.7	34.3	32.9	39.1	28.0	34.5	27.3	21.9
Officers Compensation	**14**	1.4	1.3	12.7	14.3	8.8	9.8	8.6	10.0	4.9	7.0	4.0	2.7	0.4
Operating Margin	**15**	7.3	0.4	5.6	1.0	5.8	14.5	8.1	3.1	4.2	3.5	4.8	1.9	7.7
Oper. Margin Before Officers Compensation	**16**	8.6	1.7	18.2	15.3	14.6	24.3	16.6	13.1	9.2	10.5	8.8	4.6	8.1

Selected Average Balance Sheet ($ in Thousands)

Net Receivables	**17**	9030	•	2	15	68	114	937	2415	6946	13650	39595	83339	1280847
Inventories	**18**	3	•	•	•	•	•	2	0	27	•	33	13	287
Net Property, Plant and Equipment	**19**	238	•	9	35	25	67	198	624	531	1616	669	2377	25372
Total Assets	**20**	41425	•	37	162	349	678	2319	7173	15886	35475	70315	161106	6273556

Notes and Loans Payable 21	31967	•	48	73	182	280	1418	4866	10900	23015	44831	119162	4872171
All Other Liabilities 22	6326	•	11	21	47	151	329	1022	2789	6164	13088	19584	958876
Net Worth 23	3132	•	-22	68	120	246	572	1285	2196	6297	12396	22360	442510

Selected Financial Ratios (Times to 1)

Current Ratio 24	0.7	•	1.3	2.3	2.0	1.5	1.4	1.0	1.1	1.1	1.1	1.2	0.7
Quick Ratio 25	0.6	•	1.2	2.1	1.9	1.2	1.2	0.8	0.9	1.0	1.0	1.1	0.6
Net Sales to Working Capital 26	•	•	•	8.0	3.8	3.5	2.2	•	9.4	4.5	3.5	1.4	•
Coverage Ratio 27	1.1	2.4	4.6	1.3	3.1	3.7	1.6	1.3	1.3	1.2	1.2	1.1	1.1
Total Asset Turnover 28	0.1	•	5.7	2.2	0.8	0.6	0.4	0.4	0.3	0.3	0.2	0.1	0.1
Inventory Turnover 29	•	•	•	•	•	•	•	•	•	•	•	•	•
Receivables Turnover 30	•	•	•	•	•	•	•	•	•	•	•	•	•
Total Liabilities to Net Worth 31	12.2	•	•	1.4	1.9	1.8	3.1	4.6	6.2	4.6	4.7	6.2	13.2

Selected Financial Factors (in Percentages)

Debt Ratio 32	92.5	•	•	58.1	65.5	63.7	75.4	82.1	86.2	82.3	82.4	86.1	93.0
Return on Assets 33	6.4	•	•	8.7	6.7	11.3	7.6	5.4	6.8	6.7	5.0	5.7	6.4
Return on Equity 34	6.4	•	•	4.8	12.7	20.7	9.0	3.7	8.0	2.9	2.5	•	6.3
Return Before Interest on Equity 35	•	•	•	20.9	19.3	31.0	30.9	30.4	•	•	28.3	•	•
Profit Margin, Before Income Tax 36	6.5	31.8	5.6	1.0	5.8	14.3	7.9	3.1	4.3	3.5	4.8	2.7	6.6
Profit Margin, After Income Tax 37	4.1	16.3	5.5	1.0	5.7	13.2	6.2	2.0	3.3	1.9	2.7	•	4.1

Trends in Selected Ratios and Factors, 1990-1999

	1990	1991	1992	1993	1994	1995	1996	1997	1998	1999
Cost of Labor (%) 38	58.4	55.7	58.1	43.5	41.8	54.0	12.8	15.5	11.3	9.3
Operating Margin (%) 39	0.3	2.4	2.6	5.0	4.8	2.8	7.9	9.4	8.5	7.3
Oper. Margin Before Officers Comp. (%) 40	1.2	3.6	3.4	6.0	5.7	3.7	10.3	11.5	10.2	8.6
Average Net Receivables ($) 41	3742	4168	3739	4129	7526	6973	7040	8376	10064	9030
Average Inventories ($) 42	35	33	45	13	24	15	72	11	2	3
Average Net Worth ($) 43	1643	1761	1458	1649	2803	2775	2677	3298	2922	3132
Current Ratio (×1) 44	0.7	0.8	0.8	0.9	1.0	0.9	1.0	0.9	0.9	0.7
Quick Ratio (×1) 45	0.6	0.6	0.7	0.7	0.8	0.8	0.8	0.7	0.8	0.6
Coverage Ratio (×1) 46	1.0	1.1	1.1	1.2	1.2	1.1	1.2	1.3	1.2	1.1
Asset Turnover (×1) 47	0.3	0.3	0.3	0.2	0.2	0.3	0.2	0.1	0.1	0.1
Total Liabilities/Net Worth (×1) 48	9.5	9.9	11.0	10.8	10.9	10.3	11.4	11.4	13.2	12.2
Return on Assets (×1) 49	6.8	5.9	7.3	8.4	7.0	7.0	6.1	6.0	5.2	6.4
Return on Equity (%) 50	•	2.2	4.6	8.7	7.6	5.0	8.4	10.0	7.2	6.4

Table II

Corporations with Net Income

OTHER CREDIT AGENCIES

MONEY AMOUNTS AND SIZE OF ASSETS IN THOUSANDS OF DOLLARS

Item Description for Accounting Period 7/95 Through 6/96	Total	Zero Assets	Under 100	100 to 250	251 to 500	501 to 1,000	1,001 to 5,000	5,001 to 10,000	10,001 to 25,000	25,001 to 50,000	50,001 to 100,000	100,001 to 250,000	250,001 and over
Number of Enterprises **1**	9761	433	4295	1018	1029	1153	1050	243	236	78	71	72	83
Revenues ($ in Thousands)													
Net Sales **2**	31822607	248542	1418871	732198	437483	431809	820829	588761	790872	362801	398445	268351	25323644
Portfolio Income **3**	52834921	70091	6306	22351	6362	27454	101538	48200	182118	202924	327585	861292	50978702
Other Revenues **4**	4600395	110891	57790	6190	1399	14669	91953	43070	181620	149193	97087	222436	3624097
Total Revenues **5**	89257923	429524	1482967	760739	445244	473932	1014320	680031	1154610	714918	823117	1352079	79926443
Average Total Revenues **6**	9144	992	345	747	433	411	966	2798	4892	9166	11593	18779	962969
Operating Costs/Operating Income (%)													
Cost of Operations **7**	9.6	39.6	9.0	4.4	0.8	4.5	8.4	6.0	4.9	8.6	5.9	0.1	9.9
Rent **8**	5.9	2.4	17.7	40.0	5.0	21.4	18.0	22.8	20.9	21.2	14.4	10.9	4.4
Taxes Paid **9**	0.8	0.8	3.2	5.2	1.5	4.0	3.3	3.6	3.3	2.1	1.6	1.8	0.6
Interest Paid **10**	48.4	18.4	1.1	2.1	1.6	4.2	10.3	12.3	16.2	19.0	24.0	43.6	52.3
Depreciation, Depletion, Amortization **11**	1.5	0.8	1.2	1.8	0.6	1.7	1.9	5.9	2.7	4.2	4.0	2.5	1.3
Pensions and Other Benefits **12**	0.8	0.6	2.1	1.3	1.6	1.8	1.6	1.1	1.3	1.3	1.3	1.7	0.7
Other **13**	22.8	18.9	40.3	20.6	66.7	29.6	27.4	25.6	34.0	24.6	31.1	26.1	21.9
Officers Compensation **14**	1.2	0.8	11.8	15.7	8.2	11.1	8.6	9.2	5.4	6.3	3.1	3.2	0.4
Operating Margin **15**	9.2	17.6	13.6	9.0	14.0	21.7	20.5	13.5	11.4	12.7	14.7	10.2	8.6
Oper. Margin Before Officers Compensation **16**	10.3	18.4	25.4	24.7	22.2	32.8	29.1	22.7	16.8	19.0	17.8	13.4	9.0
Selected Average Balance Sheet ($ in Thousands)													
Net Receivables **17**	16657	•	3	4	70	100	1014	2838	7228	15960	44439	102025	1773226
Inventories **18**	1	•	•	•	•	•	3	0	•	•	•	19	•
Net Property, Plant and Equipment **19**	381	•	10	71	23	55	151	552	544	1986	606	2081	33148
Total Assets **20**	77394	•	42	178	352	694	2351	7212	15867	34509	70702	158746	8756705

Notes and Loans Payable 21	59543	•	57	36	154	242	1208	4394	10764	21407	42949	111653	6781306
All Other Liabilities 22	11996	•	13	16	69	125	396	1132	2827	6816	14403	17909	1356676
Net Worth 23	5854	•	-28	126	129	327	748	1686	2275	6285	13350	29184	618723

Selected Financial Ratios (Times to 1)

Current Ratio 24	0.7	•	2.2	4.9	2.0	1.9	1.4	1.2	1.1	1.1	1.1	1.2	0.7
Quick Ratio 25	0.6	•	2.2	3.8	2.0	1.6	1.2	0.9	0.9	1.0	1.0	1.1	0.6
Net Sales to Working Capital 26	•	•	26.0	11.0	5.4	2.6	2.5	4.9	4.7	7.5	2.4	1.1	•
Coverage Ratio 27	1.2	4.0	13.4	5.2	9.6	6.1	3.0	2.1	1.7	1.7	1.6	1.3	1.2
Total Asset Turnover 28	0.1	•	8.2	4.2	1.2	0.6	0.4	0.4	0.3	0.3	0.2	0.1	0.1
Inventory Turnover 29	•	•	•	•	•	•	•	•	•	•	•	•	•
Receivables Turnover 30	•	•	•	•	•	•	•	•	•	•	•	•	•
Total Liabilities to Net Worth 31	12.2	•	•	0.4	1.7	1.1	2.2	3.3	6.0	4.5	4.3	4.4	13.2

Selected Financial Factors (in Percentages)

Debt Ratio 32	92.4	•	•	29.0	63.3	52.9	68.2	76.6	85.7	81.8	81.1	81.6	92.9
Return on Assets 33	6.7	•	•	•	19.2	15.3	12.6	10.0	8.5	8.4	6.3	6.5	6.6
Return on Equity 34	9.1	•	•	•	•	25.4	23.5	20.0	21.9	15.2	10.2	4.9	7.7
Return Before Interest on Equity 35	•	•	•	•	•	32.4	•	•	•	•	33.6	•	•
Profit Margin, Before Income Tax 36	8.4	•	13.6	9.0	14.0	21.5	20.4	13.5	11.5	12.7	14.6	11.3	7.5
Profit Margin, After Income Tax 37	5.8	•	13.5	8.9	13.9	20.2	18.2	12.0	10.2	10.4	11.7	7.6	5.0

Trends in Selected Ratios and Factors, 1990-1999

	1990	1991	1992	1993	1994	1995	1996	1997	1998	1999
Cost of Operations (%) 38	69.5	59.0	60.4	44.2	43.2	55.3	4.9	16.4	5.0	9.6
Operating Margin (%) 39	1.9	4.3	4.0	6.2	5.5	3.6	10.5	11.2	11.9	9.2
Oper. Margin Before Officers Comp. (%) 40	2.6	5.1	4.7	6.9	6.3	4.5	12.8	13.1	13.4	10.3
Average Net Receivables ($) 41	5339	8047	7922	7058	16973	16396	12200	13300	18886	16657
Average Inventories ($) 42	47	12	39	15	13	30	20	16	1	1
Average Net Worth ($) 43	2423	3549	3381	3110	6937	6954	4750	5226	5439	5854
Current Ratio (×1) 44	0.9	0.7	0.8	0.9	1.0	0.9	1.0	0.9	0.9	0.7
Quick Ratio (×1) 45	0.7	0.6	0.6	0.7	0.8	0.8	0.8	0.8	0.8	0.6
Coverage Ratio (×1) 46	1.2	1.2	1.2	1.2	1.2	1.2	1.3	1.3	1.3	1.2
Asset Turnover (×1) 47	0.5	0.3	0.3	0.2	0.2	0.3	0.1	0.1	0.1	0.1
Operating Leverage 48	0.3	2.3	1.0	1.5	0.9	0.7	2.9	1.1	1.1	0.8
Financial Leverage 49	0.9	1.0	1.1	1.1	1.0	0.9	1.4	1.2	0.8	0.8
Total Leverage 50	0.3	2.2	1.0	1.6	0.9	0.6	4.1	1.3	0.9	0.6

Table I
Corporations with and without Net Income

SECURITY BROKERS, DEALERS, AND FLOTATION COMPANIES

MONEY AMOUNTS AND SIZE OF ASSETS IN THOUSANDS OF DOLLARS

Item Description for Accounting Period 7/95 Through 6/96	Total	Zero Assets	Under 100	100 to 250	251 to 500	501 to 1,000	1,001 to 5,000	5,001 to 10,000	10,001 to 25,000	25,001 to 50,000	50,001 to 100,000	100,001 to 250,000	250,001 and over
Number of Enterprises **1**	9160	406	4819	1510	903	288	734	169	109	52	42	39	89
Revenues ($ in Thousands)													
Net Sales **2**	36126099	176077	784134	570950	601229	301855	1721184	933627	1153772	680249	1194922	1008924	26999175
Portfolio Income **3**	61262757	220926	2835	1176	7093	16453	83596	59658	124983	102173	231339	292185	60120341
Other Revenues **4**	11753352	47011	9685	45930	98790	21566	288277	119710	162897	195421	238442	324948	10200874
Total Revenues **5**	109142408	444014	796654	618056	707112	339874	2093057	1112995	1441652	977843	1664703	1626057	97320390
Average Total Revenues **6**	11915	1094	165	409	783	1180	2852	6586	13226	18805	39636	41694	1093488
Operating Costs/Operating Income (%)													
Cost of Operations **7**	1.6	0.6	2.1	10.6	6.4	•	2.6	0.4	0.5	0.2	2.1	0.6	1.6
Rent **8**	16.0	11.4	12.6	8.2	20.0	17.5	32.4	22.2	30.4	27.0	37.1	29.2	14.8
Taxes Paid **9**	1.7	2.4	4.0	2.7	3.2	3.5	3.2	2.9	3.1	3.3	3.3	3.4	1.5
Interest Paid **10**	47.5	26.9	0.1	0.6	1.5	10.4	1.0	1.5	4.4	6.2	10.1	18.7	52.4
Depreciation, Depletion, Amortization **11**	1.4	1.5	1.7	1.5	0.4	0.5	1.1	0.8	1.1	1.9	1.3	2.4	1.4
Pensions and Other Benefits **12**	1.4	1.0	1.8	1.3	1.2	2.3	1.7	1.0	1.8	1.8	2.7	2.8	1.4
Other **13**	20.3	38.6	58.0	63.0	54.1	61.6	36.8	49.9	40.4	35.0	22.0	37.9	17.7
Officers Compensation **14**	4.2	11.6	12.1	7.5	12.2	17.6	24.2	16.8	15.4	15.4	14.1	9.3	2.9
Operating Margin **15**	6.0	6.0	7.8	4.6	1.0	•	•	4.6	3.0	9.2	7.4	•	6.4
Oper. Margin Before Officers Compensation **16**	10.2	17.6	19.8	12.1	13.2	4.3	21.3	21.4	18.4	24.6	21.5	5.1	9.3
Selected Average Balance Sheet ($ in Thousands)													
Net Receivables **17**	25560	•	2	48	26	108	501	847	2356	5743	15590	43579	2590748
Inventories **18**	10	•	•	•	•	•	8	0	180	117	102	783	252
Net Property, Plant and Equipment **19**	597	•	5	13	8	25	141	421	728	792	1529	3384	55262
Total Assets **20**	122682	•	25	172	374	687	2217	7324	15261	34999	75525	151395	12443009

Notes and Loans Payable 21	10556	•	4	330	65	101	516	1346	1981	10230	16071	33598	1042127
All Other Liabilities 22	107385	•	4	47	73	177	687	3107	5805	13347	36099	82950	10970023
Net Worth 23	4741	•	18	-205	235	409	1014	2870	7475	11422	23355	34847	430859
Selected Financial Ratios (Times to 1)													
Current Ratio 24	0.9	•	3.4	2.2	2.1	2.4	1.4	1.2	1.3	1.0	0.9	1.1	0.9
Quick Ratio 25	0.5	•	3.1	1.7	1.4	1.3	1.0	0.7	1.1	0.8	0.6	0.8	0.5
Net Sales to Working Capital 26	•	•	17.0	7.1	5.7	4.8	8.6	9.0	7.0	29.4	•	3.8	•
Coverage Ratio 27	1.1	1.2	•	8.7	1.7	•	•	3.9	1.6	2.2	1.7	0.8	1.1
Total Asset Turnover 28	0.1	•	6.5	2.4	2.1	1.7	1.3	0.9	0.9	0.5	0.5	0.3	0.1
Inventory Turnover 29	•	•	•	•	•	•	•	•	•	•	•	•	•
Receivables Turnover 30	•	•	•	•	•	•	•	•	•	•	•	•	•
Total Liabilities to Net Worth 31	24.9	•	0.4	•	0.6	0.7	1.2	1.6	1.1	2.1	2.2	3.4	27.9
Selected Financial Factors (in Percentages)													
Debt Ratio 32	96.1	•	30.5	•	37.1	40.5	54.3	60.8	51.0	67.4	69.1	77.0	96.5
Return on Assets 33	5.2	•	•	12.3	5.3	•	•	5.3	5.9	7.5	9.2	3.9	5.2
Return on Equity 34	9.9	•	•	•	1.9	•	•	7.3	3.2	8.4	8.7	•	11.1
Return Before Interest on Equity 35	•	•	•	•	8.4	•	•	13.4	12.0	22.9	29.7	16.9	•
Profit Margin, Before Income Tax 36	6.1	5.9	7.8	4.6	1.0	•	•	4.3	2.4	7.7	7.4	•	6.6
Profit Margin, After Income Tax 37	4.0	4.7	7.6	4.6	0.6	•	•	3.2	1.8	5.1	5.2	•	4.4

Trends in Selected Ratios and Factors, 1990-1999

	1990	1991	1992	1993	1994	1995	1996	1997	1998	1999
Cost of Labor (%) 38	5.1	10.1	9.1	2.6	5.3	2.1	3.4	4.6	3.8	1.6
Operating Margin (%) 39	7.6	1.7	1.5	0.8	3.0	5.4	8.0	11.2	6.9	6.0
Oper. Margin Before Officers Comp. (%) 40	13.4	8.1	7.3	5.2	6.7	9.2	14.5	16.3	11.1	10.2
Average Net Receivables ($) 41	14697	11711	14516	14438	10356	10745	14821	16315	16663	25560
Average Inventories ($) 42	48	3367	167	13	150	106	90	25	16	10
Average Net Worth ($) 43	2860	2283	2268	2468	2063	2408	3041	3461	3844	4741
Current Ratio (×1) 44	0.9	0.9	0.9	0.8	0.9	0.8	0.8	0.8	0.8	0.9
Quick Ratio (×1) 45	0.5	0.5	0.5	0.5	0.4	0.4	0.4	0.3	0.3	0.5
Coverage Ratio (×1) 46	1.3	1.1	1.0	1.0	1.1	1.2	1.3	1.4	1.2	1.1
Asset Turnover (×1) 47	0.1	0.1	0.1	0.1	0.2	0.2	0.1	0.1	0.1	0.1
Total Liabilities/Net Worth (×1) 48	15.3	17.2	20.2	18.8	19.7	20.2	20.0	21.8	19.3	24.9
Return on Assets (×1) 49	4.1	3.4	4.0	5.9	7.4	5.1	4.0	3.9	4.8	5.2
Return on Equity (%) 50	9.0	•	•	•	6.5	10.7	12.6	17.0	9.3	9.9

SECURITY BROKERS, DEALERS, AND FLOTATION COMPANIES

MONEY AMOUNTS AND SIZE OF ASSETS IN THOUSANDS OF DOLLARS

Item Description for Accounting Period 7/95 Through 6/96		Total	Zero Assets	Under 100	100 to 250	251 to 500	501 to 1,000	1,001 to 5,000	5,001 to 10,000	10,001 to 25,000	25,001 to 50,000	50,001 to 100,000	100,001 to 250,000	250,001 and over
Number of Enterprises	1	5739	390	2836	1050	550	185	388	105	72	34	32	29	67
Revenues ($ in Thousands)														
Net Sales	2	33644843	158931	760530	458220	373325	143036	1477411	894607	832735	583619	935911	787069	26239450
Portfolio Income	3	54769402	191254	2000	1176	5427	16372	65170	54852	75994	68565	217391	231516	53839687
Other Revenues	4	11122423	41793	8900	•	86447	23061	198561	134622	61493	133583	216856	237634	9979470
Total Revenues	5	99536668	391978	771430	459396	465199	182469	1741142	1084081	970222	785767	1370158	1256219	90058607
Average Total Revenues	6	17344	1005	272	438	846	986	4487	10325	13475	23111	42817	43318	1344158
Operating Costs/Operating Income (%)														
Cost of Operations	7	1.7	0.6	2.2	14.3	•	•	3.1	0.4	0.8	0.2	2.6	0.8	1.7
Rent	8	16.2	10.1	12.6	10.9	24.9	23.5	30.5	21.4	34.4	26.5	30.6	27.3	15.2
Taxes Paid	9	1.7	2.1	4.0	3.4	3.5	3.2	2.9	2.8	3.1	3.4	3.5	3.7	1.6
Interest Paid	10	45.5	21.3	0.1	0.8	2.1	0.6	0.5	1.2	3.0	2.8	11.2	8.0	49.8
Depreciation, Depletion, Amortization	11	1.4	1.6	1.7	2.0	0.2	0.3	1.0	0.5	1.2	2.2	1.4	2.4	1.4
Pensions and Other Benefits	12	1.4	0.7	1.8	1.8	1.4	2.1	1.6	0.9	1.6	1.7	3.0	3.0	1.4
Other	13	19.9	38.1	55.0	48.8	40.3	39.4	29.3	46.9	29.4	27.4	21.8	28.3	18.4
Officers Compensation	14	4.2	12.4	12.1	10.1	16.0	19.6	24.7	16.5	14.5	16.5	14.1	8.1	3.0
Operating Margin	15	8.0	13.1	10.6	8.1	11.5	11.3	6.5	9.6	12.2	19.4	11.8	18.5	7.6
Oper. Margin Before Officers Compensation	16	12.2	25.5	22.7	18.2	27.5	30.9	31.2	26.1	26.7	35.9	25.9	26.6	10.5
Selected Average Balance Sheet ($ in Thousands)														
Net Receivables	17	39580	•	3	61	7	146	681	1302	2243	6280	17358	44240	3349673
Inventories	18	11	•	•	•	•	•	14	•	•	•	134	1052	334
Net Property, Plant and Equipment	19	893	•	8	18	5	10	136	193	483	891	1767	3433	71454
Total Assets	20	175014	•	32	169	375	697	2237	7689	14264	35368	75368	149172	14823247

Notes and Loans Payable 21	15162	•	5	6	79	22	421	860	1513	7768	12215	36219	1266840
All Other Liabilities 22	152792	•	7	57	79	66	772	3600	5491	14082	36266	74091	13013062
Net Worth 23	7060	•	20	105	217	608	1045	3230	7261	13517	26887	38862	543346

Selected Financial Ratios (Times to 1)

Current Ratio 24	0.9	•	2.3	2.0	1.6	5.0	1.5	1.1	1.1	0.9	1.0	1.2	0.9
Quick Ratio 25	0.5	•	2.1	1.5	1.3	3.3	1.3	0.9	0.9	0.7	0.7	0.8	0.5
Net Sales to Working Capital 26	•	•	33.1	7.7	9.7	2.8	8.9	21.2	18.0	•	•	3.7	•
Coverage Ratio 27	1.2	1.6	•	11.3	6.5	•	13.0	9.3	4.9	7.4	2.1	3.3	1.2
Total Asset Turnover 28	0.1	•	8.6	2.6	2.3	1.4	2.0	1.4	1.0	0.7	0.6	0.3	0.1
Inventory Turnover 29	•	•	•	•	•	•	•	•	•	•	•	•	•
Receivables Turnover 30	•	•	•	•	•	•	•	•	•	•	•	•	•
Total Liabilities to Net Worth 31	23.8	•	0.6	0.6	0.7	0.2	1.2	1.4	1.0	1.6	1.8	2.8	26.3

Selected Financial Factors (in Percentages)

Debt Ratio 32	96.0	•	38.2	37.8	42.0	12.7	53.3	58.0	49.1	61.8	64.3	74.0	96.3
Return on Assets 33	5.3	•	•	23.2	30.7	16.9	14.0	14.5	13.8	13.6	13.4	7.5	5.2
Return on Equity 34	14.2	•	•	33.9	•	17.6	26.0	26.9	19.8	25.4	15.3	13.4	13.3
Return Before Interest on Equity 35	•	•	•	•	•	19.3	29.9	34.4	27.1	•	•	28.8	•
Profit Margin, Before Income Tax 36	8.2	12.9	10.6	8.1	11.5	11.3	6.4	9.6	11.6	18.0	12.4	17.9	7.8
Profit Margin, After Income Tax 37	5.8	11.6	10.4	8.1	10.9	10.8	6.1	8.4	10.7	14.8	9.6	12.1	5.4

Trends in Selected Ratios and Factors, 1990-1999

	1990	1991	1992	1993	1994	1995	1996	1997	1998	1999
Cost of Operations (%) 38	5.5	15.0	5.1	2.1	7.9	2.3	3.5	4.3	3.8	1.7
Operating Margin (%) 39	10.1	9.3	8.2	5.2	7.0	8.1	9.4	12.8	9.3	8.0
Oper. Margin Before Officers Comp. (%) 40	16.0	14.9	15.0	10.0	10.4	11.9	15.3	17.6	13.0	12.2
Average Net Receivables ($) 41	26558	6297	18753	17249	18220	16907	21910	25752	26284	39580
Average Inventories ($) 42	92	23	0	10	283	182	139	39	25	11
Average Net Worth ($) 43	5074	2613	3322	3070	3642	4369	4415	5655	6532	7060
Current Ratio (×1) 44	0.9	0.9	0.9	0.8	1.0	0.8	0.8	0.8	0.8	0.9
Quick Ratio (×1) 45	0.5	0.4	0.6	0.5	0.4	0.4	0.4	0.3	0.3	0.5
Coverage Ratio (×1) 46	1.4	1.4	1.4	1.1	1.2	1.3	1.4	1.5	1.3	1.2
Asset Turnover (×1) 47	0.1	0.2	0.2	0.2	0.2	0.2	0.1	0.1	0.1	0.1
Operating Leverage 48	1.2	0.9	0.9	0.6	1.4	1.2	1.2	1.4	0.7	0.9
Financial Leverage 49	1.2	1.0	1.0	0.5	1.4	1.3	1.1	1.2	0.6	0.8
Total Leverage 50	1.3	0.9	0.9	0.3	1.9	1.4	1.3	1.7	0.5	0.7

Table I

Corporations with and without Net Income

COMMODITY CONTRACTS BROKERS AND DEALERS

MONEY AMOUNTS AND SIZE OF ASSETS IN THOUSANDS OF DOLLARS

Item Description for Accounting Period 7/95 Through 6/96	Total	Zero Assets	Under 100	100 to 250	251 to 500	501 to 1,000	1,001 to 5,000	5,001 to 10,000	10,001 to 25,000	25,001 to 50,000	50,001 to 100,000	100,001 to 250,000	250,001 and over
Number of Enterprises **1**	9739	109	5670	1627	818	555	696	87	69	23	31	28	27
Revenues ($ in Thousands)													
Net Sales **2**	21586854	236888	653867	1523574	367660	1036210	2640310	543713	560112	414606	608246	2174030	10827638
Portfolio Income **3**	1582952	43430	69	5148	3522	3649	139274	18107	24106	22473	89787	122440	1110944
Other Revenues **4**	1587755	226595	22146	6389	5849	1953	229485	19241	99726	62797	88594	294765	530217
Total Revenues **5**	24757561	506913	676082	1535111	377031	1041812	3009069	581061	683944	499876	786627	2591235	12468799
Average Total Revenues **6**	2542	4651	119	944	461	1877	4323	6679	9912	21734	25375	92544	461807
Operating Costs/Operating Income (%)													
Cost of Operations **7**	8.9	6.1	7.1	•	•	32.4	47.9	24.4	9.7	•	4.5	•	0.8
Rent **8**	15.7	21.2	14.9	17.8	32.2	20.2	11.7	17.3	12.0	29.4	24.0	17.3	14.0
Taxes Paid **9**	2.3	3.7	3.8	3.2	3.3	2.0	1.6	1.9	2.4	2.4	1.6	2.5	2.3
Interest Paid **10**	5.2	1.6	0.9	0.2	3.3	0.8	4.4	0.4	3.4	7.2	8.1	5.0	6.8
Depreciation, Depletion, Amortization **11**	2.6	2.6	1.0	0.8	2.4	0.6	0.8	1.0	2.5	2.8	2.8	5.5	3.0
Pensions and Other Benefits **12**	2.4	1.1	4.2	3.2	1.2	2.3	1.0	1.1	2.1	1.7	2.3	2.3	2.7
Other **13**	41.7	26.4	39.6	15.0	30.3	23.4	15.6	28.6	23.4	48.0	45.8	48.4	53.5
Officers Compensation **14**	10.6	2.6	23.6	54.2	18.5	13.6	11.4	7.7	16.5	9.8	3.6	8.2	5.0
Operating Margin **15**	10.7	34.9	4.9	5.6	8.9	4.8	5.7	17.8	28.1	•	7.3	10.8	11.8
Oper. Margin Before Officers Compensation **16**	21.3	37.5	28.6	59.8	27.4	18.4	17.1	25.4	44.6	8.5	10.8	19.0	16.8
Selected Average Balance Sheet ($ in Thousands)													
Net Receivables **17**	909	•	3	24	34	222	222	1968	1961	3275	17975	23711	255097
Inventories **18**	5	•	•	•	•	•	0	•	56	•	5	1059	638
Net Property, Plant and Equipment **19**	279	•	6	23	31	65	244	643	528	1852	3346	14702	65381
Total Assets **20**	5997	•	20	172	331	776	1853	6842	15821	34638	68358	156464	1741951

Notes and Loans Payable	21	724	•	18	18	59	444	341	817	4812	6350	15536	44039	152892
All Other Liabilities	22	4309	•	5	20	8	212	469	1226	4921	16818	32940	74474	1389531
Net Worth	23	963	•	-3	134	263	120	1043	4799	6088	11470	19883	37951	199527

Selected Financial Ratios (Times to 1)

Current Ratio	24	1.1	•	1.8	5.2	9.9	2.9	1.9	2.9	1.3	1.6	1.5	1.0	1.0
Quick Ratio	25	0.6	•	1.7	4.8	8.5	2.3	1.4	2.0	0.9	1.1	1.0	0.7	0.5
Net Sales to Working Capital	26	9.6	•	20.7	12.7	3.3	4.3	9.4	2.5	5.6	2.4	1.7	•	18.0
Coverage Ratio	27	3.1	•	6.6	•	3.7	7.4	2.3	•	9.3	0.9	2.0	3.1	2.8
Total Asset Turnover	28	0.4	•	5.9	5.5	1.4	2.4	2.3	1.0	0.6	0.6	0.4	0.6	0.3
Inventory Turnover	29	•	•	•	•	•	•	•	•	•	•	•	•	•
Receivables Turnover	30	•	•	•	•	•	•	•	•	•	•	•	•	•
Total Liabilities to Net Worth	31	5.2	•	•	0.3	0.3	5.5	0.8	0.4	1.6	2.0	2.4	3.1	7.7

Selected Financial Factors (in Percentages)

Debt Ratio	32	83.9	•	•	21.9	20.4	84.5	43.7	29.9	61.5	66.9	70.9	75.8	88.6
Return on Assets	33	6.7	•	34.4	32.1	16.7	13.3	23.5	16.4	19.5	3.9	6.0	9.3	5.0
Return on Equity	34	20.2	•	•	39.1	14.8	•	22.9	21.8	39.9	•	5.6	17.9	18.1
Return Before Interest on Equity	35	•	•	•	•	21.0	•	•	23.3	•	11.9	20.6	•	•
Profit Margin, Before Income Tax	36	10.8	34.9	4.9	5.6	8.7	4.8	5.7	16.4	27.8	•	8.0	10.7	12.0
Profit Margin, After Income Tax	37	7.6	16.6	4.6	5.6	8.5	4.7	5.5	15.7	24.5	•	4.4	7.4	7.8

Trends in Selected Ratios and Factors, 1990-1999

		1990	1991	1992	1993	1994	1995	1996	1997	1998	1999
Cost of Labor (%)	38	34.7	47.6	45.0	32.8	61.1	30.8	31.2	15.4	15.0	8.9
Operating Margin (%)	39	5.3	3.0	4.2	3.8	1.8	3.6	4.4	8.9	8.7	10.7
Oper. Margin Before Officers Comp. (%)	40	12.2	8.6	10.3	12.4	5.9	11.6	12.6	19.2	20.9	21.3
Average Net Receivables ($)	41	777	631	783	762	1059	528	488	742	711	909
Average Inventories ($)	42	11	22	26	11	50	10	12	18	3	5
Average Net Worth ($)	43	344	406	532	635	564	485	561	687	683	963
Current Ratio (×1)	44	1.0	1.1	1.1	1.1	1.1	1.1	1.1	1.0	1.1	1.1
Quick Ratio (×1)	45	0.7	0.6	0.7	0.6	0.7	0.6	0.6	0.6	0.6	0.6
Coverage Ratio (×1)	46	1.8	1.6	1.6	1.5	1.4	1.6	1.9	3.1	3.1	3.1
Asset Turnover (×1)	47	0.5	0.5	0.5	0.4	0.7	0.5	0.5	0.5	0.5	0.4
Total Liabilities/Net Worth (×1)	48	6.2	6.1	5.5	5.0	7.3	5.9	5.6	5.4	5.1	5.2
Return on Assets (×1)	49	5.3	4.1	6.0	4.8	4.4	4.4	4.5	5.8	5.9	6.7
Return on Equity (%)	50	8.3	5.7	10.6	6.2	7.3	6.5	9.2	17.0	16.6	20.2

Table II

Corporations with Net Income

COMMODITY CONTRACTS BROKERS AND DEALERS

MONEY AMOUNTS AND SIZE OF ASSETS IN THOUSANDS OF DOLLARS

Item Description for Accounting Period 7/95 Through 6/96	Total	Zero Assets	Under 100	100 to 250	251 to 500	501 to 1,000	1,001 to 5,000	5,001 to 10,000	10,001 to 25,000	25,001 to 50,000	50,001 to 100,000	100,001 to 250,000	250,001 and over
Number of Enterprises 1	4952	44	2220	1366	369	409	375	55	42	10	18	22	22
Revenues ($ in Thousands)													
Net Sales 2	19941248	90207	363682	1523574	280513	900890	2254851	478874	511688	324543	530812	1976051	10705565
Portfolio Income 3	1350695	21143	69	5148	1885	2570	16022	4598	23653	19582	68852	112075	1075096
Other Revenues 4	1433425	218827	21540	6049	2129	1722	147353	21155	88215	52495	57676	290820	525444
Total Revenues 5	22725368	330177	385291	1534771	284527	905182	2418226	504627	623556	396620	657340	2378946	12306105
Average Total Revenues 6	4589	7504	174	1124	771	2213	6449	9175	14847	39662	36519	108134	559368
Operating Costs/Operating Income (%)													
Cost of Operations 7	9.4	•	11.3	•	•	37.3	58.4	28.1	10.6	•	4.1	•	0.9
Rent 8	14.4	6.4	6.0	17.8	28.8	18.7	9.1	15.8	10.6	29.1	22.0	15.8	13.8
Taxes Paid 9	2.2	3.6	3.1	3.1	2.9	1.8	1.2	1.6	2.4	2.6	1.4	2.5	2.3
Interest Paid 10	4.5	1.1	0.5	0.2	0.6	0.9	0.3	0.5	1.2	3.1	6.3	4.6	6.7
Depreciation, Depletion, Amortization 11	2.6	3.0	0.8	0.8	2.3	0.6	0.7	0.9	1.7	3.2	3.0	5.0	3.0
Pensions and Other Benefits 12	2.3	0.2	3.8	3.2	1.3	2.6	0.7	0.6	2.0	1.7	2.4	2.1	2.7
Other 13	41.0	8.7	24.5	14.9	19.2	15.5	13.2	19.2	21.7	47.4	44.1	48.6	53.5
Officers Compensation 14	9.9	2.8	29.1	54.2	24.3	15.2	4.9	6.7	17.3	6.0	2.7	7.9	5.0
Operating Margin 15	13.7	74.4	20.9	5.8	20.7	7.6	11.8	26.5	32.5	7.0	14.1	13.6	12.3
Oper. Margin Before Officers Compensation 16	23.7	77.1	50.0	59.9	45.0	22.7	16.6	33.3	49.8	13.0	16.8	21.4	17.3
Selected Average Balance Sheet ($ in Thousands)													
Net Receivables 17	1633	•	1	25	•	296	365	3026	2812	2659	21162	18300	304394
Inventories 18	10	•	•	•	•	•	•	•	92	•	8	1332	783
Net Property, Plant and Equipment 19	488	•	4	26	27	34	198	767	586	3592	5408	14792	79545
Total Assets 20	10453	•	18	167	332	803	2048	6650	16247	34215	69098	163527	2001993

Notes and Loans Payable 21	1157	•	2	21	65	207	255	1248	1558	3132	17065	43779	184395
All Other Liabilities 22	7601	•	10	23	4	271	606	1473	6415	13226	26097	72969	1576728
Net Worth 23	1695	•	6	122	263	324	1187	3929	8274	17857	25936	46779	240871

Selected Financial Ratios (Times to 1)

Current Ratio 24	1.1	•	1.2	5.0	9.2	2.4	2.0	2.4	1.6	2.5	1.8	1.1	1.0
Quick Ratio 25	0.6	•	1.1	4.6	7.0	1.8	1.6	1.7	1.0	1.9	1.3	0.7	0.5
Net Sales to Working Capital 26	8.3	•	•	13.3	4.3	5.3	11.0	3.1	3.7	2.9	1.7	11.1	11.2
Coverage Ratio 27	4.1	•	•	•	•	9.8	•	•	•	3.4	3.4	3.9	2.9
Total Asset Turnover 28	0.4	•	9.6	6.8	2.3	2.8	3.2	1.4	0.9	1.2	0.5	0.7	0.3
Inventory Turnover 29	•	•	•	•	•	•	•	•	•	•	•	•	•
Receivables Turnover 30	•	•	•	•	•	•	•	•	•	•	•	•	•
Total Liabilities to Net Worth 31	5.2	•	2.0	0.4	0.3	1.5	0.7	0.7	1.0	0.9	1.7	2.5	7.3

Selected Financial Factors (in Percentages)

Debt Ratio 32	83.8	•	66.3	26.9	20.9	59.6	42.0	40.9	49.1	47.8	62.5	71.4	88.0
Return on Assets 33	8.1	•	•	•	•	23.1	37.7	37.3	30.5	12.4	11.2	11.9	5.4
Return on Equity 34	28.3	•	•	•	•	•	•	•	•	11.6	14.8	22.7	19.2
Return Before Interest on Equity 35	•	•	•	•	•	•	•	•	•	23.8	29.8	•	•
Profit Margin, Before Income Tax 36	13.8	•	20.9	5.8	20.5	7.5	11.7	26.5	32.2	7.6	14.9	13.5	12.5
Profit Margin, After Income Tax 37	10.4	•	20.3	5.7	20.1	7.4	11.6	25.7	28.6	5.2	10.5	9.8	8.3

Trends in Selected Ratios and Factors, 1990-1999

	1990	1991	1992	1993	1994	1995	1996	1997	1998	1999
Cost of Operations (%) 38	33.0	36.9	45.6	35.3	63.2	31.6	29.0	13.4	15.1	9.4
Operating Margin (%) 39	11.2	8.9	8.2	8.4	5.1	8.5	9.9	13.1	12.6	13.7
Oper. Margin Before Officers Comp. (%) 40	17.4	14.6	14.1	16.3	9.1	15.9	17.8	23.5	24.1	23.7
Average Net Receivables ($) 41	1045	996	993	887	1306	755	770	1206	1027	1633
Average Inventories ($) 42	15	33	13	16	41	15	10	3	1	10
Average Net Worth ($) 43	600	816	708	928	878	726	871	1070	841	1695
Current Ratio (×1) 44	1.1	1.1	1.1	1.1	1.2	1.1	1.1	1.0	1.1	1.1
Quick Ratio (×1) 45	0.7	0.6	0.6	0.6	0.8	0.6	0.6	0.5	0.6	0.6
Coverage Ratio (×1) 46	3.1	2.8	2.5	2.4	3.1	2.9	5.1	5.1	4.8	4.1
Asset Turnover (×1) 47	0.5	0.5	0.5	0.5	0.9	0.5	0.6	0.5	0.5	0.4
Operating Leverage 48	0.8	0.8	0.9	1.0	0.6	1.7	1.2	1.3	1.0	1.1
Financial Leverage 49	1.4	1.0	1.0	0.9	1.3	0.9	1.2	1.0	1.0	1.0
Total Leverage 50	1.1	0.8	1.0	1.0	0.8	1.5	1.4	1.3	1.0	1.0

LIFE INSURANCE, STOCK COMPANIES

MONEY AMOUNTS AND SIZE OF ASSETS IN THOUSANDS OF DOLLARS

Item Description for Accounting Period 7/95 Through 6/96		Total	Zero Assets	Under 100	100 to 250	251 to 500	501 to 1,000	1,001 to 5,000	5,001 to 10,000	10,001 to 25,000	25,001 to 50,000	50,001 to 100,000	100,001 to 250,000	250,001 and over
Number of Enterprises	1	1640	•	•	160	192	146	311	125	123	66	44	58	172
Revenues ($ in Thousands)														
Net Sales	2	245053275	•	•	21861	36651	53645	321561	302314	812129	854005	1607260	2531011	236974271
Portfolio Income	3	74268708	•	•	1194	3173	4931	48417	72628	130972	141201	189737	557228	72133846
Other Revenues	4	37943836	•	•	2303	7484	5702	143712	396307	62008	123737	158278	383859	36570946
Total Revenues	5	357265819	•	•	25358	47308	64278	513690	771249	1005109	1118943	1955275	3472098	345679063
Average Total Revenues	6	217845	•	•	158	246	440	1652	6170	8172	16954	44438	59864	2009762
Operating Costs/Operating Income (%)														
Cost of Operations	7	50.6	•	•	27.1	25.9	24.8	28.0	59.1	33.3	48.1	29.4	43.6	50.9
Rent	8	2.8	•	•	•	•	•	•	•	•	0.5	0.2	0.4	2.9
Taxes Paid	9	1.2	•	•	0.7	1.5	1.2	0.9	0.7	1.9	2.1	1.0	1.7	1.2
Interest Paid	10	2.5	•	•	•	0.1	0.1	0.2	0.2	0.1	1.0	0.2	0.4	2.6
Depreciation, Depletion, Amortization	11	1.3	•	•	0.5	1.5	0.4	1.0	2.8	2.5	2.3	1.4	2.9	1.3
Pensions and Other Benefits	12	0.5	•	•	•	•	•	0.2	0.4	0.5	0.5	0.2	0.6	0.5
Other	13	37.4	•	•	64.7	63.3	55.9	56.3	33.2	56.3	38.5	62.7	44.7	37.0
Officers Compensation	14	0.1	•	•	•	•	•	•	0.3	0.3	0.4	•	0.1	0.1
Operating Margin	15	3.6	•	•	7.1	7.6	17.6	13.4	3.5	5.0	6.9	4.7	5.8	3.5
Oper. Margin Before Officers Compensation	16	3.7	•	•	7.1	7.6	17.6	13.4	3.8	5.4	7.2	4.8	5.9	3.6
Selected Average Balance Sheet ($ in Thousands)														
Net Receivables	17	46534	•	•	7	27	60	103	122	59	159	435	2574	442248
Inventories	18	603	•	•	•	•	•	•	3	•	1	0	11	5742
Net Property, Plant and Equipment	19	6410	•	•	•	0	1	17	38	103	420	764	1432	60144
Total Assets	20	818167	•	•	168	361	693	2466	7003	16274	37377	71133	164770	7690651

Notes and Loans Payable 21	35187	•	•	•	•	•	•	•	21	570	143	1547	334710
All Other Liabilities 22	643483	•	•	132	217	339	1392	3875	10077	26409	55501	131817	6053504
Net Worth 23	139498	•	•	36	144	354	1073	3128	6176	10398	15488	31406	1302437

Selected Financial Ratios (Times to 1)

Current Ratio 24	1.9	•	•	4.8	9.5	12.2	13.0	10.2	9.1	6.1	6.8	5.9	1.9
Quick Ratio 25	1.6	•	•	2.7	6.2	7.6	9.6	8.8	7.4	4.8	5.9	5.1	1.6
Net Sales to Working Capital 26	2.4	•	•	1.4	0.9	0.8	1.0	1.6	0.9	1.4	1.7	1.0	2.4
Coverage Ratio 27	2.4	•	•	•	•	•	•	•	•	7.7	•	14.8	2.3
Total Asset Turnover 28	0.3	•	•	1.0	0.7	0.6	0.7	0.9	0.5	0.5	0.6	0.4	0.3
Inventory Turnover 29	•	•	•	•	•	•	•	•	•	•	•	•	•
Receivables Turnover 30	•	•	•	•	•	•	•	•	•	•	•	•	•
Total Liabilities to Net Worth 31	4.9	•	•	3.7	1.5	1.0	1.3	1.2	1.6	2.6	3.6	4.3	4.9

Selected Financial Factors (in Percentages)

Debt Ratio 32	83.0	•	•	78.6	60.1	48.9	56.5	55.3	62.1	72.2	78.2	80.9	83.1
Return on Assets 33	1.6	•	•	6.7	5.3	11.3	9.0	3.0	2.5	3.3	3.0	2.2	1.5
Return on Equity 34	3.1	•	•	27.0	11.2	19.5	16.5	2.7	3.9	6.9	8.7	7.4	2.9
Return Before Interest on Equity 35	9.1	•	•	31.3	13.2	22.0	20.7	6.7	6.5	11.9	13.8	11.5	9.0
Profit Margin, Before Income Tax 36	3.4	•	•	7.1	7.6	17.6	13.3	3.2	4.8	6.3	4.6	5.6	3.3
Profit Margin, After Income Tax 37	2.0	•	•	6.1	6.6	15.7	10.7	1.4	3.0	4.2	3.0	3.9	1.9

Trends in Selected Ratios and Factors, 1990-1999

	1990	1991	1992	1993	1994	1995	1996	1997	1998	1999
Cost of Labor (%) 38	39.5	43.1	42.0	42.9	41.8	47.4	44.4	42.8	47.5	50.6
Operating Margin (%) 39	4.5	2.7	3.0	3.6	3.7	4.4	3.9	4.6	5.1	3.6
Oper. Margin Before Officers Comp. (%) 40	4.7	2.9	3.2	3.8	3.9	4.6	4.1	4.7	5.3	3.7
Average Net Receivables ($) 41	4166	6427	11062	14430	14373	13064	34774	42025	36400	46534
Average Inventories ($) 42	387	467	556	639	511	921	1155	1038	1081	603
Average Net Worth ($) 43	26770	37053	41688	50265	49249	53904	86184	98391	112180	139498
Current Ratio (×1) 44	3.4	3.4	3.3	3.4	3.1	2.9	2.2	1.8	1.7	1.9
Quick Ratio (×1) 45	2.5	2.4	2.3	2.4	2.2	2.0	1.6	1.3	1.3	1.6
Coverage Ratio (×1) 46	3.6	2.4	2.0	2.2	2.2	2.4	2.3	2.9	2.9	2.4
Asset Turnover (×1) 47	0.4	0.4	0.3	0.3	0.3	0.3	0.3	0.3	0.3	0.3
Total Liabilities/Net Worth (×1) 48	5.7	5.2	5.5	5.2	5.2	5.6	5.0	5.1	5.0	4.9
Return on Assets (×1) 49	2.0	1.3	1.5	1.9	1.9	2.1	1.8	1.9	1.9	1.6
Return on Equity (%) 50	6.9	3.0	3.3	4.2	4.5	5.3	4.0	4.8	5.4	3.1

Table II

Corporations with Net Income

LIFE INSURANCE, STOCK COMPANIES

MONEY AMOUNTS AND SIZE OF ASSETS IN THOUSANDS OF DOLLARS

Item Description for Accounting Period 7/95 Through 6/96		Total	Zero Assets	Under 100	100 to 250	251 to 500	501 to 1,000	1,001 to 5,000	5,001 to 10,000	10,001 to 25,000	25,001 to 50,000	50,001 to 100,000	100,001 to 250,000	250,001 and over
Number of Enterprises	1	1290	•	•	113	166	128	259	103	•	•	•	48	149
Revenues ($ in Thousands)														
Net Sales	2	200908545	•	•	12840	32166	44722	287590	248215	•	•	•	2030774	194175582
Portfolio Income	3	67853016	•	•	957	2663	4420	42696	55097	•	•	•	469870	65980942
Other Revenues	4	33487051	•	•	2144	2809	4823	139251	89139	•	•	•	263505	32681451
Total Revenues	5	302248612	•	•	15941	37638	53965	469537	392451	•	•	•	2764149	292837975
Average Total Revenues	6	234301	•	•	141	227	422	1813	3810	•	•	•	57586	1965356
Operating Costs/Operating Income (%)														
Cost of Operations	7	48.2	•	•	25.5	26.2	22.7	27.8	29.1	•	•	•	43.4	48.5
Rent	8	2.6	•	•	•	•	•	•	•	•	•	•	0.2	2.7
Taxes Paid	9	1.2	•	•	0.8	1.3	1.2	0.8	1.0	•	•	•	1.6	1.2
Interest Paid	10	2.8	•	•	•	0.1	•	0.2	0.2	•	•	•	0.3	2.9
Depreciation, Depletion, Amortization	11	1.4	•	•	0.6	0.7	0.3	0.9	1.3	•	•	•	3.0	1.4
Pensions and Other Benefits	12	0.5	•	•	•	•	•	0.2	0.6	•	•	•	0.6	0.6
Other	13	38.1	•	•	47.3	50.3	51.7	53.6	47.5	•	•	•	42.5	37.9
Officers Compensation	14	0.2	•	•	•	•	•	•	0.6	•	•	•	0.1	0.2
Operating Margin	15	5.1	•	•	25.9	21.5	24.0	16.6	19.8	•	•	•	8.5	4.9
Oper. Margin Before Officers Compensation	16	5.2	•	•	25.9	21.5	24.0	16.6	20.4	•	•	•	8.6	5.0
Selected Average Balance Sheet ($ in Thousands)														
Net Receivables	17	57645	•	•	8	26	68	95	148	•	•	•	2323	497811
Inventories	18	766	•	•	•	•	•	•	4	•	•	•	13	6628
Net Property, Plant and Equipment	19	7641	•	•	•	0	0	9	38	•	•	•	1591	65227
Total Assets	20	925614	•	•	168	363	691	2467	7083	•	•	•	163710	7913005

Notes and Loans Payable 21	41803	•	•	•	•	•	•	•	•	•	•	576	361695
All Other Liabilities 22	723120	•	•	96	206	290	1286	3746	•	•	•	131179	6187923
Net Worth 23	160691	•	•	72	156	400	1181	3337	•	•	•	31955	1363387

Selected Financial Ratios (Times to 1)

Current Ratio 24	2.0	•	•	6.2	10.1	14.5	12.0	11.3	•	•	•	7.0	2.0
Quick Ratio 25	1.7	•	•	3.6	6.5	9.4	8.7	10.0	•	•	•	6.1	1.7
Net Sales to Working Capital 26	2.2	•	•	1.2	0.8	0.8	1.1	1.0	•	•	•	0.9	2.2
Coverage Ratio 27	2.8	•	•	•	•	•	•	•	•	•	•	•	2.7
Total Asset Turnover 28	0.3	•	•	0.8	0.6	0.6	0.7	0.5	•	•	•	0.4	0.3
Inventory Turnover 29	•	•	•	•	•	•	•	•	•	•	•	•	•
Receivables Turnover 30	•	•	•	•	•	•	•	•	•	•	•	•	•
Total Liabilities to Net Worth 31	4.8	•	•	1.3	1.3	0.7	1.1	1.1	•	•	•	4.1	4.8

Selected Financial Factors (in Percentages)

Debt Ratio 32	82.6	•	•	57.3	56.9	42.0	52.1	52.9	•	•	•	80.5	82.8
Return on Assets 33	1.9	•	•	21.8	13.5	14.7	12.2	10.5	•	•	•	3.0	1.9
Return on Equity 34	4.7	•	•	•	29.2	22.8	20.9	17.8	•	•	•	10.9	4.5
Return Before Interest on Equity 35	11.2	•	•	•	31.3	25.3	25.5	22.3	•	•	•	15.4	10.9
Profit Margin, Before Income Tax 36	4.9	•	•	25.9	21.5	24.0	16.4	19.3	•	•	•	8.3	4.7
Profit Margin, After Income Tax 37	3.3	•	•	24.4	20.2	21.7	13.6	15.6	•	•	•	6.1	3.1

Trends in Selected Ratios and Factors, 1990-1999

	1990	1991	1992	1993	1994	1995	1996	1997	1998	1999
Cost of Operations (%) 38	41.5	43.4	42.6	43.8	43.2	44.2	42.0	39.0	44.3	48.2
Operating Margin (%) 39	6.3	4.7	4.2	4.5	4.8	5.8	5.2	5.9	6.4	5.1
Oper. Margin Before Officers Comp. (%) 40	6.5	4.9	4.4	4.7	5.0	6.0	5.4	6.1	6.5	5.2
Average Net Receivables ($) 41	5739	8631	14570	18330	18138	16236	33919	53201	46275	57645
Average Inventories ($) 42	538	602	732	808	648	478	1537	1328	1071	766
Average Net Worth ($) 43	33155	42148	50450	60988	58420	65163	111815	123282	134307	160691
Current Ratio (×1) 44	3.4	3.9	3.2	3.5	3.1	3.5	2.6	2.0	1.8	2.0
Quick Ratio (×1) 45	2.5	2.8	2.3	2.4	2.2	2.6	1.8	1.4	1.4	1.7
Coverage Ratio (×1) 46	4.8	3.6	2.5	2.4	2.5	2.8	2.9	3.2	3.2	2.8
Asset Turnover (×1) 47	0.4	0.4	0.3	0.3	0.3	0.3	0.3	0.3	0.3	0.3
Operating Leverage 48	1.2	0.8	0.9	1.1	1.1	1.2	0.9	1.1	1.1	0.8
Financial Leverage 49	1.1	0.9	0.8	1.0	1.1	1.0	1.0	1.1	1.1	0.8
Total Leverage 50	1.3	0.7	0.7	1.0	1.1	1.3	0.9	1.2	1.2	0.7

Table I

Corporations with and without Net Income

LIFE INSURANCE, MUTUAL COMPANIES

MONEY AMOUNTS AND SIZE OF ASSETS IN THOUSANDS OF DOLLARS

Item Description for Accounting Period 7/95 Through 6/96	Total	Zero Assets	Under 100	100 to 250	251 to 500	501 to 1,000	1,001 to 5,000	5,001 to 10,000	10,001 to 25,000	25,001 to 50,000	50,001 to 100,000	100,001 to 250,000	250,001 and over
Number of Enterprises **1**	129	•	•	•	5	5	26	•	12	7	7	8	53

Revenues ($ in Thousands)

Net Sales **2**	125398641	•	•	•	165	789	9087	•	24336	31629	102360	410282	124388815
Portfolio Income **3**	54215810	•	•	•	91	205	5810	•	16198	12212	47963	97388	53861376
Other Revenues **4**	24894331	•	•	•	•	1	1488	•	5244	3543	70065	30316	24691836
Total Revenues **5**	204508782	•	•	•	256	995	16385	•	45778	47384	220388	537986	202942027
Average Total Revenues **6**	1585339	•	•	•	51	199	630	•	3815	6769	31484	67248	3829095

Operating Costs/Operating Income (%)

Cost of Operations **7**	51.1	•	•	•	39.9	11.8	29.1	•	25.7	45.9	82.3	48.4	51.1
Rent **8**	1.7	•	•	•	•	•	•	•	•	•	•	•	1.7
Taxes Paid **9**	1.1	•	•	•	3.5	1.4	1.8	•	3.3	4.0	2.4	2.2	1.1
Interest Paid **10**	2.6	•	•	•	•	•	2.2	•	3.0	•	0.3	0.3	2.6
Depreciation, Depletion, Amortization **11**	1.8	•	•	•	2.0	6.0	3.4	•	4.6	4.5	1.8	2.8	1.7
Pensions and Other Benefits **12**	0.5	•	•	•	•	•	1.5	•	1.1	1.0	1.0	0.9	0.5
Other **13**	34.9	•	•	•	55.5	74.6	55.5	•	47.5	39.9	22.8	39.5	34.8
Officers Compensation **14**	0.2	•	•	•	18.0	•	2.4	•	•	•	0.2	•	0.2
Operating Margin **15**	6.2	•	•	•	•	6.3	4.3	•	14.8	4.8	•	6.0	6.2
Oper. Margin Before Officers Compensation **16**	6.4	•	•	•	•	6.3	6.6	•	14.8	4.8	•	6.0	6.4

Selected Average Balance Sheet ($ in Thousands)

Net Receivables **17**	172743	•	•	•	•	0	0	•	1297	1079	12	44	420006
Inventories **18**	4166	•	•	•	•	•	•	•	•	•	•	•	10139
Net Property, Plant and Equipment **19**	34345	•	•	•	1	7	5	•	808	92	589	2210	82984
Total Assets **20**	6560942	•	•	•	373	723	3186	•	20122	29218	73889	178861	15922246

Notes and Loans Payable **21**	268559	•	•	•	•	•	•	•	1515	•	•	2	653318
All Other Liabilities **22**	5716356	•	•	•	373	208	2684	•	15300	27052	60711	158378	13873060
Net Worth **23**	576027	•	•	•	•	516	502	•	3307	2166	13178	20482	1395868

Selected Financial Ratios (Times to 1)

Current Ratio **24**	2.3	•	•	•	•	•	•	•	14.4	•	8.6	4.2	2.3
Quick Ratio **25**	1.9	•	•	•	•	•	•	•	10.9	18.8	7.4	3.9	1.9
Net Sales to Working Capital **26**	2.1	•	•	•	0.2	0.6	0.4	•	0.7	0.4	1.3	1.7	2.1
Coverage Ratio **27**	3.3	•	•	•	•	•	2.7	•	5.9	•	•	•	3.3
Total Asset Turnover **28**	0.3	•	•	•	0.1	0.3	0.2	•	0.2	0.2	0.4	0.4	0.3
Inventory Turnover **29**	•	•	•	•	•	•	•	•	•	•	•	•	•
Receivables Turnover **30**	•	•	•	•	•	•	•	•	•	•	•	•	•
Total Liabilities to Net Worth **31**	10.4	•	•	•	•	0.4	5.4	•	5.1	12.5	4.6	7.7	10.4

Selected Financial Factors (in Percentages)

Debt Ratio **32**	91.2	•	•	•	•	28.7	84.3	•	83.6	92.6	82.2	88.6	91.2
Return on Assets **33**	2.1	•	•	•	•	0.8	1.2	•	3.4	1.1	•	2.3	2.1
Return on Equity **34**	10.8	•	•	•	•	1.1	4.0	•	14.6	12.6	•	14.9	10.8
Return Before Interest on Equity **35**	23.8	•	•	•	•	1.1	7.5	•	20.5	14.9	•	19.9	23.8
Profit Margin, Before Income Tax **36**	6.0	•	•	•	•	2.9	3.8	•	14.7	4.8	•	5.8	6.0
Profit Margin, After Income Tax **37**	3.9	•	•	•	•	2.9	3.2	•	12.7	4.0	•	4.6	3.9

Trends in Selected Ratios and Factors, 1990-1999

	1990	1991	1992	1993	1994	1995	1996	1997	1998	1999
Cost of Labor (%) **38**	42.4	46.4	46.4	47.5	49.4	49.5	49.1	48.6	52.3	51.1
Operating Margin (%) **39**	5.1	•	2.2	3.3	0.3	3.9	4.9	4.1	2.2	6.2
Oper. Margin Before Officers Comp. (%) **40**	5.5	•	2.5	3.6	0.6	4.2	5.1	4.3	2.4	6.4
Average Net Receivables ($) **41**	92705	80261	117070	190970	167848	252693	159286	196035	174229	172743
Average Inventories ($) **42**	2658	496	4932	5276	5389	5722	4596	3087	2006	4166
Average Net Worth ($) **43**	198101	182511	256518	284569	264180	389299	442159	530468	590069	576027
Current Ratio (×1) **44**	2.2	2.7	2.3	2.0	2.0	2.1	2.2	2.4	2.7	2.3
Quick Ratio (×1) **45**	1.6	1.9	1.6	1.4	1.5	1.6	1.7	1.8	2.1	1.9
Coverage Ratio (×1) **46**	2.3	0.3	1.6	2.2	1.1	2.4	3.4	2.8	1.8	3.3
Asset Turnover (×1) **47**	0.3	0.3	0.3	0.3	0.3	0.3	0.3	0.3	0.3	0.3
Total Liabilities/Net Worth (×1) **48**	12.7	14.1	15.0	14.0	16.3	14.5	11.3	11.0	10.0	10.4
Return on Assets (×1) **49**	2.4	0.3	1.5	1.6	0.9	1.8	1.9	1.7	1.1	2.1
Return on Equity (%) **50**	13.1	•	5.7	9.4	•	12.0	11.3	8.6	3.3	10.8

Table II

Corporations with Net Income

LIFE INSURANCE, MUTUAL COMPANIES

MONEY AMOUNTS AND SIZE OF ASSETS IN THOUSANDS OF DOLLARS

Item Description for Accounting Period 7/95 Through 6/96	Total	Zero Assets	Under 100	100 to 250	251 to 500	501 to 1,000	1,001 to 5,000	5,001 to 10,000	10,001 to 25,000	25,001 to 50,000	50,001 to 100,000	100,001 to 250,000	250,001 and over
Number of Enterprises **1**	100	•	•	•	5	•	17	•	•	•	•	8	50
Revenues ($ in Thousands)													
Net Sales **2**	122779311	•	•	•	41	•	3758	•	•	•	•	410282	121864368
Portfolio Income **3**	52766299	•	•	•	130	•	3532	•	•	•	•	97388	52443798
Other Revenues **4**	23502555	•	•	•	•	•	1449	•	•	•	•	30316	23366545
Total Revenues **5**	199048165	•	•	•	171	•	8739	•	•	•	•	537986	197674711
Average Total Revenues **6**	1990482	•	•	•	34	•	514	•	•	•	•	67248	3953494
Operating Costs/Operating Income (%)													
Cost of Operations **7**	51.0	•	•	•	9.4	•	34.7	•	•	•	•	48.4	51.0
Rent **8**	1.8	•	•	•	•	•	•	•	•	•	•	•	1.8
Taxes Paid **9**	1.1	•	•	•	1.2	•	2.0	•	•	•	•	2.2	1.1
Interest Paid **10**	2.7	•	•	•	•	•	0.2	•	•	•	•	0.3	2.7
Depreciation, Depletion, Amortization **11**	1.7	•	•	•	•	•	5.3	•	•	•	•	2.8	1.7
Pensions and Other Benefits **12**	0.5	•	•	•	•	•	2.8	•	•	•	•	0.9	0.5
Other **13**	34.6	•	•	•	39.8	•	38.1	•	•	•	•	39.5	34.6
Officers Compensation **14**	0.2	•	•	•	•	•	4.4	•	•	•	•	•	0.2
Operating Margin **15**	6.4	•	•	•	49.7	•	12.6	•	•	•	•	6.0	6.4
Oper. Margin Before Officers Compensation **16**	6.7	•	•	•	49.7	•	17.0	•	•	•	•	6.0	6.6
Selected Average Balance Sheet ($ in Thousands)													
Net Receivables **17**	221892	•	•	•	•	•	•	•	•	•	•	44	443463
Inventories **18**	5374	•	•	•	•	•	•	•	•	•	•	•	10747
Net Property, Plant and Equipment **19**	43576	•	•	•	•	•	1	•	•	•	•	2210	86514
Total Assets **20**	8233876	•	•	•	498	•	3255	•	•	•	•	178861	16424433

Notes and Loans Payable **21**	343999	•	•	•	•	•	•	•	•	•	•	2	687633
All Other Liabilities **22**	7156960	•	•	•	200	•	2593	•	•	•	•	158378	14276552
Net Worth **23**	732917	•	•	•	299	•	662	•	•	•	•	20482	1460247
Selected Financial Ratios (Times to 1)													
Current Ratio **24**	2.3	•	•	•	•	•	•	•	•	•	•	4.2	2.3
Quick Ratio **25**	1.9	•	•	•	•	•	•	•	•	•	•	3.9	1.9
Net Sales to Working Capital **26**	2.0	•	•	•	0.2	•	0.3	•	•	•	•	1.7	2.0
Coverage Ratio **27**	3.4	•	•	•	•	•	•	•	•	•	•	•	3.4
Total Asset Turnover **28**	0.3	•	•	•	0.1	•	0.2	•	•	•	•	0.4	0.3
Inventory Turnover **29**	•	•	•	•	•	•	•	•	•	•	•	•	•
Receivables Turnover **30**	•	•	•	•	•	•	•	•	•	•	•	•	•
Total Liabilities to Net Worth **31**	10.2	•	•	•	0.7	•	3.9	•	•	•	•	7.7	10.3
Selected Financial Factors (in Percentages)													
Debt Ratio **32**	91.1	•	•	•	40.1	•	79.7	•	•	•	•	88.6	91.1
Return on Assets **33**	2.2	•	•	•	3.4	•	2.0	•	•	•	•	2.3	2.2
Return on Equity **34**	11.3	•	•	•	5.6	•	8.8	•	•	•	•	14.9	11.2
Return Before Interest on Equity **35**	24.4	•	•	•	5.7	•	9.8	•	•	•	•	19.9	24.2
Profit Margin, Before Income Tax **36**	6.3	•	•	•	•	•	12.4	•	•	•	•	5.8	6.3
Profit Margin, After Income Tax **37**	4.2	•	•	•	•	•	11.3	•	•	•	•	4.6	4.1

Trends in Selected Ratios and Factors, 1990-1999

	1990	1991	1992	1993	1994	1995	1996	1997	1998	1999
Cost of Operations (%) **38**	41.6	43.0	44.2	47.5	52.8	48.7	50.6	46.9	52.7	51.0
Operating Margin (%) **39**	6.5	1.9	3.1	3.4	1.9	4.3	5.1	4.6	3.3	6.4
Oper. Margin Before Officers Comp. (%) **40**	7.0	2.3	3.4	3.8	2.2	4.6	5.3	4.8	3.4	6.7
Average Net Receivables ($) **41**	118730	135341	186030	243834	33184	200950	191954	241518	64220	221892
Average Inventories ($) **42**	3441	7	7823	6741	503	5371	5540	3808	2795	5374
Average Net Worth ($) **43**	225278	102807	352068	355752	259343	452416	535103	645714	583105	732917
Current Ratio (×1) **44**	2.1	1.7	2.2	2.0	4.2	2.3	2.2	2.5	3.8	2.3
Quick Ratio (×1) **45**	1.6	1.3	1.6	1.4	2.9	1.7	1.7	2.0	3.0	1.9
Coverage Ratio (×1) **46**	2.6	1.4	1.7	2.2	2.5	2.6	3.4	3.0	3.6	3.4
Asset Turnover (×1) **47**	0.3	0.3	0.3	0.3	0.3	0.3	0.3	0.3	0.3	0.3
Operating Leverage **48**	1.7	0.3	1.6	1.1	0.6	2.2	1.2	0.9	0.7	2.0
Financial Leverage **49**	1.7	0.4	1.7	1.3	1.1	1.0	1.0	1.0	1.1	1.0
Total Leverage **50**	2.8	0.1	2.7	1.5	0.6	2.3	1.2	0.9	0.8	1.9

Table I

Corporations with and without Net Income

MUTUAL PROPERTY AND CASUALTY INSURANCE COMPANIES

MONEY AMOUNTS AND SIZE OF ASSETS IN THOUSANDS OF DOLLARS

Item Description for Accounting Period 7/95 Through 6/96	Total	Zero Assets	Under 100	100 to 250	251 to 500	501 to 1,000	1,001 to 5,000	5,001 to 10,000	10,001 to 25,000	25,001 to 50,000	50,001 to 100,000	100,001 to 250,000	250,001 and over
Number of Enterprises **1**	1728	18	34	31	49	153	717	185	173	99	65	89	115
Revenues ($ in Thousands)													
Net Sales **2**	142981896	368457	2556	2108	45007	43947	571875	788578	1587527	1699495	2060646	6895004	128916696
Portfolio Income **3**	22673754	266803	44	275	929	5191	81846	66063	159264	183261	259100	839001	20811977
Other Revenues **4**	3872853	3347	826	15	16943	4521	94052	22660	38342	66205	40347	280822	3304770
Total Revenues **5**	169528503	638607	3426	2398	62879	53659	747773	877301	1785133	1948961	2360093	8014827	153033443
Average Total Revenues **6**	98107	35478	101	77	1283	351	1043	4742	10319	19686	36309	90054	1330726
Operating Costs/Operating Income (%)													
Cost of Operations **7**	63.9	26.1	28.0	58.7	88.9	50.7	47.0	46.6	55.5	48.3	57.9	64.2	64.6
Rent **8**	10.3	0.8	9.6	15.3	2.0	14.6	16.4	10.3	11.8	9.9	14.2	13.6	10.1
Taxes Paid **9**	2.8	2.1	5.5	2.1	0.9	2.0	2.3	3.1	2.6	1.7	2.4	2.2	2.9
Interest Paid **10**	0.6	0.5	1.0	•	0.4	•	0.2	0.2	0.3	0.3	0.2	0.1	0.7
Depreciation, Depletion, Amortization **11**	0.9	0.1	0.4	1.3	•	0.7	0.5	0.5	0.6	0.5	0.5	0.7	1.0
Pensions and Other Benefits **12**	1.3	•	9.7	4.7	0.1	0.7	1.6	0.6	0.9	0.8	1.0	1.5	1.3
Other **13**	14.2	17.6	31.4	47.9	7.9	20.6	24.9	30.5	23.5	29.1	17.7	12.8	13.7
Officers Compensation **14**	0.2	•	•	6.3	•	3.6	1.3	0.7	0.9	0.7	0.7	0.6	0.2
Operating Margin **15**	5.8	52.9	14.4	•	•	7.2	5.9	7.6	4.0	8.7	5.5	4.3	5.6
Oper. Margin Before Officers Compensation **16**	6.0	52.9	14.4	•	•	10.7	7.2	8.3	4.8	9.4	6.2	4.9	5.8
Selected Average Balance Sheet ($ in Thousands)													
Net Receivables **17**	13641	•	4	19	41	43	123	302	855	2656	4402	9805	189992
Inventories **18**	11	•	•	•	•	•	•	•	•	0	•	17	150
Net Property, Plant and Equipment **19**	4491	•	2	4	16	19	44	81	333	359	1047	3777	62720
Total Assets **20**	224735	•	27	196	389	746	2331	7185	16379	35321	73120	156716	3131911

Notes and Loans Payable 21	4238	•	20	•	72	0	12	111	122	172	271	1036	62109
All Other Liabilities 22	162787	•	97	131	652	386	1136	4687	11037	26901	53029	114101	2272541
Net Worth 23	57709	•	-90	64	-336	361	1183	2387	5219	8249	19821	41580	797261

Selected Financial Ratios (Times to 1)

Current Ratio 24	1.1	•	0.2	1.1	0.5	1.7	1.6	1.3	1.2	1.1	1.1	1.0	1.1
Quick Ratio 25	0.8	•	0.2	1.0	0.5	1.5	1.4	1.0	1.0	0.8	0.9	0.8	0.8
Net Sales to Working Capital 26	9.6	•	•	7.1	•	1.4	1.7	4.2	4.7	9.0	8.8	•	9.2
Coverage Ratio 27	7.8	•	•	•	•	•	•	•	12.8	•	•	•	7.0
Total Asset Turnover 28	0.4	•	3.7	0.4	3.3	0.5	0.5	0.7	0.6	0.6	0.5	0.6	0.4
Inventory Turnover 29	•	•	•	•	•	•	•	•	•	•	•	•	•
Receivables Turnover 30	•	•	•	•	•	•	•	•	•	•	•	•	•
Total Liabilities to Net Worth 31	2.9	•	•	2.0	•	1.1	1.0	2.0	2.1	3.3	2.7	2.8	2.9

Selected Financial Factors (in Percentages)

Debt Ratio 32	74.3	•	•	67.1	•	51.7	49.2	66.8	68.1	76.7	72.9	73.5	74.6
Return on Assets 33	2.1	•	•	•	•	3.3	2.3	4.7	2.2	4.4	2.2	1.9	2.0
Return on Equity 34	4.7	•	•	•	1.8	5.2	2.2	8.6	3.2	11.1	4.5	4.2	4.5
Return Before Interest on Equity 35	8.2	•	•	•	•	6.8	4.5	14.0	6.8	18.9	8.2	7.2	7.8
Profit Margin, Before Income Tax 36	4.2	•	14.4	•	•	7.0	5.0	6.8	3.2	7.7	4.3	3.2	4.0
Profit Margin, After Income Tax 37	2.8	34.4	14.1	•	•	5.3	2.5	4.3	1.6	4.6	2.4	1.9	2.7

Trends in Selected Ratios and Factors, 1990-1999

	1990	1991	1992	1993	1994	1995	1996	1997	1998	1999
Cost of Labor (%) 38	58.4	63.8	63.9	64.6	64.3	63.5	67.0	63.0	67.0	63.9
Operating Margin (%) 39	4.2	8.3	6.1	5.5	4.9	6.1	3.4	7.2	3.5	5.8
Oper. Margin Before Officers Comp. (%) 40	4.5	8.6	6.3	5.9	5.2	6.4	3.7	7.5	3.8	6.0
Average Net Receivables ($) 41	1542	3571	6680	9118	10557	13020	15320	11826	14817	13641
Average Inventories ($) 42	4	10	13	16	4	5	6	6	9	11
Average Net Worth ($) 43	26577	37311	50433	45576	49840	46365	50483	50905	53414	57709
Current Ratio (×1) 44	1.1	1.5	1.4	3.5	1.2	1.4	1.2	1.0	1.3	1.1
Quick Ratio (×1) 45	0.8	1.2	1.2	2.9	0.9	1.0	0.8	0.6	0.6	0.8
Coverage Ratio (×1) 46	3.6	13.7	7.3	4.9	5.0	7.5	3.2	11.7	4.2	7.8
Asset Turnover (×1) 47	0.5	0.6	0.5	0.5	0.5	0.5	0.5	0.5	0.4	0.4
Total Liabilities/Net Worth (×1) 48	2.6	2.4	2.7	3.2	2.8	2.7	2.7	2.7	3.1	2.9
Return on Assets (×1) 49	1.2	3.1	1.7	1.4	1.4	2.2	0.9	2.7	1.0	2.1
Return on Equity (%) 50	1.8	6.7	2.8	3.0	2.3	4.3	•	6.1	1.5	4.7

Table II

Corporations with Net Income

MUTUAL PROPERTY AND CASUALTY INSURANCE COMPANIES

MONEY AMOUNTS AND SIZE OF ASSETS IN THOUSANDS OF DOLLARS

Item Description for Accounting Period 7/95 Through 6/96	Total	Zero Assets	Under 100	100 to 250	251 to 500	501 to 1,000	1,001 to 5,000	5,001 to 10,000	10,001 to 25,000	25,001 to 50,000	50,001 to 100,000	100,001 to 250,000	250,001 and over
Number of Enterprises 1	1283	•	•	7	28	115	560	149	102	60	49	68	94
Revenues ($ in Thousands)													
Net Sales 2	119348191	•	•	•	24	28785	381046	662152	752407	910615	1600508	4147866	110515491
Portfolio Income 3	20120201	•	•	118	478	3607	61594	53634	106514	121355	206391	660938	18640497
Other Revenues 4	3341123	•	•	8	1146	4115	85381	18159	30957	44098	33723	161695	2958180
Total Revenues 5	142809515	•	•	126	1648	36507	528021	733945	889878	1076068	1840622	4970499	132114168
Average Total Revenues 6	111309	•	•	18	59	317	943	4926	8724	17934	37564	73096	1405470
Operating Costs/Operating Income (%)													
Cost of Operations 7	63.2	•	•	•	•	46.7	37.7	47.6	51.7	46.7	55.3	54.6	64.3
Rent 8	9.9	•	•	•	46.9	14.8	18.8	8.9	11.1	10.9	15.4	14.5	9.6
Taxes Paid 9	2.9	•	•	•	7.3	1.8	2.4	2.5	3.5	2.1	2.5	2.5	2.9
Interest Paid 10	0.7	•	•	•	•	•	0.2	0.3	0.3	0.3	0.1	0.1	0.8
Depreciation, Depletion, Amortization 11	1.0	•	•	•	1.5	0.5	0.4	0.3	0.6	0.4	0.6	0.8	1.1
Pensions and Other Benefits 12	1.3	•	•	•	•	0.5	1.8	0.4	1.1	1.0	1.1	1.4	1.3
Other 13	13.4	•	•	13.5	12.3	16.8	22.5	27.6	18.2	18.8	15.4	14.3	13.2
Officers Compensation 14	0.2	•	•	•	•	3.5	1.1	0.5	1.0	1.0	0.7	0.6	0.2
Operating Margin 15	7.3	•	•	85.7	31.7	15.5	15.2	12.0	12.7	18.9	9.1	11.3	6.7
Oper. Margin Before Officers Compensation 16	7.5	•	•	85.7	32.0	18.9	16.3	12.5	13.7	19.8	9.8	11.9	6.9
Selected Average Balance Sheet ($ in Thousands)													
Net Receivables 17	15186	•	•	•	18	45	113	343	907	2410	4232	9004	194754
Inventories 18	14	•	•	•	•	•	•	•	•	0	•	21	181
Net Property, Plant and Equipment 19	5602	•	•	•	26	16	44	74	320	358	1248	3413	72352
Total Assets 20	266711	•	•	200	400	749	2270	7151	16263	35865	75232	155721	3421989

Notes and Loans Payable 21	5566	•	•	•	3	•	13	137	94	284	128	644	74852
All Other Liabilities 22	191494	•	•	53	188	356	952	4629	11601	23643	50372	104148	2470868
Net Worth 23	69651	•	•	147	210	393	1305	2385	4568	11938	24732	50929	876269

Selected Financial Ratios (Times to 1)

Current Ratio 24	1.2	•	•	2.2	2.0	1.9	1.8	1.3	1.2	1.2	1.2	1.0	1.2
Quick Ratio 25	0.8	•	•	1.8	1.9	1.7	1.6	1.1	1.0	0.9	1.0	0.9	0.8
Net Sales to Working Capital 26	5.3	•	•	0.3	0.4	1.1	1.3	4.6	5.7	4.5	5.5	28.4	5.2
Coverage Ratio 27	8.8	•	•	•	•	•	•	•	•	•	•	•	7.6
Total Asset Turnover 28	0.4	•	•	0.1	0.2	0.4	0.4	0.7	0.5	0.5	0.5	0.5	0.4
Inventory Turnover 29	•	•	•	•	•	•	•	•	•	•	•	•	•
Receivables Turnover 30	•	•	•	•	•	•	•	•	•	•	•	•	•
Total Liabilities to Net Worth 31	2.8	•	•	0.4	0.9	0.9	0.7	2.0	2.6	2.0	2.1	2.1	2.9

Selected Financial Factors (in Percentages)

Debt Ratio 32	73.9	•	•	26.3	47.6	47.5	42.5	66.7	71.9	66.7	67.1	67.3	74.4
Return on Assets 33	2.6	•	•	7.7	4.7	6.5	6.0	8.0	6.4	8.9	3.9	4.6	2.4
Return on Equity 34	6.3	•	•	9.0	8.4	10.4	7.7	17.2	16.2	17.9	8.1	10.9	5.6
Return Before Interest on Equity 35	10.1	•	•	10.5	8.9	12.4	10.4	23.9	22.7	26.6	11.8	14.1	9.2
Profit Margin, Before Income Tax 36	5.6	•	•	•	31.7	15.3	14.2	11.3	11.6	17.4	7.7	9.7	5.0
Profit Margin, After Income Tax 37	3.9	•	•	•	29.9	12.8	10.7	8.3	8.5	11.9	5.3	7.6	3.5

Trends in Selected Ratios and Factors, 1990-1999

	1990	1991	1992	1993	1994	1995	1996	1997	1998	1999
Cost of Operations (%) 38	57.5	57.6	58.2	59.1	63.6	62.6	61.7	62.2	61.8	63.2
Operating Margin (%) 39	7.5	12.0	9.9	7.9	6.5	7.2	7.6	8.3	6.6	7.3
Oper. Margin Before Officers Comp. (%) 40	7.8	12.3	10.2	8.5	6.8	7.4	7.9	8.6	6.9	7.5
Average Net Receivables ($) 41	1365	3237	6675	10838	10779	16566	15474	15955	14261	15186
Average Inventories ($) 42	3	3	15	19	5	7	7	9	8	14
Average Net Worth ($) 43	31986	43835	62555	35185	63733	61018	39533	71791	44660	69651
Current Ratio (×1) 44	1.1	1.6	1.7	2.7	1.2	1.5	1.2	1.0	1.1	1.2
Quick Ratio (×1) 45	0.8	1.4	1.5	2.2	0.9	1.0	0.8	0.6	0.7	0.8
Coverage Ratio (×1) 46	16.2	29.6	14.7	7.3	6.8	8.7	8.6	14.3	6.6	8.8
Asset Turnover (×1) 47	0.5	0.5	0.5	0.5	0.5	0.5	0.5	0.5	0.4	0.4
Operating Leverage 48	1.3	1.6	0.8	0.8	0.8	1.1	1.1	1.1	0.8	1.1
Financial Leverage 49	1.2	1.0	0.9	1.0	0.9	1.1	1.0	1.1	1.0	1.0
Total Leverage 50	1.5	1.5	0.8	0.8	0.7	1.2	1.1	1.2	0.8	1.1

Table I

Corporations with and without Net Income

STOCK PROPERTY AND CASUALTY INSURANCE COMPANIES

MONEY AMOUNTS AND SIZE OF ASSETS IN THOUSANDS OF DOLLARS

Item Description for Accounting Period 7/95 Through 6/96	Total	Zero Assets	Under 100	100 to 250	251 to 500	501 to 1,000	1,001 to 5,000	5,001 to 10,000	10,001 to 25,000	25,001 to 50,000	50,001 to 100,000	100,001 to 250,000	250,001 and over
Number of Enterprises **1**	3652	487	1411	65	51	168	589	168	189	140	79	108	197
Revenues ($ in Thousands)													
Net Sales **2**	222843226	2972276	57468	4963	5736	45157	1030100	684226	2599226	2640125	3401269	11194756	198207926
Portfolio Income **3**	31058779	198705	555	592	911	4084	52919	44937	134817	229452	266553	823957	29301297
Other Revenues **4**	11875205	18195	123	-785	151	247	50086	328934	234723	119626	212933	465410	10445559
Total Revenues **5**	265777210	3189176	58146	4770	6798	49488	1133105	1058097	2968766	2989203	3880755	12484123	237954782
Average Total Revenues **6**	72776	6549	41	73	133	295	1924	6298	15708	21351	49123	115594	1207892
Operating Costs/Operating Income (%)													
Cost of Operations **7**	56.4	36.1	35.1	54.4	23.0	22.3	36.2	45.7	68.7	36.5	53.1	62.3	56.7
Rent **8**	11.6	8.2	21.9	36.0	27.4	19.3	15.6	16.4	9.4	13.6	15.7	12.2	11.5
Taxes Paid **9**	2.1	2.0	3.6	1.2	2.0	3.2	1.9	9.1	1.5	2.6	2.4	1.9	2.0
Interest Paid **10**	1.9	0.6	1.2	•	0.2	0.4	0.6	0.6	0.4	0.7	0.6	0.5	2.1
Depreciation, Depletion, Amortization **11**	1.3	0.6	4.3	0.3	0.1	2.0	1.3	0.8	0.7	0.9	0.9	0.7	1.3
Pensions and Other Benefits **12**	1.5	0.8	3.8	•	•	0.6	1.1	1.7	0.8	1.0	1.3	4.4	1.4
Other **13**	18.4	48.2	44.4	7.5	28.1	44.5	40.7	26.0	16.3	36.9	19.6	13.3	17.8
Officers Compensation **14**	0.6	0.8	13.3	•	•	2.8	2.9	1.0	1.0	2.0	1.1	0.9	0.6
Operating Margin **15**	6.3	2.7	•	0.7	19.2	5.0	•	•	1.3	5.9	5.4	4.1	6.6
Oper. Margin Before Officers Compensation **16**	6.9	3.5	•	0.7	19.2	7.8	2.8	•	2.2	7.9	6.6	4.9	7.1
Selected Average Balance Sheet ($ in Thousands)													
Net Receivables **17**	13643	•	1	5	•	75	170	318	1639	2615	6182	14538	238183
Inventories **18**	174	•	•	•	•	•	0	•	4	88	5	24	3148
Net Property, Plant and Equipment **19**	6004	•	3	•	•	10	129	187	334	1162	2494	4077	106347
Total Assets **20**	201810	•	18	190	361	688	2282	7018	15906	35761	72203	166826	3566407

Notes and Loans Payable 21	13373	•	11	•	18	70	150	307	574	1943	3122	8493	239215
All Other Liabilities 22	120159	•	55	136	288	606	1668	3448	10947	26598	48992	124473	2101261
Net Worth 23	68279	•	-47	53	55	12	464	3263	4385	7220	20089	33860	1225930

Selected Financial Ratios (Times to 1)

Current Ratio 24	1.0	•	0.2	1.2	1.1	0.8	1.0	1.7	1.1	1.1	1.1	1.2	1.0
Quick Ratio 25	0.8	•	0.2	0.9	0.9	0.7	0.8	1.3	0.9	0.8	0.9	0.9	0.8
Net Sales to Working Capital 26	32.0	•	•	2.8	5.3	•	•	3.3	14.5	9.0	12.9	8.1	42.0
Coverage Ratio 27	3.5	5.3	•	•	•	13.9	0.7	•	2.9	8.1	9.2	7.1	3.4
Total Asset Turnover 28	0.4	•	2.3	0.4	0.4	0.4	0.9	0.9	1.0	0.6	0.7	0.7	0.3
Inventory Turnover 29	•	•	•	•	•	•	•	•	•	•	•	•	•
Receivables Turnover 30	•	•	•	•	•	•	•	•	•	•	•	•	•
Total Liabilities to Net Worth 31	2.0	•	•	2.6	5.6	•	3.9	1.2	2.6	4.0	2.6	3.9	1.9

Selected Financial Factors (in Percentages)

Debt Ratio 32	66.2	•	•	71.9	84.8	98.2	79.7	53.5	72.4	79.8	72.2	79.7	65.6
Return on Assets 33	2.4	•	•	0.3	7.2	2.3	0.4	•	1.3	3.5	3.4	2.4	2.4
Return on Equity 34	3.3	•	24.5	•	36.0	•	•	•	•	9.1	6.6	5.6	3.2
Return Before Interest on Equity 35	7.2	•	22.9	0.9	•	•	1.7	•	4.5	17.1	12.2	11.9	7.1
Profit Margin, Before Income Tax 36	4.8	2.7	•	0.7	19.2	5.0	•	•	0.8	5.1	4.4	3.0	5.1
Profit Margin, After Income Tax 37	3.1	1.3	•	•	14.8	2.2	•	•	•	3.1	2.7	1.7	3.3

Trends in Selected Ratios and Factors, 1990-1999

	1990	1991	1992	1993	1994	1995	1996	1997	1998	1999
Cost of Labor (%) 38	39.0	57.0	56.6	55.7	55.4	57.0	59.6	58.2	58.9	56.4
Operating Margin (%) 39	5.2	5.4	5.2	5.6	4.4	4.9	5.0	6.9	4.9	6.3
Oper. Margin Before Officers Comp. (%) 40	5.9	5.9	5.7	6.0	5.0	5.4	5.7	7.6	5.6	6.9
Average Net Receivables ($) 41	4144	9014	7972	10533	9674	9416	6304	7095	11204	13643
Average Inventories ($) 42	313	520	415	539	364	323	111	94	133	174
Average Net Worth ($) 43	18295	25572	25591	27541	26678	33813	25235	33772	52516	68279
Current Ratio (×1) 44	1.4	1.3	1.4	2.0	1.1	1.2	1.1	1.1	1.2	1.0
Quick Ratio (×1) 45	1.1	1.0	1.0	1.4	0.7	0.7	0.7	0.7	0.7	0.8
Coverage Ratio (×1) 46	2.5	2.6	2.6	2.4	2.1	2.3	2.7	3.9	2.7	3.5
Asset Turnover (×1) 47	0.4	0.4	0.4	0.4	0.4	0.4	0.4	0.4	0.4	0.4
Total Liabilities/Net Worth (×1) 48	2.2	2.6	2.7	2.8	2.9	2.5	2.5	2.1	2.2	2.0
Return on Assets (×1) 49	2.1	2.6	2.5	2.9	2.5	2.4	2.2	2.9	2.1	2.4
Return on Equity (%) 50	3.0	4.0	4.0	4.7	3.2	3.0	2.6	4.5	2.3	3.3

Table II

Corporations with Net Income

STOCK PROPERTY AND CASUALTY INSURANCE COMPANIES

MONEY AMOUNTS AND SIZE OF ASSETS IN THOUSANDS OF DOLLARS

Item Description for Accounting Period 7/95 Through 6/96		Total	Zero Assets	Under 100	100 to 250	251 to 500	501 to 1,000	1,001 to 5,000	5,001 to 10,000	10,001 to 25,000	25,001 to 50,000	50,001 to 100,000	100,001 to 250,000	250,001 and over
Number of Enterprises	1	2597	437	980	37	38	113	364	114	111	103	58	76	166
Revenues ($ in Thousands)														
Net Sales	2	194910154	2615522	29878	1301	4949	36677	725126	483182	1731730	1860034	2321247	7015964	178084544
Portfolio Income	3	28342358	147689	94	445	627	3353	38224	30552	90417	172802	198491	601276	27058387
Other Revenues	4	10667437	13728	131	81	150	141	43366	315044	48551	95199	184949	298270	9667827
Total Revenues	5	233919949	2776939	30103	1827	5726	40171	806716	828778	1870698	2128035	2704687	7915510	214810758
Average Total Revenues	6	90073	6355	31	49	151	355	2216	7270	16853	20661	46633	104151	1294041
Operating Costs/Operating Income (%)														
Cost of Operations	7	54.8	32.0	0.4	12.7	19.0	15.9	30.2	38.8	64.9	31.9	50.0	58.2	55.4
Rent	8	11.4	7.2	17.8	37.9	29.2	20.7	10.4	18.6	9.0	12.6	15.9	12.5	11.3
Taxes Paid	9	2.1	1.9	6.1	0.8	1.2	3.6	1.7	11.3	1.3	2.7	2.5	2.1	2.1
Interest Paid	10	1.9	0.4	•	•	0.2	0.5	0.7	0.6	0.2	0.7	0.6	0.6	2.1
Depreciation, Depletion, Amortization	11	1.3	0.6	7.6	0.2	•	1.9	1.2	0.2	0.5	0.7	1.0	0.7	1.4
Pensions and Other Benefits	12	1.6	0.7	6.7	•	•	0.8	1.2	2.0	0.7	0.9	1.2	6.2	1.4
Other	13	18.7	52.3	24.7	7.0	24.9	40.6	44.2	20.8	14.7	37.6	18.7	9.8	18.3
Officers Compensation	14	0.6	0.4	25.6	•	•	3.5	2.7	0.7	1.1	1.8	1.2	1.1	0.5
Operating Margin	15	7.8	4.6	11.2	41.4	25.5	12.7	7.8	7.1	7.7	11.1	9.2	9.0	7.7
Oper. Margin Before Officers Compensation	16	8.3	5.0	36.8	41.4	25.5	16.1	10.5	7.8	8.8	13.0	10.4	10.1	8.2
Selected Average Balance Sheet ($ in Thousands)														
Net Receivables	17	16270	•	0	•	•	105	155	202	1663	2307	5851	15009	242524
Inventories	18	225	•	•	•	•	•	0	•	7	113	1	6	3447
Net Property, Plant and Equipment	19	7930	•	3	•	•	15	137	191	287	882	1900	3464	120616
Total Assets	20	258714	•	21	182	347	739	2423	7052	15917	35431	72424	164049	3903536

Notes and Loans Payable 21	16357	•	0	•	0	104	164	206	549	1762	3011	5853	250136
All Other Liabilities 22	151637	•	6	145	199	394	1487	3473	9963	21507	43352	97358	2286539
Net Worth 23	90720	•	15	37	147	241	771	3372	5405	12162	26061	60839	1366862
Selected Financial Ratios (Times to 1)													
Current Ratio 24	1.1	•	2.4	1.1	1.1	1.2	1.2	1.5	1.3	1.1	1.2	1.2	1.1
Quick Ratio 25	0.8	•	2.2	0.9	0.9	1.1	1.0	1.0	1.0	0.9	0.9	1.0	0.8
Net Sales to Working Capital 26	16.5	•	6.4	3.3	7.7	4.2	8.8	5.5	7.0	8.2	5.9	6.3	18.4
Coverage Ratio 27	4.2	12.6	•	•	•	•	12.0	13.5	•	•	•	14.7	4.0
Total Asset Turnover 28	0.4	•	1.5	0.3	0.4	0.5	0.9	1.0	1.1	0.6	0.7	0.6	0.3
Inventory Turnover 29	•	•	•	•	•	•	•	•	•	•	•	•	•
Receivables Turnover 30	•	•	•	•	•	•	•	•	•	•	•	•	•
Total Liabilities to Net Worth 31	1.9	•	0.4	4.0	1.4	2.1	2.2	1.1	2.0	1.9	1.8	1.7	1.9
Selected Financial Factors (in Percentages)													
Debt Ratio 32	64.9	•	28.6	79.9	57.5	67.4	68.2	52.2	66.1	65.7	64.0	62.9	65.0
Return on Assets 33	2.9	•	16.2	11.2	11.2	6.3	7.7	7.5	8.0	6.3	5.6	5.2	2.7
Return on Equity 34	4.2	•	20.3	•	20.7	13.5	16.4	10.7	16.7	12.4	10.0	9.4	3.9
Return Before Interest on Equity 35	8.1	•	22.7	•	26.3	19.3	24.2	15.7	23.5	18.3	15.4	13.9	7.8
Profit Margin, Before Income Tax 36	6.3	4.9	11.2	•	25.5	12.6	7.7	6.7	7.4	10.1	8.1	7.6	6.2
Profit Margin, After Income Tax 37	4.3	3.3	10.0	•	20.2	9.2	5.7	5.0	5.4	7.3	5.6	5.5	4.2

Trends in Selected Ratios and Factors, 1990-1999

	1990	1991	1992	1993	1994	1995	1996	1997	1998	1999
Cost of Operations (%) 38	37.8	49.4	49.7	52.4	55.0	53.2	55.7	57.1	57.2	54.8
Operating Margin (%) 39	8.2	9.8	8.1	7.2	6.1	7.0	7.7	8.4	7.3	7.8
Oper. Margin Before Officers Comp. (%) 40	8.8	10.3	8.7	7.7	6.6	7.5	8.5	9.1	7.9	8.3
Average Net Receivables ($) 41	5344	13748	13519	13274	13974	15454	6217	8917	13559	16270
Average Inventories ($) 42	473	904	812	593	588	610	88	137	186	225
Average Net Worth ($) 43	25196	44021	48937	34875	39826	58908	28037	46263	68980	90720
Current Ratio (×1) 44	1.4	1.4	1.5	2.0	1.1	1.2	1.1	1.1	1.2	1.1
Quick Ratio (×1) 45	1.1	1.1	1.0	1.5	0.7	0.7	0.7	0.7	0.8	0.8
Coverage Ratio (×1) 46	3.6	3.8	3.4	2.8	2.7	2.8	4.3	4.6	3.7	4.2
Asset Turnover (×1) 47	0.3	0.4	0.4	0.4	0.4	0.4	0.4	0.4	0.4	0.4
Operating Leverage 48	1.0	1.2	0.8	0.9	0.9	1.2	1.1	1.1	0.9	1.1
Financial Leverage 49	1.2	1.0	0.9	0.9	0.9	1.0	1.2	1.0	0.9	1.0
Total Leverage 50	1.3	1.2	0.8	0.8	0.8	1.2	1.3	1.1	0.8	1.1

Table I

Corporations with and without Net Income

INSURANCE AGENTS, BROKERS, AND SERVICE

MONEY AMOUNTS AND SIZE OF ASSETS IN THOUSANDS OF DOLLARS

Item Description for Accounting Period 7/95 Through 6/96	Total	Zero Assets	Under 100	100 to 250	251 to 500	501 to 1,000	1,001 to 5,000	5,001 to 10,000	10,001 to 25,000	25,001 to 50,000	50,001 to 100,000	100,001 to 250,000	250,001 and over
Number of Enterprises **1**	77645	3925	48160	10784	6790	4127	3227	347	200	42	16	12	14
Revenues ($ in Thousands)													
Net Sales **2**	44983642	525033	7754775	5479586	4614709	3426446	7318616	2139154	1946141	1040665	848729	904587	8985201
Portfolio Income **3**	1464919	29882	29445	25751	42660	43517	126065	48436	70270	22280	56637	51947	918028
Other Revenues **4**	1522461	7956	62794	169230	46746	113963	169893	54710	453368	201914	32771	9059	200058
Total Revenues **5**	47971022	562871	7847014	5674567	4704115	3583926	7614574	2242300	2469779	1264859	938137	965593	10103287
Average Total Revenues **6**	618	143	163	526	693	868	2360	6462	12349	30116	58634	80466	721663
Operating Costs/Operating Income (%)													
Cost of Operations **7**	13.3	7.2	14.9	18.6	19.5	9.7	15.0	19.0	8.3	26.0	31.0	11.0	3.6
Rent **8**	22.4	15.9	13.3	18.0	19.2	24.1	24.7	21.7	29.0	30.0	19.8	24.3	29.1
Taxes Paid **9**	3.3	2.2	2.7	3.2	3.7	4.0	3.3	2.5	3.6	2.5	2.2	2.7	3.9
Interest Paid **10**	1.4	0.5	0.5	0.9	1.0	1.4	1.5	1.3	1.0	1.2	0.8	1.4	2.9
Depreciation, Depletion, Amortization **11**	2.2	0.9	1.3	1.8	2.2	2.8	2.3	2.0	2.2	1.7	1.9	4.1	2.7
Pensions and Other Benefits **12**	3.4	1.9	1.6	2.9	3.0	4.4	3.1	2.8	6.9	3.0	2.8	2.8	4.6
Other **13**	34.3	59.5	41.6	32.9	30.7	31.0	30.8	30.9	32.4	27.3	28.7	35.7	36.2
Officers Compensation **14**	12.1	6.6	15.3	17.2	16.1	17.0	14.3	14.0	10.7	5.4	5.2	6.2	3.8
Operating Margin **15**	7.6	5.5	8.8	4.6	4.7	5.7	5.1	5.9	6.0	2.9	7.6	11.8	13.5
Oper. Margin Before Officers Compensation **16**	19.7	12.1	24.1	21.8	20.8	22.7	19.4	19.9	16.7	8.3	12.8	18.0	17.2
Selected Average Balance Sheet ($ in Thousands)													
Net Receivables **17**	158	•	3	22	90	152	476	2053	4487	10266	25222	40077	443941
Inventories **18**	0	•	•	•	•	•	1	•	•	•	9	41	43
Net Property, Plant and Equipment **19**	49	•	5	35	44	88	202	665	857	2528	4962	5921	87626
Total Assets **20**	681	•	25	166	356	691	2005	6799	15724	34927	71620	140082	2025480

Notes and Loans Payable	21	112	•	15	70	90	162	447	1121	1930	6017	8659	23294	218706
All Other Liabilities	22	356	•	8	50	179	338	1208	4211	10145	20973	46524	68848	1017410
Net Worth	23	213	•	2	46	86	191	350	1467	3648	7937	16438	47940	789364

Selected Financial Ratios (Times to 1)

Current Ratio	24	1.2	•	1.3	1.4	1.3	1.2	1.0	1.0	1.1	1.2	1.1	1.3	1.4
Quick Ratio	25	1.1	•	1.1	1.2	1.2	1.0	0.9	0.9	0.9	1.1	0.9	1.0	1.2
Net Sales to Working Capital	26	9.5	•	•	24.9	15.1	17.4	•	•	13.7	7.1	16.1	4.4	2.9
Coverage Ratio	27	6.5	12.8	•	6.2	5.7	5.0	4.4	5.5	6.8	3.5	10.0	9.4	6.1
Total Asset Turnover	28	0.9	•	6.4	3.2	2.0	1.3	1.2	1.0	0.8	0.9	0.8	0.6	0.4
Inventory Turnover	29	•	•	•	•	•	•	•	•	•	•	•	•	•
Receivables Turnover	30	•	•	•	•	•	•	•	•	•	•	•	•	•
Total Liabilities to Net Worth	31	2.2	•	11.7	2.6	3.1	2.6	4.7	3.6	3.3	3.4	3.4	1.9	1.6

Selected Financial Factors (in Percentages)

Debt Ratio	32	68.7	•	92.1	72.1	75.7	72.4	82.5	78.4	76.8	77.3	77.1	65.8	61.0
Return on Assets	33	8.4	•	•	17.3	11.0	8.9	7.7	6.6	5.4	3.5	6.6	7.4	6.2
Return on Equity	34	17.8	•	•	•	34.6	23.3	29.9	20.9	14.4	5.8	18.0	13.9	8.5
Return Before Interest on Equity	35	26.7	•	•	•	•	32.3	•	30.7	23.1	15.3	28.7	21.6	15.9
Profit Margin, Before Income Tax	36	7.8	5.5	8.8	4.6	4.7	5.7	5.0	5.7	5.8	2.9	7.3	11.5	14.6
Profit Margin, After Income Tax	37	6.2	3.0	8.6	4.2	4.3	5.1	4.5	4.8	4.2	1.5	5.0	8.3	9.3

Trends in Selected Ratios and Factors, 1990-1999

		1990	1991	1992	1993	1994	1995	1996	1997	1998	1999
Cost of Labor (%)	38	19.2	16.7	15.2	12.6	13.8	13.7	14.2	14.5	13.9	13.3
Operating Margin (%)	39	4.0	6.9	6.7	5.7	5.5	5.8	6.8	6.6	7.7	7.6
Oper. Margin Before Officers Comp. (%)	40	15.4	20.2	19.9	19.4	18.4	18.3	20.0	19.1	20.2	19.7
Average Net Receivables ($)	41	183	167	151	156	167	167	153	152	147	158
Average Inventories ($)	42	0	0	0	0	0	0	0	0	0	0
Average Net Worth ($)	43	278	133	162	134	171	177	175	193	198	213
Current Ratio (×1)	44	1.1	1.0	1.1	1.1	1.1	1.1	1.1	1.1	1.2	1.2
Quick Ratio (×1)	45	0.9	0.9	1.0	1.0	1.0	1.0	1.0	1.0	1.1	1.1
Coverage Ratio (×1)	46	2.3	4.5	4.4	3.9	3.9	4.3	5.8	6.2	6.6	6.5
Asset Turnover (×1)	47	0.6	0.9	1.0	1.0	1.0	1.0	1.0	1.0	0.9	0.9
Total Liabilities/Net Worth (×1)	48	2.6	3.4	2.4	2.9	2.4	2.4	2.3	2.1	2.3	2.2
Return on Assets (×1)	49	3.3	8.0	8.4	7.5	7.6	7.4	8.5	8.1	8.7	8.4
Return on Equity (%)	50	2.6	19.9	16.3	17.0	14.4	14.5	18.5	17.1	19.6	17.8

Table II

Corporations with Net Income

INSURANCE AGENTS, BROKERS, AND SERVICE

MONEY AMOUNTS AND SIZE OF ASSETS IN THOUSANDS OF DOLLARS

Item Description for Accounting Period 7/95 Through 6/96		Total	Zero Assets	Under 100	100 to 250	251 to 500	501 to 1,000	1,001 to 5,000	5,001 to 10,000	10,001 to 25,000	25,001 to 50,000	50,001 to 100,000	100,001 to 250,000	250,001 and over
Number of Enterprises	1	52817	1970	30204	8988	5255	3243	2632	306	159	26	13	12	8
Revenues ($ in Thousands)														
Net Sales	2	35107185	326865	5419385	4760280	3692471	2705358	5763109	1914983	1651268	518252	777565	904587	6673062
Portfolio Income	3	1253452	27214	25449	18178	36017	37625	95635	42314	60989	16944	50540	51947	790597
Other Revenues	4	873161	7860	54480	163074	42312	92739	160608	51742	36629	66911	30118	9059	157632
Total Revenues	5	37233798	361939	5499314	4941532	3770800	2835722	6019352	2009039	1748886	602107	858223	965593	7621291
Average Total Revenues	6	705	184	182	550	718	874	2287	6565	10999	23158	66017	80466	952661
Operating Costs/Operating Income (%)														
Cost of Operations	7	12.5	0.6	17.1	21.3	14.1	5.0	12.5	20.8	8.8	5.3	32.8	11.0	3.4
Rent	8	22.4	12.0	15.0	18.0	21.1	24.0	25.0	21.6	26.3	32.7	19.3	24.3	27.8
Taxes Paid	9	3.4	2.2	2.8	3.2	4.1	4.1	3.3	2.4	3.5	3.5	2.1	2.7	3.9
Interest Paid	10	1.3	0.5	0.5	0.9	0.9	1.5	1.2	1.4	1.2	1.0	0.5	1.4	2.6
Depreciation, Depletion, Amortization	11	2.2	1.0	1.3	1.6	2.4	2.8	2.4	2.0	2.5	1.4	1.5	4.1	2.6
Pensions and Other Benefits	12	3.3	1.9	1.3	2.9	3.3	4.3	3.3	2.8	4.4	4.1	2.8	2.8	4.6
Other	13	31.4	56.0	33.6	30.2	29.4	32.1	28.5	28.8	31.0	32.9	26.4	35.7	32.8
Officers Compensation	14	11.9	5.3	13.9	15.8	17.1	17.0	15.0	12.2	11.9	7.2	5.5	6.2	3.3
Operating Margin	15	11.6	20.6	14.7	6.3	7.6	9.3	8.9	8.2	10.4	12.0	9.2	11.8	19.0
Oper. Margin Before Officers Compensation	16	23.6	25.9	28.5	22.1	24.7	26.2	23.8	20.3	22.3	19.2	14.7	18.0	22.3
Selected Average Balance Sheet ($ in Thousands)														
Net Receivables	17	156	•	3	20	86	147	485	1980	4521	7161	28119	40077	423414
Inventories	18	0	•	•	•	•	•	1	•	•	•	11	41	•
Net Property, Plant and Equipment	19	58	•	6	34	44	88	193	707	911	1798	4738	5921	128821
Total Assets	20	789		29	167	352	697	1942	6719	15800	36583	73322	140082	2737601

Notes and Loans Payable 21	127	•	15	75	82	158	401	1128	2163	3066	7803	23294	300682
All Other Liabilities 22	386	•	8	48	163	322	1141	4005	9764	23986	51657	68848	1235193
Net Worth 23	276	•	6	43	107	216	399	1586	3874	9531	13862	47940	1201725

Selected Financial Ratios (Times to 1)

Current Ratio 24	1.4	•	1.6	1.3	1.3	1.2	1.1	1.0	1.1	1.1	1.1	1.3	1.9
Quick Ratio 25	1.2	•	1.3	1.2	1.1	1.1	1.0	0.9	0.9	0.9	0.9	1.0	1.6
Net Sales to Working Capital 26	6.8	•	33.3	27.7	16.8	12.6	31.4	•	9.8	14.4	14.3	4.4	1.9
Coverage Ratio 27	10.0	•	•	8.2	9.8	7.4	8.1	6.9	9.2	13.5	•	9.4	8.8
Total Asset Turnover 28	0.9	•	6.2	3.3	2.0	1.3	1.2	1.0	0.7	0.6	0.9	0.6	0.4
Inventory Turnover 29	•	•	•	•	•	•	•	•	•	•	•	•	•
Receivables Turnover 30	•	•	•	•	•	•	•	•	•	•	•	•	•
Total Liabilities to Net Worth 31	1.9	•	4.2	2.9	2.3	2.2	3.9	3.2	3.1	2.8	4.3	1.9	1.3

Selected Financial Factors (in Percentages)

Debt Ratio 32	65.0	•	80.9	74.0	69.5	69.0	79.4	76.4	75.5	74.0	81.1	65.8	56.1
Return on Assets 33	11.8	•	•	23.6	17.3	13.4	11.8	9.2	8.0	8.2	8.5	7.4	8.0
Return on Equity 34	24.9	•	•	•	•	34.5	•	28.8	22.6	22.1	31.0	13.9	10.6
Return Before Interest on Equity 35	33.6	•	•	•	•	•	•	•	32.5	31.3	•	21.6	18.2
Profit Margin, Before Income Tax 36	11.9	20.6	14.7	6.3	7.6	9.3	8.8	8.0	10.2	11.9	8.9	11.5	20.3
Profit Margin, After Income Tax 37	9.8	16.6	14.4	5.9	7.2	8.6	8.1	7.0	8.0	9.1	6.5	8.3	13.3

Trends in Selected Ratios and Factors, 1990-1999

	1990	1991	1992	1993	1994	1995	1996	1997	1998	1999
Cost of Operations (%) 38	13.7	15.3	13.8	12.5	13.1	12.3	13.0	12.6	13.1	12.5
Operating Margin (%) 39	10.9	10.9	12.0	10.0	10.5	10.5	11.3	10.0	11.3	11.6
Oper. Margin Before Officers Comp. (%) 40	24.5	24.2	24.7	22.5	22.8	21.9	22.9	21.5	23.1	23.6
Average Net Receivables ($) 41	183	197	197	176	206	224	182	184	146	156
Average Inventories ($) 42	0	0	0	0	0	0	0	0	0	0
Average Net Worth ($) 43	237	174	233	187	244	276	270	274	266	276
Current Ratio (×1) 44	1.1	1.0	1.1	1.1	1.2	1.1	1.1	1.2	1.3	1.4
Quick Ratio (×1) 45	1.0	0.9	1.0	1.0	1.1	1.0	1.0	1.0	1.1	1.2
Coverage Ratio (×1) 46	6.9	7.4	7.3	6.8	7.0	7.5	9.9	9.0	10.2	10.0
Asset Turnover (×1) 47	0.8	0.9	0.9	1.0	1.0	0.9	0.9	0.9	0.9	0.9
Operating Leverage 48	1.1	1.0	1.1	0.8	1.1	1.0	1.1	0.9	1.1	1.0
Financial Leverage 49	1.0	1.1	1.0	1.0	1.0	1.0	1.1	1.0	1.0	1.0
Total Leverage 50	1.0	1.1	1.1	0.9	1.0	1.0	1.2	0.9	1.2	1.0

Table I

Corporations with and without Net Income

REAL ESTATE OPERATORS AND LESSORS OF BUILDINGS

MONEY AMOUNTS AND SIZE OF ASSETS IN THOUSANDS OF DOLLARS

Item Description for Accounting Period 7/95 Through 6/96		Total	Zero Assets	Under 100	100 to 250	251 to 500	501 to 1,000	1,001 to 5,000	5,001 to 10,000	10,001 to 25,000	25,001 to 50,000	50,001 to 100,000	100,001 to 250,000	250,001 and over
Number of Enterprises	1	201737	12011	65017	38722	35170	25238	21825	2133	1088	319	117	73	25
Revenues ($ in Thousands)														
Net Sales	2	23110960	1146042	2203048	1556283	1644437	2653582	4077129	1618664	1805200	1495604	1226909	2197166	1486897
Portfolio Income	3	3653390	270363	121830	78564	186919	232682	565552	248774	442551	282795	331892	251090	640376
Other Revenues	4	3738552	175531	317308	177953	189204	305473	490780	252783	312581	252946	266980	333708	663305
Total Revenues	5	30502902	1591936	2642186	1812800	2020560	3191737	5133461	2120221	2560332	2031345	1825781	2781964	2790578
Average Total Revenues	6	151	133	41	47	57	126	235	994	2353	6368	15605	38109	111623
Operating Costs/Operating Income (%)														
Cost of Operations	7	12.2	1.5	7.6	29.5	20.4	8.4	11.4	8.1	5.3	11.8	11.8	30.2	3.3
Rent	8	7.9	3.0	10.4	3.7	7.5	11.7	7.8	11.2	6.8	8.6	8.5	7.3	5.0
Taxes Paid	9	8.3	12.3	5.4	10.2	9.6	9.9	9.7	7.3	8.3	8.3	7.5	5.3	6.0
Interest Paid	10	15.8	14.7	3.3	6.0	8.4	10.5	16.0	19.8	21.8	18.9	21.3	18.4	28.7
Depreciation, Depletion, Amortization	11	9.5	11.4	3.2	7.5	8.2	8.2	11.1	11.8	11.0	11.1	9.3	8.2	12.0
Pensions and Other Benefits	12	1.0	0.1	0.9	0.9	1.2	1.4	1.2	1.1	1.3	0.9	0.6	0.8	0.7
Other	13	40.7	72.4	54.1	33.5	34.3	35.9	31.6	34.3	39.7	32.0	36.6	30.5	66.8
Officers Compensation	14	4.5	0.1	8.4	6.0	5.2	7.5	6.1	4.5	3.3	3.7	1.8	2.3	1.4
Operating Margin	15	0.3	•	6.8	2.9	5.3	6.7	5.0	2.0	2.7	4.7	2.6	•	•
Oper. Margin Before Officers Compensation	16	4.8	•	15.1	8.9	10.5	14.2	11.1	6.5	6.0	8.5	4.4	•	•
Selected Average Balance Sheet ($ in Thousands)														
Net Receivables	17	33	•	2	6	14	18	57	268	570	1698	9566	5765	36201
Inventories	18	1	•	•	0	0	0	2	5	22	117	139	1627	484
Net Property, Plant and Equipment	19	518	•	19	108	252	527	1410	4523	9623	20113	38985	76171	382240
Total Assets	20	794	•	36	167	355	714	1923	6777	15087	34603	67152	155119	708345

Notes and Loans Payable 21	521	•	24	97	231	488	1335	4880	10277	20282	46650	103061	370282
All Other Liabilities 22	80	•	8	14	41	45	133	688	1352	5389	14328	17496	77977
Net Worth 23	192	•	4	56	84	181	454	1209	3458	8932	6174	34562	260086

Selected Financial Ratios (Times to 1)

Current Ratio 24	1.2	•	1.3	1.8	1.9	1.6	1.4	1.2	1.4	1.0	0.9	1.0	0.5
Quick Ratio 25	0.8	•	0.9	1.4	1.4	1.1	1.0	0.8	1.0	0.8	0.8	0.6	0.4
Net Sales to Working Capital 26	10.3	•	17.2	3.2	2.3	3.6	3.8	8.1	3.9	36.5	•	•	•
Coverage Ratio 27	1.0	•	3.1	1.5	1.6	1.6	1.3	1.1	1.1	1.2	1.2	0.8	0.2
Total Asset Turnover 28	0.2	•	1.1	0.3	0.2	0.2	0.1	0.2	0.2	0.2	0.2	0.3	0.2
Inventory Turnover 29	•	•	•	•	•	•	•	•	•	•	•	•	•
Receivables Turnover 30	•	•	•	•	•	•	•	•	•	•	•	•	•
Total Liabilities to Net Worth 31	3.1	•	8.0	2.0	3.2	3.0	3.2	4.6	3.4	2.9	9.9	3.5	1.7

Selected Financial Factors (in Percentages)

Debt Ratio 32	75.8	•	88.8	66.4	76.4	74.7	76.4	82.2	77.1	74.2	90.8	77.7	63.3
Return on Assets 33	3.0	•	11.3	2.5	2.2	3.0	2.5	3.1	3.7	4.3	5.7	3.8	0.8
Return on Equity 34	•	•	•	1.5	2.5	3.4	0.9	•	•	0.5	1.0	•	•
Return Before Interest on Equity 35	12.4	•	•	7.3	9.3	11.8	10.6	17.5	16.1	16.5	•	17.0	2.1
Profit Margin, Before Income Tax 36	•	•	6.8	2.8	5.2	6.4	4.5	1.4	1.9	4.2	3.1	•	•
Profit Margin, After Income Tax 37	•	•	6.4	1.9	3.7	4.9	1.8	•	•	0.7	0.4	•	•

Trends in Selected Ratios and Factors, 1990-1999

	1990	1991	1992	1993	1994	1995	1996	1997	1998	1999
Cost of Labor (%) 38	21.5	19.8	20.0	19.1	21.2	19.5	14.1	12.2	12.9	12.2
Operating Margin (%) 39	5.1	0.7	1.4	•	•	•	•	1.1	1.0	0.3
Oper. Margin Before Officers Comp. (%) 40	8.8	5.1	6.5	4.7	2.8	1.1	3.1	5.6	5.3	4.8
Average Net Receivables ($) 41	34	39	53	47	52	39	33	30	34	33
Average Inventories ($) 42	5	7	4	4	4	5	3	1	2	1
Average Net Worth ($) 43	168	185	162	161	167	176	174	190	141	192
Current Ratio (×1) 44	1.0	1.1	1.0	1.1	1.1	1.1	1.0	1.1	1.1	1.2
Quick Ratio (×1) 45	0.7	0.7	0.7	0.8	0.8	0.8	0.7	0.8	0.8	0.8
Coverage Ratio (×1) 46	1.3	1.0	1.1	1.0	0.9	0.8	0.9	1.1	1.1	1.0
Asset Turnover (×1) 47	0.4	0.3	0.3	0.3	0.2	0.2	0.2	0.2	0.2	0.2
Total Liabilities/Net Worth (×1) 48	2.8	2.9	3.6	3.8	3.9	3.9	3.7	3.1	4.5	3.1
Return on Assets (×1) 49	7.1	5.4	5.0	4.4	3.7	3.2	3.0	3.1	3.3	3.0
Return on Equity (%) 50	2.2	•	•	•	•	•	•	•	•	•

REAL ESTATE OPERATORS AND LESSORS OF BUILDINGS

MONEY AMOUNTS AND SIZE OF ASSETS IN THOUSANDS OF DOLLARS

Item Description for Accounting Period 7/95 Through 6/96		Total	Zero Assets	Under 100	100 to 250	251 to 500	501 to 1,000	1,001 to 5,000	5,001 to 10,000	10,001 to 25,000	25,001 to 50,000	50,001 to 100,000	100,001 to 250,000	250,001 and over
Number of Enterprises	1	63034	3020	21965	11907	9771	7954	6815	870	472	158	56	39	8
Revenues ($ in Thousands)														
Net Sales	2	14786557	644179	1376708	841431	965559	2131080	2678370	1129880	1129916	957057	788987	1806336	337055
Portfolio Income	3	2434612	217842	104438	66530	172400	189107	457678	205784	335305	191178	224708	152155	117486
Other Revenues	4	2300401	78429	139419	136997	155188	230494	339465	187737	273315	173225	204457	272597	109078
Total Revenues	5	19521570	940450	1620565	1044958	1293147	2550681	3475513	1523401	1738536	1321460	1218152	2231088	563619
Average Total Revenues	6	310	311	74	88	132	321	510	1751	3683	8364	21753	57207	70452
Operating Costs/Operating Income (%)														
Cost of Operations	7	12.1	0.9	9.0	11.7	15.0	7.3	10.2	8.0	5.2	10.7	12.3	36.4	5.2
Rent	8	7.4	0.6	7.1	4.5	4.3	12.9	6.9	8.3	5.9	8.6	8.7	7.8	4.1
Taxes Paid	9	7.8	8.5	4.1	11.8	9.7	8.9	9.2	7.1	7.3	8.3	7.2	4.8	7.1
Interest Paid	10	10.2	9.2	4.7	4.7	6.7	6.3	11.2	13.3	16.0	12.0	14.4	9.1	22.0
Depreciation, Depletion, Amortization	11	7.6	7.2	2.8	5.7	7.7	6.4	8.9	9.5	9.4	9.5	8.2	6.0	14.4
Pensions and Other Benefits	12	1.0	0.1	0.9	0.6	0.7	1.2	1.1	1.0	1.4	1.1	0.7	1.0	0.2
Other	13	29.7	46.4	43.6	36.1	29.2	33.2	23.2	27.2	30.5	23.6	26.7	21.9	32.1
Officers Compensation	14	4.8	•	7.4	7.0	5.8	7.8	5.8	4.9	3.3	3.4	2.1	2.6	0.8
Operating Margin	15	19.5	27.2	20.4	17.9	21.0	16.1	23.5	20.8	21.1	22.9	19.9	10.4	14.3
Oper. Margin Before Officers Compensation	16	24.3	27.2	27.8	24.9	26.8	23.9	29.3	25.7	24.4	26.4	22.0	13.0	15.1
Selected Average Balance Sheet ($ in Thousands)														
Net Receivables	17	53	•	2	5	25	29	86	219	626	1986	17004	8012	14874
Inventories	18	3	•	•	•	•	0	3	10	22	64	107	2885	239
Net Property, Plant and Equipment	19	519	•	17	87	206	424	1094	4035	9492	19316	39935	68288	313755
Total Assets	20	901	•	38	170	358	727	1904	6688	15074	34032	66985	154281	452179

Notes and Loans Payable 21	458	•	16	66	154	296	904	4311	9330	15606	47364	75954	184014
All Other Liabilities 22	93	•	5	13	22	72	177	833	1197	2738	12359	18947	58424
Net Worth 23	350	•	16	92	181	359	823	1544	4546	15689	7262	59380	209741

Selected Financial Ratios (Times to 1)

Current Ratio 24	1.7	•	3.1	3.2	2.8	2.4	1.9	1.5	1.9	1.4	1.1	1.3	1.3
Quick Ratio 25	1.2	•	2.5	2.6	2.2	1.9	1.4	1.1	1.2	1.1	1.0	0.7	1.0
Net Sales to Working Capital 26	3.9	•	7.4	2.6	2.2	3.1	2.8	5.0	3.2	5.0	6.6	7.2	5.4
Coverage Ratio 27	2.9	4.0	5.3	4.8	4.1	3.5	3.0	2.5	2.3	2.9	2.4	2.1	1.7
Total Asset Turnover 28	0.4	•	2.0	0.5	0.4	0.5	0.3	0.3	0.3	0.3	0.3	0.4	0.2
Inventory Turnover 29	•	•	•	•	•	•	•	•	•	•	•	•	•
Receivables Turnover 30	•	•	•	•	•	•	•	•	•	•	•	•	•
Total Liabilities to Net Worth 31	1.6	•	1.4	0.9	1.0	1.0	1.3	3.3	2.3	1.2	8.2	1.6	1.2

Selected Financial Factors (in Percentages)

Debt Ratio 32	61.2	•	57.8	46.2	49.4	50.6	56.8	76.9	69.9	53.9	89.2	61.5	53.6
Return on Assets 33	10.1	•	•	11.7	10.2	9.8	9.1	8.8	8.9	8.5	11.4	7.2	5.7
Return on Equity 34	14.2	•	•	15.5	13.5	12.4	11.7	18.0	12.7	9.1	•	7.9	4.1
Return Before Interest on Equity 35	26.1	•	•	21.7	20.1	19.7	21.1	•	29.3	18.4	•	18.7	12.2
Profit Margin, Before Income Tax 36	19.2	27.1	20.4	17.9	20.8	15.8	22.8	20.1	20.2	22.5	20.7	10.3	14.3
Profit Margin, After Income Tax 37	16.1	21.8	20.0	16.2	18.5	13.9	18.8	15.9	15.6	17.0	16.6	8.2	12.0

Trends in Selected Ratios and Factors, 1990-1999

	1990	1991	1992	1993	1994	1995	1996	1997	1998	1999
Cost of Operations (%) 38	19.5	20.5	20.0	18.8	18.6	16.7	11.6	12.2	13.1	12.1
Operating Margin (%) 39	20.8	17.3	18.5	17.4	17.1	16.8	17.6	20.2	19.5	19.5
Oper. Margin Before Officers Comp. (%) 40	24.5	22.2	24.2	23.0	22.8	21.8	22.4	24.1	24.1	24.3
Average Net Receivables ($) 41	32	36	42	54	51	42	49	49	58	53
Average Inventories ($) 42	6	8	6	4	5	3	2	3	3	3
Average Net Worth ($) 43	227	226	251	281	318	320	363	372	323	350
Current Ratio (×1) 44	1.8	1.6	1.5	1.7	1.6	1.7	1.4	1.4	1.3	1.7
Quick Ratio (×1) 45	1.2	1.0	1.0	1.3	1.2	1.2	1.1	1.0	1.0	1.2
Coverage Ratio (×1) 46	3.0	2.8	2.9	2.7	2.6	2.7	2.7	3.0	3.0	2.9
Asset Turnover (×1) 47	0.5	0.4	0.5	0.5	0.4	0.4	0.3	0.3	0.4	0.4
Operating Leverage 48	1.1	0.8	1.1	0.9	1.0	1.0	1.1	1.2	1.0	1.0
Financial Leverage 49	1.0	1.0	1.1	0.9	1.0	1.1	1.0	1.1	1.0	1.0
Total Leverage 50	1.1	0.8	1.1	0.9	1.0	1.1	1.0	1.2	1.0	1.0

LESSORS OF MINING, OIL, AND SIMILAR PROPERTY

MONEY AMOUNTS AND SIZE OF ASSETS IN THOUSANDS OF DOLLARS

Item Description for Accounting Period 7/95 Through 6/96		Total	Zero Assets	Under 100	100 to 250	251 to 500	501 to 1,000	1,001 to 5,000	5,001 to 10,000	10,001 to 25,000	25,001 to 50,000	50,001 to 100,000	100,001 to 250,000	250,001 and over
Number of Enterprises	1	1596	•	848	140	181	245	152	8	13	5	•	4	•
Revenues ($ in Thousands)														
Net Sales	2	119978	•	4285	•	36174	27468	20215	40	15600	2	•	16194	•
Portfolio Income	3	170653	•	96	511	14762	7190	22576	769	27326	21526	•	75897	•
Other Revenues	4	231303	•	49902	7851	7512	35173	37623	90	18414	52840	•	21897	•
Total Revenues	5	521934	•	54283	8362	58448	69831	80414	899	61340	74368	•	113988	•
Average Total Revenues	6	327	•	64	60	323	285	529	112	4718	14874	•	28497	•
Operating Costs/Operating Income (%)														
Cost of Operations	7	5.7	•	•	•	•	10.0	13.5	•	13.8	•	•	2.9	•
Rent	8	1.9	•	•	2.5	•	2.7	4.1	•	4.2	0.9	•	1.1	•
Taxes Paid	9	5.9	•	4.1	3.4	1.5	6.0	8.7	2.2	5.6	4.6	•	8.4	•
Interest Paid	10	8.1	•	0.3	•	0.7	2.7	5.0	0.3	•	11.2	•	24.1	•
Depreciation, Depletion, Amortization	11	7.2	•	9.4	6.6	8.8	1.9	8.9	1.7	6.8	8.1	•	7.1	•
Pensions and Other Benefits	12	0.6	•	•	1.3	•	•	0.4	•	1.5	0.2	•	1.6	•
Other	13	27.0	•	61.3	58.1	32.0	33.2	23.6	26.8	7.0	29.7	•	13.5	•
Officers Compensation	14	6.7	•	34.4	4.0	•	17.7	0.5	•	2.3	0.5	•	1.3	•
Operating Margin	15	36.9	•	•	24.1	57.0	25.9	35.3	69.1	58.8	44.8	•	40.1	•
Oper. Margin Before Officers Compensation	16	43.6	•	25.1	28.1	57.0	43.6	35.8	69.1	61.1	45.4	•	41.4	•
Selected Average Balance Sheet ($ in Thousands)														
Net Receivables	17	213	•	4	0	2	35	41	16	353	4005	•	74102	•
Inventories	18	0	•	•	•	•	•	•	•	8	•	•	47	•
Net Property, Plant and Equipment	19	405	•	14	0	187	272	627	7589	3785	18027	•	59944	•
Total Assets	20	1233	•	44	115	405	799	2324	7803	14306	49081	•	199508	•

Notes and Loans Payable 21	325	•	7	•	318	199	325	70	0	21895	•	61873	•
All Other Liabilities 22	214	•	-5	1	15	59	69	46	1094	903	•	74757	•
Net Worth 23	693	•	42	114	72	540	1930	7687	13212	26283	•	62878	•
Selected Financial Ratios (Times to 1)													
Current Ratio 24	6.1	•	8.3	•	4.9	4.4	6.2	2.6	5.0	1.2	•	•	•
Quick Ratio 25	5.1	•	8.3	•	4.2	1.2	3.6	2.6	4.5	1.1	•	•	•
Net Sales to Working Capital 26	0.9	•	2.9	0.5	2.0	1.4	0.7	1.6	3.1	11.6	•	0.4	•
Coverage Ratio 27	5.5	•	•	•	•	10.7	7.9	•	•	5.0	•	2.7	•
Total Asset Turnover 28	0.3	•	1.5	0.5	0.8	0.4	0.2	0.0	0.3	0.3	•	0.2	•
Inventory Turnover 29	•	•	•	•	•	•	•	•	•	•	•	•	•
Receivables Turnover 30	•	•	•	•	•	•	•	•	•	•	•	•	•
Total Liabilities to Net Worth 31	0.8	•	0.1	0.0	4.7	0.5	0.2	0.0	0.1	0.9	•	2.2	•
Selected Financial Factors (in Percentages)													
Debt Ratio 32	43.8	•	4.4	0.6	82.3	32.4	17.0	1.5	7.7	46.5	•	68.5	•
Return on Assets 33	11.9	•	•	12.5	•	10.2	9.0	1.0	18.9	17.0	•	9.2	•
Return on Equity 34	12.1	•	•	10.6	•	12.5	5.9	1.0	13.7	17.3	•	12.2	•
Return Before Interest on Equity 35	21.1	•	•	12.6	•	15.1	10.8	1.0	20.5	31.7	•	29.1	•
Profit Margin, Before Income Tax 36	•	•	•	24.1	•	25.9	34.5	•	•	•	•	•	•
Profit Margin, After Income Tax 37	25.7	•	•	20.3	•	23.8	21.5	•	•	30.6	•	26.9	•

Trends in Selected Ratios and Factors, 1990-1999

	1990	1991	1992	1993	1994	1995	1996	1997	1998	1999
Cost of Labor (%) 38	16.8	20.3	14.8	8.8	9.7	2.5	5.8	5.0	7.9	5.7
Operating Margin (%) 39	25.1	27.5	18.8	35.0	34.3	42.1	43.8	45.0	33.5	36.9
Oper. Margin Before Officers Comp. (%) 40	30.3	31.4	22.6	37.5	38.0	45.2	47.7	49.0	38.4	43.6
Average Net Receivables ($) 41	95	102	79	336	55	89	97	90	83	213
Average Inventories ($) 42	17	12	13	20	6	3	3	3	4	0
Average Net Worth ($) 43	509	722	413	1468	462	638	546	993	1177	693
Current Ratio (×1) 44	6.0	6.2	3.9	3.9	2.4	7.9	8.0	6.5	4.4	6.1
Quick Ratio (×1) 45	5.0	5.4	3.0	3.2	2.2	7.0	6.8	5.4	3.2	5.1
Coverage Ratio (×1) 46	3.5	3.6	2.4	3.4	3.1	4.2	6.5	5.4	4.3	5.5
Asset Turnover (×1) 47	0.2	0.2	0.3	0.2	0.3	0.3	0.3	0.3	0.3	0.3
Total Liabilities/Net Worth (×1) 48	1.6	1.2	1.6	2.2	2.1	1.3	2.3	1.0	0.8	0.8
Return on Assets (×1) 49	8.0	8.9	9.6	8.3	12.8	13.4	14.7	13.3	10.5	11.9
Return on Equity (%) 50	9.0	9.3	10.6	11.8	18.8	16.5	29.0	15.1	10.0	12.1

LESSORS OF MINING, OIL, AND SIMILAR PROPERTY

MONEY AMOUNTS AND SIZE OF ASSETS IN THOUSANDS OF DOLLARS

Item Description for Accounting Period 7/95 Through 6/96		Total	Zero Assets	Under 100	100 to 250	251 to 500	501 to 1,000	1,001 to 5,000	5,001 to 10,000	10,001 to 25,000	25,001 to 50,000	50,001 to 100,000	100,001 to 250,000	250,001 and over
Number of Enterprises	1	1063	•	607	140	68	127	•	8	13	•	•	4	•
Revenues ($ in Thousands)														
Net Sales	2	102017	•	3609	•	32566	26954	•	40	15600	•	•	16194	•
Portfolio Income	3	159184	•	31	511	14753	5048	•	769	27326	•	•	75897	•
Other Revenues	4	170428	•	12252	7851	7513	19840	•	90	18414	•	•	21897	•
Total Revenues	5	431629	•	15892	8362	54832	51842	•	899	61340	•	•	113988	•
Average Total Revenues	6	406	•	26	60	806	408	•	112	4718	•	•	28497	•
Operating Costs/Operating Income (%)														
Cost of Operations	7	4.3	•	•	•	•	13.4	•	•	13.8	•	•	2.9	•
Rent	8	1.6	•	•	2.5	•	0.2	•	•	4.2	•	•	1.1	•
Taxes Paid	9	5.9	•	6.3	3.4	1.5	3.7	•	2.2	5.6	•	•	8.4	•
Interest Paid	10	7.7	•	•	•	0.8	3.4	•	0.3	•	•	•	24.1	•
Depreciation, Depletion, Amortization	11	7.6	•	17.3	6.6	9.3	0.5	•	1.7	6.8	•	•	7.1	•
Pensions and Other Benefits	12	0.7	•	•	1.3	•	•	•	•	1.5	•	•	1.6	•
Other	13	19.8	•	41.7	58.1	11.3	39.3	•	26.8	7.0	•	•	13.5	•
Officers Compensation	14	1.0	•	•	4.0	•	0.4	•	•	2.3	•	•	1.3	•
Operating Margin	15	51.5	•	34.7	24.1	77.0	39.3	•	69.1	58.8	•	•	40.1	•
Oper. Margin Before Officers Compensation	16	52.5	•	34.7	28.1	77.0	39.6	•	69.1	61.1	•	•	41.4	•
Selected Average Balance Sheet ($ in Thousands)														
Net Receivables	17	290	•	•	0	•	•	•	16	353	•	•	74102	•
Inventories	18	0	•	•	•	•	•	•	•	8	•	•	47	•
Net Property, Plant and Equipment	19	405	•	15	0	293	165	•	7589	3785	•	•	59944	•
Total Assets	20	1508	•	49	115	457	855	•	7803	14306	•	•	199508	•

Notes and Loans Payable 21	299	•	3	•	166	137	•	70	0	•	•	61873	•
All Other Liabilities 22	302	•	0	1	14	3	•	46	1094	•	•	74757	•
Net Worth 23	907	•	46	114	277	714	•	7687	13212	•	•	62878	•
Selected Financial Ratios (Times to 1)													
Current Ratio 24	15.4	•	•	•	4.7	•	•	2.6	5.0	•	•	•	•
Quick Ratio 25	12.7	•	•	•	2.7	3.7	•	2.6	4.5	•	•	•	•
Net Sales to Working Capital 26	0.8	•	1.0	0.5	6.2	1.4	•	1.6	3.1	•	•	0.4	•
Coverage Ratio 27	7.7	•	•	•	•	12.5	•	•	•	•	•	2.7	•
Total Asset Turnover 28	0.3	•	0.5	0.5	1.8	0.5	•	0.0	0.3	•	•	0.2	•
Inventory Turnover 29	•	•	•	•	•	•	•	•	•	•	•	•	•
Receivables Turnover 30	•	•	•	•	•	•	•	•	•	•	•	•	•
Total Liabilities to Net Worth 31	0.7	•	0.1	0.0	0.7	0.2	•	0.0	0.1	•	•	2.2	•
Selected Financial Factors (in Percentages)													
Debt Ratio 32	39.9	•	5.4	0.6	39.4	16.4	•	1.5	7.7	•	•	68.5	•
Return on Assets 33	15.8	•	18.6	12.5	•	20.4	•	1.0	18.9	•	•	9.2	•
Return on Equity 34	17.0	•	16.9	10.6	•	20.8	•	1.0	13.7	•	•	12.2	•
Return Before Interest on Equity 35	26.3	•	19.6	12.6	•	24.4	•	1.0	20.5	•	•	29.1	•
Profit Margin, Before Income Tax 36	•	•	34.7	24.1	•	•	•	•	•	•	•	•	•
Profit Margin, After Income Tax 37	•	•	29.8	20.3	•	•	•	•	•	•	•	26.9	•

Trends in Selected Ratios and Factors, 1990-1999

	1990	1991	1992	1993	1994	1995	1996	1997	1998	1999
Cost of Operations (%) 38	1.2	8.7	9.8	10.6	5.6	0.4	6.1	5.4	6.7	4.3
Operating Margin (%) 39	62.7	47.8	27.3	55.5	47.7	55.3	47.0	52.1	41.3	51.5
Oper. Margin Before Officers Comp. (%) 40	66.2	51.9	31.5	58.0	50.3	56.3	50.5	53.2	42.8	52.5
Average Net Receivables ($) 41	76	77	32	116	21	160	80	99	69	290
Average Inventories ($) 42	•	7	9	32	7	•	3	4	6	0
Average Net Worth ($) 43	606	758	408	2367	497	1502	520	1354	1457	907
Current Ratio (×1) 44	18.4	8.0	6.1	3.4	2.7	6.6	7.4	7.4	4.8	15.4
Quick Ratio (×1) 45	17.2	7.1	4.4	2.5	2.4	6.0	6.3	6.0	3.3	12.7
Coverage Ratio (×1) 46	22.1	15.2	7.2	66.8	25.5	6.1	8.5	8.3	6.3	7.7
Asset Turnover (×1) 47	0.4	0.3	0.5	0.4	0.5	0.3	0.4	0.3	0.3	0.3
Operating Leverage 48	1.4	0.8	0.6	2.0	0.9	1.2	0.9	1.1	0.8	1.3
Financial Leverage 49	1.1	1.0	1.0	1.1	1.0	0.9	1.1	1.0	1.0	1.1
Total Leverage 50	1.6	0.7	0.6	2.2	0.9	1.0	0.9	1.1	0.8	1.3

Table I

Corporations with and without Net Income

LESSORS OF RAILROAD PROPERTY

MONEY AMOUNTS AND SIZE OF ASSETS IN THOUSANDS OF DOLLARS

Item Description for Accounting Period 7/95 Through 6/96	Total	Zero Assets	Under 100	100 to 250	251 to 500	501 to 1,000	1,001 to 5,000	5,001 to 10,000	10,001 to 25,000	25,001 to 50,000	50,001 to 100,000	100,001 to 250,000	250,001 and over
Number of Enterprises **1**	2849	36	1018	576	537	361	302	•	11	8	•	•	•
Revenues ($ in Thousands)													
Net Sales **2**	93924	321	•	29178	1912	45	34641	•	11353	16474	•	•	•
Portfolio Income **3**	34800	683	10	468	720	418	10540	•	371	21587	•	•	•
Other Revenues **4**	132321	958	5386	308	25195	15786	71211	•	7868	5612	•	•	•
Total Revenues **5**	261045	1962	5396	29954	27827	16249	116392	•	19592	43673	•	•	•
Average Total Revenues **6**	92	54	5	52	52	45	385	•	1781	5459	•	•	•
Operating Costs/Operating Income (%)													
Cost of Operations **7**	2.5	•	•	•	•	•	5.6	•	•	•	•	•	•
Rent **8**	4.2	•	•	1.7	6.0	•	5.5	•	1.6	4.8	•	•	•
Taxes Paid **9**	9.9	6.7	17.7	7.5	12.2	8.1	13.2	•	8.4	1.7	•	•	•
Interest Paid **10**	14.4	32.2	•	0.7	2.7	3.6	8.8	•	21.0	48.4	•	•	•
Depreciation, Depletion, Amortization **11**	10.6	1.9	0.7	0.9	10.1	10.7	7.1	•	10.0	29.1	•	•	•
Pensions and Other Benefits **12**	0.3	•	•	•	•	0.7	0.4	•	•	0.6	•	•	•
Other **13**	24.3	8.7	10.9	25.9	34.7	30.7	27.1	•	8.8	15.9	•	•	•
Officers Compensation **14**	3.4	•	•	3.7	5.5	21.9	0.9	•	2.1	2.5	•	•	•
Operating Margin **15**	30.4	50.5	70.7	59.6	28.8	24.3	31.5	•	48.2	•	•	•	•
Oper. Margin Before Officers Compensation **16**	33.8	50.5	70.7	63.3	34.4	46.2	32.4	•	50.3	•	•	•	•
Selected Average Balance Sheet ($ in Thousands)													
Net Receivables **17**	46	•	0	•	0	•	108	•	356	11713	•	•	•
Inventories **18**	•	•	•	•	•	•	•	•	•	•	•	•	•
Net Property, Plant and Equipment **19**	322	•	32	114	312	482	849	•	7090	17854	•	•	•
Total Assets **20**	542	•	35	128	338	656	1615	•	12234	49388	•	•	•

Notes and Loans Payable 21	239	•	1	20	71	488	450	•	3784	34744
All Other Liabilities 22	73	•	1	5	4	139	179	•	1275	10582
Net Worth 23	230	•	33	103	264	29	986	•	7175	4061

Selected Financial Ratios (Times to 1)

Current Ratio 24	1.6	•	1.2	8.3	•	0.5	9.6	•	6.1	1.1
Quick Ratio 25	1.5	•	1.2	4.4	19.0	0.4	8.7	•	5.9	1.0
Net Sales to Working Capital 26	1.9	•	18.4	9.6	2.3	•	1.2	•	0.5	6.4
Coverage Ratio 27	3.1	2.6	•	•	11.8	7.6	4.6	•	3.3	0.9
Total Asset Turnover 28	0.2	•	0.2	0.4	0.2	0.1	0.2	•	0.2	0.1
Inventory Turnover 29	•	•	•	•	•	•	•	•	•	•
Receivables Turnover 30	•	•	•	•	•	•	•	•	•	•
Total Liabilities to Net Worth 31	1.4	•	0.1	0.2	0.3	21.8	0.6	•	0.7	11.2

Selected Financial Factors (in Percentages)

Debt Ratio 32	57.7	•	5.8	19.2	22.1	95.6	38.9	•	41.4	91.8
Return on Assets 33	7.6	•	10.7	24.5	4.8	1.9	9.5	•	10.1	5.0
Return on Equity 34	9.9	•	9.6	29.0	4.6	31.1	8.9	•	11.3	•
Return Before Interest on Equity 35	17.8	•	11.3	30.3	6.2	15.6	•	17.2	•	
Profit Margin, Before Income Tax 36	30.2	•	•	•	28.8	24.0	31.2	•	•	•
Profit Margin, After Income Tax 37	24.8	•	•	•	23.1	19.9	22.7	•	•	•

Trends in Selected Ratios and Factors, 1990-1999

	1990	1991	1992	1993	1994	1995	1996	1997	1998	1999
Cost of Labor (%) 38	22.8	22.3	34.6	36.1	30.8	34.9	1.9	1.0	1.3	2.5
Operating Margin (%) 39	9.8	8.1	3.6	3.0	20.9	13.2	30.5	18.0	24.4	30.4
Oper. Margin Before Officers Comp. (%) 40	13.6	13.6	6.7	6.1	23.7	16.6	34.3	20.9	29.2	33.8
Average Net Receivables ($) 41	31	34	42	35	36	62	53	51	58	46
Average Inventories ($) 42	2	3	9	6	4	5	•	•	•	•
Average Net Worth ($) 43	135	217	172	149	142	191	216	181	201	230
Current Ratio (×1) 44	1.4	1.3	1.2	1.3	1.9	1.9	3.4	2.4	1.5	1.6
Quick Ratio (×1) 45	1.0	1.1	1.0	1.1	1.7	1.6	3.3	2.0	1.3	1.5
Coverage Ratio (×1) 46	1.5	1.5	1.3	1.3	2.6	2.1	3.0	2.2	2.9	3.1
Asset Turnover (×1) 47	0.3	0.2	0.3	0.2	0.3	0.2	0.2	0.2	0.2	0.2
Total Liabilities/Net Worth (×1) 48	1.6	1.3	1.6	1.9	1.5	1.3	0.9	1.7	1.5	1.4
Return on Assets (×1) 49	8.2	5.2	3.9	3.4	8.8	5.9	7.9	5.8	6.8	7.6
Return on Equity (%) 50	3.9	2.4	•	•	10.2	5.3	7.6	6.4	8.9	9.9

Table II

Corporations with Net Income

LESSORS OF RAILROAD PROPERTY

MONEY AMOUNTS AND SIZE OF ASSETS IN THOUSANDS OF DOLLARS

Item Description for Accounting Period 7/95 Through 6/96	Total	Zero Assets	Under 100	100 to 250	251 to 500	501 to 1,000	1,001 to 5,000	5,001 to 10,000	10,001 to 25,000	25,001 to 50,000	50,001 to 100,000	100,001 to 250,000	250,001 and over
Number of Enterprises **1**	1988	22	819	376	343	199	•	•	•	•	•	•	•
Revenues ($ in Thousands)													
Net Sales **2**	77583	321	•	29178	1912	45	•	•	•	•	•	•	•
Portfolio Income **3**	17116	683	10	468	720	418	•	•	•	•	•	•	•
Other Revenues **4**	126323	848	5386	308	25195	15786	•	•	•	•	•	•	•
Total Revenues **5**	221022	1852	5396	29954	27827	16249	•	•	•	•	•	•	•
Average Total Revenues **6**	111	84	7	80	81	82	•	•	•	•	•	•	•
Operating Costs/Operating Income (%)													
Cost of Operations **7**	3.0	•	•	•	•	•	•	•	•	•	•	•	•
Rent **8**	4.3	•	•	1.7	6.0	•	•	•	•	•	•	•	•
Taxes Paid **9**	11.1	4.6	17.3	7.5	12.1	8.1	•	•	•	•	•	•	•
Interest Paid **10**	6.4	34.1	•	0.7	2.7	3.6	•	•	•	•	•	•	•
Depreciation, Depletion, Amortization **11**	6.2	•	0.7	0.9	10.1	10.7	•	•	•	•	•	•	•
Pensions and Other Benefits **12**	0.3	•	•	•	•	0.7	•	•	•	•	•	•	•
Other **13**	25.8	7.5	7.9	25.9	34.7	29.9	•	•	•	•	•	•	•
Officers Compensation **14**	3.5	•	•	3.7	5.5	21.9	•	•	•	•	•	•	•
Operating Margin **15**	39.5	53.8	74.2	59.6	29.0	25.2	•	•	•	•	•	•	•
Oper. Margin Before Officers Compensation **16**	43.1	53.8	74.2	63.3	34.5	47.1	•	•	•	•	•	•	•
Selected Average Balance Sheet ($ in Thousands)													
Net Receivables **17**	7	•	0	•	0	•	•	•	•	•	•	•	•
Inventories **18**	•	•	•	•	•	•	•	•	•	•	•	•	•
Net Property, Plant and Equipment **19**	246	•	34	106	294	523	•	•	•	•	•	•	•
Total Assets **20**	406	•	37	126	329	586	•	•	•	•	•	•	•

Notes and Loans Payable **21**	73	•	•	•	31	44	•	•	•	•	•	•	•
All Other Liabilities **22**	44	•	1	7	6	65	•	•	•	•	•	•	•
Net Worth **23**	289	•	36	119	292	478	•	•	•	•	•	•	•

Selected Financial Ratios (Times to 1)

Current Ratio **24**	7.1	•	1.8	8.3	17.8	1.0	•	•	•	•	•	•	•
Quick Ratio **25**	6.6	•	1.8	4.4	16.4	0.9	•	•	•	•	•	•	•
Net Sales to Working Capital **26**	1.3	•	7.4	9.6	2.7	•	•	•	•	•	•	•	•
Coverage Ratio **27**	7.1	2.6	•	•	11.8	7.9	•	•	•	•	•	•	•
Total Asset Turnover **28**	0.3	•	0.2	0.6	0.3	0.1	•	•	•	•	•	•	•
Inventory Turnover **29**	•	•	•	•	•	•	•	•	•	•	•	•	•
Receivables Turnover **30**	•	•	•	•	•	•	•	•	•	•	•	•	•
Total Liabilities to Net Worth **31**	0.4	•	0.0	0.1	0.1	0.2	•	•	•	•	•	•	•

Selected Financial Factors (in Percentages)

Debt Ratio **32**	28.8	•	3.0	5.6	11.3	18.5	•	•	•	•	•	•	•
Return on Assets **33**	12.5	•	13.2	37.9	7.8	4.0	•	•	•	•	•	•	•
Return on Equity **34**	12.7	•	11.6	38.5	6.5	3.6	•	•	•	•	•	•	•
Return Before Interest on Equity **35**	17.6	•	13.6	•	8.8	4.9	•	•	•	•	•	•	•
Profit Margin, Before Income Tax **36**	•	•	•	•	29.0	24.9	•	•	•	•	•	•	•
Profit Margin, After Income Tax **37**	33.0	•	•	•	23.3	20.7	•	•	•	•	•	•	•

Trends in Selected Ratios and Factors, 1990-1999

	1990	1991	1992	1993	1994	1995	1996	1997	1998	1999
Cost of Operations (%) **38**	17.8	3.3	31.9	5.2	33.7	2.1	1.7	1.2	1.9	3.0
Operating Margin (%) **39**	33.6	23.8	21.6	39.8	25.1	38.1	46.4	31.7	39.9	39.5
Oper. Margin Before Officers Comp. (%) **40**	38.4	31.1	25.8	45.4	28.1	43.7	50.1	35.0	44.9	43.1
Average Net Receivables ($) **41**	26	30	45	73	63	65	2	9	75	7
Average Inventories ($) **42**	•	0	10	•	7	•	•	•	•	•
Average Net Worth ($) **43**	138	260	233	257	200	204	199	216	313	289
Current Ratio (×1) **44**	1.9	1.3	3.6	2.5	2.8	3.2	3.7	1.8	1.8	7.1
Quick Ratio (×1) **45**	1.4	1.1	3.0	2.1	2.3	3.1	3.2	1.5	1.6	6.6
Coverage Ratio (×1) **46**	3.4	2.3	4.7	7.9	3.6	3.5	9.1	6.1	4.9	7.1
Asset Turnover (×1) **47**	0.3	0.2	0.4	0.2	0.4	0.2	0.3	0.3	0.2	0.3
Operating Leverage **48**	1.0	0.7	0.9	1.9	0.6	1.5	1.2	0.7	1.3	1.0
Financial Leverage **49**	1.1	0.8	1.3	1.1	0.9	1.0	1.2	1.0	1.0	1.1
Total Leverage **50**	1.1	0.6	1.2	2.0	0.6	1.6	1.5	0.7	1.2	1.1

CONDOMINIUM MANAGEMENT AND COOPERATIVE HOUSING ASSOCIATIONS

MONEY AMOUNTS AND SIZE OF ASSETS IN THOUSANDS OF DOLLARS

Item Description for Accounting Period 7/95 Through 6/96		Total	Zero Assets	Under 100	100 to 250	251 to 500	501 to 1,000	1,001 to 5,000	5,001 to 10,000	10,001 to 25,000	25,001 to 50,000	50,001 to 100,000	100,001 to 250,000	250,001 and over
Number of Enterprises	1	42400	477	21116	7633	4766	2998	4024	859	384	112	26	4	•
Revenues ($ in Thousands)														
Net Sales	2	9546569	39347	1132822	1132082	903929	825837	2649416	1098804	943832	436324	218800	165377	•
Portfolio Income	3	304496	144	22113	40487	43447	37410	63264	58597	20550	9252	5071	4159	•
Other Revenues	4	2280091	3808	215990	397196	414457	444221	343275	242079	144704	55047	9922	9393	•
Total Revenues	5	12131156	43299	1370925	1569765	1361833	1307468	3055955	1399480	1109086	500623	233793	178929	•
Average Total Revenues	6	286	91	65	206	286	436	759	1629	2888	4470	8992	44732	•
Operating Costs/Operating Income (%)														
Cost of Operations	7	3.3	•	6.1	1.7	12.7	0.8	2.1	0.2	1.2	1.8	5.8	2.1	•
Rent	8	12.6	6.4	8.5	9.2	8.3	9.6	16.4	15.9	15.2	12.9	12.4	20.7	•
Taxes Paid	9	11.7	2.0	2.0	2.8	3.2	8.2	16.5	20.8	20.0	21.1	20.1	14.4	•
Interest Paid	10	8.8	0.9	0.3	1.1	1.6	3.9	12.0	15.6	18.3	22.7	17.9	16.0	•
Depreciation, Depletion, Amortization	11	7.6	0.6	0.6	1.2	2.2	4.4	9.5	12.9	16.6	19.2	14.6	12.4	•
Pensions and Other Benefits	12	1.4	0.1	•	0.3	0.6	0.9	1.8	2.2	2.3	2.3	2.5	5.9	•
Other	13	57.3	71.7	83.8	80.3	69.6	72.1	45.4	39.2	35.3	33.5	30.5	29.0	•
Officers Compensation	14	0.3	•	1.7	0.4	•	•	0.2	•	0.2	•	•	•	•
Operating Margin	15	•	18.4	•	3.1	1.9	0.2	•	•	•	•	•	•	•
Oper. Margin Before Officers Compensation	16	•	18.4	•	3.5	1.9	0.2	•	•	•	•	•	•	•
Selected Average Balance Sheet ($ in Thousands)														
Net Receivables	17	13	•	2	4	16	24	44	60	206	146	268	1649	•
Inventories	18	•	•	•	•	•	•	•	•	•	•	•	•	•
Net Property, Plant and Equipment	19	594	•	2	28	105	339	1846	5890	14319	30110	56685	142809	•
Total Assets	20	789	•	36	172	348	698	2358	6866	16182	32908	63669	168474	•

Notes and Loans Payable 21	331	•	2	18	45	226	1155	3109	7390	14533	22187	148066	•
All Other Liabilities 22	56	•	11	32	57	102	141	310	784	864	1908	9999	•
Net Worth 23	402	•	23	122	246	371	1062	3448	8008	17511	39574	10408	•

Selected Financial Ratios (Times to 1)

Current Ratio 24	2.7	•	3.9	5.4	4.6	3.3	2.5	1.8	1.0	1.4	3.8	2.2	•
Quick Ratio 25	2.3	•	3.6	5.1	4.2	2.9	2.0	1.4	0.8	0.9	2.7	1.5	•
Net Sales to Working Capital 26	2.8	•	2.7	1.8	1.7	1.9	3.2	5.5	•	7.9	3.0	3.7	•
Coverage Ratio 27	0.7	•	•	3.8	2.2	1.0	0.7	0.6	0.5	0.4	0.8	1.0	•
Total Asset Turnover 28	0.4	•	1.8	1.2	0.8	0.6	0.3	0.2	0.2	0.1	0.2	0.3	•
Inventory Turnover 29	•	•	•	•	•	•	•	•	•	•	•	•	•
Receivables Turnover 30	•	•	•	•	•	•	•	•	•	•	•	•	•
Total Liabilities to Net Worth 31	1.0	•	0.5	0.4	0.4	0.9	1.2	1.0	1.0	0.9	0.6	15.2	•

Selected Financial Factors (in Percentages)

Debt Ratio 32	49.0	•	34.7	29.3	29.2	46.9	55.0	49.8	50.5	46.8	37.9	93.8	•
Return on Assets 33	2.1	•	•	4.9	2.8	2.5	2.6	2.1	1.6	1.3	2.0	4.1	•
Return on Equity 34	•	•	•	4.5	1.7	•	•	•	•	•	•	•	•
Return Before Interest on Equity 35	4.2	•	•	6.9	4.0	4.7	5.8	4.2	3.3	2.4	3.2	•	•
Profit Margin, Before Income Tax 36	•	18.4	•	3.0	1.8	0.1	•	•	•	•	•	•	•
Profit Margin, After Income Tax 37	•	18.1	•	2.7	1.4	•	•	•	•	•	•	•	•

Trends in Selected Ratios and Factors, 1990-1999

	1990	1991	1992	1993	1994	1995	1996	1997	1998	1999
Cost of Labor (%) 38	8.5	15.1	18.5	18.7	25.9	29.0	5.0	2.7	4.1	3.3
Operating Margin (%) 39	•	•	•	•	•	•	•	•	•	•
Oper. Margin Before Officers Comp. (%) 40	•	•	•	•	•	•	•	•	•	•
Average Net Receivables ($) 41	11	12	12	10	11	13	12	14	14	13
Average Inventories ($) 42	0	0	•	•	0	•	•	•	•	•
Average Net Worth ($) 43	389	383	453	425	419	391	390	412	389	402
Current Ratio (×1) 44	2.0	2.6	2.4	2.4	2.5	2.7	2.2	2.6	2.8	2.7
Quick Ratio (×1) 45	1.6	2.3	2.1	2.0	2.2	2.3	1.9	2.2	2.4	2.3
Coverage Ratio (×1) 46	0.4	0.4	0.5	0.5	0.5	0.5	0.6	0.6	0.6	0.7
Asset Turnover (×1) 47	0.3	0.3	0.3	0.3	0.3	0.3	0.3	0.4	0.4	0.4
Total Liabilities/Net Worth (×1) 48	1.0	1.0	0.9	1.0	0.9	1.0	0.9	1.0	1.0	1.0
Return on Assets (×1) 49	1.4	1.5	1.5	1.6	1.7	1.8	2.0	1.8	1.8	2.1
Return on Equity (%) 50	•	•	•	•	•	•	•	•	•	•

Table II

Corporations with Net Income

CONDOMINIUM MANAGEMENT AND COOPERATIVE HOUSING ASSOCIATIONS

MONEY AMOUNTS AND SIZE OF ASSETS IN THOUSANDS OF DOLLARS

Item Description for Accounting Period 7/95 Through 6/96		Total	Zero Assets	Under 100	100 to 250	251 to 500	501 to 1,000	1,001 to 5,000	5,001 to 10,000	10,001 to 25,000	25,001 to 50,000	50,001 to 100,000	100,001 to 250,000	250,001 and over
Number of Enterprises	1	25843	449	13079	5219	3337	1637	1766	227	•	•	6	•	•
Revenues ($ in Thousands)														
Net Sales	2	5137012	39235	704815	784204	700342	579187	1402206	414624	•	•	204158	•	•
Portfolio Income	3	227775	143	18328	31685	38547	28925	46889	45157	•	•	6434	•	•
Other Revenues	4	1732790	3573	162375	376780	385158	317673	251730	175263	•	•	6778	•	•
Total Revenues	5	7097577	42951	885518	1192669	1124047	925785	1700825	635044	•	•	217370	•	•
Average Total Revenues	6	275	96	68	229	337	566	963	2798	•	•	36228	•	•
Operating Costs/Operating Income (%)														
Cost of Operations	7	3.8	•	2.0	1.4	14.8	1.1	1.7	•	•	•	6.2	•	•
Rent	8	11.4	6.4	6.5	8.9	7.3	9.0	17.7	14.0	•	•	20.0	•	•
Taxes Paid	9	7.7	1.9	1.2	2.5	1.4	5.9	13.1	19.0	•	•	11.4	•	•
Interest Paid	10	3.8	0.8	0.1	0.5	0.7	1.9	5.8	7.4	•	•	10.7	•	•
Depreciation, Depletion, Amortization	11	3.3	0.4	0.4	0.6	1.0	1.5	5.2	6.4	•	•	7.6	•	•
Pensions and Other Benefits	12	1.1	0.1	•	0.2	0.6	0.6	1.6	1.6	•	•	5.6	•	•
Other	13	64.3	71.2	85.0	80.2	69.7	75.1	50.9	48.5	•	•	33.0	•	•
Officers Compensation	14	0.3	•	1.4	0.6	•	•	0.2	•	•	•	•	•	•
Operating Margin	15	4.5	19.2	3.5	5.2	4.6	5.1	3.9	3.1	•	•	5.6	•	•
Oper. Margin Before Officers Compensation	16	4.8	19.2	4.8	5.8	4.6	5.1	4.0	3.1	•	•	5.6	•	•
Selected Average Balance Sheet ($ in Thousands)														
Net Receivables	17	10	•	2	6	12	24	48	49	•	•	1581	•	•
Inventories	18	•	•	•	•	•	•	•	•	•	•	•	•	•
Net Property, Plant and Equipment	19	255	•	1	7	53	181	1325	5236	•	•	77507	•	•
Total Assets	20	463	•	42	171	351	670	2077	7000	•	•	103830	•	•

Notes and Loans Payable 21	153	•	1	6	21	165	768	2523	•	•	100317	•	•
All Other Liabilities 22	50	•	7	33	59	131	197	792	•	•	7288	•	•
Net Worth 23	260	•	35	131	271	375	1112	3685	•	•	-3776	•	•

Selected Financial Ratios (Times to 1)

Current Ratio 24	3.9	•	9.1	5.8	5.8	3.7	3.0	2.4	•	•	2.9	•	•
Quick Ratio 25	3.5	•	8.6	5.6	5.4	3.4	2.6	2.0	•	•	2.2	•	•
Net Sales to Working Capital 26	2.0	•	1.9	1.7	1.5	1.7	2.4	3.9	•	•	2.6	•	•
Coverage Ratio 27	2.2	•	•	10.8	7.5	3.7	1.7	1.4	•	•	1.5	•	•
Total Asset Turnover 28	0.6	•	1.6	1.3	1.0	0.9	0.5	0.4	•	•	0.4	•	•
Inventory Turnover 29	•	•	•	•	•	•	•	•	•	•	•	•	•
Receivables Turnover 30	•	•	•	•	•	•	•	•	•	•	•	•	•
Total Liabilities to Net Worth 31	0.8	•	0.2	0.3	0.3	0.8	0.9	0.9	•	•	•	•	•

Selected Financial Factors (in Percentages)

Debt Ratio 32	43.8	•	17.7	23.2	22.9	44.1	46.5	47.4	•	•	•	•	•
Return on Assets 33	4.9	•	5.8	7.7	5.0	5.8	4.4	4.2	•	•	5.7	•	•
Return on Equity 34	4.2	•	6.0	8.3	5.0	6.9	3.0	1.8	•	•	•	•	•
Return Before Interest on Equity 35	8.7	•	7.0	10.0	6.5	10.4	8.3	7.9	•	•	•	•	•
Profit Margin, Before Income Tax 36	4.5	19.2	3.5	5.2	4.6	5.0	3.8	3.1	•	•	5.6	•	•
Profit Margin, After Income Tax 37	4.0	18.8	3.1	4.8	4.0	4.6	3.4	2.4	•	•	5.3	•	•

Trends in Selected Ratios and Factors, 1990-1999

	1990	1991	1992	1993	1994	1995	1996	1997	1998	1999
Cost of Operations (%) 38	9.0	17.2	26.1	28.4	33.7	36.0	6.5	3.5	5.5	3.8
Operating Margin (%) 39	5.3	4.7	4.6	5.6	4.6	4.1	3.8	3.8	4.0	4.5
Oper. Margin Before Officers Comp. (%) 40	7.0	7.3	6.4	6.8	4.9	4.7	4.2	4.3	4.2	4.8
Average Net Receivables ($) 41	13	11	8	8	7	9	9	12	13	10
Average Inventories ($) 42	0	0	•	•	0	•	•	•	•	•
Average Net Worth ($) 43	181	138	162	164	185	233	274	249	273	260
Current Ratio (×1) 44	3.1	4.2	4.1	4.1	3.8	4.1	4.0	4.1	4.1	3.9
Quick Ratio (×1) 45	2.7	3.9	3.7	3.7	3.4	3.8	3.7	3.7	3.6	3.5
Coverage Ratio (×1) 46	2.7	2.6	2.5	3.0	2.3	2.0	1.9	2.0	2.1	2.2
Asset Turnover (×1) 47	0.6	0.7	0.6	0.7	0.6	0.6	0.5	0.6	0.6	0.6
Operating Leverage 48	0.9	0.9	1.0	1.2	0.8	0.9	0.9	1.0	1.1	1.1
Financial Leverage 49	1.0	1.0	1.0	1.1	0.9	0.9	1.0	1.1	1.0	1.1
Total Leverage 50	0.9	0.9	0.9	1.3	0.7	0.8	0.9	1.1	1.1	1.2

Table I

Corporations with and without Net Income

SUBDIVIDERS AND DEVELOPERS

MONEY AMOUNTS AND SIZE OF ASSETS IN THOUSANDS OF DOLLARS

Item Description for Accounting Period 7/95 Through 6/96		Total	Zero Assets	Under 100	100 to 250	251 to 500	501 to 1,000	1,001 to 5,000	5,001 to 10,000	10,001 to 25,000	25,001 to 50,000	50,001 to 100,000	100,001 to 250,000	250,001 and over
Number of Enterprises	1	62498	3512	20866	10727	8378	7981	9225	980	465	203	81	46	33
Revenues ($ in Thousands)														
Net Sales	2	33118536	542356	1742864	1962058	1398886	2914459	7727742	2377396	2566511	2917130	1703978	1768913	5496244
Portfolio Income	3	1842056	37877	58451	29942	20573	68548	238146	32748	85155	108102	178824	193347	790342
Other Revenues	4	2493560	64409	22313	30421	36524	207335	463707	196457	277143	115361	299562	199178	581150
Total Revenues	5	37454152	644642	1823628	2022421	1455983	3190342	8429595	2606601	2928809	3140593	2182364	2161438	6867736
Average Total Revenues	6	599	184	87	189	174	400	914	2660	6299	15471	26943	46988	208113
Operating Costs/Operating Income (%)														
Cost of Operations	7	66.3	65.2	73.9	81.4	64.6	68.2	68.2	70.4	70.9	70.2	54.7	60.7	57.2
Rent	8	5.0	5.0	6.0	2.6	2.3	5.0	3.5	5.3	4.5	6.6	8.4	7.7	5.3
Taxes Paid	9	2.2	1.7	1.6	1.4	3.2	2.1	2.2	2.1	1.9	2.1	2.3	2.1	2.7
Interest Paid	10	6.8	1.7	1.7	2.0	4.8	4.3	5.1	4.9	6.5	6.6	8.4	7.0	14.2
Depreciation, Depletion, Amortization	11	2.0	2.6	0.7	0.6	1.7	1.0	1.1	1.4	2.0	2.1	2.5	3.0	4.2
Pensions and Other Benefits	12	0.6	0.4	1.6	•	0.5	0.5	0.4	0.5	0.4	0.8	0.8	0.7	1.0
Other	13	15.8	45.2	17.1	8.0	17.8	10.3	14.7	14.2	13.4	16.0	27.4	16.9	16.0
Officers Compensation	14	2.2	2.5	2.8	1.2	3.7	1.7	3.5	2.7	1.4	1.9	1.8	1.4	1.2
Operating Margin	15	•	•	•	2.7	1.5	7.0	1.4	•	•	•	•	0.5	•
Oper. Margin Before Officers Compensation	16	1.3	•	•	3.9	5.1	8.7	4.8	1.3	0.6	•	•	1.9	•
Selected Average Balance Sheet ($ in Thousands)														
Net Receivables	17	104	•	3	11	22	43	133	355	842	2055	8928	15622	58601
Inventories	18	269	•	2	32	101	201	535	1486	2555	8126	12180	27069	76280
Net Property, Plant and Equipment	19	447	•	10	45	119	211	649	2504	5505	9395	18946	41989	247793
Total Assets	20	1425	•	30	163	355	719	2083	6952	14880	34046	67850	149917	779260

Notes and Loans Payable	21	830	•	56	113	250	503	1354	4758	10219	20355	38107	76034	326385
All Other Liabilities	22	254	•	8	82	35	87	333	1158	2033	6865	13246	31262	146040
Net Worth	23	340	•	-33	-32	71	129	396	1036	2629	6827	16497	42621	306835

Selected Financial Ratios (Times to 1)

Current Ratio	24	1.7	•	0.6	2.2	2.2	2.3	2.0	1.6	1.2	1.5	1.8	2.7	1.2
Quick Ratio	25	0.5	•	0.4	1.0	0.6	0.6	0.5	0.4	0.4	0.5	0.7	0.9	0.5
Net Sales to Working Capital	26	2.7	•	•	4.9	1.9	2.0	1.9	2.7	6.8	3.3	2.1	1.1	5.2
Coverage Ratio	27	0.9	•	•	2.3	1.3	2.6	1.3	0.7	0.9	0.0	0.3	1.0	0.9
Total Asset Turnover	28	0.4	•	2.9	1.2	0.5	0.6	0.4	0.4	0.4	0.5	0.4	0.3	0.3
Inventory Turnover	29	•	•	•	•	•	•	•	•	•	•	•	•	•
Receivables Turnover	30	•	•	•	•	•	•	•	•	•	•	•	•	•
Total Liabilities to Net Worth	31	3.2	•	•	•	4.0	4.6	4.3	5.7	4.7	4.0	3.1	2.5	1.5

Selected Financial Factors (in Percentages)

Debt Ratio	32	76.1	•	•	•	80.1	82.1	81.0	85.1	82.3	80.0	75.7	71.6	60.6
Return on Assets	33	2.5	•	•	5.4	3.1	6.3	2.8	1.3	2.3	•	0.9	2.3	3.4
Return on Equity	34	•	•	14.7	•	2.9	20.0	2.1	•	•	•	•	•	•
Return Before Interest on Equity	35	10.3	•	9.5	•	15.4	35.0	14.9	8.8	13.2	0.4	3.6	8.0	8.5
Profit Margin, Before Income Tax	36	•	•	•	2.7	1.5	6.9	1.3	•	•	•	•	0.3	•
Profit Margin, After Income Tax	37	•	•	•	2.3	1.2	6.4	0.9	•	•	•	•	•	•

Trends in Selected Ratios and Factors, 1990-1999

		1990	1991	1992	1993	1994	1995	1996	1997	1998	1999
Cost of Labor (%)	38	26.7	59.4	61.5	57.5	59.7	58.8	61.3	64.7	65.0	66.3
Operating Margin (%)	39	0.8	2.1	1.6	•	•	•	•	•	•	•
Oper. Margin Before Officers Comp. (%)	40	6.2	5.0	4.4	0.8	•	•	•	•	0.2	1.3
Average Net Receivables ($)	41	158	152	153	161	147	110	104	117	105	104
Average Inventories ($)	42	268	310	321	336	317	272	258	260	261	269
Average Net Worth ($)	43	175	194	228	238	203	178	258	317	335	340
Current Ratio (×1)	44	1.4	1.4	1.5	1.3	1.3	1.5	1.6	1.7	1.7	1.7
Quick Ratio (×1)	45	0.5	0.5	0.5	0.5	0.4	0.5	0.5	0.6	0.5	0.5
Coverage Ratio (×1)	46	1.0	1.2	1.2	0.8	0.6	0.2	0.4	0.5	0.7	0.9
Asset Turnover (×1)	47	0.3	0.5	0.5	0.4	0.4	0.3	0.4	0.4	0.4	0.4
Total Liabilities/Net Worth (×1)	48	7.6	6.9	6.0	6.6	7.4	7.7	4.7	3.7	3.3	3.2
Return on Assets (×1)	49	4.8	5.0	5.1	3.3	2.4	0.6	1.2	1.6	2.0	2.5
Return on Equity (%)	50	•	4.7	2.8	•	•	•	•	•	•	•

Table II

Corporations with Net Income

SUBDIVIDERS AND DEVELOPERS

MONEY AMOUNTS AND SIZE OF ASSETS IN THOUSANDS OF DOLLARS

Item Description for Accounting Period 7/95 Through 6/96		Total	Zero Assets	Under 100	100 to 250	251 to 500	501 to 1,000	1,001 to 5,000	5,001 to 10,000	10,001 to 25,000	25,001 to 50,000	50,001 to 100,000	100,001 to 250,000	250,001 and over
Number of Enterprises	1	24216	1003	6397	4911	3351	3915	3944	384	150	85	38	25	13
Revenues ($ in Thousands)														
Net Sales	2	23591031	227438	1162753	1888583	1013260	2217852	4933370	1863322	1832915	1798149	939314	1499419	4214657
Portfolio Income	3	1078453	21536	56999	20893	10408	54527	185187	22827	44813	49812	129548	78425	403481
Other Revenues	4	2034453	65109	40286	21851	36818	186249	354599	151127	233647	173018	181371	164800	425574
Total Revenues	5	26703937	314083	1260038	1931327	1060486	2458628	5473156	2037276	2111375	2020979	1250233	1742644	5043712
Average Total Revenues	6	1103	313	197	393	316	628	1388	5305	14076	23776	32901	69706	387978
Operating Costs/Operating Income (%)														
Cost of Operations	7	64.4	39.0	65.7	81.3	64.5	63.3	64.3	70.7	73.2	62.0	49.7	63.4	58.7
Rent	8	4.3	9.6	5.7	2.1	0.9	4.3	2.6	3.7	2.7	7.3	9.4	7.5	4.4
Taxes Paid	9	1.8	2.1	1.0	0.8	1.4	1.7	1.8	1.4	1.3	1.9	2.7	1.6	2.7
Interest Paid	10	4.4	1.6	1.4	0.9	2.8	2.9	3.3	1.7	3.0	2.8	7.3	4.2	10.6
Depreciation, Depletion, Amortization	11	1.7	1.4	0.8	0.3	1.1	0.8	0.8	0.8	1.4	1.7	2.3	1.9	4.3
Pensions and Other Benefits	12	0.6	0.8	0.4	•	0.3	0.4	0.4	0.5	0.2	1.0	0.9	0.7	1.0
Other	13	10.1	6.4	10.5	4.7	9.3	8.1	9.5	9.0	7.9	13.5	18.7	12.7	11.3
Officers Compensation	14	1.7	2.8	0.8	1.1	2.1	2.0	2.4	2.4	1.1	2.0	1.9	1.1	0.9
Operating Margin	15	11.1	36.3	13.8	8.7	17.6	16.7	15.1	9.9	9.4	8.1	7.2	7.0	6.2
Oper. Margin Before Officers Compensation	16	12.8	39.1	14.6	9.8	19.7	18.8	17.4	12.3	10.5	10.0	9.1	8.1	7.2
Selected Average Balance Sheet ($ in Thousands)														
Net Receivables	17	159	•	6	12	28	67	199	463	1378	3420	11134	11950	92707
Inventories	18	325	•	1	39	106	213	554	1800	2474	10836	11187	37999	72064
Net Property, Plant and Equipment	19	485	•	9	33	84	187	460	2373	3854	8485	17600	30204	389029
Total Assets	20	1798	•	34	159	359	733	2054	7136	14325	34630	68337	148119	1249616

Notes and Loans Payable 21	812	•	99	53	167	427	1011	3832	7408	15356	36205	62256	441838
All Other Liabilities 22	289	•	7	23	47	95	325	1217	2486	5970	12851	23562	199165
Net Worth 23	697	•	-72	84	145	211	718	2087	4431	13304	19282	62301	608612

Selected Financial Ratios (Times to 1)

Current Ratio 24	2.1	•	0.4	4.6	2.2	2.5	2.4	1.7	1.7	2.1	1.9	3.7	1.9
Quick Ratio 25	0.8	•	0.3	2.0	0.6	0.8	0.9	0.4	0.6	0.7	0.9	0.9	0.8
Net Sales to Working Capital 26	2.8	•	•	6.0	3.1	2.6	2.2	3.6	5.3	2.4	2.3	1.3	2.9
Coverage Ratio 27	3.5	•	10.9	10.5	7.4	6.8	5.6	7.0	4.1	3.9	2.0	2.6	1.6
Total Asset Turnover 28	0.6	•	5.9	2.5	0.9	0.9	0.7	0.8	1.0	0.7	0.5	0.5	0.3
Inventory Turnover 29	•	•	•	•	•	•	•	•	•	•	•	•	•
Receivables Turnover 30	•	•	•	•	•	•	•	•	•	•	•	•	•
Total Liabilities to Net Worth 31	1.6	•	•	0.9	1.5	2.5	1.9	2.4	2.2	1.6	2.6	1.4	1.1

Selected Financial Factors (in Percentages)

Debt Ratio 32	61.2	•	•	47.6	59.8	71.2	65.1	70.8	69.1	61.6	71.8	57.9	51.3
Return on Assets 33	9.5	•	•	23.8	18.0	16.8	12.4	8.6	12.1	7.4	7.0	5.2	5.2
Return on Equity 34	16.4	•	•	39.3	37.8	•	27.7	24.6	26.5	13.1	10.3	6.8	3.3
Return Before Interest on Equity 35	24.4	•	•	•	•	•	•	29.4	•	19.2	24.7	12.4	10.7
Profit Margin, Before Income Tax 36	11.1	•	13.8	8.7	17.6	16.7	15.0	9.9	9.3	8.0	7.1	6.9	6.2
Profit Margin, After Income Tax 37	10.4	34.2	13.4	8.4	17.3	16.0	14.3	9.7	8.4	7.3	6.0	6.1	5.2

Trends in Selected Ratios and Factors, 1990-1999

	1990	1991	1992	1993	1994	1995	1996	1997	1998	1999
Cost of Operations (%) 38	22.2	59.2	58.2	56.2	57.6	53.0	58.7	59.1	62.1	64.4
Operating Margin (%) 39	22.9	13.5	14.4	14.6	13.6	14.1	14.9	13.3	13.8	11.1
Oper. Margin Before Officers Comp. (%) 40	28.2	16.2	17.3	18.1	16.1	16.4	17.1	15.9	15.6	12.8
Average Net Receivables ($) 41	185	180	201	174	133	130	108	133	127	159
Average Inventories ($) 42	274	336	420	380	335	278	254	300	299	325
Average Net Worth ($) 43	335	336	493	434	399	341	361	441	574	697
Current Ratio (×1) 44	1.5	1.6	1.8	1.4	1.5	2.0	2.2	2.1	2.1	2.1
Quick Ratio (×1) 45	0.6	0.6	0.7	0.5	0.5	0.7	0.8	0.7	0.7	0.8
Coverage Ratio (×1) 46	2.9	3.6	3.1	3.4	3.1	3.1	4.0	4.0	4.7	3.5
Asset Turnover (×1) 47	0.4	0.7	0.6	0.6	0.6	0.5	0.6	0.6	0.6	0.6
Operating Leverage 48	1.0	0.6	1.1	1.0	0.9	1.0	1.1	0.9	1.0	0.8
Financial Leverage 49	1.1	1.2	1.0	1.1	1.0	1.0	1.1	1.0	1.1	0.9
Total Leverage 50	1.0	0.7	1.0	1.1	0.9	1.0	1.2	0.9	1.1	0.7

Table I

Corporations with and without Net Income

OTHER REAL ESTATE

MONEY AMOUNTS AND SIZE OF ASSETS IN THOUSANDS OF DOLLARS

Item Description for Accounting Period 7/95 Through 6/96		Total	Zero Assets	Under 100	100 to 250	251 to 500	501 to 1,000	1,001 to 5,000	5,001 to 10,000	10,001 to 25,000	25,001 to 50,000	50,001 to 100,000	100,001 to 250,000	250,001 and over
Number of Enterprises	1	170370	16627	93809	26386	13646	9110	8873	1031	540	184	79	62	22
Revenues ($ in Thousands)														
Net Sales	2	43928964	995698	12025106	8109196	4021219	3268788	5185250	1780383	2671417	724300	781657	1501574	2864375
Portfolio Income	3	3099002	216088	189595	55823	184374	267560	422883	176653	230113	189895	181566	380985	603470
Other Revenues	4	4662674	133396	437904	340030	187107	161881	827547	603431	439195	261852	181240	436464	652625
Total Revenues	5	51690640	1345182	12652605	8505049	4392700	3698229	6435680	2560467	3340725	1176047	1144463	2319023	4120470
Average Total Revenues	6	303	81	135	322	322	406	725	2483	6187	6392	14487	37404	187294
Operating Costs/Operating Income (%)														
Cost of Operations	7	20.2	38.5	10.5	9.1	22.8	16.3	23.2	21.2	37.1	27.5	17.1	31.1	41.2
Rent	8	15.1	8.0	15.4	13.7	16.5	17.3	19.7	10.4	13.2	12.7	16.3	17.1	12.2
Taxes Paid	9	3.3	2.8	3.3	2.9	3.1	3.6	3.8	4.5	3.2	3.9	3.4	2.0	2.9
Interest Paid	10	5.1	10.2	0.8	1.0	1.5	3.6	6.0	7.8	7.1	16.3	15.5	15.0	14.2
Depreciation, Depletion, Amortization	11	2.5	2.6	1.4	1.6	1.7	3.1	2.8	3.9	2.9	5.4	5.5	2.9	4.7
Pensions and Other Benefits	12	1.3	0.8	1.3	1.5	1.9	1.2	1.4	0.9	0.9	1.0	1.3	0.9	1.0
Other	13	43.3	61.2	50.5	54.3	39.5	45.4	34.4	46.5	28.6	38.7	36.6	26.5	31.9
Officers Compensation	14	8.0	3.3	12.6	12.3	6.7	7.4	6.8	2.9	3.8	3.9	3.9	2.6	2.4
Operating Margin	15	1.3	•	4.5	3.6	6.3	2.1	2.0	2.0	3.3	•	0.5	1.9	•
Oper. Margin Before Officers Compensation	16	9.3	•	17.1	15.9	12.9	9.5	8.9	4.8	7.2	•	4.3	4.5	•
Selected Average Balance Sheet ($ in Thousands)														
Net Receivables	17	36	•	2	10	18	40	169	616	1205	3160	4446	8003	37570
Inventories	18	8	•	•	•	•	0	5	16	134	1029	335	1080	41347
Net Property, Plant and Equipment	19	185	•	10	64	138	326	833	3255	5024	10811	24410	36155	197630
Total Assets	20	520	•	30	159	339	699	2021	6931	14868	34050	69088	153549	736884

Notes and Loans Payable 21	289	•	27	87	173	436	1244	3604	7732	19196	41924	78453	336180
All Other Liabilities 22	103	•	16	26	59	78	355	1691	3377	6142	11413	30595	145026
Net Worth 23	129	•	-12	46	107	185	422	1635	3759	8711	15751	44501	255678

Selected Financial Ratios (Times to 1)

Current Ratio 24	1.4	•	0.7	1.8	2.0	1.5	1.3	1.1	1.2	1.5	0.9	1.3	1.8
Quick Ratio 25	0.8	•	0.6	1.3	1.3	0.7	0.8	0.7	0.7	0.8	0.4	0.6	0.9
Net Sales to Working Capital 26	8.0	•	•	12.9	6.0	6.8	5.6	14.3	9.1	1.7	•	5.3	1.7
Coverage Ratio 27	1.2	•	6.5	4.6	5.2	1.6	1.3	1.2	1.5	0.4	1.0	1.1	0.3
Total Asset Turnover 28	0.6	•	4.4	2.0	1.0	0.6	0.4	0.4	0.4	0.2	0.2	0.3	0.3
Inventory Turnover 29	•	•	•	•	•	•	•	•	•	•	•	•	•
Receivables Turnover 30	•	•	•	•	•	•	•	•	•	•	•	•	•
Total Liabilities to Net Worth 31	3.0	•	•	2.4	2.2	2.8	3.8	3.2	3.0	2.9	3.4	2.5	1.9

Selected Financial Factors (in Percentages)

Debt Ratio 32	75.2	•	•	70.8	68.3	73.6	79.1	76.4	74.7	74.4	77.2	71.0	65.3
Return on Assets 33	3.7	•	23.4	9.2	7.4	3.3	2.8	3.4	4.3	1.3	3.3	4.1	1.0
Return on Equity 34	1.4	•	•	22.4	16.9	3.7	1.9	1.6	3.1	•	•	0.6	•
Return Before Interest on Equity 35	14.9	•	•	31.6	23.3	12.6	13.4	14.6	16.8	5.0	14.6	14.2	2.8
Profit Margin, Before Income Tax 36	1.2	•	4.5	3.6	6.3	2.1	1.8	1.8	3.1	•	0.3	1.9	•
Profit Margin, After Income Tax 37	0.6	•	4.3	3.2	5.6	1.7	1.1	1.1	1.9	•	•	0.7	•

Trends in Selected Ratios and Factors, 1990-1999

	1990	1991	1992	1993	1994	1995	1996	1997	1998	1999
Cost of Labor (%) 38	24.2	25.2	26.9	24.4	24.8	21.6	17.8	17.9	20.2	20.2
Operating Margin (%) 39	1.1	•	•	•	•	•	•	•	•	1.3
Oper. Margin Before Officers Comp. (%) 40	8.3	8.4	7.9	6.7	3.3	1.5	5.5	6.9	7.5	9.3
Average Net Receivables ($) 41	66	54	57	56	50	51	42	39	36	36
Average Inventories ($) 42	16	10	9	13	19	10	5	3	4	8
Average Net Worth ($) 43	116	111	99	102	94	77	75	108	115	129
Current Ratio (×1) 44	1.2	1.1	1.3	1.3	1.2	1.2	1.2	1.4	1.3	1.4
Quick Ratio (×1) 45	0.7	0.7	0.8	0.8	0.7	0.7	0.7	0.8	0.8	0.8
Coverage Ratio (×1) 46	1.1	1.0	1.0	0.9	0.6	0.3	0.5	0.7	0.9	1.2
Asset Turnover (×1) 47	0.5	0.5	0.6	0.5	0.5	0.5	0.5	0.5	0.6	0.6
Total Liabilities/Net Worth (×1) 48	3.9	3.9	4.1	4.6	5.0	5.9	6.0	3.9	3.4	3.0
Return on Assets (×1) 49	5.5	4.2	4.2	3.9	2.3	1.2	1.8	2.2	2.5	3.7
Return on Equity (%) 50	•	•	•	•	•	•	•	•	•	1.4

OTHER REAL ESTATE

MONEY AMOUNTS AND SIZE OF ASSETS IN THOUSANDS OF DOLLARS

Item Description for Accounting Period 7/95 Through 6/96		Total	Zero Assets	Under 100	100 to 250	251 to 500	501 to 1,000	1,001 to 5,000	5,001 to 10,000	10,001 to 25,000	25,001 to 50,000	50,001 to 100,000	100,001 to 250,000	250,001 and over
Number of Enterprises	1	79946	5066	45792	14729	6536	3533	3371	483	293	73	35	26	9
Revenues ($ in Thousands)														
Net Sales	2	31022090	238551	7876645	6823397	2883053	2049986	3425826	1575816	1772450	436594	602297	1226056	2111419
Portfolio Income	3	1990117	172582	156493	48402	161450	151030	343499	106236	189974	122233	120969	186422	230826
Other Revenues	4	3029654	121537	292253	275337	138170	113648	525727	252323	373742	177254	119202	329839	310623
Total Revenues	5	36041861	532670	8325391	7147136	3182673	2314664	4295052	1934375	2336166	736081	842468	1742317	2652868
Average Total Revenues	6	451	105	182	485	487	655	1274	4005	7973	10083	24071	67012	294763
Operating Costs/Operating Income (%)														
Cost of Operations	7	20.5	1.2	10.2	7.4	27.9	19.0	22.8	25.6	33.2	24.0	20.1	33.2	55.9
Rent	8	13.1	2.8	13.4	13.4	14.3	9.7	15.0	9.6	14.7	11.5	15.8	21.4	7.8
Taxes Paid	9	2.7	2.5	2.4	2.8	2.9	2.4	3.1	2.7	3.3	3.6	3.0	2.0	1.9
Interest Paid	10	3.0	3.5	0.6	0.8	1.1	2.3	4.3	5.2	5.1	9.3	8.1	8.3	6.4
Depreciation, Depletion, Amortization	11	2.0	2.3	1.1	1.5	1.5	1.8	2.2	3.3	2.5	2.5	4.4	2.3	3.5
Pensions and Other Benefits	12	1.2	0.6	1.2	1.4	1.8	0.7	1.3	0.8	1.0	1.1	1.2	0.8	0.7
Other	13	37.4	33.7	44.9	52.7	30.8	46.0	29.3	37.0	23.6	28.2	30.5	17.3	17.1
Officers Compensation	14	8.0	4.1	13.0	12.9	7.7	3.1	5.7	3.1	4.5	3.3	3.2	2.8	1.7
Operating Margin	15	12.3	49.6	13.4	7.1	11.9	15.0	16.4	12.8	12.2	16.5	13.7	12.0	5.1
Oper. Margin Before Officers Compensation	16	20.3	53.6	26.4	19.9	19.6	18.0	22.1	15.9	16.7	19.8	16.9	14.8	6.8
Selected Average Balance Sheet ($ in Thousands)														
Net Receivables	17	40	•	3	13	19	45	242	527	1646	3802	4705	13679	25274
Inventories	18	12	•	•	•	•	•	1	18	241	216	740	2541	87637
Net Property, Plant and Equipment	19	135	•	10	48	82	228	562	2843	4518	11150	23752	32207	140956
Total Assets	20	465	•	32	162	328	701	1963	6715	14695	33812	68480	157712	618009

Notes and Loans Payable	21	207	•	22	61	108	323	864	3380	6145	15604	26215	55943	328434
All Other Liabilities	22	101	•	23	26	59	109	450	1360	3107	8027	16580	29359	99084
Net Worth	23	157	•	-12	75	161	269	648	1975	5443	10181	25685	72410	190490

Selected Financial Ratios (Times to 1)

Current Ratio	24	1.5	•	0.6	1.8	2.5	2.1	2.0	1.1	1.5	1.2	1.1	1.3	1.6
Quick Ratio	25	0.9	•	0.5	1.4	1.6	1.2	1.4	0.7	1.0	0.7	0.7	0.8	0.5
Net Sales to Working Capital	26	9.3	•	•	15.3	6.1	5.2	3.1	25.5	5.3	6.6	32.3	8.9	4.0
Coverage Ratio	27	5.1	•	•	9.6	11.5	7.5	4.8	3.4	3.4	2.8	2.7	2.5	1.8
Total Asset Turnover	28	1.0	•	5.7	3.0	1.5	0.9	0.7	0.6	0.6	0.3	0.4	0.4	0.5
Inventory Turnover	29	•	•	•	•	•	•	•	•	•	•	•	•	•
Receivables Turnover	30	•	•	•	•	•	•	•	•	•	•	•	•	•
Total Liabilities to Net Worth	31	2.0	•	•	1.2	1.0	1.6	2.0	2.4	1.7	2.3	1.7	1.2	2.3

Selected Financial Factors (in Percentages)

Debt Ratio	32	66.3	•	•	53.9	51.0	61.6	67.0	70.6	63.0	69.9	62.5	54.1	69.2
Return on Assets	33	14.8	•	•	23.6	19.4	16.1	13.3	10.7	9.3	7.7	7.6	8.6	5.5
Return on Equity	34	32.6	•	•	•	33.4	34.6	29.6	23.9	15.1	13.0	11.4	9.7	5.8
Return Before Interest on Equity	35	•	•	•	•	•	•	•	•	25.1	25.6	20.2	18.8	17.7
Profit Margin, Before Income Tax	36	12.2	•	13.4	7.1	11.9	14.9	16.2	12.7	12.0	16.5	13.5	12.0	5.1
Profit Margin, After Income Tax	37	11.3	•	13.1	6.7	11.0	14.2	15.1	11.8	10.3	13.1	12.1	10.5	3.8

Trends in Selected Ratios and Factors, 1990-1999

		1990	1991	1992	1993	1994	1995	1996	1997	1998	1999
Cost of Operations (%)	38	24.1	21.9	25.9	21.7	27.5	19.5	19.6	17.0	21.1	20.5
Operating Margin (%)	39	12.7	12.1	12.3	12.0	10.9	10.1	10.5	11.5	11.1	12.3
Oper. Margin Before Officers Comp. (%)	40	20.2	21.8	19.9	19.5	17.7	18.3	19.2	18.8	18.7	20.3
Average Net Receivables ($)	41	46	59	52	54	63	58	36	43	38	40
Average Inventories ($)	42	9	5	8	7	24	13	7	3	5	12
Average Net Worth ($)	43	141	152	155	151	154	136	111	136	144	157
Current Ratio (×1)	44	1.4	1.5	1.7	1.7	1.6	1.5	1.4	1.7	1.4	1.5
Quick Ratio (×1)	45	1.0	1.0	1.1	1.1	1.1	1.0	0.9	1.0	0.9	0.9
Coverage Ratio (×1)	46	3.7	4.1	4.3	3.4	3.2	3.3	4.2	5.3	4.9	5.1
Asset Turnover (×1)	47	0.9	0.9	0.9	0.9	0.8	0.9	1.0	1.0	1.0	1.0
Operating Leverage	48	1.1	1.0	1.0	1.0	0.9	0.9	1.1	1.1	1.0	1.1
Financial Leverage	49	1.1	1.1	1.0	0.9	1.0	1.0	1.1	1.1	1.0	1.0
Total Leverage	50	1.2	1.1	1.0	0.9	0.9	1.0	1.2	1.2	0.9	1.1

REGULATED INVESTMENT COMPANIES

MONEY AMOUNTS AND SIZE OF ASSETS IN THOUSANDS OF DOLLARS

Item Description for Accounting Period 7/95 Through 6/96		Total	Zero Assets	Under 100	100 to 250	251 to 500	501 to 1,000	1,001 to 5,000	5,001 to 10,000	10,001 to 25,000	25,001 to 50,000	50,001 to 100,000	100,001 to 250,000	250,001 and over
Number of Enterprises	1	8201	515	33	12	37	71	548	457	884	909	1108	1481	2145
Revenues ($ in Thousands)														
Net Sales	2	•	•	•	•	•	•	•	•	•	•	•	•	•
Portfolio Income	3	140702032	1962621	60	462	712	2800	58181	275919	642632	1414731	3640455	10945438	121758016
Other Revenues	4	26276139	314399	188	16	463	701	17061	43242	136081	309200	661327	2191036	22602429
Total Revenues	5	166978171	2277020	248	478	1175	3501	75242	319161	778713	1723931	4301782	13136474	144360445
Average Total Revenues	6	20361	4421	8	40	32	49	137	698	881	1897	3882	8870	67301
Operating Costs/Operating Income (%)														
Cost of Operations	7	•	•	•	•	•	•	•	•	•	•	•	•	•
Rent	8	•	•	6.1	•	0.6	2.0	0.3	0.1	•	0.2	•	•	•
Taxes Paid	9	0.1	•	2.8	0.6	0.2	•	0.2	•	0.2	0.4	0.2	0.2	0.1
Interest Paid	10	0.3	•	•	•	•	•	•	•	0.3	0.6	0.7	0.7	0.3
Depreciation, Depletion, Amortization	11	•	•	2.4	2.1	0.9	0.4	1.0	0.2	0.3	0.2	0.1	•	•
Pensions and Other Benefits	12	•	•	•	•	•	•	•	•	•	•	•	•	•
Other	13	13.4	12.7	•	12.1	50.8	24.7	16.7	7.7	16.1	15.1	14.0	13.9	13.3
Officers Compensation	14	•	•	•	•	•	•	•	•	•	0.1	•	•	•
Operating Margin	15	86.1	87.1	•	85.2	47.7	72.9	81.9	91.9	83.1	83.5	85.0	85.1	86.3
Oper. Margin Before Officers Compensation	16	86.2	87.1	•	85.2	47.7	72.9	81.9	91.9	83.1	83.6	85.0	85.1	86.3
Selected Average Balance Sheet ($ in Thousands)														
Net Receivables	17	16098	•	•	6	2	4	29	122	239	1219	1942	4054	57096
Inventories	18	•	•	•	•	•	•	•	•	•	•	•	•	•
Net Property, Plant and Equipment	19	0	•	•	•	•	•	0	•	0	2	0	0	0
Total Assets	20	382918	•	40	177	412	723	2668	7173	16452	36845	72121	163162	1289469

Notes and Loans Payable	21	390	•	•	•	•	0	0	10	19	279	270	671	760
All Other Liabilities	22	12052	•	20	19	18	43	102	241	529	970	2037	4683	41082
Net Worth	23	370476	•	20	158	393	680	2567	6922	15905	35595	69814	157808	1247626

Selected Financial Ratios (Times to 1)

Current Ratio	24	9.1	•	1.8	5.0	5.6	5.9	8.8	13.8	12.4	10.1	12.6	10.9	8.9
Quick Ratio	25	8.6	•	0.6	4.0	5.1	5.5	7.9	11.9	9.8	9.3	11.6	10.0	8.4
Net Sales to Working Capital	26	0.2	•	0.8	0.5	0.4	0.2	0.3	0.3	0.2	0.2	0.2	0.2	0.2
Coverage Ratio	27	•	•	•	•	•	•	•	•	•	•	•	•	•
Total Asset Turnover	28	0.1	•	0.2	0.2	0.1	0.1	0.1	0.1	0.1	0.1	0.1	0.1	0.1
Inventory Turnover	29	•	•	•	•	•	•	•	•	•	•	•	•	•
Receivables Turnover	30	•	•	•	•	•	•	•	•	•	•	•	•	•
Total Liabilities to Net Worth	31	0.0	•	1.0	0.1	0.1	0.1	0.0	0.0	0.0	0.0	0.0	0.0	0.0

Selected Financial Factors (in Percentages)

Debt Ratio	32	3.3	•	49.9	10.7	4.4	6.0	3.8	3.5	3.3	3.4	3.2	3.3	3.3
Return on Assets	33	3.8	•	•	19.2	3.7	5.0	3.4	4.3	3.5	3.3	3.3	3.4	3.8
Return on Equity	34	3.9	•	•	21.4	3.9	5.3	3.6	4.5	3.7	3.4	3.4	3.5	3.9
Return Before Interest on Equity	35	3.9	•	•	21.4	3.9	5.3	3.6	4.5	3.7	3.5	3.4	3.6	3.9
Profit Margin, Before Income Tax	36	•	•	•	•	•	•	•	•	•	•	•	•	•
Profit Margin, After Income Tax	37	•	•	•	•	•	•	•	•	•	•	•	•	•

Trends in Selected Ratios and Factors, 1990-1999

		1990	1991	1992	1993	1994	1995	1996	1997	1998	1999
Cost of Labor (%)	38	•	•	•	•	•	•	•	•	•	•
Operating Margin (%)	39	92.9	91.0	90.8	91.4	91.6	89.8	86.5	86.5	81.8	86.1
Oper. Margin Before Officers Comp. (%)	40	93.0	91.0	90.8	91.4	91.6	89.8	86.6	86.5	81.8	86.2
Average Net Receivables ($)	41	16160	17685	16242	20381	22158	16329	15262	13147	13573	16098
Average Inventories ($)	42	•	•	•	•	•	•	•	•	•	•
Average Net Worth ($)	43	194057	231130	177173	205922	226539	264063	310666	327835	325684	370476
Current Ratio (×1)	44	10.1	10.3	11.1	13.0	11.9	10.5	9.0	7.9	8.8	9.1
Quick Ratio (×1)	45	8.9	9.0	10.0	11.8	10.8	9.5	8.2	7.1	8.1	8.6
Coverage Ratio (×1)	46	365.7	882.2	411.2	388.8	371.4	374.5	287.5	288.5	180.1	228.1
Asset Turnover (×1)	47	0.1	0.1	0.1	0.1	0.1	0.1	0.1	0.1	0.1	0.1
Total Liabilities/Net Worth (×1)	48	0.1	0.0	0.0	0.0	0.0	0.0	0.1	0.1	0.0	0.0
Return on Assets (×1)	49	7.4	6.2	5.5	5.9	5.4	4.4	3.4	3.2	3.0	3.8
Return on Equity (%)	50	7.7	6.4	5.7	6.1	5.6	4.6	3.5	3.3	3.1	3.9

REGULATED INVESTMENT COMPANIES

MONEY AMOUNTS AND SIZE OF ASSETS IN THOUSANDS OF DOLLARS

Item Description for Accounting Period 7/95 Through 6/96		Total	Zero Assets	Under 100	100 to 250	251 to 500	501 to 1,000	1,001 to 5,000	5,001 to 10,000	10,001 to 25,000	25,001 to 50,000	50,001 to 100,000	100,001 to 250,000	250,001 and over
Number of Enterprises	1	6921	431	21	12	33	62	465	403	739	756	884	1239	1876
Revenues ($ in Thousands)														
Net Sales	2	•	•	•	•	•	•	•	•	•	•	•	•	•
Portfolio Income	3	127382949	1898739	24	462	694	2637	52381	146122	541865	1220981	2938476	9278888	111301683
Other Revenues	4	25836923	309771	77	16	397	660	16140	40618	132119	290394	629522	2114025	22303182
Total Revenues	5	153219872	2208510	101	478	1091	3297	68521	186740	673984	1511375	3567998	11392913	133604865
Average Total Revenues	6	22138	5124	5	40	33	53	147	463	912	1999	4036	9195	71218
Operating Costs/Operating Income (%)														
Cost of Operations	7	•	•	•	•	•	•	•	•	•	•	•	•	•
Rent	8	•	•	14.9	•	0.5	1.6	0.3	0.1	0.1	0.2	•	•	•
Taxes Paid	9	0.1	•	•	0.6	•	•	0.2	•	0.3	0.3	0.2	0.2	0.1
Interest Paid	10	0.3	•	•	•	•	•	•	0.1	•	0.6	0.8	0.7	0.3
Depreciation, Depletion, Amortization	11	•	•	•	2.1	0.9	0.4	0.7	0.3	0.3	0.2	0.1	•	•
Pensions and Other Benefits	12	•	•	•	•	•	•	•	•	•	•	•	•	•
Other	13	13.2	12.6	63.4	12.1	38.5	16.1	13.4	10.2	14.6	14.9	14.5	14.0	13.1
Officers Compensation	14	•	•	•	•	•	•	•	•	•	0.1	•	•	•
Operating Margin	15	86.3	87.2	21.8	85.2	60.0	81.8	85.5	89.2	84.8	83.7	84.4	85.1	86.5
Oper. Margin Before Officers Compensation	16	86.4	87.2	21.8	85.2	60.0	81.8	85.5	89.2	84.8	83.8	84.4	85.1	86.5
Selected Average Balance Sheet ($ in Thousands)														
Net Receivables	17	18433	•	•	6	2	4	31	124	247	1359	2189	4511	63312
Inventories	18	•	•	•	•	•	•	•	•	•	•	•	•	•
Net Property, Plant and Equipment	19	0	•	•	•	•	•	0	•	0	1	0	0	0
Total Assets	20	405895	•	51	177	400	714	2624	7146	16500	36582	72074	163706	1331900

Notes and Loans Payable **21**	339	•	•	•	•	0	0	11	23	335	329	492	623
All Other Liabilities **22**	13372	•	27	19	19	27	72	180	570	1014	2073	5007	44358
Net Worth **23**	392184	•	25	158	381	687	2552	6955	15907	35233	69672	158207	1286919

Selected Financial Ratios (Times to 1)

Current Ratio **24**	7.4	•	1.6	5.0	4.5	7.8	7.4	13.5	9.4	8.0	9.5	8.3	7.3
Quick Ratio **25**	6.9	•	0.7	4.0	4.0	7.1	6.4	11.5	6.5	7.2	8.4	7.4	6.8
Net Sales to Working Capital **26**	0.3	•	0.5	0.5	0.5	0.3	0.4	0.2	0.3	0.3	0.2	0.3	0.3
Coverage Ratio **27**	•	•	•	•	•	•	•	•	•	•	•	•	•
Total Asset Turnover **28**	0.1	•	0.1	0.2	0.1	0.1	0.1	0.1	0.1	0.1	0.1	0.1	0.1
Inventory Turnover **29**	•	•	•	•	•	•	•	•	•	•	•	•	•
Receivables Turnover **30**	•	•	•	•	•	•	•	•	•	•	•	•	•
Total Liabilities to Net Worth **31**	0.0	•	1.1	0.1	0.1	0.0	0.0	0.0	0.0	0.0	0.0	0.0	0.0

Selected Financial Factors (in Percentages)

Debt Ratio **32**	3.4	•	51.7	10.7	4.9	3.8	2.7	2.7	3.6	3.7	3.3	3.4	3.4
Return on Assets **33**	4.3	•	2.1	19.2	5.0	6.1	4.3	5.0	4.3	4.1	4.2	4.1	4.2
Return on Equity **34**	4.4	•	4.2	21.4	5.2	6.3	4.4	5.1	4.5	4.2	4.3	4.2	4.4
Return Before Interest on Equity **35**	4.4	•	4.2	21.4	5.2	6.3	4.4	5.1	4.5	4.3	4.3	4.3	4.4
Profit Margin, Before Income Tax **36**	•	•	21.8	•	•	•	•	•	•	•	•	•	•
Profit Margin, After Income Tax **37**	•	•	21.8	•	•	•	•	•	•	•	•	•	•

Trends in Selected Ratios and Factors, 1990-1999

	1990	1991	1992	1993	1994	1995	1996	1997	1998	1999
Cost of Operations (%) **38**	•	•	•	•	•	•	•	•	•	•
Operating Margin (%) **39**	92.9	90.6	89.6	90.5	90.8	89.0	85.9	86.1	81.6	86.3
Oper. Margin Before Officers Comp. (%) **40**	92.9	90.6	89.6	90.5	90.8	89.0	86.0	86.1	81.6	86.4
Average Net Receivables ($) **41**	19829	23521	18319	22458	26962	18528	17866	14851	16188	18433
Average Inventories ($) **42**	•	•	•	•	•	•	•	•	•	•
Average Net Worth ($) **43**	217440	275190	173030	199029	241319	268564	330827	346243	351562	392184
Current Ratio (×1) **44**	8.9	8.7	9.0	11.0	9.6	8.8	7.9	6.9	7.1	7.4
Quick Ratio (×1) **45**	7.6	7.4	7.9	9.7	8.5	7.8	7.2	6.1	6.4	6.9
Coverage Ratio (×1) **46**	510.6	1030.4	456.9	487.5	441.0	434.8	323.9	311.9	190.0	252.6
Asset Turnover (×1) **47**	0.1	0.1	0.1	0.1	0.1	0.1	0.1	0.1	0.1	0.1
Operating Leverage **48**	1.0	1.0	1.0	1.0	1.0	1.0	1.0	1.0	1.0	1.1
Financial Leverage **49**	1.0	1.0	1.0	1.0	1.0	1.0	1.0	1.0	1.0	1.0
Total Leverage **50**	1.0	1.0	1.0	1.0	1.0	1.0	1.0	1.0	1.0	1.1

REAL ESTATE INVESTMENT TRUSTS

Item Description for Accounting Period 7/95 Through 6/96		Total	Zero Assets	Under 100	100 to 250	251 to 500	501 to 1,000	1,001 to 5,000	5,001 to 10,000	10,001 to 25,000	25,001 to 50,000	50,001 to 100,000	100,001 to 250,000	250,001 and over
		MONEY AMOUNTS AND SIZE OF ASSETS IN THOUSANDS OF DOLLARS												
Number of Enterprises	1	465	16	6	6	4	12	38	24	36	64	58	70	132
		Revenues ($ in Thousands)												
Net Sales	2	•	•	•	•	•	•	•	•	•	•	•	•	•
Portfolio Income	3	3008281	5566	•	6	32	634	4089	3529	17600	47332	138600	193350	2597543
Other Revenues	4	8700261	85875	36	140	70	619	8799	11836	41606	260488	461964	1254992	6573834
Total Revenues	5	11708542	91441	36	146	102	1253	12888	15365	59206	307820	600564	1448342	9171377
Average Total Revenues	6	25180	5715	6	24	26	104	339	640	1645	4810	10355	20691	69480
		Operating Costs/Operating Income (%)												
Cost of Operations	7	•	•	•	•	•	•	•	•	•	•	•	•	•
Rent	8	2.2	2.8	•	0.7	•	0.2	5.8	1.2	3.4	2.9	2.2	2.2	2.1
Taxes Paid	9	5.1	6.4	22.2	14.4	33.3	2.3	8.3	5.5	7.2	4.7	5.2	6.4	4.8
Interest Paid	10	24.2	19.2	61.1	24.0	7.9	3.9	4.3	11.5	12.4	13.5	22.5	21.4	25.3
Depreciation, Depletion, Amortization	11	10.8	18.8	8.3	7.5	28.4	12.0	6.3	11.5	9.6	13.3	11.9	12.1	10.4
Pensions and Other Benefits	12	•	•	•	•	•	•	•	•	•	•	•	•	•
Other	13	27.7	•	25.0	39.7	•	26.8	•	39.6	55.3	62.4	38.1	41.1	22.5
Officers Compensation	14	0.8	1.8	•	•	•	•	0.8	•	2.9	0.7	0.7	0.9	0.8
Operating Margin	15	29.2	•	•	13.7	•	54.8	•	30.7	9.3	2.6	19.5	15.9	34.1
Oper. Margin Before Officers Compensation	16	30.0	•	•	13.7	•	54.8	•	30.7	12.2	3.3	20.2	16.8	34.9
		Selected Average Balance Sheet ($ in Thousands)												
Net Receivables	17	4448	•	•	18	•	175	59	34	536	1309	565	2816	13105
Inventories	18	•	•	•	•	•	•	•	•	•	•	•	•	•
Net Property, Plant and Equipment	19	104434	•	23	115	168	229	518	2384	6769	17483	36631	81179	297810
Total Assets	20	249555	•	24	195	326	802	3339	7375	17819	36499	71962	162705	736263

Notes and Loans Payable **21**	88482	•	56	73	17	33	318	1287	2552	6929	20563	54909	269154
All Other Liabilities **22**	16791	•	0	13	104	10	403	128	644	1528	2022	5655	54201
Net Worth **23**	144283	•	-33	109	206	759	2618	5960	14623	28041	49377	102140	412908

Selected Financial Ratios (Times to 1)

Current Ratio **24**	0.4	•	0.1	1.6	•	19.7	4.1	0.6	3.9	3.4	1.6	0.9	0.3
Quick Ratio **25**	0.3	•	0.1	1.5	•	16.9	3.8	0.6	3.5	2.0	0.9	0.5	0.3
Net Sales to Working Capital **26**	•	•	•	3.2	1.2	0.4	0.8	•	1.0	1.0	5.2	•	•
Coverage Ratio **27**	2.2	•	0.7	1.6	•	•	•	3.7	1.8	1.2	1.9	1.8	2.4
Total Asset Turnover **28**	0.1	•	0.3	0.1	0.1	0.1	0.1	0.1	0.1	0.1	0.2	0.1	0.1
Inventory Turnover **29**	•	•	•	•	•	•	•	•	•	•	•	•	•
Receivables Turnover **30**	•	•	•	•	•	•	•	•	•	•	•	•	•
Total Liabilities to Net Worth **31**	0.7	•	•	0.8	0.6	0.1	0.3	0.2	0.2	0.3	0.5	0.6	0.8

Selected Financial Factors (in Percentages)

Debt Ratio **32**	42.2	•	•	44.3	36.9	5.3	21.6	19.2	17.9	23.2	31.4	37.2	43.9
Return on Assets **33**	5.4	•	10.6	4.8	•	7.7	•	3.7	2.0	2.1	6.0	4.7	5.6
Return on Equity **34**	5.1	•	3.6	3.2	•	7.6	•	3.3	1.1	0.5	4.1	3.2	5.7
Return Before Interest on Equity **35**	9.3	•	•	8.6	•	8.1	•	4.5	2.4	2.8	8.8	7.6	10.0
Profit Margin, Before Income Tax **36**	29.1	•	•	14.4	•	•	•	30.7	9.3	2.6	19.3	15.9	34.0
Profit Margin, After Income Tax **37**	29.1	•	•	14.4	•	•	•	30.5	9.3	2.6	19.3	15.9	34.0

Trends in Selected Ratios and Factors, 1990-1999

	1990	1991	1992	1993	1994	1995	1996	1997	1998	1999
Cost of Labor (%) **38**	•	•	•	•	•	•	•	•	•	•
Operating Margin (%) **39**	29.5	26.8	24.0	22.5	17.9	14.8	13.7	22.0	28.2	29.2
Oper. Margin Before Officers Comp. (%) **40**	29.9	27.3	24.4	23.0	18.5	15.5	14.5	23.1	29.1	30.0
Average Net Receivables ($) **41**	12475	11135	5144	4620	6367	4885	4226	2865	2409	4448
Average Inventories ($) **42**	•	•	•	•	•	•	•	•	•	•
Average Net Worth ($) **43**	51974	48498	24549	30531	63561	64057	70384	91235	115047	144283
Current Ratio (×1) **44**	1.3	0.9	1.1	1.1	0.7	0.7	0.6	0.4	0.4	0.4
Quick Ratio (×1) **45**	1.1	0.8	1.0	0.9	0.6	0.6	0.6	0.3	0.2	0.3
Coverage Ratio (×1) **46**	1.8	1.7	1.6	1.5	1.5	1.4	1.4	1.7	2.2	2.2
Asset Turnover (×1) **47**	0.1	0.1	0.1	0.1	0.1	0.1	0.1	0.1	0.1	0.1
Total Liabilities/Net Worth (×1) **48**	1.2	1.9	1.8	1.7	1.7	1.7	1.6	1.0	0.9	0.7
Return on Assets (×1) **49**	7.5	6.6	6.4	6.8	6.0	5.1	5.3	5.1	5.3	5.4
Return on Equity (%) **50**	7.5	7.4	6.4	6.4	5.0	3.7	3.5	4.2	5.5	5.1

REAL ESTATE INVESTMENT TRUSTS

MONEY AMOUNTS AND SIZE OF ASSETS IN THOUSANDS OF DOLLARS

Item Description for Accounting Period 7/95 Through 6/96		Total	Zero Assets	Under 100	100 to 250	251 to 500	501 to 1,000	1,001 to 5,000	5,001 to 10,000	10,001 to 25,000	25,001 to 50,000	50,001 to 100,000	100,001 to 250,000	250,001 and over
Number of Enterprises	1	362	8	•	•	•	12	20	•	22	48	46	55	126
Revenues ($ in Thousands)														
Net Sales	2	•	•	•	•	•	•	•	•	•	•	•	•	•
Portfolio Income	3	2886138	1817	•	•	•	634	1831	•	7371	43985	122712	162153	2542149
Other Revenues	4	7991202	46909	•	•	•	619	7394	•	36902	189229	395390	907753	6397485
Total Revenues	5	10877340	48726	•	•	•	1253	9225	•	44273	233214	518102	1069906	8939634
Average Total Revenues	6	30048	6091	•	•	•	104	461	•	2012	4859	11263	19453	70949
Operating Costs/Operating Income (%)														
Cost of Operations	7	•	•	•	•	•	•	•	•	•	•	•	•	•
Rent	8	2.2	4.3	•	•	•	0.2	0.4	•	1.7	3.8	2.2	1.7	2.2
Taxes Paid	9	4.7	2.3	•	•	•	2.3	11.4	•	6.8	3.6	4.5	5.2	4.7
Interest Paid	10	22.7	12.8	•	•	•	3.9	4.8	•	9.5	7.7	17.9	15.5	24.3
Depreciation, Depletion, Amortization	11	10.1	10.1	•	•	•	12.0	8.0	•	9.9	11.5	10.7	9.7	10.1
Pensions and Other Benefits	12	•	•	•	•	•	•	•	•	•	•	•	•	•
Other	13	23.9	35.2	•	•	•	26.8	28.7	•	36.2	37.6	34.3	31.5	21.9
Officers Compensation	14	0.8	0.8	•	•	•	•	1.1	•	•	0.8	0.6	0.9	0.8
Operating Margin	15	35.7	34.7	•	•	•	54.8	45.8	•	36.0	35.1	29.9	35.4	36.1
Oper. Margin Before Officers Compensation	16	36.5	35.4	•	•	•	54.8	46.9	•	36.0	35.9	30.5	36.3	36.9
Selected Average Balance Sheet ($ in Thousands)														
Net Receivables	17	5281	•	•	•	•	175	58	•	821	1655	422	1556	13532
Inventories	18	•	•	•	•	•	•	•	•	•	•	•	•	•
Net Property, Plant and Equipment	19	122520	•	•	•	•	229	938	•	8636	18643	33932	70751	299605
Total Assets	20	299443	•	•	•	•	802	3460	•	17638	36479	72480	158452	745797

Notes and Loans Payable 21	103257	•	•	•	•	33	407	•	2361	5111	16305	35843	272451
All Other Liabilities 22	18633	•	•	•	•	10	349	•	464	1680	1924	3692	50417
Net Worth 23	177553	•	•	•	•	759	2704	•	14813	29688	54251	118917	422928

Selected Financial Ratios (Times to 1)

Current Ratio 24	0.4	•	•	•	•	19.7	3.2	•	6.2	3.3	2.9	1.2	0.3
Quick Ratio 25	0.3	•	•	•	•	16.9	3.1	•	6.1	1.8	1.4	0.8	0.3
Net Sales to Working Capital 26	•	•	•	•	•	0.4	1.2	•	0.8	0.9	3.2	14.9	•
Coverage Ratio 27	2.6	3.7	•	•	•	•	10.6	•	4.8	5.6	2.7	3.3	2.5
Total Asset Turnover 28	0.1	•	•	•	•	0.1	0.1	•	0.1	0.1	0.2	0.1	0.1
Inventory Turnover 29	•	•	•	•	•	•	•	•	•	•	•	•	•
Receivables Turnover 30	•	•	•	•	•	•	•	•	•	•	•	•	•
Total Liabilities to Net Worth 31	0.7	•	•	•	•	0.1	0.3	•	0.2	0.2	0.3	0.3	0.8

Selected Financial Factors (in Percentages)

Debt Ratio 32	40.7	•	•	•	•	5.3	21.9	•	16.0	18.6	25.2	25.0	43.3
Return on Assets 33	5.9	•	•	•	•	7.7	6.8	•	5.2	5.7	7.4	6.3	5.7
Return on Equity 34	6.0	•	•	•	•	7.6	7.8	•	4.9	5.7	6.2	5.8	6.0
Return Before Interest on Equity 35	9.9	•	•	•	•	8.1	8.6	•	6.2	7.0	9.9	8.3	10.1
Profit Margin, Before Income Tax 36	•	34.7	•	•	•	•	•	•	•	•	29.8	•	•
Profit Margin, After Income Tax 37	•	34.7	•	•	•	•	•	•	•	•	29.8	•	•

Trends in Selected Ratios and Factors, 1990-1999

	1990	1991	1992	1993	1994	1995	1996	1997	1998	1999
Cost of Operations (%) 38	•	•	•	•	•	•	•	•	•	•
Operating Margin (%) 39	38.6	33.6	31.6	32.9	32.9	30.3	31.4	33.1	35.8	35.7
Oper. Margin Before Officers Comp. (%) 40	39.1	34.2	32.1	33.4	33.5	31.0	32.2	34.2	36.7	36.5
Average Net Receivables ($) 41	14261	13665	14534	7116	5748	2806	2865	2933	2511	5281
Average Inventories ($) 42	•	•	•	•	•	•	•	•	•	•
Average Net Worth ($) 43	57656	57937	67263	68924	72646	77678	85418	113210	132750	177553
Current Ratio (×1) 44	1.2	0.8	0.9	1.0	0.7	0.7	0.5	0.4	0.3	0.4
Quick Ratio (×1) 45	1.1	0.8	0.8	0.8	0.6	0.5	0.5	0.3	0.2	0.3
Coverage Ratio (×1) 46	2.4	1.9	1.8	1.8	1.9	1.8	1.9	2.2	2.6	2.6
Asset Turnover (×1) 47	0.1	0.1	0.1	0.1	0.1	0.1	0.1	0.1	0.1	0.1
Operating Leverage 48	0.8	0.9	0.9	1.1	1.0	0.9	1.0	1.1	1.1	1.0
Financial Leverage 49	0.9	0.8	0.9	1.1	1.1	1.0	1.1	1.2	1.2	1.0
Total Leverage 50	0.7	0.7	0.9	1.1	1.1	0.9	1.1	1.2	1.2	1.0

SMALL BUSINESS INVESTMENT COMPANIES

MONEY AMOUNTS AND SIZE OF ASSETS IN THOUSANDS OF DOLLARS

Item Description for Accounting Period 7/95 Through 6/96		Total	Zero Assets	Under 100	100 to 250	251 to 500	501 to 1,000	1,001 to 5,000	5,001 to 10,000	10,001 to 25,000	25,001 to 50,000	50,001 to 100,000	100,001 to 250,000	250,001 and over
Number of Enterprises	1	8272	1187	3082	1680	732	835	571	97	65	17	6	•	•
Revenues ($ in Thousands)														
Net Sales	2	668908	•	127105	27291	8804	76266	299895	67299	17809	41595	2843	•	•
Portfolio Income	3	140476	3381	562	1628	8918	17495	64051	3126	10719	27609	2985	•	•
Other Revenues	4	184537	-3718	5137	33045	13873	19797	36578	37011	37295	3033	2488	•	•
Total Revenues	5	993921	-337	132804	61964	31595	113558	400524	107436	65823	72237	8316	•	•
Average Total Revenues	6	120	-0	43	37	43	136	701	1108	1013	4249	1386	•	•
Operating Costs/Operating Income (%)														
Cost of Operations	7	1.1	•	•	15.2	•	•	•	•	•	•	11.9	•	•
Rent	8	20.5	•	31.9	0.8	1.2	9.4	25.6	24.0	7.9	21.7	3.7	•	•
Taxes Paid	9	3.3	•	3.6	4.2	4.4	2.0	1.9	7.7	3.3	4.0	5.4	•	•
Interest Paid	10	8.7	•	2.8	13.7	19.7	7.1	2.3	9.1	48.6	8.0	35.7	•	•
Depreciation, Depletion, Amortization	11	2.5	•	1.5	3.0	6.9	2.3	0.8	1.7	4.9	9.6	12.4	•	•
Pensions and Other Benefits	12	1.1	•	1.8	•	1.7	0.1	1.7	•	0.8	1.1	0.1	•	•
Other	13	40.8	•	40.2	11.0	67.9	49.5	37.1	18.5	57.2	39.8	63.3	•	•
Officers Compensation	14	19.5	•	19.7	0.4	4.9	5.5	35.5	1.0	12.9	10.3	2.2	•	•
Operating Margin	15	2.6	•	•	51.8	•	24.4	•	38.1	•	5.6	•	•	•
Oper. Margin Before Officers Compensation	16	22.1	•	18.3	52.2	•	29.8	30.7	39.0	•	15.9	•	•	•
Selected Average Balance Sheet ($ in Thousands)														
Net Receivables	17	49	•	2	22	22	21	203	510	2066	554	3286	•	•
Inventories	18	•	•	•	•	•	•	•	•	•	•	•	•	•
Net Property, Plant and Equipment	19	77	•	1	47	70	173	55	1076	2219	2592	5245	•	•
Total Assets	20	643	•	24	158	380	722	1820	6970	14048	35692	143330	•	•

Notes and Loans Payable 21	248	•	18	72	265	342	594	2068	8151	13589	15622	•	•
All Other Liabilities 22	85	•	2	14	108	60	329	794	1634	5322	14370	•	•
Net Worth 23	309	•	4	73	7	320	897	4108	4262	16782	113338	•	•

Selected Financial Ratios (Times to 1)

Current Ratio 24	1.7	•	9.2	2.2	0.5	1.2	2.6	1.4	2.8	1.9	0.7	•	•
Quick Ratio 25	1.1	•	6.6	1.5	0.5	0.8	2.2	0.5	2.1	0.8	0.4	•	•
Net Sales to Working Capital 26	1.8	•	2.8	1.5	•	7.6	2.1	2.1	0.4	0.8	•	•	•
Coverage Ratio 27	1.3	•	0.5	4.8	0.6	4.5	•	5.1	0.3	1.6	0.0	•	•
Total Asset Turnover 28	0.2	•	1.8	0.2	0.1	0.2	0.4	0.2	0.1	0.1	0.0	•	•
Inventory Turnover 29	•	•	•	•	•	•	•	•	•	•	•	•	•
Receivables Turnover 30	•	•	•	•	•	•	•	•	•	•	•	•	•
Total Liabilities to Net Worth 31	1.1	•	5.1	1.2	•	1.3	1.0	0.7	2.3	1.1	0.3	•	•

Selected Financial Factors (in Percentages)

Debt Ratio 32	51.9	•	83.7	54.0	98.3	55.7	50.7	41.1	69.7	53.0	20.9	•	•
Return on Assets 33	2.0	•	2.4	15.3	1.4	5.9	•	7.4	0.9	1.5	•	•	•
Return on Equity 34	0.5	•	•	26.1	•	10.0	•	9.6	•	0.7	•	•	•
Return Before Interest on Equity 35	4.2	•	14.6	33.2	•	13.4	•	12.5	3.0	3.2	•	•	•
Profit Margin, Before Income Tax 36	2.2	•	•	•	•	24.4	•	•	•	4.8	•	•	•
Profit Margin, After Income Tax 37	1.4	•	•	•	•	23.5	•	•	•	2.6	•	•	•

Trends in Selected Ratios and Factors, 1990-1999

	1990	1991	1992	1993	1994	1995	1996	1997	1998	1999
Cost of Labor (%) 38	•	•	•	•	2.3	17.2	20.8	0.3	0.3	1.1
Operating Margin (%) 39	•	•	6.6	3.3	•	•	•	•	13.5	2.6
Oper. Margin Before Officers Comp. (%) 40	3.4	•	18.2	6.1	•	•	•	14.5	26.5	22.1
Average Net Receivables ($) 41	69	117	61	62	74	67	68	41	39	49
Average Inventories ($) 42	•	•	•	•	•	•	•	•	•	•
Average Net Worth ($) 43	157	209	139	173	204	268	228	283	298	309
Current Ratio (×1) 44	2.4	2.2	2.7	3.2	2.7	2.2	2.6	2.9	2.2	1.7
Quick Ratio (×1) 45	1.9	1.9	2.3	2.5	1.8	1.6	1.9	2.0	1.4	1.1
Coverage Ratio (×1) 46	0.7	0.3	1.2	1.2	0.4	•	•	0.6	2.4	1.3
Asset Turnover (×1) 47	0.2	0.2	0.2	0.2	0.1	0.2	0.2	0.2	0.1	0.2
Total Liabilities/Net Worth (×1) 48	1.5	1.6	1.6	1.3	1.4	1.4	1.6	1.1	1.1	1.1
Return on Assets (×1) 49	2.4	1.0	4.1	3.5	1.3	•	•	0.9	3.1	2.0
Return on Equity (%) 50	•	•	0.6	0.6	•	•	•	•	3.6	0.5

SMALL BUSINESS INVESTMENT COMPANIES

MONEY AMOUNTS AND SIZE OF ASSETS IN THOUSANDS OF DOLLARS

Item Description for Accounting Period 7/95 Through 6/96		Total	Zero Assets	Under 100	100 to 250	251 to 500	501 to 1,000	1,001 to 5,000	5,001 to 10,000	10,001 to 25,000	25,001 to 50,000	50,001 to 100,000	100,001 to 250,000	250,001 and over
Number of Enterprises	1	3151	399	922	•	319	341	232	•	30	11	•	•	•
Revenues ($ in Thousands)														
Net Sales	2	359403	•	120976	•	6787	53060	35469	•	14722	41831	•	•	•
Portfolio Income	3	123491	3381	418	•	8448	16188	55582	•	8722	29125	•	•	•
Other Revenues	4	131334	117	4904	•	13741	19482	2766	•	23743	4426	•	•	•
Total Revenues	5	614228	3498	126298	•	28976	88730	93817	•	47187	75382	•	•	•
Average Total Revenues	6	195	9	137	•	91	260	404	•	1573	6853	•	•	•
Operating Costs/Operating Income (%)														
Cost of Operations	7	1.5	•	•	•	•	•	•	•	•	•	•	•	•
Rent	8	14.2	•	30.5	•	1.0	10.4	•	•	2.4	19.0	•	•	•
Taxes Paid	9	3.3	1.0	2.5	•	3.5	1.6	0.7	•	2.3	3.8	•	•	•
Interest Paid	10	6.3	0.2	0.9	•	7.2	6.7	0.2	•	33.3	6.4	•	•	•
Depreciation, Depletion, Amortization	11	1.3	•	0.2	•	5.9	2.1	0.5	•	2.6	0.7	•	•	•
Pensions and Other Benefits	12	1.1	•	1.9	•	1.9	0.1	2.9	•	0.4	0.9	•	•	•
Other	13	25.7	2.6	31.2	•	13.6	29.4	36.5	•	22.2	33.0	•	•	•
Officers Compensation	14	10.3	•	15.9	•	4.3	7.0	26.6	•	7.4	8.6	•	•	•
Operating Margin	15	36.3	96.3	17.1	•	62.7	42.7	32.7	•	29.4	27.5	•	•	•
Oper. Margin Before Officers Compensation	16	46.6	96.3	33.0	•	67.0	49.7	59.2	•	36.8	36.1	•	•	•
Selected Average Balance Sheet ($ in Thousands)														
Net Receivables	17	38	•	1	•	50	0	66	•	2566	693	•	•	•
Inventories	18	•	•	•	•	•	•	•	•	•	•	•	•	•
Net Property, Plant and Equipment	19	63	•	0	•	68	109	53	•	814	2292	•	•	•
Total Assets	20	669	•	22	•	377	721	1758	•	12495	41313	•	•	•

Notes and Loans Payable 21	226	•	21	•	73	407	546	•	5385	14788	•	•	•
All Other Liabilities 22	108	•	6	•	10	11	256	•	3272	9097	•	•	•
Net Worth 23	335	•	-5	•	295	303	956	•	3838	17429	•	•	•

Selected Financial Ratios (Times to 1)

Current Ratio 24	2.3	•	4.1	•	9.2	2.8	15.3	•	7.4	1.9	•	•	•
Quick Ratio 25	1.5	•	3.2	•	7.6	1.3	12.8	•	7.0	0.8	•	•	•
Net Sales to Working Capital 26	1.8	•	7.8	•	0.9	4.5	0.8	•	0.4	0.9	•	•	•
Coverage Ratio 27	6.8	•	•	•	9.8	7.3	•	•	1.9	5.2	•	•	•
Total Asset Turnover 28	0.3	•	6.1	•	0.3	0.4	0.2	•	0.1	0.2	•	•	•
Inventory Turnover 29	•	•	•	•	•	•	•	•	•	•	•	•	•
Receivables Turnover 30	•	•	•	•	•	•	•	•	•	•	•	•	•
Total Liabilities to Net Worth 31	1.0	•	•	•	0.3	1.4	0.8	•	2.3	1.4	•	•	•

Selected Financial Factors (in Percentages)

Debt Ratio 32	50.0	•	•	•	21.9	57.9	45.6	•	69.3	57.8	•	•	•
Return on Assets 33	12.4	•	•	•	16.8	17.9	7.6	•	7.9	5.5	•	•	•
Return on Equity 34	20.3	•	•	•	18.5	35.7	13.4	•	11.9	9.7	•	•	•
Return Before Interest on Equity 35	24.7	•	•	•	21.5	•	13.9	•	25.7	13.0	•	•	•
Profit Margin, Before Income Tax 36	•	•	17.1	•	•	•	32.7	•	29.4	26.7	•	•	•
Profit Margin, After Income Tax 37	34.8	•	17.1	•	•	•	31.6	•	28.9	24.6	•	•	•

Trends in Selected Ratios and Factors, 1990-1999

	1990	1991	1992	1993	1994	1995	1996	1997	1998	1999
Cost of Operations (%) 38	•	•	•	•	0.1	•	•	•	•	1.5
Operating Margin (%) 39	24.8	32.6	30.6	39.7	56.1	34.2	33.8	42.7	39.0	36.3
Oper. Margin Before Officers Comp. (%) 40	29.9	41.3	45.9	42.4	59.7	38.7	52.5	51.2	49.7	46.6
Average Net Receivables ($) 41	63	195	36	112	26	76	56	29	28	38
Average Inventories ($) 42	•	•	•	•	•	•	•	•	•	•
Average Net Worth ($) 43	226	228	134	269	208	413	312	320	250	335
Current Ratio (×1) 44	2.1	2.0	3.0	4.9	3.2	2.4	2.6	2.6	2.3	2.3
Quick Ratio (×1) 45	1.7	1.9	2.6	4.2	2.1	1.6	1.9	1.5	1.3	1.5
Coverage Ratio (×1) 46	2.9	3.4	5.5	4.8	6.6	5.0	6.5	9.3	9.9	6.8
Asset Turnover (×1) 47	0.3	0.2	0.5	0.3	0.3	0.2	0.3	0.3	0.3	0.3
Operating Leverage 48	0.8	1.3	0.9	1.3	1.4	0.6	1.0	1.3	0.9	0.9
Financial Leverage 49	0.9	1.1	1.2	1.0	1.1	1.0	0.9	1.2	1.0	0.9
Total Leverage 50	0.7	1.4	1.1	1.3	1.6	0.6	0.9	1.6	0.9	0.9

Table I

Corporations with and without Net Income

OTHER HOLDING AND INVESTMENT COMPANIES

MONEY AMOUNTS AND SIZE OF ASSETS IN THOUSANDS OF DOLLARS

Item Description for Accounting Period 7/95 Through 6/96		Total	Zero Assets	Under 100	100 to 250	251 to 500	501 to 1,000	1,001 to 5,000	5,001 to 10,000	10,001 to 25,000	25,001 to 50,000	50,001 to 100,000	100,001 to 250,000	250,001 and over
Number of Enterprises	1	44234	4101	16132	7503	5409	3811	4974	916	654	325	167	121	123
Revenues ($ in Thousands)														
Net Sales	2	9340711	74609	398069	39627	109477	249417	1030371	204107	360783	1261837	865953	1650443	3096017
Portfolio Income	3	15490356	397514	91223	86217	86638	118869	552202	379137	540287	663898	459733	931167	11183472
Other Revenues	4	5284703	160757	67527	-5242	94319	92898	319500	180847	308043	265173	176153	503268	3121459
Total Revenues	5	30115770	632880	556819	120602	290434	461184	1902073	764091	1209113	2190908	1501839	3084878	17400948
Average Total Revenues	6	681	154	35	16	54	121	382	834	1849	6741	8993	25495	141471
Operating Costs/Operating Income (%)														
Cost of Operations	7	11.3	4.2	1.1	2.3	•	9.9	14.2	12.5	5.2	32.2	34.3	24.7	5.3
Rent	8	7.7	4.3	13.7	8.7	5.0	6.3	11.3	5.9	11.4	10.9	9.8	9.5	6.3
Taxes Paid	9	2.2	2.8	4.0	8.1	3.0	4.1	3.5	2.9	3.0	2.9	2.5	2.6	1.6
Interest Paid	10	26.4	8.6	5.6	5.5	4.7	13.4	8.9	21.1	15.0	10.5	14.3	15.1	36.5
Depreciation, Depletion, Amortization	11	7.5	1.2	2.0	6.3	1.5	5.2	3.1	2.8	3.2	3.2	2.8	3.1	10.8
Pensions and Other Benefits	12	1.4	0.6	6.7	1.9	2.3	2.6	0.9	0.6	0.9	1.4	1.1	1.7	1.4
Other	13	28.0	•	52.3	76.7	67.4	51.1	41.4	34.3	45.7	26.9	27.4	17.2	21.8
Officers Compensation	14	2.9	1.3	27.1	9.8	8.0	16.2	6.1	5.7	5.3	2.7	3.3	5.4	0.6
Operating Margin	15	12.7	•	•	•	8.0	•	10.7	14.3	10.4	9.3	4.6	20.9	15.9
Oper. Margin Before Officers Compensation	16	15.6	•	14.5	•	16.0	7.6	16.8	19.9	15.7	12.0	7.9	26.3	16.4
Selected Average Balance Sheet ($ in Thousands)														
Net Receivables	17	1265	•	3	8	30	55	160	438	1180	2747	5365	18057	402608
Inventories	18	17	•	•	0	•	13	7	25	24	230	735	840	2699
Net Property, Plant and Equipment	19	287	•	2	14	27	69	214	256	805	2552	3801	8683	63514
Total Assets	20	6749	•	34	165	356	713	2206	7055	14954	35704	69351	152690	1814952

Notes and Loans Payable 21	3539	•	14	29	77	185	762	1847	4324	10201	25071	49872	1082358
All Other Liabilities 22	853	•	11	14	37	60	217	811	1390	4133	11900	32364	219989
Net Worth 23	2357	•	9	122	241	469	1227	4397	9241	21370	32381	70454	512605
Selected Financial Ratios (Times to 1)													
Current Ratio 24	0.9	•	3.0	4.1	4.3	2.7	2.3	2.3	2.4	2.1	1.5	1.4	0.8
Quick Ratio 25	0.7	•	2.4	3.0	2.9	2.2	1.4	1.5	1.8	1.6	0.9	1.0	0.7
Net Sales to Working Capital 26	•	•	4.0	0.4	0.6	0.9	1.0	0.7	0.8	1.5	1.7	1.9	•
Coverage Ratio 27	1.6	•	•	•	2.3	0.2	2.1	1.6	1.6	2.2	1.3	2.4	1.5
Total Asset Turnover 28	0.1	•	1.0	0.1	0.2	0.2	0.2	0.1	0.1	0.2	0.1	0.2	0.1
Inventory Turnover 29	•	•	•	•	•	•	•	•	•	•	•	•	•
Receivables Turnover 30	•	•	•	•	•	•	•	•	•	•	•	•	•
Total Liabilities to Net Worth 31	1.9	•	2.9	0.4	0.5	0.5	0.8	0.6	0.6	0.7	1.2	1.2	2.6
Selected Financial Factors (in Percentages)													
Debt Ratio 32	65.1	•	74.2	26.1	32.1	34.3	44.4	37.7	38.2	40.2	53.3	53.9	71.8
Return on Assets 33	4.1	•	•	•	1.7	0.5	3.2	4.0	2.9	4.3	2.4	6.0	4.3
Return on Equity 34	2.4	•	•	•	1.2	•	1.6	0.8	0.2	1.9	•	4.6	3.6
Return Before Interest on Equity 35	11.8	•	•	•	2.4	0.7	5.7	6.4	4.7	7.1	5.2	12.9	15.3
Profit Margin, Before Income Tax 36	14.4	•	•	•	6.2	•	9.6	12.6	8.8	12.0	4.3	20.6	18.9
Profit Margin, After Income Tax 37	8.3	•	•	•	5.2	•	5.3	4.1	0.7	5.9	0.3	12.7	13.2

Trends in Selected Ratios and Factors, 1990-1999

	1990	1991	1992	1993	1994	1995	1996	1997	1998	1999
Cost of Labor (%) 38	51.4	54.5	55.9	48.7	40.2	24.3	19.9	17.4	10.6	11.3
Operating Margin (%) 39	5.7	2.5	3.2	4.0	2.9	1.6	3.5	6.6	6.2	12.7
Oper. Margin Before Officers Comp. (%) 40	7.7	5.3	5.3	6.3	5.7	4.9	6.8	11.0	9.5	15.6
Average Net Receivables ($) 41	706	1270	587	519	398	954	1013	1238	1552	1265
Average Inventories ($) 42	162	264	151	110	65	39	23	13	2175	17
Average Net Worth ($) 43	1515	1819	1553	1799	1114	1493	1349	1649	1659	2357
Current Ratio (×1) 44	1.1	1.1	1.2	1.1	0.9	0.9	0.9	0.9	2.2	0.9
Quick Ratio (×1) 45	0.8	0.8	0.8	0.7	0.6	0.7	0.7	0.6	1.1	0.7
Coverage Ratio (×1) 46	1.7	1.3	1.4	1.4	1.2	1.1	1.1	1.4	1.2	1.6
Asset Turnover (×1) 47	0.4	0.4	0.5	0.4	0.3	0.2	0.2	0.1	0.1	0.1
Total Liabilities/Net Worth (×1) 48	1.9	2.5	1.8	1.4	2.2	2.5	2.7	2.7	4.5	1.9
Return on Assets (×1) 49	5.3	4.8	5.6	6.1	5.7	4.0	4.5	3.6	3.3	4.1
Return on Equity (%) 50	3.6	1.2	1.7	2.0	0.3	•	•	1.6	1.4	2.4

OTHER HOLDING AND INVESTMENT COMPANIES

MONEY AMOUNTS AND SIZE OF ASSETS IN THOUSANDS OF DOLLARS

Item Description for Accounting Period 7/95 Through 6/96		Total	Zero Assets	Under 100	100 to 250	251 to 500	501 to 1,000	1,001 to 5,000	5,001 to 10,000	10,001 to 25,000	25,001 to 50,000	50,001 to 100,000	100,001 to 250,000	250,001 and over
Number of Enterprises	1	18376	1450	4790	3583	2597	2023	2726	487	342	152	84	65	77
Revenues ($ in Thousands)														
Net Sales	2	7559699	50030	288668	9032	10550	178706	725254	126533	242250	1068134	549966	1419597	2890979
Portfolio Income	3	13296077	321974	75607	67587	50302	89355	470912	266476	417195	436312	289002	657956	10153397
Other Revenues	4	5012852	181093	60592	4390	102980	50973	322970	167435	305750	236924	106304	488617	2984825
Total Revenues	5	25868628	553097	424867	81009	163832	319034	1519136	560444	965195	1741370	945272	2566170	16029201
Average Total Revenues	6	1408	381	89	23	63	158	557	1151	2822	11456	11253	39480	208171
Operating Costs/Operating Income (%)														
Cost of Operations	7	10.5	4.5	•	2.6	•	7.7	11.1	12.3	3.3	36.1	25.7	26.3	5.2
Rent	8	7.4	1.3	14.0	2.2	1.4	4.6	11.0	1.8	7.7	11.0	12.7	9.5	6.4
Taxes Paid	9	2.0	2.4	3.2	6.7	2.0	2.4	3.1	2.4	2.8	2.6	2.7	2.5	1.6
Interest Paid	10	22.5	2.6	0.8	2.6	0.7	3.7	2.8	4.7	7.9	3.6	7.1	5.2	33.6
Depreciation, Depletion, Amortization	11	7.6	0.9	0.7	1.1	0.7	1.8	2.6	1.4	2.2	0.9	3.2	1.5	11.2
Pensions and Other Benefits	12	1.4	•	7.7	0.1	0.7	1.4	0.7	0.4	0.6	1.4	1.3	1.2	1.5
Other	13	19.7	20.5	21.6	10.5	13.0	19.6	25.5	10.2	19.1	11.9	15.3	10.4	22.2
Officers Compensation	14	2.4	0.5	28.1	1.1	3.3	13.4	4.9	3.0	4.1	1.8	4.3	6.0	0.5
Operating Margin	15	26.6	67.2	24.0	73.1	78.3	45.5	38.4	63.9	52.4	30.8	27.7	37.6	17.9
Oper. Margin Before Officers Compensation	16	29.0	67.7	52.1	74.1	81.5	58.9	43.3	66.8	56.5	32.6	32.0	43.6	18.4
Selected Average Balance Sheet ($ in Thousands)														
Net Receivables	17	2790	•	3	9	9	43	124	399	1348	2446	6532	18973	622866
Inventories	18	32	•	•	•	•	19	11	12	34	391	340	1431	4191
Net Property, Plant and Equipment	19	494	•	3	10	7	76	127	110	880	1919	3628	6500	92766
Total Assets	20	12744	•	38	167	341	745	2165	7065	15167	36053	69998	154974	2533176

Notes and Loans Payable	21	6867	•	2	27	30	154	372	1001	3208	5213	12830	20892	1556693
All Other Liabilities	22	1568	•	13	15	24	47	116	506	944	4888	13090	35160	305639
Net Worth	23	4309	•	23	125	287	545	1676	5557	11015	25951	44078	98922	670844

Selected Financial Ratios (Times to 1)

Current Ratio	24	0.8	•	2.8	4.7	9.5	4.3	4.7	4.1	3.5	2.5	2.2	1.7	0.7
Quick Ratio	25	0.7	•	2.5	3.3	6.7	3.8	3.0	2.3	2.6	1.8	1.6	1.1	0.6
Net Sales to Working Capital	26	•	•	6.5	0.6	0.8	0.8	0.9	0.6	0.8	1.9	1.1	2.0	•
Coverage Ratio	27	2.3	•	•	•	•	12.8	14.4	14.2	7.5	10.7	4.9	8.3	1.7
Total Asset Turnover	28	0.1	•	2.3	0.1	0.2	0.2	0.3	0.2	0.2	0.3	0.2	0.3	0.1
Inventory Turnover	29	•	•	•	•	•	•	•	•	•	•	•	•	•
Receivables Turnover	30	•	•	•	•	•	•	•	•	•	•	•	•	•
Total Liabilities to Net Worth	31	2.0	•	0.7	0.3	0.2	0.4	0.3	0.3	0.4	0.4	0.6	0.6	2.8

Selected Financial Factors (in Percentages)

Debt Ratio	32	66.2	•	40.6	24.8	15.8	26.9	22.6	21.3	27.4	28.0	37.0	36.2	73.5
Return on Assets	33	5.7	•	•	10.1	14.3	9.9	10.4	11.0	11.1	12.3	5.6	10.8	4.5
Return on Equity	34	7.2	•	•	11.0	16.5	11.3	10.7	10.6	10.7	12.1	5.5	11.1	4.8
Return Before Interest on Equity	35	16.9	•	•	13.4	17.0	13.5	13.4	14.0	15.3	17.0	8.9	16.9	17.1
Profit Margin, Before Income Tax	36	29.1	•	24.0	•	•	•	•	•	•	34.9	27.6	•	21.6
Profit Margin, After Income Tax	37	22.1	•	19.8	•	•	•	32.3	•	•	27.3	21.4	27.9	15.5

Trends in Selected Ratios and Factors, 1990-1999

		1990	1991	1992	1993	1994	1995	1996	1997	1998	1999
Cost of Operations (%)	38	48.1	57.2	50.8	47.0	36.7	20.0	19.3	10.3	10.6	10.5
Operating Margin (%)	39	15.5	9.4	13.5	14.5	18.5	19.1	17.7	25.6	25.7	26.6
Oper. Margin Before Officers Comp. (%)	40	17.8	12.7	15.5	16.9	21.5	21.6	20.6	29.9	27.9	29.0
Average Net Receivables ($)	41	814	1229	679	670	413	1774	2105	2484	2185	2790
Average Inventories ($)	42	139	347	157	117	49	52	34	15	11	32
Average Net Worth ($)	43	1476	2326	2144	2473	1595	2552	2797	2949	3147	4309
Current Ratio (×1)	44	1.2	1.1	1.2	1.1	0.9	0.9	0.8	0.9	0.9	0.8
Quick Ratio (×1)	45	0.9	0.7	0.9	0.8	0.5	0.7	0.7	0.6	0.7	0.7
Coverage Ratio (×1)	46	3.8	2.6	3.0	2.8	2.4	1.9	1.7	2.5	2.4	2.3
Asset Turnover (×1)	47	0.5	0.5	0.5	0.4	0.3	0.2	0.2	0.1	0.1	0.1
Operating Leverage	48	1.9	0.6	1.4	1.1	1.3	1.0	0.9	1.5	1.0	1.0
Financial Leverage	49	1.6	0.8	1.1	1.0	0.9	0.8	0.9	1.4	1.0	1.0
Total Leverage	50	3.1	0.5	1.6	1.0	1.2	0.9	0.8	2.1	1.0	1.0

HOTELS AND OTHER LODGING PLACES

MONEY AMOUNTS AND SIZE OF ASSETS IN THOUSANDS OF DOLLARS

Item Description for Accounting Period 7/95 Through 6/96		Total	Zero Assets	Under 100	100 to 250	251 to 500	501 to 1,000	1,001 to 5,000	5,001 to 10,000	10,001 to 25,000	25,001 to 50,000	50,001 to 100,000	100,001 to 250,000	250,001 and over
Number of Enterprises	1	29395	1227	7067	5589	4880	3455	5894	660	360	110	63	44	45
Revenues ($ in Thousands)														
Net Sales	2	59403814	441305	921957	1492901	1519068	2242071	7457811	2843335	3377793	1714699	1860407	2391762	33140705
Portfolio Income	3	1742724	34925	23270	45998	41124	2724	197709	74768	70025	37533	60819	163077	990751
Other Revenues	4	3375164	4542	11075	17711	12136	48433	135128	141791	146398	87691	97632	178942	2493687
Total Revenues	5	64521702	480772	956302	1556610	1572328	2293228	7790648	3059894	3594216	1839923	2018858	2733781	36625143
Average Total Revenues	6	2195	392	135	279	322	664	1322	4636	9984	16727	32045	62131	813892
Operating Costs/Operating Income (%)														
Cost of Operations	7	37.7	28.4	13.8	10.5	14.7	13.6	16.9	17.9	26.6	27.0	28.6	19.1	52.3
Rent	8	19.9	15.4	23.9	18.1	19.1	18.9	20.1	20.8	18.8	19.4	21.8	21.9	19.8
Taxes Paid	9	5.5	8.9	6.8	7.6	8.7	7.5	7.0	6.0	5.7	5.4	6.6	8.1	4.4
Interest Paid	10	6.5	10.9	0.5	2.6	5.3	4.9	8.8	7.7	8.2	10.7	8.6	14.4	5.2
Depreciation, Depletion, Amortization	11	6.0	10.2	2.5	4.9	7.1	5.3	7.7	7.1	7.9	9.1	9.8	10.2	4.7
Pensions and Other Benefits	12	1.8	1.7	0.5	1.1	0.9	1.2	0.9	1.5	1.5	2.7	2.5	3.0	2.1
Other	13	27.4	46.9	54.3	58.7	46.3	40.1	36.2	39.0	35.2	38.7	29.7	39.0	18.0
Officers Compensation	14	1.3	0.4	2.3	2.6	4.4	4.5	2.6	3.2	1.3	1.4	1.3	1.2	0.5
Operating Margin	15	•	•	•	•	•	4.1	•	•	•	•	•	•	•
Oper. Margin Before Officers Compensation	16	•	•	•	•	•	8.5	2.5	•	•	•	•	•	•
Selected Average Balance Sheet ($ in Thousands)														
Net Receivables	17	195	•	1	11	8	27	61	395	632	1880	2297	6834	89301
Inventories	18	33	•	1	1	4	14	12	58	137	571	950	724	12441
Net Property, Plant and Equipment	19	1680	•	19	109	255	534	1543	4434	10446	24301	43822	98933	444126
Total Assets	20	3094	•	31	166	368	727	2064	6720	14572	34754	69933	163081	1072083

Notes and Loans Payable 21	1817	•	19	222	320	485	1619	4843	10746	28344	35135	105886	493153
All Other Liabilities 22	520	•	7	19	31	74	221	740	2189	5561	12425	31088	208247
Net Worth 23	758	•	5	-75	17	168	224	1137	1638	850	22373	26107	370683

Selected Financial Ratios (Times to 1)

Current Ratio 24	0.9	•	1.3	1.4	0.8	1.1	0.9	1.1	0.8	0.6	0.8	0.9	0.9
Quick Ratio 25	0.6	•	1.1	1.2	0.6	0.8	0.7	0.9	0.7	0.4	0.5	0.7	0.6
Net Sales to Working Capital 26	•	•	•	24.8	•	•	•	•	•	•	•	•	•
Coverage Ratio 27	1.4	•	•	0.3	0.5	2.3	1.5	1.6	1.2	0.4	1.0	0.8	1.7
Total Asset Turnover 28	0.7	•	4.2	1.6	0.9	0.9	0.6	0.7	0.7	0.5	0.4	0.3	0.7
Inventory Turnover 29	•	•	•	•	6.5	7.8	•	•	•	9.4	8.4	•	•
Receivables Turnover 30	•	•	•	•	•	•	•	•	•	9.6	•	8.5	•
Total Liabilities to Net Worth 31	3.1	•	4.8	•	20.1	3.3	8.2	4.9	7.9	39.9	2.1	5.3	1.9

Selected Financial Factors (in Percentages)

Debt Ratio 32	75.5	•	82.7	•	95.3	76.8	89.2	83.1	88.8	97.6	68.0	84.0	65.4
Return on Assets 33	5.9	•	•	1.4	2.0	10.0	8.1	7.7	6.1	1.7	3.5	4.0	6.1
Return on Equity 34	4.0	•	•	7.3	•	23.0	22.7	13.5	3.7	•	•	•	4.3
Return Before Interest on Equity 35	24.2	•	•	•	•	•	•	•	•	•	11.0	24.8	17.7
Profit Margin, Before Income Tax 36	2.6	•	•	•	•	6.3	4.3	4.3	1.3	•	•	•	3.7
Profit Margin, After Income Tax 37	1.5	•	•	•	•	6.0	4.0	3.6	0.7	•	•	•	2.1

Trends in Selected Ratios and Factors, 1990-1999

	1990	1991	1992	1993	1994	1995	1996	1997	1998	1999
Cost of Labor (%) 38	44.8	46.3	42.4	43.9	45.0	38.6	37.1	39.9	32.6	37.7
Operating Margin (%) 39	•	•	•	•	•	•	•	•	•	•
Oper. Margin Before Officers Comp. (%) 40	•	•	•	•	•	•	•	•	•	•
Average Net Receivables ($) 41	115	88	128	148	199	140	123	138	144	195
Average Inventories ($) 42	29	18	22	18	22	21	21	25	27	33
Average Net Worth ($) 43	490	286	416	340	460	488	496	608	637	758
Current Ratio (×1) 44	1.1	1.1	1.0	0.9	1.0	0.9	0.9	0.9	0.9	0.9
Quick Ratio (×1) 45	0.7	0.8	0.7	0.7	0.7	0.6	0.6	0.6	0.6	0.6
Coverage Ratio (×1) 46	1.1	1.0	0.9	0.7	0.6	0.6	0.8	1.1	1.3	1.4
Asset Turnover (×1) 47	0.7	0.8	0.7	0.7	0.7	0.6	0.7	0.6	0.7	0.7
Total Liabilities/Net Worth (×1) 48	2.8	4.9	3.9	4.8	4.1	4.1	3.7	3.2	3.3	3.1
Return on Assets (×1) 49	6.2	6.0	4.7	4.4	3.1	3.2	4.2	4.4	5.8	5.9
Return on Equity (%) 50	•	•	•	•	•	•	•	•	1.2	4.0

Table II

Corporations with Net Income

HOTELS AND OTHER LODGING PLACES

MONEY AMOUNTS AND SIZE OF ASSETS IN THOUSANDS OF DOLLARS

Item Description for Accounting Period 7/95 Through 6/96		Total	Zero Assets	Under 100	100 to 250	251 to 500	501 to 1,000	1,001 to 5,000	5,001 to 10,000	10,001 to 25,000	25,001 to 50,000	50,001 to 100,000	100,001 to 250,000	250,001 and over
Number of Enterprises	1	14676	•	3876	2633	1952	1892	3315	493	207	32	27	16	•
Revenues ($ in Thousands)														
Net Sales	2	46843025	•	544401	715902	1017666	1367938	5436923	2277259	2293139	688240	975822	1190450	•
Portfolio Income	3	1239445	•	15183	37058	29818	2501	187159	71348	63563	23083	36922	44662	•
Other Revenues	4	2674651	•	10989	7975	4539	23729	112355	97336	121441	45381	68839	60467	•
Total Revenues	5	50757121	•	570573	760935	1052023	1394168	5736437	2445943	2478143	756704	1081583	1295579	•
Average Total Revenues	6	3459	•	147	289	539	737	1730	4961	11972	23647	40059	80974	•
Operating Costs/Operating Income (%)														
Cost of Operations	7	42.9	•	13.1	10.7	16.3	14.4	16.0	14.6	28.0	28.3	25.2	18.3	•
Rent	8	19.1	•	21.6	14.7	13.8	16.5	18.8	21.3	17.6	19.6	21.6	21.6	•
Taxes Paid	9	4.7	•	5.2	8.9	7.1	7.0	6.5	5.8	5.0	4.8	6.5	6.0	•
Interest Paid	10	4.8	•	0.3	2.1	3.6	4.7	6.7	7.7	6.7	6.2	7.0	12.1	•
Depreciation, Depletion, Amortization	11	4.9	•	2.2	4.2	5.2	5.8	6.5	6.5	7.2	6.4	8.5	9.5	•
Pensions and Other Benefits	12	1.6	•	0.2	0.4	0.8	0.7	0.8	1.1	1.2	1.6	1.7	2.0	•
Other	13	22.0	•	50.5	51.2	39.6	32.9	35.3	37.0	32.2	31.8	29.5	27.9	•
Officers Compensation	14	1.3	•	3.2	3.1	4.4	5.7	2.9	3.4	1.5	2.4	1.7	1.4	•
Operating Margin	15	•	•	3.7	4.8	9.3	12.3	6.6	2.7	0.8	•	•	1.2	•
Oper. Margin Before Officers Compensation	16	•	•	6.9	7.9	13.7	18.0	9.5	6.1	2.2	1.4	0.2	2.6	•
Selected Average Balance Sheet ($ in Thousands)														
Net Receivables	17	306	•	0	11	8	24	66	421	769	1256	3695	6954	•
Inventories	18	52	•	1	0	5	25	9	37	191	1577	898	1106	•
Net Property, Plant and Equipment	19	2008	•	17	93	265	542	1473	4416	10357	21721	37719	105377	•
Total Assets	20	4045	•	30	161	383	727	2051	6651	15026	35354	68385	170277	•

Notes and Loans Payable 21	•	2056	9	91	175	417	1386	4564	9795	16410	27059	94639
All Other Liabilities 22	•	628	5	14	22	21	219	718	2046	4966	13460	17084
Net Worth 23	•	1361	16	56	186	289	447	1369	3185	13977	27865	58554

Selected Financial Ratios (Times to 1)

Current Ratio 24	1.0	•	2.2	2.6	1.4	2.1	1.0	1.1	1.1	1.2	1.4	0.9
Quick Ratio 25	0.7	•	1.9	2.4	1.0	1.6	0.9	0.9	0.9	0.8	0.8	0.7
Net Sales to Working Capital 26	•	•	21.7	10.9	30.5	11.1	•	50.0	44.8	19.3	8.2	•
Coverage Ratio 27	2.5	•	•	6.3	4.6	4.0	2.8	2.3	2.3	2.5	2.3	1.8
Total Asset Turnover 28	0.8	•	4.7	1.7	1.4	1.0	0.8	0.7	0.7	0.6	0.5	0.4
Inventory Turnover 29	•	•	•	•	7.3	5.4	•	•	•	5.3	7.3	•
Receivables Turnover 30	•	•	•	•	•	•	•	•	•	•	•	•
Total Liabilities to Net Worth 31	2.0	•	0.9	1.9	1.1	1.5	3.6	3.9	3.7	1.5	1.5	1.9

Selected Financial Factors (in Percentages)

Debt Ratio 32	66.4	•	47.3	65.1	51.5	60.3	78.2	79.4	78.8	60.5	59.3	65.6
Return on Assets 33	9.5	•	•	22.3	22.1	18.8	15.0	12.3	11.4	9.2	8.7	9.7
Return on Equity 34	13.8	•	•	•	35.0	34.0	•	30.7	27.4	11.9	9.0	11.2
Return Before Interest on Equity 35	28.3	•	•	•	•	•	•	•	•	23.3	21.2	28.2
Profit Margin, Before Income Tax 36	7.3	•	8.5	11.1	12.7	14.2	12.1	10.1	8.8	8.9	9.3	10.0
Profit Margin, After Income Tax 37	5.9	•	8.3	10.4	12.5	13.6	11.7	9.1	7.9	7.7	6.9	8.8

Trends in Selected Ratios and Factors, 1990-1999

	1990	1991	1992	1993	1994	1995	1996	1997	1998	1999
Cost of Operations (%) 38	51.6	53.4	39.0	44.2	45.3	43.8	39.6	42.2	36.4	42.9
Operating Margin (%) 39	•	•	•	•	•	•	•	0.3	0.7	•
Oper. Margin Before Officers Comp. (%) 40	•	•	•	•	•	0.9	0.7	2.0	2.2	•
Average Net Receivables ($) 41	126	140	185	167	265	92	95	222	231	306
Average Inventories ($) 42	29	33	32	28	26	17	26	37	43	52
Average Net Worth ($) 43	686	710	772	729	816	554	745	1019	1036	1361
Current Ratio (×1) 44	1.6	1.7	1.3	1.2	1.5	1.4	1.2	1.1	1.2	1.0
Quick Ratio (×1) 45	1.1	1.3	1.0	0.9	1.3	0.9	0.9	0.8	0.9	0.7
Coverage Ratio (×1) 46	2.5	2.5	2.5	2.4	2.2	2.4	2.5	2.9	2.7	2.5
Asset Turnover (×1) 47	1.0	1.0	0.8	0.8	0.8	0.9	1.0	0.8	0.9	0.8
Operating Leverage 48	1.7	0.9	0.8	0.9	0.8	0.2	1.2	•	2.3	•
Financial Leverage 49	1.0	1.1	1.0	1.0	0.9	1.1	1.0	1.1	1.0	1.0
Total Leverage 50	1.7	1.0	0.8	0.9	0.8	0.2	1.2	•	2.2	•

Table I

Corporations with and without Net Income

PERSONAL SERVICES

MONEY AMOUNTS AND SIZE OF ASSETS IN THOUSANDS OF DOLLARS

Item Description for Accounting Period 7/95 Through 6/96	Total	Zero Assets	Under 100	100 to 250	251 to 500	501 to 1,000	1,001 to 5,000	5,001 to 10,000	10,001 to 25,000	25,001 to 50,000	50,001 to 100,000	100,001 to 250,000	250,001 and over
Number of Enterprises **1**	94484	7453	63048	13242	4749	3442	2330	106	69	13	10	10	12
Revenues ($ in Thousands)													
Net Sales **2**	41630625	520507	9534989	6281774	2586782	3972726	6207491	963123	1427369	659060	546444	1815752	7114610
Portfolio Income **3**	938168	27854	23839	35730	18798	51348	56892	10342	15622	3431	6778	32669	654864
Other Revenues **4**	815935	6112	47742	44666	46920	91085	109568	51641	18222	28699	58316	22378	290586
Total Revenues **5**	43384728	554473	9606570	6362170	2652500	4115159	6373951	1025106	1461213	691190	611538	1870799	8060060
Average Total Revenues **6**	459	74	152	480	559	1196	2736	9671	21177	53168	61154	187080	671672
Operating Costs/Operating Income (%)													
Cost of Operations **7**	30.8	35.6	25.7	33.4	25.8	29.8	35.2	20.4	39.2	51.6	26.8	29.3	32.2
Rent **8**	19.4	5.7	20.1	16.2	15.8	23.9	15.6	31.1	20.7	16.3	30.7	20.5	21.6
Taxes Paid **9**	4.3	4.4	4.7	4.3	4.7	4.7	3.8	3.4	4.5	2.4	3.3	3.5	4.3
Interest Paid **10**	2.8	6.1	0.7	1.4	2.3	1.5	1.7	1.9	2.2	2.5	3.3	2.1	8.9
Depreciation, Depletion, Amortization **11**	4.1	7.4	2.5	3.4	5.1	3.3	3.4	4.2	5.9	3.4	7.1	4.9	6.4
Pensions and Other Benefits **12**	1.6	0.4	1.2	0.9	1.9	1.6	1.9	1.0	2.8	1.8	5.0	1.8	1.8
Other **13**	29.8	43.9	31.7	30.3	33.7	23.7	30.6	36.7	22.4	27.2	29.7	33.9	26.8
Officers Compensation **14**	6.6	8.1	10.4	8.3	9.3	9.2	6.8	3.8	2.4	1.6	1.3	1.1	0.7
Operating Margin **15**	0.8	•	3.3	2.0	1.4	2.4	1.2	•	•	•	•	3.0	•
Oper. Margin Before Officers Compensation **16**	7.4	•	13.6	10.2	10.8	11.6	7.9	1.5	2.4	•	•	4.1	•
Selected Average Balance Sheet ($ in Thousands)													
Net Receivables **17**	40	•	3	11	42	109	256	725	3056	5055	10780	5525	150458
Inventories **18**	16	•	1	8	12	45	73	227	865	5643	2317	8006	59893
Net Property, Plant and Equipment **19**	107	•	12	74	148	272	660	2649	6007	14289	26986	52160	296525
Total Assets **20**	299		29	157	342	702	1657	7344	14282	37209	76346	159104	983954

Notes and Loans Payable 21	127	•	24	91	174	263	754	2439	5057	13194	28324	60679	345931
All Other Liabilities 22	70	•	4	29	52	156	350	1811	3793	13898	26008	41048	254800
Net Worth 23	102	•	1	38	116	283	554	3093	5432	10116	22014	57377	383223

Selected Financial Ratios (Times to 1)

Current Ratio 24	1.8	•	2.7	1.3	1.7	2.4	1.9	1.0	1.5	1.0	2.1	1.4	1.9
Quick Ratio 25	1.3	•	2.2	1.0	1.5	2.0	1.5	0.7	1.0	0.4	1.3	0.6	1.3
Net Sales to Working Capital 26	10.5	•	20.8	39.8	12.6	6.3	9.2	•	11.2	•	4.8	16.6	4.8
Coverage Ratio 27	2.8	0.2	6.9	3.4	2.7	5.0	3.2	3.1	2.1	0.3	2.4	3.9	2.2
Total Asset Turnover 28	1.5	•	5.2	3.0	1.6	1.7	1.6	1.2	1.5	1.4	0.7	1.2	0.6
Inventory Turnover 29	9.4	•	•	•	9.5	•	•	9.1	8.9	4.9	4.0	5.1	4.2
Receivables Turnover 30	•	•	•	•	•	•	•	•	7.9	•	4.0	•	4.7
Total Liabilities to Net Worth 31	1.9	•	20.8	3.2	2.0	1.5	2.0	1.4	1.6	2.7	2.5	1.8	1.6

Selected Financial Factors (in Percentages)

Debt Ratio 32	65.9	•	95.4	76.1	66.1	59.7	66.6	57.9	62.0	72.8	71.2	63.9	61.1
Return on Assets 33	11.5	•	24.3	13.9	9.8	12.4	8.7	7.2	6.6	0.9	5.6	9.1	11.9
Return on Equity 34	17.5	•	•	38.3	17.3	22.1	15.4	8.5	5.7	•	8.3	14.2	11.0
Return Before Interest on Equity 35	33.7	•	•	•	28.9	30.7	25.9	17.2	17.3	3.2	19.2	25.2	30.5
Profit Margin, Before Income Tax 36	5.0	•	4.0	3.3	3.9	6.0	3.7	4.0	2.3	•	4.5	5.9	10.8
Profit Margin, After Income Tax 37	4.1	•	3.9	3.0	3.7	5.4	3.2	2.9	1.5	•	3.3	4.5	7.1

Trends in Selected Ratios and Factors, 1990-1999

	1990	1991	1992	1993	1994	1995	1996	1997	1998	1999
Cost of Labor (%) 38	39.1	36.9	36.5	37.9	38.9	38.1	36.3	33.3	29.5	30.8
Operating Margin (%) 39	•	•	•	•	•	•	•	0.2	1.3	0.8
Oper. Margin Before Officers Comp. (%) 40	4.4	6.5	5.2	5.9	5.1	5.1	6.9	6.9	8.2	7.4
Average Net Receivables ($) 41	29	24	33	32	33	33	34	32	35	40
Average Inventories ($) 42	14	10	15	14	15	16	17	13	13	16
Average Net Worth ($) 43	73	69	73	76	84	97	98	91	99	102
Current Ratio (×1) 44	1.7	1.8	1.5	1.6	1.6	1.6	1.9	1.7	1.8	1.8
Quick Ratio (×1) 45	1.2	1.3	1.0	1.1	1.1	1.1	1.3	1.2	1.3	1.3
Coverage Ratio (×1) 46	2.1	2.3	2.2	2.7	2.5	2.3	2.5	2.5	3.1	2.8
Asset Turnover (×1) 47	1.7	1.7	1.6	1.9	1.7	1.6	1.8	1.7	1.5	1.5
Total Liabilities/Net Worth (×1) 48	1.7	1.8	2.2	2.0	1.9	1.8	1.6	1.7	1.7	1.9
Return on Assets (×1) 49	6.4	6.9	6.6	11.2	10.2	8.9	10.0	10.3	11.8	11.5
Return on Equity (%) 50	4.0	6.5	7.4	16.0	13.3	9.6	11.3	12.3	16.9	17.5

Table II

Corporations with Net Income

PERSONAL SERVICES

MONEY AMOUNTS AND SIZE OF ASSETS IN THOUSANDS OF DOLLARS

Item Description for Accounting Period 7/95 Through 6/96	Total	Zero Assets	Under 100	100 to 250	251 to 500	501 to 1,000	1,001 to 5,000	5,001 to 10,000	10,001 to 25,000	25,001 to 50,000	50,001 to 100,000	100,001 to 250,000	250,001 and over
Number of Enterprises **1**	52330	•	34604	7770	3259	2803	1722	61	43	5	7	7	•

Revenues ($ in Thousands)

Net Sales **2**	32426035	•	6378123	4753040	1770864	3383412	4969665	683650	829859	195612	437394	1712380	•
Portfolio Income **3**	896446	•	17337	26842	17916	45070	49264	8829	14687	85	3786	32244	•
Other Revenues **4**	642284	•	43146	42968	46241	35816	99250	12918	12796	5901	28232	21080	•
Total Revenues **5**	33964765	•	6438606	4822850	1835021	3464298	5118179	705397	857342	201598	469412	1765704	•
Average Total Revenues **6**	649	•	186	621	563	1236	2972	11564	19938	40320	67059	252243	•

Operating Costs/Operating Income (%)

Cost of Operations **7**	29.9	•	23.6	35.2	27.7	26.8	32.0	16.0	32.0	42.3	31.3	31.1	•
Rent **8**	19.3	•	20.6	14.5	12.3	25.3	15.2	30.0	22.0	19.7	26.1	21.2	•
Taxes Paid **9**	4.2	•	4.6	4.1	4.5	4.4	3.6	4.0	4.4	3.1	3.3	3.5	•
Interest Paid **10**	2.9	•	0.6	1.0	2.2	1.4	1.5	1.6	1.5	1.0	2.6	1.2	•
Depreciation, Depletion, Amortization **11**	3.8	•	1.9	2.8	4.4	3.1	3.1	3.9	4.5	2.3	6.3	4.1	•
Pensions and Other Benefits **12**	1.6	•	1.4	0.8	2.4	1.5	2.0	1.2	3.3	2.8	4.0	1.9	•
Other **13**	28.7	•	29.6	29.3	33.1	22.6	31.8	34.1	26.2	14.8	24.9	32.7	•
Officers Compensation **14**	6.1	•	9.4	7.5	9.8	8.9	7.5	3.6	3.2	2.7	1.0	1.2	•
Operating Margin **15**	3.6	•	8.4	4.8	3.9	6.0	3.4	5.8	3.1	11.5	0.6	3.4	•
Oper. Margin Before Officers Compensation **16**	9.6	•	17.8	12.3	13.6	14.9	10.9	9.4	6.2	14.2	1.5	4.5	•

Selected Average Balance Sheet ($ in Thousands)

Net Receivables **17**	63	•	4	14	44	115	253	650	3724	8805	12387	7245	•
Inventories **18**	26	•	2	10	12	47	60	371	1242	10761	2804	10940	•
Net Property, Plant and Equipment **19**	148	•	12	71	133	286	632	2589	4507	12376	24141	51615	•
Total Assets **20**	433	•	32	159	341	704	1638	7833	14120	38001	72845	154051	•

Notes and Loans Payable 21	151	•	17	73	148	263	511	2199	3281	4919	15688	31587	•
All Other Liabilities 22	101	•	4	25	62	121	329	1973	4612	4310	34141	40522	•
Net Worth 23	180	•	11	61	131	320	798	3662	6227	28773	23015	81943	•
Selected Financial Ratios (Times to 1)													
Current Ratio 24	2.2	•	3.4	2.0	2.1	3.1	2.3	1.3	2.0	5.9	2.3	1.7	•
Quick Ratio 25	1.6	•	2.9	1.5	1.8	2.5	1.8	0.9	1.5	2.6	1.3	0.6	•
Net Sales to Working Capital 26	7.9	•	16.8	20.5	9.3	5.6	8.3	17.8	5.8	2.0	4.3	12.3	•
Coverage Ratio 27	3.9	•	•	7.5	4.5	6.9	5.3	6.5	5.2	•	4.0	6.5	•
Total Asset Turnover 28	1.4	•	5.8	3.9	1.6	1.7	1.8	1.4	1.4	1.0	0.9	1.6	•
Inventory Turnover 29	8.3	•	•	•	8.4	9.5	•	5.4	4.6	1.6	6.2	•	•
Receivables Turnover 30	•	•	•	•	•	•	•	•	5.6	4.6	5.2	•	•
Total Liabilities to Net Worth 31	1.4	•	1.9	1.6	1.6	1.2	1.1	1.1	1.3	0.3	2.2	0.9	•
Selected Financial Factors (in Percentages)													
Debt Ratio 32	58.4	•	66.0	61.5	61.5	54.6	51.3	53.3	55.9	24.3	68.4	46.8	•
Return on Assets 33	16.1	•	•	28.0	15.2	16.8	13.5	14.9	10.8	16.0	8.7	11.9	•
Return on Equity 34	24.4	•	•	•	29.3	29.4	20.3	22.5	15.3	16.3	16.8	14.5	•
Return Before Interest on Equity 35	•	•	•	•	•	•	27.8	31.8	24.5	21.1	27.6	22.5	•
Profit Margin, Before Income Tax 36	8.3	•	9.4	6.3	7.4	8.4	6.2	8.8	6.4	14.6	7.6	6.4	•
Profit Margin, After Income Tax 37	7.1	•	9.2	6.0	7.1	7.8	5.6	7.3	4.9	12.0	6.2	4.9	•

Trends in Selected Ratios and Factors, 1990-1999

	1990	1991	1992	1993	1994	1995	1996	1997	1998	1999
Cost of Operations (%) 38	40.3	37.5	37.1	37.8	39.5	35.6	35.0	32.9	29.6	29.9
Operating Margin (%) 39	0.2	2.3	2.8	2.5	1.8	2.1	2.9	3.8	4.0	3.6
Oper. Margin Before Officers Comp. (%) 40	6.9	9.5	8.8	8.2	7.3	7.9	9.4	10.0	10.3	9.6
Average Net Receivables ($) 41	47	40	54	46	51	48	45	47	51	63
Average Inventories ($) 42	22	17	27	22	23	22	20	20	19	26
Average Net Worth ($) 43	141	133	152	140	152	176	157	167	167	180
Current Ratio (×1) 44	2.0	2.2	1.8	1.8	1.8	1.8	2.1	2.0	1.9	2.2
Quick Ratio (×1) 45	1.4	1.6	1.1	1.3	1.2	1.3	1.5	1.4	1.4	1.6
Coverage Ratio (×1) 46	4.8	5.2	5.3	4.9	4.4	4.1	4.0	4.0	4.4	3.9
Asset Turnover (×1) 47	1.7	1.6	1.5	1.8	1.6	1.6	1.8	1.6	1.5	1.4
Operating Leverage 48	0.1	14.1	1.2	0.9	0.7	1.2	1.4	1.3	1.1	0.9
Financial Leverage 49	1.0	1.1	1.0	1.0	1.0	1.0	1.0	1.0	1.1	1.0
Total Leverage 50	0.1	15.4	1.3	0.9	0.7	1.2	1.3	1.3	1.1	0.9

Table I

Corporations with and without Net Income

ADVERTISING

MONEY AMOUNTS AND SIZE OF ASSETS IN THOUSANDS OF DOLLARS

Item Description for Accounting Period 7/95 Through 6/96	Total	Zero Assets	Under 100	100 to 250	251 to 500	501 to 1,000	1,001 to 5,000	5,001 to 10,000	10,001 to 25,000	25,001 to 50,000	50,001 to 100,000	100,001 to 250,000	250,001 and over
Number of Enterprises **1**	33323	1941	21756	4696	1902	1377	1283	187	108	29	17	14	12
Revenues ($ in Thousands)													
Net Sales **2**	43751383	371949	5269949	2683657	2517492	3903265	11055455	2388341	3561640	1334584	995597	2590393	7079061
Portfolio Income **3**	646652	41822	22379	7648	18221	5359	69481	39983	18557	16479	21275	42740	342708
Other Revenues **4**	559564	7655	105705	14444	6087	7631	84321	70539	43158	6702	-25547	12462	226408
Total Revenues **5**	44957599	421426	5398033	2705749	2541800	3916255	11209257	2498863	3623355	1357765	991325	2645595	7648177
Average Total Revenues **6**	1349	217	248	576	1336	2844	8737	13363	33550	46819	58313	188971	637348
Operating Costs/Operating Income (%)													
Cost of Operations **7**	47.7	37.0	55.4	34.0	33.9	62.3	51.1	51.8	69.4	42.4	36.2	48.6	29.2
Rent **8**	15.9	28.8	7.4	13.9	18.8	12.3	11.2	14.8	9.4	22.1	20.8	15.9	32.3
Taxes Paid **9**	2.3	2.8	1.9	2.7	2.4	1.9	1.8	2.1	1.2	2.7	2.2	2.3	3.6
Interest Paid **10**	1.6	1.0	0.3	1.0	0.3	0.3	0.4	0.7	0.8	1.9	4.9	4.1	5.3
Depreciation, Depletion, Amortization **11**	1.8	1.3	0.8	2.1	1.2	1.0	1.0	2.1	1.5	2.9	7.0	3.7	2.4
Pensions and Other Benefits **12**	1.6	1.0	1.3	1.5	0.9	1.3	1.1	1.6	0.9	1.4	2.2	1.7	3.3
Other **13**	23.6	19.5	25.5	32.4	29.8	14.5	27.3	23.1	14.0	20.9	19.9	19.0	23.8
Officers Compensation **14**	6.0	25.0	9.1	10.9	8.5	7.1	5.1	4.8	3.2	6.6	4.8	3.7	3.7
Operating Margin **15**	•	•	•	1.6	4.2	•	1.0	•	•	•	2.1	1.2	•
Oper. Margin Before Officers Compensation **16**	5.7	8.8	7.5	12.5	12.7	6.4	6.1	3.8	3.0	5.8	6.9	4.9	•
Selected Average Balance Sheet ($ in Thousands)													
Net Receivables **17**	260	•	2	49	111	324	886	2763	7616	13629	17728	46247	324984
Inventories **18**	16	•	0	4	5	22	94	425	725	309	2365	3398	7693
Net Property, Plant and Equipment **19**	115	•	6	46	114	120	319	1414	2269	4478	15125	35793	108705
Total Assets **20**	954		25	168	343	716	2089	6759	15281	33124	71320	159659	1568799

Notes and Loans Payable	21	251	•	23	52	99	165	518	1032	3225	10088	29218	76610	344132
All Other Liabilities	22	455	•	12	74	134	469	1254	4204	9751	23799	36257	86763	640912
Net Worth	23	248	•	-10	42	110	82	317	1524	2305	-764	5845	-3715	583755
Selected Financial Ratios (Times to 1)														
Current Ratio	24	1.0	•	1.0	1.5	1.3	1.0	1.1	1.2	1.2	1.0	1.0	0.9	0.9
Quick Ratio	25	0.7	•	0.9	1.3	1.2	0.8	0.9	1.0	1.0	0.9	0.7	0.7	0.5
Net Sales to Working Capital	26	•	•	•	18.1	31.3	•	•	14.6	16.7	•	•	•	•
Coverage Ratio	27	2.6	•	3.3	3.5	•	0.0	7.0	6.5	2.9	1.5	1.4	1.9	2.0
Total Asset Turnover	28	1.4	•	9.7	3.4	3.9	4.0	4.1	1.9	2.2	1.4	0.8	1.2	0.4
Inventory Turnover	29	•	•	•	•	•	•	•	•	•	•	•	•	•
Receivables Turnover	30	5.3	•	•	•	•	•	9.3	4.3	5.0	2.9	3.4	4.1	1.9
Total Liabilities to Net Worth	31	2.9	•	•	3.0	2.1	7.7	5.6	3.4	5.6	•	11.2	•	1.7
Selected Financial Factors (in Percentages)														
Debt Ratio	32	74.0	•	•	75.0	67.9	88.5	84.8	77.5	84.9	•	91.8	•	62.8
Return on Assets	33	5.8	•	10.1	11.3	21.0	•	11.4	8.1	5.0	4.0	5.4	9.1	4.0
Return on Equity	34	10.7	•	•	29.8	•	•	•	26.2	17.3	•	8.8	•	3.6
Return Before Interest on Equity	35	22.1	•	•	•	•	•	•	•	33.3	•	•	•	10.8
Profit Margin, Before Income Tax	36	2.6	•	0.7	2.4	5.2	•	2.4	3.6	1.5	0.9	1.7	3.8	5.4
Profit Margin, After Income Tax	37	2.0	•	0.7	2.2	5.0	•	2.1	3.1	1.2	0.4	0.9	3.0	3.5

Trends in Selected Ratios and Factors, 1990-1999

		1990	1991	1992	1993	1994	1995	1996	1997	1998	1999
Cost of Labor (%)	38	57.0	56.5	56.8	53.6	56.2	53.1	55.4	52.4	52.7	47.7
Operating Margin (%)	39	•	•	•	•	•	•	•	•	•	•
Oper. Margin Before Officers Comp. (%)	40	4.5	3.7	2.9	1.4	2.0	2.1	3.6	4.5	4.7	5.7
Average Net Receivables ($)	41	160	210	224	257	245	206	224	227	246	260
Average Inventories ($)	42	10	10	9	14	12	13	13	16	15	16
Average Net Worth ($)	43	150	199	224	193	195	167	196	223	212	248
Current Ratio (×1)	44	1.0	0.9	0.9	0.8	0.9	0.9	0.9	1.0	1.0	1.0
Quick Ratio (×1)	45	0.8	0.8	0.7	0.7	0.7	0.7	0.7	0.7	0.7	0.7
Coverage Ratio (×1)	46	2.4	1.4	1.7	1.0	1.1	1.0	2.2	2.1	2.2	2.6
Asset Turnover (×1)	47	1.7	1.5	1.5	1.5	1.4	1.4	1.4	1.4	1.5	1.4
Total Liabilities/Net Worth (×1)	48	2.6	2.6	2.7	3.5	3.4	4.0	3.5	3.1	3.3	2.9
Return on Assets (×1)	49	4.7	3.1	4.4	3.9	4.3	3.4	5.9	5.4	5.2	5.8
Return on Equity (%)	50	4.4	•	2.8	•	•	•	11.4	9.0	9.4	10.7

Table II

Corporations with Net Income

ADVERTISING

MONEY AMOUNTS AND SIZE OF ASSETS IN THOUSANDS OF DOLLARS

Item Description for Accounting Period 7/95 Through 6/96	Total	Zero Assets	Under 100	100 to 250	251 to 500	501 to 1,000	1,001 to 5,000	5,001 to 10,000	10,001 to 25,000	25,001 to 50,000	50,001 to 100,000	100,001 to 250,000	250,001 and over
Number of Enterprises **1**	17631	451	10232	3447	1418	808	1015	139	74	15	13	•	
Revenues ($ in Thousands)													
Net Sales **2**	34174186	140308	2921813	2128843	2113290	2410941	9563829	1622278	2857413	830395	718688	•	
Portfolio Income **3**	570740	41677	6643	6781	18098	2483	62468	35945	17222	14238	18112	•	•
Other Revenues **4**	439529	7655	55485	2386	5565	2836	65905	62889	9881	4650	4123	•	
Total Revenues **5**	35184455	189640	2983941	2138010	2136953	2416260	9692202	1721112	2884516	849283	740923	•	
Average Total Revenues **6**	1996	420	292	620	1507	2990	9549	12382	38980	56619	56994	•	
Operating Costs/Operating Income (%)													
Cost of Operations **7**	47.7	3.9	48.2	29.1	33.0	66.4	51.9	53.5	75.1	51.0	37.6	•	
Rent **8**	16.1	62.1	7.3	13.5	20.5	8.3	11.4	17.9	8.0	19.5	20.3	•	•
Taxes Paid **9**	2.2	4.4	2.3	2.7	2.6	1.4	1.6	2.4	1.1	2.1	2.2	•	•
Interest Paid **10**	1.7	2.5	0.3	0.8	0.2	0.3	0.4	0.7	0.7	0.7	5.3	•	•
Depreciation, Depletion, Amortization **11**	1.7	2.4	0.8	2.1	0.9	1.0	1.0	2.3	1.3	2.4	7.0	•	•
Pensions and Other Benefits **12**	1.7	1.8	1.5	1.7	1.1	0.8	1.2	2.3	0.8	1.7	2.5	•	•
Other **13**	21.6	34.2	25.9	35.1	26.2	13.0	25.2	14.8	8.4	15.8	19.7	•	•
Officers Compensation **14**	5.6	8.0	9.7	10.9	8.7	6.7	5.6	5.9	2.8	2.8	3.2	•	•
Operating Margin **15**	1.8	•	4.2	4.3	6.8	2.1	2.0	0.5	2.0	4.0	2.4	•	•
Oper. Margin Before Officers Compensation **16**	7.4	•	13.9	15.2	15.6	8.8	7.5	6.4	4.7	6.9	5.5	•	•
Selected Average Balance Sheet ($ in Thousands)													
Net Receivables **17**	390	•	2	44	130	334	847	2954	8331	14321	15647	•	•
Inventories **18**	25	•	1	4	3	17	102	389	966	528	1370	•	•
Net Property, Plant and Equipment **19**	149	•	5	35	73	118	364	1125	2155	6506	17909	•	
Total Assets **20**	1377	•	25	166	334	673	2102	6739	15112	33319	71730	•	

Notes and Loans Payable 21	310	•	9	51	42	114	415	811	2946	5500	31009	•	•
All Other Liabilities 22	675	•	9	66	167	410	1149	4368	9474	20963	32837	•	•
Net Worth 23	392	•	8	49	126	148	538	1560	2691	6855	7883	•	•

Selected Financial Ratios (Times to 1)

Current Ratio 24	1.0	•	1.4	1.6	1.3	1.1	1.2	1.2	1.3	1.1	1.1	•	•
Quick Ratio 25	0.7	•	1.3	1.5	1.2	1.0	1.0	1.0	1.1	0.8	0.7	•	•
Net Sales to Working Capital 26	•	•	•	15.2	31.3	•	37.7	13.4	15.6	25.1	25.8	•	•
Coverage Ratio 27	3.9	7.4	•	6.8	•	9.2	9.8	11.1	5.4	10.0	2.0	•	•
Total Asset Turnover 28	1.4	•	11.3	3.7	4.5	4.4	4.5	1.7	2.6	1.7	0.8	•	•
Inventory Turnover 29	•	•	•	•	•	•	•	•	•	•	•	•	•
Receivables Turnover 30	5.2	•	•	•	•	9.8	•	3.6	5.0	3.1	3.4	•	•
Total Liabilities to Net Worth 31	2.5	•	2.1	2.4	1.7	3.5	2.9	3.3	4.6	3.9	8.1	•	•

Selected Financial Factors (in Percentages)

Debt Ratio 32	71.6	•	67.7	70.1	62.4	77.9	74.4	76.9	82.2	79.4	89.0	•	•
Return on Assets 33	9.4	•	•	20.4	36.3	11.4	16.4	12.6	9.1	11.6	8.3	•	•
Return on Equity 34	21.3	•	•	•	•	•	•	•	36.2	•	30.3	•	•
Return Before Interest on Equity 35	33.1	•	•	•	•	•	•	•	•	•	•	•	•
Profit Margin, Before Income Tax 36	5.0	15.9	6.3	4.7	7.9	2.3	3.3	6.6	2.9	6.3	5.5	•	•
Profit Margin, After Income Tax 37	4.3	15.2	6.2	4.5	7.8	2.2	3.0	6.0	2.5	5.5	4.3	•	•

Trends in Selected Ratios and Factors, 1990-1999

	1990	1991	1992	1993	1994	1995	1996	1997	1998	1999
Cost of Operations (%) 38	58.6	59.0	56.0	51.5	54.8	54.4	54.5	52.8	53.7	47.7
Operating Margin (%) 39	0.8	1.1	1.2	1.0	2.0	1.8	1.7	1.9	2.0	1.8
Oper. Margin Before Officers Comp. (%) 40	7.1	7.4	6.4	7.0	8.1	7.6	8.1	7.6	7.1	7.4
Average Net Receivables ($) 41	208	235	269	259	254	291	284	298	375	390
Average Inventories ($) 42	11	9	11	10	13	18	17	21	21	25
Average Net Worth ($) 43	168	167	215	145	172	215	226	222	234	392
Current Ratio (×1) 44	1.2	1.2	1.0	1.1	1.1	1.1	1.1	1.1	1.0	1.0
Quick Ratio (×1) 45	1.0	1.0	0.8	0.9	0.9	0.8	0.8	0.8	0.8	0.7
Coverage Ratio (×1) 46	6.1	7.9	6.9	5.8	6.0	4.5	7.3	4.8	5.2	3.9
Asset Turnover (×1) 47	2.3	2.2	2.0	2.2	1.8	1.8	1.8	1.7	1.8	1.4
Operating Leverage 48	2.8	1.4	1.1	0.9	1.9	0.9	0.9	1.2	1.0	0.9
Financial Leverage 49	1.0	1.2	1.0	1.0	1.0	1.0	1.2	0.9	1.0	0.9
Total Leverage 50	2.8	1.6	1.1	0.9	1.8	0.9	1.1	1.0	1.1	0.9

Table I

Corporations with and without Net Income

BUSINESS SERVICES, EXCEPT ADVERTISING

MONEY AMOUNTS AND SIZE OF ASSETS IN THOUSANDS OF DOLLARS

Item Description for Accounting Period 7/95 Through 6/96		Total	Zero Assets	Under 100	100 to 250	251 to 500	501 to 1,000	1,001 to 5,000	5,001 to 10,000	10,001 to 25,000	25,001 to 50,000	50,001 to 100,000	100,001 to 250,000	250,001 and over
Number of Enterprises	1	364728	21004	248442	44352	20871	13740	12942	1547	943	396	201	167	122
Revenues ($ in Thousands)														
Net Sales	2	350113031	5683524	39894329	27142781	22773494	24944010	59973652	17670579	21904614	18149110	12651912	22762695	76562331
Portfolio Income	3	7805320	156861	108987	85925	126136	163735	445384	216654	368008	315418	338621	724072	4755522
Other Revenues	4	15103113	161257	646199	377451	548728	600089	1741604	474951	530422	1363981	774804	1582400	6301223
Total Revenues	5	373021464	6001642	40649515	27606157	23448358	25707834	62160640	18362184	22803044	19828509	13765337	25069167	87619076
Average Total Revenues	6	1023	286	164	622	1123	1871	4803	11870	24181	50072	68484	150115	718189
Operating Costs/Operating Income (%)														
Cost of Operations	7	36.6	38.3	19.9	33.5	40.3	43.0	46.6	45.4	46.7	43.5	38.4	40.0	27.3
Rent	8	21.5	24.5	19.9	22.4	21.7	19.5	18.6	20.2	17.6	25.1	25.0	22.2	24.5
Taxes Paid	9	3.7	3.4	4.0	3.9	4.9	3.5	3.8	3.5	2.7	3.6	3.4	3.4	3.6
Interest Paid	10	2.1	1.7	0.5	0.8	0.9	1.0	1.3	1.8	1.8	2.1	2.5	3.4	4.2
Depreciation, Depletion, Amortization	11	4.6	3.0	1.7	2.3	2.5	2.8	3.0	4.3	4.3	4.7	5.7	7.8	8.5
Pensions and Other Benefits	12	2.3	1.6	2.1	1.7	1.8	2.2	1.9	2.1	1.7	2.8	2.5	3.1	3.0
Other	13	25.7	29.8	33.3	25.1	19.7	20.7	20.5	19.5	23.7	20.7	25.1	24.4	32.7
Officers Compensation	14	6.0	4.6	16.8	9.8	8.3	7.7	6.0	5.1	3.0	2.6	2.3	2.2	1.4
Operating Margin	15	•	•	2.0	0.5	0.1	•	•	•	•	•	•	•	•
Oper. Margin Before Officers Compensation	16	3.7	•	18.7	10.3	8.4	7.4	4.3	3.3	1.6	•	•	•	•
Selected Average Balance Sheet ($ in Thousands)														
Net Receivables	17	171	•	3	26	77	170	607	2170	4462	8919	15222	38601	231543
Inventories	18	20	•	1	7	18	32	101	299	605	1478	2567	5779	14709
Net Property, Plant and Equipment	19	151	•	8	47	98	190	568	1937	3741	6955	13946	32980	174701
Total Assets	20	759	•	23	158	351	700	2045	6978	15223	34667	69559	153638	1164646

Notes and Loans Payable 21	249	•	20	79	155	260	806	2478	5362	11757	20274	49162	323037
All Other Liabilities 22	262	•	6	39	141	210	670	2343	5156	11788	19597	46772	434055
Net Worth 23	247	•	-3	40	54	230	569	2157	4704	11122	29688	57705	407554

Selected Financial Ratios (Times to 1)

Current Ratio 24	1.2	•	1.4	1.6	1.1	1.6	1.3	1.4	1.3	1.4	1.6	1.5	1.1
Quick Ratio 25	0.9	•	1.2	1.3	0.8	1.2	1.1	1.1	1.0	1.1	1.2	1.2	0.8
Net Sales to Working Capital 26	15.2	•	46.3	19.2	•	13.7	17.7	10.5	13.2	8.4	5.2	5.6	23.1
Coverage Ratio 27	3.1	0.3	8.7	3.7	4.4	3.8	2.4	2.2	2.5	3.1	2.6	2.1	3.3
Total Asset Turnover 28	1.3	•	6.9	3.9	3.1	2.6	2.3	1.6	1.5	1.3	0.9	0.9	0.5
Inventory Turnover 29	•	•	•	•	•	•	•	•	•	•	9.4	9.5	•
Receivables Turnover 30	6.1	•	•	•	•	•	8.1	5.5	5.5	5.4	4.7	3.6	3.1
Total Liabilities to Net Worth 31	2.1	•	•	3.0	5.5	2.0	2.6	2.2	2.2	2.1	1.4	1.7	1.9

Selected Financial Factors (in Percentages)

Debt Ratio 32	67.4	•	•	74.8	84.6	67.1	72.2	69.1	69.1	67.9	57.3	62.5	65.0
Return on Assets 33	8.0	•	30.0	11.8	12.3	9.7	7.3	6.3	6.8	8.4	5.8	6.4	7.4
Return on Equity 34	11.9	•	•	31.6	•	19.4	12.2	6.8	8.5	12.7	4.9	4.8	9.6
Return Before Interest on Equity 35	24.5	•	•	•	•	29.4	26.3	20.3	21.9	26.2	13.5	16.9	21.1
Profit Margin, Before Income Tax 36	4.3	•	3.8	2.2	3.1	2.7	1.9	2.1	2.6	4.3	3.9	3.8	9.5
Profit Margin, After Income Tax 37	3.1	•	3.7	2.1	2.8	2.5	1.5	1.3	1.7	3.1	2.3	2.0	6.2

Trends in Selected Ratios and Factors, 1990-1999

	1990	1991	1992	1993	1994	1995	1996	1997	1998	1999
Cost of Labor (%) 38	44.3	44.8	46.9	46.0	44.3	43.0	39.8	38.9	37.8	36.6
Operating Margin (%) 39	•	•	•	•	•	•	•	•	•	•
Oper. Margin Before Officers Comp. (%) 40	•	0.9	1.1	•	•	0.1	1.6	4.0	3.6	3.7
Average Net Receivables ($) 41	77	80	97	114	120	121	134	141	149	171
Average Inventories ($) 42	17	18	21	24	20	19	20	20	20	20
Average Net Worth ($) 43	88	92	114	128	140	162	205	198	208	247
Current Ratio (×1) 44	1.3	1.3	1.3	1.2	1.2	1.1	1.1	1.3	1.2	1.2
Quick Ratio (×1) 45	0.9	0.9	0.9	0.9	0.9	0.9	0.9	1.0	0.9	0.9
Coverage Ratio (×1) 46	1.3	1.4	1.5	1.5	1.6	1.4	2.1	2.7	3.1	3.1
Asset Turnover (×1) 47	1.5	1.5	1.4	1.4	1.4	1.3	1.2	1.3	1.3	1.3
Total Liabilities/Net Worth (×1) 48	3.2	3.1	3.1	3.2	3.1	2.7	2.4	2.3	2.3	2.1
Return on Assets (×1) 49	5.9	5.9	6.3	6.6	6.8	5.5	6.3	6.9	7.9	8.0
Return on Equity (%) 50	•	1.7	3.6	4.2	6.2	2.9	8.0	10.1	13.2	11.9

Table II

Corporations with Net Income

BUSINESS SERVICES, EXCEPT ADVERTISING

MONEY AMOUNTS AND SIZE OF ASSETS IN THOUSANDS OF DOLLARS

Item Description for Accounting Period 7/95 Through 6/96		Total	Zero Assets	Under 100	100 to 250	251 to 500	501 to 1,000	1,001 to 5,000	5,001 to 10,000	10,001 to 25,000	25,001 to 50,000	50,001 to 100,000	100,001 to 250,000	250,001 and over
Number of Enterprises	1	206207	7392	139502	26571	13443	8989	8185	990	536	249	129	•	•
Revenues ($ in Thousands)														
Net Sales	2	263919717	3004663	29170055	19197113	15951198	17238039	42621694	13693138	15133962	12729566	9430119	•	•
Portfolio Income	3	6070747	111241	92313	60916	102204	128591	326389	154278	292563	259199	209290	•	•
Other Revenues	4	12999584	131273	449589	311295	443539	416935	1489231	378293	388759	1266667	517623	•	•
Total Revenues	5	282990048	3247177	29711957	19569324	16496941	17783565	44437314	14225709	15815284	14255432	10157032	•	•
Average Total Revenues	6	1372	439	213	736	1227	1978	5429	14369	29506	57251	78737	•	•
Operating Costs/Operating Income (%)														
Cost of Operations	7	35.5	51.3	19.1	32.2	43.2	38.6	46.6	44.8	49.2	41.0	38.6	•	•
Rent	8	21.0	22.9	18.1	21.3	16.7	20.7	17.1	20.1	15.3	26.6	23.5	•	•
Taxes Paid	9	3.6	3.2	3.4	3.7	4.4	3.6	3.4	3.4	2.9	4.3	3.6	•	•
Interest Paid	10	1.7	1.4	0.4	0.6	0.7	0.8	1.0	1.4	1.6	1.5	1.6	•	•
Depreciation, Depletion, Amortization	11	4.1	2.8	1.5	2.1	2.1	2.5	2.6	3.3	3.9	3.6	4.0	•	•
Pensions and Other Benefits	12	2.3	1.1	1.9	1.6	2.0	2.1	1.9	2.4	1.6	3.0	2.4	•	•
Other	13	24.2	11.9	30.7	23.4	17.8	18.8	18.7	16.3	19.1	19.7	22.9	•	•
Officers Compensation	14	5.9	2.2	17.0	10.3	9.0	8.4	6.4	4.7	3.0	2.5	2.3	•	•
Operating Margin	15	1.7	3.2	8.1	5.0	4.1	4.7	2.3	3.6	3.5	•	1.2	•	•
Oper. Margin Before Officers Compensation	16	7.6	5.5	25.1	15.3	13.0	13.0	8.7	8.3	6.5	0.3	3.5	•	•
Selected Average Balance Sheet ($ in Thousands)														
Net Receivables	17	241	•	3	28	80	184	678	2496	4654	9827	15856	•	•
Inventories	18	26	•	0	5	17	35	111	255	795	1461	2402	•	•
Net Property, Plant and Equipment	19	178	•	7	47	91	175	490	1850	3527	6519	12571	•	•
Total Assets	20	983	•	27	161	353	698	2044	7023	15515	34966	67737	•	•

Notes and Loans Payable 21	259	•	11	56	114	178	602	1935	4803	8851	13725	•	•
All Other Liabilities 22	341	•	7	39	83	173	660	2460	4884	12010	21369	•	•
Net Worth 23	384	•	9	67	155	347	782	2628	5828	14105	32643	•	•

Selected Financial Ratios (Times to 1)

Current Ratio 24	1.4	•	1.9	1.8	2.0	1.9	1.5	1.5	1.3	1.6	1.7	•	•
Quick Ratio 25	1.0	•	1.7	1.5	1.6	1.6	1.2	1.3	1.0	1.2	1.3	•	•
Net Sales to Working Capital 26	11.1	•	31.2	17.7	11.4	10.1	12.8	10.0	13.4	7.3	5.3	•	•
Coverage Ratio 27	6.3	8.9	•	12.6	11.5	11.4	7.5	6.5	5.9	7.4	6.6	•	•
Total Asset Turnover 28	1.3	•	7.9	4.5	3.4	2.8	2.6	2.0	1.8	1.5	1.1	•	•
Inventory Turnover 29	•	•	•	•	•	•	•	•	•	•	•	•	•
Receivables Turnover 30	5.9	•	•	•	•	•	8.1	5.6	6.0	5.5	5.3	•	•
Total Liabilities to Net Worth 31	1.6	•	2.1	1.4	1.3	1.0	1.6	1.7	1.7	1.5	1.1	•	•

Selected Financial Factors (in Percentages)

Debt Ratio 32	61.0	•	67.7	58.8	56.0	50.3	61.7	62.6	62.4	59.7	51.8	•	•
Return on Assets 33	13.9	•	•	33.7	27.6	23.6	19.3	17.3	17.4	16.6	11.2	•	•
Return on Equity 34	24.6	•	•	•	•	•	39.9	34.0	32.0	29.1	15.0	•	•
Return Before Interest on Equity 35	•	•	•	•	•	•	•	•	•	•	23.3	•	•
Profit Margin, Before Income Tax 36	9.0	11.3	9.9	6.9	7.5	7.8	6.6	7.5	7.9	9.8	8.8	•	•
Profit Margin, After Income Tax 37	7.4	10.5	9.7	6.7	7.1	7.4	6.0	6.5	6.6	8.0	6.7	•	•

Trends in Selected Ratios and Factors, 1990-1999

	1990	1991	1992	1993	1994	1995	1996	1997	1998	1999
Cost of Operations (%) 38	43.7	45.0	46.4	45.3	44.1	41.8	39.0	36.7	37.1	35.5
Operating Margin (%) 39	•	•	•	•	•	•	•	2.4	1.8	1.7
Oper. Margin Before Officers Comp. (%) 40	5.4	7.5	6.9	6.4	5.8	5.6	6.1	8.3	7.3	7.6
Average Net Receivables ($) 41	100	105	124	140	153	151	169	183	210	241
Average Inventories ($) 42	20	22	24	25	25	22	24	24	26	26
Average Net Worth ($) 43	141	162	186	207	237	264	308	307	323	384
Current Ratio (×1) 44	1.4	1.5	1.5	1.5	1.5	1.2	1.2	1.4	1.3	1.4
Quick Ratio (×1) 45	1.0	1.1	1.1	1.1	1.1	0.9	0.9	1.0	1.0	1.0
Coverage Ratio (×1) 46	3.7	4.6	4.8	4.3	4.5	4.4	4.9	6.0	6.2	6.3
Asset Turnover (×1) 47	1.6	1.7	1.7	1.6	1.7	1.4	1.3	1.4	1.4	1.3
Operating Leverage 48	1.7	0.2	•	•	1.0	1.0	0.4	•	0.8	1.0
Financial Leverage 49	1.0	1.1	1.0	1.0	1.0	1.0	1.0	1.0	1.0	1.0
Total Leverage 50	1.6	0.2	•	•	1.0	1.0	0.4	•	0.8	1.0

Table I

Corporations with and without Net Income

AUTO REPAIR AND SERVICES

MONEY AMOUNTS AND SIZE OF ASSETS IN THOUSANDS OF DOLLARS

Item Description for Accounting Period 7/95 Through 6/96		Total	Zero Assets	Under 100	100 to 250	251 to 500	501 to 1,000	1,001 to 5,000	5,001 to 10,000	10,001 to 25,000	25,001 to 50,000	50,001 to 100,000	100,001 to 250,000	250,001 and over
Number of Enterprises	1	89231	2290	56652	16065	7952	3848	1918	241	168	45	14	15	22
Revenues ($ in Thousands)														
Net Sales	2	68983722	292605	13546945	7008136	6674928	4889646	4489958	1421538	2365403	1038073	1015930	984606	25255953
Portfolio Income	3	2420520	44903	31312	12902	30390	76085	90204	55585	114472	84716	65135	117721	1697095
Other Revenues	4	1377661	6992	41258	42596	20802	78125	159556	6559	47058	40964	39122	32922	861709
Total Revenues	5	72781903	344500	13619515	7063634	6726120	5043856	4739718	1483682	2526933	1163753	1120187	1135249	27814757
Average Total Revenues	6	816	150	240	440	846	1311	2471	6156	15041	25861	80013	75683	1264307
Operating Costs/Operating Income (%)														
Cost of Operations	7	43.5	64.2	46.8	51.0	52.7	50.6	48.4	57.2	43.3	42.0	42.3	27.8	34.8
Rent	8	11.9	8.4	12.9	10.6	12.7	13.9	14.1	5.4	10.6	10.0	12.1	13.4	11.2
Taxes Paid	9	3.6	6.8	4.1	4.0	4.1	4.0	3.8	2.6	2.6	4.8	5.3	3.0	3.1
Interest Paid	10	4.1	1.8	0.6	1.3	1.5	2.1	3.5	5.8	6.1	6.2	4.2	8.3	7.5
Depreciation, Depletion, Amortization	11	12.8	5.4	1.7	3.2	2.9	5.1	9.6	19.9	19.1	20.1	18.0	40.2	23.5
Pensions and Other Benefits	12	1.5	0.3	0.7	1.0	1.3	1.3	1.0	1.3	1.1	1.6	0.6	1.7	2.2
Other	13	23.1	18.5	24.2	20.9	17.7	18.8	19.7	9.7	19.6	22.8	23.2	19.5	27.4
Officers Compensation	14	3.8	6.9	7.6	7.7	6.4	4.6	3.2	2.5	2.2	1.8	1.1	1.3	0.5
Operating Margin	15	•	•	1.6	0.4	0.8	•	•	•	•	•	•	•	•
Oper. Margin Before Officers Compensation	16	•	•	9.2	8.1	7.2	4.3	•	•	•	•	•	•	•
Selected Average Balance Sheet ($ in Thousands)														
Net Receivables	17	51	•	4	17	33	81	195	492	1790	2003	5529	7365	107408
Inventories	18	28	•	5	20	52	71	168	719	1057	405	2526	6927	18902
Net Property, Plant and Equipment	19	379	•	14	69	158	341	1023	4719	9365	17718	51540	92672	988434
Total Assets	20	593	•	36	156	345	693	1721	6816	14784	33487	70449	142720	1403630

Notes and Loans Payable 21	344	•	23	98	162	380	1069	5258	10111	19655	49951	83864	780792
All Other Liabilities 22	145	•	10	27	65	109	280	702	2195	5153	7761	36580	411572
Net Worth 23	104	•	3	31	119	204	373	856	2477	8679	12736	22276	211265

Selected Financial Ratios (Times to 1)

Current Ratio 24	0.5	•	1.4	2.1	1.8	1.5	1.0	0.6	0.8	1.1	0.5	0.5	0.3
Quick Ratio 25	0.3	•	1.0	1.2	1.1	1.0	0.6	0.3	0.5	0.5	0.4	0.2	0.2
Net Sales to Working Capital 26	•	•	•	12.7	13.2	14.6	•	•	•	30.8	•	•	•
Coverage Ratio 27	1.3	4.0	4.8	1.9	2.0	2.3	1.6	1.0	1.4	1.5	1.8	1.0	1.0
Total Asset Turnover 28	1.3	•	6.6	2.8	2.4	1.8	1.4	0.9	1.0	0.7	1.0	0.5	0.8
Inventory Turnover 29	•	•	•	•	9.1	9.0	8.1	5.6	5.9	•	8.7	3.8	•
Receivables Turnover 30	•	•	•	•	•	•	•	9.8	8.9	•	6.1	6.1	•
Total Liabilities to Net Worth 31	4.7	•	9.6	4.1	1.9	2.4	3.6	7.0	5.0	2.9	4.5	5.4	5.7

Selected Financial Factors (in Percentages)

Debt Ratio 32	82.4	•	90.5	80.4	65.7	70.6	78.3	87.5	83.3	74.1	81.9	84.4	85.0
Return on Assets 33	7.0	•	18.0	7.1	7.3	9.0	7.8	5.0	8.0	6.2	7.9	3.9	6.1
Return on Equity 34	6.7	•	•	15.1	9.4	14.8	12.1	•	10.5	3.9	13.7	•	•
Return Before Interest on Equity 35	•	•	•	•	21.2	30.6	•	•	•	24.1	•	24.7	•
Profit Margin, Before Income Tax 36	1.2	5.5	2.2	1.2	1.5	2.8	2.2	•	2.3	2.9	3.5	0.1	•
Profit Margin, After Income Tax 37	0.9	4.6	2.1	1.1	1.3	2.4	1.9	•	1.9	1.5	2.4	•	•

Trends in Selected Ratios and Factors, 1990-1999

	1990	1991	1992	1993	1994	1995	1996	1997	1998	1999
Cost of Labor (%) 38	45.7	47.3	45.2	45.5	44.7	44.1	46.1	45.0	45.1	43.5
Operating Margin (%) 39	•	•	•	•	•	•	•	•	•	•
Oper. Margin Before Officers Comp. (%) 40	•	•	•	•	•	•	•	0.1	0.8	•
Average Net Receivables ($) 41	76	77	95	87	59	56	53	55	54	51
Average Inventories ($) 42	31	34	33	33	33	33	31	27	27	28
Average Net Worth ($) 43	113	104	112	99	101	99	107	104	105	104
Current Ratio (×1) 44	0.8	0.9	0.9	0.8	0.7	0.7	0.7	0.8	0.6	0.5
Quick Ratio (×1) 45	0.6	0.6	0.7	0.5	0.4	0.4	0.5	0.5	0.4	0.3
Coverage Ratio (×1) 46	1.3	1.2	1.4	1.2	1.1	1.0	1.3	1.7	1.7	1.3
Asset Turnover (×1) 47	1.0	1.1	1.1	1.1	1.3	1.2	1.3	1.3	1.4	1.3
Total Liabilities/Net Worth (×1) 48	3.6	4.3	4.2	4.9	4.5	4.6	3.8	4.0	4.2	4.7
Return on Assets (×1) 49	6.1	6.4	7.7	6.9	9.2	6.6	7.0	7.6	7.3	7.0
Return on Equity (%) 50	2.3	3.3	7.5	2.3	2.7	•	5.6	11.6	11.7	6.7

AUTO REPAIR AND SERVICES

MONEY AMOUNTS AND SIZE OF ASSETS IN THOUSANDS OF DOLLARS

Item Description for Accounting Period 7/95 Through 6/96		Total	Zero Assets	Under 100	100 to 250	251 to 500	501 to 1,000	1,001 to 5,000	5,001 to 10,000	10,001 to 25,000	25,001 to 50,000	50,001 to 100,000	100,001 to 250,000	250,001 and over
Number of Enterprises	1	51882	556	31830	10002	5374	2754	1151	74	89	28	•	6	9
Revenues ($ in Thousands)														
Net Sales	2	38783782	116105	8487942	4918913	5329653	4047919	3205625	716977	1554683	614599	•	513058	8459801
Portfolio Income	3	854539	44294	17680	8937	20695	51866	68181	10783	79795	61136	•	40283	400757
Other Revenues	4	658657	6993	28885	29292	17865	60590	35197	2152	35898	31759	•	16634	357267
Total Revenues	5	40296978	167392	8534507	4957142	5368213	4160375	3309003	729912	1670376	707494	•	569975	9217825
Average Total Revenues	6	777	301	268	496	999	1511	2875	9864	18768	25268	•	94996	1024203
Operating Costs/Operating Income (%)														
Cost of Operations	7	49.5	55.3	46.7	49.8	53.9	53.4	45.6	61.7	46.9	45.4	•	28.0	50.2
Rent	8	11.5	11.9	12.0	11.1	12.1	13.0	14.7	4.1	10.0	9.9	•	9.2	10.0
Taxes Paid	9	3.5	3.1	3.8	3.9	3.9	3.9	3.4	3.0	2.5	5.1	•	3.1	2.3
Interest Paid	10	3.0	3.3	0.6	0.9	1.0	1.4	2.6	4.1	4.8	5.6	•	6.9	7.9
Depreciation, Depletion, Amortization	11	8.8	12.6	1.5	2.7	2.5	3.8	7.5	11.6	15.5	17.8	•	35.8	22.2
Pensions and Other Benefits	12	1.0	0.6	0.7	1.0	1.4	1.4	1.0	1.4	1.2	2.1	•	0.8	0.7
Other	13	17.0	18.6	21.7	19.3	15.9	16.7	19.6	7.3	19.2	17.4	•	17.8	10.5
Officers Compensation	14	4.8	4.3	7.6	8.1	6.3	4.8	3.9	3.3	2.0	1.8	•	1.6	0.9
Operating Margin	15	1.1	•	5.5	3.2	3.0	1.7	1.7	3.5	•	•	•	•	•
Oper. Margin Before Officers Compensation	16	5.9	•	13.1	11.3	9.4	6.6	5.7	6.8	•	•	•	•	•
Selected Average Balance Sheet ($ in Thousands)														
Net Receivables	17	49	•	5	20	38	86	177	895	2303	2320	•	5358	119889
Inventories	18	33	•	5	20	46	82	229	1467	1400	332	•	4873	32590
Net Property, Plant and Equipment	19	248	•	14	66	148	276	909	4349	8112	17252	•	118950	720933
Total Assets	20	423	•	37	156	344	677	1706	7536	14843	32276	•	142000	1026769

Notes and Loans Payable 21	232	•	17	80	116	261	858	4182	9198	16144	•	77042	660518
All Other Liabilities 22	74	•	8	30	71	117	236	859	3023	4989	•	29361	171741
Net Worth 23	117	•	12	47	157	299	613	2494	2622	11144	•	35596	194510

Selected Financial Ratios (Times to 1)

Current Ratio 24	0.7	•	1.5	2.4	1.8	1.9	1.4	1.0	0.9	0.9	•	0.4	0.3
Quick Ratio 25	0.4	•	1.0	1.5	1.2	1.2	0.8	0.5	0.5	0.5	•	0.2	0.2
Net Sales to Working Capital 26	•	•	46.3	11.9	14.3	11.0	14.9	•	•	•	•	•	•
Coverage Ratio 27	2.7	11.6	12.1	5.4	4.7	4.3	2.9	2.3	2.1	2.8	•	2.2	1.6
Total Asset Turnover 28	1.8	•	7.2	3.2	2.9	2.2	1.6	1.3	1.2	0.7	•	0.6	0.9
Inventory Turnover 29	•	•	•	•	•	•	6.2	4.4	6.5	•	•	4.6	•
Receivables Turnover 30	•	•	•	•	•	•	•	8.1	8.9	8.3	•	4.9	6.3
Total Liabilities to Net Worth 31	2.6	•	2.2	2.4	1.2	1.3	1.8	2.0	4.7	1.9	•	3.0	4.3

Selected Financial Factors (in Percentages)

Debt Ratio 32	72.4	•	69.0	70.1	54.5	55.8	64.1	66.9	82.3	65.5	•	74.9	81.1
Return on Assets 33	14.1	•	•	15.5	13.8	12.7	12.2	12.2	12.1	10.6	•	9.0	11.3
Return on Equity 34	28.5	•	•	39.8	22.3	19.7	20.6	18.4	31.6	15.0	•	16.3	15.5
Return Before Interest on Equity 35	•	•	•	•	30.2	28.7	34.0	•	•	30.7	•	•	•
Profit Margin, Before Income Tax 36	5.0	34.7	6.1	4.0	3.8	4.5	4.9	5.3	5.4	10.1	•	8.1	4.4
Profit Margin, After Income Tax 37	4.4	32.4	6.0	3.8	3.5	4.0	4.5	4.7	4.7	7.6	•	6.8	3.2

Trends in Selected Ratios and Factors, 1990-1999

	1990	1991	1992	1993	1994	1995	1996	1997	1998	1999
Cost of Operations (%) 38	47.1	49.4	44.7	45.9	44.4	47.0	42.7	42.3	43.2	49.5
Operating Margin (%) 39	•	•	•	•	•	•	•	•	0.7	1.1
Oper. Margin Before Officers Comp. (%) 40	•	•	1.3	•	•	1.3	•	1.4	4.7	5.9
Average Net Receivables ($) 41	78	101	97	119	67	58	63	68	65	49
Average Inventories ($) 42	36	46	48	42	42	42	39	34	33	33
Average Net Worth ($) 43	135	164	181	144	148	153	174	173	169	117
Current Ratio (×1) 44	1.1	0.8	0.9	0.9	0.9	1.0	0.8	0.9	0.8	0.7
Quick Ratio (×1) 45	0.8	0.6	0.6	0.7	0.5	0.6	0.5	0.5	0.6	0.4
Coverage Ratio (×1) 46	2.5	2.2	2.7	2.1	1.7	2.2	2.1	2.4	3.0	2.7
Asset Turnover (×1) 47	1.2	1.0	1.3	1.2	1.4	1.5	1.2	1.3	1.6	1.8
Operating Leverage 48	1.9	1.3	0.4	2.0	1.0	0.5	2.3	0.4	•	1.6
Financial Leverage 49	1.0	0.9	1.2	0.8	0.8	1.3	1.0	1.1	1.2	1.0
Total Leverage 50	1.9	1.2	0.5	1.7	0.8	0.6	2.2	0.4	•	1.6

Table I

Corporations with and without Net Income

MISCELLANEOUS REPAIR SERVICES

MONEY AMOUNTS AND SIZE OF ASSETS IN THOUSANDS OF DOLLARS

Item Description for Accounting Period 7/95 Through 6/96		Total	Zero Assets	Under 100	100 to 250	251 to 500	501 to 1,000	1,001 to 5,000	5,001 to 10,000	10,001 to 25,000	25,001 to 50,000	50,001 to 100,000	100,001 to 250,000	250,001 and over
Number of Enterprises	1	53836	2036	37750	7485	3293	1858	1275	87	40	•	6	7	•
Revenues ($ in Thousands)														
Net Sales	2	25491306	150860	6096041	4034584	2957927	3030051	5350132	886943	1118277	•	375122	1491370	•
Portfolio Income	3	237859	13468	21519	18727	19077	8618	67539	1772	1743	•	4981	80415	•
Other Revenues	4	168221	3909	31761	10416	10423	31307	26566	3826	3142	•	12827	34041	•
Total Revenues	5	25897386	168237	6149321	4063727	2987427	3069976	5444237	892541	1123162	•	392930	1605826	•
Average Total Revenues	6	481	83	163	543	907	1652	4270	10259	28079	•	65488	229404	•
Operating Costs/Operating Income (%)														
Cost of Operations	7	56.3	49.9	42.1	51.3	53.1	60.2	67.8	72.0	71.2	•	61.8	64.0	•
Rent	8	11.1	9.6	15.5	12.7	12.3	8.2	7.7	9.0	10.5	•	9.6	6.6	•
Taxes Paid	9	3.2	2.9	3.6	3.4	3.8	3.5	2.7	2.7	2.0	•	3.5	2.8	•
Interest Paid	10	1.2	2.7	0.6	0.8	1.0	1.4	1.2	1.1	1.3	•	2.9	4.6	•
Depreciation, Depletion, Amortization	11	2.5	2.9	1.9	2.1	2.1	2.5	1.9	3.9	2.5	•	5.2	8.2	•
Pensions and Other Benefits	12	1.5	1.0	1.1	1.5	1.2	1.8	1.7	1.4	2.5	•	1.7	1.7	•
Other	13	15.8	31.0	23.8	17.4	17.0	13.6	10.3	8.1	4.2	•	17.6	10.8	•
Officers Compensation	14	6.9	6.3	10.2	8.7	6.2	8.1	5.5	2.0	1.5	•	1.5	0.8	•
Operating Margin	15	1.6	•	1.3	2.3	3.3	0.9	1.4	•	4.4	•	•	0.6	•
Oper. Margin Before Officers Compensation	16	8.5	0.2	11.5	11.0	9.5	9.0	6.9	2.0	5.9	•	•	1.4	•
Selected Average Balance Sheet ($ in Thousands)														
Net Receivables	17	44	•	3	30	102	150	529	2434	3870	•	12108	39323	•
Inventories	18	32	•	3	28	63	142	388	1036	4287	•	9658	15101	•
Net Property, Plant and Equipment	19	61	•	10	51	81	228	494	1699	3976	•	17710	111033	•
Total Assets	20	193	•	26	152	352	696	1753	6467	14596	•	65639	292244	•

Notes and Loans Payable 21	75	•	16	61	123	267	645	1613	4692	•	26047	108462	•
All Other Liabilities 22	53	•	6	37	73	134	550	4778	3739	•	10879	76656	•
Net Worth 23	65	•	4	54	156	295	558	76	6165	•	28713	107126	•

Selected Financial Ratios (Times to 1)

Current Ratio 24	1.8	•	1.7	2.3	2.2	2.3	1.7	1.4	1.9	•	2.0	1.4	•
Quick Ratio 25	1.1	•	1.2	1.4	1.4	1.4	1.1	0.9	1.0	•	1.3	0.8	•
Net Sales to Working Capital 26	9.7	•	31.6	10.8	7.1	6.7	8.6	8.6	6.4	•	3.5	8.2	•
Coverage Ratio 27	3.6	3.0	4.9	4.9	5.3	2.6	3.6	1.5	4.8	•	1.3	2.8	•
Total Asset Turnover 28	2.5	•	6.2	3.6	2.6	2.4	2.4	1.6	1.9	•	1.0	0.7	•
Inventory Turnover 29	8.6	•	•	•	7.5	6.9	7.8	7.9	5.1	•	4.6	9.0	•
Receivables Turnover 30	•	•	•	•	•	•	8.2	6.0	8.2	•	5.8	5.5	•
Total Liabilities to Net Worth 31	2.0	•	5.5	1.8	1.3	1.4	2.2	•	1.4	•	1.3	1.7	•

Selected Financial Factors (in Percentages)

Debt Ratio 32	66.3	•	84.7	64.8	55.7	57.6	68.2	98.8	57.8	•	56.3	63.4	•
Return on Assets 33	10.7	•	16.6	13.6	13.5	8.3	10.3	2.6	11.7	•	3.7	9.4	•
Return on Equity 34	19.8	•	•	27.4	23.0	10.3	19.0	•	19.0	•	•	13.0	•
Return Before Interest on Equity 35	31.8	•	•	•	30.3	19.5	32.4	•	27.6	•	8.4	25.6	•
Profit Margin, Before Income Tax 36	3.2	5.4	2.1	3.1	4.3	2.2	3.1	0.6	4.8	•	1.0	8.3	•
Profit Margin, After Income Tax 37	2.7	5.4	2.0	2.7	4.0	1.9	2.5	•	4.2	•	•	6.5	•

Trends in Selected Ratios and Factors, 1990-1999

	1990	1991	1992	1993	1994	1995	1996	1997	1998	1999
Cost of Labor (%) 38	55.1	56.5	53.7	54.2	55.3	56.9	57.6	56.1	57.0	56.3
Operating Margin (%) 39	0.5	1.2	1.3	1.1	0.7	0.8	0.9	1.6	1.9	1.6
Oper. Margin Before Officers Comp. (%) 40	7.5	8.2	9.3	9.4	8.0	8.2	7.8	8.9	8.4	8.5
Average Net Receivables ($) 41	33	30	31	40	40	41	40	45	42	44
Average Inventories ($) 42	30	28	27	33	30	32	31	32	32	32
Average Net Worth ($) 43	50	44	55	59	67	69	70	67	75	65
Current Ratio (×1) 44	1.8	1.8	2.0	1.8	1.9	1.8	1.9	1.9	2.1	1.8
Quick Ratio (×1) 45	1.1	1.0	1.2	1.1	1.2	1.1	1.1	1.2	1.3	1.1
Coverage Ratio (×1) 46	2.5	3.3	3.1	3.1	2.8	2.8	2.9	3.4	3.7	3.6
Asset Turnover (×1) 47	2.6	2.7	2.7	2.8	2.4	2.5	2.4	2.3	2.5	2.5
Total Liabilities/Net Worth (×1) 48	1.9	2.0	1.6	1.7	1.6	1.6	1.6	1.9	1.6	2.0
Return on Assets (×1) 49	9.2	9.5	9.9	10.2	9.6	8.6	8.2	8.7	9.7	10.7
Return on Equity (%) 50	10.9	16.6	14.3	15.5	13.4	11.0	11.1	15.4	15.8	19.8

Table II

Corporations with Net Income

MISCELLANEOUS REPAIR SERVICES

MONEY AMOUNTS AND SIZE OF ASSETS IN THOUSANDS OF DOLLARS

Item Description for Accounting Period 7/95 Through 6/96	Total	Zero Assets	Under 100	100 to 250	251 to 500	501 to 1,000	1,001 to 5,000	5,001 to 10,000	10,001 to 25,000	25,001 to 50,000	50,001 to 100,000	100,001 to 250,000	250,001 and over
Number of Enterprises **1**	33225	717	22028	5454	2513	1440	974	58	33	•	•	•	•
Revenues ($ in Thousands)													
Net Sales **2**	19462412	63382	3790587	2978169	2439320	2499527	4506029	659303	1030447	•	•	•	•
Portfolio Income **3**	213528	10405	19106	16281	17067	5207	62491	1124	473	•	•	•	•
Other Revenues **4**	116351	1486	26102	4778	10246	7481	23067	2423	2725	•	•	•	•
Total Revenues **5**	19792291	75273	3835795	2999228	2466633	2512215	4591587	662850	1033645	•	•	•	•
Average Total Revenues **6**	596	105	174	550	982	1745	4714	11428	31323	•	•	•	•
Operating Costs/Operating Income (%)													
Cost of Operations **7**	56.4	42.6	41.3	48.2	51.7	58.9	67.8	71.3	71.7	•	•	•	•
Rent **8**	10.4	11.9	13.6	13.7	12.4	8.1	7.1	8.6	10.7	•	•	•	•
Taxes Paid **9**	3.1	2.5	3.4	3.3	3.8	3.4	2.6	2.7	1.9	•	•	•	•
Interest Paid **10**	1.1	0.5	0.4	0.7	0.9	1.2	1.1	0.9	1.1	•	•	•	•
Depreciation, Depletion, Amortization **11**	2.5	4.4	1.9	2.2	2.1	2.4	1.8	2.0	2.5	•	•	•	•
Pensions and Other Benefits **12**	1.5	•	0.9	1.7	1.4	1.8	1.8	1.2	2.1	•	•	•	•
Other **13**	14.3	33.2	22.8	17.0	16.5	12.5	9.3	6.9	3.5	•	•	•	•
Officers Compensation **14**	6.6	3.4	10.2	8.0	6.0	8.5	5.5	2.0	1.3	•	•	•	•
Operating Margin **15**	4.2	1.6	5.6	5.3	5.3	3.3	3.0	4.5	5.1	•	•	•	•
Oper. Margin Before Officers Compensation **16**	10.8	4.9	15.8	13.3	11.3	11.8	8.6	6.5	6.5	•	•	•	•
Selected Average Balance Sheet ($ in Thousands)													
Net Receivables **17**	57	•	4	33	112	147	583	2324	4176	•	•	•	•
Inventories **18**	39	•	3	24	59	144	410	1154	4465	•	•	•	•
Net Property, Plant and Equipment **19**	74	•	11	50	71	211	488	1310	4290	•	•	•	•
Total Assets **20**	242		30	152	348	681	1773	6127	15221	•	•	•	•

Notes and Loans Payable 21	81	13	45	105	249	595	1812	4165
All Other Liabilities 22	56	6	31	68	119	451	1931	3972
Net Worth 23	104	12	77	175	312	726	2384	7085

Selected Financial Ratios (Times to 1)

Current Ratio 24	2.0	2.0	3.1	2.5	2.6	1.8	2.0	2.0
Quick Ratio 25	1.3	1.4	2.0	1.8	1.5	1.2	1.2	1.0
Net Sales to Working Capital 26	8.6	23.9	8.7	6.8	6.6	8.6	5.1	6.4
Coverage Ratio 27	6.4	•	10.3	8.1	4.3	5.4	6.8	6.1
Total Asset Turnover 28	2.4	5.7	3.6	2.8	2.6	2.6	1.9	2.1
Inventory Turnover 29	8.7	•	•	8.8	7.3	7.6	7.8	5.1
Receivables Turnover 30	•	•	•	9.6	•	7.8	6.7	8.1
Total Liabilities to Net Worth 31	1.3	1.6	1.0	1.0	1.2	1.5	1.6	1.2

Selected Financial Factors (in Percentages)

Debt Ratio 32	56.8	61.6	49.6	49.8	54.2	59.0	61.1	53.5	
Return on Assets 33	17.0	•	23.8	20.3	12.7	15.7	11.1	13.4	
Return on Equity 34	30.0	•	39.5	33.5	19.1	27.0	19.1	21.1	
Return Before Interest on Equity 35	•	•	•	•	27.6	•	28.4	28.7	
Profit Margin, Before Income Tax 36	5.9	20.3	6.8	6.0	6.4	3.8	4.9	5.1	5.5
Profit Margin, After Income Tax 37	5.3	20.3	6.6	5.6	6.0	3.4	4.3	4.0	4.8

Trends in Selected Ratios and Factors, 1990–1999

	1990	1991	1992	1993	1994	1995	1996	1997	1998	1999
Cost of Operations (%) 38	53.5	56.2	53.6	53.9	54.3	55.8	56.0	55.9	57.1	56.4
Operating Margin (%) 39	4.7	4.4	4.2	4.1	3.6	3.9	3.7	4.5	4.2	4.2
Oper. Margin Before Officers Comp. (%) 40	11.7	11.1	12.1	12.1	10.6	11.4	10.7	11.1	10.1	10.8
Average Net Receivables ($) 41	43	38	42	49	45	52	46	59	58	57
Average Inventories ($) 42	38	31	33	39	29	37	33	39	41	39
Average Net Worth ($) 43	77	74	80	83	79	105	96	98	110	104
Current Ratio (×1) 44	2.1	2.2	2.2	2.1	2.0	2.0	2.1	2.0	2.2	2.0
Quick Ratio (×1) 45	1.2	1.3	1.4	1.3	1.4	1.3	1.3	1.3	1.4	1.3
Coverage Ratio (×1) 46	6.6	7.5	6.6	6.2	6.5	6.0	6.1	6.4	6.1	6.4
Asset Turnover (×1) 47	2.7	2.7	2.8	2.8	2.8	2.5	2.6	2.3	2.5	2.4
Operating Leverage 48	1.5	0.9	1.0	1.0	0.9	1.1	1.0	1.2	0.9	1.0
Financial Leverage 49	1.1	1.1	1.0	1.0	1.0	1.0	1.0	1.1	1.0	1.0
Total Leverage 50	1.6	1.0	1.0	1.0	0.9	1.1	1.0	1.3	0.9	1.0

MOTION PICTURE PRODUCTION, DISTRIBUTION, AND SERVICES

MONEY AMOUNTS AND SIZE OF ASSETS IN THOUSANDS OF DOLLARS

Item Description for Accounting Period 7/95 Through 6/96		Total	Zero Assets	Under 100	100 to 250	251 to 500	501 to 1,000	1,001 to 5,000	5,001 to 10,000	10,001 to 25,000	25,001 to 50,000	50,001 to 100,000	100,001 to 250,000	250,001 and over
Number of Enterprises	1	16971	243	11917	2152	1117	423	796	145	105	34	13	11	13
Revenues ($ in Thousands)														
Net Sales	2	27300587	170155	2521500	1203595	1449604	1326453	2455738	1559580	1592997	855253	740824	1287676	12137213
Portfolio Income	3	2622937	4330	25547	10900	5890	4098	22897	5104	21425	7079	4650	18907	2492105
Other Revenues	4	1439591	14470	52468	28395	1131	14758	324173	12029	55641	95746	14545	52069	774169
Total Revenues	5	31363115	188955	2599515	1242890	1456625	1345309	2802808	1576713	1670063	958078	760019	1358652	15403487
Average Total Revenues	6	1848	778	218	578	1304	3180	3521	10874	15905	28179	58463	123514	1184884
Operating Costs/Operating Income (%)														
Cost of Operations	7	52.6	42.1	33.5	36.6	34.6	78.3	42.6	52.7	56.8	50.9	46.2	28.3	62.1
Rent	8	7.7	12.4	5.5	9.6	8.8	5.0	12.6	7.8	8.9	6.8	9.3	6.1	7.0
Taxes Paid	9	1.6	2.4	1.8	2.0	2.4	1.0	2.4	1.0	2.9	1.6	1.5	1.8	1.3
Interest Paid	10	11.3	7.1	0.7	1.0	0.5	0.3	2.2	1.3	2.2	3.7	2.6	2.4	23.5
Depreciation, Depletion, Amortization	11	10.7	21.7	1.7	3.6	3.0	1.2	7.7	8.5	13.3	20.6	22.0	38.9	11.1
Pensions and Other Benefits	12	1.2	2.8	1.7	1.6	0.7	0.7	1.0	3.3	0.8	0.7	1.1	0.6	1.1
Other	13	20.5	52.1	23.7	22.1	22.7	8.5	19.2	13.7	18.6	24.8	21.6	21.2	21.2
Officers Compensation	14	10.0	13.4	33.0	23.3	27.8	7.1	28.0	12.1	4.2	1.4	2.5	1.6	0.7
Operating Margin	15	•	•	•	0.3	•	•	•	•	•	•	•	•	•
Oper. Margin Before Officers Compensation	16	•	•	31.4	23.6	27.2	5.1	12.5	11.7	•	•	•	0.8	•
Selected Average Balance Sheet ($ in Thousands)														
Net Receivables	17	1000	•	1	17	55	115	328	948	2638	6278	9638	22489	1195398
Inventories	18	334	•	0	10	7	86	42	61	1523	3168	1490	15059	392199
Net Property, Plant and Equipment	19	213	•	7	52	114	113	484	1229	2703	3760	21460	16578	139310
Total Assets	20	6047	•	26	156	345	610	2031	6884	16550	34470	67343	134163	7189219

Notes and Loans Payable **21**	2116	•	30	112	190	370	915	2374	8584	15476	25216	43152	2433169
All Other Liabilities **22**	1268	•	6	60	116	237	1054	2019	5901	11222	18888	49501	1397024
Net Worth **23**	2664	•	-10	-16	39	3	62	2491	2066	7772	23240	41511	3359026
Selected Financial Ratios (Times to 1)													
Current Ratio **24**	1.6	•	1.8	0.8	1.5	1.2	0.7	1.2	1.3	1.8	1.2	1.3	1.7
Quick Ratio **25**	1.2	•	1.6	0.6	1.3	0.7	0.5	0.7	0.7	0.8	0.6	0.8	1.3
Net Sales to Working Capital **26**	2.2	•	34.8	•	25.3	39.3	•	24.4	9.1	2.6	14.3	7.7	1.0
Coverage Ratio **27**	1.0	•	3.1	4.5	0.8	•	0.4	1.5	•	1.4	•	3.0	1.0
Total Asset Turnover **28**	0.3	•	8.1	3.6	3.8	5.1	1.5	1.6	0.9	0.7	0.9	0.9	0.1
Inventory Turnover **29**	2.6	•	•	•	•	•	•	•	6.6	5.5	•	2.7	1.5
Receivables Turnover **30**	1.9	•	•	•	•	•	•	•	5.0	4.7	4.1	5.4	1.0
Total Liabilities to Net Worth **31**	1.3	•	•	•	7.8	•	31.6	1.8	7.0	3.4	1.9	2.2	1.2
Selected Financial Factors (in Percentages)													
Debt Ratio **32**	56.0	•	•	•	88.6	99.5	96.9	63.8	87.5	77.5	65.5	69.1	53.3
Return on Assets **33**	2.9	•	18.4	16.3	1.5	•	1.2	3.2	•	3.9	•	6.2	2.9
Return on Equity **34**	•	•	•	•	•	•	•	1.7	•	•	•	7.1	•
Return Before Interest on Equity **35**	6.5	•	•	•	12.9	•	•	8.8	•	17.1	•	20.0	6.2
Profit Margin, Before Income Tax **36**	•	•	1.5	3.5	•	•	•	0.7	•	1.6	•	4.8	•
Profit Margin, After Income Tax **37**	•	•	1.5	3.4	•	•	•	0.4	•	•	•	2.5	•

Trends in Selected Ratios and Factors, 1990-1999

	1990	1991	1992	1993	1994	1995	1996	1997	1998	1999
Cost of Labor (%) **38**	47.5	54.9	52.8	52.6	45.9	54.0	48.0	54.4	51.5	52.6
Operating Margin (%) **39**	•	•	•	•	•	•	•	•	•	•
Oper. Margin Before Officers Comp. (%) **40**	4.0	•	•	•	•	•	•	•	•	•
Average Net Receivables ($) **41**	936	808	1428	531	410	658	536	721	604	1000
Average Inventories ($) **42**	258	304	374	350	287	247	246	376	281	334
Average Net Worth ($) **43**	499	722	1177	1028	961	1476	1122	2052	1523	2664
Current Ratio (×1) **44**	2.7	2.2	1.2	1.3	1.6	1.6	1.6	1.5	1.6	1.6
Quick Ratio (×1) **45**	1.9	1.5	0.8	0.6	0.9	1.0	1.0	0.9	1.0	1.2
Coverage Ratio (×1) **46**	1.6	1.0	1.2	1.8	0.8	0.3	0.6	1.2	1.0	1.0
Asset Turnover (×1) **47**	0.6	0.6	0.3	0.6	0.5	0.4	0.5	0.4	0.4	0.3
Total Liabilities/Net Worth (×1) **48**	3.7	2.6	3.6	2.2	1.9	1.5	1.6	1.7	1.8	1.3
Return on Assets (×1) **49**	3.0	7.6	5.8	10.8	2.7	1.0	1.7	3.2	4.1	2.9
Return on Equity (%) **50**	2.3	•	2.1	8.3	•	•	•	0.6	•	•

MOTION PICTURE PRODUCTION, DISTRIBUTION, AND SERVICES

MONEY AMOUNTS AND SIZE OF ASSETS IN THOUSANDS OF DOLLARS

Item Description for Accounting Period 7/95 Through 6/96		Total	Zero Assets	Under 100	100 to 250	251 to 500	501 to 1,000	1,001 to 5,000	5,001 to 10,000	10,001 to 25,000	25,001 to 50,000	50,001 to 100,000	100,001 to 250,000	250,001 and over
Number of Enterprises	1	10174	198	7148	1272	731	301	364	81	45	•	5	5	•
Revenues ($ in Thousands)														
Net Sales	2	13701512	32931	1486283	794451	1304560	1002003	1986725	1166989	1175695	•	375555	713378	•
Portfolio Income	3	378731	•	19571	1408	5257	4051	10840	1335	19907	•	2816	7946	•
Other Revenues	4	445470	•	49425	2022	649	14759	105895	13046	52283	•	8390	2942	•
Total Revenues	5	14525713	32931	1555279	797881	1310466	1020813	2103460	1181370	1247885	•	386761	724266	•
Average Total Revenues	6	1428	166	218	627	1793	3391	5779	14585	27731	•	77352	144853	•
Operating Costs/Operating Income (%)														
Cost of Operations	7	49.4	•	26.9	42.5	33.1	82.5	44.6	42.1	63.9	•	49.7	37.5	•
Rent	8	7.3	•	6.9	11.8	8.9	2.3	9.8	8.5	7.0	•	8.0	6.6	•
Taxes Paid	9	1.9	0.8	1.9	1.8	2.4	0.7	1.8	0.8	3.1	•	1.8	2.4	•
Interest Paid	10	3.2	•	1.1	0.9	0.4	0.2	0.6	1.3	1.0	•	1.3	1.9	•
Depreciation, Depletion, Amortization	11	5.8	7.7	2.1	3.8	2.6	1.1	2.2	10.1	5.4	•	16.8	13.5	•
Pensions and Other Benefits	12	1.4	11.8	1.7	1.2	0.8	0.7	0.6	4.3	0.8	•	1.1	0.5	•
Other	13	15.8	44.6	25.1	19.9	21.8	5.0	14.9	13.2	13.6	•	16.4	23.0	•
Officers Compensation	14	13.5	•	32.0	9.5	28.7	7.4	27.4	15.1	4.8	•	2.1	1.4	•
Operating Margin	15	2.0	35.2	2.4	8.7	1.4	0.3	•	4.8	0.5	•	2.8	13.2	•
Oper. Margin Before Officers Compensation	16	15.5	35.2	34.4	18.2	30.1	7.7	25.6	19.9	5.3	•	4.9	14.6	•
Selected Average Balance Sheet ($ in Thousands)														
Net Receivables	17	193	•	0	20	84	112	528	1332	3599	•	9499	42254	•
Inventories	18	47	•	0	0	11	46	42	71	1925	•	1838	32131	•
Net Property, Plant and Equipment	19	156	•	7	57	146	107	525	1838	2398	•	24053	8992	•
Total Assets	20	992	•	29	164	338	595	2163	6409	17777	•	61399	138029	•

Notes and Loans Payable 21	314	•	15	82	136	174	450	2004	4509	•	9529	32892	•
All Other Liabilities 22	247	•	3	24	132	193	984	1731	4860	•	19285	54624	•
Net Worth 23	430	•	11	58	70	228	728	2674	8408	•	32585	50514	•

Selected Financial Ratios (Times to 1)

Current Ratio 24	2.0	•	3.3	1.4	1.3	3.0	1.2	1.7	1.8	•	1.7	2.5	•
Quick Ratio 25	1.5	•	3.0	1.3	1.2	1.9	1.0	1.1	1.0	•	1.4	1.4	•
Net Sales to Working Capital 26	5.6	•	20.9	34.5	41.8	10.5	28.9	9.8	6.2	•	7.4	2.2	•
Coverage Ratio 27	3.5	•	7.7	11.0	5.7	•	8.0	5.7	8.0	•	5.5	8.9	•
Total Asset Turnover 28	1.4	•	7.1	3.8	5.3	5.6	2.5	2.3	1.5	•	1.2	1.0	•
Inventory Turnover 29	5.0	•	•	•	•	•	•	•	9.1	•	•	3.3	•
Receivables Turnover 30	2.5	•	•	•	•	•	•	•	8.2	•	3.8	6.8	•
Total Liabilities to Net Worth 31	1.3	•	1.6	1.8	3.8	1.6	2.0	1.4	1.1	•	0.9	1.7	•

Selected Financial Factors (in Percentages)

Debt Ratio 32	56.6	•	62.0	64.6	79.3	61.7	66.3	58.3	52.7	•	46.9	63.4	•
Return on Assets 33	15.1	•	•	38.1	11.8	12.9	11.7	16.3	11.3	•	8.6	17.1	•
Return on Equity 34	21.0	•	•	•	•	30.4	29.7	30.1	18.9	•	10.5	30.1	•
Return Before Interest on Equity 35	34.8	•	•	•	•	33.6	34.7	•	23.8	•	16.2	•	•
Profit Margin, Before Income Tax 36	8.0	•	7.1	9.1	1.9	2.2	4.1	6.0	6.7	•	5.7	14.7	•
Profit Margin, After Income Tax 37	6.7	•	6.9	8.9	1.8	2.1	4.0	5.6	6.1	•	4.6	10.7	•

Trends in Selected Ratios and Factors, 1990-1999

	1990	1991	1992	1993	1994	1995	1996	1997	1998	1999
Cost of Operations (%) 38	48.1	48.3	57.4	53.2	50.7	57.5	49.9	55.0	49.5	49.4
Operating Margin (%) 39	•	•	•	•	•	•	•	•	•	2.0
Oper. Margin Before Officers Comp. (%) 40	7.3	•	•	•	1.2	•	7.8	1.4	3.5	15.5
Average Net Receivables ($) 41	1785	429	2003	798	315	383	258	1332	918	193
Average Inventories ($) 42	464	315	408	483	257	197	155	398	223	47
Average Net Worth ($) 43	959	848	1678	1928	1758	2576	873	2873	1624	430
Current Ratio (×1) 44	3.0	1.8	1.1	1.3	1.8	1.5	1.4	1.4	1.5	2.0
Quick Ratio (×1) 45	2.2	0.9	0.8	0.6	1.1	1.0	0.9	0.9	1.1	1.5
Coverage Ratio (×1) 46	2.7	1.4	1.6	2.5	2.0	1.7	3.1	3.2	3.4	3.5
Asset Turnover (×1) 47	0.6	0.8	0.3	0.6	0.4	0.4	0.7	0.5	0.5	1.4
Operating Leverage 48	0.9	2.9	1.2	0.8	0.6	0.8	0.2	1.9	0.8	•
Financial Leverage 49	1.0	0.5	1.3	1.6	1.0	0.8	1.7	1.1	0.9	1.1
Total Leverage 50	0.9	1.3	1.4	1.2	0.6	0.6	0.4	2.0	0.7	•

MOTION PICTURE THEATERS

MONEY AMOUNTS AND SIZE OF ASSETS IN THOUSANDS OF DOLLARS

Item Description for Accounting Period 7/95 Through 6/96		Total	Zero Assets	Under 100	100 to 250	251 to 500	501 to 1,000	1,001 to 5,000	5,001 to 10,000	10,001 to 25,000	25,001 to 50,000	50,001 to 100,000	100,001 to 250,000	250,001 and over
Number of Enterprises	1	2745	•	1481	803	288	•	131	•	18	13	•	3	9
Revenues ($ in Thousands)														
Net Sales	2	6130969	•	234973	326473	135447	•	188890	•	238912	435344	•	311206	4259725
Portfolio Income	3	97624	•	271	5	20	•	9079	•	1282	1322	•	1505	84138
Other Revenues	4	122399	•	11251	1135	2059	•	280	•	11882	2567	•	4044	89182
Total Revenues	5	6350992	•	246495	327613	137526	•	198249	•	252076	439233	•	316755	4433045
Average Total Revenues	6	2314	•	166	408	478	•	1513	•	14004	33787	•	105585	492561
Operating Costs/Operating Income (%)														
Cost of Operations	7	36.4	•	31.9	32.1	41.3	•	24.8	•	44.8	37.9	•	55.9	35.3
Rent	8	10.9	•	10.1	15.6	16.5	•	13.7	•	2.9	6.6	•	2.8	11.8
Taxes Paid	9	3.8	•	8.6	5.1	5.4	•	5.9	•	4.9	4.0	•	4.2	3.2
Interest Paid	10	5.1	•	0.5	0.4	5.6	•	3.6	•	1.5	4.1	•	5.4	6.1
Depreciation, Depletion, Amortization	11	6.1	•	1.9	2.2	8.8	•	7.4	•	4.7	7.1	•	7.3	6.4
Pensions and Other Benefits	12	0.6	•	0.3	•	0.2	•	0.2	•	0.6	0.5	•	0.3	0.8
Other	13	37.2	•	45.8	43.8	33.5	•	37.2	•	33.0	38.1	•	21.4	37.7
Officers Compensation	14	0.9	•	8.2	0.7	0.6	•	1.3	•	3.6	0.7	•	0.6	0.4
Operating Margin	15	•	•	•	0.2	•	•	6.1	•	4.0	1.1	•	2.2	•
Oper. Margin Before Officers Compensation	16	•	•	1.1	0.9	•	•	7.4	•	7.6	1.8	•	2.8	•
Selected Average Balance Sheet ($ in Thousands)														
Net Receivables	17	87	•	•	3	2	•	3	•	673	546	•	2108	23210
Inventories	18	10	•	0	1	3	•	11	•	32	140	•	483	2315
Net Property, Plant and Equipment	19	1433	•	32	121	297	•	1222	•	8862	25258	•	93607	308418
Total Assets	20	2498	•	42	177	378	•	1862	•	16620	34918	•	158938	563343

Notes and Loans Payable 21	1147	•	30	76	170	•	1291	•	5250	18621	•	92592	245718
All Other Liabilities 22	567	•	8	28	73	•	7	•	1854	4772	•	32078	145247
Net Worth 23	785	•	5	73	134	•	564	•	9516	11525	•	34268	172378

Selected Financial Ratios (Times to 1)

Current Ratio 24	0.8	•	1.0	1.4	0.4	•	2.1	•	0.9	1.0	•	1.0	0.7
Quick Ratio 25	0.4	•	0.9	0.7	0.2	•	1.9	•	0.8	0.3	•	0.8	0.4
Net Sales to Working Capital 26	•	•	•	30.8	•	•	15.2	•	•	•	•	•	•
Coverage Ratio 27	1.5	•	•	2.4	•	•	3.8	•	7.3	1.5	•	1.7	1.4
Total Asset Turnover 28	0.9	•	3.7	2.3	1.3	•	0.8	•	0.8	1.0	•	0.7	0.9
Inventory Turnover 29	•	•	•	•	•	•	•	•	•	•	•	•	•
Receivables Turnover 30	•	•	•	•	•	•	•	•	•	•	•	•	•
Total Liabilities to Net Worth 31	2.2	•	7.3	1.4	1.8	•	2.3	•	0.8	2.0	•	3.6	2.3

Selected Financial Factors (in Percentages)

Debt Ratio 32	68.6	•	88.0	59.0	64.6	•	69.7	•	42.8	67.0	•	78.4	69.4
Return on Assets 33	6.8	•	•	2.1	•	•	10.7	•	8.6	5.8	•	6.1	7.2
Return on Equity 34	3.9	•	•	3.0	•	•	21.4	•	10.9	2.5	•	6.2	3.7
Return Before Interest on Equity 35	21.6	•	•	5.1	•	•	•	•	15.0	17.7	•	28.3	23.5
Profit Margin, Before Income Tax 36	2.5	•	•	0.5	•	•	10.2	•	9.3	2.0	•	3.9	2.5
Profit Margin, After Income Tax 37	1.4	•	•	0.5	•	•	8.4	•	7.8	0.9	•	2.1	1.3

Trends in Selected Ratios and Factors, 1990-1999

	1990	1991	1992	1993	1994	1995	1996	1997	1998	1999
Cost of Labor (%) 38	31.8	30.3	25.3	26.8	23.0	24.8	31.4	29.0	35.0	36.4
Operating Margin (%) 39	•	•	•	•	•	•	•	•	•	•
Oper. Margin Before Officers Comp. (%) 40	•	•	•	•	•	•	•	•	•	•
Average Net Receivables ($) 41	36	44	125	302	215	55	165	366	91	87
Average Inventories ($) 42	8	7	9	155	15	13	11	9	11	10
Average Net Worth ($) 43	518	691	814	1689	1307	1813	886	806	952	785
Current Ratio (×1) 44	0.6	0.6	1.0	1.0	0.8	0.4	0.7	0.7	0.9	0.8
Quick Ratio (×1) 45	0.4	0.4	0.6	0.6	0.6	0.2	0.5	0.6	0.5	0.4
Coverage Ratio (×1) 46	1.6	1.0	1.1	0.7	0.8	0.9	1.2	1.7	1.7	1.5
Asset Turnover (×1) 47	0.7	0.8	0.6	0.5	0.5	0.5	0.7	0.6	0.9	0.9
Total Liabilities/Net Worth (×1) 48	1.8	1.9	2.1	2.2	2.2	1.6	2.4	2.3	2.2	2.2
Return on Assets (×1) 49	7.5	5.6	5.6	4.1	4.8	5.0	6.2	7.2	7.7	6.8
Return on Equity (%) 50	4.4	•	•	•	•	•	1.7	6.8	6.4	3.9

Table II

Corporations with Net Income

MOTION PICTURE THEATERS

MONEY AMOUNTS AND SIZE OF ASSETS IN THOUSANDS OF DOLLARS

Item Description for Accounting Period 7/95 Through 6/96		Total	Zero Assets	Under 100	100 to 250	251 to 500	501 to 1,000	1,001 to 5,000	5,001 to 10,000	10,001 to 25,000	25,001 to 50,000	50,001 to 100,000	100,001 to 250,000	250,001 and over
Number of Enterprises	1	789	•	297	292	62	•	106	•	15	•	•	•	•
Revenues ($ in Thousands)														
Net Sales	2	4888515	•	114816	284439	47172	•	170698	•	181298	•	•	•	•
Portfolio Income	3	90544	•	•	•	•	•	7480	•	646	•	•	•	•
Other Revenues	4	104969	•	4149	1135	•	•	280	•	9454	•	•	•	•
Total Revenues	5	5084028	•	118965	285574	47172	•	178458	•	191398	•	•	•	•
Average Total Revenues	6	6444	•	401	978	761	•	1684	•	12760	•	•	•	•
Operating Costs/Operating Income (%)														
Cost of Operations	7	39.9	•	23.1	30.5	39.2	•	26.4	•	52.8	•	•	•	•
Rent	8	10.7	•	8.7	15.0	13.7	•	12.8	•	3.3	•	•	•	•
Taxes Paid	9	3.5	•	8.8	4.9	1.6	•	6.1	•	5.4	•	•	•	•
Interest Paid	10	4.7	•	•	0.2	11.0	•	3.9	•	0.3	•	•	•	•
Depreciation, Depletion, Amortization	11	5.3	•	•	1.4	5.6	•	7.3	•	4.4	•	•	•	•
Pensions and Other Benefits	12	0.7	•	0.4	•	•	•	0.3	•	0.5	•	•	•	•
Other	13	33.0	•	36.1	42.2	27.2	•	32.2	•	21.7	•	•	•	•
Officers Compensation	14	0.9	•	12.3	0.8	•	•	1.4	•	3.8	•	•	•	•
Operating Margin	15	1.3	•	10.6	5.0	1.7	•	9.6	•	7.8	•	•	•	•
Oper. Margin Before Officers Compensation	16	2.3	•	22.9	5.9	1.7	•	11.0	•	11.6	•	•	•	•
Selected Average Balance Sheet ($ in Thousands)														
Net Receivables	17	247	•	•	•	•	•	3	•	642	•	•	•	•
Inventories	18	23	•	0	2	3	•	12	•	18	•	•	•	•
Net Property, Plant and Equipment	19	3961	•	•	79	291	•	1459	•	7207	•	•	•	•
Total Assets	20	6848	•	19	147	383	•	1755	•	16184	•	•	•	•

Notes and Loans Payable 21	2773	•	2	•	176	•	990	•	3866	•	•	•	•
All Other Liabilities 22	1603	•	1	36	89	•	-4	•	1604	•	•	•	•
Net Worth 23	2471	•	15	111	119	•	769	•	10714	•	•	•	•

Selected Financial Ratios (Times to 1)

Current Ratio 24	0.8	•	13.4	2.1	0.2	•	2.4	•	1.0	•	•	•	•
Quick Ratio 25	0.4	•	13.0	0.8	0.2	•	2.2	•	0.9	•	•	•	•
Net Sales to Working Capital 26	•	•	22.9	24.0	•	•	12.4	•	•	•	•	•	•
Coverage Ratio 27	2.2	•	•	•	1.2	•	4.7	•	•	•	•	•	•
Total Asset Turnover 28	0.9	•	•	6.6	2.0	•	0.9	•	0.8	•	•	•	•
Inventory Turnover 29	•	•	•	•	•	•	•	•	•	•	•	•	•
Receivables Turnover 30	•	•	•	•	•	•	•	•	•	•	•	•	•
Total Liabilities to Net Worth 31	1.8	•	0.2	0.3	2.2	•	1.3	•	0.5	•	•	•	•

Selected Financial Factors (in Percentages)

Debt Ratio 32	63.9	•	18.1	24.5	69.0	•	56.2	•	33.8	•	•	•	•
Return on Assets 33	9.1	•	•	36.9	25.1	•	16.5	•	10.0	•	•	•	•
Return on Equity 34	9.9	•	•	•	9.4	•	25.4	•	12.6	•	•	•	•
Return Before Interest on Equity 35	25.1	•	•	•	•	•	•	•	15.1	•	•	•	•
Profit Margin, Before Income Tax 36	5.4	•	14.2	5.4	1.7	•	14.2	•	13.1	•	•	•	•
Profit Margin, After Income Tax 37	4.0	•	14.0	5.4	1.5	•	12.2	•	11.2	•	•	•	•

Trends in Selected Ratios and Factors, 1990-1999

	1990	1991	1992	1993	1994	1995	1996	1997	1998	1999
Cost of Operations (%) 38	39.8	31.4	29.1	42.3	30.4	17.3	38.4	31.3	39.0	39.9
Operating Margin (%) 39	•	•	•	•	•	•	•	•	0.4	1.3
Oper. Margin Before Officers Comp. (%) 40	•	1.4	•	•	•	•	•	0.2	1.3	2.3
Average Net Receivables ($) 41	33	27	141	440	276	76	96	970	162	247
Average Inventories ($) 42	9	6	12	7	5	20	25	16	16	23
Average Net Worth ($) 43	497	1071	2065	1927	1553	3789	2747	1995	1721	2471
Current Ratio (×1) 44	0.7	0.9	1.1	2.2	3.0	0.4	0.6	0.7	0.9	0.8
Quick Ratio (×1) 45	0.6	0.5	0.5	1.8	2.5	0.2	0.4	0.6	0.5	0.4
Coverage Ratio (×1) 46	4.8	2.6	2.4	4.2	3.1	1.4	1.8	2.1	2.2	2.2
Asset Turnover (×1) 47	0.9	0.6	0.6	0.6	0.4	0.4	0.7	0.5	0.9	0.9
Operating Leverage 48	3.3	0.1	15.5	0.6	2.4	0.7	0.4	0.2	•	3.7
Financial Leverage 49	1.3	0.8	0.9	1.4	0.9	0.5	1.5	1.2	1.0	1.0
Total Leverage 50	4.1	0.0	14.5	0.8	2.2	0.3	0.6	0.2	•	3.6

Table I

Corporations with and without Net Income

AMUSEMENT AND RECREATION SERVICES, EXCEPT MOTION PICTURES

MONEY AMOUNTS AND SIZE OF ASSETS IN THOUSANDS OF DOLLARS

Item Description for Accounting Period 7/95 Through 6/96	Total	Zero Assets	Under 100	100 to 250	251 to 500	501 to 1,000	1,001 to 5,000	5,001 to 10,000	10,001 to 25,000	25,001 to 50,000	50,001 to 100,000	100,001 to 250,000	250,001 and over
Number of Enterprises **1**	93655	6924	59210	11187	7480	4165	3773	425	284	84	53	49	22
Revenues ($ in Thousands)													
Net Sales **2**	70636023	797168	8002836	3736893	4067116	3468434	9041068	6247916	2451559	2940065	3117466	5218382	21547119
Portfolio Income **3**	2181882	126286	57811	28503	24527	23493	93036	24336	31199	50281	49912	142572	1529927
Other Revenues **4**	6155604	-6349	307832	84031	195244	204657	548033	161926	257943	156412	324458	344971	3576445
Total Revenues **5**	78973509	917105	8368479	3849427	4286887	3696584	9682137	6434178	2740701	3146758	3491836	5705925	26653491
Average Total Revenues **6**	843	132	141	344	573	888	2566	15139	9650	37461	65884	116447	1211522
Operating Costs/Operating Income (%)													
Cost of Operations **7**	27.2	16.3	17.8	24.7	26.7	27.0	27.3	67.4	33.3	36.4	24.6	26.6	18.6
Rent **8**	18.3	20.7	18.0	16.1	16.0	18.5	19.3	9.3	19.5	23.3	29.0	22.1	17.9
Taxes Paid **9**	4.8	4.2	4.2	4.2	5.2	5.1	5.1	2.8	5.8	5.5	10.2	6.2	4.2
Interest Paid **10**	4.5	2.5	1.2	1.4	1.9	3.6	3.9	1.8	5.8	3.2	4.2	5.8	7.8
Depreciation, Depletion, Amortization **11**	8.8	11.2	3.1	7.0	7.3	10.0	8.3	3.4	9.0	4.7	6.3	6.8	14.4
Pensions and Other Benefits **12**	1.4	0.4	1.2	1.1	0.9	1.0	1.0	0.7	1.8	1.5	2.6	2.5	1.7
Other **13**	40.0	55.2	49.7	37.2	34.1	35.8	35.2	16.7	37.0	26.8	33.9	32.8	51.6
Officers Compensation **14**	4.5	3.7	10.2	9.8	9.7	6.5	7.6	1.5	3.8	2.2	3.6	2.2	0.7
Operating Margin **15**	•	•	•	•	•	•	•	•	•	•	•	•	•
Oper. Margin Before Officers Compensation **16**	•	•	4.9	8.3	8.0	•	•	•	•	•	•	•	•
Selected Average Balance Sheet ($ in Thousands)													
Net Receivables **17**	57	•	1	5	20	27	165	542	1278	3292	6728	8856	123922
Inventories **18**	26	•	2	7	12	26	51	403	325	1617	804	2755	57329
Net Property, Plant and Equipment **19**	392	•	14	73	196	437	1486	4241	8284	15781	32069	71731	703243
Total Assets **20**	851	•	28	160	351	714	2330	7120	14760	34885	69200	147372	1857117

Notes and Loans Payable 21	400	•	42	116	274	421	1477	4161	8064	14853	34768	65193	634930
All Other Liabilities 22	187	•	6	41	42	120	449	1874	3555	9033	22057	33566	403036
Net Worth 23	264	•	-19	2	35	173	404	1085	3140	11000	12375	48613	819152

Selected Financial Ratios (Times to 1)

Current Ratio 24	1.2	•	1.7	1.2	2.1	0.8	0.8	1.1	1.0	1.2	0.9	1.3	1.4
Quick Ratio 25	0.7	•	1.2	0.9	1.4	0.6	0.6	0.7	0.7	0.8	0.6	0.8	0.7
Net Sales to Working Capital 26	20.6	•	27.6	43.3	8.9	•	•	•	•	23.9	•	12.4	7.7
Coverage Ratio 27	1.6	1.4	0.4	2.1	2.9	0.8	0.9	0.6	0.3	2.1	0.4	1.8	1.9
Total Asset Turnover 28	0.9	•	4.9	2.1	1.6	1.2	1.0	2.1	0.6	1.0	0.9	0.7	0.5
Inventory Turnover 29	8.1	•	•	•	•	9.1	8.9	•	9.0	8.0	•	•	3.4
Receivables Turnover 30	•	•	•	•	•	•	•	•	•	9.4	8.5	•	7.4
Total Liabilities to Net Worth 31	2.2	•	•	•	8.9	3.1	4.8	5.6	3.7	2.2	4.6	2.0	1.3

Selected Financial Factors (in Percentages)

Debt Ratio 32	69.0	•	•	98.6	89.9	75.8	82.7	84.8	78.7	68.5	82.1	67.0	55.9
Return on Assets 33	6.2	•	2.3	6.1	8.7	3.3	3.4	2.3	1.0	6.7	1.6	7.4	8.0
Return on Equity 34	3.9	•	6.5	•	•	•	•	•	•	9.2	•	5.8	5.7
Return Before Interest on Equity 35	20.0	•	•	•	•	13.7	19.6	14.9	4.6	21.3	8.8	22.3	18.1
Profit Margin, Before Income Tax 36	2.5	1.0	•	1.5	3.7	•	•	•	•	3.6	•	4.4	7.3
Profit Margin, After Income Tax 37	1.4	0.6	•	1.3	3.4	•	•	•	•	2.9	•	2.6	4.8

Trends in Selected Ratios and Factors, 1990-1999

	1990	1991	1992	1993	1994	1995	1996	1997	1998	1999
Cost of Labor (%) 38	35.1	33.1	31.0	29.6	29.8	34.4	33.4	34.4	26.6	27.2
Operating Margin (%) 39	•	•	•	•	•	•	•	•	•	•
Oper. Margin Before Officers Comp. (%) 40	•	•	•	•	•	•	•	•	•	•
Average Net Receivables ($) 41	33	45	51	70	60	52	51	59	60	57
Average Inventories ($) 42	23	20	16	19	21	19	21	32	26	26
Average Net Worth ($) 43	99	156	153	171	175	179	225	312	279	264
Current Ratio (×1) 44	1.0	1.1	1.0	1.0	1.0	1.0	1.1	1.0	1.1	1.2
Quick Ratio (×1) 45	0.6	0.6	0.6	0.7	0.6	0.6	0.6	0.6	0.6	0.7
Coverage Ratio (×1) 46	1.2	1.1	1.3	1.4	1.3	1.1	1.7	1.8	1.6	1.6
Asset Turnover (×1) 47	1.0	0.8	0.8	0.8	0.8	0.9	0.9	0.9	0.8	0.9
Total Liabilities/Net Worth (×1) 48	3.6	2.9	3.1	3.3	3.4	3.2	2.3	1.9	2.0	2.2
Return on Assets (×1) 49	5.1	4.9	5.6	6.5	5.7	4.7	6.0	5.6	5.9	6.2
Return on Equity (%) 50	•	•	1.1	3.8	1.4	•	5.0	4.8	3.9	3.9

AMUSEMENT AND RECREATION SERVICES, EXCEPT MOTION PICTURES

MONEY AMOUNTS AND SIZE OF ASSETS IN THOUSANDS OF DOLLARS

Item Description for Accounting Period 7/95 Through 6/96		Total	Zero Assets	Under 100	100 to 250	251 to 500	501 to 1,000	1,001 to 5,000	5,001 to 10,000	10,001 to 25,000	25,001 to 50,000	50,001 to 100,000	100,001 to 250,000	250,001 and over
Number of Enterprises	1	44239	3897	25501	5797	4435	2318	1845	193	130	55	29	28	12
Revenues ($ in Thousands)														
Net Sales	2	52784412	546686	5292477	2491351	3126954	2482683	6355182	5213087	1256003	2303310	1906918	3494558	18315204
Portfolio Income	3	1586813	122774	41390	24884	23902	8766	37696	14822	13230	43232	39079	78624	1138415
Other Revenues	4	4630567	-13039	285307	58695	150479	174470	341527	93628	225084	113637	195991	210698	2794090
Total Revenues	5	59001792	656421	5619174	2574930	3301335	2665919	6734405	5321537	1494317	2460179	2141988	3783880	22247709
Average Total Revenues	6	1334	168	220	444	744	1150	3650	27573	11495	44731	73862	135139	1853976
Operating Costs/Operating Income (%)														
Cost of Operations	7	28.4	10.9	14.9	25.4	26.4	20.9	30.5	74.0	30.4	34.8	24.2	31.3	19.8
Rent	8	16.2	18.8	18.9	14.3	15.8	19.0	16.0	6.9	15.8	22.5	29.1	17.5	15.5
Taxes Paid	9	4.0	4.2	4.0	3.9	5.1	5.1	4.3	2.2	6.7	6.3	6.5	4.9	3.1
Interest Paid	10	3.4	1.6	0.6	1.0	1.3	2.7	2.3	0.8	3.7	2.5	3.7	4.3	6.1
Depreciation, Depletion, Amortization	11	8.4	2.5	1.8	5.4	6.0	8.6	6.7	2.0	8.2	4.1	4.8	5.9	15.0
Pensions and Other Benefits	12	1.3	0.3	1.4	1.2	0.9	1.3	1.2	0.5	1.9	1.6	2.1	2.2	1.5
Other	13	36.8	48.5	45.2	32.2	30.0	35.5	27.8	11.4	34.8	23.3	25.5	28.4	51.1
Officers Compensation	14	4.5	4.0	10.4	10.4	8.3	7.2	9.5	1.2	3.4	2.3	5.2	2.7	0.7
Operating Margin	15	•	9.3	2.9	6.3	6.2	•	1.9	1.1	•	2.9	•	2.8	•
Oper. Margin Before Officers Compensation	16	1.6	13.3	13.2	16.7	14.5	7.0	11.5	2.3	•	5.2	4.2	5.5	•
Selected Average Balance Sheet ($ in Thousands)														
Net Receivables	17	77	•	1	3	19	26	199	839	1339	2725	7911	9479	153989
Inventories	18	43	•	2	10	10	27	60	795	315	1850	697	3143	100129
Net Property, Plant and Equipment	19	489	•	12	63	185	399	1350	3639	7931	17433	26852	71322	937538
Total Assets	20	1137	•	32	163	366	697	2376	6705	15026	36460	67654	149654	2457998

Notes and Loans Payable 21	401	•	17	77	139	329	1001	2690	5268	12983	26358	46149	805193
All Other Liabilities 22	243	•	7	36	35	108	468	2021	2728	6992	15705	39127	534144
Net Worth 23	493	•	8	50	193	260	907	1994	7030	16485	25591	64378	1118661

Selected Financial Ratios (Times to 1)

Current Ratio 24	1.5	•	1.7	2.0	2.4	1.1	1.1	1.4	1.2	1.3	1.4	1.3	1.6
Quick Ratio 25	0.9	•	1.3	1.6	1.8	0.8	0.9	0.9	0.8	0.9	1.0	0.8	0.8
Net Sales to Working Capital 26	12.1	•	29.1	13.6	8.8	•	40.8	33.9	19.8	15.8	10.6	13.3	6.9
Coverage Ratio 27	3.7	•	•	11.2	9.8	3.7	4.5	4.8	4.8	5.0	4.1	3.6	2.5
Total Asset Turnover 28	1.1	•	6.4	2.6	1.9	1.5	1.5	4.0	0.7	1.2	1.0	0.8	0.6
Inventory Turnover 29	8.1	•	•	9.0	•	8.9	•	•	•	7.4	•	•	3.2
Receivables Turnover 30	•	•	•	•	•	•	•	•	9.7	•	8.9	•	9.8
Total Liabilities to Net Worth 31	1.3	•	3.1	2.3	0.9	1.7	1.6	2.4	1.1	1.2	1.7	1.3	1.2

Selected Financial Factors (in Percentages)

Debt Ratio 32	56.7	•	75.5	69.3	47.4	62.7	61.8	70.3	53.2	54.8	62.2	57.0	54.5
Return on Assets 33	13.1	•	•	28.0	25.2	15.2	14.7	15.8	11.4	13.9	14.4	12.8	9.5
Return on Equity 34	18.4	•	•	•	•	27.6	28.0	•	16.8	22.4	24.6	16.5	8.7
Return Before Interest on Equity 35	30.2	•	•	•	•	•	•	•	24.5	30.7	•	29.8	21.0
Profit Margin, Before Income Tax 36	9.1	29.4	9.0	9.7	11.8	7.2	7.9	3.1	14.1	9.7	11.2	11.1	9.3
Profit Margin, After Income Tax 37	7.6	28.8	8.7	9.3	11.5	6.7	7.4	3.0	12.2	8.8	9.6	8.5	6.4

Trends in Selected Ratios and Factors, 1990-1999

	1990	1991	1992	1993	1994	1995	1996	1997	1998	1999
Cost of Operations (%) 38	28.4	32.8	27.3	29.2	28.5	25.7	34.6	35.6	26.8	28.4
Operating Margin (%) 39	•	•	1.0	2.1	•	•	0.6	•	•	•
Oper. Margin Before Officers Comp. (%) 40	5.3	1.6	7.0	6.8	3.7	5.0	4.8	4.3	1.7	1.6
Average Net Receivables ($) 41	49	81	55	65	56	58	57	66	80	77
Average Inventories ($) 42	44	39	25	26	28	28	33	55	44	43
Average Net Worth ($) 43	228	398	286	290	301	305	376	466	519	493
Current Ratio (×1) 44	1.2	1.3	1.2	1.1	1.2	1.3	1.4	1.2	1.3	1.5
Quick Ratio (×1) 45	0.7	0.7	0.8	0.8	0.8	0.8	0.8	0.6	0.7	0.9
Coverage Ratio (×1) 46	4.2	3.2	4.8	5.1	3.9	4.0	4.8	4.4	3.6	3.7
Asset Turnover (×1) 47	1.1	0.9	1.0	1.1	1.0	1.0	1.2	1.0	1.0	1.1
Operating Leverage 48	0.6	4.5	•	2.2	•	0.2	•	•	12.8	0.9
Financial Leverage 49	1.0	1.0	1.1	1.0	1.0	1.0	1.1	1.0	0.9	1.0
Total Leverage 50	0.6	4.3	•	2.2	•	0.2	•	•	11.5	0.9

Table I

Corporations with and without Net Income

OFFICES OF PHYSICIANS, INCLUDING OSTEOPATHIC PHYSICIANS

MONEY AMOUNTS AND SIZE OF ASSETS IN THOUSANDS OF DOLLARS

Item Description for Accounting Period 7/95 Through 6/96	Total	Zero Assets	Under 100	100 to 250	251 to 500	501 to 1,000	1,001 to 5,000	5,001 to 10,000	10,001 to 25,000	25,001 to 50,000	50,001 to 100,000	100,001 to 250,000	250,001 and over
Number of Enterprises **1**	125405	6429	88152	21110	6240	2138	1190	90	34	11	7	4	•
Revenues ($ in Thousands)													
Net Sales **2**	114439800	2125702	49678776	22905690	13528590	6770368	10615488	2871644	995959	1154120	1091180	2702282	•
Portfolio Income **3**	694904	112648	152080	173504	53148	41026	58048	62916	8518	4761	8835	19419	•
Other Revenues **4**	3650722	61701	1492470	1369524	143374	57032	315452	89858	19886	21945	43267	36215	•
Total Revenues **5**	118785426	2300051	51323326	24448718	13725112	6868426	10988988	3024418	1024363	1180826	1143282	2757916	•
Average Total Revenues **6**	947	358	582	1158	2200	3213	9234	33605	30128	107348	163326	689479	•
Operating Costs/Operating Income (%)													
Cost of Operations **7**	3.2	2.8	1.0	2.4	4.5	7.9	10.5	6.3	2.9	1.4	7.5	0.2	•
Rent **8**	24.1	22.9	19.7	20.4	24.3	24.5	36.0	43.0	50.8	42.7	22.9	52.1	•
Taxes Paid **9**	3.3	3.1	3.3	3.4	3.5	3.0	3.1	3.1	3.9	3.3	6.1	3.5	•
Interest Paid **10**	0.4	0.2	0.2	0.5	0.5	0.6	0.8	0.6	2.0	1.1	0.8	•	•
Depreciation, Depletion, Amortization **11**	1.3	0.9	1.0	1.5	1.6	1.5	1.8	1.9	2.9	1.6	1.3	0.2	•
Pensions and Other Benefits **12**	5.3	4.4	5.8	4.3	5.0	5.6	4.3	5.6	4.6	5.2	3.6	10.4	•
Other **13**	29.2	40.3	27.3	28.3	27.7	27.1	29.9	42.0	36.1	44.0	59.1	37.2	•
Officers Compensation **14**	35.5	32.2	43.1	44.1	31.5	29.6	18.1	6.3	2.2	2.7	0.7	0.2	•
Operating Margin **15**	•	•	•	•	1.6	0.3	•	•	•	•	•	•	•
Oper. Margin Before Officers Compensation **16**	33.3	25.5	41.8	39.3	33.1	29.8	13.6	•	•	0.8	•	•	•
Selected Average Balance Sheet ($ in Thousands)													
Net Receivables **17**	12	•	1	4	20	55	298	1832	4340	14037	10118	58034	•
Inventories **18**	1	•	0	0	1	16	3	93	103	311	383	150	•
Net Property, Plant and Equipment **19**	45	•	13	66	135	230	822	2068	7053	15665	9627	9882	•
Total Assets **20**	124	•	39	159	340	670	1830	7048	15175	37323	63636	251022	•

Notes and Loans Payable	21	51	•	16	72	145	275	1061	2676	4428	13840	18432	7772	•
All Other Liabilities	22	43	•	13	36	97	151	707	3140	5747	17329	20278	205429	•
Net Worth	23	30	•	9	51	98	244	62	1232	5000	6154	24926	37821	•
Selected Financial Ratios (Times to 1)														
Current Ratio	24	1.1	•	1.0	1.1	1.0	1.2	0.9	1.4	1.1	1.2	1.1	1.3	•
Quick Ratio	25	0.9	•	0.8	0.9	0.9	1.0	0.7	1.1	1.0	1.1	0.9	0.9	•
Net Sales to Working Capital	26	•	•	•	•	•	•	•	32.8	•	31.8	•	13.4	•
Coverage Ratio	27	4.9	10.2	11.5	4.7	7.9	3.9	•	•	•	1.5	4.4	•	•
Total Asset Turnover	28	7.4	•	14.6	6.8	6.4	4.7	4.9	4.5	1.9	2.8	2.5	2.7	•
Inventory Turnover	29	•	•	•	•	•	•	•	•	6.6	4.3	•	•	•
Receivables Turnover	30	•	•	•	•	•	•	•	•	5.6	7.3	9.6	•	•
Total Liabilities to Net Worth	31	3.1	•	3.1	2.1	2.5	1.8	28.7	4.7	2.0	5.1	1.6	5.6	•
Selected Financial Factors (in Percentages)														
Debt Ratio	32	75.7	•	75.8	68.1	71.2	63.6	96.6	82.5	67.1	83.5	60.8	84.9	•
Return on Assets	33	14.5	•	32.4	17.0	22.4	11.0	•	•	•	4.5	8.9	•	•
Return on Equity	34	•	•	•	39.4	•	20.2	•	•	•	6.1	10.8	•	•
Return Before Interest on Equity	35	•	•	•	•	•	30.3	•	•	•	27.1	22.6	•	•
Profit Margin, Before Income Tax	36	1.6	1.5	2.0	2.0	3.1	1.7	•	•	•	0.5	2.8	•	•
Profit Margin, After Income Tax	37	1.4	1.4	1.9	1.9	2.9	1.6	•	•	•	0.4	1.7	•	•

Trends in Selected Ratios and Factors, 1990-1999

		1990	1991	1992	1993	1994	1995	1996	1997	1998	1999
Cost of Labor (%)	38	8.9	6.6	7.9	21.1	22.2	20.6	12.7	5.9	2.7	3.2
Operating Margin (%)	39	•	•	•	•	•	•	•	0.3	•	•
Oper. Margin Before Officers Comp. (%)	40	37.2	37.0	32.3	27.4	27.3	22.7	27.0	28.3	33.9	33.3
Average Net Receivables ($)	41	7	8	11	18	19	22	20	23	12	12
Average Inventories ($)	42	0	0	1	1	1	2	1	1	0	1
Average Net Worth ($)	43	46	43	46	41	38	39	33	40	32	30
Current Ratio (×1)	44	1.5	1.4	1.3	1.3	1.2	1.2	1.2	1.3	1.1	1.1
Quick Ratio (×1)	45	1.3	1.2	1.1	1.1	1.0	1.0	1.0	1.1	0.9	0.9
Coverage Ratio (×1)	46	5.3	5.9	2.0	2.5	3.1	4.3	4.4	5.0	5.7	4.9
Asset Turnover (×1)	47	4.6	4.9	4.8	4.8	5.0	4.8	5.5	4.6	7.0	7.4
Total Liabilities/Net Worth (×1)	48	1.3	1.2	1.6	2.0	2.3	3.1	3.4	2.9	2.8	3.1
Return on Assets (×1)	49	12.8	14.4	5.9	7.9	11.4	14.1	14.0	11.8	15.0	14.5
Return on Equity (%)	50	17.9	20.1	5.1	12.6	23.7	41.5	44.8	35.0	42.7	42.6

OFFICES OF PHYSICIANS, INCLUDING OSTEOPATHIC PHYSICIANS

MONEY AMOUNTS AND SIZE OF ASSETS IN THOUSANDS OF DOLLARS

Item Description for Accounting Period 7/95 Through 6/96		Total	Zero Assets	Under 100	100 to 250	251 to 500	501 to 1,000	1,001 to 5,000	5,001 to 10,000	10,001 to 25,000	25,001 to 50,000	50,001 to 100,000	100,001 to 250,000	250,001 and over
Number of Enterprises	1	72505	3536	49412	13503	3746	1496	730	50	17	•	•	•	•
Revenues ($ in Thousands)														
Net Sales	2	69925706	1293406	30878903	15140934	8327053	3349142	6631730	1919647	736296	•	•	•	•
Portfolio Income	3	515591	111267	92952	124311	39930	29149	39165	60954	6162	•	•	•	•
Other Revenues	4	2109892	56334	795042	803594	93197	50975	210770	27711	11890	•	•	•	•
Total Revenues	5	72551189	1461007	31766897	16068839	8460180	3429266	6881665	2008312	754348	•	•	•	•
Average Total Revenues	6	1001	413	643	1190	2258	2292	9427	40166	44373	•	•	•	•
Operating Costs/Operating Income (%)														
Cost of Operations	7	3.2	•	0.9	3.6	5.6	7.8	5.7	9.2	1.7	•	•	•	•
Rent	8	23.2	20.7	20.1	19.7	24.2	19.9	37.2	37.6	48.6	•	•	•	•
Taxes Paid	9	3.3	3.0	3.2	3.2	3.4	3.3	3.2	2.8	3.6	•	•	•	•
Interest Paid	10	0.4	0.2	0.2	0.5	0.5	0.9	0.7	0.6	1.6	•	•	•	•
Depreciation, Depletion, Amortization	11	1.3	0.8	1.0	1.4	1.5	2.0	1.8	1.7	3.0	•	•	•	•
Pensions and Other Benefits	12	4.8	3.4	5.4	3.6	4.9	6.0	4.7	4.3	3.8	•	•	•	•
Other	13	28.7	52.7	27.1	27.0	27.8	27.8	28.5	37.9	34.8	•	•	•	•
Officers Compensation	14	34.4	26.7	40.3	42.8	27.6	29.4	19.7	8.6	2.7	•	•	•	•
Operating Margin	15	0.8	•	1.9	•	4.5	2.9	•	•	0.2	•	•	•	•
Oper. Margin Before Officers Compensation	16	35.2	19.2	42.2	41.1	32.1	32.3	18.2	5.9	2.9	•	•	•	•
Selected Average Balance Sheet ($ in Thousands)														
Net Receivables	17	11	•	1	5	15	46	275	1574	3590	•	•	•	•
Inventories	18	1	•	0	0	0	7	5	162	145	•	•	•	•
Net Property, Plant and Equipment	19	46	•	13	63	137	213	857	2138	7353	•	•	•	•
Total Assets	20	126	•	42	157	336	680	1903	6687	14680	•	•	•	•

Notes and Loans Payable 21	45	•	13	60	117	266	813	1877	6069	•	•	•	•
All Other Liabilities 22	36	•	12	33	84	121	725	3464	3876	•	•	•	•
Net Worth 23	45	•	17	64	135	293	365	1347	4736	•	•	•	•

Selected Financial Ratios (Times to 1)

Current Ratio 24	1.2	•	1.2	1.3	1.1	1.6	1.2	1.2	1.2	•	•	•	•
Quick Ratio 25	1.0	•	1.1	1.1	0.9	1.3	0.9	0.9	1.1	•	•	•	•
Net Sales to Working Capital 26	•	•	•	•	•	25.3	•	•	39.1	•	•	•	•
Coverage Ratio 27	12.0	•	•	10.2	13.7	6.7	4.3	4.3	2.7	•	•	•	•
Total Asset Turnover 28	7.7	•	14.9	7.1	6.6	3.3	4.8	5.8	3.0	•	•	•	•
Inventory Turnover 29	•	•	•	•	•	•	•	•	6.9	•	•	•	•
Receivables Turnover 30	•	•	•	•	•	•	•	•	•	•	•	•	•
Total Liabilities to Net Worth 31	1.8	•	1.5	1.5	1.5	1.3	4.2	4.0	2.1	•	•	•	•

Selected Financial Factors (in Percentages)

Debt Ratio 32	64.0	•	60.2	59.5	59.8	56.9	80.8	79.9	67.8	•	•	•	•
Return on Assets 33	37.8	•	•	34.5	•	20.4	14.5	14.3	12.4	•	•	•	•
Return on Equity 34	•	•	•	•	•	37.4	•	35.2	15.8	•	•	•	•
Return Before Interest on Equity 35	•	•	•	•	•	•	•	•	•	•	•	•	•
Profit Margin, Before Income Tax 36	4.5	5.5	4.8	4.4	6.1	5.3	2.3	1.9	2.6	•	•	•	•
Profit Margin, After Income Tax 37	4.3	5.2	4.7	4.2	5.7	4.9	2.0	1.2	1.7	•	•	•	•

Trends in Selected Ratios and Factors, 1990-1999

	1990	1991	1992	1993	1994	1995	1996	1997	1998	1999
Cost of Operations (%) 38	7.8	6.8	7.4	8.7	12.5	14.3	4.6	6.4	2.9	3.2
Operating Margin (%) 39	1.8	1.8	1.5	1.8	•	2.8	4.1	4.1	1.7	0.8
Oper. Margin Before Officers Comp. (%) 40	40.2	39.3	34.3	34.2	31.7	29.5	30.0	32.2	34.9	35.2
Average Net Receivables ($) 41	7	7	10	13	15	18	18	20	11	11
Average Inventories ($) 42	0	0	0	0	1	2	1	1	0	1
Average Net Worth ($) 43	58	54	59	58	52	64	52	59	42	45
Current Ratio (×1) 44	1.7	1.7	1.5	1.6	1.4	1.6	1.4	1.4	1.2	1.2
Quick Ratio (×1) 45	1.5	1.5	1.3	1.4	1.2	1.3	1.1	1.1	1.0	1.0
Coverage Ratio (×1) 46	10.3	12.9	9.5	9.6	9.3	11.3	11.2	17.1	13.5	12.0
Asset Turnover (×1) 47	4.6	4.7	5.3	4.5	4.9	4.7	5.5	5.3	7.1	7.7
Operating Leverage 48	3.1	1.0	0.8	1.2	•	•	1.5	1.0	0.4	0.5
Financial Leverage 49	1.0	1.0	1.1	1.1	1.0	1.0	1.0	1.0	1.0	1.0
Total Leverage 50	3.2	1.0	0.9	1.2	•	•	1.5	1.0	0.4	0.5

Table I

Corporations with and without Net Income

OFFICES OF DENTISTS

MONEY AMOUNTS AND SIZE OF ASSETS IN THOUSANDS OF DOLLARS

Item Description for Accounting Period 7/95 Through 6/96		Total	Zero Assets	Under 100	100 to 250	251 to 500	501 to 1,000	1,001 to 5,000	5,001 to 10,000	10,001 to 25,000	25,001 to 50,000	50,001 to 100,000	100,001 to 250,000	250,001 and over
Number of Enterprises	1	46119	2361	31650	9192	2120	780	10	•	5	•	•	•	•
Revenues ($ in Thousands)														
Net Sales	2	22219137	775105	12682148	5358245	1804637	1369057	122955	•	106988	•	•	•	•
Portfolio Income	3	98495	28825	18060	40409	8203	1766	•	•	1232	•	•	•	•
Other Revenues	4	290944	22471	187580	26141	47932	3034	3725	•	62	•	•	•	•
Total Revenues	5	22608576	826401	12887788	5424795	1860772	1373857	126680	•	108282	•	•	•	•
Average Total Revenues	6	490	350	407	590	878	1761	12668	•	21656	•	•	•	•
Operating Costs/Operating Income (%)														
Cost of Operations	7	4.6	•	4.4	2.6	10.6	5.1	39.2	•	3.2	•	•	•	•
Rent	8	23.2	20.5	22.3	23.6	23.8	30.2	17.5	•	34.5	•	•	•	•
Taxes Paid	9	4.2	3.8	4.0	4.1	4.4	5.5	3.8	•	4.8	•	•	•	•
Interest Paid	10	0.7	•	0.4	0.9	1.0	2.5	0.5	•	1.2	•	•	•	•
Depreciation, Depletion, Amortization	11	2.0	•	1.8	2.4	2.3	3.3	1.3	•	2.6	•	•	•	•
Pensions and Other Benefits	12	3.7	1.8	4.0	3.6	3.3	3.3	•	•	2.2	•	•	•	•
Other	13	31.1	43.6	31.4	31.5	25.1	27.4	19.4	•	43.6	•	•	•	•
Officers Compensation	14	29.4	36.9	30.8	29.4	25.5	20.2	7.4	•	3.7	•	•	•	•
Operating Margin	15	1.3	•	0.9	2.0	4.1	2.5	10.9	•	4.2	•	•	•	•
Oper. Margin Before Officers Compensation	16	30.7	30.3	31.7	31.4	29.6	22.7	18.3	•	7.9	•	•	•	•
Selected Average Balance Sheet ($ in Thousands)														
Net Receivables	17	9	•	1	21	43	47	•	•	8943	•	•	•	•
Inventories	18	1	•	0	2	•	10	•	•	258	•	•	•	•
Net Property, Plant and Equipment	19	35	•	17	56	117	325	3495	•	5051	•	•	•	•
Total Assets	20	89	•	37	161	370	641	3873	•	27179	•	•	•	•

Notes and Loans Payable **21**	45	•	28	55	118	488	1059	•	3474	•	•	•	•
All Other Liabilities **22**	18	•	11	33	49	53	372	•	3102	•	•	•	•
Net Worth **23**	27	•	-2	73	202	100	2442	•	20603	•	•	•	•
Selected Financial Ratios (Times to 1)													
Current Ratio **24**	1.6	•	0.9	2.0	3.6	1.3	0.0	•	4.7	•	•	•	•
Quick Ratio **25**	1.4	•	0.8	1.6	3.3	1.0	•	•	4.5	•	•	•	•
Net Sales to Working Capital **26**	37.4	•	•	17.4	7.4	•	•	•	1.4	•	•	•	•
Coverage Ratio **27**	5.3	•	6.8	4.6	8.2	2.1	•	•	5.6	•	•	•	•
Total Asset Turnover **28**	5.4	•	10.9	3.6	2.3	2.7	3.2	•	0.8	•	•	•	•
Inventory Turnover **29**	•	•	•	•	•	8.4	•	•	5.3	•	•	•	•
Receivables Turnover **30**	•	•	•	•	•	•	•	•	4.8	•	•	•	•
Total Liabilities to Net Worth **31**	2.3	•	•	1.2	0.8	5.4	0.6	•	0.3	•	•	•	•
Selected Financial Factors (in Percentages)													
Debt Ratio **32**	69.9	•	•	54.7	45.3	84.4	37.0	•	24.2	•	•	•	•
Return on Assets **33**	20.2	•	31.5	14.9	18.2	14.6	•	•	5.1	•	•	•	•
Return on Equity **34**	•	•	•	25.0	28.7	•	•	•	3.9	•	•	•	•
Return Before Interest on Equity **35**	•	•	•	32.9	33.3	•	•	•	6.8	•	•	•	•
Profit Margin, Before Income Tax **36**	3.0	•	2.5	3.2	6.9	2.8	14.0	•	5.4	•	•	•	•
Profit Margin, After Income Tax **37**	2.9	•	2.4	3.1	6.8	2.7	14.0	•	3.7	•	•	•	•

Trends in Selected Ratios and Factors, 1990-1999

	1990	1991	1992	1993	1994	1995	1996	1997	1998	1999
Cost of Labor (%) **38**	12.0	11.8	14.7	16.8	17.7	17.2	7.4	7.5	4.0	4.6
Operating Margin (%) **39**	1.4	1.2	•	1.4	2.2	2.4	3.2	3.5	0.8	1.3
Oper. Margin Before Officers Comp. (%) **40**	28.9	27.0	25.8	26.3	26.9	28.7	28.2	27.1	30.5	30.7
Average Net Receivables ($) **41**	5	5	7	9	5	9	10	14	8	9
Average Inventories ($) **42**	0	0	0	2	0	1	0	1	0	1
Average Net Worth ($) **43**	41	41	35	37	38	39	29	37	27	27
Current Ratio (×1) **44**	1.8	2.0	1.7	2.1	1.9	1.9	1.8	2.3	1.7	1.6
Quick Ratio (×1) **45**	1.6	1.7	1.4	1.7	1.6	1.7	1.7	2.0	1.4	1.4
Coverage Ratio (×1) **46**	6.6	5.1	1.8	3.6	3.9	4.0	6.1	6.5	4.6	5.3
Asset Turnover (×1) **47**	4.6	4.7	4.8	4.1	4.3	4.7	4.6	4.3	5.8	5.4
Total Liabilities/Net Worth (×1) **48**	0.9	0.8	1.1	1.4	1.3	1.4	2.0	1.6	2.0	2.3
Return on Assets (×1) **49**	18.2	14.7	6.3	11.7	16.9	19.7	23.4	22.9	16.2	20.2
Return on Equity (%) **50**	24.7	17.1	4.7	19.6	27.5	34.2	58.8	49.4	37.0	51.9

Table II

Corporations with Net Income

OFFICES OF DENTISTS

MONEY AMOUNTS AND SIZE OF ASSETS IN THOUSANDS OF DOLLARS

Item Description for Accounting Period 7/95 Through 6/96		Total	Zero Assets	Under 100	100 to 250	251 to 500	501 to 1,000	1,001 to 5,000	5,001 to 10,000	10,001 to 25,000	25,001 to 50,000	50,001 to 100,000	100,001 to 250,000	250,001 and over
Number of Enterprises	1	28598	776	19204	6470	1646	486	10	·	5	·	·	·	·
Revenues ($ in Thousands)														
Net Sales	2	14491000	33969	7929988	4023091	1384789	889220	122955	·	106988	·	·	·	·
Portfolio Income	3	81187	28580	12459	32103	5685	1128	·	·	1232	·	·	·	·
Other Revenues	4	249672	13	185203	12028	45869	2771	3725	·	62	·	·	·	·
Total Revenues	5	14821859	62562	8127650	4067222	1436343	893119	126680	·	108282	·	·	·	·
Average Total Revenues	6	518	81	423	629	873	1838	12668	·	21656	·	·	·	·
Operating Costs/Operating Income (%)														
Cost of Operations	7	4.5	0.8	4.3	2.3	8.8	4.8	39.2	·	3.2	·	·	·	·
Rent	8	22.8	12.0	21.8	23.8	23.1	26.1	17.5	·	34.5	·	·	·	·
Taxes Paid	9	4.2	9.8	4.0	4.0	4.2	6.1	3.8	·	4.8	·	·	·	·
Interest Paid	10	0.7	·	0.4	0.9	0.8	2.3	0.5	·	1.2	·	·	·	·
Depreciation, Depletion, Amortization	11	2.1	·	1.9	2.3	1.9	2.6	1.3	·	2.6	·	·	·	·
Pensions and Other Benefits	12	3.4	0.5	3.5	3.3	3.4	2.9	·	·	2.2	·	·	·	·
Other	13	30.7	41.1	31.6	30.2	26.8	29.8	19.4	·	43.6	·	·	·	·
Officers Compensation	14	28.2	14.7	29.9	29.3	24.7	20.7	7.4	·	3.7	·	·	·	·
Operating Margin	15	3.6	21.2	2.6	4.0	6.3	4.8	10.9	·	4.2	·	·	·	·
Oper. Margin Before Officers Compensation	16	31.9	35.8	32.5	33.3	31.1	25.5	18.3	·	7.9	·	·	·	·
Selected Average Balance Sheet ($ in Thousands)														
Net Receivables	17	10	·	2	13	47	51	·	·	8943	·	·	·	·
Inventories	18	1	·	0	2	·	1	·	·	258	·	·	·	·
Net Property, Plant and Equipment	19	39	·	18	61	94	335	3495	·	5051	·	·	·	·
Total Assets	20	107	·	44	165	384	676	3873	·	27179	·	·	·	·

Notes and Loans Payable 21	40	•	21	54	100	439	1059	•	3474	•	•	•	•
All Other Liabilities 22	18	•	11	26	51	55	372	•	3102	•	•	•	•
Net Worth 23	49	•	13	85	234	182	2442	•	20603	•	•	•	•

Selected Financial Ratios (Times to 1)

Current Ratio 24	2.0	•	1.3	2.2	4.5	1.0	0.0	•	4.7	•	•	•	•
Quick Ratio 25	1.7	•	1.2	1.7	4.1	0.9	•	•	4.5	•	•	•	•
Net Sales to Working Capital 26	24.2	•	•	18.1	5.7	•	•	•	1.4	•	•	•	•
Coverage Ratio 27	9.4	•	13.7	6.6	13.1	3.3	•	•	5.6	•	•	•	•
Total Asset Turnover 28	4.8	•	9.3	3.8	2.2	2.7	3.2	•	0.8	•	•	•	•
Inventory Turnover 29	•	•	•	7.6	•	9.5	•	•	5.3	•	•	•	•
Receivables Turnover 30	•	•	•	•	•	•	•	•	4.8	•	•	•	•
Total Liabilities to Net Worth 31	1.2	•	2.6	0.9	0.7	2.7	0.6	•	0.3	•	•	•	•

Selected Financial Factors (in Percentages)

Debt Ratio 32	54.5	•	71.8	48.4	39.3	73.0	37.0	•	24.2	•	•	•	•
Return on Assets 33	31.2	•	•	22.5	23.1	20.3	•	•	5.1	•	•	•	•
Return on Equity 34	•	•	•	36.0	34.6	•	•	•	3.9	•	•	•	•
Return Before Interest on Equity 35	•	•	•	•	•	•	•	•	6.8	•	•	•	•
Profit Margin, Before Income Tax 36	5.9	•	5.1	5.1	9.8	5.3	14.0	•	5.4	•	•	•	•
Profit Margin, After Income Tax 37	5.7	•	4.9	5.0	9.6	5.1	14.0	•	3.7	•	•	•	•

Trends in Selected Ratios and Factors, 1990-1999

	1990	1991	1992	1993	1994	1995	1996	1997	1998	1999
Cost of Operations (%) 38	12.2	13.1	15.4	15.5	18.5	17.2	9.7	8.5	3.9	4.5
Operating Margin (%) 39	2.8	3.4	1.0	4.8	5.3	5.3	5.7	6.4	4.5	3.6
Oper. Margin Before Officers Comp. (%) 40	29.0	27.3	26.1	29.3	27.9	28.7	27.9	28.2	31.1	31.9
Average Net Receivables ($) 41	5	6	7	9	9	7	10	20	11	10
Average Inventories ($) 42	0	0	0	0	1	1	1	1	1	1
Average Net Worth ($) 43	46	47	45	58	54	47	35	54	41	49
Current Ratio (×1) 44	2.1	2.1	1.7	2.6	2.3	2.1	2.2	3.1	2.2	2.0
Quick Ratio (×1) 45	1.8	1.8	1.4	2.1	1.8	1.9	2.1	2.7	1.9	1.7
Coverage Ratio (×1) 46	9.5	9.5	8.0	7.6	7.2	6.5	10.7	11.5	10.7	9.4
Asset Turnover (×1) 47	4.5	4.4	5.1	4.3	4.2	4.4	4.6	4.2	5.2	4.8
Operating Leverage 48	1.2	1.2	0.3	4.7	1.1	1.0	1.1	1.1	0.7	0.8
Financial Leverage 49	1.1	1.0	1.1	1.0	1.0	1.0	1.1	1.0	1.0	1.0
Total Leverage 50	1.2	1.2	0.3	4.9	1.1	1.0	1.2	1.1	0.7	0.8

Table I

Corporations with and without Net Income

OFFICES OF OTHER HEALTH PRACTITIONERS

MONEY AMOUNTS AND SIZE OF ASSETS IN THOUSANDS OF DOLLARS

Item Description for Accounting Period 7/95 Through 6/96		Total	Zero Assets	Under 100	100 to 250	251 to 500	501 to 1,000	1,001 to 5,000	5,001 to 10,000	10,001 to 25,000	25,001 to 50,000	50,001 to 100,000	100,001 to 250,000	250,001 and over
Number of Enterprises	1	34733	2690	26318	3778	1295	465	140	29	13	.	5	.	.
Revenues ($ in Thousands)														
Net Sales	2	11800522	442487	5496257	1743712	948208	821415	752790	168761	286287	.	1140606	.	.
Portfolio Income	3	409314	7	16189	23395	4541	366	6234	92	1644	.	356847	.	.
Other Revenues	4	53859	4174	40425	24283	31001	3643	3977	1584	3093	.	-58323	.	.
Total Revenues	5	12263695	446668	5552871	1791390	983750	825424	763001	170437	291024	.	1439130	.	.
Average Total Revenues	6	353	166	211	474	760	1775	5450	5877	22386	.	287826	.	.
Operating Costs/Operating Income (%)														
Cost of Operations	7	16.7	16.3	14.8	10.8	3.1	23.0	22.9	0.2	24.0	.	38.9	.	.
Rent	8	20.3	5.1	18.1	16.8	25.6	22.4	26.9	48.4	36.0	.	23.6	.	.
Taxes Paid	9	3.5	3.0	3.6	3.9	3.4	3.5	2.7	5.5	2.6	.	3.6	.	.
Interest Paid	10	1.5	0.3	0.6	0.9	1.6	1.4	0.2	2.8	3.3	.	7.9	.	.
Depreciation, Depletion, Amortization	11	2.5	1.4	1.8	3.4	4.5	1.8	1.4	4.4	4.4	.	3.4	.	.
Pensions and Other Benefits	12	2.2	0.9	2.4	2.8	1.2	2.3	2.0	2.0	1.6	.	1.8	.	.
Other	13	33.8	50.9	33.4	32.6	37.7	32.1	32.0	34.1	32.8	.	30.5	.	.
Officers Compensation	14	17.4	15.3	21.8	22.6	20.8	11.2	12.6	2.0	1.7	.	0.2	.	.
Operating Margin	15	2.1	6.7	3.6	6.4	2.3	2.2	.	0.7	.	.	.	.	.
Oper. Margin Before Officers Compensation	16	19.5	22.0	25.4	28.9	23.1	13.5	12.0	2.7	.	.	.	.	.
Selected Average Balance Sheet ($ in Thousands)														
Net Receivables	17	21	.	2	21	55	250	655	.	2578	.	60618	.	.
Inventories	18	7	.	2	9	4	65	117	.	210	.	17094	.	.
Net Property, Plant and Equipment	19	31	.	12	57	63	190	247	4089	5639	.	33089	.	.
Total Assets	20	132	.	29	169	339	677	1819	7688	17800	.	342458	.	.

Notes and Loans Payable 21	47	•	17	81	168	263	390	3945	8270	•	54401	•	•
All Other Liabilities 22	45	•	6	14	57	161	547	138	4003	•	218448	•	•
Net Worth 23	40	•	7	74	114	252	883	3605	5527	•	69610	•	•

Selected Financial Ratios (Times to 1)

Current Ratio 24	1.1	•	1.2	2.1	2.4	3.4	2.2	0.6	1.6	•	0.5	•	•
Quick Ratio 25	0.8	•	0.9	1.7	2.2	2.8	1.7	0.3	1.3	•	0.4	•	•
Net Sales to Working Capital 26	•	•	•	13.8	11.2	5.3	7.7	•	9.0	•	•	•	•
Coverage Ratio 27	5.0	•	9.5	11.6	4.8	2.9	6.3	1.6	•	•	3.1	•	•
Total Asset Turnover 28	2.6	•	7.2	2.7	2.2	2.6	3.0	0.8	1.2	•	0.7	•	•
Inventory Turnover 29	•	•	•	5.1	7.2	6.0	•	0.1	•	•	•	•	•
Receivables Turnover 30	•	•	•	•	•	8.1	•	•	6.7	•	7.0	•	•
Total Liabilities to Net Worth 31	2.3	•	3.3	1.3	2.0	1.7	1.1	1.1	2.2	•	3.9	•	•

Selected Financial Factors (in Percentages)

Debt Ratio 32	70.0	•	76.6	56.1	66.3	62.7	51.5	53.1	69.0	•	79.7	•	•
Return on Assets 33	19.4	•	37.0	27.2	16.4	10.8	2.8	3.4	•	•	16.2	•	•
Return on Equity 34	•	•	•	•	37.7	18.5	0.9	2.8	•	•	34.7	•	•
Return Before Interest on Equity 35	•	•	•	•	•	28.9	5.8	7.3	•	•	•	•	•
Profit Margin, Before Income Tax 36	6.0	7.7	4.6	9.1	6.0	2.7	0.8	1.7	•	•	16.5	•	•
Profit Margin, After Income Tax 37	5.3	7.7	4.6	8.6	5.9	2.6	0.2	1.7	•	•	10.6	•	•

Trends in Selected Ratios and Factors, 1990-1999

	1990	1991	1992	1993	1994	1995	1996	1997	1998	1999
Cost of Labor (%) 38	16.1	18.0	18.0	22.1	20.4	24.4	16.4	14.5	13.9	16.7
Operating Margin (%) 39	•	•	2.3	2.4	6.0	5.3	5.8	5.5	2.9	2.1
Oper. Margin Before Officers Comp. (%) 40	19.5	18.8	23.8	16.6	21.2	17.2	19.7	21.5	19.9	19.5
Average Net Receivables ($) 41	8	7	10	9	8	11	10	13	13	21
Average Inventories ($) 42	4	4	6	5	5	4	5	6	4	7
Average Net Worth ($) 43	18	22	25	14	22	25	29	30	40	40
Current Ratio (×1) 44	1.1	1.5	1.4	1.5	1.5	1.9	2.2	2.3	1.8	1.1
Quick Ratio (×1) 45	0.8	1.1	1.0	1.2	1.1	1.5	1.7	1.8	1.3	0.8
Coverage Ratio (×1) 46	1.7	2.8	3.5	5.4	7.9	6.8	7.0	7.0	6.3	5.0
Asset Turnover (×1) 47	3.0	3.3	3.3	3.6	3.5	2.9	3.1	3.4	3.2	2.6
Total Liabilities/Net Worth (×1) 48	3.3	2.1	2.3	4.3	2.2	2.4	1.8	1.8	1.5	2.3
Return on Assets (×1) 49	7.5	11.2	14.1	19.2	29.2	25.0	25.0	24.4	16.9	19.4
Return on Equity (%) 50	7.9	18.4	30.9	79.1	79.8	70.5	58.3	55.2	33.7	45.5

Table II

Corporations with Net Income

OFFICES OF OTHER HEALTH PRACTITIONERS

MONEY AMOUNTS AND SIZE OF ASSETS IN THOUSANDS OF DOLLARS

Item Description for Accounting Period 7/95 Through 6/96		Total	Zero Assets	Under 100	100 to 250	251 to 500	501 to 1,000	1,001 to 5,000	5,001 to 10,000	10,001 to 25,000	25,001 to 50,000	50,001 to 100,000	100,001 to 250,000	250,001 and over
Number of Enterprises	1	21000	1668	14978	3077	885	273	100	•	6	•	•	•	•
Revenues ($ in Thousands)														
Net Sales	2	8551616	349400	3305484	1450141	787453	653594	631476	•	88148	•	•	•	•
Portfolio Income	3	397772	•	13936	19347	4139	222	6234	•	392	•	•	•	•
Other Revenues	4	27098	4174	22120	24251	30953	1555	2631	•	21	•	•	•	•
Total Revenues	5	8976486	353574	3341540	1493739	822545	655371	640341	•	88561	•	•	•	•
Average Total Revenues	6	427	212	223	485	929	2401	6403	•	14760	•	•	•	•
Operating Costs/Operating Income (%)														
Cost of Operations	7	18.4	20.7	17.7	12.0	1.3	26.4	17.7	•	7.0	•	•	•	•
Rent	8	19.5	1.1	16.4	16.0	24.9	19.7	29.4	•	46.0	•	•	•	•
Taxes Paid	9	3.4	2.1	3.3	3.7	3.4	3.2	3.2	•	4.3	•	•	•	•
Interest Paid	10	1.6	0.3	0.5	0.7	1.3	1.2	0.2	•	6.8	•	•	•	•
Depreciation, Depletion, Amortization	11	2.3	1.1	1.7	2.9	4.0	1.5	0.9	•	9.0	•	•	•	•
Pensions and Other Benefits	12	2.0	1.2	2.1	2.3	1.3	2.5	1.6	•	0.2	•	•	•	•
Other	13	32.7	57.6	30.9	31.8	37.4	31.0	31.9	•	26.3	•	•	•	•
Officers Compensation	14	14.7	6.9	18.2	21.2	22.8	7.9	14.1	•	•	•	•	•	•
Operating Margin	15	5.4	9.1	9.3	9.5	3.7	6.6	1.1	•	0.5	•	•	•	•
Oper. Margin Before Officers Compensation	16	20.1	16.1	27.5	30.7	26.4	14.5	15.2	•	0.5	•	•	•	•
Selected Average Balance Sheet ($ in Thousands)														
Net Receivables	17	26	•	2	24	24	229	777	•	116	•	•	•	•
Inventories	18	10	•	2	10	3	105	164	•	252	•	•	•	•
Net Property, Plant and Equipment	19	33	•	11	51	47	195	168	•	7492	•	•	•	•
Total Assets	20	166		31	171	330	710	2018	•	21786	•	•	•	•

Notes and Loans Payable 21	41	•	9	63	92	268	363	•	12712	•	•	•	•
All Other Liabilities 22	66	•	6	14	71	171	650	•	1960	•	•	•	•
Net Worth 23	59	•	16	95	167	271	1005	•	7114	•	•	•	•

Selected Financial Ratios (Times to 1)

Current Ratio 24	1.0	•	1.5	3.5	1.7	3.0	2.1	•	2.3	•	•	•	•
Quick Ratio 25	0.7	•	1.1	2.8	1.6	2.1	1.7	•	1.8	•	•	•	•
Net Sales to Working Capital 26	•	•	•	8.9	24.1	7.2	7.9	•	5.8	•	•	•	•
Coverage Ratio 27	7.4	•	•	•	7.4	6.9	14.9	•	1.2	•	•	•	•
Total Asset Turnover 28	2.5	•	7.2	2.8	2.7	3.4	3.1	•	0.7	•	•	•	•
Inventory Turnover 29	•	•	•	5.7	4.2	5.8	7.7	•	6.5	•	•	•	•
Receivables Turnover 30	•	•	•	•	•	9.2	•	•	3.4	•	•	•	•
Total Liabilities to Net Worth 31	1.8	•	0.9	0.8	1.0	1.6	1.0	•	2.1	•	•	•	•

Selected Financial Factors (in Percentages)

Debt Ratio 32	64.4	•	47.9	44.8	49.4	61.9	50.2	•	67.4	•	•	•	•
Return on Assets 33	29.5	•	•	36.5	25.3	27.1	8.5	•	5.3	•	•	•	•
Return on Equity 34	•	•	•	•	•	•	10.9	•	1.5	•	•	•	•
Return Before Interest on Equity 35	•	•	•	•	•	•	17.0	•	16.1	•	•	•	•
Profit Margin, Before Income Tax 36	10.4	10.3	10.4	12.5	8.1	6.9	2.5	•	1.0	•	•	•	•
Profit Margin, After Income Tax 37	9.4	10.3	10.3	12.0	8.0	6.8	1.7	•	0.7	•	•	•	•

Trends in Selected Ratios and Factors, 1990-1999

	1990	1991	1992	1993	1994	1995	1996	1997	1998	1999
Cost of Operations (%) 38	17.9	17.6	18.2	24.4	19.7	23.4	16.0	14.4	16.8	18.4
Operating Margin (%) 39	4.8	4.4	7.4	6.8	10.8	10.2	10.8	10.7	7.1	5.4
Oper. Margin Before Officers Comp. (%) 40	28.6	22.3	27.5	20.7	24.8	20.8	23.2	23.5	21.9	20.1
Average Net Receivables ($) 41	11	6	8	10	9	14	8	12	14	26
Average Inventories ($) 42	3	3	3	6	5	6	5	8	6	10
Average Net Worth ($) 43	34	25	41	34	29	37	35	35	49	59
Current Ratio (×1) 44	1.8	1.5	1.8	2.1	1.9	1.9	2.5	2.2	1.8	1.0
Quick Ratio (×1) 45	1.5	1.1	1.4	1.6	1.5	1.4	1.9	1.6	1.3	0.7
Coverage Ratio (×1) 46	6.7	6.9	7.8	13.5	16.1	11.3	11.2	10.7	10.7	7.4
Asset Turnover (×1) 47	3.4	3.3	3.4	4.0	4.1	3.0	3.5	3.6	3.4	2.5
Operating Leverage 48	0.9	0.9	1.7	0.9	1.6	1.0	1.1	1.0	0.7	0.8
Financial Leverage 49	1.0	1.0	1.1	1.1	1.0	1.0	1.0	1.0	1.0	0.9
Total Leverage 50	0.9	0.9	1.8	1.0	1.6	0.9	1.1	1.0	0.7	0.7

Table I

Corporations with and without Net Income

NURSING AND PERSONAL CARE FACILITIES

MONEY AMOUNTS AND SIZE OF ASSETS IN THOUSANDS OF DOLLARS

Item Description for Accounting Period 7/95 Through 6/96		Total	Zero Assets	Under 100	100 to 250	251 to 500	501 to 1,000	1,001 to 5,000	5,001 to 10,000	10,001 to 25,000	25,001 to 50,000	50,001 to 100,000	100,001 to 250,000	250,001 and over
Number of Enterprises	1	16881	1142	5840	3382	2086	1251	2677	297	124	27	29	10	15
Revenues ($ in Thousands)														
Net Sales	2	47157459	1212540	1288646	1886999	2318580	3276627	10906714	3394006	2758780	1145209	2138894	1679961	15150503
Portfolio Income	3	503712	4081	6432	3156	1097	23034	31597	19387	64647	5519	59489	20282	264993
Other Revenues	4	998895	25289	1395	2510	94199	50993	179746	48619	33550	27274	49028	41477	444814
Total Revenues	5	48660066	1241910	1296473	1892665	2413876	3350654	11118057	3462012	2856977	1178002	2247411	1741720	15860310
Average Total Revenues	6	2883	1087	222	560	1157	2678	4153	11657	23040	43630	77497	174172	1057354
Operating Costs/Operating Income (%)														
Cost of Operations	7	12.4	2.4	18.3	11.3	3.1	10.6	15.4	17.5	17.4	13.3	18.5	10.6	9.7
Rent	8	39.6	52.2	39.0	33.4	41.7	43.7	36.3	35.0	34.1	40.1	36.6	44.6	42.3
Taxes Paid	9	5.4	5.3	5.8	5.5	4.9	5.7	5.8	5.0	5.9	5.1	5.0	4.1	5.3
Interest Paid	10	3.0	1.4	0.7	1.3	1.4	1.4	2.3	3.6	3.8	3.5	5.1	4.4	3.8
Depreciation, Depletion, Amortization	11	2.8	0.7	1.0	1.7	1.7	1.1	1.9	2.1	2.3	3.1	3.1	3.8	4.4
Pensions and Other Benefits	12	3.4	1.2	3.4	1.5	2.7	3.7	3.8	4.4	2.8	3.0	3.7	3.5	3.4
Other	13	32.9	38.7	32.0	41.1	41.0	30.8	31.9	31.4	34.8	33.0	28.6	28.5	32.4
Officers Compensation	14	1.3	1.1	4.3	3.3	1.5	2.8	1.5	0.9	1.8	1.8	1.0	1.1	0.4
Operating Margin	15	•	•	•	1.0	2.1	0.2	1.2	0.1	•	•	•	•	
Oper. Margin Before Officers Compensation	16	0.7	•	•	4.3	3.7	3.0	2.7	1.0	•	•	•	0.6	
Selected Average Balance Sheet ($ in Thousands)														
Net Receivables	17	388	•	4	26	71	262	465	1529	3216	6527	10970	32449	203078
Inventories	18	13	•	•	0	2	8	7	25	91	250	378	2915	7618
Net Property, Plant and Equipment	19	901	•	9	91	153	225	1126	3945	7997	19637	32089	84460	450488
Total Assets	20	1961	•	28	174	363	737	2153	7232	15911	34606	73351	187092	1056647

Notes and Loans Payable 21	974	•	32	115	199	573	1209	4749	9743	21031	43135	82995	415280
All Other Liabilities 22	497	•	19	68	103	285	534	2000	6074	7500	15819	31535	248724
Net Worth 23	490	•	-23	-9	62	-121	411	482	94	6074	14396	72562	392643

Selected Financial Ratios (Times to 1)

Current Ratio 24	1.4	•	0.5	0.9	1.2	1.0	1.4	1.3	1.1	1.4	1.4	1.5	1.7
Quick Ratio 25	1.2	•	0.4	0.7	1.0	0.9	1.1	1.0	1.0	1.2	1.3	1.3	1.3
Net Sales to Working Capital 26	15.2	•	•	•	38.4	•	19.2	21.4	36.5	16.2	12.9	9.4	7.9
Coverage Ratio 27	1.9	0.7	•	2.0	5.5	2.7	2.4	1.6	1.2	1.0	1.7	1.7	1.8
Total Asset Turnover 28	1.4	•	7.8	3.2	3.1	3.6	1.9	1.6	1.4	1.2	1.0	0.9	1.0
Inventory Turnover 29	•	•	•	•	•	•	•	•	•	•	•	6.5	•
Receivables Turnover 30	7.8	•	•	•	•	•	9.0	7.3	7.1	7.1	7.4	5.3	5.8
Total Liabilities to Net Worth 31	3.0	•	•	•	4.9	•	4.3	14.0	•	4.7	4.1	1.6	1.7

Selected Financial Factors (in Percentages)

Debt Ratio 32	75.0	•	•	•	83.0	•	80.9	93.3	99.4	82.5	80.4	61.2	62.9
Return on Assets 33	7.9	•	•	8.1	23.3	13.9	10.2	9.0	6.2	4.4	8.7	6.8	6.5
Return on Equity 34	11.1	•	38.9	•	•	•	27.8	•	24.6	•	11.7	5.0	4.9
Return Before Interest on Equity 35	31.5	•	31.6	•	•	•	•	•	•	24.9	•	17.5	17.5
Profit Margin, Before Income Tax 36	2.6	•	•	1.3	6.2	2.5	3.1	2.1	0.6	•	3.5	3.2	3.0
Profit Margin, After Income Tax 37	2.0	•	•	1.2	6.2	2.3	2.8	1.7	0.1	•	2.3	2.2	1.9

Trends in Selected Ratios and Factors, 1990-1999

	1990	1991	1992	1993	1994	1995	1996	1997	1998	1999
Cost of Labor (%) 38	19.0	16.9	20.0	21.1	20.2	20.6	14.2	15.0	14.5	12.4
Operating Margin (%) 39	•	•	•	•	•	•	•	•	•	•
Oper. Margin Before Officers Comp. (%) 40	•	•	•	•	•	0.9	0.2	1.1	1.6	0.7
Average Net Receivables ($) 41	167	152	170	185	224	237	275	314	323	388
Average Inventories ($) 42	9	7	6	8	10	10	8	9	12	13
Average Net Worth ($) 43	248	162	170	157	157	243	266	376	447	490
Current Ratio (×1) 44	1.3	1.0	1.1	1.0	1.0	1.1	1.2	1.4	1.4	1.4
Quick Ratio (×1) 45	1.0	0.8	0.9	0.8	0.8	0.9	1.0	1.2	1.1	1.2
Coverage Ratio (×1) 46	1.2	1.0	1.0	1.0	1.0	1.6	1.5	2.1	2.2	1.9
Asset Turnover (×1) 47	1.3	1.2	1.3	1.4	1.4	1.4	1.4	1.4	1.4	1.4
Total Liabilities/Net Worth (×1) 48	4.3	6.2	6.2	6.7	7.7	5.3	4.8	3.4	2.8	3.0
Return on Assets (×1) 49	6.9	5.8	6.1	5.6	6.1	8.5	7.4	9.1	8.8	7.9
Return on Equity (%) 50	2.1	•	•	•	•	15.3	10.0	16.2	13.7	11.1

Table II

Corporations with Net Income

NURSING AND PERSONAL CARE FACILITIES

MONEY AMOUNTS AND SIZE OF ASSETS IN THOUSANDS OF DOLLARS

Item Description for Accounting Period 7/95 Through 6/96	Total	Zero Assets	Under 100	100 to 250	251 to 500	501 to 1,000	1,001 to 5,000	5,001 to 10,000	10,001 to 25,000	25,001 to 50,000	50,001 to 100,000	100,001 to 250,000	250,001 and over
Number of Enterprises **1**	8243	280	1364	2146	1496	731	1888	201	78	13	21	•	•
Revenues ($ in Thousands)													
Net Sales **2**	34908438	120587	258165	1006285	1780936	1508473	8473526	2430242	1529125	572940	1717166	•	•
Portfolio Income **3**	421914	1323	4063	847	1088	22924	23589	13401	51958	616	47721	•	•
Other Revenues **4**	860780	25034	173	346	90142	49626	118988	46185	15142	11305	45121	•	•
Total Revenues **5**	36191132	146944	262401	1007478	1872166	1581023	8616103	2489828	1596225	584861	1810008	•	•
Average Total Revenues **6**	4391	525	192	469	1251	2163	4564	12387	20464	44989	86191	•	•
Operating Costs/Operating Income (%)													
Cost of Operations **7**	12.4	7.2	•	5.1	2.5	13.4	16.6	11.5	17.8	22.3	19.4	•	•
Rent **8**	38.5	46.6	23.0	32.0	40.3	40.0	34.8	39.2	32.5	38.3	34.9	•	•
Taxes Paid **9**	5.4	5.2	4.7	4.7	5.3	6.4	5.8	5.0	6.6	4.5	5.0	•	•
Interest Paid **10**	3.1	1.7	1.5	1.4	1.2	1.8	1.9	3.0	4.8	3.7	4.7	•	•
Depreciation, Depletion, Amortization **11**	3.1	1.7	2.4	1.7	1.5	1.8	1.8	2.1	2.7	3.3	3.1	•	•
Pensions and Other Benefits **12**	3.4	4.0	3.1	1.0	2.6	3.4	4.0	3.0	2.2	3.5	4.0	•	•
Other **13**	31.4	30.6	49.0	39.6	40.7	24.0	29.4	32.9	30.8	22.0	27.7	•	•
Officers Compensation **14**	1.3	1.3	14.8	5.1	1.4	3.6	1.5	1.0	2.3	1.2	0.9	•	•
Operating Margin **15**	1.5	1.8	1.7	9.4	4.6	5.6	4.1	2.6	0.4	1.3	0.4	•	•
Oper. Margin Before Officers Compensation **16**	2.8	3.1	16.4	14.5	6.0	9.3	5.6	3.6	2.7	2.6	1.2	•	•
Selected Average Balance Sheet ($ in Thousands)													
Net Receivables **17**	628	•	2	33	70	140	499	1621	2275	7058	11218	•	•
Inventories **18**	21	•	•	0	3	4	7	25	58	473	398	•	•
Net Property, Plant and Equipment **19**	1479	•	5	92	161	300	1012	3361	8918	19288	32702	•	•
Total Assets **20**	3166	•	27	172	368	739	2078	7037	16207	35068	71761	•	•

Notes and Loans Payable 21	1470	•	35	88	190	451	1018	4163	10003	21185	41851	•	•
All Other Liabilities 22	742	•	5	68	102	165	493	1708	4276	7974	16013	•	•
Net Worth 23	954	•	-13	16	76	124	567	1166	1928	5909	13897	•	•
Selected Financial Ratios (Times to 1)													
Current Ratio 24	1.5	•	1.4	0.9	1.5	1.5	1.5	1.6	1.4	1.4	1.5	•	•
Quick Ratio 25	1.3	•	1.2	0.8	1.2	1.2	1.3	1.2	1.2	1.3	1.3	•	•
Net Sales to Working Capital 26	12.2	•	•	•	20.6	19.0	15.4	10.8	16.4	15.4	12.0	•	•
Coverage Ratio 27	2.7	•	3.2	8.0	9.4	6.9	4.0	2.7	2.0	1.9	2.2	•	•
Total Asset Turnover 28	1.3	•	7.0	2.7	3.2	2.8	2.2	1.7	1.2	1.3	1.1	•	•
Inventory Turnover 29	•	•	•	•	•	•	•	•	•	•	•	•	•
Receivables Turnover 30	7.5	•	•	•	•	•	9.0	7.4	7.6	5.5	7.9	•	•
Total Liabilities to Net Worth 31	2.3	•	•	9.8	3.8	5.0	2.7	5.0	7.4	4.9	4.2	•	•
Selected Financial Factors (in Percentages)													
Debt Ratio 32	69.9	•	•	90.8	79.3	83.3	72.7	83.4	88.1	83.2	80.6	•	•
Return on Assets 33	11.1	•	33.6	29.6	35.1	34.0	16.7	13.8	11.5	8.9	11.9	•	•
Return on Equity 34	19.5	•	•	•	•	•	•	•	•	22.3	24.7	•	•
Return Before Interest on Equity 35	•	•	•	•	•	•	•	•	•	•	•	•	•
Profit Margin, Before Income Tax 36	5.2	23.7	3.3	9.5	9.7	10.4	5.8	5.0	4.8	3.4	5.7	•	•
Profit Margin, After Income Tax 37	4.4	22.1	3.2	9.4	9.6	10.0	5.4	4.5	4.1	3.0	4.2	•	•

Trends in Selected Ratios and Factors, 1990-1999

	1990	1991	1992	1993	1994	1995	1996	1997	1998	1999
Cost of Operations (%) 38	19.6	19.7	19.5	22.7	20.9	19.5	13.1	14.4	15.1	12.4
Operating Margin (%) 39	•	2.1	0.9	1.8	0.7	1.9	1.5	1.7	2.6	1.5
Oper. Margin Before Officers Comp. (%) 40	1.7	4.4	2.8	4.1	3.0	3.7	3.3	3.4	4.2	2.8
Average Net Receivables ($) 41	199	161	192	183	229	281	385	388	467	628
Average Inventories ($) 42	11	7	6	9	8	12	11	12	21	21
Average Net Worth ($) 43	463	273	240	215	293	474	495	597	830	954
Current Ratio (×1) 44	1.5	1.2	1.5	1.4	1.2	1.3	1.4	1.5	1.6	1.5
Quick Ratio (×1) 45	1.2	1.0	1.2	1.1	1.0	1.1	1.1	1.2	1.2	1.3
Coverage Ratio (×1) 46	2.4	2.7	2.7	2.5	2.4	2.6	2.5	3.2	3.2	2.7
Asset Turnover (×1) 47	1.3	1.4	1.7	1.7	1.7	1.6	1.5	1.5	1.4	1.3
Operating Leverage 48	•	•	0.4	2.1	0.4	2.6	0.8	1.2	1.6	0.6
Financial Leverage 49	1.0	1.1	1.1	1.0	1.0	1.0	1.0	1.2	1.0	0.9
Total Leverage 50	•	•	0.5	2.0	0.4	2.7	0.8	1.3	1.5	0.5

HOSPITALS

MONEY AMOUNTS AND SIZE OF ASSETS IN THOUSANDS OF DOLLARS

Item Description for Accounting Period 7/95 Through 6/96		Total	Zero Assets	Under 100	100 to 250	251 to 500	501 to 1,000	1,001 to 5,000	5,001 to 10,000	10,001 to 25,000	25,001 to 50,000	50,001 to 100,000	100,001 to 250,000	250,001 and over
Number of Enterprises	1	648	•	433	•	•	15	112	14	34	12	6	5	11
Revenues ($ in Thousands)														
Net Sales	2	26071252	•	87	•	•	•	673771	103132	688301	398614	342133	601466	23087688
Portfolio Income	3	672839	•	80	•	•	26038	2033	710	2883	1681	2537	12521	624233
Other Revenues	4	1995889	•	-1	•	•	1	7394	7361	32270	237530	17159	57137	1629798
Total Revenues	5	28739980	•	166	•	•	26039	683198	111203	723454	637825	361829	671124	25341719
Average Total Revenues	6	44352	•	0	•	•	1736	6100	7943	21278	53152	60305	134225	2303793
Operating Costs/Operating Income (%)														
Cost of Operations	7	6.8	•	•	•	•	•	3.6	26.6	18.6	26.2	5.0	0.4	6.4
Rent	8	38.4	•	•	•	•	•	39.1	37.0	42.9	65.7	34.2	46.7	37.5
Taxes Paid	9	4.7	•	•	•	•	•	4.5	2.2	5.6	6.0	3.7	3.8	4.7
Interest Paid	10	4.6	•	•	•	•	•	3.8	1.9	1.8	5.0	3.6	8.2	4.6
Depreciation, Depletion, Amortization	11	5.5	•	•	•	•	•	2.2	3.6	2.8	4.5	4.8	5.7	5.8
Pensions and Other Benefits	12	4.9	•	•	•	•	•	4.1	4.3	4.8	9.9	3.6	6.9	4.8
Other	13	36.9	•	•	•	•	•	46.4	15.0	27.9	40.7	49.9	45.6	36.5
Officers Compensation	14	0.5	•	•	•	•	•	1.0	4.5	1.3	2.0	0.8	0.8	0.4
Operating Margin	15	•	•	•	•	•	•	•	5.0	•	•	•	•	•
Oper. Margin Before Officers Compensation	16	•	•	•	•	•	•	•	9.5	•	•	•	•	•
Selected Average Balance Sheet ($ in Thousands)														
Net Receivables	17	8164	•	•	•	•	31	557	1068	4212	10862	11561	28934	429556
Inventories	18	235	•	•	•	•	•	30	162	178	661	702	54	11622
Net Property, Plant and Equipment	19	23954	•	•	•	•	137	1236	3177	6704	9389	24570	62145	1321698
Total Assets	20	77509	•	30	•	•	1012	2383	6844	14449	29650	67759	152636	4347036

Notes and Loans Payable 21	26542	•	•	•	•	442	1700	1268	3956	12130	34118	117112	1445973
All Other Liabilities 22	19023	•	•	•	•	•	947	897	6250	17297	30060	34804	1039422
Net Worth 23	31944	•	30	•	•	570	-265	4679	4242	223	3581	720	1861641

Selected Financial Ratios (Times to 1)

Current Ratio 24	1.3	•	•	•	•	1.9	1.0	2.6	1.4	0.8	0.9	0.5	1.4
Quick Ratio 25	1.0	•	•	•	•	1.9	0.7	1.8	1.2	0.7	0.7	0.5	1.0
Net Sales to Working Capital 26	14.9	•	0.0	•	•	•	•	4.5	11.0	•	•	•	12.2
Coverage Ratio 27	2.8	•	•	•	•	•	0.2	7.8	0.7	1.0	1.1	0.2	3.0
Total Asset Turnover 28	0.5	•	0.0	•	•	•	2.5	1.1	1.4	1.1	0.9	0.8	0.5
Inventory Turnover 29	9.7	•	•	•	•	•	8.0	•	•	•	6.7	2.5	9.4
Receivables Turnover 30	5.2	•	•	•	•	•	•	5.8	4.4	3.1	3.3	3.9	5.2
Total Liabilities to Net Worth 31	1.4	•	•	•	•	0.8	•	0.5	2.4	•	17.9	•	1.3

Selected Financial Factors (in Percentages)

Debt Ratio 32	58.8	•	•	•	•	43.7	•	31.7	70.7	99.3	94.7	99.5	57.2
Return on Assets 33	6.6	•	•	•	•	•	1.4	15.8	1.8	5.6	3.2	1.4	6.7
Return on Equity 34	6.8	•	•	•	•	•	•	14.3	•	•	•	•	7.2
Return Before Interest on Equity 35	16.0	•	•	•	•	•	•	23.1	6.1	•	•	•	15.7
Profit Margin, Before Income Tax 36	8.1	•	•	•	•	•	•	12.8	•	•	0.3	•	9.3
Profit Margin, After Income Tax 37	5.4	•	•	•	•	•	•	9.1	•	•	•	•	6.4

Trends in Selected Ratios and Factors, 1990-1999

	1990	1991	1992	1993	1994	1995	1996	1997	1998	1999
Cost of Labor (%) 38	18.4	14.8	15.4	15.1	20.9	20.1	13.6	7.4	5.7	6.8
Operating Margin (%) 39	•	•	•	•	•	•	•	•	•	•
Oper. Margin Before Officers Comp. (%) 40	•	•	•	•	•	•	•	•	•	•
Average Net Receivables ($) 41	1832	4796	26408	8405	19515	33355	27991	19221	23328	8164
Average Inventories ($) 42	180	312	1808	495	1380	2509	1933	1451	1042	235
Average Net Worth ($) 43	6749	12568	46753	19875	46852	104934	100946	86670	127281	31944
Current Ratio (×1) 44	0.9	1.0	1.1	1.0	1.2	1.2	1.1	1.2	1.3	1.3
Quick Ratio (×1) 45	0.7	0.9	1.0	0.9	1.0	1.0	0.9	1.0	1.1	1.0
Coverage Ratio (×1) 46	1.1	1.6	1.6	1.4	1.7	1.9	1.7	2.0	1.5	2.8
Asset Turnover (×1) 47	0.7	0.7	0.7	0.6	0.7	0.7	0.7	0.6	0.5	0.5
Total Liabilities/Net Worth (×1) 48	2.8	2.7	3.5	2.9	2.6	1.9	1.6	1.2	1.1	1.4
Return on Assets (×1) 49	5.8	7.8	7.9	7.6	10.8	9.8	7.2	7.6	4.7	6.6
Return on Equity (%) 50	•	6.1	7.8	4.7	9.7	8.8	4.9	5.5	1.2	6.8

HOSPITALS

MONEY AMOUNTS AND SIZE OF ASSETS IN THOUSANDS OF DOLLARS

Item Description for Accounting Period 7/95 Through 6/96		Total	Zero Assets	Under 100	100 to 250	251 to 500	501 to 1,000	1,001 to 5,000	5,001 to 10,000	10,001 to 25,000	25,001 to 50,000	50,001 to 100,000	100,001 to 250,000	250,001 and over
Number of Enterprises	1	105	•	•	4	•	15	32	•	20	8	•	•	8
Revenues ($ in Thousands)														
Net Sales	2	23748999	•	•	79178	•	•	272291	•	410585	185859	•	•	22314710
Portfolio Income	3	636491	•	•	•	•	26038	802	•	1558	1681	•	•	603017
Other Revenues	4	1888543	•	•	220	•	1	1994	•	21213	234322	•	•	1603615
Total Revenues	5	26274033	•	•	79398	•	26039	275087	•	433356	421862	•	•	24521342
Average Total Revenues	6	250229	•	•	19850	•	1736	8596	•	21668	52733	•	•	3065168
Operating Costs/Operating Income (%)														
Cost of Operations	7	6.7	•	•	•	•	•	5.2	•	23.7	19.4	•	•	6.3
Rent	8	37.9	•	•	38.6	•	•	20.2	•	39.6	77.4	•	•	37.6
Taxes Paid	9	4.8	•	•	1.1	•	•	2.7	•	5.9	7.2	•	•	4.8
Interest Paid	10	4.1	•	•	5.6	•	•	1.9	•	1.1	6.8	•	•	4.2
Depreciation, Depletion, Amortization	11	5.7	•	•	4.9	•	•	2.1	•	2.9	7.3	•	•	5.8
Pensions and Other Benefits	12	4.8	•	•	4.3	•	•	1.9	•	3.6	12.4	•	•	4.8
Other	13	36.5	•	•	28.2	•	•	60.6	•	22.8	79.2	•	•	36.2
Officers Compensation	14	0.4	•	•	•	•	•	2.5	•	1.0	3.7	•	•	0.4
Operating Margin	15	•	•	•	17.3	•	•	3.0	•	•	•	•	•	•
Oper. Margin Before Officers Compensation	16	•	•	•	17.3	•	•	5.5	•	0.4	•	•	•	0.3
Selected Average Balance Sheet ($ in Thousands)														
Net Receivables	17	46341	•	•	•	•	31	1111	•	4039	9794	•	•	573373
Inventories	18	1318	•	•	•	•	•	53	•	71	545	•	•	15544
Net Property, Plant and Equipment	19	137933	•	•	•	•	137	1149	•	7225	10986	•	•	1756763
Total Assets	20	439105	•	•	137	•	1012	3019	•	14092	31911	•	•	5630692

Notes and Loans Payable 21	142203	•	•	2074	•	442	1098	•	3016	10392	•	•	1819363
All Other Liabilities 22	106340	•	•	•	•	•	1305	•	3902	13994	•	•	1357354
Net Worth 23	190563	•	•	-1936	•	570	616	•	7175	7524	•	•	2453975
Selected Financial Ratios (Times to 1)													
Current Ratio 24	1.4	•	•	•	•	1.9	1.3	•	2.2	1.0	•	•	1.4
Quick Ratio 25	1.1	•	•	•	•	1.9	1.1	•	1.9	0.8	•	•	1.1
Net Sales to Working Capital 26	11.8	•	•	•	•	•	26.7	•	6.3	•	•	•	11.8
Coverage Ratio 27	3.4	•	•	4.1	•	•	3.1	•	5.3	3.0	•	•	3.4
Total Asset Turnover 28	0.5	•	•	•	•	•	2.8	•	1.5	0.7	•	•	0.5
Inventory Turnover 29	•	•	•	•	•	•	8.7	•	•	9.4	•	•	•
Receivables Turnover 30	5.8	•	•	•	•	•	•	•	5.4	2.4	•	•	5.9
Total Liabilities to Net Worth 31	1.3	•	•	•	•	0.8	3.9	•	1.0	3.3	•	•	1.3
Selected Financial Factors (in Percentages)													
Debt Ratio 32	56.6	•	•	•	•	43.7	79.6	•	49.1	76.4	•	•	56.4
Return on Assets 33	7.2	•	•	•	•	•	16.7	•	8.9	14.9	•	•	7.0
Return on Equity 34	8.3	•	•	•	•	•	36.7	•	11.1	32.9	•	•	7.9
Return Before Interest on Equity 35	16.6	•	•	•	•	•	•	•	17.4	•	•	•	16.1
Profit Margin, Before Income Tax 36	9.9	•	•	17.6	•	•	4.0	•	5.0	13.7	•	•	10.0
Profit Margin, After Income Tax 37	7.0	•	•	17.6	•	•	2.7	•	3.9	10.7	•	•	7.0

Trends in Selected Ratios and Factors, 1990-1999

	1990	1991	1992	1993	1994	1995	1996	1997	1998	1999
Cost of Operations (%) 38	16.2	14.6	15.3	15.0	20.5	21.7	15.9	6.5	6.1	6.7
Operating Margin (%) 39	•	•	•	•	•	2.3	•	•	•	•
Oper. Margin Before Officers Comp. (%) 40	•	•	•	•	•	2.8	•	•	•	•
Average Net Receivables ($) 41	1881	5611	43576	33031	24610	40759	38169	34525	39357	46341
Average Inventories ($) 42	183	366	3653	2368	1427	2445	2935	2575	1077	1318
Average Net Worth ($) 43	6628	17160	100386	97599	68757	122373	151280	169902	208205	190563
Current Ratio (×1) 44	1.1	1.4	1.3	1.2	1.3	1.5	1.1	1.2	1.8	1.4
Quick Ratio (×1) 45	0.9	1.2	1.1	1.0	1.1	1.3	0.9	1.0	1.5	1.1
Coverage Ratio (×1) 46	1.5	2.0	2.2	1.9	2.3	3.0	2.3	2.5	2.4	3.4
Asset Turnover (×1) 47	0.8	0.7	0.7	0.6	0.8	0.8	0.7	0.6	0.6	0.5
Operating Leverage 48	1.5	0.9	0.7	1.3	0.4	•	•	1.3	0.2	1.8
Financial Leverage 49	0.8	1.5	1.1	0.9	1.2	1.2	0.9	1.1	0.9	1.3
Total Leverage 50	1.2	1.4	0.8	1.2	0.5	•	•	1.4	0.2	2.3

MEDICAL LABORATORIES

MONEY AMOUNTS AND SIZE OF ASSETS IN THOUSANDS OF DOLLARS

Item Description for Accounting Period 7/95 Through 6/96		Total	Zero Assets	Under 100	100 to 250	251 to 500	501 to 1,000	1,001 to 5,000	5,001 to 10,000	10,001 to 25,000	25,001 to 50,000	50,001 to 100,000	100,001 to 250,000	250,001 and over
Number of Enterprises	1	5522	837	3246	716	258	98	254	37	40	20	9	6	•
Revenues ($ in Thousands)														
Net Sales	2	6622580	76218	749274	376055	157889	67490	1434558	476412	862737	397624	330531	1693793	•
Portfolio Income	3	50151	1068	2014	1644	1980	831	3601	4967	6130	10394	7468	10052	•
Other Revenues	4	139869	1298	19426	15003	3498	514	40140	811	8178	15115	3141	32746	•
Total Revenues	5	6812600	78584	770714	392702	163367	68835	1478299	482190	877045	423133	341140	1736591	•
Average Total Revenues	6	1234	94	237	548	633	702	5820	13032	21926	21157	37904	289432	•
Operating Costs/Operating Income (%)														
Cost of Operations	7	13.6	57.4	3.9	11.3	34.2	•	21.4	3.1	20.6	29.4	22.5	2.4	•
Rent	8	28.2	4.8	23.9	10.8	15.5	5.5	30.7	23.2	33.7	26.8	27.0	34.2	•
Taxes Paid	9	3.7	18.0	4.8	3.2	4.0	2.7	4.4	3.3	3.8	4.1	4.3	1.9	•
Interest Paid	10	2.3	0.4	0.7	1.4	0.3	0.8	1.5	1.3	1.7	2.8	3.3	4.5	•
Depreciation, Depletion, Amortization	11	4.7	5.1	2.2	3.3	2.0	2.2	4.8	4.6	4.9	7.6	6.5	5.2	•
Pensions and Other Benefits	12	4.0	•	3.7	0.9	•	1.3	3.0	3.6	2.3	3.4	2.0	8.0	•
Other	13	42.9	33.9	44.4	40.2	34.6	35.1	34.6	58.6	39.1	46.5	48.9	46.8	•
Officers Compensation	14	7.1	10.9	19.3	28.0	8.3	19.5	5.6	3.7	3.3	4.3	3.0	2.0	•
Operating Margin	15	•	•	•	1.1	1.2	32.9	•	•	•	•	•	•	•
Oper. Margin Before Officers Compensation	16	0.7	•	16.4	29.1	9.5	52.4	•	2.3	•	•	•	•	•
Selected Average Balance Sheet ($ in Thousands)														
Net Receivables	17	200	•	7	15	112	•	858	434	3902	4734	7640	81430	•
Inventories	18	18	•	0	•	1	•	130	80	280	536	528	6270	•
Net Property, Plant and Equipment	19	204	•	14	35	27	211	804	1787	3721	6586	13955	58646	•
Total Assets	20	1024	•	40	123	308	530	2441	8181	16119	32494	60126	424672	•

Notes and Loans Payable **21**	369	•	29	30	92	47	1028	1830	5173	7734	21638	167964	•
All Other Liabilities **22**	236	•	14	36	52	4	1073	738	4231	4796	8589	95874	•
Net Worth **23**	419	•	-4	56	165	479	340	5613	6716	19965	29899	160834	•

Selected Financial Ratios (Times to 1)

Current Ratio **24**	1.9	•	0.8	1.0	2.9	•	1.3	4.9	1.3	2.4	3.3	2.2	•
Quick Ratio **25**	1.4	•	0.8	0.8	2.6	•	1.1	4.5	1.0	1.7	1.4	1.6	•
Net Sales to Working Capital **26**	5.5	•	•	•	6.3	2.2	18.0	3.3	10.9	2.2	1.8	3.5	•
Coverage Ratio **27**	•	•	1.0	5.0	•	•	•	0.8	•	•	•	0.5	•
Total Asset Turnover **28**	1.2	•	5.8	4.3	2.0	1.3	2.3	1.6	1.3	0.6	0.6	0.7	•
Inventory Turnover **29**	8.6	•	•	•	•	•	•	2.3	•	•	•	0.9	•
Receivables Turnover **30**	6.1	•	•	•	8.2	7.9	6.9	•	5.7	4.2	5.7	3.5	•
Total Liabilities to Net Worth **31**	1.5	•	•	1.2	0.9	0.1	6.2	0.5	1.4	0.6	1.0	1.7	•

Selected Financial Factors (in Percentages)

Debt Ratio **32**	59.1	•	•	54.0	46.5	9.7	86.1	31.4	58.3	38.6	50.3	62.1	•
Return on Assets **33**	•	•	4.0	29.4	9.8	•	•	1.7	•	•	•	1.3	•
Return on Equity **34**	•	•	•	•	17.0	•	•	•	•	•	•	•	•
Return Before Interest on Equity **35**	•	•	•	•	18.3	•	•	2.5	•	•	•	3.5	•
Profit Margin, Before Income Tax **36**	•	•	•	5.5	4.7	34.9	•	•	•	•	•	•	•
Profit Margin, After Income Tax **37**	•	•	•	5.4	4.6	34.3	•	•	•	•	•	•	•

Trends in Selected Ratios and Factors, 1990-1999

	1990	1991	1992	1993	1994	1995	1996	1997	1998	1999
Cost of Labor (%) **38**	29.0	29.9	33.9	39.5	33.4	33.4	24.3	20.3	16.2	13.6
Operating Margin (%) **39**	•	•	•	•	•	•	•	•	•	•
Oper. Margin Before Officers Comp. (%) **40**	6.0	4.3	2.9	•	2.3	3.3	2.2	2.9	2.7	0.7
Average Net Receivables ($) **41**	56	68	76	307	126	182	208	265	255	200
Average Inventories ($) **42**	10	12	13	68	25	44	29	33	26	18
Average Net Worth ($) **43**	127	144	159	171	296	496	545	628	569	419
Current Ratio (×1) **44**	2.1	2.0	2.2	0.7	1.9	1.8	1.7	1.7	1.6	1.9
Quick Ratio (×1) **45**	1.6	1.6	1.7	0.5	1.5	1.4	1.3	1.3	1.2	1.4
Coverage Ratio (×1) **46**	0.7	2.1	1.4	0.0	1.2	2.4	3.1	1.4	1.1	•
Asset Turnover (×1) **47**	1.4	1.7	1.8	0.7	1.4	1.4	1.4	1.3	1.2	1.2
Total Liabilities/Net Worth (×1) **48**	1.5	1.4	1.1	7.9	1.2	1.0	1.0	1.2	1.4	1.5
Return on Assets (×1) **49**	2.6	6.4	3.6	•	4.0	7.1	7.5	3.4	3.1	•
Return on Equity (%) **50**	•	3.9	•	•	•	4.3	5.8	•	•	•

Table II

Corporations with Net Income

MEDICAL LABORATORIES

MONEY AMOUNTS AND SIZE OF ASSETS IN THOUSANDS OF DOLLARS

Item Description for Accounting Period 7/95 Through 6/96		Total	Zero Assets	Under 100	100 to 250	251 to 500	501 to 1,000	1,001 to 5,000	5,001 to 10,000	10,001 to 25,000	25,001 to 50,000	50,001 to 100,000	100,001 to 250,000	250,001 and over
Number of Enterprises	1	2233	•	1347	399	194	98	142	18	21	10	4	•	•
Revenues ($ in Thousands)														
Net Sales	2	3081258	•	272408	78035	157134	67490	1048605	350590	684282	275219	147494	•	•
Portfolio Income	3	9822	•	•	560	1049	831	550	174	1631	1645	3382	•	•
Other Revenues	4	79181	•	531	15004	3407	514	16893	676	5088	8254	28815	•	•
Total Revenues	5	3170261	•	272939	93599	161590	68835	1066048	351440	691001	285118	179691	•	•
Average Total Revenues	6	1420	•	203	235	833	702	7507	19524	32905	28512	44923	•	•
Operating Costs/Operating Income (%)														
Cost of Operations	7	15.8	•	2.0	6.7	34.3	•	13.1	3.0	25.4	27.5	17.3	•	•
Rent	8	26.3	•	26.5	3.8	15.6	5.5	32.1	24.3	27.7	22.6	22.8	•	•
Taxes Paid	9	3.7	•	1.9	3.8	4.0	2.7	4.3	4.0	3.6	3.6	3.5	•	•
Interest Paid	10	1.2	•	0.8	0.8	0.3	0.8	1.5	1.6	0.6	1.9	2.4	•	•
Depreciation, Depletion, Amortization	11	3.4	•	0.7	2.5	2.0	2.2	3.3	4.3	3.1	6.1	6.3	•	•
Pensions and Other Benefits	12	2.9	•	4.5	0.9	•	1.3	3.4	4.4	1.6	3.5	1.8	•	•
Other	13	34.7	•	39.8	22.1	33.0	35.1	32.2	43.3	32.3	30.1	49.5	•	•
Officers Compensation	14	6.1	•	11.1	41.0	8.4	19.5	5.3	3.5	2.8	2.7	3.5	•	•
Operating Margin	15	6.0	•	13.0	18.5	2.5	32.9	4.9	11.6	3.0	2.1	•	•	•
Oper. Margin Before Officers Compensation	16	12.1	•	24.0	59.5	10.9	52.4	10.2	15.1	5.8	4.7	•	•	•
Selected Average Balance Sheet ($ in Thousands)														
Net Receivables	17	187	•	•	9	149	•	1070	420	5506	7125	9863	•	•
Inventories	18	11	•	0	•	2	•	67	32	417	354	324	•	•
Net Property, Plant and Equipment	19	175	•	1	21	23	211	862	2244	3331	8126	10613	•	•
Total Assets	20	718	•	26	108	321	530	2590	7666	15816	29921	68420	•	•

Notes and Loans Payable 21	223	•	13	10	122	47	1326	3156	3141	7971	14537	•	•
All Other Liabilities 22	131	•	1	4	69	4	512	318	5024	5349	10030	•	•
Net Worth 23	363	•	12	94	131	479	753	4192	7651	16601	43852	•	•
Selected Financial Ratios (Times to 1)													
Current Ratio 24	2.2	•	0.6	7.5	2.9	•	1.8	6.8	1.7	1.8	4.2	•	•
Quick Ratio 25	2.0	•	0.6	7.5	2.6	•	1.6	5.9	1.4	1.6	3.9	•	•
Net Sales to Working Capital 26	6.7	•	•	5.3	6.3	2.2	12.2	7.3	8.7	4.5	1.2	•	•
Coverage Ratio 27	8.4	•	•	•	•	•	5.6	8.4	8.4	4.0	7.2	•	•
Total Asset Turnover 28	1.9	•	7.9	1.8	2.5	1.3	2.9	2.6	2.1	0.9	0.5	•	•
Inventory Turnover 29	•	•	8.8	•	•	•	•	•	•	•	•	•	•
Receivables Turnover 30	5.3	•	•	8.8	8.2	9.8	7.2	•	6.0	5.0	7.5	•	•
Total Liabilities to Net Worth 31	1.0	•	1.1	0.2	1.5	0.1	2.5	0.8	1.1	0.8	0.6	•	•
Selected Financial Factors (in Percentages)													
Debt Ratio 32	49.4	•	51.9	12.9	59.4	9.7	71.0	45.3	51.6	44.5	35.9	•	•
Return on Assets 33	19.3	•	•	•	14.2	•	22.9	34.0	9.4	6.9	9.1	•	•
Return on Equity 34	30.1	•	•	•	32.8	•	•	•	12.2	7.3	10.5	•	•
Return Before Interest on Equity 35	•	•	•	•	34.8	•	•	•	19.3	12.5	14.2	•	•
Profit Margin, Before Income Tax 36	8.8	•	13.2	•	5.4	34.9	6.6	11.8	4.0	5.6	14.6	•	•
Profit Margin, After Income Tax 37	7.9	•	11.4	•	5.3	34.3	5.9	11.5	2.9	4.4	12.5	•	•

Trends in Selected Ratios and Factors, 1990-1999

	1990	1991	1992	1993	1994	1995	1996	1997	1998	1999
Cost of Operations (%) 38	26.1	28.7	39.3	29.6	34.6	34.4	23.5	15.4	11.6	15.8
Operating Margin (%) 39	4.7	3.6	6.2	5.0	3.4	5.0	5.8	6.1	4.7	6.0
Oper. Margin Before Officers Comp. (%) 40	15.4	12.0	13.2	12.8	10.4	9.6	9.8	11.7	11.1	12.1
Average Net Receivables ($) 41	47	54	90	105	136	239	256	263	282	187
Average Inventories ($) 42	10	11	14	13	24	51	43	30	22	11
Average Net Worth ($) 43	159	153	209	232	311	623	622	572	566	363
Current Ratio (×1) 44	2.0	2.1	2.7	2.2	1.9	1.8	1.7	1.8	1.8	2.2
Quick Ratio (×1) 45	1.5	1.6	2.0	1.6	1.5	1.4	1.3	1.4	1.4	2.0
Coverage Ratio (×1) 46	5.2	7.4	13.9	8.1	5.3	7.7	10.1	9.3	5.2	8.4
Asset Turnover (×1) 47	1.6	1.9	1.8	1.9	1.6	1.6	1.7	1.6	1.3	1.9
Operating Leverage 48	0.9	0.8	1.7	0.8	0.7	1.5	1.2	1.1	0.8	1.3
Financial Leverage 49	1.0	1.1	1.1	1.0	0.9	1.1	1.0	1.0	1.0	1.1
Total Leverage 50	0.9	0.9	1.8	0.8	0.6	1.5	1.2	1.1	0.8	1.4

OTHER MEDICAL SERVICES

MONEY AMOUNTS AND SIZE OF ASSETS IN THOUSANDS OF DOLLARS

Item Description for Accounting Period 7/95 Through 6/96		Total	Zero Assets	Under 100	100 to 250	251 to 500	501 to 1,000	1,001 to 5,000	5,001 to 10,000	10,001 to 25,000	25,001 to 50,000	50,001 to 100,000	100,001 to 250,000	250,001 and over
Number of Enterprises	1	46410	3106	30010	6283	2557	2302	1673	163	164	69	34	22	25
Revenues ($ in Thousands)														
Net Sales	2	88762700	2780204	9724927	4528474	3735636	5200147	10066654	2109747	3802453	3800197	3350496	3828371	35835392
Portfolio Income	3	1457904	108555	31614	17734	12681	13848	73975	21561	70766	115905	53865	74699	862698
Other Revenues	4	4013377	532666	329425	48937	88820	168272	180787	78289	230996	86606	84313	59545	2124727
Total Revenues	5	94233981	3421425	10085966	4595145	3837137	5382267	10321416	2209597	4104215	4002708	3488674	3962615	38822817
Average Total Revenues	6	2030	1102	336	731	1501	2338	6169	13556	25026	58010	102608	180119	1552913
Operating Costs/Operating Income (%)														
Cost of Operations	7	33.3	31.8	12.2	14.9	25.3	21.0	34.6	25.0	17.1	24.4	30.5	19.7	48.5
Rent	8	20.2	22.5	27.4	26.3	25.9	21.2	19.4	23.5	34.9	24.6	19.4	29.6	13.5
Taxes Paid	9	2.6	4.0	3.3	4.0	3.6	3.5	3.2	2.1	3.7	1.9	2.3	3.8	1.7
Interest Paid	10	1.2	1.5	0.3	0.7	1.1	0.9	1.4	1.3	1.3	1.2	1.8	2.0	1.3
Depreciation, Depletion, Amortization	11	2.1	3.1	0.9	1.6	2.0	2.2	2.2	3.4	2.7	2.7	2.1	3.4	2.2
Pensions and Other Benefits	12	2.9	3.8	3.8	2.2	3.0	2.8	3.0	1.8	4.3	5.8	1.6	3.6	2.2
Other	13	36.0	48.8	35.5	30.1	27.7	35.3	34.7	48.4	42.0	43.2	44.1	37.6	34.3
Officers Compensation	14	5.5	1.3	18.0	20.8	11.7	15.8	3.9	3.8	1.6	1.0	1.4	0.9	0.6
Operating Margin	15	•	•	•	•	•	•	•	•	•	•	•	•	•
Oper. Margin Before Officers Compensation	16	1.8	•	16.6	20.3	11.6	13.1	1.5	•	•	•	•	0.3	•
Selected Average Balance Sheet ($ in Thousands)														
Net Receivables	17	190	•	4	29	68	174	597	2329	3939	7556	14112	34156	166228
Inventories	18	15	•	1	7	7	24	38	115	334	421	1617	1550	12161
Net Property, Plant and Equipment	19	175	•	7	38	92	232	617	1666	4124	6980	10057	33276	134051
Total Assets	20	1017	•	27	161	336	687	2128	6974	15710	36070	69223	163904	1087917

Notes and Loans Payable 21	258	•	18	74	203	290	1012	2980	4240	7553	18810	32563	201802
All Other Liabilities 22	333	•	12	51	108	281	790	2773	4711	12752	20689	48499	345765
Net Worth 23	426	•	-3	36	25	116	326	1221	6759	15764	29723	82841	540350
Selected Financial Ratios (Times to 1)													
Current Ratio 24	1.4	•	1.1	1.1	0.9	1.4	1.1	1.2	1.4	1.2	1.4	1.6	1.5
Quick Ratio 25	1.1	•	0.9	0.9	0.7	1.2	1.0	0.9	1.0	1.0	1.0	1.2	1.1
Net Sales to Working Capital 26	14.5	•	•	•	•	21.2	•	23.3	9.7	18.1	12.0	6.0	8.8
Coverage Ratio 27	3.0	5.2	9.5	2.4	3.5	1.9	1.1	•	1.3	1.4	1.5	2.4	4.0
Total Asset Turnover 28	1.9	•	12.0	4.5	4.4	3.3	2.8	1.9	1.5	1.5	1.4	1.1	1.3
Inventory Turnover 29	•	•	•	•	•	•	•	•	•	•	•	•	•
Receivables Turnover 30	•	•	•	•	•	•	•	4.9	6.4	7.8	7.0	4.5	•
Total Liabilities to Net Worth 31	1.4	•	•	3.4	12.4	4.9	5.5	4.7	1.3	1.3	1.3	1.0	1.0
Selected Financial Factors (in Percentages)													
Debt Ratio 32	58.1	•	•	77.4	92.6	83.1	84.7	82.5	57.0	56.3	57.1	49.5	50.3
Return on Assets 33	6.6	•	31.7	7.4	15.6	5.8	4.2	•	2.5	2.4	3.9	4.9	6.8
Return on Equity 34	5.4	•	•	16.1	•	10.2	•	•	•	•	•	2.8	5.5
Return Before Interest on Equity 35	15.7	•	•	32.5	•	34.3	27.3	•	5.8	5.6	9.1	9.7	13.7
Profit Margin, Before Income Tax 36	2.3	6.3	2.4	1.0	2.6	0.9	•	•	0.4	0.4	0.9	2.7	3.9
Profit Margin, After Income Tax 37	1.2	3.7	2.3	0.8	2.3	0.5	•	•	•	•	•	1.3	2.1

Trends in Selected Ratios and Factors, 1990-1999

	1990	1991	1992	1993	1994	1995	1996	1997	1998	1999
Cost of Labor (%) 38	35.2	30.9	33.7	33.5	34.5	37.8	29.8	32.6	33.3	33.3
Operating Margin (%) 39	•	•	•	•	•	•	•	0.6	•	•
Oper. Margin Before Officers Comp. (%) 40	•	•	•	0.6	1.9	3.2	2.9	4.1	5.1	1.8
Average Net Receivables ($) 41	70	62	94	97	141	124	141	186	157	190
Average Inventories ($) 42	12	10	15	12	16	14	15	18	13	15
Average Net Worth ($) 43	133	95	111	89	153	222	274	382	371	426
Current Ratio (×1) 44	1.3	1.2	1.3	1.3	1.4	1.6	1.6	1.6	1.4	1.4
Quick Ratio (×1) 45	0.9	0.9	1.0	1.0	1.1	1.3	1.3	1.3	1.2	1.1
Coverage Ratio (×1) 46	1.0	0.8	1.4	1.6	2.3	3.6	4.1	5.0	7.5	3.0
Asset Turnover (×1) 47	1.7	1.8	1.9	2.0	2.1	2.2	1.9	1.7	1.8	1.9
Total Liabilities/Net Worth (×1) 48	2.2	2.7	3.0	3.7	2.7	1.6	1.5	1.5	1.4	1.4
Return on Assets (×1) 49	3.4	3.3	5.4	8.1	9.5	12.1	9.9	10.1	15.5	6.6
Return on Equity (%) 50	•	•	1.6	7.6	12.7	16.9	13.3	13.5	20.8	5.4

OTHER MEDICAL SERVICES

MONEY AMOUNTS AND SIZE OF ASSETS IN THOUSANDS OF DOLLARS

Item Description for Accounting Period 7/95 Through 6/96		Total	Zero Assets	Under 100	100 to 250	251 to 500	501 to 1,000	1,001 to 5,000	5,001 to 10,000	10,001 to 25,000	25,001 to 50,000	50,001 to 100,000	100,001 to 250,000	250,001 and over
Number of Enterprises	1	25168	799	16711	3422	1796	1231	979	49	88	40	18	16	18
Revenues ($ in Thousands)														
Net Sales	2	63794662	2037669	5973983	3066956	3014937	3227915	5683682	685142	2762102	2171705	1712902	2657542	30800127
Portfolio Income	3	1147575	104286	30165	14950	6999	10750	52010	8024	52924	96923	21082	56532	692931
Other Revenues	4	2071448	522194	40340	43910	87627	37106	125184	43936	50920	41567	44729	41578	992358
Total Revenues	5	67013685	2664149	6044488	3125816	3109563	3275771	5860876	737102	2865946	2310195	1778713	2755652	32485416
Average Total Revenues	6	2663	3334	362	913	1731	2661	5987	15043	32568	57755	98817	172228	1804745
Operating Costs/Operating Income (%)														
Cost of Operations	7	36.5	38.0	15.8	20.0	29.8	20.1	30.7	25.0	16.5	25.7	38.5	21.3	49.5
Rent	8	16.6	21.2	15.3	19.1	22.9	15.6	19.4	26.5	32.7	22.9	17.0	21.0	12.8
Taxes Paid	9	2.4	4.5	2.8	3.1	3.4	2.4	2.8	1.9	3.4	1.8	2.1	3.3	1.8
Interest Paid	10	0.9	0.5	0.3	0.6	1.1	0.4	1.1	0.7	0.9	1.4	1.5	2.2	0.9
Depreciation, Depletion, Amortization	11	1.8	2.0	0.9	0.8	2.1	1.8	1.9	3.2	2.2	2.1	2.2	4.0	1.8
Pensions and Other Benefits	12	2.4	4.0	0.9	1.6	3.1	2.5	2.2	1.6	4.6	7.7	1.4	1.8	2.2
Other	13	32.4	45.5	40.3	23.9	21.8	35.0	33.8	36.4	34.9	37.3	32.9	42.7	29.8
Officers Compensation	14	5.3	0.9	16.7	25.8	12.6	17.2	5.2	1.4	1.4	1.1	1.6	1.1	0.6
Operating Margin	15	1.9	•	7.0	5.2	3.2	5.0	3.0	3.2	3.5	•	2.9	2.6	0.9
Oper. Margin Before Officers Compensation	16	7.1	•	23.7	31.0	15.8	22.2	8.1	4.6	4.9	1.1	4.5	3.8	1.5
Selected Average Balance Sheet ($ in Thousands)														
Net Receivables	17	226	•	4	37	51	155	599	2606	4907	6543	14266	31459	169563
Inventories	18	16	•	1	10	8	32	45	221	482	400	2279	1549	7136
Net Property, Plant and Equipment	19	206	•	8	31	105	205	620	1135	4040	5156	6175	34461	145689
Total Assets	20	1346	•	29	154	345	686	2175	7274	15967	34822	67097	167111	1235528

Notes and Loans Payable 21	260	•	14	56	190	232	923	911	3452	8379	12302	28436	179937
All Other Liabilities 22	426	•	9	42	75	191	643	3124	5103	12660	18759	47285	401401
Net Worth 23	660	•	6	56	80	264	608	3240	7412	13783	36036	91390	654191

Selected Financial Ratios (Times to 1)

Current Ratio 24	1.5	•	1.4	1.8	1.1	1.5	1.4	1.5	1.6	1.1	1.4	1.5	1.5
Quick Ratio 25	1.1	•	1.3	1.5	0.9	1.2	1.3	1.3	1.2	0.9	1.1	1.1	1.1
Net Sales to Working Capital 26	12.6	•	•	20.7	•	21.7	18.2	9.8	9.9	•	10.4	7.6	8.9
Coverage Ratio 27	8.6	•	•	13.9	6.6	•	6.6	•	9.3	5.5	5.4	3.7	8.0
Total Asset Turnover 28	1.9	•	12.5	5.8	4.9	3.8	2.7	1.9	2.0	1.6	1.4	1.0	1.4
Inventory Turnover 29	•	•	•	•	•	•	•	•	•	•	•	•	•
Receivables Turnover 30	•	•	•	•	•	•	•	3.4	6.5	7.7	5.8	3.7	•
Total Liabilities to Net Worth 31	1.1	•	4.0	1.8	3.3	1.6	2.6	1.3	1.2	1.5	0.9	0.8	0.9

Selected Financial Factors (in Percentages)

Debt Ratio 32	51.0	•	79.8	63.8	76.8	61.5	72.0	55.5	53.6	60.4	46.3	45.3	47.1
Return on Assets 33	14.3	•	•	•	36.4	26.4	19.1	21.9	15.9	11.9	11.2	8.2	9.5
Return on Equity 34	19.9	•	•	•	•	•	•	38.7	23.1	19.1	11.7	7.4	10.3
Return Before Interest on Equity 35	29.1	•	•	•	•	•	•	•	34.2	30.1	20.9	14.9	18.0
Profit Margin, Before Income Tax 36	6.7	14.0	8.2	7.1	6.4	6.5	6.1	10.7	7.2	6.3	6.4	6.0	6.0
Profit Margin, After Income Tax 37	5.2	10.3	8.1	6.9	6.0	6.0	5.4	9.0	5.5	4.9	4.4	4.1	3.9

Trends in Selected Ratios and Factors, 1990-1999

	1990	1991	1992	1993	1994	1995	1996	1997	1998	1999
Cost of Operations (%) 38	33.5	32.1	37.9	37.0	38.9	42.2	34.5	35.3	36.1	36.5
Operating Margin (%) 39	1.3	0.5	•	1.6	3.5	4.0	4.7	5.3	3.1	1.9
Oper. Margin Before Officers Comp. (%) 40	8.5	9.5	•	5.8	8.0	8.4	8.2	8.4	7.0	7.1
Average Net Receivables ($) 41	71	65	102	134	147	136	165	258	222	226
Average Inventories ($) 42	13	12	18	17	20	16	18	24	18	16
Average Net Worth ($) 43	175	151	197	170	261	312	392	599	609	660
Current Ratio (×1) 44	1.8	1.5	1.4	1.4	1.5	1.7	1.7	1.7	1.6	1.5
Quick Ratio (×1) 45	1.3	1.1	1.1	1.2	1.2	1.4	1.4	1.3	1.3	1.1
Coverage Ratio (×1) 46	5.1	4.7	5.7	4.8	6.8	7.2	9.8	9.6	12.3	8.6
Asset Turnover (×1) 47	2.0	2.0	2.0	2.3	2.3	2.3	2.0	1.7	1.7	1.9
Operating Leverage 48	•	0.4	•	•	2.2	1.2	1.2	1.1	0.6	0.6
Financial Leverage 49	1.1	1.1	1.1	1.0	1.1	1.0	1.0	1.0	1.0	1.0
Total Leverage 50	•	0.4	•	•	2.4	1.2	1.2	1.1	0.6	0.6

LEGAL SERVICES

MONEY AMOUNTS AND SIZE OF ASSETS IN THOUSANDS OF DOLLARS

Item Description for Accounting Period 7/95 Through 6/96		Total	Zero Assets	Under 100	100 to 250	251 to 500	501 to 1,000	1,001 to 5,000	5,001 to 10,000	10,001 to 25,000	25,001 to 50,000	50,001 to 100,000	100,001 to 250,000	250,001 and over
Number of Enterprises	1	62220	4439	41195	10336	3236	1863	1048	72	25	5	•	•	•
Revenues ($ in Thousands)														
Net Sales	2	40333773	811492	11615947	7597345	5079694	4940076	7014323	1866492	1098453	309951	•	•	•
Portfolio Income	3	148783	3960	25469	28029	14915	42514	25146	4887	1486	2371	•	•	•
Other Revenues	4	1977946	15264	582716	542696	178336	169079	441421	32084	10117	6238	•	•	•
Total Revenues	5	42460502	830716	12224132	8168070	5272945	5151669	7480890	1903463	1110056	318560	•	•	•
Average Total Revenues	6	682	187	297	790	1629	2765	7138	26437	44402	63712	•	•	•
Operating Costs/Operating Income (%)														
Cost of Operations	7	1.6	0.2	1.6	1.4	1.2	1.0	2.8	2.3	•	•	•	•	•
Rent	8	33.1	27.1	22.4	30.8	31.6	32.7	46.4	49.6	62.2	26.7	•	•	•
Taxes Paid	9	4.3	5.2	4.7	4.2	4.1	4.1	4.1	3.9	3.4	2.3	•	•	•
Interest Paid	10	0.6	0.3	0.5	0.5	0.8	0.5	0.7	0.7	1.1	0.7	•	•	•
Depreciation, Depletion, Amortization	11	1.4	0.5	1.4	1.5	1.6	1.2	1.3	1.5	2.4	0.5	•	•	•
Pensions and Other Benefits	12	4.1	2.3	3.5	4.0	4.1	4.2	4.7	5.4	5.8	2.0	•	•	•
Other	13	27.0	39.9	32.6	26.5	25.4	23.4	22.9	22.5	21.6	19.7	•	•	•
Officers Compensation	14	29.2	26.7	33.3	33.7	31.7	33.4	20.2	13.4	4.4	50.0	•	•	•
Operating Margin	15	•	•	0.1	•	•	•	•	0.6	•	•	•	•	•
Oper. Margin Before Officers Compensation	16	28.0	24.6	33.4	31.2	31.2	32.9	17.2	14.1	3.5	48.1	•	•	•
Selected Average Balance Sheet ($ in Thousands)														
Net Receivables	17	11	•	1	8	21	97	169	558	3401	11678	•	•	•
Inventories	18	0	•	0	0	•	•	•	•	•	•	•	•	•
Net Property, Plant and Equipment	19	31	•	9	36	110	146	357	1620	4042	1866	•	•	•
Total Assets	20	135	•	28	161	367	665	1933	7336	12325	57734	•	•	•

Notes and Loans Payable 21	49	•	13	54	164	185	662	2085	2603	25104	•	•	•
All Other Liabilities 22	51	•	11	52	136	240	861	2486	6749	7162	•	•	•
Net Worth 23	36	•	4	55	67	239	410	2764	2972	25468	•	•	•

Selected Financial Ratios (Times to 1)

Current Ratio 24	1.2	•	1.0	1.3	0.9	1.5	1.0	1.2	1.6	3.1	•	•	•
Quick Ratio 25	0.9	•	0.8	1.1	0.7	0.8	0.7	0.8	1.4	3.0	•	•	•
Net Sales to Working Capital 26	•	•	•	38.1	•	21.7	•	35.2	16.6	3.8	•	•	•
Coverage Ratio 27	8.3	2.0	12.8	10.8	5.3	8.6	6.5	4.9	1.3	2.2	•	•	•
Total Asset Turnover 28	4.8	•	9.9	4.6	4.3	4.0	3.5	3.5	3.6	1.1	•	•	•
Inventory Turnover 29	•	•	•	•	•	•	•	•	•	•	•	•	•
Receivables Turnover 30	•	•	•	•	•	•	•	•	•	6.1	•	•	•
Total Liabilities to Net Worth 31	2.8	•	6.0	1.9	4.5	1.8	3.7	1.7	3.2	1.3	•	•	•

Selected Financial Factors (in Percentages)

Debt Ratio 32	73.5	•	85.8	65.9	81.8	64.0	78.8	62.3	75.9	55.9	•	•	•
Return on Assets 33	22.5	•	•	25.4	17.3	17.0	14.7	11.5	4.8	1.6	•	•	•
Return on Equity 34	•	•	•	•	•	37.8	•	19.4	2.0	1.9	•	•	•
Return Before Interest on Equity 35	•	•	•	•	•	•	•	30.6	19.7	3.7	•	•	•
Profit Margin, Before Income Tax 36	4.1	0.3	5.3	5.1	3.3	3.8	3.6	2.6	0.3	0.8	•	•	•
Profit Margin, After Income Tax 37	3.9	0.2	5.2	4.8	3.0	3.4	3.3	2.1	0.1	0.8	•	•	•

Trends in Selected Ratios and Factors, 1990-1999

	1990	1991	1992	1993	1994	1995	1996	1997	1998	1999
Cost of Labor (%) 38	7.8	6.5	7.2	8.4	8.2	12.8	5.4	2.6	2.4	1.6
Operating Margin (%) 39	•	•	•	•	•	•	•	•	•	•
Oper. Margin Before Officers Comp. (%) 40	28.9	27.1	27.0	29.6	31.6	29.6	37.3	34.7	26.5	28.0
Average Net Receivables ($) 41	10	6	6	5	8	6	9	8	10	11
Average Inventories ($) 42	0	0	0	•	0	0	0	0	0	0
Average Net Worth ($) 43	46	40	48	34	38	36	35	31	35	36
Current Ratio (×1) 44	1.3	1.2	1.5	1.3	1.6	1.4	1.4	1.3	1.2	1.2
Quick Ratio (×1) 45	0.9	0.9	1.2	1.0	1.3	1.2	1.1	1.1	0.9	0.9
Coverage Ratio (×1) 46	4.7	6.9	3.7	4.7	6.0	7.4	13.8	14.5	6.9	8.3
Asset Turnover (×1) 47	3.7	3.4	3.7	3.8	3.9	3.4	3.4	3.5	4.9	4.8
Total Liabilities/Net Worth (×1) 48	2.0	2.0	1.9	2.2	1.6	1.6	1.9	2.2	2.8	2.8
Return on Assets (×1) 49	13.2	17.6	10.8	15.7	18.4	18.9	27.5	25.9	17.2	22.5
Return on Equity (%) 50	24.7	38.7	20.1	37.2	38.6	41.6	74.3	75.8	52.4	70.2

Table II

Corporations with Net Income

LEGAL SERVICES

MONEY AMOUNTS AND SIZE OF ASSETS IN THOUSANDS OF DOLLARS

Item Description for Accounting Period 7/95 Through 6/96	Total	Zero Assets	Under 100	100 to 250	251 to 500	501 to 1,000	1,001 to 5,000	5,001 to 10,000	10,001 to 25,000	25,001 to 50,000	50,001 to 100,000	100,001 to 250,000	250,001 and over
Number of Enterprises **1**	41079	1346	28244	6645	2441	1554	780	•	18	•	•	•	•
Revenues ($ in Thousands)													
Net Sales **2**	29869597	310092	8020845	5581278	3546637	4348920	5534964	•	874476	•	•	•	•
Portfolio Income **3**	95501	599	17907	20123	10246	19774	18645	•	979	•	•	•	•
Other Revenues **4**	1022006	14317	142710	413179	97665	153370	155763	•	9110	•	•	•	•
Total Revenues **5**	30987104	325008	8181462	6014580	3654548	4522064	5709372	•	884565	•	•	•	•
Average Total Revenues **6**	754	241	290	905	1497	2910	7320	•	49142	•	•	•	•
Operating Costs/Operating Income (%)													
Cost of Operations **7**	1.8	•	2.1	1.8	1.6	0.8	3.2	•	•	•	•	•	•
Rent **8**	31.9	33.3	20.0	29.5	31.0	32.3	41.5	•	60.9	•	•	•	•
Taxes Paid **9**	4.0	4.8	4.0	4.0	4.0	4.0	4.0	•	3.4	•	•	•	•
Interest Paid **10**	0.5	0.3	0.4	0.5	0.9	0.4	0.5	•	1.1	•	•	•	•
Depreciation, Depletion, Amortization **11**	1.3	•	1.2	1.3	1.7	1.2	1.3	•	2.5	•	•	•	•
Pensions and Other Benefits **12**	3.9	0.7	2.8	3.7	4.3	4.2	4.6	•	5.9	•	•	•	•
Other **13**	25.7	31.7	32.4	24.8	25.1	22.9	21.5	•	22.3	•	•	•	•
Officers Compensation **14**	27.8	16.9	29.8	34.4	29.1	33.5	21.0	•	4.4	•	•	•	•
Operating Margin **15**	3.1	12.2	7.4	•	2.4	0.8	2.4	•	•	•	•	•	•
Oper. Margin Before Officers Compensation **16**	30.9	29.1	37.1	34.5	31.5	34.3	23.4	•	3.9	•	•	•	•
Selected Average Balance Sheet ($ in Thousands)													
Net Receivables **17**	14	•	1	10	20	85	216	•	4308	•	•	•	•
Inventories **18**	0	•	•	0	•	•	•	•	•	•	•	•	•
Net Property, Plant and Equipment **19**	35	•	8	37	121	148	353	•	4790	•	•	•	•
Total Assets **20**	147	•	28	161	369	670	1880	•	12963	•	•	•	•

Notes and Loans Payable 21	46	•	12	53	156	159	541	•	2855	•	•	•	•
All Other Liabilities 22	52	•	8	57	140	233	722	•	6403	•	•	•	•
Net Worth 23	48	•	8	51	74	279	617	•	3705	•	•	•	•

Selected Financial Ratios (Times to 1)

Current Ratio 24	1.3	•	1.2	1.3	1.0	1.5	1.2	•	1.9	•	•	•	•
Quick Ratio 25	0.9	•	1.0	1.0	0.7	0.9	0.9	•	1.7	•	•	•	•
Net Sales to Working Capital 26	41.7	•	•	•	•	20.8	32.8	•	13.4	•	•	•	•
Coverage Ratio 27	14.0	•	•	•	7.3	13.3	12.5	•	1.7	•	•	•	•
Total Asset Turnover 28	5.0	•	10.2	5.2	3.9	4.2	3.8	•	3.8	•	•	•	•
Inventory Turnover 29	•	•	•	•	•	•	•	•	•	•	•	•	•
Receivables Turnover 30	•	•	•	•	•	•	•	•	•	•	•	•	•
Total Liabilities to Net Worth 31	2.0	•	2.3	2.2	4.0	1.4	2.1	•	2.5	•	•	•	•

Selected Financial Factors (in Percentages)

Debt Ratio 32	67.1	•	69.8	68.4	80.0	58.4	67.2	•	71.4	•	•	•	•
Return on Assets 33	36.2	•	•	•	24.9	21.8	22.7	•	6.7	•	•	•	•
Return on Equity 34	•	•	•	•	•	•	•	•	6.9	•	•	•	•
Return Before Interest on Equity 35	•	•	•	•	•	•	•	•	23.5	•	•	•	•
Profit Margin, Before Income Tax 36	6.8	17.0	9.4	7.8	5.5	4.8	5.5	•	0.7	•	•	•	•
Profit Margin, After Income Tax 37	6.5	16.8	9.2	7.5	5.1	4.4	5.1	•	0.5	•	•	•	•

Trends in Selected Ratios and Factors, 1990-1999

	1990	1991	1992	1993	1994	1995	1996	1997	1998	1999
Cost of Operations (%) 38	7.6	6.4	8.2	10.0	8.4	10.6	2.6	2.6	2.1	1.8
Operating Margin (%) 39	0.4	•	1.9	7.3	3.3	5.3	7.3	4.4	•	3.1
Oper. Margin Before Officers Comp. (%) 40	31.5	30.4	29.3	31.4	35.6	35.0	42.5	37.6	28.8	30.9
Average Net Receivables ($) 41	10	6	7	7	9	8	8	5	9	14
Average Inventories ($) 42	0	0	0	•	•	0	•	0	0	0
Average Net Worth ($) 43	60	51	67	48	54	49	56	35	40	48
Current Ratio (×1) 44	1.4	1.4	1.7	2.1	2.2	1.8	1.6	1.3	1.3	1.3
Quick Ratio (×1) 45	1.0	1.1	1.5	1.9	1.9	1.5	1.4	1.0	1.0	0.9
Coverage Ratio (×1) 46	8.2	11.1	9.2	16.0	15.6	24.3	24.7	22.2	11.6	14.0
Asset Turnover (×1) 47	3.7	3.3	3.8	3.4	4.1	3.2	3.2	3.7	4.8	5.0
Operating Leverage 48	0.6	•	•	3.9	0.5	1.6	1.4	0.6	•	•
Financial Leverage 49	1.0	1.1	1.1	1.1	1.0	1.0	1.0	1.0	0.9	1.0
Total Leverage 50	0.6	•	•	4.2	0.5	1.6	1.4	0.6	•	•

Table I

Corporations with and without Net Income

EDUCATIONAL SERVICES

MONEY AMOUNTS AND SIZE OF ASSETS IN THOUSANDS OF DOLLARS

Item Description for Accounting Period 7/95 Through 6/96		Total	Zero Assets	Under 100	100 to 250	251 to 500	501 to 1,000	1,001 to 5,000	5,001 to 10,000	10,001 to 25,000	25,001 to 50,000	50,001 to 100,000	100,001 to 250,000	250,001 and over
Number of Enterprises	1	26111	2794	18402	1971	1119	963	646	114	66	23	5	8	•
Revenues ($ in Thousands)														
Net Sales	2	16307354	153259	2638706	1312977	1565448	1185781	3128726	1156318	1837163	1663851	434111	1231013	•
Portfolio Income	3	81879	1619	2726	1812	3165	4787	13352	2870	9561	8145	5826	28015	•
Other Revenues	4	321848	3054	11912	7151	5506	46690	50137	58430	58258	11740	4881	64092	•
Total Revenues	5	16711081	157932	2653344	1321940	1574119	1237258	3192215	1217618	1904982	1683736	444818	1323120	•
Average Total Revenues	6	640	57	144	671	1407	1285	4942	10681	28863	73206	88964	165390	•
Operating Costs/Operating Income (%)														
Cost of Operations	7	24.3	2.7	11.8	16.9	36.5	8.4	14.1	14.4	39.5	61.4	31.9	20.7	•
Rent	8	24.4	31.6	14.9	31.0	22.8	33.8	28.2	30.7	24.8	15.2	28.1	25.1	•
Taxes Paid	9	3.4	4.1	3.6	5.3	2.7	4.5	3.6	3.6	2.7	2.1	4.7	2.5	•
Interest Paid	10	1.1	0.1	0.2	1.1	0.7	1.2	1.2	1.5	1.0	1.0	1.7	2.9	•
Depreciation, Depletion, Amortization	11	2.6	4.1	2.8	1.2	1.9	2.1	2.1	2.7	2.3	1.5	3.2	8.1	•
Pensions and Other Benefits	12	1.8	•	1.8	2.2	0.5	1.5	1.2	1.8	2.1	1.2	3.9	4.0	•
Other	13	36.7	57.6	54.1	28.0	29.1	40.2	46.0	38.1	28.3	14.8	30.1	31.9	•
Officers Compensation	14	5.1	8.8	10.7	8.0	5.5	8.4	3.3	4.2	1.9	2.0	1.0	1.8	•
Operating Margin	15	0.7	•	•	6.3	0.4	•	0.3	2.9	•	1.0	•	3.1	•
Oper. Margin Before Officers Compensation	16	5.8	•	10.8	14.4	5.9	8.3	3.6	7.1	•	2.9	•	4.9	•
Selected Average Balance Sheet ($ in Thousands)														
Net Receivables	17	75	•	1	16	54	224	833	1946	3484	14941	14339	29275	•
Inventories	18	6	•	0	1	•	5	59	77	821	434	2246	3546	•
Net Property, Plant and Equipment	19	98	•	12	66	143	155	492	2548	5763	7040	22697	80198	•
Total Assets	20	322	•	25	161	341	705	2267	7142	14827	31702	72985	276806	•

Notes and Loans Payable 21	87	•	21	77	160	263	485	2158	3112	5835	13548	40062	•
All Other Liabilities 22	135	•	5	39	123	263	1340	3023	5779	20182	47960	86100	•
Net Worth 23	99	•	-1	44	58	179	441	1961	5937	5684	11477	150644	•

Selected Financial Ratios (Times to 1)

Current Ratio 24	1.3	•	1.7	1.3	1.2	1.4	1.2	1.0	1.4	1.1	0.8	1.7	•
Quick Ratio 25	1.1	•	1.5	1.0	1.0	1.3	1.0	0.9	1.0	1.1	0.5	1.3	•
Net Sales to Working Capital 26	19.4	•	40.5	37.8	•	9.7	20.6	•	11.9	31.1	•	4.2	•
Coverage Ratio 27	3.9	•	3.6	7.6	2.3	4.7	3.0	6.5	2.2	3.3	•	4.7	•
Total Asset Turnover 28	2.0	•	5.8	4.1	4.1	1.8	2.1	1.4	1.9	2.3	1.2	0.6	•
Inventory Turnover 29	•	•	•	•	•	•	•	•	•	•	•	•	•
Receivables Turnover 30	9.0	•	•	•	•	6.7	6.6	4.6	•	5.3	6.4	9.6	•
Total Liabilities to Net Worth 31	2.2	•	•	2.6	4.9	3.0	4.1	2.7	1.5	4.6	5.4	0.8	•

Selected Financial Factors (in Percentages)

Debt Ratio 32	69.1	•	•	72.5	82.9	74.6	80.5	72.6	60.0	82.1	84.3	45.6	•
Return on Assets 33	8.2	•	4.9	33.4	6.6	9.4	7.3	13.8	4.2	7.1	•	7.6	•
Return on Equity 34	15.5	•	•	•	20.8	27.4	22.1	37.7	2.0	21.4	•	6.3	•
Return Before Interest on Equity 35	26.4	•	•	•	•	•	•	•	10.4	•	•	13.9	•
Profit Margin, Before Income Tax 36	3.1	•	0.6	7.0	0.9	4.3	2.3	8.2	1.2	2.1	•	10.8	•
Profit Margin, After Income Tax 37	2.5	•	0.5	7.0	0.9	4.0	2.0	7.3	0.4	1.7	•	6.2	•

Trends in Selected Ratios and Factors, 1990-1999

	1990	1991	1992	1993	1994	1995	1996	1997	1998	1999
Cost of Labor (%) 38	26.1	27.8	31.1	29.6	30.2	30.0	26.0	26.8	25.1	24.3
Operating Margin (%) 39	•	•	•	•	•	•	•	•	•	0.7
Oper. Margin Before Officers Comp. (%) 40	2.3	5.3	4.5	2.8	4.1	3.9	3.8	4.6	6.0	5.8
Average Net Receivables ($) 41	57	60	81	88	100	95	88	79	69	75
Average Inventories ($) 42	6	6	7	9	6	10	7	8	9	6
Average Net Worth ($) 43	68	62	91	99	88	102	114	109	112	99
Current Ratio (×1) 44	1.3	1.4	1.4	1.4	1.3	1.2	1.2	1.2	1.3	1.3
Quick Ratio (×1) 45	1.1	1.1	1.2	1.0	1.1	1.0	1.0	1.0	1.1	1.1
Coverage Ratio (×1) 46	1.4	2.0	2.1	1.5	2.0	2.2	2.1	1.7	3.5	3.9
Asset Turnover (×1) 47	1.5	1.6	1.7	1.5	1.7	1.7	1.8	1.9	2.0	2.0
Total Liabilities/Net Worth (×1) 48	2.7	3.2	2.4	2.7	3.1	2.6	2.4	2.2	1.9	2.2
Return on Assets (×1) 49	3.8	5.8	4.9	4.5	6.0	6.5	6.2	4.5	7.7	8.2
Return on Equity (%) 50	•	7.3	5.7	3.0	8.0	9.7	8.1	2.9	13.4	15.5

Table II

Corporations with Net Income

EDUCATIONAL SERVICES

MONEY AMOUNTS AND SIZE OF ASSETS IN THOUSANDS OF DOLLARS

Item Description for Accounting Period 7/95 Through 6/96		Total	Zero Assets	Under 100	100 to 250	251 to 500	501 to 1,000	1,001 to 5,000	5,001 to 10,000	10,001 to 25,000	25,001 to 50,000	50,001 to 100,000	100,001 to 250,000	250,001 and over
Number of Enterprises	1	12317	537	8136	1784	703	516	480	•	42	17	•	•	•
Revenues ($ in Thousands)														
Net Sales	2	11570114	60861	1980385	1264326	1077080	695596	2034932	•	1113063	1269204	•	•	•
Portfolio Income	3	48970	1124	2025	1812	851	3190	4501	•	2947	8253	•	•	•
Other Revenues	4	235784	3029	8499	7150	3943	32584	27076	•	36212	12037	•	•	•
Total Revenues	5	11854868	65014	1990909	1273288	1081874	731370	2066509	•	1152222	1289494	•	•	•
Average Total Revenues	6	962	121	245	714	1539	1417	4305	•	27434	75853	•	•	•
Operating Costs/Operating Income (%)														
Cost of Operations	7	22.4	•	12.6	17.6	42.1	6.9	15.5	•	31.0	50.6	•	•	•
Rent	8	24.8	50.6	12.7	30.6	21.3	29.8	31.4	•	26.3	19.1	•	•	•
Taxes Paid	9	3.5	0.2	3.1	5.2	2.4	4.0	4.1	•	3.5	3.0	•	•	•
Interest Paid	10	0.9	•	0.2	0.8	0.8	0.7	1.0	•	0.8	1.2	•	•	•
Depreciation, Depletion, Amortization	11	2.4		1.8	1.1	1.9	2.1	2.2	•	2.3	1.9	•	•	•
Pensions and Other Benefits	12	1.9		2.1	2.3	0.4	1.1	1.5	•	2.9	1.2	•	•	•
Other	13	34.5	36.2	55.5	28.1	25.0	39.5	36.6	•	28.0	18.1	•	•	•
Officers Compensation	14	4.6	•	7.5	7.8	3.1	8.4	4.3	•	1.9	2.3	•	•	•
Operating Margin	15	5.0	13.1	4.6	6.7	3.1	7.7	3.5	•	3.3	2.8	•	•	•
Oper. Margin Before Officers Compensation	16	9.6	13.1	12.1	14.5	6.1	16.1	7.8	•	5.2	5.1	•	•	•
Selected Average Balance Sheet ($ in Thousands)														
Net Receivables	17	107	•	3	17	80	177	832	•	3044	14081	•	•	•
Inventories	18	10	•	0	1	•	7	63	•	987	478	•	•	•
Net Property, Plant and Equipment	19	150	•	11	49	161	149	488	•	6613	10010	•	•	•
Total Assets	20	484	•	29	152	352	695	2154	•	14437	38156	•	•	•

Notes and Loans Payable 21	105	•	23	60	129	69	482	•	2179	8194	•	•	•
All Other Liabilities 22	176	•	6	43	112	249	842	•	4864	25816	•	•	•
Net Worth 23	203	•	-1	50	111	377	830	•	7394	4145	•	•	•

Selected Financial Ratios (Times to 1)

Current Ratio 24	1.4	•	1.8	1.4	2.1	1.6	1.5	•	1.7	1.0	•	•	•
Quick Ratio 25	1.2	•	1.7	1.0	2.0	1.6	1.3	•	1.3	0.8	•	•	•
Net Sales to Working Capital 26	13.7	•	41.6	34.8	18.0	7.1	9.3	•	9.4	•	•	•	•
Coverage Ratio 27	9.2	•	•	10.4	5.7	•	5.9	•	9.7	4.5	•	•	•
Total Asset Turnover 28	2.0	•	8.5	4.7	4.4	1.9	2.0	•	1.8	2.0	•	•	•
Inventory Turnover 29	•	•	•	•	•	•	9.0	•	•	•	•	•	•
Receivables Turnover 30	9.4	•	•	•	•	•	5.9	•	9.1	5.9	•	•	•
Total Liabilities to Net Worth 31	1.4	•	•	2.1	2.2	0.9	1.6	•	1.0	8.2	•	•	•

Selected Financial Factors (in Percentages)

Debt Ratio 32	58.0	•	•	67.3	68.4	45.8	61.5	•	48.8	89.1	•	•	•
Return on Assets 33	16.1	•	•	37.8	18.4	26.3	11.8	•	14.0	10.6	•	•	•
Return on Equity 34	29.8	•	•	•	•	•	23.1	•	20.0	•	•	•	•
Return Before Interest on Equity 35	•	•	•	•	•	•	30.5	•	27.4	•	•	•	•
Profit Margin, Before Income Tax 36	7.4	19.9	5.1	7.4	3.5	12.8	5.0	•	6.9	4.2	•	•	•
Profit Margin, After Income Tax 37	6.5	19.9	4.9	7.3	3.4	12.4	4.5	•	5.6	3.5	•	•	•

Trends in Selected Ratios and Factors, 1990-1999

	1990	1991	1992	1993	1994	1995	1996	1997	1998	1999
Cost of Operations (%) 38	27.6	29.7	27.0	32.6	30.7	31.2	29.1	30.0	24.6	22.4
Operating Margin (%) 39	1.8	2.4	3.9	2.9	3.1	3.9	3.8	4.1	4.5	5.0
Oper. Margin Before Officers Comp. (%) 40	8.7	9.4	11.5	8.5	8.8	8.6	9.1	10.5	9.4	9.6
Average Net Receivables ($) 41	74	101	70	77	96	110	95	100	92	107
Average Inventories ($) 42	5	9	8	10	6	13	9	10	14	10
Average Net Worth ($) 43	140	110	118	149	150	140	169	172	203	203
Current Ratio (×1) 44	1.5	1.5	1.4	1.6	1.4	1.3	1.4	1.3	1.5	1.4
Quick Ratio (×1) 45	1.3	1.3	1.2	1.2	1.1	1.1	1.1	1.1	1.2	1.2
Coverage Ratio (×1) 46	5.2	5.5	7.9	6.1	5.4	6.3	7.2	7.7	8.0	9.2
Asset Turnover (×1) 47	1.7	1.7	2.0	1.8	1.8	1.8	2.0	2.3	1.7	2.0
Operating Leverage 48	•	1.3	1.7	0.8	1.1	1.3	1.0	1.1	1.1	1.1
Financial Leverage 49	1.1	1.1	1.1	1.0	1.0	1.1	1.0	1.0	1.0	1.0
Total Leverage 50	•	1.4	1.9	0.7	1.0	1.4	1.0	1.1	1.1	1.1

Table I

Corporations with and without Net Income

SOCIAL SERVICES

MONEY AMOUNTS AND SIZE OF ASSETS IN THOUSANDS OF DOLLARS

Item Description for Accounting Period 7/95 Through 6/96		Total	Zero Assets	Under 100	100 to 250	251 to 500	501 to 1,000	1,001 to 5,000	5,001 to 10,000	10,001 to 25,000	25,001 to 50,000	50,001 to 100,000	100,001 to 250,000	250,001 and over
Number of Enterprises	1	17691	•	13994	•	1258	150	76	21	11	4	4	•	•
Revenues ($ in Thousands)														
Net Sales	2	5817541	•	1925737	•	577912	410326	398106	120557	379866	480990	917480	•	•
Portfolio Income	3	17926	•	1026	•	2200	1216	25	2564	734	178	8891	•	•
Other Revenues	4	89053	•	5318	•	1271	680	3578	•	3380	6520	64358	•	•
Total Revenues	5	5924520	•	1932081	•	581383	412222	401709	123121	383980	487688	990729	•	•
Average Total Revenues	6	335	•	138	•	462	2748	5286	5863	34907	121922	247682	•	•
Operating Costs/Operating Income (%)														
Cost of Operations	7	17.3	•	7.2	•	12.4	26.2	51.2	•	•	65.2	8.3	•	•
Rent	8	32.2	•	31.5	•	31.1	25.3	17.1	19.2	57.3	3.3	48.0	•	•
Taxes Paid	9	5.6	•	5.2	•	4.8	9.0	4.4	2.7	5.7	5.7	5.8	•	•
Interest Paid	10	2.0	•	1.2	•	3.1	0.4	0.5	3.7	0.7	2.8	3.9	•	•
Depreciation, Depletion, Amortization	11	2.8	•	2.6	•	2.8	0.6	1.3	4.1	2.2	0.9	5.9	•	•
Pensions and Other Benefits	12	1.5	•	0.9	•	0.5	3.0	2.9	0.7	1.4	3.5	1.4	•	•
Other	13	31.0	•	38.1	•	32.2	26.7	10.7	80.5	28.9	12.7	31.9	•	•
Officers Compensation	14	7.3	•	13.5	•	9.7	3.1	4.6	0.7	1.1	1.6	0.8	•	•
Operating Margin	15	0.2	•	•	•	3.5	5.7	7.4	•	2.7	4.3	•	•	•
Oper. Margin Before Officers Compensation	16	7.5	•	13.3	•	13.2	8.8	12.0	•	3.8	6.0	•	•	•
Selected Average Balance Sheet ($ in Thousands)														
Net Receivables	17	20	•	0	•	30	234	483	812	2952	21454	21694	•	•
Inventories	18	1	•	0	•	•	•	9	•	•	•	2520	•	•
Net Property, Plant and Equipment	19	80	•	12	•	198	115	1385	3049	5798	3244	139372	•	•
Total Assets	20	142	•	25	•	307	611	2604	5772	15551	31970	215056	•	•

Notes and Loans Payable 21	75	•	19	•	209	116	664	2983	4901	6983	87568	•	•
All Other Liabilities 22	28	•	4	•	21	377	568	713	5645	12464	41581	•	•
Net Worth 23	40	•	1	•	78	118	1371	2076	5004	12524	85909	•	•

Selected Financial Ratios (Times to 1)

Current Ratio 24	1.4	•	1.2	•	2.1	1.2	1.8	4.0	1.2	1.7	1.0	•	•
Quick Ratio 25	1.3	•	1.1	•	2.0	1.2	1.2	3.9	1.0	1.7	0.8	•	•
Net Sales to Working Capital 26	28.1	•	•	•	13.5	30.1	11.3	2.8	34.2	12.7	•	•	•
Coverage Ratio 27	2.0	•	1.1	•	2.3	•	•	•	6.3	3.1	1.5	•	•
Total Asset Turnover 28	2.3	•	5.6	•	1.5	4.5	2.0	1.0	2.2	3.8	1.1	•	•
Inventory Turnover 29	•	•	•	•	•	•	•	•	•	•	5.1	•	•
Receivables Turnover 30	•	•	•	•	•	•	7.4	5.7	7.5	•	•	•	•
Total Liabilities to Net Worth 31	2.6	•	16.2	•	3.0	4.2	0.9	1.8	2.1	1.6	1.5	•	•

Selected Financial Factors (in Percentages)

Debt Ratio 32	72.1	•	94.2	•	74.7	80.6	47.3	64.0	67.8	60.8	60.1	•	•
Return on Assets 33	9.4	•	7.4	•	10.7	29.3	17.7	•	9.9	32.0	6.2	•	•
Return on Equity 34	14.4	•	4.8	•	22.3	•	29.1	•	25.2	36.3	4.5	•	•
Return Before Interest on Equity 35	33.8	•	•	•	•	•	33.7	•	30.7	•	15.5	•	•
Profit Margin, Before Income Tax 36	2.1	•	0.1	•	4.1	6.1	8.3	•	3.7	5.7	1.9	•	•
Profit Margin, After Income Tax 37	1.7	•	•	•	3.8	6.1	7.6	•	3.7	3.8	1.7	•	•

Trends in Selected Ratios and Factors, 1990-1999

	1990	1991	1992	1993	1994	1995	1996	1997	1998	1999
Cost of Labor (%) 38	12.2	13.5	13.6	11.6	15.2	21.3	16.0	26.3	16.7	17.3
Operating Margin (%) 39	•	•	•	•	•	•	•	2.6	2.2	0.2
Oper. Margin Before Officers Comp. (%) 40	2.8	•	•	3.6	2.9	4.1	4.1	9.8	9.5	7.5
Average Net Receivables ($) 41	11	17	27	13	15	7	11	20	21	20
Average Inventories ($) 42	1	2	5	1	1	1	1	1	1	1
Average Net Worth ($) 43	39	43	59	24	28	19	14	27	35	40
Current Ratio (×1) 44	1.5	0.5	0.2	1.1	1.0	0.5	0.5	1.4	1.4	1.4
Quick Ratio (×1) 45	1.4	0.4	0.2	1.0	0.8	0.4	0.5	1.2	1.2	1.3
Coverage Ratio (×1) 46	1.5	1.2	1.0	1.4	0.6	1.3	0.9	3.3	3.0	2.0
Asset Turnover (×1) 47	1.1	0.7	0.3	1.9	1.7	2.2	2.1	3.0	2.4	2.3
Total Liabilities/Net Worth (×1) 48	2.7	4.7	14.9	5.3	6.8	5.9	9.2	4.0	3.2	2.6
Return on Assets (×1) 49	8.4	5.4	3.7	8.1	3.1	8.8	5.6	12.8	11.9	9.4
Return on Equity (%) 50	7.0	2.8	•	7.5	•	7.5	•	40.2	29.3	14.4

Table II

Corporations with Net Income

SOCIAL SERVICES

MONEY AMOUNTS AND SIZE OF ASSETS IN THOUSANDS OF DOLLARS

Item Description for Accounting Period 7/95 Through 6/96	Total	Zero Assets	Under 100	100 to 250	251 to 500	501 to 1,000	1,001 to 5,000	5,001 to 10,000	10,001 to 25,000	25,001 to 50,000	50,001 to 100,000	100,001 to 250,000	250,001 and over
1 Number of Enterprises	7460	•	5918	446	913	108	56	•	11	•	•	•	•
Revenues ($ in Thousands)													
2 Net Sales	4394310	•	1284116	189656	393758	361235	391301	•	379866	•	•	•	•
3 Portfolio Income	12630	•	942	16	1708	830	25	•	734	•	•	•	•
4 Other Revenues	82848	•	3446	37	1070	457	3579	•	3380	•	•	•	•
5 Total Revenues	4489788	•	1288504	189709	396536	362522	394905	•	383980	•	•	•	•
6 Average Total Revenues	602	•	218	425	434	3357	7052	•	34907	•	•	•	•
Operating Costs/Operating Income (%)													
7 Cost of Operations	19.8	•	9.4	3.8	10.3	29.8	52.1	•	•	•	•	•	•
8 Rent	32.1	•	27.4	50.9	31.5	27.2	16.8	•	57.3	•	•	•	•
9 Taxes Paid	5.6	•	4.8	6.0	4.3	10.1	4.2	•	5.7	•	•	•	•
10 Interest Paid	1.8	•	0.7	1.6	3.1	0.5	0.2	•	0.7	•	•	•	•
11 Depreciation, Depletion, Amortization	2.8	•	3.0	1.4	2.6	0.6	1.2	•	2.2	•	•	•	•
12 Pensions and Other Benefits	1.9	•	1.1	3.2	0.7	3.4	2.9	•	1.4	•	•	•	•
13 Other	26.5	•	34.3	14.5	33.3	17.7	10.4	•	28.9	•	•	•	•
14 Officers Compensation	7.0	•	16.1	11.3	7.6	3.6	4.7	•	1.1	•	•	•	•
15 Operating Margin	2.6	•	3.3	7.4	6.7	7.3	7.6	•	2.7	•	•	•	•
16 Oper. Margin Before Officers Compensation	9.7	•	19.4	18.7	14.3	10.8	12.2	•	3.8	•	•	•	•
Selected Average Balance Sheet ($ in Thousands)													
17 Net Receivables	41	•	0	34	34	187	648	•	2952	•	•	•	•
18 Inventories	2	•	1	•	•	•	13	•	•	•	•	•	•
19 Net Property, Plant and Equipment	134	•	15	117	185	154	1420	•	5798	•	•	•	•
20 Total Assets	254	•	33	168	307	616	3068	•	15551	•	•	•	•

Notes and Loans Payable 21	114	•	23	250	169	161	441	•	4901	•	•	•	•
All Other Liabilities 22	55	•	5	14	24	395	766	•	5645	•	•	•	•
Net Worth 23	85	•	5	-96	114	59	1861	•	5004	•	•	•	•

Selected Financial Ratios (Times to 1)

Current Ratio 24	1.4	•	1.8	3.2	2.3	1.1	1.8	•	1.2	•	•	•	•
Quick Ratio 25	1.3	•	1.7	3.2	2.3	1.1	1.2	•	1.0	•	•	•	•
Net Sales to Working Capital 26	25.5	•	39.8	12.2	10.6	•	11.1	•	34.2	•	•	•	•
Coverage Ratio 27	3.7	•	6.0	5.6	3.4	•	•	•	6.3	•	•	•	•
Total Asset Turnover 28	2.3	•	6.6	2.5	1.4	5.4	2.3	•	2.2	•	•	•	•
Inventory Turnover 29	•	•	•	•	•	•	•	•	•	•	•	•	•
Receivables Turnover 30	•	•	•	•	9.3	•	8.8	•	7.5	•	•	•	•
Total Liabilities to Net Worth 31	2.0	•	5.1	•	1.7	9.4	0.7	•	2.1	•	•	•	•

Selected Financial Factors (in Percentages)

Debt Ratio 32	66.4	•	83.7	•	63.0	90.4	39.4	•	67.8	•	•	•	•
Return on Assets 33	15.3	•	28.7	22.9	14.8	•	19.7	•	9.9	•	•	•	•
Return on Equity 34	30.3	•	•	•	26.6	•	29.1	•	25.2	•	•	•	•
Return Before Interest on Equity 35	•	•	•	•	•	•	32.4	•	30.7	•	•	•	•
Profit Margin, Before Income Tax 36	4.8	•	3.6	7.5	7.4	7.6	8.5	•	3.7	•	•	•	•
Profit Margin, After Income Tax 37	4.4	•	3.5	7.1	7.0	7.6	7.8	•	3.7	•	•	•	•

Trends in Selected Ratios and Factors, 1990-1999

	1990	1991	1992	1993	1994	1995	1996	1997	1998	1999
Cost of Operations (%) 38	12.3	13.6	10.3	12.9	11.9	25.6	16.9	29.0	17.6	19.8
Operating Margin (%) 39	•	•	•	3.2	4.8	6.1	4.9	4.4	4.7	2.6
Oper. Margin Before Officers Comp. (%) 40	7.7	1.4	•	8.7	13.6	10.2	10.2	9.6	11.3	9.7
Average Net Receivables ($) 41	18	27	25	24	25	13	17	29	31	41
Average Inventories ($) 42	1	4	3	2	2	2	2	2	2	2
Average Net Worth ($) 43	92	76	48	89	65	51	45	59	61	85
Current Ratio (×1) 44	2.2	0.5	0.9	1.6	1.5	1.1	1.4	1.7	1.3	1.4
Quick Ratio (×1) 45	2.0	0.4	0.7	1.4	1.3	0.9	1.2	1.4	1.2	1.3
Coverage Ratio (×1) 46	2.5	2.0	6.2	4.8	5.3	5.7	4.2	5.2	4.6	3.7
Asset Turnover (×1) 47	1.1	0.6	2.2	2.0	2.3	3.2	3.0	3.2	2.5	2.3
Operating Leverage 48	0.4	2.2	2.9	•	1.5	1.3	0.8	0.9	1.1	0.6
Financial Leverage 49	1.0	0.8	1.7	0.9	1.1	1.1	0.9	1.1	1.0	0.9
Total Leverage 50	0.4	1.8	4.8	•	1.6	1.4	0.7	1.0	1.0	0.5

Table I

Corporations with and without Net Income

MEMBERSHIP ORGANIZATIONS

MONEY AMOUNTS AND SIZE OF ASSETS IN THOUSANDS OF DOLLARS

Item Description for Accounting Period 7/95 Through 6/96		Total	Zero Assets	Under 100	100 to 250	251 to 500	501 to 1,000	1,001 to 5,000	5,001 to 10,000	10,001 to 25,000	25,001 to 50,000	50,001 to 100,000	100,001 to 250,000	250,001 and over
Number of Enterprises	1	15232	2113	9946	1245	968	567	266	35	64	19	5	3	•
Revenues ($ in Thousands)														
Net Sales	2	5535147	11854	317093	238275	305540	619680	488217	305123	608066	605150	1346551	689598	•
Portfolio Income	3	154154	69	6077	3666	4830	6000	19641	5191	20414	14599	7745	65923	•
Other Revenues	4	766526	1492	20231	15455	67110	162981	39606	11087	210417	37575	4639	195933	•
Total Revenues	5	6455827	13415	343401	257396	377480	788661	547464	321401	838897	657324	1358935	951454	•
Average Total Revenues	6	424	6	35	207	390	1391	2058	9183	13108	34596	271787	317151	•
Operating Costs/Operating Income (%)														
Cost of Operations	7	38.7	•	34.3	8.0	15.5	7.7	31.7	29.0	15.0	43.8	83.4	28.6	•
Rent	8	20.0	0.3	7.5	8.8	24.3	21.7	11.7	30.3	36.8	21.3	6.6	38.2	•
Taxes Paid	9	2.7	15.5	1.2	3.1	3.3	3.7	3.3	3.6	3.9	3.0	0.7	3.9	•
Interest Paid	10	0.8	•	0.9	0.4	3.7	0.9	0.8	0.4	1.5	0.1	0.4	0.2	•
Depreciation, Depletion, Amortization	11	2.7	0.2	0.9	4.3	3.5	3.8	3.2	3.5	3.8	3.4	0.5	4.0	•
Pensions and Other Benefits	12	2.8	•	•	0.4	1.7	1.9	2.0	2.7	6.7	4.7	0.7	5.6	•
Other	13	45.8	•	66.1	84.0	56.1	82.9	56.5	35.4	63.5	29.2	8.2	54.1	•
Officers Compensation	14	1.5	•	0.7	1.7	9.5	0.4	1.7	2.0	3.9	1.0	0.1	0.4	•
Operating Margin	15	•	•	•	•	•	•	•	•	•	•	•	•	•
Oper. Margin Before Officers Compensation	16	•	•	•	•	•	•	•	•	•	•	•	•	•
Selected Average Balance Sheet ($ in Thousands)														
Net Receivables	17	42	•	1	22	22	99	139	1043	3510	3060	19544	22975	•
Inventories	18	5	•	0	1	1	6	10	579	157	337	1109	6883	•
Net Property, Plant and Equipment	19	112	•	2	50	133	278	1232	2709	4536	15137	26207	68098	•
Total Assets	20	337	•	16	177	338	761	2481	7760	16330	35717	71541	325913	•

Notes and Loans Payable 21	37	•	5	13	140	120	164	493	2196	1157	10094	7699	•
All Other Liabilities 22	142	•	5	53	121	244	640	3719	8200	12899	38572	176391	•
Net Worth 23	157	•	6	112	76	397	1677	3548	5934	21661	22875	141823	•

Selected Financial Ratios (Times to 1)

Current Ratio 24	1.2	•	2.2	2.3	1.1	1.3	1.6	1.0	1.0	1.4	1.1	1.0	•
Quick Ratio 25	1.0	•	2.0	2.2	1.1	1.1	1.3	0.7	0.9	1.2	1.0	0.5	•
Net Sales to Working Capital 26	13.6	•	4.6	2.8	15.7	14.0	5.5	•	37.0	11.7	•	•	•
Coverage Ratio 27	3.0	•	•	•	2.7	6.2	2.7	•	2.8	•	1.6	•	•
Total Asset Turnover 28	1.1	•	2.0	1.1	0.9	1.4	0.7	1.1	0.6	0.9	3.8	0.7	•
Inventory Turnover 29	•	•	•	•	•	•	•	6.5	3.0	•	•	•	•
Receivables Turnover 30	8.4	•	•	8.8	•	•	8.2	•	3.0	•	•	•	•
Total Liabilities to Net Worth 31	1.1	•	1.7	0.6	3.4	0.9	0.5	1.2	1.8	0.7	2.1	1.3	•

Selected Financial Factors (in Percentages)

Debt Ratio 32	53.3	•	63.4	36.9	77.5	47.8	32.4	54.3	63.7	39.4	68.0	56.5	•
Return on Assets 33	2.4	•	•	•	9.2	7.5	1.6	•	2.4	1.9	2.6	2.3	•
Return on Equity 34	1.8	•	•	•	21.5	8.5	0.9	•	2.4	2.0	1.4	3.0	•
Return Before Interest on Equity 35	5.2	•	•	•	•	14.4	2.4	•	6.6	3.2	8.1	5.2	•
Profit Margin, Before Income Tax 36	1.5	•	•	•	6.2	4.4	1.3	•	2.6	2.0	0.3	3.0	•
Profit Margin, After Income Tax 37	0.8	•	•	•	5.2	3.1	0.9	•	1.5	1.4	0.1	1.8	•

Trends in Selected Ratios and Factors, 1990-1999

	1990	1991	1992	1993	1994	1995	1996	1997	1998	1999
Cost of Labor (%) 38	44.7	41.8	46.6	48.8	59.8	47.9	40.2	39.6	39.1	38.7
Operating Margin (%) 39	•	•	•	•	•	•	•	•	•	•
Oper. Margin Before Officers Comp. (%) 40	•	•	•	•	•	•	•	•	•	•
Average Net Receivables ($) 41	29	23	50	26	27	41	50	53	51	42
Average Inventories ($) 42	6	4	7	2	4	6	9	7	7	5
Average Net Worth ($) 43	83	68	85	79	91	137	174	176	168	157
Current Ratio (×1) 44	1.3	1.3	1.2	1.1	1.2	1.3	1.4	1.3	1.2	1.2
Quick Ratio (×1) 45	1.0	1.1	0.9	0.9	1.0	1.1	1.1	1.0	1.0	1.0
Coverage Ratio (×1) 46	1.8	1.0	0.5	1.7	1.0	3.0	3.6	2.5	0.9	3.0
Asset Turnover (×1) 47	1.2	1.4	1.5	1.7	1.5	1.4	1.2	1.2	1.2	1.1
Total Liabilities/Net Worth (×1) 48	1.9	2.2	2.3	1.5	1.4	1.2	1.2	1.3	1.3	1.1
Return on Assets (×1) 49	4.1	2.4	1.0	2.4	1.2	3.3	3.2	2.4	0.7	2.4
Return on Equity (%) 50	2.0	•	•	0.7	•	3.1	2.8	0.8	•	1.8

MEMBERSHIP ORGANIZATIONS

MONEY AMOUNTS AND SIZE OF ASSETS IN THOUSANDS OF DOLLARS

Item Description for Accounting Period 7/95 Through 6/96		Total	Zero Assets	Under 100	100 to 250	251 to 500	501 to 1,000	1,001 to 5,000	5,001 to 10,000	10,001 to 25,000	25,001 to 50,000	50,001 to 100,000	100,001 to 250,000	250,001 and over
Number of Enterprises	1	8228	831	5395	598	729	420	161	32	43	•	•	•	•
Revenues ($ in Thousands)														
Net Sales	2	3349562	580	182058	60515	166013	571243	287893	305123	481451	•	•	•	•
Portfolio Income	3	108608	1	6001	2543	4562	5464	7725	4593	18934	•	•	•	•
Other Revenues	4	619489	609	14819	15414	52456	57388	35385	10366	206604	•	•	•	•
Total Revenues	5	4077659	1190	202878	78472	223031	634095	331003	320082	706989	•	•	•	•
Average Total Revenues	6	496	1	38	131	306	1510	2056	10003	16442	•	•	•	•
Operating Costs/Operating Income (%)														
Cost of Operations	7	25.2	•	14.8	8.8	1.4	7.1	38.5	29.0	16.2	•	•	•	•
Rent	8	25.0	•	5.7	7.2	18.6	17.2	9.1	28.4	39.0	•	•	•	•
Taxes Paid	9	3.5	6.6	1.1	4.7	2.6	3.0	4.1	3.5	4.6	•	•	•	•
Interest Paid	10	0.6	•	0.3	1.2	3.6	0.4	0.5	0.4	1.3	•	•	•	•
Depreciation, Depletion, Amortization	11	3.1	•	0.6	6.6	4.2	2.3	2.4	3.2	4.4	•	•	•	•
Pensions and Other Benefits	12	3.7	•	•	•	0.7	2.0	0.7	2.6	7.0	•	•	•	•
Other	13	53.7	•	82.2	90.4	79.4	72.1	54.2	33.1	64.4	•	•	•	•
Officers Compensation	14	1.3	•	•	•	•	0.4	1.7	2.0	4.5	•	•	•	•
Operating Margin	15	•	•	•	•	•	•	•	•	•	•	•	•	•
Oper. Margin Before Officers Compensation	16	•	•	•	•	•	•	•	•	•	•	•	•	•
Selected Average Balance Sheet ($ in Thousands)														
Net Receivables	17	45	•	1	5	27	115	227	1132	2542	•	•	•	•
Inventories	18	7	•	0	1	0	2	10	633	213	•	•	•	•
Net Property, Plant and Equipment	19	126	•	0	50	113	212	978	2943	5157	•	•	•	•
Total Assets	20	420	•	19	172	346	814	2366	7773	17557	•	•	•	•

Notes and Loans Payable 21	40	•	6	12	131	105	99	539	1644	•	•	•	•
All Other Liabilities 22	193	•	4	50	121	274	724	4023	9046	•	•	•	•
Net Worth 23	187	•	9	110	94	436	1542	3211	6868	•	•	•	•

Selected Financial Ratios (Times to 1)

Current Ratio 24	1.3	•	2.9	2.5	1.3	1.4	1.6	1.0	1.0	•	•	•	•
Quick Ratio 25	1.1	•	2.8	2.3	1.3	1.2	1.4	0.6	0.8	•	•	•	•
Net Sales to Working Capital 26	9.2	•	2.8	1.4	5.2	10.5	4.5	•	•	•	•	•	•
Coverage Ratio 27	10.0	•	•	10.1	7.7	•	8.9	8.6	4.8	•	•	•	•
Total Asset Turnover 28	1.0	•	1.7	0.6	0.7	1.7	0.8	1.2	0.6	•	•	•	•
Inventory Turnover 29	•	•	•	6.5	•	•	•	7.7	•	•	•	•	•
Receivables Turnover 30	8.5	•	•	8.1	•	•	5.5	•	8.8	•	•	•	•
Total Liabilities to Net Worth 31	1.3	•	1.1	0.6	2.7	0.9	0.5	1.4	1.6	•	•	•	•

Selected Financial Factors (in Percentages)

Debt Ratio 32	55.5	•	52.9	36.1	72.9	46.5	34.8	58.7	60.9	•	•	•	•
Return on Assets 33	6.0	•	12.5	7.0	18.2	11.6	3.3	3.7	4.1	•	•	•	•
Return on Equity 34	9.5	•	23.2	8.9	•	15.8	3.6	5.5	6.0	•	•	•	•
Return Before Interest on Equity 35	13.4	•	26.6	11.0	•	21.6	5.1	9.0	10.4	•	•	•	•
Profit Margin, Before Income Tax 36	5.5	•	6.9	10.8	24.0	6.5	3.9	2.7	5.1	•	•	•	•
Profit Margin, After Income Tax 37	4.4	•	6.3	9.7	22.3	5.1	3.1	1.8	3.7	•	•	•	•

Trends in Selected Ratios and Factors, 1990-1999

	1990	1991	1992	1993	1994	1995	1996	1997	1998	1999
Cost of Operations (%) 38	43.5	38.7	46.1	57.6	55.9	46.8	38.2	21.4	41.2	25.2
Operating Margin (%) 39	•	•	•	•	•	•	•	•	•	•
Oper. Margin Before Officers Comp. (%) 40	•	•	•	•	•	•	•	•	•	•
Average Net Receivables ($) 41	39	38	44	24	18	48	86	75	68	45
Average Inventories ($) 42	8	6	11	2	2	10	16	13	7	7
Average Net Worth ($) 43	127	119	144	101	110	186	258	267	190	187
Current Ratio (×1) 44	1.4	1.4	1.4	1.2	1.3	1.4	1.4	1.3	1.4	1.3
Quick Ratio (×1) 45	1.1	1.2	1.0	1.0	1.1	1.1	1.1	1.1	1.2	1.1
Coverage Ratio (×1) 46	4.5	5.5	7.6	6.4	7.6	8.6	7.6	8.6	9.1	10.0
Asset Turnover (×1) 47	1.3	1.4	1.4	1.8	1.5	1.5	1.3	1.0	1.2	1.0
Operating Leverage 48	1.4	1.3	0.6	0.7	1.4	0.9	2.0	0.7	0.6	2.2
Financial Leverage 49	1.0	1.0	1.1	1.1	1.0	1.0	0.9	1.0	1.1	1.0
Total Leverage 50	1.4	1.3	0.6	0.8	1.4	0.9	1.8	0.6	0.6	2.3

ARCHITECTURAL AND ENGINEERING SERVICES

MONEY AMOUNTS AND SIZE OF ASSETS IN THOUSANDS OF DOLLARS

Item Description for Accounting Period 7/95 Through 6/96		Total	Zero Assets	Under 100	100 to 250	251 to 500	501 to 1,000	1,001 to 5,000	5,001 to 10,000	10,001 to 25,000	25,001 to 50,000	50,001 to 100,000	100,001 to 250,000	250,001 and over
Number of Enterprises	1	63379	2923	46955	6641	2745	1542	2079	216	169	45	36	14	14
Revenues ($ in Thousands)														
Net Sales	2	77260610	426209	12194642	4371521	5160245	5226250	13554549	3804689	6234041	2713993	4663977	4029358	14881135
Portfolio Income	3	475890	941	17328	12259	12328	4878	44520	25575	19724	42545	41221	65163	189412
Other Revenues	4	1100110	3672	117869	53754	9060	41708	153792	77677	224987	27557	79979	76485	233566
Total Revenues	5	78836610	430822	12329839	4437534	5181633	5272836	13752861	3907941	6478752	2784095	4785177	4171006	15304113
Average Total Revenues	6	1244	147	263	668	1888	3419	6615	18092	38336	61869	132922	297929	1093151
Operating Costs/Operating Income (%)														
Cost of Operations	7	42.8	43.3	20.7	20.6	46.4	19.7	33.2	46.8	44.0	68.4	49.7	64.4	68.8
Rent	8	19.5	15.5	23.7	22.8	19.5	28.4	24.5	22.5	21.9	10.1	16.7	10.3	11.0
Taxes Paid	9	3.5	3.3	3.8	4.4	3.6	3.6	4.2	2.8	3.4	2.8	3.3	3.0	2.8
Interest Paid	10	1.0	0.9	0.6	0.9	0.7	0.4	0.8	0.7	0.9	1.1	1.4	1.2	1.7
Depreciation, Depletion, Amortization	11	1.8	2.1	1.5	2.5	1.7	1.8	1.9	1.7	1.9	1.4	2.3	1.5	1.5
Pensions and Other Benefits	12	3.0	2.4	2.4	3.1	3.4	3.5	3.6	3.2	3.1	2.1	3.2	4.5	2.3
Other	13	20.4	24.7	26.7	27.7	16.9	31.9	21.9	16.9	22.8	11.7	22.3	12.3	12.0
Officers Compensation	14	7.4	6.6	19.1	14.3	7.8	8.8	8.4	3.7	3.2	2.0	2.6	2.7	0.8
Operating Margin	15	0.6	1.4	1.5	3.8	0.2	2.0	1.5	1.8	•	0.4	•	0.2	•
Oper. Margin Before Officers Compensation	16	8.1	8.0	20.7	18.1	8.0	10.8	9.9	5.5	2.0	2.4	1.2	2.8	•
Selected Average Balance Sheet ($ in Thousands)														
Net Receivables	17	154	•	2	16	78	232	714	3013	5992	13690	26881	64303	236353
Inventories	18	17	•	0	1	10	19	75	271	891	1401	1895	5389	32884
Net Property, Plant and Equipment	19	83	•	9	52	96	167	457	1068	3740	3496	12144	18875	90299
Total Assets	20	474	•	27	153	325	682	1917	7315	15316	33683	70482	149892	820367

Notes and Loans Payable **21**	138	•	25	57	192	157	549	1343	4669	9460	21733	37263	178414
All Other Liabilities **22**	169	•	9	26	77	226	680	3268	5447	12030	24944	66987	296886
Net Worth **23**	167	•	-6	69	56	299	688	2704	5200	12193	23805	45642	345068

Selected Financial Ratios (Times to 1)

Current Ratio **24**	1.4	•	0.9	1.5	1.3	1.6	1.5	1.6	1.5	1.2	1.6	1.6	1.4
Quick Ratio **25**	1.1	•	0.8	1.3	1.1	1.5	1.3	1.2	1.1	0.9	1.2	1.3	1.0
Net Sales to Working Capital **26**	15.6	•	•	32.0	50.0	20.6	15.5	8.9	11.0	18.2	8.0	7.8	10.9
Coverage Ratio **27**	3.8	3.9	5.8	6.7	2.0	8.3	4.6	7.9	4.2	3.8	1.9	4.1	2.3
Total Asset Turnover **28**	2.6	•	9.5	4.3	5.8	5.0	3.4	2.4	2.4	1.8	1.8	1.9	1.3
Inventory Turnover **29**	•	•	•	•	•	•	•	•	•	•	•	•	•
Receivables Turnover **30**	8.7	•	•	•	•	•	9.7	5.6	6.5	5.3	5.7	4.7	5.3
Total Liabilities to Net Worth **31**	1.9	•	•	1.2	4.8	1.3	1.8	1.7	2.0	1.8	2.0	2.3	1.4

Selected Financial Factors (in Percentages)

Debt Ratio **32**	64.8	•	•	54.6	82.8	56.2	64.1	63.0	66.1	63.8	66.2	69.6	57.9
Return on Assets **33**	9.5	•	30.2	26.6	7.4	16.0	12.7	12.5	8.9	7.6	4.7	9.6	5.0
Return on Equity **34**	15.4	•	•	•	14.9	29.9	22.1	24.1	14.1	11.8	2.6	16.3	3.7
Return Before Interest on Equity **35**	26.9	•	•	•	•	•	•	33.7	26.1	20.9	13.9	31.5	11.9
Profit Margin, Before Income Tax **36**	2.7	2.5	2.6	5.3	0.6	2.8	2.9	4.5	2.8	3.1	1.2	3.8	2.2
Profit Margin, After Income Tax **37**	2.1	1.1	2.5	4.7	0.5	2.6	2.3	3.7	2.0	2.4	0.5	2.6	1.2

Trends in Selected Ratios and Factors, 1990-1999

	1990	1991	1992	1993	1994	1995	1996	1997	1998	1999
Cost of Labor (%) **38**	40.0	39.5	43.6	46.2	47.8	50.3	47.0	47.3	42.1	42.8
Operating Margin (%) **39**	•	•	•	•	•	•	•	•	0.2	0.6
Oper. Margin Before Officers Comp. (%) **40**	7.2	8.5	7.4	7.5	7.0	6.6	6.0	6.7	8.0	8.1
Average Net Receivables ($) **41**	62	72	95	99	128	123	131	154	130	154
Average Inventories ($) **42**	10	9	12	11	14	15	14	16	13	17
Average Net Worth ($) **43**	72	82	99	109	93	127	127	157	133	167
Current Ratio (×1) **44**	1.4	1.5	1.4	1.6	1.3	1.5	1.5	1.6	1.4	1.4
Quick Ratio (×1) **45**	1.1	1.1	1.1	1.2	1.0	1.2	1.2	1.2	1.1	1.1
Coverage Ratio (×1) **46**	1.8	2.9	2.9	3.0	2.5	2.4	2.6	3.3	3.4	3.8
Asset Turnover (×1) **47**	2.7	2.6	2.4	2.3	2.3	2.3	2.4	2.4	2.7	2.6
Total Liabilities/Net Worth (×1) **48**	2.3	2.0	2.1	1.7	2.9	2.0	2.0	1.9	2.1	1.9
Return on Assets (×1) **49**	6.1	8.3	7.7	9.2	9.6	6.9	5.6	7.3	8.0	9.5
Return on Equity (%) **50**	2.2	10.6	10.6	11.9	16.2	8.2	6.6	11.2	13.3	15.4

Table II

Corporations with Net Income

ARCHITECTURAL AND ENGINEERING SERVICES

MONEY AMOUNTS AND SIZE OF ASSETS IN THOUSANDS OF DOLLARS

Item Description for Accounting Period 7/95 Through 6/96	Total	Zero Assets	Under 100	100 to 250	251 to 500	501 to 1,000	1,001 to 5,000	5,001 to 10,000	10,001 to 25,000	25,001 to 50,000	50,001 to 100,000	100,001 to 250,000	250,001 and over
Number of Enterprises **1**	41290	1323	29783	5342	1605	1230	1598	190	134	33	28	•	•
Revenues ($ in Thousands)													
Net Sales **2**	65326319	305711	9394461	3691196	4156837	4625725	10672242	3652554	5574052	2313987	4058711	•	•
Portfolio Income **3**	423528	694	10668	10137	6541	4135	35153	24262	15141	39027	38326	•	•
Other Revenues **4**	943813	3205	51581	53156	2802	40180	141688	67321	208480	26185	76598	•	•
Total Revenues **5**	66693660	309610	9456710	3754489	4166180	4670040	10849083	3744137	5797673	2379199	4173635	•	•
Average Total Revenues **6**	1615	234	318	703	2596	3797	6789	19706	43266	72097	149058	•	•
Operating Costs/Operating Income (%)													
Cost of Operations **7**	42.5	39.6	20.6	17.4	47.0	13.9	31.9	45.9	45.8	69.2	46.8	•	•
Rent **8**	19.5	14.6	23.2	23.1	19.0	30.5	25.6	22.8	20.7	9.8	18.0	•	•
Taxes Paid **9**	3.5	3.6	3.6	4.6	3.3	3.8	4.3	2.8	3.5	2.8	3.3	•	•
Interest Paid **10**	0.9	0.6	0.4	0.9	0.4	0.4	0.7	0.7	0.7	0.9	1.1	•	•
Depreciation, Depletion, Amortization **11**	1.7	2.0	1.4	2.7	1.4	1.9	1.9	1.7	1.7	1.1	1.9	•	•
Pensions and Other Benefits **12**	3.0	1.5	2.3	3.4	3.3	3.6	3.6	3.2	3.0	2.1	3.3	•	•
Other **13**	19.5	20.2	25.3	27.0	15.2	34.3	20.1	16.2	21.0	10.4	22.7	•	•
Officers Compensation **14**	6.9	6.4	17.3	15.0	7.8	8.9	8.4	3.6	3.3	1.7	2.8	•	•
Operating Margin **15**	2.6	11.7	5.9	6.0	2.7	2.9	3.6	3.3	0.5	2.1	0.2	•	•
Oper. Margin Before Officers Compensation **16**	9.5	18.1	23.2	21.0	10.5	11.8	12.0	6.8	3.8	3.8	3.0	•	•
Selected Average Balance Sheet ($ in Thousands)													
Net Receivables **17**	193	•	3	18	88	194	715	3160	6802	15043	29600	•	•
Inventories **18**	22	•	0	1	11	17	91	254	876	1768	1129	•	•
Net Property, Plant and Equipment **19**	104	•	10	56	94	193	465	1152	3729	3494	10814	•	•
Total Assets **20**	589	•	30	155	336	679	1918	7482	15792	34255	70692	•	•

Notes and Loans Payable **21**	136	•	17	58	140	167	480	1346	4438	7684	16905	•	•
All Other Liabilities **22**	209	•	8	25	98	163	577	3538	5590	12401	24839	•	•
Net Worth **23**	245	•	5	72	98	349	861	2597	5764	14170	28949	•	•

Selected Financial Ratios (Times to 1)

Current Ratio **24**	1.6	•	1.5	1.4	1.3	1.6	1.7	1.6	1.6	1.4	1.8	•	•
Quick Ratio **25**	1.2	•	1.4	1.2	1.2	1.5	1.4	1.2	1.3	1.1	1.5	•	•
Net Sales to Working Capital **26**	13.5	•	•	44.6	•	25.4	13.2	9.7	10.3	10.5	6.9	•	•
Coverage Ratio **27**	6.5	•	•	9.8	8.3	11.9	8.3	9.9	7.9	6.5	3.8	•	•
Total Asset Turnover **28**	2.7	•	10.5	4.5	7.7	5.5	3.5	2.6	2.6	2.1	2.1	•	•
Inventory Turnover **29**	•	•	•	•	•	•	•	•	•	•	•	•	•
Receivables Turnover **30**	9.5	•	•	•	•	•	•	6.3	6.6	6.8	5.9	•	•
Total Liabilities to Net Worth **31**	1.4	•	5.4	1.2	2.4	1.0	1.2	1.9	1.7	1.4	1.5	•	•

Selected Financial Factors (in Percentages)

Debt Ratio **32**	58.5	•	84.4	53.6	70.9	48.6	55.1	65.3	63.5	58.6	59.1	•	•
Return on Assets **33**	15.0	•	•	38.5	25.7	22.9	20.7	16.6	13.6	12.3	8.4	•	•
Return on Equity **34**	25.9	•	•	•	•	38.6	34.7	36.7	26.0	21.0	10.8	•	•
Return Before Interest on Equity **35**	•	•	•	•	•	•	•	•	•	29.7	20.6	•	•
Profit Margin, Before Income Tax **36**	4.7	13.0	6.6	7.8	2.9	3.8	5.2	5.8	4.5	5.1	3.0	•	•
Profit Margin, After Income Tax **37**	4.0	11.1	6.5	7.1	2.7	3.6	4.5	5.0	3.6	4.3	2.2	•	•

Trends in Selected Ratios and Factors, 1990-1999

	1990	1991	1992	1993	1994	1995	1996	1997	1998	1999
Cost of Operations (%) **38**	38.5	37.5	42.8	47.4	47.0	51.2	46.0	47.5	39.7	42.5
Operating Margin (%) **39**	2.2	2.6	3.1	3.6	3.3	3.3	2.2	3.8	3.2	2.6
Oper. Margin Before Officers Comp. (%) **40**	12.1	12.0	10.6	10.8	10.6	9.6	8.9	11.0	10.7	9.5
Average Net Receivables ($) **41**	73	85	122	131	147	170	162	145	162	193
Average Inventories ($) **42**	8	5	13	12	16	19	12	19	15	22
Average Net Worth ($) **43**	101	112	143	163	163	205	194	195	168	245
Current Ratio (×1) **44**	1.6	1.7	1.6	1.7	1.6	1.7	1.7	1.8	1.5	1.6
Quick Ratio (×1) **45**	1.3	1.4	1.2	1.3	1.3	1.3	1.4	1.4	1.2	1.2
Coverage Ratio (×1) **46**	6.0	7.6	6.8	7.6	6.1	6.6	8.1	8.8	8.0	6.5
Asset Turnover (×1) **47**	3.1	2.6	2.5	2.5	2.7	2.4	2.6	2.6	3.1	2.7
Operating Leverage **48**	0.7	1.2	1.2	1.2	0.9	1.0	0.7	1.8	0.9	0.8
Financial Leverage **49**	1.0	1.1	1.0	1.0	1.0	1.0	1.0	1.0	1.0	1.0
Total Leverage **50**	0.7	1.3	1.2	1.2	0.9	1.0	0.7	1.8	0.8	0.8

ACCOUNTING, AUDITING, AND BOOKKEEPING SERVICES

MONEY AMOUNTS AND SIZE OF ASSETS IN THOUSANDS OF DOLLARS

Item Description for Accounting Period 7/95 Through 6/96		Total	Zero Assets	Under 100	100 to 250	251 to 500	501 to 1,000	1,001 to 5,000	5,001 to 10,000	10,001 to 25,000	25,001 to 50,000	50,001 to 100,000	100,001 to 250,000	250,001 and over
Number of Enterprises	1	44083	2207	34710	5274	1268	403	196	9	8	8	•	•	•
Revenues ($ in Thousands)														
Net Sales	2	12496987	210885	4230762	3126392	2379903	507232	810453	742770	23518	465071	•	•	•
Portfolio Income	3	90369	303	5162	26641	3510	2940	7236	53	732	43790	•	•	•
Other Revenues	4	274033	13310	142169	64426	7973	5727	6290	28737	275	5130	•	•	•
Total Revenues	5	12861389	224498	4378093	3217459	2391386	515899	823979	771560	24525	513991	•	•	•
Average Total Revenues	6	292	102	126	610	1886	1280	4204	85729	3066	64249	•	•	•
Operating Costs/Operating Income (%)														
Cost of Operations	7	11.6	•	4.0	4.8	16.1	2.6	0.7	85.5	6.1	20.3	•	•	•
Rent	8	27.3	36.1	23.3	29.9	31.9	44.3	34.5	1.6	12.0	28.1	•	•	•
Taxes Paid	9	5.1	5.3	5.2	4.5	5.0	4.5	4.0	9.8	2.5	4.5	•	•	•
Interest Paid	10	1.0	•	1.0	0.8	0.8	2.6	1.8	•	0.1	1.7	•	•	•
Depreciation, Depletion, Amortization	11	1.9	2.2	2.1	1.6	1.6	2.4	2.6	0.1	2.7	4.4	•	•	•
Pensions and Other Benefits	12	4.5	6.5	3.8	6.1	5.3	4.0	3.7	•	0.5	5.0	•	•	•
Other	13	24.3	38.0	30.3	21.1	17.7	22.3	37.0	5.4	57.6	26.8	•	•	•
Officers Compensation	14	21.9	16.1	23.7	30.6	21.0	14.0	17.7	0.8	12.9	2.6	•	•	•
Operating Margin	15	2.5	•	6.6	0.5	0.7	3.3	•	•	5.6	6.8	•	•	•
Oper. Margin Before Officers Compensation	16	24.4	11.9	30.4	31.2	21.6	17.3	15.9	•	18.5	9.3	•	•	•
Selected Average Balance Sheet ($ in Thousands)														
Net Receivables	17	11	•	2	13	46	103	180	2311	3886	19228	•	•	•
Inventories	18	1	•	0	1	4	7	•	•	21	177	•	•	•
Net Property, Plant and Equipment	19	18	•	8	29	99	167	393	273	1275	10450	•	•	•
Total Assets	20	74	•	22	157	323	659	1673	5340	11716	64935	•	•	•

Notes and Loans Payable 21	32	•	12	59	196	346	953	36	•	15835	•	•	•
All Other Liabilities 22	16	•	5	21	83	110	351	4779	6630	14980	•	•	•
Net Worth 23	25	•	5	77	44	202	369	525	5085	34120	•	•	•

Selected Financial Ratios (Times to 1)

Current Ratio 24	1.2	•	1.0	1.5	0.7	2.2	1.1	1.0	1.6	1.6	•	•	•
Quick Ratio 25	1.0	•	0.8	1.2	0.6	1.9	1.0	1.0	0.8	1.4	•	•	•
Net Sales to Working Capital 26	•	•	•	30.3	•	10.2	•	•	0.8	3.7	•	•	•
Coverage Ratio 27	6.5	•	11.7	5.4	2.4	3.0	0.9	•	•	8.0	•	•	•
Total Asset Turnover 28	3.8	•	5.5	3.8	5.8	1.9	2.5	•	0.3	0.9	•	•	•
Inventory Turnover 29	•	•	•	•	•	9.5	•	•	6.4	•	•	•	•
Receivables Turnover 30	•	•	•	•	•	•	•	•	1.1	3.6	•	•	•
Total Liabilities to Net Worth 31	1.9	•	3.0	1.1	6.4	2.3	3.5	9.2	1.3	0.9	•	•	•

Selected Financial Factors (in Percentages)

Debt Ratio 32	65.6	•	75.2	51.3	86.4	69.3	78.0	90.2	56.6	47.5	•	•	•
Return on Assets 33	23.7	•	•	15.8	11.3	14.5	4.1	11.5	1.7	12.3	•	•	•
Return on Equity 34	•	•	•	25.2	•	31.2	•	•	3.9	12.9	•	•	•
Return Before Interest on Equity 35	•	•	•	32.5	•	•	18.7	•	4.0	23.3	•	•	•
Profit Margin, Before Income Tax 36	5.2	2.3	10.1	3.4	1.1	5.0	•	0.7	6.8	12.0	•	•	•
Profit Margin, After Income Tax 37	4.9	2.0	10.0	3.3	1.1	5.0	•	0.5	6.8	7.6	•	•	•

Trends in Selected Ratios and Factors, 1990-1999

	1990	1991	1992	1993	1994	1995	1996	1997	1998	1999
Cost of Labor (%) 38	11.6	12.3	9.1	15.2	16.2	19.7	16.2	14.1	10.0	11.6
Operating Margin (%) 39	1.1	1.9	•	2.0	2.4	3.6	3.4	4.9	2.7	2.5
Oper. Margin Before Officers Comp. (%) 40	18.5	21.6	23.5	18.2	21.5	19.8	19.8	22.2	25.6	24.4
Average Net Receivables ($) 41	10	12	12	13	12	15	14	15	9	11
Average Inventories ($) 42	2	1	1	1	0	1	1	2	1	1
Average Net Worth ($) 43	28	29	23	10	14	19	20	23	25	25
Current Ratio (×1) 44	1.2	1.2	1.2	0.9	1.0	1.2	1.3	1.5	1.4	1.2
Quick Ratio (×1) 45	1.0	1.0	1.1	0.8	0.9	1.0	1.2	1.2	1.2	1.0
Coverage Ratio (×1) 46	2.9	4.2	2.4	3.2	4.3	5.1	6.9	7.7	6.1	6.5
Asset Turnover (×1) 47	3.1	2.8	3.2	2.9	3.6	3.2	2.9	3.3	4.0	3.8
Total Liabilities/Net Worth (×1) 48	2.0	2.0	2.5	6.8	4.0	2.9	2.6	2.0	1.9	1.9
Return on Assets (×1) 49	12.2	17.0	11.3	15.9	24.6	23.2	23.5	27.2	20.6	23.7
Return on Equity (%) 50	19.3	33.1	20.5	78.0	87.3	66.0	68.2	69.5	47.6	54.9

Table II

Corporations with Net Income

ACCOUNTING, AUDITING, AND BOOKKEEPING SERVICES

MONEY AMOUNTS AND SIZE OF ASSETS IN THOUSANDS OF DOLLARS

Item Description for Accounting Period 7/95 Through 6/96		Total	Zero Assets	Under 100	100 to 250	251 to 500	501 to 1,000	1,001 to 5,000	5,001 to 10,000	10,001 to 25,000	25,001 to 50,000	50,001 to 100,000	100,001 to 250,000	250,001 and over
Number of Enterprises	1	28304	1174	22384	3605	820	158	139	•	8	•	•	•	•
Revenues ($ in Thousands)														
Net Sales	2	9710011	174573	3100713	2549999	1713027	303737	644687	•	23518	•	•	•	•
Portfolio Income	3	78048	219	3855	21176	3116	•	6921	•	732	•	•	•	•
Other Revenues	4	214686	13214	127295	28345	6684	272	6947	•	275	•	•	•	•
Total Revenues	5	10002745	188006	3231863	2599520	1722827	304009	658555	•	24525	•	•	•	•
Average Total Revenues	6	353	160	144	721	2101	1924	4738	•	3066	•	•	•	•
Operating Costs/Operating Income (%)														
Cost of Operations	7	14.7	•	5.2	5.8	22.2	4.4	0.6	•	6.1	•	•	•	•
Rent	8	25.2	43.0	20.9	31.7	24.7	39.7	34.9	•	12.0	•	•	•	•
Taxes Paid	9	5.1	5.2	4.9	4.5	5.0	4.4	4.2	•	2.5	•	•	•	•
Interest Paid	10	0.8	•	0.9	0.7	0.8	2.1	1.4	•	0.1	•	•	•	•
Depreciation, Depletion, Amortization	11	1.7	2.1	1.9	1.3	1.5	2.5	2.6	•	2.7	•	•	•	•
Pensions and Other Benefits	12	4.0	4.8	3.2	5.1	5.7	1.7	4.2	•	0.5	•	•	•	•
Other	13	22.8	36.2	29.2	20.7	17.3	20.4	29.6	•	57.6	•	•	•	•
Officers Compensation	14	20.4	12.9	22.3	27.7	21.3	13.7	21.3	•	12.9	•	•	•	•
Operating Margin	15	5.2	•	11.6	2.6	1.6	11.1	1.3	•	5.6	•	•	•	•
Oper. Margin Before Officers Compensation	16	25.7	8.8	33.9	30.3	22.9	24.8	22.6	•	18.5	•	•	•	•
Selected Average Balance Sheet ($ in Thousands)														
Net Receivables	17	13	•	2	16	33	65	212	•	3886	•	•	•	•
Inventories	18	0	•	0	•	5	1	•	•	21	•	•	•	•
Net Property, Plant and Equipment	19	17	•	7	28	108	108	325	•	1275	•	•	•	•
Total Assets	20	82	•	26	155	341	613	1676	•	11716	•	•	•	•

Notes and Loans Payable 21	29	•	9	52	169	497	851	•	•	•	•	•	•
All Other Liabilities 22	18	•	4	18	101	18	415	•	6630	•	•	•	•
Net Worth 23	35	•	13	84	71	99	410	•	5085	•	•	•	•

Selected Financial Ratios (Times to 1)

Current Ratio 24	1.4	•	1.5	1.8	0.7	0.7	0.9	•	1.6	•	•	•	•
Quick Ratio 25	1.1	•	1.2	1.5	0.5	0.6	0.8	•	0.8	•	•	•	•
Net Sales to Working Capital 26	36.3	•	49.9	28.0	•	•	•	•	0.8	•	•	•	•
Coverage Ratio 27	10.6	•	•	7.3	3.8	6.4	3.5	•	•	•	•	•	•
Total Asset Turnover 28	4.2	•	5.4	4.6	6.1	3.1	2.8	•	0.3	•	•	•	•
Inventory Turnover 29	•	•	•	•	•	•	•	•	•	•	•	•	•
Receivables Turnover 30	•	•	•	•	•	•	•	•	1.5	•	•	•	•
Total Liabilities to Net Worth 31	1.4	•	1.0	0.8	3.8	5.2	3.1	•	1.3	•	•	•	•

Selected Financial Factors (in Percentages)

Debt Ratio 32	57.3	•	50.7	45.5	79.3	83.9	75.5	•	56.6	•	•	•	•
Return on Assets 33	36.8	•	•	24.0	18.2	•	13.4	•	1.7	•	•	•	•
Return on Equity 34	•	•	•	36.4	•	•	36.2	•	3.9	•	•	•	•
Return Before Interest on Equity 35	•	•	•	•	•	•	•	•	4.0	•	•	•	•
Profit Margin, Before Income Tax 36	8.0	3.6	15.9	4.5	2.2	11.2	3.5	•	6.8	•	•	•	•
Profit Margin, After Income Tax 37	7.6	3.3	15.7	4.3	2.2	11.2	3.2	•	6.8	•	•	•	•

Trends in Selected Ratios and Factors, 1990-1999

	1990	1991	1992	1993	1994	1995	1996	1997	1998	1999
Cost of Operations (%) 38	12.0	10.9	12.6	10.6	12.2	12.4	21.1	14.1	11.9	14.7
Operating Margin (%) 39	5.0	4.8	4.9	8.0	7.4	6.8	7.4	7.8	5.6	5.2
Oper. Margin Before Officers Comp. (%) 40	23.7	23.4	25.3	24.2	25.3	22.5	22.8	25.2	26.3	25.7
Average Net Receivables ($) 41	7	12	15	14	12	15	17	13	10	13
Average Inventories ($) 42	2	1	1	1	0	0	1	1	2	0
Average Net Worth ($) 43	39	32	35	25	20	23	31	21	31	35
Current Ratio (×1) 44	1.5	1.4	1.6	1.2	1.0	1.1	1.3	1.2	1.5	1.4
Quick Ratio (×1) 45	1.2	1.2	1.3	1.0	0.9	1.0	1.2	1.0	1.2	1.1
Coverage Ratio (×1) 46	5.9	7.5	6.1	7.7	7.9	7.2	15.1	13.1	10.5	10.6
Asset Turnover (×1) 47	3.2	3.1	3.0	3.1	3.5	3.1	3.0	4.1	4.5	4.2
Operating Leverage 48	1.1	1.0	1.0	1.6	0.9	0.9	1.1	1.1	0.7	0.9
Financial Leverage 49	1.0	1.1	1.0	1.1	1.0	1.0	1.1	1.0	1.0	1.0
Total Leverage 50	1.1	1.0	1.1	1.7	0.9	0.9	1.2	1.1	0.7	0.9

MISCELLANEOUS SERVICES, NOT ELSEWHERE CLASSIFIED

MONEY AMOUNTS AND SIZE OF ASSETS IN THOUSANDS OF DOLLARS

Item Description for Accounting Period 7/95 Through 6/96		Total	Zero Assets	Under 100	100 to 250	251 to 500	501 to 1,000	1,001 to 5,000	5,001 to 10,000	10,001 to 25,000	25,001 to 50,000	50,001 to 100,000	100,001 to 250,000	250,001 and over
Number of Enterprises	1	221431	21031	158451	20652	11184	4850	4139	538	386	98	55	29	17
Revenues ($ in Thousands)														
Net Sales	2	95524444	1550321	22778714	12102765	11333746	7649093	11286501	4632630	9391904	3099143	2745416	3142865	5811345
Portfolio Income	3	1494106	262571	69380	64657	162783	39015	163336	59655	88711	81098	68176	135840	298883
Other Revenues	4	2069356	78525	138194	132470	143111	68331	243727	116233	316275	232815	129630	77938	392110
Total Revenues	5	99087906	1891417	22986288	12299892	11639640	7756439	11693564	4808518	9796890	3413056	2943222	3356643	6502338
Average Total Revenues	6	447	90	145	596	1041	1599	2825	8938	25381	34827	53513	115746	382490
Operating Costs/Operating Income (%)														
Cost of Operations	7	35.9	24.2	25.2	23.9	34.8	36.7	40.8	47.5	44.9	37.9	47.3	37.8	66.6
Rent	8	18.9	25.6	13.8	21.9	19.0	19.6	20.6	17.8	23.4	21.1	18.8	26.7	15.3
Taxes Paid	9	3.3	4.5	4.1	3.7	3.0	2.9	2.9	3.5	3.2	3.1	2.2	2.8	2.6
Interest Paid	10	1.4	4.4	0.5	0.6	1.2	1.0	1.8	1.1	1.5	3.0	2.8	3.5	3.4
Depreciation, Depletion, Amortization	11	2.5	3.8	1.5	2.2	2.5	2.6	3.2	2.4	2.6	3.4	6.8	4.1	2.3
Pensions and Other Benefits	12	2.4	3.4	2.2	2.3	1.8	1.6	2.2	2.2	3.3	2.9	3.4	2.4	4.1
Other	13	27.6	49.2	33.9	28.3	26.3	25.3	25.4	25.1	22.5	29.7	23.7	30.7	14.5
Officers Compensation	14	9.6	9.9	15.7	15.4	11.3	8.0	6.8	4.0	4.1	3.7	5.5	1.4	1.1
Operating Margin	15	•	•	3.1	1.9	0.2	2.4	•	•	•	•	•	•	•
Oper. Margin Before Officers Compensation	16	7.9	•	18.8	17.3	11.5	10.4	3.0	0.4	•	•	•	•	•
Selected Average Balance Sheet ($ in Thousands)														
Net Receivables	17	49	•	2	26	56	136	414	1475	3406	8428	11263	40335	139611
Inventories	18	11	•	1	8	22	37	104	219	1174	1157	671	2190	27659
Net Property, Plant and Equipment	19	52	•	6	44	112	198	510	1683	3500	5108	13773	25330	58738
Total Assets	20	237	•	21	155	354	701	1934	6627	15073	35285	70804	156488	539810

Notes and Loans Payable	21	96	•	20	64	183	269	873	2331	5115	8826	21804	47999	184315
All Other Liabilities	22	71	•	6	45	89	185	593	1966	5334	11210	18065	40590	176769
Net Worth	23	69	•	-5	46	81	247	468	2330	4625	15250	30935	67899	178726

Selected Financial Ratios (Times to 1)

Current Ratio	24	1.5	•	1.2	1.5	1.5	1.7	1.4	1.3	1.5	2.0	2.1	1.7	1.4
Quick Ratio	25	1.1	•	1.0	1.1	1.1	1.3	1.0	1.0	1.0	1.6	1.6	1.3	0.8
Net Sales to Working Capital	26	10.7	•	•	23.9	16.6	10.5	11.1	13.7	8.5	3.1	2.7	3.4	4.4
Coverage Ratio	27	2.5	0.3	8.8	6.8	3.5	5.0	0.9	1.1	0.3	2.8	•	0.3	1.7
Total Asset Turnover	28	1.8	•	6.8	3.8	2.9	2.3	1.4	1.3	1.6	0.9	0.7	0.7	0.6
Inventory Turnover	29	•	•	•	•	•	•	•	•	•	•	•	•	•
Receivables Turnover	30	9.3	•	•	•	•	•	7.0	6.3	7.7	3.8	4.0	3.2	2.5
Total Liabilities to Net Worth	31	2.4	•	•	2.4	3.4	1.9	3.1	1.9	2.3	1.3	1.3	1.3	2.0

Selected Financial Factors (in Percentages)

Debt Ratio	32	70.6	•	•	70.1	77.0	64.8	75.8	64.8	69.3	56.8	56.3	56.6	66.9
Return on Assets	33	6.2	•	30.6	15.5	11.6	10.8	2.3	1.7	0.6	7.4	•	0.6	3.6
Return on Equity	34	9.4	•	•	•	32.5	22.7	•	•	•	7.3	•	•	1.5
Return Before Interest on Equity	35	21.2	•	•	•	•	30.6	9.4	4.7	2.1	17.2	•	1.5	10.9
Profit Margin, Before Income Tax	36	2.0	•	4.0	3.5	2.9	3.8	•	0.1	•	5.3	•	•	2.4
Profit Margin, After Income Tax	37	1.5	•	3.9	3.2	2.6	3.6	•	•	•	3.5	•	•	0.8

Trends in Selected Ratios and Factors, 1990-1999

		1990	1991	1992	1993	1994	1995	1996	1997	1998	1999
Cost of Labor (%)	38	50.7	50.2	47.6	45.0	48.7	44.9	38.3	36.4	36.3	35.9
Operating Margin (%)	39	•	•	•	•	•	•	•	•	•	•
Oper. Margin Before Officers Comp. (%)	40	5.3	4.7	3.7	3.9	4.6	4.6	4.7	5.4	7.3	7.9
Average Net Receivables ($)	41	28	45	52	40	39	46	47	49	48	49
Average Inventories ($)	42	11	13	12	13	9	10	8	8	8	11
Average Net Worth ($)	43	34	25	58	50	50	70	65	72	64	69
Current Ratio (×1)	44	1.3	1.0	1.3	1.4	1.3	1.4	1.4	1.4	1.5	1.5
Quick Ratio (×1)	45	0.9	0.8	0.9	1.0	0.9	1.0	1.1	1.1	1.1	1.1
Coverage Ratio (×1)	46	1.5	1.5	1.1	1.2	1.2	1.2	1.5	1.4	2.4	2.5
Asset Turnover (×1)	47	2.0	1.9	1.8	1.6	1.7	1.5	1.5	1.6	1.7	1.8
Total Liabilities/Net Worth (×1)	48	3.4	7.3	3.3	3.3	3.1	2.6	2.7	2.2	2.5	2.4
Return on Assets (×1)	49	4.5	6.6	4.0	4.4	4.3	4.0	4.6	3.5	5.7	6.2
Return on Equity (%)	50	1.3	7.4	•	0.5	•	•	2.7	0.6	8.1	9.4

Table II

Corporations with Net Income

MISCELLANEOUS SERVICES, NOT ELSEWHERE CLASSIFIED

MONEY AMOUNTS AND SIZE OF ASSETS IN THOUSANDS OF DOLLARS

Item Description for Accounting Period 7/95 Through 6/96		Total	Zero Assets	Under 100	100 to 250	251 to 500	501 to 1,000	1,001 to 5,000	5,001 to 10,000	10,001 to 25,000	25,001 to 50,000	50,001 to 100,000	100,001 to 250,000	250,001 and over
Number of Enterprises	1	116242	5273	83487	14342	6920	3196	2331	346	233	69	19	17	9
Revenues ($ in Thousands)														
Net Sales	2	72713384	873784	16953309	9611101	9129298	6009329	8024857	3738201	6960255	2720867	1535871	2144578	5011932
Portfolio Income	3	972364	219024	46340	39544	25700	31582	117245	48048	58496	57296	22112	77939	229037
Other Revenues	4	1232102	39583	130571	48976	122602	54871	200064	85069	181905	133039	42350	45203	147872
Total Revenues	5	74917850	1132391	17130220	9699621	9277600	6095782	8342166	3871318	7200656	2911202	1600333	2267720	5388841
Average Total Revenues	6	644	215	205	676	1341	1907	3579	11189	30904	42191	84228	133395	598760
Operating Costs/Operating Income (%)														
Cost of Operations	7	36.0	25.2	25.1	24.1	35.6	38.0	38.8	47.9	45.5	40.3	34.6	30.8	69.3
Rent	8	17.8	19.5	13.2	22.1	17.8	14.7	21.3	15.4	23.2	18.4	23.0	27.2	11.8
Taxes Paid	9	3.3	3.8	4.1	3.6	2.8	2.4	2.8	3.5	3.2	3.1	2.3	2.8	2.4
Interest Paid	10	1.0	1.6	0.4	0.5	0.8	0.7	1.2	0.7	1.1	2.8	1.9	3.2	2.6
Depreciation, Depletion, Amortization	11	2.0	2.5	1.2	1.9	1.8	2.1	2.6	1.6	2.2	2.9	4.3	3.9	1.6
Pensions and Other Benefits	12	2.3	3.7	2.0	2.3	1.5	1.8	2.4	2.2	3.3	2.8	3.3	2.5	3.8
Other	13	24.0	33.4	30.6	26.2	24.3	25.6	20.4	21.6	17.7	22.1	17.8	27.9	10.4
Officers Compensation	14	8.6	6.6	14.1	13.3	10.4	8.0	6.9	2.9	2.2	3.0	7.5	1.5	0.7
Operating Margin	15	5.1	3.9	9.4	6.0	5.1	7.0	3.6	4.2	1.8	4.6	5.4	0.3	•
Oper. Margin Before Officers Compensation	16	13.7	10.5	23.4	19.3	15.5	15.0	10.5	7.1	4.0	7.6	12.9	1.8	•
Selected Average Balance Sheet ($ in Thousands)														
Net Receivables	17	66	•	1	24	60	148	442	1744	3481	10218	15955	52963	217374
Inventories	18	14	•	1	6	30	28	125	224	1159	1439	499	2047	47213
Net Property, Plant and Equipment	19	54	•	6	43	106	166	448	1578	3510	5554	10357	28971	41655
Total Assets	20	269	•	24	155	354	703	1889	6602	14435	34401	67115	158086	664272

Notes and Loans Payable 21	90	•	13	49	151	164	619	1737	4651	9560	15473	47598	245540
All Other Liabilities 22	87	•	6	41	75	215	640	1941	4723	10489	29977	50291	267050
Net Worth 23	92	•	5	65	128	324	629	2924	5061	14352	21666	60198	151682

Selected Financial Ratios (Times to 1)

Current Ratio 24	1.5	•	1.4	1.6	1.8	1.7	1.3	1.4	1.6	2.1	1.8	1.3	1.4
Quick Ratio 25	1.1	•	1.2	1.3	1.3	1.5	1.0	1.1	1.1	1.7	1.5	1.0	0.8
Net Sales to Working Capital 26	12.2	•	•	24.1	15.2	10.8	13.6	12.3	9.0	3.8	4.7	7.4	4.4
Coverage Ratio 27	9.0	•	•	•	9.3	14.2	7.2	11.6	5.8	5.1	6.3	2.8	3.0
Total Asset Turnover 28	2.3	•	8.4	4.3	3.7	2.7	1.8	1.6	2.1	1.2	1.2	0.8	0.8
Inventory Turnover 29	•	•	•	•	•	•	•	•	•	•	•	•	•
Receivables Turnover 30	•	•	•	•	•	•	7.9	6.8	8.7	4.9	4.2	2.8	2.6
Total Liabilities to Net Worth 31	1.9	•	4.4	1.4	1.8	1.2	2.0	1.3	1.9	1.4	2.1	1.6	3.4

Selected Financial Factors (in Percentages)

Debt Ratio 32	65.9	•	81.3	57.9	63.9	53.9	66.7	55.7	65.0	58.3	67.7	61.9	77.2
Return on Assets 33	21.4	•	•	32.1	27.8	24.3	16.0	13.9	13.0	16.4	14.4	7.3	6.6
Return on Equity 34	•	•	•	•	•	•	37.3	25.6	27.7	26.1	29.8	9.4	12.7
Return Before Interest on Equity 35	•	•	•	•	•	•	•	31.3	•	•	•	19.1	29.0
Profit Margin, Before Income Tax 36	8.2	33.5	10.4	6.9	6.7	8.5	7.5	7.7	5.2	11.5	10.1	5.9	5.3
Profit Margin, After Income Tax 37	7.5	30.2	10.2	6.6	6.4	8.1	6.8	6.9	4.7	9.5	8.0	4.5	3.5

Trends in Selected Ratios and Factors, 1990-1999

	1990	1991	1992	1993	1994	1995	1996	1997	1998	1999
Cost of Operations (%) 38	52.6	49.0	47.8	45.1	51.2	44.4	37.2	35.3	36.0	36.0
Operating Margin (%) 39	2.6	3.7	3.5	3.8	3.8	3.4	3.7	4.0	5.3	5.1
Oper. Margin Before Officers Comp. (%) 40	10.4	10.3	11.2	11.4	11.0	12.7	12.1	13.2	14.3	13.7
Average Net Receivables ($) 41	38	51	68	50	59	62	67	72	66	66
Average Inventories ($) 42	12	14	15	16	14	13	11	10	9	14
Average Net Worth ($) 43	57	68	78	86	113	98	100	116	98	92
Current Ratio (×1) 44	1.5	1.4	1.7	1.7	1.5	1.4	1.4	1.5	1.5	1.5
Quick Ratio (×1) 45	1.1	1.0	1.2	1.2	1.0	1.0	1.1	1.2	1.1	1.1
Coverage Ratio (×1) 46	6.3	6.1	7.3	7.1	7.2	5.9	7.5	8.3	10.1	9.0
Asset Turnover (×1) 47	2.3	2.3	2.5	2.1	1.9	2.1	1.9	2.0	2.2	2.3
Operating Leverage 48	1.0	1.5	0.9	1.1	1.0	0.9	1.1	1.1	1.3	1.0
Financial Leverage 49	1.0	1.0	1.1	1.0	1.0	1.0	1.1	1.0	1.1	1.0
Total Leverage 50	1.0	1.5	1.0	1.1	1.0	0.9	1.2	1.1	1.4	1.0

Appendix

APPENDIX

STANDARD INDUSTRIAL CLASSIFICATION	INTERNAL SERVICE CLASSIFICATION
Agriculture, Forestry, and Fishing	*10 Agriculture, Forestry, and Fishing*
01 Agricultural production— crops 02 Agricultural production— livestock	0400 Agricultural production
07 Agricultural services 08 Forestry 09 Fishing, hunting, and trapping	0600 Agricultural services (except veterinarians), forestry, fishing, hunting, and trapping
Mining	*20 Mining*
10 Metal mining	02 Metal Mining
102 Copper ores 103 Lead and zinc ores 104 Gold and silver ores	1070 Copper, lead and zinc, gold and silver ores
105 Bauxite & other aluminum ores 106 Ferro ores, except vanadium 108 Metal mining services 109 Miscellaneous metal ores	1098 Other metal mining
11 Anthracite mining 12 Bituminous & lignite mining	03 Coal mining
13 Oil and gas extraction	04 Oil and gas extraction
131 Crude petroleum & natural gas 132 Natural gas liquids	1330 Crude petroleum, natural gas liquids (excludes extraction in integrated petroleum refining and extraction in 2910, below)
138 Oil and gas field services	1380 Oil and gas field services
14 Mining and quarrying of non-metallic minerals, except fuels	05 Nonmetallic minerals (except fuels)
141 Dimension stone 142 Crushed and broken stone, including riprap 144 Sand and gravel	1430 Dimension, crushed, and broken stone; sand and gravel
145 Clay, ceramic, and refractory 147 Chemical and fertilizer mineral mining 148 Non-metallic minerals (except fuels) services 149 Misc. non-metallic minerals, except fuels	1498 Other nonmetallic minerals, except fuels

APPENDIX

STANDARD INDUSTRIAL CLASSIFICATION	INTERNAL SERVICE CLASSIFICATION
Construction	*30 Construction*
15 Building construction—general contractors & operative builders	06 General building contractors and operative builders
152 General building contractors—-residential buildings	1510 General building contractors
154 General building contractors—-non-residential buildings	
153 Operative builders	1531 Operative builders
16 Construction other than building construction—general contractors	1600 Heavy construction contractors
17 Construction—special trade contractors	08 Special trade contractors
171 Plumbing, heating (except electrical), and air conditioning	1711 Plumbing, heating, and air condit-ioning
173 Electrical work	1731 Electrical work
172 Painting, paper hanging, and decorating	
174 Masonry, stonework, tile setting, and plastering	
175 Carpentering and flooring	1798 Other special trade contractors and contractors nec.
176 Roofing and sheetwork	
177 Concrete work	
178 Water well drilling	
179 Misc. special trade contractors	
Manufacturing	*40 Manufacturing*
20 Food and kindred products	09 Food and kindred products
201 Meat products	2010 Meat products
202 Dairy products	2020 Dairy products
203 Canned and preserved fruits and vegetables	2030 Preserved fruits and vegetables
204 Grain mill products	2040 Grain mill products
205 Bakery products	2050 Bakery products
206 Sugar and confectionery products	2060 Sugar and confectionery products
208 Beverages	[No corresponding identification]
2082 Malt beverages	2081 Malt liquors and malt
2083 Malt	
2084 Wines, brandy, and brandy spirits	2088 Alcoholic beverages, except malt liquors and malt
2085 Distilled, rectified, and blended liquors	
2088 Bottled & canned soft drinks and carbonated waters	2089 Bottled soft drinks and flavorings
2087 Flavoring extracts & flavoring sirups, nec.	

APPENDIX

STANDARD INDUSTRIAL CLASSIFICATION	INTERNAL SERVICE CLASSIFICATION
207 Fats and oils	
209 Misc. food preparations	2096 Other food and kindred products
21 Tobacco manufactures	2100 Tobacco manufactures
22 Textile mill products	11 Textile mill products
221 Broad woven fabric mills, cotton	
222 Broad woven fabric mills, man-made fibers and silk	
223 Broad woven fabric mills, wool (including dyeing and finishing)	
226 Dyeing and finishing, except wool fabric and knit goods	2228 Weaving mills and textile finishing
225 Knitting mills	2250 Knitting mills
227 Floor covering mills	
228 Yarn and thread mills	
224 Narrow fabric and other smallwear mills; cotton, wool, silk, and man-made fibers	
229 Miscellaneous textile goods	2298 Other textile mill products
23 Apparel and other finished products made from fabrics and similar materials	12 Apparel and other textile products
231 Men's, youths', and boys' suits, coats, and overcoats	
232 Men's, youths', and boys' furnishings, work clothing, and allied garments	2315 Men's and boys' clothing
233 Women's, misses', and juniors' outerwear	2345 Women's and children's clothing
234 Women's, misses', and juniors' undergarments	
236 Girls', children's, and infants' outerwear	
235 Hats, caps, and millinery	
237 Fur goods	
238 Misc. apparel & accessories	2388 Other apparel and accessories
239 Misc. fabricated textile products	2390 Misc. fabricated textile products, nec.
24 Lumber and wood products	13 Lumber and wood products
241 Logging and logging contractors	2415 Logging, sawmills, and planing mills
242 Sawmills and planing mills	
243 Millwork, veneer, plywood, and structural wood members	2430 Millwork, plywood, and related products
245 Wood building and mobile homes	2498 Other wood products, including wood buildings and mobile homes
244 Wood containers	
249 Misc. wood products	

APPENDIX

STANDARD INDUSTRIAL CLASSIFICATION	INTERNAL SERVICE CLASSIFICATION
25 Furniture and fixtures	2500 Furniture and fixtures
251 Household furniture	
252 Office furniture	[No corresponding identification]
253 Public building and related furniture	
254 Partitions, shelving, and office store furniture	
259 Misc. furniture and fixtures	
26 Paper and allied products	15 Paper and allied products
261 Pulp mills	
262 Paper mills, except building and paperboard mills	2625 Pulp, paper, and board mills
263 Paperboard mills	
266 Building paper and building board mills	
264 Converted paper and paperboard products, except containers and boxes	
	2699 Other paper products
265 Paperboard containers and boxes	
27 Printing, publishing, and allied industries	16 Printing and publishing
271 Newspapers: publishing, publishing and printing	2710 Newspapers
272 Periodicals: publishing and publishing and printing	2720 Periodicals
273 Books	2735 Books, greeting cards, and miscellaneous publishing
277 Greeting card publishing	
274 Miscellaneous publishing	
275 Commercial printing	
276 Manifold business forms	
278 Blankbooks, looseleaf binders, and bookbinding and related work	2799 Commercial and other printing and printing trade services
279 Service industries for the printing trades	
28 Chemicals and allied products	17 Chemicals and allied products
281 Industrial inorganic chemicals	
282 Plastics materials and synthetic resins, synthetic rubber, synthetic and other man-made fibers, except glass	2815 Industrial chemicals, plastic materials, and synthetics
286 Industrial organic chemicals	
283 Drugs	2830 Drugs
284 Soaps, detergents, and cleaning preparations, perfumes, cosmetics, and other toilet preparations	2840 Soap, cleaners, and toilet goods
285 Paints, varnishes, lacquers, enamels, and allied products	2850 Paints and allied products

STANDARD INDUSTRIAL CLASSIFICATION	**INTERNAL SERVICE CLASSIFICATION**
287 Agricultural chemicals	
289 Misc. chemical products	2898 Agricultural and other chemical products
29 Petroleum refining and related industries (includes integrated refining and extraction)	18 Petroleum (including integrated) and coal products
291 Petroleum refining	2910 Petroleum refining (including those integrated with extraction)
295 Paving and roofing materials	
299 Misc. products of petroleum and coal	2998 Petroleum and coal products, nec.
30 Rubber and misc. plastics products	
301 Tires and inner tubes	19 Rubber and misc. plastic products
302 Rubber and plastics footwear	
303 Reclaimed rubber	3050 Rubber products; plastic footwear hose and belting
304 Rubber and plastics hose and belting	
306 Fabricated rubber products, nec.	
307 Misc. plastics products	3070 Miscellaneous plastic products
31 Leather and leather products	20 Leather and leather products
314 Footwear, except rubber	3140 Footwear, except rubber
311 Leather tanning and finishing	
314 Boot and shoe cut stock and findings	
315 Leather gloves and mittens	
316 Luggage	3198 Leather and leather products, nec.
317 Handbags and other personal leather goods	
319 Leather goods, nec.	
32 Stone, clay, glass, and concrete products	21 Stone, clay, and glass products
321 Flat glass	
322 Glass and glassware, pressed or blown	
323 Glass products, except purchased glass	3225 Glass products
324 Cement, hydraulic	3240 Cement, hydraulic
327 Concrete, gypsum, and plaster products	3270 Concrete, gypsum, and plaster products
325 Structural clay products	
326 Pottery and related products	3298 Other nonmetallic mineral products
328 Cut stone and stone products	
329 Abrasive, asbestos, and misc. nonmetallic mineral products	
33 Primary metal industries	22 Primary metal industries
331 Blast furnaces and steel works and rolling and finishing mills	3370 Ferrous metal industries; misc. primary metal products
332 Iron and steel foundries	

STANDARD INDUSTRIAL CLASSIFICATION	INTERNAL SERVICE CLASSIFICATION
339 Misc. primary metal products	
333 Primary smelting and refining of non-ferrous metals	3380 Nonferrous metal industries
334 Secondary smelting and refining of non-ferrous metals	
335 Rolling, drawing, and extruding of non-ferrous metals	
336 Non-ferrous foundries (castings)	
34 Fabricated metal products, except machinery and transportation equipment	23 Fabricated metal products
341 Metal cans and shipping containers	3410 Metal cans and shipping containers
342 Cutlery, hand tools, and general hardware	
345 Screw machine products, and bolts, nuts, screws, rivets, and washers	3428 Cutlery, hand tools, and hardware; screw machine products, bolts, and similar products
343 Heating equipment, except electric and warm air; and plumbing fixtures	3430 Plumbing and heating, except electric and warm air
344 Fabricated structural products	3440 Fabricated structural metal products
346 Metal forgings and stampings	3460 Metal forgings and stampings
347 Coating, engraving, and allied services	3470 Coating, engraving, and allied services
348 Ordinance and accessories, except vehicles and guided missiles	3480 Ordnance and accessories, except vehicles and guided missiles
349 Misc. fabricated metal products	3490 Misc. fabricated metal products
35 Machinery, except electrical	24 Machinery, except electrical
352 Farm and garden machinery and equipment	3520 Farm machinery
353 Construction, mining, and materials handling machinery and equipment	3530 Construction and related machinery
354 Metalworking machinery and equipment	3540 Metalworking machinery
355 Special industry machinery, except metalworking machinery	3550 Special industry machinery
356 General industrial machinery and equipment	3560 General industry machinery
357 Office, computing, and accounting machines	3570 Office, computing, and accounting machines
358 Refrigeration and service industry machinery	
361 Engines and turbines	3598 Engines and turbines, service industry machinery, and other machinery, except electrical
359 Misc. machinery, except electrical	

APPENDIX

STANDARD INDUSTRIAL CLASSIFICATION	**INTERNAL SERVICE CLASSIFICATION**
36 Electrical and electronic machinery, equipment and supplies	25 Electrical and electronic equipment
363 Household appliances	3630 Household appliances
365 Radio and television receiving equipment, except communication types	3665 Radio, television, and communication equipment
367 Electronic components and accessories	3670 Electronic components and accessories
364 Electric lighting and wiring equipment	
361 Electric transmission and distribution equipment	3698 Other electrical equipment
362 Electrical industrial apparatus	
369 Misc. electrical machinery, equipment and supplies	
37 Transportation equipment	[No corresponding identification]
371 Motor vehicles and motor vehicle equipment	3710 Motor vehicles and equipment
[No corresponding identification]	Transportation equipment, except motor vehicles
372 Aircraft and parts	3725 Aircraft, guided missiles, and parts
376 Guided missiles and space vehicles and parts	
373 Ship and boat building and repairing	3730 Ship and boat building and repairing
374 Railroad equipment	
375 Motorcycles, bicycles, and parts	3798 Other transportation equipment, except motor vehicles
379 Misc. transportation equipment	
38 Measuring, analyzing, and controlling instruments; photographic, medical, and optical goods; watches and clocks	
381 Engineering, laboratory, scientific, and research instruments and associated equipment	3815 Scientific instruments and measuring devices; watches and clocks
382 Measuring and controlling instruments	
387 Watches, clocks, clockwork-operated devices, and parts	3845 Optical, medical, and ophthalmic goods
383 Optical instruments and lenses	
385 Ophthalmic goods	
384 Surgical, medical, and dental instruments and supplies	
386 Photographic equipment and supplies	3860 Photographic equipment and supplies
39 Miscellaneous manufacturing industries	3998 Miscellaneous manufacturing and manufacturing not allocable

APPENDIX

STANDARD INDUSTRIAL CLASSIFICATION	INTERNAL SERVICE CLASSIFICATION
Transportation, communication, electric, gas, and sanitary services	30 Transportation and public utilities
[No corresponding identification]	Transportation
40 Railroad transportation	4000 Railroad transportation
41 Local and suburban transit and interurban passenger transportation	4100 Local and interurban passenger transit
42 Motor freight transportation and warehousing	4200 Trucking and warehousing
44 Water transportation	4400 Water transportation
45 Transportation by air	4500 Transportation by air
46 Pipelines, except natural gas	4600 Pipe lines, except natural gas
47 Transportation services	4700 Transportation services, nec.
48 Communication	31 Communication
481 Telephone communication (wire or radio)	
	4825 Telephone, telegraph, and other communication services
482 Telegraph communication (wire or radio)	
489 Communication services	
483 Radio and television broadcasting	4830 Radio and television broadcasting
49 Electric gas and sanitary services	32 Electric, gas, and sanitary services
491 Electric services	4910 Electric services
492 Gas production and distribution	4920 Gas production and distribution
493 Combination electric gas, and other utility services	4930 Combination utility services
494 Water supply	4990 Water supply and other sanitary services
495 Sanitary services	
496 Steam supply	
497 Irrigation systems	
Wholesale Trade	*61 Wholesale Trade*
50 Wholesale trade—durable goods	[No corresponding identification]
514 Groceries and related products	5004 Groceries and related products
508 Machinery, equipment, and supplies	5008 Machinery, equipment, and supplies
[No corresponding identification]	35 Miscellaneous wholesale trade
501 Motor vehicles and automotive parts and supplies	5010 Motor vehicles and automotive equipment
502 Furniture and home furnishings	5020 Furniture and home furnishings
503 Lumber and other construction materials	5030 Lumber and construction materials
504 Sporting, recreational, photographic, and hobby goods, toys and supplies	5040 Sporting, recreational, photographic, and hobby goods, toys and supplies
505 Metals and minerals, except petroleum	5050 Metals and minerals, except petroleum and scrap
506 Electrical goods	5060 Electrical goods

STANDARD INDUSTRIAL CLASSIFICATION	INTERNAL SERVICE CLASSIFICATION
507 Hardware and plumbing and heating equipment and supplies	5070 Hardware, plumbing, and heating equipment and supplies
509 Misc. durable goods	5098 Other durable goods
51 Wholesale trade—nondurable goods	[No corresponding identification]
511 Paper and paper products	5110 Paper and paper products
512 Drugs, drug proprietaries, and druggists' sundries	5129 Drugs, drug proprietaries, and druggists' sundries
513 Apparel, piece goods, and notions	5130 Apparel, piece goods, and notions
515 Farm-product raw materials	5150 Farm-product raw materials
516 Chemicals and allied products	5160 Chemical and allied products
517 Petroleum and petroleum products	5170 Petroleum and petroleum products
518 Beer, wine, and distilled alcoholic beverages	5180 Alcoholic beverages
519 Misc. nondurable goods	5190 Misc. nondurable goods; wholesale trade not allocable
Retail Trade	*62 Retail Trade*
52 Building materials, hardware, garden supply, and mobile home dealers	Building materials, garden supplies, and mobile home dealers
521 Lumber and other building materials dealers	
523 Paint, glass, and wallpaper stores	5220 Building materials dealers
525 Hardware stores	5251 Hardware stores
526 Retail nurseries, lawn and garden supply stores	5265 Garden supplies and mobile home dealers
527 Mobile home dealers	
53 General merchandise stores	5300 General merchandise stores
54 Foodstores	5410 Grocery stores
	5490 Other food stores
55 Automotive dealers and gasoline service stations	39 Automotive dealers and service stations
551 Motor vehicle dealers (new and used)	5515 Motor vehicle dealers
552 Motor vehicle dealers (used only)	
554 Gasoline service stations	5541 Gasoline service stations
553 Auto and home supply stores	
555 Boat dealers	5598 Other automotive dealers
556 Recreational and utility trailer dealers	
557 Motorcycle dealers	
559 Automotive dealers, nec.	
56 Apparel and accessory stores	5600 Apparel and accessory stores

APPENDIX

STANDARD INDUSTRIAL CLASSIFICATION	INTERNAL SERVICE CLASSIFICATION
57 Furniture and furnishings, and equipment stores	5700 Furniture and home furnishings stores
58 Eating and drinking places	5800 Eating and drinking places
59 Miscellaneous retail	43 Miscellaneous retail stores
591 Drugstores and proprietary stores	5912 Drug stores and proprietary stores
592 Liquor stores	5921 Liquor stores
596 Non-store retailers	5995 Other retail stores
594 Jewelry stores	
598 Fuel and ice dealers	
593 Used merchandise stores	
594 Misc. shopping goods stores	
599 Retail stores, nec.	5997 Wholesale and retail trade not allocable
[No corresponding identification]	
Finance, Insurance, and Real Estate	*70 Finance, Insurance, and Real Estate*
60 Banking	45 Banking
603 Mutual savings banks	6030 Mutual savings banks
601 Federal reserve banks	[No corresponding identification]
[No corresponding identification]	6060 Bank holding companies
602 Commercial and stock savings banks	6090 Banks, except mutual savings banks and bank holding companies
604 Trust companies not engaged in deposit banking	
605 Establishments performing functions closely related to banking	
61 Credit agencies other than banks	46 Credit agencies other than banks
612 Savings and loan associations	6120 Savings and loan associations
614 Personal credit institutions	6140 Personal credit institutions
615 Business credit institutions	6150 Business credit institutions
616 Mortgage bankers and brokers	
611 Rediscount and financing institutions for credit agencies other than banks	6199 Other credit agencies; finance not allocable
613 Agricultural credit institutions	
62 Security and commodity brokers, dealers and exchanges, and services	47 Security, commodity brokers, and services
621 Security brokers, dealers, and flotation companies	6210 Security brokers, dealers, and flotation companies
622 Commodity contract brokers and dealers	6299 Commodity contract brokers and dealers; security and commodity exchanges; and allied services
623 Security and commodity exchanges	
626 Services allied with the exchange of securities or commodities	48 Insurance
	6352, 6353 Life insurance (as defined in IRS code § 801. Excludes predominantly cancellable accident and health companies.)

APPENDIX

STANDARD INDUSTRIAL CLASSIFICATION	INTERNAL SERVICE CLASSIFICATION
63 Insurance	
631 Life insurance	6356 Mutual insurance, except life or marine and certain fire or insurance companies (as defined in IRS code § 821. Includes predominantly cancellable mutual accident and health companies.)
632 Accident and health insurance and medical service plans	
633 Fire, marine, and casualty insurance	
635 Surety insurance	6359 Other insurance companies (as defined in IRS code § 831. Consists of mutual fire or flood insurance companies operating on basis of perpetual policies or premium deposits, mutual marine, and other companies except life or mutual.)
636 Title insurance	
637 Pension, health, and welfare funds	
639 Insurance carriers, nec.	
641 Insurance agents, brokers, and service	6411 Insurance agents, brokers, and service
65 Real estate	49 Real estate
6512 Operators of non-residential building	
6513 Operators of apartment buildings	6511 Real estate operators (except developers) and lessors of buildings
6515 Operators of residential mobile home sites	
6517 Lessors of railroad property	
6519 Lessors of real property, nec.	6516 Lessors of mining, oil, and similar property
	6518 Lessors of railroad property and of real estate property nec.
6524 Operators of dwellings other than apartment buildings	
[No corresponding identification]	6530 Condo. mgmt. and coop. asns.
653 Real estate agents and managers	6550 Subdividers and developers (excludes operative builders in 1531)
654 Title abstract offices	
655 Subdividers and developers	6599 Other real estaste
661 Combination of real estate, insurance, loans, and law offices	
67 Holding and other investment offices	51 Holding and other investment companies
672 Investment offices	6742 Regulated investment companies (IRS code § 851)
	6743 Real estate investment trusts (IRS code § 856)
	6744 Small business investment companies (Small Bus. Inv. Act, 1958)

APPENDIX

STANDARD INDUSTRIAL CLASSIFICATION	INTERNAL SERVICE CLASSIFICATION
671 Holding offices	6749 Other holding and investment companies, except bank holding cos.
673 Trusts	
679 Miscellaneous offices	
Services	*80 Services*
70 Hotels, rooming houses, camps, and other lodging places	7000 Hotels and other lodging places
72 Personal services	7200 Personal services
73 Business services	54 Business services
731 Advertising	7310 Advertising
732 Consumer credit reporting agencies, and adjustment and collection agencies	
733 Mailing, reproduction, commercial art and photography, and stenographic services	
734 Services to dwellings and other buildings	7389 Business services, except advertising
737 Computer and data processing services	
735 News syndicates	
736 Personnel supply services	
739 Misc. business services	
[No corresponding identification]	
76 Miscellaneous repair services	
[No corresponding identification]	55 Auto repair; misc. repair services
75 Automotive repair, services, and garages	7500 Auto repair and services
76 Miscellaneous repair services	7600 Miscellaneous repair services
[No corresponding identification]	56 Amusement and recreational services
781 Motion picture production and allied services	7812 Motion picture production, distribution, and services
782 Motion picture distribution and allied services	
783 Motion picture theaters	7830 Motion picture theaters
79 Amusement and recreation services, except motion pictures	7900 Amusement and recreation services, except motion pictures
80 Health services	57 Other services
801 Offices of physicians	8015 Offices of physicians, including osteopathic physicians
803 Offices of osteopathetic physicians	
802 Offices of dentists	8021 Offices of dentists
804 Offices of health practitioners	8040 Offices of other health practitioners
805 Nursing and personal care facilities	8050 Nursing and personal care facilities
806 Hospitals	8060 Hospitals
807 Medical and dental laboratories	8071 Medical laboratories
808 Outpatient care facilities	
809 Health and allied services, nec.	8099 Other medical services

APPENDIX

STANDARD INDUSTRIAL CLASSIFICATION	INTERNAL SERVICE CLASSIFICATION
81 Legal services	8111 Legal services
82 Educational services	8200 Educational services
83 Social services	8300 Social services
84 Museum, art galleries, botanical and zoological gardens	8600 Membership organizations
	8911 Architectural and engineering services
89 Miscellaneous services	8930 Accounting, auditing, and bookkeeping
	8980 Misc. services, nec (including veterinarians)
[No corresponding identification]	9000 Nature of business not allocable

Index

Index

References to tables for corporations with net income are in italics